上海市志

教育分志
高等教育卷

1978—2010

上海市地方志编纂委员会　编

上海古籍出版社

1978 年 6 月，上海体育学院恢复办学。

1978 年由上海化工学院（后恢复华东化工学院原校名）与上海市化工局、卢湾区政府合作举办的上海化工学院分院。

1979年9月17日，华东政法学院举行复校后的第一个开学典礼。

1985年3月，上海电力学院举行揭牌仪式。

1985 年，上海工程技术大学举行揭牌仪式。

1985 年 9 月，中国纺织大学举行揭牌仪式。

1992 年 9 月 14 日，上海第一所民办大学（筹）——杉达大学举行首届学生开学典礼。

1993 年 10 月，华东理工大学举行揭牌仪式。

1993 年 12 月，上海中医学院更名为上海中医药大学庆典。

1994 年 5 月，上海工业大学、上海科学技术大学、原上海大学和上海科技高等专科学校合并，组建为新的上海大学。

1996 年 4 月 8 日，上海交通大学隆重庆祝建校 100 周年。

1996 年 6 月，华东理工大学、上海外国语大学通过"211 工程"部门预审。

1997 年 12 月，上海大学顺利通过"211 工程"建设项目论证。

1999 年 11 月，全国高校后勤社会化改革工作会议在上海召开。

2000年4月，复旦大学和上海医科大学合并组建新的复旦大学。

2000年4月，同济大学和上海铁道大学合并组建新的同济大学。

2002 年 10 月 30 日，华东政法学院校庆 50 周年管乐专场音乐会。

2003 年 11 月，上海立信会计学院揭牌仪式暨校庆 75 周年大会。

2004 年 5 月，上海海事大学举行揭牌仪式。

2004 年 5 月 26 日，上海金融学院成立。

2005 年 7 月 18 日，上海交通大学和上海第二医科大学组建新的上海交通大学。

2005 年 9 月 24 日，复旦大学隆重庆祝建校 100 周年。

2005 年 11 月 1 日，上海市人民政府与国家新闻出版总署签署上海理工大学出版印刷学院共建协议。

2007 年 6 月，华东政法大学举行揭牌仪式。

2009 年 1 月 22 日，上海电机学院临港校区奠基仪式在滴水湖畔举行。

上海体育学院 1982 届硕士研究生毕业合影。

1982 年 11 月 6 日，华东师范大学第一位博士（中国首批博士之一）王建磐在作博士论文答辩。

1983年，在复旦大学著名历史地理学家谭其骧（中）教授指导下，葛剑雄（右）、周振鹤（左）获得历史学博士（中国第一批文科博士）学位。

1983年，上海医科大学副校长苏德隆（前右二）教授星期日在家中与卫生系78级（2）班同学交流。

1983 年 8 月，立信会计专科学校复校后首届学生毕业典礼在上海市政府礼堂隆重举行（上左图）。潘序伦（左二）在毕业典礼上发表讲话（上右图）。

1987 年，上海对外贸易学院首届研究生毕业论文答辩。

1987 年 7 月 23 日，上海海运学院帆艇远航队首航日本，航行 394 小时、2005 海里，胜利返回。

1992年7月，华东师范大学首届留学生学位授予典礼。

创建于1994年的上海师范大学爱心学校，被上海市精神文明建设委员会、上海市志愿者协会命名为"上海市志愿服务品牌项目"。

1995年7月9日，全国艺术院校表演教学小品大赛在北京举行，上海戏剧学院由何雁导演、廖凡（右一）等同学表演的《磨刀》获一等奖。

1996年11月14日，上海财经大学与美国韦伯斯特大学MBA合作项目举行签字仪式。该项目可以在中国境内授予美国韦伯斯特大学工商管理硕士（MBA）学位，被称为"不出国门的留学生"。

1997年9月，上海音乐学院教授周小燕（右二）给学生廖昌永（左一）上课。

2000年10月，第13届世界大学生乒乓球锦标赛在华东理工大学举行。由华东理工大学运动员
组成的中国女队包揽此届比赛女子项目四项冠军。

2001 年 10 月 19 日，上海音乐学院交响乐团献演 APEC 欢迎晚宴。

2003 年，上海东海职业技术学院 03 届表演专业公演"命运的拨弄"。秦怡（前排左一）、
孙道临（左二）前来指导。

2004年10月13日，华东师范大学学生、奥运冠军刘翔（左二）回校接受祝贺并宣布设立刘翔奖学金（左一为刘翔教练孙海平，左三为华东师范大学校长王建磐）。

2005年4月，上海国际服装文化节"时尚长宁"系列活动暨"长宁·东华时尚周"开幕式。

2005 年 4 月，上海交通大学获得第 29 届"ACM 国际大学生程序设计竞赛"总决赛冠军。

2005 年 5 月，东华大学足球队夺得中国大学生五人制足球联赛全国总冠军。

2006年，姚明（左一）看望上海师范大学教授、中国篮球泰斗李震中（右一）。

2007年6月，上海音乐学院学生沈洋在全球最高级别声乐比赛之一的英国BBC卡迪夫世界歌唱家大赛中获得金奖。

2007年，上海师范大学学生周平乐的"稀土纳米多波段转光粉及转光农膜"获第十届"挑战杯"全国大学生课外学术科技作品决赛一等奖。

华东师范大学学生邓睿第九、第十连续两届获得"挑战杯"全国大学生课外学术科技作品竞赛一等奖。

2007 年 11 月，上海大学社区学院揭幕。

2008 年起，上海财经大学启动"千村调查"项目。

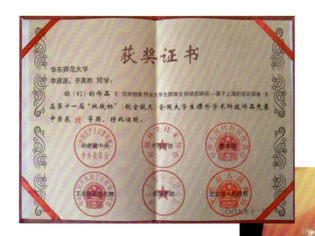

2009 年 11 月，华东师范大学学生在第十一届"挑战杯"竞赛中获得特等奖。

2010 年，第九届世界健美操锦标赛在法国举行，华东师范大学学生车磊（左一）、秦勇（右一）、陶乐（右二）获三人操比赛金牌，图为教练华东师范大学教授周燕（左二）与获奖学生留影。

2010 年 6 月 6 日，上海交通大学钱学森图书馆奠基仪式在徐汇校区举行。上海交通大学党委书记马德秀（后排右 14）、校长张杰（后排右 12）、钱学森之子钱永刚（后排右 11）参加奠基仪式。

2010年6月8日，由复旦大学上海视觉艺术学院和华东师范大学联合主办，全国11所著名高校共同协办的第三届上海大学生电视节颁奖典礼暨闭幕式在复旦大学上海视觉艺术学院图文信息中心举行。

2010年，上海政法学院举行世博志愿者出征仪式。

1978 年 3 月，同济大学翁智远（左一）、冯纪忠（左二）、李国豪（右二）、王开发（右一）参加全国科学大会合影留念。

1979 年 11 月，时任国防科学技术委员会副主任钱学森（右二）在上海机械系统工程研究所成立大会上讲话。

著名鱼类学家、一级教授、上海水产大学名誉校长朱元鼎（右）与其弟子、著名鱼类学家孟庆闻教授合作完成的专著《中国软骨鱼类侧线管系统以及罗伦瓮和罗伦管系统的研究》，获1987年度国家自然科学三等奖。

1993年，复旦大学成立复旦发展研究院。

1994年5月1日，同济大学承担的东方明珠广播电视塔天线桅杆整体攀升升顶成功。

1996年，上海医科大学教授闻玉梅在国际上首创"复合物型治疗性乙肝疫苗""复肝一号"申请发明专利，受到国内外医学界瞩目。

上海水产大学教授李思发（左三）率研究团队在选育团头鲂"浦江1号"良种实验现场。

2008年4月，复旦大学上海视觉艺术学院教师闵洁为上海世博会设计的门票。

1982年9月6日，法国国民议会议长路易·梅尔马兹（前排左一）访问华东师范大学，校长刘佛年（前排左二）陪同。

1982年10月15日，联邦德国总统卡斯滕斯（前排左一）访问同济大学，校长李国豪（左二）陪同。

1993年10月20日，英国国际戏剧理论家马丁·艾司林（右一）教授为上海戏剧学院作《现代戏剧的理论和实践》讲座后参观学校图书馆。

1996年10月31日，日本导演铃木忠志（第二排中）来上海戏剧学院作《铃木忠志的世界》专题讲座后与上海戏剧学院师生留影。

1996 年 11 月，美国国务卿克里斯托弗（左一）访问复旦大学并发表演讲。

1998 年，上海海运学院副院长於世成（左一）接受挪威船级社颁证。

1998 年，同济大学中德学院成立庆典大会。

2001 年 12 月 6 日，上海对外贸易学院与德国阿登纳基金会联合主办的"入世与中欧经贸关系发展"国际研讨会在上海举行。

2002年7月9日，上海水产大学与澳大利亚塔斯马尼亚大学、上海爱达投资管理公司签署协议，联合成立爱恩学院，合作培养信息管理与信息系统人才。

2002年11月1日，越南水产部副部长阮玉红（前排左二）向上海水产大学转赠越南国家主席陈德良授予学校的友谊勋章及证书。

2004年11月10日，华东师范大学与法国巴黎高等师范学院联合培养的首批研究生毕业，在华东师范大学举行毕业及学位授予典礼，毕业生与巴黎高等师范学院校长于杰（左）、华东师范大学校长王建磐（右）合影。

2005年4月，法国总理让－皮埃尔·拉法兰访问上海大学并发表演讲。

2006 年 4 月，上海交通大学与美国密西根大学合作成立上海交通大学密西根联合学院揭牌仪式。

2008 年 11 月 21 日，上海立信会计学院于 80 周年校庆之际举办海外合作院校交流会。

2008 年 11 月 21 日，美国华裔神探、华东政法大学刑事司法学院名誉院长李昌钰博士（图中）在华东政法大学作讲座。

2010 年，世界贸易组织教席计划中国启动仪式在上海对外贸易学院举行。

2010 年 5 月 2 日，马拉维共和国总统宾古·瓦·穆塔里卡（前排左二）访问华东师范大学并受聘为名誉教授（前排右一为华东师范大学党委书记张济顺，左一为华东师范大学校长俞立中）。

《上海市志·教育分志（1978-2010）》编纂委员会
2020年6月—

主　任　王　平

副主任　蒋　红　贾　炜　闵　辉　毛丽娟　李永智　倪闽景　轩福贞　平　辉
　　　　李　蔚

委　员　（以姓氏笔画为序）

丁　力　丁　良　马建超　王　磊　汤林春　许开宇　苏　铁　李兴华
杨伟人　杨振峰　吴英俊　何鹏程　沙　军　张　旭　张　慧　束金龙
陆　勤　陈　华　郁能文　赵　宁　赵　扬　郭　扬　耿绍宁　凌晓凤
桑　标　董圣足　董秀华　焦小峰　颜慧芬

《上海市志·教育分志（1978-2010）》编纂办公室

主　任　陆　勤

副主任　张日培

成　员　张云娇　钟云芬

《上海市志·教育分志（1978-2010）》编纂委员会
2014年2月—2018年8月

主　任　苏　明

副主任　高德毅　李瑞阳　尹后庆　印　杰　陆　靖　袁　雯　王　平　王志伟
　　　　杨国顺

委　员　（以姓氏笔画为序）

丁　力　王从春　王立慷　王兴放　王家一　王　磊　平　辉　朱　坚
庄　俭　汤林春　许开宇　劳晓芸　李兴华　李　蔚　何劲松　何敏娟
何鹏程　杨伟人　杨振峰　张　旭　张　慧　陆　勤　陈　华　陈国良
周　飞　周景泰　郑方贤　郑益慧　赵　宁　赵　扬　胡宝国　郭　扬
耿绍宁　顾泠沅　晏开利　倪闽景　凌晓凤　桑　标　陶文捷　董圣足
焦小峰

《上海市志·教育分志（1978—2010）》编纂办公室

主　任	顾泠沅　陆　勤
副主任	罗东海　张日培
成　员	钟云芬

《上海市志·教育分志（1978—2010）》编纂委员会
2018年9月—2020年5月

主　任	陆　靖
副主任	李　昕　蒋　红　杨永和　贾　炜　郭为禄　毛丽娟　李永智　倪闽景
	王从春　平　辉　李　蔚
委　员	（以姓氏笔画为序）
	丁　力　丁　良　王　磊　汤林春　许开宇　劳晓芸　李兴华　杨伟人
	杨振峰　何鹏程　沙　军　张　旭　张　慧　陈　华　陈郭华　陆　勤
	郁能文　郑益慧　赵　宁　赵　扬　郭　扬　耿绍宁　晏开利　凌晓凤
	桑　标　陶文捷　董圣足　董秀华　焦小峰　颜慧芬

《上海市志·教育分志（1978—2010）》编纂办公室

主　任	陆　勤
副主任	罗东海　张日培
成　员	张云娇　钟云芬

《上海市志·教育分志·高等教育卷（1978-2010）》
图主要文字、图片供稿人员及单位

文　字　（以姓氏笔画为序）

王中奎　王　洁　王歆妙　王　薇　毛建茹　史雯婷　宁　波　朱　镜

刘少华　刘思静　李益超　张云娇　张京海　陆　勤　尚红娟　罗东海

周江林　房欲飞　钟云芬　贺芳玲　晏开利　谭晓玉　潘　佳

图片整理　（以姓氏笔画为序）

赵关忠　钟云芬

资　料　（以姓氏笔画为序）

朱　浩　庄乾伟　许武智　宋　娟　张玉娟　陈　莹　陈颖慧　孟祥忠

胡玲玲　钟云芬　徐　妍　游赛红

单　位　上海市档案馆、上海市教育委员会档案馆、上海市图书馆及上海市各高校档案馆等

《上海市志·教育分志·高等教育卷（1978-2010）》
咨询专家名单（以姓氏笔画为序）

孙崇文　张伟江　杨德广　赵关忠　谢仁业

《上海市志·教育分志·高等教育卷（1978–2010）》
评议专家名单

组　长　张伟江

成　员　（以姓氏笔画为序）

　　丁　钢　王立民　叶　骏　忻　平　苏智良　张端鸿　杨德广　胡瑞文
　　盛　懿　熊庆年

《上海市志·教育分志·高等教育卷（1978–2010）》
审定专家名单

组　长　张伟江

成　员　（以姓氏笔画为序）

　　丁　钢　叶　骏　吕　健　杨仁雷　张端鸿　杨德广　胡瑞文　盛　懿

《上海市志·教育分志·高等教育卷（1978–2010）》
验收单位和人员名单

验收单位　上海市地方志办公室

验收人员　洪民荣　姜复生　黄晓明　过文瀚　杨军益

业务编辑　李洪珍

《上海市志·教育分志》总序

教育事业承担着培养人才的重任,是民族振兴、社会进步的重要基石。教育兴则国家兴,教育强则国家强。相应地,对一个城市来说,教育发展水平决定着这个城市的发展潜力与核心竞争力,一流教育支撑着一流城市,同样一流城市也孕育和造就了一流教育。今天,上海要推进"五个中心",建设卓越的全球城市和具有世界影响力的社会主义现代化国际大都市,教育将成为实现这个目标的重要基石。

上海是中国近现代教育的发端之地和发展重镇。1843年,上海因清政府在鸦片战争中惨败而屈辱开埠,上海由此从一个封建社会的江南城镇被强制拉入近代工商业社会和世界经济体系。伴随工商业的繁荣和西学的涌入,中国封建科举制度首先在上海被撕裂,华洋共处的新式学堂(学校)迅速发展,西式教育逐渐成为教育体系的主流,并引领了中国教育制度的近代化转型,上海也成为中国学前教育、基础教育、高等教育、职业教育,以及特殊、师范、医学、法学、工程等专业教育的重要发祥地,涌现了一批学贯中西而又扎根中国沃土的杰出教育家,培育了一批享誉海内外的知名学校,也形成了上海教育开放包容、中西融合,并始终开风气之先的品格。但由于历史条件和社会制度的制约,教育在旧上海并没有成为普罗大众共享的基本权利。1949年上海解放后,经历了旧学校的社会主义改造、教育主权的回归、学校的结构性重组,以及中小学教育的普及和全民教育的开展,上海教育焕发出了新的青春,各项事业蓬勃发展,也支撑了上海作为全国最大经济中心城市的地位。但十年"文化大革命",教育成为重灾区,教育秩序被打乱,教育质量严重滑坡,学生学业荒废,人才队伍青黄不接。

1978年党的十一届三中全会召开,拉开了中国改革开放的序幕,也给中国教育事业带来了新的"春天"。中国教育从恢复高考、恢复教育秩序、为知识分子正名开始,全面走向正轨,开启了"穷国办大教育"和"大国办强教育"的伟大历史进程。上海教育顺应中国教育发展的大势,在持续推进改革创新中重振雄风,实现了各级各类教育的迅速发展,也完成了教育的结构性优化和历史性跨越。今天的上海教育继续走在全国的前列,在诸多领域已具有国际性影响,乃至有国际专业机构和专业人士专门研究上海教育成功的"秘密",并提出要"推广上海教育的经验"。

上海在教育改革发展进程中,始终把邓小平同志提出的教育要"面向现代化、面向世界、面向未来"作为自己的座右铭,自加压力,奋力前行,不断瞄准新目标,不断攀登新高峰。从1978年至1980年代,上海教育全面恢复被十年"文化大革命"破坏的秩序,解决了大量的历史欠账,各项事业发展驶入快车道,上海教育呈现欣欣向荣的新气象。进入1990年代,上海抓住邓小平同志南方谈话、社会主义市场经济建立和浦东开发开放等历史性机遇,提出了"一流城市、一流教育"和到2010年率先基本实现教育现代化的战略目标。在中央的支持下,上海建设教育综合改革试验区,快一步、高一层推进各领域的改革发展,努力满足人民群众从"有书读"到"读好书"转变的愿望。进入21世纪,上海主动承担建设教育强国排头兵的重任,满足人民教育"学有所教、学有优教"的旺盛需求。2014年《上海市中长期教育改革和发展规划纲要》提出,到2020年上海要率先实现教育现代化。2019年《上海教育现代化2035》进一步提出,上海到2035年将实现更高水平、更高质量的教育现代化,建成与时代发展相适应、具有世界影响力的社会主义现代化国际大都市相匹配的一流教育,教育事业发展和人力资源开发主要指标达到全球城市先进水平,成为各类人才向往的学习体验之地、事业发展之地、价值实现之地,在中国教育现代化和教育强国建设中始终当好排头兵、先行者。

回顾上海教育事业改革发展40多年的探索历程,有诸多值得珍惜、总结并在实践中应当始终坚持、发扬光大的宝贵经验。

坚持党的统一领导,把教育事业发展放在优先发展的位置。教育事业是事关千秋万代、千家万户的长线事业,教育改革发展不可能封闭在自己的"象牙塔"里面,其最终成效不会在短时期内立竿见影。因此,教育改革发展必须在党的统一领导下,把握方向、统筹各方、全局规划、前瞻布局。上海教育改革发展每进入一个关键时期,市委、市政府都要召开全市教育工作会议,指明前行方向,出台重大规划和政策,落实各方责任,明确路线图、时间表。市委、市政府还成立教育工作领导小组,统筹协调全市各委办局的资源来推进教育改革攻坚和发展建设,切实把教育事业放在全局性、基础性、先导性的位置,把"教育振兴、全民有责"的理念落实到体制机制和战略举措上,确保在经济社会发展规划、财政资金投入、公共资源配置等各方面优先保证教育发展。在教育改革进程中,上海还积极探索各级各类学校加强党的领导的有效实现方式,完善科学民主的领导决策机制,建设能够担当办学治校重任的高素质领导干部队伍,不断夯实学校党建的基层基础工作,为教育改革发展引领正确方向,提供坚强组织保障。

坚持育人为本、德育为先,把促进素质教育发展作为教育工作的主线。上海教育改革发展遵循教育规律和学生成长规律,紧紧围绕"培养什么样的人、怎样培养人、为谁培养人"的根本问题,着眼于促进每一个学生德智体美劳全面发展和终身发展,确立并不断强化科学的教育思想和办学理念,克服重智轻德和唯分数、唯升学率等急功近利的教育观念和做法。积极探索大中小学纵向衔接、学校社会家庭横向沟通、网上和网下、德育与诸育有机融合的育人工作新格局,在全国范围内积极推广先进经验。1980年代初,上海率先在中小学开展计算机教育。1984年,邓小平同志在上海看着孩子们熟练操作计算机,发出"计算机普及要从娃娃抓起"的重要指示,对上海乃至中国教育顺应时代潮流创新发展产生深远影响。上海在教育改革中注重爱护和培养学生的好奇心、求知欲,培养学生的探索精神、创新思维和实践能力,构建创新实践、科普教育、艺术教育、体育锻炼、劳动教育、志愿服务等育人工作体系,凝练知识与能力、过程与方法、情感态度和价值观的三维课程教材改革价值目标。上海教育的改革创新让教育回归并坚守了育人的本源。

坚持把促进教育公平作为基本价值理念,努力办好每一所学校,教好每一个学生。上海的教育改革发展注重公平惠及全体市民,努力让全市每一位学习者获得公平受教育机会,让每位学习者在人生的各个阶段都有人生出彩的机会。上海率先普及九年义务教育,并进一步提出"双高普九"的目标。持续推进薄弱学校改造和中小学标准化建设的"达标工程",让上海彻底告别危房校舍和弄堂学校,一批高标准的实验性示范性学校在市郊和城乡接合部拔地而起。把特殊教育发展作为上海教育现代化建设的重要任务,为残疾学生提供多样化、个性化的特殊教育服务。建立"奖、贷、助、补、减"一体化的学生帮困助学体系,确保不让一个在校生因经济困难而中止学业。践行终身教育理念,构建多层次、广覆盖以及网上网下一体化的职业培训、社区教育、老年教育等体系,时时、处处、人人学习的学习型城市建设初具规模。

坚持构建并逐步完善人才培养体系,提升教育的人才和知识贡献能力。改革开放之初,上海就率先在全市范围内开展人才普查与需求预测,提出相应的人才开发与教育"倍增计划"。各级各类学校充分发挥人才培养培训基地功能,积极参与"十大紧缺人才培训工程""再就业工程""燎原计划"等人才培养工程,数以百万计的市民通过教育培训,提高了文化素质和专业技能,也优化了上海人力资源结构。高等教育充分发挥高层次人才培养摇篮和知识创新、传播、应用基地作用,以大学校区、科技园区、公共社区"三区联动"的理念实施全市高校布局结构调整,高起点推进"985""211"高校建设和重点学科建设,主动推进高校布局和学科专业结构与上海经济社会发展的深度融合。上海职业教育积极深化校企合作、产教融合,加强知识型技能人才培养。同时,上海还率先打破各类教育之间的屏障,建设人才培养的"立交桥"。上海教育的社会贡献能力持续增强。

坚持把教师队伍作为教育发展的第一资源和核心要素,建设高素质的师资队伍。上海优质的教师素质支撑着上海的优质教育。上海构建师范教育、名师名校长培养、教研训一体的基础教育师资培养体系,还率先探索中小学校长职级制等改革。职业学校建立"双师型教师"培养体系。高等学校借鉴国际经验,建立竞争淘汰制度,逐步打破计划经济时代形成的"铁交椅""铁饭碗""铁工资"制度,实施优秀人才脱颖而出的各类人才计划,培育了一批能够站立全国教学和世界科技、学科前沿的教学科研骨干。上海还持续强化师德师风建设,营造尊师重教的社会氛围,涌现了以于漪老师为代表的一批优秀教师,引领广大教师立足三尺讲台,潜心教书,精心育人,为人师表,严谨笃学,志存高远,与时俱进。

坚持推进教育国际化,以教育开放牵引教育深化改革、提高质量。上海教育改革充分依托国际化大都市的区位优势,始终跟踪世界教育发展潮流,对标发达国家和全球化城市的教育发展水准,从中发现上海教育的瓶颈和短板,凝练新的发展方向和着力点、突破口。积极吸收世界先进的教育理念,结合上海实际进行本土化创造,推动上海教育创新发展,也确立上海教育的国际话语权。积极举办各种形式的中外合作办学,建立中外学校之间的学分互认和师生交流机制,积极开展留学生教育。同时上海的优质教育资源也通过孔子学院、网络教育等方式走出国门,参与国际教育竞争。上海教育也成为促进中外人文交流特别是青少年之间民心相通的桥梁。

坚持以改革创新为动力,勇于承担国家教育改革试点任务。通过体制机制创新,不断破解制约发展的瓶颈,释放改革"红利",这是上海教育发展最大的"秘笈"所在。改革开放以来,上海勇当"拓荒牛",主动提出先行先试,率先改革教育管理体制、办学体制和投融资体制。加强省级政府统筹,通过"共建、合并、划转、调整、合作",办学体制和管理体制取得突破性进展。上海高校不断深化内部管理体制改革,为落实高校办学自主权、建立现代大学制度探索新路。在基础教育领域,开展两级政府三级管理体制改革,管理重心下移,调动了各级政府的积极性,增强了基础教育的活力。同时还主动承担基础教育的课程教材改革、高考制度改革、高校自主招生改革以及民办教育管理体制改革等。上海的教育改革得到中央的鼓励和国家部委的支持。从1980年代开始,中央和教育部就先后在上海设立教育综合改革试验区,1990年代开始建立部市合作机制,明确要求上海解放思想,先行先试,加快教育治理能力和治理体系现代化步伐,为全国教育改革提供可借鉴的经验。

上海教育改革开放40多年,栉风沐雨,砥砺前行,取得的成就有目共睹。这是全社会参与支持的结果,是上海教育工作者接续奋斗的结晶。上海教育的发展进步也体现了上海教育人的教育理念的不断升华,对特大型城市教育发展规律的深刻把握。但我们也要清醒地看到,面对新时代的新形势和新任务,上海教育现代化的发展进程依然艰辛,一些陈旧的教育理念依然根深蒂固,一些陈旧僵化的体制机制和做法依然在惯性运行,教育发展的不平衡不充分的矛盾依然存在,上海教育发展的潜力和活力尚未充分释放。从全国发展态势看,兄弟省市的发展势头迅猛。因此上海教育改革要勇于进入深水区,用创新思维、全局眼光和全球视野面向未来,推进改革。但与此同时,前瞻未来不能忘记走过的道路。我们还要用历史的眼光来回望过去,善于进行反思和总结,要从历史发展的轨迹中更准确而深刻地把握特大型城市的教育改革发展的规律,推动上海教育新的发展进程能够蹄急而步稳,能够继续担当新时代教育创新发展的领跑者和追梦人。

《上海市志·教育分志(1978—2010)》的编写是上海教育系统进行的第二轮修志,记载内容时间跨度从1978年至2010年。这一阶段正是中国改革开放拉开序幕,上海从改革开放"后卫"走到"前沿",上海教育大胆闯、大胆试、大步跨越的重要历史时期。通过教育志书的记述,可以全景式地展现上海教育改革发展的艰辛而辉煌的历程。此套教育志书共分《普通教育卷》《高等教育卷》《职业教育卷》《成人教育卷》和《学前教育·特殊教育卷》五部分卷。各分卷既是上海市二轮新方志系列的组成部分,也是独立完整的志书。此轮修志自2011年启动以来,前后历经8年,共有50多位同志参与纂修。他们主要来自上海市教育科学研究院普通教育研究所、高等教育研究所、职业与成人教育研究所和民办教育研究所。他们中既有在职人员,也有退休人员,可以说是老中青携手、专兼职结合。上海教育系统的部分领导、教师和学生也参加了编纂工作。大部分编撰者都是在自己繁重的专业工作之外,挤出宝贵时间查阅浩瀚的史料,或静心回忆昔日走过的路程。他们用真情真心撰写各章节内容。相信这套教育志书,不仅具有存史功能,更能为上海教育守正创新、建设世界一流教育提供精神养料和资治辅政功能。

凡　例

一、本志坚持以马克思主义为指导,遵循辩证唯物主义和历史唯物主义原理,实事求是记述上海市自然、政治、经济、文化和社会的历史与现状。

二、本志为上海市首轮社会主义新方志中《上海通志》《上海市专志系列丛刊》之续,续义不续例,体例方面创新调整,并对首轮志书补缺正误。采用小篇平列体,分别编纂,陆续出版,汇为全志。

三、本志记述地域范围,以2010年底上海市行政区划为准。由上海市辐射至全国其他地区及国外事物,兼及记述。

四、本志记述内容的时限,上起1978年,下迄2010年,反映这一时期上海改革开放全貌。首轮《上海市专志系列丛刊》所缺或记述内容不够丰富的分志、分卷,上溯至事物发端。中国共产党分志、人民代表大会分志、人民政府分志、人民政协分志、民主党派分志,为保持同一届次内容记述的完整性,下延至2010年后的首个换届年份。

五、本志按自然、政治、经济、文化和社会为序设置分志、分卷,事以类从,类为一志,并兼顾当代社会分工的原则。全志除总述外,中国共产党分志、农业分志、工业分志、商业分志、服务业分志、城乡建设分志、金融分志、口岸分志设置综述卷,并设经济综述分志,加强全志整体性。各分志、分卷采用篇章节体,卷首设概述、大事记,以专记、附录、索引殿后。

六、本志体裁以述、记、志、传、图、表、录为主,力求内容与形式统一。

七、本志人物传遵循"生不立传"原则。入传人物排列先后以卒年为序,在世人物以人物简介(排列以生年为序)、人物表(人物录)记载。

八、本志采用规范的语体文、记述体,行文按《〈上海市志(1978—2010)〉编纂行文规范》,力求严谨、朴实、简洁、流畅,以第三人称记述。

九、本志纪年,凡1949年5月27日上海市解放以前的用历史纪年,一般标示朝代、年号、年份,括注公元纪年;1949年5月27日上海市解放后,一律采用公元纪年。

十、本志所记述的地名、机构名称、职称及币种、计量单位,一般按当时称谓。

十一、本志所用统计资料,原则上根据统计部门公布的材料;未列入统计部门统计的,根据部门统计的材料。

十二、本志资料来源于国家档案馆、上海市及有关省市档案馆、部门档案馆(室),以及历史文献、口碑资料、社会调查、部门提供的材料等,均经考证核实,一般不注明出处。

编 纂 说 明

一、本卷力求全面、系统地记述1978—2010年上海市普通高等教育事业的历史状况。

二、本卷记述时限,上溯1978年,下延2010年。

三、本卷所记述范围为上海市普通高等教育系统的机构和事件(不包括军事院校)。

四、本卷除图照、序、凡例、编纂说明、概述、大事记、人物、附录外,正文设教育管理、教育教学、教师队伍、学生管理、科学研究、合作交流、资源保障、高等学校、教育人物9篇。

五、本卷记述的各组织机构、学校名称等,均参照《上海教育统计手册》。

六、本志资料主要来自上海市档案馆、上海市教委档案馆、《上海教育年鉴》系列丛书、《上海年鉴》系列丛书、《上海文化年鉴》系列丛书、《上海高等教育志》(1843—2000)以及各类报刊、专著。图照主要由上海各类高校以及《上海教育年鉴》系列丛书提供。

目　　录

《上海市志·教育分志》总序 ·················· 1

凡例 ··· 1

编纂说明 ······································· 1

概述 ··· 1

大事记 ·· 13

第一篇　教育管理 ·················· 53

　第一章　机构设置 ················· 56

　　第一节　管理机构 ··············· 56

　　　一、上海市教育卫生办公室 ······ 56

　　　二、上海市高等教育局 ·········· 56

　　　三、中共上海市教育卫生工作委员会 ······ 57

　　　四、上海市教育委员会 ·········· 58

　　　五、上海市学位委员会 ·········· 60

　　第二节　机构职能 ··············· 60

　　　一、上海市教育卫生办公室主要职能 ······ 60

　　　二、上海市高等教育局主要职能 ·········· 61

　　　三、上海市教育委员会主要职能 ·········· 61

　　　四、法制建设 ·················· 62

　　第三节　协调服务机构 ·········· 64

　　　一、市级协调机构 ·············· 64

　　　二、教育部门直属单位 ·········· 65

　　　三、其他高等教育服务机构 ······ 66

　第二章　办学体制 ················· 67

　　第一节　公办高校 ··············· 67

　　　一、高校恢复与发展 ············ 67

　　　二、高校重组和结构调整 ········ 68

　　　三、校际协作办学与资源共享 ···· 70

　　第二节　民办高校 ··············· 72

　　　一、办学形式 ·················· 73

　　　二、政策措施 ·················· 74

　　第三节　中外合作办学 ·········· 75

　　　一、项目 ······················ 76

　　　二、机构 ······················ 77

　　　三、管理 ······················ 79

　第三章　管理体制 ················· 82

　　第一节　部（委）市共建高校 ····· 82

　　　一、国家教育委员会（教育部）与上海市
　　　　　共建 ······················ 82

　　　二、其他中央部门与上海市共建 ········ 84

　　第二节　高校隶属关系调整 ······ 85

　　　一、中央部委属高校划转上海 ···· 86

　　　二、市属委办局主管高校划归市教育
　　　　　委员会 ···················· 87

　　第三节　院校调整 ··············· 88

　　　一、上海地方高校调整 ·········· 88

　　　二、部属高校调整 ·············· 89

　　　三、不同隶属关系高校调整 ······ 89

　　第四节　高校内部管理体制改革 ······ 91

　　　一、后勤管理体制改革 ·········· 91

　　　二、校长负责制与校院两级管理体制
　　　　　改革 ······················ 92

　　　三、人事与分配制度改革 ········ 92

四、内部管理综合改革 ……………… 93
　　第四章　战略规划 …………………… 95
　　　第一节　战略规划编制 ……………… 95
　　　　一、高等教育"七五"规划 ………… 95
　　　　二、高等教育十年规划与"八五"计划 … 95
　　　　三、高等教育"九五"计划和2010年
　　　　　　规划 ……………………………… 96
　　　　四、教育"十五"计划和2015年规划 …… 97
　　　　五、教育"十一五"规划 …………… 98
　　　　六、中长期教育改革和发展规划 …… 99
　　　　七、高等教育"十二五"规划 ……… 100
　　　第二节　战略规划实施 ……………… 101
　　　第三节　教育重大工程 ……………… 104
　　　　一、"211工程" …………………… 104
　　　　二、"985工程" …………………… 106
　　　　三、上海高等教育内涵建设工程("085"
　　　　　　工程) ………………………… 106
　　第五章　教育综合改革试验 ………… 108
　　　第一节　前期探索 …………………… 108
　　　第二节　两轮改革试验 ……………… 109
　　　　一、上海市教育综合改革试验 ……… 109
　　　　二、部市共建国家教育综合改革
　　　　　　试验区 ………………………… 113

第二篇　教育教学 …………………… 115
　第一章　学科专业 …………………… 118
　　第一节　发展与布局 ………………… 118
　　　一、本专科专业 ……………………… 118
　　　二、研究生学科(学位点) …………… 120
　　第二节　重点学科建设 ……………… 124
　　　一、国家重点学科 …………………… 124
　　　二、上海市重点学科 ………………… 128
　　　三、上海市教育委员会重点学科
　　　　　建设 ………………………………… 132
　　第三节　学科专业评估 ……………… 139
　　　一、专业评估 ………………………… 139
　　　二、学位评估 ………………………… 140
　　第四节　专业建设 …………………… 141
　　　一、本科教育高地 …………………… 141

二、特色专业建设 …………………… 145
　第二章　教学资源建设 ……………… 149
　　第一节　课程建设 …………………… 149
　　　一、重点课程建设 …………………… 149
　　　二、精品课程建设 …………………… 150
　　　三、全英语课程建设 ………………… 151
　　第二节　教材建设 …………………… 151
　　　一、高校教材建设 …………………… 151
　　　二、优秀教材评选 …………………… 152
　　　三、上海高校外国教材中心建设 …… 152
　　第三节　图书资料设施建设 ………… 153
　　第四节　实践教学建设 ……………… 153
　　　一、实验室建设 ……………………… 153
　　　二、实习基地建设 …………………… 155
　　第五节　教学名师与团队建设 ……… 157
　　　一、教学名师评选 …………………… 158
　　　二、教学团队建设 …………………… 158
　第三章　教学改革 …………………… 160
　　第一节　综合改革 …………………… 160
　　　一、教育思想大讨论 ………………… 160
　　　二、专题调研 ………………………… 161
　　　三、系统推进 ………………………… 162
　　第二节　学分制改革 ………………… 164
　　第三节　通识教育 …………………… 165
　　第四节　教学方法与手段改革 ……… 167
　　第五节　教学质量保障 ……………… 168
　　　一、体系建设 ………………………… 168
　　　二、评估 ……………………………… 170
　第四章　思想政治教育 ……………… 172
　　第一节　政治理论课建设 …………… 172
　　　一、课程、教材建设 ………………… 172
　　　二、教师队伍建设 …………………… 175
　　第二节　德育与心理健康教育 ……… 176
　　　一、大学生德育 ……………………… 176
　　　二、大学生心理健康教育 …………… 177
　　第三节　思想政治教育队伍建设 …… 179
　　　一、组织与制度 ……………………… 179
　　　二、专业化 …………………………… 181

三、培训与交流 ……………… 182
四、奖励机制 ………………… 184
第四节 校园文化建设 ……… 184
一、大学生校园文化 ………… 184
二、高校学生社团 …………… 186
第五节 大学生志愿服务活动 ……… 187
一、中国青年志愿者研究生支教团 ……… 187
二、大学生志愿服务西部计划 ……… 188
三、上海大学生志愿活动 …… 189
第五章 综合素质教育 ……… 191
第一节 体育、美育 ………… 191
一、体育 ……………………… 191
二、美育 ……………………… 193
第二节 国防教育、科普教育 ……… 194
一、国防教育 ………………… 194
二、科普教育 ………………… 195
第三节 语言文字规范教育 … 196
第四节 社会实践 …………… 197
第六章 人才培养 …………… 199
第一节 人才培养举措 ……… 199
一、拔尖、卓越人才培养 …… 199
二、研究生教育 ……………… 201
三、研究生专业学位教育综合改革
试验 ……………………… 203
四、国家大学生文化素质教育基地 ……… 204
五、大学生创新活动计划 …… 204
六、校企合作 ………………… 204
第二节 人才培养成效 ……… 205
一、培养能力与规模 ………… 205
二、培养质量与水平 ………… 205
第三节 教学成果奖 ………… 207

第三篇 教师队伍 …………… 211
第一章 教师来源与规模 …… 214
第一节 教师来源 …………… 214
一、选留毕业生 ……………… 214
二、海外派遣培养 …………… 214
三、国内外高水平专家聘任 … 215

第二节 教师规模 …………… 218
一、教师数量 ………………… 218
二、教师结构 ………………… 221
第二章 教师待遇 …………… 225
第一节 工资制度 …………… 225
一、在职工资 ………………… 225
二、校内岗位津贴 …………… 228
三、退休待遇 ………………… 229
第二节 福利待遇 …………… 230
一、福利 ……………………… 230
二、住房 ……………………… 232
三、政府特殊津贴 …………… 234
第三章 教师培养 …………… 236
第一节 入职教育和培训 …… 236
一、青年教师培养 …………… 236
二、中青年骨干教师培养 …… 236
三、继续教育 ………………… 238
第二节 教师专业发展 ……… 239
一、优秀青年教师计划 ……… 239
二、"上海高校选拔培养优秀青年教师
科研专项基金" ………… 241
三、曙光计划 ………………… 242
四、东方学者特聘教授岗位计划 ……… 245
五、晨光计划 ………………… 247
六、其他人才计划 …………… 247
第四章 职称评聘 …………… 248
第一节 职称评审 …………… 248
一、高校专业技术人员职称系列 ……… 248
二、教师职称评审 …………… 249
三、其他专业技术职称评聘 … 251
四、教师资格证制度 ………… 252
第二节 职务聘任制改革 …… 252
一、试点 ……………………… 252
二、实施 ……………………… 253
第五章 教师考核与激励 …… 256
第一节 教师岗位考核 ……… 256
一、岗位考核探索 …………… 256
二、岗位考核制度化 ………… 258

第二节　奖惩激励 …………………… 259
　　一、先进教师表彰 ………………… 259
　　二、教职工奖惩办法 ……………… 260

第四篇　学生管理 …………………… 263
第一章　招生考试与录取 …………… 266
　第一节　招生管理 ………………… 266
　　一、招生管理机构 ………………… 266
　　二、招生模式改革 ………………… 266
　第二节　本专科招生和考试 ……… 271
　　一、招生 …………………………… 271
　　二、考试 …………………………… 273
　　三、专升本、插班生招生考试 …… 274
　第三节　研究生招生和考试 ……… 277
　　一、招生与录取 …………………… 277
　　二、培养类别 ……………………… 278
　　三、研究生考试科目 ……………… 279
　第四节　特殊类型招生 …………… 280
　　一、艺术特长生与艺术类专业招生 …… 280
　　二、体育特长生与高水平运动员
　　　　招生 …………………………… 280
　　三、自主招生 ……………………… 281
第二章　资助体系 …………………… 282
　第一节　奖学金 …………………… 282
　　一、优秀学生奖学金 ……………… 282
　　二、专项奖学金 …………………… 283
　　三、奖学基金 ……………………… 284
　　四、研究生奖学金制度 …………… 285
　　五、留学生及中国港澳台地区学生及华侨
　　　　学生奖学金 …………………… 286
　第二节　资助家庭经济困难学生 … 286
　　一、励志帮困奖学金 ……………… 286
　　二、助学金 ………………………… 288
　　三、助学贷款 ……………………… 292
　　四、补偿代偿 ……………………… 295
　　五、减免与补助 …………………… 295
　　六、慈善捐助 ……………………… 296
　第三节　勤工助学 ………………… 297
　　一、助学机构 ……………………… 297
　　二、助学市场 ……………………… 297
　　三、助学管理 ……………………… 298
第三章　毕业生就业创业 …………… 300
　第一节　毕业生就业 ……………… 300
　　一、制度变革 ……………………… 300
　　二、"双向选择"就业状况 ………… 301
　第二节　服务与援助 ……………… 304
　　一、政策导向与指导 ……………… 304
　　二、市场服务及援助 ……………… 305
　第三节　大学生职业生涯教育与创业
　　　　指导 …………………………… 307
　　一、大学生职业生涯教育 ………… 308
　　二、大学生创业指导 ……………… 310

第五篇　科学研究 …………………… 313
第一章　科研机构 …………………… 315
　第一节　自然科学研究 …………… 315
　　一、校设科研机构 ………………… 315
　　二、合作开放建设科研机构 ……… 316
　　三、重点实验室 …………………… 317
　　四、工程研究中心 ………………… 319
　第二节　人文社会科学研究 ……… 320
　　一、校设研究机构 ………………… 320
　　二、重点项目研究机构 …………… 321
　　三、教育部人文社会科学研究基地 …… 322
　　四、上海高校人文社会科学重点研究
　　　　基地 …………………………… 323
　　五、上海高校人文艺术大师工作室 … 323
　第三节　高等教育研究 …………… 324
　　一、上海市高等教育研究所 ……… 324
　　二、高等教育研究学术团体 ……… 325
　第四节　软科学研究和 E-
　　　　研究院 ………………………… 326
　　一、软科学研究 …………………… 326
　　二、E-研究院 …………………… 326
第二章　重要课题和研究成果 ……… 328
　第一节　自然科学研究课题成果 … 328

一、成果规模 …………………… 328
二、重大贡献 …………………… 329
三、国际影响力 ………………… 330
四、国家重点基础研究 ………… 331
第二节 人文社会科学研究课题
　　　 成果 …………………… 332
一、重大课题 …………………… 332
二、重要成果 …………………… 333

第三章 科研管理 …………………… 338
第一节 政策导向 ………………… 338
一、制度建设 …………………… 338
二、科技攻关项目组织 ………… 338
三、哲学社会科学规划引领 …… 339
四、知识产权管理 ……………… 344
第二节 经费管理 ………………… 345
一、经费来源 …………………… 345
二、经费使用 …………………… 348
第三节 成果鉴定与评奖 ………… 350
一、国家级奖项 ………………… 350
二、上海市奖项 ………………… 351

第四章 社会服务 …………………… 354
第一节 协同创新 ………………… 354
一、产学研合作 ………………… 354
二、合作形式 …………………… 356
三、科技产业和大学科技园 …… 359
第二节 技术转移 ………………… 361
一、成果转化 …………………… 361
二、开拓技术市场 ……………… 363

第六篇 合作交流 ………………… 365
第一章 国际交流与合作 ………… 367
第一节 学生留学 ………………… 367
一、公派出国留学 ……………… 367
二、自费出国留学 ……………… 368
三、来华国际学生教育 ………… 368
四、来华留学生管理与激励政策 … 372
第二节 教师互聘互访 …………… 373
一、互访 ………………………… 373

二、互聘 ………………………… 374
第三节 海外办学 ………………… 375
第四节 学术交流 ………………… 377
一、教学与科研交流 …………… 377
二、学术会议交流 ……………… 379

第二章 国内合作与交流 ………… 382
第一节 教育合作与地方服务 …… 382
一、上海服务全国 ……………… 382
二、长三角地区合作 …………… 384
三、校地合作 …………………… 385
第二节 支援西部地区 …………… 387
一、上海对口支援西部省区 …… 387
二、政府工作机制 ……………… 388
三、支援人才培养 ……………… 388
四、援建高等教育 ……………… 391
五、教学科研合作 ……………… 392
第三节 沪台港澳交流与合作 …… 393
一、沪台交流与合作 …………… 394
二、沪港、沪澳交流与合作 …… 399
第四节 学术活动 ………………… 401
一、专题学术会议 ……………… 401
二、全国学术会议 ……………… 403

第七篇 资源保障 ………………… 407
第一章 教育经费 ………………… 410
第一节 来源构成 ………………… 410
一、预算内教育财政拨款 ……… 410
二、预算外教育事业经费 ……… 413
三、其他收入 …………………… 417
第二节 投入机制 ………………… 419
一、高校生均公用经费 ………… 419
二、专项事业资金投入 ………… 420
三、教育发展基金 ……………… 422
四、专用税费贴息资助 ………… 422
五、投融资体制改革 …………… 423
第三节 监督管理 ………………… 424
一、教育经费管理 ……………… 424
二、监督 ………………………… 426

第二章 教育基本建设 …………… 431
第一节 校园基本建设 ………… 431
一、校园恢复改善 ………… 431
二、新校区建设 ………… 432
三、高校布局结构规划 ……… 433
第二节 大学园区建设 ………… 434
一、松江大学园区 ………… 434
二、南汇科教园区 ………… 435
三、闵行紫竹科教园区 …… 435
四、张江高科技园区科研教育区 … 436
五、上海国际医学园区 …… 436
六、临港新城大学园区 …… 437
第三章 后勤保障与校园治理 ……… 438
第一节 高校后勤管理改革 …… 438
一、后勤运行机制改革 …… 438
二、后勤社会化改革 ……… 439
三、高校后勤质量管理体系 … 442
第二节 校园安全管理 ………… 443
一、制度、设施建设 ……… 443
二、住宿管理 ………… 447
三、餐饮管理 ………… 448
第三节 校园文明建设 ………… 450
一、文明单位创建活动 …… 450
二、校园环境专项治理 …… 452
三、健康校园建设 ………… 452
第四节 节约型校园建设 ……… 454
一、节能 ………… 454
二、节水 ………… 454
三、节能措施 ………… 455
第四章 教育信息化建设 ………… 456
第一节 上海教育城域网建设 …… 456
一、上海教育与科研计算机网 … 456
二、"上海教育"网站 ……… 458
第二节 教育信息化技术应用 …… 460
一、远程教育 ………… 460
二、网络教育 ………… 460
三、网络图书馆 ………… 460
四、中国大学生在线 ……… 461

第八篇 高等学校 ………… 463
第一章 部委属院校 ………… 465
第一节 复旦大学 ………… 465
第二节 上海交通大学 ……… 468
第三节 同济大学 ………… 470
第四节 华东理工大学 ……… 473
第五节 东华大学 ………… 474
第六节 华东师范大学 ……… 475
第七节 上海外国语大学 …… 476
第八节 上海财经大学 ……… 478
第九节 上海海关学院 ……… 480
第二章 市属本科院校 ………… 481
第一节 上海理工大学 ……… 481
第二节 上海大学 ………… 482
第三节 上海工程技术大学 … 483
第四节 上海中医药大学 …… 484
第五节 上海师范大学 ……… 485
第六节 上海对外贸易学院 … 486
第七节 上海应用技术学院 … 487
第八节 上海海事大学 ……… 488
第九节 上海电力学院 ……… 489
第十节 上海海洋大学 ……… 490
第十一节 华东政法大学 …… 491
第十二节 上海体育学院 …… 492
第十三节 上海戏剧学院 …… 494
第十四节 上海音乐学院 …… 495
第十五节 上海杉达学院 …… 496
第十六节 上海立信会计学院 … 498
第十七节 上海电机学院 …… 499
第十八节 上海金融学院 …… 500
第十九节 上海政法学院 …… 501
第二十节 上海第二工业大学 … 502
第二十一节 上海商学院 …… 503
第二十二节 上海建桥学院 … 504
第二十三节 复旦大学上海视觉艺术学院 … 505
第二十四节 复旦大学太平洋金融学院 … 505

第二十五节　上海外国语大学贤达经济
　　　　　　人文学院 ……………… 506
第二十六节　上海师范大学天华
　　　　　　学院 …………………… 506
第二十七节　同济大学同科学院 …… 507

第三章　市属高等专科院校 …………… 508
　第一节　上海医疗器械高等专科
　　　　　学校 ……………………… 508
　第二节　上海出版印刷高等专科
　　　　　学校 ……………………… 509
　第三节　上海旅游高等专科学校 …… 510
　第四节　上海公安高等专科学校 …… 510
　第五节　上海医药高等专科学校 …… 511

第四章　市属高等职业院校 …………… 513
　第一节　上海行健职业学院 ………… 513
　第二节　上海城市管理职业技术
　　　　　学院 ……………………… 513
　第三节　上海交通职业技术学院 …… 514
　第四节　上海海事职业技术学院 …… 515
　第五节　上海电子信息职业技术
　　　　　学院 ……………………… 515
　第六节　上海科学技术职业学院 …… 516
　第七节　上海农林职业技术学院 …… 517
　第八节　上海工艺美术职业学院 …… 517
　第九节　上海建峰职业技术学院 …… 518
　第十节　上海工会管理职业学院 …… 519
　第十一节　上海体育职业学院 ……… 519
　第十二节　上海健康职业技术
　　　　　　学院 …………………… 520
　第十三节　上海东海职业技术
　　　　　　学院 …………………… 521
　第十四节　上海新侨职业技术
　　　　　　学院 …………………… 521
　第十五节　上海震旦职业学院 ……… 522
　第十六节　上海民远职业技术
　　　　　　学院 …………………… 523
　第十七节　上海思博职业技术
　　　　　　学院 …………………… 523

　第十八节　上海立达职业技术
　　　　　　学院 …………………… 524
　第十九节　上海济光职业技术
　　　　　　学院 …………………… 524
　第二十节　上海工商外国语职业
　　　　　　学院 …………………… 525
　第二十一节　上海邦德职业技术
　　　　　　　学院 ………………… 526
　第二十二节　上海托普信息技术
　　　　　　　职业学院 …………… 527
　第二十三节　上海中侨职业技术
　　　　　　　学院 ………………… 527
　第二十四节　上海电影艺术职业
　　　　　　　学院 ………………… 527
　第二十五节　上海中华职业技术
　　　　　　　学院 ………………… 528

第九篇　教育人物 …………………… 529
第一章　人物传略 ……………………… 531
　　刘佛年 …………………………… 531
　　苏步青 …………………………… 531
　　陈中伟 …………………………… 532
　　李国豪 …………………………… 533
　　顾恺时 …………………………… 533
　　谈家桢 …………………………… 534
　　钱伟长 …………………………… 535
　　张镜人 …………………………… 535
　　周小燕 …………………………… 536

第二章　人物简介 ……………………… 537
　　杨　槱 …………………………… 537
　　邓旭初 …………………………… 537
　　吴孟超 …………………………… 538
　　王振义 …………………………… 538
　　谷超豪 …………………………… 538
　　马在田 …………………………… 539
　　汤钊猷 …………………………… 539
　　翁史烈 …………………………… 540
　　胡　英 …………………………… 540

俞丽拿 …………………… 541

何积丰 …………………… 541

刘宪权 …………………… 541

第三章　人物名录 …………… 543

附录 ……………………… 547

国家有关高等学校教师岗位职责的

规定 ………………………… 549

高等学校学生学籍管理的有关

规定 ………………………… 550

1978—2010年上海普通高等学校

名录 ………………………… 555

索引 ……………………… 603

编后记 …………………… 650

Contents

Preface ·· 1

Explanatory Notes ·· 1

Compilation Instructions ·· 1

Introduction ··· 1

Chronicle of Events ·· 13

Part I – **Educational Management** ·· 53

   Chapter 1 – Setup of Administrations ·· 56

      Section One – Management Organizations ································· 56

         1. Shanghai Education and Health Office ···························· 56

         2. Shanghai Higher Education Authority ····························· 56

         3. Shanghai Education and Health Working Committee of the Communist Party of China (CPC) ·· 57

         4. Shanghai Education Committee ···································· 58

         5. Shanghai Academic Degrees Committee ···························· 60

      Section Two – Functions of the Organizations ·························· 60

         1. The Primary Functions of Shanghai Education and Health Office ····· 60

         2. The Primary Functions of Shanghai Higher Education Authority ····· 61

         3. The Primary Functions of Shanghai Education Committee ··········· 61

         4. Legal System Construction ······································ 62

      Section Three – Organizations for Coordination Services ··············· 64

         1. Municipal Coordination Organizations ···························· 64

         2. Directly Affiliated Institutions of Education Department ··········· 65

         3. Other Higher Educational Services Organizations ················· 66

   Chapter 2 – School-running Systems ·· 67

      Section One – Public Colleges and Universities ························· 67

         1. Restoration and Development of Colleges and Universities ········· 67

         2. Reorganization and Structural Adjustment of Colleges and Universities ···· 68

         3. Interscholastic Cooperation Education and Resource Sharing ········ 70

      Section Two – Private Colleges and Universities ······················· 72

         1. Education Approaches ·· 73

    2. Policies and Measures ⋯⋯⋯⋯⋯⋯⋯⋯⋯⋯⋯⋯⋯⋯⋯⋯⋯⋯⋯⋯⋯ 74

  Section Three – Sino-foreign Cooperation Education ⋯⋯⋯⋯⋯⋯⋯⋯⋯ 75

    1. Projects ⋯⋯⋯⋯⋯⋯⋯⋯⋯⋯⋯⋯⋯⋯⋯⋯⋯⋯⋯⋯⋯⋯⋯⋯⋯⋯⋯⋯ 76

    2. Institutions ⋯⋯⋯⋯⋯⋯⋯⋯⋯⋯⋯⋯⋯⋯⋯⋯⋯⋯⋯⋯⋯⋯⋯⋯⋯⋯ 77

    3. Management ⋯⋯⋯⋯⋯⋯⋯⋯⋯⋯⋯⋯⋯⋯⋯⋯⋯⋯⋯⋯⋯⋯⋯⋯⋯ 79

Chapter 3 – Management Systems ⋯⋯⋯⋯⋯⋯⋯⋯⋯⋯⋯⋯⋯⋯⋯⋯⋯⋯ 82

  Section One –Colleges and Universities Jointly Built by the Ministry（Commission）

    and the Municipal Government ⋯⋯⋯⋯⋯⋯⋯⋯⋯⋯⋯⋯⋯⋯⋯⋯⋯ 82

    1. Ones Jointly Built by the State Education Commission（the Ministry of Education）and

    Shanghai ⋯⋯⋯⋯⋯⋯⋯⋯⋯⋯⋯⋯⋯⋯⋯⋯⋯⋯⋯⋯⋯⋯⋯⋯⋯⋯⋯ 82

    2. Ones Jointly Built by Other Central Departments and Shanghai ⋯⋯⋯⋯⋯ 84

  Section Two –Adjustment of the Subordinate Relationships of Colleges and

    Universities ⋯⋯⋯⋯⋯⋯⋯⋯⋯⋯⋯⋯⋯⋯⋯⋯⋯⋯⋯⋯⋯⋯⋯⋯⋯ 85

    1. Colleges and Universities Affiliated to the Central Ministries and Commissions been

    Transferred to Shanghai ⋯⋯⋯⋯⋯⋯⋯⋯⋯⋯⋯⋯⋯⋯⋯⋯⋯⋯⋯⋯⋯ 86

    2. Colleges and Universities Charged by Municipal Committee Bureau been put under

    Shanghai Municipal Education Commission's Administration ⋯⋯⋯⋯⋯⋯⋯ 87

  Section Three – Adjustment of Colleges and Universities ⋯⋯⋯⋯⋯⋯⋯ 88

    1. Adjustment of Local Colleges and Universities in Shanghai ⋯⋯⋯⋯⋯⋯ 88

    2. Adjustment of Affiliated Colleges and Universities ⋯⋯⋯⋯⋯⋯⋯⋯⋯ 89

    3. Adjustment of Colleges and Universities with Different Subordinate Relationships ⋯⋯⋯ 89

  Section Four –Reform of the Internal Management Systems of Colleges and

    Universities ⋯⋯⋯⋯⋯⋯⋯⋯⋯⋯⋯⋯⋯⋯⋯⋯⋯⋯⋯⋯⋯⋯⋯⋯⋯ 91

    1. Reform of the logistic Management System ⋯⋯⋯⋯⋯⋯⋯⋯⋯⋯⋯⋯ 91

    2. Reform of the Headmaster-in-charge System and Two-level Administration System ⋯⋯⋯ 92

    3. Reform of the Personnel and Distribution System ⋯⋯⋯⋯⋯⋯⋯⋯⋯⋯ 92

    4. Comprehensive Reform of Internal Management ⋯⋯⋯⋯⋯⋯⋯⋯⋯⋯ 93

Chapter 4 – Strategic Planning ⋯⋯⋯⋯⋯⋯⋯⋯⋯⋯⋯⋯⋯⋯⋯⋯⋯⋯ 95

  Section One – Strategic Planning Compilations ⋯⋯⋯⋯⋯⋯⋯⋯⋯⋯ 95

    1. The Seventh Five-Year Plan of Higher Education ⋯⋯⋯⋯⋯⋯⋯⋯⋯ 95

    2. The Ten-Year Plan and the Eighth Five-Year Plan for Higher Education ⋯⋯⋯ 95

    3. The Ninth Five-Year Plan for Higher Education and Plan for 2010 ⋯⋯⋯ 96

    4. The Tenth Five-Year Plan for Education and Plan for 2015 ⋯⋯⋯⋯⋯ 97

    5. The Eleventh Five-Year Plan for Education ⋯⋯⋯⋯⋯⋯⋯⋯⋯⋯⋯ 98

    6. Medium- and Long-Term Educational Reform and Development ⋯⋯⋯⋯ 99

    7. The Twelfth Five-Year Plan for Higher Education ⋯⋯⋯⋯⋯⋯⋯⋯⋯ 100

  Section Two – Implementation of Strategic Planning ⋯⋯⋯⋯⋯⋯⋯⋯ 101

  Section Three – Major Projects ⋯⋯⋯⋯⋯⋯⋯⋯⋯⋯⋯⋯⋯⋯⋯⋯⋯ 104

    1. "211 Project" ⋯⋯⋯⋯⋯⋯⋯⋯⋯⋯⋯⋯⋯⋯⋯⋯⋯⋯⋯⋯⋯⋯⋯ 104

2. "985 Project" ·· 106

3. The Project of Connotation Construct for Shanghai Higher Education ("085" Project)

··· 106

Chapter 5 – Experiment of Comprehensive Education Reform ···················· 108

Section One – The Early Exploration ·· 108

Section Two – Two Rounds of Reform Experiments ······················ 109

1. Shanghai Comprehensive Education Reform Experiment ················ 109

2. National Comprehensive Education Reform Pilot Site Jointly Built by the Ministry and

the Municipal Government ··· 113

Part II – Education and Teaching ·· 115

Chapter 1 – Disciplines and Specialties ·· 118

Section One – Development and Layout ·· 118

1. Undergraduate Disciplines ·· 118

2. Graduate Disciplines (Degree Programs) ································ 120

Section Two – Key Discipline Construction ····································· 124

1. National Key Disciplines ·· 124

2. Shanghai Key Disciplines ··· 128

3. Key Discipline Construction of Shanghai Education Committee ········ 132

Section Three – Assessment of Disciplines and Specialties ············· 139

1. Assessment of Specialties ··· 139

2. Assessment of Degrees ·· 140

Section Four – Specialty Construction ··· 141

1. Undergraduate Education Highland ·· 141

2. Characteristic Specialty Construction ···································· 145

Chapter 2 – Teaching Resource Construction ···································· 149

Section One – Curriculum Construction ·· 149

1. Key Curriculum Construction ·· 149

2. Top-quality Curriculum Construction ····································· 150

3. Construction of Full-English Curriculum ································ 151

Section Two – Teaching Material Construction ································ 151

1. Teaching Material Construction of Colleges and Universities ········· 151

2. Selection of Excellent Teaching Material ······························· 152

3. Construction of Shanghai Colleges and Universities Foreign Teaching Material Center

··· 152

Section Three – Construction of Books and Reference Materials Facilities ········ 153

Section Four – Practice Teaching Construction ································ 153

1. Laboratory Construction ·· 153

2. Practice Base Construction ··· 155

Section Five – Construction of Famous Teachers and Groups ·············· 157

    1. Selection of Famous Teachers ···················· 158

    2. Selection of Famous Teaching Groups ·················· 158

Chapter 3 – Teaching Reform ························ 160

  Section One – Comprehensive Reform ···················· 160

    1. Great Discussions on Education Theories ················ 160

    2. Special Investigations ························· 161

    3. Systematical Promotion ························ 162

  Section Two – Academic Credit System Reform ·············· 164

  Section Three – General Education ···················· 165

  Section Four – Teaching Methods Reform ················· 167

  Section Five – Teaching Quality Guarantee ················ 167

    1. System Construction ························· 168

    2. Assessment ···························· 170

Chapter 4 – Ideological and Political Education ··············· 172

  Section One – Political and Theoretical Curriculum Construction ······· 172

    1. Curriculum and Teaching Material Construction ··········· 172

    2. Teaching Stuff Construction ····················· 175

  Section Two – Moral Education and Mental Health Education ········ 176

    1. Undergraduate Moral Education ·················· 176

    2. Mental Health Education of Undergraduates ············ 177

  Section Three – Teaching Stuff Construction of Ideological and Political

           Education ·························· 179

    1. Organization and System ······················ 179

    2. Professionalization ························· 181

    3. Training and Exchange ······················· 182

    4. Reward System ··························· 184

  Section Four – Campus Culture Construction ··············· 184

    1. College Students' Campus Culture ················· 184

    2. Student Associations in Colleges and Universities ·········· 186

  Section Five – Volunteer Service Activities of College Students ········· 187

    1. China Youth Volunteer Graduate Student Education Support Group ··· 187

    2. Undergraduates Volunteer Services to the Western Regions ······· 188

    3. Volunteer Services of Shanghai Undergraduates ·········· 189

Chapter 5 – Comprehensive Quality Education ·············· 191

  Section One – Physical Education and Art Education ············ 191

    1. Physical Education ························· 191

    2. Art Education ···························· 193

  Section Two – Defense Education and Popular Science Education ······· 194

1. Defense Education ·· 194

2. Popular Science Education ··· 195

Section Three - Education of Language and Characters Standardization ········ 196

Section Four - Social Practice ·· 197

Chapter 6 - Talent Cultivation ·· 199

  Section One - Measures of Talent Cultivation ······································ 199

    1. Cultivation of Top-notch and Outstanding Talents ························ 199

    2. Graduate Education ··· 201

    3. Comprehensive Reform Experiment of Graduate Professional Degree Education ··········· 203

    4. National Cultural Quality Education Base of Undergraduates ············ 204

    5. Undergraduate Innovative Activities Planning ···························· 204

    6. School-enterprise Cooperation ··· 204

  Section Two - Achievement of Talent Cultivation ······························ 205

    1. Capacity and Scale of Talent Cultivation ································· 205

    2. Quality and Level of Talent Cultivation ································· 205

  Section Three - Teaching Achievement Award ································· 207

Part III - Teaching Faculty ··· 211

Chapter 1 - Source and Scale of Faculty ·· 214

  Section One - Source of Faculty ··· 214

    1. Graduated Students Choose to Stay ··· 214

    2. Cultivated by Oversea Expatriation ··· 214

    3. Appointed High-level Experts from Home and Abroad ·················· 215

  Section Two - Scale of Faculty ··· 218

    1. Quantity of Faculty ··· 218

    2. Structure of Faculty ··· 221

Chapter 2 - Teachers' Treatment ··· 225

  Section One - The Salary System ·· 225

    1. Salary of the On-the-job ··· 225

    2. Intramural Position Allowance ·· 228

    3. Retirement Benefits ··· 229

  Section Two - Benefits ··· 230

    1. Welfare ·· 230

    2. Housing ··· 230

    3. Special Government Allowances ··· 234

Chapter 3 - Teacher Training ·· 236

  Section One - Inductive Teacher Education and Training ···················· 236

    1. Youth Teacher Cultivation ··· 236

    2. Young and Middle-aged Backbone Teachers Cultivation ················ 236

    3. Continuing Education ·· 238

  Section Two – Professional Development of Teachers ··························· 239

    1. Outstanding Youth Teacher Program ··· 239

    2. Special Research Fund for the Selection and Cultivation of Outstanding Youth Teachers

       in Shanghai Colleges and Universities ·· 241

    3. The Dawn Program ··· 242

    4. The Program of Distinguished Professor Position from Orientalists ············· 245

    5. The Twilight Program ··· 247

    6. Other Talent Programs ··· 247

Chapter 4 – Evaluations and Employment of Professional Title ············· 248

  Section One – Evaluation of Professional Title ······························· 248

    1. Title Series of Professional and Technical Personnel in Colleges and Universities ········ 248

    2. Evaluation of Teachers' Professional Title ······························· 249

    3. Evaluation and Employment of Other Profession and Technical Titles ············· 251

    4. The Teacher Certification System ··· 252

  Section Two – Reform of Appointment System for Teachers ················· 252

    1. Pilot Project ··· 252

    2. Implement ··· 253

Chapter 5 – Assessment and Incentive to Teachers ······························· 256

  Section One – Teachers' Position Assessment ··································· 256

    1. Exploration for Position Assessment ··· 256

    2. Institutionalization of Position Assessment ······························· 258

  Section Two – Rewards and Punishments Incentive ······················· 259

    1. Recognition for Advanced Teachers ··· 259

    2. Rewards and Punishments Measures of Faculty ······················· 260

Part IV – Student Management ··· 263

Chapter 1 – Entrance Examination and Admission ······························· 266

  Section One – Recruitment Management ··· 266

    1. Recruitment Management Institutions ··· 266

    2. Recruitment Mode Reform ··· 266

  Section Two – Enrollment and Examination of Colleges and Universities'

     Students ··· 271

    1. Recruitment ··· 271

    2. Examination ··· 273

    3. Entrance Examination of Top-up and Transferred Students ············· 274

  Section Three – Recruitment and Examination of Postgraduates ········· 277

    1. Recruitment and Admission ··· 277

    2. Categories of Cultivation ··· 278

3. Examination Subjects of Postgraduates ·· 279

Section Four - Specialized Recruitments ·· 280

　1. Recruitments of Special Talent in Art and Arts Specialties ···················· 280

　2. Recruitments of Special Talent in Sport and High-level Athletes ·············· 280

　3. Independent Recruitments ·· 281

Chapter 2 - Subsidization System ·· 282

Section One - Scholarship ·· 282

　1. Outstanding Student Scholarships ··· 282

　2. Special Scholarships ··· 283

　3. Scholarship Fund ··· 284

　4. Scholarship System of Postgraduates ·· 285

　5. Scholarships for Overseas Students, Students from Hong Kong, Macao and Taiwan

　　 in China and Overseas Chinese Students ··· 286

Section Two - Subsidies for Needy Students ·· 286

　1. Encouragement and Help-out Scholarships ·· 286

　2. Fellowships ·· 288

　3. Student Loans ·· 292

　4. Compositions ··· 295

　5. Exemptions and Subsidies ·· 295

　6. Charitable Contributions ·· 296

Section Three - Work-Study Program ·· 297

　1. Student Financial Aid Organizations ·· 297

　2. Student Financial Aid Markets ·· 297

　3. Student Financial Aid Management ··· 298

Chapter 3 - Graduate Employment and Self-employment ·· 300

Section One - Graduate Employment ··· 300

　1. System Reform ·· 300

　2. Two-way Selection Employment ··· 301

Section Two - Services and Assistances ·· 304

　1. Policy Orientation and Instruction ·· 304

　2. Market Services and Assistances ··· 305

Section Three - Career Education and Pioneering Instruction for Graduates ·········· 307

　1. Career Education for Graduates ·· 308

　2. Pioneering Instruction for Graduates ·· 310

Part V - Scientific Research ··· 313

Chapter 1 - Scientific Research Institutions ··· 315

Section One - Natural Science Research ··· 315

　1. Scientific Research Institutions Built by Schools ··································· 315

2. Cooperative and Opening Scientific Research Institutions Construction ······················ 316

3. Major Labs ······················ 317

4. Engineering Research Centers ······················ 319

Section Two - Research for Humanities and Social Sciences ······················ 320

1. Research Institutions Built by Schools ······················ 320

2. Research Institutions for Major Projects ······················ 321

3. Research Base for Humanities and Social Sciences of the Ministry of Education ··········· 322

4. Major Research Base for Humanities and Social Sciences of Colleges and Universities
in Shanghai ······················ 323

5. Studios of Arts and Humanities Masters of Colleges and Universities in Shanghai ········· 323

Section Three - Researches for Higher Education ······················ 324

1. Research Institute for Shanghai Higher Education ······················ 324

2. Academic Communities of Researches for Higher Education ······················ 325

Section Four - Soft Science Research and E Institute ······················ 326

1. Soft Science Research ······················ 326

2. E Institute ······················ 326

Chapter 2 - Great Projects and Research Results ······················ 328

Section One - Research Results of Natural Science Project ······················ 328

1. Scale of Results ······················ 328

2. Great Contributions ······················ 329

3. International Influence ······················ 330

4. National Major Basic Researches ······················ 331

Section Two - Research Results of Humanities and Social Sciences Project ······ 332

1. Great Projects ······················ 332

2. Major Achievements ······················ 333

Chapter 3 - Scientific Research Management ······················ 338

Section One - Policy Orientation ······················ 338

1. Policy Construction ······················ 338

2. Project Organizations of Science and Technology Research ······················ 338

3. Instruction of Philosophy and Social Sciences Program ······················ 339

4. Intellectual Property Management ······················ 344

Section Two - Funds Management ······················ 345

1. Source of Funds ······················ 345

2. Use of Funds ······················ 348

Section Three - Achievement Appraisals and Awards ······················ 350

1. National Awards ······················ 350

2. Shanghai Awards ······················ 351

Chapter 4 - Social Services ······················ 354

Section One - Collaborative Innovation ······················ 354

1. Collaboration among Enterprises, Universities and Research Institutes ·················· 354

2. Forms of Collaboration ·············· 356

3. Scientific and Technological Industries and University Science Parks ·············· 359

Section Two – Technology Transfer ·············· 361

1. Achievement Transformation ·············· 361

2. Exploring Technology Markets ·············· 363

Part VI – Cooperation and Exchange ·············· 365

Chapter 1 – International Exchange and Cooperation ·············· 367

Section One – Overseas Study ·············· 367

1. Government-funded Overseas Study ·············· 367

2. Self-funded Study Abroad ·············· 368

3. Education for International Students to China ·············· 368

4. Management of International Students to China and Incentive Policies ·············· 372

Section Two – Teacher Mutual Recruitment and Visit ·············· 373

1. Mutual Recruitment ·············· 373

2. Mutual Visit ·············· 374

Section Three – Overseas School Running ·············· 375

Section Four – Academic Exchange ·············· 377

1. Teaching and Scientific Research Exchange ·············· 377

2. Academic Exchange by Meeting ·············· 379

Chapter 2 – Domestic Cooperation and Exchange ·············· 382

Section One – Education Cooperation and Local Services ·············· 382

1. Shanghai Services for the Whole Country ·············· 382

2. Cooperation within Yangtze River Delta Regions ·············· 384

3. Cooperation between Universities and Regions ·············· 385

Section Two – Supporting to the Western Regions ·············· 387

1. Pair-up Support of Shanghai for the Western Provinces and Regions ·············· 387

2. Government Working Mechanism ·············· 388

3. Supporting for Talent Cultivation ·············· 388

4. Aid for the Higher Education Construction ·············· 391

5. Teaching and Scientific Research Cooperation ·············· 392

Section Three –Exchange and Cooperation among Shanghai, Hong Kong,

Macao and Taiwan ·············· 393

1. Exchange and Cooperation between Shanghai and Taiwan ·············· 394

2. Shanghai-Hong Kong, and Shanghai-Macao Exchange and Cooperation ·············· 399

Section Four – Academic Activities ·············· 401

1. Special Academic Meetings ·············· 401

2. National Academic Meetings ·············· 403

Part VII - Resources Guarantee ··· 407

  Chapter 1 - Educational Expenditure ··· 410

    Section One - Source and Constitution ···································· 410

      1. Financial Allocation for Education in Budget ···················· 410

      2. Educational Expenditure of Extra-budgetary ···················· 413

      3. Other Inputs ··· 417

    Section Two - Input Mechanisms ·· 419

      1. Per Capita Public Expenditure of College Students ············· 419

      2. Funding of Special Undertakings ································· 420

      3. Development Fund for Education ·································· 422

      4. Interest Subsidies of Specified Taxes and Duties ··············· 422

      5. Investment and Financing System Reform ······················ 423

    Section Three - Supervision and Management ···························· 424

      1. Educational Expenditure Management ··························· 424

      2. Supervision ·· 426

  Chapter 2 - Basic Construction of Education ·································· 431

    Section One - Basic Construction of Campus ···························· 431

      1. Restoration and Improvement of Campus ······················· 431

      2. New Campus Construction ······································· 432

      3. Layout and Structure Planning of Colleges and Universities ····· 433

    Section Two - Construction of University Parks ························· 434

      1. Songjiang University Park ·· 434

      2. Nanhui Science Park ··· 435

      3. Minhang Zizhu Science Park ····································· 435

      4. Research and Education Areas of Zhang Jiang High Tech Park ··· 436

      5. Shanghai International Medical Science Park ··················· 436

      6. Lingang University Town ··· 437

  Chapter 3 - Logistical Support and Campus Management ··············· 438

    Section One - Logistical Management of Colleges and Universities Reform ······ 438

      1. Logistical Operating Mechanism Reform ······················· 438

      2. Logistical Socialization Reform ·································· 439

      3. Logistical Quality Management System of Colleges and Universities ···· 442

    Section Two - Campus Safety Management ······························ 443

      1. Institution and Facility Construction ···························· 443

      2. Accommodation Management ···································· 447

      3. Catering Management ·· 448

    Section Three - Campus Civilization Construction ····················· 450

      1. Incentive Activities to Create Civilized Units ·················· 450

      2. Special Treatment in Campus Environment ···················· 452

3. Healthy Campus Construction ················· 452

Section Four － Economical Campus Construction ················· 454

1. Energy Conservation ················· 454

2. Water Conservation ················· 454

3. Measures of Energy Conservation ················· 455

Chapter 4 － Education Informationization Construction ················· 456

Section One － Shanghai Education Metropolitan Area Network Construction ····· 456

1. Computer Network of Shanghai Education and Science Research ················· 456

2. Shanghai Education Website ················· 458

Section Two － Application of Educational Informatization Technology ············ 460

1. Distance Education ················· 460

2. Online Education ················· 460

3. Network Libraries ················· 460

4. UNIVS ················· 461

Part VIII － Higher Education Institutions ················· 463

Chapter 1 － Colleges and Universities Affiliated to the Central Ministries and

Commissions ················· 465

Section One － Fudan University ················· 465

Section Two － Shanghai Jiaotong University ················· 468

Section Three － Tongji University ················· 470

Section Four － East China University of Science and Technology ················· 473

Section Five － Donghua University ················· 474

Section Six － East China Normal University ················· 475

Section Seven － Shanghai International Studies University ················· 476

Section Eight － Shanghai University of Finance and Economics ················· 478

Section Nine － Shanghai Customs College ················· 480

Chapter 2 － Municipal Colleges ················· 481

Section One － University of Shanghai for Science and Technology ················· 481

Section Two － Shanghai University ················· 482

Section Three － Shanghai University of Engineering Science ················· 483

Section Four － Shanghai University of Traditional Chinese Medicine ············ 484

Section Five － Shanghai Normal University ················· 485

Section Six － Shanghai Institute of Foreign Trade ················· 486

Section Seven － Shanghai Institute of Technology ················· 487

Section Eight － Shanghai Maritime University ················· 488

Section Nine － Shanghai University of Electric Power ················· 489

Section Ten － Shanghai Ocean University ················· 490

Section Eleven － East China University of Political Science and Law ············ 491

Section Twelve – Shanghai University of Sport ································ 492

Section Thirteen – Shanghai Theatre Academy ···························· 494

Section Fourteen – Shanghai Conservatory of Music ···················· 495

Section Fifteen – Sanda University ·· 496

Section Sixteen – Shanghai Lixin University of Commerce ············· 498

Section Seventeen – Shanghai Dianji University ·························· 499

Section Eighteen – Shanghai Finance University ························· 500

Section Nineteen – Shanghai University of Political Science and Law ·········· 501

Section Twenty – Shanghai Second Polytechnic University ············· 502

Section Twenty-one – Shanghai Business School ························· 503

Section Twenty-two – Shanghai Jian Qiao College ······················ 504

Section Twenty-Three – Shanghai Institute of Visual Arts ············· 505

Section Twenty-four – Fudan University Pacific Financial College ····· 505

Section Twenty-five – Xianda College of Economics and Humanities,

          Shanghai International Studies University ···················· 506

Section Twenty-six – Shanghai Normal University Tianhua College ····· 506

Section Twenty-Seven – Liuzhou Vocational College ···················· 507

Chapter 3 – Municipal Academies ·· 508

Section One – Shanghai University of Medicine & Health Sciences ····· 508

Section Two – Shanghai Publishing and Printing College ··············· 509

Section Three – Shanghai Institute of Tourism ·························· 510

Section Four – Shanghai Police College ·································· 510

Section Five – Shanghai University of Medicine & Health Sciences ····· 511

Chapter 4 – Municipal Higher Vocational Colleges ······················· 513

Section One – Shanghai Xingjian College ································ 513

Section Two – Shanghai Technical College of Urban Management ······ 513

Section Three – Shanghai Communications Polytechnic ················· 514

Section Four – Shanghai Maritime Academy ···························· 515

Section Five – Shanghai Technical Institute of Electronics Information ········· 515

Section Six – Shanghai Vocational College of Science and Technology ········· 516

Section Seven – Shanghai Vocational College of Agriculture and Forestry ······· 517

Section Eight – Shanghai Art & Design Academy ······················· 517

Section Nine – Shanghai Urban Construction Vocational College ······· 518

Section Ten – Shanghai Vocational College of Trade Union ············ 519

Section Eleven – Shanghai Sports Institute ······························ 519

Section Twelve – Shanghai University of Medicine & Health Sciences ··· 520

Section Thirteen – Shanghai Donghai Vocational and Technical College ······· 521

Section Fourteen – Shanghai Industrial and Commercial Polytechnic ··· 521

Section Fifteen – Shanghai Aurora College ······························ 522

Section Sixteen – Shanghai Minyuan Vocational College ·················· 523

Section Seventeen – Shanghai Sipo Polytechnic ·················· 523

Section Eighteen – Shanghai Lida University ·················· 524

Section Nineteen – Shanghai Jiguang Polytechnic College ·················· 524

Section Twenty –Shanghai Industry & Commerce Foreign Language

   College ·················· 525

Section Twenty-one – Shanghai Bangde College ·················· 526

Section Twenty-two – Shanghai Top Institute of Information Technology ········ 527

Section Twenty-three –Shanghai Zhongqiao Vocational and Technical

   University ·················· 527

Section Twenty-four – Shanghai Film Art Academy ·················· 527

Section Twenty-five – Shanghai Zhonghua College ·················· 528

Part IX – Educative Figures ·················· 529

Chapter 1 – Brief Biography ·················· 531

  Liu Fonian ·················· 531

  Su Buqing ·················· 531

  Chen Zhongwei ·················· 532

  Li Guohao ·················· 533

  Gu Kaishi ·················· 533

  Tan Jiazhen ·················· 534

  Qian Weichang ·················· 535

  Zhang Jingren ·················· 535

  Zhou Ziaoyan ·················· 536

Chapter 2 – Profile ·················· 537

  Yang You ·················· 537

  Deng Xuchu ·················· 537

  Wu Mengchao ·················· 538

  Wang Zhenyi ·················· 538

  Gu Chaohao ·················· 538

  Ma Zaitian ·················· 539

  Tang Zhaoyou ·················· 539

  Weng Shilie ·················· 540

  Hu Ying ·················· 540

  Yu Lina ·················· 541

  He Jifeng ·················· 541

  Liu Xianquan ·················· 541

Chapter 3 – List of Figures ·················· 543

Appendix 547

    National Regulations on Responsibilities of Teachers in Colleges and

    Universities 549

    Regulations in Colleges and Universities students' Status Management 550

    Directory of Shanghai General Institutions of Higher Education for

    1978 – 2010 555

Index 603

Afterword 650

概　述

中华人民共和国成立以后,上海经历了在社会主义初级阶段和社会主义市场经济条件下特大型城市探索高等教育发展的独特道路。1949 年至 1966 年,是上海接受与改造国民党政府遗留的高校、大规模开展院系调整、进行教育"大跃进"与"教育革命"、实施高等教育规范与调整,取得自主发展高等教育巨大成就的 17 年。1966 年 5 月至 1976 年 10 月,"文化大革命"使上海高等教育受到灾难性的破坏。上海高校从 1965 年的 24 所减少到 1976 年的 16 所,大批师资流失,高层次专业人才培养几乎停顿。1977 年,随着高等教育考试招生制度的恢复,上海高等教育进入恢复调整,走向改革开放和现代化发展的新时期。

1978 年 12 月中国共产党十一届三中全会召开,上海高等教育进入以面向世界、面向未来、面向现代化为发展理念的新的历史发展阶段。经过恢复调整,加快建设与发展步伐;大力推动高等教育管理体制改革;实施教育综合改革试验,主动与生产力发展以及城市空间形态互动,优化高等学校布局结构。上海高等教育在完成外延发展的同时,加速内涵发展,实现历史性跨越。1978—2010年间上海高等教育的发展从"精英阶段"迅速进入"大众化阶段",再跨进普及化阶段,这是上海高等教育改革、开放和现代化发展的重要历程。

一

在中共十一届三中全会改革开放路线指引下,"恢复整顿""加快建设"构成了上海高等教育从1978 年至 20 世纪 80 年代末的历史篇章。

1978 年至 1980 年间,在"文化大革命"期间撤并、停办、更名或外迁的一批上海本科院校相继复校。三年间,上海师范学院、上海教育学院、上海体育学院分别从五校合一的上海师范大学中分离,恢复独立建制,上海师范大学恢复华东师范大学校名;上海工学院(后更名为上海工业大学)、上海财经学院、华东政法学院、上海农学院、上海对外贸易学院相继复校,上海水产学院、上海铁道医学院相继由厦门、宁夏迁回上海办学。

1977 年恢复高考制度后,众多历届中学毕业生上大学追回学业的热情与应届中学毕业生继续升学的强烈愿望合流,与此同时,"文化大革命"十年动乱造成专门人才断层和严重匮乏的局面,各条战线人才需求迫切。为此,1978 年 10 月,上海市充分发挥各条战线办高等教育的积极性,采用负责教学、地方工业局提供财力物力、有关区政府提供校舍和后勤保障的"三结合"办学体制,在不到两个月的时间内办起 13 所大学分校,在上海市高等学校同年扩大招生 9 000 人的同时,再扩大招生7 000 余人。1983 年后,13 所大学分校经合并、改建、更名进行调整,分别成立上海大学、上海工程技术大学、上海城市建设学院、上海技术师范学院等。

20 世纪初,上海开展了两次人才调查预测,为教育部门和计划部门提供决策参考信息。1983年 10 月,在全国专门人才规划工作会议精神指导下,上海市政府在全市进行专门人才和在职干部普查,普查对象 86 万余人。普查结果揭示上海人才培养和智力开发面临的严峻形势:人才数量严重不足,尤其是高级人才奇缺;人才老化,年龄结构出现断层;人才科类结构与经济、科技和社会发展需求脱节;上海的人才优势严重削弱。1984年上海市制定"1984—1990年上海市智力开发倍增计划":高中阶段教育入学率由37.5％倍增至75％;普通高校在校生规模由7.94万人倍增至15.88万人。全市专门人才总量由48.6万人倍增至97.2万人。1985年,中共中央发布《关于教育体制改革的决定》,提出,"教育体制改革的根本目的是提高民族素质,多出人才、出好人才"。同年底,上海围绕教育本质、教育目的、教育功能等主题,开展全市范围的教育思想大讨论,为深化教育改革、确立教育发展战略奠定思想基础。1986年,上海开展教育发展战略研究,在教育管理体制、教育结构、教育观念、教育内容、教育方法进行系统改革,确立为适应上海城市经济社会总体发展的教育发展战略,绘制了上海现代化教育发展蓝图。

在上述调查研究与战略规划的推动下,上海高等教育进入新的发展格局。20世纪80年代,上海高等学校在政府办学体制下形成一轮建设与发展高潮。其中,高等专科院校的建设步伐更快,除1978年、1979年间在原市若干工业局"七·二一大学"基础上增设的6所专科学校和升格的上海海关专科学校、新建的上海旅行游览专科学校(1980年更名为上海旅游专科学校)、立信会计专科学校于1980年复校外,10年间上海又陆续升格、改制、新建13所高等专科学校。1985年,上海建筑材料专科学校、上海电力工业专科学校分别升格为上海建筑材料学院、上海电力学院。上海高等学校体系和高等专门人才培养的基础得以全面恢复和补充。

1978年,上海高等学校恢复研究生招生。复旦大学、上海交通大学、上海师范大学、上海第一医学院等14所高校经教育部批准开始招收研究生。9月,上海市科研单位和高等学校的第一次研究生招生工作结束,各单位共录取1 072名研究生。1986年4月,复旦大学、华东师范大学、同济大学、上海交通大学、华东化工学院等学校和另外9个上海的科研机构根据国务院批转的有关文件建立18个博士后科研流动站,开始招收博士后研究人员。

至1989年,上海普通高等学校达到51所,比1976年的16所增加近220％。其中,本科院校增至31所,专科院校达到20所。本专科招生由20世纪80年代初的2万人左右增加到3.18万人;高校在校生由8万人左右增加到12.9万人,其中在校研究生达到0.91万人。

随着高等教育的快速恢复和新的建设发展,推进高校内部管理体制改革成为这一时期促进高校教育教学秩序整顿与完善的重要内容。1979年12月,复旦大学校长苏步青、同济大学校长李国豪、上海师范大学(1980年恢复"华东师范大学"校名)校长刘佛年、上海交通大学党委书记邓旭初就关于办好大学的意见发表联合署名文章,呼吁要给高等学校以办学自主权。

上海交通大学率先以劳动人事与分配制度为核心,进行学校内部管理体制改革。在校内严格实行定员定编,进行人员流动;制定并实行《教师工作规范》《干部岗位责任制》,在考核基础上试行工资改革,实行责、权、利结合的干部负责制。打破平均主义和"大锅饭",释放蕴藏在广大教职工身上的巨大潜能。上海交通大学的内部管理体制机制改革得到了邓小平同志和国务院领导的肯定,并作为全国高校管理体制改革的先进典型案例,被收入六届二次全国人民代表大会《政府工作报告》。

1984年5月,上海市政府在全市推广上海交通大学管理改革的经验。各高校相继实行定员定编、岗位责任制、人员流动、浮动岗位津贴和聘任制、考核制、奖励制、后勤承包责任制等制度。上海市政府批准经验收合格的44所高校试行领导干部任期制和聘任制、教师职务聘任制、课时津贴制。同济大学积极探索后勤承包责任制改革,复旦大学则尝试放权到系,推进上海高等教育的一系列改革。

二

20世纪90年代,以1992年春天邓小平南方谈话精神为指导,以浦东开发开放为标志,上海进入中国改革开放的前沿阵地,上海高等教育抓住机遇,掀开"改革开放"历史新篇章。

1993年5月,中共上海市委、上海市政府召开上海市教育工作会议。会议提出要建立与上海地位和功能相适应、具有现代化国际大城市特点和水平的社会主义教育体系,建立适应社会主义市场经济体制的新的教育体制和运行机制。一是确立教育作为产业发展的全局性、先导性基础的战略地位,形成超前规划教育发展、优先保证教育投入、政策向教育倾斜、全社会尊师重教的社会环境和社会风尚;二是上海的教育不仅要为上海的经济和社会发展提供有力的支持,而且要为长江流域地区和全国服务,还要面向世界,广泛开展国际交流与合作,使上海成为国内、国际的人才培养和交流中心之一;三是上海的教育改革要力争比全国先走一步,建立与社会主义市场经济体制相适应的、符合教育自身规律的教育体制和运行机制,全面、提前、高质量地实现《中国教育改革和发展纲要》所确定的改革目标;四是与建设现代化国际大城市相适应,一流城市要有一流教育水平,上海全民受教育年限要逐步达到发达国家水平;各级各类教育要逐步形成一批高水平、能参与国际竞争和交流的重点学校和重点学科。

1994年6月,在全国第二次教育工作会议上,中共上海市委副书记、市长黄菊代表中共上海市委、上海市政府作题为《抓住机遇,深化改革,努力建设与一流城市相适应的一流教育》的交流发言。同年9月,上海召开教育工作会议,黄菊以《以极大努力建设世界一流教育》为标题作大会报告。强调"率先建设一流教育是上海迈向21世纪,实现经济社会战略目标的一项伟大工程"。

基于上述目标,自20世纪90年代中叶,上海积极推进高等教育管理体制改革。根据《中国教育改革和发展纲要》关于"进行高等教育体制改革,主要是解决政府与高等学校、中央与地方、国家教育委员会与中央各业务部门之间的关系,逐步建立宏观管理、学校面向社会自主办学的体制"的精神,将地方高校分属各委、办、局的以"条"为主的管理体制变为由地方政府以"块"为主统筹管理体制,以优化上海高校布局,加速上海高等教育发展重点项目,作为实现一流教育目标的重要政策举措。

高等教育管理体制改革和高校布局结构调整是上海高等教育改革开放30多年中投入力度最大、持续时间最长、影响最深远的重大教育改革之一。为解决计划经济体制下形成的"部门所有""条块分割"等高等教育管理体制问题,1995年3月,国家教育委员会确定上海市为高等教育管理体制改革三试点省、市、部委之一。根据中共中央、国务院颁发的《中国教育改革和发展纲要》有关精神和国家教育主管部门有关文件,按照"共建、联合、调整、合并"的方针,上海在国家有关部委支持下,在中共上海市委、上海市人民政府领导下,在国家教育方针政策和法律法规范围内进行省级政府统筹的大胆探索,积极推进以"共建、合并、合作、划转"为主要内容的管理体制改革,拟定并实施包括中央在沪部委属院校在内的上海高等教育布局及结构调整方案,先后完成对中央部委属在沪11所高校管理体制的调整,实行中央与地方共建,以上海市为主的管理体制。先后有28所普通高校和6所成人高校组建成11所新的高校,8所地方高校并入教育部所属高校。上海高等学校布局结构调整取得实质性进展,主要举措和经验有:

一是在"共建"体制构建中,上海市探索与中央有关部门共同建设和管理高等学校、使高等学校更好地服务区域经济社会发展的改革。1993年,上海按照"认真分析,积极慎重,抓紧试点"的方针和"合作、互利、求实"的原则,选择复旦大学、上海交通大学、上海外国语大学三所高校进行共建试点。1994年,上海市政府与国家教育委员会签署《国家教委与上海市人民政府共建复旦大学、上海交通大学、上海外国语大学的意见》。共建的主要方式是:学校的建制不变,原有投资渠道不变,管理上实行国家教育委员会与上海市政府双重领导,其中复旦大学、上海交通大学以国家教育委员会为主,上海外国语大学则以上海市政府为主;三校为上海经济建设和社会发展提供全方位的服务;市政府每年向三校提供一定数量的经费支持。1995年后,上海又参照上述共建方式与有关部、委签署共建上海医科大学、同济大学、上海财经大学、华东师范大学、华东理工大学和中国纺织大学的协议。上海对共建院校除提供"共建"津贴支持外,还根据不同情况分别通过"211工程"建设资金配套、重点学科建设、科技产业贴息以及特困生补助等多种形式给予相应的政策和经费支持。1997年,上海基本完成部委高校实施共建的目标,"九五"期间,向9所共建高校共提供9.8亿共建经费,并向复旦大学和上海交通大学各提供1.2亿元的专项经费。1998年,根据国务院对并入经贸委等9部门所属院校的管理体制进行调整的决定,已经实施部市共建的中国纺织大学进一步明确重大事项以中央教育部为主,日常管理以地方为主。上海理工大学实行中央与地方共建,以地方管理为主的管理体制。1999年,上海市政府和教育部决定重点共建复旦大学和上海交通大学。除两校正常经费安排外,教育部和上海市政府在今后3年内,向两校各投入建设经费6亿元人民币。

二是探索院校"合并"的体制改革,提高高校办学规模效益,提高人才培养和科学研究的水平与质量。中共上海市委、上海市政府强调高校合并过程中必须突出教育资源的优化配置,提高办学效益和质量。主要模式有:(1)市属高校间的合并。1994年,经国家教育委员会批准,上海工业大学、上海科学技术大学、上海大学、上海科技高等专科学校合并组建新的上海大学;上海师范大学与上海技术师范学院合并组建新的上海师范大学。1997年,上海高等师范院校布局结构调整迈出重大步伐,上海幼儿高等师范专科学校、上海师范高等专科学校分别并入华东师范大学和上海师范大学。(2)同一中央部委所属高校间合并。1995年,铁道部所属上海铁道学院与上海铁道医学院合并组建上海铁道大学。(3)不同隶属关系高校间合并。1995年底,国家建材总局所属上海建筑材料学院在先划转到地方后与上海市属的上海城市建设学院一起并入同济大学。这一合并模式后被称为"同济模式",获得相关各方的高度认可与支持。同年,机械工业部所属华东工业大学与上海机械高等专科学校合并为上海理工大学。中国石化总公司所属上海石油化工高等专科学校并入华东理工大学,作为华东理工大学的石油化工学院。1999年,中国纺织大学与上海纺织高等专科学校合并组建东华大学;上海农学院并入上海交通大学。(4)成人高等教育院校结构调整与改制。1998年,经上海市政府批复同意,上海财贸系统4所成人高校合并改制组建为上海商业职业技术学院;该校为专科层次的高等职业学校,同时适当承担部分成人高等教育的任务,是上海第一所独立建制的职业技术学院。同年8月,经教育部批准,上海教育学院、上海第二教育学院撤销建制,并入华东师范大学,组建华东师范大学继续教育学院。至此,历经两年左右的上海高等师范院校的组织形态调整工作宣告完成,为构建上海高等师范教育职前培养与在职培训一体化的体系打下基础。1999年8月,上海冶金联合职工大学和上海冶金工业学校合并改制组建为上海东沪职业技术学院。

三是实施领导隶属关系划转体制。高校隶属关系的转移,旨在解决区域内高校设置的重复与分散问题。为贯彻《中国教育改革和发展纲要》中关于高等教育要逐步实行中央和地方两级管理、以地方政府为主的体制的精神,上海市政府成立上海高校体制划转协调小组。1994年,国家对外经济贸易部与上海市政府签署上海对外贸易学院管理体制划转的协议:自1994年9月1日起学校日常管理归属上海市领导,教育事业经费从1995年起由财政部划归上海市。1995年,上海电力学院由原电力部所属高校转变为由电力部委托华东电业管理局为主管理,学校加入华东电力集团。根据1994年上海市教育工作会议关于"尽快将市属委、办、局主管高校的管理体制划归市教育部门统一管理"的精神,原属上海财贸系统、卫生系统和经济系统的上海立信会计高等专科学校、上海医学高等专科学校、上海冶金高等专科学校、上海纺织高等专科学校、上海轻工业高等专科学校先后划转上海市教育部门管理。划转体制的运作,为高校筹措教育经费、改革和完善教育投入结构积累了经验。

四是实施"联合办学"体制,旨在发挥上海高校的综合优势,打破计划经济体制下"大而全""小而全"的资源配置模式,加强高校间、高校与社会企业间的联系。1994年,在国家教育委员会和上海市高等教育局推动下,上海交通大学、上海医科大学、华东理工大学、中国纺织大学、上海农学院、华东师范大学和华东政法学院组成上海西南地区7校联合办学管理委员会,下设综合办公室、教学、科研、学科建设、图书资料、学生工作、后勤服务和计算机等对口协作组,并在教师互聘、合编参考教材、学生相互听课、图书资料共用、后勤服务设施共用等方面实现资源共享,优势互补。此后,上海东北地区的复旦大学、同济大学、上海财经大学、上海水产大学等8所高校也形成联合办学格局。1996年,上海"西南7校"和"东北8校"的合作办学进一步发展,向跨校联合科研攻关、远程教育校际联网等教学、科研、学科建设的深层次方向推进。1998年,"西南7校"的环保合作科研结出硕果;上海外国语大学加入东北片高校联合办学后,"东北9校"从跨校辅修课程进一步发展到跨校辅修专业,教学资源得到充分利用,重点建设的图书光盘检索中心成功开通。

同时,上海积极利用现代化网络技术促进教育资源的开放共享。1995年上海教育与科研计算机网(SHERNET)一期工程完成,高校主干网联网。随即,在上海交通大学设立上海市远程教育研究所,在上海医科大学建立上海市远程医疗研究中心。1996年1月4日上海教育与科研计算机网正式开通运行。

在实施高等教育管理体制改革的同时,上海市发挥政府统筹机制,大力推动高校提升人才培养、科学研究和社会服务等功能的综合改革。

1995年,中共上海市教育卫生工作委员会、上海市教育委员会对同济大学、华东师范大学、中国纺织大学、上海财经大学、上海铁道大学、上海水产大学、上海大学、上海中医药大学、上海冶金高等专科学校、上海石化高等专科学校10所高校进行综合改革调查。在此基础上,提出一系列推进高校招生和学生管理、教育教学质量、学科发展水平提升和加强基础设施建设的改革政策和举措。

上海自1992年开始率先在全国开展高校招收自费生的改革。1993年,上海市高等教育局发布《扩大招收自费生规模、深化招生制度改革的若干意见》文件,明确提出要逐步实行收费和奖学金、贷学金相结合的制度。同年,上海工业大学开始自主招生改革、实行缴费上学制度试点。在逐步扩大试点的基础上,到1995年,上海高校自主招生改革试点扩大到17所,除师范、农林类专业外,自主招生改革试点的市属高校都实行缴费上学制度,大部分部委属高校也实行招生并轨,并试行推荐优秀高中毕业生接受高校选拔录取的办法。2000年,上海首次实行高校春季招生考试制度。

1995年9月,复旦大学、同济大学、华东师范大学等上海18所高校进行学分制试点。1997年,上海冶金高等专科学校和上海轻工业高等专科学校创建全国示范性高等工科专科学校,开展高等职业教育和新一轮的学分制试点。

1995年,由上海市教育发展基金会出资,上海市教育委员会管理的"曙光计划"开始实施。"曙光计划",以"三高"(高学历、高职称、高起点)为要求,以出优秀人才、出科研成果为目的,旨在加强对上海高校优秀青年科技人才的支持,加强对基础性研究和高新技术研究的支持。至1999年,"曙光计划"获得大面积丰收。

1996年,上海市教育委员会印发《关于加强上海普通高校教学工作若干意见》,进一步深化教学改革。重点课程教材、实习基地、教师工作条件等教学基础建设开始实质性启动。

1996年,上海12所高校确定"211工程"重点学科建设项目80余个,"九五"期间投入专项经费18亿元。1998年,复旦大学、上海交通大学、同济大学、上海医科大学、中国纺织大学、上海财经大学等高校经国家计划委员会批准立项后,全面进入"211工程"项目的投资建设阶段。

1998年,上海率先推动高校后勤社会化改革,成立上海高校后勤社会化改革领导小组和专家咨询小组;组建上海高校后勤服务股份有限公司。上海21所高校新建学生公寓36万平方米。改造"筒子楼",启动高校教师公寓建设;改善教师休息室条件。2000年,上海市高校一年级、二年级基础实验室建设项目全面启动,普通高校教师办公条件改善工作完成。

1999年,上海积极推进高校科技管理体制改革,努力解决科技体制上存在的条块分割、力量分散等问题,探索并初步形成具有上海高校特色的产学研紧密合作模式。上海市教育委员会于1999年3月,启动《上海高校科技产业化行动计划》(简称"993计划")。"993计划"以上海经济发展需要为根本,以项目为抓手,以人才为核心,以学科为依托,以取得经济效益和社会效益为目的。高校科技管理体制改革使上海高校在信息技术、现代生物与医药、新材料、汽车制造等高科技领域抢占先机,屡创佳绩。

与高等教育管理体制改革同步的是办学体制改革,这一时期,上海高等教育对内对外开放办学渐入高潮。

1978年9月,上海交通大学组成中华人民共和国成立后中国第一个高校代表团出访美国,打破全国高校对外交流的封闭格局。从此高校开始逐步加大对外交流的力度,自20世纪80年代,上海高校对外校际交流活动蓬勃开展,复旦大学、同济大学、上海交通大学、华东师范大学、上海工业大学、上海第二医科大学等20多所高校与美国、法国、联邦德国、日本、加拿大、英国、澳大利亚、荷兰等18个国家和地区的150多所高校建立起各种校际合作关系。1994年,由中国政府与欧共体合作,依托上海交通大学的合作办学机构——中欧国际工商管理学院挂牌,揭开中外合作办学与交流的序幕。

1992年,上海交通大学、北京大学、清华大学部分教师发起创办上海杉达大学(1994年2月经国家教育委员会批准建校),启动上海民办高等教育发展的序幕。上海1993年出台《民办高等学校设置暂行规定》,规范和保护民办高等学校的发展。1996年,上海高等教育办学体制改革继续深化。8月,上海市教育委员会批准民办光启学院和华夏学院筹办,系上海首次批准筹办民办公助性质的高等学校。1999年,两所民办职业技术学院:东海职业技术学院和新侨职业技术学院成立。

1993年,上海出台《上海市境外机构和个人在沪合作办学管理办法》。这是国内第一部中外合作办学地方性法规。1994年又相继颁布《上海市国际合作办学人事管理暂行规定》《上海市国际合作办学收费管理暂行规定》等多部政府规范性文件,有效地保护和推进了中外合作办学在上海的发展。上海高校建立和发展合同式、项目式和设置二级学院办学机构等多种中外合作办学模式,加强与国外知名大学和国际组织的联系,创新国际化合作办学的形式,创建一批高起点、高水平的合作办学机构和项目。1990年代中期,上海中外合作办学进入快速增长期,到1996年上海已有各级各类中外合作学校49所。

三

2001 年,上海市 18 至 22 周岁同龄人口中,接受各类高等教育的比例达 38.8%,标志着上海高等教育进入了"大众化"阶段。面对高等教育大众化阶段人民群众对于接受高等教育的理念,以及高等学校办学和人才培养模式本身发生根本性变革的要求,进入 21 世纪的上海高等教育率先实施教育综合改革试验,继续推进以优化高等教育结构布局为规划目标的高校改革与发展统筹,大力促进高校深入内涵发展的改革举措。

2003 年,在国务院和教育部的大力支持下,上海获准实施教育综合改革试验。教育综合改革框架方案包括试点审批普通高等学校、试点审批上海市高校在境外设立办学机构、试点审批独立设置的中外合作高等学历教育机构、试点审批普通高校和成人高校招生计划、试点审批普通高校自筹资金研究生招生计划、试点审批高等学校专业目录外的新兴交叉学科的硕士新专业、试点审批高等学校硕士授权点、高校布局调整、全面统筹和实施共建高校中长期发展规划、高等教育招生考试改革、教育经费筹措与教育收费改革等。这项改革是进行省级政府统筹教育的又一大胆探索,标志着上海教育将在全国率先实施新一轮整体性、深层次的改革。

上海高校的管理体制、办学体制改革和布局结构调整继续扩展。2001 年,上海东沪职业技术学院并入上海第二工业大学;2002 年完成由上海体育运动技术学院、体育科学研究所和上海体育学院组建成新的上海体育学院,上海戏曲学校和上海舞蹈学校并入上海戏剧学院的学校管理体制调整工作。2003 年,上海医疗器械高等专科学校、上海出版印刷高等专科学校划归上海理工大学管理,上海旅游高等专科学校划归上海师范大学管理。2005 年,上海第二医科大学成为上海交通大学医学院。与此同时,上海改制、转型、新建一批高职院校。2002 年至 2010 年,上海杉达学院、上海立信会计学院、上海金融学院、上海政法学院、上海电机学院、上海商学院、上海建桥学院、上海海关学院等分别由原来的高职高专升格为本科院校。

2001 年后,上海推进高等学校办学体制改革,民办高等教育发展进入一个高峰期。3 年间,共有上海济光职业技术学院、上海工商外国语学院等 11 所由社会力量举办的高职院校通过上海市教育委员会审核,经上海市政府批准建校。2003 年后,由公办院校与社会力量合作举办的复旦大学太平洋金融学院、复旦大学上海视觉艺术学院、上海外国语大学贤达经济人文学院、上海师范大学天华学院、同济大学同科学院等"独立学院"相继成立。

上海通过全局性规划,依照"2+2+X"规划的高校结构布局调整工作全面实施。第一个"2"是指:建设南北两个以重点高校为核心的集聚高地,即建设以复旦大学为核心,具有综合性、多层次特点的杨浦大学城;建设以上海交通大学为核心,具有文理渗透、理工结合特点的闵行紫竹科学园区。第二个"2"是形成东西两个采取政府主导与社会参与建设相结合的大学园区,即松江大学园区和南汇科教园区。"X"即为建设若干个与产业联系密切、依托产业开发区发展的产学研一体化的高校。

2002 年,松江大学园区一期建设工程如期完工。一期规划用地约 286.7 万平方米,进入的高校有上海外国语大学、上海对外贸易学院、立信会计高等专科学校,复旦大学上海视觉艺术学院于 2005 年入驻。大学园区二期规划用地约 246.7 万平方米,进入的高校有东华大学、华东政法学院和上海工程技术大学。大学园区内同步建设近 20 万平方米学生生活区。松江大学园区实施教学资源共享,园区一期先行入驻的三所高校总结和推广学分制改革,在继续开设跨校辅修课程的基础上,积极开展跨校辅修专业的改革试点工作,并制定《上海松江大学园区跨校辅修专业实施办法》,受到学生欢迎。

1999年,按照上海市政府指示,中共南汇区委、南汇区政府提出"办教育、引科技、兴产业、建新城",建立南汇科教园区的构想。2002年与上海水产大学、上海电力学院、上海理工大学、上海工商外国语学院等四所大学和四川托普信息技术学院、上海双翼学校和深圳思博学校等签订合作办学协议。2009年,上海应用技术学院奉贤校区、上海电力学院、上海金融学院、上海出版印刷高等专科学校、上海医疗器械高等专科学校浦东新校区建设等项目立项启动。由此,上海市高校布局原"2+2+X"基础上,新增1个"2"(即奉贤区、临港新城两个大学园区),调整为"2+2+2+X"的布局结构。

在高等教育外延发展、结构布局基本达成后,上海高校适时转向内涵发展。2002年,上海高校推出博士资格考核制度,创新能力成为第一要素;风险选题制度规定,对有原创意义的研究生论文选题,在经费和政策上予以倾斜;研究生学位论文实施"双盲"抽查。2009年开始实施的"上海研究生教育创新计划"项目,委托部分高校举办研究生学术论坛,为全市研究生搭建交流创新思维的学术平台;举办研究生暑期学校开发和利用研究生教育的优质资源,促进研究生教育的交流与合作,推动培养单位之间相互承认学分;设立产学研联合培养研究生专项资金,用于资助"上海研究生联合培养基地"(含"协作培养单位")的研究生。上海研究生教育创新计划资助上海大学、上海理工大学、华东政法大学和上海海洋大学等高校试点开展研究生培养机制改革,构建研究生奖助体系,促进提高研究生培养质量。2010年,上海理工大学、上海海事大学、华东政法大学、上海体育学院和上海大学5所市属高校被列为上海市首批开展全日制专业学位研究生教育改革试点高校。复旦大学、上海交通大学、同济大学、上海中医药大学4所高校开展临床医学硕士专业学位教育与住院医师规范化培训结合改革试验。国家启动实施卓越教育计划,上海4所高校开展卓越工程教育改革试点,5所高校开展卓越医学教育改革试点。

上海高校在进入21世纪后,加强科学研究机构的建设。上海市教育委员会自2008年起在上海市普通高等学校建设10个人文社会科学重点研究基地。10个基地在两年多建设期间,共承担各类科研项目261项,包括国家社会科学基金项目25项,其中重大招标课题1项。各基地还以学术交流为平台,扩大高校影响。先后举办学术会议56次,其中国际学术会议26次。截至2010年,上海共有11所高校拥有63个教育部重点实验室,14个国家工程(技术)研究中心。2009年,上海启动建设上海高校技术市场,增强上海高校知识服务能力,支撑区域社会、经济、文化发展,进一步深化"三区联动"发展机制,加快推进高校产学研合作。

2009年,上海市教育委员会印发《上海高等教育内涵建设"085"工程实施方案的通知》等文件,全面实施高等教育内涵建设工程。

2009年,上海高校在继续推进和完善秋季招生平行志愿,保持政策稳定的同时,积极探索普通高等学校春季招生"春季考试、秋季入学"模式,既为学生提供多次考试机会,又保证"春季招生"质量。推进专科层次依法自主招生改革试点,2009年试点学校和招生计划分别扩大到21所12 370人,录取12 178人。复旦大学、上海交通大学"高等学校自主选拔录取改革试验"自主选拔录取范围首次从上海市扩大至江浙两省;上海大学首次在沪进行"高等学校自主选拔录取改革试点",形成"8+1"(即8所部属院校+上海大学)的自主招生改革格局。

2010年,教育部与上海市政府签订《共建国家教育综合改革试验区战略合作协议》,确定在教育公共管理新体制和新机制等7个领域,加强"部市"合作,建设国家教育综合改革试验区。教育部、上海市政府签署《关于继续共建复旦大学、上海交通大学、同济大学、华东师范大学的协议》。新一轮"985 工程"建设启动,在沪 4 所"985 工程"高校获得 2010—2013 年"985 工程"中央财政专项资金基本额度控制数 36 亿元建设经费。

2010 年,上海启动国家教育体制改革试点项目——"推进高等学校分类指导、分类管理改革",根据"不同的发展目标,不同的建设任务,不同的政策支持,不同的考核要求",着重探索上海高等学校分类管理改革。结合新一轮"985 工程"和"211 工程"三期建设,开展部属高校发展定位规划和学科专业布局结构优化调整工作;在完成市属本科院校和高职高专院校发展定位规划互动交流工作的基础上,开展非"985 工程"教育部所属高校发展定位规划的互动交流。

至 2010 年,上海共有普通高等学校 66 所,比 1999 年增加 25 所。其中,本科院校 36 所(含 5 所独立学院和 2 所民办高校),高职高专院校 30 所(含民办院校 13 所)。本专科在校生共计 51.57 万人。其中,本科在校生 35.49 万人;高职高专在校生 16.11 万人。在读研究生有 10.57 万人。各类留学生 4.14 万人。2010 年,上海市普通高校教职工为 7.42 万人,其中专任教师 3.92 万人。上海高等教育多元投资、多渠道办学的格局已经形成;高等学校布局结构及发展定位基本成型;高等学校内涵建设向纵深发展;上海高等教育呈现由"大众化"阶段迈入"普及化"发展的健康势头。

大 事 记

1978 年

2 月 17 日　国务院批转教育部《关于恢复和办好重点高等学校的报告》,其中在上海的部委属重点高校计 8 所:复旦大学(教育部)、同济大学(教育部)、上海化工学院(原华东化工学院,教育部)、上海交通大学(六机部,1982 年六机部撤销,划归教育部)、上海纺织工学院(原华东纺织工学院,纺织部)、上海第一医学院(卫生部)、上海师范大学(原华东师范大学,教育部)、上海外国语学院(教育部)。上述 8 校由主管部委与上海市双重领导,以主管部委为主。

2 月 24 日　上海 14 所普通高等学校开始招收研究生。

3 月 13 日　复旦大学数学研究所自"文化大革命"以来第一次开办研究生班。

4 月 13 日　上海 16 所普通高等学校的 319 名教学和科研人员晋升为教授、副教授,年龄最大的为 83 岁,最小的为 36 岁。

4 月 26 日　上海首次授予在高等医学院校中从事中医学研究和教学的 12 名中医师以教授职称。

5 月 13 日　上海师范学院复校。

5 月 18 日　上海体育学院、上海教育学院相继复校;上海半工半读师范学院停办。

8 月 4 日　上海市革命委员会批复上海市教育局,同意筹建上海师范学院分院,院址设在奉贤县,招收两年制专科生,面向郊县培养师资。

9 月 29 日　上海交通大学组团出访美国,历时 48 天,访问美国 27 所高校和 14 家科研单位,并与密歇根大学结成姐妹学校。这是中华人民共和国成立后第一个大陆高校访美代表团。

10 月 27 日　由复旦大学校长苏步青提议并经教育部批准,复旦大学数学系一年级举办试点班。该班共有 48 名学生,年龄最大的 18 岁,最小的 14 岁。按计划要求,学生要在三年内完成大学四年的全部课程,四年内达到研究生一年级水平,成绩优异者允许跳级。

10 月　上海采用高校、地方工业局和所在区三结合的办学体制,自 10 月起陆续举办上海交通大学机电分校、上海纺织工学院分院、上海化工学院分院、上海师范学院分院、复旦大学分校、上海师范大学分校、上海科学技术大学分校、上海外国语学院分院、上海机械学院轻工分院、同济大学建筑工程分校、上海工业大学分校、上海海运学院分院、上海铁道学院分院 13 所普通高校的分校,并于同年扩大招生 7 000 余人。

12 月 28 日　教育部宣布,经国务院批准,同意恢复和增设 69 所高等学校,其中上海恢复 2 所:上海财经学院、上海工学院;增设 6 所:上海冶金专科学校(原市冶金局七·二一大学)、上海建筑材料专科学校(原市建工局七·二一大学)、上海纺织工业专科学校(原市纺织局七·二一大学)、上海电力工业专科学校(原市电管局七·二一大学)、上海化学工业专科学校(原市化工局七·二一大学)、上海轻工业专科学校(原市轻工业局七·二一大学)。

同年① 上海普通高等学校共 40 所(不含华东化工学院四川分院)。在校本专科生 4.96 万人，研究生 0.13 万人；招生本专科生 2.48 万人，研究生 0.11 万人；毕业专科生 0.99 万人(当年无本科毕业生)，研究生 9 人。教职工 3.95 万人，其中专任教师 1.63 万人。

1979 年

1 月 5 日　经上海市革命委员会报请国务院批准：上海财经学院恢复建制，由财政部和上海市双重领导，以财政部为主。

1 月 16 日　上海工业大学在 1978 年复校的上海工学院基础上成立。

1 月　上海市革命委员会教育卫生办公室更名为上海市人民政府教育卫生办公室。毛经权任主任。

2 月 5 日　上海市教育局召开全体干部大会，副市长杨恺宣布上海市革命委员会关于重新建立高等教育局的决定。舒文为重建的上海市高等教育局第一任局长(兼)。

5 月 17 日　教育部会同国家水产总局通知上海市政府：经报请国务院批准，恢复上海水产学院建制，从福建厦门迁回上海原址办学。

6 月 8 日　上海市学生联合会召开各大专院校、大学分校学生会主席联席会，宣布恢复活动。

6 月 16 日　上海师范大学成立高等教育研究会，会长为刘佛年。这是全国第一个群众性高等教育研究学术团体。

7 月 15 日　华东政法学院在上海复校。

10 月 23 日　上海市举行中华人民共和国成立以来第一次"文科大学生学术报告会"。报告内容包括文学、语言学、历史学、哲学、社会学、经济学等学科。35 位学生宣读论文或科研报告。

11 月　由上海师范大学、上海交通大学、复旦大学、上海科学技术大学、上海工业大学、上海师范学院、上海第一医学院和上海第二医学院 8 所高校倡议，上海市高等教育局牵头，成立全国第一个省市级的高教研究组织——上海市高等教育研究会，各高校均为团体会员。

12 月 6 日　《人民日报》发表复旦大学校长苏步青、同济大学校长李国豪、上海师范大学校长刘佛年、上海交通大学党委书记邓旭初等对办好大学的意见，呼吁"给高等学校一点自主权"。编者按语："学校是否应有自主权，应有哪些自主权，教育体制如何改革，才能更好地适应工作重点的转移，值得探讨，希望积极提出建设性意见。"

同年　同济大学等高校对食堂实行按照实绩给予相应比例管理费的部门经济承包责任制，引入企业管理中的经济核算手段，扩大炊管人员的责权利范围，使承包单位及其成员的收入直接与劳动成效挂钩，开始改变高校后勤部门传统的供给制模式。

同年　新建上海旅行游览专科学校。

同年　上海普通高等学校共计 43 所。在校本专科生 6.74 万人，研究生 0.24 万人；招生本专科生 1.85 万人，研究生 0.13 万人；毕业本专科生 0.04 万人，研究生 0.01 万人。教职工 4.32 万人，其中专任教师 1.77 万人。

---

① 教育统计常用学年，即为上一年 9 月 1 日至本年 8 月 31 日。此处"同年"数据，学生与教师按学年度(本年 9 月)的统计，数据来源：《上海高等教育年鉴》《上海教育统计手册》。学校数取自然年即本年年末的统计(详见附录《1978—2010 年上海普通高等学校名录》)。下同。

1980 年

1月4日　上海市政府批转《上海高等学校校(院)长试行工作条例》,规定高等学校领导体制实行党委领导下的校(院)长分工负责制,校(院)长对外代表学校,对内主持学校的日常工作。

5月8日　上海农学院复校。

5月21—28日　上海召开高校学生思想政治工作会议,提出要建设一支精干、坚强、有战斗力的学生政治工作队伍。

5月25日　上海高等学校教授职称评审委员会成立。委员会由27人组成,下设28个学科组。

5月31日　上海首批分配给上海市教育卫生系统高级知识分子住房22套,通过套调,实际解决讲师、主治医师以上知识分子34户的住房困难。

5月　"文化大革命"中改名为上海师范大学的华东师范大学,改名为上海化工学院的华东化工学院、改名为上海纺织工学院的华东纺织工学院分别恢复原校名。

5月　经对外贸易部报请国务院批准,上海海关专科学校(大专)成立(其前身为建于1953年5月的上海海关学校,1978年停办)。

7月1日　国务院批准上海铁道医学院从宁夏迁回上海办学,由铁道部和上海市双重领导,以铁道部领导为主。

8月20日　《光明日报》刊载专稿《提高高等教育水平要走联合的道路》,介绍复旦大学、上海交通大学、华东师范大学、同济大学、上海第一医学院开展五校协作取得的成效。

9月4日　上海交通大学与美国宾夕法尼亚大学合作举办管理与计算机科学双重硕士学位的研究生班。根据协议,中美两所大学将分别筹集资金,设立基金会,共同制定有关的教学计划。

9月　上海交通大学试行"人员流动",先在学校内部就地调整人才,发挥教师的特长,又将多余人员引向社会。半年多时间内,有200名教职工调至工厂、研究所和其他院校工作;或者办理调离手续,初步改变长期以来只进不出的状况。

10月20日　恢复建立立信会计专科学校。

12月16日　上海高等院校评定教授、副教授达1464人。这是中华人民共和国成立以来上海高等院校评定职称人数最多、规模最大的一次。

同年　上海对外贸易学院复校,由对外贸易部和上海市双重领导,以对外贸易部为主。上海旅行游览专科学校更名为上海旅游专科学校。

同年　上海市40余所高校开展对口协作,成立33个协作组,其中本科高校22个、专科院校6个。在编写教材、培训师资、教辅人员和开展学术活动方面进行对口交流。

同年　复旦大学改变权力过分集中的弊端,逐步下放各种权力,系主任由群众选举产生,任期两年。给予系主任办学自主权(主要包括人事、教学、财务权)。

同年　上海共有24所高校试行收费走读大专班,同时试行毕业生不包分配的改革。

同年　上海普通高等学校共计49所。在校本专科生7.67万人,研究生0.27万人;招生本专科生2.06万人,研究生0.04万人;毕业本专科生1.18万人,研究生6人。教职工4.68万人,其中专任教师1.86万人。

1981 年

5月22日　上海市第一届大学生运动会开幕式在上海市体育馆举行。共有51所高等学校(包括在上海的军事院校)近7 000余名运动员参加各项竞赛。

5月　上海戏剧学院藏族班毕业生,用藏语演出莎士比亚名剧《罗密欧与朱丽叶》;在北京公演藏语大型音乐神话剧《杰赛达森》。

6月6日　上海市政府批复上海市高等教育局,同意成立"上海市高等教育自学考试委员会"。

7月11日　教育部报经国务院批准决定在全国增设26所高等学校,其中有上海医疗器械专科学校。该校由国家医药管理总局和上海市双重领导,以国家医药管理总局领导为主,上海市高等教育局负责教学业务指导工作。

9月1日　文汇报社委托复旦大学分校(后改名为上海大学文学院)代管的新闻班开学,学制4年,培养记者、编辑,毕业后发本科毕业文凭,全部进文汇报社工作。

9月19日　上海市政府批准上海6所地方高校(上海师范学院、上海工业大学、上海科学技术大学、上海第二医学院、上海农学院和上海中医学院)组成对外交流委员会,加强国际学术交流工作。

11月25日　国务院学位委员会下达全国首批博士和硕士学位授予单位151个、指导教师1 155人和学科专业点812个的名单。其中在上海的有:复旦大学、同济大学、上海交通大学、华东化工学院、华东纺织工学院、华东师范大学、上海第一医学院、上海财经学院、上海科学技术大学、上海第二医学院、上海中医学院11所高等学校,指导教师122人。

同年　上海科技专科学校由原中专学校升格为大专。上海成立高校科技服务中心,促进高校智力流向社会。

同年　上海普通高等学校共计49所。在校本专科生9.11万人,研究生0.20万人;招生本专科生1.86万人,研究生0.09万人;毕业本专科生0.36万人,研究生0.15万人。教职工4.85万人,其中专任教师1.88万人。

1982 年

2月　上海音乐学院讲师叶栋首次破译《敦煌唐人大曲·琵琶谱》。

3月25日　上海市高等教育局和云南省教育厅在上海签署《1982年云南省、上海高校协作事项纪要》。

3月27日　上海市高等教育局和宁夏回族自治区教育局在上海签署《关于1982年上海高校支援宁夏高校有关事项的协商纪要》。

3月29日　上海科学技术大学、上海交通大学试行学生品德评定工作,即实行品德评语制度,并将评语、评等结果与个人见面,通知学生家长。

5月6日　经上海市政府批准,由上海市人事局、上海市劳动局、上海市高等教育局制定的《高等学校收费走读毕业生录用暂行办法》开始执行。

5月　上海高校文科教育工作会议对文科研究成果首次进行评奖,各校申报298项成果,评选出168项。

6月10日　由香港知名人士包玉刚捐款兴建的上海交通大学"包兆龙图书馆"举行奠基仪式。

6月24日　复旦大学学位评定委员会经评审决定,授予该校教学研究所基础数学专业1978级研究生洪家兴、张荫南、李绍亮、童裕孙理学博士学位。这是教育部直属高等学校首批博士学位获得者,也是上海地区第一批博士。

8月30日　上海市首届专科收费走读生的毕业生推荐录用工作在复旦大学分校、上海教育学院等7所高校进行。这批毕业生共856人,分属中文、秘书、文史、统计、英语、数学、计算机软件等16个专业。全市60多个市级党政机关和区、县、局一级人事部门向学校要求录用这批毕业生,录用需求总数达2 400人。

10月　上海市高等教育局成立高等教育研究室。这是全国第一个省(直辖市)级高等教育研究机构。

11月7日　上海举行首届高等教育自学考试。

同年　上海普通高等学校共计49所。在校本专科生8.39万人,研究生0.29万人;招生本专科生1.99万人,研究生0.10万人;毕业本专科生2.66万人,研究生0.01万人。教职工5.24万人,其中专任教师2.05万人。

1983 年

1月21日　经教育部和外交部批准,"中国教育国际交流协会上海市分会"成立,舒文任会长。

1月　教育部决定在上海交通大学等一些高校进行毕业生"供需见面"分配体制改革的试点:调配部门提前把毕业生调配计划发给学校和用人单位,让学校和用人单位直接联系,介绍毕业生所学专业和使用方向,了解安排使用毕业生的意图,提出分配计划。

3月　上海市高等教育局组织12所高校赴云南省实地考察智力支边的进展和方向。

4月　上海市高等教育研究会更名为上海市高等教育学会,为上海市一级社团组织。

5月　上海市高等学校德育研究会成立。

6月9日　教育部同意上海交通大学扩大管理权限,让学校办得更有活力。学校在完成国家规定的教学科研任务的前提下,为社会开展技术服务;收入用作学校福利,60%用于改善学校条件,40%用于工资改革和教职工福利。实行经费包干制,包括学校自己创收的外汇归学校使用。在完成国家招生培养计划的前提下,可以开展多层次、多形式的合同办学。研究生在不延长学制的前提下,可以兼任助教(可算工龄)。

6月　上海市计划委员会、上海市高等教育局和上海市人事局联合召开首次"高等学校毕业生供需见面会",公布上海高校毕业生分配、调配计划草案,让学校和用人单位直接见面,就供需情况互换意见。

7月12日　上海市政府批复上海市高等教育局,同意在原上海市高等教育局高等教育研究室的基础上成立上海市高等教育研究所。

7月13—14日　中共上海市教育卫生工作委员会、上海市政府教育卫生办公室召开高等学校毕业分配、调配工作会议,提出扩大学校分配自主权,实行学校分配负责制等大学毕业生分配工作改革的主要措施。

10月　上海市组织高等教育代表团赴新疆调查,并于10月5日在乌鲁木齐签署《关于上海支援新疆高等教育和为新疆培养高等专门人才的协商纪要》。

同年　上海在高考招生时进行第一批录取高校采取"按比例投档"的改革试验。次年,全国普通高等学校招生规定,第一批录取的高校实行"根据志愿,按比例投档"的录取办法。第二批录取的高校仍实行"分段录取"的方法。

同年　根据国务院批准上海市人民政府《关于建立上海大学的请示报告》的精神,由复旦大学分校、华东师范大学电子分校、上海科学技术大学分校、上海机械学院轻工分院、上海外国语学院分院以及并入上海美术专科学校、上海法律专科学校成立上海大学。该校设有文学院、工学院、工商管理学院、外国语学院和美术学院。

同年　为统一领导全市教育、卫生系统党的工作,中共上海市委决定成立中共上海市教育卫生工作委员会;陈铁迪任书记。

同年　上海机械专科学校、上海公安专科学校分别由原中专升格为大专;上海石化总厂职工大学改制为上海石油化工专科学校。

同年　上海普通高等学校共计48所。在校本专科生7.87万人,研究生0.36万人;招生本专科生2.45万人,研究生0.16万人;毕业本专科生2.91万人,研究生0.08万人。教职工5.49万人,其中专任教师2.19万人。

1984 年

1月21日　中共中央政治局委员、中央书记处书记、国务院副总理万里在中南海听取上海交通大学领导汇报学校管理改革情况,对学校的管理改革加以肯定与支持。

2月11—16日　邓小平视察上海。在接见上海交通大学领导和部分教授时,肯定上海交通大学校内管理体制改革开展的探索。

4月　中共上海市委批转市委研究室《上海交通大学管理改革初见成效》的调查报告。指出上海交通大学从1979年开始进行管理改革,已取得显著成效,"要求各级党组织学习上海交通大学的好经验"。

6月4日　上海举行中华人民共和国成立以来高校文科科研成果首次评奖大会。来自上海高校的168项优秀成果获奖;复旦大学教授谭其骧主编的《中国历史地图集》被授予特别奖。

6月6日　上海市高等教育局发出《关于认真做好高等学校工科本科专业的调整工作的通知》。《通知》根据教育部和国家计划委员会修订的《高等学校工科本科专业目录》,结合上海市高校实际情况制定十条试行办法。

6月9日　国务院批转教育部《关于在部分全国重点高等院校试办研究生院的请示报告》,决定在复旦大学、上海交通大学、上海第一医学院等22所全国重点高等院校试办研究生院。

6月16日　上海市政府批准《上海市高等学校试行浮动岗位津贴办法》。岗位津贴基金由学校基金总收入的25%和科技服务净收益的10%组成。

6月　上海大学改变过去对学生包学费、包学习、包医疗、包住宿、包分配的"五包"办法,开始试行走读、奖学金、医疗补贴、交纳少量学费、不包分配等一系列改革措施。对毕业学生采取择优向用人单位推荐的制度,允许品学兼优的毕业生在一定范围内选择工作岗位。

7月2日　教育部部长何东昌在上海召开的座谈会上宣布:除上海交通大学外,再委托北京大学、清华大学、复旦大学等6所高校进行工资改革试点,各省市也可委托地方高校进行工资改革试点。

9月　同济大学经教育部和中共上海市委批准,首先试行校长负责制。

11月9日　国务院领导批示:"上海交通大学的改革可先行一步,准其试验。"各用人单位取得指标后,可直接到学校联系录用毕业生。

同年　上海高校进行八个方面的改革:(1)以学校内部管理改革为突破口。在上海交通大学管理改革的推动下,复旦大学、华东化工学院、华东纺织工学院、上海大学都先后建立人员流动、定编定员、教师工作规范、干部岗位津贴、考核等制度。(2)改革老专业、发展新学科。(3)改革高校与社会相脱离的封闭式体系,建立教学、科研、生产联合体。(4)多种形式、多层次多规格办教育。(5)改革单一教育经费渠道,依靠多种力量、多渠道集资办学。(6)改革招生与分配制度。(7)进行教学管理改革,实行奖学金和学分制。(8)实行高校后勤工作企业化、半企业化。

同年　上海普通高等学校共计45所。在校本专科生8.99万人,研究生0.55万人;招生本专科生2.98万人,研究生0.24万人;毕业本专科生1.84万人,研究生0.05万人。教职工5.81万人,其中专任教师2.22万人。

1985年

1月27日　上海交通大学南洋国际技术公司和香港有关方面合资建立以开发电脑产品为宗旨的思源电脑有限公司。这在全国高校中为首次。

1月　上海第二医学院和同济大学开展校(院)长负责制试点。校(院)长接受国家委托,对学校的教学、科研等行政工作实行统一领导,全面负责;党委对学校起行政监督保证作用,对党群工作和思想工作实行统一领导。随后,华东化工学院、上海外国语学院、上海中医学院、上海教育学院、上海水产学院等校也陆续开始试行校长负责制。

1月　上海交通大学改革招生制度,录取少量优秀高中学生免试提前一学期直升上海交通大学。

2月1日　教育部学生管理司函复上海市高校招生委员会,同意上海地区从1985年起实行高校招生单独命题考试,仍按教育部规定分文、理两类,考试科目不变。上海市在全国率先实行普通高校招生考试单独命题。

2月7日　经上海市政府批准,上海市高等和中等教育考试中心成立。经该考试中心评定的考试成绩和水平,国家教育行政部门予以承认。

2月8日　上海市政府办公厅发文通知上海市政府教育卫生办公室:从1985年开始,上海市全日制普通高校招生由上海市单独命题,并注重知识和能力的考核。在1984年考试与推荐的基础上,推荐特别优秀的高中毕业生,免试直升高校;学生填报志愿放在高考以后公布成绩之前进行。

3月15日　上海科学技术大学与上海第二医学院联合成立上海生物医学工程研究所。这是上海市高等教育系统第一个跨校建立的新兴学科研究机构。

3月25日　上海市高等教育局在市政府礼堂举行"上海市高等教育自学考试首届毕业典礼大会",向338名首届自学考试专科毕业生颁发毕业证书。

4月12日　上海市学生联合会召开"上海市首届研究生代表大会"。会议决定成立上海市学生联合会研究生委员会。

5月9日　中国第一个机器人研究所——上海机器人研究所在上海工业大学成立。

5月14日—6月10日　上海市高等教育局会同有关领导部门组织复旦大学、上海交通大学、华东师范大学、同济大学、华东纺织工学院、华东化工学院、上海机械学院、上海水产学院、上海铁道学院、上海海运学院、上海科学技术大学、上海工业大学等20余所高校参加由国家科学技术委员会、国家经济委员会、国防科学技术工业委员会、北京市人民政府联合举办的"首届全国技术成果交易会"。

6月　由复旦大学研究生院和上海市学生联合会主办的"上海市研究生沙龙暨第一届学术讨论会"在上海市科学会堂举行。来自复旦大学、同济大学、上海交通大学、华东纺织工学院、华东师范大学等学校的研究生代表30余人参加讨论会。

6月　上海新办第一所郊县政府和上海市卫生局合办的高等专科学校——上海奉贤医学专科学校。

9月2日　全国第一所高等幼儿师范学校——上海市幼儿师范专科学校举行揭牌仪式。

9月　经国家教育委员会批准,上海电机制造技术专科学校成立。学校试行五年制技术专科与四年制中专并存、五年制技术专科套办四年制中专的新型学制。

10月21日　上海市高等学校教师学位委员会经上海市政府办公厅批准成立。

10月　中华人民共和国首次国家科学技术进步奖评选工作结束。复旦大学、上海交通大学、上海医科大学、上海工业大学、第二医科大学等上海12所高校共获一等奖5项、二等奖9项、三等奖19项。

11月17日　国务院学位委员会批准同济大学、华东化工学院等5所工科院校试行在职人员申请硕士、博士学位。在职人员申请硕士、博士学位的,必须具有研究生毕业同等学历,在本学科、本专业工作两年以上,在本职工作中作出成绩的人员。

同年　上海市高等教育局开始每年拨款1 000万元启动市属高校重点学科的建设。

同年　在原上海交通大学机电分校、华东纺织工学院分院、华东化工学院分院基础上组建的上海工程技术大学成立。原同济大学建筑工程分校改建为上海城市建设学院、原上海师范学院分院改建上海技术师范学院。

同年　上海师范学院、华东纺织工学院、上海第一医学院、上海第二医学院、上海财经学院、上海水产学院分别更名为大学(华东纺织工学院更名为中国纺织大学)。　上海建筑材料专科学校、上海电力工业专科学校分别升格为上海建筑材料学院、上海电力学院;上海师范专科学校由原中专升格为大专;上海法律专科学校恢复独立建制。

同年　上海普通高等学校共计46所。在校本专科生10.79万人,研究生0.82万人;招生本专科生3.75万人,研究生0.43万人;毕业本专科生1.93万人,研究生0.15万人。教职工6.28万人,其中专任教师2.43万人。

1986 年

4月5日　国内第一个生命科学院在复旦大学成立。

4月　上海市研究生教育学会成立。复旦大学校长谢希德任学会理事长。

5月7日　上海市职称改革领导小组转发上海市高等教育局《关于上海高等学校试行教师职务聘任制工作的部署和要求》。

9月16日　由上海第二医科大学与美国泰艺高公司合作研制"单克隆抗体"的联合实验室在上海第二医科大学举行落成仪式。

10月2日　华东化工学院由专家、教授、职工代表组成38个专门委员会参与民主办校。

同年　上海冶金专科学校分校改为上海第二冶金专科学校。

同年　上海建立 18 个博士后流动站,开始招收博士后研究人员。

同年　上海普通高等学校计 49 所。在校本专科生 11.77 万人,研究生 1.02 万人;招生本专科生 3.43 万人,研究生 0.39 万人;毕业本专科生 2.39 万人,研究生 0.16 万人。教职工 6.69 万人,其中专任教师 2.57 万人。

1987 年

5 月 27 日　上海交通大学研制成功国内第一个超大规模集成电路的设计、验证、测试系统。

6 月 5 日　上海市高等学校外国留学生教育研究会成立。

7 月 21 日　上海市高等教育局颁发《上海市普通高等学校招收自费生试行办法》。规定:自费生必须参加统一高考,录取分数可适当降低,年龄放宽到 30 岁。

9 月 7 日　上海市财政局、上海市高等教育局颁发《普通高等学校本、专科学生实行贷款制度的办法》,在同年入学的本科新生中全面实行。

11 月 27 日　上海发布自 1988 年起实行普通高中会考和高考结合的招生考试制度改革方案。在全面会考的基础上,上海普通高校招生考试科目定为 4 门。

12 月　国家首次举行高等工科院校评估试点活动。上海地区的同济大学、上海机械学院、上海工业大学、上海城市建设学院首批接受办学水平的评估。这次评估活动以检验本科生教学质量为主要内容,涉及教育改革、科技改革、人事制度改革和领导班子素质等综合反映办学水平的各种内容,由教育主管部门、用人部门、兄弟院校组成的专家组和工作组进行评估。

同年　上海金融专科学校成立。

同年　上海普通高等学校计 51 所。在校本专科生 12.25 万人,研究生 1.08 万人;招生本专科生 3.69 万人,研究生 0.34 万人;毕业本专科生 3.09 万人,研究生 0.27 万人。教职工 7.03 万人,其中专任教师 2.64 万人。

1988 年

1 月 28 日　国家教育委员会 1987 年科学技术进步奖评审结果揭晓。上海高校共有 81 项科研项目获二等奖。

3 月 10 日　上海成立高等师范学校师资培训中心,对上海地区的高师、高专、教育学院和市属高校师资开展多层次的培训。

4 月 11 日　复旦大学队获得在新加坡举行的亚洲大专辩论会冠军。

9 月 27 日　上海市政府组织的 14 项重点工业产品攻关项目揭标宣布,上海高校中标 32 项,占全市中标数的 32.6%,列各大系统之首。

9 月　上海市高等教育局决定:在上海冶金专科学校、上海第二冶金专科学校、上海轻工业专科学校、上海化学工业专科学校、上海纺织专科学校、上海机械专科学校、上海科技专科学校、上海石油化工专科学校 8 所专科学校各一个专业试行“三明治”式教学模式的试点工作。“三明治”教学是两年半时间理论教学与一年半时间实践教学交替结合进行的一种新型教学模式。

11 月 10 日　上海市高等教育局与上海企业家俱乐部联合举行首次“上海市大学校长与企业家

联谊活动"，增进大学与企业之间的联系。

11月16日　江泽民、朱镕基等中共上海市委、上海市政府领导分别到上海23所高校与干部、师生座谈，并帮助学校解决一些实际困难，保持高校局势的稳定。

12月29日　上海市政府教育卫生办公室、上海市高等教育局联合召开高校校（院）长和教务处长会议，对全市首次进行的高校办学水平评估工作作通报和总结，并向全国第一所通过合格鉴定的新办院校——上海城市建设学院颁发《普通高等院校鉴定合格证书》。

同年　同济大学改革传统的按专业招生的体制，实行"按系招生、分类培养、淡化专业、按需就业"的新办法。

同年　上海出版印刷专科学校由中专升格为大专。

同年　上海普通高等学校计51所。在校本专科生12.81万人，研究生1.03万人；招生本专科生3.76万人，研究生0.34万人；毕业本专科生3.06万人，研究生0.35万人。教职工7.14万人，其中专任教师2.66万人。

1989 年

1月23日　由复旦大学谭其骧教授主编、历时30余年编制的8册《中国历史地图集》全部出齐。《中国历史地图集》是一套中国历代疆域政区图，共8册，20个图组，共有图304幅，所收的地名有7万个之多。全国有10多个单位，200多个专家、学者参加工作，是中华人民共和国成立后中国文化学术界工程浩大的科研项目之一。

1月27日　上海市召开出国留学生工作会议，副市长谢丽娟传达全国留学生工作会议精神，提出进一步做好上海市留学生工作的意见。1978年至1988年10年间，上海高校公派留学生共5000余人，其中市属高校1000人，已有1/3人员学成回国。

4月　上海交通大学举办全国"首届高校心理咨询教育理论与实践研讨会"，会上组建"中国高校心理咨询研究会"（后易名为"大学生心理咨询专业委员会"），创办《高校心理咨询通讯》杂志。

5月2—9日　上海市高等教育局、共青团上海市委、上海市学生联合会共同举办首届"上海市大学生校园文化节"，开展大合唱、话剧、诗歌、声乐、辩论等比赛活动。

6月　国家教育委员会原则上同意华东化工学院等高校的综合改革方案。

10月17日　上海市决定从1989年入学新生起，每学年向高校学生收取200元学杂费。

12月　上海市高等教育局举办上海高校重点学科建设成果汇报展览。7所市属高校的21个学科经过五年重点投资建设，通过检查验收，成为上海市属高校首批重点学科。

同年　第一届全国普通高校优秀教学成果评审结果揭晓。上海高校获国家级教学成果特等奖5项、优秀奖25项。

同年　上海普通高等学校计51所，在校本专科生12.61万人，研究生0.91万人；招生本专科生3.17万人，研究生0.27万人；毕业本专科生3.25万人，研究生0.34万人。教职工7.15万人，其中专任教师2.65万人。

1990 年

1月　上海市高校招生委员会成立。谢丽娟任主任，徐匡迪、伍贻康、凌同光、蒋凌棫、姜耀中、施杞、郭伯农任副主任。

2月16日　上海市政府教育卫生办公室、上海市高等教育局召开中华人民共和国成立以来上海市首次普通高校优秀教学成果奖励大会。全市高校共有182项优秀教学成果获奖。

2月23日　上海市科技结合重点工业项目攻关会战总结大会在上海展览中心召开。上海工业大学的"浇注机器人及其应用系统"获一等奖,上海交通大学的"快速造电花切割高频脉冲电源"等两个项目获二等奖。

3月6日　上海市首次召开高校学生校外实习与社会实践联席会议,联席会议由上海市副市长谢丽娟等5位市领导召集,成员由上海市有关部委办局及部分大企业领导组成,办公室设在上海市高等教育局。

3月14日　全国哲学社会科学"七五"重点研究项目——"上海教育发展战略研究"课题通过国家教育委员会专家组的验收。

5月11日　中共上海市委书记、市长朱镕基应上海交通大学10名学生邀请与全市40余所高校106名学生在上海交通大学闵行校区座谈。内容涉及学习江泽民总书记"五四"讲话、浦东开发、毕业分配、出国留学及国际形势等。朱镕基以"坚定、苦学、实干"六字勉励全市大学生振奋精神,积极向上,锻炼成才。

7月14日　经国务院决定:1990年招收的北京大学和复旦大学新生进行为期一年的军政训练。

8月10日　国家教育委员会通知:同意将上海冶金专科学校和上海第二冶金学校并入上海冶金高等专科学校。

7—8月　上海市高校建立530支大学生暑期社会实践队伍,在近100个社会实践基地和几百个社会实践点,开展各种形式的大学生实践活动,参加学生5.2万人。这次暑期社会实践活动是上海高校历史上规模最大的一次。

10月29日—11月3日　经专家实地评估,上海农学院通过新建高校的合格鉴定评估,成为全国第一所通过评估的农业类院校。

同年　上海普通高等学校计51所。在校本专科生12.12万人,研究生0.85万人;招生本专科生3.24万人,研究生0.28万人;毕业本专科生3.46万人,研究生0.30万人。教职工7.06万人,其中专任教师2.58万人。

1991年

1月17日　上海各界人士在上海市政协集会,纪念著名教育家陈望道诞辰100周年。

2月4日　上海教育体制总体改革的一个重要单项——高中会考和普通高校招生考试制度改革方案出台。

2月23日　中国第一台四足步行机器人在上海交通大学诞生。

4月16—19日　中国产学合作教育协会暨第一届理事会在上海教育国际交流中心举行,协会聘请全国政协副主席钱伟长为名誉会长。

6月23日　上海高校工科学生首次高等数学竞赛在上海第二医科大学、上海机械学院举行,竞赛分重点院校组、一般本科院校和专科组,26所高校1 172名学生参加比赛。

7月18日　由上海高校科技服务中心、上海市高科技创业中心和漕河泾新兴技术开发区发展总公司联合组建的上海高校创业科技发展总公司成立。

8月1—27日　上海市高等教育局在上海铁道学院开展中青年骨干教师专业职务评审工作，首次在全市范围内从中青年教师中破格评审高级职务。77名中青年教师获高级职称。

9月16日　上海市考试中心、上海市高校招生办公室、上海市自学考试办公室合并成立上海市教育招生考试中心。

9月　中共上海市委、上海市政府召开上海市教育工作会议，提出"建设一流城市要有一流教育"，指出上海教育总体奋斗目标：到2010年建立起面向21世纪、具有中国特色与沿海开放地区大城市特点的社会主义教育体系的基本框架，为"振兴上海，开发浦东，服务全国，面向世界"的战略目标服务。

10月18日　上海市首届科技节开幕，高校展团成绩显著，被上海市科技节组委会评为最佳展团奖，名列大会十佳展团之首。39所上海高校的550多项重大科技成果参加展出，获得29项金奖、42项银奖、18项优秀奖。

同年　上海市高校系统经国家人事部批准，有322名高级专家首批获得政府特殊津贴，其中部委属高校256人，市属高校66人。国务院政府特殊津贴是中华人民共和国国务院对于高层次专业技术人才和高技能人才的一种奖励制度。获得者被称为享受国务院特殊津贴专家。

同年　上海奉贤医学专科学校更名为上海医学专科学校，并改由国家医药总局与上海市共管。

同年　上海普通高等学校计50所。在校本专科生11.69万人，研究生0.80万人；招生本专科生3.26万人，研究生0.27万人；毕业本专科生3.39万人，研究生0.30万人。教职工数6.96万人，其中专任教师2.45万人。

1992 年

3月2日　上海市政府教育卫生办公室、上海市建设委员会、上海市政府交通办公室联合发文，决定自1992年4月1日起对上海市普通高校学生参加校外实习和学农劳动所需团体使用公交等交通工具实行半价优惠收费。

4月25日　经上海市政府批准，国务院学位委员会同意，上海市学位委员会成立。上海市政府教育卫生办公室主任、市高等教育局局长王生洪任主任。

6月2日　上海市高校改革领导小组在副市长谢丽娟主持下召开第一次会议，听取上海工业大学关于学校综合改革方案的汇报。

7月6日　上海复华实业股份有限公司成立大会在复旦大学举行。上海市政协副主席谢希德、副市长赵启正等出席大会。

7月20日　著名音乐家、音乐教育家贺绿汀90华诞茶话会在上海音乐学院举行，谢丽娟、王生洪等到会祝贺。

9月5日　上海市高校浦东继续教育中心挂牌。该中心是以上海市高等教育局为主，与上海市人事局和上海市政府浦东开发办公室联合，组织复旦大学、上海交通大学等10余所高校开展继续教育的办学机构。

9月8日　上海市高等教育局颁布《关于明责放权、进一步扩大高校办学自主权的若干意见》。

9月14日　中华人民共和国成立以来上海第一家民办大学（筹）——杉达大学在浦东开学。该校由上海交通大学、北京大学和清华大学3校教师联合创办。

10月14日　上海市政府外事办公室和市高等教育局联合主办的首次上海高校来华留学生信息交流会在上海教育国际交流中心举行。上海各高校向各国总领事馆介绍学校对外开放的专业、招收和培养来华留学生等方面的情况。

10月30日　上海市高等教育局在上海市高等教育研究所设立"民办高等学校设置审议委员会",聘请同济大学原校长江景波教授等11人为委员会成员。

11月12日　上海市兽医生物技术重点实验室建成验收揭牌仪式在上海农学院举行。这是上海市科学技术委员会第一个批准验收的重点实验室。

同年　上海市高等教育局根据国家教育委员会要求,对局管高校开展定任务、定规模、定编制、定经费的"四定"工作,并确定在上海工业大学、上海科学技术大学、上海师范大学、上海第二医科大学、上海中医学院5所高校第一批开展。

同年　上海率先提出大幅增加招收自费生的改革方案。

同年　上海化学工业专科学校等15所专科学校更名为"高等专科学校"。

同年　上海普通高等学校计50所。在校本专科生11.96万人,研究生0.89万人;招生本专科生3.75万人,研究生0.33万人;毕业本专科生3.32万人,研究生0.23万人。教职工6.95万人,其中专任教师2.39万人。

1993 年

1月31日　上海市高校毕业生就业指导中心在上海展览中心首次组织高校毕业生就业市场。160个企业与5 000多名应届毕业生参加"双向选择"。

4月　以上海市政府教育卫生办公室主任兼上海市高等教育局局长王生洪为团长的上海市赴美慰问招聘留学人员工作团先后访问纽约、费城、华盛顿、芝加哥、休斯敦、洛杉矶、圣地亚哥、旧金山等城市和地区,历时两星期。

5月20日　上海市高等教育局和上海市教育招生考试中心宣布招生改革3大措施:(1)扩大高校招生自主权,实施多样化选拔新生办法;(2)改变国家包办高等教育的传统模式,逐步扩大招收自费生的规模;(3)积极稳妥地拓宽高等教育的生源市场。

5月31日　经财政部批准,由上海财经大学与珠海经济特区恒通置业股份有限公司联合创办的上海财经大学恒通工商管理学院成立。

5月　中共上海市委、上海市政府召开上海市教育工作会议。会议强调上海教育要积极贯彻与落实《中国教育改革和发展纲要》精神,建立与上海地位和功能相适应、具有现代化国际大城市特点和水平的社会主义教育体系,建立适应社会主义市场经济体制的新的教育体制和运行机制。

5月　第二届全国普通高校优秀教学成果奖评审结果在北京揭晓,上海高校共有27项成果获得国家级奖,其中特等奖1项,一等奖5项,二等奖21项,获奖总数和获奖级别均名列全国前茅。

6月1日　上海市副市长谢丽娟与市政府教育卫生办公室、市高等教育局领导专程前往上海幼儿师范高等专科学校,向获得第二届全国高校教学成果奖特等奖(此届唯一的个人特等奖)的邹兆芳致贺。

6月16日　上海高校思想理论教育研究会成立十周年大会暨1993年年会在复旦大学举行。

8月24日　中共上海市委、上海市政府印发《关于深化上海教育改革的若干意见》,提出要理顺教育管理体制;积极进行多种形式办学实验,改变政府包揽办学的格局;优化师资队伍,推行学校内部管理改革;积极推进招生和毕业生就业制度改革;深化教学改革;转换投资结构,增加教育经费;加强党的领导,依靠全社会共同办好教育。

9月7日 "上海高校教育工作巡礼"展览会暨《教学成果集》《录像集》首发式在上海交通大学举行。

9月13日 上海高校产业协会成立。

10月22—29日 以海娜·幕克吉为团长的世界银行高等教育部门研究代表团在上海考察。

11月29日 中国、加拿大产学合作教育研讨会在上海国际交流中心举行,加拿大、美国、中国及香港地区共100多位专家学者出席会议。

同年 上海市高校招生、毕业生就业指导委员会成立。

同年 上海市高等教育局发布《扩大招收自费生规模、深化招生制度改革的若干意见》,明确提出高等教育属于非义务教育,学生上大学原则上均应缴费,过去学生上大学由国家包下来的制度必须改变,要逐步实行收费和奖学金、贷学金相结合的制度。上海工业大学进行自主招生、学分制和收费入学的综合配套改革试点。

同年 有13家单位或个人代表向上海市高等教育局提出新办民办高校的申请。民办中侨学院、民办东方文化学院、民办申大学院被批准筹办;中华侨光职业学院珠宝专业被批准先行于当年试招生。

同年 华东化工学院更名为华东理工大学;上海中医学院更名为上海中医药大学。上海法律专科学校并入上海大学。

同年 上海普通高等学校计49所;在校本专科生13.10万人,研究生1.00万人;招生本专科生4.36万人,研究生0.39万人;毕业本专科生3.16万人,研究生0.26万人。教职工6.83万人,其中专任教师2.28万人。

1994 年

2月 国家教育委员会同意上海外国语学院更名为上海外国语大学;同意上海机械学院更名为华东工业大学。

2月 国家教育委员会批准上海杉达学院(民办)建校。

2月 "上海市高校毕业生就业指导中心"挂牌。

4月25日 经国家教育委员会批准,原上海工业大学、上海科学技术大学、上海大学、上海科技高等专科学校合并组建为"上海大学"。5月27日,新"上海大学"成立大会在友谊会堂举行,中共中央总书记、国家主席江泽民题写校名。上海市政府任命钱伟长为上海大学校长。

4月26日 经国家教育委员会批准,上海师范大学、上海技术师范学院合并组建为上海师范大学。10月22日,新组建的上海师范大学成立。

4月28日 国家教育委员会主任朱开轩、上海市副市长谢丽娟出席国家教育委员会与上海市人民政府共建复旦大学、上海交通大学、上海外国语大学工作座谈会。会后,双方签署有关"共建"文件。

5月17日 上海市10位科技人员获"首届上海优秀青年科技启明星"称号,华东工业大学胡黎明,上海医科大学汪玲、熊思东,上海第二军医大学曹雪涛,复旦大学黄伟达,同济大学孙立军,上海第二医科大学裘世静,上海交通大学许旺晓等8人榜上有名。

5月　上海市高等教育局召开上海交通大学、上海医科大学、华东理工大学、中国纺织大学、上海农学院5校校长座谈会,商讨以自愿结合、资源共享为原则的校际协作事宜,并推举上海交通大学为牵头单位。不久,华东师范大学、华东政法学院加入,组成"上海西南片七校联合办学管理委员会",进行全方位、多层次、长期稳定的校际联合和协作。

6月13日　上海市高等教育局成立普通高校专业设置评审委员会。

6月14日　在中共中央、国务院召开的第二次全国教育工作会议上,中共上海市委副书记、上海市市长黄菊代表中共上海市委、上海市政府作题为《抓住机遇,深化改革,努力建设与一流城市相适应的一流教育》的交流发言,指出:上海20世纪90年代的经济社会发展在很大程度上得益于20世纪80年代上海对教育的重视与发展。

7月　对外贸易经济合作部和上海市政府决定,从9月1日起,上海对外贸易学院归上海市政府领导,在业务上接受对外贸易经济合作部和上海市对外经济贸易委员会指导。

8月2日　全国第一所专门培养政府法制干部的学校——东方法商学院在华东师范大学成立。

9月　中共上海市委、上海市人民政府召开上海市教育工作会议。黄菊以《以极大努力建设世界一流教育》为标题作大会报告,强调"率先建设一流教育是上海迈向21世纪,实现经济社会战略目标的一项伟大工程"。会议决定在今后5年内,筹措30亿～50亿元资金,重点建设"211工程"、紧缺人才培养与培训工程、"三重(重点学科、重点实验室、重点课程)"建设工程、中青年骨干教师培养工程等八大教育工程。

9月　根据《上海市境外机构和个人在沪合作办学管理办法》,上海大学与澳大利亚合作举办的上海大学悉尼工商学院成立。

10月　卫生部"211工程"部门评审委员会专家组进驻上海医科大学,经过评审,同意上海医科大学列入国家"211工程"建设项目。该校成为在上海经国家教育委员会批准同意开展"211工程"建设项目部门预审的第一所大学。

11月8日　上海市政府和欧洲联盟共同创办的中欧国际工商学院在浦东金桥开发区揭牌并奠基。

12月1日　上海教育基金会拨款100万元人民币资助十大紧缺人才培训中心:企业管理培训中心、建设人才培训中心、对外经贸教育培训中心、财贸人才培训中心、农村经济技术干部培训中心、高校浦东继续教育中心、涉外法律人才培训中心、旅游培训中心、干部教育中心和干部培训中心。

12月16—18日　全国高等教育体制改革座谈会在上海召开。来自11个省市自治区和中央17个中央部级领导以及各省市自治区和各部委教育部门领导、国家教育委员会领导计150人参加会议。中共中央政治局委员、国务院副总理李岚清在会上讲话,朱开轩作会议主报告。

12月19—24日　复旦大学、上海交通大学分期通过国家教育委员会的"211工程"部门预审工作。

同年　中共上海市教育卫生工作委员会和上海市高等教育局同意复旦大学、上海交通大学、同济大学、华东师范大学、华东理工大学、上海外国语大学、上海大学、华东政法学院8所高校首先进行自主招生改革试点。

同年　上海市高等教育系统发起评选"高教精英"活动,推选表彰十大高教精英和十大高教精英提名共20人。

同年　上海普通高等学校计46所,在校本专科生14.04万人,研究生1.19万人;招生本专科生 4.18 万人,研究生 0.47 万人;毕业本专科生 3.18 万人,研究生 0.26 万人。教职工 6.75 万人,其中专任教师 2.19 万人。

1995 年

1月8日　在上海展览中心举办全国高校毕业生就业市场(上海市场)活动。该活动由国家教育委员会学生司、上海市计划委员会、上海市高等教育局、上海市人事局和全国高校毕业生就业指导中心首次联合主办,由上海市高校毕业生就业指导中心承办,复旦大学、上海交通大学、同济大学、中国纺织大学等 47 所高校协办。

1月　上海交通大学中欧国际工商学院建立中方和欧方的双院长制,德国的富老恩为首届执行院长。这是中国大陆高校首次由外籍人士担任院长。

2月14日　47 岁的博士生导师、智能控制女专家吴启迪教授成为中国高校首位民选校长——同济大学校长。

2月28日　经中共上海市委、上海市人民政府批准,撤销上海市人民政府教育卫生办公室、上海市高等教育局、上海市教育局,组建上海市教育委员会。郑令德任上海市教育委员会主任。

2月　经中共上海市委、上海市人民政府批准,撤销上海市教育考试中心、上海市中等学校招生办公室、上海市中等专业教育自学考试办公室,组建成立上海市教育考试院;撤销上海市教育科学研究所、上海市高等教育研究所、上海市职业教育研究所、上海市成人教育研究所、上海市智力开发所,组建成立上海市教育科学研究院。

3月　国家教育委员会确定上海市为高等教育体制改革的 3 个试点省、市、部委之一,要求上海"试点以共建、联合,加大高校结构的调整与合并的力度,加强对在沪高校的统筹为主要形式和内容,争取有较大突破,并取得经验"。

1—3月　上海城市建设学院、上海立信会计高等专科学校、上海医学高等专科学校分别由上海市建设委员会、上海市财贸办公室、上海市卫生局划转至上海市教育委员会管理,标志着上海高等学校体制划转开始取得进展和突破。

5月18日　上海铁道学院与上海铁道医学院合并组建上海铁道大学,办学体制隶属铁道部不变。

5月27日　复旦大学 5 000 名新老校友欢聚一堂共庆母校 90 华诞。中共中央总书记、国家主席江泽民题词:"面向新世纪,把复旦建设成为具有世界一流水平的社会主义综合性大学"。

5月　国务院学位委员会批准上海市学位委员会开展审批硕士点的试点工作,行使硕士学位授权单位增列硕士点的审批权和调整权。

6月13日　中国第一个设在海外的远距离教育点——上海电视大学悉尼分校成立。该校由上海电视大学与澳大利亚哥伦比亚学院合作创办,主要为悉尼及澳大利亚境内的几十万华人提供远距离教学服务。

10月　上海市教育委员会成立上海市教育发展有限公司,为高等教育办学体制改革和高校布局、资源调整提供基本条件。

12月　上海建筑材料学院、上海城市建设学院并入同济大学,实现国家教育委员会、国家建设委员会与上海市政府 3 个不同系统高校合并的突破。

10—12月　同济大学、上海医科大学、上海财经大学分别由国家教育委员会、卫生部与上海市政府"共建"。

12月14日 "上海高校跨世纪人才培养基金"启用仪式在复旦大学举行。上海市副市长、基金会会长谢丽娟向首批获得资助的来自15所高校的19名中青年骨干教师和科研人员表示热烈祝贺。郑令德宣布上海市教育委员会实施"曙光计划"的意见。

同年 地处上海东北区域的复旦大学、同济大学、上海财经大学、上海水产大学、上海海运学院、上海体育学院、上海电力学院、上海城市建设学院、上海建筑材料工业学院9所院校联合建立合作办学体(后有上海外国语大学加入)。为支持地域相近,隶属关系不同的高校实行资源共享、优势互补联合的有益探索,上海市教育委员会向"西南7校""东北9校"两个联合办学体各投入50万元。

同年 中国纺织大学、同济大学分别通过"211工程"部门预审。

同年 上海市教育委员会组织首届上海市大学生艺术节,开展学生歌会、学生乐队比赛、小歌手比赛、双周星期免费音乐会等多项活动。

同年 在由全国25个省市自治区259所高校参加的1995年度全国大学生数学建模竞赛中,复旦大学成为唯一获得3个全国一等奖的高校。

同年 上海普通高等学校计45所。在校本专科生14.41万人,研究生1.34万人;招生本专科生4.43万人,研究生0.48万人;毕业本专科生3.96万人,研究生0.30万人。教职工6.58万人,其中专任教师2.15万人。

1996 年

1月4日 上海教育与科研计算机网(SHERNET)(简称上海教科网)开通仪式在上海交通大学举行。中共上海市委副书记陈至立、上海市副市长谢丽娟与会并讲话。这是全国各省市中第一个投入运行的教育计算机区域网。

4月4日 上海市教育委员会召开1996年学校后勤工作会议,会上下发《关于加快高校后勤改革的意见》20条。

4月8日 上海交通大学隆重庆祝建校100周年。中共中央总书记、国家主席江泽民题词:继往开来勇攀高峰把交通大学建设成世界一流大学。

4月22日 全国首家专职从事高等教育评估的咨询服务中介机构——上海市高等教育评估事务所成立。

4月 上海高校以邓小平建设有中国特色社会主义理论"进教材、进课堂、进头脑"为突破口,以独立形式开设"邓小平理论教程"课程,对大学生进行价值观、人生观、世界观等思想教育。上海交通大学在全国率先成立大学生邓小平理论研究会。

5月27日 经国家教育委员会批准,复旦大学研究生院挂牌并建立9个博士后科研流动站。

6月27日 上海大学和中国科学院上海分院举行共同筹建研究生院签约仪式。研究生院以上海21世纪发展战略需求为导向,双方实行资源共享、学科互补,促进新兴交叉学科的发展,把研究生院办成理、工、文、史、经、法学科荟萃的高水平综合性学府。

8月 由国家教育委员会直属高校工作办公室和上海市教育委员会共同组织的专家组,通过《上海交通大学"211工程"建设项目可行性研究报告》和《复旦大学"211工程"建设项目可行性研究报告》的专家论证及审核。

9月5日　上海发明协会组织评出上海首届6位优秀发明家,中国纺织大学的陈季华教授名列其中。

11月29日　上海市教育委员会举办"高等工程教育面向21世纪改革和发展报告会"。

同年　上海财经大学、华东师范大学、上海第二军医大学、华东理工大学、上海外国语大学、上海第二医科大学和上海大学7所高校顺利完成"211工程"的预审工作。

同年　上海高校自主招生扩大到所有的本科院校。

同年　上海普通高等学校计41所。在校本专科生14.79万人,研究生1.53万人;招生本专科生4.38万人,研究生0.59万人;毕业本专科生3.90万人,研究生0.35万人。教职工6.40万人,其中专任教师2.10万人。

1997 年

2月19日　上海交通大学与中国科学院上海分院合作成立生命科学技术分院。

2月28日　上海高校国际商务中心在上海对外贸易学院揭牌。该中心的成立标志着上海高校教学实习基地建设启动。

3月20日　经国家教育委员会批准,由华东工业大学与上海机械高等专科学校合并组建而成的上海理工大学举行揭牌仪式。

3月22日　上海汽车工业集团与上海交通大学、复旦大学、华东理工大学和上海外国语大学4所高校签约,共同组建申城汽车工业的8个工程与科研中心。在上海市市长徐匡迪倡导下,上海汽车工业集团专门捐赠6000万元人民币建立"上海汽车工业科技发展基金",用以资助上海高校建立"产、学、研"合作机制。该集团与上述高校签约建8个中心,成为上海汽车工业各类产品的基础研究、前期开发、科技攻关和人才培养基地。

3月24—25日　复旦大学主办的国际大学校长会议举行。来自中国、美国、日本、澳大利亚、韩国、菲律宾、新西兰、丹麦等国高校的150多名校长、副校长出席会议,就"太平洋地区高等教育和人力资源的发展"议题进行研讨。

4月8日　中欧国际工商管理学院举行首届"在职高层管理人员工商管理硕士研究生"毕业典礼。

4月9日　中共中央政治局常委、国务院副总理李岚清在中共中央政治局委员、中共上海市委书记黄菊、中共上海市委副书记陈至立和国家教育委员会副主任周远清陪同下,视察华东师范大学,并出席上海市12所国家"211工程"重点建设高校党政负责干部座谈会。李岚清在讲话中肯定上海在高等教育管理体制改革方面所做的工作,强调走结构调整的路子是高等教育振兴的必由之路。李岚清在会上首次提出,希望上海进行教育综合改革。黄菊提出按照"三特"(中国特色、时代特征、上海特点)的要求搞好上海高等教育改革,建设好1—2所国际一流的大学。

4月18日　中共上海市委召开上海学校后勤工作会议,确定学校后勤工作社会化改革目标。

4月　国家教育委员会与上海市人民政府签署《国家教育委员会、上海市人民政府关于共同建设华东师范大学,进一步推进管理体制改革的意见》。

5月17日　同济大学举行90周年校庆活动,同时举行同济大学研究生院大楼奠基仪式。

5月20日　国家教育委员会、上海市政府举行共建华东师范大学座谈会。周远清和上海市副市长龚学平出席座谈会并讲话。会议讨论高等教育管理体制改革的重大举措,即上海6所师范院校分别合并调整,形成高等师范教育职前培养与职后培训一体化新格局。

6月 上海高校招生考试实行"三校生"(中专、技校、职校)可以报考专业对口的高等职业学校的招生政策,为"三校生"接受高等教育开辟入学通道。

7月8—11日 以全国院校设置评议会副主任、北京大学原党委书记王学珍教授为组长的国家教育委员会专家考察组对上海师范院校的布局调整和上海大学3年来的合并工作进行考察。

7月 教育部部长陈至立和上海市市长徐匡迪分别代表教育部和上海市人民政府签署复旦大学、上海交通大学"部市共建"协议。

7月 上海高校远程医疗团队参加"辉煌的五年——十四大以来经济建设和精神文明建设成就展"。中共中央总书记、国家主席江泽民在北京通过远程医疗系统与上海医科大学校长姚泰通话,开启中国首次远程医疗的实际应用体验。

9月3日 上海市教育委员会与浦东发展银行举行上海市普通高校助学贷款合作协议暨首批贷款发放签字仪式。徐匡迪到会祝贺,浦东发展银行董事长庄晓天和有关领导出席签约仪式。

10月 国家教育委员会与上海市人民政府签署《国家教育委员会、上海市人民政府关于共同建设华东理工大学的意见》;上海市人民政府与中国纺织总会共同签署《中国纺织总会、上海市人民政府关于共建中国纺织大学的意见》。"九五"期间上海市与中央部委共建9所在沪"211工程"高校的计划至此全部完成。

11月27日 由国内10所研究型大学校长组成的"中国大学校长联谊会"在复旦大学成立。

12月5日 由上海市教育委员会和上海冶金高等专科学校共同投资的中国首家生产自动化控制技术专业的实习基地——上海高校自控实习中心举行揭牌仪式。

12月26日 上海大学新校区建设工程在宝山区祁连镇、大场镇内举行奠基仪式,占地100万多平方米,建筑面积36万多平方米。

12月27日 上海交通大学、上海大众出租汽车股份有限公司、上海茸北工贸实业总公司等9家单位共同组建上海交通大学昂立股份有限公司。

同年 上海财经大学、中国纺织大学、上海医科大学、上海大学等高校《"211工程"建设项目可行性研究报告》相继通过专家论证及审核。上海高校"211工程"建设进入启动阶段。

同年 国家教育委员会公布第三届国家级教学成果奖评审结果,上海高校共获一等奖4项和二等奖22项。

同年 上海石油化工高等专科学校并入华东理工大学;上海师范高等专科学校、上海幼儿师范高等专科学校并入上海师范大学。

同年 上海普通高等学校计41所。在校本专科生15.38万人,研究生1.68万人;招生本专科生4.51万人,研究生0.62万人;毕业本专科生3.90万人,研究生0.41万人。教职工6.26万人,其中专任教师2.01万人。

1998 年

1月20日 上海市教育委员会在教育会堂召开上海高校后勤服务有限公司成立大会暨第一届公司股东大会。

1月24日 上海大学生管乐团成立。

2月18日 同济大学举行中德学院成立大会。国家教育委员会主任朱开轩、德国外交部国务总部长膏豪耶博士、德国驻华大使赛康德、上海市副市长左焕琛等出席大会。

3月 经上海市政府批复同意,上海财贸管理干部学院、上海市商业局职工大学、上海市粮食局职工大学、上海市供销社职工大学4所成人高校合并改制组建为上海第一所独立建制的职业技术学院——上海商业职业技术学院。

4月1日 "国家高性能计算机中心(上海)"在复旦大学成立。

4月8日 上海成立由各区县联办的上海健生实业股份有限公司,组建配货中心,先后启动煤炭、粮食、副食品等集中供配货项目。

5月23日 上海市高校教师公寓建设工作会议召开。

5月 中共上海市教育卫生工作委员会改为中共上海市教育工作委员会;王荣华继任书记。

6月15日 上海市高校学生公寓建设全面启动工作会议召开。

6月29日 上海市高校首栋学生公寓开工。

8月3日 由新黄浦集团投资1亿元人民币与复旦大学共同组建的上海生元基因开发有限公司宣布,基因克隆测序技术经流水线运转,平均每天找到人类全长性基因15条,并完成测序。

8月25日 上海高校中第一幢专门用于研究生教育的多功能综合大厦——同济大学瑞安大厦举行开工典礼。

9月4日 教育部同意上海教育学院、上海第二教育学院并入华东师范大学。9月18日举行两校并入华东师范大学挂牌仪式。

9月8日 上海冶金高等专科学校、上海轻工业高等专科学校、上海纺织高等专科学校3所学校管理体制划转上海市教育委员会管理签字仪式举行。

11月19日 全国高校首家合作教育中心在复旦大学成立。

11月21日 由上海51所高校入股投资的上海高校采购供应公司成立,实现高校后勤服务"大联合"。

11月24日 同济大学举行"筒子楼"一期工程竣工典礼。

12月22日 上海市举行高校师生纪念中共十一届三中全会召开20周年、学习江泽民同志重要讲话座谈会。

同年 上海市教育委员会成立学生勤工助学管理服务中心,统筹高校帮困和勤工助学工作。

同年 上海普通高等学校计41所。在校本专科生16.51万人,研究生1.95万人;招生本专科生4.89万人,研究生0.73万人;毕业本专科生3.62万人,研究生0.43万人。教职工6.21万人,其中专任教师2.01万人。

1999 年

1月4日 上海市市长徐匡迪就上海贯彻实施《中华人民共和国高等教育法》发表电视讲话。

1月4日 上海市恢复研究生教育20周年纪念大会召开。

1月13日 上海市高校后勤社会化改革工作会议召开。上海交通大学、同济大学、上海外国语大学、上海财经大学、上海戏剧学院、上海理工大学、上海师范大学、上海对外贸易学院8所院校的后勤部门从学校规范分离,以建立实体形式,通过"并入、托管、联办、连锁"等方式,分别进入新成立的"上海高校后勤服务中心"和"上海高校后勤发展中心"。上海高校新一轮后勤改革将"一校一户办后勤,校校后勤办社会"的旧格局转变为教育系统集约化联办后勤和社会化办后勤相结合的新格局。

　　2 月 17 日　上海市教育委员会建立教育高级人才工作公寓。在和平花苑建立东区首批教育高级人才工作公寓,为高校引进国内外优秀人才创造条件。这是上海高校实施后勤社会化后的一项新举措。

　　4 月 26 日　上海改善高校教师办公条件实事工程全面启动,在上海第二医科大学召开工作现场会。

　　4 月 28 日　中共上海市教育工作委员会、上海市教育委员会举行上海大学生"五四"运动 80 周年演讲会。

　　4 月　上海市教育委员会组织建设的上海高校外国教材资源共享基础设施——上海高校外国教材中心建成。

　　5 月 8—9 日　以美国为首的北约轰炸中国驻南联盟使馆的暴行激起高校大学生的极大愤慨,上海高校大学生以各种方式向施暴者提出强烈抗议。

　　5 月 14—17 日　教育部在上海召开"全国高校内部管理体制改革座谈会"。

　　5 月 22 日　上海市首次应(历)届高中毕业生报考高职技能测试在 92 个试区、1 208 个试场进行。

　　7 月 27 日　经教育部和上海市政府协商,决定重点共建复旦大学和上海交通大学。教育部部长陈至立与徐匡迪分别代表教育部和上海市政府签署共建协议。除两校正常经费安排外,教育部和上海市政府在今后三年内,向两校各投入建设经费 6 亿元,促使两校加快改革和发展步伐,成为高层次创造性人才培养和知识创新的重要基地,并努力成为世界知名的高水平大学。

　　7 月　复旦大学、上海交通大学、同济大学入选"985 工程"高校。

　　7 月　由上海高校后勤服务股份有限公司控股,复旦大学、同济大学、上海交通大学、上海财经大学后勤部门共同投资,成立上海教育超市有限公司。这是全国教育系统经工商登记注册的第一家连锁经营零售企业。

　　9 月 1 日　上海农学院并入上海交通大学。上海纺织高等专科学校并入中国纺织大学,中国纺织大学更名为东华大学。

　　9 月 12 日　上海大学举行新校区启用暨开学典礼。全国政协副主席、上海大学校长钱伟长和徐匡迪等与 7 000 余名学生一起参加庆典。

　　9 月 13 日　中共上海市教育工作委员会、市教育委员会开设的"名师讲坛"举行首场报告会。徐匡迪以一名教师的身份,为全市 700 余名教师代表作题为"今天,我们怎样做教师"的报告。

　　9 月 16 日　中国高等航海教育 90 周年暨上海海运学院校庆大会举行。上海市及交通部领导发贺信。

　　9 月　徐匡迪在上海市教育工作会议上要求集中力量办好几所世界高水平的大学和建设一批能在世界科技和学术前沿占一席之地、达到世界先进水平的重点学科,使上海的教育水平提高与一流城市建设相匹配。

　　9 月　上海市人民政府致函教育部《关于上海市加快教育改革和发展所需配套政策的函》。11 月,教育部复函同意相关申请。

　　10 月 9 日　上海师范大学表演艺术学院在梅陇新校址成立。

　　10 月 15 日　亚洲最大商学院之一的中欧国际工商学院新校园落成。

　　11 月 2—4 日　全国高等学校后勤社会化改革工作会议在上海召开。中共中央政治局委员、国务院副总理李岚清,中共中央政治局委员、中共上海市委书记黄菊,以及陈至立、徐匡迪等出席。陈至立在会上作题为《解放思想,坚定信心,开创高校后勤社会化改革的新局面》的工作报告。上海市和北京市代表等在会上作交流发言。其间,各地代表考察上海高校后勤社会化改革情况,交流高校后勤社会化改革的经验。

12月15日　上海市教育委员会向教育部提出《关于2000年起上海市普通高校进行"两次高考、两次招生"的情况报告》获得批准,上海实施春季高考招生改革。

同年　教育部学位管理与研究生教育司组织开展首次全国优秀博士学位论文评选(简称"全国百篇")。上海市有11篇博士论文入选首届全国百篇优秀博士学位论文。其中,复旦大学有4篇入选,位居上海榜首。

同年　上海市教育委员会启动实施世界银行贷款项目"上海高校面向21世纪课程和教材建设"。

同年　上海高校基础实验室改造工程启动。

同年　上海新设四所高职学院:上海商业职业技术学院、上海东沪职业技术学院、民办东海职业技术学院、民办新侨职业技术学院。

同年　上海普通高等学校计42所。在校本专科生18.63万人,研究生2.27万人;招生6.32万人,研究生0.88万人;毕业生4.03万人,研究生0.52万人。教职工6.03万人,其中专任教师2.01万人。

2000 年

1月　上海首次实行春季招生考试制度。上海大学、上海师范大学、上海理工大学、上海水产大学、上海中医药大学、上海电力学院、立信会计高等专科学校和上海金融高等专科学校作为"每年两次考试、两次招生"的改革试点,计划春季招生1100名,实际录取1063人。

2月20日　上海交通大学现代金融研究中心成立。该中心由上海交通大学10多位校友和上海交通大学共同发起,得到国内外一批知名经济学家与金融家的支持响应。中国人民银行上海市分行、上海证券交易所、中国平安保险等近30个机构参与中心建设并成为理事单位。

2月23日　上海首批春季招生院校开始招生。上海大学、上海理工大学、上海师范大学、上海中医药大学、上海水产大学、上海电力学院、上海金融高等专科学校、上海立信会计高等专科学校8所高校录取新生1063人。

2月26日　上海交通大学和上海医药工业研究院联合建立上海交通大学药学院,并分别投入1000万元和800万元作为首期建设资金。双方本着教科携手、强强联合、产学互补、资源共享的原则,致力于建设高水平的医药学科,培养高层次、复合型的人才,并探索建立高水平的产学研一体的研究开发中心。

3月4日　上海市教育委员会分别与中国工商银行上海市分行、上海市浦东发展银行签订50亿元和15亿元贷款授信额度协议,用于建设松江、南汇和金桥大学园区。开创政府运用贷款而不是拨款投资高等教育的先例。

3月16日　上海市"全国高校毕业生科技创业资金"启动仪式举行。同时上海市高校毕业生就业指导中心科技创业服务部揭牌。这项总额为1500万元的资金,主要用于支持入驻上海科技创业中心孵化基地的高校毕业生科技创业和科技成果转化。

3月21日　上海市教育委员会教育改革与发展咨询组、法律顾问团成员授聘仪式举行。咨询组由上海市高校哲学、管理、规划、教育、经济、法律等学科的专家、学者组成。法律顾问团由有关法律理论专家和从事第一线工作的资深律师组成。首批咨询组和顾问团成员的任期为两年。

4月8日　上海交通大学安泰管理学院揭牌暨教学大楼落成仪式在上海交通大学法华校区举行。该学院由上海交通大学与国际著名金融集团、美国最大保险公司之一的安泰集团联合举办。

4月27日　复旦大学和上海医科大学合并组建新的复旦大学,上海医科大学为复旦大学医学院。同济大学和上海铁道大学合并组建新的同济大学。

4月28日　上海医学高等专科学校并入上海中医药大学。

6月28日　滇沪高等教育对口协作会议在上海召开。会议草签两省市各6所高校结成姊妹学校的协议意向。

7月12日　上海市召开重点学科建设工作会议,强调重点学科建设是上海市"十五"发展的迫切需要,是提高高等教育整体水平的迫切需要,是学校自身建设与发展的迫切需要。当年通过遴选确定49个学科为上海市重点学科,其中10个为"重中之重"学科。

7月29日　松江大学园区在松江区破土启建。松江大学园区建设是上海创建新型办学模式的重大改革与突破;也是全国第一个采用所在区出土地、政府担保、银行贷款的机制征地建设,高校分批、集中进入,实现规划整体化、资源共享化、后勤社会化、管理集中化运作模式的新型大学园区。

9月14日　经上海市政府同意,教育部批准,由上海冶金高等专科学校、上海轻工业高等专科学校、上海化工高等专科学校合并组建的上海应用技术学院成立。

9月18日　国家药品监督管理局与上海市政府关于上海医疗器械高等专科学校划转管理交接仪式举行。

9月　经上海市人民政府批准,撤销上海市高教评估事务所,成立上海市教育评估院。

10月22日　第25届ACM国际大学生程序设计大赛亚洲赛区竞赛在上海大学举行。清华大学、上海交通大学和中山大学分别获前三名。

10月25—29日　上海组织承办第13届世界大学生乒乓球锦标赛,来自16个国家和地区的近百名运动员参加了比赛,由华东理工大学运动员组成的中国女队包揽此届比赛女子项目四项冠军。

11月1—3日　大学后勤社会化国际论坛在上海国际会议中心举行。来自12个国家的代表共200余人参加会议。

12月2日　上海市20所高校48位青年学者获上海市首届"曙光计划"资助。

12月25日　全国首家高校网络图书馆——上海教科网络图书馆启用。该馆由上海交通大学、复旦大学、华东理工大学、华东师范大学等高校和社会力量共同参与建设,开馆时已建成上海市高校图书馆简介数据库、书目查询数据库、期刊查询系统、资源导航、特色数据库、文献传递系统以及期刊全文数据库等。

同年　上海率先试行部分高校春秋"两次考试、两次招生"的春季招生考试试点;率先实施各类高中阶段毕业生均可选考所有类型的高等院校;率先实施高校专科毕业生和高职毕业生经考试选拔均可进入本科阶段高校学习(简称"专升本");率先实施一般高校学生经过考试选拔进入重点高校学习(简称"插班生"),从而构建起各级各类高中阶段教育与高等教育贯通,高专、高职与本科教育衔接,一般高校与重点高校贯通的"立交桥"招生考试新制度。

同年　国家教育委员会公布第四届国家级教学成果奖评审结果,上海高校有46项教学成果获奖,获奖总数位居全国各省第二名。其中,获国家级一等奖4项,二等奖42项。

同年　上海市教育委员颁发《上海市高等学校教师职务和其他专业技术职务聘任办法》等三个文件,决定从 2001 年起在全市高校停止职称评审,"以推行聘用和岗位管理制度为重点""逐步实行专业技术职务的聘任和岗位聘用的统一"。

同年　南汇科教园区起步建设。南汇科教园区采取地方政府提供土地、民间与社会力量集资、学校自主建设的新模式。上海水产大学学海路校区、上海电力学院浦东校区和上海理工大学基础学院,以及筹建中的民办工商外国语职业学院、复旦大学太平洋金融学院、民办思博职业技术学院、民办托普信息职业技术学院将分期入园。

同年　上海市大学生艺术团及华东师范大学舞蹈团和复旦大学管乐团成立。同年,上海市教育委员会组织举办上海市学生戏剧节,30 所高校参加专场比赛。

同年　在全国青少年科技创新大赛中,上海参赛学生获 5 金、7 银、10 铜和 8 个专项奖,上海的活动组委会获得优秀组织奖。

同年　上海大学巴士汽车学院成立。这是上海市第一所由高校与社会集团共同筹资组建的高等职业技术二级学院。

同年　上海普通高等学校计 37 所。在校本专科生 22.68 万人,研究生 2.86 万人;招生本专科生 8.13 万人,研究生 1.18 万人;毕业本专科生 4.09 万人,研究生 0.54 万人。教职工 6.08 万人,其中专任教师 2.05 万人。

2001 年

1 月 9 日　上海远程教育集团与复旦大学、上海交通大学、同济大学举行合作办学签约仪式。

1 月 11 日　上海中医药大学、上海第二工业大学、杉达学院、华东师范大学第二附属中学在浦东新区隆重举行四校迁建浦东新区签约及奠基仪式。

3 月 13 日　全国高校团建经验交流会在上海召开。共青团上海市委和复旦大学、上海交通大学等校团委作经验介绍。

6 月 1 日　中共中央总书记、国家主席江泽民为华东师范大学 50 周年校庆题词:"立足上海,面向全国,努力办好华东师范大学,为实施科教兴国战略作出重大贡献。"

6 月 5—7 日　中共中央政治局常委、国务院副总理李岚清在上海考察工作。其间,考察正在建设中的上海松江大学园区、上海青少年素质教育基地和上海科技馆,并在复旦大学召开部分大学校长座谈会,听取上海高校后勤社会化改革情况汇报,就如何深化改革进行讨论。

6 月 8 日　上海交通大学、闵行区政府、紫江集团签署共建上海紫竹科学园区、闵行大学园区协议。

6 月 18 日　上海体育学院管理体制调整交接仪式举行。国家体育总局副局长段世杰和上海市副市长周慕尧分别代表国家体育总局和上海市人民政府签署上海体育学院管理体制调整的交接文本和共建协议。

6 月　华东理工大学成立全国首家希望工程义卖中心。

9 月 28 日　杉达学院新校区举行竣工和开学典礼。位于浦东曹路镇金海路上的杉达学院金海校区一期工程建成 7 万平方米校舍并迎来 2 800 名新、老学生。

9 月　于 2000 年 9 月启动建设的南汇科教园区完成第一期建设任务,完成建筑面积 32.4 万平方米,总投资近 12 亿元。至年底教育园区首期入驻 4 所大学:上海水产大学、上海电力学院、上海工商外国语职业学院和上海托普信息技术学院,共入住新生6 601人。

10月　松江大学园区迎来首批5 346名新生,其中上海外国语大学1 160人、上海对外贸易学院1 928人、立信会计高等专科学校2 258人。

10月　上海率先成立中共上海市民办高校工作委员会,负责民办高校党建工作和学生思想政治教育工作。

11月20日　上海第二工业大学成立大会隆重举行。与上海东沪职业技术学院合并后的上海第二工业大学转制为普通高校。

同年　上海行健职业学院、上海城市管理职业技术学院、上海交通职业技术学院、上海海事职业技术学院、上海电子信息职业技术学院、上海科学技术学院,以及民办济光职业技术学院、民办工商外国语职业学院、民办托普信息职业技术学院、民办建桥职业技术学院等高职学院转制或新建成立。

同年　根据新修定的《中华人民共和国兵役法》,上海高校首次在在籍大学生中征集义务兵。同济大学、东华大学、华东理工大学和上海财经大学进行试点。4所试点学校当年共有600多名在校生报名应征,经挑选,36名在校大学生被批准入伍。

同年　上海组织成立上海市教育系统APEC会议志愿者队伍,近2万名团员青年参加。上海机械学院188名志愿者为APEC会议提供历时两个多月的服务,受到江泽民总书记的接见和上海市领导的表扬。学校获得由上海市教育委员会、共青团上海市委、上海市精神文明委员会办公室颁发的"APEC会议志愿服务组织奖"。

同年　上海普通高等学校计46所。在校本专科生28.00万人,研究生3.65万人;招生本专科9.86万人,研究生1.48万人;毕业本专科生4.28万人,研究生0.64万人。教职工6.17万人,其中专任教师2.17万人。

2002 年

2月11日　上海市教育委员会与上海市松江区政府举行共建松江大学园区(二期)签约仪式。根据协议,由松江区提供约200万平方米土地,作为二期校区建设用地。至此,松江大学园区的用地规模达到近530万多平方米。

3月21—28日　上海市慈善基金会与同济大学联合举办"爱心募捐、助学帮困"活动周,开展定点和流动募捐活动。

3月23日　国际计算机程序设计领域面向大学生举办的历史最长、规模最大、影响最深的高水平竞赛"国际大学生程序设计竞赛"第26届总决赛在美国夏威夷进行。该届比赛共有67个国家1 000多所大学3 082支队伍参加预赛,最后有27个国家64支代表队获得决赛资格。上海交通大学以亚洲中国赛区第二名、亚洲新加坡赛区第一名的预赛成绩进入总决赛,最终获得冠军。这是中国高校自参加该项赛事以来第一次捧得冠军杯,也是亚洲高校第一次捧得冠军杯。

3月　华东师范大学与江苏省镇江市人民政府签订协议,建立博士生镇江社会实践基地。博士生以挂职锻炼的形式,跨区域、成批次、有组织、制度化地参加基层社会实践。这在上海乃至全国高校中属首创。

3月　上海音乐学院在国内音乐院校中首家设立音乐剧系,率先开设音乐剧表演专业,面向全国招收艺术才能突出的本科生。

4月7日　国内高校中第一家跨学科综合性金融研究教育机构——复旦大学金融研究院成立。

4月13日　中法生命科学和基因组研究中心在上海第二医科大学附属瑞金医院揭牌。

5月9日　联合国环境规划署与同济大学联合建立环境与可持续发展学院。联合国副秘书长、联合国环境规划署执行主任托普弗博士参加签字仪式并作专题演讲。

5月29日　上海市近50家高校与上海资信有限公司签约共建"大学生信用档案"。

5月　上海体育学院、上海体育运动技术学院和上海体育科研所合并组建新的上海体育学院。

6月6日　上海戏剧学院戏曲舞蹈分院、附属戏曲学校、附属舞蹈学校挂牌仪式举行。上海师范大学表演艺术学院、上海市戏曲学校和上海市舞蹈学校并入上海戏剧学院。

6月26日　教育部与上海市政府举行重点共建同济大学签字仪式。

7月　根据上海市盲童学校学生希望进入高校深造的愿望,在上海市政府和上海市教育委员会领导支持下,3名盲生通过考试,并被录取就读于上海师范大学外语学院英语本科专业。

9月4—9日　由上海交通大学男队和华东理工大学女队组成的中国大学生乒乓球代表队一行17人,参加在波兰夫诺次瓦市举行的第十四届世界大学生乒乓球锦标赛。有28个国家和地区的近300名运动员参加比赛。在总共7项冠军的争夺中,中国大学生乒乓球代表队夺得男子团体、女子团体、男子单打、女子单打、男子双打、混合双打6项冠军。

10月18日　全国首家WTO研究教育学院在上海对外贸易学院松江校区成立。

10月26日　在有55年校史的上海市农业学校基础上创建的上海农林职业技术学院揭牌。

12月10日　上海第二工业大学举行新校区落成典礼。

12月23日　华东师范大学与闵行区、紫江集团签约共建华东师范大学闵行新校区。

12月24日　上海高校E-研究院建设计划启动。

12月30日　上海高等教育自学考试开考20周年纪念大会召开。1 000多名各界代表出席会议。

12月30日　德国总理施罗德在上海市副市长周慕尧陪同下访问同济大学。施罗德总理被授予同济大学名誉博士学位,为同济大学师生作演讲并回答提问。

同年　复旦大学、上海交通大学、同济大学、华东师范大学、华东理工大学、上海财经大学、上海外国语大学、东华大学、上海大学、上海第二医科大学等10所高校列入"十五""211工程"建设。

同年　上海市教育委员会组织开展多项前期准备工作,在国内率先开始研究生教育综合改革试点。

同年　上海高校颁发第一届国家奖学金。国家财政部、教育部从2002年起在全国高校内设立国家奖学金制度。上海高校共有2 410名困难学生获得国家奖学金,其中一等奖541人,每人6 000元;二等奖1 869人,每人4 000元。总计1 072.2万元。

同年　上海交通大学新加坡研究生院成立,成为国内经教育部批准在海外成立的第一个研究生院。

同年　民办邦德职业技术学院、民办中侨职业技术学院和上海建峰职业技术学院获准成立。上海杉达学院升格为本科院校。上海医学高等专科学校并入上海中医药大学。

同年　成立上海市高校后勤社会化改革研究中心和后勤社会化改革评估委员会,继续深化高校后勤社会化改革,为高校布局结构调整和大学园区建设提供多元化的后勤服务保障。

同年　上海普通高等学校计53所。在校本专科生33.16万人,研究生4.57万人;招生本专科生10.92万人;研究生1.78万人;毕业本专科生5.52万人,研究生0.75万人。教职工6.18万人,其中专任教师 2.29 万人。

2003 年

1月3日　上海高校毕业生就业工作促进会成立。

1月6—7日　教育部第十三次直属高校校长咨询会组织教育部直属高校书记、校长60人在教育部副部长周济带领下,6日赴松江大学园区,7日赴正在建设的上海交通大学闵行紫竹园区和上海师范大学奉贤校区考察学习。

1月19日　由董氏东方海外基金会捐资500万元人民币,与上海交通大学联合创办的"董浩云航运博物馆"在上海交通大学开馆,并对外开放。

1月20日　同济大学城市发展研究中心在浦东成立。该中心是同济大学与哈佛大学的重点合作项目,以综合化、前沿性、跨学科、国际性为发展方向,其研究领域为策略规划与城市设计。

3月　经教育部批准,上海在全国率先全面启动教育综合改革试验。改革内容包括:教育部授权上海审批学校、专业设置和招生计划;改革高校办学体制和管理体制;改革课程教材和招生考试制度;改革教育经费筹措与收费等。这是全国省、自治区、直辖市中第一个实施教育综合改革试验区的城市。

5月　成立上海市普通话测试中心,为上海市教育委员会直属独立法人事业单位。

5月　复旦大学正大集团体育馆奠基暨百年校庆标志揭幕仪式举行。体育馆基地位于复旦大学南区体育中心规划用地内,总建筑面积约12 318平方米。工程概算8 700万,其中正大集团赞助3 000万。

6月26日　全国高校首批武警国防班学员从复旦大学毕业。38名学生顺利完成大学四年的学业,即将奔赴全国各地的武警部队从事新闻宣传工作。

6月　上海各高校开展声势浩大的上海"大学生志愿服务西部计划"集中宣传、咨询和招募活动,鼓励大学生到西部建功立业。当年从539个报名大学生中选出146名志愿者。其中,111名志愿者赴云南、20名赴重庆、15名赴西藏。此外,还选拔5名本科生赴云南参加"百县千乡宣传文化工程"志愿服务行动。

7月24日　上海医疗器械高等专科学校、上海出版印刷高等专科学校划归上海理工大学管理。新组建的上海理工大学医疗器械学院、上海理工大学出版印刷学院举行揭牌仪式。

8月1日　上海旅游高等专科学校划归上海师范大学管理。新组建的上海师范大学旅游学院举行揭牌仪式。

8月25日　上海交通大学与上海第二医科大学两校合作协议签字仪式举行。根据协议,两校将在教学、科研和医疗等5个方面进行高水准的合作。

8月26日　同济大学3名学生获德国"总理奖学金"。德国总理施罗德在柏林总理府接见该3名学生,并向他们颁发"总理奖学金"证书。

8月27日　上海市现代冶金与材料制备重点实验室在上海大学成立。全国政协副主席、中国工程院院长徐匡迪、上海市副市长严隽琪出席该国家重点实验室培养基地揭牌仪式。这个实验室是上海市唯一进入省部共建重点的地方实验室,所在的钢铁冶金学科是上海市10大重点资助的学科之一。

8月29日　中共中央政治局常委、国务院总理温家宝视察上海对外贸易学院松江校区。温家宝在视察过程中,鼓励大学生要学好自己的专业知识,在今后的学习和工作实践中向党和人民交出一份满意答卷。

9月　中国首届"高等学校教学名师奖"揭晓,100位长期耕耘在基础课程教学第一线的优秀教师获此殊荣,上海市7位教师名列其中。

10月24日　首届中俄大学生艺术节开幕式在上海大剧院隆重举行。

10月27日　第一届世界课程大会在华东师范大学召开,会议由国际课程研究促进协会(IAACS)决定华东师范大学主办。来自美国、加拿大、日本、英国、法国、韩国、以色列、印度、南非、菲律宾等20多个国家80多名专家学者和200多名国内学者莅临会议。

11月4日　世界自然保护联盟环境法学院成立典礼及2003年学术会在上海交通大学召开。联合国秘书长安南发来贺电。

11月28日　上海中医药大学浦东张江新校区落成。上海中医药大学整体搬迁至浦东张江高高科技园区,是上海高校整体布局结构调整中一项重要举措。

12月31日　"上海学生德育研究中心"举行揭牌仪式。

同年　中共上海市教育工作委员会、市教育委员会特设"上海高校选拔培养优秀青年教师科研专项资金",启动"上海高校选拔培养优秀青年教师工程"。

同年　上海市首次评选"上海市教育功臣"。王振义、李国豪、周小燕、谈家桢、万善正、刘京海、何金娣、顾泠沅、唐盛昌9位优秀教育工作者获市政府颁发的"上海市教育功臣"金质勋章和证书。

同年　为进一步改革创新上海教育投融资体制,组建上海申教投资有限公司,并制定上海教育投融资体制改革方案。

同年　上海工艺美术职业学院成立。由复旦大学与太平洋保险集团合作举办的独立学院——复旦大学太平洋金融学院成立。上海东方文化职业学院、上海民远职业技术学院、上海欧华职业技术学院、上海思博职业技术学院、上海立达职业技术学院、上海电影艺术职业学院等6所民办高职院校成立。原校名为"民办XX职业(技术)学院"的民办高职院校统一更名为"上海XX职业(技术)学院"。上海科学技术学院更名为上海科学技术职业学院。

同年　上海普通高等学校计56所。在校本专科生37.85万人,研究生5.51万人;招生本专科生12.03万人,研究生2.08万人;毕业本专科生7.12万人,研究生0.95万人。教职工6.31万人,其中专任教师2.44万人。

2004年

1月5日　上海高校知识创新工作会议召开,提出加强高校知识创新工作。

2月16日　由上海生物制品研究所、上海交通大学科技园有限公司和长宁区技术创新服务中心三方共建的上海上生慧谷生物科技园有限公司成立。这是政府搭台、沪上生物制药领域知名院所和高校"强强联合"的首次尝试。

3月9日　立信会计高等专科学校升格为上海立信会计学院揭牌仪式举行。

3月　由复旦大学师生创作的反映大学生赴西部支教的话剧《托起明天的太阳》在上海戏剧学院献演。

4月　中共上海市委调整市科技工作党委、市教育工作党委机构和职能,撤销中共上海市科技工作委员会、中共上海市教育工作委员会,成立中共上海市科技教育工作委员会。

5月20—21日　以"现代化发展：城市与教育"为主题的上海教育论坛召开，来自德国、韩国、日本、英国、美国、中国香港等国家和地区的政府教育官员，联合国教科文组织的高级官员、国内外的著名教育专家，以及北京、江苏、浙江等省市的政府官员等，为城市发展和教育进步发表演讲、提供良策，为上海城市建设和教育发展建言献策。

5月24—26日　第83届世界纺织大会在上海举行。大会由国际纺织学会和东华大学共同主办，这是世界纺织大会首次在中国大陆召开。

5月26日　上海金融学院成立大会举行。上海金融学院前身是上海银行学校和上海金融高等专科学校。

5月　上海市高校毕业生就业信息供需网络平台建设完成。

6月22日　复旦大学在逸夫科技楼举行聘任仪式，聘请文汇新民联合报业集团党委书记、社长赵凯出任复旦大学新闻学院院长，这是上海新闻界为高校输送领导人才，加强新闻教育与新闻实践结合的重要举措。

6月24日　上海海运学院更名为上海海事大学揭牌仪式举行。

6月　"女儿心中的父亲——邓小平图像艺术展"在复旦大学开幕，邓小平之女邓林等为图像艺术展开幕剪彩。此次展览持续半个月，在全国高校尚属首次。

7月12日　上海交通大学管乐团在瑞士首届因特拉肯"少女峰"音乐节竞赛演出中获得金奖第一名。

8月28日　第七届全国大学生运动会开幕式在上海松江大学园区上海对外贸易学院举行。此届大运会是全国大运会历史上规模最大的一届。33个代表团3 430名大学生运动员参加10个比赛项目、1个表演项目的比赛，比赛产生191枚金牌。

9月　上海戏剧学院戏曲舞蹈分院开设首届木偶表演本科班，培养具有大学本科学历的中国木偶艺术新一代接班人。

10月11日　法国总统希拉克访问同济大学，出席"同济大学中法中心"奠基仪式，为同济大学师生作演讲并回答学生现场提问，接受学生创作的水印版画作品《硕果》。

10月27日　第一届世界课程大会在华东师范大学召开，会议由国际课程研究促进协会(IAACS)决定，华东师范大学主办。来自美、加、日、英、法、韩、以色列、印度、南非、菲律宾等20多个国家80多名专家学者和200多名国内学者莅临主题为"全球视野中的课程研究与课程改革"的本次大会。

11月6日　上海对外贸易学院与德国奥斯纳布吕克技术应用大学合作设立会展经济与管理专业。这是中外合作、中国大陆唯一的大学本科四年制会展专业。

11月18日　华东师范大学闵行校区启用仪式举行。该校区从2002年10月开始建设，一期建设工程基本完成。

11月　成立上海市高校招生考试工作联席会议和上海市高校毕业生就业工作联席会议。上海市副市长严隽琪为该两联席会议的第一召集人，上海市人民政府副秘书长姜平、上海市教育委员会主任张伟江任召集人，成员包括上海市教育委员会、上海市政府有关部局和上海市高级法院、武警上海总队等部门负责人，联席会议下设办公室设于上海市教育委员会。

12月8日　上海高校与上海电气集团签约共建"上海研究生联合培养基地"。上海交通大学、同济大学、华东理工大学、上海财经大学、上海大学、上海理工大学与上海电气集团签订"产学研联合培养研究生"合作协议。这标志着上海市以联合培养高层次人才为纽带构建产学研联盟，以研究培养模式和机制创新为突破口的研究生教育综合改革进入实质性阶段。

同年　经国家教育委员会组织评审，上海高校获国家级教学成果奖共 49 项，为历年之最，继续保持获奖总数全国第二的水平。

同年　经上海市人民政府批准，"十五"期间上海市教育委员会会同上海市人民政府相关职能部门对高校布局结构制定"2＋2＋X"规划方案。

同年　上海市教育委员会首批启动 6 个 E-研究院建设。

同年　上海市开始实行高校公用经费按学生生均的定额拨款制度。

同年　上海电机技术高等专科学校、上海商业职业技术学院分别升格更名为上海电机学院、上海商学院。上海政法学院成立。上海外国语大学贤达经济人文学院（独立学院）成立。

同年　在第 28 届雅典奥运会男子 110 米栏决赛中，华东师范大学学生刘翔以 12 秒 91 的成绩平世界纪录、破奥运会纪录，获得中国运动员在奥运会男子田径项目中的第一枚金牌，开创中国田径运动史上新纪元。

同年　上海交通大学 4 个队参加 2004 年美国数学模型竞赛，上海交通大学获得 3 个一等奖。该次竞赛共有 11 个国家和地区的 599 支队伍参加，上海交通大学是获一等奖最多的学校。

同年　教育部、劳动和社会保障部、科学技术部、国防科学技术工业委员会、中华全国总工会、中国机械工业联合会 6 部委举办第一届全国数控技能大奖赛。上海选拔出 9 位学生选手参加全国比赛。其中 8 位选手来自高校，最后通过理论知识、软件应用、操作技能三个部分的竞赛，国家劳动和社会保障部授予 8 位选手高级技工职业资格；上海师范大学、上海第二工业大学、上海理工大学同时获得组委会突出贡献奖。

同年　上海普通高等学校计 61 所。在校本专科生 41.57 万人，研究生 6.47 万人；招生本专科生 13.06 万人，研究生 2.35 万人；毕业本专科生 8.86 万人，研究生 1.28 万人。教职工 6.83 万人，其中专任教师 2.87 万人。

2005 年

1月15日　全国第一个地域性 IPV6 互联网——新一代上海教育与科研计算机网在上海交通大学开通运行。

1月22日　国内首家城市轨道交通学院在上海工程技术大学成立。该学院由上海工程技术大学和上海地铁运营公司共同建设，于 2005 年秋季开始招收城市轨道交通工程、车辆工程、通信信息、运营管理 4 个本科专业和城市轨道交通技术等 4 个高职高专专业的学生。地铁运营公司将为城市轨道交通学院在建设实训实习基地、教师队伍、科研项目拓展、学生毕业就业等方面提供支撑。

1月28日　上海市经济委员会、上海市教育委员会、上海市科学技术委员会联合召开上海市推进产学研合作，加强学科建设和先进制造业联动发展工作会议。会上，复旦大学、上海交通大学、同济大学、上海大学、上海工程技术大学 5 所高校与上海汽车集团股份有限公司、上海电气集团股份有限公司、上海广电集团有限公司、上海华谊集团公司、上海市电信有限公司、上海交运集团股份有限公司、上海振华港口机械集团股份有限公司、上海飞乐股份有限公司等 8 家企业集团宣布建立全面的战略合作伙伴关系，并签署 10 多个重点项目协议。

3月13日　上海大学生艺术实践基地揭牌仪式暨"高雅艺术进校园"展演系列活动在上海东方艺术中心举行。

5月16日　复旦大学百年校庆的学术活动——"上海论坛2005"隆重开幕。论坛围绕"经济全球化与亚洲的选择"主题,重点就能源、金融、IT三大领域在全球化进程中面临的机遇和挑战进行深入探讨,涉及"亚洲在能源安全和合作方面的机遇与挑战""经济全球化与中国银行业的改革与监管""信息化、全球化与城市发展战略"等热点问题。

5月26日　教育部城市环境与可持续发展联合研究中心在同济大学成立。新成立的中心将着重研究解决中国城镇化建设发展中日益突出的城市综合环境问题。

5月　上海市高校毕业生就业信息供需网络平台建设完成。该平台包括内部管理、高校管理、高校毕业生就业信息网站三大体系,为上海高校毕业生就业工作信息化建设奠定基础。

6月10日　教育部、上海市政府《关于上海交通大学与上海第二医科大学合并的原则意见》以及《关于继续重点共建复旦大学、上海交通大学、同济大学的协议》签约仪式在人民大厦举行。教育部部长周济,上海市市长韩正分别代表教育部和上海市政府签署有关协议。

6月22日　华东师范大学和法国高师集团(ENS-group)成立联合研究生院。

6月30日　首届上海高校学生嵌入式系统创新设计竞赛落幕。复旦大学、上海交通大学、同济大学等高校的60项学生作品获奖。此次大赛发动学生自由选题、组内协作,在实践中提高学生计算机软硬件动手设计能力。

7月18日　上海交通大学、上海第二医科大学合并。

7月　教育部主办全国第一届大学生艺术展演活动,上海代表团选送赴京参赛11个节目,10个节目获一等奖,1个节目获二等奖;复旦大学、上海交通大学、华东师范大学等9所高校和上海市教育委员会获优秀组织奖。

9月21日　复旦大学上海视觉艺术学院开学。该校为依托复旦大学,吸纳社会多元投资建设的独立学院。上海市市长韩正与上海市人大常委会主任龚学平为学校揭牌。

9月21日　上海中医药大学与中国科学院上海生命科学研究院建立全面合作战略伙伴关系签约仪式在上海中医药大学举行。双方将共同构筑复合型人才培养基地,共同打造全国一流的生物医药和复方中药创新研究技术平台体系,共同加强基础理论研究,共建"中药现代化中心",共设研发基金、建立联合实验室,共同开展学术交流和国际学术活动。

9月24日　复旦大学隆重举行100周年校庆。中共中央总书记、国家主席胡锦涛发来贺信,向全体师生员工和海内外校友表示热烈的祝贺。中共中央政治局常委、全国人大常委会委员长吴邦国出席庆祝大会并讲话。

9月　中共上海市科技教育工作委员会、上海市教育委员会开始在全市高校组织"博雅讲堂"系列讲座活动,以弘扬主旋律、建设主阵地为目标,以博励学,以雅弘德,提升青年学生人文素养。"博雅讲堂"首批选题为大学精神、和谐中国、环球风云、职业发展、上海今昔。

10月27—29日　上海市教育委员会举办"长江流域各省市教育共同发展研讨会",研讨人才配置、社会服务和产学研结合等问题。上海、江苏、浙江、安徽、江西、湖北、湖南、重庆、四川、云南等长江流域各省市分管教育的领导与会。

10月29日　松江区与松江大学园区7所高校签约,共同构筑"产学研战略联盟",共有9家当地企事业单位与高校"联姻"。

10月31日　上海工程技术大学松江新校区落成典礼举行。其间,学校产学研合作基地和女工程师学院揭牌。

10月　上海大学、上海理工大学、上海第二医科大学、上海中医药大学、上海师范大学、上海对外贸易学院、上海应用技术学院、上海立信会计学院、上海工程技术大学、上海海事大学、上海音乐学院、上海戏剧学院、上海体育学院、华东政法学院、上海水产大学、上海电力学院、上海金融学院、上海第二工业大学、上海电视大学等19所地方高等院校全部实行全员聘用合同制,为高校内部管理体制改革创造条件。

10月　上海大学生艺术团管乐团赴京参加首届2005中国兼职优秀管乐团队展演,获大学生组金奖,乐队指挥获最佳指挥奖。

11月1日　上海市政府与新闻出版总署签署共建上海理工大学出版印刷学院协议。国家新闻出版总署副署长柳斌杰、上海市副市长严隽琪就共同加强上海理工大学出版印刷学院的学科专业建设、人才培养、科学研究、实践教学、实验室建设、招生就业等工作签订合作协议。根据协议,国家新闻出版署在上海理工大学设立出版印刷人才培养基地。

11月15日　松江大学园区首届大学生运动会举行。松江大学园区7所高校共294个参赛队近5 000名大学生参加48个竞技项目的角逐。

11月19日　上海"曙光计划"实施10周年庆典在华东理工大学举行。

12月27日　上海研究生联合培养基地授牌仪式举行。上海宝山钢铁股份有限公司、上海电气集团股份有限公司、上海汽车集团股份有限公司、上海市张江高科技园区和上海纺织控股(集团)公司为首批上海研究生联合培养基地单位。上海市农业科学院、上海市教育科学研究院、上海房屋销售(集团)有限公司、上海自动化仪表股份有限公司、上海广电(集团)有限公司、万达信息股份有限公司和上海计算技术研究所为首批上海研究生协作培养单位。这标志着以联合培养研究生为纽带、构建产学研联盟的实践有了实质性进展。

同年　中共上海市委、上海市人民政府决定在奉贤区和临港新城再建两个大学园区,上海高校布局结构拓展为"2+2+2+X"。

同年　上海市教育委员会会同上海市物价局、上海市财政局制定《关于上海市高等学校试行学分制收费办法的通知》,报经上海市人民政府批准后实施。同年,复旦大学、上海交通大学、华东理工大学、东华大学、上海财经大学、上海理工大学、上海师范大学、上海中医药大学、上海海事大学、上海金融学院、华东政法大学、上海出版印刷专科学校等,经上海市教育委员会、上海市物价局、上海市财政局批准试行学分制收费。

同年　上海市政府助学奖学金首度发放,共有1.1万名学生获得助学奖学金及助学金。

同年　上海杉达学院、上海建桥职业技术学院和上海新侨职业技术学院3所民办高校依法自主实行入学考试。考生通过招生院校测试后无须参加统一高考就可入学。

同年　成立上海市松江大学园区管理委员会,为上海市教育委员会的派出机构,承担松江大学园区相关工作的管理、督促和检查工作。

同年　共青团上海市委、市教育委员会、市财政局、市人事局共同召开上海市大学生志愿服务西部计划总结表彰暨工作推进会。12所高校获得上海市大学生志愿服务西部计划优秀组织奖,8所高校获得上海市大学生志愿服务西部计划组织奖,10家单位获得上海市大学生志愿服务西部计划特别贡献奖。

同年　上海市设立大学生科技创业基金,计划自2005年至2007年上海市财政局每年拨款5 000万,培养大学毕业生科技创新能力、拓宽毕业生就业渠道。

同年　复旦大学在瑞典的斯德哥尔摩建立北欧孔子学院。这是欧洲的第一所孔子学院。

同年　上海建桥职业技术学院升格更名为上海建桥学院。上海师范大学天华学院(独立学院)

成立。上海中华职业技术学院、上海工会管理职业学院、上海卫生职业技术学院成立。

同年　上海普通高等学校计 64 所。在校本专科生 44.26 万人,研究生 7.36 万人;招生本专科生 13.18 万人,研究生 2.58 万人;毕业本专科生 10.34 万人,研究生 1.59 万人。教职工 7.09 万人,其中专任教师 3.18 万人。

2006 年

6 月 27—28 日　世界合作教育协会"2006 工学结合教育模式亚太地区交流研讨会"在上海第二工业大学举行。会议由世界合作教育协会主办,香港理工大学和澳大利亚斯温伯恩科技大学协办,上海第二工业大学承办。美国、英国、加拿大、法国、澳大利亚、日本、瑞典、中国等国家和地区的 300 多位合作教育专家参加会议。教育部副部长吴启迪出席大会并讲话,世界合作教育协会会长 Richard Freeland、上海市人大华侨民族宗教事务委员会主任委员张伟江出席并致辞。

6 月　由教育部思想政治工作司主办,中共上海市科技教育工作委员会、学习出版社共同承办的《包涵心语》编选出版座谈会在北京召开。教育部副部长李卫红、教育部思想政治工作司、中共上海市科技教育工作委员会领导等出席座谈会并讲话;上海市十佳辅导员、复旦大学化学系 2001 级本科生辅导员包涵参加座谈会并发言。

8 月　经上海市人民政府批准,设立上海市大学生科技创业基金会。

10 月 18 日　由复旦管理学奖励基金会颁发的首届"管理学杰出贡献奖"颁奖典礼在复旦大学举行。该基金会于 2005 年复旦大学百年校庆之际,由李岚清发起成立。中国科学院数学与系统科学研究所研究员陈锡康和复旦大学管理学院教授朱道立并列一等奖。基金会会长李岚清为一等奖获奖者颁奖。国务委员陈至立出席颁奖典礼并讲话,上海市市长韩正致辞。

10 月 28 日　上海理工大学庆祝建校 100 周年。韩正出席并致辞。

11 月 5 日　上海大学中欧工程技术学院举行揭牌仪式。

11 月 8 日　由上海海事大学与法国布雷斯特海洋科技园联合组建的"中法联合伽利略系统与海上安全智能交通研究所"成立。

12 月 9—10 日　首届上海研究生学术论坛在上海大学举行。论坛共设 20 个专场。

12 月 28 日　上海社会科学院与华东师范大学签订《人员双聘协议》。首批 125 位上海社会科学院学者和 4 位华东师范大学教授成为双聘人员。

12 月 30 日　上海市研究生教育学会成立 20 周年暨 2006 年会在华东理工大学举行。

同年　华东师范大学入选"985 工程"高校。

同年　为进一步促进上海市民办教育事业持续健康发展,鼓励社会力量兴办教育,上海市设立促进民办教育发展专项资金,开始每年组织上海市民办高校开展申请政府扶持资金的工作。

同年　上海东方文化职业学院更名为上海震旦职业学院,上海卫生职业技术学院更名为上海医药高等专科学校。同济大学同科学院(独立学院)成立。

同年　上海普通高等学校计 65 所。在校本专科生 46.63 万人,研究生 8.15 万人;招生本专科生 14.04 万人,研究生 2.83 万人;毕业本专科生 11.05 万人,研究生 1.88 万人。教职工 7.17 万人,其中专任教师 3.39 万人。

2007 年

1 月 17 日　上海高校学生思政教育队伍建设推进会举行。会上点击开通上海大学生在线和上海高校辅导员网站。

1 月　上海市教育委员会命名首批上海市大学生职业发展教育教学实训基地。

3 月　上海市教育委员会、上海市人民政府督导室联合成立上海市教育督导事务中心，为上海市教育委员会全额拨款事业单位。该中心同时挂牌上海市教育行政执法事务中心。

5 月 6 日　国务委员陈至立、中共上海市委书记习近平、副书记殷一璀等参观上海中医药博物馆。

5 月 14 日　中共中央政治局常委、国务院总理温家宝到同济大学重点调研学校人才培养、学生创新、科学研究、学科建设等情况。习近平和上海市市长韩正等参加调研。

5 月 20 日　同济大学庆祝建校 100 周年。

6 月 6 日　上海海关高等专科学校更名为上海海关学院。习近平为上海海关学院揭牌。

6 月 9 日　华东政法学院更名为华东政法大学。

6 月　上海高校科技服务中心与上海市教育企业管理中心合并，更名为上海市教育委员会科技发展中心，为上海市教育委员会直属事业单位，承担服务高校科技管理、产学研合作与科技成果转移转化，推进高校科技产业发展等职能。

9 月 24—25 日　“新形势下工程教育的改革与发展”高层论坛举行。全国政协副主席、中国工程院院长、上海市人民政府—中国工程院合作委员会名誉主任徐匡迪，韩正，上海市副市长杨定华等出席论坛。

11 月 3 日　上海水产大学在军工路校区举行建校 95 周年庆祝大会。江泽民题词祝贺，韩正致贺信，上海市政协主席蒋以任，农业部副部长高鸿宾等出席大会。

11 月 6 日　由上海大学生科技创业基金会主办，以“创智上海，源自校园”为主题的“2007 上海大学生创业周”在同济大学揭幕。这是全国第一个集中展示当代大学生创业精神和创业实践的盛会。

11 月 10 日　上海财经大学召开庆祝建校 90 周年大会。韩正和中国作协党组书记、副主席金炳华等出席庆典大会。

11 月　中共上海市科技教育工作委员会、上海市教育委员会颁发《上海高校特聘教授（东方学者）岗位计划实施意见（试行）》的通知，决定实施上海高校特聘教授（东方学者）岗位计划。

12 月 27—28 日　以“技术应用型高校高技能创新人才培养模式与创业就业体系建设”为主题，首届技术应用型高校高技能创新人才创业就业高峰论坛在上海第二工业大学举行。

同年　由上海市教育发展基金会倡议、出资并与上海市教育委员会共同实施，面向上海市高校青年教师人才培养的“晨光计划”启动。

同年　上海普通高等学校计 65 所。在校本专科生 48.49 万人，研究生 8.62 万人；招生本专科生 14.46 万人，研究生 2.87 万人；毕业本专科生 11.85 万人，研究生 2.27 万人。教职工 7.18 万人，其中专任教师 3.55 万人。

2008 年

1 月　上海市普通话测试中心更名为上海市语言文字水平测试中心。

4月9日 首届上海市外国留学生市政府奖学金颁奖大会召开。

5月6日 上海水产大学更名为上海海洋大学揭牌仪式举行。江泽民为上海海洋大学题写校名。中共上海市委副书记殷一璀、上海市人大常委会副主任胡炜等出席揭牌仪式。该校经教育部3月19日发文批准更名。

5月15日 上海高校师生代表在华东师范大学举行支援汶川特大地震灾区捐助活动。现场捐款近7万元。

5月 上海市教育委员会决定实施"上海高等教育内涵建设工程"(命名为"085"工程),以促进上海高等教育实现新的历史性跨越。

7月20—22日 中共中央政治局委员、国务委员刘延东到复旦大学、上海交通大学、同济大学和上海中学调研。全国政协副主席、科技部部长万钢,上海市市长韩正,教育部部长周济等参加调研。

8月 上海旅游高等专科学校组织师生赴京开展为期3个月的奥运会志愿服务工作,学校获第29届奥林匹克运动会组织委员会授予"中华金厨奖"突出贡献团体奖。上海体育学院学生邹市明在北京奥运会拳击(48公斤级)比赛中获得金牌,实现中国拳击在奥运会上金牌零的突破。

10月18日 上海海事大学在临港举行新校区落成典礼。中共中央对外联络部部长王家瑞,韩正等出席落成庆典。

10月 根据《中共上海市委工作党委体制调整方案》,在中共上海市科技教育工作委员会基础上,组建中共上海市教育卫生工作委员会和中共上海市科技工作委员会。李宣海任中共上海市教育卫生工作委员会书记。

10月 教育部举办全国首届大学生创新论坛项目,在"十个我最喜欢的项目"评选中,上海高校有2个项目入选。

同年 首届中国校园戏剧节在上海举行。戏剧节主题为"和谐校园·青春风采",复旦大学、上海戏剧学院、上海交通大学、上海师范大学的"托起明天的太阳""风铃""爸爸再爱我一次""美丽的奇迹"等4台剧目参演。

同年 上海普通高等学校计66所。在校本专科生50.29万人,研究生8.98万人;招生本专科生14.58万人,研究生3.02万人;毕业本专科生12.21万人,研究生2.44万人。教职工7.31万人,其中专任教师3.69万人。

2009 年

1月8日 上海市教育委员会、市人力资源社会保障局联合发布实施6个专项计划,拓宽大学生就业渠道。

3月1日 苏、浙、沪三地省级教育行政部门在南京联合召开"长三角教育联动发展研讨会"。

4月18日 国家火炬计划"环同济研发设计服务特色产业基地"在同济大学揭牌。全国政协副主席、科技部部长万钢,上海市副市长沈晓明分别致辞并为基地揭牌。

5月11—12日 复旦大学主办"上海论坛2009",主题为"经济全球化与亚洲的选择——危机·合作·发展"。上海市市长韩正、教育部副部长郝平、中国人民银行副行长苏宁、国际货币基金组织日本首席代表小手川大助、德国联邦议员德中委员会主席 Johannes Andreas Pflug 等出席会议。

11 月 16 日　美国总统奥巴马在上海科技馆与上海大学生对话。

11 月 29 日　国家体育总局体育科技示范园暨上海体育学院科技园揭牌仪式举行。

同年　经教育部评审，上海高校有 40 个项目获国家级教学成果奖，其中复旦大学、同济大学、上海交通大学、上海电视大学等 4 所高校的 4 个项目被评为国家级教学成果一等奖；17 所高校的 36 个项目被评为国家级教学成果二等奖。

同年　上海市高校毕业生就业指导中心更名为上海市学生事务中心。

同年　上海普通高等学校计 66 所。在校本专科生 51.28 万人，研究生 9.76 万人；招生本专科生 14.35 万人，研究生 3.54 万人；毕业本专科生 12.69 万人，研究生 2.69 万人。教职工 7.45 万人，其中专任教师 3.81 万人。

2010 年

1 月 10 日　由上海交通大学和闵行区共建，以新兴产业为主旨的研究院——上海紫竹新兴产业技术研究院成立。中共中央政治局委员、中共上海市委书记俞正声发贺信。上海市市长韩正为研究院揭牌，常务副市长杨雄到会讲话。

1 月 16 日　上海高校技术市场在上海理工大学国家大学科技园开幕。

2 月　上海高校产生首批 2009 年度"阳光学者"10 人。"阳光计划"（即"上海高校思想政治教育优秀青年教师培养计划"）是由上海市教育发展基金会出资，上海市教育委员会实施的一项专门针对高校思想政治教育中骨干青年教师的人才培养计划，也是上海市加强大学生思想政治教育工作队伍建设的举措。

3 月 3 日　教育部和上海市共建国家教育综合改革试验区战略合作协议签字仪式在北京举行。俞正声出席并讲话。教育部部长袁贵仁与韩正签署合作协议。根据协议，双方将成立部市战略合作领导小组，建立部市战略合作协商会议制度。这是全国由中央教育行政部门与地方政府建立部市共建合作制度的第一个省市。

3 月 30 日　中共中央政治局常委、国家副主席习近平访问复旦大学承建的瑞典斯德哥尔摩孔子学院。

5 月 24—25 日　上海市教育委员会召开上海高校人文社会科学重点研究基地工作会议暨中期检查专家评审会。来自教育部人文社会科学重点研究基地的 9 位专家在听取汇报后对 10 个基地的建设情况进行分项评价和综合评估。

6 月 6 日　上海交通大学钱学森图书馆奠基仪式在徐汇校区举行，上海交通大学党委书记马德秀、校长张杰、钱学森之子钱永刚参加奠基仪式。

7 月 23 日　上海开放大学揭牌成立。俞正声、袁贵仁、韩正发来贺信。

9 月 17 日　国家体育总局与上海市人民政府签约共建上海体育学院中国乒乓球学院。国家体育总局局长刘鹏和韩正为中国乒乓球学院揭牌；国家体育总局副局长蔡振华、上海市副市长沈晓明签署《上海市人民政府、国家体育总局共建上海体育学院中国乒乓球学院协议书》，上海市副市长赵雯向原国家体委副主任徐寅生颁发上海体育学院中国乒乓球学院名誉院长聘书。

9 月　中共上海市委、上海市人民政府召开上海市教育工作会议，颁布《上海市中长期教育改革和发展规划纲要（2010—2020 年）》。

12 月 10 日　上海市人民政府与国家海洋局签约共建上海海洋大学。

12 月 29 日　教育部与上海市人民政府签约继续重点共建复旦大学、上海交通大学、同济大学、华东师范大学。袁贵仁与韩正签署协议并讲话。

同年　教育部批准在清华大学等 64 所部属和地方高校开展专业学位研究生教育综合改革试点,上海共 6 所高校参加:复旦大学、上海交通大学、同济大学、华东师范大学、上海外国语大学和上海海洋大学。上海理工大学、上海海事大学、华东政法大学、上海体育学院和上海大学 5 所市属高校被列为上海市首批开展全日制专业学位研究生教育改革试点高校。

同年　中国上海世界博览会期间,上海市教育委员会实施"一个计划,五大系列",与世博工作全面对接。世博期间,上海高校有 8 万名学生参与园区志愿者工作,2 000 名学生承担票务工作,约 10 万学生参与"城市文明站点"志愿者工作。来自上海 34 所高校的大学生志愿者服务总量超过 1 000 万小时,服务超过 2 000 万人次。

同年　上海交通大学学生获国际大学生程序设计大赛全球总决赛冠军。

同年　上海普通高等学校计 66 所。在校本专科生 51.57 万人,研究生 10.57 万人;招生本专科生 14.46 万人,研究生 3.66 万人;毕业本专科生 13.37 万人,研究生 2.68 万人。教职工 7.42 万人,其中专任教师 3.92 万人。

第一篇

教育管理

上海是高等教育繁荣之地。党的十一届三中全会以来,在中央先行先试政策的支持下,上海努力争当国家教育改革的探路者和先行者,积极探索高等教育办学体制、管理体制和高校布局结构调整,推进高等教育"211""985""085"等工程建设和综合改革试点,取得重大进展和令人瞩目的成效。

上海是全国率先实施高等教育管理体制改革和高校布局结构调整的省市之一。1977年以来,特别是20世纪90年代,为了适应建立社会主义市场经济体制的要求,适应国家和地方政府管理体制改革的要求,适应社会主义现代化建设的要求,上海高等教育管理机构及其职能,历经恢复、重建、调整、整合,不断改进和完善政府管理机构、职能及工作机制,至1995年组建上海市教育委员会,进一步加强上海市高等教育管理的宏观统筹与调控,并通过改革高等教育办学体制、管理体制,调整政府与高校的关系、地方主管部门与中央部委的关系,扩大高校办学自主权等,加强和完善宏观管理与规划指导,为上海高等教育事业的发展提供组织保障。

20世纪80年代起,上海高等教育的体制改革,首先从高校内部管理体制改革开始,在全国产生较大影响。1992年、1993年,上海先后颁布《关于明责放权,进一步扩大高校办学自主权的若干意见》《关于进一步推进和深化上海市市属高校内部管理体制改革的意见》,对上海高校的办学质量、管理水平进行监督、考核和评估。扩大市属高校在招生与分配、专业设置与教学管理、编制与岗位设置、职称和职务评定、经费管理与使用、科研和科技管理、科研和校产机构审批、仪器设备审批、对外交流、成人教育10个方面的办学自主权。

20世纪90年代,上海作为高等教育体制改革试点省市之一,不断深化以共建、合并、合作、划转为主要内容的管理体制改革。1997年,中共上海市委七届六次全会明确提出按照"国立、共建、市统筹"的管理体制进一步深化上海高等教育管理体制结构和布局结构调整,加快推进高等院校合并、共建、划转和合作的试点工作。1994—1997年,上海市人民政府分别同国家教育委员会、卫生部、财政部、中国纺织总会签订协议共建8所高校。根据《国务院关于进一步调整国务院部委所属学校管理体制和布局结构的决定》,1998—2000年,上海又对国务院部委属在沪11所高校管理体制进行调整,实行中央与地方共建、以上海市为主的管理体制。

为了适应国家经济体制和高等教育体制的改革发展,上海积极探索建立政府办学为主、全社会参与、办学主体多元化、办学形式多样化的中国特色办学体制。经过多年的改革探索,改变高校单一由政府举办的体制,建立与社会主义市场经济体制相适应的以政府办学为主,企事业单位、社会团体和公民等社会力量办学为辅的多元化办学体制,形成公办高等教育与民办高等教育共同发展、社会各界与海外机构多元参与的办学格局。

为发展上海民办高等教育,1992年,上海交通大学、北京大学、清华大学部分教师发起创办杉达大学(非全日制),成为上海解放以来第一所民办高校。1994年,上海市高等教育局制定颁发《上海市民办高等学校设置条例》,完善支持民办高校的政策体系,鼓励和引导办出特色,规范和促进民办高校发展。2005年,上海市人民政府每年在全国率先拨出专项财政经费,支持民办高校发展,在全国率先开展民办高校依法自主招生改革。

为推进国际合作办学试点工作,1991年由上海市人民政府与欧共体合作,建立上海交通大学中欧国际工商管理学院,揭开上海高校中外合作办学序幕。1993年制定颁发国内第一部中外合作办学地方性法规——《上海市境外机构和个人在沪合作办学管理办法》。进入21世纪,上海加快引进国际优质教育资源,创新高等教育中外合作办学形式,新建一批高起点中外合作办学机构和项目。其中上海交通大学新加坡研究生院是国内经教育部批准在海外成立的第一个研究生院。

1978年以来,在中共上海市委、上海市政府领导下,上海市教育主管部门通过充分的调查研究和广泛地征求意见,先后组织制定实施各个时期的高等教育事业发展和专项规划,为上海高等教育的改革发展提供导向和依据。1988年,上海确立"先一步、高一层"的教育发展战略。这一战略思想的确立,使上海高等教育发展获得长期战略的高起点。20世纪90年代,上海教育抓住机遇,顺应浦东开发和中央对上海"三个中心、一个龙头"的部署与要求,提出建设与一流城市相匹配的一流教育的发展要求。21世纪初,上海提出率先基本实现教育现代化和建设学习型社会的阶段性目标。这些明确的战略目标选择和定位,有力地引领上海高等教育的跨越式发展。"十一五"期间,上海实施以拓展办学空间为重点的新一轮高校布局结构调整,形成与上海城市总体规划和产业结构布局相呼应的高校形态布局,提升上海高校的整体办学条件,为上海率先进入高等教育普及化提供保障。

在制定实施战略规划,提高高等教育办学规模和水平的过程中,国家和上海市十分重视高水平大学和一流大学的建设。1990年,《上海高等教育十年规划与"八五"计划》提出,通过建设,要有一两所全国重点高校达到世界一流大学的教学科研水平。1994年,上海市政府作出决策,与国家教育委员会率先在复旦大学、上海交通大学等高校进行"共建"试点。通过实施"国有、共建、地方统筹"的高教管理体制,形成创一流水平的运作机制。从20世纪90年代中期起,国家和上海市通过实施"211工程""985工程""085内涵建设工程"等教育重大工程项目,进一步提升高校的办学水平和人才培养质量。

上海是中国经济最发达的地区之一,教育改革发展一直走在全国前列。20世纪90年代初,教育部授予上海市自主进行高考和招生改革试点。1999年又支持上海市进一步加大教育改革力度,在国家教育方针政策和法律法规范围内进行省级政府统筹的大胆探索。随着教育改革进入深水区,单项突破式的改革已难以适应形势发展,教育综合改革势在必行。在中央领导直接关心下,在教育部支持下,上海进一步集思广益,多次向教育部提出一系列教育综合改革的方案与申请。2003年2月,国务院授权教育部致函上海市,批准上海市开展教育综合改革试验,成为全国省市自治区中第一个实施教育综合改革试验区的城市。在中共上海市委和上海市人民政府的领导下、国家教育主管部门的支持下,上海教育系统努力抓住这个重要机遇,开拓创新,精心实施,加强统筹,优化教育结构,扩大教育资源,提升办学水平,构筑人才高地,打造品牌特色,攀登教育"高峰",为实施科教兴国战略和增强上海城市综合竞争力提供有力的人才支持和智力贡献,为全国高等教育改革发展提供经验。2010年,教育部和上海市人民政府签订《教育部上海市人民政府共建国家教育综合改革试验区战略合作协议》,实施新一轮教育综合改革。根据协议,上海在教育公共管理新体制和新机制、人才培养模式和招生考试制度改革等7个方面进行探索和深化改革。

第一章 机构设置

上海高等教育的政府行政管理机构,从 20 世纪 70 年代末到 90 年代中期为上海市高等教育局。1995 年组建上海市教育委员会,高等教育与基础教育、职业技术教育、成人教育等形成有机的管理系统。其职能随着高等教育事业的改革和发展,不断转向统筹指导、宏观调控、服务高校。在努力扩大高校办学自主权的同时,通过教育立法、政府信息公开和执法监督,促进依法行政、依法治教、依法治校。

第一节 管理机构

一、上海市教育卫生办公室

"文化大革命"后,在拨乱反正中,上海开始恢复、重建高等教育管理机构,调整领导班子,选拔德高望重的老专家和富有改革精神的年轻干部走上领导岗位。

1977 年 11 月,上海市革命委员会文化教育组调整为上海市革命委员会教育卫生办公室,1978 年 12 月,成立上海市教育卫生办公室党组。1979 年 1 月,上海市革命委员会教育卫生办公室更名为上海市人民政府教育卫生办公室。1995 年,成立上海市教育委员会,撤销上海市教育卫生办公室。1977—1995 年,历任上海市政府教育卫生办公室主任:毛经权、王生洪、郑令德(详见表 1-1-1);历任上海市政府教育卫生办公室副主任:舒文、刘芳、白彦、苗兴宝、黄荣魁、袁采、薛喜民、徐匡迪、殷一璀等。

表 1-1-1　1978—1995 年上海市教育卫生办公室主任任职情况表

姓　名	任 职 年 份
毛经权	1977—1985 年
王生洪	1986—1994 年
郑令德	1994—1995 年

二、上海市高等教育局

为了适应上海高等教育事业发展的需要,中共上海市委决定恢复"文化大革命"中被撤销的上海市高等教育局建制,专门负责全市高等教育工作。1979 年 2 月 5 日,上海市副市长杨恺在上海市政府教育卫生办公室全体干部会议上宣布关于重新建立上海市高等教育局的决定。

上海市高等教育局(简称"上海市高教局")恢复之初,主要内设机构有办公室、留学生办公室、人事处、劳动办公室、教育处、半工半读教育处、生活管理处、财务设备处等部门。

重建后的上海市高等教育局领导成员:局长舒文(兼);副局长陈准堤、刘涌波、余立、韩中岳、李俊经、李锐夫(兼);陈云涛为顾问。1983 年,中共上海市委印发《关于上海市高等教育局领导班子配备的通知》,毛经权兼任上海市高等教育局党组书记,张德龙任副书记、局长;党组成员、副局长有蒋凌械、张瑞琨、刘涌波、卜中和;余立、韩中岳任上海市高等教育局顾问。1988年7月,上海市人民代表大会常务委员会任命张德龙续任上海市高等教育局局长。1989年12月,上海市第九届人大常委会、中共上海市委、上海市政府分别决定,徐匡迪任上海市高等教育局局长、上海市高等教育局党组书记、上海市政府教育卫生办公室副主任。1991年,上海市人民政府决定,王生洪任上海市高等教育局局长(兼)。1994年9月,上海市人民政府决定,郑令德兼任上海市高等教育局局长。

表1-1-2　1979—1995年上海市高等教育局正副局长任职情况表

职　　务	姓　　名	任　职　年　份
局　长	舒　文	1979—1983年(兼)
	张德龙	1983—1989年
	徐匡迪	1989—1991年
	王生洪	1991—1993年(兼)
	郑令德	1994—1995年
副局长	姚庄行	1979—1980年
	陈准堤	1979—1982年
	刘涌波	1979—1985年
	余　立	1979—1983年
	韩中岳	1979—1983年
	李俊经	1979—1983年
	向　旭	1980—1983年
	高　山	1982—1983年
	蒋凌械	1983—1986年
	张瑞琨	1983—1988年
	卜中和	1983—1993年
	诸君汉	1986—1991年
	李明忠	1986—1991年
	伍贻康	1988—1995年
	杨德广	1991—1993年
	魏润柏	1991—1995年
	胡启迪	1992—1995年
	胡瑞文	1993—1995年

三、中共上海市教育卫生工作委员会

为统一领导全市教育、卫生系统党的工作,1983年,中共上海市委决定成立中共上海市教育卫生工作委员会。1998年5月，更名为中共上海市教育工作委员会。2004年4月，根据中共上海市委对上海市编制委员会《关于调整市科技工作党委、市教育工作党委机构和职能有关问题的请示》的批复，撤销上海市科技工作党委、上海市教育工作党委，成立中共上海市科技教育工作委员会。2008年10月，根据《中共上海市委工作党委体制调整方案》，在中共上海市科技教育工作委员会基础上，组建中共上海市教育卫生工作委员会和中共上海市科技工作委员会。1983—2010年，历任中共上海市教育卫生工作委员会、中共上海市教育工作委员会、中共上海市科技教育工作委员会（以下统称"中共上海市教育卫生工作委员会"）书记：陈铁迪、刘克、郑令德、王荣华、李宣海（详见表1-1-3）；历任中共上海市教育卫生工作委员会副书记：毛经权、张德龙、王生洪、胡绿漪、尹继佐、郑令德、王荣华、秦绍德、殷一璀、项伯龙、张伟江、于信汇、翁铁慧、吴捷、陈克宏、李铭俊、李逸平、沈晓明、杜慧芳等。

表1-1-3　1983—2010年中共上海市教育卫生工作委员会书记任职情况表

姓　　名	任　职　年　份
陈铁迪	1983—1990年
刘　克	1990—1993年
郑令德	1993—1994年
王荣华	1994—2003年
李宣海	2003—2010年

四、上海市教育委员会

为了使基础教育、职业技术教育、成人教育、高等教育形成一个有机的管理系统，促进上海市教育事业的改革和发展。1995年，经中共上海市委、上海市人民政府批准，撤销上海市人民政府教育卫生办公室、上海市高等教育局、上海市教育局，组建上海市教育委员会。

此次上海教育系统领导机构改革坚持思想工作领先，坚持民主决策、民主集中，深入调查研究，制定切实可行的改革方案与实施计划，将原来"一办两局"的36个处室减少到22个，精简三分之一。上海市教育委员会设有5个综合办公室，分别是办公室（含市语言文字委员会办公室）、基础教育办公室（含上海市托幼工作办公室）、高等教育办公室（含上海市学位委员会办公室）、职业技术教育办公室（含上海市职业技术教育委员会办公室）、成人教育办公室（含上海市成人教育委员会办公室、上海市燎原计划办公室）；17个业务处室，分别是政策法规处、财务处、计划处、装备处、人事处、师资处、德育处（含学生处）、体育卫生艺术科普处（含上海市艺术教育委员会办公室）、国际交流处（含港澳台办公室）、科研处、学校后勤处、保卫处、校办产业管理处、基建管理处（含住宅办）、审计处、监察室、机关事务管理处，另设有督导室、青少年保护委员会办公室。机关工作人员由近400人减少到297人，精简约四分之一。新旧机构平稳过渡，职能转换基本到位，各项工作正常有序开展。

1995年2月28日，上海市教育委员会正式成立，郑令德任主任，薛喜民、殷一璀、张民生、夏秀蓉、魏润柏、张伟江任副主任。

2000年，根据上海市人民政府办公厅《关于上海市教育委员会职能配置、内设机构和人员编制规定的通知》要求，上海市教育委员会于9—10月再次对机关内部机构进行调整。根据精简高效、上下对口的原则,进一步合理划分、界定各部门的职责,理顺工作关系,增强统筹协调管理能力。将原 24 个处室减少至 18 个,分别是办公室、发展规划处、人事处、财务处、基础教育处、职业教育与成人教育处(含上海市燎原计划办公室)、高等教育处、学生处、科学技术处、体育卫生艺术科普处、国际交流处(含上海市自费出国审核办公室、港澳台办公室)、学校后勤保卫处、政策法规处、语言文字管理处、审计处、德育处、督导办公室、青少年保护工作处。人员编制由原 333 名减为 180 人。

2007 年 9 月,根据上海市编制委员会《关于同意上海市教育委员会增设终身教育处的批复》,增设终身教育处。同时将上海市推进学习型社会建设指导委员会办公室设在上海市教育委员会终身教育处。2009 年,为了适应和促进民办教育改革发展,加强统筹指导,增设民办教育管理处。

表 1-1-4　1995—2010 年上海市教育委员会正副主任任职情况表

职　务	姓　名	任　职　年　份
主　任	郑令德	1995—1998 年
	张伟江	1998—2006 年
	沈晓明	2006—2008 年
	薛明扬	2008—2010 年
副主任	薛喜民	1995—2003 年
	殷一璀	1995—1997 年
	张民生	1995—2003 年
	夏秀蓉	1995—2001 年
	魏润柏	1995—2000 年
	张伟江	1995—1998 年
	李骏修	1998—2001 年、2003—2007 年
	薛沛建	1998—2003 年
	王　奇	2001—2010 年
	李宣海	2003—2006 年
	瞿　钧	2003—2006 年
	张民选	2004—2010 年
	莫负春	2006—2010 年
	尹后庆	2007—2010 年
	印　杰	2009—2010 年

2010 年,上海市教育委员会内部机构设有 21 个,分别是办公室(含信访办公室)、研究室、督导办公室、发展规划处、人事处、财务处、基础教育处、职业教育处、高等教育处、学生处、科学技术处、体育卫生艺术科普处、国际交流处(含港澳台办公室)、学校后勤保卫处、政策法规处、语言文字管理处、审计处、德育处、青少年保护工作处、民办教育管理处、终身教育处。

五、上海市学位委员会

为加强上海市学位工作的领导和管理,经国务院学位委员会同意、上海市人民政府批准,成立上海市学位委员会。1992 年 4 月 25 日,上海市副市长谢丽娟、国务院学位委员会办公室主任王忠烈等出席"上海市学位委员会成立大会"。会议审议通过《上海市学位委员会组织工作条例》《上海市学位委员会学科组章程》,并向王生洪、华中一、杜雨苍、翁史烈、高廷耀、王一飞、王邦佐、许文思、汤定元、张仲礼、吴孟超、严世芸、陈康民、陈瑞琪、姚泰、席克正、郭本瑜、郭豫适、黄黔、盛子寅、蒋锡、戴干策、魏润柏等 23 名委员和干福熹、石美鑫、李国豪、黄维垣、谢希德等 5 名顾问颁发聘书。上海市教育卫生办公室主任兼市高等教育局局长王生洪任上海市学位委员会主任。

根据《上海市学位委员会工作条例》,1997 年 3 月,上海市学位委员会换届,上海市第二届学位委员会由龚学平任主任委员,郑令德、杨福家、翁史烈、吴启迪、汤章城任副主任委员,王一飞、杨德广、张椿年、汤定元、张仲礼、吴孟超、严世芸、陈康民、邵世煌、姚泰、汤云为、王建磐、壮云乾、盛子寅、计国桢、王行愚、张伟江、王志中等 18 人为委员;于福熹、石美鑫、李国豪、黄维垣、谢希德、陈中伟为顾问。2003 年,换届组建第三届上海市学位委员会。此次换届调整,一是按往届上海市学位委员会的组成原则,每个学位授予单位原则上限一人,并要求各学位授予单位重新推荐市学位委员会的组成人员;二是增补上海海运学院、华东政法学院、上海体育学院、上海水产大学等院校和中国科学院上海生命科学院为委员单位;三是聘任在沪工作的时任国务院学位委员会委员为上海市学位委员会的顾问委员;四是设常务副主任委员 1 人。调整后的上海市学位委员会成员由 34 人组成,其中主任委员 1 人,副主任委员 6 人,委员 25 人,顾问委员 2 人。2009 年换届组成第四届上海市学位委员会。

表 1－1－5　1992—2010 年上海市学位委员会主任委员、常务副主任委员任职情况表

职　　务	姓　　名	任 职 年 份
主任委员	王生洪	1992—1997 年(第一届)
主任委员	龚学平	1997—2003 年(第二届)
主任委员	张伟江	2003—2006 年(第三届)
常务副主任委员	沈晓明	2006—2009 年(第三届)
主任委员	沈晓明	2009 年—(第四届)
常务副主任委员	薛明扬	2009 年—(第四届)

第二节　机 构 职 能

一、上海市教育卫生办公室主要职能

1979 年由上海市革命委员会教育卫生办公室更名,至 1995 年撤销的上海市人民政府教育卫生办公室,为主管全市教育、卫生、文化等工作的市级政府管理部门,统筹领导全市各级各类教育工作。

二、上海市高等教育局主要职能

1979 年恢复后的上海市高等教育局,为隶属上海市人民政府的专门管理全市高等教育的市级职能机构。主要职能是:根据国家和上海市的有关方针、政策,组织开展院校布局结构与学科专业设置、招生与就业工作、办学条件建设、高校"四定"(任务、规模、编制、经费)工作和教育教学改革与评估、人事分配制度与后勤管理体制改革等管理工作。

为加快高等教育改革步伐,改变"统的过多,包的过多,管的过多"的状况,适应高等教育发展的需求,推动高校全面提高教学和科研水平,根据国家教育委员会和中共上海市委、上海市人民政府有关精神,上海市高等教育局在调查研究基础上,结合上海高等教育和高校实际情况,于 1992 年 9 月颁布实施《关于明责放权,进一步扩大高校办学自主权的若干意见》(以下简称《意见》)。

《意见》明确上海市高等教育局为上海市人民政府下属的高等教育管理机构,主要职能:一是贯彻执行国家教育委员会和中共上海市委、上海市人民政府的有关方针、政策,并根据上海地方经济和社会发展及高校的实际情况,制定上海市高等教育发展规划,统筹安排市属高校经费预算;二是为上海高校的发展、改革,做好宏观调控工作以及与中央和上海市有关部门的沟通、协调工作;三是积极为高校做好服务工作,帮助学校解决办学过程中的困难,为改善办学条件,改善教职工生活待遇、住房条件而多做实事;四是根据国家的教育方针及有关法规,对上海高校的办学质量、管理水平进行监督、考核和评估。《意见》还对市属高校在招生与分配、专业设置与教学管理、编制与岗位设置、职称和职务评定、经费管理与使用、科研和科技管理、科研和校产机构审批、仪器设备审批、对外交流、成人教育 10 个方面扩大办学自主权。

三、上海市教育委员会主要职能

1995 年,在撤销 3 个局级机构的基础上组建的上海市教育委员会,其主要职能是对全市的教育工作进行规划、协调、监督、管理和服务,分别承担全市基础教育、高等教育、职业技术教育、成人教育的指导和领导工作,为上海实现一流教育提供组织保证。

组建上海市教育委员会是贯彻简政高效、转变职能、加强综合处室的原则,既考虑与国家教育委员会机构和上海市人民政府综合职能局的基本对应,又考虑到以往教育领导机构与学校、直属单位、地方政府等有关管理部门的工作习惯,改变原来教育管理机构相对分散独立、内设机构重叠、部分职能交叉、人员编制过大等状况,建立统一有力的宏观管理系统,为基础教育、职业技术教育、高等教育、成人教育形成一个互相衔接、互相渗透、相互补充的有机整体创造条件。同时,上海市教育委员会与上海市学位委员会并行,分工合作。前者侧重于研究生培养,后者侧重于学位领导管理,实行国家与地方两级管理。

上海市教育委员会成立后,进一步加强对各级各类招生考试和教育科学研究的统筹管理,推进招生考试和教育科研、教育决策的科学化、规范化。

上海市人民政府办公厅于 2000 年颁发了《关于上海市教育委员会职能配置、内设机构和人员编制规定》,明确上海市教育委员会是主管全市教育工作的市政府组成部门。当年上海市教育委员会完成职能配置、内设机构和人员编制等改革任务。通过这次机构改革:一是划入教育部下放的 7 项职能,包括:审批设立实施高等专科学历教育的普通高校;规划上海市高等职业技术学校和成人高校的招生工作,负责上海市专科层次高校及成人高校的学籍管理工作;审批上海市属及部市共建本、专科院校专业目录内本、专科专业和硕士点的设置和调整;参与部市共建高校财务运行计划的审核、评估等;参与部市共建高校招生专业、计划和生源分布的规划和管理;参与部市共建高校重点学科的规划和管理;规划、管理部属高校高新技术研究、开发和产业化工作;依法监督在沪部属高校的自主办学状况;在全市各类高校自主推行有关改革以及在局部范围内进行试点工作等。二是划出3项职能,包括:把管理基础教育的主要责任和权限,中等及以下民办学校的设置、撤销、变更审批等职能下放给区、县教育行政部门。三是转变4项职能,包括:把办学评估等具体事务交由有关事业单位或中介机构组织实施,将高校教师出国进修、参加国际学术活动的审批职能,以及按有关规定进行的高校教师专业技术职务评聘工作等交给有关高校等。经过此次调整,上海市教育委员会高等教育方面的主要职能是:统筹规划和宏观管理高等教育工作;统筹规划、协调、指导教育体制、办学体制和教育教学的综合改革;统筹协调和管理教育部与上海市共建的高校;审核或审批高等教育专科层次机构的设置、撤销、变更;审批高等院校专业设置;负责审批和管理高等教育机构涉外办学工作;负责高等学历教育的学籍管理工作;会同有关部门开展高等院校毕业生就业制度改革;指导高等学校承担国家及上海市重大科研项目,指导并推广教育系统的自然科学、哲学和社会科学研究工作;规划、管理高校高新技术应用研究和推广,推进产学研结合;指导协调校办产业发展;归口管理教育系统对外交流;负责全市性教育系统出国(境)留学生、来沪留学生、外援教师、来沪外国文教专家和外籍教师的管理工作,以及港、澳、台地区教育交流工作;规划并指导对外汉语教学工作;会同有关部门管理自费出国留学生咨询服务中介机构;规划、指导、协调学校后勤改革和后勤管理工作;协调、指导学校的环境治理和安全工作;承担上海市学位委员会的日常工作。

为进一步健全和完善中共上海市教育卫生工作委员会、上海市教育委员会(简称"两委")直属单位的工作运作机制,加强对直属单位的宏观管理,促进事业发展,2010年2月成立"两委"直属单位建设与管理工作领导小组,负责研究决定、统筹协调"两委"直属企事业单位建设与管理的重大问题、重要事项。按照转变职能、政事分开、理顺关系、强化公益、完善职责、加强建设的指导思想,坚持培育发展与规范管理并重、改革与政府职能转变相协调的原则,对2007年制定的"两委"直属事业单位的基本工作职责进行梳理、调整和修订,与于当年11月颁发了《中共上海市教育卫生工作委员会、上海市教育委员会直属事业单位工作职责》。

四、法制建设

上海十分重视教育立法工作,通过深入开展教育立法调研与制定工作,加强教育法制建设,完善教育法规体系,加大政府信息公开力度,促进依法行政、依法治教、依法治校,在立法、执法与监督等方面取得明显成效。

20世纪80年代起,上海依据国家有关法律法规和规章,制定了一批地方性法规、规章,规范行政审批事项和教育行为,促进教育改革和发展。1989年,为鼓励和支持社会力量办学,加强管理,促进上海市社会力量办学的健康发展,上海市人民政府颁发《上海市社会力量办学管理办法》。1993年,上海市人民政府颁布《上海市境外机构和个人在沪合作办学管理办法》,这是国内第一部中外合作办学地方性法规。同年,上海市政府教育卫生办公室印发《关于上海高等教育改革与发展的若干意见》,上海市高等教育局制定《上海市民办高等学校设置条例》。1996年,上海市教育委员会制定《上海市毕业研究生、普通高校本专科毕业生就业工作暂行管理办法》等文件,进一步明确政府、学校和中介机构的职责,用人单位和学生的权利和义务。同年,印发《上海市高校勤工助学管理暂行办法》。1997 年,上海市十届人大常委会第 39 次会议审议通过《上海市实施〈中华人民共和国教师法〉办法》。1998 年,上海市人民政府颁发《上海市教学成果奖励办法》《上海市社区学院设置暂行办法》,上海市教育委员会印发《关于上海市贯彻实施〈中华人民共和国职业教育法〉的若干意见》等规章。2000 年,上海市教育委员会制定《上海市推进民办高等学校落实法人财产权的实施办法》。2001 年,根据《中华人民共和国教育法》等有关法律、法规,上海市人民政府颁布《关于上海市高等学校房屋土地资源保护管理的暂行规定》。2002 年,颁布《上海市高等学校经费监督管理暂行规定》。2003 年,上海市教育委员会印发《关于贯彻实施〈民办教育促进法〉若干问题暂行规定》《关于贯彻落实〈中外合作办学条例〉的若干意见》,当年,加强与法院、公安、工商等部门的沟通,探索建立综合执法机制,查处非法办学、违规办学、自费出国留学中介机构不规范操作、违规教育广告等。2004 年,上海市教育委员会制定《中外合作办学条例》及其《实施细则》;组织开展上海市依法治校示范校的创建活动。2005 年,教育部公布全国依法治校示范校名单,上海交通大学、华东政法学院等 6 所上海学校为“教育部依法治校示范校”。2006 年,上海市教育委员会组织上海 6 所全国依法治校示范校交流办学经验,深化依法治校示范校建设。2009 年,上海市教育委员会等部门制定《上海市落实民办高校法人财产权的实施办法》《上海市民办高等学校财务管理办法(试行)》《上海市民办高等学校会计核算办法(试行)》等文件。全面开展上海普通高校章程建设调研工作,召开上海高校章程建设工作会,组织高校交流经验,开展高校制定学校章程建设情况检查,指导、督促高校制定规范化的学校章程,监督、检查学校章程的执行状况,推进上海市高校依法治校。在组织《中华人民共和国民办教育促进法》及其《实施条例》的行政执法检查工作的基础上,会同上海市人大、市人民政府法制办等单位开展立法调研,修订完善《上海市终身教育促进条例(草案)》。2010 年,通过开展健全行政复议、行政诉讼、教师申诉、学生申诉等相关制度研究,加强对行政执法人员培训,规范各项行政执法行为,进一步完善行政执法责任制。

2000 年后,上海组织完成一批行政审批事项和规范性文件的清理工作,进一步推进和加强政府信息公开工作。2001 年,为加强依法行政和应对中国加入 WTO,上海市教育委员会对 180 余项教育行政审批事项进行清理,其中属于教育行政审批事项 61 项,经上海市政府行政审批改革办公室确认、市政府常务会议审议,拟保留 43 项,取消 14 项,调整 4 项。同时,完成首批文件清理工作。2002 年,根据上海市人民政府办公厅《关于进一步深化上海市行政审批制度改革实施意见》和上海市政府行政审批改革办公室《关于进一步清理上海市设定的行政审批事项的通知》的精神,对上海市教育行政审批事项作进一步梳理。在此基础上,由上海市政府行政审批改革办公室审核,予以最后确认上海市教育委员会行政审批事项共 57 项。年内,上海市教育委员会印发《上海市教育委员会行政审批事项工作规范(试行本)》。2003 年,完成 1995 年至《民办教育促进法》实施前发布的民办教育规范性文件的清理工作。2005 年,完成 1995 年后上海市教育委员会涉及行政许可项目的规范性文件清理工作,并实施教育行政许可网上办理和“一门式”服务、行政许可项目的“告知承诺”制度及加强事后监管;成立公众服务处,强化政府信息公开和对社会、公众的服务功能,制定《上海市教育委员会关于加强政府信息公开工作的意见》,完成《政府信息公开指南》《政府信息目录》的编制工作。2006 年,组织上海高校开展依法清理学校现行规章制度的工作。2008 年,在“上海教育”网开设教育专题栏目,整合招生、毕业就业、教育实事等事项的各类相关信息,集中向公众提供;开展多形式政府信息公开申请和教育政策咨询服务;将行政许可事项、非行政许可(审批)事项全部上网,进一步完善各个事项的办理指南;开发、整合、利用教育系统网上便民办事项目累计 135 项,为教师、学生、学校和社会人士提供网上服务。2009年,加大招生、就业、收费和教育实事项目等与公众利益密切相关的政府信息和行政审批过程和结果、重大建设项目计划及其实施进展情况等政府信息的公开力度,并推动高校信息公开规范化建设,指导高校建立信息公开工作制度,规范信息公开工作程序,制定信息公开目录和信息公开指南。

第三节 协调服务机构

一、市级协调机构

20世纪90年代,根据高等管理体制和高等教育教学改革发展的要求,上海高等教育管理一方面调整优化市级教育管理部门内设机构设置及其职能,另一方面在规划、协调、监督、管理和服务等方面相继设置相关市级领导小组、联席会议等机构和组织。

1990年1月,成立上海市高校招生委员会,谢丽娟任主任,徐匡迪、伍贻康、凌同光、蒋凌械、姜耀中、施杞、郭伯农任副主任。同年10月,上海市人民政府教育卫生办公室批准成立上海市普通高校办学水平评估领导小组及评估工作办公室。领导小组由王生洪任组长,张德龙、徐匡迪任副组长。

1994年9月,成立上海高校体制划转协调小组,推进改革原分属上海市各委、办、局的以"条"为主的地方高校管理体制,建立由地方政府以"块"为主统筹上海市属高校布局。1996年,成立上海市教育科学规划领导小组,协助上海市教育委员会制定有关教育科研工作政策和教育科研规划,领导和协调全市的教育科研工作。2008年12月,成立上海市教育委员会"高校发展定位规划和学科专业布局结构优化调整工作"领导小组及工作组。薛明扬、王奇分别任领导小组组长、副组长,李骏修、张民选、蒋红任组员。工作组组长由王奇兼任,组员来自上海市教育委员会有关处室及直属单位负责人。

1998年9月,上海市教育委员会成立上海高校后勤社会化改革领导小组和专家咨询小组。上海市教育委员会主任张伟江任领导小组组长,上海市教育委员会副主任薛沛建、上海市教育委员会秘书长吴根发任副组长;专家咨询小组的负责人由上海市教育科学研究院院长胡瑞文、原上海市高等教育局副局长卜中和担任。2005年,成立上海市松江大学园区管理委员会,为上海市教育委员会的派出机构,承担松江大学园区相关工作的管理、督促和检查工作。主要职能是制定园区公共管理制度,协调园区的资源共享、园区综合管理,促进园区文化建设、后勤社会化、内外联络等方面的工作。

根据国务院办公厅有关文件精神,经上海市人民政府研究,于2004年11月成立上海市高校招生考试工作联席会议和上海市高校毕业生就业工作联席会议。上海市副市长严隽琪为两个联席会议的第一召集人,上海市人民政府副秘书长姜平、上海市教育委员会主任张伟江任召集人,联席会议成员包括上海市教育委员会、上海市政府有关部局和上海市高级法院、武警上海总队等部门负责人,联席会议下设办公室设于上海市教育委员会。

为建设高素质的专业化教师队伍,推进教师教育改革创新,构建开放灵活的教师教育体系,根据教育部颁布的《关于实施全国教师教育网络联盟计划的指导意见》,结合上海市"十一五"师资队伍建设规划的要求,于2006年12月成立上海市教师教育工作领导小组,下设办公室。同时成立上海市教师教育资源专家委员会。领导小组成员部门主要由上海市教育委员会相关职能处室和高等师范学校、远程教育集团、区县教育学院协会四个方面组成。组长沈晓明,副组长李骏修、俞立中、李进、顾泠沅。

二、教育部门直属单位

中共上海市教育卫生工作委员会、上海市教育委员会直属事业单位的基本工作职责是"两委"教育职能的延伸和补充。为了加强直属单位的建设和管理,促进转变政府职能,上海市教育主管部门对直属单位及机构设置和职责进行了多次改革调整。

上海市高等教育局成立后,1981年成立上海高校科技服务中心。

1982年10月,上海市高等教育局成立高等教育研究室。这是全国省(直辖市)级第一个高教研究机构。上海市人民政府于1983年7月批复,同意在原上海市高等教育局高教研究室的基础上,成立上海市高等教育研究所。1984年12月,上海市人民政府教育卫生办公室批复同意上海市高等教育研究所为上海市高等教育局直属事业单位,下设办公室、政策理论研究室、德育研究室和编辑情报资料室等部门,任命赵安东为所长,干城为副所长。

1981年6月,经上海市人民政府同意成立上海市高等教育自学考试委员会。1985年,经上海市人民政府批准,成立上海市高等和中等教育考试中心。聘请华东师范大学刘佛年教授任名誉主任,奚心雄任主任。1991年9月,将上海市高等和中等教育考试中心、上海市高校招生办公室、上海市自学考试办公室合并成立上海市教育招生考试中心。

1988年3月,成立上海市高等师范学校师资培训中心,承担对上海地区的高师、高专、教育学院和市属高校开展多层次的培训工作。2004年,上海市高等师范学校师资培训中心与上海市师资培训中心合署办公,成为上海市中小学校长、中小学骨干教师和部分大学教师进修的市级培训机构。

1993年,成立上海市高校招生、毕业生就业指导委员会。同年10月15日,上海市机构编制委员会通知上海市高等教育局,同意建立上海市高校毕业生就业指导中心。2009年,上海市高校毕业生就业指导中心更名为上海市学生事务中心,汪歙萍任主任,董晓峰任党总支书记兼副主任。

1995年2月,经中共上海市委、上海市人民政府批准,撤销上海市教育科学研究所、上海市高等教育研究所、上海市职业技术教育研究所、上海市成人教育研究所和上海市智力开发研究所建制,成立上海市教育科学研究院,下设普通教育研究所、高等教育研究所、成人教育研究所、职业技术教育研究所、智力开发研究所等部门,胡瑞文任院长兼党委书记。撤销上海市教育招生考试中心、上海市中等学校招生办公室和上海市中等专业教育自学考试办公室建制,成立上海市教育考试院,下设考试处、自学考试处、高等学校招生处、中等学校招生处和考试研究信息统计处等处室,胡启迪任院长兼党委书记。

1996年4月,经上海市编制委员会批准,成立上海高等教育评估事务所,这是全国首家专职从事高等教育评估的社会性咨询服务中介机构,接受政府部门、高校、社会用人部门的委托,开展高等教育评估,促进政府教育行政部门转变职能,加强宏观管理,推动高校面向社会自主办学。事务所由社会各方面的学术知名人士和评估专家组成理事会,聘请德高望重的教育专家为顾问。实行理事会领导下的所长负责制,隶属上海市教育委员会,接受其业务指导。2000年9月,经上海市人民政府有关部门批准,撤销上海市高教评估事务所,成立上海市教育评估院,下设办公室、教育评估研究所、高等教育评估所、基础教育评估所、职业与成人教育评估所、教师发展评估所、教育综合事务评估所部门。

2003年5月，成立上海市普通话测试中心，为上海市教育委员会直属独立法人事业单位。2008年1月更名为上海市语言文字水平测试中心。

2007年3月，上海市教育委员会、上海市人民政府督导室联合成立上海市教育督导事务中心，为上海市教育委员会全额拨款事业单位。该中心同时挂牌上海市教育行政执法事务中心。

2007年6月，上海高校科技服务中心与上海市教育企业管理中心合并，更名为上海市教育委员会科技发展中心，为上海市教育委员会直属事业单位，承担服务高校科技管理、产学研合作与科技成果转移转化，推进高校科技产业发展等职能。

为了加强对"两委"直属单位的宏观管理，促进事业发展，2010年2月，成立中共上海市教育卫生工作委员会、上海市教育委员会直属单位建设与管理工作领导小组，李宣海、薛明扬任组长，莫负春任副组长。领导小组下设办公室。

三、其他高等教育服务机构

为了推进和加强对外开展教育交流，1983年，经教育部和外交部同意，成立中国教育国际交流协会上海市分会。1996年3月，上海市教育委员会、上海市人事局联合召开上海市公派出国留学工作会议，成立上海市国家出国留学基金申请办公室。

1992年10月，设立民办高等学校设置审议委员会，聘请同济大学原校长江景波教授等11人为委员会成员。

1994年6月，成立上海市普通高等学校专业设置评议委员会，为上海市高等教育局高校专业设置的咨询、审议机构。评委会由上海市高校、上海市高等教育局、计划委员会、经济委员会和对外经济贸易委员会等有关单位的15位专家组成。上海市高等教育局副局长胡启迪任主任。评议委员会下设办公室，与上海市高等教育局教学处实行合署办公。

2009年10月，上海市教育委员会成立上海高校创业教育教学指导协作组，为全市高校之间的协作性、研究性、学术性的非常设组织，同时接受上海市教育委员会的指导和委托，开展全市高校创业教育教学的研究、咨询、指导、服务等工作。

这一时期上海还建立或设立多种类型的服务组织。如：1985年，成立上海市大学生服务公司，为大学生、研究生勤工助学提供渠道；设立研究生教育发展基金；同年10月，上海市教育委员会成立上海市教育发展有限公司，为高等教育办学体制改革和高校布局、资源调整提供基本条件。1997年，由上海市教育发展基金会、上海市学位委员会、上海交通大学共同筹资建立上海市研究生电子文献检索中心。1998年，由上海39所高校参股的上海高校后勤服务股份有限公司挂牌成立，同时成立由各区县联办的上海健生实业股份有限公司。2005年，为培养创业环境、完善创业体系，在中共上海市委、上海市人民政府领导关心和推动下，设立大学生科技创业基金。

第二章 办学体制

随着改革开放,我国高等教育打破由政府办学的单一模式,出现多种形式的社会力量办学和中外合作办学。上海民办高等教育起步于 20 世纪 90 年代初,在 90 年代中期至 21 世纪初出现一个建校高潮,随后在政府政策引导下进入规范发展时期。上海的中外合作办学早于 1980 年就开始以合同、项目形式频频出现。20 世纪 90 年代中期,根据国家有关规定,上海出台相应的中外合作办学管理办法,促进上海高校建立和发展合同式、项目式和设置二级学院办学机构等多种中外合作办学模式,并着力加强国际合作办学形式,创建高起点、高水平的合作办学机构和项目。与此同时,上海公办高等学校在经历"文化大革命"结束后的快速恢复与发展后,从 20 世纪 90 年代中后期起,进行了较大规模的重组、转型与结构调整。

第一节 公办高校

一、高校恢复与发展

1977 年起,在"文化大革命"期间曾被合并、撤销和迁往外地的上海高校先后恢复。1978 年 4 月,上海电视大学恢复;同年,上海师范学院、上海教育学院、上海体育学院、上海财经学院、上海工学院相继复校。1979 年,经国务院批准,上海工学院更名为上海工业大学;同年,华东政法学院复校,分别由财政部、司法部和上海市双重领导,以财政部、司法部为主;上海水产学院从福建厦门迁回上海原址办学,由国家水产总局和上海市双重领导,以国家水产总局为主。1980 年,"文化大革命"中改名为上海师范大学的华东师范大学、改名为上海化工学院的华东化工学院、改名为上海纺织工学院的华东纺织工学院相继恢复原校名;上海铁道医学院从宁夏迁回上海办学,由铁道部和上海市双重领导,以铁道部为主;上海对外贸易学院复校,由对外贸易部和上海市双重领导,以对外贸易部为主;上海农学院复校。

1978 年,国家恢复全国重点高等学校和实施统一领导、分级管理体制,复旦大学、上海交通大学、同济大学、上海师范大学(原华东师范大学)、上海化工学院(原华东化工学院)、上海纺织工学院(原华东纺织工学院)、上海第一医学院、上海外国语学院等院校,被确定为国家第一批重点高校。

为了适应恢复高考后参加高考的历届考生人数众多的局面,以及弥补"文化大革命"十年动乱造成的专门人才断层和严重匮乏的损失,上海相继建立一批大学分校。1978 年 10 月开始,中共上海市委决定采取有关高校、上海工业局和所在区县"三结合"的办法,利用调整后一部分中学校舍创办大学分校。由上海市建设委员会等 18 个工业主管部门(企业)和上海市长宁、杨浦、卢湾、静安、黄埔、闸北、徐汇、普陀、虹口等区人民政府与有关高校协作,在两年内相继建立了上海交通大学机电分校、复旦大学分校、同济大学建筑工程分校、上海科技大学分校、华东师范大学分校、上海外国语学院分校、上海工业大学分校、华东纺织工学院分院、华东化工学院分校、上海机械学院分校、上海海运学院分校、上海铁道学院分校、上海师范学院分院 13 所大学分校。

大学分校作为适应扩大招生需要的新生事物,因短时间内创办,师资和设施设备等条件一时难以满足持续招生的教学需要和确保教学质量。为此,1983年,上海开始对大学分校进行调整。当年,复旦大学分校、华东师范大学分校、上海科技大学分校、上海机械学院分校、上海外国语分校5所分校撤销建制,合并组成上海大学,设置文学院、工学院、工商管理学院、外国语学院和美术学院。1985年,上海交通大学机电分校、华东纺织工学院分院、华东化工学院分校3校合并组建上海工程技术大学;同济大学建筑工程分校改建为上海城市建设学院;上海师范学院分院更名为上海技术师范学院。其他分校陆续停办。

上海高等专科学校开始全面复校和发展。1978年,经国务院批准,教育部同意恢复上海冶金专科学校(原上海市冶金工业局"七二一"大学)、上海建筑材料专科学校(原上海市建筑工程局"七二一"大学)、上海纺织工业专科学校(原上海市纺织工业局"七二一"大学)、上海电力工业专科学校(原上海市电力管理局"七二一"大学)、上海化学工业专科学校(原上海市化学工业局"七二一"大学)和上海市轻工业专科学校(原上海轻工业局"七二一"大学)。1980年,立信会计专科学校在被撤销28年后复校。至1984年,上海先后以中专院校升格、成人高校改制或新建等方式设立了上海海关专科学校、上海旅游专科学校、上海医疗器械专科学校、上海科技专科学校、上海公安专科学校、上海机械专科学校、上海石油化工专科学校。上海高等专科学校达到15所(含上海冶金专科学校分校)。

为重点建设一批培养博士、硕士的基地,1984年国务院批转教育部《关于在部分全国重点高等院校试办研究生院的请示报告》,复旦大学、上海交通大学、上海第一医学院等院校率先成立研究生院。

根据中共中央《关于教育体制改革的决定》提出"为了调动各级政府办学的积极性,实行中央、省(自治区、直辖市)、中心城市三级办学的体制"的精神。上海于1985年6月新办第一所由郊县政府和上海市卫生局合办的上海高等专科学校——上海奉贤医学专科学校。

1985年,上海电力工业专科学校升格为上海电力学院,上海建筑材料专科学校升格为上海建筑材料工业学院。同年,上海一批学院更名为大学,包括上海师范学院更名为上海师范大学,华东纺织工学院更名为中国纺织大学,上海第一医学院更名为上海医科大学,上海第二医学院更名为上海第二医科大学,上海财经学院更名为上海财经大学,上海水产学院更名为上海水产大学。1986年,上海第四师范学校、上海幼儿师范学校和上海电机学校,分别改为五年一贯制的上海师范专科学校、上海市幼儿师范专科学校、上海电机制造技术专科学校;上海冶金专科学校分校改为上海第二冶金专科学校;新建上海法律专科学校。1987年,新建上海金融专科学校,1988年,上海出版印刷专科学校由中专升格为大专。

经过恢复、新建及调整,上海高校规模有了较大发展,师范、财经、政法、外贸、医药等学科类型学校得到重点建设。截至1989年底的统计,上海全日制普通高校数量达到51所。其中本科高校31所(国家部委属高校21所,市属高校10所),高等专科学校20所(国家部委属7所,市属13所),基本形成了多层次、多类型的公办高校办学体制。在校大学生数达到12.6万人,是1977年约3.5万人的2.6倍。

二、高校重组和结构调整

从20世纪90年代中后期起,上海按照"共建、调整、合作、合并"的国家高等教育改革调整方针,抓住综合教育改革实验的契机,有计划地对高校实施较大规模合并、重组、转型、升格,扩充本科层次资源,做强做大重点高校,发展高等职业教育,提升高等教育整体水平。

根据"合作、互利、求实"的原则,1994年,上海市人民政府与国家教育委员会选择复旦大学、上海交通大学、上海外国语大学实施共建试点。到1998年,上海市人民政府与国家教育委员会等中央部委共建高校达到8所:复旦大学、上海交通大学、上海外国语大学、同济大学、上海财经大学、华东师范大学、华东理工大学、中国纺织大学。上海市人民政府在共建高校维持原领导管理体制和投资渠道基础上,在重点学科建设、科技产业贴息贷款以及特困生补助等方面给予相应政策和经费支持,并先后将多所市属高校并入共建院校,有1个市属高校校园划归复旦大学。

为了适应上海高等教育和高校自身发展的需要,一批高校先后经国家教育委员会(教育部)等主管部门批准更名转型。自1992年以后,各大专院校校名由"专科学校"陆续更改为"高等专科学校"。1993年,华东化工学院更名为华东理工大学,上海中医学院更名为上海中医药大学。1994年,上海外国语学院更名为上海外国语大学,上海机械学院更名为华东工业大学,2004年,上海海运学院更名为上海海事大学。2007年,华东政法学院更名为华东政法大学。2008年,上海水产大学更名为上海海洋大学。

同期,有若干高校先后以合并方式实现更名转型。1994年,上海工业大学、上海科学技术大学、上海大学、上海科技高等专科学校四校合并组建为新的上海大学。1995年,上海铁道学院与上海铁道医学院合并组建为上海铁道大学。1997年,华东工业大学与上海机械高等专科学校合并组建为上海理工大学。1999年,中国纺织大学与上海纺织工业高等专科学校合并更名为东华大学。

自1977年恢复高等学校考试招生制度,到20世纪90年代末高等教育扩大招生,上海高职高专院校一度成为扩招的重点,而本科和研究生的招生规模则增加得相对平稳。随着上海"四个中心"建设和国际大都市建设的推进,为了适应上海区域经济和社会发展对人才规格的层次要求逐步上移的需要,上海抓住综合教育改革实验的契机,鼓励有条件的高等专科院校升格为本科院校,以进一步优化高校人才培养的层次布局结构。2000年,上海轻工业高等专科学校、上海冶金高等专科学校、上海化工高等专科学校三校合并组建为本科层次的上海应用技术学院。2003年,立信会计高等专科学校、上海金融高等专科学校分别升格为上海立信会计学院、上海金融学院。2004年,在上海电机技术高等专科学校基础上建立上海电机学院、在上海商业职业技术学院基础上建立上海商学院、在上海市政法管理干部学院基础上建立上海政法学院。2007年,上海海关高等专科学校升格为本科层次的上海海关学院。

为了适应上海产业结构调整和技术结构升级对劳动者素质提出的新要求,上海从20世纪90年代后期开始,通过成人高等教育等院校的重组、改制发展和新建了一批全日制高等职业技术院校。1998年,上海市财贸管理干部学院、上海市第一商业局职工大学、上海市粮食局职工大学、上海市供销职工大学合并改制,同时并入上海商业学校的教育资源,建立上海商业职业技术学院,由从事干部培训、成人高等教育转变为全日制高等职业技术教育。1999年,上海冶金联合职工大学与上海冶金工业学校合并改制组建上海东沪职业技术学院。2000年,上海第二工业大学由原来的成人高校转制为高等职业学校,保留原校名;2001年,上海第二工业大学与上海东沪职业技术学院合并,组建新的上海第二工业大学,并于2003年升格为本科院校。2001年,经上海市人民政府批准,5所成人高等学校转型为高等职业学校,分别是上海海事职业技术学院(原上海海运职工大学)、上海电子信息职业技术学院(原上海仪表电子工业大学)、上海城市管理职业技术学院(原上海建设职工大学)、上海交通职业技术学院(原上海交运职工大学与上海海港职工大学合并)和上海行健职业技术学院(原闸北区业余大学)。2002年,成立上海农林职业技术学院、上海建峰职业技术学院。2003 年,上海第二轻工业职工大学与上海工艺美术学校联合转型组建上海工艺美术职业学院。2005 年,上海工会管理职业学院由成人高校转型为全日制普通高等院校。同年,成立上海卫生职业技术学院,接受上海市教育委员会和上海交通大学医学院的双重领导;次年更名为上海医药高等专科学校。2007 年,上海体育运动技术学院转型为高等职业学院,更名为上海体育职业学院。

到 2010 年,上海共有公办全日制普通高校 45 所。其中,本科院校 28 所(中央部委属高校 9 所),高等专科院校 5 所,高等职业院校 11 所。

三、校际协作办学与资源共享

随着高校数量的增加和结构布局调整,上海高校建立了校际协作办学机制。1980 年 1 月,复旦大学、上海师范大学(后恢复华东师范大学校名)、上海交通大学、同济大学、上海第一医学院 5 所院校开展校际协作。五校协作活动由上海市教育卫生办公室组织。由 5 所院校的党委书记、校(院)长组成五校协作委员会,下设教学、科研、国际学术交流、实验设备、图书情报 5 个协作组。协作内容包括:(1)研究生和高年级优秀学生跨校选听专业课。各校已相互交换 1980 年上半年研究生和高年级学生授课计划、课程表和任课教师名单,为跨校生听课提供方便。(2)协作开展科学研究。5 所院校在环境科学、生物工程、情报检索 3 个方面组织科研协作。有关院校根据需要还将在其他方面组织两校以上的协作。此外,各校之间还组织有关新兴学科、边缘学科的学术交流和学术讨论活动,分别对一些学科进行调查,摸清发展动态,共同分析和讨论今后一段时间里的主攻方向。(3)加强仪器设备的使用协作和实验人员培训。在实验仪器设备的使用方面,在实验仪器和设备的调试、维修和操作,在实验人员进行基本技能训练等方面,五校互相提供方便。(4)在图书资料与科技情报方面密切协作。五校互相提供阅览条件,开展互借书刊和交换情报活动;在图书资料和科技情报服务手段机械化、现代化的研究中共同协作。(5)开展国际学术交流的协作。各校在开展对外联系中,互相支持和帮助,互通情报。各校邀请外国专家来讲学时,将为协作单位的对口专业人员优先提供听讲的机会。次年 8 月 20 日,《光明日报》刊载专稿《提高高等教育水平要走联合的道路》,介绍上述五校协作在理工结合方面取得的成效。

1994 年 5 月,上海市高等教育局在上海交通大学召开上海交通大学、上海医科大学、华东理工大学、中国纺织大学、上海农学院 5 校校长座谈会,商讨以自愿结合、资源共享为原则的校际协作事宜,并推举上海交通大学为牵头单位。不久,华东师范大学、华东政法学院加入,组成“上海西南片七校联合办学管理委员会”,设立了教学、科研、学科建设、图书资料、学生工作、后勤服务、计算机网络 7 个对口协作组,进行全方位、多层次、长期稳定的校际联合和协作。次年,地处上海东北区域的复旦大学、同济大学、上海财经大学、上海水产大学、上海海运学院、上海体育学院、上海电力学院、上海城市建设学院、上海建筑材料工业学院 9 所院校也联合建立了合作办学体(后上海外国语大学加入)。这是一种地域相近、隶属关系不同的高校实行资源共享、优势互补联合的有益探索。上海市教育委员会向两个联合办学体各投入 50 万元,支持联合项目。

上海西南片高校联合办学管理委员会和上海东北片高校合作办学管理委员会成立后,上海高校协作办学朝“巩固成果,逐步把联合引向教学、科研、学科建设等深层领域”的方向前进。

西南片高校办学联合体的创建宗旨是发挥各成员高校的教学、科研等各种办学条件,实行资源共享、优势互补,拓宽办学途径,提高办学水平。首先是采取师资互聘、开设本科生跨校辅修专业学士学位、跨校第二专业、研究生跨校选课、各校实验设备共享等举措。以华东师范大学和上海医科大学心理系和"医学心理"教学点为业务依托,1996年在合作办学体内建立起"七校心理咨询中心",为广大学生提供心理咨询服务。利用华东师范大学、华东政法学院人文学科优势,组建"人文学科协作组",开设"人文学科"系列讲座,拟定联合编写"大学生必读"丛书的计划。1996年,办学体联建重点学科,筹组科研"联合舰队",选择环境工程学科和计算机软件学科作为联合重点学科建设。对废水处理后的污泥问题这一国际性难题,中国纺织大学与华东师范大学担当第一阶段研究重任。计算机软件是上海的重要产业,上海交通大学、华东师范大学和中国纺织大学3校合作,以各校计算机的多媒体数据库为主,建立资源共享信息库,然后在互异构型网络基础上实施网络技术研究和实际应用系统开发。2002年4月,《上海市西南片高校联合办学学生跨校修读第二专业暂行条例》第二次修订。建立联合办学教学信息服务系统和西南片高校教师互聘信息库,使各校教学管理人员、任课教师、修读学生可以方便快捷共享同一个信息管理系统,构成西南片高校师生的网上教学空间。"远程教学"成为西南地区7所高校突破校区空间限制,在校际之间有效发挥这一特殊教育模式的桥梁。上海交通大学学生可以听取3.5公里外的上海医科大学教授讲授有关心理健康的内容;上海医科大学学生需要拓宽电脑知识,也可以不出校门,直接听到上海交通大学教授关于计算机组网技术的讲座。跨校第二专业规模和影响不断扩大,开设的跨校第二专业由2000年的19个增加到2004年的49个,选择跨校第二专业的学生数由315人增加到3 500余人。同时最大限度利用各校的教学资源,在推行跨校第二专业的基础上,在全日制本科生中实行"跨校选修课程"制度,学生修读的跨校选修课程学分可作为学生的公共选修课学分,计入总学分,能得到协作各校的相互承认。

东北片高校办学联合体本着优势互补、资源共享、互惠互利、协调发展的合作精神,凭借名校优势、品牌专业优势,实施跨校跨学科辅修专业的办学模式,使各参加高校的教学资源得到充分利用,有效地促进学生改善知识结构,拓宽学生知识面,提高综合素质。1998年6月,在上海市教育委员会和上海市东北片高校合作办学管理委员会领导支持下,推出跨校辅修专业,受到学生欢迎。跨校合作办学项目"关于普通高校间合作办学、资源共享,培养复合型人才的探索与实践"2001年获得国家级教学成果奖二等奖。2004年,上海市东北片高校合作办学教学协作组发布《上海市东北片普通高校合作办学学生跨校学习管理暂行条例》,规定提供3种形式的跨校学习:名教授流动讲座、跨校修读选修课程、跨校修读辅修专业。名教授流动讲座主要为拓宽学生的知识面、提高学生的科学文化素养、培养学生的创新精神和实践能力为重点的素质教育,由教学协作组成员院校的知名教授专家为各院校的学生开设讲座;跨校修读选修课程由教学协作组各成员院校提供有特色的课程,学生在选修课程开设院校修读;跨校修读辅修专业充分体现教学协作组各成员院校的办学特色,使学生在修读本校主修专业课程的同时跨校修读辅修专业的课程。

截至2008年,全市80%的本科高校参与西南片和东北片高校协作办学。共开设跨校选修专业30多个,有近6 000余名学生报名选修,累计有3.2万余名学生参加跨校选修专业学习。2008年5月,东北片和西南片教学协作组达成合作协议,探索协作办学新途径。东北片各高校坚持合作办学10所成员学校教务处分管处长每月例会制度;为跨校辅修学生设立奖学金等。西南片高校申请"研究生综合素养讲座名师库建设与共享"的研究生创新项目;首次尝试开设跨校暑期选修课;出台《研究生跨校修读小语种课程暂行办法》等规章制度。

2009年,西南片、东北片高校联合办学参与本科高校达25所。有10所高校开展辅修专业学士学位工作,成立"西南片高校联合办学辅修专业教学督导组",注册在读的辅修专业学生11 019人,跨校辅修学士学位达3 019人。第一届辅修专业学士学位学生获辅修专业学位人数1 152人,获辅修专业证书人数197人。东北片高校联合开展跨校学习管理系统调研,形成系统需求分析报告,试运行跨校学习平台。东北片高校与西南片高校打通了部分跨校选修课程及跨校辅修专业。西南片高校开设暑期班20门课程,共有1 100名学生选修;推进分析测试工作,建立西南片高校分析测试远程操控网络。制定《西南片高校辅修专业督导教师条例》等管理办法,加强制度建设。东北片高校进一步完善班主任制度和学生学籍管理制度。

2000年,松江大学园区自建设起,就开始构建3个层次的松江大学园区内高校教学资源共享机制:一是组建大学园区管理委员会,为各高校协作组织和工作班子,是选课工作组和联合教研室等的管理机构。二是建立教学资源共享运作机制,所有课程在师资允许和教室容量允许情况下,原则上都对外开放。商定统一的跨校选课上课时间,统一跨校学费结算办法,统一园区各校的公共课程,实行教师跨校互聘。开放名人、名家、名师讲座,受益面达30万人次。三是跨校选课。2001年10月,松江大学园区迎来首批5 346名新生,其中上海外国语大学1 160人、上海对外贸易学院1 928人、立信会计高等专科学校2 258人。大学园区内的3所高校以实行统一的学分制管理为突破口,制定《上海松江大学园区教学资源共享实施意见》等一系列制度。联合成立教学管理协作组、学生选课中心和思想教育政治理论课、体育、高等数学、大学语文、会计、英语6个联合教研组。提供65门具有特色的跨校选修课程,共有1 084名学生跨校选修。3所高校共同举办名人、名家和名教授讲座。2004年,跨校选课规模达2 035人,比建园初期的2001年增加183%。各校推出特色课程29门,开出跨校辅修专业18个,参加辅修专业的学生346人。2009年,"松江大学园区高校教学管理协作组"召开协调会9次;7所学校共开设跨校选修课程42门,6 362人次参与跨校选课的修读。辅修专业学士学位在读学生超过4 500人。

2001年1月9日,上海远程教育集团与复旦大学、上海交通大学、同济大学签约合作办学。

第二节　民　办　高　校

中共十一届三中全会后,随着中国社会主义市场经济体制的建立,多种形式的社会力量办学兴起,打破由政府举办高等教育的单一模式。1991年,为适应建立社会主义市场经济体制对高等教育改革发展的要求,上海交通大学教授袁济联合北京大学、清华大学等校部分教授,筹建民办全日制普通高校,取3所大学的谐音"杉达"为校名。1992年6月,由上海交通大学、北京大学、清华大学3所高校联合创办的"上海杉达高科技公司",向上海市人民政府教育卫生办公室、上海市高等教育局提出在浦东创办一所民办高校的申请。上海市高等教育局于8月批文同意筹办,当年试招生150人。9月,上海第一所民办高校——杉达大学(筹)在浦东开学。

杉达大学(筹)在自筹经费,教师择优聘任,实行学分制,学生不包分配,后勤社会化等办学实践中,建立了一套新的管理体制和运行机制,基本上达到国家教育委员会关于民办高等学校设置的各项要求。1993年6月,国家教育委员会主任朱开轩到上海视察杉达大学(筹)。9月,该校向国家教育委员会申请正式建校,并于11月通过了全国高等学校设置评议委员会评议。1994年2月,国家教育委员会批准民办杉达学院正式建校,原杉达大学(筹)按规定改名为民办上海杉达学院,当年秋季招收学生420人。民办杉达学院的创建得到上海市人民政府及有关部门的重视,还得到海外企业家和社会各界的关心和支持。该校实行董事会领导下的校长负责制。上海市政协副主席、中科院院士杨槱教授任首任院长。2002年3月,经国家教育部批准设置为全日制普通本科院校,校名为"上海杉达学院",是上海市第一所本科民办高校。2005年8月,经上海市学位委员会批准,增列为学士学位授予单位。

继民办上海杉达学院正式成立后，上海民办高等教育稳步发展。1993年，中共中央、国务院颁布的《中国教育改革发展纲要》提出倡导和支持民间办学。同年，国家教育委员会颁发《民办高等学校设置暂行规定》。为适应社会力量办学的要求，上海市高等教育局组织成立"上海市民办高校设置审议委员会"，并制定《上海市民办高等学校设置条例》。当年有13个单位和个人代表提出举办民办高校的申请。8月，民办中华侨光职业学院、民办东方文化学院经上海市高等教育局批准筹办。其中民办中华侨光职业学院珠宝专业被批准当年先行试招生。1994年，全市有6所实行国家学历文凭考试试点的民办高校经上海市高教局审批后同意筹办，分别是：民办中华高等职业学校、民办申大学院、民办东方文化学院、民办东海学院、民办中侨学院和民办济光学院。1996年8月，上海市教育委员会批准筹办民办光启学院和民办华夏学院，这是首次批准筹建民办公助性质的实行国家学历文凭考试试点的全日制高校。民办光启学院、民办华夏学院分别由上海市徐汇区、普陀区政府组织辖区内的优秀企业组成董事会，分别依托上海交通大学、华东师范大学等重点高校举办，是多种形式举办民办高校的一种尝试。这些学校虽然不具备向学生直接发放学历文凭的资格，但学生通过在校学习，可以经由国家学历文凭考试获得高等教育学历。

一、办学形式

20世纪90年代中期起，在国家"积极鼓励、大力支持、正确引导、加强管理"的方针指引下，上海加大办学体制改革的力度，促进民办高等教育的发展，逐步形成多种形式的民办高校。

【民办普通高校】

为充分发掘上海地区的高等教育资源，满足社会对高等教育的需求，经上海市民办高等学校设置审议委员会审议通过，上海市教育委员会批准，1999年7月，民办东海职业技术学院、民办新侨职业技术学院成立。由此，上海新成立的民办院校开始具有独立颁发大专学历文凭资格，列入国家普通高校统一招生计划。2001年，民办济光职业技术学院、民办工商外国语职业学院、民办建桥职业技术学院相继成立。2002年4月，民办邦德职业技术学院、民办中侨职业技术学院和民办托普信息职业技术学院成立。2003年，按教育主管部门有关规定，上述民办高校的校名均不再出现"民办"两字而改为"上海"。同年，上海东方文化职业学院（2006年更名为上海震旦职业学院）、上海立达职业技术学院、上海欧华职业技术学院、上海思博职业技术学院、上海电影艺术职业学院相继成立。2004年9月，由上海中华职业教育社与上海中发电气集团合作举办的上海中华职业技术学院建校。

继2002年上海杉达学院获准升格为本科院校后，2006年，上海建桥学院获准由高等职业院校升格为本科院校。

【独立学院】

按教育部有关高等院校设置的有关规定，独立设置的民办高校一般均从专科学历层次的高等职业教育起步。在20世纪90年代末期，为扩大高等教育资源，推进民办高等教育发展，一些地方的公办普通本科高校与社会力量合作举办本科层次的二级学院，当时一般称为"公有民办二级学院"。这一按照新的机制和模式举办本科层次的民办高等教育机构的诞生和发展，国家予以鼓励，并于2008年以教育部令发布《独立学院设置与管理办法》进行了规范。由此，"独立学院"成为中国大陆特有的一类高等院校,是指"实施本科以上学历教育的普通高等学校与国家机构以外的社会组织或者个人合作,利用非国家财政性经费举办的实施本科学历教育的高等学校"。其特征,一是由公办本科高校与社会力量合作举办,从本科学历教育起步;公办本科高校为独立学院的申办方,由教育部负责审批。二是具有独立法人资格,以"XX 大学(作为申办方的公办普通高校)XX 学院"冠名,有"独立的校园校舍,独立进行教学和财产管理、招生和颁发毕业证书"。三是其经费来源不是来自国家拨款而是由学院的举办方通过各种方式筹集得到,在学校运行管理方面均按民办高校的机制运作;在办学体制上规定为"民办"属性。

2003 年,经教育部批准,上海首个独立学院——复旦大学太平洋金融学院成立。该校由复旦大学与中国太平洋保险(集团)股份有限公司等企业合作创办,以学历教育和非学历教育为一体。2004 年,由上海外国语大学与上海贤达投资有限公司合作举办的上海外国语大学贤达经济人文学院成立。2005 年 4 月,复旦大学上海视觉艺术学院成立,这是由中共上海市委宣传部和上海市教育委员会牵头,由复旦大学与上海文化广播影视集团、文汇新民联合报业集团、上海世博集团有限公司、上海精文投资集团、上海精文置业集团和上海申教投资有限公司等国有企业为主体的社会力量合作举办的,具有"混合所制"特点的新型综合性艺术类本科院校。同期,上海师范大学天华学院成立。2006 年,由同济大学与上海同济科技实业股份有限公司合作举办的同济大学同科学院成立。上述新建民办高校均为独立学院,实行董事会领导下的院长负责制。

【校企合作二级学院】

自 20 世纪 90 年代,社会力量投入办学还有一种非独立二级学院的形式。1993 年 5 月,上海财经大学与恒通集团、南德经济集团分别协作办学,建立培养 MBA 的工商管理学院和国际经济管理学院。1994 年,上海财经大学又先后与上海证券交易所合作建立证券期货学院,与万泰集团合作建立万泰国际投资学院。上海工程技术大学先后与上海汽车工业总公司和上海航空公司合作,建立汽车工程和航空运输两个学院,上海交通大学与汽车工业总公司、计算机公司等合作,建立汽车学院和计算机学院。1996 年,上海水产大学与北京的联想集团联合办学,成立上海水产大学联想计算机学院,设置计算机及应用本科专业。

2000 年,上海大学巴士汽车学院成立。这是上海市第一所由高校与社会集团共同筹资组建的高等职业技术二级学院。学院初设 2 个专业,招收 160 名学生。5 月,由上海师范大学和上海市妇女联合会共同创办上海第一所女子学院——上海师范大学女子文化学院。9 月,由同济大学和上海市妇女联合会共同创办的同济女子学院开学,学院作为同济大学的二级学院并以上海市妇女联合会为依托,采取中外合作办学、跨地区办学等多种办学方式,开展培养高层次、复合型、国际型女性高级人才的学历教育和非学历教育,向社会各界妇女传授科学技术、知识文化与专业技能,并逐步建成有影响的妇女问题研究中心。

二、政策措施

进入 21 世纪,为规范民办高校办学管理,促进民办高等教育健康发展,根据教育部有关文件精神,上海市教育委员会制定实施了一系列鼓励与规范并举的政策。主要方面:

一是民办教育专项资金投入。2005 年,上海市教育委员会、上海市财政局利用民办教育专项资金,支持民办高校教学高地建设工程,改善民办高校教学条件,引导民办高校加强教学内涵建设,使民办高校为培养社会经济发展人才向高质量教学、管理规范方向发展。

二是完善民办教育的管理和服务体制。2001 年 10 月,上海率先成立中共上海市民办高校工作委员会,负责民办高校党建工作和学生思想政治教育工作。2009 年 6 月,上海市教育委员会成立民办教育管理处,负责协调和管理民办教育各项事务。12 月,上海市人民政府批准建立上海市民办教育联席会议制度。

三是扶持民办教育改革与发展。上海市教育委员会会同上海市财政局颁发《关于做好上海市民办高等教育政府扶持资金申请工作的通知》等文件,加大市、区县两级公共财政对民办教育的扶持力度。上海市教育委员会还颁发《关于推进上海市民办学校建立年金制度的通知》,鼓励各民办学校建立年金制度,改善民办学校教师退休后待遇,保障民办学校教师队伍的稳定。

四是依法规范民办学校的办学与管理,推进民办高校落实法人财产权。上海市教育委员会等 7 部门制定《上海市推进民办高等学校落实法人财产权的实施办法》。该办法对民办高校过户资产以及终止后的资产归属做出政策界定,并规定税费优惠等。为规范资金资产管理,上海市教育委员会制定民办高校的财务管理办法和会计核算方法,建立民办高校财务管理平台,对民办高校资金运作情况进行监控;还颁发《关于加强民办高等学校学费及政府扶持资金账户管理的通知》,规范学费和政府扶持资金的管理。

至 2010 年,上海共设置民办高校 20 所。其中,民办普通高等学校 16 所(其中 14 所为高等职业学院,2 所为院校);独立学院 4 所[原复旦大学太平洋金融学院因作为合作举办方的中国太平洋保险(集团)股份有限公司按企业属性的相关规定退出办学,学院停办]。上海民办高校的本专科在校生达 9 万余人,约占全市普通高校在校生数的 20%。民办高校的崛起,不仅打破单一的公立办学模式,实现多元化、多种形式办学,增加全社会对高等教育的投入,而且其新的体制和机制在一定程度上也促进了公办高校的改革。

第三节　中外合作办学

1978 年以后,伴随国家的改革开放,上海高校中外合作办学不断发展。中外合作办学首先是从上海高校与国外(境外)高校或国际组织开展合作培养研究生和开办培训班开始起步。1979 年,上海水产学院从厦门迁回上海复校时,联合国粮农组织即与该校合作举办渔业资源养护与管理、捕捞技术全国性讲习班。1980 年,上海交通大学与美国宾夕法尼亚大学合作举办管理与计算机科学双重硕士学位的研究班。根据协议,中美两所大学将分别筹集资金,设立基金,共同制定有关的教学计划,是上海市首个中外合同式合作办学项目。此后,复旦大学、上海交通大学、同济大学、上海医科大学、上海海运学院、上海水产学院、上海铁道学院、上海工业大学等高校与美国、德国、日本、中国香港等多个国家和地区及联合国、世界银行、亚太经合组织等相继合办了一批研究生班和高级培训班、进修班、讲习班等。

1997 年 9 月 18 日,法国总统希拉克致函国家主席江泽民,就加强法中文化关系提出 6 点计划,其中两点与上海高等教育有关:(1) 中法合作的上海第二医科大学法语医学班,经由法国政府委托的协调员与上海第二医科大学协商讨论,签定合作备忘录。1998 年上海第二医科大学法语医学班向全国招生,并将隔年招生改为每年招生。(2) 由复旦大学与法国综合理工大学合作的中法应用研究所于 1998 年 2 月 5 日在复旦大学成立,着重在应用数学与工业数学领域联合进行博士培养及合作开发科研项目。

进入 20 世纪 90 年代中期后,根据国家教育委员会《关于中外合作办学暂行规定》和上海市教育委员会《上海市境外机构和个人在沪合作办学管理办法》,上海高校建立和发展合同式、项目式和设置二级学院办学机构等多种中外合作办学模式,加强与国外知名大学和国际组织的联系,创新国际化合作办学的形式,创建一批高起点、高水平的合作办学机构和项目,提高上海高等教育国际化合作办学水平。

一、项目

以合同、项目开展中外合作办学,开始时是以举办非学历教育为主,涉及的专业主要包括:信息技术、语言、商务、金融、国际贸易、企业管理、营销、艺术和美容等。1998 年,上海经批准的中外合作办班项目达到 26 个。其中约三分之一的合作办学机构和办班项目,引进了一些海外高等教育课程,开始承担以三校(中专、职校、技校)毕业生和高考落榜生为生源的教育、培训任务。这些教育课程的开设缓解了就业压力,满足了一部分人的就学需求,开辟了一条接受职业培训的新渠道。有部分项目开始尝试举办国家认可的学历教育。

随着上海高等教育的改革发展,上海高校国际合作办学开展学历教育的项目比例不断提高,并开始引入一批贴近行业和科技发展的新专业及先进的办学模式,进一步缩小与世界先进国家和地区的差距。2000 年 8 月,上海交通大学与美国密歇根大学签订了共建上海交通大学机械工程学院的合作协议,为尝试合作实体办学奠定基础。根据协议规定:一是成立两校高层领导组成的院务委员会,负责制定政策和发展战略、评价年度工作;二是美国密歇根大学派 2 位资深教授任学院副院长,负责制定新的教学计划和创造密歇根大学式的教学环境及氛围;建立由两校教授共同组成的学术委员会和教授委员会,评审教师职称、考核教授年度工作和评价学院工作等,建立由两校教授共同组成的学位委员会,审批硕士和博士学位;三是在学生培养方面,学院参照密歇根大学工学院的课程体系,实行全新的教学构架:实现双语授课,部分授课由密歇根大学教授直接授课,部分课程采用远程教学方式,由密歇根大学教授在美国讲授;英语课程直接采用密歇根大学的教材,成绩优秀学生的第八期课程在密歇根大学进行;四是在取得学士学位后,学生可继续在密西根大学进行研究生阶段的学习,也可回校攻读研究生。同年 9 月,东华大学与法国依视路光学国际集团签约,除了共建中国首家具有特色的"视光学"专业外,还筹建能同时招收高职生、本科生、硕士生和博士生的"东华大学中法视光学学院"。依视路光学国际集团每年资助 90 万元人民币,用于购置设备和师资培养,共建一个"视光学开放性实验室"。

2001 年,经上海市教育委员会批准,东华大学旭日工商管理学院和美国波士顿大学合作举办面向全世界招生的国际高级管理研究班(IMP—CHINA),首期来自中国(大陆、港、台)、美国、英国、加拿大、日本、韩国、荷兰等国家和地区的 34 名学生经过为期 3 个月的学习于 7 月顺利完成学业。该期研究班全部采用波士顿大学的教材,由波士顿大学全职教授讲授。2001 年,上海外国语大学与英国安普敦大学、约克大学、加拿大卡尔盖利大学、德洛西大学和日本长崎活水大学等 6 个国家的 10 所大学建立合作办学关系;学校与国外大学合作引进的本科专业从最初设置的英语/商务管理扩大到英语/商科、英语/计算机信息技术以及日语/现代日本文化等复合型专业,合作或引进课程达 70 多门。2001 年,复旦大学通过国际交流与合作不断改进其 MBA 的培养模式与理念。学校与美国麻省理工学院斯隆管理学院、香港大学经济金融与工商管理学院、美国华盛顿大学奥林商学院等合作开发 MBA 项目,还与美国达特茅斯大学、南加州大学、德州大学圣安东尼分校等建立了密切的合作关系,定期进行 MBA 师生的交流与互访。

到 2002 年底,上海高等教育的中外合作办学项目发展到 119 项,其中学历教育 47 项,非学历教育 72 项。在学历教育中,合作的国家有美国、英国、德国、法国、丹麦、澳大利亚等 10 个国家和地区,合作的层次分别为:研究生教育 11 项、本科教育 15 项、专科教育 19 项、高职教育 2 项;涉及专业 90 余个;合作专业以文科为主,约占总数的 80%。在非学历教育中,合作方有美国、英国、日本、法国、澳大利亚、新加坡、加拿大、爱尔兰等 16 个国家和地区,合作的层次包括研究生课程进修班,语言培训班和本、专科层次的课程班。

2007 年,上海市教育委员会共收到各类合作办学机构和项目申请 25 项,其中硕士研究生教育 4 项,本科教育 7 项(含 1 个机构),专科教育 6 项(含 1 个机构),高等非学历教育 4 项。上海市教育委员会按照《中外合作办学条例》和教育部要求,对本科及以上的中外合作办学项目申请材料进行审查,并对 6 个符合上海经济、社会、教育和产业发展需求的项目经审查后上报教育部审批。这 6 个项目是:上海理工大学与德国科堡科技大学合作举办测试计量技术及仪器硕士教育项目;华东师范大学与美国艾里克森儿童发展研究院合作举办儿童发展和早期教育专业境外硕士学位教育项目;同济大学与意大利米兰理工大学、都灵理工大学合作举办信息技术工程双学士项目;同济大学与意大利米兰理工大学、都灵理工大学合作举办信息技术工程双学士项目;上海工程技术大学与韩国公洲大学合作举办艺术设计专业本科教育项目;上海音乐学院与日本多来坞大学合作举办录音艺术专业本科教育项目。上海海事大学经国务院学位办批准,世界海事大学将其第一个境外合作办学项目放在上海,和上海海事大学合作举办"国际航运与物流"硕士研究生班。同时,该校注重与全球企业合作,培养适身定做型人才,如与日本著名轮船公司——日本邮船(NYK)合作进行高级船员的培养,开创中国航海教育办学新模式。

2008 年 3 月 17 日,上海商学院与香港金融管理学院签定《上海商学院与香港金融管理学院战略合作框架协议》。香港金融管理学院是在香港注册的教育机构,多年来从事学历学位教育、专业培训和国际从业资格考证教育的教育培训。

二、机构

1994 年 11 月 8 日,上海市人民政府和欧洲联盟共同创办的上海交通大学中欧国际工商管理学院在浦东金桥开发区揭牌奠基。中共中央政治局委员、国务院副总理李岚清为学院题词,中共中央政治局委员、中央书记处书记吴邦国题写院名。中欧国际工商管理学院由中国对外贸易经济合作部与欧盟委员会签署协议,经国家教育委员会批准,为中国培养高层次企业经营管理和国家经济管理人才。根据协议,学院的具体办学单位是上海交通大学和欧洲管理发展基金会。由中国和欧洲双方建立的学院董事会领导。学院董事会由中国和欧盟若干高层人士组成,上海市政协、上海市计划委员会、上海市对外经济贸易委员会等部门有关负责同志作为中方人士参加董事会。学院行政工作在董事会领导下,实行双院长制,由中方、欧方轮换担任执行院长,管理委员会实行集体领导。第一届(五年)执行院长由欧方担任。为保证学位的学术水平和教学质量,学术委员会由国际管理协会会长、IESE 学院雷诺教授任主席,并有西班牙、瑞士、法国、英国、荷兰、意大利、德国、中国等国的著名大学有学术地位的教授组成。为取得社会支持,学院聘请中外若干知名人士和资助者组成顾问委员会,上海市前市长汪道涵担任顾问委员会名誉主席;泛巴•嘉基(香港)有限公司董事长克莱顿先生和金桥出口加工区发展公司总经理朱晓明担任正副主席。学院采用英语教学,并向学习合格者授予国际标准的 MBA 和 EMBA 的学位,如学员需要取得中国政府认可的 MBA 和 EMBA 学位,可向上海交通大学提出申请并报国家教育委员会审批。1995 年 1 月,上海交通大学中欧国际工商管理学院举行首次董事会会议,选举上海交通大学校长翁史烈为董事长,欧洲议会对外关系委员会主席穆克勒克为副董事长。董事会聘请上海交通大学管理学院名誉院长李家馥为中方院长、德国彼勒菲尔德大学副校长富劳恩为欧方院长。这是中国大陆高校首次由外籍人士担任院长。中欧国际工商管理学院成立后开始独立办学,具有相对独立的法人资格和独立的学科设置权及招生权。该学院率先在中国大陆开设全日制工商管理硕士课程、高层管理人员工商管理硕士课程和高层经理培训项目,是亚洲唯一学位与非学位课程全面进入世界 50 强的商学院。2002 年,国务院学位委员会发文,正式认可学院颁发的 MBA 学位,从而使中欧国际工商学院成为中国首家被政府批准独立授予本校学位的中外合作办学机构。2007 年 1 月,英国《金融时报》排名,中欧 MBA 课程位居全球第 11 位,成为进入世界商学院第一梯队的第一所亚洲商学院。

经国家教育委员会批准,1994—1995 年间,先后有上海大学与澳大利亚合作成立上海大学悉尼工商学院、中国纺织大学与加拿大合作成立中国纺织大学拉萨尔国际设计学院,复旦大学与中国台湾地区合作举办复旦大学观光旅游学院,同济大学与德国政府合作筹备同济大学中德学院。

2001 年,经教育部和国家发展计划委员会批准,复旦大学、上海交通大学、同济大学和华东师范大学分别创办一所国际化的示范性软件学院。其中,复旦大学软件学院尝试与爱尔兰都柏林大学联合股份制办学,成为产、学、研一体的软件人才培养基地。上海交通大学软件学院以"国际化、品牌化、企业化"为办学特色,参与国际性软件教育大市场;面向国内外聘任教师,引进国际先进教材;实行校企合作办学,与国内外著名高科技企业合作,为学生提供实习、培训和就业的机会。同济大学软件学院聘请微软亚洲研究院院长张亚勤博士为顾问院长,陈宏刚和林斌博士等担任客座教授,聘请国外著名大学或公司的专家授课,采用最新原版教材,并与国外著名大学合作办学。华东师范大学软件学院遵循办学国际化、运作市场化、后勤管理社会化的原则办学。同年,经上海市教育委员会批准,上海水产大学与澳大利亚塔斯马尼亚大学本着优势互补、共同发展原则创办爱恩学院,采用"4+0"办学模式,系统引进塔斯马尼亚大学的全英文专业课程资源,从办学理念、培养目标、师资队伍、教学计划,到以教学质量保障为核心的教育管理,严格遵从国际化标准,培养信息管理与信息系统专业本科生。

2002 年,上海交通大学新加坡研究生院成立,院址设在新加坡南洋理工大学。同时,南洋理工大学将在上海交通大学设立其海外教学点,培养中国急需的高层次外向型企业管理人才。

2003 年,复旦大学与新加坡国立大学在苏州工业园区联合举办研究生院,面向世界招生;与美国哥伦比亚大学、法国政治学院、伦敦经济学院合作举办新闻专业,实行课程相通,学分互认。同济大学与法国最负盛名的 11 所工程师学校合作,采用双向培养模式培养硕士研究生,还与联合国环境计划署(ONEP)和教科文组织(UNESCO)分别举办环境与可持续发展学院和城乡建筑遗产保护学院。上海理工大学与英国北方教育集团合作举办中英学院、上海大学与法国工程技术大学集团合作举办上海大学中欧工程技术学院。

2005 年,经教育部批准,同济大学中德工程学院成立。这是中德两国政府间的高等教育合作项目,由同济大学和德国应用科技大学具体实施。旨在引进和学习德国应用科技大学的办学模式,以人才市场需求为导向,为中德两国企业、经济界培养具有国际竞争能力的高级工程技术管理人才。中德工程学院开设机械电子工程、汽车服务工程和建筑设施智能技术三个专业,第一批学生于当年 9 月入学。

2006年，经教育部批准，由上海交通大学和美国密歇根大学合作建立的"上海交通大学密歇根联合学院"（以下简称"联合学院"）成立，为上海交通大学和密歇根大学共同建设的二级学院，在运行机制上具有相对的独立性，实行理事会领导制，具有相对独立的教师聘用、财务运作、教学管理等权利。联合学院专业领域逐步从机械工程拓展到其他工程学科、医学、生命科学和管理学等，规模发展为每年招收本科生400人、硕士研究生200人、博士研究生100人。联合学院的学生在上海交通大学学习两年后，部分优秀的学生可申请赴密歇根大学继续学习2年，双方互相认可学分，学生可以申请两校的双学位。

2002年，纽约大学与华东师范大学开始合作办学。双方最初合作主要是互送学生参加"暑期学校"。2006年，纽约大学在华东师范大学设立上海中心，每年接受纽约大学本科在读学生来上海学习，学生在上海中心就读课程取得的学分可以转回纽约大学总部。纽约大学上海中心成立几年间，有大约450名纽约大学本部学生选择在华东师范大学教学点学习。2008年6月，纽约大学派出代表团前来上海考察海外教学点，同时向上海市政府提出进一步的合作意愿。2010年，上海按照建设若干所高水平中外合作大学的目标，以引进美国纽约大学为重点，经上海市教育委员会协调各方合作，给予华东师范大学政策指导，启动推进高起点、高水平、新机制、非营利的国际化研究型大学——上海纽约大学的筹建申报工作，并协助有关区县探索国际教育园区的建设和引进外国优质教育资源的方案，力争在办学体制和机制改革上取得新的发展和突破。

2001年，上海合作组织成立。2006年，上海合作组织教育部长第一次会议就上合范围内教育合作制度化达成合作框架。2007年8月16日，在上海合作组织比什凯克元首峰会上，俄罗斯总统普京倡议成立"上海合作组织大学"。其突出特点是网络办学原则，没有自己的办公中心，学习地点也不仅限于一个国家。上海合作组织各成员国公民不分民族、性别、年龄、宗教信仰、种族、语言、出身、居住地、健康状况、社会地位、经济地位和政治观点，均享有接受上海合作组织大学教育的同等权利。该大学毕业生可以同时获得两个文凭：一是基于在本国高校的学习成绩而获得的本国高校文凭，一是上海合作组织大学颁发的毕业证书。2008年10月，第二次上海合作组织教育部长会议签订成立上海合作组织大学行动意向书，讨论组建"上海合作组织大学"的构想。2010年4月，各成员国相关高校签署关于成立上海合作组织大学的合作备忘录。这些工作为上海合作组织合作办学奠定基础。

三、管理

为促进和规范上海市中外合作办学的发展，上海市人民政府于1993年颁发《上海市境外机构和个人在沪合作办学管理办法》，这是国内第一部中外合作办学地方性法规。1994年，又相继颁布《上海市国际合作办学人事管理暂行规定》《上海市国际合作办学收费管理暂行规定》等多个文件，对中外合作办学的基本运行提出原则性意见。

1995年1月26日，国家教育委员会颁布《中外合作办学暂行规定》，指出中外合作办学是指：外国法人组织、个人以及有关国际组织同中国具有法人资格的教育机构及其他社会组织，在中国境内合作举办以招收中国公民为主要对象的教育机构，实施教育、教学的活动。上海市中外合作办学有了更加可靠的法律法规依据。至2000年，上海先后有100多个中外合作办学机构和项目获准成立。当年，上海市教育委员会根据国家教育委员会颁布的《中外合作办学暂行规定》，颁布《关于做好中外合作办学的试行意见》，对合作双方的资质条件，包括经费投入的最低限度、申报材料要求、教学环节等提出更加明确的要求,并采取专家评审组参与的审批制度,由上海市教育委员会对中外合作办学的招生宣传广告进行审核,委托相关教育评估机构进行年检,并在媒体公布结果和整改意见。要求所有经批准开办的中外合作办学项目在完成注册登记后,申领"合作办学许可证"。按照"合作办学是对中国教育事业有益的补充,要符合中国人才培养的要求"的原则,本着引进国外先进的教学内容和教学手段,学习和借鉴国外科学的教育管理经验,提升办学水准的指导思想,以及政务公开、严格审批的精神,对 86 个中外合作办学机构(项目)的申请进行审核,除有 2 个项目因尚未达到要求被暂缓颁发,对其他 84 个项目或机构均颁发《合作办学许可证》。

2000 年后,上海中外合作办学发展迅速,数量增长快,且办学性质逐步向学历教育方向发展。上海市教育委员会先后公布两批获准颁发办学许可证的中外办学机构和项目名单,第一批为 84 个,第二批 63 个。

2001 年,上海市中外合作办学机构(项目)增加到 156 项,办学层次涉及幼儿学前教育、中等职业学校、普通高中、高等学历教育(包括高职、大专、本科及研究生教育)以及各类非学历教育。为规范和加强中外合作办学管理,上海市教育委员会实行集中受理、专家评议的审批制度,根据"以我为主、为我所用"的合作办学方针,严格外方办学机构的资质审查。为规范办学行为,切实保障就读者的合法利益,全面实施合作办学许可证制度,实施中外合作办学机构广告发布审核制度。同时,还启动年检制度,推进中外合作办学评估指标体系以及行业协会的建设。

2002 年,为进一步规范上海市中外合作办学,加强对中外合作办学现状的调研和监管,上海市教育委员会对取得上海市合作办学许可证的 84 个中外合作办学机构和项目,进行年审工作。重点是依据国家有关法规规定,就合作办学机构/项目的实际办学范围、层次、内部管理、财务收支、教材教学、师资学生、董事会活动、广告刊登等方面进行全面检查。最终结果为 72 个通过、8 个限期整改和 4 个未通过(其中 2 个批准自行解散和 2 个取消办学许可)。

为规范中外合作办学,国务院于 2003 年颁布《中华人民共和国中外合作办学条例》。2004 年 6 月,教育部颁布《中外合作办学条例实施办法》,明确中外合作办学的审批和规范管理,进一步推动中外合作办学。2004 年底,上海全市共有高等教育中外合作办学机构 87 个,其中学历教育占 53%。2004 年,上海中外合作办学机构和项目达 232 个,占全国总数 1/3 左右。其中研究生教育层次 14 个,本专科层次 73 个。一批高水平大学与国外知名大学和国际组织的合作、联合迈出坚实的步伐。

2005 年,上海市教育委员会根据教育部颁发的《关于做好中外合作办学机构和项目复核工作的通知》精神,制订《上海市中外合作办学复核工作指导意见》。当年,全市纳入复核的中外合作办学机构和项目为 230 个。复核期限内,共收到项目 141 个,机构 57 个(含 30 个非独立设置),其中研究生层次 41 项,本科层次 56 项,专科层次 66 项。通过本次复核,为分清归口管理单位职责、加强合作办学分类指导、提升整体管理水平提供了初步经验。

2007 年,上海市教育委员会对审批权限内的 13 项各类非学历教育、专科学历及以下合作办学项目和机构申报进行审查,其中上海出版印刷高等专科学校与加拿大雪瑞丹科技高等教育学院合作举办影视动画专业高等专科教育项目、上海立信会计学院与加拿大马拉斯宾纳大学学院合作举办会计专科项目,经审查认定符合办学要求,并报教育部备案。

2008 年,教育部复核批准上海市第一批 141 个中外合作办学机构和项目,其中机构 15 个(高教 2 个非独立学历教育机构、13 个独立设置培训机构),项目 126 个(硕士 22 个、本科 44 个、专科 28 个、中职 10 个、高等非学历 21 个、中等非学历 1 个)。

　　根据教育部于 2010 年颁发的《关于上海市中外合作办学机构(项目)最终复核结果的通知》,上海共有 189 个机构和项目通过复核,另有 118 个机构和项目自行终止或撤销。至 2010 年底,上海共有中外合作办学机构和项目 218 个,其中通过教育部复核的 189 个,经教育部审批和备案的 29 个,涵盖学前、中等职业技术、高等及非学历教育等众多领域,约为全国中外合作办学总量的六分之一。上述 218 个中外合作办学中,其中研究生 28 个、本科 62 个、专科 43 个,占 61%;高等非学历教育 35 个,占 16%。

第三章 管理体制

中华人民共和国成立后的相当长时期内,国家的高等学校分为中央管理(一般称之为"中央部委属高校")和地方管理(一般称之为"地方高校")。地方高校中又分为教育行政主管部门直接主管和其他委、办、局主管两类。各类高校间办学资源难以流动和协调。自20世纪90年代,上海按照国家"共建、调整、合作、合并"的高等教育改革调整方针,有计划、有步骤地开展中央部委与上海市"共建",实施高校隶属关系调整、院校合并调整等一系列重大改革举措,打破高等学校条块分割的管理体制,加强了地方政府对高等教育办学资源的统筹协调。

第一节 部(委)市共建高校

为贯彻《中国教育改革和发展纲要》,改革高等教育管理体制条块分割的状况,加快中央部委属高校的改革和发展步伐,使部委属高校更好地为上海经济建设和社会发展服务,1993年起,上海加快管理体制和布局形态改革,积极探索与中央部委高校"共建"的有效途径和方法,建立形成中央和上海市两级管理、分工负责,在国家宏观政策指导下,以上海市人民政府统筹为主的条块有机结合的管理机制,充分发挥中央和地方两个积极性,通过加强组合和机制转换,合理配置资源,扩大综合优势,形成高校创一流水平的运作机制。

一、国家教育委员会(教育部)与上海市共建

1993年,复旦大学、上海交通大学、上海外国语大学相继向国家教育委员会和上海市人民政府提出要求"共建"的报告。随后同济大学等校也提出报告。6月,国家教育委员会主任朱开轩来沪视察工作时,传达国家教育委员会党组对"共建"的积极态度,并同中共上海市委副书记陈至立及上海市副市长徐匡迪、谢丽娟交换意见。根据上海市领导的要求,上海市政府教育卫生办公室、上海市高等教育局在多次到复旦大学、上海交通大学、上海外国语大学等校调查研究基础上,8月,由上海市高等教育局向中共上海市委、上海市人民政府提出了《关于上海市与中央部委"共建"高校问题的意见》,11月,上海市高等教育局正式向中共上海市委、上海市人民政府递交了《关于上海市参与国家教育委员会部分高校"共建"的报告》。12月,中共上海市委副书记陈至立、上海市副市长徐匡迪、谢丽娟听取中共上海市教育卫生工作委员会书记郑令德,市政府教育卫生办公室主任兼高等教育局局长王生洪等专题汇报"共建"问题,提出上海市与国家教育委员会"共建"部分高校意见:一是对"共建"内涵的表述。"共建"是在现有建制和投资渠道基本不变的情况下,根据"合作、互利、求实"的原则,探索上海市人民政府参与共同建设部委属高校的有效途径和办法,以加速在沪中央部委高校的发展,并使之更好地为上海和全国经济建设服务。二是考虑到在上海的中央部委属高校数量多的特点,根据上海的实际情况,拟采取"认真分析,积极慎重,抓紧试点"的方针,先选择复旦大学、上海交通大学、上海外国语大学3所学校进行"共建"试点,以取得经验,分步实施。三是对复旦大学、上海交通大学、上海外国语大学3所学校进行"共建"试点的内容主要包括学校的建制不

变,管理上实行双重领导,3校为上海经济建设提供全方位服务;上海市人民政府积极支持学校的发展,如共同建设一些有意义的项目,在经费上给予一定支持等。

1994年4月,国家教育委员会主任朱开轩专程来上海,与上海市领导共同签署《国家教育委员会、上海市人民政府关于共建复旦大学、上海交通大学、上海外国语大学的意见》。提出对3所高校进行共建试点。主要内容:在建制上,3校仍为国家教育委员会所属高校,同时实行国家教育委员会和上海市双重领导的体制;管理上,复旦大学、上海交通大学以国家教育委员会为主,上海外国语大学以上海市为主。原有投资渠道不变,但上海市财政每年给3校一定数量的共建补贴。上海市人民政府根据实际情况,逐年为3校确定一些共建项目。对3校的共建还包括,3校在人才引进、减免城市建设费、土地征用等方面享受市属高校同等待遇;3校在为全国经济建设服务的同时,主动适应上海社会和经济发展的需要,加大专业结构调整的步伐,扩大为上海地区培养人才的比例等。

1995年,上海市人民政府与国家教育委员会签约,共建同济大学。该校实行共建后,原属建制不变、原投资渠道不变,实行国家教育委员会与上海市的双重领导,上海市财政每年给该校一定数量的共建补贴,对从海外和国内其他地方引进的高级人才,上海市有关部门在户口指标和减免城市建设费,以及土地征用等方面,给予与地方高校同等的待遇。同济大学适当扩大在上海的招生名额,增加毕业生留上海的比例。发挥学校人才和科研优势,积极参与上海的经济建设和社会发展工作。上海市在制定经济、社会发展规划时,将同济大学的发展纳入城市整体发展规划中。

同年,经国家教育委员会直属院校办公室与上海市教育委员会同意,确定华东师范大学为上海地区师范教育、基础教育服务,实施项目共建的高校。12月,国家教育委员会与中国石化总公司举行共建共管华东理工大学协议签字仪式,这是国家教育委员会与国家企业集团共同建设、共同管理委属高校的一次重要尝试,在全国尚属首次,具有示范性。

1997年4月和10月,上海市人民政府与国家教育委员会分别签署《国家教育委员会、上海市人民政府关于共同建设华东师范大学,进一步推进管理体制改革的意见》和《国家教育委员会、上海市人民政府关于共同建设华东理工大学的意见》,华东师范大学实行国家教育委员会和上海市共建共管,以上海市为主的体制;华东理工大学实行国家教育委员会和上海市共建共管的体制。国家教育委员会支持华东师范大学积极参与上海市师范类院校布局结构调整,加大为上海基础教育服务的力度,打破条块分割,优化高等师范教育结构,提高办学效益;支持华东理工大学积极面向上海的地方经济建设和社会发展,在化工、生物工程、制药、材料、信息、环境等高新技术产业方面根据上海需要,调整有关学科和专业设置,增加上海生源招生数量和优秀毕业生留沪比例。

1997年,为进一步深化上海高等教育管理体制改革,加强部市合作共建,经国家教育委员会和上海市人民政府协商,决定重点共建复旦大学和上海交通大学。除两校正常经费安排外,国家教育委员会和上海市人民政府在今后3年内,向两校各投入建设经费6亿元人民币。重点促使两校加快改革和发展的步伐,显著提高教育质量、学术水平和整体办学实力等,在高水平专门人才培养、高新技术研究和成果转化、高层次决策咨询等方面发挥重要作用,作出积极贡献,成为全国高层次创新人才培养和知识创新的重要基地,并努力建设成为世界知名的高水平大学。

2002年6月,教育部与上海市人民政府决定重点共建同济大学,实行教育部与上海市共建共管。教育部副部长周济、上海市副市长周慕尧分别代表教育部和上海市签署重点共建同济大学的协议,旨在促进同济大学各项事业的改革和发展,积极适应21世纪国家经济建设和社会发展的需要,不断提高教育质量和科研水平,使之成为中国特别是华东地区高水平创新人才培养、高新技术研究和成果转化、高层次决策咨询的重要基地,逐步建设成为国内外知名的高水平大学。上海市将同济大学的改革和发展纳入全市经济建设和社会发展的总体规划之中并给予相应的政策支持。教育部支持并鼓励学校在坚持面向全国服务的同时,更大程度参与和服务上海的经济建设和社会发展,并提供强有力的人才支持和知识贡献。教育部和上海市将积极推进同济大学参与上海市高校布局结构调整,优化教育资源配置,为提高上海市高等教育的整体水平和办学效益发挥龙头和示范作用。在2001年至2003年的三年内,教育部除对同济大学的正常经费和建设投资按"法定增长"安排外,增加投入建设经费3亿元人民币。上海市对教育部增加的重点建设经费提供1∶1配套建设经费,并根据教育部教育经费拨款进度拨付资金。

2005年6月,教育部与上海市人民政府签发《教育部、上海市人民政府关于继续重点共建复旦大学、上海交通大学、同济大学的决定》,明确继续重点共建3所高校,通过改革与创新管理体制和运行机制,加快高水平教师队伍、管理队伍等建设,科技创新平台和社科创新基地的建设,促进学校若干学科达到或接近国际一流学科水平。

2006年,经协商,教育部与上海市人民政府就共建华东师范大学达成共识。上海市将华东师范大学的改革和发展纳入全市整体建设和社会发展的总体规划之中,并给予相应政策支持。教育部支持和鼓励华东师范大学利用学校智力资源密集优势,为国家和上海市经济建设和社会发展提供更强有力的教育、知识和科技支撑。在财政支持方面,除对学校的经常性事业经费和建设投资按"法定增长"安排以外,"十一五"期间,教育部和上海市共同向华东师范大学投入建设经费6亿元,其中教育部投入1亿元,上海市投入5亿元。

2010年12月,教育部、上海市人民政府举行新一轮"985工程"继续重点共建复旦大学、上海交通大学、同济大学、华东师范大学签约仪式。教育部部长袁贵仁与上海市市长韩正签署协议。根据共建协议,在2010年至2013年间,共建学校将获得教育部和财政部按"985工程"中央财政专项资金基本额度下达给学校的经费,以及上海市地方财政按照中央下达4校的中央财政专项资金基本额度控制数总量进行的1∶1配套投入资金。

二、其他中央部门与上海市共建

早于1991年,经国务院批准,上海医疗器械高等专科学校改由国家医药管理局和上海市双重领导,以国家医药管理局为主,在全国范围招生。此为中央部委与上海"共建共管"高校的雏形。

1995年,国家教育委员会确定上海市为高等教育体制改革试点之一,上海按照"试点以共建、联合,加大高校结构调整与合并的力度,加强对在沪高校的统筹为主要形式和内容,争取有较大突破,并取得经验"的要求,不断探索深化与中央部委高校的共建。当年,上海市人民政府分别与国家卫生部、财政部签约,共建上海医科大学、上海财经大学。两校实行共建后,原属建制不变、原投资渠道不变,实行部与上海市的双重领导,上海市财政每年给两校一定数量的共建补贴,对从海外和国内其他地方引进的高级人才,上海市有关部门在户口指标和减免城市建设费,以及土地征用等方面,给予与地方高校同等的待遇。两校适当扩大在上海的招生名额、增加毕业生留上海的比例。积极发挥各自的人才和科研优势,积极参与上海的经济建设和社会发展工作。上海市在制定经济、社会发展规划时,将两校的发展纳入城市整体发展规划中。财政部和卫生部为加强学校建设,5至10年内分别对上海财经大学和上海医科大学各安排2亿元投资(2000年,国务院部门所属高校管理体制改革,上海医科大学与复旦大学合并;上海财经大学划归教育部,由教育部与上海市共建)。

1997年10月,上海市人民政府与中国纺织总会共同签署《中国纺织总会、上海市人民政府关于共建中国纺织大学的意见》,实现上海地区通过"211工程"部门预审的中央部委院校实施全面共建的规划目标。共建后,中国纺织大学实行中国纺织总会和上海市共建共管的体制。原有投资渠道不变,上海市财政每年给学校一定的补贴。中国纺织总会支持中国纺织大学积极参与上海纺织类院校布局调整,适应上海发展需要增设、调整有关学科和专业设置,发挥学校在纺织、服装、材料、信息、先进制造技术、环境、管理和应用艺术等学科的优势,加大对上海经济建设和社会发展服务的力度。上海市根据经济建设和社会发展,支持学校改革和发展,在制定经济、社会发展规划时,将学校发展纳入城市整体发展规划中(1998年,国务院进行机构改革,中国纺织总会改为国家纺织工业局,中国纺织大学划转为教育部所属,由教育部与上海市共建)。

2001年6月,国家体育总局副局长段世杰和上海市副市长周慕尧签订共建上海体育学院的协议,自2001年6月起该校实行"国家体育总局与上海市人民政府共建,以上海市人民政府管理为主"的体制,学校的改革与发展纳入上海市高等教育事业和体育事业的整体发展规划。根据上海体育发展"十五"规划,上海要建设成为亚洲一流的体育中心城市,上海体育学院立意要新、定位要高,要办出特色、办出水平。

2005年,经上海市人民政府与新闻出版总署协商,就共建上海理工大学出版印刷学院达成协议。上海市人民政府将该学院纳入上海高等教育发展规划,逐年增加教育经费投入,支持学院调整和设置新专业,培养新型人才,支持学院与出版印刷行业内企业、单位结为产学研战略联盟。新闻出版总署在学科专业建设、教育改革、对外交流、信息沟通、实践教学、招生就业等方面给予学院指导,将学院发展列入新闻出版业发展规划,邀请学院党政领导和专家参加新闻出版行业重要会议和活动,为学院对外交流提供信息,支持专业师资培养。

2008年9月,为发挥上海海事大学在水运交通相关主干学科、专业的特色和优势,促进上海海事大学的建设和发展,培养更多的航运高级专门人才,适应中国水运交通事业发展和上海国际航运中心建设的需要,上海市政府与交通运输部决定共建上海海事大学。

2010年9月,国家体育总局与上海市政府签署《国家体育总局、上海市人民政府关于共建上海体育学院中国乒乓球学院的协议》,聘请乒乓球名将徐寅生任名誉院长。此次共建旨在集聚中国乒乓球运动和上海高等教育的优质资源,使乒乓球学院成为"体教结合"的前沿阵地、乒乓球研究与研发基地、国球文化传播的教育和交流基地以及国际总部或中心的入驻地。

2010年12月,国家海洋局与上海市人民政府签署共建上海海洋大学协议。上海海洋大学将加强改革创新、推进内涵建设,加强行业人才和复合型人才的培养,加强参与和承担各类研究任务,支持并参与国家海洋人才队伍建设,努力建设成为中国海洋科技创新和海洋科技人才培养的重要基地,成为世界知名的高水平海洋大学。

到2010年,上海46所公办普通高校中有19所实现"共建"。其中:教育部所属8所高校均与上海市人民政府共建,另11所由国家有关部委划转上海地方管理的高校,由上海市人民政府与学校原属部委共建。

第二节　高校隶属关系调整

为克服高等学校条块隶属关系对于地方政府高等教育统筹和协调权的制约因素,促进地方高等教育办学资源有效利用,进入 20 世纪 90 年代后,上海开始有计划实施领导隶属关系划转调整,解决上海区域内高校重复设置与管理分散问题。

一、中央部委属高校划转上海

根据中共中央、国务院《中国教育改革和发展纲要》关于改革高等教育管理体制,逐步实行中央和地方两级管理,以地方政府为主的管理体制的精神,上海市人民政府成立上海高校体制划转协调小组,上海市教育委员会成立划转工作小组,上海高等教育管理体制进入以"联合、合并、共建、划转"为主要内容特征的重大改革和转变阶段。

1993 年初,国家对外贸易经济合作部党组研究决定,将上海、天津、广州 3 所部属外贸学院划归地方管理。上海首先作出积极反应,并与对外贸易经济合作部具体商谈。1994 年 7 月,对外贸易经济合作部与上海市人民政府共同签署《关于上海对外贸易学院交接工作备忘录》,明确学校的日常管理从 1994 年 9 月 1 日起归属上海市领导,从 1995 年起该校的教育事业经费由财政部划给上海市。上海对外贸易学院的交接是上海市第一个实现由中央部门交由地方政府管理的学校,整个划转和移交工作比较平稳。

1994 年 8 月,电力部作出部属高校领导体制改革的决定,上海电力学院进入华东电力集团,实行由部、企业集团共同领导,企业集团参与管理为主的领导体制,1995 年 1 月起进入新体制运转。

1998 年,上海理工大学根据《国务院办公厅转发教育部等部门关于调整撤并部门所属学校管理体制实施意见的通知》精神,对学校管理体制进行调整,实行"中央与地方共建,以地方管理为主"的调整方案,学校由机械工业部管理调整为由上海市管理。上海理工大学管理体制调整后,国务院、教育部和上海市领导非常关心学校调整后的定位与发展。国务院副总理李岚清、教育部部长陈至立、中共上海市委书记黄菊、上海市市长徐匡迪、教育部常务副部长吕福源等党政领导相继到学校视察,要求学校通过改革促发展,以工为主,办出特色,在世纪之交,抓住机遇,把上海理工大学办成国内一流先进的工科大学,为科教兴国、振兴上海经济作出贡献。

1999 年,海关总署党组和中共上海市委组织部分别发文明确,将上海海关高等专科学校原隶属于中共上海市对外经济贸易工作委员会的党组织关系划归中共上海市教育工作委员会管理。同年 12 月,由中共上海市委组织部、中共上海市对外经济贸易工作委员会、中共上海市教育工作委员会和上海海关高等专科学校参加交接工作。

2000 年,根据国务院《关于进一步调整国务院部门所属学校管理体制和布局结构的决定》精神,13 所在沪中央部委属高校管理体制进行调整。其中,上海医科大学、上海铁道大学划归教育部后分别与复旦大学、同济大学合并,上海财经大学划归教育部;上海水产大学、上海海运学院、华东政法学院、上海电力学院、上海音乐学院和上海戏剧学院 6 所本科院校及上海金融高等专科学校、上海旅游高等专科学校、上海医疗器械高等专科学校和上海出版印刷高等专科学校等划转上海市,实行中央相关部委与上海市人民政府共建,以上海市管理为主。2001 年 6 月,上海体育学院由国家体育总局划转上海市,实行国家体育总局与上海市人民政府共建,以上海市人民政府管理为主。至此,上海 33 所公办普通高校中,除 8 所教育部直属高校(复旦大学、上海交通大学、同济大学、华东师范大学、华东理工大学、东华大学、上海外国语大学、上海财经大学)和海关总署所属的上海海关高等专科学校外,其余 24 所高校全部由上海市管理。

表 1-3-1　1994—2001 年原部委属划转上海市管理的高等学校一览表

序号	学　　　校	划转前主管部门	划转时间
1	上海对外贸易学院	对外贸易经济合作部	1994 年
2	上海理工大学	机械工业部	1998 年
3	华东政法学院	司法部	2000 年
4	上海海运学院	交通部	2000 年
5	上海音乐学院	文化部	2000 年
6	上海戏剧学院	文化部	2000 年
7	上海水产大学	农业部	2000 年
8	上海电力学院	电力部	2000 年
9	上海金融高等专科学校	中国人民银行总行	2000 年
10	上海旅游高等专科学校	国家旅游局	2000 年
11	上海医疗器械高等专科学校	国家食品药品监督管理局	2000 年
12	上海出版印刷高等专科学校	国家新闻出版总署	2000 年
13	上海体育学院	国家体育总局	2001 年

二、市属委办局主管高校划归市教育委员会

根据 1994 年上海市教育工作会议关于尽快将市属委、办、局主管高校的管理体制划归市教育行政主管部门统一管理的精神,1995 年,经上海市人民政府批准,立信会计高等专科学校、上海医学高等专科学校分别由上海市财贸办公室、上海市卫生局划归上海市教育委员会直接领导。当年10 月 20 日,上海市财贸办公室、上海市卫生局、上海市教育委员会举行上述两所高校管理体制划转仪式。两校划转以后,学校发展规划、学科及专业建设、人事管理及职称评定、学生管理、后勤管理、科研管理、招生、毕业生由上海市教育委员会统一管理。学校领导体制、校级领导班子建设和党的组织关系由中共上海市教育卫生工作委员会管理。从 1996 年开始,学校的教育事业经费,由上海市财政按原基数和适当的增长比例划拨上海市教育委员会,再按上海市教育委员会所属高校的拨款程序拨给学校。学校的基建、住宅由上海市教育委员会安排。划转后,学校继续保持原有的办学特色,为上海培养社会所急需的财会、医务专门人才,优先满足财贸、卫生系统人才培养需求。上海市财贸办公室、上海市卫生局继续在学生实习、毕业、就业等方面给学校提供各种可能的支持。

1998 年,经上海市人民政府同意,上海冶金高等专科学校、上海轻工业高等专科学校、上海纺织工业高等专科学校划转上海市教育委员会统一管理。当年 9 月 8 日,上海市教育委员会分别与上海冶金控股集团公司、上海轻工业控股集团公司、上海纺织控股集团公司在划转协议书上签字。管理体制划转后,该 3 校发展规划、党的建设、专业与学科建设、人事与师资管理、学生管理、财务和资产管理等由上海市教育委员会全面负责,学校与各原属控股集团在人才培养、产学研结合上仍保持密切联系。

2003 年 2 月,上海工程技术大学、上海市劳动和社会保障局、上海市经济委员会三方签订上海

市高级技工学校划转上海工程技术大学协议。7月,上海医疗器械高等专科学校、上海出版印刷高等专科学校划归上海理工大学管理。8月,上海旅游高等专科学校划归上海师范大学管理。

第三节　院　校　调　整

一、上海地方高校调整

自1990年代始,上海部分地方高校通过合并方式,以优化上海高等教育结构,提高办学效率和教学质量,适应上海经济建设和社会发展的需要。1990年,上海第二冶金高等专科学校并入上海冶金高等专科学校。1993年,上海高等法律专科学校并入上海大学。

1994年5月,由上海工业大学、上海科学技术大学、上海大学和上海科技高等专科学校合并而成的一所综合性大学——上海大学挂牌成立。全国政协副主席、著名科学家、中国科学院院士钱伟长教授担任校长。中共中央总书记、国家主席江泽民为新的上海大学题写校名,中共上海市委书记黄菊为上海大学揭牌。新的上海大学的组建,是上海整个高等教育布局结构调整的一个重大动作,成为全市学科门类最全、专业覆盖面最广,在校生规模最大的市属综合性大学。其建设目标是以进入国家"211工程"为契机,加强学科建设和师资队伍建设,提高教学水平、科研水平和办学效果,经过若干年的努力跻身国内先进高校行列。

1994年10月,经国家教育委员会批准,上海师范大学与上海技术师范学院两校合并建立新的上海师范大学。中共中央总书记、国家主席江泽民为学校题词:"发展师范教育事业,造就社会主义现代化建设的优秀人才"。组建新上海师范大学有利于充分发掘办学资源,实现优势互补,提高办学效益;有利于对师范院校实行重点投资、重点建设、重点发展,符合长远发展的要求。为进一步调整上海师范教育布局结构,上海师范高等专科学校于1997年并入上海师范大学。上海师范高等专科学校是中国第一所培养大专学历小学师资的师范高等专科学校,并入上海师范大学后为学校的初等教育学院。

1996年4月,经上海市人民政府批准,上海市第一、第二警察学校并入上海公安高等专科学校。对上海公安系统所属的这3所大、中专学校的调整,是根据提高上海市公安干警队伍素质,建立一支与上海一流城市相适应的一流公安干警队伍的目标所采取的重要措施,当年新的上海公安高等专科学校的招生规模从上一年300余人增加到600余人,同时试办本科教育,为培养更多高层次的公安优秀人才作出新的贡献。

2002年5月,上海体育学院、上海体育运动技术学院和上海体育科研所合并组建新的上海体育学院。新组建的上海体育学院充分发挥上海市教育委员会、上海市体育局和上海体育学院的多方资源优势和统筹管理作用,实行优势互补,以超前思路和创新模式构建体育教学、训练、科研的一体化基地,并在坚持立足上海的同时,不断拓展和扩大学校的办学功能和任务,进一步提升学校辐射华东、服务全国的作用和影响,逐步发展成为亚洲一流、世界知名的高等体育学府。

2002年6月,经上海市人民政府批准,上海师范大学表演艺术学院、上海市戏曲学校和上海市舞蹈学校并入上海戏剧学院,以使上海戏剧学院更好地为上海乃至全国培养高水平的艺术表演人才,逐步建设成为全国一流、世界知名的高等艺术院校。

2002年,上海医学高等专科学校并入上海中医药大学。2003年,经上海市人民政府批准,上海医疗器械高等专科学校、上海出版印刷高等专科学校划归上海理工大学管理后,分别组建上海理工大学医疗器械学院和上海理工大学出版印刷学院,进行医疗器械、出版印刷方向的本科教育;上海旅游高等专科学校划归上海师范大学管理后,组建上海师范大学旅游学院,加强旅游高等教育。

二、部属高校调整

1994年,经中国纺织总会批准和国家教育委员会同意,原在江苏无锡的中国纺织总会管理干部学院划归中国纺织大学,成为中国纺织大学无锡校区,并在校区内设中国纺织大学管理干部学院,保留中国纺织总会管理干部学院名称。跨省市两所高校合并在上海高校结构改革中尚属首次。

1995年,经国家教育委员会和铁道部批准,撤销上海铁道学院和上海铁道医学院建制,合并组建上海铁道大学,管理体制隶属铁道部不变。上海铁道大学组建后,遵循"立足铁路,面向社会,医工结合,文理兼备,开拓创新,综合发展"的方针积极发展面向现代化、面向世界、面向未来的新兴学科与专业,大力培养复合型人才,形成新的办学特色,提高办学水平和办学效益,以适应中国社会和经济发展的要求,适应铁路现代化建设和发展的需要。

1996年5月,国家教育委员会批准华东工业大学与上海机械高等专科学校合并组建上海理工大学。根据机械工业部《关于组建上海理工大学的通知》,合并后的新校把工作重点放在提高教育质量、办学水平和办学效益上。在原上海机械高等专科学校的基础上组建上海理工大学工程技术学院(保留局级)。工程技术学院可充分利用并校后的优势,加强专科教育,继续办出专科特色。

1999年,交通部将上海港湾学校划归上海海运学院。作为上海海运学院的所属单位管理,上海港湾学校的人员编制纳入上海海运学校的总编制,该校不再作为部直属事业单位管理,级别不变。

三、不同隶属关系高校调整

1995年,根据国家教育委员会与中国石化总公司签订的共同建设华东理工大学的协议,上海石油化工专科高等学校改为华东理工大学石油化工学院。该学院实行中国石化总公司与华东理工大学共同领导,以中国石化总公司领导为主的管理体制,仍为中国石化总公司的直属单位。石油化工学院紧密依靠华东理工大学,充分利用和发挥华东理工大学的办学资源和条件,努力办好本科教育,为石化工业培养合格人才。2000年底,该学院并入华东理工大学,不再隶属中国石化集团公司管理。

1996年7月,上海市人民政府与国家教育委员会签署《关于上海城市建设学院、上海建筑材料工业学院并入同济大学的备忘录》,同意通过以国家教育委员会和上海市人民政府共建方式,将上海城市建设学院、上海建筑材料工业学院并入同济大学。不同体制土建类高校的布局结构调整,是上海市调整高校布局,打破条块分割,优化教育资源配置的一项重大举措,也是中国高等教育体制改革中的一项示范工程。两校并入后,同济大学仍为国家教育委员会直属高校,实行与上海市共建共管。当年学校扩大招生规模,在上海地区的招生数达到总数的50%。

1997年至1998年间,上海市在调整上海师范类院校结构的过程中,先后将上海幼儿师范高等专科学校(中国第一个幼儿师范专科学校)、上海教育学院和上海第二教育学院并入华东师范大学,以统筹师范教育,理顺管理体制,实现师范教育资源的优化组合和优势互补。1998年,并入华东师范大学的原上海幼儿师范高等专科学校与华东师范大学学前教育专业、特殊教育专业以及相应的研究所重新组建华东师范大学学前教育与特殊教育学院,同时将上海市南林师范学校划归该学院安排和管理。

1999年9月1日,上海农学院并入上海交通大学暨上海交通大学农学院成立大会举行。中共中央政治局委员、中共上海市委书记黄菊发来贺信,教育部副部长周远清、中共上海市委副书记龚学平、上海市副市长周慕尧等领导出席大会。同日,中国纺织大学举行上海纺织工业高等专科学校并入中国纺织大学暨中国纺织大学更名为东华大学揭牌仪式。

2000年4月27日,复旦大学与上海医科大学召开合并大会,中共上海市委副书记龚学平主持大会,并宣读黄菊同志的贺信。教育部部长陈至立、上海市市长徐匡迪出席大会并讲话。两校合并后,新复旦大学综合实力大增,国家重点学科29个,一级学科博士学位授予点20个,国家重点实验室5个,博士点80个,硕士点146个,博士后流动站22个,研究所58个,研究中心61个,两院院士20人,博士生导师495人。同日,同济大学与上海铁道大学召开合并大会。教育部部长陈至立、上海市市长徐匡迪、铁道部副部长蔡庆华到会讲话,中共上海市委副书记龚学平主持会议,并宣读黄菊同志的贺信。新组建的同济大学是一所文理交融、医工结合的综合性大学,直属教育部领导,由上海市政府与教育部共建,在土木建筑、交通工程、通讯信息、车辆工程、医学与生物医学工程等学科领域将进一步形成优势,增强竞争实力。

2005年6月10日,教育部、上海市人民政府举行《关于上海交通大学与上海第二医科大学合并的原则意见》签约仪式。教育部部长周济,上海市市长韩正分别代表教育部和上海市人民政府签署有关协议。合并后的新上海交通大学为教育部直属高校。在原上海第二医科大学和原上海交通大学医学院基础上,组建上海交通大学医学院。

表1-3-2　1994—2005年上海市普通高校合并调整概况一览表

调整后学校名称	调 整 概 况	调 整 时 间
上海大学	上海大学、上海工业大学、上海科学技术大学、上海科技高等专科学校合并	1994年5月
华东师范大学	华东师范大学、上海幼儿师范高等专科学校合并	1997年9月
	华东师范大学、上海教育学院、上海第二教育学院合并	1998年8月
东华大学	中国纺织大学、上海纺织高等专科学校合并	1999年8月
上海中医药大学	上海中医药大学、上海医学高等专科学校合并	2000年3月
复旦大学	复旦大学、上海医科大学合并	2000年4月
同济大学	上海铁道学院、上海铁道医学院合并为上海铁道大学	1995年3月
	同济大学、上海城市建设学院、上海建筑材料工业学院合并	1996年7月
	同济大学、上海铁道大学合并	2000年4月
上海应用技术学院	上海轻工业高等专科学校、上海冶金高等专科学校、上海化学工业高等专科学校合并	2000年4月
华东理工大学	1995年上海石油化工高等专科学校改为华东理工大学石油化工学院,与中国石化总公司共管;后归入华东理工大学	2000年12月
上海第二工业大学	上海第二工业大学、上海东沪职业技术学院合并	2001年11月
上海体育学院	上海体育学院、上海体育运动技术学院和上海体育科研所合并	2002年6月

调整后学校名称	调 整 概 况	调整时间
上海戏剧学院	上海师范大学表演艺术学院、上海市戏曲学校和上海市舞蹈学校并入	2002 年 6 月
上海师范大学	上海师范大学、上海技术师范学院合并	1994 年 10 月
	上海师范大学、上海师范高等专科学校合并	1998 年 9 月
	上海旅游高等专科学校划归上海师范大学管理并组建上海师范大学旅游学院	2003 年 4 月
上海理工大学	华东工业大学、上海机械高等专科学校合并	1996 年 5 月
	上海医疗器械高等专科学校划归上海理工大学管理并组建上海理工大学医疗器械学院，上海出版印刷高等专科学校划归上海理工大学管理并组建上海理工大学出版印刷学院	2003 年 5 月
上海交通大学	上海交通大学、上海农学院合并	1999 年 8 月
	上海交通大学、上海第二医科大学合并	2005 年 6 月

表注：以 2010 年在列学校涉及调整的最后完成时间为序。

第四节 高校内部管理体制改革

一、后勤管理体制改革

1979 年，同济大学等高校对食堂实行按照实绩给予相应比例管理费的部门经济承包责任制，引入企业管理中的经济核算手段，扩大了炊管人员的责权利范围，使承包单位及其成员的收入直接与劳动成效挂钩，开始改变高校后勤部门传统的供给制模式。1983 年高校后勤承包责任制改革，在同济大学等高校取得突破，逐步在其他高校推广，并带动上海高校内部管理体制改革向其他方面逐渐展开。

1997 年，为了适应上海高等教育体制和后勤社会化改革的需要，成立上海高校后勤社会化改革领导小组和专家咨询小组。根据上海高校后勤改革的基础条件，改革领导小组确定了高校后勤实行规范分离、进入后勤社会化服务载体的总体思路，提出到 2000 年底完成高校后勤由事业向企业转制工作目标。确定上海交通大学、同济大学等 8 所高校为首批改革试点单位，制订《上海高校后勤社会化改革方案》及一批改革工作细则。上海高校新一轮的后勤改革从"一校一户办后勤，校校后勤办社会"的旧格局转变为教育系统集约化联办后勤和社会化办后勤相结合的新格局。1999 年，上海交通大学、同济大学、上海外国语大学、上海财经大学、上海戏剧学院、上海理工大学、上海师范大学、上海对外贸易学院 8 所高校的后勤部门，正式从学校规范分离，以建立实体形式，通过"并入、托管、联办、连锁"等方式，分别进入新成立的上海高校后勤服务中心和上海高校后勤发展中心。2002 年，上海高校后勤社会化改革在学生公寓建设、推进规模经营以及转变内部运作机制方面取得新进展。复旦大学、华东师范大学、上海大学、上海水产大学、上海电力学院等高校在校内引进学生餐饮、物业管理、绿化养护等服务项目，这些校外企业在参与学校后勤服务竞争的过程中，促进了后勤服务质量和效益的提高。

二、校长负责制与校院两级管理体制改革

1978 年，上海师范大学开始探索试行党委领导下的校长分工负责制。1980 年 1 月，上海市人民政府批转《上海高等学校校（院）长试行工作条例》，规定高等学校领导体制实行党委领导下的校（院）长分工负责制，校（院）长对外代表学校，对内主持学校的日常工作。1984 年开始，上海高校探索学校内部领导体制的改革。9 月，同济大学经教育部和中共上海市委批准，首先试行校长负责制。1985 年起，又有上海第二医科大学、华东化工学院、上海外国语学院、上海中医学院、上海水产大学、上海教育学院等院校相继开展校长负责制试点。根据试点文件，校（院）长接受国家委托，对学校的教学、科研等行政工作实行统一领导，全面负责；学校党委对学校起行政监督保证作用，对党群工作和思想工作实行统一领导。1986 年 4 月，同济大学校长负责制试点进一步拓展，开始试行系主任在位期间的目标管理制度，系主任有权制定任期内系专业设置、招生规划、质量管理、科研方向、学科和学术梯队建设、实验设备、办学特色和落实措施等方面的规划。华东化工学院由专家、教授、职工代表组成 38 个专门委员会参与民主办校。

试行校长负责制对于建立健全高校内部决策审议、指挥执行、监督保证、民主管理、参谋咨询机制，提高行政管理效能起到积极作用。试行中也出现一些问题。1989 年后，高校恢复实行党委领导下的校长负责制。

1989 年后，上海高校通过改革校院两级管理体制，转换学校内部管理机制，不断完善党委领导下的学校行政管理体制机制。华东理工大学通过多年改革实践，到 1995 年基本完成校院两级管理体制转制，形成学校统一领导学院，学院成为办学实体并对学校负责的新格局。同年，同济大学作为国家教育委员会民主推举校长的首批试点单位，成功推举出 47 岁的智能控制专家、工学博士吴启迪教授为校长，成为高校聘任制和深化内部管理体制改革突破性的标志。1996 年，华东师范大学按照党中央关于培养和选拔德才兼备领导干部的精神，也以民主推举校长的方式完成行政领导班子的换届工作。1997 年，上海交通大学的校、院、系（所）三级管理体制经过试点，基本完成全校所有院系的改制工作，建立 13 个学院，开始推行以院为实体的管理运行体制。1999 年，华东理工大学进一步完善校院两级管理制度改革，理顺学院结构体制，明确校院两级办学模式及学院作为办学实体的责权。进入 21 世纪，上海高校根据党中央和中共上海市委关于加强高校党建工作的要求，进一步加强民主集中制建设，健全工作机制，积极探索党委领导、校长治校、教授治学、民主管理的现代大学制度，不断完善党委领导下的校长负责制和校院两级管理体制。

三、人事与分配制度改革

1980 年，上海交通大学进行劳动人事与分配制度改革，通过试行"人员流动"初步改变长期以来只进不出的状况。1984 年 1 月 21 日，国务院副总理万里在中南海听取上海交通大学领导汇报学校管理改革情况，对上海交通大学的管理改革给予肯定与支持。2 月 16 日，邓小平同志接见上海交通大学主要领导干部、教授和学生代表，对学校管理改革的显著成绩表示满意。5 月，六届二次全国人民代表大会的政府工作报告，对上海交通大学管理体制改革再次给予肯定。同年，上海市人民政府在全市推广上海交通大学管理制度改革的经验。各高校相继实行定员定编、岗位责任制、人员流动、浮动岗位津贴和聘任制、考核制、奖励制。在上海交通大学管理改革的推动下，复旦大学、华

东化工学院、华东纺织工学院、上海大学等高校都先后建立人员流动、定编定员、教师工作规范、干部岗位津贴、考核等制度。1988年,上海交通大学进一步深化劳动人事与分配制度改革,试行院系"三包一评",即:编制承包、经费承包、任务承包,两年一评的改革措施。

1991年起,在总结上海工业大学等一批试点高校改革经验基础上,上海高校普遍推行了在定编、实行岗位责任制和划小经济核算单位,实行工资总额承包的基础上,以建立考核制度、奖惩制度和实施聘任制为主要内容的高校内部管理体制改革。1992年,上海市高等教育局根据国家教育委员会要求,对局管高校开展定任务、定规模、定编制、定经费的"四定"工作,并确定在上海工业大学、上海科学技术大学、上海师范大学、上海第二医科大学、上海中医学院5所高校第一批开展。

2000年,根据中共中央《关于深化干部人事制度改革纲要》中"以推行聘用和岗位管理制度为重点""逐步实行专业技术职务的聘任和岗位聘用的统一"的规定,上海市教育委员会从2001年起在全市高校停止职称评审,并颁发了《上海市高等学校教师职务和其他专业技术职务聘任办法》等三个文件。2001年6月,教师职务聘任制首先在上海大学文学院、机电工程与自动化学院等学院试点,至2002年4月首批聘任全部结束。有143名具有任职资格的教授、副教授首批未获聘任,其中原有正高任职资格的17名,原有副高任职资格的126名,占该校原有正副高级职务任职资格总数的16.4%。接着,上海师范大学、上海理工大学、上海水产大学、华东政法学院等院校也先后开展教师职务聘任制,均取得良好效果。

四、内部管理综合改革

1985年,华东化工学院率先开展以理顺内部管理体制、建立和健全科学决策和民主管理机制,引进竞争手段为核心的整体管理改革。在经过多年实践取得积极成效后,1992年,推出第二轮学校内部综合改革,包括基础教育、专业教育、科学研究、校办产业和后勤系统五个方面,其中核心内容是加强师资队伍建设。

同年上半年,上海交通大学、上海工业大学、上海海运学院、中国纺织大学、上海铁道学院、上海戏剧学院等院校也相继实施综合改革方案,下半年又有华东师范大学、上海外国语学院、上海建筑材料工业学院、上海机械学院、上海水产大学等中央部委院校和上海科学技术大学、上海第二医科大学、上海师范大学、上海城市建设学院、上海农学等市属院校以及上海冶金高等专科学校、上海纺织工业高等专科学校、上海轻工业高等专科学校等专科院校实施综合改革。

上海高校内部管理综合改革的主要特点:一是准备工作比较充分。这些学校充分认识到深化高校综合改革的必要性和迫切性,普遍成立了以学校党、政负责人牵头的改革领导小组和相应的工作班子或调研小组。二是指导思想比较明确。立足机制转换,增强办学活力,成为这些学校领导和广大群众的一条基本共识。在具体制定和实施方案的过程中,注意处理好综合改革与校内管理体制改革、机制转换与改善教职工待遇的关系。三是以人事制度和分配制度改革为突破口。进行校内管理体制改革的高校把工作的重点放在定编、定岗、定工作量、聘任、考核和分配办法等的设计与实施上。四是学校机关的改革,明确各机构职责,重视转变职能。在对学校机关进行合理构建的同时,一般把机关人员编制缩减10%—20%左右,有的缩减30%,从而保证和推动了学术改革的深入。五是大力发展校办产业。

1992年,上海市高等教育局在推进上海市高校内部管理综合改革中,重点做了几项工作,一是领导深入学校听取汇报,了解情况,开展调查研究,同时对学校的改革工作提出指导性意见;二是制定权力下放的有关文件,转变政府职能,为学校内部管理体制改革创造良好的环境;三是筹备建立高校人才开发咨询中心,帮助学校安排一些富余人员。

为了不断推进改革的深入和健康发展,上海市教育委员会对上海高校内部管理综合改革进行了多次调研,形成对上海高校综合改革的总体评价和深化改革的思路:把校内管理改革和教育教学改革结合起来,注重改革的配套性和综合性;围绕育人为中心,以劳动人事、分配制度改革为突破口,以机制转换为改革的重点;以学校机关改革为先导,带动院系、后勤等其他领域的改革。1999年后,上海交通大学、上海大学、华东师范大学、同济大学、上海铁道大学、上海水产大学、上海理工大学等高校相继推行了新一轮综合改革方案。

第四章 战略规划

自 1985 年至 2010 年，国家制定并实施了从"七五"到"十一五"五个"五年发展计划"。上海根据国家有关部委的统一部署，在前期开展专题调研、广泛研讨的基础上相应编制与国家"五年计划"同期的高等教育事业改革和发展"五年规划"。其间还编制了跨度 10 年的"中长期发展"战略规划，不断明确上海高等教育改革发展的新目标、新任务。并结合规划实施，推出一系列建设性"工程"，辅以配套政策与举措，落实上海高等教育布局结构的持续优化和高等学校的内涵发展，推进国家教育重大工程项目在上海落地完成。

第一节 战略规划编制

一、高等教育"七五"规划

1981 年，上海市高等教育局对全市高校各专业的培养目标、课程设置、培养能力和各区县局 1981—1985 年对高校毕业生的需求进行了调查和统计。1982 年至 1983 年，又分 18 个专题对全市分科类的人才需求情况，开展进一步的调查和预测。根据国家计划委员会和教育部的统一部署，上海市人民政府于 1983 年 10 月成立由计划、教育、组织、人事、经济等部门组成的上海市人才预测办公室，负责组织实施上海历史上第一次全市范围的人才预测与教育规划工作。这次人才预测工作分为三个阶段。第一阶段进行了全市专门人才和在编干部的现状调查；第二阶段进行了 1984—1990 年的上海市人才需求的宏观和微观的对应预测；第三阶段是制定全市各类教育的规划。

上海市高等教育局于 1985 年 12 月制定完成《上海市普通高等教育"七五"规划纲要》，提出了"七五"期间上海高等教育的主要任务：一是扩大学校规模，提高办学效益，以内涵发展为主，学校平均办学规模增加到 3 300 人；二是持续稳步发展本专科生，争取在校生数发展到 16.5 万人；三是逐步扩大培养博士、硕士研究生数量，增加博士和硕士授予点，培养研究生的高校增加到 31 所；四是积极进行教育改革，提高教学质量，培养德智体全面发展的合格的社会主义建设人才；五是控制专业数量，调整专业科类，扩大医科类和师范类招生数量；六是调整学历层次结构，增加高级人才比例；七是加强师资、党政管理和后勤服务三支队伍建设；八是积极开展科学研究，试行科技发展基金制；九是继续加强重点学科和重点实验室建设；十是广泛开展国际学术交流，增强接受外国留学生的培养能力和扩大聘请国外长期专家的数量，增加高校教师出国进修的数量。

二、高等教育十年规划与"八五"计划

上海市高等教育局于 1990 年，根据国家计划委员会、国家教育委员会关于制订十年规划和"八五"计划的文件精神，着手制订上海高教十年规划与"八五"计划的准备工作，组织成立专门工作小组，多次与上海市各有关方面进行了商讨，并会同中共上海市教育卫生工作委员会、上海市政府教育卫生办公室召开全市高校校长、党委书记参加的制订"八五"计划工作研讨会，对上海高等教育事

业"七五"发展的情况和现状进行分析,明确制定上海高等教育十年规划和"八五"计划要以"七五"期间上海高等教育事业发展情况和现状为基础,适应上海经济建设和社会发展,尤其是浦东开发开放的需要。制定十年规划和"八五"计划的初步设想:一是必须坚持社会主义办学方向;二是根据社会的需要和国家财力的可能来考虑高等教育事业的发展;三是必须把提高质量放在首位;四是必须坚持统筹规划;五是必须坚持深化教育改革;六是必须正确把握资金投向。

同年,在国家教育委员会下达对委属重点高校开展定任务、定规模、定编制、定经费的"四定"工作意见后,上海市高等教育局组织对上海市属高校也开展"四定"工作,并在 1990 年至 1991 年先后对上海工业大学、上海工程技术大学、上海第二医科大学、上海中医学院、上海师范大学等五所学校的近期任务、发展规模、人员编制、经费分配原则达成了一致的意见,为制定十年规划与"八五"计划提供了依据。在此基础上,完成上海市普通高等教育事业发展十年规划与"八五"计划编制工作,提出 20 世纪 90 年代上海高等教育工作的主要目标和"八五"期间高等教育事业发展的基本任务、主要措施:

主要目标:高校在校生达到 14 万人左右,要有一二所全国重点高校达到世界一流大学的教学科研水平,部委高校要办成本部门一流学校或骨干学校,市属高校有 1/3 至 1/2 的二级学科要达到国内先进水平,重点投资办好 2 至 3 所市属高校,达到全国同类高校的先进水平,重点扶持一二所能起示范作用的高等专科学校,制定地方教育法规、实施细则或办法。

基本任务:稳定办学规模,控制发展速度,高校在校生保持在 12 万人~13 万人之间,在校研究生控制在 1 500 人左右;进行高等教育结构的调整,帮助学校充实调整,改善办学条件;专业点从现有 723 个调减到 650 个左右;在浦东创办一所全新体制的现代化大学,上海第二医科大学在浦东建立新校区,上海海关高等专科学校和上海旅游高等专科学校迁到浦东新区办学等;组织高校科研力量投入经济建设主战场,积极扶持和发展高校科技产业;落实 300 个实习基地;加强课程建设,建设好 100 门左右地方高校课程,加强外语和计算机教学;加强对外教育交流;选拔、培养好中青年骨干教师,造就一批年轻的学科带头人,改善教师队伍的职称、学历、年龄结构;积极开展高等教育科学研究。

主要措施:争取教育事业经费的年增长率保持"七五"的增长水平,保证必要的基建投入;采取一些向中青年骨干教师倾斜的政策,每年按专任教师数的 1% 选拔中青年骨干教师,开展中青年骨干教师破格评定高级职务工作,发给学术津贴或奖金,优先分配住房,建造博士公寓,建立学术基金;深化教育改革,开展高校综合改革试点,进行招生和毕业生分配制度改革,加强学校和社会的联系,推动教学改革;加强科学管理,提高办学效益。

为了适应建立社会主义市场经济体制的需要,实现上海建设成为国际经济、金融、贸易中心的战略目标,1993 年,在上海市高等教育局组织下,再次调整完善了上海高等教育十年规划与"八五"计划的发展目标和改革思路。

三、高等教育"九五"计划和 2010 年规划

1995 年,在党的十四届五中全会精神和"科教兴国"战略方针的指导下,上海市教育委员会组织各方力量,经过调查研究、认真测算,听取专家的咨询意见,反复论证,在制定《上海教育事业"九五"计划和 2010 年规划》基础上,制定《上海高等教育事业"九五"计划和 2010 年规划纲要》,提出上海高等教育的总体目标和各项指标,制定实现目标的主要政策措施:一是提高高等教育入学率和

全民受教育水平。到 2000 年,上海普通高校在校生总规模将达到 17 万人～18 万人,年均增长率 6％;上海高等教育在校生总体规模达到 35 万人(含成人高等教育),18～22 岁年龄人口高等教育入学率达到 30％。二是基本建成开放的、多种形式、多种层次相互衔接和沟通的完备的高等教育体系。复旦大学、上海交通大学经过若干年努力,成为亚太地区高水平的大学;上海还有若干个进入国际排名的名牌学科、专业,成为人才培养中心、学术研究中心和信息交流中心,以此为龙头带动整个上海高等教育上档次、上水平,形成具有对长江流域和华东地区集聚和辐射的能力。组建以培养应用人才为主的多科类本科大学,组建以培养工商企业第一线应用性、工艺性、管理型人才为目标的高等职业技术学校或高等专科学校。形成与开放的现代化终身教育相适应的社区教育网络。绝大部分专科学校纳入高等职业教育体系,形成包括学位教育、同属专科层次的高等职业学校教育和专科学校教育、高中后短期职业证书教育、高中后职业训练等模块式的多样化高中后教育体系。普通高等教育和成人高等教育相沟通,普通高等教育向成人开放。三是基本形成与上海城市功能和布局匹配的教育结构和布局,实现教育资源的优化配置。2000 年前后,上海将继续对普通高等学校进行调整、合并,扩大办学规模,提高办学效益。上海普通高校总数控制在 30 所左右。适应上海产业结构和人力结构高度化的发展需要,扩大与高新技术产业与科技、教育事业发展相关的研究生教育规模。集中扶持、布点瞄准 21 世纪的新型学科和高新技术专业,集中扶持、布点与上海高层次第三产业发展相吻合的学科与专业。四是基本建立与社会主义市场经济体制以及上海城市现代化体制相适应的教育管理体制和运行机制。基本形成高等教育由市政府统筹统管、中央部委积极参与、具有国际大都市特点的高等教育新体制,强化上海高等教育集聚和扩散功能。基本形成"以市场需求为导向,社会机构为中介,政府宏观调控,高校自主办学"的新的运行机制。五是切实推进高等教育的国际化进程,加强与各国、尤其是加强与亚太国家与地区的合作与交流。

四、教育"十五"计划和 2015 年规划

2000 年,遵照中共上海市委和上海市人民政府的指示精神,上海市教育委员会在认真调查研究和科学预测的基础上,明确制定上海教育的"十五"计划和 2015 年规划要从城市综合优势出发,围绕增强上海城市的国际综合竞争力,提高大都市综合服务功能,构筑教育和人才高地进行编制。当年底,完成《上海教育事业"十五"计划和 2015 年规划纲要》编制工作,并上报教育部和上海市计划委员会。该《规划纲要》确定了"十五"期间上海教育发展的总体目标与主要任务和重点项目。

总体目标:一是 2015 年远景目标。上海要建立和完善素质教育运行机制,教育的总体水平达到或接近世界发达国家的教育水准。其中:高等教育毛入学率达到 60％以上;教育对上海全面发展的贡献率有较大提高,并为上海科技进步、经济增长作出突出贡献。同时,上海教育对国内、国外形成强大的辐射功能,成为国际性的教育和人才高地。二是 2005 年发展目标。至 2005 年,上海教育的总体水平,将适度超前于经济发展水平,即以较快的速度赶超世界上中等发达国家教育水准,并在若干领域内达到发达国家的教育水准。基本建成开放的、各级各类教育结构合理、相互衔接和沟通的现代终身教育体系;基本建成与国际大都市相匹配的教育设施与实施素质教育模式;基本建成服务全国、面向世界的全国教育中心之一,逐步形成与上海经济地位相匹配的教育高地;基本建成符合社会主义初级阶段特征的、适应社会主义市场经济、遵循教育规律的教育体制、运行机制和投资体系。

主要任务:"十五"期间,普通全日制高校在校生规模有较大发展,总规模达到 40 万人以上(其

中研究生 8 万左右、本科生 22 万人以上,高职高专生 10 万人以上);拓宽高等教育渠道,扩大招生规模。普通高校在沪招收本专科学生每年达到 8 万人～9 万人。改革考试评价和招生选拔制度。加强对大学毕业生的就业指导;重点建设好一批高等学校,形成若干个现代化的具有规模效益的大学城和大学园区。抓好高校教学质量,提高本科生以上学生的研究能力。通过上海市人民政府与教育部重点"共建",将复旦大学、上海交通大学等若干所高校建成具有国际先进、国内一流水平的大学。加强高校重点学科建设,重点造就一批新的学科带头人,建成一批特色学科,使其达到并保持国内一流或国际先进水平;加快研究生教育改革和发展,使研究生规模和质量上一个新台阶;全面推进高校生活服务、科研辅助、校园管理等后勤服务社会化。加快高新技术产业化进程。规范、有序发展民办高校,支持和鼓励名牌大学创办相对独立的多元投资的二级学院。

重点项目:一是"高校重点学科建设工程"。建设一批具有国家先进水平的优势、特色学科,一批重点学科进入全国一流或达到国际先进水平,使复旦大学、上海交通大学等若干所高校的办学整体水平接近国际先进、国内一流。二是"教师队伍继续教育、培训工程"。对全市 1 万名高校教师分期分批进行再一次的继续教育、培训,培训的重点是师德、信息技术应用能力、双语教育能力、自身的中国文化基础和法治意识。三是"大学园区建设工程"。建设若干个大学园区,旨在深化高校投资、体制、机制"三位一体"的改革,促进师资、信息、资料、设施等教育资源共享,推进高校后勤社会化,同时促进学科交叉,开发新学科,推进产学研一体化。

五、教育"十一五"规划

2007 年,在上海市人民政府的领导下,由上海市教育委员会牵头,上海市发展和改革委员会、上海市科学技术委员会、上海市人事局、上海市劳动保障局、上海市经济委员会、上海市城市规划局、上海市财政局、上海市房地资源局、上海市合作交流办公室、上海市社团管理局等部门参与,开展编制《上海教育事业发展"十一五"规划纲要》(以下简称《规划》)工作。上海市教育委员会在编制过程中进行系列专题调研活动,多次召开相关座谈会,听取专家学者、委办局等多方意见,定期向上海市人大、上海市人民政府汇报编制情况,并借助"上海教育"网站等媒体平台,向广大市民征求意见。根据中共上海市委、上海市人民政府领导指示及各方面意见建议,多次对《规划》文本进行调整和修改。经专家组论证,上海市人民政府第 146 次常务会议、中共上海市委常委会第 6 次会议审议通过,上海市人民政府于 2007 年 8 月颁发《上海教育事业发展"十一五"规划纲要》。《规划》贯彻《国家教育事业发展"十一五"规划纲要》的总体精神,体现《上海市国民经济和社会发展第十一个五年规划纲要》对科教兴市战略和加快建设"四个中心"的要求,并明确"十一五"期间上海教育发展的指导思想、发展目标和发展战略,提出"十一五"期间推进上海教育的改革任务。其中有关高等教育发展的主要内容和指标是:

高等教育发展的主要目标、任务和举措:"十一五"时期,上海高等教育的战略定位是"形成综合性大学与特色大学分工定位清晰,办学层次齐全,学科结构合理,和谐协调发展的高等教育体系",改革重点从高校布局结构调整转向学科布局结构的调整和优化,主要目标和任务是"把握高等教育发展节奏,提高高等教育质量。在稳定高等教育发展规模的同时,把高等教育发展的重点放在提高质量和优化结构上,走创新型、开放型、特色型内涵发展之路"。继续配合教育部实施"211 工程"建设和"985 工程"二期建设,提升上海各类高校的综合竞争实力,努力培育若干所高水平大学,建设一批具有若干个全国一流学科的特色院校。一是增强高校自主创新能力。以自主创新,培养创新型人才为重点,推动学科建设。培养学生的创新能力、实践能力、创业能力和就业能力。加强产学研合作,推动三区联动。提高高等学校参与创新型国家建设和服务上海、服务全国经济社会发展的能力。二是实施四个计划,即:高校建设后续工作计划、高校创新能力建设计划、教学质量与教学改革工程计划、研究生教育创新计划。继续完成"十五"规划确定的上海市高校布局结构调整建设计划,重点加快推进上海音乐学院、上海理工大学、上海海事大学、上海水产大学、上海电力学院、上海应用技术学院等院校拓展建设进程。同时结合"十一五"规划内涵建设的要求,重点支持一批实验、实训和研究基地的硬件设施建设。

高等教育相关的重要指标:2010年,高等教育在校生规模将达到约90万人。按照教育部的要求,"十一五"期间高等教育招生规模的增幅按年度将分别维持在5%、5%、4%、4%、3%。同时,要增强在沪部属高校为全国服务的能力,支持在沪部属高校适度增加外地生源的录取比例,发挥上海高等教育向全国辐射的能力。"十一五"期间,上海积极开展教育国际交流与合作,增强上海教育的国际竞争力,特别强调扩大国际学生的规模和提高国际学生层次,增强上海教育面向外籍学生的接纳能力。到2010年,在沪学习的外国留学生达6万人,其中就读本科的占30%。

"十一五"规划与"十五"规划相比发生"五个转变":一是指导思想由注重外延发展和规模扩张向注重内涵建设转变;二是发展目标由从赶超中等发达国家教育水准向率先基本实现教育现代化转变;三是发展理念由强调基础设施建设摆在重要位置向科学均衡发展转变;四是主要任务由提供更多的学习机会向提供优质教育公共服务转变;五是工作举措由开展重点项目工程建设向项目工程与规划任务相结合转变。

2007年,根据教育部《关于编制省级〈高等学校设置"十一五"规划〉的通知》以及《教育部关于"十一五"期间普通高等学校设置工作的意见》的精神,上海市教育委员会编制《上海市高等学校设置"十一五"规划》,由上海市人民政府办公厅报送教育部,作为上海市"十一五"期间高校设置的依据和指导。

六、中长期教育改革和发展规划

根据国务院关于上海市先行一步制定地方《中长期教育改革和发展规划纲要》的要求,上海于2008年10月起启动《上海市中长期教育改革和发展规划纲要》(以下简称《规划纲要》)的调研起草工作。上海市人民政府召开《上海市中长期教育改革和发展规划纲要》起草工作会议,部署《规划纲要》的调研起草工作。副市长沈晓明出席会议并作讲话。按照上海市领导的具体要求,中共上海市教育卫生工作委员会、上海市教育委员会提出《规划纲要》调研起草工作方案。10月27日,上海市人民政府常委会讨论工作方案,市长韩正对调研起草工作提出具体要求。10月31日,中共上海市委常委会讨论《规划纲要》调研起草工作方案,中共上海市委书记俞正声作指示。上海市领导殷一璀、沈晓明组织《规划纲要》中重大问题的专题研究。中共上海市教育卫生工作委员会、上海市教育委员会召开《规划纲要》调研起草工作通报会,向部分上海市人大代表、上海市政协委员、各民主党派和工商联领导通报上海开展教育改革和发展中长期规划编制工作的情况,并听取代表、委员们的意见和建议。同时,中共上海市教育卫生工作委员会和上海市教育委员会领导带队赴高校、中小学、职业学校等实地调研20多次,召开院士专家、高校学者、企业负责人等各类座谈会8次,听取意见建议300多人次。为聚焦上海教育改革发展的若干重大战略和关键问题,中共上海市教育卫生工作委员会、上海市教育委员会确定11项重大战略和40个专题进行集中研究,并在全市动员大会上发布《关于向全社会公开招标〈上海市中长期教育改革和发展规划纲要〉研究专项课题的公告》，以及《〈上海市中长期教育改革和发展规划纲要〉社会公开招标课题专项指南》，以期动员教育界和经济、社会、科技、文化等相关各界专家与学者的力量，进行深入有针对性的研究，解决教育中长期改革和发展中若干重大理论与实践问题。此外，还尝试平行研究起草《规划纲要》，由上海社会科学院、华东师范大学和教育主管部门3家独立研究起草《规划纲要》草案文本。

2009年6月18日，国务委员刘延东在9省市《规划纲要》制定工作座谈会上，对上海《规划纲要》编制工作予以充分肯定。7月初至10月初的修改完善阶段，中共上海市委书记俞正声主持专题会议，听取《规划纲要》编制工作汇报，审议《规划纲要》初稿。10月中旬至年底形成征求意见稿阶段，上海市《规划纲要》领导小组审议并原则通过《规划纲要》讨论稿。会后对讨论稿进行修改完善，形成征求意见稿。2009年底，《上海市中长期教育改革和发展规划纲要》编制工作基本完成。

2010年9月，中共上海市委、上海市人民政府召开上海市教育工作会议，颁布《上海市中长期教育改革和发展规划纲要(2010—2020年)》。《规划纲要》明确提出上海教育事业中长期改革发展的指导方针、目标任务、重大战略和政策措施。为探索构建具有中国特色社会主义、与上海国际化大都市地位相匹配、满足人民群众未来教育需求的现代教育体系，实现上海教育未来发展提供了科学纲领和行动指南。

七、高等教育"十二五"规划

2010年，上海市教育委员会成立《上海市"十二五"教育改革和发展规划》编制工作小组。4月，上海市教育委员会召开会议，启动总规划和高等教育相关的9个专项规划的编制工作。8月，《上海市"十二五"教育改革和发展规划》提纲经上海市人民政府、上海市人大审议确定。在此基础上拟订征求意见书面稿，经广泛征求，至年底，形成《上海市"十二五"教育改革和发展规划》修订稿。同期围绕"十二五"期间上海高等教育发展的重大问题组织专题研究，召开全市高校"十二五"规划编制工作会议，广泛开展调查研究，按照《国家中长期教育改革和发展规划纲要(2010—2020年)》《上海市国民经济和社会发展第十二个五年规划纲要》《上海市中长期教育改革和发展规划纲要(2010—2020年)》和《上海市教育改革和发展"十二五"规划》的要求，制定《上海市高等教育改革和发展"十二五"规划》，并于2012年由上海市教育委员会颁发。该规划的主要目标和任务是：

总体目标：高等教育质量和内涵建设水平明显提高，学科专业布局结构更加优化，高校教师队伍整体素质稳步提高，为推动以培养模式改革、管理方式改革、协同创新改革、办学体制改革为主的高等教育发展方式转变奠定基础。

具体目标：一是初步形成功能明晰、特色鲜明、多样开放的院校分类发展体系，引导高校合理定位、办出特色、办出水平；二是建设若干所世界一流大学，若干个特色学科专业率先进入世界一流行列，建设一批高水平大学和特色院校，建设一批示范性高职高专院校和若干所示范性民办高校；三是逐步完善与经济社会发展相适应的、符合人的终身发展需求的创新人才培养体系；四是构建形成集人才培养、学科建设和科学研究为一体的协同创新体系；五是加快建设师德高尚、能力卓越、富有活力的教师专业发展体系；六是加速推进符合国际化大都市建设需求、符合国际化人才培养要求的国际教育交流体系；七是探索形成管、办、评相分离的高等教育公共治理体系。

重点任务：一是优化高等教育内涵建设布局；二是推动创新人才培养模式改革；三是提升知识创新与知识服务能力；四是提高高校教师专业发展能力；五是增强高等教育国际竞争力；六是健全

分类管理的运行机制。

第二节　战略规划实施

1977 年,上海 16 所本科院校中仅有 2 所为市属高校,在当时计划经济体制下全市所需专门人才多数靠市属高校提供。通过实施《上海市普通高等教育"七五"规划纲要》,上海加快市属高校的发展,以适应上海地方对人才的需求。到 1983 年,上海市属高校发展到 21 所,在校学生数 31 255人,占全市高校在校学生数的 38.7%。由于多数市属学校刚刚恢复或是新建,办学条件差,师资数量不足,水平不高,基建投资少。为了办好一批具有地方特色的市属高校和重点学科专业,经上海市高等教育局向中共上海市委和上海市人民政府提出报告和建议,采取增加事业费和外汇拨款、添置设备和图书、增加基建投资和设立专项经费资助上海市属高校重点专业或骨干教师出国进修等多项措施,共投入建设费近 7 亿元,使市属高校办学条件和教学水平得到明显提高。从 1985 年起,上海市财政每年拨款 1 000 万元,作为上海市属高校重点学科建设专项经费。1989 年上海市高等教育局制定并下达《关于进一步做好市属高校重点学科建设的若干意见》《上海市属高校重点学科建设管理办法》两个文件。为进一步改善上海市属高校的办学条件,提高人才培养质量,增强科学研究能力,上海市人民政府决定在上海市属高校首批重点学科建设基础上,自 1990 年起再投资5 000 万元,"八五"期间继续建设一批重点学科。从 1985 年起,经过 10 年两批的重点学科建设,市属高等学校在学科发展、人才培养、梯队建设等方面出现质的飞跃,为地方高校争取进入国家"211工程"打下坚实基础。

"七五"后期,由于社会对高校毕业生需求呈现下降趋势。1988 年下半年起,上海市高等教育局对"七五"规划逐步作调整,将原定 1990 年在校生规模减为 14 万人~14.5 万人,同时还对高校布局和专业设置重复过多、效益不高等问题进行研究和调整。

"八五"期间,针对上海高校条块分割突出,高校数量过多,规模过小,办学效益不高;专业设置偏重理工,发展目标趋同,不能适应上海产业结构调整和城市功能重塑等问题,上海高等教育加快改革和发展步伐。1994 年开始,对高校的教育结构进行重大调整:一是积极探索上海与中央部委高校共建。二是以"211 工程"为契机,实行联合办学,经国家教育委员会、上海市人民政府批准由四所高校合并组建新的上海大学。三是妥善做好中央部委高校的下放工作。上海高校由 50 所调整到 40 所左右,逐步形成布局结构合理,规模效益好,教育质量高,且与上海产业结构、城市功能相适应的高等教育体系。

1994 年 9 月,中共上海市委、上海市人民政府召开上海市教育工作会议,决定在今后 5 年内,筹措 30—50 亿元资金,重点建设"211"工程、紧缺人才培养与培训工程、"三重"工程、中青年骨干教师培养工程等八大教育工程。同年,上海第一所民办普通高校——上海杉达学院经国家教育委员会正式批准成立;在国际合作办学方面,与欧共体合作筹建中欧工商管理学院得到了国家教育委员会的同意。通过加快高校专业更新和改造,建立一批适应第三产业和高新技术、边缘学科的新专业,其中市属高校新增此类本科专业 25 个。招生制度改革方面,上海有 8 所在沪高校,进行自主招生改革的试点。从 1995 年起,上海地方高校招生实行收费生与公费生并轨,高校与职业学校将按专业性质、培养成本和毕业后的回报率收取不同的学费。教育教学改革方面,全面试行学分制的改革被提到高校教学改革的重要位置,全市有近 10 所高校在新生中试行学分制。

1995 年,上海市教育委员会召开上海普通高校教学工作会议,会议明确"九五"期间上海高校教学工作的总体思路和发展目标,抓好一批教学工作的示范性工程,集中必要的财力、物力和人力对重点项目和薄弱环节进行重点建设。决定增加经费投入,设立研究生教育发展基金2 000万元,用于全面提高研究生教育水平的各类项目;设立上海高校课程教材改革基金1 000万元,用于上海高校面向21世纪的重点教材和课程体系改革项目建设。建立优秀教学工作奖励制度,设立奖励基金50万元,用于高校教学工作的评优。增加市属高校教学专项经费,用于高校教学基础建设,扶植高校的优秀教学改革项目。

"九五"期间,上海有12所高校进入"211工程"重点建设行列。除部队院校外的11所高校的在校生数占全市高校在校生数的58%,研究生数占全市总数的90%,专任教师数占全市总数的54%,正教授数占全市总数的78%,所设专业点是全市专业点总数的54%。中共上海市委、市人民政府十分重视"211工程"建设,对进入"211工程"的部属高校,列为上海市人民政府共建高校,每年提供上海出台政策的补贴。上海在推进"211工程"、"985工程"和重点学科等重大建设项目的同时,逐步加大高校空间布局调整力度。2000年6月,以启动松江大学园区建设为标志,上海高校空间布局结构调整和新校区建设全面启动。上海根据教育发展规划,结合城市布局调整和功能提升,大规模推进高校布局结构调整和新校区建设,加强一流高校和高水平特色大学建设,探索大学校区、科技园区和城区三区联动发展机制,将高校布局与城市功能、产业结构、社区建设实现联动发展,使校区外延式拓展与内涵发展更紧密结合。2000年底,全市普通高校从1995年的45所调整为37所(其中民办3所);高等教育的毛入学率达到38.8%。教育资源的配置趋于优化,办学规模不断扩大,质量和效益得到了提高。上海高等教育基本形成中央和市两级管理、分工负责,在国家宏观政策指导下,以上海市人民政府统筹为主的条块有机结合的管理机制。高等管理体制和高校后勤社会化改革等在全国产生了较大影响。

"十五"期间,上海市教育委员会结合实施上海教育事业发展"十五"规划,遵照高校布局与产业发展、城市建设相结合,与城市总体规划相衔接等原则,就"十五"期间上海市高校布局结构调整问题,进行专题调研和分析论证。2002年,制定《"十五"期间上海高校布局调整规划》,启动实施新一轮上海高校布局结构调整,进一步改善高校办学条件,扩大高等教育办学规模,完善和优化高等教育层次结构,做精做强重点高校和特色高校,使上海高校形成"2+2+X"的新布局,实现高等教育的更大改革和创新发展,为上海经济发展和社会进步提供强有力的人力资源保障。同年9月,在上海市高校党政负责干部大会上,中共上海市教育工作委员会提出,今后一个时期,要着力抓好三件重中之重的大事:一是高校布局结构的新一轮调整;二是准备实施教育综合改革试验;三是改革教育投融资体制。

2004年,经上海市人民政府批准,"十五"期间上海市教育委员会会同上海市人民政府相关职能部门对高校布局结构制定"2+2+X"规划方案。第一个"2"是以建设复旦大学为中心的杨浦知识创新区和以上海交通大学为中心的闵行紫竹科教园区;第二个"2"为建设上海松江大学园区和南汇科教园区;"X"为建设一批与产业联系密切、依托产业发展的高水平特色高校,形成产学研一体化的格局。2005年,中共上海市委、上海市人民政府决定在奉贤区和临港新城再建两个大学园区,布局结构拓展为"2+2+2+X"。奉贤大学园区及配套社区约10平方公里,有华东理工大学、上海师范大学、上海应用技术学院和上海商学院等高校进入;临港新城科教创新园区,有上海水产大学、上海海事大学、上海电机学院等高校进入。

随着华东理工大学、上海应用技术学院奉贤校区等相继投入使用,上海海洋大学、上海海事大学整体搬迁至临港校区,上海高校布局结构调整的主要任务基本完成。为上海高等教育的长远发展奠定了良好的硬件基础,融入经济和社会发展创造了良好的条件,通过投融资体制改革,解决巨额建设经费融资难题,形成了"三区联动"新机制,大学校区、科技园区、城区"三区融合、联动发展",走出一条大学带动城区发展、城区参与大学发展的新路。

进入"十一五"后,根据中共上海市委、市人民政府关于以学科布局结构调整为重点,进行新一轮高校布局结构调整的精神,上海市教育委员会提出"走内涵发展的道路"工作方针,以推进上海高校学科专业建设和结构优化调整为中心,推进高等教育内涵发展。2007年,上海市教育委员会提出学科专业建设和结构优化调整的"扶需、扶特、扶强"的工作思路,以高校的定位规划作为切入点,启动学科专业建设与结构优化调整工作。2008年,选取上海师范大学、上海海洋大学和上海理工大学作为试点。在此基础上,逐步全面开展学科专业建设和结构优化调整的相关工作。为推进该项工作的深入开展,上海市人民政府决定成立"上海高校发展定位规划和学科专业布局结构优化调整工作"领导小组及工作组。

通过"十一五"期间的改革和建设,上海高等教育取得新的发展和突破。一是普及化水平进一步提高,2010年,上海高等教育在校生总规模为97.76万人。其中,本专科生和研究生在校生分别为51.57万人和11.17万人(其中在普通高校的研究生在校生为10.57万人),分别比2005年增长了16.5%和41.9%。二是高校办学条件整体得到提升,高校形态布局调整基本完成。2010年,上海高校占地面积和校舍建筑面积,分别比2005年增加11.9%和19.3%。新增奉贤和临港新城两个大学园区,形成了与全市生产力布局相呼应的"2+2+2+X"的高校形态布局。在此基础上,上海率先推进以高校发展定位规划和学科专业结构优化调整为主要抓手的高等教育内涵建设工程("085工程")。三是上海高等教育率先提出追求卓越教育的目标,积极创新人才培养模式,教学和人才培养质量整体水平明显提升。至2010年,建成国家级特色专业181个,国家级精品课程230门,国家级实验教学示范中心30个,上海市级精品课程840门、本科教学高地210个、实验教学示范中心65个,批准35家单位为"上海研究生联合培养基地",设立各类研究生教育创新计划314项。四是知识创新和服务能力得到有效提升。"十一五"期间,高校成为上海知识创新的主力军,科研水平明显提升。吴孟超、谷超豪、王振义先后获国家最高科技奖。累计获专利申请28 677项,获专利授权13 595项;SCI论文收录41 781篇,EI论文收录35 866篇,ISTP论文收录18 817篇。五是上海高校教师队伍初步形成开放和有序流动的良性格局,高层次人才队伍竞争力较快提升。到2010年底,高校在职在编人员中拥有两院院士80人,国家"百千万工程"人选166人,教育部"长江学者"150人,国家"杰出青年"212人,全国"高校教学名师"30人,上海"领军人才"172人;六是中外合作办学呈现多样化发展趋势,既有独立的设置机构,又有普通高校的二级学院,还有针对某些专业、学科和课程合作举办的项目。同期来华外国留学生中学历生数从6 310人增至13 150人。

根据《上海市高等教育改革和发展"十二五"规划》,自2010年起,上海设立行业高校提升计划,加大政府对行业企业举办高职院校的支持力度。行业高校提升计划的主要内容:一是专业实训基地建设;二是专业师资队伍建设;三是推动重点专业人才培养模式改革;四是开展专业技术服务等。当年,共计投入8 500万元,打造有利于行业高校发挥优势、彰显特色的政策环境和运行机制,推进上海行业高校的内涵发展,提升行业高校的整体水平和综合实力。同时启动教育"十大工程"项目论证工作,"十二五"期间计划投入140亿元,2010年先期投入10亿元,用于先期启动部分亟须项目。

2010年,上海市人民政府与教育部签订《教育部上海市人民政府共建国家教育综合改革试验区战略合作协议》,深化部市共建,建设国家教育综合改革试验区。确定双方在探索教育公共管理新体制和新机制等七个领域加强合作；根据国家教育体制改革领导小组办公室《关于报送国家教育体制改革试点项目实施方案的通知》，申报启动国家教育体制改革试点项目。

第三节 教育重大工程

一、"211 工程"

"211 工程"是面向 21 世纪，重点建设 100 所左右的高等学校和一批重点学科的国家重点建设项目。自 1995 年正式列入国家国民经济和社会发展第九个五年计划后开始实施。

1994 年 10 月，卫生部"211 工程"部门评审委员会专家组进驻上海医科大学，经过评审，同意上海医科大学列入国家"211 工程"建设项目。该校成为上海地区由国家教育委员会批准同意开展"211 工程"建设项目部门预审的第一所大学。12 月，由国家教育委员会组织的复旦大学、上海交通大学申请进入"211 工程"部门预审分别顺利结束，专家组同意学校的总体规划报告，建议国家教育委员会通过两所学校部门申请进入"211 工程"的部门预审。

1995 年，中国纺织大学、同济大学分别通过"211 工程"部门预审。1996 年，又有上海财经大学、华东师范大学、上海第二军医大学、华东理工学、上海外国语大学、上海第二医科大学和上海大学 7 所高校顺利完成"211 工程"的预审工作。至此，上海共有 12 所高校进入了"211 工程"重点建设的行列。

1997 年，上海高校"211 工程"建设的主要目标是对通过部门预审的高校进行"211 工程"建设可行性研究报告的论证和立项审核工作。在各校首先完成"211 工程"建设可行性研究报告编制工作的基础上，各校主管部门相继组织专家论证和立项审核，确定重点学科建设项目和相应的大型、贵重、精密仪器购置计划。根据国家计划委员会、国家教育委员会、财政部颁发的《"211 工程"总体建设规划》要求和"211 工程"部际协调小组办公室的统一部署和委托，1996 年 8 月，由国家教育委员会直属高校工作办公室和上海市教育委员会共同组织的专家组，通过《上海交通大学"211 工程"建设项目可行性研究报告》的专家论证及审核。随后，又通过《复旦大学"211 工程"建设项目可行性研究报告》的专家论证及审核。1997 年，上海财经大学、中国纺织大学、上海医科大学、上海大学等高校《"211 工程"建设项目可行性研究报告》相继通过专家论证及审核。

1998 年，复旦大学、上海交通大学、同济大学、上海医科大学、中国纺织大学、上海财经大学等高校经国家计划委员会批准立项后，全面进入"211 工程"项目的投资建设阶段。"211 工程"项目建设实行项目法人责任制。根据国家"211 工程"部际协调小组颁发的《211 工程建设实施管理暂行办法》，各高校为加强对"211 工程"建设项目的领导，健全管理组织、制定管理办法、建立管理制度。

根据国家"211 工程"部际协调小组颁发的《关于对有关高等学校开展"211 工程"中期检查工作的通知》要求，复旦大学和上海交通大学通过中期检查，总结经验，发现问题，找出原因，采取措施，为第二期"211 工程"建设做好准备，也为其他高校的"211 工程"项目建设提供宝贵的经验。1998 年，上海市教育委员会同上海大学和上海第二医科大学投入 6 000 万元，使两所地方高校在向国家计划委员会申报立项的同时，开始"211"工程的重点学科建设。

"九五"期间，上海市 12 所"211 工程"建设高校计划投入约 18 亿元。其中约一半以上的经费用于 88 个重点学科的建设。这些学校针对国内外先进水平，发挥各自的优势和特色，努力和上海的建设相结合，尽量和其他高校"211 工程"建设项目有所互补而不重复。上海市人民政府把"211 工程"列为八大教育工程之一,采取了有关措施和配套政策予以支持:一是"211工程"建设高校列为1997年上海高校招生第一批录取学校,确保优良的生源;二是"211工程"建设的9所部委高校列为共建高校,给予上海出台政策的补贴;三是落实向复旦大学和上海交通大学各提供1.2亿元的"211工程"建设专项经费;四是向上海大学和上海第二医科大学两所地方高校的"211工程"建设各投入3亿元的建设经费,与此同时上海大学新校园启动建设。

2001年5月,在国家计划委员会领导下和"211工程"部际协调小组办公室部署下,受教育部委托,专家组对复旦大学"211工程""九五"建设项目进行整体验收,通过实地考察和评议,认为复旦大学通过"211工程"建设,在学科建设、人才培养、科学研究、成果转化、队伍建设以及改善办学条件等方面取得显著进步,全面高质量完成国家下达的项目建设计划。6月,教育部组织的专家组分别对上海交通大学、华东师范大学、上海外国语大学、上海财经大学、同济大学、华东理工大学、东华大学(原中国纺织大学)等高校"211工程""九五"建设项目进行整体验收,专家组对各校取得的成绩表示充分肯定,并对部分标志性成果给予高度评价。

"十五"期间,国家启动"211工程"二期建设项目,上海有10所普通高校列入二期建设计划,其中教育部所属8所(复旦大学、上海交通大学、同济大学、华东师范大学、华东理工大学、上海财经大学、上海外国语大学、东华大学),地方高校2所(上海大学、上海第二医科大学)。中央投入专项资金5.95亿元,主要用于重点学科和公共服务体系建设。中共上海市委、上海市人民政府十分重视并积极支持"211工程"二期建设,上海市财政共落实"211工程"二期建设配套建设资金10.35亿元。其中,对8所共建的部属"211工程"高校,按学校经费总量法定增长以外的增量部分以1:1的原则予以配套支持5.35亿元,对2所地方"211高校"投入5亿元的专项资金用于"211工程"项目建设。根据高等教育投融资体制改革的要求,上海"十五"期间"211工程"建设资金投入方式改拨款为投资,通过上海申教投资公司以项目投资的方式投入。

在各相关部门和学校的共同努力下,上海高校的"211工程"二期建设取得的成效主要有:学校的人才培养能力得到较大提高,学科建设取得重大成效,少数学科达到或接近国际先进水平;学校的创新能力稳步提高,产生了一批标志性成果,提高了上海高等教育的国际影响力,形成了一批适应上海经济和社会发展需要的成果。

2008年,教育部、国家发展和改革委员会和财政部共同启动了2007—2011年的"211工程"三期建设工作。主要建设内容包括重点学科建设、创新人才培养和队伍建设、高等教育公共服务体系建设等3项。其中核心是重点学科建设。上海市市长韩正、副市长沈晓明先后三次听取上海市高校"211工程"三期建设有关情况的汇报,经上海市人民政府常务会议审议同意,启动"211工程"三期建设。上海市教育委员会会同上海市发展和改革委员会、上海市财政局进行多次专题研究,出台《"211工程"地方配套资金重点学科建设项目申请指南》,制定《关于上海"211工程"地方配套资金的管理办法》。上海共有10所高校列入国家"211工程"三期建设计划,其中普通高校9所,军队院校1所。分别是:部属院校复旦大学、上海交通大学(含"上海交通大学医学院")、同济大学、华东师范大学、华东理工大学、上海外国语大学、东华大学、上海财经大学;市属院校上海大学,以及军队院校第二军医大学。当年,8所部属普通高校"211工程"三期项目可行性研究报告获教育部批准,上海大学"211工程"三期可行性研究报告经上海市发展和改革委员会批准。

"十一五"期间,中央下达给上海9所"211"高校的建设资金计划总数与二期建设相比增长了近50%。2009年3月,上海市人民政府召开"上海市高校'211工程'三期建设项目情况"专题会议。上海市教育委员会等下发《关于加强上海高校"211工程"三期项目建设若干意见的通知》等5个文件,组织专家组召开"211工程"地方财政资金建设项目评审会,对上海9所"211工程"高校的166个服务地方经济和社会发展项目进行评审。上海市人民政府召开上海高校"211工程"三期建设工作推进会,介绍了上海高校"211工程"二期建设的总体情况和三期建设的基本思路。

二、"985工程"

1998年5月4日,中共中央总书记、国家主席江泽民在庆祝北京大学建校一百周年大会上宣布:"为了实现现代化,中国要有若干所具有世界先进水平的一流大学"。为此,教育部决定在实施《面向21世纪教育振兴行动计划》中,重点支持北京大学、清华大学等部分高等学校创建世界一流大学和高水平大学,并命名为"985工程"。1999年7月,复旦大学、上海交通大学、同济大学入选"985工程"高校;2006年华东师范大学入选"985工程"高校。

2008年7月,上海市"211工程"协调小组组成考察组对复旦大学、上海交通大学、同济大学、华东师范大学4所高校进行"985工程"二期建设项目绩效进行中期检查。为推进"985工程"二期建设,加强对地方投入资金的绩效考核,2009年4月,上海市教育委员会等下发《关于开展"985工程"二期建设绩效考察工作的通知》。11月,上海市教育委员会会同上海市发展和改革委员会、市财政局联合开展"985工程"二期建设的考察工作,组织专家组,围绕机制创新、队伍建设、平台建设、条件支撑、国际交流与合作五个方面,先后对复旦大学、同济大学、华东师范大学、上海交通大学开展"985工程"二期建设绩效考察工作。考察组认为,上海高校"985工程"二期建设实现了预期目标,整体办学水平明显提高,取得一大批具有突破意义、标志性价值的成果,在体制机制创新、科学研究、人才和创新团队培养、国际化办学和学科布局方面成效显著。上海市"211工程"协调小组办公室在专家意见的基础上,向上海市人民政府上报《上海高校"985工程"二期建设项目绩效考察情况专报》。

2010年,上海市教育委员会、上海市发展和改革委员会、上海市财政局召开会议听取"985工程"高校对上海推进新一轮"985工程"建设整体思路的意见和建议,启动新一轮"985工程"建设。根据新一轮"985工程"建设和高校管理体制及运行机制的改革特点,研究形成了包含地方财政资金的数额和使用途径、项目的管理和审核原则及办法、相关部门的任务分工等一系列指导性意见。

三、上海高等教育内涵建设工程("085"工程)

进入21世纪后,在中共上海市委、上海市人民政府的领导和支持下,上海高校的办学条件得到极大改善,综合实力有较大提升,上海高等教育事业实现历史性的跨越。在着力推进"四个率先",建设"四个中心"国际化大都市进程中,上海高等教育发展进入以内涵建设为主的战略机遇期。2008年,上海市教育委员会组织高校在新的历史起点上,研究制定2008—2020年学校发展定位规划,确定发展目标,明确建设任务,根据"扶需、扶特、扶强"原则,理清学校近期重点建设的学科与专业。在此基础上,上海市教育委员会决定实施"上海高等教育内涵建设工程"(以此项工作启动于2008年5月命名为"085"工程),以促进上海高等教育实现新的历史性跨越。

2008年,上海市教育委员会制定"085工程"14个文件,其中包括2008—2020年定位规划、项目申报办法、实施方案、第二类项目建设先行先试办法4个管理性文件及10个"085工程"项目建设文件。明确指导思想和建设目标,提出启动实施高等教育内涵建设综合建设工程、人才培养工程、知识创新工程、师资队伍建设工程和国际交流与合作工程等五大工程。该五大工程由 15 项计划构成，每项建设计划由若干建设项目组成，依据遴选标准和组织实施的特性，将建设项目分成三大类。第一类项目是以国家项目的建设要求为依据，以国家项目的遴选标准为标准，由上海市教育委员会组织统一遴选后，或经统一遴选并进行重点培育后，上报参与国家层面的竞争和建设；第二类项目是以学校发展定位规划中"扶需、扶特、扶强"原则确定的重点建设学科专业为基础，由学校内部统一遴选并组织实施，报上海市教育委员会认定后备案；第三类项目是上海市级层面的一般项目，由上海市教育委员会按分类指导原则在同类学校之间进行比较、遴选。

2008 年，"085 工程"选择上海师范大学、上海理工大学、上海海洋大学等高校开展先行试点工作，在此基础上逐步全面开展。各校在前期"085 工程"发展定位工作的基础上，根据"扶需、扶特、扶强"的原则，"需特"结合、"需强"结合，围绕上海经济社会发展需求、结合学校的基础特色、优势和发展目标，聚焦重点，制定"十二五"内涵建设规划，包括重点学科专业、知识服务平台、教师专业能力、国际化平台、公共服务平台等建设内容。有关高校共制定了 21 个内涵建设规划，聚焦 180 个内涵建设项目。通过上海市教育委员会初审、专家会评、学校答辩三个环节，开展评审工作。截至2011 年底，共启动 21 个高校的 140 多个建设项目。

第五章　教育综合改革试验

为推进教育的全面发展,本着"先行先试",为国家教育改革作出更大贡献的精神,上海于 20 世纪 90 年代开始率先开展教育综合改革探索。随着综合改革涉入更深层次的管理体制改革,上海市向教育部提出实施教育综合改革试验的请示报告,得到了教育部及国家发展计划委员会和财政部等有关部委的积极支持。2003 年,经教育部授权,上海正式进入一轮教育综合改革试验,在促进教育与社会、经济的结合、促进教育体制与机制创新、促进上海教育整体水平提高等方面取得初步成效。2010 年,教育部和上海市签署共建国家教育综合改革试验区战略合作协议,上海启动实施新一轮教育综合改革试验。

第一节　前　期　探　索

1979 年后,上海在高等教育办学体制、管理体制和高校教育教学等方面开展一系列的改革,取得多项突破和创新,为率先在国内开展教育综合改革试验奠定理论和实践基础。

为了推进上海高校改革的深入和健康发展,提高教育质量和办学效益。1995 年,中共上海市教育卫生工作委员会、上海市教育委员会对同济大学、华东师范大学、中国纺织大学、上海财经大学、上海水产大学、上海大学、上海铁道大学、上海中医药大学、上海冶金高等专科学校、上海石油化工高等专科学校 10 所高校进行综合改革调查。1996—1997 年,上海市教育委员会就"面向 21 世纪的课程教材建设和学科建设""教师队伍建设""加快产学研结合"和"深化校内管理改革""加快后勤改革社会化进程"等专题,到复旦大学、上海交通大学等 21 所不同类型的高校进行重点调研,先后召开 52 个座谈会,对 1 000 多位中级以上职称的教师、科级以上干部和学生开展问卷调查、征询,集中听取了 12 所高校校长对目前高校综合改革的看法,交流情况,研究对策,形成对上海高校综合改革的总体评价。1997 年 8 月,上海市教育委员会召开"1997 年上海高校综合改革交流研讨会",提出要从高等教育与经济互动发展来解决上海高等教育发展的一系列重大问题。

进入 21 世纪,为启动上海教育综合改革试验,上海市教育委员会组织开展多项前期准备工作。2002 年,在国内率先开始研究生教育综合改革试点。一是改革招生与考试制度,主要内容是:研究生培养单位自主确定招收自筹经费部分研究生的招生规模;硕士生入学考试中,政治和外语参加全国统考并服从国家划定的单科分数线,在保证质量的前提下,各单位可积极探索其他科目的考试内容和考试方式;研究生录取过程中要充分发挥导师的作用;逐步建立考生录取评价体系,对反映考生"德智体美"等综合素质和能力的相关资料进行合理评价。二是改革培养模式,主要内容是:研究生培养单位自行决定硕博连读或硕士生提前攻博等培养模式;根据不同专业的具体情况,在硕士课程学习阶段实行主导师负责制基础上的课程导师指导制;实行弹性学制,即硕士生学习年限为 2 年～5 年,博士生为 3 年～6 年;建立淘汰制,即博士生在完成规定学分的课程学习后进行分析和解决问题的能力资格测试,不合格者进行淘汰;加强交流与合作,建立开放的研究生培养体系,鼓励校际相互承认学分,探索联合培养研究生的模式。三是改革收费制度,主要内容是:在财政部门核定的收费上限内,根据专业情况确定收费标准与方式;向研究生提供各类奖学金,鼓励研究生全面发展;通过与银行协调,扩大研究生贷款额和简化贷款手续;设立一定数量的研究生教学助理、科研助理、管理助理岗位,并依工作情况支付一定报酬;对于优秀学生和某些专业学生,亦可减免学费;通过"奖贷助免"等形式,保证收费研究生有一定标准的生活费用。

深化高校实行教师职务聘任制、高校招生制度和高校管理体制等多项改革。主要有:一是深化高校人事制度改革,从 2001 年起在上海市属高校停止职称评审。2002 年,首先在上海大学进行教师职务聘任制试点;随后,在其他市属高校逐步开展。二是构建普高、高职高专等各类考生高考"立交桥",即建立普通高中生通过高考进入高职高专院校的机制,实施和完善"两次考试、两次招生"制度,进一步改革和完善秋季招生等。三是在国家教育方针政策和法律法规范围内,深化高等教育办学体制和管理体制的改革探索。

在准备教育综合改革试验过程中,上海市教育委员会组织开展上海实施教育综合改革试验的论证,形成论证报告,制定《关于上海市实施教育综合改革试验的若干意见》,明确教育综合改革包含的内涵:一是运用综合改革,从社会经济发展的需求出发,调整并优化上海高等教育布局与学科专业设置;二是不断提高现有高校的依法办学能力和办学效益;三是逐步探索构建教育现代化管理和运行体系;四是形成高等教育发展的竞争机制;五是让上海教育进一步融入"长三角"和全国大发展之中。2002 年,上海市向教育部提出教育综合改革试验的请示报告。教育综合改革试验涉及许多深层次的管理体制改革,将是上海教育新一轮发展的历史性机遇,为上海教育事业在克服体制性障碍、率先实现现代化提供重要的体制保障。

第二节 两轮改革试验

一、上海市教育综合改革试验

2003 年 2 月,教育部函复上海市人民政府,原则同意上海市提出的关于实施教育综合改革试验的意见。该项改革试验是进行省级政府统筹教育的重要探索,并为上海教育启动新一轮的全方位、深层次改革开辟广阔的空间,也是根据中央对上海教育要率先改革、为全国探索新经验的要求而实施的。上海市教育综合改革方案在酝酿过程中,中共上海市委、上海市人民政府和教育部领导给予大力的支持和指导,国家发展计划委员会和财政部等有关部委也给予积极的支持。同年 6 月,教育部副部长吴启迪在上海调研时指出,中央授权上海进行教育综合改革试验,充分体现了中央政府推进教育改革与发展的决心,体现了中央政府对上海在教育改革的进程中作出更大贡献的高度信任和殷切期望。

上海市教育综合改革试验有关高等教育的主要内容有:授权上海审批学校、专业设置和招生计划。其中包括本科院校设置、高校专业设置、招生计划审批、独立设置的中外合作高等学历教育机构设置、高校硕士授权点等;改革高校办学体制和管理体制,由上海对所有在沪高校的布局和用地进行调整、整合等;改革课程教材和招生考试制度等;改革教育经费筹措与收费。

为了推进上海市实施教育综合改革试验,中共上海市委、上海市人民政府制定《关于全面实施教育综合改革,率先基本实现上海教育现代化的若干意见》。2004 年 7 月召开的上海市教育工作会议上,上海市市长韩正发表《全面推进教育综合改革率先实现上海教育现代化》的讲话,指出按照率先基本实现教育现代化的总目标,下一阶段要以新的思路加快教育发展,实施分类指导,明确工作重点。同年 9 月,上海市教育委员会在《关于 2004 年上海市高等教育工作的补充意见》中要求,上海高校积极贯彻落实上海市教育工作会议精神,继续实施"科教兴市"战略,加快上海教育综合改革试验步伐,进一步深化高等教育改革,提高人才培养质量和科技创新能力,实现高等教育新的发展,为社会和经济发展做出更大的贡献。通过深化和推进高校布局调整和院校设置工作、高校招生计划管理和运行模式改革、上海研究生教育综合改革、教育国际交流与合作、高等教育质量与教学改革工程、示范性高职院校建设工程、高校公共理论课建设,加强高校德育工作,建设高校教学质量保障体系,进一步深化高校人事制度改革和教育投融资体制等教育综合改革试验的系列工作。

随着教育综合改革试验的不断深化,上海高等教育改革的形式和内容更加综合化。

【高校招生考试制度改革】

一是推进高校自主招生改革。研究春考、三校生高考、依法自主招生以及专升本、插班生等各类招生考试的选拔目标和功能定位。支持复旦大学、上海交通大学在沪实施"深化高等学校自主选拔录取改革"试验和在沪教育部直属学校进行"高等学校自主选拔录取改革"试点,在上海地方"211"院校探索自主选拔录取改革试点工作。2005 年,复旦大学、上海交通大学两校自主选拔录取范围扩大至江浙两省。经教育部批准,上海大学首次在沪进行自主招生改革试点。华东师范大学面向全国计划招收免费师范生。在巩固和扩大每年春、秋两季"两次考试、两次招生"和拓宽高校招生"立交桥"的基础上,2005 年上半年,3 所民办高校依法自主试行入学考试、自主确定入学标准和自主实施招生录取,试点工作得到了社会和教育部的认可。2008 年,扩大普通高校专科层次的依法自主招生改革试点,试点院校增加至 16 所,2009 年扩大至 21 所,招生计划数由 1 万名增加至1.2 万余名。二是实行普通高校招生考试"平行志愿"办法。2008 年,上海市普通高校招生考试工作首次实行"平行志愿"改革,采取"两次填报志愿,本科考前填报,高职专科考后填报的平行志愿"的办法。按照规定:考生两次填报志愿后、投档工作开始前,均须将考生填报信息备份存档,教育行政主管部门和招生考试机构均不得更改,充分做到有案可查,保障公平。推行"平行志愿"改革,实现了考生、高校、社会等多方面满意的工作目标,取得良好效果。考生志愿匹配率明显提高,每一批次高分考生落榜人数较往年大幅减少,考生信访数量明显减少。为深化高考改革积累成功经验,2009 年,积极探索高考和综合素质评价及高校自主测试相结合的多元化评价选拔办法,进一步完善平行志愿改革工作。

【上海研究生教育综合改革】

一是实施研究生联合培养基地建设。探索地方高校研究生培养机制改革,建立上海研究生培养基地。构建产学研联盟人才培养平台,以联合培养高层次人才为纽带构建产学研联盟,以研究生培养模式和机制创新为突破口推进研究生教育综合改革,启动"上海研究生联合培养基地"建设工作。"上海研究生联合培养基地"是以具有研究生学位授予权的高等学校为主体,依托一流大型企业集团和科研院所等企事业单位建设的研究生层次人才培养平台。建立"上海研究生联合培养基地",旨在促进教育与科技、经济紧密结合,加速高新技术转化,改革研究生培养机制,创造研究生课题研究中理论联系实际的良好环境。2004—2005 年,上海市学位委员会批准宝山钢铁股份有限公司等 5 家单位为上海研究生联合培养基地,批准上海市农业科学院等 7 家单位为上海研究生协作培养单位。上海市教育委员会计划用 3 年时间,构建 20 个研究生联合培养基地,招生培养规模为10 000 名。二是试行研究生招生"预选制"。进行研究生招生改革,创新招生和培养制度,2005 年在上海大学进行试点工作。"预选制"是由招生学校自主决定预选考察资格及内容,考生通过预选考察,经国家笔试考试后,直接录取,不再进行"复试"。三是实施研究生教育创新计划。开展研究生培养机制改革试点工作,搭建研究生教育资源共享平台,举办研究生学术论坛和研究生暑期学校,建设研究生教学的开放案例库、研究生教育创新计划网站、研究生教育学术论坛和经验交流、培训平台,设立研究生创新能力培养专项资金。四是创新高层次应用型专门人才培养制度。2010年,经教育部批准,上海6所高校参加培养高层次应用型专门人才的改革试点,分别是:复旦大学试点工商管理硕士(MBA)、公共管理硕士(MPA)、公共卫生硕士(MPH)研究生教育综合改革;上海交通大学试点工程硕士(机械工程)、法律硕士、工商管理硕士(MBA)研究生教育综合改革;同济大学试点工程硕士(车辆工程)、工程硕士(建筑与土木工程)研究生教育综合改革;华东师范大学试点工商管理硕士、教育硕士研究生教育综合改革;上海外国语大学试点汉语国际教育硕士研究生教育综合改革;上海海洋大学试点农业推广硕士研究生教育综合改革。以上改革主要包括课程体系改革、课题和训练项目改革、实验室建设、导师队伍建设、考核方式改革、专业学位教育指导委员会建设、"双证"改"三证"(毕业证、学位证和职业资格证)七个方面。五是建立有效的研究生教育质量监督和激励机制。制定研究生培养标准,开展研究生教育管理的科学研究,加强研究生培养质量监控。开展全国优秀博士论文省级初选及上海市研究生优秀成果(学位论文)评选工作,推进学位论文抽检"双盲"评议工作,开展学位授权点定期评估工作。根据教育部和国务院学位委员会的要求,加强学位授权点(专业)的审核工作和学位授予信息的管理工作,开展学位授权点定期评估和学位授权审核工作。

【教育投融资体制改革】

2003年,为进一步改革创新上海教育投融资体制,组建上海申教投资有限公司,并制定上海教育投融资体制改革方案。通过"拨"改"投",发挥国有资本的导向作用,吸引社会资金的多元投入,优化教育资源配置,激活国有资产存量,提高投资效益。通过融资及存量盘活,支持高校新校区建设。2004年,经上海市人民政府同意,上海市发展和改革委员会、市财政局、市教育委员会达成一致意见,将教育投入增量资金("211工程""985工程"、上海市建设财力、高校布局结构调整配套资金等)通过上海申教投资有限公司这一政府投资平台进行投资,统筹教育资源的存量与增量,顺利地解决了高校规模扩大过程中资金的来源问题。经过几年探索,这项改革举措,为实现政府从教育资源的分配者向教育管理者迈出坚实的一步,进而为实现教育的管办分离和促进政府职能的转变发挥积极的作用。同时,根据国家宏观调控和教育部、财政部相关政策的要求,进一步提高教育投融资的风险防范意识,在投融资规模控制、资金监管等方面进行规范,为教育投融资体制改革的稳步推进打下扎实基础。

【高校学分制收费】

2005年,上海市教育委员会为贯彻落实教育部、国家发展和改革委员会、财政部等部委有关规定,规范全市高校学分制收费管理,会同上海市物价局、上海市财政局制定《关于上海市高等学校试行学分制收费办法的通知》(以下简称《办法》),经报上海市人民政府批准后实施。《办法》对试行学分制收费原则、收费管理、报批程序和收费公示等作出明确规定。同年秋季开学前,复旦大学、上海交通大学、华东理工大学、东华大学、上海财经大学、上海理工大学、上海师范大学、上海中医药大学、上海海事大学、上海金融学学院、华东政法大学、上海出版印刷专科学校等院校,经上海市教育委员会、上海市物价局、上海市财政局批准试行学分制收费。

【高校布局结构调整】

一是高校空间布局结构调整。在中共上海市委、市人民政府关于高校布局结构调整方案的指导下,通过全局性规划,实行高校地方统筹,实施完成新一轮高校空间布局结构调整,加强以复旦大学、上海交通大学为核心的两个高校积聚地建设,形成和完善松江大学园区、南汇科教园区、奉贤大学园区、临港新城科教创新园区。二是部市共建,加强重点高校内涵建设。以推进"985工程"和"211工程"建设为抓手,着力引导高校把跟踪学科前沿和服务国家战略目标、上海经济社会发展相结合,突出创新人才培养和队伍建设。以政府职能转变为突破口,加快综合改革的体制、机制建设,进一步完善部市共建高校的统筹管理模式,推进"校区、科技园区和公共社区"的联动。完成行业办本科院校管理体制以及共建机制改革。三是高校学科专业布局优化与结构调整。2008年以"扶需、扶特、扶强"为原则,推进高校学科专业布局和结构的优化与调整,引导高校围绕自身定位和发展目标做好学科专业建设工作,深化学校内涵建设。通过进一步对全市高校重点学科规划、建设的宏观调控,构建并完善高校国家、市、学校三级重点学科建设体系,以一流学科建设带动一流大学发展,坚持走创新型、开放型和特色型内涵发展之路。2009年,在完成市属高校发展定位规划工作的基础上,又启动高职高专院校和部属院校的发展定位规划工作。四是扩大本科教育资源。2003年起,上海市教育委员会充分利用本科院校审批权,通过组建、专升本等途径做大本科教育,优化人才培养结构。一些学校提升为本科后,仍保持培养应用型人才的特色,与其他本科院校形成错位竞争发展,使上海高校本科教育呈多样化发展的面貌,为上海社会和经济新一轮发展提供更多的高质量人才资源。五是加强高校合作办学。进一步发挥全市"东北片""西南片""松江大学园区"高校的合作办学优势,推进高校间教育教学资源共享。截至2009年底,参与"西南片""东北片"高校联合办学的本科高校达25所。"东北片"与"西南片"还打通部分跨校选修课程及跨校辅修专业。从"十一五"起,上海西南地区的17所高校以上海交通大学为牵头单位,东北地区的11所高校以复旦大学为牵头单位,以及在松江大学园区内的高校,合作办学方式进一步开始朝着跨校际的大型科研攻关、远程教育校际联网、联合心理咨询和教学科研、学科合作等纵深方面发展。

【长三角地区教育合作交流机制】

2003年,上海市教育委员会与有关省市教育主管部门签定沪浙、沪苏教育合作协议和江浙沪毕业生就业工作合作组织合作协议书,推进长三角地区教育合作交流。2009年,为推动"长三角"高等教育的联动发展,以引导、支持、鼓励搭建高等教育资源库和公共合作平台为工作重点,提高长三角高等教育合作的层次,扩大合作范围,上海市教育委员会提出着力构建五大平台。即:共享专家资源库、共享教学资源库、立体的教学改革合作平台、研究生联合培养平台、高职实训教材联合开发平台。

【高校教育教学改革】

一是开展精品课程建设。2003年起通过逐年立项建设,建立健全国家、上海市和高校三级精品课程体系,有效破解高校教师青黄不接的难题,将课程建设与师资队伍培育结合起来,积淀优秀教师的先进理念和教学方法,促进学科优势化为课程优势。二是实施大学生创新活动计划。2007年成立上海高校大学生创新活动工作协作组。每年投入1000万元,资助1000个大学生科研创新活动项目;举办上海市大学生创新活动论坛,邀请科学家、企业家等共同研讨高校创新人才培养,推动高校开展以问题和课题为核心的人才培养模式改革,评选"十佳大学生创新项目",让一大批爱好科学、崇尚探索的大学生脱颖而出。三是实施教育高地建设。将上海高校的一批专业建设成为上海乃至全国的人才培养重要基地和高校教学研究与师资培训中心,为上海城市发展和经济建设提供人力资源保障。2005—2010年,上海先后开展建设四期上海教育高地,共立项200多项。通过建设促进了特色专业建设,提升上海本科教育水平;优化师资队伍,提升教学科研水平;加大教学建设,显著改善与人才培养相匹配的课堂教学与实践教学资源;提升教学水平,促进教学质量提高。四是开展校企合作培养高技能人才试点工作。2008年,上海市劳动与社会保障局、上海市教育委员会、上海市发展和改革委员会、市财政局和市经济委员会启动校企合作培养高技能人才的试点工作,力争到2010年高技能人才占技能劳动者的比重提高到25%以上。通过校企合作的培养,实现"明确一个培养机制(定单式培养),取得两张证书(学历证书、职业资格证书),获得政府、企业、家长三方满意"的社会效应。同年,上海应用型本科高校、高职院校及中等职校在试点工作基础上深化校企合作培养高技能人才的工作。上海市劳动与社会保障局对开展校企合作的院校进行认定,达到标准的可成为技师培训基地。学生完成高校教学计划所要求的学习,并进入合作企业进行要求的实习后再参加相应的国家职业资格鉴定,可享受上海市劳动与社会保障局校企合作专项经费的补贴。列入试点专业的学生在学习期间,每生每年补贴2 000元;进入企业实习,上海市劳动与社会保障局支付企业每生每月200元的补贴,并帮助每个实习学生购买生产实习保险。补贴经费主要用于对学员的培训费用,补贴包括对家庭困难学生的其他配套补助费用、校企合作培养课程的开发费用、"双师型"教师的进修培训费用、公共实训基地和开放式实训中心的运作经费以及企业实训运作费补助。至当年11月底,共有36所高校的156个专业点参与此项工作。高校实际入网培养人数为5 538人。

二、部市共建国家教育综合改革试验区

上海市第一轮教育综合改革,到2010年取得初步成效,主要体现在以下几方面:一是有效促进教育与社会、经济的结合。根据上海产业结构调整的要求与目标,进一步优化整合高校办学层次,适应经济与社会建设对人才结构与层次的需求。根据企业和用人单位的需求,把研究生教育制度改革纳入"产学研"合作联盟,进一步拓宽高层次人才培养渠道;根据社会事业发展与改革的需求,实施"体教结合"和"文教结合",进一步提升教育与社会事业发展的紧密度;上海高校的知识创新、科技创新对经济和社会发展的贡献更加明显。二是有效促进教育体制与机制的创新。管理体制进一步理顺,运行机制进一步创新;高校布局结构进一步优化,与城市功能、产业结构、科教整合的"校区、园区和社区"的互动、互联正在实施;教育投融体制改革向纵深发展,政府投入的导向机制逐步形成;教育国际合作交流不断扩大,水平显著提高。三是有效促进上海教育整体水平提高。教育的整体性改革向纵深发展,特别是课程教材、学科专业和招生考试制度改革取得新突破、新进展;政府对教育的公共责任和主导作用进一步发挥;高等教育的内涵建设全面加强。

2010年3月3日,教育部和上海市共建国家教育综合改革试验区战略合作协议签字仪式在北京举行。中共中央政治局委员、中共上海市委书记俞正声出席并讲话。教育部部长袁贵仁与中共上海市委副书记、市长韩正签署合作协议。根据《教育部、上海市人民政府共建国家教育综合改革试验区战略合作协议》(简称《协议》),双方将成立部市战略合作领导小组,建立部市战略合作协商会议制度,启动实施新一轮教育综合改革试验。

部市共建国家教育综合改革试验区是教育部和上海市率先贯彻落实中央关于深化教育改革指

示精神的重大举措，是推动教育改革和创新的重要步骤，对于促进上海教育事业的科学发展，对于推动全国教育事业的改革发展都具有十分重大的战略意义。根据《协议》，教育部、上海市人民政府在7个领域合作共建：一是探索教育公共管理新体制和新机制，提升教育公共管理水平；二是探索人才培养模式和招生考试制度改革，全面实施素质教育；三是探索教育支撑产业结构调整的机制与路径，增强教育服务能力；四是探索扩大教育对外开放的机制与模式，提升教育国际化水平；五是探索推动学习型社会建设的新机制，完善终身教育体系；六是建设教育发展战略性支持平台，增强教育基础研究的决策咨询与服务指导功能；七是增强上海教育辐射服务功能，探索建立教育区域合作联动发展的新格局。其中高等教育综合改革试验主要包括：改革高校招生考试制度试验、建立高等学校分类指导服务体系试验、促进民办教育规范特色发展试验、扩大教育对外开放试验、探索教育支撑产业结构调整的机制和区域教育协作新机制试验等。

《教育部、上海市人民政府共建国家教育综合改革试验区战略合作协议》的签署和实施，标志着上海市创建国家教育综合改革试验区进入了新的阶段。上海按照"优先发展、育人为本、改革创新、促进公平、提高质量"方针，率先实现基本教育公共服务均等化，率先转变教育发展模式，率先加强创新人才培养，率先扩大教育开放程度，到2020年率先实现教育现代化，为全国教育改革和发展探索道路、提供经验。2010年后，上海国家教育综合改革试验区在教育理念、体制机制和人才培养等诸多领域，取得更加深入的发展、更加突出的成效。

第二篇

教育教学

人才培养是高校最基本的职能。改革开放以来，上海高等教育根据国家和上海经济与社会发展的要求，围绕德智体全面发展的社会主义事业建设者和接班人培养，以更新教育观念为先导，积极探索优化完善高校学科专业布局结构、教学条件与设施、教育质量管理与保障体系，系统推进高校人才培养模式和课程体系、教学内容、方法与手段的改革，完善高校学生思想政治教育教学体制和政治理论课程教学体系，加强高校体育、美育、国防教育及语言文字规范教育等工作，培养了大批优秀人才。

1977年恢复高校统一招生考试制度和批判"两个估计"后，高等教育呈现出新气象，教育教学成为高校的中心工作。上海高等教育在经历20世纪70年代末至80年代的"恢复、调整、发展"阶段，在国家改革开放基本路线指引下，积极探索社会主义现代化教育的建设道路。20世纪90年代，上海高等教育顺应浦东开发和中央对上海"三个中心、一个龙头"的部署与要求，抓住机遇，主动谋划，大胆变革，上海高校进入全方位的教育教学改革和建设阶段，主要特征包括：

上海高等教育的学科专业持续优化调整和改革建设，在数量、结构、层次、类型和水平等方面有很大发展和提升，逐步建立起完备的高等教育学科专业与学位体系。上海是全国最早开展高校学科专业评估工作的地区之一。自20世纪80年代起，上海在高等教育重点学科建设、学科专业评估、院校评估、专业认证等评估的研究与实践等方面开展大量工作，发挥示范作用。

上海高等教育主管部门通过多渠道、多形式增加高校教学建设经费投入，建立健全建设项目管理机制，加强课程教材、图书资料、实验实习基础、教师教学能力建设等，尤其是通过实施本科教学质量与教学改革工程，在精品课程、实验教学示范中心、教学团队等建设上，形成学校、上海市和国家三级体系，极大改善、提升上海高校的教育教学条件和资源，对提高人才培养质量起到明显作用。

上海高校以转变教学观念为先导，根据社会主义现代化建设事业对高校人才培养的要求和学生多元化的需求，在专业与学位设置、培养模式、课程体系、实践教学、教学内容、教学方法、教学管理与质量保障等方面进行一系列的改革实践，不断提高高校人才培养的质量和水平，取得显著成效。上海高校自20世纪80年代起，根据科技和经济发展趋势，采取拓宽专业面，推进教学内容和课程体系改革，加强教材建设和实践环节教育，逐步推行学分制等系列措施；试行双学位、双专科、主副修、短学期制、中期选拔制、多种证书等多种人才培养模式，部分高校开展优秀学生选拔培养改革试点，在重点高校建立研究生院和博士后科研流动站，在部分学位点开展本硕博连读培养改革试点，在一些学科领域开始探索培养应用型高层次人才。同时开展多种形式产学合作教育人才培养的改革试点，聘请社会有关专家直接参与培养方案的制定及有关的教育教学活动。20世纪90年代中期起，上海高校在人才培养工作中进一步树立注重知识、能力和素质协调发展，注重学生的全面素质教育和个性发展，注重培养具有创新精神和实践能力的高素质人才的观念。并根据国家现代化建设，上海加快推进"四个率先"、建设"四个中心"和现代化国际大都市对各类人才的需求，对专科生、本科生、研究生的教育教学，分层次设计导航路线。本科教育以"厚基础、强能力"为目标，注重理论与实践相结合，加大复合型、创新型人才培养力度。深入实施本科教学质量与教学改革工程，优化学科专业结构，加强课程教材、实践教学体系建设，深化人才培养模式改革；建立学术名家、资深教授和骨干教师深入教学第一线的机制,让学生接受高质量的本科教育;深化学分制教学改革,建立灵活的学习制度,实现校际资源共享,为学生提供更多的课程选择。研究生教育通过实施综合改革试点、创新计划、联合培养基地建设、高层次应用型专门人才培养改革试点和优秀学位论文评选奖励制度,改革培养模式,强化博士研究生知识体系和创新能力培养,建立健全产学研联合培养机制,大力发展应用型专业学位研究生的培养,加强导师队伍建设,加快研究生教育高质量的发展。高职高专教育以"服务为宗旨,就业为导向",根据学校特色建立多种工学结合教学模式,实现教学与企业需求的紧密接轨;通过建立和实施高技能人才校企合作培养制度,培养一批具备较强实际动手能力和较高综合职业素质的青年高技能人才。

上海历来高度重视大学生思想政治教育工作。上海高校注重解决学生认识思想上出现的问题,坚持贯彻四项基本原则教育,维护社会安定团结局面。1982年,上海贯彻落实全国高校思想政治工作会议精神,提出高校要从党委对思想政治工作的领导、政工干部队伍的建设、马克思列宁主义理论教育、共产主义思想品德课教学、思想政治工作科学研究等八个方面加强和改善思想政治教育工作。1989年下半年起,中共上海市教育卫生工作委员会、市高等教育局在中共上海市委和市人民政府领导下,采取一系列加强高校学生思想教育的政策措施,切实加强高校德育工作,明确将德育放在首位的目标、任务和措施;加强对高校马克思主义理论教育的领导;实施中共中央宣传部、教育部"两课"课程设置新方案,将"邓小平理论概论"作为重点学科建设。

上海不断加强高校国防教育与科普教育、体育与美育、学生社会实践等综合素质教育工作,建立理论教学与实践教学、课内教学与课外活动相结合的综合素质教育体系和教学模式,使之成为高校教育教学工作的一个重要部分。同时,语言文字规范教育逐步纳入高校教育教学活动,成为综合素质教育一个重要组成部分,在人才培养中发挥了积极作用。

进入21世纪,上海根据率先基本实现教育现代化的发展目标,制定实施一系列高等教育教学深化改革,加强建设,创新发展的政策和举措,取得新突破、新成效。一是将加强和改进大学生思想政治教育的各项任务落到实处,以立德树人为核心,突出思想政治理论课教育和经常性思想政治教育工作两个关键环节,抓好辅导员和思想政治理论课教师两支骨干队伍,提出"六个注重"(注重研究引领、注重课堂质量、注重教师主导、注重贴近需求、注重拓展阵地、注重凝聚合力),加强科学谋划,深化德育内涵,创新工作方法,拓展育人阵地。"从实际出发,注重实效,很有特色"的上海高校学生思想政治教育工作得到中共中央宣传部、教育部、共青团中央以及各地高校专家的高度评价。二是深化高校学科专业布局结构优化调整,实施研究生教育综合改革,系统设计上海学位点和专业的布局与分布,完善上海高等教育人才培养结构和体系。三是实施高校本科教学质量与教学改革工程,创建本科教学高地,加强特色专业、精品课程、实验教学示范中心、教学团队和教学名师的评选建设,推进专业和课程教学改革,推动优质教学资源建设和共享。四是组织开展高职高专专业教学改革试点,加强上海市国家级示范性高职院校建设,完善现代高等职业教育与应用型人才培养体系。五是探索创新人才培养的理念、模式与途径、课程体系与教学内容、教学手段与方法的改革,促进上海高校创新人才的培养。六是加强高校体育、卫生、艺术、科普教育工作,促进学生全面发展。七是加强高校教育教学质量监控与管理工作,建立健全教学质量管理指标和保障体系;开展和加强本科教育、研究生教育和高职高专教育等系列评估工作。

经过多年努力,到2010年上海高校的办学条件有显著改善,办学规模有很大发展,办学水平有明显提升,高等教育事业发展实现从精英阶段到大众化、普及化阶段的历史性跨越。

第一章 学科专业

上海高校的学科专业设置,根据社会经济和科学技术的发展和上海高等教育进入大众化、普及化阶段和教育改革的深入,特别注重新兴交叉学科和面向国民经济建设、人才市场需求,在拓展学科专业设置与布局方面不断有创新发展。与此同时,上海率先启动集知识创新、人才培养、基地建设于一体的高校重点学科建设,坚持不懈推进多层次、多批次的高校重点学科建设,并加大投入、加强督查,重视成果验收,取得上海高校整体综合能力和学科水平提高的积极成效。

第一节 发展与布局

一、本专科专业

1977年,全国恢复高校统一招生考试,上海高校原有专业陆续恢复。至1978年底,上海高校已恢复和新设置的专业点达到319个。1978年后,为了适应社会对人才的需求,上海新建近20所大学分校和专科学校,一些原有学校也探索发展经济和管理等新专业,增设财经类、工业管理类、政法类、应用文科类、建筑类、环保类和国际新闻、对外汉语、政治学、社会学等短线专业。1979—1980年,上海16所高校新增设28个管理类和经济类专业。为了加强思想政治工作队伍建设,复旦大学、上海交通大学、华东师范大学增设思想政治教育专业。至1980年秋,上海高校专业点发展到412个,其中文学、经济学、法学及管理学专业从1977年的32个增加到80个。

20世纪80年代,上海高校根据社会经济和科学技术的发展,进一步调整拓展学科专业设置与布局。复旦大学逐步向多科性综合性大学过渡,在学科发展中注重边缘学科和交叉学科的发展;上海交通大学加强重点学科建设,其中新建学科占三分之一。上海地方高校结合上海工业和城市发展的需要,对学科专业设置进行调整。上海大学在专业设置上体现文、工、管、艺术等学科的综合性,设置一批为上海经济建设所需专业;上海第二医学院(上海第二医科大学)、上海师范学院(上海师范大学)、上海中医学院等高校新增专业以社会急需专业为主。上海新设的13所大学分校,一般设置通用的专业,如机械、建筑、纺织、化工、电讯、计算机、管理、中文、历史、英语等。

上海高校还加强微电子、计算机、激光、光纤通讯、信息科学、生物医学工程、遗传工程、海洋工程等新兴、交叉学科专业及新型专业的开发建设,增设一批专业。上海交通大学和上海第一医学院联合举办跨校新专业——生物医学工程专业。复旦大学设立中国历史地理、文物与博物馆学、广播电视等专业。同济大学增设德语专业。上海机械学院创办系统工程专业。上海水产学院创设全国首个渔业经济管理专业。上海轻工业专科学校在国内首家开设烟草工艺专业。

到1988年,上海高校专业点设置数从1983年的417个增加到721个,5年间增长72.9%。其中,本科专业点522个(含国家颁布的651种本科专业目录中的291种),专科专业点201个,形成学科门类比较齐全的上海高等教育专业体系。但同时这一阶段也出现专业建设和设置超速、过热发展的趋势及重复设置过多,效益不高的问题。为此,20世纪80年代后期,上海对高校专业布局设置进行一些调整。上海市高等教育局在对市属院校的241个本专科专业点办学状况进行全面评估基础上,按照"合并、停办、保护、扶持"的思路,拟定调整方案:一是理工科专业,根据本科专业目录进行必要的合并;二是目前确实尚无社会需求或需求极少,办学条件又不充分的专业停办。如科技新闻、应用摄影、物价管理、应用物理、冶金经营管理等;三是制定措施保护有一定优势的专业,采取隔年度招生的办法;四是对有社会需求但办学条件差的专业适当扶持。

20 世纪 90 年代,上海高校学科专业设置注重新兴交叉学科和面向国民经济建设、人才市场需求。为适应上海传统工业的更新换代,加快对传统专业的更新改造,拓宽专业面,以最新的科技成果和经济建设成就改革课程结构,更新教学内容,调整培养目标。根据上海高等教育发展"八五"和"九五"计划,通过实施"211 工程""三重工程"等重点建设工程,重点扶持一批学科专业的发展,增强上海高校学科专业的总体实力,陆续开设信息科学、生命科学、材料科学等一批高新技术和新兴学科专业。同时,针对高校学科专业设置不同程度存在的划分过细、口径过窄、布点过多、规模过小、效益过低等问题,加大高校布局结构和学科专业设置改革调整的力度。为了适应"振兴上海,开发浦东,服务全国,面向世界"的发展要求,上海市高等教育局在"八五"期间,以上海产业结构调整为契机,加快高等教育专业结构调整步伐,确定建立功能材料、通讯技术与工程、智能化技术、电子信息工程等一批新的专业。1992 年,上海科学技术大学、上海工业大学等地方高校在相关学科建设基础上,相继开设现代通信、功能材料、机电一体化工程和工业设计等专业。1993 年,上海继续加大专业结构调整的步伐,调整文理专业结构比例。为扩大财经类等应用文科的招生规模,努力挖掘现有综合类和财经类院校办学潜力和学科优势,增设第三产业人才的新专业。同时,调动上海理工类高校的办学积极性,适量开设社会急需的应用文科专业,促进文理渗透,增强工科大学生在经济、管理等方面的意识和知识,提高适应市场经济的能力。复旦大学、同济大学、中国纺织大学、华东理工大学、上海科学技术大学、上海大学等学校相继设置投资经济、国际金融、国际贸易、市场营销、国际企业管理、经济信息管理、房地产经营管理、国际法、商品学和广告学等专业。上海冶金高等专科学校、上海纺织工业高等专科学校和上海科技高等专科学校等高等专科学校也从行业需要出发,增设涉外秘书、会计学、贸易经济、涉外经济管理等专业。1993 年,全市 19 所本科院校新设 64 个本科专业,其中:经济类 27 个、法学类 7 个、文学类 8 个,三者合计 42 个,占新设专业总数的 66%,首次超过理工类专业的增长。同年,根据国家教育委员会新颁布的专业目录,上海完成高校本科专业的归并调整。调整后的本科专业数量由 710 个下降到 520 个,拓宽了专业口径和社会适应面。其中市属高校本科专业,经调整、撤并和增设,由原来的 153 个精简到 143 个。

为加强政府宏观调控能力,扩大学校设置专业的自主权,并促进专业设置和专业布局结构的有序调整,上海市高等教育局于 1993 年制定颁发《上海普通高校专业设置办法》,进一步明确专业设置与管理的有关要求。1994 年,上海市高等教育局通过对专科专业设置的清理调整,理顺专科专业长期学制不统一,专业方向较乱,专业名称不规范等问题。到 1996 年,上海高校共设置专科专业 453 个。

1996 年后,为对接地方和国家产业结构的战略调整,上海市教育委员会对高校专业设置和布局结构进行相应调整,并发展一批新专业。到 2000 年,上海高校本科专业中理学、工学、医学专业数量占专业总数的 46%,经济学、管理学、文学专业数量占专业总数的 42%,前者比 1995 年下降 14 个百分点,后者比 1995 年上升 14 个百分点。

2002 年 3 月,上海音乐学院在国内音乐院校中首家设立音乐剧系,率先开设音乐剧表演专业,面向全国招收艺术才能突出的本科生。2004 年 9 月,上海戏剧学院戏曲舞蹈分院开设首届木偶表演本科班,培养具有大学本科学历的中国木偶艺术新一代接班人。

随着上海高等教育进入大众化、普及化阶段和教育改革的深入,上海高校专业设置和结构有了新的发展和创新。"十五"期间,上海高校在新能源、信息网络、生物医药、现代服务业以及海洋、空间、地球资源开发等方面加强专业建设,创设了数字媒体、信息安全、文化产业、影视艺术、会展经济、金融工程、航天航空工程、水族科学与技术等一批国家本科专业目录外的专业。到"十五"末,上海设置本科专业1 100多个、专科专业1 000多个,与"九五"末相比,五年增长50%以上。"十五"时期,由于高校专业设置增长较快,也出现结构不尽合理、部分专业设置趋同化、重复率较高、毕业生相对过剩等问题。如:本科专业重复设置20个以上的专业近180个,占专业总数的17%;有17所高校设置了法律类专业,25所高校设置了国际贸易专业,21所高校设有金融学院,分别占上海本科院校总数的48%、71%和60%。工程类专业设置数占专业总数的比例则由"九五"末期的40%降到"十五"末期的32%左右,特别是新型工科专业偏少。

2008年,上海市教育委员会组织推进以高校发展定位规划和学科专业结构优化调整为主要抓手的高等教育内涵建设工程,按照上海高校发展定位规划目标,引导高校特色办学,形成与上海经济社会需求互动发展的学科专业布局结构。2009年,根据上海市教育委员会"关于做好上海市高校年度专业招生计划调整工作的意见",对四类专业给予减招甚至暂停招生:一是教学条件相对较差的专业;二是全市重复设置严重、招生数量超过社会需求的专业;三是大幅扩招的非本校主干学科专业或超出本校定位发展规划以外的专业;四是新建的学科专业。2010年,全市高校减少广告学、艺术设计、化学工程与工艺、市场营销、工商管理、公共事业管理6个本科专业的招生总量,涉及15所高校的33个本科专业点。

二、研究生学科(学位点)

上海是国内研究生教育的重要基地之一。1977年,复旦大学、上海交通大学、同济大学、上海第一医学院、上海财经学院等一批高校恢复研究生招生。1978年2月,复旦大学数学研究所开办研究生班,著名数学家苏步青教授、谷超豪教授和夏道行副教授等为指导教师。

1980年2月,历经11个月起草修改的《中华人民共和国学位条例》获得通过并颁布,其中第三条规定:"学位分学士、硕士、博士三级"。这是中国首次将学位制度推上法制化轨道。1981年后,国务院及学位委员会又制定《学位条例暂行实施办法》《关于审定学位授予单位的原则和办法》等一系列关于研究生教育方面的规章制度,进一步明确学位授予的负责单位,学位申请的原则程序,学位的课程、学分要求,论文的答辩流程、规范等。研究生教育迅速恢复发展,走向正规化、法制化轨道。采取多层次、多规格、多渠道培养研究生,上海研究生教育和学科学位点设置有了较大发展。

1981年11月,国务院学位委员会下达全国首批博士和硕士学位授予单位、指导教师和学科专业点的名单。其中:复旦大学、同济大学、上海交通大学、华东化工学院、华东纺织工学院、华东师范大学、上海第一医学院、上海财经学院等上海高校成为首批博士和硕士学位授予单位。1983年,上海高校有硕士学位授予单位22个:复旦大学、上海交通大学、同济大学、华东师范大学、华东化工学院、上海机械学院、上海铁道学院、上海海运学院、华东纺织工学院、上海工业大学、上海科学技术大学、上海师范学院、上海外国语学院、上海财经学院、华东政法学院、上海体育学院、上海音乐学院、上海戏剧学院、上海第一医学院、上海第二医学院、上海中医学院、上海水产学院;博士学位授予单位14个:复旦大学、上海交通大学、同济大学、华东师范大学、华东纺织工学院、上海机械学院、上海工业大学、上海科学技术大学、上海外国语学院、上海财经学院、上海音乐学院、上海第一医学院、上海第二医学院、上海中医学院。

表 2-1-1 1983 年上海高校博士学位授予的学科(学位点)和指导教师一览表

学 校	学科专业/博士研究生指导教师
复旦大学	辩证唯物主义与历史唯物主义/胡曲园;中国哲学史/严北溟;外国哲学史/全增暇
	政治经济学/蒋学模;外国经济思想史/宋承先
	新闻学/王中;英语语言文学/伍蠡甫;中国古代文学/赵景深;中国各体文学/朱东润;中国文学批评史/郭绍虞;汉语学/张世禄
	中国古代史/杨宽;世界古代史/周谷城;历史地理/谭其骧
	基础数学/许永华;严绍宗;苏步青;李大潜;谷超豪;胡和生;夏道行;流体力学/谷超豪;计算数学/蒋尔雄;应用数学/苏步青;李大潜;理论物理/周世勋;孙鑫;陶瑞宝;光学/章志鸣;固体物理/夏希德;原子核物理及核技术/卢鹤绂;杨福家;真空物理/华中一;无机化学/顾翼东 物理化学/吴浩青;吴征铠;高分子化学/于同隐
	动物学/忻介六
	病毒学/王鸣岐;遗传学/谈家桢;盛祖嘉;刘祖洞
上海交通大学	固体物理/方俊鑫;固体力学/罗祖道
	机械制造/贝季瑶;机械学/黄步五;液压传动及气动/陆元章;工程机械/范祖尧;压力加工/阮雪榆;通信与电子系统/张煦;林宗琦;自动控制/张钟俊;船舶设计、制造/杨槱;林杰人;船舶结构力学/陈铁云;陆鑫森;船舶流体力学/盛振邦;刘应中;船舶涡轮机/王兆华;翁史烈;船舶内燃机/李渤仲;顾宏中;振动、冲击、噪声/骆振黄;朱物华
同济大学	城市规划与设计/冯纪忠;建筑设计/冯纪忠;结构工程/朱伯龙;孙钧;李国豪;市政工程/杨钦;无机非金属材料/黄蕴元;海洋地质学/朱夏;汪品先;岩土工程/郑大同;环境工程/胡家骏;地震工程及防护工程/李国豪;化工机械/琚定一;工业自动化/蒋慰孙;高分子材料/李世晋;传质与分离工程/苏元复;化学工程/李盘生;陈敏恒;石油加工工程/刘馥英;精细化工(染料及感光材料)/朱正华
华东师范大学	中国哲学史/冯契
	世界经济/陈彪如
	教育基本理论/刘佛年;中国教育史/沈灌群;张瑞璠;普通心理学/胡寄南;曾性初;发展心理学/左任侠
	中国古代文学/徐震堮;中国文学批评史/王元化
	史学史/吴泽;中国古代史/吴泽;世界近现代史/王养冲
	基础数学/曹锡华;无线电物理/陈涵奎;自然地理学/陈吉余;严钦尚 人文地理学/胡焕庸;区域地理学/李春芬
	动物学/张作人;郎所;生态学/钱国桢
华东纺织工学院	化学纤维/钱宝钧;孙桐;方柏容;纺织材料/严灏景;纺织机械/刘裕宣;陈人哲
上海机械学院	热能工程/陈之航
上海工业大学	固体力学/钱伟长
上海科技大学	电磁场与微波技术/黄宏嘉;无线电物理和无线电电子学/鲍家善

（续表）

学　　校	学科专业/博士研究生指导教师
上海外国语学院	英语语言文学/方重;俄语语言文学/胡孟浩
上海财经学院	会计学/娄尔行;中国经济思想史/胡寄窗
上海音乐学院	音乐学(作家与作品研究)/钱仁康
上海第一医学院	人体解剖学/郑思竞;组织胚胎学/王有琪;生理学/徐丰彦/张镜如;生物化学/顾天爵;微生物与免疫学/林飞卿/闻玉梅;病理生理学/朱益栋;病理解剖学/应越英/顾绥岳;肾本质研究/姜春华;药理学/杨藻宸;神经药理/张安中;内科学/孙忠亮/丘传禄/陈灏珠/钟学礼;外科学/石美鑫/冯友贤/李鸿儒/熊汝成;普外/孟承伟/吴肇光/汤钊猷;骨外/陈中伟;妇产科学/郑怀美;儿科学/刘湘云;眼科学/郭秉宽;耳鼻喉科学/吴学愚;肿瘤学/李月云;神经病学/史玉良;皮肤病学/杨国亮;传染病学/徐肇玥/戴自英;放射诊断学/荣独山;流行病学/苏德隆;环境卫生学/杨铭鼎;卫生统计学/许世瑾;劳动卫生及职业病学/顾学琪;中西医结合基础(针麻)/姜春华
上海第二医学院	微生物学与免疫学/余贺;药理学/金正均;生物医学工程/兰锡纯;内科学/邝安堃/江绍基/陶清/黄铭新;心血管病/龚兰生;消化系病/陆汉明;血液病/王振义;外科学/王一山/史济湘/叶衍庆/兰锡纯/杨之骏;普外/周锡庚/傅培彬;骨外/过邦辅;整形/张涤生;骨科/柴本甫;妇产科学/郭泉清;儿科学/余亚雄/郭迪;眼科学/陆道炎;口腔科学/张锡泽;神经病学/周孝达;中西医临床结合(内分泌、心血管)/丁霆/邝安堃
上海中医学院	中医内科学/王玉润/徐仲才;中医外科学(皮肤)/石光海/顾伯华;针灸学/黄羡明/奚永江/金舒白

1984年6月，国务院批转教育部《关于在部分全国重点高等院校试办研究生院的请示报告》，决定在复旦大学、上海交通大学、上海第一医学院等22所全国重点高等院校试办研究生院。1985年，国家开始试行博士后制度，复旦大学、上海交通大学、同济大学、华东化工学院、华东师范大学等5所上海高校及中国科学院等在沪11个研究所建立24个博士后科研流动站。同年11月，国务院学位委员会批准同济大学、华东化工学院等5所工科院校试行在职人员申请硕士、博士学位。

自1981年开始实施《中华人民共和国学位条例》，经三批审核和一次特批，至1988年，上海拥有博士学位授予单位38个(其中高校18个，科研院所20个)，有权授予博士学位的学科专业点443个；有硕士学位授予单位61个，有权授予硕士学位的学科专业点659个。招收研究生的高校从1978年的13所增加到27所，合计(含在沪科研院所)培养各类研究生28 400余人，约占全国的12%。其中，博士研究生2 000余人，硕士研究生24 000余人。

到1992年，上海地区理工农医博士点有进一步发展。同年，全国理、工、农、医四个学科门类，在50个一级学科设置博士点，共有博士生导师4 624人。上海已在32个一级学科设置博士点，有博士生导师763人，占全国的16.5%，名列全国第二。其中，理学门类，上海在8个一级学科、42个二级学科设置博士点，分别占全国的57.1%、47.7%。在8个一级学科中最具有优势的是生物学，在15个二级学科设博士点，有博士生导师79人，占全国的32%；地理学博士生导师9人，占全国的22%；天文学博士生导师占全国一半；化学学科也有相当实力，以有机化学力量最强，全国博士生导师75人，有31人在上海；数学学科力量仅次于北京；物理学16个学科设点，上海涉及10个。但是，大气、地球物理、地质、自然史、系统科学、图书情报的博士点在上海还是空白。工学门类，上海在力学、机械、仪器仪表、材料、冶金、动力、电工、电子通信、计算机、建筑、土建水利、化工、自控、管理、运输、船舶、纺织、兵器等18个一级学科、62个二级学科设置博士点，分别为全国的72%、

29.8％。工学以纺织学科最具优势,全国16个博士生导师,有15人在中国纺织大学。船舶、机械、材料、力学、化学、管理也具有实力。但是,轻工、测绘、水利、地矿石油、公路、水运、原子能科学与技术、航天航空、兵器等尚未设点。医学门类是上海的强项。上海在6个一级学科、68个二级学科、专业设置博士点,分别为全国的100％、59.1％。全国1 070个博士生导师,上海有232人,占21.7％。上海医科大学、上海第二医科大学、上海第二军医大学、上海中医药大学、上海药物研究所、上海医药工业研究院在全国医学界都有一定地位和声望。农学门类,在上海仅有中国农业科学院上海血吸虫病研究所设置1个博士点。

1995年5月,国务院学位委员会批准上海市学位委员会开展审批硕士点的试点工作,行使硕士学位授权单位增列硕士点的审批权和调整权。按照按需、合格、择优的原则,上海市学位委员会首次审核批准增列硕士点65个,调整硕士点5个,候补增列硕士点7个。另外,在一个教育学硕士点增列三级学科点3个。全市增列、调整的77个硕士点,分布在23个单位、9个学科门类、28个一级学科。

1996年,上海市研究生教育与学位授予单位增加到59个。其中高校24个,科研机构35个;在已有博士点中,高校占89.83％,科研院所占10.17％;硕士点,高校占86.79％,科研院所占13.21％;在学研究生人数,高校占比90.92％,科研院所占比9.08％;1996年授予博士学位的人数,高校占比82.03％,科研院所占比17.97％;授予硕士学位的人数,高校占比94.70％,科研院所占比5.30％。形成校所共存并进、取长补短,以校为主,合作培养研究生的办学格局。

从1996年开始,同济大学开展授予建筑学硕士专业学位授予的试点,华东政法学院招收法律学专业硕士研究生,华东师范大学招收教育学专业硕士研究生。工商管理硕士的培养,在原有复旦大学、上海财经大学、上海交通大学、同济大学基础上,又增加中国纺织大学、华东理工大学和上海海运学院。工程硕士的培养在上海交通大学和同济大学开始起步。上海医科大学、上海第二医科大学进行临床医学博士、硕士培养的试点工作。

1998年,经上海市学位委员会审核同意并报国务院学位委员会办公室批准,上海市新增硕士学位授权点65个,调整硕士学位授权点4个。另外,经国务院学位委员会审核同意,新增博士学位授权单位4个(上海海运学院、华东政法学院、上海戏剧学院、上海水产大学),新增复旦大学政治经济学等37个博士、硕士学位授权一级学科;新增同济大学基础数学等37个博士学位授权点(含新增4家博士授权学位的4个博士授权点);新增上海交通大学高等教育学等95个硕士学位授权学科、专业点(含上海自审65个)。至1998年底,上海共有42家博士授权单位,59家硕士学位授权单位。博士学科、专业授权点345个,硕士授权学科、专业点877个。

进入21世纪,上海进一步加强研究生学科、专业学位点建设,优化布局设置,促进研究生教育新的突破和发展。2002年,上海研究生教育率先实施综合改革试点,改革主要内容包括:各研究生学位授权单位可探索除政治、外语外其他科目的考试内容和考试方式;自行决定硕博连读或硕士生提前攻博等培养模式,实行弹性学制;研究生教育单位自主确定招收部分自筹经费研究生的招生规模;在核定的收费上限内,可确定收费标准与方式,通过"奖贷助免"等形式,保证收费研究生有一定标准的生活费用。

2005年4月,上海市学位委员会第十次学位授权审核工作启动,于2006年1月公布审核结果。经审核确定:上海市新增上海电力学院、上海工程技术大学为硕士学位授予单位;增列24个一级学科博士学位授权点、50个二级学科博士学位授权点,109个一级学科硕士学位授权点、108个二级学科硕士学位授权点。至2006年,上海39家博士、硕士学位授予单位中,有博士学位授权一级学科点 117 个,独立设置的二级学科博士点 101 个;硕士学位授权一级学科点 109 个,独立设置的二级学科硕士点 384 个。博士学位授权学科覆盖国家《博士、硕士学位学科专业目录》中的一级学科 64 个,覆盖率 71.9%;二级学科 287 个,覆盖率 73.2%。硕士学位授权学科覆盖国家《博士、硕士学位学科专业目录》中的一级学科 78 个,覆盖率 87.6%;二级学科 335 个,覆盖率 85.5%。

2010 年,经上海市学位委员会审议通过,上海市学位办向国务院学位办推荐申报 26 个博士学位授权一级学科点和 197 个硕士学位授权一级学科点。经国务院学位委员会审核同意,复旦大学、上海交通大学、上海大学等 15 所高校获准新增 73 个学位授权点。同年,上海市学位办组织开展新增硕士专业学位授权点审核工作。共收到 14 家研究生培养单位申报新增 62 个授权点,涉及 22 个专业学位类别。其中工程硕士类别包括 8 个工程领域。经审议,47 份申报材料获准通过,由上海市学位办向国务院学位委员会报送。经国务院学位委员会审核,批准 7 所上海市属高校及上海第二军医大学新增 25 个硕士专业学位授权点,其中上海应用技术学院为首次新增硕士专业学位授权点。2010 年,上海有学士学位授予高校 31 所,研究生培养高校 23 所,其中博士学位授权一级学科点 128 个、二级学科点 115 个,硕士学位授权一级学科点 109 个、二级学科点 410 个。

2010 年,教育部批准在清华大学等 64 所部属和地方高校开展专业学位研究生教育综合改革试点,培养高层次应用型专门人才,上海共 6 所高校参加。复旦大学试点工商管理硕士(MBA)、公共管理硕士(MPA)、公共卫生硕士(MPH)研究生教育综合改革;上海交通大学试点工程硕士(机械工程)、法律硕士、工商管理硕士(MBA)研究生教育综合改革;同济大学试点工程硕士(车辆工程)、工程硕士(建筑与土木工程)研究生教育综合改革;华东师范大学试点工商管理硕士、教育硕士研究生教育综合改革;上海外国语大学试点汉语国际教育硕士研究生教育综合改革;上海海洋大学试点农业推广硕士研究生教育综合改革。改革主要包括 7 项内容:课程体系改革;课题和训练项目改革;实验室改革;导师队伍建设;考核方式改革;加强专业学位教育指导委员会建设;双证改三证,即学生毕业时争取获得毕业证、学位证和职业资格证。上海理工大学、上海海事大学、华东政法大学、上海体育学院和上海大学 5 所市属高校被列为上海市首批开展全日制专业学位研究生教育改革试点高校。

第二节　重点学科建设

高等学校担负着培养高级专门人才和发展科学技术文化,为经济建设服务的重任。重点学科建设集知识创新、人才培养、基地建设于一体,加强重点学科建设,提高高校整体综合能力和学科水平,是高等学校改革与发展的核心内容。上海作为贯彻《中共中央关于教育体制改革的决定》而率先启动重点学科建设的省市之一,多年来坚持不懈推进此项工作。

一、国家重点学科

1997 年,上海高校共有 53 个国家级重点一级学科(表 2 - 1 - 2)。至 2007 年,组织完成市属高校增补国家重点学科的申报工作以及市属高校《国家重点学科建设与发展规划》的制定工作。经教育部认定,上海高校 103 个原国家重点学科中有 100 个学科通过考核评估,3 个学科进入两年加强建设期;新增上海师范大学、上海音乐学院、上海戏剧学院、华东政法大学 4 所单位的国家重点学科 41 个(按三级学科统计)。上海高校共有一级学科国家重点学科 30 个,二级学科国家重点学科 68

个,另有27个学科入围国家重点(培育)学科。10所有博士点的市属高校均建有国家重点学科或重点(培育)学科。

表2－1－2　1997年上海高校教育部高等学校重点学科情况表

依 托 单 位	一 级 学 科	二 级 学 科
复旦大学	哲学	马克思主义哲学
		外国哲学
	理论经济学	政治经济学
		世界经济
	应用经济学	金融学
		产业经济学
	政治学	政治学理论
		国际关系
	中国语言文学	汉语言文学
		中国古代文学
	新闻传播学	传播学
	历史学	历史地理学
	数学	基础数学
		应用数学
		运筹学与控制论
	物理学	理论物理
		凝聚态物理
		光学
	化学	物理化学
		高分子化学与物理
	生物学	生理学
		神经生物学
		遗传学
		生态学
	电子科学与技术	电路与系统
		微电子学与固体电子学
	基础医学	病原生物学
		病理学与病理生理学
	临床医学	内科学
		儿科学

（续表一）

依 托 单 位	一 级 学 科	二 级 学 科
复旦大学	临床医学	神经病学
		影像医学与核医学
		外科学
		眼科学
		耳鼻咽喉科学
		肿瘤学
	中西医结合	中西医结合基础
		中西医结合临床
	公共管理	社会医学与卫生事业管理
上海交通大学	物理学	凝聚态物理
	力学	工程力学
	机械工程	机械制造及其自动化
		机械设计及理论
	材料科学与工程	材料学
		材料加工工程
	动力工程及工程热物理	动力机械及工程
		制冷及低温工程
	电子科学与技术	电磁场与微波技术
	信息与通信工程	通信与信息系统
	控制科学与工程	控制理论与控制工程
		模式识别与智能系统
	计算机科学与技术	计算机软件与理论
	船舶与海洋工程	船舶与海洋结构物设计制造
	生物医学工程	生物医学工程
	管理科学与工程	管理科学与工程
同济大学	海洋科学	海洋地质
	力学	工程力学
	材料科学与工程	材料学
	建筑学	城市规划与设计
	土木工程	岩土工程
		结构工程
		桥梁与隧道工程

（续表二）

依 托 单 位	一 级 学 科	二 级 学 科
同济大学	交通运输工程	道路与铁道工程
		交通运输规划与管理
	环境科学与工程	环境工程
华东师范大学	教育学	教育学原理
		课程与教学论
		教育史
	心理学	基础心理学
	地理学	自然地理学
	生物学	生态学
华东理工大学	化学工程与技术	化学工程
		应用化学
		生物化工
东华大学	材料科学与工程	材料学
	纺织科学与工程	纺织工程
		纺织化学与染整工程
		服装设计与工程
上海外国语大学	外国语言文学	英语语言文学
		俄语语言文学
上海财经大学	理论经济学	经济思想史
	应用经济学	财政学
	工商管理	会计学
上海大学	机械工程	机械电子工程
	冶金工程	钢铁冶金
上海第二医科大学	临床医学	内科学
		儿科学
		外科学
	口腔医学	口腔临床医学
上海中医药大学	中医学	中医内科学
		中医外科学
	中药学	中药学
上海水产大学	水产	水产养殖

说明：上表不包括第二军医大学的重点学科。

二、上海市重点学科

1999 年 9 月,上海市市长徐匡迪在上海市教育工作会议上要求集中力量办好几所世界高水平的大学和建设一批能在世界科技和学术前沿占一席之地、达到世界先进水平的重点学科,使上海的教育水平提高到与一流城市建设相匹配。

2000 年 7 月 12 日,上海市召开重点学科建设工作会议,强调重点学科建设是上海市"十五"发展的迫切需要,是提高高等教育整体水平的迫切需要,是学校自身建设与发展的迫切需要。中共上海市委、上海市政府决定拨 18 亿元进行"985 计划",其中 12 亿用于配套教育部重点共建复旦大学和上海交通大学,6 亿元用于开展上海市重点学科建设计划,重点建设一批除复旦大学、上海交通大学以外的高校中已在国内处于一流地位的重点学科,时间跨度为 3 年。

当年通过遴选确定 49 个学科为上海市重点学科,其中,有 10 个学科为上海市"重中之重"学科(详见表 2 - 1 - 3)。上述学科中,有理工医类学科 36 个,人文社会科学类学科 13 个;其中基础研究类学科和人文社会科学学科之和占学科总数 50% 左右。"重中之重"学科每个学科投入 2 000 万元,其他上海市重点学科投入强度为:理工医类每个学科 400 万元～1 000 万元,人文社会科学类每学科 100 万元～300 万元。投入合计为 4.055 亿元。首批投入建设的 10 个"重中之重"学科中有国家级重点学科 4 个,国家级重点实验室 4 个和工程研究中心 3 个,教育部重点实验室 1 个,上海市重点实验室 3 个;学科带头人中有院士 9 人,"973"首席科学家 2 人;教育部长江计划特聘教授岗位8 个。39 个重点建设学科中有两院院士 15 位,国家杰出青年基金获得者 8 位,长江学者 12 位;国家级重点实验室 6 个和工程研究中心 3 个,教育部长江计划特聘教授岗位 20 个,教育部重点实验室 4 个,教育部文科研究基地 7 个,原部级重点学科 10 个,上海市重点实验室 3 个和工程研究中心3 个。桥梁工程、化学工程、高分子材料、钢铁冶金、组织工程学、中药学等学科依据各自的优势和实力,分别从有关部门获得配套资金 1.2 亿元,形成学科建设的良性循环。上海市教育委员会另遴选 36 个学科(其中理工医农学科 22 个,文科类学科 14 个)作为上海市重点学科进入评审程序。

表 2 - 1 - 3　2000 年上海市重点学科情况表

单　　位	"重中之重"学科(10 个)	上海市重点学科(39 个)
复旦大学	药学	
同济大学	海洋地质	机械设计及理论(含车辆工程)
	桥梁工程	材料学
		岩土工程
		结构工程
		环境工程
		建筑学(城市规划与设计、建筑设计及其理论)
		道路与铁道工程
华东师范大学	自然地理学	基础数学
		电磁波谱学

（续表）

单　位	"重中之重"学科(10个)	上海市重点学科(39个)
华东师范大学		生态学
		神经科学
		教育学(教育学原理、课程与教学论、教育史、学前教育学、特殊教育学)
		科学社会主义与国际共产主义
		中国哲学
		汉语言文字学
华东理工大学	化学工程	应用化学
		生物工程
		材料学
东华大学	材料学	染整工程
		纺织科学与工程(纺织工程、服装)
上海外国语大学		英语语言文学
		俄语语言文学
		阿拉伯语语言文学
上海财经大学		会计学
		产业经济学
		金融学
上海大学	钢铁冶金	应用力学
		通信与信息系统
		机械电子工程
上海第二医科大学	医学基因组学	发育生物学
	组织工程学	口腔颌面外科学
		儿科学
		消化内科学
		普外科学
上海中医药大学	中药学	中医外科学
上海师范大学		中国语言文学
上海理工大学		动力工程及工程热物理
上海戏剧学院		戏剧戏曲学
华东政法学院		法学(国际法学、法律史)

为规范上海市重点学科建设的运行,切实保证重点学科建设有效进行,上海市教育委员会制定《上海市重点学科建设方案》《上海市重点学科建设经费管理办法》和《关于加强上海市重点学科建设管理的若干意见》等,按照规划对全市重点学科建设实施规范管理。同时,在管理中力求有所创新,如,实行学科带头人负责制、保证学科带头人在人、财、物的管理、分配和使用等方面充分的自主权;强化优秀、顶尖人才的培养和集聚,发挥学术骨干的群体作用;提出了学科带头人要向国内外公开招聘;设立开放费用于柔性引进国内外优势人才;以加强学科自身的造血功能为目标,强化学科原始创新能力,围绕学科主攻目标,以科研项目为抓手,而不是简单的购买高性能仪器设备等。

2001年,首批"重中之重"学科建设初显成效,10个学科共引进"长江学者"、中国工程院院士等优秀人才3名;有3人被教育部聘为"长江学者",2人获"国家杰出青年科学基金";另有3个学科的学科带头人(汪品先院士、项海帆院士、徐匡迪院士)指导的3位博士研究生学位论文入选全国百篇优秀博士学位论文。"桥梁工程"学科带头人项海帆院士在2001年3月当选为土木工程领域最高地位的国际学术组织——国际桥梁与结构工程学会副主席;该学科范立础教授被增补为中国工程院院士。一年间,首批"重中之重"学科共获"973"子项目11项,经费2 458.5万元;获"863"子项目1项,经费80万元;研究成果获省部级二等奖以上14项,其中国家级奖4项;获得配套资助约1.3亿元,促进重点学科建设的可持续发展和学科优势的聚集。

2002年,49个上海市重点学科(含"重中之重"学科)建设取得进展。共承担各级各类科研项目2 641项,获研经费近7.5亿元。其中国家级项目448项,经费2.7亿元;省市部委级项目1 000多项,经费近2.4亿元,其中重点项目279项,经费1.35亿元;企事业单位委托项目1 201项,经费2.3亿元,其中重点项目125项,经费1亿多元。在承担的国家级项目中,有"973"项目26项,经费6 636万元,并有汪品先院士、丁平兴教授、盛慧珍教授、陈国强教授共4人获任首席科学家;有"863"项目63项,经费1亿多元;国家自然科学基金及国家社会科学规划基金重点项目54项,经费3 500多万元。研究成果获省部级科技奖励二等奖以上45项,其中国家级奖5项。共申请专利235项,获专利授权40项。49个重点学科在国内外学术刊物上共发表6 337篇学术论文,其中在国外学术期刊上发表972篇,被"SCI""EI""ISTP"三大检索系统收录1 037篇。主编专著333部。共主办242次国内外学术会议,其中国外学术会议84次,与会人数达3 600人。在重要国际学术会议上被邀请作主报告312次。各学科依据各自的优势和实力,分别从国家、上海市以及各部门、企事业单位获得配套资助约4.9亿多元,形成学科建设的良性循环,并将促进重点学科建设的可持续发展和学科优势的聚集。

2003年,上海市"重中之重"学科建设成效显著。通过三年建设,10个"重中之重"学科取得较大发展。由项海帆院士、汪品先院上、徐匡迪院士、陈竺院士等导师指导的6位博士研究生学位论文获全国百篇优秀博士学位论文。在科学研究方面,"重中之重"学科共承担各级各类科研项目1 066项,获研究经费4.36亿元。其中国家级项目155项,经费1.03亿元;在国内外学术刊物上共发表3 073篇学术论文,其中在国外学术期刊上发表519篇,被"SCI""EI""ISTP"三大检索系统收录799篇,主编专著50部。10个学科三年来共获国际组织资助或国际合作项目29项,经费1 368万元。共主办57次国内外学术会议,其中国际学术会议16次。在重要国际学术会议上被邀请作主报告104次。

"重中之重"学科还获得国家重点实验室等省部级以上重点研究基地6个,提升了学科进行原创性研究的平台水平。另外,10个学科共使用1.3亿多元建设经费购置了2 065台(件)仪器设备,其中大型仪器设备199台(件),使用经费近1.05亿元;使用经费近279万元购置了1 405种图书资料。通过建设各学科的研究基地得以进一步规范化、系统化,若干个学科的装备水平已达到或超过国外的同类实验室。

"重中之重"学科建设建立了多渠道筹资机制,除上海市教育委员会下达建设经费外,各学科分别从教育部等国家、地方有关部门,企事业单位获得配套建设经费5.28多亿元,形成了学科建设的良性循环,促进了重点学科建设的可持续发展和学科优势的聚集。

上海市10个"重中之重"学科在第一次教育部重点学科评选中有3个学科入围(1987年),在教育部第二次组织评选中,有9个学科被确认为高等学校重点学科(2002年1月)。其中,"海洋地质"学科在专家通讯评议中得票率为100%,并在本一级学科及二级学科中排名第一,"桥梁与隧道工程"学科也在本二级学科中排名第一。

2004年,自2001年开始启动的上海市重点学科3年建设周期结束。上海市教育委员会组织对39个上海市重点学科建设进行评估验收。39个上海市重点学科建设期间引进两院院士7人(含双聘院士),"国家杰出青年科学基金"获得者及"长江学者"共11人。招收硕士研究生11 844人,授予学位6 344人;招收博士研究生3 624人,授予学位1 400人。博士研究生在读期间参与的科学研究获得成果,共发表学术论文7 530篇,出版专著180部,申请专利249项,获专利授权71项,提交有关部门研究报告105份,编写教材33部,获各类科研奖励112项,并有6位博士研究生学位论文获全国百篇优秀博士学位论文。重点学科围绕国家科技发展目标和经济建设、社会发展需求,开展重大项目研究,取得成果。据统计,39个学科承担各级各类科研项目555项,获研究经费近11.2亿元。在这些项目中有国家级项目431项,经费约4.33亿元。其中"973"项目有23项,经费约1.97亿元,并有胡应和、钱旭红、盛慧珍、卢冠忠共4人获任首席科学家;"863"项目有101项,经费约2.67亿元;国家自然科学基金227项,经费6 223.8万元,其中重点项目31项,经费2 084万元;其他国家项目28项,经费2 346.8万元。省市部委级项目1 054项,经费近2.4亿元,其中重点项目278项,经费约1.54亿元;企事业单位委托项目2 807项,经费约4.15亿元,其中重点项目251项,经费约1.23亿元。研究成果获省部级科技奖励二等奖以上167项,其中国家级奖8项。26个自然科学类学科共申请专利537项,获专利授权169项,其中申请发明专利376项,获授权55项,39个学科在国内外学术刊物上共发表12 393篇学术论文,其中在国外学术期刊上发表1 580篇,被"SCI""EI""ISTP"三大检索系统收录2 417篇。主编专著660部。共获国际组织资助或国际合作项目经费3 269.97万元。共主办254次国内外学术会议,其中国际学术会议133次;在重要国际学术会议上被邀请作主报告423次。39个重点学科中获得国家重点实验室15个,获省部级以上重点研究基地23个。上海市重点学科建设建立多渠道筹资机制,除市教育委员会下达建设经费外,各学科分别从教育部等国家、地方有关部门,企事业单位获得配套建设经费约18.67亿元。

2005年,为落实上海教育工作会议提出的率先基本实现上海教育现代化的各项工作,进一步推进高校的内涵建设,充分发挥高等教育在知识和科技创新、创新人才培养、传承先进文化方面的重要作用等精神,上海市教育委员会启动实施上海市教育"十大行动计划"中针对市属高校的上海市重点学科(第二期)建设计划。各校在制订学校学科发展整体规划的基础上申报第二期上海市重点学科。经评审,最终确定17所高校的69个学科列入上海市重点学科(第二期)建设范围,其中优势学科15个(含4个以专项投入方式进行建设的第一期上海市"重中之重"学科),特色学科39个,培育学科15个。

2007年,上海市教育委员会对8所教育部直属高校以及第二军医大学进行部属高校上海市重点学科(第二期)建设,共有75个学科列入建设范围,其中自然科学类学科51个,人文社会科学类学科 21 个,综合(管理)类学科 3 个,建设周期为 2008—2010 年。

2008 年,实施上海市重点学科(第三期)建设计划,全市确定 38 个学科列入上海市重点学科(第三期)建设范围,其中自然科学类学科 26 个,人文社会科学类学科 12 个。市教育委员会组织专家对各学科 2009 年度建设任务及经费预算进行审核,共核定 186 项建设任务,并下达首期建设经费,实施建设计划。

2008 年,上海市重点学科(第二期)三年建设周期结束。上海市教育委员会采用同层次学科带头人互评与专家集中评估验收相结合的方式,对各学科建设规划完成情况以及学科发展的潜力进行评估验收。据统计,64 个参加评估验收的学科共新增一级学科博士点 6 个,二级学科博士点 29 个,硕士点 45 个,并新设 9 个博士后流动站。共新增了中科院院士 1 位,"973"首席科学家 1 位,"长江学者"2 位,国家杰出青年科学基金获得者 6 位,以及教育部新世纪人才基金获得者 4 位。共有 21 个学科获得了 26 个省部级以上重点研究基地。在科研和产学研结合方面,共申请专利 921 项,获专利授权 519 项,其中申请发明专利 732 项,获授权 274 项。研究成果获省部级科技奖励二等奖以上 106 项。在教育部 2007 年组织的国家重点学科考核评估和新增评选中,上海市第二期重点学科中除原 11 个国家重点学科通过考核评估以外,新增 6 个国家重点学科,4 个国家重点(培育)学科。上海工程技术大学和上海电力学院通过重点学科建设获得硕士学位授予单位,7 个学科获得硕士学位授予点。

三、上海市教育委员会重点学科建设

上海市教育委员会重点学科建设起初为"上海市属高校重点学科建设",后范围扩大到部委属高校,名称改为"上海市教育委员会重点学科建设"。

"上海市属高校重点学科建设"主要是以市属地方院校重点学科建设为主,从 1985 年开始,每五年为一期,第一期每年投入 1 000 万元,建设了 21 个重点学科。经 5 年实施,重点学科建设在学术梯队、实验室建设、教学和科研的提高、为经济建设服务的能力等方面取得成效。专家评分和综合分析表明,首批资助的 21 个重点学科总体评价全部在 B 级以上,其中 12 个学科为 A 级,2/3 学科达到上海或全国的先进水平,内科(消化)和中医外科被国家教育委员会批准为全国高校重点学科。上海第二医科大学建设的 7 个重点学科形成学术梯队并涌现一批学术带头人和接班人。

在市属高校首批重点学科建设取得成效的基础上,上海市政府同意在"八五"期间继续建设第二期 21 个重点学科。第二期 21 个重点学科的确定有以下三个特点。

定点评选。总的评选原则是"按需布点、专家评议、择优扶植、突出重点"。在评选中,综合考虑国家和地方的需要以及可能提供的财力,兼顾理、工、医、农和文科等学科门类的合理布局,既要扶植基础学科,又要重点扶植应用学科、新兴学科和急需发展的学科。

规划论证。21 个重点学科共有主要研究方向 62 个,都有一定特色或优势。学术带头人 38 人,平均年龄 57.6 岁。学术梯队中,高级职称 323 人(其中教授、研究员 80 人,博士导师 18 人),中级职称 419 人,初级职称 257 人。1989 年在读博士生 30 人,硕士生 280 人。1985 年以来获奖成果 206 项,其中国际奖 12 项,国家奖 34 项,上海市奖 124 项。科研经费年平均 590 万元。已有仪器设备固定资产 3 600 余万元,外汇 246 万美元。

完善与改进。第二期重点学科建设工作与第一期对比作了较大的改进,主要体现在六个方面:一是明确学科范围。重点学科范围定在二级学科,与研究生培养的学科、专业目录相一致,避免学科面过宽或过窄。二是实行目标管理。为明确重点学科的建设目标,进行有效的目标管理,上海市高等教育局在下达第二批重点学科名单的同时,要求重点学科必须制订五年建设规划和年度计划。上海市高等教育局决定从1991年起进行年度检查,五年建设期满组织验收。对于检查发现的问题将限期解决,并视情况采取缓拨、减拨或停拨重点学科经费的办法,直至撤销其重点学科称号。三是重视课程建设。要求每个重点学科至少建设一门重点课程,包括改善实验条件,编写教材或参考书,改进教学方法等,使重点学科建设不仅提高科研水平,而且提高教学水平。四是突出重点实验室建设。第二期重点学科的仪器设备和软件购置费占经费的85%以上,主要用于实验室的建设。因此,重点学科建设必须和重点实验室建设相结合。为了买好、管好、用好这些仪器设备,上海市高等教育局决定对2万美元或10万人民币以上的大型仪器设备组织专家论证,同时要求大型仪器设备要尽可能实行中心化管理,以提高使用效益。五是优化经费管理。第二期重点学科的经费实行分类控制办法,基建改造费少量安排,一次核定;仪器设备和软件购置费,学校可以在10%的额度内统筹调剂;对外交流和人才培养费、年度运行费和不可预见费,均采取分项目、分年度报批的办法。六是加强对重点学科的领导。成立由上海市政府教育卫生办公室、市高等教育局和有关高校主管领导组成的重点学科领导小组;有关高校也相应成立由科研、设备、人事等部门参加的重点学科领导小组,以有利于加强领导,便于协调,及时解决有关问题。

1995年,通过验收的第二期上海市属高校重点学科建设的成效,一是提高了实验室现代化程度。新购置大型精密仪器设备197台(件),新增实验室43个,其中重点实验室4个。二是加强了学术梯队建设。博士生导师由原来的17人增至32人,正、副高级和中级职称人数分别由建设前的80人、221人、407人增至155人、295人、453人,学术梯队更趋合理,一批成绩卓著的中青年骨干走上学术领导岗位,促进了高层次人才自主培养能力。三是提高了人才培养规格和教学质量。新增硕士点、博士点、博士后流动站各3个。共培养博士生64人,硕士生603人,进修生957人,接收国外留学生75人和访问学者25人。共出版教材、专著111种,新开课程和实验141门,制作了大量的录像、图片、幻灯片等。四是增强了科学研究和为地方经济建设服务的能力。共承担科研课题985项,获得科研经费8 864多万元,获得省市以上科研奖励122项,85%以上学科获得过上海市或部委级科技进步二等奖。发表论文2 388篇,其中在国外刊物上发表443篇。五是扩大了国际交流与合作。主办或协办国际学术会议35次、国内学术会议57次,开展国际协作项目55项。重点学科通过国际联合培养人才、合作进行科学研究等方式,带动相关学科的发展。重点学科建设起到学科建设的示范作用,提高学校的综合实力,在建立重点学科建设管理体制、规章制度、检查评估体系等方面进行有益的探索和研究,为进一步提高管理水平,开创重点学科建设新局面,起到积极作用。

上海在市属高校中有计划地进行重点学科建设有以下特色:起步早。1985年《中共中央关于教育体制改革的决定》发表时,上海重点学科建设已经正式启动。强度大。上海市政府决定每年投资1 000万人民币,并配套相应的外汇额度(相当于当时350万美元);对每个学科点的投资,理工科为250万元以上,医农科为150万元以上,文科为50万元以上。有的学科两批建设均受益,投资强度更大。进展快。首批重点建设的21个学科已于1989年通过验收,其中12个学科为A级,9个学科为B级,已经实践了比较完整的建设过程,也积累了比较成熟的管理经验。效果好。实践证明,重点学科建设的10年,也是市属高校发展最快的10年。重点学科占80%,投资经费占90%的新上海大学和上海第二医科大学进入国家的"211工程"。

上海市属高校重点学科建设取得多方面的成效,主要表现在:

改善实验条件:重点学科经费用于实验室建设的占80%以上,其中部分改善教学实验室的条件,有的学科更新使用数十年的陈旧设备;有的学科填补没有实验课的空白,如针灸学科开设约30个现代成果中选取的实验项目,改变了针灸教学没有实验课的传统。

加强学术梯队:由于改善了重点学科的工作条件,学科带头人的学术水平得以充分发挥,重点学科中不仅有中科院院士钱伟长、黄宏嘉等老一辈学科带头人,而且有一批中青年学科带头人脱颖而出。

提高教育质量:重点学科建设为高层次人才的培养立足国内奠定基础,从1990—1994年,市属高校的博士点从38个增至52个,增长37%,博士生导师从66人增至131人,增长约1倍;硕士点也从119个增至138个,增长16%。第二期重点学科还加强重点课程建设(包括电教教材等),扩大重点学科建设的受益面。

增强科研能力:市属高校在承担科研项目,争取科研经费,以及申请专利、发表论文、出版专著等方面都有大幅度提高和增长。上海第二医科大学承担的国家自然科学基金重点项目和国家科委"863"高科技项目,都以重点学科为主体组织实施;上海工业大学每年的科研经费1985年不到300万元,1993年已达到3 600万元。

促进产业发展:在1994年上海高校评选的首批19个明星产业项目中,市属高校有三个,全部是从重点学科中产生的。

取得显著效益:第二期重点学科通过重点课程建设,扩大了人才培养的受益面;通过重点项目和科技的资助,增强了学科参与社会竞争的能力,活跃了对外交流和合作;通过重点实验室建设,提高了大型精密仪器设备的投资效益,使重点学科真正成为"培养高层次人才和解决重大科技问题的基地"。

1994年9月,上海市教育工作会议提出在上海高校进行"三重工程"建设,即重点学科、重点实验室、重点课程建设,是教育系统的"八大工程"之一。1995年6月30日,上海召开市属高校第二期重点学科大会,强调重点学科建设在提高高校科研能力和教学质量的前提下,要注重与经济建设相结合,发挥更大的经济效益和社会效益,进一步提高投资强度。

上海市属高校第三期重点学科建设范围包括在上海市的部委属高校,名称随之改为"上海市教育委员会重点学科建设"。该期重点学科建设包括上海大学等6所市属高校的26个学科和复旦大学等17个部委属院校的49个学科。上海市教育委员会在五年内每年在市属高校中投入1 500万元,在部委属院校中投入500万元(共2 000万元)。

上述75个重点学科中,理工类学科38个、医学类学科13个,农学类学科3个、人文社会科学类学科21个。其中,有国家级重点学科6个,有15个学科设有博士后流动站,51个学科是博士点,含有部、市级重点开放实验室19个,上海市工程研究中心2个,世界卫生组织合作中心2个,世界贸易组织上海研究中心1个,国家级考试中心1个,这些基地对学科发展起到很大的支撑作用。在部委属高校49个重点学科中,与上海经济建设的"五大领域""六大支柱产业"及"三个中心"密切相关的学科有27个,占学科总数的55.1%;与精神文明建设和社会发展密切相关的学科有11个,占22.4%;与环境保护及市政建设等急需解决的问题相关的学科有5个,其他学科5个,各占10.2%。

1998年,"上海市教育委员会重点学科建设"初见成效。在75个重点学科中,有11个重点学科新增11个博士点,3所高校成为博士点新增单位。市属高校26个重点学科,1996、1997两年共获科研项目945项,科研经费7 000多万元,其中国家项目222项,获经费1 440万元;省市(部)级项目280多项,获科研经费约1 500万元。同时还获得不少省市(部)级以上科技成果奖励。部属高校1996、1997、1998年度的159项课题研究,46项已经通过鉴定或评审,有的课题达到国际先进或国际领先水平。上海市教育委员会分三次下达重点学科建设经费,其中购置大型仪器设备 79 台(件),一般仪器设备 1 032 台(件)。卫生部、国家中医药管理局、上海市教育委员会及国际、国内企业在市属高校重点学科内新建立十多个重点实验室、工程研究中心等重点研究基地,为学科开展高水平的科研及培养高质量的人才提供物质条件。6—7 月,上海市教育委员会对市属高校的 26 个重点学科进行中期评估。评估结果,26 个学科均达到良好,其中"钢铁冶金""机械制造自动化""通信技术""医学细胞生物学""口腔颌面外科学""中药学""应用语言学"7 个学科被评为优秀。

2000 年底,上海市教育委员会对市、部属高校的 79 个上海市教育委员会重点学科(含 4 个联合学科)建设进行总结验收。5 年中,市属高校 26 个重点学科共投入建设经费 7 400 多万元。新增 4 个博士后流动站、3 个博士点、14 个硕士点。各学科共争取项目 1 745 个,其中国家级 261 个,共获科研经费 23 646 万元,是市教育委员会重点学科建设经费的 2 倍多;共获部、市级以上科技奖励 192 项,其中国家级奖 7 项;发表论文 5 868 篇,其中被"SCI""EI"收录 771 篇;主编著作 303 部;主办国内外学术会议 82 次;专利申请 47 项,专利授权 24 项;培养博士后 46 人,博士生 446 人;新开课程 283 门,新编教材 160 本;建立 22 个研究基地,10 多个重点实验室、工程研究中心。部属高校的上海市教育委员会重点学科中,复旦大学的政治学等 32 个学科共新增 10 个一级学科博士点,27 个二级学科博士点,10 个博士后流动站。还有 9 个学科新增 15 个部、市级以上重点研究基地。5 年中,各学科共争取到科研项目 4 145 个,其中国家级项目 513 个,共获科研经费 49 795.47 万元;获部、市级以上科技奖励 600 项,其中国家级奖 52 项;发表论文 14 606 篇,其中被"SCI""EI"收录 1 867 篇;主编著作 574 部,主办国内外学术会议 199 次;专利申请 196 项,专利授权 74 项;培养博士后 189 人,博士生 1 673 人;新开课程 457 门,新编教材 366 部。上海市教育委员会在部属高校重点学科中共设立 262 个重点研究项目,其中 110 个完成并通过专家鉴定,产生很好的社会和经济效益。

2001 年,上海市教育委员会启动实施上海市教育委员会第四期重点学科建设工作,有 42 个学科入围。其中,理工类学科 18 个,医学类学科 9 个,农学类学科 2 个,人文社会科学类学科 13 个(其中 1 个为联合学科,下设 3 个学科点),共计 44 个学科点。在 44 个学科点中有博士点 25 个,硕士点 12 个,本科学科点 7 个。2004 年,对 42 个市教育委员会重点学科建设进行中期检查,市教育委员会第四期重点学科建设经过两年半发展,在人才队伍、研究基地建设及科学研究等方面取得成效。42 个上海市教育委员会重点学科(第四期)建设共承担各级各类科研项目 932 项,获研究经费近 1.6 亿元。其中国家级项目 155 项,经费 3 600 多万元;省市部委级项目 433 项,经费近 3 900 万元,其中重点项目 124 项,经费 2 100 多万元;企事业单位委托项目 347 项,经费 8 010 万元,其中重点项目 43 项,经费 1 700 万元。在承担的国家级项目中,有"973"项目 5 项,经费 300 万元;"863"项目 23 项,经费 1 200 多万元;国家自然科学基金及国家社会科学规划基金项目 122 项,经费 1 600 多万元。研究成果获省部级以上科技奖励 42 项。42 个重点学科在国内外学术刊物上共发表 1 848 篇学术论文,其中在国外学术期刊上发表 222 篇,被"SCI""EI""ISTP"三大检索系统收录 235 篇。主编专著 102 部。各学科在重点学科建设中重视知识产权保护,对项目执行过程中产生的研究成果及时采取知识产权保护措施,积极申请专利,据统计,42 个学科共申请专利 66 项,获专利授权 18 项。

2007 年,启动实施上海市教育委员会第五期重点学科建设工作,共有 58 个学科列入建设范围,其中自然科学类学科 33 个,人文社会科学类学科 25 个(2008 年,增补 22 个,总数达到 70 个)。研究成果获省部级以上科技奖励 41 项。在国内外学术刊物上共发表 4 147 篇学术论文,其中在国外学术期刊上发表 709 篇,被"SCI""EI""ISTP"三大检索系统收录 916 篇。主编专著 235 部。提交有关部门决策咨询研究报告 76 份。27 个理工医农类学科共申请专利 216 项(其中发明专利 131 项),

获专利授权 73 项(其中发明专利 23 项)。42 个学科共主办 143 次国内外学术会议,其中国际学术会议 62 次;在重要国际学术会议上被邀请作主报告 378 人次。

2010 年,上海市教育委员会对在建的 38 个上海市第三期重点学科和 58 个上海市教育委员会第五期重点学科(见表 2-1-5)建设进行中期评估。上海市第三期重点学科和上海市教育委员会第五期重点学科通过建设,增强了学科发展的潜力和特色,提升了上海高校科研的整体水平和服务社会的能力。据统计,上海市第三期、市教育委员会第五期重点学科在建设期间共承担各级各类科研项目 2 683 项,获研究经费 7.66 亿元。其中"973"项目 21 项,获经费 6 614 万元;"863"项目 18 项,获经费 2 394 万元;国家自然科学基金项目 291 项,获经费 9 171 万元;国家哲学社会科学基金项目 45 项,获经费 471 万元;产学研合作和企事业委托项目 919 项,获经费 23 413 万元;国际合作项目 29 项,获经费 935 万元。发表学术论文 4 418 篇,其中被"SCI""EI""ISTP"等六大检索系统收录 2 766 篇。出版专著 1M 部,编写教材 46 部。撰写决策咨询研究报告 141 份,其中提交有关部门 77 份。共申请发明专利 733 项,获授权 237 项。研究成果获省部级二等奖以上科技奖励 59 项。建设期间共主办召开国内、国际学术会议 523 次,其中国际会议 159 次;在国际学术会议上作特邀报告 565 人次。共有 15 个学科获得 19 个省部级以上重点研究基地。重点学科建设期间共新增"973"首席科学家 2 人,"国家杰出青年科学基金"获得者 4 人,"长江学者"2 人,教育部新世纪人才基金获得者 4 人。新增博士后流动站 5 个,二级学科博士点 3 个,硕士点 8 个。共招收博士研究生 1 366 人,授予学位 938 人(其中国外博士研究生 71 人,授予学位 27 人);招收硕士研究生 8 514 人,授予学位 6 830 人(其中国外硕士研究生 180 人,授予学位 67 人)。有 1 篇博士论文入选全国百篇博士论文奖,2 篇获全国百篇博士论文奖提名。

表 2-1-4 上海市重点学科(第三期)情况表

序　号	学　　校	学　　科
1		中国现当代文学
2		传播学
3		电影学
4		运筹学与控制论
5	上海大学	无线电物理
6		固体力学
7		材料学
8		通信与信息系统
9		环境工程
10		人体解剖与组织胚胎学
11		神经病学
12	上海交通大学医学院	影像医学与核医学
13		外科学(普外)
14		眼科学
15		口腔基础医学

（续表）

序　号	学　　校	学　　科
16	上海中医药大学	中医医史文献
17		中医诊断学
18		中医妇科学
19		针灸推拿学
20	上海师范大学	发展与教育心理学
21		汉语言文字学
22		中国古代文学
23		中国近现代史
24		计算数学
25		环境科学
26	上海理工大学	系统分析与集成
27		光学工程
28		制冷及低温工程
29		管理科学与工程
30	上海海事大学	交通运输规划与管理
31		载运工具运用工程
32	上海海洋大学	水生生物学
33		捕捞学
34	上海体育学院	体育人文社会学
35		运动人体科学
36		民族传统体育学
37	华东政法大学	刑法学
38		经济法学

表 2－1－5　上海市教育委员会重点学科（第五期）情况表

序　号	学　　校	学　　科
1	上海大学	数学科学与技术
2		纳米材料化学
3		高可信计算与智能信息处理
4		电路与系统
5		电影学
6		近现代中国社会文化史
7		传播学

（续表一）

序　号	学　　校	学　　科
8	上海交通大学医学院	基础医学
9		消化外科学
10		神经病学
11		妇产科学
12		小儿心血管
13		骨关节外科学
14	上海中医药大学	中西医结合基础
15		中医药剂学
16		中药临床药理学
17		中医诊断学
18		中医脾胃病学
19		中医妇科学
20	上海师范大学	植物学
21		地理学与城市环境
22		情感教育心理学
23		比较教育学
24		中国古代史
25		行政管理
26	上海理工大学	动力机械及工程
27		建筑环境工程与节能
28		机械制造及其自动化
29		经济系统运行与调控
30	上海海事大学	交通运输规划与管理
31		港航电力传动与控制工程
32		轮机工程
33	上海水产大学	海洋生物学
34		海洋环境工程
35		食品经济管理
36	上海音乐学院	钢琴艺术
37	上海戏剧学院	广播电视艺术学
38	上海体育学院	体育教育训练学
39		体育赛事运作

（续表二）

序　号	学　　校	学　　　科
40	华东政法大学	刑法学
41		司法鉴定
42		国际法学
43	上海外贸学院	金融学
44		企业管理
45		外国语言学及应用语言学
46		国际贸易法
47	上海电力学院	电力系统安全与节能
48		现代电力企业管理
49	上海工程技术大学	城市轨道交通运营工程
50		材料精密成型与处理
51	上海应用技术学院	材料成型及控制工程
52		城市安全工程
53	上海金融学院	金融学
54	上海立信会计学院	会计学
55	上海第二工业大学	测控自动化
56	上海电机学院	电力电子与电力传动
57	上海商学院	商务传播学
58	上海政法学院	经济法学

第三节　学科专业评估

一、专业评估

1984年，同济大学率先开展校内重点专业评估工作，制定系列评估文件，组织成立专业评估委员会，采取现场调查、专业自评和专家评议等方法，评出18个重点专业，成为国内首个自行组织专业评估的高校。1985年，上海市高等教育局组织专门力量，对高等教育评估理论和评估方案进行研究，成立评估工作领导小组。组织上海市20所高校对24个本科专业的教学质量进行了评估。

1990年开始，上海高校专业评估进入扩大试点、逐步推开阶段，评估类型也逐渐增多。针对高校20世纪80年代大量增设管理、计算机、会计三类专业，重复布点较为突出的情况，1990年，上海市高校评估领导小组选择量大面广的会计学、计算机类、管理类专业进行专家评估。这次专业评估涉及全市三分之二的高校，占全市高校专业总数的八分之一，其中管理类45个，计算机类25个，会计学16个。评估结果分三种情况：合格，暂缓通过，整顿、暂停招生。对暂缓通过的专业要求半年内整顿，并进行复查。对暂停招生的专业要求在师资队伍、经费投入和教学管理等三方面加强。

1992年,上海市高等教育局对上海8所高校11个外贸类专业点进行评估。通过评估促进学校进一步明确如何加强外贸类专业建设,办出特色,建立完善专业人才培养质量监督和毕业生质量社会反馈体系。1995年,上海市高等教育局对上海石油化工高等专科学校、上海冶金高等专科学校等4所高职高专院校的专业教学改革试点进行中期评估,1996年,又对上海机械高等专科学校的电气技术专业和上海轻工业高等专科学校的香料香精工艺专业第二阶段教学改革进行中期评估。

除了政府组织的专业评估之外,社会力量开始介入高校专业评估。1996年,上海市教育委员会和上海市旅游事业管理局共同对上海市高校旅游管理专业开展社会评估,采取先合格评估、后选优评估相结合的方式。经合格评估鉴定为合格的专业,由上海市教育委员会和上海市旅游事业管理局共同颁发"上海高校旅游管理专业评估合格专业点"证书。在此基础上,再进行选优评估。

从1994年起,上海还率先建立了新设专业的行政检查评估制度。新专业检查评估既是上海市教育主管部门实施监督管理的手段,也是高校自我检查、自我完善的环节,是促进提高专业建设水平和办学质量的重要措施。从2003年开始,上海市教育委员会委托上海市教育评估院对高校本科新专业开展检查评估工作。

2008年起,上海市教育委员会每年将"近三年就业率持续偏低的专业名单"向社会进行公布,并提出高校年度专业招生计划调整工作的意见,逐步建立就业率持续偏低专业的预警和退出机制。

2010年,上海市教育委员会结合本科专业评估,提出从五个方面探索建立本科专业退出管理机制:一是引导高校科学制定学校分专业招生计划,推进高校学科专业布局结构优化与调整;二是把优化专业招生计划当做学校合理配置教学资源,促进教学质量提高的重要手段;三是综合分析全市高校专业设置与社会需求情况,减少和限制部分专业的招生总量;四是针对教学薄弱环节,开展新专业专项检查;五是鼓励高校根据社会需求,调整或改造老专业学科方向,寻找新的生长点。同年,上海市教育委员会成立"上海高校学科专业内涵建设自主评估方案研究"课题组,进行新一轮专业评估的研究。

二、学位评估

1985年10月,上海市高等教育局分别对上海交通大学等6校的固体力学专业硕士学位质量、复旦大学等4校的英语语言文学专业硕士质量进行了评估。随后又组织了计算机科学与技术一级学科的硕士点评估。

1991年,根据国务院颁发的《学位条例暂行实施办法》,上海市高等教育局对上海10所市属本科院校授予全日制普通本科毕业生学位工作情况进行了评估。1992年,受国务院学位委员会委托,上海市学位委员会组织专家对福建、浙江和上海的哲学、经济学、历史学、中国语言文学、外国语言文学、数学、化学、生物学、力学、管理科学与工程、自动化等11个一级学科的前三批硕士点进行了水平评估。此后又对上海市未接受过评估的前四批258个硕士点进行了基本条件合格评估。1995年,对7个一级学科硕士点进行了评估。

2004年,根据上海市学位委员会《关于开展硕士学位授权学科、专业基本条件合格评估工作的通知》,计划在3年内对全市所有硕士点分批轮流进行合格评估工作。2004年参加合格评估的是哲学、经济学、管理学等3个学科门类以及工学门类中的前12个一级学科下的131个硕士点,分布在24家学位授予单位,涵盖19个一级学科。

2005 年,根据国务院学位委员会《关于开展对博士、硕士学位授权点定期评估工作的几点意见》精神,上海市学位委员会组织对全市各学位授予单位在 1998 年前获得硕士学位授权、且目前仍为独立设置的 284 个硕士学位授权点进行合格评估。经各单位自我评估、学科评议组专家评议和上海市学位委员会全体会议审核,265 个硕士点评估合格,继续行使硕士学位授权;12 个硕士点评估合格,继续行使硕士学位授权,但须整改;7 个硕士点限期整改并暂停招生。

第四节　专 业 建 设

一、本科教育高地

1977 年后,上海市教育主管部门通过组织实施"三重工程"(重点学科、重点课程、重点实验室)、"211 工程""985 工程"等一系列重要建设项目,开发创设新兴学科专业,改造提升传统特色专业,调整优化学科专业布局,使上海高校的专业数量、类型、结构、质量有了很大提升,形成一批优势特色学科专业。进入 21 世纪,上海市教育委员会全面贯彻落实"科教兴市、人才强市"战略决策和上海市教育工作会议精神,加强上海高等教育内涵建设,在上海高校原有优势学科专业发展的基础上,进一步将一批专业建设成为上海乃至全国的人才培养重要基地和高校教学研究与师资培训中心,成为在国内外有一定知名度和影响力的本科教育高地,为上海城市发展和经济建设提供人力资源保障。自 2004 年开始,上海每年投入 1 亿元,开展面向地方院校的本科教育高地建设。2004 年,经对上海 21 所市属高校申报的 50 项本科教育高地建设项目进行评审遴选,上海市教育委员会确定 39 个项目为上海高校第一期本科教育高地建设项目。

表 2－1－6　2004 年上海市第一期本科教育高地建设项目情况表

学　　校	项　　目
上海大学	影视传播、美术学、英语、中国语言文学、知识产权、会展艺术与技术
上海师范大学	旅游会展经济与管理、教师教育、汉语言文学、英语、影视传播
上海理工大学	印刷出版、医疗器械
上海中医药大学	中医学、中药学
上海工程技术大学	艺术设计、物流管理
上海对外贸易学院	外贸经济、金融保险、英语
上海海事大学	海关物流、外贸经济、法学
上海水产大学	国际都市型食品物流
华东政法学院	法学、政治学
上海体育学院	体育教育
上海应用技术学院	会展策划与设计
上海交通大学医学院	护理、临床医学
上海音乐学院	音乐教育
上海戏剧学院	表演艺术

学　　校	项　　目
上海立信会计学院	会计学
上海金融学院	金融保险、外贸经济
上海第二工业大学	物流管理
上海政法学院	法律
上海电力学院	电力经济与管理
上海电机学院	国际经济与贸易
上海商学院	连锁经营管理

第一期高校本科教育高地建设以现代服务业领域的专业为主。计划经过 4 年建设,把市属高校与城市现代服务业相关的若干专业建设成为国内人才培养重要基地和高校教学研究与师资培养中心。

2007 年,上海市教育委员会启动第二期教育高地申报和建设工作,建设项目以先进制造业领域的专业为主。经学校申报,市教育委员会组织专家评审,共批准 10 所高校 23 个项目。

表 2-1-7　2007 年上海市第二期本科教育高地建设项目情况表

学　　校	项　　目
上海大学	机械设计制造及其自动化、金属材料工程、应用物理光电子技术(实验室建设)
上海海事大学	机械设计制造及其自动化(港口机械)、信息工程(港口航运)
上海师范大学	应用化学、生物技术(实验室建设)
上海水产大学	水族科学与技术、海洋渔业科学与技术、食品质量与安全(实验室建设)
上海电力学院	电气工程及其自动化、热能与动力工程
上海理工大学	机械设计制造及其自动化、环境工程(实验室建设)、工业设计
上海第二工业大学	计算机科学与技术、机械电子工程
上海电机学院	电气工程及其自动化、机械设计制造及其自动化
上海应用技术学院	材料加工、应用化学
上海工程技术大学	机械设计制造及其自动化、化学工程与工艺

2008 年,为进一步推进上海市高校学科专业布局结构优化与调整工作,上海市教育委员会启动第三期本科教育高地建设工作,将上海高校在建国家级特色专业建设项目纳入上海市第三期本科教育高地建设范畴。同年,经批准立项 68 项。

表 2-1-8　2008 年上海市第三期本科教育高地建设项目情况表

学　　校	项　　目
上海交通大学医学院	临床医学、口腔医学、医学检验、护理学、药学
上海海事大学	物流管理、航海技术、机械设计制造及其自动化(港口机械)、轮机工程、航运管理

（续表）

学　　校	项　　目
上海海洋大学	海洋渔业科学与技术、食品科学与工程、生物科学、水产养殖学、农林经济管理
上海中医药大学	中医学、中药学、针灸推拿学
上海师范大学	小学教育、汉语言文学、广告学、旅游管理、音乐学
上海理工大学	机械设计制造及其自动化、热能与动力工程、光信息科学与技术、电子商务
上海工程技术大学	艺术设计、交通运输、工商管理
上海电力学院	电气工程及其自动化、热能与动力工程、自动化
上海对外贸易学院	国际经济与贸易、英语(商务英语)、金融学、工商管理
上海体育学院	民族传统体育、运动人体科学、体育教育
上海音乐学院	音乐表演、作曲与作曲技术理论、戏剧影视、美术设计、广播电视编导、播音与主持艺术
上海大学	金属材料工程、美术学、电子信息科学与技术、化学工程与工艺
华东政法大学	侦查学、知识产权、法学
上海应用技术学院	材料科学与工程、轻化工程
上海第二工业大学	机械工程及其自动化、物流管理
上海金融学院	金融学、会计学
上海立信会计学院	金融学、会计学
上海商学院	连锁经营管理
上海电机学院	机械设计制造及其自动化、国际经济与贸易、电气工程及其自动化
上海政法学院	监狱学、社会工作
上海杉达学院	国际经济与贸易
上海建桥学院	计算机科学与技术

2009 年，上海市教育委员会组织完成第一、二期高地建设的项目验收。并在上海高校发展定位规划和学科专业布局结构优化调整工作的基础上，启动上海市第四期本科教育高地建设项目申报工作。各校在校内进行项目遴选的基础上，向上海市教育委员会推荐申报。2010 年，经上海市教育委员会核准，确定 23 所高校的 80 个项目为第四期高地建设项目。

表 2－1－9　2010 年上海市第四期本科教育高地建设项目情况表

学 校 名 称	项　　目	项目类别
上海金融学院	金融信息教育高地、财政学	专业建设
上海师范大学	对外汉语创新人才培养模式、广播影视新传媒、金融保险	培养模式
	历史学、心理学应用人才培养模式、数学与应用数学	专业建设
上海杉达学院	金融人学实践教学模式创新与实践	培养模式
	旅游虚拟实训室	实验室建设

（续表一）

学 校 名 称	项　　目	项目类别
上海政法学院	国际政治、法学	专业建设
	应用型人才培养模式研究与实践	培养模式
上海海事大学	交通运输、英语、工商管理、港口航道与海岸工程、电气工程及其自动化、物流高地后续建设、航运经济管理与金融专业高地后续建设	专业建设
上海第二工业大学	工业自动化工程训练中心	实验室建设
	软件工程	专业建设
	应用型本科创新人才培养模式的改革	培养模式
上海商学院	国际化酒店管理人才培养的实践与探索	专业建设
上海建桥学院	新闻学、旅游管理	专业建设
上海电机学院	财务管理、材料成型及控制工程、计算机科学与技术	专业建设
上海对外贸易学院	基于国际合作的创业教育体系探索	创业教育
	财经类本科法学人才培养模式的创新、会展与旅游专业培育模式改革创新实践	培养模式
	会计学	专业建设
上海电力学院	计算机科学与技术	专业建设
	数理公共教学平台建设	教学条件
上海戏剧学院	戏剧文学	课程体系
上海大学	计算机研究型本科教育创新实践平台、材料学科本科创新人才培养模式、土木工程创新研究与设计人才培养平台、基于创新实践平台的机电人才培养模式、电子信息工程创新人才培养模式、档案学人才培养体系建设	培养模式
	社会学教学改革与实践	专业建设
上海应用技术学院	土木工程、信息与控制工程	专业建设
上海音乐学院	音乐学写作课程体系	课程体系
	现代器乐与打击乐演奏、本科钢琴教材与人才建设、音乐教育课程体系与特色项目建设	专业建设
	艺术管理实务课程建设	课程建设
上海立信会计学院	应用型人才培养	培养模式
	国际经济贸易、税务专业	专业建设
	公共基础课建设	课程建设
上海工程技术大学	车辆工程专业、电子信息工程、劳动与上海保障专业	专业建设
	信息管理与信息系统专业、公共事业管理专业	培养模式
上海理工大学	材料成型与控制工程、食品质量与安全、电气工程与自动化	专业建设
上海体育学院	本科实验教学中心建设	实验室建设

（续表二）

学 校 名 称	项 目	项目类别
上海海洋大学	环境科学、海洋技术、热能与动力工程、信息管理与信息系统	专业建设
	食品经济管理	课程体系
	物流管理	培养模式
	电子电工实验基地	实验室建设
上海交通大学医学院	构建开放式基础医学实验平台、构建综合性预防医学实验平台、临床检验诊断学实验室建设	实验室建设
	基于模拟平台的医学生临床能力培养与考核	培养模式
	口腔医学课程体系改革	课程体系
	临床医学试题库建设	专业建设
上海中医药大学	中医学七年制专业建设、中西医临床医学教育、护理学	专业建设
华东政法大学	国际金融、航运法律人才培养创新	人才培养

第一至第三期教育高地自立项建设到 2010 年,创建国家精品课程 21 门,上海市精品课程 89 门,全英语课程 45 门;共建实习基地 900 余家,5 年内累计接受 69 000 多名学生实习;教师出版教材 1 200 余门,发表教改教研论文 4 200 余篇;学生获国家级奖 192 项,省市级奖 1 167 项。

二、特色专业建设

为适应国家经济、科技、社会发展对高素质人才的需求,引导不同类型高校根据自己的办学定位和发展目标,发挥自身优势,办出专业特色,2007 年,教育部、财政部颁发《关于实施高等学校本科教学质量与教学改革工程的意见》,决定"十一五"期间择优重点建设 3 000 个左右国家级特色专业建设点。特色专业建设点分两类。同年 9 月,启动第二类特色专业建设点申报,11 月又启动第一类特色专业建设点申报。

第二类特色专业建设点于 2007 年一次完成遴选。依据国家需要,在优先发展紧缺专门人才和艰苦行业中,选择相关若干专业领域的专业点进行重点建设,推进高校专业建设与人才培养紧密结合国家经济社会发展需要,形成一批急需和紧缺人才培养基地,为同类型高校专业建设和改革起到示范和带动作用。

第一类特色专业建设点是按中央部委所属高等学校和地方高等学校分配名额,分开操作。申报的专业应为紧密结合地方经济社会发展的需求、主动适应地方产业布局与结构调整需要的目录内专业点。

2007 年,上海有 10 所高校的 25 个专业入选第一批特色专业(第二类)建设点,20 所高校的 39 个专业入选第二批特色专业(第一类)建设点。

表 2 - 1 - 10 2007 年度第一批高等学校特色专业建设点情况表(第二类,上海)

项目编号	学 校 名 称	专 业 名 称	所属领域方向
TS2166	复旦大学	新闻学	新闻传播类
TS2167	复旦大学	微电子学	集成电路

(续表)

项目编号	学校名称	专业名称	所属领域方向
TS2168 TS2169 TS2170	复旦大学	软件工程(设3个专业方向)	软件工程
TS2171	复旦大学	临床医学	临床医学类
TS2172	同济大学	动画	动漫
TS2173 TS2174 TS2175	同济大学	软件工程(设3个专业方向)	软件工程
TS2176	上海交通大学	微电子学	集成电路
TS2177	上海交通大学	信息安全	信息安全
TS2178	上海交通大学	信息工程	通信工程
TS2179 TS2180 TS2181	上海交通大学	软件工程(设3个专业方向)	软件工程
TS2182	上海交通大学	临床医学	临床医学类
TS2183	上海交通大学	口腔医学	口腔医学类
TS2184	上海海事大学	物流管理	物流管理
TS2185	上海水产大学	海洋渔业科学与技术	动物生产类、水产类
TS2186	上海中医药大学	中医学	中医学类
TS2187	华东师范大学	汉语言文学	师范教育
TS2188	华东师范大学	历史学	师范教育
TS2189	华东师范大学	心理学	师范教育
TS2190 TS2191	华东师范大学	软件工程(设2个专业方向)	软件工程
TS2192	上海师范大学	小学教育	师范教育
TS2193	上海外国语大学	西班牙语	外语非通用语种
TS2194	上海外国语大学	阿拉伯语	外语非通用语种
TS2195	上海外国语大学	非通用语种群(意大利语、葡萄牙语、希腊语、荷兰语4个语种)	外语非通用语种
TS2196	上海外国语大学	非通用语种群(朝鲜语、波斯语、泰国语、印尼语、西伯莱语、越南语6个语种)	外语非通用语种
TS2197	上海财经大学	会计学	会计学国际化人才培养

表 2－1－11 **2010 年第二批高等学校特色专业建设点情况表(第一类,上海)**

项 目 编 号	学 校 名 称	专 业 名 称	备 注
TS10205	复旦大学	汉语言文学	
TS10206	复旦大学	预防医学	
TS10207	复旦大学	生物科学	
TS10208	上海大学	金属材料工程	
TS10209	同济大学	建筑学	
TS10210	同济大学	城市规划	
TS10211	同济大学	土木工程	
TS10212	同济大学	环境工程	
TS10213	同济大学	车辆工程	
TS10214	上海交通大学	生物技术	
TS10215	上海交通大学	机械工程及自动化	
TS10216	上海交通大学	信息工程	
TS10217	上海交通大学	船舶与海洋工程	
TS10218	上海交通大学	工业工程	
TS1Z045	上海交通大学	医学检验	经费自筹
TS10219	华东理工大学	应用化学	
TS10220	华东理工大学	过程装备与控制工程	
TS10221	华东理工大学	化学工程与工艺	
TS1Z046	华东理工大学	制药工程	经费自筹
TS10222	上海理工大学	机械设计制造及其自动化	
TS10223	上海海事大学	航海技术	
TS10224	东华大学	纺织工程	
TS10225	东华大学	服装设计与工程	
TS10226	上海工程技术大学	艺术设计	
TS10227	上海水产大学	食品科学与工程	
TS10228	华东师范大学	数学与应用数学	
TS10229	华东师范大学	地理科学	
TS1Z047	华东师范大学	对外汉语	经费自筹
TS10230	上海师范大学	汉语言文学	
TS10231	上海外国语大学	法语	
TS10232	上海外国语大学	日语	
TS10233	上海财经大学	金融学	

（续表）

项目编号	学校名称	专业名称	备注
TS10234	上海财经大学	财政学	
TS10235	上海海关学院	法学	
TS10236	上海电力学院	电气工程及其自动化	
TS10237	上海对外贸易学院	国际经济与贸易	
TS10238	上海体育学院	民族传统体育	
TS10239	上海音乐学院	音乐表演	
TS10240	上海戏剧学院	戏剧影视美术设计	

第二章 教学资源建设

上海市教育委员会和各高校历来重视课程、教材、图书资料、实验实践教学、教师等学校教学的重要资源,通过专项投入、重点资助、政策扶持、评优导向等多种举措,有效促进高校教学资源的规模增长和质量提升,为上海高等教育"大众化""普及化"进程提供充分和优质保障。

第一节 课 程 建 设

一、重点课程建设

20 世纪 80 年代起,上海高校注意抓住基础课和主干课程,进行重点建设,并使课程建设与教学内容与教学方法的改革、教师教学水平的提高、教学设施的建设结合起来。有些学校拟订课程分类标准,评出"一类课程""杰出课程",通过建设使这些课程达到国内先进水平。其中有 20 多所高校定期拨款用于课程建设,有些高校还设立课程建设专项资金。

1989 年,上海市高等教育局组织实施重点课程建设计划,加强市属高校的课程建设,形成"样板"课程,带动学校其他课程水平的提高。建设重点是开设面广、影响大的公共基础课、专业核心课和经过学校重点建设的其他课程。从当年起连续 7 年,每年投入 30 万元经费,共资助 186 门课程建设项目。各年度课程建设项目结合当时教学改革的侧重点,选择资助重点。如 1989 年度资助的 41 门课程,主要是有一定基础的、量大面广的公共基础课和专业基础课程;1992 年的课程建设重点是改革教学方法,更新教学手段,开展 CAI、CAD 以及电教等教育技术建设,共资助 35 门专业主干课程;1993 年,为适应专业更新改造,重点资助 38 门专业主干课程;1994 年资助的 24 门课程多数是学校重点课程;1995 年,根据国家教育委员会面向 21 世纪教学内容和课程体系改革计划,资助 28 门课程。

到 1995 年,上海市属高校在已完成并通过验收的前 5 期课程建设项目中,共撰写和修订完成自编教材、教学参考书、习题集等 191 册,自编自拍电教录像录音片长 22 854 分钟、制作幻灯投影片 5 318 张,开发设计和制作 CAI、CAD 课件 45 个,自制教学模型、教具 1 128 件,建立和完善试题库 40 多门,完善一批有关实验室、资料室、视听室等配套建设。

根据上海高等教育发展"九五"规划,上海高校"九五"期间每年增加 1 000 多万元作为面向 21 世纪重点课程和教材建设经费。其中,结合国家教育委员会面向 21 世纪教学内容和课程体系改革计划,每年用 500 万元支持 50 门左右的重点课程,通过建设使这些重点课程在师资力量、教学内容和教材水平、教学方法和教育技术方面达到国内先进水平或领先水平。

为加强课程建设管理,上海市教育委员会于 1996 年制定颁发《上海市普通高等课程建设实施管理办法》,进一步明确课程建设目标,提出"各校申报的课程建设,必须是本校重点建设课程,经一定资助建设后,能达到全市乃至全国同类课程的先进水平"。

1999 年,上海市教育委员会启动实施世界银行贷款项目"上海高校面向 21 世纪课程和教材建设"。总体目标是连续三年建设 300 门左右的课程,根据上海经济发展和高校专业结构调整的需要,建设一批一流水平的课程,制作配套的 CAI 课件,促进一批课程实施多媒体教学。经过学校申报和推荐,上海市教育委员会组织专家评审和咨询,当年共审批立项 22 所高校的 103 个课程建设项目,编写教材 230 本,投入课程建设资金 318 万元,相当于 1990 年至 1999 年历年投入资金的总和。

2005 年,上海市教育委员会启动新一轮高校市级重点课程建设立项工作,申报立项建设范围从市属高校扩大到部属高校。项目建设周期两年,每门课程资助 3 万元～5 万元。当年,经申报核准 135 门课程为 2005 年度上海市教育委员会重点课程建设项目。

为依托现代信息技术,深化课程改革建设,提高教学效果和质量,2006 年,上海交通大学率先建设课程中心。2007 年,上海市教育委员会结合申报市级重点课程,在 13 所高校立项实施课程中心建设。2008 年,上海市教育委员会组织对立项建设的 13 个高校课程中心进行检查验收。同年,同济大学、华东师范大学、上海大学、上海理工大学、上海海事大学、上海工程技术大学、上海师范大学、上海中医药大学、华东政法大学、上海海洋大学等高校初步建成课程中心并交付使用。

1999—2010 年,上海市教育委员会共批准立项建设 1 400 多门上海市级重点课程建设项目。其中一批课程通过建设成为上海市精品课程,部分课程成为国家级精品课程,获上海市和国家级教学成果奖。

二、精品课程建设

进入 21 世纪,上海高校通过实施本科教学改革与教学质量工程,进一步提高课程建设水平,形成校院、上海市和国家三级精品课程体系。2003 年,上海市教育委员会组织实施高校精品课程建设,提出 5 年内上海高校要建成 100 门国家级精品课程和 500 门市级精品课程的目标。同年,首次开展上海市高校精品课程评选,全市 28 所高校申报推荐 108 门基础课和专业(技术)基础课。经上海市教育委员会组织专家评审,有 79 门课程被评为上海市级精品课程,22 门课程被推荐申报国家级精品课程(其中经教育部组织评审,19 门课程获批国家级精品课程)。

2005 年,上海市教育委员会为促进高校精品课程建设工作,拨专项经费 500 万元,对上海市级和国家级精品课程分别投入建设经费和奖励经费,并召开精品课程现场交流会,介绍精品课程建设经验。根据教育部《关于开展 2007 年度国家精品课程检查的通知》等文件要求,上海市教育委员会于 2007 年 12 月组织对上海市高校 2003—2007 年市级精品课程和国家级精品课程建设与运行情况开展年度检查。从课程的师资队伍建设、教学内容更新、教学方法改进、教学考核管理完善等方面进行指导和交流,并对建设情况良好的给予表扬鼓励,对没有达到动态考核标准的市级精品课程,要求其整改。

2003—2010 年,上海共组织八批市级和国家级精品课程申报评审,上海高校获市级精品课程 840 门,国家级精品课程 237 门。通过"建设品牌、提升质量,分层建设、培育精品,鼓励领先、特色取胜,检查指导、持续发展,建设平台、共享资源,培训师资、扩大效用",带动近万门校级精品课程建设。根据分类指导的理念,每一类高校都有自己的精品。精品课程建设破解了高校教师青黄不接的难题,将课程建设与队伍锻造结合起来,积淀下一大批优秀教师的先进理念和教学方法,促进了学科优势化为课程优势。

三、全英语课程建设

教育部于 2007 年至 2010 年开展"国家双语示范课程"的遴选工作,上海共有 13 所高校的 40 门课程被评为"国家双语示范课程"。从 2009 年起,上海市教育委员会组织开展上海高校示范性全英语课程的建设,重点支持信息、金融、法律、生物科学等学科专业领域的课程,并制定相应的管理办法。经学校申报推荐和专家评审,上海市教育委员会选择 45 门课程作为首批立项资助建设的上海市高校示范性全英语教学课程项目。2010 年,又立项建设 43 门全英语教学示范性课程项目。因原版教材的购买费用较大,为保证每门立项课程都能够使用到最新的优秀原版教材,上海市教育委员会投入专项经费并委托上海高校外国教材中心为所有立项课程集中采购英语原版教材,供学生在课程教学中循环使用。

2010 年,上海组织召开全市高校全英语教学研讨会,推动高校根据学校实际情况制定全英语教学课程建设规划,对不同学科、不同学生采取针对性措施,探索建立原版教材循环使用机制,稳步增加全英语教学课程比例。同年立项建设 43 门全英语教学示范性课程项目。

上海高校示范性全英语课程的建设内容,除了授课等基本内容外,还包括课程师资的培训与培养,聘请国外教师、专家来华参与课程的教学工作,积极利用现代教育技术手段,共享相关教学资源,建设课程网站,开展全英语教学经验研讨等。还规定课程负责人要有 1 年以上的海外教学工作经历,有一支相对稳定的教学团队,团队成员结构合理、外语水平较高、教学水平和教学效果好。以此引导,上海市级示范性全英语课程涌现出一批高水平的课程负责人,打造出一支优质示范性的国际化教学团队。

第二节　教 材 建 设

一、高校教材建设

1977 年后,上海高校针对教学内容陈旧、落后于科技进步和社会发展的状况,组织教师翻译大量国外先进的书籍和教材及其他资料,将科技和学科发展的最新内容充实到教材和教学中。据 1985 年的不完全统计,同济大学教师编写修订 500 多本教材中,54％以上充实了新内容;上海工业大学新编教材 58 本,新开实验 53 项;上海师范大学教师通过科研新开选修课和实验课 85 门,新编教材 80 多本。复旦大学蒋学模等人结合科研编出一整套具有特色的、在国内外有一定影响的教材。其中《政治经济学》教材在 1989 年国家首届优秀教学成果奖中被评为特等奖。1985 年后,上海高校积极贯彻国家教育委员会下达的《高等学校教材工作规程(试行)》,在强化教材工作的领导和管理、配备教材工作管理干部、编制教材规划、推荐优秀教材出版、制定教材建设规章制度等方面采取措施,不断提高教材建设水平。

1994 年,国家教育委员会制定"高等教育面向 21 世纪教学内容和课程体系改革计划"。在这项计划的指引下,上海市高等教育局根据建设一流高等教育的目标,明确"九五"期间把面向 21 世纪的教学内容和课程体系的改革列为重点,加强教材建设的力度和速度,尽快编写一批反映时代特征的高水平、高质量的教材,形成 21 世纪人才培养所需的新教材体系,并制定 21 世纪加强教材的计划和措施。20 世纪 90 年代中期,上海高校教材建设逐步进入新的发展阶段。

根据上海高等教育发展"九五"计划和《上海市中长期教育改革和发展规划纲要(2010—2020年)》,上海高校"九五"期间重点建设并出版500本优秀教材,用300万元支持80种~100种重点教材建设。"九五"期间,通过实施重点教材建设,上海市教育委员会共资助高校教材建设项目227项。1995年,经专家评审和上海市普通高校教材建设委员会审定,有92本教材被列为上海高校"九五"第一批资助重点建设教材。该批教材分布于材料类、土建类、机电类、信息与电子类、医学与生物类、经济与管理类、法学类、基础学科类和化工与环境类九大学科。上海市教育委员会为第一批重点建设教材资助300万元。1997、1998年还分别批准88本和73本研究生教材建设项目。

1999年,全市高校推荐179本教材申报上海市"九五"重点教材第二批资助项目,经专家评审和上海市高校教材工作研究委员会审核,上海市教育委员会审定,有135本教材被列为上海高校"九五"重点建设教材第二批资助项目。

为确保高质量和高水平完成立项教材的建设,上海市教育委员会颁发《关于上海普通高校"九五"重点教材世界银行贷款资助项目实施的若干规定》,对教材的拨款、编写、装帧、出版等提出明确要求。通过实施由世界银行贷款的"上海高校面向21世纪课程和教材建设"项目,到2000年,第一批94本教材中有55本出版,第二批136本教材中完成19本。这些重点教材的编写出版,使上海高等教育在教材内容质量、出版质量和教学软件的研制与开发等方面都取得突破性的进展。

进入21世纪,上海市教育委员会进一步加强教材建设的规划工作,全面实施"高等学校本科教学质量与教学改革工程"万种新教材建设项目和"085工程"建设项目,加大教材建设经费投入,完善教材评价体系,加强教材建设管理、建立信息化服务平台,提升教材建设水平,推进优质教育资源进课堂和教学内容、教学方法的更新。并促进上海高校密切关注经济社会发展和科技进步,紧密结合学科专业发展和教育教学改革,不断更新内容,丰富形式,编写出版一批精品教材,引进一批在国际上居领先地位的境外优秀教材,产生一批具有改革特色的新教材和优秀教材,为提高教学质量和人才培养质量提供保障。

二、优秀教材评选

为进一步推进高校教材建设工作,充分发挥优秀教材的示范和辐射作用,通过评优,营造有利于优秀教材编写和使用的氛围,建立起有利于优秀教材不断脱颖而出的评价导向,上海市教育委员会决定开展上海普通高校优秀教材评奖工作,于1999年组织开展首次上海普通高校优秀教材评奖工作。当年,组织专家对28所高校从1997—1998年正式出版的1320本教材中推荐申报的197本教材,进行评审。经上海市教育委员会审核批准,共评出获奖教材173本,其中一等奖20个、二等奖62个、三等奖91个。

2004年,上海市教育委员会继续开展高校优秀教材评选,在学校选送的364本校级优秀教材的基础上,经组织专家评审,共评选出2003年度上海高校优秀教材199本。2007年,组织完成第三次上海高校优秀教材评选,共有250本教材获2007年度优秀教材奖。

三、上海高校外国教材中心建设

1999年4月,上海市教育委员会组织建设的上海高校外国教材资源共享基础设施——上海高校外国教材中心建成。该中心设在华东理工大学图书馆,采用网上服务和物流传递模式实现全市高校外国教材资源共建共享，为全市高校师生提供服务。该中心建成时由 5 个网上系统组成：即世界著名大学教学信息数据库系统、教材查阅系统、网上信息服务系统、教材全文数据库系统和网上借阅系统。尤其注重为全市高校教育教学改革第一线服务，收集的教材以哈佛大学、牛津大学等 30 余所世界著名大学为特定对象，并将其教学模式、专业设置、教学计划、课程一览表、课时、教训实践能力培养方式等一系列教学信息加以汇集，构成具有特色的"世界著名大学教训信息数据库"。

第三节　图书资料设施建设

为适应高校教学科研的需求，从 1977 年起，上海加大高校图书馆的扩建、新建和图书资料的扩充。到 1990 年，上海高校图书馆总面积达 30 万平方米，其中半数为 1983 年后新建。上海高校图书馆面积超过 1 万平方米的高校，有上海交通大学、复旦大学、华东化工学院、上海财经学院、上海师范大学等。其中由香港知名企业家包玉刚先生捐款 1 000 万美元，在上海交通大学建立一座 20层、面积 26 000 平方米的现代化图书馆。

2000 年以后，上海高校图书馆建设进入新高潮。一批新的图书馆和现代化图书资料系统陆续建成。2000 年 4 月，上海外国语大学逸夫图书馆开馆。新馆面积 7 800 平方米，拥有 5 个大型中、外文书刊阅览室和 1 个工具书阅览室。11 月，上海大学新校区图书馆开馆。该馆是新校区的标志性建筑，建筑面积近 4 万平方米，藏书 180 万册，设有 30 余个阅览室和现代化的计算机管理系统。

经过两年多建设，上海高校网络（虚拟）图书馆一期工程竣工，于 2000 年底开馆。该项目是上海高校文献资料信息库建设项目的延伸，由上海交通大学、复旦大学、华东理工大学、华东师范大学等高校和社会力量共同参与建设。2001 年，上海高校网络图书馆建设项目进入实施应用阶段。该网络图书馆有全市 31 所高校图书馆简介、图书馆重点学科期刊查询数据库、网上图书资源导航和 19 所高校图书馆整合书目查询数据库。读者只要通过网上查询，就能以最快的速度，获取上海高校网络图书馆馆藏文献资料，这预示上海高校图书馆从传统型图书馆向电子化图书馆迈出了步伐，在虚拟图书馆领域的研究与应用方面达到国内先进水平。随后，上海市高校科技成果信息系统、上海市高校计算机辅助档案管理系统、中国传统文化信息库、高校人事信息群件管理系统等一批具有实用推广价值的网络应用项目，也陆续通过专家鉴定，陆续启用。

2002 年 5 月，上海市中心图书馆东华大学分馆揭牌。2003 年 5 月，上海电力学院图书馆开通方正 Apabi 数字图书馆。2004 年 4 月，上海市中心图书馆同济大学大学分馆揭牌。2007 年 9 月，上海音像资料馆复旦大学上海视觉艺术学院分馆挂牌建立。次年 9 月，复旦大学"李兆基图书馆"命名揭牌仪式在江湾新校区举行。该馆由香港恒基兆业地产有限公司及恒基兆业发展有限公司主席、校董李兆基捐资建设，总建筑面积 19 690 平方米，初期可藏书 62 万册，阅览室座位总数达 1 800座左右，可容纳 1 万余名学生。10 月，上海图书馆上海海事大学分馆揭牌仪式举行。

第四节　实践教学建设

一、实验室建设

1977 年后，上海不断加强高校实验室建设，对高校实验仪器设备购置经费拨款逐年增长，1977年为 987 万元，1986 年增加到 8 562 万元，10 年增加 9 倍。复旦大学、上海交通大学、上海工业大学、上海水产大学等13所高校接受世界银行等国际组织近6 000万美元的贷款,用于实验室建设。这时期,上海高校按照"先教学、后科研,先基础,后专业"的原则,逐步建设起各类基础和专业实验室、科研实验室,一大批先进的仪器设备进入实验室。一些大学还建立计算机中心。通过10多年的建设,到1988年上海高校拥有一批国内一流实验室。其中:复旦大学遗传工程实验室是国家重点实验室;上海交通大学船舶流体力学实验室是国家船舶性能研究和船舶试验基地之一;上海科学技术大学光纤实验室处于国内领先地位。

20世纪90年代,上海高校实验室建设在规模和水平等方面有了新的更大发展。从1990年起,上海市连续6年实施上海市属高校基础教育实验室专项建设。其中:1994年投入520余万元,支持10所学校的20个项目,比1993年增加了30%。同期还投入600万元计算机专项经费,配置了700台微机,使上海市属高校的微机教学条件大大改善。同年,上海第二医科大学内分泌代谢病、内科消化等实验室被确定为卫生部重点实验室,系上海市属高校首次被授予部级重点实验室。1995年,上海市投入经费733万元,改善基础教学实验条件,安排9所高校的现代商务运作实验室、微生物工程实验中心、微机网络实验室建设等23个项目。同时,连续3年安排上海市属高校计算机专项,共投入经费550多万元,显著提高市属高校计算机装备水平。

1999年,上海市教育委员会启动上海高校基础实验室改造工程,制定《关于改革投资体制,加快上海高校基础实验室改造工程的意见》,并与中国农业银行上海市分行签署支持高校改造一、二年级基础实验设施4.5亿元的贷款额度协议。2000年,首批立项改造18所高校166个基础实验室建设项目。当年对127个实验室进行改造施工,占计划改造实验室项目总数的77%,落实改造工程经费2.04亿元。

进入21世纪,上海市教育委员会通过实施教育高地、特色专业、实验教学示范中心、"085工程"等建设项目和高校新校区建设,多渠道、多层次加大对上海高校基础类、专业类和创新创业等各类教育教学实验室的投入,建设一批现代化的实验教学设施,进一步提升上海高校实验教学的条件和水平。

表2-2-1 2004—2007年上海高校实验室建设情况表

年　　份	国家实验室(筹)	国家重点实验室	教育部重点实验室	上海市重点实验室
2004		16		
2005		18		
2006	1	19	34	44
2007	1	20	39	45

资料来源:《上海教育改革开放三十年》。

2005年,上海市教育委员会决定在上海高校基础实验室改造工程的基础上,开展上海高校实验教学示范中心建设和评审工作。高校实验教学示范中心建设主要包括先进的教育理念和实验教学观念;先进的实验教学体系、内容和方法;先进的实验教学队伍建设模式和组织结构;先进的仪器设备配置思路和安全环境配置条件;先进的实验室建设模式和管理体制;先进的运行机制和管理方式;显著的实验教学效果;显明的特色等八个方面。经学校申报、专家评审和网上公示,上海市教育委员会于2006年5月颁发《关于公布首批上海市市级实验教学示范中心名单的通知》,批准8所高校的10个实验教学中心为首批上海市实验教学示范中心。当年教育部、财政部颁布《关于公布第一批国家级实验教学示范中心名单的通知》,上海交通大学、复旦大学的两个实验教学中心入选。

2006—2009年，上海市教育委员会组织4批上海高校实验教学示范中心申报建设工作和国家级高校实验教学示范中心推荐工作。共有64个实验中心入选上海市级实验教学示范中心，26个实验中心入选国家级实验教学示范中心。

表2-2-2　2006—2009年上海高校国家级实验教学示范中心情况表

批准年份	学校实验中心名称	实验中心科类
2006年	上海交通大学物理实验中心	物理类
	复旦大学生物科学实验教学中心	生物类
2007年	复旦大学物理教学实验中心	物理类
	华东理工大学工科化学实验教学中心	化学化工类
	上海交通大学工程力学实验中心	力学类
	上海大学力学实验教学中心	力学类
	同济大学计算机与信息技术教学实验中心	计算机
	上海中医药大学实验教学中心	药学类
	上海对外贸易学院国际商务实验中心	经济管理类
	上海交通大学工程训练中心	综合性工程训练中心
2008年	复旦大学化学教学实验中心	化学化工类
	上海交通大学电工电子实验教学中心	电子电气信息类
	同济大学环境科学与工程实验教学中心	环境类
	上海财经大学经济与管理实验教学中心	经济管理类
	华东政法大学法学综合实验教学中心	法学类
	上海理工大学现代出版印刷实验教学中心	传媒类
	上海大学工程技术训练中心	艺术类
2009年	同济大学土木工程实验教学中心	土建类
	上海理工大学能源动力工程实验教学中心	能源动力类
	上海海洋大学水产科学实验教学中心	水产类
	上海交通大学临床技能实验教学中心	临床技能类
	上海中医药大学中医学实验教学中心	中医类
	复旦大学新闻传播实验教学中心	传媒类
	上海大学公共艺术技术实验教学中心	艺术类
	华东师范大学教师教育实验教学中心	其他类
	上海体育学院体育教育实验中心	其他类

二、实习基地建设

1977年后，上海高校与接受实习单位，按照互利互惠的原则，建立一批校外实习基地。1980年

7月,在上海市卫生局支持下,上海第一医学院恢复同地方医院的教学合作关系,同18所医院签订合作协议书。协议书规定,教学合作医院承担医学院学生的生产实习或部分临床课教学任务,医学院帮助教学合作医院提高业务技术水平和教学水平,有计划安排教学合作医院医师进修,进行学术交流,承担教学合作医院疑难病人的会诊、转诊、转院等任务。

1986年,上海交通大学和中国第二汽车制造厂开展校企合作培养学生。由中国第二汽车制造厂每年出资2.7万元设立"东风"奖学金,为学校提供教学实习、社会实践和工作锻炼基地,支持学校建设汽车专业,对定向培养生设立定向培养奖学金,对愿去该厂的应届毕业生给予生活津贴。学校在2000年前输送毕业生200人~300人给该厂,每年选送20名~30名考取研究生的学生到该厂工作一段时间再回校学习,并向该厂所属湖北汽车学院输送急需的正副教授工作2年~4年。同年,上海工程技术大学依托企业办学,成立教育发展基金会。学校根据基金会单位的要求,按需招生、设置专业,依靠基金会单位建设相对稳定的实习基地,并向基金会单位作毕业生预分配。

为了加强大学生实践和动手能力培养,中共上海市委、上海市人民政府于1987年底提出建立200个校外实习和社会实践基地的目标。1988年,上海市人民政府颁发《上海市普通高等学校学生校外实习工作暂行规定》,就校外实习基地建设、高校和接受实习单位的职责、实习指导教师与带教人员和学生、经费与物质保证等方面作出具体要求和规定,为保证高校学生校外实习的顺利进行提供保障。1990年3月,上海市人民政府为加强对高校校外实习和社会实践工作的领导,决定建立上海高校校外实习和社会实践联席会议制度,成立联席会议办公室,协调高校与各委办局和企业的大学生生产实习和社会实践工作。为使大学生实习基地建设进一步走上稳步发展的轨道,上海市人民政府颁布《上海市普通高等学校学生校外实习工作暂行实施细则(试行)》。到1990年底,上海高校建立了216个大学生实习和实践活动基地及300多个实习点,初步缓解多年来未能解决的大学生生产实习和社会实践"难"的矛盾。自"上海市高校校外实习和社会实践联席会议制度"建立,在社会各方面大力支持下,上海高校校外实习得到迅速发展:一是加强法规制度建设,制定和完善一系列配套措施。如《上海市普通高校学生校外实习暂行规定实施细则》《上海市高校学生团体平安保险管理条例》《上海市高校学生校外实习和社会实践团体使用公交车(船)半价收费办法》等。二是校外实习基地建设形成规模。到1993年,全市有各类实习基地727个,其中理工农医类实习基地386个、文科实习基地154个、综合性实习基地21个、师范实习基地146个、学农基地20个。三是形成一支由万人组成的实习基地兼职教师队伍,其中具有中、高级职称的兼职教师占66%以上。四是上海高校一批校外实习基地逐步向教学、科研、生产三结合一体化的发展。产学合作教育在全市专科、本科以及研究生等不同层次、不同规格的高等教育中展开,已形成一批在国内具有代表性的产学合作教育模式及一支研究队伍,产学合作教育的开展对高校的教育改革和产业部门的经济发展均起到了积极的促进作用。五是校外实习工作的发展既促进了教学和校产发展,又为开展学生思想教育创造良好条件。

"九五"期间,上海建设多个公共实习基地。1997年,由上海市教育委员会和上海冶金高等专科学校共同投资的中国首家生产过程自动化控制技术专业的实习基地——上海高校自控实习中心建成投入使用。同年,建成的上海高校国际商务实习中心揭牌,该"实习中心"是由上海市教育委员会和上海对外贸易学院共同创建,具有一流的多媒体教学厅、实习中心工作区、模拟法庭、多媒体语言实验室,拥有教学和实践经验丰富的专家教授,使用现代化的教学设备和先进的交换网络系统,提供全方位仿真模拟国际商务环境,指导学员将多种专业知识在实践中融会贯通,正确、规范地掌握国际商务操作的基本技能。1998年,上海高校电子电工实习中心筹建工作基本完成,上海城市建设与管理、汽车运用工程和都市农业 3 个实训基地已在建设，上海高校教育技术实习中心完成论证并启动建设。

"十五""十一五"期间，在上海市人民政府支持下，有步骤地加强职业技术教育公共实训基地建设，陆续建成机电类实训基地等 10 大职教公共实训基地；进一步加强高校学生职业教育教学实训基地、高职教育公共实训基地、研究生联合培养基地和本科高校校外实习基地等建设工作。

2004 年，上海大学分别与上海自动化仪表股份有限公司、易居中国控股有限公司、上海电气集团股份有限公司签订产学研联合培养研究生协议，共建上海大学研究生联合培养基地。

2005 年 5 月 31 日，上海思博职业技术学院与上海华东医院签订合作办学与定向培养协议。华东医院作为定点实习医院，每年接受该校护理学院学生参加轮转实习。自 2007 年起，该校护理学院每年为华东医院培养输送 40 名优秀毕业生。2007 年 5 月 25 日，上海医药高等专科学校与嘉定区中心医院签署合作协议，将嘉定区中心医院筹建为上海医药高等专科学校附属医院，并发挥学校办学优势，开展农村劳动力转移和人才培训。

2007 年 1 月，上海市教育委员会命名首批上海市大学生职业发展教育教学实训基地。9 月，上海市教育委员会、上海市财政利用 5 000 万元上海市高等职业教育专项经费，围绕生态农业、物流、护理、通信与电子、汽车维修、数码艺术、电子商务、数控加工、建筑施工等上海先进制造业、现代服务业产业领域，结合高职院校主干专业群，选择 29 个实训基地建设项目，立项建设一批能够资源共享，集教学、培训、职业技能鉴定和技术服务为一体的职业教育实训基地，形成布局结构合理、基本覆盖全市、装备水平先进的公共服务平台，为开展各层次职业教育和职业培训工作服务。同年，中共上海市委、上海市人民政府根据中共中央办公厅、国务院办公厅《关于进一步加强高技能人才工作的意见》文件精神，组织上海市劳动与保障局、上海市教育委员会、上海市发展和改革委员会、上海市财政局和上海市经济委员会共同启动校企合作培养高技能人才的试点工作，力争使上海高技能人才占技能劳动者的比重到 2010 年提高到 25%以上。确定 30 余所应用型本科院校、高职院校及中等职校作为试点基地，在其符合市场需求的骨干专业中，开展校企合作，培养高技能人才。至 2008 年底，有 36 所高校的 156 个专业点、47 所中职校的 139 个专业点参与校企合作培养高技能人才试点工作。到 2010 年，投入 2.7 亿元完成 80 多个高职实训基地建设项目。

2010 年，上海市教育委员会在对上海高校校外实习现状进行调研的基础上，提出加强上海高校校外实习工作的六项举措：一是恢复上海市普通高校学生校外实习社会实践工作联席会议制度；二是修订《上海市普通高等学校学生校外实习暂行规定》；三是加强大学生校外实习基地建设；四是建立全市大学生实习信息平台，实现实习资源互通共享；五是加大实习经费投入；六是提高高校对校外实习工作的重视程度等。当年起，运用财政部专项经费，开展市属本科高校校外实习基地重点项目建设。经学校申报、专家评审和上海市教育委员会审核，33 个项目列为 2011 年度上海市市属本科高校校外实习基地重点建设项目，其中 11 个项目被确定为上海高校示范性校外实习基地建设项目。

第五节　教学名师与团队建设

1978 年后，上海高校为了不断提高教学质量，采取课堂教学竞赛、老中青"传帮带"、集体备课、教学研究活动、教学督导、教学培训、挂职锻炼等多种形式提高教师教学能力，并根据上海和国家教育主管部门的有关文件，制定一系列引导、激励教师重视教学，提高教学能力的政策措施。2000 年后,针对高校办学规模和教师队伍(尤其是青年教师)迅速扩充的情况,为了提高高校的教学质量,适应高等教育从"扩大规模"到"提高质量"转型的要求,上海市教育委员会通过组织实施本科教学质量与教学改革工程、上海高校教师队伍建设发展规划等工作,进一步采取多项政策措施,促进高校加强教师教学能力建设。一是加强高校教学团队建设,以课程或专业为建设平台,以教学研究室、研究所、实验室、教学基地、实训基地和工程中心等为建设单位,鼓励教授坚持一线教学并领衔教学团队开展团队教学研究和推进教学改革。二是开展教学名师评选,表彰既有较高学术造诣,又能长期从事基础课教学工作,注重教学改革与实践,教学水平高,教学效果好的教授,推动教授上讲台,全面提高高等教育教学质量。三是组织高校对1万名高校教师分期分批进行再一次的继续教育、培训,培训的重点是师德、信息技术应用能力、双语教育能力、自身的中国文化基础和法制意识。四是加强高校教学研究,提供发展平台鼓励和引导高校教师重视与提高教学质量,围绕精品课程和精品教材建设,推动教师积极开展各种教学科研活动,给予必要的经费支持,并承认其成果的学术价值,重视教学成果的实际应用与转化。五是建立高校教师终身学习制度,鼓励高校立足本校抓好教师的培训工作,尤其要关注青年教师教学能力的训练,进一步建立和完善青年教师助教制度。六是推行产学研高校教师践习计划,在部分应用性比较强的高校和专业,根据自愿的原则率先推出教师产学研践习计划。各高校根据教育主管部门的有关要求,结合学校实际,进一步制定完善相关的规章制度、激励机制,建立教师教学发展中心,深入开展教学改革立项、主题培训、教学研讨、教学竞赛、教学技能展示、教学团队建设、教学名师和好课堂评选等活动,促进教师投入教学改革,鼓励教师进行课程建设,不断改进教学方法,提高教师尤其是青年教师的教学技能,引导教师将教学和科研紧密结合,以科研反哺教学,以教学提升科研,形成良性互动,不断提升教师的教学能力和专业水平,取得明显成效。

一、教学名师评选

改革开放以来,上海高校涌现出一大批奋斗在基础课程教学第一线的优秀教师。为了表彰他们做出的突出成绩,进一步提倡教授上好基础课,激发高校教师从事一线教学,促进高校提高教学质量。2003年,根据国家教育委员会有关文件,上海市教育委员会组织第一届上海高校教学名师奖的评选表彰工作。通过学校推荐、委托上海市教育评估院评选和公示等过程,上海市教育委员会研究决定授予陆谷孙等52名教师"上海高校教学名师奖"。同年,在第六个教师节前夕,经国家教育委员会组织专家评审,中国首届"高等学校教学名师奖"揭晓,100位长期耕耘在基础课程教学第一线的优秀教师获此殊荣。上海市7位教师名列其中,他们是:复旦大学的陈纪修、陆谷孙,上海交通大学的洪嘉振、郑树棠,上海理工大学的华泽钊,上海财经大学的陈信元,上海音乐学院的俞丽拿。

2003—2010年,上海市教育委员会共开展五届上海市级高等学校教学名师奖评选表彰和国家级教学名师奖推荐工作,上海共有174名教师荣获市级高校教学名师奖、23名教师荣获国家级教学名师奖。

二、教学团队建设

为通过教学团队的建设,改革教学内容和方法,开发教学资源,促进教学研讨和教学经验交流,推进教学工作的传、帮、带和老中青相结合,提高中青年教师的教学水平;探索教学团队在组织架构、运行机制、监督约束机制等方面的运行模式。2007年,上海市教育委员会根据教育部《关于组织2007年国家级教学团队评审工作的通知》,组织开展上海高校市级教学团队申报评选和国家级教学团队遴选推荐工作。经各高校申报,上海市教育委员会组织专家评审和网上公示,批准51个教学团队为上海市第一届高等学校市级教学团队。根据教育部、财政部颁布《关于立项建设2008年国家级教学团队的通知》,当年上海13所高校的20个教学团队入选。2007—2010年,在高校校级教学团队建设和评选基础上,上海市教育委员会共开展三届上海市和国家级教学团队申报立项建设,上海高校入选市级教学团队164个,入选国家级教学团队59个。

第三章 教 学 改 革

上海高校的教育教学改革在先进教育思想引领和深入调研的基础上,结合上海高等教育各级各类高校的实际,既不断强化具有共性特征的改革举措,又突出各高校具有个性特点的改革创新。在不同时期、不同阶段和不同类别高校中既有连续性的、持续深化的改革内容,也有或综合、或专项的新内容。上海高校的教学改革理论与实践探索在多个方面为全国"率先",取得具有示范性、推广性的成效。

第一节 综 合 改 革

1977 年,上海高校恢复正常教学秩序,开始围绕人才培养有计划地开展教学改革。1985 年前,上海高校教学改革总体上处于试点阶段,主要集中在几个方面:一是拓宽专业面,合并划分过细、过窄的专业,调整专业的课程结构,加强学科基础;二是增加教学计划灵活性,改革课程设置,压缩课内学时数,增加选修课比例、开设多品种多规格课程,改革教学方法,调动学生学习积极性;三是开展学分制和教学管理改革试点,调整改进人才培养模式和教学管理制度,探索开展多样化的教学,开设教学改革试点班等。

20 世纪 80 年代起,上海高校教学改革逐步向教学管理制度及专业设置等方面深入。1981 年,上海交通大学开展课程体系改革,采取压缩课时,加强实践教学等办法,并选择计算机专业进行课程体系改革。同济大学改革教学体制,提出多种因材施教的措施,促进学生的发展。对确有突出专长的学生,经教师推荐、严格考核、校长批准之后,允许在本校范围内调换专业。上海交通大学、复旦大学、华东师范大学等高校开始试行学年学分制和中期选拔制。一些行业性高校加大调整改革专业设置,华东纺织工学院(中国纺织大学)把"棉纺织""毛纺织""麻绢纺织"三个专业合并为"纺织专业";上海水产学院(上海水产大学)依托水产品储藏与加工等传统学科专业,新增食品工程、食品科学等社会所需的专业。

一、教育思想大讨论

为进一步推动高校的教育教学改革,上海市教育行政主管部门于 1985 年组织开展全市高校教育思想大讨论活动。同年暑期,上海市政府教育卫生办公室、上海市高等教育局等单位举办关于教育思想的研讨会,形成《关于上海市高校开展教育思想讨论的几点意见》。通过教育思想的学习和广泛讨论,上海高等教育进一步明确改革发展方向,上海高校教学改革开始迈出新的步伐,主要内容:

一是逐步扩大学分制试点高校,支持高校改革创新教学制度。到 1988 年,上海有 10 多所高校试行学年学分制,占上海市高校的 60% 以上。大多数实行学分制的高校,开始探索试行按系招生,低年级不分专业,分类教学,高年级根据经济建设、学科发展和个人特长,定向分流的培养模式。1985 年,上海交通大学以保送生条件接受 137 名优秀应届高中毕业生,成立教学改革试点班,探索培养人才的新路。同济大学对优秀学生实行跳级和"流动跳班"制度。根据入学成绩或分班考试成绩,分为提高班和普通班。每学期普通班学生可以通过参加跳班考试到提高班学习,而提高班学生学得不好则流向普通班。

二是开展"三明治"办学模式改革实践。"三明治"模式是指安排学生在两年半的理论学习中穿插三次实践教学,为时一年半,并使两者交替进行,以培养动手能力强、既懂工艺又懂技术的专门人才。为贯彻落实《中共中央关于教育体制改革的决定》有关精神,针对上海迫切需要而又十分缺乏高级工艺人才的现实,1985年上海通过对冶金、化工、纺织、轻工、机械、电子等行业的大中小企业以及历届毕业生的调查,于1987年由上海冶金专科学校、上海第二冶金专科学校、上海轻工业专科学校、上海化学工业专科学校、上海纺织工业专科学校、上海机械专科学校、上海科技专科学校、上海石油化工专科学校提出将理论教学与实践环节多次交叉,逐步深化,以培养工艺工程师为目标的"三明治"办学模式改革方案。1988年,上述8所高等工业专科学校经上海市人民政府批准,启动"三明治"教学模式试点工作。8所学校各选择一个专业试行,参加学生共300人。经过4年实践,试点班在学生政治思想教育、实践动手能力的培养、教师队伍的建设、实习实验体系等方面取得成效,为进一步深化高工专改革提供了很好经验。

三是加强大学外语教学改革。在大学英语基础教学后,开设科技英语、专业英语和外文文献检索等课程,有的高校选择少数专业部分课程采用了英文原本教材教学。

四是调整研究生培养规格,建立应用型高层次人才培养体系。随着越来越多的毕业生开始进入企业、机关等单位,上海高校开始重视探索应用型高层次人才培养。1986年,上海医科大学、上海第二医科大学开始招收临床医学研究生,探索临床医学研究生培养。1988年,复旦大学、上海财经大学、华东政法学院等高校开始调整本校文科应用类硕士研究生培养目标,改革课程设置和教学模式。

二、专题调研

为深入开展高校综合改革,上海市高等教育局于1994年对复旦大学、上海交通大学等高校综合改革情况进行调查;1995年,上海市教育委员会对同济大学、华东师范大学、中国纺织大学、上海财经大学、上海铁道大学、上海水产大学、上海大学、上海中医药大学、上海冶金高等专科学校、上海石油化工高等专科学校10所高校综合改革进行调查。1996—1997年,又对全市21所高校综合改革情况进行重点调研。通过调研进一步明确教育教学改革的目标和重点、难点,在学分制、人才培养方案、教学内容与课程体系、研究生教育培养体系、应用型人才培养和产学合作教育等方面持续推进上海高校教学综合改革:

一是实施和完善学分制,探索适合中国国情和上海特点的学分制管理体系。根据学校特点制定学分制的指导性教学计划,针对上海经济和社会发展对人才培养的新要求,调整培养目标,改革课程体系,增设选修课,把原来按专业设置的课程结构调整为按种类设置的新课程结构体系。从学分制运行的特点出发,建立形成适合自身特点的教学质量监控保障体系、学生思想政治工作体系、后勤保障服务体系。

二是结合专业目录调整,在修订培养方案中,注意把教学思想大讨论和教学改革成果固化到教学计划和人才培养中,探索构建以培养基础扎实、知识面宽、能力强、素质高、富有创新精神的专门人才为目标,融传授知识、培养能力、提高素质为一体的人才培养模式。

三是实施面向 21 世纪教学内容和课程体系改革计划,转变教育思想,更新教育观念,改革人才培养模式,改革课程体系、教学内容和教学方法,探索构建面向 21 世纪的具有中国特色和学校特点的课程教学体系。上海大学试行各教学层次、教学形式相通的工读交替制、五年一贯制、课程学分累计制等新颖教学制度。

四是开展研究生教育培养体系综合改革,建立合作培养研究生的办学格局和课程与论文结合、多种模式的应用型研究生培养教学体系。在部分学位点开展本硕博连读的改革试点。进行在职人员申请硕士、博士学位的试点工作。

五是开展高等工程专科教学综合改革,以专科教育改革为突破口,加强复合型、应用型人才的培养,分批在上海部分本科院校和专科学校开展双专科教育试点。到 1995 年,先后有 8 个专业被国家教育委员会列为全国高等工程专科专业教学改革的试点单位。1997 年,经国家教育委员会批准,上海冶金高等专科学校、上海轻工业高等专科学校被列入全国示范性普通高等工程专科重点建设学校(全国共 27 所)。

六是开展产学合作教育综合改革,上海高校产学合作教育人才培养模式不断深入。上海开展不同形式的高校产学合作教育改革试点工作,形成复旦大学文科社会实践合作教育模式、上海交通大学工科研究生与农科本科生合作教育模式、同济大学强化工程训练合作教育模式、华东理工大学提高学生工程能力和培养第二学位人才合作教育模式、上海工程技术大学"一年三学期、工学交替"合作教育模式、上海电力学院旋进式合作教育模式、上海水产大学水产养殖专业合作教育模式、上海中医药大学医教研联合体合作教育模式等等。在原"三明治"教学模式改革试点的基础上,上海纺织工业高等专科学校、上海冶金高等专科学校、上海石油化工高等专科学校和上海化学工业高等专科学校等高专院校,根据培养生产第一线应用型人才的培养目标,建立合作教育委员会等不同形式的组织机构,推动产学双方的全面合作,围绕专业培养目标、课程设置、理论教学和生产实践环节等,改革专科人才培养模式。1997 年,经国家教育委员会批准,上海市被列为全国产学合作教育"九五"试点城市之一。其中:复旦大学、上海交通大学、同济大学、华东理工大学、上海水产大学、上海电力学院、上海农学院、上海工程技术大学、上海中医药大学和上海汽车总公司 10 个单位为上海产学合作教育"九五"试点单位。

三、系统推进

2000 年后,上海市教育委员会根据建设社会主义现代化强国对高校人才培养的要求,进一步系统推进上海高校教学综合改革:

一是实施研究生教育综合改革。为推进上海研究生教育结构调整,建立有一定先导性的、结构合理的,有利于高层次创新人才脱颖而出、全面提高研究生素质和培养质量的教育体系,进一步提高上海研究生教育的办学质量和效益。2001 年,上海市教育委员会组织实施研究生教育改革计划。在此基础上,2002 年上海在全国率先实施研究生教育综合改革试点,在研究生招生与考试制度、培养模式及教育收费制度等方面进行改革探索。2004 年,通过扩大高校依法自主办学权,推动研究生培养单位在总量控制下的硕士点自主"撤一增一"工作;进行招生制度的改革,落实培养单位在规模核定范围内的招生规模自主权;进行研究生培养制度的改革,健全弹性学制、中期考核制和淘汰制。2006 年,设立研究生创新能力培养专项资金,首创"产学研"联合培养研究生的新模式,落实上海市研究生教育区域合作创新计划,推进研究生创新人才培养工作。举办研究生学术论坛。

建设研究生教学开放案例库,设立研究生创新能力培养专项资金。2007 年,通过进一步强化导师责任、改革培养机制、建设培养基地、推进协调发展,深化研究生教育综合改革。2010 年,在上海市教育委员会和市卫生局统筹协调下,复旦大学、上海交通大学、同济大学、上海中医药大学 4 所参加改革试点工作的高校启动开展临床医学硕士专业学位教育与住院医师规范化培训结合改革试验。根据教育部《关于批准有关高等学校开展专业学位研究生教育综合改革试点工作的通知》,复旦大学、上海交通大学、同济大学、华东师范大学、上海外国语大学、上海海洋大学 6 所高校开展全日制专业学位研究生教育改革试验。组织支持上海大学、上海理工大学、上海海洋大学和华东政法大学 4 所市属高校开展研究生培养机制改革试验。

二是实施本科教学质量与教学改革工程。本科教学质量与教学改革工程是一项具有基础性、全局性、引导性的教学改革与建设工作,全面提高教学质量和办学水平的重大举措。2003 年以来,上海通过组织高校开展精品课程、实验教学示范中心、特色专业、优秀教学团队、教学名师的建设、评选等本科教学质量与教学改革工程项目,全面推动高校本科教学改革和质量提升。通过实施大学生创新活动计划,成立上海市创业教育协作组,举办上海市大学生创新活动论坛,推动高校开展以问题和课题为核心的人才培养模式改革和创新创业教育。到 2010 年,上海高校共获得237 门国家级精品课程、840 门市级精品课程,184 个国家级特色专业、210 个市级教育高地,29 个国家级实验教学示范中心、64 个市级实验教学示范中心、59 个国家级教学团队、164 个市级教学团队,23 名国家级教学名师奖、174 名市级教学名师奖、42 个国家级人才培养模式创新实验区,建立形成覆盖全市高校的国家、上海市和学校三级精品课程、实验教学示范中心、教学团队、教学名师。

三是实施高职高专院校教育教学改革。通过开展高职高专专业教学改革试点,申报实施国家示范性高等职业院校建设计划项目,推动上海高等职业教育的改革和发展。2002 年,上海有 23 个高职高专专业被教育部列为全国高职高专教育专业教学改革试点,成为全国高职高专教育专业教学改革试点最多的省市。2006 年,上海医药高等专科学校入选第一批国家级示范性高职建设核心院校。2007 年,上海市教育委员会等五部门联合启动校企合作培养高技能人才试点,完成以重点专业为中心的高职实训基地建设项目 80 余个,培训 20 个专业的 500 余名专业教师和 1 000 余名新任高职高专教师,在全国首创民办高校教学高地建设项目。2008—2010 年,上海先后有 12 所高职院校列入"国家示范性高等职业院校建设计划",形成以国家示范高职院校为引领、国家骨干高职院校为带动、上海市级重点建设高职院校为支撑的发展格局。

四是行业高校提升计划。2010 年,上海市教育委员会决定启动"行业高校提升计划",探索建立"政府统筹管理,行业企业参与、学校自主发展"的行业高校运行机制,推进行业高职院校的内涵发展,加快提升行业高校的整体水平和综合实力,培养大批上海需要的高素质高技能人才。主要内容包括专业实训基地建设、专业师资队伍建设、推动重点专业人才培养模式改革、开展专业技术服务等四个方面,当年投入 8 500 万元。

五是卓越教育计划。上海市教育委员会决定 2010 年起实施卓越科学教育、卓越工程教育、卓越医学教育和卓越文学艺术教育等四大卓越教育计划。首先在上海大学、上海工程技术大学、上海电力学院、上海理工大学 4 所高校开展卓越工程教育改革试点,在复旦大学、上海交通大学、同济大学、上海中医药大学、上海体育学院 5 所高校开展以康复医学为突破口的卓越医学教育改革试点。

第二节　学分制改革

20世纪70年代末,上海高校开始试行以学年学分制为主要形式的学分制。1978年,华东师范大学率先在一些系试行学年学分制;1980年9月,上海交通大学在1978届一个专业和1979届学生中开始试行学分制,公布全校课程目录,鼓励学生选学一部分跨系、跨专业、跨年级的课程。随后复旦大学、华东化工学院等高校也开始试行学分制。

为做好上海高校学分制教学管理工作,1985年初,上海市高等教育局召开学分制管理交流会。同年颁布的《中共中央关于教育体制改革的决定》,提出要积极进行包括学分制在内的各项教学改革试验。此后,上海试行学分制的高校逐步增加。到1988年,上海有10多所高校试行学年学分制。为适应社会和学生需求,一些高校还实行按系招生、淡化专业、分类培养。允许同一专业不同培养模式并存,低年级不分专业,按类培养;高年级根据需要定向分流。

20世纪90年代,上海高校根据国务院副总理李岚清关于"高校应逐步探索变学年制为学分制"的指示,逐步完善和扩大学分制试点工作,开始从学年学分制转向学分制,扩大学生选课程、选教师、选上课时间的自主权。1993年,上海相继有上海工业大学、上海外国语大学、华东师范大学、中国纺织大学、上海海运学院等学校全面试行新的学分制。为适应上海高校深化学分制试点的需求,上海市高等教育局在1993年暑期全市高校教务处处长会议上,就实施学分制的有关问题,进行专题讨论,并拟订研究课题和试点工作方案。1993年底,由上海市高校教学管理研究会具体组织,复旦大学等12所高校教学管理和高教研究人员组成"学分制研究"课题组。经过1年多的研究,开展专题研究10余次,组织现场交流4次、研讨会5次,完成总报告一份、专题报告3份,为推行学分制提供必要的理论依据和可行性建议。复旦大学、上海交通大学、上海大学等本科高校在部分院、系或专业进行了局部试点。1994年,上海试行学分制高校扩大到17所,其中本科院校14所,专科学校3所,涉及理、工、农、医、文、艺、法等学科和专业,进入选课制的学生从1993年全市180个专业点7 475人扩大到1994年的328个专业点14 847人,占当年入学新生总数的35%。全市选修课累计达2 951门,选修课的比例分别占总课程的10%～30%不等。80%的试点学校建立计算机选课中心,部分高校在开发计算机选课软件系统的基础上,开发出教务现代化管理的软件系统。1995年,上海18所高校在337个专业推行以选课制为基础的学分制,开设选修课程3 000余门,为学生提供选课程、选教师、选上课时间等不同的选择自主权。各高校从实际出发,调整课程设置体系,实行以学科分类的课程教学,建立新的学生工作管理体系,采取一系列后勤服务配套措施,使学分制试点稳步推进。同年,上海市教育委员会组织两期全国学分制研讨班,先后向来自全国的110所高校的教学管理人员介绍上海的经验。

20世纪90年代,各校在总结国外学分制的经验和中国自1985年以来学分制改革成果的基础上,采取以下完善学分制的措施:一是扩大学生选课的自主性和灵活性,按照学校指导性教学计划的规定和指导教师的意见,学生可自主地选择课程、专业方向,上课教师可自主地安排教学的进程,允许本科的学习年限延长至6年甚至8年。二是统一学分和积点的计算办法,以充分反映学生掌握课程知识程度和能力,并能反映学生学习的质和量,以此作为奖励学生的依据。三是建立导师制,以保证在选课和整个教学进程中发挥教师的主导作用。四是改革现有学生班级单一行政建制的模式,建立生活宿舍社区管理和党、团、校园文化建设相结合的学生思想政治工作新体系。五是建立和学分制相配套的选课、学籍、学分的计算机教学管理系统。实验室、图书馆、教材科和后勤部门的全天候服务措施,保证全校各部门相互协调,保证学分制试点的正常运行。六是加强专业调整和课程结构体系的改革。各院系以学科为基础制定指导性教学计划,扩大专业面和课程对专业的覆盖范围。加强基础理论教学、外文和计算机应用教学,文理结合,技、经、贸结合和主辅修结合。制定有利于教师不断更新教学内容、多开新课、开好课的教学管理制度。

2002年上海高校教学工作会议后,上海高校在总结学分制改革经验基础上,按照现代教育理念,根据国际化要求,实行新一轮的学分制改革。同年,上海有18所高校实行学分制,涉及720个专业点、16.8万名学生,占在校生总规模的75%。各校还在人才培养中进一步巩固和完善主辅修、第二专业、双专业、第二学位等制度。复旦大学以课程建设为龙头,推进学分制建设,其特点:一是课程的结构化,按照通才教育、素质教育的理念,将全校性课程的知识体系组合为综合教育课程、文理教育课程和主修专业课程;二是为学生提供更大的自主选择权,并在各板块课程中加大学生的选修幅度;三是实行灵活的学籍管理制度,推行多学位、多证书制度和开放学生自由选择专业权;四是突出教师的主导作用。上海交通大学以"培养宽厚型、复合型、开放型、创新型的高水平、高质量、高素质人才"为目标,大力推进学分制改革和课程建设,构建创新人才培养体系。学校优化学科结构、按理、工、文、管、农等大类构建公共教学平台,按机类、电类、文管类构建学科教学平台;积极推进课程改革,重点开展以培养创新能力为核心的创新教育和创业教育,并将其贯穿于整个教学过程之中。上海大学在长期学分制实践的过程中,形成较为完善的"学分制、选课制、短学期制和导师制"的教学管理模式和制度。按新的培养方案,设立公共课基础大平台和12个学科课程平台,并将专业课全部设为选修课,实施全日程排课、全面放开选课,打破学院间、专业间的限制。

上海高校的学分制改革努力探索适合中国国情,具有上海特点,主要有:一是根据各校特点,制定学分制的指导性教学计划。针对上海经济和社会发展对人才培养的新要求,从"三个面向"出发,调整培养目标,改革课程体系,增设选修课,把原来按专业设置的课程结构调整为按种类设置的新课程结构体系,各校通过学分制还进一步巩固了主辅修、第二专业、双专业、第二学位等改革成果;二是从实际出发制定学分制的各项管理制度,如学籍管理制度、奖学金制度、导师制、教师聘任制、选课制、学生思想政治工作新体制、后勤保障措施、实验室和实践环节管理办法、教材供应办法等各项配套改革,进一步完善和巩固校内管理体制改革成果,为改变统一计划、集中管理、单一培养目标的教育模式,向多样化、因材施教等灵活管理跨出有效的一步。

第三节　通　识　教　育

20世纪80年代,随着中国社会主义市场经济发展、知识创新不断加速,针对高校高度专业化人才培养模式的弊端,上海高校开始注意拓宽专业面,加大课程设置的改革,加宽学生业务面,将通才所需基础同从事专业所需知识结合起来。一些高校实行按系招生、分类培养、淡化专业的改革,允许同一专业不同培养模式并存,低年级不分专业,按类培养;高年级则根据需要定向分流。不少高校除了在教学上增加新的课程内容外,在试行学分制过程中,还采取双学位、双主修、双专科等多种培养形式,允许学生在学习主修专业的同时,选修另一专业的规定课程,培养既有理工基础,又有外语、外贸、金融等方面知识的复合型人才。

一些高校开始重新认识通识教育的意义,探索尝试推进通识教育。复旦大学校长谢希德提出要借鉴国际先进的本科生培养经验,试行"通才教育"。但是这一时期,通识教育的教学改革总体进展不大。除了受教育思想和教育管理体制的制约外,主要原因是:高校虽然认识到过度专业化所带来的问题,但大多数教师是在高度专业化教育体系中培养出来的,思想上和知识结构上都难以马上适应通识教育的培养模式;还有当时除综合性大学和地方高校外,其他多数高校是由有关部委管理的行业性高校,十分突出所培养的人才要适应本行业、本部门工作的需要。

高校通识教育改革探索的真正起步是在20世纪90年代中期。1993年,中共中央、国务院颁布实施《中国教育改革和发展纲要》,中国高等教育教学改革进入新的发展阶段。1995年,国家教育委员会组织高校开展加强大学生文化素质教育试点工作,探索构建以素质教育为核心的中国特色的高等教育人才培养体系。1998年,教育部颁布《关于深化教学改革,培养适应21世纪需要的高质量人才的意见》。1999年,中共中央、国务院颁布《关于深化教育改革,全面推进素质教育的决定》。这些重大举措,推动高校通识教育改革实践逐步深入。自1999年起,复旦大学、上海交通大学、上海中医药大学、同济大学、东华大学、华东师范大学、上海财经大学、上海大学8所高校先后被批准列为第一批和第二批国家大学生文化素质教育基地。

1995年,复旦大学提出"宽口径、厚基础、重能力、求创新"理念,将当时全校60多个专业划分为14个大类,实施"通才教育,按类教学",打通同一大类专业的前期课程,并把通识教育课程体系建设作为推进通识教育的核心任务之一。1998年起,上海交通大学加快教学改革步伐,大力调整本科专业,合并分工过细的专业,为学生打下更宽泛的专业基础。此次调减幅度达到专业总数的30%以上。为更好地培养"通才",学校加强文、史、哲、美、经等方面的基础知识教育,从1999年起,将公共学科基础课的学时提高了10%左右。

进入21世纪,复旦大学提出"大学本科教育是通识教育基础上的宽口径专业教育"的观念,组织全校教授开展文理教育大讨论和课程设置调整,构建综合教育、文理基础教育、专业教育三大课程板块和以综合教育和文理基础教育为主要特色的通识教育课程体系。2004年,在《全面实施文理基础教育的方案》中,复旦大学作出"2005年保持目前按专业招生模式,先组建文理学院,新生不分专业管理,经过实际运转后,再实行新生不分专业入学"的决定。2005年9月,又在体制上进行较大的创新,成立复旦大学复旦学院,作为推进通识教育改革的重要平台。所有一年级本科新生入学后不分专业,统一进入复旦学院接受一至两年的通识教育,之后再进入专业院系学习。同年11月,成立复旦大学通识教育研究中心,借鉴国外先进通识教育成功经验并结合中国实际教育情况,研究并倡导科学合理的教育思想,为学校推进通识教育提供咨询和指导,在全国高校中举起实施通识教育的旗帜。

2002年,上海交通大学根据学校建设国际一流大学的办学目标,提出开展通识教育基础上的宽口径专业教育,以"培养宽厚型、复合型、开放型、创新型的高水平、高质量、高素质人才"为目标,构建创新人才培养体系。2008年,学校制定《关于设置本科通识教育核心课程的意见》,决定从2009年9月开始,在已开设的通识教育选修课进行本科通识教育尝试基础上,开设本科生通识教育核心课程,引导学生广泛涉猎不同学科领域,拓宽知识面,学习不同学科的思想方法,在对学生的价值引导、心智培育和知识拓展等方面发挥重要作用。

2004年,同济大学根据学校建设综合性、研究型、国际化一流大学的办学目标,调整修订人才培养计划,将指导思想定为"以通识教育为基础的宽口径专业教育",提出建立"具有同济大学特色的以通识教育为基础的宽口径专业教育的课程体系",对低年级学生按学院或专业大类设置通识教育与基础必修课程,对高年级学生实行宽口径的专业教育。实行按学科大类招生,按学院或专业大类设置通识教育与基础课程。通识教育与基础课程占理论教学总学分的55%左右。

2006年以后,上海财经大学、上海大学等高校依托国家大学生文化素质教育基地,构建以素质教育为核心的培养体系,探索从传统的重专业化训练,向重视人文素养、社会责任和科学精神等综合能力的通识教育转变,在开展大学生文化素质教育基地建设基础上,进一步改革培养计划和课程体系,开发和打造了一批通识教育课程,逐步完善通识教育培养方案。

第四节　教学方法与手段改革

20世纪70年代末开始,上海高校教师在教学过程中,积极认真探索科学的教学方法,摒弃"文化大革命"中那些违背教学规律的教学方法,探索综合运行讲授法、问答法、讨论法和演示、参观、实验实习等多种教学方法和方式,提高教学效果。开始重视因材施教,课堂讲授贯彻少而精,改变对学生"满堂灌""填鸭式""抱着走"的教学方法,从单纯传授知识转变为同时注重培养能力。特别在现代信息技术在教育教学中的开发与应用方面,上海高校走在全国前列。

1978年,上海交通大学为推进电化教学工作,在秋季开学前建成一个视听室。这个梯形教室的198个座位上都有耳机,黑板上有银幕,后面有一个控制室,可以播送对讲、同声翻译等11种节目。1979年开始,上海市人民政府陆续拨出210万美元,用于发展上海高校电教事业,改善高校电化教育设施。当年,上海建立上海市高教电化教育馆,以后许多高校相继建立了电教中心(馆)、电化教室。

1983年,上海高校摄制完成5部电视教学片。分别是:华东化工学院的《商品》、上海戏剧学院的《百年经济话出路》、同济大学的《资本家剥削的秘密》、上海音乐学院的《中国的社会主义农业生产责任制》和华东师范大学的《股份公司和交易所》。到1989年,上海高校电化教育设施有很大发展,共设置57个电教机构、2个影像出版社(上海外国语学院影像出版社、上海高教影像出版社)和4个影像部(复旦大学、上海交通大学、华东师范大学、上海中医学院)、148间语音室;同时,同济大学、上海交通大学、上海工业大学、上海海运学院等院校建立外语广播电台,中国纺织大学、华东化工学院、上海水产大学等院校建立闭路电视系统。上海高校电化教育初具规模,在促进教学方法改革,提高教学质量方面发挥了积极作用。

20世纪90年代,随着国外高校一些先进教学思想的传入,以教师、课堂、教材为中心的教学模式,以课堂讲授为主的教学方法,越来越受到质疑。为了运用现代教育技术深化上海高校教学改革,上海市教育委员会组织开展多次专题调查,提出积极支持和倡导高校电教中心、计算机网络中心共同加强教育技术现代化的硬件建设,鼓励教师采用现代教学手段的积极性。各高校不同程度加大对教学方法和手段的改革力度。主要有:一是针对上海高校综合改革专题调查中学生对高校教学方法所提出的意见和建议,在教学中加强启发式、讨论式、研究型等教学方法的改革探索。在一些人文学科普遍采用案例教学法、课堂双向教学法等现代教学方法,并通过修订教学计划适当精简课内学时,加强学生自主学习的改革。二是随着信息技术的迅猛发展,日益重视对现代教育技术的运用。一些高校拨专款建设多媒体教室,为师生使用信息技术创造条件,并鼓励教师积极应用现代教育技术,许多课程开始引入计算机辅助教学。复旦大学利用"211工程"专项经费支持多媒体教学,计算机基础多媒体教学技术项目走在全国高校前列;华东理工大学、上海水产大学等一批高校在基础课和专业课中开发和推广CAI课件,安排专门教室组织教学,取得良好效果。

1998年,在上海交通大学、复旦大学、上海大学、上海第二医科大学等院校建立远程教育点,开展联合远程教学试验;其中,远程医学项目在上海教育与科研计算机网远程医疗会诊研究室的基础上增设上海教育与科研计算机网联合远程医学数据交换中心,在上海医科大学、上海铁道大学、上海第二医科大学、上海中医药大学、上海第二军医大学建设远程医学点。1999 年,上海交通大学开始建设网络学院,探索在线课程开发建设,成为全国最早探索在线教育创新模式的高校之一。

进入 21 世纪,现代信息技术在上海高校教学中得到广泛应用。到 2001 年,上海有 21 所高校建立校园网,其中有些高校开设课程教学网站,有 23 所高校使用多媒体教学的课程比例在 33% 以上,超出教育部当时的要求。信息技术和 CAI 课件在教学中的应用,促进了教学方法和教学模式的改革。为加快现代远程教育工程资源建设步伐,教育部启动"新世纪网络课程建设工程",经上海市教育委员会组织申报推荐,上海高校一批课程入选。2003 年,上海教育信息化建设格局基本建立,37 所上海高校的校园网联入上海教育与科研计算机网并接入中国上海教育与科研计算机网。同年,上海交通大学 6 门网络课程通过教育部项目验收。

为促进和实现优质教育资源网上共享,2004 年,上海市教育委员会建立市级精品课程网站。2006 年,上海交通大学率先建设校内在线教育平台课程中心,并召开全国高校研讨会,交流工作经验,完善实施方案。随后继续推进在线教育平台、课程和机制的建设,积极探索基于"慕课"的教育教学改革,率先在国内探索"O2O 混合式互动教学"[1],形成"MOOC Inside"[2]和"MOOC+SPOC+翻转课堂"[3]的全新混合教育模式。其中"好大学在线"平台,成为全国最具影响力的三大平台之一。

2007 年,上海市教育委员会启动高校课程中心建设,在 13 所高校首批立项建设课程中心。课程中心是学校课程建设的虚拟平台,学校通过平台,可以督促课程建设进程、展示课程建设成果、丰富课程教学内容、延伸课堂教学空间,推动课程教学方式改革。2009 年,华东师范大学、同济大学、上海中医药大学、华东政法大学、上海交通大学医学院、上海大学等高校基本建成课程中心。当年,有约 500 门课程进入中心,部分课程上网点击率达到 100 万次以上,促进了高校课程建设和教学方法的改革。

第五节　教学质量保障

一、体系建设

自 1977 年上海高校教学工作进入正常轨道后,为保证和提高教学质量,陆续恢复和制定一批教学管理制度。1979 年,中共上海市委召开上海高校工作会议,强调高校要牢固树立高校的中心任务是培养大批专门人才和一流名家的观念,要以教学为中心,同时加强科学研究工作。根据会议精神,各校加强教学工作及其制度建设:在教学工作方面,制定和修订关于课程设置、课堂教学、实践教学等一系列文件;在学生培养方面,一些高校结合试行学分制,尝试建立中期选拔制、淘汰制、浮动学制和辅修制等。为检查教学质量,1983 年,上海市高等教育局选择计算机等学科抽样检查,采取全市统一命题,抽调学生参加考试,作为检查各校教学质量,促进教学改革和质量保障的手段。这在全国尚属首创,在社会上引起广泛影响。

20 世纪 90 年代,为了加强教学质量保障体制建设,建立政府宏观管理、学校自我保证、社会评

---

① "O2O"模式,英文表达式为: Online to Offlin,指线上与线下。
② MOOC,又译为"慕课",是大规模在线开放课程(massive open online courses)的英语简称,是在线教育的高级形式。
③ SPOC,是小规模限制性在线课程(Small Private Online Course)的英语简称。Small 和 Private 是相对于 MOOC 中的 Massive 和 Open 而言,Small 是指学生规模一般在几十人到几百人,Private 是指对学生设置限制性准入条件,达到要求的申请者才能被纳入 SPOC 课程。

估调控的教育评估机制,上海市教育委员会1996年组建上海市高等教育评估事务所,为国内第一个高等教育评估机构。随后,在此基础上建立了上海市教育评估院。通过委托教育评估机构院组织开展重点学科评估、新专业设置评审、研究生学位论文"双盲"抽检和研究生培养质量过程检查等多层次多类型的教育评估工作。

根据上海国际化大都市对人才培养的要求,为了把研究生教育提高到一个新的水平,上海建立上海市教育委员会与上海市学位委员会并行,分工合作,条块结合,国家与地方两级管理,以地方为主的学位与研究生管理与质量监控体系。上海市学位委员会办公室采取多项举措,加强研究生教育和学位管理:一是建立与完善研究生教育质量监督制度和评估制度,当年开始对学位论文进行"双盲"评议(即专家不知论文作者身份,论文作者不知哪位专家评他的论文);二是加强研究生课程与教材建设,从研究生教育专项经费中拨出120万元用于资助研究生教材建设;三是选取自愿进行试点的研究生培养单位,进行"固定平均成绩规格化"的试点。1999年,在调查研究工作基础上,建立博士、硕士学位授权学科、专业的师资队伍、研究生招生、课程设置、毕业就业、科研成果和科研经费等学位点情况动态数据库。在培养质量方面,继续开展博士、硕士学位论文的"双盲"评议,提高研究生培养和学位的授予质量。

从1999年起,上海高等教育规模连续三年增长超过30%,成为历史之最。随着高校规模的迅速扩大,原来的精英教育发展为大众教育,教育质量尤其是本科教育越来越受到社会的关注。为贯彻落实教育部《关于加强高等学校本科教学工作,提高教学质量的若干意见》精神,上海市教育主管部门在大力增加教学经费投入,改善高校办学条件的同时,通过制定有关政策措施,定期开展教学检查工作,促进和加强高校教学管理制度、教学规范与质量保障体系建设。2002年,研究制定《关于加强上海高校本科教学质量管理工作的若干意见》《关于加强上海高职高专教学工作提高教学质量的意见》《关于上海市学位与研究生教育管理规程》等文件,明确上海高校加强教学质量管理工作的指导思想,提出高等教育各层次质量管理的措施和主要指标。同年下半年起,对上海23所普通高校的本科教学工作进行检查。检查情况显示,上海高校在不断完善教学管理制度、加强规范管理的同时,建立学校的教学质量保证体系,质量管理的意识逐步增强。为加强高校内涵建设,提高人才培养质量,2004年的上海市教育工作会议进一步提出:高校要重视产业结构调整和就业发展趋势,重视对世界科技发展前沿的把握,把社会需求与学科特点结合起来,调整专业结构,创新专业种类,借鉴国际同类专业课程教材的长处,及时把学科发展的最新成果转化为教学内容,充分发挥现代信息技术的作用,改革教育教学方法,拓宽教育实践渠道,促进理论学习与社会实践的结合;要坚持教授上基础课制度,提高学校一线的教学质量;要进一步加强对高校教育教学评估,完善教学质量保障机制。

2005年,上海市教育委员会制定颁发《关于实施高等学校教学质量保障体系建设工程的若干意见》。根据该文件,先后制定系列措施,进一步加强教学工作和管理,建立健全质量保障体制机制,提高学校依法自主办学能力,加强教学质量监控,提高人才培养质量。主要有:

一是启动专业和课程设置等教学标准建设工作。发挥专业学会、专业研究会和课程指导委员会等组织的作用,制定专科和本科及研究生课程和培养的基本标准。推动高校制定和发布本校的教学质量标准,规范教学质量保障体系建设。建立高校教学基本状态数据库和信息发布制度,定期公布高校教学质量相关数据。强化政府对教育质量监管力度,增强高校提高教学质量的责任感。

二是探索建立就业率持续偏低专业的预警退出管理机制。在分析大量数据和听取相关学校教务部门意见的基础上,上海市教育委员会于2008年起将近3年就业率持续偏低的专业名单进行公布。

三是组织基础课程教学质量统一测试,运用考试机制,促进教学。上海市教育委员会以高等数学、计算机等级考试为重点,以分类指导为原则,组织全市统一教学考试。2006 年,13 所新建本科高校实施高等数学统一考试,12 000 名学生参加考试;2007 年,考试范围推广到松江大学园区。同时组织全市医学院校临床医学专业应届毕业生医学技能统一测试,通过这次考试,各医学院校发现医学教学中存在的问题,完善上海高等医学院校临床医学技能教学规范。2009 年,又组织实施面向非计算机专业学生的高校计算机基础课程统一考试,该项考试深受高校师生欢迎,当年自愿参加等级考试的学生达到创纪录的 11 万人。

四是开展教学工作专项检查,完善教学质量监控机制。针对上海高校中 30% 左右的本科专业是近 5 年新设置的情况,上海市教育委员会研究制定新专业教学规范,重点开展本科新专业教学检查。2008—2010 年重点开展本科新专业教学检查。通过检查,促进高校对新专业加大投入,及时解决新专业教学中的问题,并对其中问题较多的专业给予限期整改的决定。

二、评估

开展高校办学水平与高校教学工作评估是改革教育管理体制,扩大高校办学自主权后,教育管理部门和社会对高校办学状况进行系统检查的重要手段。自 1985 年 6 月,教育部在黑龙江镜泊湖召开全国第一次高教评估理论研讨会后,上海即开展了有关的理论研究和准备工作,在全国较早开展高校教学工作的评估工作。

【高校办学水平综合评估试点】

上海市高等教育局根据教育部《关于开展高等教育评估研究和试点工作的通知》要求,于 1985 年 12 月成立高等教育评估理论研究小组,拟定普通高等学校办学水平综合评估指标体系和实施办法,着手建立教育评估制度,制定评估方案,开展教育评估实践。按照教育部《关于认真做好评估试点实测表》,对同济大学、上海机械学院、上海工业大学和上海城市建设学院 4 所高校进行试测、论证,并修改评估方案,为评估试点做必要准备。1987 年,上海市高等教育局又成立上海市普通高校办学水平评估领导小组和处理日常事务的评估办公室,在国内率先开展高等工程院校办学水平综合评估试点工作。从 1987 年 11 月到 1988 年 6 月完成对同济大学等 4 所工科院校综合评估。同期还组织和开展课程建设、重点学科建设、学位点建设、实验室建设、图书馆、体育卫生工作等各种单项评估。

【新建高校合格评估(鉴定)试点】

在高校办学水平综合评估试点过程中,根据国家教育委员会关于对新建院校进行鉴定试点的意见,上海在 1988 年 1 月,明确将上海城市建设学院的综合评估转到以"鉴定为主"的合格评估。在取得一定经验的基础上,国家教育委员会委托上海承担"普通高校合格评估制度研究与实践"课题。上海总结前阶段试点工作的经验,修订评估方案,并选择上海农学院、上海大学和上海工程技术大学 3 所新建高校作为试点学校,先后于 1990 年 10 月、1991 年 10 月和 12 月开展第二轮评估。其中上海农学院为中国农业高校中第一所通过合格评估(鉴定)的院校。在试点实践的基础上,课题组对 4 所新建高校合格评估进行全面总结,并提出下一步开展合格评估的方案,经过专家论证,

1993 年 5 月,国家教育委员会专家组通过对上海评估试点工作的验收和对课题研究成果的鉴定。

【高校本科教学工作评估】

自 2002 年至 2008 年,根据教育部关于高校本科教学工作评估的统一部署,在上海市教育委员会组织下,上海高校先后完成高校本科教学工作水平评估工作。

本科教学工作水平评估工作开展之前,教育部在少数高校组织本科教学工作优秀评价和随机性水平评估试点工作。2000 年 5 月,教育部专家组对上海财经大学进行本科教学工作优秀评价。同年 11 月,教育部专家组对上海交通大学进行本科教学工作优秀评价。2001 年,教育部组织的评估专家组对上海师范大学等高校本科教学工作进行随机性水平评估。

2002 年 11 月,教育部专家组完成对华东政法大学的本科教学工作水平评估。2004 至 2008 年的 4 年中,教育部专家组又分别完成对上海外国语大学、上海音乐学院、上海海事大学、上海理工大学、上海水产大学、上海师范大学、上海体育学院、华东师范大学、东华大学、上海戏剧学院、上海工程技术大学、上海对外贸易学院、上海电力学院、复旦大学、上海交通大学、同济大学、华东理工大学、上海财经大学、上海中医药大学、上海应用技术学院、上海第二工业大学等高校的本科教学工作水平评估。在教育部普通高等学校本科教学工作水平评估中,上海共有 23 所本科高校参评,获得 21 个优秀、2 个良好的优异成绩。

为做好高校本科教学工作水平评估的迎评促建工作,上海高校认真贯彻落实教育部、上海市教育委员会关于加强本科教学工作,提高教学质量的要求和关于开展本科教学工作水平评估的文件精神,根据"以评促建、以评促改、以评促管、评建结合、重在建设"的原则,在迎评工作中坚持做到思想重视、措施落实、责任到人,将迎评工作与本校的教学改革与建设紧密结合,在深入开展自评自查基础上,扎实做好迎评的各项工作;并认真研究专家组的评估意见,巩固和发展教学工作的成果,进一步做好改革和建设工作,努力提高教育质量,培养具有创新精神和实践能力的高素质人才。通过评估,上海市教育委员会进一步重视高校教学工作和教学改革,继续加大教学经费投入和建设力度。上海高校更加明确办学指导思想,教学建设和教学改革不断深入,教学条件进一步改善,教学质量进一步提高。

【高等职业院校人才培养工作评估】

根据教育部《关于开展高职高专院校人才培养评估试点工作的通知》要求,2005 年,上海市教育委员会成立上海市高职高专院校人才培养水平评估工作领导小组和评估专家组,制定《关于开展上海市高职高专院校人才培养工作水平评估的通知》,启动 5 年一轮的高职高专院校人才培养工作水平评估工作。同年 12 月,评估专家组开始对上海城市管理职业技术学院、上海行健职业技术学院、上海交通职业技术学院 3 所高职学院进行评估。2008 年,上海市教育委员会委托上海市教育评估院对上海震旦职业技术学院、上海民远职业技术学院、上海思博职业技术学院、上海立达职业技术学院、上海电影艺术职业学院、上海工会管理职业学院等高职院校和上海出版印刷高等专科学校等专科院校的人才培养工作水平进行实地考察评估。同时组织专家对上海东海职业技术学院、上海海事职业技术学院、上海科学技术职业学院、上海新侨职业技术学院、上海工商外国语职业学院、上海农林职业技术学院 6 所职业技术学院的人才培养工作水平进行回访评估。2009 年,对上海医疗器械高等专科学校等 5 所高等专科和职业院校人才培养工作开展评估。

第四章　思想政治教育

高校马克思主义理论课和思想品德课(简称"两课")、德育与心理健康教育、辅导员队伍建设,以及校园文化建设、大学生志愿者服务活动等构成了高校学生思想政治"全员""全过程""全方位"的教育体系。上海高校的思想政治教育着力于体系建设,强化"两课""德育""心理健康教育"等教学和大学生校园文化活动的规范化建设及其队伍的专业化建设,整体提升高校思想政治教育的有效性和先进性。

第一节　政治理论课建设

一、课程、教材建设

1977年后,上海高校恢复和加强了马克思列宁主义理论课教学制度。1979年,上海市政府教育卫生办公室和上海市高等教育局制定《关于改进和加强上海高校政治理论教学工作的若干意见》,加强对大学生的马克思列宁主义教育教学工作。1988年,上海市高等教育局组织高校编写《马克思主义基本原理》《中国社会主义建设的基本问题》《中国革命史》《世界政治经济和国际关系》4本新的教材,并先后在全市高校中开设该4门新课。

1989年下半年起,上海高校根据国家教育委员会《关于加强和改进上海高等学校马克思主义理论教育工作的若干意见》等文件精神,积极改进教学内容,强调理论联系实际,针对大学生思想实际,解决某些模糊认识。1990年,在总结反思的基础上,进一步进行新的实践与探索,加强和改进马克思主义理论课教育。根据国家教育委员会要求,全市50所高校将中共党史课改为中国革命史课,23所高校开设中国社会主义建设课,15所高校开设马克思主义原理课。复旦大学、上海交通大学等院校开设世界政治经济与国际关系课。同年,中共上海市教育卫生工作委员会分别组织调查30所高校马克思主义理论教学的现状及问题,提出指导性意见。

1991年,中共上海市教育卫生工作委员会、上海市政府教育卫生办公室召开上海市教育工作会议,提出在"八五"期间,高校要系统加强马克思主义理论课和思想品德课教学。同年,上海市政府教育卫生办公室颁发《关于贯彻执行国家教育委员会〈关于加强和改进高等学校马克思主义理论教育的若干意见〉的实施意见》,加强高校马克思主义理论教育的领导,设立课程教学科研专项经费,积极稳妥地进行课程设置、教学内容和方法的改革。下半年起,中共上海市教育卫生工作委员会先后组织复旦大学、上海交通大学、华东师范大学、同济大学、华东化工学院、上海科技大学、中国纺织大学、上海师范大学8所院校的教师编写"两史一情"教育的教材。针对不同年级学生的思想特点,编写出四本一套的"国情论"读本。到1992年,上海有20所高校利用形势政策课的时间开设"两史一情"教育课。同年下半年起,中共上海市教育卫生工作委员会和上海市高等教育局组织上海高校思想理论教育方面的专家,对《中国革命史》《中国社会主义建设》《马列主义原理》《法律基础》等课程的教学大纲进行修订。根据国家教育委员会将《人生哲理》和《大学生思想修养》合成一门课开设的精神,组织编写《思想道德修养》课教材,突出建设有中国特色社会主义理论的指导,反映沿海改革开放地区的特点。为做好《上海市高等学校德育大纲》实施工作,根据在不同类型学校布点试行和学校自愿申报试点相结合的原则,从 1992 年 9 月起,在华东政法学院、上海工业大学、华东师范大学、上海外国语学院、上海电力学院、上海法律专科学校 6 所院校进行试点工作。

党的十四大明确提出要以邓小平建设有中国特色社会主义理论为指导,建立社会主义市场经济体制,高校的思想理论教育课以此为纲进行补充和修正。1993 年,上海市高等教育局组织全市高校结合学生实际,对马克思主义理论课的设置、教学的基本要求和教材等开展调查,把"两课"改革列为重点学科建设,根据各校的教学组织、师资力量、学生状况等特点,设计方案,在国家教育委员会规定的"两课"教学总体框架内深化改革,基本上形成确立主干课程,建设配套指定选修课程,开拓人文社会科学类任意选修课程的教学模式。各高校在"两课"建设中,有侧重地把邓小平建设有中国特色社会主义理论融入各门主干课程中。由中共上海市教育卫生工作委员会、上海市高等教育局组织编写的 5 本高校"两课"主干课程通用教材,大幅增加邓小平建设有中国特色社会主义理论和社会主义市场经济的理论,以及与学生思想实际相联系的现实问题的分析,成为一套党的十四大以后最新的比较完整的"两课"教育的教材,在上海高校中普遍使用。复旦大学、上海交通大学、华东师范大学、华东理工大学等校还开设邓小平思想研究等选修课。同年,上海高校统一编写的"中国革命史"等三门理论课新教材编写完成并出版。1994 年,中共上海市教育卫生工作委员会、上海市政府教育卫生办公室颁发《关于大力推进上海高校"两课"改革和建设的若干意见》,提出连续 5 年、每年投入 50 万元用于"两课"改革和建设的专项经费,完成"两课"5 本统编教材的修订出版。

上海"两课"改革和建设,采取"面上不大动,点上用深功,试点出经验,滚动推全面"的方针,即坚持中共中央和国家教育委员会以往有关"两课"教学政策规定的一贯性和连续性,以点面结合的方法,使"两课"改革工作有序和有效地进行,在全国引起较大反响。1994 年 9 月,国家教育委员会批准复旦大学、华东师范大学、上海交通大学、上海大学、华东理工大学、上海轻工业高等专科学校 6 所高校为"两课"改革与建设的试点学校。同年,中共上海市教育卫生工作委员会会同有关部门组织编写《邓小平理论教程》(教学大纲),召开邓小平理论"进教材,进课堂,进头脑"研讨报告会,培训青年骨干教师,为开展邓小平理论教程教学打下基础,受到中共上海市委和国家教育委员会的高度重视和好评。次年,上海 34 所高校把《邓小平理论教程》列为必修课程。

1996 年,上海市教育委员会根据高校"两课"改革成果评估与推广方案,对复旦大学等 6 所试点高校和中国纺织大学等 8 所非试点高校开展"两课"改革评估。经过评估,产生优秀"两课"教师 20人,优秀"两课"教材 10 套,优秀"两课"教学方法 10 项,并总结上海高校"两课"改革与建设的主要经验:一是重视"两课"教育在观念与管理上的改革和建设;二是以邓小平理论为主线,积极推进"两课"课程设置的改革与建设;三是严格以高标准,多种形式开展师资培训工作;四是积极开展以认知科学为基础的教学方法改革与创新。同年,上海高校还以邓小平建设有中国特色社会主义理论为"两课"改革和建设突破口,重点抓课程体系的规范、授课考试方式和教学方法的完善,推广改革成果。根据中共中央宣传部、教育部"两课"课程设置新方案,1998 年,上海高校将《邓小平理论概论》作为重点学科建设,有的高校还成立邓小平理论研究会、读书会。1999 年,成立由中共上海市教育工作委员会书记任组长,市教育委员会分管主任任副组长的"上海市高校'两课'教育"领导小组;成立"上海市高校'两课'教学专家指导委员会"和"上海市高校'两课'教材编辑委员会"。同年秋季开学前,按教育部教学大纲要求,组织上海高校的有关专家,编写完成《邓小平理论概论》《毛泽东思想概论》《马克思主义哲学原理》《马克思主义政治经济学原理》《思想道德修养》《法律基础》

《当代世界政治与经济》等新的"两课"教材,在入学新生中使用,还完成10集《邓小平理论常识》教学系列片。

2000年,根据中共上海市教育工作委员会和上海市教育委员会《关于规范和加强高校学生"形势与政策"课程建设的若干意见》,上海高校调整充实"两课"教育教学内容,从不同角度把"三个代表"重要思想渗透进"两课"所有课程,并结合民族精神的弘扬和培育、上海城市精神的塑造和发扬,赋予"两课"教育教学新的内涵。同年,完成《思想道德修养》和《法律基础》两门上海市统编教材修订工作,完成研究生《自然辩证法》教材编写工作,并出版投入教学使用,启动《科学社会主义》教材编写工作。

2001年,上海市教育委员会选择和委托复旦大学、上海交通大学、华东师范大学等6所高校,进行"两课"教育教学的新一轮建设,以试编教材为突破口,狠抓教学方法改革,并通过考试评价标准的改变,提高大学生发现问题、分析问题和解决问题的能力,提高"两课"教育教学的效果,指导和带动全市高校的"两课"教育教学质量上一个新台阶。以部分中青年骨干教师为核心,以教学协作组活动为载体,组织高校"两课"教师编写《马克思主义哲学原理》《马克思主义政治经济学原理》《毛泽东思想概论》《当代世界经济与政治》4本教材,2003年秋季投入使用。组织编写《"三个代表"重要思想概论》,作为上海高校进行"三个代表"重要思想教育教学的统编教材。

2004年8月,中共中央、国务院印发《关于进一步加强和改进大学生思想政治教育的意见》;2005年2月,中共中央宣传部、教育部印发《关于进一步加强和改进高校思想政治理论课的意见》。这两个重要文件,确定充分发挥课堂教学在大学生思想政治教育中的主导作用和在全国高校思想政治理论课统一开设"马克思主义原理""毛泽东思想、邓小平理论和'三个代表'重要思想""中国近现代史纲要""思想道德修养与法律基础"4门必修课。根据上述文件规定,中共上海市科技教育工作委员会、市教育委员会结合上海实际,制定《上海市高等学校思想政治理论课三年发展规划(2005—2007)》。明确思想政治理论课要培养大学生初步具备马克思主义理论素养,认同和实践党中央的方针政策,确立热爱共产党、热爱社会主义的信念;了解世情国情和认识社情民意,增强建设和谐社会的信心;弘扬中华民族精神,热爱国家,提高民族自尊心和自豪感;诚信守法、胸怀宽阔、有高度的社会责任感和良好的道德行为。提出当前重点工作是做好课程建设、教学和考试方法改进、教师队伍建设、进一步加强宏观指导等工作,并对分项建设目标和任务及思想政治理论课新一轮建设宏观管理工作进行具体规划。

根据教育部要求,从2006年秋季开学起,上海高校全面实施思想政治理论课新课程方案,4门必修课顺利开设,依托4门必修课的教学协作组,组织集体备课,制作PPT课件,帮助教师吃准、吃透教材精神。2007年起,积极构建"4+50"课程建设模式,即4门必修课+50门左右选修课的模式;抓好凝聚学科方向、培养学科带头人和加强学科团队建设、加快核心课程建设3个关键环节,着力构筑思想政治理论课学科支撑体系。

2008年,中共上海市教育卫生工作委员会、市教育委员会颁布实施《关于进一步加强上海高校思想政治理论课建设若干意见》,启动高校思想政治理论课教师培训方案、思想政治理论课建设评估标准等配套文件制定工作,构建上海高校"思政课"制度体系。拨出专项经费,组织复旦大学、华东师范大学、华东理工大学、上海海洋大学、上海大学、上海师范大学、上海对外贸易大学、上海立信会计学院8所高校在中班教学、实践教学、考试方法等方面进行改革试点,以点带面,稳步推进。

2009年,组织编写《六个"为什么"》系列丛书,积极推进《六个"为什么"》进"思政课"课堂试点工作。同年,教育部委托北京大学和上海大学在全国率先进行高校思想政治理论课《六个"为什么"》试点工作启动仪式在上海大学举行。2010年,继续推进高校思想政治理论课教学改革试点工作,探索马克思主义理论最新成果"三进"的有效途径和方法,提升思政课的教学水平。上海大学实施"六个为什么"进思政课试点工作任务。复旦大学、华东师范大学8所高校,继续推进考试方法改革、研究式教学、中小班教学等教学试点工作。同年底,中共上海市教育卫生工作委员会、市教育委员会颁布《关于进一步推进上海高校思想政治理论课教学方法改革的意见》,在明确总体要求、转变教学观念、优化课堂教学、规范实践教学、改革考试考核方法、完善保障机制、加强教学管理7个方面提出指导意见。

二、教师队伍建设

1991年,中共上海市教育卫生工作委员会和市高等教育局共同组织两期马克思主义理论课中青年教师读书研究班。1992年开始,中共上海市教育卫生工作委员会又为各校思想政治教育教学研究室的教师开设6次专题讲座,聘请全市有名的专家、学者讲学,获得一致好评。"两课"骨干教师培训班,学员遍及49所高校,通过培训基本上均成为各校"两课"学科带头人。20世纪90年代起,各高校陆续派出一批政治理论课骨干教师参加中共上海市委宣传部举办的中青年理论工作者培训班,参与市高等教育局组织的重点课题协作研究,取得较为显著的成果。其中,上海交通大学、华东理工大学等校每年拨专款安排"两课"教师进行社会考察,上海交通大学、上海戏剧学院、上海工业大学等高校,有计划地选送"两课"教师出国进修或考察。

2000年,建立上海高校"两课"8门学科协作组的例会活动制度,定期有针对性地开展"两课"教育教学改革建设的研讨交流,促进"两课"教师提高教学水平。2000年后,进一步打造"培训、交流、实践、科研、激励、发展"六大平台,构建理论研修、社会考察、学位进修、委托课题、结对带教等多种形式相结合的培训体系。举办上海德育论坛暨上海高校思想政治理论课教学论坛、高等学校学生管理干部法律知识专项培训、骨干教师高级研修班、文科院系负责人、海归教师等的研修班、上海高校学(研)工部长沙龙暨大学生思想政治教育工作专题研讨会和组织教师赴云南、延安、井冈山、西藏、新疆等地考察等系列培训研讨交流学习考察活动。其中,2007年中共上海市科技教育工作委员会、市教育委员会举办"首届上海高校思想政治理论课教学论坛",围绕落实新课程方案、创新教学理念、改进教学方法进行深入研讨和交流,并集中展示"思政课"教师的教学成果,推动教学实践交流,得到教育部领导和专家的高度评价;当年在完成全市高校思想政治理论课教师首轮全员培训的基础上,对逐层遴选出的近50名中青年骨干教师,通过高级研修班、高端学术报告、考察交流、聘请上海及全国资深教师结对带教等方式,进行跟踪培养和强化培训;2008年,组织高校思想政治理论课教师赴西部开展国情考察,并在西藏、新疆等地建立研修基地,鼓励教师走出书斋,从实践中吸取营养,让教师更多地了解国情、了解改革开放的生动实践,为教师教书育人和教学科研提供最鲜活的素材;2009年,依托"名师工作室"开展师资培训、组织教学观摩,让教师在相互砥砺交流中成长;举办岗前培训、课程轮训、骨干研修,把思政课教师纳入哲社骨干教师研修对象;在西藏、新疆、西柏坡、古田等地建立思政教师社会实践基地,组织骨干教师到基地培训考察,促进教师理论和实践的紧密结合。

【"两课"优秀教师和"精彩一课"评选】

1996年,中共上海市教育卫生工作委员会、市教育委员会授予11人为"上海高校优秀政治理论课教师"称号。2003 年,表彰 20 位"2002—2003 年度上海高校优秀学生辅导员"和"2002—2003 年度上海高校优秀'两课'教师"。2007 年,开展高校思想政治理论课"精彩一课"评选活动,全市高校共推荐 68 部(章)282 学时光盘报名参评"精彩一课"教学片,涵盖思想政治理论课 4 门必修课。经专家评审,共有 20 部(章)教学片入选上海高校思想政治理论课"精彩一课"。在上海市级评选基础上,组织教师重点申报参评全国高校思想政治理论课"精彩一课"。年内有 4 部(章)教学片入选全国"精彩一课"。2008 年,举行上海高校思想政治理论课中青年骨干教师培养专家指导团首批专家聘任仪式,表彰 2006—2007 年度上海高校优秀思想政治理论课教师及 2007 年上海高校思想政治理论课"精彩一课"。

【评审单列机制】

实行岗位序列单列、指标单列、评审单列,建立与"思政课"教师工作特点相适应的专业技术职务评审办法。2008 年,中共上海市科技教育工作委员会、上海市教育委员会颁布《上海高校学生思想政治教育教师职务聘任办法(试行)》,明确上海高校学生思想政治教育教师职务聘任序列单列、岗位单列、标准单列、评议单列等,授权 10 所高校设立学生思想政治教育教师职务聘任评议组,建立上海高校学生思想政治教育教师高级职务聘任评议专家库。

【领军人才培养】

2005 年,制定实施"100＋50＋若干"队伍培养计划(以面上轮训和骨干研修为重点,五年内形成 100 名左右中青年优秀教师、50 名左右教学和科研骨干、若干名学科带头人),重点培养一批坚持以马克思主义为指导、理论功底扎实、勇于开拓创新、善于联系实际、老中青相结合学科带头人和教学骨干队伍;把马克思主义理论学科作为高校学科建设"扶需"的重点,加大投入力度,在上海高校马克思主义理论学科:设立 2 个一级学科博士点,6 个二级学科博士点,14 个硕士点,使马克思主义理论一级学科成为人才聚集地和资源枢纽。2008 年,设立首批"思政课"名师工作室,聘任首批上海高校思想政治理论课指导专家,开展专家与中青年骨干教师"结对带教"计划。2009 年起,在高校人才计划中,为思想政治理论课教师单列指标,设置上海高校思想政治教育优秀青年教师培养计划(即"阳光计划")。计划分为思想政治理论课教师类、思想政治教育教师类两大类,2010 年增设党建类,每类每年各评选 10 人,每人一次性资助项目经费 3 万元。经推荐评审,有 20 人入选 2009 年度"阳光计划",30 人入选 2010 年度"阳光计划"。

通过资助推进德育工作课题研究,全年共立项上海市哲学社会科学课题德育系列 5 个、市德育理论研究课题 6 个、市德育决策咨询课题 20 个、市学校德育实践类课题 100 个。

第二节　德育与心理健康教育

一、大学生德育

1983 年成立上海高校德育研究会。1989 年初,上海市高等教育局组织文科教学改革小组,对高校文科教学中存在的削弱马克思主义理论指导、脱离实际、培养目标不明确等问题进行对策研究。同年下半年,又组织力量对文科教学现状及今后方向进行研讨,提出《加强与改进文科教育的若干意见》。1990 年,上海市教育主管部门组织对上海高校马克思主义理论教育的现状、问题及措施进行专题调查研究。同年,中共上海市教育卫生工作委员会、市政府教育卫生办公室、市高等教育局成立《上海市高等学校德育大纲》课题组,在大量调查研究、广泛听取意见的基础上,制定形成《上海市高等学校德育大纲》,提出在新形势下进一步深化高校德育工作的基本思路、要求和任务。2000年,上海市教育委员会研究制定《关于上海2000—2003年的德育行动计划》,为实施德育工作提供行动纲领,提出德育工作要重点抓好思想政治理论教育和经常性思想政治工作这两个关键环节,树立"全面发展""以人为本""实践体验""潜移默化""全员育人"5个理念,重点实施学科德育、德育实践、人生指导、网上德育、队伍建设、德育研究6大工程,实施高校思想政治理论课建设、大学生人文素养拓展、心理健康教育、职业发展指导、四大德育网站体系建设、校园网信息安全管理、大学生思想政治教育工作队伍建设、研究基地建设、研究项目建设12项工作。2003年,召开上海高校德育与素质教育交流会,总结高校学生德育工作经验,推动上海高校以德育为核心的素质教育的开展,新成立"上海学校德育研究中心",并为8位"上海学校德育研究中心"特聘专家颁发证书。2004年,中共上海市科技教育工作委员会、市教育委员会成立"上海市大学生思想政治工作与高校公共理论课调研"总课题组,由中共上海市科技教育工作委员会副书记担任总课题组组长,抽调高校德育工作专家从全市高校公共理论课教学、民族精神教育、网络教育、心理健康教育、职业发展指导、生活园区建设、辅导员队伍建设等多方面,开展为期半年调研,形成近10万字调研报告。调研报告由1个主报告和7个分报告组成。

为保证德育研究质量,培养专家型思政教师。2005年起,上海每年投入200多万元专项经费开展德育工作研究,同时把高校学生思想政治教育研究纳入上海市哲学社会科学研究整体规划中。形成上海市哲学社会科学课题(德育系列)、德育理论课题、德育决策咨询课题、德育实践课题和德育创新发展课题的研究体系,吸引教师和各学科专家广泛参与大学生思想政治教育的研究。依托上海思想政治教育研究会、学生德育发展中心、《思想理论教育》编辑部等,开展专题调研,完成《上海高校大学生思想政治教育工作调研报告》《上海学校民族精神教育调研报告》等一批研究成果;形成每年一本《辅导员优秀论文集》、两年一度的《本科生发展报告》《研究生发展报告》《辅导员发展报告》等德育研究报告。2007年,在第五次全国高校思想政治教育优秀论文、专著评选中,上海共获一等奖2项、二等奖4项、三等奖7项,获奖总数居全国第一。在教育部哲学社会科学课题(思政工作)招标工作中,上海高校共有9个申报课题中标,其中,教育部"辅导员骨干支持研究课题"5个、重大研究课题2项、一般课题2项,在全国各省市中名列前茅。2009年,汇编完成2004—2006年度学校德育决策咨询课题研究成果,编辑出版《德育工作新探索》。全面总结党的"十六大"以来上海学校德育工作经验,编辑出版上海高校德育丛书。2010年,举办"阳光学者沙龙"。

二、大学生心理健康教育

20世纪80年代,由北京和上海等地的高校发起,国内部分大学相继成立大学生心理健康教育机构,开展心理健康教育活动。1985年后,上海交通大学、上海师范大学、华东师范大学、复旦大学等高校相继建立心理咨询机构。部分高校恢复心理健康教育教学机构,逐步开设了心理健康教育选修课程。华东师范大学建立了心理系,并依托心理系的理论和实践研究基础,恢复心理健康教育的教学活动。1989年4月,上海交通大学举办全国"首届高校心理咨询教育理论与实践研讨会",会上组建"中国高校心理咨询研究会",后易名为"大学生心理咨询专业委员会",创办《高校心理咨询通讯》杂志。1990年,中国心理卫生协会大学生心理咨询专业委员会正式成立,标志着中国大学生心理健康教育工作进入新的发展阶段。2003 年初,上海 8 所高校获"中国心理卫生协会"颁发的"大学生心理健康教育工作开拓奖"。4 月,上海进入全面防范"非典"时期,上海市教育委员会联合 19 所高校心理咨询中心,建立"上海高校心理援助网",公开热线电话号码及提供咨询服务的时间,为学校和社会提供心理支持和心理咨询服务。2003 年 6 月,上海市教育委员会组织各高校心理咨询中心重点为心理教师与学生辅导员开展"危机干预"专题培训。在同济大学成立"上海高校心理咨询协会"。

【规范化、专业化建设】

1994 年,中共中央颁布《关于进一步加强和改进学校德育工作的若干意见》,明确大学生心理健康教育作为德育工作内容的重要地位。1995 年,国家教育委员会颁布《中国普通高等学校德育大纲》,明确把培养学生具有"健康的心理素质"作为德育目标之一,把心理健康教育列为德育十大内容之一。1997 年,上海 10 余所高校开设心理门诊和心理咨询。1999 年,上海市教育委员会制定颁发《上海学校心理健康教育三年规划》,要求上海高校将心理健康教育的内容尽快列入思想品德课等相关的必修课程中,有条件的学校可以开设专题选修课;可以根据学生的专业及其他具体情况和学校具备的条件,自行决定开设心理健康教育课的方式、学年安排和具体课时;各高校配备 2—5 名专职心理辅导教师,到 2005 年,争取达到每 1 000 名学生配备 1 名～2 名专职心理辅导教师的比例。

进入 21 世纪,中共上海市教育工作委员会和上海市教育委员会为深入开展大学生心理健康教育,从制度建设、机构建设、课程建设、队伍建设等方面制定系列措施,推动学校心理健康教育规范化和专业化建设,培育学生健全人格。2007 年,上海市教育委员会制定实施《上海高校心理健康教育工作评估标准》,组织高校开展定期心理测试,建立学生心理档案,编写《大学生心理健康自助手册》,加强心理健康教育课程研究与教材建设,积极开设心理健康教育课程,指导学生进行自我心理调适。2010 年,上海市学校心理健康教育工作会议研究制定《上海学校心理健康教育三年规划》。

上海通过组织年度系列活动,推进学校心理健康教育、心理咨询工作常态化、系列化建设。2009 年,举办上海高校"心理健康教育活动月"系列活动。2010 年,在德育课题研究中专门设立心理健康教育课题系列。组织以"精彩世博,美好人生"为主题的上海高校 2010 年度"心理健康活动月";举办上海高校心理健康教育课程大赛,全市 22 所高校编写心理健康教育优秀教学大纲及课件集参加比赛,以比赛方式推动心理健康教育课程规范建设,提升教师的教学水平。

【教师队伍建设与专业培训】

上海市高等教育局于 1999 年制定颁发的《上海学校心理健康教育三年规划》中,要求上海各高校配备 2 名～5 名专职心理辅导教师,到 2005 年,争取达到每 1 000 名学生配备 1 名～2 名专职心理辅导教师的比例。2004 年,上海高校心理健康教育出现新的发展,开展心理健康教育不再局限于心理咨询中心的专职教师,辅导员和班主任也开始全面介入学生心理健康教育工作。2005 年,上海市教育委员会颁发《关于进一步加强上海高校心理健康教育的若干意见(试行)》,规范上海高校大学生心理健康教育工作,并规定至 2007 年底各高校的专业心理咨询教师师生比不能低于 1∶3 000。专业心理咨询教师必须参加高校心理咨询与辅导教师岗位培训,获得相关资格。学校专业心理咨询教师必须要有学生辅导员或兼职学生辅导员工作一年以上(含一年)经历。心理健康教师岗位培训同专业辅导员培训相结合。

上海市教育委员会决定在 2005—2007 年建设 5 个上海市高校学生心理健康教育与咨询区域示范中心和 5 个上海市高校学生心理健康教育与咨询达标中心。连续 3 年每年给予每个"示范中心"6 万元经费资助,并要求学校每年确保配套投入 3 万元专项资金,使之能在区域内发挥辐射与引领作用,成为区域内大学生心理健康教育研究、危机干预、工作交流和师资培训中心。上海市教育委员会对"达标中心"一次性投入 2 万元,学校确保配套 4 万元专项投入。经申报、评审,当年决定资助建设同济大学、华东师范大学、华东理工大学、东华大学、上海水产大学 5 个上海市高校学生心理健康教育与咨询区域示范中心;上海外国语大学、上海对外贸易学院、上海金融学院、上海电力学院、上海工程技术大学 5 个上海市高校学生心理健康教育与咨询达标中心。2006 年,上海市教育委员会制定学校心理健康教育教师培训实施办法,规定在岗的专职心理健康教师必须接受为期 400 个学时的专业培训。

2007 年,组织成立上海高校学生心理健康教育专家指导委员会,依托 5 个"区域示范中心"开展心理健康教育专题培训,推进学校心理咨询师培训。2008 年,继续开展学校心理咨询师培训,举办高校心理健康教育工作专题研讨会,加强学校心理咨询人才队伍建设。2009 年,由上海市教育委员会德育处主办,上海高校心理健康教育与咨询区域示范中心承办,在上海海洋大学开设"上海高校辅导员心理危机干预专题培训班"。同年,会同上海市人事局制定《上海市学校心理咨询专业技术水平认证(高级)认定办法》,在全国率先推出由人事部门认定的学校心理咨询师资格认证制度。2010 年,依据《上海市学校心理咨询专业技术水平认证(高级)认定办法》,委托上海职业能力考试院组织学校心理咨询师培训和上海学校高级心理咨询师认定工作。经专家审核,27 人成为上海首批学校高级心理咨询师,实现学校心理咨询师与高校学生思想政治教育专业技术职务的对接。

【评估与督查】

2007 年,根据《上海高校心理健康教育工作评估标准》,组织专家进行专项督查,并把督查结果纳入学校精神文明建设考核的指标体系。开展专职心理健康教师岗位培训与督导,提高高校心理健康教育工作的水平。2008 年,组织成立督查组,对高校心理健康教育与咨询"区域示范中心"和"达标中心"的建设情况进行专项督查,加强大学生心理健康教育与咨询中心建设的力度。

2009 年组织开展心理健康教育系列课题研究,对上海大学生心理状况开展调研,撰写《大学生心理发展报告》。2010 年组织开展 2009 年度高校心理健康教育达标中心建设情况督查和 2010 年度心理健康教育达标中心遴选工作,并把心理健康教育与咨询中心建设情况纳入学校精神文明建设考核指标体系。在 2010 年文明单位检查中,对心理健康教育与咨询中心建设情况进行重点督查,有力推动学校心理咨询中心硬件设施改善和工作水平提高,基本形成"学校心理健康教育与咨询中心—达标中心—区域示范中心—督导中心"分层递进的心理健康教育与咨询中心建设体系。

第三节　思想政治教育队伍建设

一、组织与制度

"文化大革命"结束后,上海高校逐步恢复辅导员工作制度。1978 年,教育部制定《全国普通高等学校暂行工作条例》,明确规定高校必须设立政治辅导员,建立一支学生思想政治工作队伍。为保证学生德智体全面发展,一些高校开始重建班主任负责制。1982 年,上海市各高校成立学生政治辅导工作教研室,负责学生思想政治工作,后更名为学生工作领导小组办公室。1987年,学生工作领导小组办公室撤销,成立学生工作部。1988年,有些高校建立和健全以行政为主体的校、系两级学生工作体制,或由教师、机关干部共同组成的学生工作督导队伍。1989年,各高校成立在校党委领导下的学生工作领导小组或指导委员会,对学生思想政治工作定期进行分析研究,制定计划,组织实施,协调政策。中共上海市教育卫生工作委员会对高校政工队伍的现状进行调查研究,制定相应的政策和措施,要求各高校配齐和充实第一线的学生政工干部,加强培训,提高其自身的素质,并在改善生活条件、职务评聘、先进表彰等方面予以关注,以提高政工干部的荣誉感和责任感,调动他们的积极性。

20世纪90年代,中共上海市教育卫生工作委员会根据中共中央《关于加强高校党的建设的若干意见》《关于新形势下加强和改进高等学校党的建设和思想政治工作的若干意见》和《关于进一步加强和改进高校德育工作的意见》等文件,在中共上海市委、上海市人民政府领导下,按照提高素质、优化结构、相对稳定的要求,推进建设一支政治强、业务精、作风正的高校辅导员队伍,并要求上海高校认真贯彻国家教育委员会《加强政治辅导员队伍建设工作的意见》,优化辅导员队伍结构,提高队伍素质,选拔思想觉悟高、学历层次高、具有较强组织活动能力的优秀党员担任学生政治辅导员,逐步提高政治辅导员的学历。总结辅导员实行"三同"的经验,继续加强管理考核,使辅导员真正把主要精力投入到学生思想政治工作中,提高其工作水平。1993年6月16日,上海高校思想理论教育研究会成立十周年大会暨1993年年会在复旦大学举行,上海市高等教育系统500余名从事学生思想理论教育工作的教师、干部、科研工作者和党政领导出席会议。1999年1月6日,上海市教育系统文明委员会全体会议决定,在全市开始试行高校优秀"两课"(马克思主义理论课和思想品德课)教师校际联聘,并探索"两课"教学方法和考试方法的改革。由于全市优秀"两课"教师的缺乏,中共上海市教育工作委员会决定,从1999年起,上海高校可在全市范围内联聘优秀"两课"教师,"两课"教师可跨校上课。"两课"的教学方法,也将以往单纯的书本讲授改变为多媒体教学,以电化教育的先进手段来加深学生的理解。"两课"考试方法也有较大改动,以往的闭卷考试内容将大大减少,取而代之的将是撰写联系实际的学习心得和论文,以切实做到邓小平理论"进大学生头脑"。在加强学生辅导员队伍建设方面,设立辅导员队伍建设专项经费,进行辅导员队伍重点建设试点,建立辅导员队伍工作协作组。

进入21世纪,党和国家以及地方政府对高校辅导员队伍建设更加重视。2000年,上海市教育党委组织"上海高校学生政治辅导员工作现状和建设对策"课题组,对辅导员工作进行专题调研,为深化上海高校辅导员队伍建设提供依据。2003年,上海制定《关于进一步加强上海高校学生辅导员队伍建设的若干意见(试行)》。2004年中共中央、国务院颁布《关于进一步加强和改进大学生思想政治教育的意见》,进一步使各级教育主管部门和高校把辅导员队伍建设提上重要议程。

2005、2006年教育部先后颁布《关于加强高等学校辅导员班主任队伍建设的意见》《普通高等学校辅导员队伍建设规定》。为贯彻落实上述文件精神,2006年3月,中共上海市委副书记殷一璀带队,中共上海市科技教育工作委员会、上海市教育委员会组成7个课题组,就辅导员队伍的角色定位、体制机制、素质能力等问题开展调研,先后召开高校党委书记、校长、辅导员、大学生等座谈会20多个,对全市29所本科院校大学生、教师和辅导员发放调研问卷1 700多份。历时两个多月,基本摸清上海高校辅导员队伍建设现状,并研究制定加强辅导员队伍建设的若干政策。同年9月2日,中共上海市委办公厅、上海市人民政府办公厅联合颁发《关于进一步加强上海高校辅导员队伍建设的若干意见》。对辅导员队伍的发展方向、职责定位和构架体系等作出总体规划。主要内容有：一是构筑专兼结合、人员立交式流动的科学模式。从四个层面构建人员、信息流动的"立交桥"：即构建专、兼职辅导员的立交桥,构建辅导员和思想政治理论课教师之间的立交桥,构建辅导员队伍与学校专业教师队伍、行政管理队伍的立交桥,构建学校和社会的立交桥,形成高校思想政治教育队伍建设的"大循环"。二是坚持专业化培养,形成科学的"养用结合"机制,通过系统培训,帮助辅导员坚定政治信念,提升理论修养,提高综合素质,增强实践能力。三是推动辅导员队伍走职业化道路,构建"金字塔型"辅导员队伍。以从优秀高年级学生和研究生中遴选出来的后备队伍为"塔座",以现有专兼职辅导员和思想政治理论课教师为"塔身",以职业型思想政治教育队伍为"塔尖",形成梯队。该《意见》设计构建科学化模式,专业化培养高校学生辅导员队伍,提出按照"高进、明责、严管、精育、优出"方针,建设培养一支以专业化为目标、专兼职结合的高校学生辅导员队伍。次年9月至10月底,中共上海市科技教育工作委员会、上海市教育委员会开展高校辅导员队伍建设督查工作。为把此次督查工作组织好、落实好,中共上海市科技教育工作委员会、上海市教育委员会制定督查方案,颁发专门文件,明确督查的内容、方式和流程等,共组织6个督查组对全市52所高校的辅导员队伍建设工作进行督查。整个督查工作分成学校自查和全市普查两个阶段完成。督查结果显示,至9月底,全市高校有专职辅导员2 675人,其中具有硕士及以上学历的占62％,党员占92％,30岁以下占67％。公办高校辅导员的师生配备比为1∶129,民办高校辅导员的师生配备比为1∶110,达到教育部和上海市的要求。各高校都能按照"科学化模式、专业化培养、多样化发展"的建设思路,加强专业培养、完善制度安排、推动多样发展,辅导员队伍建设水平明显提升,辅导员队伍的职业素质和能力不断增强。

2007年1月17日,在上海高校学生思想政治教育队伍建设推进会上,上海大学生在线和上海高校辅导员网站开通。2007年、2008年,中共上海市科技教育工作委员会、市教育委员会先后制定《上海高校辅导员工作条例》《关于上海高校辅导员考核工作的实施意见》等文件,进一步促进上海高校辅导员队伍建设,在专业化、培训体系、交流平台、激励机制等方面有了发展和改革创新。

二、专业化

1981年,上海市政府教育卫生办公室举办多期政工干部进修班,提高高校思想政治工作干部队伍的素质。1982年,经教育部批准,复旦大学、上海交通大学和华东师范大学等高校设立思想政治教育专业,培养思想政治工作干部。从1985年开始,上海高校有计划地选拔品学兼优、符合条件的应届毕业生,经过培训,充实到高校学生政工干部队伍中。1985年挑选200多位1981届毕业生留校担任学生思想政治工作。与此同时,上海市高等教育局提出,高校学生政工干部的待遇和发展前途问题,需要合理解决;在工资福利待遇上与教师一视同仁。根据工作需要,政治待遇应适当提高;对职称评定问题,从实际情况出发,尽快研究确定相应的、可行的办法。

进入21世纪后,上海高校按照"科学化模式、专业化培养、多样化发展"的思路和"高进、明责、严管、精育、优出"的方针,建设培养一支以专业化为目标、专兼职结合的高校学生辅导员队伍。根据《关于进一步加强上海高校辅导员队伍建设的若干意见》及辅导员岗位职责、教育培训、专业技术职务评聘、管理考核等4个配套政策,推进辅导员队伍专业化发展。上海高校在按照1∶150配备班级辅导员的同时,要求在1 000人以上的院系,按工作职能配备党团建设、心理辅导、职业发展指导等专业化辅导员,形成"矩阵式"配备。成立辅导员工作研究会,鼓励辅导员参与高校学生思想政治教育研究,鼓励优秀辅导员走职业化道路,确立职业发展教育、心理健康指导和生活园区管理3

个辅导员职业化发展方向。与组织部门、社会工作和民政等部门合作,建立辅导员与社会工作者等职业双向流动通道,形成辅导员队伍建设"大循环"。同时按区域建立市级辅导员培训基地,大力开展岗前培训、日常培训、专题培训、职业化培训,着力培养复合型人才。还健全双重管理体制,形成与辅导员工作特点相匹配的专业技术职务评聘机制和行政职级晋升机制,鼓励部分辅导员走职业化道路。从 2005 年起,上海每年投入 70 万元用于辅导员培训基地的创建。2006 年 3 月,由中共上海市委副书记殷一璀带队,中共上海市科技教育工作委员会、市教育委员会组成 7 个课题组,就辅导员队伍的角色定位、体制机制、素质能力等问题开展调研,先后召开高校书记与校长、辅导员、大学生等座谈会 20 多个,对全市 29 所本科院校大学生、教师和辅导员发放调研问卷 1 700 多份,历时两个多月。通过调研,基本摸清上海高校辅导员队伍建设现状,并研究制定加强队伍建设若干政策。4 月,教育部在上海召开全国高校辅导员队伍建设工作会议。国务委员陈至立、教育部部长周济等到会讲话。中共上海市科技教育工作委员会、复旦大学、上海大学在会上作交流发言。同年,上海市高校学生辅导员培训基地挂牌成立。

2007 年,中共上海市科技教育工作委员会、市教育委员会组织 6 个督查组对全市 52 所高校的辅导员队伍建设工作进行督查。2008 年完成教育部委托的全国高校辅导员培训教材《大学生网络思想政治教育研究》《高校辅导员职业生涯规划》的编写任务。

至 2010 年,上海高校根据各级教育行政主管部门关于加强高校学生辅导员专业化队伍建设的文件精神,积极探索辅导员职业化道路,制定培养规划并纳入学校人才培养计划,通过攻读学位和业务进修等多种途径不断提高辅导员的业务水平和实践能力,鼓励和支持一批骨干辅导员成为思想政治教育工作方面的专门人才,长期从事辅导员工作。如同济大学、华东师范大学、上海师范大学等多所高校设立学生思政研究基金,上海交通大学设立"辅导员发展基金",用于辅导员考察、培训及科研等费用。上海大学探索实行辅导员职级制。上海外国语大学制定系统的辅导员培养规划。上海海洋大学建立新任专职辅导员联系人制度。

三、培训与交流

与构建高校学生辅导员专业化队伍相适应,自进入 21 世纪,上海以提高职业能力为重点,加强辅导员队伍职业化建设,推进高校学生辅导员队伍的专业化和职业化进程。上海市教育委员会不断完善辅导员岗位培训制度,建立岗前培训、日常培训、专题培训和专业化培训相结合的多层次多形式的培训体系和交流平台,以提高高校辅导员思想教育工作能力、创新能力、就业指导能力、心理健康教育咨询能力,促进专业化、专家型队伍建设。制定《辅导员职业能力提高专题培训计划》,分批分层开展岗位培训,逐步在高校中形成学生生活园区管理指导、心理健康教育、职业发展指导等专职辅导员。成立上海高校辅导员工作专业委员会,举办辅导员论坛,探索辅导员职业化道路。

根据 2005 年 7 月上海市教育委员会颁布的《关于进一步加强上海高校学生辅导员队伍建设的若干意见》,上海市教育委员会制定辅导员培养规划,创建培训基地,并每年投入近 100 万元建设经费。完善岗前培训和日常培训制度,并鼓励辅导员攻读与思想政治教育有关的"双硕士学位"。并依托上海市教育党校建立上海市高校专业辅导员培训基地,上海市教育委员会德育处和上海教育党校合作,开展全市高校学生辅导员上岗培训和优秀学生辅导员培训,当年参加高校辅导员专题培训共 205 人。

2005 年 12 月,经有关学校申报,专家组评审,"思想道德素质培养行动计划"领导小组审核,上海市教育委员会决定依托复旦大学、上海交通大学、上海师范大学、华东政法学院、上海大学、上海海事大学、上海理工大学等 7 所高校，建立 7 个上海市高校学生辅导员培训基地。2008 年，又在华东师范大学设立研究生辅导员培训基地，在上海建桥学院增设了一个培训基地，总计上海市高校学生辅导员培训基地共 9 个。2007 年，复旦大学成功申报教育部高校辅导员培训和研修基地。对高校学生工作辅导员进行培训的机构，除了上海市高校学生辅导员培训基地和心理健康教育与咨询区域示范中心外，还有上海市学生德育发展中心和上海教育系统网络文化发展研究中心等。

2006 年，中共上海市科技教育工作委员会、上海市教育委员会制定《关于加强高校辅导员队伍建设的意见》《上海市高校辅导员培训工作实施方案》，进一步规范对高校辅导员的培训工作，初步形成岗前培训、专题培训、日常培训、职业化培训的辅导员培训体系，为全面提升上海高校辅导员队伍的素质和能力奠定基础。同年 8 月，中共上海市科技教育工作委员会、上海市教育委员会对全市高校新任辅导员开展岗前培训。来自 52 个本科院校和民办高校的 664 名学员，依托全市 7 个高校辅导员培训基地，按区域分布，接受了历时 7 天的岗前培训。学员中专职辅导员 487 人，兼职辅导员 177 人。

2007 年，除了高校新任辅导员岗前培训之外，全年还进行 19 个专题的辅导员培训工作。当年还成立上海民办高校辅导员培训基地，首次开展民办高校辅导员岗前培训工作。2007 年，中共上海市科技教育工作委员会、上海市教育委员会从全市高校近 700 名专任"思政课"教师中，遴选出近 50 名中青年骨干教师，以课题研究为纽带、以资深教授结对带教为抓手，结合他们的学科和思想特点，通过专题读书、教学交流、委托课题等方式，开展跟踪培养。全年共举办中青年骨干思想政治课教师高级研修班 5 期，聘请国内哲学社会科学专家做学术报告数十场，讲授马克思主义名篇、介绍 4 门必修课所涉及的理论前沿、探讨马克思主义发展规律等，并组织中青年骨干教师赴北京、广东、武汉等地高校学习交流，帮助骨干教师拓宽学术视野和研究思路。

2008 年，除继续开展辅导员岗前培训和专题培训工作外，依托复旦大学教育部辅导员培训和研修基地，举办高校辅导员首期高级研修班，研修班着力培养专家型大学生思想政治工作者。除组织高端学术报告外，更注重采用情景模拟、案例分析、岗位实践等形式，帮助辅导员切实提升学生思想政治工作的有效性，并整合了教育部其他辅导员培训基地高校和上海市其他辅导员培训基地高校的培训力量，为研修班提供充足的师资、挂职岗位和考察实践方面的支持。同年，在华东师范大学设立研究生辅导员培训基地。2009 年，依托上海市高校辅导员培训基地，完成上海高校 900 余名新任辅导员的岗前培训工作和 30 个专题的辅导员专题培训工作。组织思想政治课骨干教师社会考察活动，在新疆等地设立上海市学校思想政治教育教师社会实践基地。2008 年和 2009 年，先后依托复旦大学教育部辅导员培训和研修基地，举办两期高校骨干辅导员高级研修班，培养专家型大学生思想政治工作者。

2010 年，由中共上海市教育卫生工作委员会、上海市教育委员会委托 9 所高校辅导员培训基地、5 所高校心理健康教育与咨询区域示范中心以及上海市学生德育发展中心、上海教育系统网络文化发展研究中心共同承担上海高校辅导员的专题培训，面向全市高校，举办 22 项专题实施培训。新增辅导员网络素养提升专题培训项目，把上海教育系统网络文化发展研究中心纳入上海高校辅导员培训基地，承办辅导员网络专题培训，以"高校辅导员网络素养的培养和提升"为主题，43 所高等院校的 52 名专职辅导员参加培训。在 2010 年举办的第三期骨干辅导员高级研修班上，采用集中学习、考察交流、挂职锻炼、在岗研修 4 种形式，提升辅导员的育人水平和能力，推动辅导员队伍向专业型和研究型转变。

自 2005 年起,上海每年举办一届高校辅导员论坛,作为高校辅导员队伍建设的抓手,为高校思政工作者搭建进行深入交流和研讨的平台。2007 年,召开上海高校学生思想政治教育工作队伍建设推进会暨 2007 年上海德育论坛,举办第三届上海高校辅导员论坛。2009 年,举办高校辅导员博文征集活动,推广辅导员博客,举办第五届上海高校辅导员论坛,出版辅导员优秀论文集。2010 年,承办教育部"立德树人——高校优秀辅导员先进事迹报告会",推动辅导员开展德育前瞻性研究;举办第六届高校辅导员论坛,搭建辅导员交流平台。全市共立项上海市哲学社会科学课题德育系列 5 个、师德理论研究课题 6 个、上海市德育咨询决策研究课题 20 个,上海市学校德育实践类课题 100 个。在福建古田、河北西柏坡等革命圣地建立社会实践基地,组织骨干教师到实践基地培训考察等。

四、奖励机制

2000 年,中共上海市教育工作委员会、市教育委员会召开上海高校辅导员经验交流暨表彰会,授予 20 位同志为优秀学生政治辅导员。2002 年起,上海定期组织召开高校"两课"优秀教师和优秀学生政治辅导员表彰会。2006 年 4 月,上海市十佳辅导员、复旦大学化学系 2001 级本科生辅导员包涵的辅导员周记《包涵心语》出版,国务委员陈至立为该书题写书名,教育部部长周济为该书作序。中共中央政治局常委李长春高度肯定《包涵心语》的出版:是"对辅导员高度敬业的一种肯定、对辅导员劳动的一种尊重、也是尊重知识、尊重劳动创造、尊重人才"。6 月,在北京召开由教育部思想政治工作司主办,中共上海市科技教育工作委员会、学习出版社共同承办的《包涵心语》编选出版座谈会,教育部副部长李卫红、教育部思想政治工作司、上海市科技教育党委领导等出席座谈会并讲话,复旦大学辅导员包涵参加座谈会并发言。在 2007 年全国优秀教师和全国优秀教育工作者评选表彰工作中,上海高校有 2 人被评为全国高校优秀辅导员、2 人被评为全国高校优秀思想政治理论课教师、1 人被评为全国高校优秀思想政治教育工作者。其中,复旦大学辅导员包涵还被推选为党的十七大代表。上海也同时开展高校优秀思想政治教育工作者评优表彰活动。2008 年 2 月,上海开展"上海市高校十佳辅导员""上海高校优秀思想政治理论课教师""上海市高校优秀学生思想政治教育工作者"的评选和表彰活动。2010 年,上海市承办教育部"立德树人——高校优秀辅导员先进事迹报告会"。通过多年建设,上海辅导员队伍的整体素质明显提高,队伍的学科背景进一步优化,专业水平和职业素质有所提升,涌现出包涵、孙雅艳、赵强等一批先进典型。

第四节　校园文化建设

一、大学生校园文化

"文化大革命"结束后,大学生校园文化重新开始活跃起来。随着 1977 年恢复高考制度,大批学生重新获得进入大学学习的机会,上海高校各种文艺社团陆续恢复或创建,并在开展文娱、体育活动的基础上,逐步向社会实践、科技文化等活动拓展,为新时期高校校园文化带来新的生机活力,促进了大学生校园文化建设和发展。

20 世纪 80 年代,上海高校的大学生校园文化活动主要包括学生周末音乐会、大型书展、联欢活动、歌舞比赛、集邮摄影、书画比赛、社会考察等,各校还组织各种节日或纪念日活动。为加强学生

第二课堂,上海高校组织学生广泛开展诗词、书画,摄影,计算机、时装表演等各种竞赛活动,举办多种艺术节、体育节、学术节、电影节等活动。1981 年由学生社团组织的"复旦大学之秋"学生艺术节,历时半个月,包括音乐、舞蹈、赛诗会书画摄影展、电影回顾展、艺术美学理论研讨会等。1984 年,复旦大学校园里出现第一个由学生自己经营的咖啡屋——"大家沙龙",为学生进行思想、学术、信息交流提供平台。之后又出现学生活动中心、学生沙龙、博士书屋、蓝心、银座等不同规模的咖啡屋。上海交通大学为加强学生思想政治教育,1981 起,每年 3 月的第一周确定为"学雷锋活动周"。每年开展"五四"纪念日活动,活动内容包括文化、娱乐、思想、学术等。1986 年,举办校园图书文化节。1987 年,举办"交大之春",内容有文艺比赛、艺术欣赏、专题讨论、电影专场等。同期,华东师范大学、华东化工学院、上海外国语学院、上海医科大学、上海工业大学、上海科学技术大学、上海水产大学等校也举行具有特色的文化节、艺术节。

1988 年,上海市高等教育局组织高校学生开展以"理想之光"为主题的社会考察。通过这些健康有益的活动,丰富学生的课余生活,扩大学生的知识眼界,陶冶学生情操。1989 年,由上海市高等教育局、共青团上海市委、上海市学生联合会共同举办首届"上海市大学生校园文化节"。全市 51 所高校参加文化节的比赛,有 26 所高校参加百人合唱比赛,32 所高校组队参加辩论专场,有 11 台话剧,30 台小品参加比赛演出。通过这些活动,丰富学生的课余生活,扩大学生的知识眼界,陶冶学生情操。

20 世纪 90 年代,上海高校结合各自特点,积极开展形式更加多样、内容更加丰富的校园文化活动,举办不同类型的校园文化节、艺术节、电影节、科技节,开展第二课堂教育。1991 年,上海市第二届大学生课外学术科技作品竞赛获奖学生作品,在首届"上海市科技博览会"上展出,受到中共上海市委、上海市人民政府领导的称赞,之后又在全市高校巡回展览。1996 年,上海选送参加全国大学生文艺汇演的 3 个节目获得 7 个奖项。1999 年,贯彻教育部、文化部、国家广播电视总局、共青团中央等《关于举办'99 全国大学生艺术节的通知》精神,上海广泛发动全市大学生积极参加各项文艺活动,集中举办上海市大学生合唱、校园集体舞、表演舞、戏剧小品、器乐等 8 个专场演出比赛,还举办上海市大学生美术、书法、摄影展览活动。有近万名学生参加活动,30 多个节目和 30 幅美术作品入选参加全国大学生艺术节的展示汇演。上海交通大学交响乐团入选全国教育工作会议文艺晚会。2000 年,成立上海市大学生艺术团及华东师范大学舞蹈团和复旦大学管乐团。同年,上海市教育委员会组织举办上海市学生戏剧节,30 所高校参加了专场比赛。在加强校园文化软件建设的同时,各高校普遍注重硬件设施的建设。上海工业大学投资 333 万元、上海科学技术大学投资 145 万元,改造文化活动中心,不少学校投资新建一批校园文化活动场所。

进入 21 世纪,上海高校校园文化建设更加注重发挥校园文化的育人功能。为推进高雅艺术进校园工作,从 2002 年 3 月 1 日至 12 月 31 日,上海交响乐团等 9 个上海艺术团体、挪威军乐团等 3 个国外艺术团体、山西绛州鼓乐团以及上海戏剧学院学院等 3 所大学的艺术团在高校和中小学共演出 250 场,把高雅艺术带进校园,受到广大师生的热烈欢迎。2002 年,上海市教育委员会等联合举办上海市"布谷鸟学生音乐节"。经选拔有 238 支合唱团、91 支乐队参加了 22 场市级专场比赛。复旦大学等学校的 44 支歌队获得一等奖;上海交通大学等学校的 23 支乐队获得一等奖。2004 年 6 月,"女儿心中的父亲——邓小平图像艺术展"在复旦大学开幕,邓小平之女邓林等为图像艺术展开幕剪彩。此次展览持续半个月,在全国高校尚属首次。

从 2005 年起,上海市教育委员会组织实施"民族精神教育工程",在全市高校建立一批"上海大学生艺术实践基地"(有合唱、交响、民乐、舞蹈、服饰、戏曲、影视、武术等)。同时,进一步推进"高雅艺术进校园"活动,并鼓励优秀大学生文艺团队走出校园,开展艺术展演活动。2005年7月,教育部主办全国第一届大学生艺术展演活动,上海代表团选送赴京参赛11个节目,10个节目获一等奖,1个节目获二等奖;复旦大学、上海交通大学、华东师范大学等9所高校和上海市教育委员会获优秀组织奖。2007年9月起,中共上海市科技教育工作委员会、上海市教育委员会在全市高校组织"博雅讲堂"系列讲座活动,邀请具有较高学术声望和社会影响的专家学者主讲,以弘扬主旋律、建设主阵地为目标,以博励学,以雅弘德,提升青年学生人文素养。"博雅讲堂"首批选题为大学精神、和谐中国、环球风云、职业发展、上海今昔,在16所高校举行22场讲座,有8000名大学生聆听讲座。还与上海大剧院合作,推出优惠政策,大学生花25元可进"大剧院"欣赏高雅艺术。2009年,上海市教育委员会组织实施高校文化传承计划,全面启动上海高校人文艺术创新工作室建设,确定上海大学美术、公共艺术、上海工程技术大学会展艺术与技术3个创作中心和上海音乐学院钢琴表演艺术、上海戏剧学院舞台美术、表演艺术、舞蹈艺术、上海应用技术"视平面"艺术等5个创新工作室列入建设计划。

2010年,在上海高校校园文化建设优秀成果表彰暨专题工作研讨会上,华东师范大学申报的《在特色展示中促进和谐交流在和谐交流中提升主题教育——华东师范大学民族文化艺术节》获得2010年高校校园文化建设优秀成果一等奖。

二、高校学生社团

学生社团是高校校园文化的重要载体,是高校第二课堂的重要组成部分。它既是高校学生思想政治教育工作的一个渠道,又是高校育人的有效途径。1979年,上海高校陆续建立或恢复一批学生社团。同年,上海工业大学文工团恢复活动,复旦大学学生成立复旦书画篆刻研究会,随后又成立复旦诗社。20世纪80年代起,上海高校学生社团在恢复中蓬勃发展,社团组织逐步由文娱型扩展到科技文化类。1981年,上海交通大学成立学生科技应用开发中心,下设电子科技技术部、计算机部等8个机构,主要活动包括举办培训班,承接科研课题、组织勤工俭学活动等。同年,全市有7000多名大学生参加上海市大学生摄影、书画篆刻、集邮和奇异现象研究学会。1983年,上海交通大学研究生会创办"学者论坛",邀请国内外著名学者为学生介绍自己的治学经历和从事科学研究的经验体会等。上海工业大学成立大学生科协顾问团,除了开展科研、科技服务活动外,还组织科技报告会、科技夏令营义务维修家电等活动。1984年,上海工业大学成立大学生艺术总会,包括声乐队、舞蹈队和时装表演队,每年举行一次汇报演出。1985年,复旦大学诗社主编全国第一部大学生诗集《海星星》及其续集《流行色》。1986年,上海电视台拍摄播放专题片《复旦大学诗情》,专门介绍诗社的创作成果。同年,同济大学成立上海高校首家学生读书社团。1987年,共青团上海交通大学委员会创立昂立公司,并发展成为学生科技应用开发中心(也称大学生科协),承接科研课题,参与科技开发和经营服务等。

20世纪90年代,大学生社团覆盖的学生不断扩大,约占上海高校学生的60%;社团活动内容从文娱类为主逐步发展成为多类型多层次,范围从校内拓展到校外,成为学生思想政治工作的一个渠道和育人有效途径,对于营造学校的文化氛围,起着重要的作用。1991年起,全市高校有2多万名大学生活跃在120多个学生科技组织中,他们通过课外学术兴趣小组、社会实践等活动,结合毕业论文、毕业设计、生产实习,开展多种多样的科技服务、科技咨询、创造发明,有些项目已通过有关部门鉴定并产生可观的经济效益。为促进大学生课外学术科技活动开展,华东化工学院成立由校领导挂帅,科研、教务、共青团等方面负责人参加的学生课外科技活动指导机构;同济大学、上海科学技术大学设立学生课外科技活动基金;上海交通大学、上海工业大学创立由学生自主管理的科技活动实验室;复旦大学等高校建立学生课外科技项目的申请和成果评定制度等。

1997年,上海高校学生社团发展到570多个。其中,理论学习类28个,主要以"邓小平理论研究会"和"党章学习小组"为主。社会科学类64个,主要以史学、哲学、心理、法学等社团为典型代表,具有一定专业深度,经常开展学术沙龙、讲座,畅谈感受,交流心得,以提高修养,提升素质。学术科技类70个,主要是大学生以自然科学和技术知识为背景,结合各自不同专业而建立的一些社团,如复旦大学的软件协会、生命协会,上海交通大学的应用数学协会、汽车爱好者协会等。文学艺术类275个,其主要形式分为四类:一是文学类,如诗社、文学沙龙、文学社、英语协会等;二是综合类艺术社团,以各校大学生艺术团为代表;三是大众化程度较高的艺术社团,以摄影协会,影视协会、插花协会等参与者为众;四是戏剧音乐类,包括话剧类,如复旦大学的燕园剧社、麦田剧社,上海交通大学的阳光剧社,上海师范大学的楼兰剧社,上海大学的灵吾剧社、青韵剧团;戏曲类,如同济大学的昆剧社、京剧社;音乐类,主要由一些喜欢音乐创作和演奏的学生组成。志愿服务类37个,一批具有较高社会责任感的志同道合的学生聚在一起,成立这种新型社团。如上海大学成立的专门看望服务孤老的"爱心社"、华东政法大学的社会法律援助中心、上海外国语大学的国风艺术团、上海理工大学的大学生志愿者服务队。体育健身类135个,以球类、棋类、技击类、健美舞蹈类为主,还有如长跑、溜冰等社团。综合类43个,如华东理工大学的学生自律委员会,上海医科大学的大学生禁烟协会等。

为了进一步规范上海高校学生社团的建设,2000年,共青团上海市委颁发《上海高校社团管理办法》。当年,共青团上海市委、上海市教育委员会还联合评选上海高校学生"明星社团"和"创明星社团"。

进入21世纪,上海高校学生社团数又有较大增长。到2004年,上海高校学生社团有1 120多个。其中理论学习类107个、社会科学类232个、学术科技类173个、文学艺术类306个、志愿服务类153个、体育健身类148个、综合类79个,新增网络类社团18个。社团活动覆盖的学生达112 000多人。其中文学艺术类社团仍然最多,理论学习类、社会科学类、志愿服务类发展迅速;网络类社团从无到有;体育健身类、创新创业类学生社团呈现较快发展趋势。

第五节　大学生志愿服务活动

中国高校的大学生志愿者活动主要是在共青团组织领导下由青年志愿者协会组织开展活动。1993年,共青团中央响应党中央号召,发起实施中国青年志愿者行动后,尤其是自启动"中国青年志愿者行动""大学生志愿服务西部计划"以来,上海大学生志愿行动如雨后春笋般在高校蓬勃发展起来,其数量不断壮大,活动逐渐增多,内容日益丰富,成为参与面广、参加度高、知名度高的大学生公益活动。

一、中国青年志愿者研究生支教团

由共青团中央、教育部共同组织实施,从1998年开始组建,1999年开始派遣,采取自愿报名、公开招募、定期轮换的"志愿＋接力"方式,每年在全国部分重点高校中招募一定数量具备保送研究生资格、有奉献精神、身心健康的应届本科毕业生或在读研究生,到国家中西部贫困地区中小学开展为期一年的支教志愿服务,同时开展力所能及的扶贫服务。项目实施后,在上海市教育委员会与共青团上海市委员会领导下,上海高校积极响应。到2010年,复旦大学、同济大学、上海交通大学、华东理工大学、华东师范大学、上海外国语大学、上海财经大学、上海师范大学、华东政法学院等上海高校选派数百名研究生投入支教团,涌现冯艾等一大批优秀志愿者。2004年,中共上海市教育工作委员会、共青团上海市委在上海举行冯艾先进事迹报告会。中共上海市委副书记王安顺在讲话中指出,冯艾的感人事迹表现了当代大学生的高尚追求,充分展现了上海青年志愿者志存高远的高尚情操和无私奉献的志愿者精神。冯艾是复旦大学社会学系社会学研究生,4年内两赴宁夏西吉县白崖乡中学和云南省宁蒗彝族自治县战河乡战河中学从事志愿服务,先后获得中国青年志愿服务金奖、中国十大杰出青年志愿者等光荣称号。《托起明天的太阳》就是以此为背景,由复旦大学师生经过两年的精心创作、编排、演出的一台大型话剧。

二、大学生志愿服务西部计划

自2003年起,根据国务院常务会议和《国务院办公厅关于做好2003年普通高等学校毕业生就业工作通知》等精神,共青团中央与教育部、财政部、人力资源和社会保障部联合实施大学生志愿服务西部计划。按照公开招募、自愿报名、组织选拔、集中派遣的方式,每年招募一定数量的普通高等学校应届毕业生,到西部基层开展为期1—3年的教育、卫生、农技、扶贫等志愿服务。财政部、人力资源和社会保障部给予相关政策、资金支持,除可享受国家规定的高校毕业生就业优惠政策外,参加该计划的大学生志愿者,还将享受8项国家政策支持:服务期间享受一定的生活补贴并计算工龄;服务期满考核合格者,报考研究生给予加分,在同等条件下,优先录取;报考党政机关公务员的,适当加分等。共青团上海市委、市教育委员会也同时推出5项配套政策措施:一是可以优先评为上海市优秀毕业生,学校给予一定奖励;二是如果是借贷国家助学贷款的学生,考虑给予奖励贴息并帮助其办理延期还贷的手续;三是在符合条件的情况下,可优先考虑免试直升研究生,并保留学籍,待西部服务期满后,回学校攻读学位;四是关注毕业生志愿者在西部服务期间的工作和生活,学校派专人与他们保持密切联系,追踪他们在西部服务期间的工作、生活和思想状况,进行及时和必要的帮助与指导;五是为服务期满后的毕业生志愿者做好相关的升学、就业等服务工作。同年6月,上海各高校开展声势浩大的上海"大学生志愿服务西部计划"集中宣传、咨询和招募活动,鼓励大学生到西部建功立业。在复旦大学团委开展现场大型宣传招募活动,来自西部支教团的学生向前来咨询的学生讲述心路历程和亲身体会。上海交通大学的校园里挂起"知国情、受锻炼、增阅历、长才干"的巨大横幅,大学生"三个代表"实践团通过大量展板展示西部社会生活和经济发展。东华大学通过西部网络推介会和"美丽西部——我们共同的家园"演讲会介绍西部发展状况,举行"走进西部"演唱会,点燃激情,表达心声。华东理工大学召开"大学生志愿服务西部计划"座谈会,并制作西部计划宣传网页。同济大学学生会向全校大学生发出"到西部去、到基层去、到祖国和人民最需要的地方去"的倡议。与此同时,各高校还公布配合国家和上海的相关政策制定的配套政策。经过严格挑选,当年从539个报名大学生中选出146名志愿者。其中,111名志愿者赴云南、20名赴重庆、15名赴西藏。此外,还选拔5名本科生赴云南参加由"百县千乡宣传文化工程"志愿服务行动。2004年,上海有35所高校的222名大学应届毕业生入选上海市大学生志愿服务西部计划,到西部开展支教、支医、支农、青年中心建设和管理、"百县千乡宣传文化工程"志愿服务行动和西部检察院志愿服务行动等 6 个专项行动。其中,赴云南 138 人、赴重庆 43 人、赴西藏 31 人、赴内蒙古 4 人、赴河北 6 人。在全国志愿者总量保持不变的情况下,下拨给上海的名额比上年增长 48%,在赴西藏的志愿者中,第一次有女大学生 6 人。

2005 年,共青团上海市委、市教育委员会、市财政局、市人事局共同召开上海市大学生志愿服务西部计划总结表彰暨工作推进会。中共上海市委副书记王安顺、共青团中央青年志愿者工作部副部长郭平等出席会议。王安顺在讲话中指出,上海市大学生志愿服务西部计划实施近三年来,已经在上海高校校园中进一步唱响"到西部去、到基层去、到祖国最需要的地方去"的时代强音,形成到西部基层建功成才的积极导向,探索了一种为西部发展、基层建设提供智力支持的新模式、新机制,促进了人才资源在东西之间、城乡之间的合理流动和优化配置,促进了西部地区经济社会的发展。共青团上海市委在大会上介绍三年来上海市大学生志愿服务西部计划工作开展的情况和成绩,上海水产大学、上海交通大学分别汇报大学生志愿服务西部计划工作取得的成绩和经验,志愿者代表汇报了志愿者工作体会和感受。会上,复旦大学、上海交通大学、上海水产大学等 12 所高校获得上海市大学生志愿服务西部计划优秀组织奖,华东理工大学等 8 所高校获得上海市大学生志愿服务西部计划组织奖,上海铁路局上海站等 10 家单位获得上海市大学生志愿服务西部计划特别贡献奖。

2006 年,上海高校有 902 名高校毕业生应征西部志愿者计划,800 多名毕业生应征"三支一扶"计划。经选拔,共有 179 名高校毕业生参加大学生志愿服务西部计划,262 名毕业生参加"三支一扶",此外,有 1 200 余名毕业生到上海农村基层从事教育工作。2003—2010 年,上海高校累计有 1 000 多名大学毕业生参加投入"西部志愿者计划",更多的大学毕业生参加了"三支一扶计划""大学生到村任职"项目等志愿服务活动。

自大学生志愿服务西部计划实施以来,上海高校高度关注,精心组织,积极招募,悉心培训,严格管理,大学生走向西部的每一步都寄托了学校无限希望和心血。同时,广大学子积极投身全面建设小康社会的伟大实践,涌现一大批精神可贵、事迹感人、扎根西部基层就业创业的优秀西部计划志愿者。经全国大学生志愿服务西部计划优秀项目办公室组织评定、审核和公示,2009 年授予全国 46 个大学生志愿服务西部计划高校项目办公室"全国大学生志愿服务西部计划优秀项目"荣誉称号,上海海洋大学、上海交通大学 2 所上海高校获此殊荣。

三、上海大学生志愿活动

1998 年,上海市教育委员会与共青团上海市委共同开展大中学生志愿者暑期文化科技卫生"三下乡"工作,组织 300 多支队伍,参加人数逾万人。1999 年,华东政法学院大学生华阳街道社区服务队获"上海市青年志愿服务队先进集体"称号,并获共青团中央、中国青年志愿者协会授予的"中国百个优秀志愿服务集体"称号。

2001 年,上海组织成立上海市教育系统 APEC 会议志愿者队伍,近 2 万名团员青年参加。同时,APEC 会议志愿者工作与大中学生社会实践活动及其他素质教育紧密结合,取得良好效果。上海机械学院 188 名志愿者为 APEC 会议提供历时两个多月的服务,受到江泽民总书记的接见和上海市领导的表扬。中央电视台作专题采访,《人民日报》《解放日报》《文汇报》等多家媒体做了报道,学校获得由上海市教育委员会、共青团上海市委、上海市精神文明委员会办公室颁发的"APEC 会议志愿服务组织奖"。

2003 年,上海外国语大学成立世博会与青年志愿者研究中心,华东师范大学成立上海首家大学生交通安全宣传志愿者服务队。

2006 年,在由共青团中央、中国青年志愿者协会共同开展的"第六届中国青年志愿者行动评选表彰活动"中,华东师范大学曙光志愿者服务队被授予"中国百个优秀青年志愿服务集体"称号。2007 年,同济大学 2 万余人次学生参加校庆志愿者、特奥会志愿者、F1 锦标赛志愿者、上海科技馆志愿者等活动,学校获上海市志愿者活动先进集体、特奥会志愿者优秀组织奖、上海科技馆志愿者活动优秀组织奖。2008 年,上海旅游高等专科学校组织师生赴京开展为期 3 个月的奥运会志愿服务工作,学校获第 29 届奥林匹克运动会组织委员会授予的"中华金厨奖"突出贡献团体奖。2009 年,上海大学上海科技馆志愿者团队连续第六次被评为上海科技馆志愿者活动先进集体称号。

2009 年 12 月,在上海地铁七号线上海大学站举行地铁列车"青春世博号"命名仪式,上海市副市长沈晓明、市政协副主席周汉民等领导出席仪式。包括上海大学 150 名学生志愿者在内的 300 多名青年组成 3 支青年志愿者服务队,为 2010 年世博会作出贡献。2010 年中国上海世界博览会期间,上海教育委员会组织全市教育系统师生贯彻"世博实践年"的要求,按照"一个计划,五大系列"部署世博宣传教育专项行动,与世博工作全面对接。一个计划,即"世博志愿者激励计划",重点对各高校、各区县教育局服务世博过程中涌现的优秀志愿者、优秀组织者、优秀集体和优秀项目进行评比、表彰和奖励。五大系列包括:世博志愿精神引领系列、世博文化展示系列、世博文明践行系列、世博创意行动系列、世博风采宣传系列。把做好世博宣传教育工作与推进学生的思想道德教育相结合、与培养学生的创新实践能力相结合,为办好一届"成功、精彩、难忘"的世博会贡献力量。2010 年中国上海世博会举办期间,上海高校大学生志愿者成为世博会等重大国际活动服务保障的生力军。园区内共有 13 批次近 8 万人次大学生志愿者上岗,2 000 名学生承担票务工作,约 10 万学生参与"城市文明站点",每天有 6 000 名~8 000 名志愿者坚守在不同的岗位上,其中主要是来自上海 34 所高校的大学生志愿者,服务总量超过 1 000 万小时,服务超过 2 000 万人次。他们克服种种挑战和困难,圆满、出色地完成了世博志愿者服务工作。5 月,中共中央政治局委员、中共上海市委书记俞正声在世博园调研志愿者工作,慰问来自复旦大学、同济大学等高校的志愿者。9 月 22 日,又到世博园区慰问在岗服务的上海外国语大学和上海金融学院的世博志愿者。26 日,中共中央政治局常委、国家副主席习近平看望上海理工大学世博会在岗志愿者。世博会后,上海市教育委员会会同高校进一步建立健全大学生志愿服务长效机制,把志愿者精神培育纳入人才培养体系。

2010 年 12 月,上海市教育委员会组织高校法学专业师生和上海市大学生普法志愿者总队,开展上海教育系统宪法宣传周活动。活动以"弘扬宪法精神·推进法治建设"为主题,开展各种形式的宪法和法律宣传、咨询活动,发放宣传资料 8 000 余套。现场解答市民日常法律问题 800 余人次,开设法律知识讲座 23 次,同时开展旁听法院庭审、问卷调查、提供法律援助等活动,宣传辐射面达 10 万人以上。

第五章　综合素质教育

为促进学生全面发展,上海自 20 世纪 80 年代起,恢复并加强高校体育、美育、国防教育、科普教育和语言文字规范教育,形式常作更新,内容逐渐充实,取得积极成效。同时,大学生社会实践作为提高大学生综合素质的重要内容与途径,得到中共上海市委、上海市政府的高度重视,由组织暑期社会考察,逐步发展为常态化、基地化、实体化,与劳动教育、生产实习和社会服务等活动结合的大学生素质教育体系。

第一节　体育、美育

一、体育

20 世纪 80 年代起,上海高校体育教学工作和教学改革逐步深入。1987 年,上海市高等教育局组织 20 多名有丰富体育教学经验的教师,在 1979 年教育部颁发的《高等学校普通体育课教学大纲》基础上,修订编写《上海市高校体育课教学大纲》。1988 年,试行在上海高校建立了以大学生运动员为主、运动员大学生为辅的高水平运动队的体制。1989 年,编写出版与《上海普通高校体育课教学大纲》配套的《上海高校体育教程》,结束了新中国成立以来上海高校体育课无统一正规教材的历史。随后经一、二年级试用,反映较好。

根据国务院颁布的《学校卫生工作条例》,上海市高等教育局制定颁发《上海高校贯彻〈学校卫生工作条例〉的实施办法》《大学生健康教育基本要求的通知》,并以贯彻《条例》为中心,着重落实《大学生体育合格标准》,加强对高校体育教师队伍建设、体育条件与设施建设,调动广大学生参与体育锻炼的积极性。到 1993 年,上海有 23 所院校开设健康教育选修课或必修课,占全市高校的47％,开设各类讲座的有 40 所院校,占全市高校的 84％。各高校还以抓好早锻炼为突破口,形成学生早锻炼制度,促进学生养成参加早锻炼的习惯。1994 年,上海高校体育教育着重抓教学管理的制度建设,研制开发高校体育管理计算机软件,制定体育教学优秀成果评审办法等规章。卫生保健教育在高校开始普及,当年全市有 26 所高校开设各类卫生健康的知识讲座,听课人数达 6 万余人次。1995 年,上海有 32 所高校开设大学生健康课,40 所高校开设健康教育专题讲座。同年,上海市教育委员会对 3.8 万名大学生进行预防艾滋病学校健康教育,受到国家好评并向全国推广。

1995 年,上海市教育委员会发动全市 6 所高校体育场地在双休日向中小学生开放。1996 年,上海市教育委员会颁发《上海市高等学校体育课程评估指标体系》。华东理工大学等 8 所高校被评为全国高校贯彻《学校体育工作条例》优秀学校。1997 年,上海市教育委员会拟订上海市大学体育场馆更新改造方案,完成 4 所高校场馆改建任务。2000 年,上海交通大学、复旦大学、华东师范大学、华东理工大学 4 所高校通过教育部制定的学校体育工作条例"选优评估",东华大学被教育部批准为培养高水平运动员试点大学。

2002 年,上海市教育委员会颁发《上海市学校体育"十五"发展计划》,在总结"九五"成就与问题基础上,提出"十五"指导思想、主要目标、行动策略与措施。同年,上海市教育委员会转发教育部、国家体育总局制定的《学生体质健康标准》,在复旦大学、上海应用技术学院、立信会计高等专科学校3所高校先行试点。2004年,上海贯彻实施教育部《全国高等学校体育教学指导纲要》《学生体质健康标准》,创新学校体育教学理念与手段,坚持"以学生为本,健康第一,终身受益"的教学思想,举办首次高校体育教师艺术节。2006年,上海市民办高校体育节暨市民办高校体育协作组大会召开。2007年,根据教育部要求,开展新一轮高校高水平运动队评估。

2010年,在高校项目预报、自评的基础上,上海市教育委员会委托上海市教育评估院组织专家评审工作小组,对教育部上一轮确定的上海市具有高水平运动员招生资格的15所高校17个项目和新申请参加高水平运动队建设评审的8所高校及项目进行市级评审。同时还根据教育部要求,制定学生体质健康调研实施方案,成立相关工作领导小组和调研工作组,开展上海市全国学生体质健康调研。按照实施方案,列为教育部学生体质健康测试点的上海高校有上海交通大学、同济大学、上海大学、上海师范大学。

20世纪90年代起,上海高校体育活动蓬勃发展,上海市教育委员会会同有关部门和高校组织开展和举办(承办)一系列大型体育竞赛活动,上海高校取得一批优异成绩。1993年,上海高校为第一届东亚运动会承担入场式鲜花仪仗队和参加团体操表演任务。上海市高等教育局组织成立上海高校迎东亚运动会领导小组,召开全市高校分管体育工作的校院长会议。各校非常重视,积极组织,为东亚运动会作贡献,并圆满完成任务,向上海、向全国人民交了一份满意答卷。全市高校系统为此届东亚运动会共集资捐款57万多元,有20多所高校的师生参与为此届东亚运动会作奉献的活动。上海高校还有10余位裁判员参加东亚运动会项目比赛的裁判工作。在这届运动会上,上海高校被东亚运动会组委会评为"无私奉献、团结拼搏"先进单位。1994年,以上海交通大学、华东理工大学为主的中国大学生乒乓球队,在第十届世界大学生乒乓球锦标赛上获得4金、3银、4铜的好成绩。1995年,上海市教育委员会组织大学生代表团参加上海市第十届运动会,取得优秀成绩。同年,举行第四届上海市大学生运动会,全市44所高校近3500名运动员参加了18项244个单项的比赛,这是上海市历年来规模最大的一次高校体育盛会。同年,复旦大学男女排球队分获全国乙级联赛冠军,双双晋升全国甲级队。1997年,在全国大学生体育比赛中,上海高校共获8项集体冠军、68项个人冠军。1999年,上海高校组团参加上海市第十一届运动会,以50枚金牌、49枚银牌、23枚铜牌和2028总分的优异成绩获成年组奖牌名次第一名和团体总分第一名,代表团获得体育道德风尚奖。2000年,上海组织承办第13届世界大学生乒乓球锦标赛,来自16个国家和地区的近百名运动员参加了比赛,由华东理工大学运动员组成的中国女队包揽此届比赛女子项目四项冠军。上海高校组团参加第六届全国大学生运动会,以团体总分934分和24枚金牌位居全国第三名,并获得道德风尚奖。同年,上海交通大学男队和华东理工大学女队组成中国大学生代表团在波兰夫诺次瓦市举行的第14届世界大学生乒乓球锦标赛,获6项冠军。2001年,上海组织开展第21届世界大学生运动会"新世纪新长征"火炬在上海传递的活动和"迎奥运、盼喜讯"为主题的火炬传递长跑,32所高校的4000名大学生参与。在21届世界大学生运动会上,代表中国出战的华东理工大学女子乒乓球队再传佳绩,获全部女子项目4块金牌。上海高校学生高淑英继参加世界田径锦标赛并打破女子撑杆跳高亚洲纪录后,在世界大学生运动会上以4.52米的成绩再次刷新该项目的亚洲纪录。2002年在第十四届亚运会上,华东师范大学2001级学生刘翔在男子110米栏比赛中,以13秒27的优异成绩打破亚运会纪录,并获得金牌;在第九届世界田径锦标赛的男子110米栏决赛中,以13秒23的成绩夺得铜牌,实现中国男子径赛短跨项目在世锦赛上奖牌零的突破。2004年,上海成功承办第七届全国大学生运动会,上海高校代表团勇夺25金、14银、10铜,获团体总分第二名,同时荣登金牌和奖牌总数榜首。同年,在第 28 届雅典奥运会男子 110 米栏决赛中,华东师范大学学生刘翔以 12 秒 91 的成绩平世界纪录、破奥运会纪录,获得中国运动员在奥运会男子田径项目中的第一枚金牌,开创中国田径运动史上新纪元。2007 年在全国第八届大学生运动会上,上海高校代表团获得团体总分 1 247 分、金牌总数 24 枚。2008 年 8 月,上海体育学院学生邹市明在北京奥运会拳击(48 公斤级)比赛中获得金牌,实现中国拳击在奥运会上金牌零的突破。

二、美育

为适应社会主义现代化建设和大学生全面发展的要求,上海高校不断加强美育教育工作。1981 年,华东师范大学团委、学生会将美育教育活动作为思想政治工作的一个方面,从学生所关心的问题出发,寓思想教育于趣味性、知识性之中,受到学生欢迎。上海交通大学正式成立音乐研究室。通过办好文学艺术学科,增强学生的形象思维能力,提高广大师生艺术鉴赏能力。上海戏曲学院结合学科特色在哲学课程教学中加强与艺术思维的联系,编写《艺术哲学》教材,充实教学内容,实施美育教学。

20 世纪 90 年代,上海高校开展形式多样的艺术教育活动。1995 年,上海市教育委员会组织上海市大学生艺术节、学生歌会、学生乐队比赛、小歌手比赛、双周星期免费音乐会等多项活动,提高学生艺术素养。1996 年,举办上海市第二届学生艺术节,30 多所高校组织学生开展了系列艺术活动。同年,上海选送参加全国大学生文艺汇演的三个节目获得 7 个奖项。1997 年,上海 50% 的高校根据上海市艺术教育委员会的要求,成立学校艺术教育委员会。上海交通大学、上海大学、上海师范大学等高校成立大学生艺术团,更多高校建立各具特色的学生美学艺术类社团,在教学计划中开设美学艺术类选修课程。1999 年,上海市教育委员会会同高校举办上海市大学生合唱、校园集体舞、表演舞、戏剧小品、器乐等 8 个专场演出比赛和上海市大学生美术、书法、摄影展览活动,有近万名学生参加,30 多个节目和 30 幅美术作品入选参加全国大学生艺术节展示汇演。上海交通大学交响乐团入选参加全国教育工作会议文艺晚会。2000 年 10 月,上海市学生戏剧节以"奔向新世纪,为祖国而歌"为主题,通过创作、演出,充分展现莘莘学子热爱祖国的情怀、奋发进取的风貌以及多姿多彩的校园生活。30 所高校选送 365 个优秀节目参加诗歌朗诵、戏剧小品、戏曲曲艺等专场比赛。同年,筹备成立上海市大学生艺术团,复旦大学、华东师范大学分别成立管乐团、舞蹈团。2001 年,在荷兰凯尔克拉德举行的第 14 届世界管乐大赛上,上海交通大学学生管乐团获得业余丙组比赛金奖。

2002 年,上海市教育委员会颁发《上海市学校艺术教育"十五"发展计划》,明确提出"十五"期间上海学校艺术教育"加大普及力度,提高普及质量"的目标。同年,推进高雅艺术进校园工作。2005 年 3 月,在上海东方艺术中心举行上海大学生艺术实践基地揭牌仪式暨"高雅艺术进校园"展演系列活动。9 月,上海市教育委员会举办全市高校高雅艺术进校园交响乐巡演活动,活动以纪念冼星海诞辰 100 周年和约翰·施特劳斯诞辰 180 周年为主题,上海交通大学和上海音乐学院交响乐团挑选 20 多首曲目,在 15 所高校巡回演出 16 场。各高校结合在活动期间组织开展艺术欣赏、专题讲座等系列活动,推进高等学校艺术教育改革与发展。10 月,上海大学生艺术团管乐团赴京,参加首届 2005 中国兼职优秀管乐团队展演,获大学生组金奖,乐队指挥获最佳指挥奖。2006 年,进一步开展"高雅艺术进校园"展演系列活动,3 月至 11 月,上海交通大学学生交响乐团和上海音乐学院交响乐团到 12 所高校巡回演出,让大学生"走近大师,聆听经典,陶冶情操,提高素养"。各高校结合实际,发挥学校特色,邀请专业院团为学生举办专场演出,聘请艺术家开办艺术教育专题讲座,推进加强高校艺术教育。

2007年,上海市教育委员会颁发《上海市学校艺术教育"十一五"发展规划》(2006—2010年),要求至2010年,高雅艺术进校园活动要覆盖所有高校。所有高校必须开设艺术类选修课,70%的高校开设艺术类限选课,每名学生在校期间至少选修一至二门艺术课程,并完成相应学分。

2008年,首届中国校园戏剧节在上海举行,戏剧节主题为"和谐校园·青春风采",复旦大学、上海戏剧学院、上海交通大学、上海师范大学的"托起明天的太阳""风铃""爸爸再爱我一次""美丽的奇迹"4台剧目参演。2010年,上海市教育委员会组织承办第二届中国校园戏剧节,全国有31所高校的26台戏剧节目参演。上海戏剧学院的音乐剧《瞬间不是永远》、上海交通大学的相声剧《交大这些事》获得中国校园戏剧奖大奖,复旦大学话剧《小巷总理》获得校园戏剧节奖。

为推动人文艺术类学科的建设与发展,2008年,上海市教育委员会颁发《上海高校创建人文艺术创新工作室实施意见》,启动建设上海高校人文艺术创新工作室。2010年,上海市教育委员会批准在5所高校建立8个"上海高校人文艺术创新工作室"。

第二节　国防教育、科普教育

一、国防教育

党的十一届三中全会以后,高校恢复学生军事训练的时机渐趋成熟。1984年,全国六届人大二次会议通过并颁布《中华人民共和国兵役法》。根据新的《兵役法》和《大学生军训大纲》,开始在高校进行军训试点。1985年起,复旦大学、同济大学等高校先后入选上海和国家军训试点单位。根据教育部、解放军总参谋部、解放军总政治部颁布的《高等院校军事课教学大纲》,上海一些高校逐步开设军事理论课。1987年,上海警备区在大场警备区教导大队投入资金建立"同济大学军训基地"。1992年后,参加试点军训的高校进一步扩大,全市有20多所高校组织近2万名学生参加军训试点和自行军训工作。1996年3月,由上海市教育委员会发起,以上海市高校为主体,率先在华东地区成立首个国防教育一级社团——上海市学校国防教育协会。2000年,上海市教育委员会在抓好10所国家级军训高校的前提下,扩大市属学生军训高校数量。

2001年,根据新修订的《中华人民共和国兵役法》,上海高校首次在在籍大学生中征集义务兵。同济大学、东华大学、华东理工大学和上海财经大学4所高校进行试点。4所试点学校在上海市有关政策基础上,制定退役后复学期间享受专项奖学金和允许转换专业等政策。当年共有600多名在校生报名应征,经挑选,36名在校大学生被批准入伍。

为贯彻《中华人民共和国国防教育法》和国务院办公厅、中央军委办公厅转发《教育部总参谋部总政治部关于在普通高等学校和高级中学开展学生军事训练工作意见的通知》精神,2002年,上海市教育委员会颁发《上海市学校国防民防教育工作"十五"计划》,进一步加强学校国防教育工作,建立健全学生军训工作的规章制度和运作机制。全市学生军训形成由教育部门、军事部门共同统筹、协调指导,区县、学校和承训部队具体组织实施的运作格局。军训试点高校建立了学生军训工作领导小组,有的高校建立军事教研室,与学校人民武装部合署办公。各试点高校把学生军训和军事理论课作为必修课、纳入教学计划和学籍管理,统一排课,统一考试,保证学生军训和军事理论课的正常进行。

2003年,上海市教育委员会颁发《上海市普通高等学校和高级中学学生开展军训工作的实施意见》,并成立上海市学生军训工作领导小组及办公室,为全市学生军训工作的开展提供组织保证。6月,全国高校首批武警国防班学员从复旦大学毕业。38名学生顺利完成大学四年的学业,奔赴全国各地的武警部队从事新闻宣传工作。9月,中国人民解放军总装备部、政治部与上海交通大学签署培养军队干部协议。根据协议,上海交通大学将采取多种方式为总装备部培养干部。2005年,全市72所高校(包括民办高职院校)近16万大学生参加暑期军训,受训率99%。70%的高校以不同方式进行军事理论课教学。2006年,上海警备区司令部、上海市教育委员会联合颁发《上海市学生军训基地管理指导意见》(试行稿)。2008年,首次从普通高校毕业生中招收80名士官。

根据教育部、解放军总参谋部、解放军总政治部颁发的《关于印发〈学生军事训练工作规定〉的通知》精神,为进一步加强上海市学生军事训练工作制度化、规范化建设,上海市教育委员会、上海警备区司令部、上海警备区政治部于2010年颁发《上海市学生军事训练工作实施细则》。该《实施细则》规定高校军事技能训练和军事理论课考试成绩各计2个学分。其中,军事技能训练主要在校内或军训基地组织实施,也可到军队院校和民兵、预备役部队军事训练基地进行驻训。军事理论课教学采取课堂教学的形式进行,还明确学生军训纳入学校办学水平评估体系。

二、科普教育

20世纪80年代起,上海高校随着科技类、公益类学生社团的发展,面向校内学生和社会,通过开展技术咨询、开设科技讲座、举办科技节和科技竞赛等多种途径,进行大量科普教育活动。一些高校面向学生陆续开出一批传授科普知识与技术的选修课和讲座。其中,1993年上海有23所院校开设健康教育选修课或必修课,占全市高校的47%。开设各类科普讲座的有40所院校,达到全市高校84%。1994年,全市有26所高校开设各类卫生健康的知识讲座,听课人数达6万余人次。1997年,上海市科普教育委员会在中国纺织大学成立。上海市科普教育委员会是协助上海市教育委员会,领导和管理上海市高等院校、中小学、中专、职校、技校、幼儿园以及校外教育机构科普教育工作的协调和咨询机构,由科技、宣传、文化、新闻出版等系统19个部门及著名科学家共同参与组成。谢希德、叶叔华、翁史烈、杨福家等院士、科学家担任科普教育委员会顾问,上海市科普联席会议主席周慕尧、市教育委员会主任郑令德担任名誉主任。1998年,上海市教育委员会颁发《关于加强青少年科技教育的若干意见》。1999年,3所高校重点实验室被评为上海市科技教育基地。2000年8月,上海市科普教育委员会命名15所大学为上海市科普教育基地。同年,在上海市教育委员会组织下,上海高校开展了世界地球日和世界环境日主题活动。

为贯彻落实《中共中央国务院关于加强科学技术普及工作的若干意见》的精神,2002年,上海市教育委员会制定颁发《上海市学校科普教育"十五"发展计划》(2001—2005年)。明确"十五"期间学校科普教育的重点、目标和任务,并确定发展的行动计划。该《计划》要求在今后五年中进一步加强高校科普教育工作,建立科普工作管理网络,引导和推动大学进行科技创新活动,全面有效地提高大学生的科技素质,强化大学生的创新意识和实践能力。50%的高校要建立科普教育委员会或相应机构,形成规范的管理运作机制。2003年,上海市教育委员会制定颁发《上海市学校科普教育"十五"后三年滚动发展计划》,进一步明确2003—2005年上海市学校科普教育的主要目标和任务。2006年,上海市教育委员会制定颁发《上海市学校科普教育"十一五"发展规划(2006—2010年)》,明确上海市学校科普教育"十一五"期间的指导思想、总体目标、任务与措施。

2007 年,在全国科技活动周暨上海市科技节主会场,上海市教育委员会组织高校举办 4 项活动,分别是:明日科技之星与院士"共话创新"论坛;复旦大学(化学)、上海交通大学(机器人)、同济大学(物理)、华东师范大学(生命科学)青少年科技实践工作站展示;上海水产大学(食品安全与检测、水族科学)、华东师范大学(绿色生活、生态环境)大学生科普志愿者服务社(科学商店)展示;大学生与青少年明日科技之星科技创新作品展。同年,上海科普教育发展基金会组织高校申报上海大学生科学商店。经评审,华东师范大学、上海水产大学成为上海第一批"科学商店"试点高校。2008 年 12 月,国内首个深海科普馆开馆仪式在同济大学举行。2009 年,上海大学生科学商店试点高校增加到 11 所,17 个区县建有服务部 60 个、社区门店 83 家,涵盖食品安全、医疗保健、节能减排、电子信息等几十个领域。先后有 3 000 名师生走进社区,累计开展大型科普活动百余次,立项课题达 338 项,完成课题 180 项,惠及民众达百万人次。同年,在上海海洋大学召开上海大学生科学商店总店成立大会。高校新增科学商店的"开店"申请和审批将由总店受理,并组织对各科学商店进行星级评定。2010 年,上海市教育委员会组织举办第八届百万青少年争创明日科技之星评选活动,评选出 20 名"明日科技之星"、10 名"明日科技之星"提名奖、70 名"科技希望之星",获奖学生进入上海市青少年科学研究院接受后续跟踪培养。

第三节 语言文字规范教育

20 世纪 80 年代,为促进提高高校的语言文字规范化水平,上海高校组织师生开展和参加多种语言文字知识和规范的竞赛活动。20 世纪 90 年代,上海高校按照上海市语言文字委员会关于语言文字工作与各项工作相结合,语言文字工作为各项工作服务的方针,逐步将语言文字规范教育工作纳入学校常规工作,建立相关制度,开始有组织地开展语言文字规范教育培训等工作。1993 年 11 月,上海高等师范专科学校普及普通话工作通过国家教育委员会和国家语言文字工作委员会的检查评估。

为加强语言文字规范教育工作。上海市语言文字工作委员会会同上海教育委员会组织开展教育系统语言文字工作评估和普通话水平测试工作及语言文字国情调查、市情调查,推进实施教师普通话等级持证上岗制度。从 1998 年组织全国推广普通话宣传周活动,以后每年开展一次。2000 年,根据上海市人民政府《关于上海市教育委员会和内设机构职能配置的通知》,上海市教育委员会设立语言文字管理处,负责上海市语言文字管理工作,指导推广普通话和普通话培训工作,指导文字规范化建设。

进入 21 世纪,通过推进普通话测试、宣传和培训,加强普及普通话和用字规范化工作,组织实施高校语言文字工作评估等系列活动,上海高校语言文字应用规范化和管理水平不断提高,语言文字规范教育工作有较大发展。2001 年,上海市人民政府办公厅转发《关于上海市宣传贯彻国家通用语言文字法的意见》,明确近期全市语言文字工作的主要目标和任务。根据教育部、国家语言文字工作委员会《国家语言文字工作"十五"计划和 2015 年规划》的精神和要求,通过调查研究,2002 年,上海市语言文字工作委员会制定颁发《上海市语言文字工作"十五"计划》,提出"十五"期间上海市语言文字工作的工作思路和主要任务。同年,上海的全国推广普通话宣传周紧紧围绕《国家通用语言文字法》,深入、广泛地开展语言文字法制宣传教育。2004 年,教育部、国家语言文字工作委员会评估组对上海语言文字工作进行综合评估,认定上海现阶段语言文字的社会应用符合《国家通用语言文字法》的规定,并向上海颁发"普通话初步普及、汉字的社会应用基本规范达标城市"的铜牌。

上海以迎接此次评估为契机,制定明确 2010 年前全市语言文字工作的目标、措施和步骤,成立全市教育系统语言文字工作领导小组。继续推动教师普通话培训测试以及持证上岗工作,加大对未达到国家标准的教师的培训力度。同时以迎接世博会为主题,开展推广普通话活动。2004 年,上海市教育委员会、上海市语言文字工作委员会印发《关于对部分高校进行语言文字工作达标检查的通知》,计划在 2005—2007 年分三批,对 25 所高职院校进行专项检查。

根据教育部、国家语言文字工作委员会《关于进一步加强学校普及普通话和用字规范化工作的通知》的精神,2005 年,上海市教育委员会、上海市语言文字工作委员会颁发《关于继续开展上海普通高等学校语言文字工作评估的通知》,修订《上海普通高等学校语言文字工作评估方案》《上海普通高等学校语言文字工作评估指标内涵及标准》。决定继续推进对上海高校语言文字工作的评估,通过评估促进学校语言文字工作进一步走上规范化、制度化、科学化的轨道,发挥学校在语言文字工作方面的示范作用,加强学生语言文字规范意识和应用能力培养,还制定颁发《上海市语言文字规范化示范校创建标准及其实施细则(试行)》,要求高校等单位根据该标准及其实施细则,组织开展语言文字规范化示范校创建活动。同年组织开展高校语言文字网站(网页)评比活动。

2006 年,上海市语言文字工作委员会完成对复旦大学、上海外国语大学等 8 所高校语言文字工作的达标评估,对上海工商外国语职业学院、上海托普信息技术职业学院等 9 所高职高专院校语言文字工作的达标检查。为实现在校大学生和中职学生全员参加测试,免除学生测试费,年均投入经费达 1 000 万元。2007 年,上海市教育委员会、上海市语言文字工作委员会颁发《上海普通高等学校语言文字工作评估标准(修订稿)》及其相关说明,自 2008 年起上海高校语言文字工作评估按该标准执行。2008 年,在校大学生普通话水平免费测试工作扩大至全市所有高校,全年测试合计 167 场,参加测试总人数近 12 万。2009 年,组织对上海第二工业大学、上海电力学院、上海应用技术学院等高校的语言文字工作综合评估。同年,上海大学、东华大学获得 2007—2010 年度上海市语言文字规范化示范校、上海外国语大学获得第二批国家级语言文字规范化示范校。

第四节 社 会 实 践

改革开放后,社会实践成为高校大学生深入实际、了解国情民情、正确认识形势的重要途径,激发学生爱国热情的重要方式。

20 世纪 80 年代起,上海市高等教育局和共青团上海市委每年利用暑期组织高校学生开展以"希望""人生之路""理想与成才""改革与大学生的历史责任"等为主题的各种考察活动。1987 年后,高校考察活动与扶贫支困相结合,使大学生社会实践活动有了新的发展。当年有 4.6 万名大学生赴江西、安徽、湖南、山东、陕西等 20 个省市开展社会考察、科技服务、扶贫支困。上海师范大学、上海水产大学、上海工业大学、上海交通大学、上海财经大学、华东化工学院等高校在全国建立近 20 个社会实践基地。

1990 年暑期,在中共上海市委、上海市人民政府的高度重视下,全市高校建立 530 支社会实践队伍,在近 100 个社会实践基地和几百个社会实践点,开展学习考察、科技开发、技术服务、调查研究、文化培训、知识咨询、医疗服务、公益劳动、慰问演出、军事训练等各种形式的大学生实践活动,参加学生 5.2 万人,这次暑期社会实践活动是历史上规模最大的一次。在 1991 年的大学生社会实践活动中,上海市高等教育局和共青团上海市委组织安排近 30 所高校 1 000 多名大学生到江西革命根据地,开展"了解工农受教育,科技兴农作贡献"的百县社会实践建设营活动,组织 700 余名外地返沪高校毕业生到上海市社会实践基地开展"工厂一日""重点工程一日""农村一日"活动。

随着社会主义市场经济体制的逐步建立,上海大学生社会实践活动不断深化。不再局限于每年暑期组织社会考察队,而是采取平时分散与假期集中结合,校内定岗与校外挂钩结合,逐步实行基地化、实体化方式,逐渐与社会服务、勤工助学等活动结合。

1989年后,中共上海市委、上海市人民政府直接关心大学生社会实践这项工作。上海市副市长谢丽娟亲自抓社会实践工作的调查研究,与社会各界共同探讨解决问题的办法,上海市人民政府颁发《上海普通高校学生校外实习的暂行规定》,建立全市性的生产实习协调机构和日常办事机构。在中共上海市委、市人民政府等有关部门支持下,选择200多个校外习基地,落实解决全市高校学生的实习场所。同年,根据国家教育委员会有关精神,上海市高等教育局还组织40所高校的1.2万名学生在上海郊区农村和国营农场参加农业生产劳动,恢复中断多年的学农劳动。1991年,全市36所高校11 000多名学生参加了上海市郊县和部分农场的"三秋"学农劳动。12月,17所高校的5 000多名学生和干部教师一起参加太浦河工程劳动。

根据国家教育委员会和共青团中央的指示精神,继续落实"受教育、长才干、做贡献"的指导思想,从1993年开始,上海市高等教育局和共青团上海市委联合举办全市性的大学生勤工助学市场,有数万名学生与上百家企业洽谈,并继续组织开展科技开发、技术咨询、调查研究、医疗服务、社区服务等社会实践活动,累计有数千支大学生志愿队伍,几万名勤工助学大学生分赴全国各地几千个乡村、街道和企事业单位。上海市人民政府对大学生社会实践和勤工助学活动给予高度重视,自1994年起,上海市财政拨专款用于支持大学生勤工助学。到1996年底,全市高校建立303个社会实践基地、30多个勤工助学基地和实体。

2001年6月,华东理工大学成立全国首家希望工程义卖中心。2002年3月,华东师范大学与江苏省镇江市人民政府签订协议,建立博士生镇江社会实践基地。博士生以挂职锻炼的形式,跨区域、成批次、有组织、制度化地参加基层社会实践,在上海乃至全国高校中属首创。10月,国务院副总理李岚清对复旦大学哲学系的社会调查报告作重要批示:"理论联系实际是中国教育方针的重要内容,这对大学生来说尤其重要。这几年无论是在理工科,还是在人文学科方面,都有了突破性的发展。我对此感到很高兴。希望你们继续抓好这件事,在培养优秀人才、促进社会进步方面作出更大的贡献。"

2005年起,上海高校根据上海市教育委员会有关要求,将大学生社会实践活动纳入高校教育教学总体规划和培养计划,列为学生的必修课,建立专门的组织和指导机构,进一步建设一批实践基地,开发一批学生受益多、社会影响大的社会实践项目。同年11月,上海市教育委员会举行2005年上海市大学生暑期社会实践活动总结表彰会暨首批上海大学生社会实践基地命名仪式,复旦大学、上海交通大学、上海水产大学等15家单位被授予优秀组织奖。

第六章 人才培养

上海高校持续推进人才培养模式改革,在优秀拔尖人才、高端人才、创新人才等培养方面时有创新和发展,并取得积极成效。上海高校人才培养规模和能力大幅提升的同时,培养质量和水平显著提高,学生在各类学科竞赛和活动嘉奖中成果累累。上海高校在国家教学优秀成果评选中位居前列。

第一节 人才培养举措

一、拔尖、卓越人才培养

1977年,高校恢复正常教学秩序后,一些重点高校率先开始探索优秀人才培养。1978年,由复旦大学校长苏步青提议,经教育部批准,复旦大学数学系一年级举办一个加快教学进程的数学专业试点班。这个试点班共有48名学生,最大的18岁,最小的14岁。按照计划要求,试点班的学生在3年内学完大学四年级的全部课程,4年内达到研究生一年级的水平。学习期间,成绩优异者允许跳级。1980年,上海交通大学贯彻因材施教原则,从大学二、三年级2 500多名大学生中挑选出250名业务优异生,精心加以培养,为优异生聘请副教授以上、学有专长的教师担任导师,成立兴趣小组,帮助优异生加深对外语、数学、电子计算机等知识的了解,提高独立工作水平。1985年,又以保送生条件接受137名优秀应届高中毕业生,成立一个教学改革试点班,探索培养优秀人才的新路。同济大学对优秀学生实行跳级和“流动跳班”制度。根据入学成绩或分班考试成绩,分为提高班和普通班。每学期普通班学生可以通过参加跳班考试到提高班学习,而提高班学生学得不好则流向普通班。

20世纪90年代以后,优秀拔尖人才的培养开始在国家层面有计划地组织实施。

【国家理科基础科学研究和教学人才培养基地】

1991年,国家教育委员会颁布《关于建设国家理科基础科学研究和教学人才培养基地的意见》,决定选择一批代表中国较先进水平的、在国内具有重要影响和起骨干带头作用的数学和自然科学一级学科专业点,通过大力度建设,加强基础学科的人才培养,持续稳定地为国家培养德智体全面发展的、优秀的基础科学研究和教学人才,为相关学科输送高质量研究生源。1991—2008年分5批批准建立106个“国家理科基础科学研究和教学人才培养基地”。2009年,又另批准5个。上海有复旦大学、华东师范大学、上海交通大学、同济大学、上海中医药大学5所高校的13个专业点入选(表2-6-1)。上海高校国家理科基础科学研究和教学人才培养基地建设,取得优异成绩,并为国家和上海培养了一批优秀的基础科学研究和教学的后备人才。

表 2-6-1 2009 年上海高校国家理科基础科学研究和教学人才培养基地一览表

高　　校	专 业 名 称
复旦大学、华东师范大学	数学
复旦大学、华东师范大学	物理学
复旦大学	化学
复旦大学、上海交通大学、同济大学	生物学
华东师范大学	地理学
华东师范大学、上海交通大学	心理学
复旦大学	基础医学
上海中医药大学	中医基础

【基础学科拔尖人才培养计划】

基础学科拔尖学生培养试验计划(简称"珠峰计划")是为回应"钱学森之问"而推出的一项人才培养计划,旨在培养学术大师。该计划由教育部联合中共中央组织部、财政部于 2009 年启动。首批选择 19 所大学于 2011 年起实施。复旦大学、上海交通大学、同济大学入选。

为配合实施教育部"基础学科拔尖学生培养试验计划",2009 年复旦大学启动拔尖人才培养计划(简称"望道计划"),并在数学、物理、化学、生命科学 4 个基础学科率先实施,构筑"拔尖人才"培养平台,创新培养模式,努力使优秀学生成长为相关基础学科领域的领军人物,并逐步跻身国际一流科学家队伍。2010 年,上海交通大学成立以培养拔尖创新型领袖人才为目标的致远学院,校长兼任学院院长。致远学院招收数理科学和生命科学两个理科班,每个班人数不超过 35 人。同济大学按计划从 2011 年开始,在全校各专业新生中选拔对生命科学具有浓厚兴趣、有志于成为生命科学基础研究和应用技术研究的学生,编入"生命科学英才班",秉承"个性发展,性格塑造,独立思考,探索实践"的理念,培养一批热爱生命科学并具有原创性科学思想、高尚人格的"大师级"人才苗子。

【卓越人才培养计划】

2009 年,上海交通大学制定实施"卓越工程师培养计划",提出工程技术领军人才培养计划实施方案。同济大学在土木工程等 15 个专业实施"4+M+3"的人才培养模式改革,创建多样化卓越人才培养体系。2010 年,上海率先实施卓越科学教育、卓越工程教育、卓越医学教育和卓越文学艺术教育四大卓越教育计划。首先在上海大学、上海工程技术大学、上海电力学院、上海理工大学 4 所高校开展卓越工程教育改革试点;在复旦大学、上海交通大学、同济大学、上海中医药大学、上海体育学院 5 所高校开展以康复医学为突破口的卓越医学教育改革试点。同年,教育部启动卓越工程师教育培养计划,随后批准首批 61 所高校的 462 个本科专业或试点班、293 个研究生层次学科领域加入卓越工程师教育培养计划,作为高校高水平教学或拔尖人才培养的组成部分。其中,本科专业(试点班)分为 2010 年和 2011 年加入,研究生层次学科领域均为 2011 年加入。上海交通大学、同济大学、华东理工大学、东华大学、上海大学、上海电力学院、上海工程技术大学 7 所高校有 54 个本科专业(试点班)入选本科层次卓越工程师教育培养计划,其中 2010 年启动 30 个。

二、研究生教育

1978 年，上海 14 所高校开始招收研究生。复旦大学数学研究所 12 年来第一次开办研究生班，著名数学家苏步青教授、谷超豪教授等指导教师与 14 名研究生会面。1980 年，上海交通大学与美国宾夕法尼亚大学合作举办管理与计算机科学双重硕士学位的研究生班。1984 年，复旦大学、上海交通大学、上海第一医学院、同济大学、华东师范大学成立研究生院。1984 年起，在同济大学、上海工业大学、上海机械学院开展培养工程类硕士试点；在上海医科大学、上海第二医科大学开展培养临床医学应用型研究生试点；在复旦大学、上海财经大学、华东政法学院开展培养文科应用类硕士生试点。1985 年，国家开始试行博士后制度，经国家教育主管部门批准，复旦大学、上海交通大学、同济大学、华东化工学院、华东师范大学 5 所高校及中国科学研究院在沪的 11 个研究所建立 24 个博士后科研流动站。

【研究生优秀论文评选】

为加强高层次创造性人才培养工作，鼓励创新精神，提高研究生教育特别是博士生教育质量，1999 年，在教育部和国务院学位委员会的直接领导下，根据《全国优秀博士学位论文评选办法》，教育部学位管理与研究生教育司组织开展首次全国优秀博士学位论文评选（简称"全国百篇"）。同年，上海市有 17 家单位推荐 107 篇博士论文参评，经国务院学位委员会和教育部组织评选，上海 11 篇博士论文入选首届全国百篇优秀博士学位论文。其中，复旦大学有 4 篇入选，与中国人民大学、浙江大学并列第三名，位居上海榜首。

2000 年，上海市教育主管部门印发《关于开展 2000 年上海市研究生优秀成果评选工作的通知》，组织开展上海市研究生优秀成果（学位论文）评选工作和全国优秀博士学位论文初选工作。上海各研究生培养单位以评选研究生优秀成果（学位论文）为契机，积极采取措施，不断完善质量保证和监督机制，全面提高研究生培养质量。复旦大学加大研究生创新基金的投入，实施创新计划，加强博士生创新能力培养，完善优秀博士论文四级评选奖励机制，培育优秀博士论文。上海交通大学为促进提高博士论文质量，制定 8 项举措。华东理工大学启动博士学位论文创新计划，每年资助 10 篇左右博士学位论文。上海市教育主管部门坚持以学位论文作为质量监控的重要抓手，持续开展博士、硕士学位论文的随机抽检与"双盲"评议，其效果获教育部肯定并向全国推广。自 1999 年以来，上海所获全国百篇优秀博士论文数量处于全国前列。

【研究生联合培养基地】

2004 年 12 月 8 日，上海高校与上海电气集团签约共建"上海研究生联合培养基地"。上海交通大学、同济大学、华东理工大学、上海财经大学、上海大学、上海理工大学与上海电气集团签订"产学研联合培养研究生"合作协议，这标志着"上海研究生联合培养基地"（简称"基地"）建设工作启动。"基地"是以具有研究生学位授予权的高等学校为主体，依托一流大型企业集团和科研院所等企事业单位建设的研究生层次人才培养平台。建立"基地"，旨在促进教育与科技、经济紧密结合，加速高新技术转化，改革研究生培养机制，创造研究生课题研究中理论联系实际的良好环境，形成培养研究生创新能力的新模式，得到上海市委、市人民政府大力支持。2005 年，中共上海市科技教育工作委员会、市教育委员会、市发展和改革委员会、市国有资产监督管理委员会、市科学技术委员会、市经济委员会、市财政局、市人事局和市知识产权局9个委办局联合下发《关于建立"上海研究生联合培养基地"的意见》。同年,上海市学位委员会批准5家单位为上海研究生联合培养基地,7家单位为上海研究生协作培养单位。2007年,中共上海市科技教育工作委员会、上海市教育委员会等部门联合印发《关于进一步推进"上海研究生联合培养基地"建设工作的若干意见》,进一步提出支持和鼓励产学研联合开展研究生培养工作,加强管理和考评的多项政策、措施。2008年,上海市学位委员会批准第二批上海研究生联合培养基地。2009年,上海首次设立产学研联合培养研究生专项资金,用于资助"上海研究生联合培养基地"的研究生,推动培养单位之间相互承认学分。到2010年,上海建立产学研联合培养研究生基地36家,聘任基地兼职导师436人,联合培养学生数达598人。

表2－6－2 2010年上海研究生联合培养基地一览表

批　次	类　型	单　　位
首批	上海研究生联合培养基地	上海宝山钢铁股份有限公司、上海电气集团股份有限公司、上海汽车集团股份有限公司、上海纺织控股(集团)公司、上海市张江高科技园区
二批		中国石化上海石油化工研究院、上海广电(集团)有限公司、上海科学院、中国水产科学研究院东海水产研究所、中国航空无线电电子研究所、中国纺织科学研究院
首批	上海研究生协作培养单位	上海市农业科学院、上海市教育科学研究院、上海房屋销售(集团)有限公司、上海自动化仪表股份有限公司、上海广电(集团)有限公司、万达信息股份有限公司、上海计算技术研究所
二批		光明食品(集团)有限公司、上海电力股份有限公司、上海市电力公司、上海市第二市政工程有限公司、上海远程教育集团、上海市档案馆、上海市教育评估院、公安部第三研究所、上海期货交易所、司法部司法鉴定科学技术研究所、上海软件园、上海隧道工程股份有限公司、IBM中国有限公司、中国出版科学研究所、北京康比特威创体育新技术发展有限公司、奥美之路(北京)技术顾问有限公司、福建南方生物技术股份有限公司、江苏沙钢集团有限公司

【研究生教育创新计划】

2006年,根据教育部《关于实施研究生教育创新计划,加强研究生创新能力培养,进一步提高培养质量的若干意见》的精神,上海市教育委员会设立研究生创新能力培养专项资金,先期主要面向哲学、社会科学等人文学科,重点资助研究生,特别是博士生参加对创新能力培养具有显著意义的学术活动。2007年,启动实施上海研究生教育创新计划,主要内容:一是搭建研究生教育资源共享平台。支持经济学、法学、工商管理、公共管理等案例库进行二期建设,启动建设"设计艺术学"的研究生教学案例库,支持研究生公共英语课程改革、研究生综合素质系列讲座和大学园区研究生教育等资源共享项目。二是举办研究生学术论坛。上海高校共举办研究生学术论坛11个,涉及经济、法律、政治社会、影视传媒、海洋科学、新材料、现代测控、中医药、组织工程等学科领域。三是举办研究生暑期学校,涉及宗教社会、国际贸易、数学、生物、新药、物流、纺织、动力机械等学科领域。四是设立研究生创新能力培养专项资金,用于资助研究生的培养模式改革和创新能力培养,如高风险的学位论文选题、研究生参加学术活动、国内外访学、产学研联合培养等。五是建设研究生教育公共平台。启动研究生教育创新计划网站、研究生教育经验交流和培训平台等建设项目。2008年,以项目为支撑,完善创新人才培养模式,加强研究生创新能力培养。开展研究生教学开放案例库建设,支持研究生公共政治理论课程改革、研究生综合素质系列讲座和大学园区研究生教育等资源共享项目建设,持续举办研究生学术论坛和研究生暑期学校,为全市研究生搭建了交流创新思维的学术平台。2009年,以提高研究生创新意识、创新能力为核心,进一步实施研究生教育创新计划。首次设立产学研联合培养研究生专项资金,用于资助"上海研究生联合培养基地"的研究生,推动培养单位之间相互承认学分。资助上海大学、上海理工大学、华东政法大学和上海海洋大学等高校试点开展研究生培养机制改革。2010年,进一步实施上海市研究生创新能力培养专项项目,继续支持4所市属高校开展研究生培养机制改革试验,设立11个专业学位研究生教育综合改革试点项目,建设7个研究生创新能力培养公共平台。

三、研究生专业学位教育综合改革试验

经教育部批准,上海市从2010年起开展研究生专业学位教育综合改革试点工作(该项改革被教育部列为国家教育体制改革试点项目)。试点工作总体目标是在上海市硕士专业学位中积极探索和创新各类专业学位研究生培养模式,形成具有上海特点、高校特色专业类别特征的专业学位研究生培养体系,为社会培养大批适应经济社会发展需要的高层次应用型专门人才。重点建设内容有两项:临床医学硕士专业学位与住院医师规范化培训结合改革试验工作、全日制专业学位研究生教育改革试验工作。

【临床医学硕士专业学位教育与住院医师规范化培训结合改革试验】

根据《教育部关于开展研究生专业学位教育综合改革试点工作的通知》等文件要求,2010年上海市教育委员会和市卫生局联合有关高校和大学附属医院,研究制定《上海市临床医学硕士专业学位研究生教育综合改革试点方案》。试点方案经报教育部审批认可后,在上海市教育委员会和市卫生局统筹协调下,复旦大学、上海交通大学、同济大学、上海中医药大学4所参加改革试点工作的高校,于2010年10月启动上海市临床医学硕士专业学位研究生(住院医师)招生等工作。

【全日制专业学位研究生教育改革试验】

2010年10月,教育部印发《关于批准有关高等学校开展专业学位研究生教育综合改革试点工作的通知》,批准在64所部属和地方高校开展专业学位研究生教育综合改革试点,培养高层次应用型专门人才。其中上海有复旦大学(工商管理硕士、公共管理硕士、公共卫生硕士)、上海交通大学(工程硕士、机械工程、法律硕士、工商管理硕士)、同济大学(工程硕士、车辆工程、建筑与土木工程)、华东师范大学(工商管理硕士、教育硕士、汉语国际教育硕士)、上海外国语大学(翻译硕士)、上海海洋大学(农业推广硕士)6所高校。改革主要包括7项内容:课程体系改革;课题和训练项目改革;实验室改革,按不同专业学位研究生需要建设培养基地;导师队伍建设(由以学校教授指导为主改为教授和企业、行业骨干相结合的双导师制);考核方式改革;加强专业学位教育指导委员会建设;双证改三证,学生毕业时,争取获得三证,即毕业证、学位证和职业资格证。为进一步加快全日制专业学位研究生教育发展,上海还启动市属高校开展研究生专业学位教育综合改革试点,华东政法大学(法律硕士)、上海大学(工程硕士、控制工程、电子与通信工程)、上海理工大学(工程硕士、工商管理硕士)、上海体育学院(体育硕士)、上海海事大学(工程硕士、交通运输工程)被列为首批上海试点高校。

四、国家大学生文化素质教育基地

为充分发挥学校文化底蕴,用人文素质教育促进学生综合素质提高,构建以素质教育为核心的中国特色的高等教育人才培养体系,国家教育委员会决定启动建设大学生文化素质教育基地。1999年,复旦大学、上海交通大学、上海中医学院3所高校入选首批32所高校国家大学生文化素质教育基地。之后,同济大学、华东师范大学、东华大学、上海财经大学、上海大学被批准列为国家大学生文化素质教育基地。

复旦大学自1995年起开始文化素质教育试点工作,经过多年探索与实践,形成以德育教育为核心,以学校与学生互动为机制,以科学、开放的课程体系为基础,以发挥学生个性与创新能力为目的,课堂内外、文理交融的文化素质教育体系,并在素质教育课程建设、师德师风建设和学生社会实践、科技创新、社团活动等工作上取得可喜成绩。上海交通大学1999年制定《文化素质教育三年规划》及《实施意见》,1999—2003年用于文化素质教育的经费达到294万元,建设一流的文化素质教育硬件设施,为学生提供良好的文化素质教育场所。每学期面向全校开设的各类文化素质教育选修课不少于80门,并编写出版两套文化素质教育教材,在社会上产生一定影响。上海大学1999—2007年用于开展大学生文化素质教育的各项经费支出达到3亿多元。开设人文教育讲座478次、自然科学讲座237次;开设人文教育必修课2 271门、选修课1 272门,自然科学必修课1 776门,选修课996门。从事文化素质教育的教师434人,相关学生社团、文艺团体9个,校园内人文景点8处,校外人文教育基地36家。

五、大学生创新活动计划

2007年,上海市教育委员会决定实施上海大学生创新活动计划,每年投入1 000万元,资助1 000个大学生创新活动项目。当年参与试点有16所高校:文理背景综合性高校2所(复旦大学、上海大学);师范背景综合高校2所(华东师范大学、上海师范大学);理工背景综合性高校2所(上海交通大学、同济大学);理工科高校7所(东华大学、上海海事大学、上海电力学院、上海工程技术大学、上海理工大学、上海水产大学、上海电机学院);医科高校2所(上海交通大学医学院、上海中医药大学);财经高校1所(上海财经大学)。2008年,16所高校按照"兴趣驱动、自主实践、重在过程、追求实效"的基本原则,遴选确定1 000个项目作为市级大学生首批创新项目,探索以问题为驱动、课题为核心的教学和人才培养改革模式,实施以学生为主体的创新型实验改革。当年,在上海市教育委员会协调组织下,成立首届上海大学生创新活动计划协作组,由复旦大学、同济大学、东华大学、上海大学、上海财经大学、上海理工大学、上海海洋大学7所高校组成。10月,教育部举办全国首届大学生创新论坛,上海高校有2个项目被评为"十个我最喜欢的项目"。2009年,试点高校增加到17所。同年5月,上海市教育委员会组织举办上海市首届大学生创新论坛,邀请科学家、企业家等共同研讨高校创新人才培养,进一步推动高校开展以问题和课题为核心的人才培养模式改革,论坛展示了170项优秀大学生创新活动项目。

六、校企合作

2008年,上海市劳动与社会保障局、市教育委员会、市发展和改革委员会、市财政局和市经济

委员会启动校企合作培养高技能人才的试点工作,力争高技能人才占技能劳动者的比重到 2010 年提高到 25% 以上。通过校企合作的培养,实现"明确一个培养机制(定单式培养)、取得两张证书(学历证书、职业资格证书)、获得政府、企业、家长三方满意"的社会效应。同年,上海应用型本科高校、高职院校及中等职校在试点工作基础上,深化校企合作培养高技能人才的工作。上海市劳动与社会保障局对开展校企合作的院校进行认定,达到标准的可成为技师培训基地。学生完成高校教学计划所要求的学习,并进入合作企业进行要求的实习后,再参加相应的国家职业资格鉴定,可享受上海市劳动与社会保障局校企合作专项经费补贴。列入试点专业的学生在学习期间,高校学生每生每年补贴 2 000 元;进入企业实习,上海市劳动与社会保障局支付企业每生每月 200 元的补贴,并帮助每个实习学生购买生产实习保险。2008—2010 年,投入 2.7 亿,完成以重点专业为中心的高职实训基地建设项目 80 余个,培训 20 个专业的 500 余名专业教师和 1 000 余名新任高职高专教师。至 2010 年底,有 36 所高校的 156 个专业点参与此项工作,高校实际入网培养人数为 5 538 人。

第二节　人才培养成效

改革开放后,上海高等教育人培养能力不断增强,规模日益壮大,水平显著提高,在高职高专生、本科生、研究生各个层次培养一大批优秀人才,成为国家和地区及其各行各业的骨干力量和杰出代表,为中国社会主义现代化事业建设作出突出贡献。

一、培养能力与规模

1980 年,国家实施学位制度后,经过 10 年努力,上海形成学科门类比较齐全,培养力量比较雄厚的学士、硕士和博士三级学位授予体系,成为中国培养高级专门人才的重要基地之一。到 1990 年的 10 多年里上海培养了近 18 万学士、硕士和博士毕业生。其中所培养的一批承前继后的硕士、博士毕业生,为 20 世纪末中国高等教育的大发展提供了师资与科研人才基础。1992 年,经国务院学位委员会及其学科评议组的 4 次评审,全国理、工、农、医 4 个学科门类,在 50 个一级学科设置博士点,有博士生导师 4 624 人。同年,上海在 32 个一级学科设置博士点,有博士生导师 763 人,占全国的 16.5%,名列全国第二。到 1998 年,上海建立较完整的高等教育人才培养体系,形成高职高专、本科和研究生协调发展、分层次办学的格局,为全面保证本专科生、硕士生、博士生的培养质量和三级学位的授予质量奠定坚实基础,基本实现立足国内培养现代化建设所需要的高层次人才。1978—1998 年,上海培养了 70 多万本专科生、研究生。其中博士研究生 4 万多人。

进入 21 世纪,上海高等教育人才培养规模创历史新高。不计成人高等教育人数,在"九五"末,上海普通高等学校的研究生和本专科生在校生人数为 21.1 万人,"十五"末达到 51.6 万人,高等教育的毛入学率(18—22 周岁同龄人口接受各类高等教育的比例)从"九五"末的 38.8% 提高到"十五"末的 57.0%,率先实现高等教育从大众化到普及化的跨越,新增劳动力平均受教育年限从 12 年提高到 13.5 年。"十一五"末,上海普通高等教育在校生总规模超过 60 万人。其中,研究生 10.6 万人、本专科生 51.6 万人。

二、培养质量与水平

1977 年恢复高考尤其是 1980 年国家实施学位条例后,上海严格遵循国家关于高校人才培养和学位条例的各项规定,坚持质量第一的原则,坚持政治标准和业务标准的统一,不断提高人才培养质量,大批优秀学生脱颖而出。

1980年开始,美国56所高校在中国联合招收出国研究生的考试中,上海高校年年榜上有名。复旦大学由于重视基础理论教学、年年获得优异成绩。1988年取得总分第一名的是该校少年班学生陈洛祁,年刚17岁。

20世纪80—90年代,上海有100多名博士、硕士被国家教育委员会和国务院学位委员会授予"做出突出贡献的中国博士、硕士学位获得者"荣誉称号。其中,复旦大学王沪宁、上海交通大学席裕庚还分别被评为上海市"青年精英"和"科技精英"。21世纪以来,上海高校学生获得多种荣誉称号。其中,2003年同济大学3名学生获德国"总理奖学金"。德国总理施罗德在柏林总理府接见这3名学生,并向他们颁发"总理奖学金"证书。2005年复旦大学、上海交通大学10名博士后被授予"全国优秀博士后"称号。2010年,复旦大学出土文献与古文字研究中心1名博士研究生被授予"中国大学生自强之星标兵"称号,并当选"2009中国大学生年度人物"。华东师范大学10名博士生获得教育部2010年度"博士研究生学术新人奖"。

全国百篇优秀博士论文评选,是显示研究生培养实力和科研水平的重要指标。上海在研究生数量增多的同时,采取包括开展博士、硕士学位论文抽检"双盲"评议工作等多种措施,保证和提高研究生培养质量。1999—2010年,全国共评出优秀博士论文1182篇,上海高校和在沪中国科学院等博士生培养单位,共获165篇。上海以占全国11%的博士生数,获得14%的全国优秀博士学位论文。在上海普通高校中获全国百篇优秀博士论文前5名的是:复旦大学(含原上海医科大学)51篇、上海交通大学27篇、同济大学8篇、华东师范大学7篇、东华大学7篇。

"挑战杯"全国大学生系列科技学术竞赛,是由共青团中央、中国科学技术协会、教育部和中华全国学生联合会共同主办的全国性大学生课外学术实践竞赛,每两年举办一次。参赛规模包括全国所有重点高校在内的1000多所内地高校及港澳台数10所知名高校,被誉为中国大学生学术科技的奥林匹克盛会。上海高校学生在历届竞赛中获得一批特等奖和一等奖。1991年,共青团上海市委、上海市高等教育局、市科学技术协会组织上海高校参加第二届全国大学生"挑战杯"课外学术科技作品竞赛,获得省市优秀组织奖,上海交通大学获团体总分第一名,上海市高校大学生得奖作品数为全国第一。1997—2001年,复旦大学学生在第五届至第七届全国挑战杯大赛夺得冠军,成为当时全国唯一一所三获"挑战杯"的高校。1991年,上海市举办第二届大学生课外学术科技作品竞赛,同济大学获团体总分第一名,获奖学生的作品在首届"上海市科技博览会"上展出,受到上海市领导称赞,之后又在全市高校巡回展览。

上海高校学生还在其他多种国内外重要的学科竞赛中累次获奖。上海交通大学学生在1987年京、津、沪三市高等院校非物理专业的物理竞赛中囊括一、二、三等奖。1995年,在由全国25个省市自治区259所高校参加的1995年度全国大学生数学建模竞赛中,复旦大学成为唯一获得3个全国一等奖的高校。1998年,同济大学学生的环境设计模型"水之祭",获国际大赛东亚区冠军。2000年,在全国青少年科技创新大赛中,上海参赛学生获5金、7银、10铜和8个专项奖,上海的活动组委会获得优秀组织奖。2003年,上海财经大学学生获中国名校大学生辩论赛冠军,这是上海高校第3次捧得此项比赛冠军。2004年,教育部、劳动和社会保障部、科学技术部、国防科学技术工业委员会、中华全国总工会、中国机械工业联合会6部委举办第一届全国数控技能大奖赛。上海选拔出9位学生选手参加全国比赛。其中8位选手来自高校,最后通过理论知识、软件应用、操作技能三个部分的竞赛,国家劳动和社会保障部授予8位选手高级技工职业资格。上海师范大学、上海第二工业大学、上海理工大学同时获得组委会突出贡献奖。2010年,上海交通大学学生获国际大学生程序设计大赛全球总决赛冠军。

2007—2010年,上海通过连续3年实施大学生创新活动计划,立项支持3 000项大学生创新实验和科研项目,使大学生在本科教育阶段得到系统规范的科技创新锻炼机会,创新精神和素养得到提升,促进一批学生脱颖而出。2008—2010年,上海本科生公开发表学术论文1 513篇,其中SCI、EI收录的高质量论文达165篇;申请国家专利347项,其中200项获得批准授权,一部分专利甚至转化为企业产品;在参加国家级和国际各类大学生学科竞赛中获奖学生达1 952人次。2008年10月,教育部举办全国首届大学生创新论坛项目,在"十个我最喜欢的项目"评选中,上海高校有2个项目入选。2010年,在第三届全国大学生创新活动论坛的评选中,"全国十佳"项目上海高校占3个。

上海高校学生在英语等公共基础课程的全国通考中取得优异成绩。其中,2002年,上海高校大学英语四级考试平均级点分位居全国第一。上海普通本科院校大学英语四级一次通过率为63.1%,比全国的31.2%高出31.9%个百分点。同时,能较全面和准确反映考生群体情况的级点分表明,上海高校学生的外语水平在全国处于领先地位。上海平均级点分为237.5,比全国平均级点分162.1高出75.4分。与全国"211"重点院校相比,上海9所"211"院校的级点分为264.3,比全国"211"重点院校的级点分215.7高出48.6分。上海其他普通本科院校220.1分,高出全国普通本科院校68分。同年,上海近3万高职高专生首次参加教育部组织的专科英语应用能力考试,通过率为73%,居全国首位,比第二名高出20个百分点。

高校人才培养成绩突出受到表彰。其中,1999年复旦大学研究生院、上海交通大学研究生院、同济大学研究生院、华东师范大学研究生院、上海医科大学研究生院、东华大学研究生部、上海财经大学研究生部、上海第二医科大学研究生处10家研究生培养单位获国务院学位委员会、教育部"1999年全国学位与研究生教育管理工作先进集体"光荣称号。2000年复旦大学生物学人才基地在9项评估方案指标中8项达到A级,被教育部授予"优秀基地"。2004年上海交通大学物理基地被教育部评估为优秀。2005年复旦大学数学、临床医学、生物学、理论经济学4个博士后流动站,上海交通大学控制科学与工程、电气工程2个博士后流动站被授予"全国优秀博士后科研流动站"称号。2010年,华东师范大学被教育部确定为"博士研究生学术新人奖"试点单位。上海医药高等专科学校等5所院校被教育部、财政部批准为国家级示范性高职院校立项建设单位和培育建设单位。这项建设被称为"高职211"建设。

上海高校在人才培养中积极探索,勇于实践。创新学生德育教育工作方式,推出每年一度的德育教学论坛,构建预防性与发展性相结合的心理健康教育体系,建立拓展"易班"等网络思想教育平台,培育高校民族文化博物馆等校园文化品牌,在全国产生较大影响。敢为人先,创办中国第一所旅游专科学校、第一所专门培养证券期货投资人才的学院、第一个服装硕士教育领域的国际合作办学项目、在海外设立第一个研究生院(上海交通大学新加坡研究生院)。培养中华人民共和国首位无机化工专业博士毕业生、首批翻译学博士生毕业。在全国首创研究生联合培养基地,首次探索医学类本科生直升博士的复合型人才培养模式改革等。

第三节　教学成果奖

1988年4月,国家教育委员会发出《关于加强普通高等学校本科教育工作的意见》,提出加强普通高等学校本科教学工作的 10 条措施。其中明确 1989 年召开全国高等学校教学工作奖励大会，以后每四年进行一次。自此，国家确立每四年一次的高校国家级教学成果奖励制度。根据国务院颁布的《教学成果奖励条例》和国家教育主管部门的有关文件，上海市教育主管部门先后于 1994 年和 1998 年制定颁布《上海市教学成果奖励条例》《上海市教学成果奖励办法》。

1988 年下半年，上海市高等教育局启动实施上海第一届高校教学成果奖申报和评选工作。经学校申报推荐，上海市高等教育局组织专家组评审，1989 年共评选出第一届上海市教学成果奖 182 项。在此基础上，当年向国家教育委员会推荐申报国家级教学成果奖。第一届全国普通高校优秀教学成果共评选出特等奖 52 项、优秀奖 381 项(该届只设特等奖和优秀奖)。其中上海高校荣获国家级教学成果特等奖 5 项、优秀奖 25 项。5 项国家级优秀教学成果特等奖是：上海交通大学洪迈生、沈德和、蒋锡藩的"坚持教学改革，高质量培养机制专业人才"；同济大学陶松龄、董鉴泓、李铮生的"坚持社会实践，毕业设计出成果出人才"；上海医科大学俞顺章、顾学箕、蔡文玮的"公共卫生学院教学基地"；复旦大学蒋学模、伍柏麟、洪远朋的"政治经济学课程的教学改革"；上海音乐学院周小燕的"声乐表演艺术教学"。1990 年 2 月，上海市政府教育卫生办公室、上海市高等教育局召开上海首次普通高校优秀教学成果奖励大会，上海市领导陈至立、谢丽娟、苏步青、谢希德与会。上海市高等教育局局长徐匡迪宣布获奖名单。

1992 年，上海市高等教育局组织开展上海第二届高校优秀教学成果评选工作。参评的 48 所高校在评出校级教学成果奖基础上，共推荐申报上海市级教学成果奖 179 项。经过上海市评审委员会认真负责的评审并投票表决，从中评选出上海市优秀教学成果奖 170 项，其中一等奖 39 项，二等奖 57 项，三等奖 74 项。在 39 项一等奖成果中，推荐产生 29 项成果申报国家级奖评审。1993 年 5 月，第二届全国普通高校优秀教学成果奖评审结果在北京揭晓，上海高校共有 27 项成果获得国家级奖，其中特等奖 1 项，一等奖 5 项，二等奖 21 项，获奖总数和获奖级别均名列全国前茅。上海幼儿师范高等专科学校邹兆芳的"幼师高专数学教学实践与研究"成果以 93% 的得票率居全国仅有的 4 个特等奖榜首，这也是 1993 年全国高校优秀教学成果奖中唯一一位个人特等奖。在上海高校获得的 5 项一等奖中，上海交通大学获得 3 项，另外两项分别为复旦大学和上海第二医科大学获得。

1996 年，上海市教育委员会组织开展上海第三届高校优秀教学成果申报评选活动，共受理 33 所高校申报的 260 个项目。经上海市教育委员会聘请各学科 70 名专家分 10 个组对申报项目进行评议和评审委员会无记名投票，评选出 197 项为上海市级教学成果奖，其中一等奖 50 项，二等奖 70 项，三等奖 77 项。在评选出的 197 个项目中，推荐国家级一等奖 8 项、二等奖 42 项。次年，国家教育委员会公布第三届国家级教学成果奖评审结果，上海高校共获一等奖 6 项和二等奖 39 项。其中，复旦大学的"培养理论联系实际的应用数学人才""中国文学批评史教材系列建设与教学内容更新"、上海交通大学的"建设一流水平的机械设计基础系列课程"、同济大学的《高等数学》(第三版)(教材)、上海水产大学的"海洋渔业专业的教学改革"、华东师范大学的"《教育原理》(教材)"获得国家级教学成果一等奖。

2000 年，上海市教育委员会组织开展 2001 年市级教学成果评选奖励工作。在各高校遴选推荐基础上，经上海市级教学成果奖评审委员会评审以及对评审结果的争议期处理，上海市教育委员会批准上海高校 84 项成果获得 2001 年上海市级教学成果一等奖、113 项成果获得二等奖、127 项成果获得三等奖。同年，国家教育委员会公布第四届国家级教学成果奖评审结果，上海高校有 46 项教学成果获奖，获奖总数位居全国各省(市自治区)第二名。其中，获国家级一等奖 4 项(复旦大学的"文艺学系列教材建设(教材)""复旦大学 MBA 教学管理与创新"、同济大学的"突出创新能力培养,努力创建有特色的大学物理课程教学体系"、华东理工大学等三校合作的"面向 21 世纪工科化学系列课程改革的研究与实践"),二等奖 42 项。复旦大学获一等奖 2 项、二等奖 10 项,获奖总数居全国第三,仅次于北京大学和清华大学。

2004 年,上海市教育委员会组织开展 2005 年上海高校市级教学成果评选奖励工作。其间共收到学校和社会团体教学成果申报 888 项(比上届增加 400 项),涉及申报人 3 500 余人。2005 年,经上海市教育委员会组织专家组评审、上海市级教学成果奖评审委员会审议和成果公示,共评出高等教育 2005 年上海市级教学成果奖 403 项。其中,特等奖 3 项,一等奖 120 项,二等奖 129 项,三等奖 151 项。在此基础上,择优向教育部推荐第五届国家级教学成果 123 项。同年,经国家教育委员会组织评审,上海高校获国家级教学成果奖共 50 项,为历年之最。其中,一等奖 4 项(复旦大学的"复旦大学哲学系课程体系改革""开拓高质量复合型人才培养之路——《物理学与偏微分方程》课程与教材建设"、上海交通大学等四校合作的"多校合作、面向西部,创建基于天地网的新型教育资源共享体系"、东华大学的"坚持特色、适应发展、依托优势、充实内涵——纺织工程大专业的深化改革与实践"),二等奖 46 项,继续保持获奖总数全国第二的水平。

2009 年,根据上海市人民政府发布的《上海市教学成果奖励办法》,上海市人力资源社会保障局、上海市教育委员会、上海市公务员局组织开展上海市级教学成果评选奖励工作。经评审,确定398 项申报成果获高等教育上海市级教学成果奖,其中 3 项成果获特等奖;97 项成果获一等奖;149项成果获二等奖;149 项成果获三等奖。同年,经教育部评审,上海高校有 40 个项目获国家级奖,其中复旦大学的"'汉语言文学原典精读'系列课程及教材建设"、同济大学的"土木工程本科学生创新型、国际化人才培养体系与实践"、上海交通大学的"深入开展多模式国际合作办学,培养具有国际竞争力的优秀人才"、上海电视大学的"开放远程教育在学习型城市建设中的创新与发展——上海电视大学的实践与探索"4 个项目被评为国家级教学成果一等奖;17 所高校的 36 个项目被评为国家级教学成果二等奖。

截至 2010 年,在共六届国家级和上海市级普通高等学校教学成果奖评选工作中,上海高校荣获国家级普通高校教学成果奖 238 项(详见表 2 - 6 - 3);上海市级教学成果奖 1 674 项。

表 2 - 6 - 3　1989—2009 年国家教学成果奖上海高校获奖数目表

年　份	届数	特等奖数/占总比	一等奖数/占总比	二等奖数/占总比	合计数/占总比
1989	一	5/9.6%	25/6.6%		30/6.9%
1993	二	1/25%	5/10%	21/6.7%	27/7.4%
1997	三	0(总数 1)	6/11.3%	39/10.6%	45/10.7%
2001	四	0/(总数 2)	4/6.8%	42/9.7%	46/9.3%
2005	五	0/(总数 3)	4/6.8%	46/8.6%	50/8.3%
2009	六	0/(总数 2)	4/6.3%	36/6.2%	40/6.1%

说明:按国家教学成果奖统计口径,本表数据含上海第二军医大学和上海电视大学。

第三篇

教师队伍

中共十一届三中全会后,高等学校在拨乱反正、推倒"两个估计"的基础上,针对经过 10 年"文化大革命",上海各高校教师队伍普遍存在知识老化、结构不合理、综合素质参差不齐的状况,以适应"面向现代化、面向世界、面向未来"的新历史阶段的发展理念,站在提升高等学校师资整体水平的高度和面向海内外的广阔视野,相继实施一系列加强教师队伍建设的措施。

20 世纪 70—90 年代,上海高校教师的主要来源是选留高校毕业生留校任教,同时向国外派遣访问学者和留学人员,学成后回校任教。从 20 世纪 90 年代中期开始,上海各高校制定相关优惠政策,加大引进国内外人才,吸引海外优秀的留学人才,扎实推进高校师资队伍建设。1997 年,上海制定《上海普通高校培养造就著名专家的实施意见》,以培养造就一支在国内外教育科技界有影响的、对上海乃至全国实现跨世纪发展战略起关键作用的新一代杰出教育家、科学家和学术带头人队伍。经 30 多年的建设,上海高校教师队伍的结构、水平和规模,都达到一个新的高度。进入 21 世纪后,各高校以聘任国内外高水平专家、国内"211 工程""985 工程"高校的具有博士研究生学历的毕业生和具有海外经历的优秀青年博士,进一步充实高校教师队伍。2001 年,中共上海市教育工作委员会、上海市教育委员会召开上海市师资工作会议,总结"九五"期间教师队伍建设工作,规划和部署"十五"期间教师队伍建设工作。目标是贯彻落实"科教兴市"战略、全面实施素质教育、提高城市综合竞争能力,为上海教育率先实现现代化,努力建设一支师德高尚、业务精湛、结构优化、充满活力和能参与国际竞争的教师队伍。为实现这一目标,上海高校以加快教师来源多元化为重点,进一步优化师资结构,通过深化学校内部人事制度综合改革,积极吸引国内外拔尖人才,大力培养中青年骨干教师,开展多渠道全方位教师培训工作。2006 年初,中共上海市科技教育工作委员会、上海市教育委员会召开"《上海市高校教师队伍'十一五'规划(初稿)》研讨会"。新的《规划》草案在大量实证分析和研究的基础上,总结"十五"期间上海高校师资队伍建设的成绩、存在的问题,提出总的要求是,拓宽师资来源,多渠道建设高校师资队伍;以师德为核心,加强教师职业道德建设;培育高层次领军人才,建设高水平创新团队;立足自主培养,全面提升高校师资水平;加大国际合作交流力度,增强高校师资国际竞争能力;深化高校人事制度改革;重点引导,加强高水平实验室队伍建设;提高吸引力,实施教师安心工程。

至 2010 年,上海高校教师队伍状况,与 1978 年比较,教职工总数由 3.95 万增加到 7.42 万人,其中专任教师数从 1.63 万增加到 3.92 万人,专任教师占教职工总数的比例由 41% 提高至 53%,师生比从 1:3 提高至 1:13。普通高校专任教师中,正高级职称教师 0.62 万人,占 15.8%;副高级职称教师 1.15 万人,占 29.3%;中级职称教师 1.63 万人,占 41.6%。

职称评审和职务聘任是教职工队伍建设和发展的重要内容之一。1978 年,国家决定恢复和提升教师职务的工作。为此,教育部相继颁发《关于试行高等学校教师职务及考核的暂行规定》《关于试行高等学校教师工作量制度的通知》等配套文件。上海市高等教育局颁发《关于高等学校教师职责及考核的暂行规定》《关于上海高等学校提升正、副教授职称的规定》等文件,使得中断 12 年(1966—1977 年)的高校教师职称评定工作得以恢复。2000 年,中共中央颁发《关于深化干部人事制度改革纲要》,明确启动事业单位人事制度改革。为适应高等教育事业发展和高校管理体制改革,上海市从 2001 年起在全市高校停止职称评审,并相继结合市教育委员会、市人事局等颁发《上海市高等学校教师职务和其他专业技术职务聘任办法》等一系列文件,全面推行岗位职务聘任制,按学校学科建设、教师队伍建设的需要,在注重个人条件的同时,明确受聘人需履行的岗位职责与岗位聘期,体现按需设岗、公开招聘、平等竞争、择优聘任、契约管理的原则。并制定相应的考核制度、考核标准和考核办法,对各级教师完成岗位职责的情况进行考核。

第一章　教师来源与规模

20 世纪 80 年代,上海高校教师因"文化大革命"出现断层,主要来源于高校选留的 1977 年恢复高考后入学的毕业研究生。同时,为提高师资水平,上海积极推进高校派遣教师出国进修、留学。20 世纪 90 年代起,上海高校面向全国和海外招聘优秀人才充实教师队伍,高校教师入职的学历、学缘等"门槛"不断加高,各高校教师的学历、职称、年龄等结构也更加趋于完善。

第一节　教　师　来　源

一、选留毕业生

20 世纪 70 年代末 80 年代初,高等教育百废待兴,高校教师青黄不接,高职称教师人数严重缺乏,上海各高校采取多种措施加以弥补。一是招聘散失在其他单位以及在家待业的教师归队,二是选中大批恢复高校招生考试制度后入学的 1977、1978 两届本校毕业生留校任教。1981 至 1983 年,上海市高等学校从毕业研究生和本、专科生中选留 5 755 人充实教师队伍。其中研究生 1 181 人,占 20.5%;本科毕业生 4 085 人,占 71%;专科毕业生 489 人,占 8.5%。这批新教师的专业基础知识扎实,对充实教师队伍、提升教师队伍的整体素质起到积极作用。从 1978 年至 1988 年,经过 10 年努力,上海高校专任教师严重缺乏的问题得到缓解,学科带头人紧缺状况也有所好转。据 1989 年统计,上海普通高校 26 529 名专任教师中,具有研究生学历的 6 151 人,占 23.18%,其中博士 447 人,硕士 4 191 人,未授予博士、硕士学位的 1 513 人。1 358 名专任教授中,具有研究生学历的 407 人,占 29.97%;5 845 名专任副教授中,具有研究生学历的 903 人,占 15.45%。10 182 名讲师中,具有研究生学历的 2 355 人,占 23.13%。570 名教员中,具有研究生学历的 123 人,占 21.58%。8 574 名助教中,具有研究生学历的 2 363 人,占 27.56%。

1983 年起,复旦大学规定选留教师需从毕业的研究生中选留。至 1987 年,复旦大学已经培养出一批质量比较高的博士,他们在教学、科研中取得重大成果,被留校任教并聘为副教授,成为学科的骨干力量。上海交通大学根据国家教育委员会的指示精神,1985 年起选留教师以毕业研究生为主,1987 年,上海交通大学 10 名 30 多岁的副教授中,国内培养的占 50%。

随着中国研究生培养规模的逐步扩大,上海各高校选留教师的要求也逐步提高。至 2010 年,进入上海高校教师队伍的毕业生必须具有博士研究生学历。许多高校为避免学术上的近亲繁殖,在聘任教师的时候,更多地挑选来自国内"985 工程""211 工程"高校的博士研究生。

二、海外派遣培养

1978 年至 1983 年,上海积极推进人才出国留学计划,上海各高校通过各种渠道共派遣出国进修、留学人员 2 014 人,其中教师有 1 417 人,占出国人员的 70%。据 1984 年初统计,学成回国的教师有 888 人,其中正副教授 204 人,讲师 568 人,助教 96 人,教员 20 人,年龄都在 52 岁以下。

上海市高等教育局于 1989 年底制定《上海市属高校出国留学贷款基金申报的暂行办法》,将原地方外汇切块分配给各市属高校包干使用的办法,改为集中设置"市属高校出国留学贷款基金",学校可根据本校发展规划和需要申报贷款项目,经上海市高等教育局审核,报上海市人民政府批准后即可实施,所需外汇从基金中支取。该项目按预定计划实施后,经上海市高等教育局验收达到学校申报时所定要求的,贷款转为奖学金,不再归还。项目到期半年后验收仍未达到要求的,则应归还部分或全部贷款。申请的项目应以学校的重点学科和新兴、薄弱、边缘学科为主,每一项目可派出留学人员 1 人或数人,派出人员在国外学习、研究期限根据需要可定为半年、一年,最长不超过一年半。在可能的情况下,可配套派出,也可分批轮流派出。1989 年,上海市属高校公派出国留学的教师共有 160 人,学成回国 70 余人。出国考察、访问组团 88 个,共 120 人次。出国参加 107 个国际学术会议,共 129 人次。1990 年,教育国际交流和留学生派遣政策开始转轨,突出表现在从以往派遣留学生攻读学位为主转到贯彻"按需派遣"的政策,即以派遣中青年骨干教师出国培训、进修为主。上海市属高校 1990 年公派出国人员 136 人,学成回国 70 人。

上海市高等院校按照国家教育委员会"按需派遣、保证质量、学用一致"的出国留学工作方针精神,1991 年,共有 94 名教师分别派往 15 个国家和地区进修、研修及合作研究。当年学成回国 78 人。1993 年,上海市属高校公派出国留学 100 人,自费出国留学 3 237 人。1994 年,上海市属高校出国留学、进修人员有 99 人。办理短期出国考察、访问的人数计有 458 人次。

1996 年,国家留学基金委员会制定留学基金申请新办法,将出国留学工作纳入法制化管理轨道,体现"公开、公正、公平"原则,"签约派出,违约赔偿",如未按期回国的留学人员按协议如数交付保证金和赔偿违约金。由此,从 1996 年后,上海市按新办法选派的出国留学人员都按协议按时返回,履约率达 100%。2000 年是国家公派出国留学全面改革的第五年,上海各高校共有 77 人申报出国留学,申报留学地国别分别是美国(42 人)、德国(12 人)、英国(8 人)、俄罗斯(6 人)、法国(3 人)、加拿大(2 人)和日本、澳大利亚、意大利、丹麦(各 1 人)。

到 20 世纪 90 年代后期,随着上海社会经济实力不断增强,高校综合实力不断提升,高校已经逐渐成为优秀青年人才向往之地,海外学子纷纷要求回国到高校工作,上海高校每年都会收到大量海外留学人员的求职信,高校接受留学回国人员的要求和标准也在不断提高。

三、国内外高水平专家聘任

【国内高水平专家聘任】

1999 年,为改善上海高校教师队伍结构,加大学科带头人和其他优秀人才引进力度,建立和完善教师队伍优化和流动机制。上海市教育委员会组织 12 所重点高校,赴北京招聘高层次师资,共接受面试材料 1 001 份,绝大多数具有博士、硕士学位,还有部分教授和高层次的留学回国人员。当年就有 32 人办理正式引进手续。

2000 年 1 月 8 日,复旦大学、上海交通大学等 12 所重点高校在北京举办"上海市重点高校人才招聘洽谈会",招聘北京及东北、华北地区的高级优秀人才。900 余人参加面试,初步达成意向 700 余人,其中博士生 334 人,博士后 81 人,硕士生 300 余人。博士生导师 6 名,硕士生导师 4 名,正副教授 68 名。1 月 22 日,在上海举办大型教育人才洽谈会,为上海高校、中小学、中专职校、成人教育与民办学校招聘优秀骨干教师。412 个单位参加洽谈会,应聘人员 7 820 人,初步达成意向有 5 912 人,其中本科学历 4 170 人,硕士 716 人,博士 171 人,有高级职称的 807 人,有中级职称的 1 702 人。

2000年,复旦大学制定有关文件,实行新的用人机制,从以往用规章制度"套"人才,变成从培养人才出发"订"制度。主动和被动之分,立刻变"等"人才为"抢"人才。如该校力学系缺乏中青年骨干,外地有位博士生导师是合适人选,却卡在工作关系上。在新的用人机制运作下,使这位人才"破格"进校。新的机制,也形成"引进一位、带动一批"的良好局面。该校生命科学院引进陈家宽教授,三年后通过其又引进一位"长江学者"特聘教授候选人和两位中青年杰出人才,开辟生物多样性学科的三个主要研究方向。同时,复旦大学对引进人才采取透明政策,公开各院系引进数量,相互比较后产生压力,促使加速引进人才。由此,一批新的学科带头人脱颖而出。同年,上海交通大学新增第三批"长江学者奖励计划"特聘教授8人,加上第一、第二批,总数达17人,居全国第三位。

2001年3月28日,上海财经大学在《光明日报》上刊登在全国范围内公开招聘应用数学系和外语系系主任的启事,同时,通过互联网登发广告。5月,学校邀请校内外专家组成工作组,对部分应聘对象面试,进行现场考评,并请有关教师列席。根据对应聘者的考评情况,学校确定系主任人选名单。11月,学校又完成对国际工商管理学院、人文学院以及学生处、就业指导中心等部门负责人的招聘工作。

2001年12月召开的上海市师资工作会议,制定《上海市师资队伍建设"第十个五年规划"纲要》,提出"十五"期间上海市加强教师队伍建设的指导思想、规划目标及主要政策与重大举措。会议出台《关于加强上海市教师队伍建设的若干意见》《关于进一步加强师德建设的若干意见》等一系列文件。上海高校教师队伍的建设开始注重高水平人才的引进和聘用。

2002年,东华大学聘任时任上海市人大常委会副主任、上海市政府政策咨询专家厉无畏教授为该校管理学院院长,著名服装设计师张肇达等为兼职教授,著名艺术家陈逸飞、敦煌研究院院长樊锦诗等为顾问教授。10月18日,华东理工大学授予国家对外贸易经济合作部副部长、中国加入世界贸易组织首席谈判代表龙永图名誉教授。11月中旬,民办东海职业技术学院在《新民晚报》《人才市场》刊登招聘启事,12月底,来自全国各地的应聘者有1 441名。经过面试和筛选,录用7名教师和管理人员。

2003年,华东师范大学聘请中国科学院院士、中国科学院软件研究所学术委员会主任周巢尘为学校软件学院名誉院长。上海水产大学聘请复旦大学教授施伯乐兼任信息学院院长。复旦大学聘请龙永图就任国际关系与公共事务学院、国际问题研究院院长。上海海运学院聘任龙永图为客座教授。是年,上海高校完成国家制定的扩招30％硕士研究生的任务,为确保教育教学质量,中共上海市科技教育工作委员会、上海市教育委员会整合上海高校和科研院所的力量,使得高校和科研院所在研究生培养等方面实现实质性的联合,通过走科教结合的道路,实现高校和科研院所优势互补、资源优化。高校可以聘请科研院所高级专家到高校担任研究生导师,科研院所可以聘请高校教授担任科研院所研究生课程的教学工作,实行高校和科研院所课题研究组的结合。高校和科研院所互聘博士生导师和硕士生导师的举措,有利于实行研究生培养的双导师制。

2004年,上海电机学院聘请全国劳动模范、全国五一劳动奖章获得者、上海液压泵厂技师李斌为上海电机学院教授,同时,上海电机学院2001级机电技术本科班命名为"李斌班"。复旦大学聘请文汇新民联合报业集团党委书记、社长赵凯出任新闻学院院长。上海财经大学聘请西安交通大学教授、中国科学院院士汪应洛为"双聘"院士。上海音乐学院聘请杨怀远、公举东、吴尔愉、陶依嘉、楼国玲、袁岳6位全国劳模担任学校的德育导师,为上海高校开创了先例。2005年,上海水产大学聘请全国优秀教师于漪为德育客座教授。上海理工大学聘请上海机床厂有限公司总工程师周勤之院士为"双聘"院士,聘请上海汽轮发电机有限公司汪耕院士为电气工程学院兼职教授。

2006—2009 年,华东师范大学与上海社会科学院签订《人员双聘协议》,12 位上海社会科学院学者和 4 位华东师范大学教授成为首批双聘人员。上海海洋大学聘请中国工程院院士王家耀、中国科学院院士陈国良为客座教授,聘请中国工程院院士丁德文、潘德炉为"双聘"院士。上海理工大学聘请中国国际公共关系协会会长、中国前驻美国大使、校友李道豫为学校管理学院名誉教授。东华大学聘请中国科学院院士张友尚、中国工程院院士王浩为"双聘院士",聘请中国科学院院士、中国科学院上海技术物理研究所科技委员会副主任、研究员、博士生导师褚君浩为顾问教授、理学院院长。上海中医药大学聘上海市著名中医,上海中医学院原院长、上海市中医药研究院院长陆德铭为学校终身教授等等。

【国外高水平人才聘任】

1977 年 5 月,英国教授里奇到沪讲学。随后上海各高校开始先后聘请外籍教师。到 1983 年,全市已聘用外籍教师 515 人次。从此,上海各高校引进境外高水平人才的工作没有中断过。

20 世纪 90 年代,中外高等教育交流的主要内容和特点之一是按照协议内容,继续互派人员进修和互换学者讲学。如复旦大学与美国的哈佛大学、伯克莱大学、奥巴尼纽约州立大学,上海工业大学与美国的罗彻斯特理工学院,同济大学与德国的波鸿·鲁尔大学、达姆施塔特工业大学、不伦瑞克大学等,均按协议规定内容,互派人员进修和互换学者讲学。

至 1991 年,应邀来上海的外国专家、学者达 5 600 多人次,其中 1 100 多人先后在上海市 30 所高校长期任教。这些外国专家帮助高校建立了 80 多个新专业、50 个新学科,开设新课程 496 门,编写大量的教材、教学参考资料等。上海已形成多渠道、全方位聘请外国专家的格局。

1993 年 4 月,以上海市政府教育卫生办公室主任兼上海市高等教育局局长王生洪为团长的上海市赴美慰问招聘留学人员工作团,历时两周访问了美国的纽约、费城、华盛顿、芝加哥、休斯敦、洛杉矶、圣地亚哥、旧金山等城市和地区。1993 年,上海市 30 所高校聘请来自 17 个国家和地区的境外专家 164 人,聘任短期来沪讲学专家 722 人,此项管理工作进入系统化、规范化管理,并通过国家外国专家局的聘用外国专家资格审定。1994 年,上海市近 40 所高校共聘请长期外国文教专家、外籍教师 182 人次,短期专家 932 人次,由外国专家帮助新建专业 18 个,新建学科 9 门,开设新课程 40 余门。由外国专家编写的教材 29 册,讲义 1 485 种,资料 269 万字。外国专家以办班带合作教师等形式培训教师 1 000 余人、各类专业人才 1 500 余人,培训研究生 1 700 余人、本科生 8 300 余人;举办短期培训班 214 期,参加人数近 5 000 人,举办讲座近百次,参加人次达 25 500 余人次,合作科研项目 2 374 项,促进了高等教育与国际的沟通与接轨。

1996 年,被聘请在复旦大学、上海交通大学、华东师范大学、上海大学、上海第二医科大学、上海师范大学等校长期任教的外国专家、教师有 331 人次,比上一年增加 18%;六个月之内短期讲学的外国专家、教师有 1 113 人次。这批外国专家、教师主要来自美国、英国、法国、日本、德国、澳大利亚、加拿大、俄罗斯和新西兰等 20 多个国家和地区。

1997 年,上海市各教育单位共聘请长期任教的外籍专家和教师有 420 余人,半年以内的短期讲学的外籍专家和教师有 2 000 余人次,其中有 4 人分获上海市白玉兰荣誉奖和白玉兰纪念奖。1998—1999 学年度,上海教育系统有 50 多个单位共聘请外国专家 263 名,外籍教师 193 名。此外,来上海任教的专家以办班带合作等形式培训教师 298 人。加强重点实验室建设 8 个,新建重点实验室 1 个,新建学科 4 个,加强重点学科 27 个。赠送图书等有关资料 1 450 册,赠送各种教学科研设备 8 项。外籍专家和教师中,被上海市人民政府授予"白玉兰荣誉奖"2 人,被授予"白玉兰纪念奖"7 人。

2000年,上海教育系统近100家单位共聘用长期外国文教专家、外籍教师350人次,短期专家1 200多人次。上海市教育系统各单位在外国专家帮助下新建学科16个,56门重点学科得到加强,加强重点实验室建设28个,建立新实验室12个,举办各类培训班172次参加人数超5 000人次,培训教师650名。

2003年,复旦大学聘请美国辛辛那提大学金力教授任生命科学学院首任外籍院长,又先后聘请美国匹兹堡大学的迈克尔·西格蒙教授、陈俊博士、肖啸博士、殷晓鸣博士和曹国栋博士为复旦大学"脑损伤研究海外创新团队"科学家,陈俊博士为团队首席科学家,周电博士任微电子研究院院长。华东理工大学聘请国际乒联顾问委员会委员、中国香港体育协会暨奥林匹克委员会副委员长、香港乒乓球总会会长余润兴先生为客座教授。上海水产大学聘请美国奥本大学教授刘占江任学校国家级重点学科特聘教授及部级重点实验室主任等。

2004年,复旦大学引进首位外籍院士,英国皇家科学院院士、爱丁堡大学教授 Austin Gerard Smith 为名誉教授;引进首位全职德国籍学者、原香港科技大学副教授、博士 Rudolf Fleischer 到信息学院从事计算机科学的教学与研究。同济大学首次面向全球招聘8个院系一级负责人,共有110多人递交应聘材料,其中40%来自海外,75%以上具有博士学位。其中6人被聘为相关学院负责人。同年,上海交通大学面向海内外公开招聘正教授170人,副教授229人,招聘标准是有敏锐的学术眼光、被国内外同行认同的具有较高学术造诣,有良好的国际交往能力,教育才能和原创性研究才能突出。几个月里参加应聘的人员有650多人,其中海外应聘者中许多来自美国、加拿大、德国、日本、新加坡等国的著名大学和一流实验室。此次公开招聘,经过发布信息、初步筛选、专家评审、公开答辩、名单公示等程序,规范透明。最终有87名正教授和210名副教授获聘,其中来自校外和海外的超过50%。其中,曾在美国俄亥俄州立大学电气与计算机工程系任系主任十余年,时年58岁的郑元芳教授,任学校电子信息与电气工程学院院长,上海交通大学对其期望是,将电子信息与电气工程学院率先建立起先进的管理体制和机制,给交通大学创建世界一流大学注入新的活力。

2006年,华东政法学院聘任著名美籍华裔刑事鉴识专家李昌钰为学校刑事司法学院名誉院长及客座教授。上海海关学院聘请新西兰前总理、世界贸易组织前总干事迈克·穆尔为学院的名誉教授等。

国际化是国内高等教育发展的必由之路。至2010年,上海市具有聘请外国文教专家资格的普通高等学校和高等职业技术院校共42所,即:同济大学、复旦大学、华东政法大学、上海对外贸易学院、华东师范大学、东华大学、上海财经大学、上海交通大学、上海外国语大学、上海中医药大学、华东理工大学、上海戏剧、上海音乐、上海大学、上海海洋大学、上海师范大学、上海工程技术大学、上海海事大学、上海理工大学、上海金融学院、上海电力学院、上海立信会计学院、上海远程教育集团、上海体育学院、上海第二工业大学、上海海关学院、上海应用技术学院、上海公安高等专科学校、上海行健职业学院、上海工艺美术职业学院、上海医药高等专科学校、上海科学技术职业学院、上海农林职业技术学院、上海商学院、上海电机学院、上海市震旦进修学院、上海杉达学院、上海邦德职业技术学院、上海立达职业技术学院、上海思博职业技术学院、上海建桥学院、上海工商外国语职业学院。

第二节　教　师　规　模

一、教师数量

"文化大革命"结束后,上海各高校加快建设师资队伍。1978年,上海高校专任教师16 309人,至1983年底,上海市50所高等学校共有专任教师21 874人,其中教授478人,副教授1 995人(不包括非专任教授165人、副教授422人),讲师(包括教员)11 854人。随着高等教育事业的发展,上海高校的教师队伍人数逐年增长,至1988年,上海高校的专任教师已增加到26 603人。但此后,高校专任教师数呈下降态势。1990年到1999年十年间,上海高校专任教师总数减少了22.09%。2000年,上海高校专任教师数反弹,2004年回复到1988年的水平,达到28 737人。2010年,上海高校专任教师总数达到39 170人。

与此同时,随着高校招生数量不断增大,高校的规模越来越大,高校教师的总数相对增量不大。1978年,上海高校专任教师与在校生之比为1∶3.0;1981年升至1∶4.9,1982年略有下降,为1∶4.1,1983年再下降至1∶3.7后,上海高校师生比便逐年递增,到1988—1999年一直在1∶4.8以上;2000年,师生比突破1∶10,此后师生比高居不下,从2002年到2008年始终在1∶15左右,直到2009年,开始回落到1∶13左右。

表3-1-1　1978年—2010年上海高校教师基本情况表　　　　　(单位:人)

年　份	教职工总数	专任教师数	专任教师占教职工总数的比例(%)	师　生　比
1978	39 481	16 309	41	1∶3
1979	43 187	17 681	41	1∶3
1980	46 800	18 624	40	1∶4
1981	48 493	18 755	39	1∶5
1982	52 356	20 510	39	1∶4
1983	54 943	21 874	40	1∶4
1984	58 084	22 169	38	1∶4
1985	62 765	24 306	39	1∶4
1986	66 860	25 664	38	1∶5
1987	70 312	26 375	38	1∶5
1988	71 353	26 603	37	1∶5
1989	71 484	26 529	37	1∶5
1990	70 565	25 788	37	1∶5
1991	69 599	24 501	35	1∶5
1992	69 505	23 866	34	1∶5
1993	68 304	22 841	33	1∶6
1994	67 501	21 863	32	1∶6
1995	65 764	21 522	33	1∶7
1996	63 988	21 018	33	1∶7
1997	62 555	20 106	25	1∶8
1998	62 145	20 071	32	1∶8
1999	60 285	20 092	33	1∶9

（续表）

年　份	教职工总数	专任教师数	专任教师占教职工总数的比例（％）	师　生　比
2000	60 799	20 491	34	1∶11
2001	61 693	21 695	35	1∶13
2002	61 776	22 949	37	1∶14
2003	63 138	24 387	39	1∶16
2004	68 257	28 737	42	1∶15
2005	70 859	31 815	45	1∶14
2006	71 651	33 873	47	1∶14
2007	71 838	35 480	49	1∶14
2008	73 068	36 854	50	1∶14
2009	74 540	38 134	51	1∶13
2010	74 161	39 170	53	1∶13

资料来源：《上海高教四十年》《上海统计年鉴》《上海教育年鉴》《上海市高等教育统计资料1983—1988》。

　　从20世纪80年代末到90年代末出现的上海高校教师规模呈下降态势的主要因素是改革开放以后许多留校任教的毕业生纷纷出国，或是公派出国或是自费出国，其中相当一部分教师业务素质好，具有很大的发展潜力，当时都是毕业后选留的"尖子"，经过学校的多年培养，不少人已能独当一面，成了学校教学、科研的骨干，有些还担任系(所)的领导。但这批人出国后较多的未及时返回，使上海高校师资队伍又重新出现了新"断裂层"。

　　从1979年开始至80年代中期，上海高校共公派出国教师6 000余人，至20世纪80年代中期学成归国的仅2 000余人。重点大学、名牌大学教师流失尤甚。复旦大学流失的人数约占全市高校流失人数的十分之一。该校一位76岁的学部委员、博士生导师辛辛苦苦培养的30几位研究生全部流失。上海第二医科大学、上海交通大学等一些高校的某些专业1977、1978级留校的教师几乎全部出国未归。20世纪80年代后期，上海高校流向国外的人数逐年增加，上海市33所高校于1986、1987和1988年流失人员分别为400人、552人、612人，1989年1—8月流失人员为555人。上海中医学院在80年代后期流失人员每年以106％速度递增。20世纪90年代初期，优秀青年教师流失现象有增无减，骨干教师梯队的年龄断层呈扩大趋势。根据1994年上海高校改革调查与研究调研组对上海9所高校的不完全统计，1992年和1993年两年中教师队伍的流失人员已占教师总人数的7％，有的学校已超过10％，教师队伍流失人员呈逐年扩大趋势。

　　1993年，上海市高等教育局对上海高校教师队伍流失情况进行分析，得出的主要结论是流失的教师主要是35岁以下的青年教师，主要原因是国外待遇较高。热门专业的教师流出多，主要原因是热门专业在社会上相应单位的待遇也高于教师，有的在海外的单位比在校教学高出10倍以上。具有硕士以上学位、讲师以上职称的骨干教师流出增多，在流出人员中具有硕士以上学位的人占35.8％，具有讲师以上职称的人占48.6％。出国和到经济收入高的社会上其他单位就职是流出人员的两大主要去向，其中出国的比例超过30％，去经济收入高或辞职后自谋高薪职业的占50.6％。

　　至20世纪90年代后期，随着上海社会经济实力不断增强，上海各高校综合实力不断提升，高校教师工资待遇的不断改善,高校青年教师流失现象得到有效的遏制。

二、教师结构

1977—1978 年,上海高校一批工农兵学员毕业留校任教,整体学历与职称均不高。1978 年以后,高校教师的补充,绝大部分来自高校的应届毕业生。20 世纪 80 年代开始,学校注意选留获得博士、硕士学位的毕业生,教师结构开始发生较大的变化。

"八五"(1991—1995 年)期间,与"七五"(1986—1990 年)期间相比较,上海高校教师队伍结构有较大改善。虽然高校专任教师数由 1990 年的 2.58 万减少到 2.15 万人,使师生比从 1∶4.7 升高至 1∶5.7,但研究生学历的教师人数从 1990 年的 25.9% 增长至 30.7%,具有博士、硕士学位的人数分别增长 2.5% 和 3.4%。教师的职称结构、年龄结构、学科结构也更趋于合理。据 1995 年底的统计,上海高校 21 522 名专任教师中,具有正高级职称 1 926 名,具有副高级职称 5 981 名,使具有正、副高级职称的教师占教师总数比例从 1990 年的 5.8% 和 23.5% 分别提高到 8.9% 和 27.8%,其中 35 岁以下具有高级职称的人数达 394 人,占教师总数的 1.83%,教授平均年龄从 1990 年的 61 岁下降到 57.5 岁,副教授从 54 岁下降到 52.35 岁。40 岁及以下青年教师数为 10 808 名,占教师总数的 50.2%。

自 1995 年以后,上海高校教师队伍的学历结构有更大改善。高级职称教师人数和比例都有持续、快速的增长。至 2010 年,上海高校具有硕士及以上学历的教师占比已占到专任教师总数的 70% 以上。

表 3-1-2 1995—2010 年上海高校专任教师的学历分布情况表　　　　　　　（单位：人）

年 份	专任教师总数	博 士		硕 士		本 科		专科及以下	
		人 数	占 比	人 数	占 比	人 数	占 比	人 数	占 比
1995	21 522	912	4.2%	5 146	23.9%	13 032	60.6%	1 556	7.2%
1996	21 018	1 115	5.3%	5 396	25.7%	12 335	58.7%	1 434	6.8%
1997	20 106	1 309	6.5%	5 315	26.4%	11 418	56.8%	1 475	7.3%
1998	20 071	1 525	7.6%	5 295	26.4%	11 197	55.8%	1 533	7.6%
1999	20 092	2 002	10.0%	5 504	27.4%	10 864	54.1%	1 258	6.3%
2000	20 491	2 582	12.6%	6 115	29.8%	10 442	51.0%	955	4.7%
2001	21 695	2 973	13.7%	6 328	29.2%	10 968	50.6%	980	4.5%
2002	22 949	3 614	15.7%	7 255	31.6%	10 985	47.9%	1 095	4.8%
2003	24 387	4 573	18.8%	8 016	32.9%	10 710	43.9%	1 088	4.5%
2004	28 737	5 706	19.9%	9 697	33.7%	12 393	43.1%	941	3.3%
2005	31 815	6 994	22.0%	11 171	35.1%	12 729	40.0%	921	2.9%
2006	33 873	8 396	24.8%	12 025	35.5%	12 542	37.0%	910	2.7%
2007	35 480	10 219	28.8%	12 386	34.9%	11 974	33.7%	901	2.5%
2008	36 854	11 600	31.5%	12 878	34.9%	11 463	31.1%	913	2.5%

（续表）

年　份	专任教师总数	博　士		硕　士		本　科		专科及以下	
		人　数	占　比	人　数	占　比	人　数	占　比	人　数	占　比
2009	38 134	13 208	34.6%	13 167	34.5%	10 785	28.3%	974	2.6%
2010	39 170	14 424	36.8%	13 414	34.2%	10 506	26.8%	826	2.1%

说明：本表数据来源于《上海统计年鉴》《上海教育年鉴》，1978—1994 年无高校教师学历统计项。

　　自 1978 年，高校全面恢复实行教师职务管理制度后，上海高校教师队伍的职称结构不断改善。高级职称教师人数和比例自 20 世纪 90 年代后有明显增长。至 2010 年，上海高校高级教师占比已占到专任教师总数的 45% 以上。

表 3-1-3　1978—2010 年上海高校教师职称分布情况表　　　　　（单位：人）

年份	专任教师总数	正高级		副高级		中　级		初　级		无职称	
		人数	占比	人数	占比	人数	占比	人数	占比	人数	占比
1978	16 309	365	2.2%	551	3.4%	4 777	29.3%	8 350	51.2%	2 266	13.9%
1979	17 681	333	1.9%	546	3.1%	7 111	40.2%	6 261	35.4%	3 430	19.4%
1980	18 624	337	1.8%	588	3.2%	9 707	52.1%	4 838	26.0%	3 154	16.9%
1981	18 755	468	2.5%	1 434	7.6%	9 309	49.6%	4 437	23.7%	3 107	16.6%
1982	20 510	490	2.4%	2 012	9.8%	9 815	47.9%	6 559	32.0%	1 634	8.0%
1983	21 874	478	2.2%	1 995	9.1%	10 519	48.1%	7 547	34.5%	1 335	6.1%
1984	22 169	440	2.0%	1 923	8.7%	10 260	46.3%	8 073	36.4%	1 473	6.6%
1985	24 306	457	1.9%	1 959	8.1%	10 215	42.0%	9 823	40.4%	1 852	7.6%
1986	25 664	777	3.0%	3 301	12.9%	9 617	37.5%	10 211	39.8%	1 758	6.9%
1987	26 375	1 026	3.9%	4 501	17.1%	9 709	36.8%	9 773	37.1%	1 366	5.2%
1988	26 603	1 191	4.5%	5 185	19.5%	10 533	39.6%	8 746	32.9%	948	3.6%
1989	26 529	7 203,合计占比：27.2%				—					
1990	25 788	6 991,合计占比：27.1%				—					
1991	24 501	1 419	5.8%	5 728	23.4%	10 122	41.3%	5 748	23.5%	1 454	5.9%
1992	23 866	1 406	5.9%	5 517	23.1%	10 184	42.7%	5 584	23.4%	1 175	4.9%
1993	22 841	1 769	7.7%	5 776	25.3%	9 694	42.4%	4 492	19.7%	1 110	4.9%
1994	21 863	1 842	8.4%	5 815	26.6%	9 376	42.9%	3 924	17.9%	546	2.5%
1995	21 522	1 926	8.9%	5 981	27.8%	9 241	42.9%	3 753	17.4%	621	2.9%
1996	21 018	2 141	10.2%	6 179	29.4%	8 650	41.2%	3 273	15.6%	775	3.7%
1997	20 106	2 176	10.8%	5 951	29.6%	8 074	40.2%	3 127	15.6%	778	3.9%
1998	20 071	2 279	11.4%	6 072	30.3%	8 246	41.1%	2 891	14.4%	583	2.9%
1999	20 092	2 565	12.8%	6 377	31.7%	7 876	39.2%	2 751	13.7%	523	2.6%

年份	专任教师总数	正高级		副高级		中　级		初　级		无职称	
		人数	占比	人数	占比	人数	占比	人数	占比	人数	占比
2000	20 491	2 707	13.2%	6 435	31.4%	8 027	39.2%	2 621	12.8%	701	3.4%
2001	21 695	2 937	13.5%	6 885	31.7%	8 371	38.6%	2 751	12.7%	751	3.5%
2002	22 949	3 283	14.3%	7 231	31.5%	8 513	37.1%	3 072	13.4%	850	3.7%
2003	24 387	3 492	14.3%	7 458	30.6%	9 037	37.1%	3 333	13.7%	1 067	4.4%
2004	28 737	4 214	14.7%	8 699	30.3%	10 616	36.9%	4 225	14.7%	983	3.4%
2005	31 815	4 707	14.8%	9 418	29.6%	11 504	36.2%	4 441	14.0%	1 748	5.5%
2006	33 873	5 043	14.9%	9 917	29.3%	12 831	37.9%	4 398	13.0%	1 684	5.0%
2007	35 480	5 461	15.4%	10 343	29.2%	13 641	38.4%	4 434	12.5%	1 601	4.5%
2008	36 854	5 699	15.5%	10 675	29.0%	14 612	39.6%	4 157	11.3%	1 711	4.6%
2009	38 134	5 876	15.4%	11 017	28.9%	15 486	40.6%	4 090	10.7%	1 665	4.4%
2010	39 170	6 191	15.8%	11 479	29.3%	16 332	41.7%	3 488	8.9%	1 680	4.3%

说明：本表根据《上海高教四十年》《上海统计年鉴》《上海教育年鉴》《上海市高等教育统计资料1983—1988》综合统计，1989年、1990年部分数据缺失。

　　自20世纪90年代，上海高校教师队伍的年龄结构大致保持稳定。40岁及以下青年教师的占比基本维持在50%左右。进入21世纪后，中青年教师的占比出现41岁～50岁与51岁～60岁两个年龄段一升一降的趋势。

表3-1-4　1991—2010年上海高校专任教师的年龄分布情况表　　　　　　单位：人

年份	专任教师总数	30岁以下		31岁～40岁		41岁～50岁		51岁～60岁		61岁以上	
		人数	占比	人数	占比	人数	占比	人数	占比	人数	占比
1991	24 501	6 829	27.9%	5 180	21.1%	4 735	19.3%	7 064	28.8%	693	2.8%
1992	23 866	6 839	28.7%	5 267	22.1%	4 296	18.0%	6 794	28.5%	670	2.8%
1993	22 841	6 136	26.9%	5 275	23.1%	4 084	17.9%	6 654	29.1%	692	3.0%
1994	21 863	5 191	23.7%	5 561	25.4%	4 206	19.2%	6 184	28.3%	721	3.3%
1995	21 522	4 916	22.8%	5 892	27.4%	4 217	19.6%	5 802	27.0%	695	3.2%
1996	21 018	4 648	22.1%	5 901	28.1%	4 291	20.4%	5 470	26.0%	708	3.4%
1997	20 106	4 484	22.3%	5 881	29.2%	4 008	19.9%	5 023	25.0%	746	3.7%
1998	20 071	4 251	21.2%	6 157	30.7%	4 116	20.5%	4 850	24.2%	697	3.5%
1999	20 092	4 118	20.5%	6 391	31.8%	4 233	21.1%	4 650	23.1%	700	3.5%
2000	20 491	4 119	20.1%	6 879	33.6%	4 259	20.8%	4 433	21.6%	801	3.9%
2001	21 695	4 415	20.4%	7 291	33.6%	4 715	21.7%	4 320	19.9%	954	4.4%
2002	22 949	4 523	19.7%	7 849	34.2%	5 048	22.0%	4 453	19.4%	1 076	4.7%
2003	24 387	5 097	20.9%	8 431	34.6%	5 668	23.2%	4 486	18.4%	705	2.9%

(续表)

年份	专任教师总数	30岁以下		31岁~40岁		41岁~50岁		51岁~60岁		61岁以上	
		人数	占比	人数	占比	人数	占比	人数	占比	人数	占比
2004	28 737	5 939	20.7%	9 538	33.2%	7 015	24.4%	5 059	17.6%	1 186	4.1%
2005	31 815	6 810	21.4%	10 243	32.2%	8 015	25.2%	5 400	17.0%	1 347	4.2%
2006	33 873	7 057	20.8%	11 000	32.5%	8 820	26.0%	5 487	16.2%	1 509	4.5%
2007	35 480	7 395	20.8%	11 637	32.8%	9 220	26.0%	5 665	16.0%	1 563	4.4%
2008	36 854	7 372	20.0%	12 815	34.8%	7 438	20.2%	5 722	15.5%	1 507	4.1%
2009	38 134	6 829	17.9%	13 795	36.2%	10 166	26.7%	5 840	15.3%	1 504	3.9%
2010	39 170	6 278	16.0%	14 947	38.2%	10 738	27.4%	5 693	14.5%	1 503	3.8%

说明:本表根据《上海高教四十年》《上海统计年鉴》《上海教育年鉴》综合统计,1987—1990年无高校教师年龄统计项。

第二章 教 师 待 遇

上海高校教师的薪酬待遇大体上由三部分组成：工资＋职务（岗位）津贴＋校内津贴。其中工资和职务（岗位）津贴（20世纪90年代开始实行），由国家和地方政府制定标准，校内津贴（20世纪80年代中期开始试行）由各校自行制定标准。高校教师的福利待遇也基本上按照国家和地方政府的政策，各高校的执行标准大体统一。其中，影响较大的是教师住房待遇，经历了20世纪90年代以前的"租住（国家按计划拨款建造的学校产权）公有住房"，20世纪90年代的"有偿分房、集资建房和售后公房"，进入21世纪后的"住房货币化分配"三个阶段，形成国家、学校、个人共同负担，社会化、市场化运作的住房建设机制。

第一节 工 资 制 度

一、在职工资

中华人民共和国成立后，高等学校的工资制度在计划经济体制下由中央统一管理。教师工资制度和标准调整都由中央部署，由国务院、上海市人民政府制定具体政策，学校按国务院和上海市人民政府的政策严格执行。

1977—1984年，上海市各高校根据上海市革命委员会1977年颁发的《印发〈国务院关于调整部分职工工资的通知〉》、1979年《转发〈国务院关于职工升级的几项具体规定〉的通知》、教育部1981年4月20日颁发的《高等学校教师工作量试行办法》和《高等学校教师教学工作量超额酬金暂行规定》，以及国务院1982年颁发的《国务院关于调整国家机关、科学文教卫生等部门部分工作人员工资的决定》等国家、教育部和上海市工资调整政策，对不同职称的教师工资实施调整。这期间的逐次调整，使得教师的收入都有所提高，提高幅度一般在十几元左右。

1985年，中共中央、国务院颁发《关于国家机关和事业单位工作人员工资制度改革问题的通知》，进行中华人民共和国成立后的第二次工资制度改革。改革后的工资由基础工资、职务工资、工龄津贴、奖励工资四部分组成。

1993年，国务院颁发《国务院关于机关和事业单位工作人员工资制度改革问题的通知》，进行第三次工资制度改革，引入竞争和激励机制，加大单位搞活工资分配的自主权。工资由固定和浮动两部分组成，固定部分为职务工资（或等级工资），主要体现工作能力、责任、贡献及劳动的繁重程度。浮动部分是津贴，主要体现各类人员的岗位工作特点、实际工作的数量和质量差别。具体的人员分类和工资构成分别是专业技术人员分为专业技术职务工资和津贴两部分（参见表3-2-1）；管理人员分为职员职务工资和岗位目标管理津贴两部分（参见表3-2-2），技术工人分为技术等级工资和岗位津贴两部分（参见表3-2-3），普通工人分为等级工资和津贴两部分（参见表3-2-4）。全额拨款单位的固定部分占70%，浮动部分占30%。

此次工资制度改革，还制定正常晋升工资档次的规定。事业单位工作人员连续两年考核为合格以上，其职务工资（或等级工资）标准即晋升一个工资档次。每两年一次，年度考核为优秀的人员中作出突出贡献的优秀工作人员,可在正常晋升工资档次的基础上再晋升一个工资档次,人数控制在不超过本单位总人数的3%。

表 3-2-1　1993年高等教育专业技术职务等级工资标准情况表　　　　　（单位：元/月）

职　务	职务等级工资标准										津贴部分
	一	二	三	四	五	六	七	八	九	十	
教　授 研究员	390	430	470	520	570	620	670				71—287（占工资构成的30%）
副教授 副研究员	275	305	335	365	395	435	475	515	555		
讲　师 助理研究员	205	225	245	265	285	315	345	375	405	435	
助　教 研究实习员	165	179	193	213	233	253					

表 3-2-2　1993年职员职务等级工资标准情况表　　　　　（单位：元/月）

职员等级	职务等级工资标准										岗位目标管理津贴
	一	二	三	四	五	六	七	八	九	十	
一　级	480	520	560	605	650	695					62—298（占工资构成的30%）
二　级	335	370	405	440	480	520	560				
三　级	235	260	285	310	340	370	400	430			
四　级	180	198	216	234	252	276	300	324	348	372	
五　级	160	174	188	202	216	233	250	267			
六　级	145	157	169	181	193	207	221	235			

表 3-2-3　1993年技术工人工资标准情况表　　　　　（单位：元/月）

技术职务 技术等级	技术等级工资标准										岗位津贴
	一	二	三	四	五	六	七	八	九	十	
高级技师	245	267	289	315	341	367	393	419			62—180（占工资构成的30%）
技　师	205	223	241	259	283	307	331	355	379		
高级工	180	196	212	228	248	268	288	308	328	348	
中级工	160	174	188	202	220	238	256	274	292	310	
初级工	145	157	169	181	197	213	229	245	261	277	

表 3-2-4　1993年普通工人工资标准情况表　　　　　（单位：元/月）

等级工资标准													津　贴
一	二	三	四	五	六	七	八	九	十	十一	十二	十三	58—135（占工资构成的30%）
135	146	157	168	182	196	210	224	242	260	278	296	314	

　　1997年，国家人事部、财政部颁发《关于1997年调整机关、事业单位工作人员工资标准等问题的通知》，对1993年所制定的机关、事业单位工作人员工资标准两次进行调整。1999年7月，国家再次提高高等教育、科研人员专业技术职务等级工资标准。2001年1月、10月和2003年7月，国家又先后三次调整有关高等教育、科研人员专业技术职务工资标准。

　　随着国民经济的发展和事业单位改革的逐步深化，国家于2006年7月，第四次对事业单位专业技术人员工资标准进行改革，改革后的工资分为岗位工资和薪级工资两部分。

表3-2-5　2006年事业单位专业技术人员岗位工资标准情况表　　（单位：元/月）

岗　　位	工资标准	岗　　位	工资标准
一　级	2 800	八　级	780
二　级	1 900	九　级	730
三　级	1 630	十　级	680
四　级	1 420	十一级	620
五　级	1 180	十二级	590
六　级	1 040	十三级	550
七　级	930		

表3-2-6　2006年事业单位专业技术人员薪级工资标准情况表　　（单位：元/月）

薪级	工资标准	薪级	工资标准	薪级	工资标准	薪级	工资标准	薪级	工资标准	薪级	工资标准
1	80	14	273	27	613	40	1 064	53	1 720		
2	91	15	295	28	643	41	1 109	54	1 785		
3	102	16	317	29	673	42	1 154	55	1 850		
4	113	17	341	30	703	43	1 199	56	1 920		
5	125	18	365	31	735	44	1 244	57	1 990		
6	137	19	391	32	767	45	1 289	58	2 060		
7	151	20	417	33	799	46	1 334	59	2 130		
8	165	21	443	34	834	47	1 384	60	2 200		
9	181	22	471	35	869	48	1 434	61	2 280		
10	197	23	499	36	904	49	1 484	62	2 360		
11	215	24	527	37	944	50	1 534	63	2 440		
12	233	25	555	38	984	51	1 590	64	2 520		
13	253	26	583	39	1 024	52	1 655	65	2 600		

　　在执行国家工资制度的同时，上海市于1991年6月1日起开始实行职务（岗位）津贴制度，津贴标准确定的依据为所任职务（岗位）和工作年限。1991—2005年，上海市人民政府共15次调整职务（岗位）津贴标准。

表 3-2-7　1991 年 6 月机关事业单位工作人员职务津贴标准情况表　　（单位：元/月）

职务工作年限	局级教授	副局级	处级副教授	副处级	正科级讲师	副科级	科员助教	办事员技术员工人
30 年以上	50	45	40	35	35	30	25	25
20—29 年	50	45	40	35	30	25	20	20
10—19 年	45	40	35	30	25	20	15	15
10 年以下	40	35	30	25	20	15	10	10

表 3-2-8　2005 年 1 月机关事业单位工作人员职务津贴标准情况表　　（单位：元/月）

职务工作年限	局级教授	副局级	处级副教授高级技师	副处级高级技师	正科级讲师技师	副科级高级工	科员助教中级工	办事员技术员初级工
35 年以上	1 805	1 685	1 565	1 465	1 365	1 265	1 165	1 075
30—34 年	1 740	1 620	1 500	1 400	1 300	1 200	1 100	1 010
25—29 年	1 675	1 555	1 435	1 335	1 235	1 135	1 035	945
20—24 年	1 610	1 490	1 370	1 270	1 170	1 070	970	880
15—19 年	1 545	1 425	1 305	1 205	1 105	1 005	905	815
10—15 年	1 480	1 360	1 240	1 140	1 040	940	840	750
5—9 年	1 415	1 295	1 175	1 075	975	875	775	685
5 年以下	1 350	1 230	1 110	1 010	910	810	710	620

二、校内岗位津贴

1984 年 6 月 16 日，上海市政府批准上海市高等教育局《关于上海市高等学校进行管理改革试行岗位津贴的请示报告》《上海市高等学校试行浮动岗位津贴办法》两个文件，规定学校岗位津贴基金由学校基金总收入的 25％ 和科技服务净收益的 10％ 组成。试行浮动岗位津贴旨在改变发放综合奖和科技服务津贴中吃大锅饭的现象。

1984 年 10 月 25 日，上海市高等教育局正式批准上海科学技术大学试行教职工浮动岗位津贴，这是上海第一所通过试行浮动岗位津贴验收的高校。上海科学技术大学根据学生数和工作量，对各教研室和科室进行定编测算，核定合理的人员编制，对超编人员做妥善安排，并从实际出发，制定教师工作规范和各种人员的岗位责任制。岗位津贴资金由学校科技服务收益提取 10％ 和综合奖组合而成，分为五等，最高为 35.7 元，最低为 17 元，按教职员工的德、勤、能、绩考核分配，表现太差的不发给岗位津贴。接着，华东纺织工学院、上海工业大学、上海纺织专科学校、复旦大学、同济大学、华东师范大学、华东化工学院、上海外国语学院等也相继通过验收。至 1984 年年底，上海高校全部实行浮动岗位津贴制度。由于岗位津贴基金由学校基金总收入的 25％ 和科技服务净收益的 10％ 组成，在发放岗位津贴的时候必须量入为出，各高校发放的岗位津贴标准不一。

1991 年，上海交通大学实行校内实绩津贴，以每人每月 35 元计，按定编后人数发至各院、系、部处，具体发放办法由各院、系、部处自行确定。次年，在"三定一评"基础上，开始实施院系工资总额动态包干,每人每月35元的校内实绩津贴同工资额一并承包到院系。每两年对各院系进行一次办学水平评估,评为A类单位的给予每人每月10元的奖金,按编制总数拨付给院系,具体发放办法均由院系自行制定。学校部处机关工作人员的奖金发放办法主要是学校每学年对各部处进行工作考核,分A、B、C三档,奖金标准分别是每人每月50元、45元、35元。按编制数将奖金发至各部处,再由各部处根据对机关人员的考核结果发至个人。此次动作幅度颇大的校内劳动人事分配制度改革,旨在进一步调动广大教职工的积极性,提高学科水平,增强学校办学实力和活力,提高办学效益和教职工生活待遇,也是体现高校自主办学、促进校院二级管理的措施之一。

上海各高校根据自身情况,陆续制定改革方案,实施由二级院系工资总额动态包干的新的校内劳动人事分配制度。2000年起,上海市高校展开新一轮人事、分配制度改革工作。根据"效率优先、兼顾公平""生产要素参与分配"的原则,大力推进高校教职工竞争上岗,实行以岗定薪、按劳取酬、优劳优酬,将教职工的工资收入与岗位职责、工作业绩、实际贡献以及知识、技术、成果转化产生的社会效益和经济效益直接挂钩,并重点向优秀人才和关键岗位倾斜,充分发挥岗位津贴的激励功能。如上海理工大学,2001年按照"竞争上岗、优劳优酬、激励进取、凝聚人才"的思路和"效率优先、兼顾公平"的原则,配套实施岗位业绩津贴制度,在薪酬待遇上建立能高能低的激励竞争机制。岗位业绩津贴制度实行校、院两级管理。对优秀拔尖人才以及教学、科研、学科建设及管理等做出突出业绩的骨干人员,政策上给予较大倾斜。学校贯彻"人员分类管理"的指导思想,逐步理顺技术岗位与非技术岗位、管理岗位与非管理岗位、重要管理岗位与基本管理岗位的关系与档次,逐步做到按岗位、按责任、按业绩确定工作人员的岗位业绩津贴。

至2010年,上海各高校的校内劳动人事分配制度,处于一种动态的不断调整、不断改革状态;而校内岗位津贴的数量,在教师工资收入总额中的占比情况也有较大幅度的提高。

三、退休待遇

1978年6月,国务院颁发《关于安置老弱病残干部暂行条例》《国务院关于工人退休、退职的暂行办法》,对干部和工人分别制定退休办法。干部退休,规定按参加革命工作时间确定待遇,改变以往以连续工龄、一般工龄计算退休费的办法。男性工作人员,干部和工人的退休年龄均为年满60周岁。女性工作人员的退休年龄,干部为55周岁,工人为50周岁。

1993年12月4日,国务院办公厅颁发《关于印发机关事业单位工资制度改革三个实施办法的通知》,对退休人员退休费的计发比例和计发基数作出新的规定,提高退休费标准,改善退休人员待遇。据此,上海市社会保险管理局、中共上海市委组织部、上海市人事局等颁发的《上海市机关和事业单位1993年工资制度改革后,离退休人员计发离退休费的实施办法》中规定,退休后养老金由全额计发养老金、按比例计发养老金和增发养老金三部分组成。全额计发养老金部分为物价补贴、房贴、护龄补贴、政府特殊津贴。按比例计发养老金部分为职务工资、工资构成津贴、职务(岗位)津贴、八类地区补贴、护士提高的10%工资、地方生活津贴、医保补贴工资。计发比例按照工作年限确定,满35年及以上为90%,满30年不满35年为85%,满20年不满30年为80%,满10年不满20年为70%,满5年不满10年为50%。增发养老金部分根据上海市人民政府颁发的《上海市城镇职工养老保险暂行办法》(1993年1月起执行)中规定,按本人养老保险缴纳年限加上1992年底前连续工龄及1993年1月至1995年12月累计缴费额本息的一定比例计发。满35年及以上为7%,满30年不满35年为6%,满25年不满30年为5%,满20年不满25年为4%,满15年不满20年为

3％,满 10 年不满 15 年为 2％。退休人员去世后,一次发给 600 元的丧葬费,并且发放 10 个月本人工资标准的抚恤金。2004 年 10 月 1 日起,抚恤金的标准调整为 20 个月的本人养老金。

根据国务院 1983 年 9 月颁发的《国务院关于高级专家离退休若干问题的暂行规定》的有关规定,对有重大贡献的高级专家,其退休费标准可酌情提高 5％～15％,最高不超过 100％原工资。上海市人民政府在转发国务院文件及上海市人事局《关于贯彻国家人事部〈关于高级专家退(离)休有关问题的通知〉的补充通知》中,将高级专家界定为教授、副教授、研究员、副研究员等正副高级职务的专业技术人员。

第二节　福　利　待　遇

一、福利

自 1952 年开始,国家规定工作人员在患病时给予公费医疗,除自己负担挂号费和部分营养药品费用外,医疗费用全部由国家负担。从 1987 年开始,规定每人每年的医疗费用如超过单位职工年平均的医疗费用,超过部分由本人负担 10％。2000 年 10 月 20 日,上海市人民政府颁发《上海市城镇职工基本医疗保险办法》,上海市医疗保险局颁发《上海市城镇职工基本医疗保险办法实施细则》后,上海各高校的全体教职工(包括离退休教职工)纳入上海市社会医疗保险体系,改变以往公费医疗方式,转变成社会基本医疗保险。

社会医疗保险的缴费基数与养老保险的缴费基数一致。在职职工个人按其缴费基数的 2％,单位按 10％缴纳基本医疗保险费,并按 2％缴纳地方附加医疗保险费。离退休人员不缴纳基本医疗保险费。就诊的医疗费用按就诊的方式、职工年龄和医疗费用的额度进行分段,由基本医疗保险基金、地方附加医疗保险基金和个人三个渠道支付。由于公费医疗对象纳入社会医疗保险后,在职人员增加了医疗费的支出以及医保缴费等因素,2001 年 3 月起,在职职工发放 2％医保补贴性工资。

【教职工病假生活待遇】

按照国务院 1981 年颁发的《国家机关工作人员病假期间生活待遇的规定》,职工病假在 2 个月以内的发给原工资;病假超过 2 个月的,如本人工作年限满 10 年的工资照发,不满 10 年的,发给本人工资的 90％,病假超过 6 个月的,工作年限不满 10 年发给工资的 70％,工作满 10 年和 10 年以上的,发给工资的 80％,1945 年 9 月 2 日以前参加革命工作的发给工资的 90％。1982 年实行离休制度后,享受离休待遇的干部病假期间,按原工资发给。长期从事科学技术文化教育事业的相当副教授以上的人员,病假工资可以少扣或不扣。

【生育待遇和育龄妇女生育保险】

国家对女工作人员在怀孕和分娩期间,给予的医疗检查临产住院的休息假期(产假)和工资待遇。1952 年以来产假的长短一直执行国务院的规定,即对女工作人员生育顺产给假 56 天,难产或双生增加假期 14 天,产假期间均按原工资发给。上海还对产假后带领小孩上下班有特殊困难的女职工,规定可给予一年以内的哺乳假,假期内工资按 80％发给。

2001 年 10 月 10 日,上海市人民政府颁发《上海市城镇生育保险办法》,对参加城镇社会保险的从业或者失业生育妇女予以保障。各用人单位从 2004 年 8 月起按照养老保险基数的 0.5％缴纳生育保险金。

【丧葬费、抚恤费】

职工死亡后,不分职务级别由国家负担一部分丧葬费,上海规定为 300 元,丧葬费由家属包干使用,节余归家属。抚恤费由国家发给死亡职工的家属,以表示对死者的怀念,系一次性的,其标准按照职务级别不同和去世原因不同而有区别。遗属生活困难补助,由各学校按照遗属生活困难情况给予定期或临时补助。

【假期】

教职工工作期间,可以享受的假期及其规定有如下几项。

探亲假:职工与其家属分居两地,每年可允许回家与配偶或父母亲团聚,假期内工资照发,并给职工报销全部或一部往返路费。1984 年起,探望配偶的探亲假假期由原来的 12 天改为 30 天;探望父母的,未婚职工每年一次假期 20 天,两年探亲一次给假期 45 天,已婚职工探望父母每 4 年给假一次,假期 20 天。

婚假:职工本人结婚,机关事业单位由单位行政领导批准,给予 1 天～3 天假期,晚婚职工,按计划生育政策规定可给奖励假期,上海市规定为 7 天,假期内的工资照发。

事假:职工因私事经领导批准给予的假期。上海市规定,事假每年累计 15 天以内的工资照发,15 天以上酌情扣发工资。

丧假:职工配偶、直系亲属死亡给予丧假。一般不超过 5 天,假期内的工资照发。

【其他社会保险】

除了以上提及的社会医疗保险、育龄妇女的生育保险之外,上海高校教职工按规定,均纳入下列社会保险。

社会养老保险:1993 年 1 月起,按照《上海市城镇职工养老保险暂行办法》,上海各高校相继纳入社会养老保险体系,职工养老保险实行社会基本养老保险、单位补充养老保险和个人储蓄养老保险相结合,职工退休时,按基本养老保险账户的储存款按月付给基本养老金。1994 年 4 月 27 日,上海市人民政府颁发《上海市城镇职工养老保险办法》,养老保险由国家、单位和个人共同负担养老费用。个人缴费进入个人账户,单位缴费部分进入个人账户,部分进入统筹基金。缴纳基数为本人上一年度月平均工资收入,最高不超过全市在职人员月平均工资收入的 200%,1998 年起调整为300%,最低不低于上一年度全市在职人员月平均工资收入的 60%。每月缴费额按"缴费基数×缴费比例"计算。个人缴费比例:1993 年 1 月起缴纳 3%,后经多次调整,分别是 1995 年 4 月起缴纳4%,1997 年 4 月起缴纳 5%,1999 年 4 月起缴纳 6%,2002 年 7 月起缴纳 7%;单位缴纳比例 1993年 1 月起为 25.5%,2000 年 12 月起调整为 22.5%。根据上海市人民政府转发上海市劳动和社会保障局颁发的《关于对上海市离退休人员养老金实行社会化发放的实施意见》,从 1998 年开始,上海市高校离退休人员的养老金发放,由学校发给本人转变为由社会保险事业管理中心委托银行代发。

社会失业保险:1999 年,上海市人民政府颁发《上海市失业保险办法》,以切实保障失业人员在失业期间的基本生活,促进失业人员再就业。缴费基数按缴纳养老保险的基数确定,各用人单位按基数的 2%、职工按基数的 1% 缴纳失业保险费。

社会工伤保险：2004年6月27日,上海市人民政府颁发《上海市工伤保险实施办法》。各用人单位按照养老保险基数的0.5%缴纳工伤保险费。上海各高校的在职教职工均按规定参加工伤保险。

【补贴】

根据国家和上海市的有关政策,上海各高校的教职工还享受各类物价补贴和福利性津贴。

1991年5月20日,上海市住房制度改革办公室、上海市人事局、上海市财政局联合颁发《关于机关事业单位贯彻〈关于上海市单位职工缴交公积金和发放住房提租补贴的暂行办法〉的具体问题处理意见》,上海市各高校即对租住提租公房的教职工,一次性核定住房提租补贴,按工资2%计算;并开始缴纳住房公积金。各用人单位和职工月缴费额一致,均为教职工上年度月平均工资的5%。1997年7月调整为6%,1999年7月调整为7%。

1993年,工资改革以后的物价补贴是根据煤电水和粮油副食品的价格逐步调整,1994年8月起,物价补贴的标准是每人每月67元。

其他补贴还有：从1994年8月起,发放交通补贴费,根据从居住地到工作单位路程所需乘坐的公交线路最低票价计算;2007年1月起,调整为在职职工每人每月发放车贴440元;1995年3月起,在职职工发放书报费每人每月50元,1996年1月起,调整为每人每月60元;1998年12月起,发放地方生活津贴每人每月40元。

二、住房

上海高等教育系统教职工的住房分配,是一项比较大的福利待遇,从1978年到2010年,大致可以分成以下几个阶段。

【租住公有住房】

1991年以前,上海高校教职工的住房都是国家按计划拨款建造,房屋产权属于学校,分配给教职工租住,教职工按月交付租金。分配的条件必须是夫妻双方均在上海工作且没有住房,按职称、工龄、家庭户籍人口等条件计分排队,称为"福利分房"。配偶在外地的教职工以及未婚的教职工,学校提供集体宿舍住宿。当教职工结婚后,学校暂时又没有福利分房房源时,有关高校通过改造"筒子楼"[①]、建造"鸳鸯楼"等方式解决教职工的结婚住房问题。

1978—1983年,上海高校教工住宅竣工面积仅为41万平方米。"七五"期间,在党的知识分子政策指引下,各级组织对高校教工住宅建设作出不少努力,取得一定成效,但由于在落实建设资金和土地等方面难度很大,解困进度较慢,因此,各高校教师中住房困难户比例仍然很高。

【有偿分房、集资建房和售后公房】

20世纪90年代,上海各高校教职工对住房的需求情况变得突出。一是不少人均住房面积4平方米以下的困难户教职工需要改善居住条件;二是青年教职工人数增长快,结婚后提出"福利分房"要求,但由于各高校的房源紧缺,难以满足需求,一些青年教职工结婚后仍然借住在学校的集体宿

---

① 筒子楼,又称赫鲁晓夫楼,由一条长廊串联许多单间,因为长长的走廊两端通风,形如筒子而名"筒子楼"。

舍,成为结婚无房户。当时,仅靠国家计划拨款建造教职工住房已难以满足需求。上海市通过不断加大改革力度,推行有偿分房、集资建房,拓宽筹措资金渠道,建立起国家、学校、个人共同负担住房建设资金的新机制。

1990年下半年至1991年,中央和上海市对高校教工住宅建设和住房困难的问题,进行调查研究。1991年12月4日,上海市高等教育局颁发《关于地方高校"八五"期间解决教工住宅问题的实施意见》,提出,各校应将解决教职工,首先是中青年教职工住房困难问题作为"八五"期间改善办学条件的首要任务。"八五"期间地方高校教工住房解困的目标是解决人均住房4平方米以下的困难户、基本解决大龄结婚无房户、使住房困难的高级知识分子的居住条件有一定的改善等十一条实施意见。在上海市人民政府领导下,有关部门在资金和土地等方面采取一系列政策措施,缩短土地开发和房屋建设的周期,支持各高校的住宅建设。当年上海市地方高校教工住宅建设投入资金2 850万元,施工面积4.16万平方米,竣工面积3.8万平方米,181户人均2.5平方米以下的住房特困户全部得到改善。1993年,上海市地方高校教工住宅总投资近3 000万元,施工面积近4.5万平方米,竣工1.3万平方米,新征土地近4.7万平方米,计划在五年内逐步投入建设。在上海市高等教育局组织下,同济大学、上海外国语大学、华东理工大学、上海大学、上海师范大学、上海化学工业高等专科学校、上海冶金高等专科学校等高校购买空置房。同济大学、上海交通大学、华东理工大学、上海体育学院等高校进行"筒子楼"改造。复旦大学、同济大学、上海第二医科大学、上海旅游高等专科学校等高校开始建造教师公寓。这时期的住房分配,开始采用"有偿分房"的形式,即符合新配、增配住房条件的,与教职工配偶单位协商,共同承担新增面积的费用,或以房屋调剂,或以资金出资。

1994年,为贯彻国务院办公厅召开的全国教师住宅建设工作会议精神,上海市为改善教师住房条件制定《关于加快解决教职工住房问题的若干意见》,并召开上海市教师住房解困工作会议,实施"教师广厦工程",制定解决教师住房困难的规划及实施办法。同年,上海市属高校住宅建设总投资1 880.6万元,计划面积4万多平方米,实际施工面积39 775平方米,年内竣工面积达2万平方米。完成全市20余所高校、140余户因成都路高架建设而动迁的教工住房。1995年,上海市财政投入市属高校教工住房建设专项资金2 900万元。

1994年,上海市开展公有住房出售工作,探索住房商品化、社会化改革,上海各高校开始将原产权属于学校的公有住房,出售给原租住的教职工,称为"售后公房"。售后公房的产权属于教职工本人。

1996年,为加大"教师广厦工程"住宅建设的力度和加快建设速度。上海市财政当年增加市属高校教工住房建设专项资金3 000万元,使当年的上海市财政拨款达到5 900万元。1997年,各级政府加大投资力度,用于上海市属高校教工住宅建设的上海市财政拨款达1.19亿元。通过加大投入,实行优惠政策和多渠道集资,1997年,教工住宅建设总投资8.6亿元,竣工住宅建筑面积43万平方米,改善近万名教工的住房条件。到1997年底,地方高校教工家庭人均居住面积为8.9平方米,基本达到上海市区职工家庭人均居住水平,顺利完成"教师广厦工程"的第二步目标。

1997年,在国家"筒子楼改造"相关专项资金的支持下,为实现党中央、国务院提出的"决不把筒子楼带入二十一世纪"的总体目标。上海市18所中央部委属高校的筒子楼改造列入教育部计划,至2000年,通过原地改造7.25万平方米,购买社会空置房3.85万平方米,异地新建教师公寓5.53万平方米等途径,实际完成建筑面积16.63万平方米,改善2 500多户青年教师的住房条件,13所上海市属地方高校的筒子楼改造工程,至2000年,原地改造1.38万平方米,异地新建教师公寓 2.67 万平方米,购买社会空置房 8 万平方米,改善了 1 500 多户青年教师的住房条件。

1998 年,根据国务院住房改革精神,在教育系统建立起国家、单位和教职工个人共同筹集建房资金的教职工住房建设新机制。上海高等教育系统的"集资建房"是由国家、学校(利用公有住房出售获得的资金)、教职工个人三方出资建造新房,在教职工自愿的原则下实施。同年,"教师广厦工程"共投入资金 11.47 亿元。其中,中央在沪高校投入资金 3.17 亿元,地方高校投入资金 1.5 亿元。高校建房买房总建筑面积 26.9 万平方米。到年底,高校教职工人均住房面积达 9.5 平方米。

至 2000 年,上海高校教职工的居住条件,已经得到很大改善,国家加大住房建设的投入是原因之一,也依靠不断推出的住房制度改革新措施,主要有:一是通过推行有偿分房,拓宽筹措资金渠道,建立起国家、学校、个人共同负担住房建设资金的新机制;二是建设"教师公寓",上海市教育委员会组织建造的有兰花教师公寓 6 万平方米、浦东泾南教师公寓 5.5 万平方米、老沪闵路教师公寓 2.4 万平方米等;三是试行住房准货币化分配,从根本上改变住房分配制度;四是在教职工住房分配时,鼓励教职工与上海市住房制度改革接轨,按房改政策购买个人产权房;五是通过校企合作,如上海市住宅发展局下属企业以优惠价格向上海交通大学提供 500 套空置房,新黄浦集团向复旦大学提供近 1 万平方米教师住宅,绿地集团向华东师范大学等高校提供 2 万平方米的让利优惠价住房等。2000 年,上海市出台停止实物分房的住房制度改革政策。

【住房货币化分配】

上海市高校教职工住房制度改革的目标,是要从根本上改变住房分配制度,实施住房货币化分配,鼓励教职工在住房分配时,按房改政策购买个人产权房。通过教职工购房补贴办法的实施,分步完成向货币化分房的过渡。

在试行几年后,上海市在 2000 年出台停止实物分房的上海住房制度改革政策。上海各高校围绕上海住房制度改革,根据学校自身的具体情况,经过教职工代表大会的审议和表决通过,先后出台实行货币化分房的实施办法。

三、政府特殊津贴

为了体现党和国家对高级知识分子的关心和爱护,从 20 世纪 90 年代开始,经党中央、国务院批准,国家给部分有卓越贡献的专家学者发放政府特殊津贴,获得者被称为享受国务院政府特殊津贴专家。国务院政府特殊津贴是国家对于高层次专业技术人才和高技能人才的一种奖励制度。国家人事部在 1990 年 7 月启动此项工作,以后每 2 年一次。1991 年,上海市高校系统经国家人事部批准,有 322 名高级专家首批获得国务院政府特殊津贴,其中部委属高校 256 人,市属高校 66 人。他们中有学部委员 21 人,教授 310 人,副教授 12 人,博士生导师 231 人。自然科学领域 277 人,社会科学领域 45 人。年龄最大的 94 岁,最小的 39 岁。获得这一殊荣的高级专家由国务院统一颁发证书。

国务院政府特殊津贴选拔人员主要是专业技术人员,注重选拔一线的创新人才。从 2008 年开始,选拔范围扩大到高技能人才。对选拔获得享受国务院政府特殊津贴的高级专家,颁发政府特殊津贴证书外,发放政府特殊津贴,标准是每人每月 50 元或者 100 元,由国家财政专项拨款,终身享受。1994 年 10 月起统一调整为每人每月 100 元。1995 年起,新选拔的享受政府特殊津贴的高级专家采用一次性发放 5 000 元的办法。2001 年起,新选拔的享受政府特殊津贴的高级专家的津贴,提高到一次性发放 10 000 元,免征个人所得税。根据国家人力资源和社会保障部、财政部《关于调整政府特殊津贴标准的通知》,2009 年 1 月 1 日起,新选拔的享受政府特殊津贴的高级专家的津贴,提高到一次性发放 20 000 元,免征个人所得税。对 1995 年以前享受国务院政府特殊津贴的人员,仍按月发放政府特殊津贴,发放标准提高为每人每月 600 元。

　　享受国务院政府特殊津贴专家的选拔工作由各省(自治区、直辖市)及副省级城市人力资源社会保障部门,中央国家有关部门干部人事部门,中央直属企事业单位人事(人力资源)部门按照隶属关系逐级推荐人选。经专家评议程序,除涉密人员外,在本地区、本部门和本单位范围内予以公示。上海高教系统享受国务院政府特殊津贴专家的人选推荐,也分中央部委所属高校和市属高校,以及教育科研机构等,每批次均有人数不等的高级专家和高技能人才获得这一待遇。

第三章 教师培养

上海对高校教师,尤其是青年教师的培养,注重选拔、推优,形成一支青年骨干教师队伍。培养的方式和途径,在 20 世纪 90 年代以前,以进修和提升学历为主。此后,则以分层分类、有针对性地推出多项"人才计划",持续加强优秀青年骨干教师人才梯队的建设,整体推进高校教师专业发展。

第一节 入职教育和培训

一、青年教师培养

"文化大革命"结束后,上海高校对青年教师的培养以进修和学历提升为重点。主要方式和途径:一是在校内组织老教师给留校的青年教师补课,系统地学习本科专业教育应完成的学业和应具备的水准;二是为新教师配备指导教师,一对一帮助他们制定工作和进修计划,在教学、科研等实际工作锻炼的前提下,着重要求青年教师在四至五年内进修硕士研究生几门主要的课程和参与必要的科学研究工作,达到硕士研究生应有的水平;三是将青年教师派往国内学科领先的高校,脱产进修一段时间,使其在某一学科方面有长足的进步;四是对青年教师中涌现出来的"尖子",给予特殊培养,推荐报考国内委托培养硕士研究生,或选派出国攻读硕士学位、博士学位。

1990 年,上海高等教育系统为提高青年教师教育理论和教学水平,组织 1982 年后进校任教的非师范院校毕业的 532 名青年教师,参加教育科学培训。1991 年,组织高校青年教师参加社会实践活动。制定上海市高校青年教师参加社会实践的试行规定,初步确定上海工业大学等校为青年教师参加社会实践的试点单位,暑期还组织 137 名青年骨干教师组成 5 个团,分别赴井冈山、延安、西安、大庆、第二汽车制造厂、西昌卫星发射中心等革命老区、重点工程进行社会考察,使青年教师接受一次生动具体的社会主义、爱国主义和革命传统教育。2000 年,抓住教师资格认定的契机,组织高校青年教师学习教育学、教育心理学、教育法、师德修养等课程。探索高学历青年教师教学工作培养的途径和方法。

从 20 世纪 90 年代开始,对青年教师的培养主要是通过各种"人才计划",常态化、制度化,年复一年地持续推进,使得青年教师队伍的整体水平迅速提高,其中的佼佼者尽早地脱颖而出。

二、中青年骨干教师培养

1978 年,根据教育部提出跟踪和瞄准国际上科学发展前沿的思路,上海各高校纷纷按学科建设的整体需要,选派一批学术带头人、中青年骨干教师为访问学者,出国进修,优化知识结构,跟踪本学科国际前沿的发展,时间一至三年不等。这些学成回国的教师,把在国外学习进修的新知识应用到教学和科研上,推动上海高等学校的现代化建设。不少已成为老学科更新、新学科开拓的骨干和学科带头人,促进了高校的教学、科研水平的提高。学成回国的教师,在教学、科研方面均取得新的成果,有的在重大科研方面有所突破,获得部、市级以上重大科研成果奖,加快努力赶超世界先进学术水平的进程。

为进一步稳定和加强高校的师资队伍建设,适应高等教育事业与上海社会、经济发展的需要,中共上海市教育卫生工作委员会、上海市政府教育卫生办公室和上海市高等教育局于 1991 年 3 月 23 日联合召开"上海高校教师队伍建设工作会议",印发《关于加强上海高校青年教师培养和管理工作的若干意见》等 6 个文件的征求意见稿。其中《关于选拔和培养上海高校优秀青年教师暂行办法》《关于组织上海高校青年骨干教师参加社会考察的办法》《上海市高等学校青年骨干教师学术基金管理办法》《关于 1991 年开展中青年骨干教师高级专业技术职务评聘》等文件修改后即作为正式文件颁发实施。其后 20 年陆续实施的几项"人才计划",尤其对高校师资队伍建设起到关键性作用。1992 年,上海高校系统召开全市高校优秀中青年骨干教师培养工作经验交流会,经过推荐审核,45 名优秀中青年骨干教师获得一等奖,140 名获得二等奖。并组织 120 余名优秀中青年骨干教师赴山东、江苏、浙江、广东等地进行社会考察。1999 年,为进一步加强师德建设,中共上海市教育工作委员会、市教育委员会决定开设"名师讲坛",邓景发、陈竺、曹建明、余秋雨、叶澜、于漪、刘京海、顾爱玉、黄静华、倪谷音 10 名教育界颇具声望的学者为首批名师团成员。9 月 13 日,上海市市长徐匡迪以一名教师的身份,作题为《今天我们怎样做老师》的首次讲演。至年底,有 9 位名师先后上台讲演。他(她)们演讲的题目是:于漪《奉献是教师的天职》,倪谷音《为孩子编织幸福的童年》,黄静华《无悔的选择》,刘京海《让每个人成功地跨入 21 世纪》,曹建明《教师要有一种使命感和责任感》,邓景发《教书育人是教师的天职》,叶澜《教师职业的内在尊严与欢乐》,顾爱玉《耕耘在特殊园地上,我无怨无悔》,陈竺《高层次创新人才的培养》。为扩大听讲面,上海教育电视台定时播出名师演讲录像,取得很好的社会反响和效果。

各高校也在千方百计地培养中青年骨干教师。如上海交通大学,多管齐下培养中青年教师,一批业有专长的年轻教授、学者群初步形成,站到教学、科研事业发展前沿。在 74 个学科中,有 46 个是中青年教师占"半片天"。自 1993 年至 1995 年,在国内发表论文前 8 名和国外发表论文前 8 名中,中青年教师占 62%。其间,获国家级、部委级奖励的 4 项重大成果中,参与的中青年教师 108 人,占 77%。那几年里,上海交通大学科研总经费两破亿元大关,居全国高校前列,为中青年教师"唱大戏"搭起了舞台。为培养教学、科研上的"将才",试行"学科首席责任教授"制度,建立"金牌选手"制度,1994 年,许晓鸣、郑杭、严隽琪、沈灏和张申生 5 名教授被评为"金牌选手"(又称"跨世纪优秀人才")。又如复旦大学,于 2000 年推出人事制度改革,淡化身份,强化岗位任务和责任,让讲师和教授机会均等、30 岁和 60 岁机会均等。年轻的副教授和讲师有了竞争关键岗位和重要岗位的机会。学校还设立梯队岗位,让青年教师成为教学、科研的责任人。结果,62 名副教授被聘关键岗位,而少数教授、博士生导师却被聘较低岗位。高职低聘和低职高聘,使复旦大学的用人机制迈出关键一步。仅一年时间,复旦大学先后出台引进杰出人才计划、特聘教授计划、世纪之星计划等 3 个人才计划,用打破常规的培养机制,培养出打破常规的人才。复旦大学把创造一个人才频出的创新环境作为头等大事来抓,在留住人才、用好人才、激励人才上不拘一格,成为"孵化"创新人才的"孵化器"。2000 年,首届全国高校"青年教师奖",复旦大学独占 6 席,获奖人数全国第一。

高校里那些德高望重、学术上很有造诣的老专家,经过"文化大革命"的十年影响,其身心和学术思想,都处于一种比较脆弱的状态。上海各高等学校十分重视对老专家的"抢救"工作,在思想上帮助放下包袱,生活上给予关心,身体上给予照顾,更是在学术上配备中青年骨干教师给他们当助手。至 1983 年,上海各高校先后为 359 位老专家配备助手,结合培养新的学科带头人工作,形成学术梯队,既使老教授、老专家们在学术上焕发第二春,同时又造就一批新的中青年学术骨干。

"七五"期间，上海市各高校都重视师资队伍整体优化、管理与培养。平均每年有近 4 000 名教师参加国内各种形式的进修或培训，约占当年专任教师总数的 15%～17%。1985 年至 1990 年全市高校定向委托代培博士、硕士生共 670 人，其中上海高等教育局投入的委托培养研究生费用为 238 万元。

通过 20 世纪 80 年代整整 10 年的建设，上海高校已扭转"文化大革命"十年浩劫给师资队伍带来的严重破坏局面，建立起一支学科门类比较齐全，职务、年龄结构相对合理，知识结构不断更新，学历层次不断提高，能适应当前教学、科研任务的师资队伍。

20 世纪 90 年代起，上海市教育委员会筹措资金，有计划地推出一系列教师专业发展计划，对中青年骨干教师予以资助、重点扶植，使他们迅速成长，在各自领域脱颖而出，培养出一批新的学科带头人。

三、继续教育

根据"九五"高校师资建设总体规划的思路，1997 年，上海启动建立高校教师继续教育制度。制定《上海市贯彻〈高等学校培训工作规程〉的意见》，确定 1997—2001 年上海高校教师培训工作框架。初步理顺高校教师培训管理体制，建立市与校两级培训工作领导小组。依托博士点和硕士点为高校教师培训工作的支撑点，构筑高校教师培训网络体系，建立上海市高校教师培训中心，确定 4 所高校为教师培训基地、18 所高校部分专业学科为培训点，与各学校的自培基地组成三级培训网络。此外，各高校制定 1997—2001 年培训规划和选派教师进修计划。

上海市教育委员会于 1997 年 9 月 29 日颁发《上海市高校教师培训工作规程的实施意见》，提出上海高校教师培训的指导思想、工作目标。明确培训的主要任务是：进一步加强教师职业道德为主的教育，提高师德素养，进一步提高高校教师业务能力与学术水平，大力加强骨干教师和学科带头人的培养，为造就新一代高水平的学术骨干和学科带头人创造条件。《实施意见》同时确定了"九五"期间培训的实施办法，并开始付诸实施。1988 年，建立上海高校师资培训中心，承担全市非师范类院校毕业的青年教师的教育理论、教育心理学和教学法的培训。至 1991 年共培训 532 人。为了利用重点院校的学术优势与办学条件，初步确定复旦大学、上海交通大学、同济大学、华东师范大学等高校为教师培训基地，上海大学等 18 所学校部分具有硕士、博士学位授予权的学科专业为培训点。为形成"立足国内、在职为主、重点突出、按需培训"的高校教师继续教育格局，建立符合上海市高等教育实际需要的高校教师培训网络体系打下基础。后又制定《上海市高校教师岗前培训暂行细则》《上海市高等学校举办高级研讨班试行办法》《关于举办上海市教师研究生课程进修班试行办法》等 6 个规范性文件，以加快学校教师培训制度建设，规范上海市高校教师培训工作，促进科学化管理的进程。

2001 年，上海市师资工作会议召开。制定《上海市师资队伍建设第十个五年规划纲要》，提出"十五"期间上海市加强队伍建设的指导思想、规划目标及主要政策与重大举措。制定《关于加强上海市教师队伍建设的若干意见》《关于进一步加强师德建设的若干意见》等一系列文件，以推进师德建设、人事制度改革、中青年学科带头人和骨干教师培养等各方面工作。

2004 年，上海师资培训中心、上海高校师资培训中心合署工作会议在上海师范大学召开。两个中心合署办公、统一管理后，发挥上海市教育委员会直属、上海师范大学管理的体制优势，"分工合作、协调发展、资源整合、效益叠加"，成为上海教师师资培训的示范基地和信息资料库及国际交流中心。

第二节　教师专业发展

一、优秀青年教师计划

20世纪90年代,针对全市高校学术骨干和学科带头人青黄不接的状况,根据中共上海市教育卫生工作委员会、上海市政府教育卫生办公室关于"抓方向、抓改革、抓队伍"的指示精神,上海市高等教育局决定从1991年起,每年拨款50万元建立上海高校青年教师学术基金,并计划每两年一次,在上海高校中开展优秀青年教师选拔培养工作,选拔200名政治素质好、学历职务层次高、兼任党政职务多的优秀青年骨干教师,争取在2000年形成一支近千人的政治觉悟高、业务素质强的中青年骨干教师队伍。经过重点培养,使得市、校两级优秀青年教师成为学校教学、科研的中坚力量,成为学科带头人,挑起教学、科研重任。

1991年,在上海市50所高校中,通过公开选拔、公平竞争,经由青年教师向学校提出申请,两名同行高级专家对其成果写出评议推荐意见,由学校张榜公布,听取群众反映,校领导审核,上海市高等教育局对推荐人选组织学科专家逐一进行评议,最后由上海市评选领导小组审定,首次选拔出200名优秀青年教师。这200名优秀青年教师的特点:一是政治素质好,其中中共党员131人,有132名青年教师经过社会实践的锻炼;二是业务素质强,具有博士及博士后学位的有42人,有硕士学位的112人,占77%,其中56人是留学回国人员,已聘任高级职务的有58人,中级职务的有104人;三是绝大多数青年教师是学校教学、科研、教书育人的骨干,积极奋进,事业心强,不少人由于工作成绩突出,曾获得各种荣誉称号和奖励。

这次选拔工作在全市高校乃至全社会产生了极大反响,老年教师为事业后继有人深感欣慰,中年教师为青年教师脱颖而出感到由衷高兴,青年教师则感到党和国家的重视及肩负责任的重大。在市级选拔的同时,不少高校还选拔校级优秀青年教师。选拔之后,上海市高等教育局和各高校均采取一系列鼓励和培养措施,如给优秀青年教师颁发荣誉证书和奖金,配备指导教师,优先申请国家和上海市科研项目,参加国内外学术交流和进修,在评聘高级职务、住房分配、解决夫妻两地分居等方面给予优先考虑等。1991年9月21日,上海市高等教育局在上海交通大学召开上海市高校优秀青年教师选拔培养工作交流会,来自全市高校的优秀青年教师、导师代表、学校领导及人事处负责人400余人参加会议。

1992年,上海市高等教育局和各高校继续抓好200名优秀青年教师的培养使用、检查考核、管理服务等工作。为全面了解优秀青年教师培养计划、措施落实情况,4月中下旬,由中共上海市教育卫生工作委员会和上海市高等教育局组织人员深入到6所高校调研,召开优秀青年教师培养工作经验交流会。6所高校交流建立市、校二级优秀青年教师队伍,造就一批学科带头人,组织"优青"攻关研究、推进高新科技发展,重视"优青"实践锻炼等经验。6月,上海市高等教育局颁发了《关于认真做好市优秀青年教师考核工作的通知》,要求各校对优秀青年教师进行认真、全面的考核。考核结果表明,一年多的时间内,由于各方努力,上海市"优青"工作取得显著成效,优秀青年教师在教学、科研实践锻炼中迅速成长,政治思想有了新的提高,有的加入中国共产党,有的被评上全国优秀教师、上海市劳模。不少优秀青年教师争挑重担,一人开设数门课程,指导多名研究生,承担多项课题,写出几十篇论文。据对41所高校185名优秀青年教师调查统计,一年间共讲授课程366门,承担课题384项,发表论文557篇,独立或合作发表专著74部、教材55本。有26人获得部、市、校级各类科技奖。一年中,有25人晋升为高级专业技术职务,其中正高级3人。这批优秀青年教师逐渐成长为教学、科研骨干力量。

1993年,上海市高等教育局和各高校为贯彻落实《中国教育改革和发展纲要》,重视师资队伍建设,以造就跨世纪学术骨干和学科带头人为重点,继续抓好选拔培养优秀青年教师工作。在各校推荐的基础上,经上海市学科组专家认真评选,上海市高等教育局批准200人获得第二届上海市高校优秀青年教师称号。他们分布在全市42所高校。其中男性185人,女性15人。党员125人,民主党派5人,团员1人。博士学位67人,硕士学位86人,本科学历37人,大专学历10人。正高级职称8人,副高级职称106人,中级职称83人,初级职称3人。30岁以下33人,31岁~35岁70人,36岁~40岁97人。担任系、所(室)处级行政职务53人。第一届优秀青年教师连任的59人。作为选拔市级优秀青年教师的基础和补充,许多学校如复旦大学、上海交通大学、同济大学、华东师范大学、华东理工大学、上海工业大学、上海科学技术大学、上海第二医科大学等校还选拔一批校级优秀青年教师和学术骨干。9月16日,上海市高等教育局召开上海市高校优秀青年教师选拔培养工作经验交流会,鼓励青年教师珍惜时代和上海振兴机遇,增强历史责任感,不辜负时代和人民的厚望,并要求各级组织进一步加强上海高校优秀青年教师选拔培养工作,为培养更多的优秀青年教师作出更大的贡献。会议在肯定第一届上海市高校优秀青年教师选拔工作所取得成效的同时,对第二届上海市高校优秀青年教师培养工作提出新的要求。

1995年,继续开展高校优秀青年骨干教师的选拔工作,确定第三届高校优秀青年教师227人。其中具有博士、硕士学位的占85%,具有教授、副教授职称的占75%,中共党员占57%,担任室主任以上职务的占50%,他们都是教学、科研的骨干力量,分布在40个学科门类。

1997年,上海市教育委员会选拔确定第四届上海市高校优秀青年教师248名为重点培养对象。入选优秀青年教师有素质优、层次高、成果多、潜力大的特点。248人中,具有博士学位119人,硕士学位96人,本科学历33人。其中教授(含研究员)21人,副教授(含副研究员等)178人,合计占80%。中共党员132人,兼任党政职务者135人,78人有出国留学经历。

1999年,根据上海"九五"师资队伍建设计划,上海市教育委员会决定在普通高校中开展第五届上海市优秀青年教师选拔培养工作。确定219名优秀青年教师为重点培养对象,其中在重点高校重点学科中的人员204人。博士124人,硕士67人。教授31人,副教授157人。出国留学回国人员82人。中共党员128人,民主党派成员34人。获省部级以上教学、科研成果奖85人100项,获省部级以上先进荣誉称号65人。

至1999年,全市39所高校中连续选拔、培养五届优秀青年教师共1094人次。通过上海市、高校、本人各方面努力,涌现出如陈竺、曹建明、侯晓远、黄伟达、王如竹、吴冲锋、周祖翼、吕西林、赵建夫、钱旭红、卢冠中、熊思东、孙潮、周汉民、於世成等一批40岁上下杰出青年教授、年轻学科带头人和接班人。其中1人成为院士,29人获国家杰出人才基金,41人入选国家七部委"百千万人才工程",23人入选国家教育部"跨世纪优秀人才计划",30人被评选为上海市科技精英。实现在20世纪末建立和培养起一支千人的优秀青年骨干教师队伍的目标,使一大批优秀青年教师和新一代学术骨干脱颖而出,基本实现高校教师队伍的新老更替,确保了高等教育事业的顺利发展。

各高校为造就新一代学科带头人,加快培养速度和引进力度,同时还采取许多措施。如复旦大学的首席教授、百人计划,上海交通大学的首席教授、金牌选手,进而推出的"辉煌计划",同济大学的"621"人才工程以及第上海第二医科大学的"跨世纪人才培养工程"等等。

二、"上海高校选拔培养优秀青年教师科研专项基金"

为加快上海科学技术事业发展,促进上海的振兴改造,鼓励优秀青年科技工作者更快成长,1997年,上海市教育委员会拨出青年科学基金科研经费100万元,批准50个项目,其中部委属高校27项经费49.9万元,上海市属高校23项经费50.1万元。按学科分,理工类29项、医学11项、生物农业4项、社会科学6项。

2003年,启动"上海高校选拔培养优秀青年教师工程"。中共上海市教育工作委员会、市教育委员会特设"上海高校选拔培养优秀青年教师科研专项基金",每人给予2万元~3万元人民币资助,学校1∶1配套,由优秀青年教师自选课题,开展教学、科学研究工作。在培养期内,对优秀青年教师实行严格的目标管理,配备指导教师,安排党校培训,每年对他们的思想素质、业务水平、发展能力和工作实绩等状况进行考核。对在培养期内作出突出成绩的优秀青年教师,经选拔列入教育系统优秀年轻后备干部、学科带头人队伍,进一步加以重点培养。选拔从2003年起每年进行一次,每次选拔200人,培养期为两年。

2005年,中共上海市科技教育工作委员会、上海市教育委员会在"十大行动计划"中,决定将"上海高校选拔培养优秀青年教师科研专项基金"扩大,计划每年投入经费2500万元,用以资助高校优秀青年教师和回国留学人员开展教学和科研的启动工作。对入选者每人给予2万元~3万元经费资助(自然科学类研究项目每人资助研究经费3万元,人文社科、管理类研究项目每人资助研究经费2万元),学校1∶1配套。当年即完成该专项基金的申报和审定工作,共有46所上海市属高校1133名青年教师获得科研启动资助经费2045万元。2006年资助1173位青年教师。

2005年第一批获得该专项基金扩大资助的1133位青年教师,经过两年培养期,964人完成各自的科研项目并递交"结题报告"或"总结报告"。上海市教育委员会委托上海市教育评估院对964人的科研项目开展评估检查,其中607人的科研项目被评定为优良等次,311人为合格等次。评审专家对受资助教师在培养期内的师德、教学和科研等方面也作出综合评价,其中665人被评定为优良等次,275人为合格等级,综合评价合格率达97%以上。2006年该基金资助的1173位青年教师,经过两年的培养期,1003人完成各自项目的研究,递交"结题报告"或"总结报告",申请结题。另外170人因各种原因未完成科研项目而申请延缓结题。上海市教育委员会委托上海市教育评估院对结题项目和总结报告进行评估、验收。经评审,已结题的青年教师中685人的项目被评定为优良等级,274人为合格等级,科研项目合格率达96%以上。

2007年"优秀青年教师科研专项基金"投入资金2381万元,资助1066位青年教师。2008年,该专项基金申报条件调整为新进高校工作的35岁以下讲师及以下职务、且未承担过科研项目、有较高的政治思想素质和培养前途等。共有57所高校1139位教师入围该基金培养计划,其中941位(平均年龄为28岁)上海市属高校青年教师获得上海市教育委员会2333万元科研专项启动经费。其中自然科学类研究项目的451人,人文社科、管理类研究项目的490人。2009年,上海市55所高校的1149名教师入围"优秀青年教师科研专项基金"培养计划,其中上海市属高校933位青年教师获得2381万元科研专项启动经费,部属高校入围的216名教师科研经费由学校从"985工程""211工程"建设经费和上海市人民政府共建配套经费中列支。2010年,上海市60所高校1173位青年教师入选当年度"上海高校选拔培养优秀青年教师科研专项基金"资助。其中上海市属55所高校(单位)共1066位(公办高校877人,民办高校189人)青年教师,每人获得该项目资助2万元～3万元科研经费,5所部属(军队)院校107位青年教师的资助经费由所在学校师资队伍建设专项经费提供。

至2010年,"上海高校选拔培养优秀青年教师科研专项基金"设立6年来,共资助6 833位青年教师的科研启动工作,仅上海市属高校入选的青年教师获得资助的科研经费近1.5亿元。在两年培养期内,各高校加强对入选该基金青年教师的培养力度,制定培养计划,把入选青年教师编入学校科研团队并配备导师加以指导等措施。上海市教育委员会委托上海市科教党校对2005、2007年度入选该基金培养范围的2 000多名青年教师分期分批进行培训。

三、曙光计划

1995年,由上海市教育发展基金会出资2 000万元,上海市教育委员会管理的"上海高校跨世纪人才培养基金",即"曙光计划"开始实施。"曙光计划"的申请者以高学历、高职称、高起点为要求,以出优秀人才、出科研成果为目的,资助上海高校中的中青年骨干教师和科研人员。每年由各高校的中青年骨干教师和科研人员以项目的形式申报,经过学科答辩,专家组评审,遴选出一批资助对象,资助金额为自然科学类每项10万元、社会科学类每项3万元。1995年12月14日,"上海高校跨世纪人才培养基金"启用仪式在复旦大学举行。上海市副市长、基金会会长谢丽娟向首批获得资助的来自15所高校的19名中青年骨干教师和科研人员表示热烈祝贺,上海市教育委员会主任郑令德宣布上海市教育委员会实施"曙光计划"的意见。

1998年起,为加强对上海高校优秀青年科技人才和研究工作的支持,"曙光计划"投入从每年200万元增加到400万元。2002年,上海市教育发展基金会在经费投入上又有新的提高,自然科学类项目提高20％,每项增加到12万元;社会科学类项目提高33.33％,每项增加到4万元。同时对"曙光计划"的内容有新的拓展:一是对完成"曙光"项目后获得市、部级二等奖以上的部分优秀学者,授予"曙光跟踪学者"称号,给予跟踪支持;二是对完成"曙光"项目后取得优异成绩者或受到国家、社会较高荣誉称号者予以奖励,授予"优秀曙光学者"称号;三是对在"曙光计划"实施过程管理上取得较大业绩的学校科研处予以表彰,授予"优秀组织奖"荣誉。2004年新增设"曙光产学研专项计划"。该计划采用招标方式,凡符合申报条件的均可申报,不占已有"曙光计划"分配名额,由专业人士和企业委派专家共同评审。上海市教育发展基金会对入选项目每项资助12万元,与企业投入项目研制开发资金共同下达,采用合同方式进行市场化运作,学校在项目管理上与"曙光计划"项目同等对待。首次有7名申报者成为"曙光产学研"项目人。2008年,"曙光计划"又增设思想政治课专项名额。

表3-3-1　1995—2010年曙光计划人数统计　　　　　　　　　　　　　(单位:人)

年份	1995	1996	1997	1998	1999	2000	2001	2002	2003	2004	2005	2006	2007	2008	2009	2010
人数	19	29	35	48	48	48	53	49	53	56	57	57	58	56	56	56

申报入围"曙光计划"的第一、第二届教师48人中,有博士学历的43人,博士后科研经历的8人,正教授21人,已成为博士生导师的有6人。其中有22人是从国外学成归来的,有一半以上获得过政府部门授予的荣誉称号。第三届入围的35人中,博士学历30人,正高级职称15人,海外学成归来14人,绝大部分获得过各类科研成果奖或优秀论文奖,有19人获得过包括全国"十佳青

年"、上海市"十佳青年"等部、市级荣誉称号。第四届入围的48人中,博士学历45人,双硕士学历1人,硕士学历2人,正教授17人,副教授28人。第五届入围的48人均具有博士学历,正教授27人,女学者6人,有22人是国外学成归来或在国外进行过合作科研,18人担任了处、系、所级职务的骨干教师,25人获得过省、部级以上的科技进步奖和哲学社会科学奖。2000年入围第6届的48人中,博士学历45人,硕士学历3人,正教授23人,副教授25人,女学者4人,有18人是国外学成归来或在国外进行过合作科研,10人担任院、处、系级职务的骨干教师,28人获得过省、部级以上的科技进步奖或哲学社会科学奖,18人获得过包括上海市新长征突击手、巾帼建功奖在内的各类荣誉奖。2001年入选第7届的53人中,正教授25人,学成回国或国外进修过的有23人。2002年入选第8届的49人中,正教授35人,海外学成或工作进修回归的22人,女学者8人。2003年入围第9届的53人中,正教授37人,博士48人,硕士5人,34人有海外学习、工作的经历,32人获得过省、部级以上的科研奖励,女学者7人。2004年度入围第10届的56人中,正教授35人,副教授21人。2006年度入围第12届的57人(高校为56人,上海社科院1人),具有正高级职称者43人,博士后29人,海外学习、工作经历者22人,中共党员32人,民主党派5人,女学者14人。2010年入围第16届的56人,年龄最大者为1970年出生,最小者为1982年出生,全部具有博士学历、高级职称,其中正高级职称者38人,具有海外博士学历或海外博士后经历者25人,女学者12人,中共党员34人,民主党派5人。

1999年,21名"曙光学者"完成的科研任务通过专家鉴定或评审,其中,1人获得国家首届社科基金专著类三等奖,1人获得卫生部科技进步二等奖,10人获得上海市科技进步奖;华东理工大学钱旭红教授被评为第六届上海市"十大科技精英",复旦大学张军教授获得上海市第六届"十佳青年"称号,华东师范大学陈群教授被授予上海市"新长征突击手",上海医科大学马兰教授被"求是基金"授予"青年学者奖",上海交通大学农学院顾海英教授被评为首届"上海青年咨询精英",上海医科大学孙波等4人被聘为"长江学者",上海外国语大学冯庆华教授被评为上海市"育才奖",上海交通大学农学院吴爱忠等3人获得"宝钢优秀教师奖",上海戏剧学院卢昂被评为第二届"上海文化新人",沈一凡等20名学者荣获上海市高校优秀青年教师称号,颜国正等8人荣获上海市特殊津贴。

根据2000年统计,受"曙光计划"支持的179位学者中,具有正高级职称者129人,占总数的72.06%,担任所、系、处、院、校级职务者102人,占总数的56.98%。在被统计的165位学者中,得到"曙光项目"资助后,还共同承担或参与各类科研项目743项,人均4.5项,涉及科研经费15 707.95万元;完成论文2 822篇,其中第一作者身份为1 556篇,人均9.43篇,被SCI、EI等收录364篇,参与编写著作242本,其中主编118本。参加各类学术会议663次,境外合作科研、考察访问214人次。获得各类省、部级以上科技进步奖、哲学社会科学奖114项,其中第一主持人42项。获得各类学术奖项113项,荣誉称号135项,批准专利38项。培养、指导硕士生、博士生1 173人。

2001年,有27个"曙光计划"项目通过专家评审鉴定,项目总体研究水平处于国内领先,大部分自然科学研究项目经权威部门核查,达到国际先进水平,社会科学类研究项目主持人都发表了专著。2001年"曙光学者"在学术领域获奖主要有:上海第二医科大学教授沈晓明主持的项目获得国家科技进步二等奖;复旦大学医学院教授马兰、华东理工大学教授于建国分别获得上海市科技进步一等奖;华东理工大学教授钱锋获得中国高校科技进步一等奖;复旦大学医学院教授马兰还获得中华医学科技一等奖。另有21名学者获得各类奖项,2人获得国家"杰出青年基金",3人得到教育部"跨世纪人才计划"的资助,2人被聘为"长江学者"。

2002年,有35人完成"曙光计划"项目,成果涉及基础理论、高新技术、决策咨询、应用开发等多个领域。2003年,复旦大学医学院教授马兰获教育部"何梁何利奖"、上海市第四届"牡丹奖"、受聘为教育部"长江学者"、被授予上海市"三八红旗手"标兵称号,上海财经大学陈信元获教育部首届高等学校名师奖,同济大学附属同济医院陈义汉获第八届"上海市科技精英"称号,上海第二医科大学孙锟、上海音乐学院廖昌永被评为第十届上海市十大杰出青年,上海第二军医大学王志农获上海市第九届银蛇一等奖,8名学者被授予上海市"三八红旗手",上海第二军医大学何成、复旦大学黄维获国家"杰出青年基金",上海交通大学尤云祥、上海第二医科大学沈晓明、黄薇被批准为教育部"跨世纪人才",5名学者获教育部科技奖,其中上海第二医科大学黄薇获一等奖,上海交通大学韩茂安、华东理工大学钱旭红、钱锋提名为一等奖,同济大学朱合华获二等奖;复旦大学林尚立、华东师范大学崔允漷获教育部人文社科一等奖,复旦大学张军获二等奖,上海大学陈湛匀获三等奖;5名学者获得中华医学科技奖,29名学者获上海市科技进步奖,一等奖4人,二等奖7人(其中主持4人),三等奖18人(其中主持11人),7名学者获得首届上海医学科技奖。30项科研成果通过鉴定、评审,部分成果达到国际先进水平。

2008年,在国家科学奖中,"曙光计划"学者14人参与10个获奖项目,其中主持完成4项二等奖。在教育部2008年度高等学校科学技术奖中,"曙光计划"学者22人参与19个获奖项目,其中主持完成了4项一等奖。2008年度上海市科学技术奖共授奖项300项,"曙光学者"49人次参与了45项,占授奖数15%;其中主持项目有25项,占授奖数8.33%。"曙光"团队2008年度获得5 844万元的国家自然科学基金的资助,在111个资助项目中有6项"杰出青年"、1项重大、9项重点和95项自由申请项目及其他类项目。63位"曙光学者"完成"曙光计划"任务,并递交了高质量科研成果。据2008年底的统计,历届"曙光学者"在上海高校校级领导层面工作的有29人,在上海市机关、事业单位局级以上领导岗位工作的有12人,在三级甲等医院领导岗位工作的有14人,在外省市局级以上领导岗位任职的有3人,有7人是上海市人大代表,25人是上海市政协委员,有1人当选为上海市十三届人大常委会委员,1人当选为上海市教育科学文化卫生委员会委员,7人当选为政协上海市第十一届委员会常务委员。1996年,"曙光学者"沈晓明当选为上海市副市长,并有2人当选为全国人大代表,8人当选为全国政协委员。

在2009年度国家科学奖中,12名"曙光学者"参与11个获奖项目,其中主持完成的获4项二等奖。在教育部"新世纪优秀人才支持计划"中,21位"曙光学者"入选,占上海地区85人的24.71%。在教育部"长江学者"特聘教授中,5名"曙光学者"入选,占上海地区总人数的1/3。2009年"曙光学者"申请到国家自然科学基金项目136项,经费6 705.5万元;在国家"杰出青年"项目中,9名"曙光学者"获得资助,占上海高校中国家"杰出青年"项目总人数的40.91%。

2010年,17名"曙光学者"主持或参与获得13项国家科学奖,9名"曙光学者"获得教育部高等学校科研优秀成果奖,50人次、47人主持或参与获得42项上海科学技术奖,人文社会科学领域"曙光学者"获6项上海市"邓小平理论研究和宣传优秀成果奖",30项上海市哲学社会科学优秀成果奖,12项上海市决策咨询研究成果奖。曙光学者获得国家自然科学基金委各资助项目145项,占上海地区1 351项资助数的10.73%,资助总金额8 074万元,占上海地区10.07亿元资助数的8.02%,较上年又增长29.8%。

到2010年,"曙光计划"经过15年实施,在上海高校中产生很大影响,各校把争取"曙光计划"作为重视培养科研人才的重要指标。15年来,经"曙光计划"的培育,"曙光学者"中拥有1名院士、9名"973"首席科学家、24名教育部"长江学者"、42名国家自然科学基金会"杰出青年",成为上海高校教师精英群体的中坚。2010年,上海市教育委员会召开"曙光计划实施15周年座谈会",总结"曙光计划"成功经验。

四、东方学者特聘教授岗位计划

2007 年,为贯彻落实中共"十七大"精神和上海市中共第九次党代会精神,深入实施"科教兴市""人才强市"战略,中共上海市科技教育工作委员会、上海市教育委员会决定实施上海高校特聘教授(东方学者)岗位计划,引进一批具有国际、国内领先水平的学科带头人,形成一批优秀创新团队,加快上海高校高水平学科建设和师资队伍建设。同年 11 月,颁发《上海高校特聘教授(东方学者)岗位计划实施意见(试行)》的通知,对上海高校特聘教授(东方学者)岗位的岗位目标和任务、申请对象和条件、申报程序、评审和聘任、资金的使用等方面都作出明确规定。12 月,上海市教育委员会召开上海高校特聘教授(东方学者)岗位计划实施工作会议,54 所高校的分管校领导和人事处长出席会议。

上海高校特聘教授(东方学者)岗位计划的指导思想和原则是着眼于上海经济社会发展需求,主要对与高新技术产业密切相关的学科领域进行择优重点资助,以提高上海高校教学质量,形成上海高等学校的学科优势与特色。强调资助工作要为上海社会经济发展服务,促进与上海社会经济发展紧密结合的学科专业的发展。高校特聘教授(东方学者),实行按需设岗、公开招聘、专家评审、择优聘任、合同管理,聘期内在受聘高校全职工作。明确"东方学者"岗位对象主要是国外或留学回国的高端人才和少数外省市高层次人员,招聘的重点对象是海外人才,要求入选者在本学科领域中开展原创性、重大理论与实践问题研究和关键领域攻关,取得重大标志性成果,并组建和带领一支创新团队进行教学、科研工作,在学科建设、队伍建设中起到核心作用。资助资金由上海市财政拨款,计划每年聘用 50 名,聘期三年。每岗位特聘教授资助经费共 40 万元~60 万元,其中特聘教授个人岗位津贴 10 万元/年。中共上海市科技教育工作委员会、上海市教育委员会成立上海高校特聘教授(东方学者)岗位计划领导小组,组织实施上海高校特聘教授(东方学者)岗位计划并监督资助经费使用。

2008 年,上海高校特聘教授(东方学者)经学校推荐、专家评审、网上公示和领导小组审定等程序,共聘任 51 人,分两批公布:第一批授予复旦大学李洪全等 27 人(后上海大学有 1 人未到岗),第二批授予上海海事大学刘海文等 24 人。每个"东方学者"资助经费 50 万元,其中 30 万元用于"东方学者"个人岗位津贴(10 万元/年,聘期 3 年),其余 20 万元由"东方学者"自主决定使用用途,可用于团队主要成员津贴和相关学术活动等。同时,学校对特聘教授(东方学者)给予配套科研经费,其中:自然科学领域的配套经费一般为 70 万元~100 万元,哲学社会科学领域的配套经费一般为 30 万元~50 万元。部属高校的配套经费可从"985 工程""211 工程"建设配套经费中列支,上海市属高校的配套经费可列入学校部门预算经常性专项经费中。2009 年 3 月,上海市教育委员会对上述 50 名首批上海高校特聘教授(东方学者)岗位计划落实情况进行调研,主要内容:一是"东方学者"岗位津贴到位情况;二是"东方学者"的到岗和聘用合同的签订情况;三是学校对"东方学者"配套科研经费来源及落实情况;四是学校对"东方学者"其他配套、支持政策。

2009 年 4 月 28 日,上海市教育委员会颁发《关于 2009 年度上海高校特聘教授(东方学者)岗位设置和调整的通知》,主要是根据国家"千人计划"关于建立创新型国家领军人才队伍的要求,将上海高校特聘教授(东方学者)岗位计划主动对接国家"千人计划"。因此,2009 年,东方学者岗位计划的岗位设置作调整:一是主要内容的变化。首先是因"东方学者"岗位计划是上海高等教育内涵建设"085"工程中重要的建设项目,因此本计划实施的战略目标应紧贴"085"工程第一类项目,即重点建设的高校应以国家"千人计划"要求为依据,瞄准国家遴选人才的标准。实施的程序应纳入"085"工程第三类项目,即按照分类指导原则,在同类学校之间进行比较、遴选。其次是2009年在设置岗位和遴选"东方学者"时,增设"东方学者团队"。各高校在遴选和聘任上海高校特聘教授(东方学者)时,须强化其组建和带领一支创新团队进行教学、科研工作的地位,突出其在学科建设、队伍建设中的核心作用。经批准的"东方学者团队",将给予相应资助,并授予"东方学者团队"称号。第三是2009年在设置岗位和遴选"东方学者"时,增设"东方学者"讲座教授岗位。为了解决岗位的急需、紧缺问题,可突破地域和单位间的限制,形成进出自由、渠道畅通、方法灵活的聘用方式。高校要树立以用为本观念,创新体制机制,以吸引更多海外各类高层次人才来沪工作。二是岗位设置要求各高校应根据国家、上海市关于调整和优化学科布局结构以及做好高校发展定位规划工作的要求,提出本校2009年"东方学者"岗位设置和调整申请。上海市教育委员会将综合考虑各级各类高校的结构比例,兼顾同类学校之间的校际差异,组织专家委员会对学校申报的"东方学者"岗位设置和调整情况进行审核。对2008年度批准后未引进人员的岗位可以予以保留。上海市教育委员会审核批准后公布各校岗位数额、岗位的学科专业和研究方向。"东方学者团队"和"东方学者讲座教授"的岗位纳入"东方学者"岗位。

2009年5月,中共上海市教育卫生工作委员会、上海市教育委员会颁发《关于进一步完善上海市高校特聘教授(东方学者)岗位计划实施工作的意见》,明确将上海高校特聘教授(东方学者)岗位计划作为落实国家"引进海外高层次人才计划"、建立完善的上海高校人才培养工作机制,分层次、多渠道选拔和培养高层次人才的一项重大举措。同时,该计划也是上海高等教育内涵建设"085"工程主要的建设内容。该《意见》提出上海高校特聘教授(东方学者)岗位计划实施工作的原则是:一应坚持"扶需、扶特、扶强"原则;二应坚持"分类指导、人岗匹配、最合适才是最好"原则;三应坚持"先设岗,后选人"原则。并且对团队建设和团队引进方式,进一步探索高层次人才柔性流动机制,增设"东方学者讲座教授",做好与国家有关人才计划的衔接工作,加强经费预算编制、落实和管理等方面工作作出部署和说明。

2009年12月,对有关学校设置(调整)岗位和推荐的人选,经上海市教育委员会组织专家评审、网上公示、中共上海市教育卫生工作委员会和上海市教育委员会领导审定后,由上海市教育委员会颁发文件,决定授予复旦大学王鹏飞等56人为2009年度上海高校特聘教授(东方学者)称号,其中特聘教授45人(其中1个为团队引进),讲座教授11人。按高校性质,部属高校入选18人,全部为特聘教授,上海市属高校入选特聘教授27人,讲座教授11人。

2010年4月,上海市教育委员会公布《2010年上海高校特聘教授(东方学者)岗位计划岗位设置和申报目录指南》,主要要求是重点支持与两个"中心"建设和上海高新技术产业九大重点领域和现代化服务业发展紧密相关学科专业引进海外高层次人才。"东方学者"工作坚持三大原则,完善讲座教授岗位聘任和团队引进办法,进一步关注能引进国际上先进的教学理念、课程标准和体系,并讲授国际前沿核心课程的教学科研人才。至9月,经审定,共有59人(含一团队)入选。其中男性54人,女性5人。中国国籍47人,外国国籍12人。讲座教授13人,平均年龄48岁,特聘教授46人,平均年龄38岁。所在学校分布情况为:部属高校22人,上海市属高校37人。59人中海外任职情况是:教授2人、副教授3人、客座教授2人、助理教授5人、研究员或高级研究学者14人。59人引进来源分布中除中国香港1人外,美国13人,欧洲7人,日本3人,其他亚太地区2人,其他国家2人。

五、晨光计划

"晨光计划"是上海市教育发展基金会于 2007 年倡议、出资并与上海市教育委员会共同实施、面向上海市高校青年教师的又一项人才培养计划。其资助对象为 30 周岁以下、具有硕士及以上学位、副高级及以下职称,科研能力较强的优秀青年教师。该项计划实施范围覆盖上海市所有高校。"晨光计划"的设立,为培养高校青年教师教书育人和科研能力,注入活力,也为造就一批上海高校未来的学科领军人才打下基础。"晨光计划"资助分成 A 类和 B 类,A 类资助的对象是普通大学的青年教师,B 类资助的是专科学校和民办高校的青年教师。

表 3 - 3 - 2 2007—2010 年"晨光计划"资助高校青年教师情况表 （单位：万元）

年 份	2007 年		2008 年		2009 年		2010 年	
类 型	A	B	A	B	A	B	A	B
人 数	78	18	69	31	71	29	67	33
总金额	360	88	314	110	306	98	286	110

六、其他人才计划

【领军人才】

2005 年,上海市全面启动《上海实施人才强市战略行动纲要》。2006 年 7 月 8 日,中共上海市委组织部、上海市人事局颁发"关于印发《上海领军人才队伍建设实施办法》的通知",对领军人才的主要类型、选拔、培养、资助、服务和考核管理,作出明确的说明。在首批选拔出的 100 名上海领军人才中,教育委员会系统入选 20 人。2007 年,第二批上海市领军人才"地方队"人选选拔中,教育委员会系统 24 人入选。2010 年,第三批上海领军人才"地方队"选拔和队伍建设,教育委员会系统 19 人获得领军人才称号,共获资助经费 385 万元。

【阳光计划】

2009 年,上海市教育委员会实施上海高校思想政治教育优秀青年教师培养计划(即"阳光计划"),由上海市教育发展基金会出资,作为一项专门针对高校思想政治教育中骨干青年教师的人才培养计划,也是上海市加强大学生思想政治教育工作队伍建设的又一举措。这项计划分为思想政治理论课教师类、思想政治教育教师类两大类,每类每年各评 10 人,进行重点培养,每人一次性资助项目经费 3 万元。2010 年又增设党建类。2010 年 2 月,产生首批 2009 年度"阳光学者"。同年 8 月,产生 2010 年度"阳光学者"。

第四章　职　称　评　聘

"职称",原意是专业技术人员任职资格的等级水平,现一般作为专业技术职务的简称。高等学校专业技术职务,即职称的评审与聘任工作主要对象为教师。1978 年以来,高等学校教师的职称评聘工作大体分为两个阶段。先是职称评审的恢复和整顿,至 20 世纪 80 年代中期,进入由职称评审改为职务聘任。其间,上海根据上海高校实际,于 20 世纪 70 年代末和 80 年代初,积极推进教师职称评审的恢复与整顿工作,在基本解决高校教师职称晋升工作中断 12 年积累的历史遗留问题的同时,及时总结经验,制定制度,规范上海高校教师职称评审工作。自 1984 年,上海市高等教育局先后批准上海交通大学等 13 所高校开始试行专业技术人员职务聘任制,率先在高校试点教师职务聘任制改革。20 世纪 90 年代后,上海高校教师职称评聘逐步进入制度化、常态化的规范运行。

第一节　职　称　评　审

一、高校专业技术人员职称系列

高等学校专业技术人员,包括教师和从事科学研究、教育管理的人员,实验室、实训中心和图书馆等教学辅助人员,以及财务、档案管理、出版社等行政管理部门和附属机构的专业人员,均有相应的职称系列。其中,教师是高校专业技术人员的主体,高校的专业技术职务的评聘工件主要围绕教师的职称系列开展。

1978 年以前,高等学校对教师以外的专业技术人员没有开展职务的评定与晋升工作。1979 年3 月 10 日,教育部颁发《关于试行高等学校实验技术人员和图书资料情报人员职务名称确定与提升两个"暂行规定"的通知》,指出高等学校实验技术工作和图书资料情报工作是高等学校教学与科研工作的重要组成部分,搞好实验技术人员和图书资料情报人员这两支队伍的建设,对于发展高等教育事业有着十分重要的意义。并要求各省、自治区、直辖市先在一两个高等学校试点,以总结经验,为全面试行作准备。1986 年初,中央职称改革领导小组颁发《关于改革职称评定、实行专业技术职务聘任制的报告》等文件,对专业技术人员管理制度进行重大改革,要求根据实际需要设置专业技术岗位,根据岗位需要聘任职务。之后,高校实验技术和图书资料情报工作专业人员职务聘任工作开始走向正规化、制度化,形成与社会相关行业相一致的职称系列和评定、晋级程序。

【教师职称系列】

高校的教师职称系列分为助教、讲师、副教授、教授四个级别。助教为初级职称,其主要任务是协助教学。讲师为中级职称,是能够独立开设一门或一门以上课程的高校教师。副教授和教授为高级职称。其中,副教授(也称"副高")原则上不仅具有开课的能力,对本学科的整体情况有充分的了解,自己主持研究项目,而且能把最新的研究成果引入教学,开设新课程。教授(也称"正高")是高校主导教学工作的主体,承担授课、科研、带教研究生等任务,是本领域的学术带头人。

由于教学、科研和学术活动的要求,高校还往往聘有"特聘教授""客座教授""兼职教授""荣誉教授"等。顾名思义,"特聘教授"是特殊(特别)聘任的教授,本身具有教授职称;"客座教授",是"客情"聘请的教授,主要以报告、讲座等形式到校作不定期的讲学活动,其本人可能不具有教授职称,而是企业家、政府官员、社会名士达人、其他领域的专家、学者,等等。"兼职教授",是外校、外单位应聘讲课的教授,其本身具备教授职称。"荣誉教授",一般是对知名老教授、老专家,或对学校有特别贡献或有影响力成就的政府官员、社会人士授予的荣誉称号。

【教育管理研究职称系列】

高校中主要从事教育教学管理和研究的教师(包括职员),以及部分主要以科学研究为主要任务,一般不承担教学的教师,按教育管理研究人员职称系列评聘专业技术职务。教育管理研究人员的职称分为研究实习员(初级)、助理研究员(中级)、副研究员(副高级)、研究员(正高级)四个级别。

【图书资料情报职称系列】

1979年,教育部《关于试行高等学校实验技术人员和图书资料情报人员职务名称确定与提升两个"暂行规定"的通知》附件一规定,高等学校图书和资料情报人员的业务职务名称,分别确定为:助理馆员或助理资料员,馆员或资料情报员(同助教级),助理研究员(同讲师级),副研究员(同副教授级),研究员(同教授级)。1981年1月30日,国务院批转由文化部、国家档案局、国家人事局拟订的《图书、档案、资料专业干部业务职称暂行规定》,确定图书、档案、资料专业干部的业务职称为:研究馆员、副研究馆员、馆员、助理馆员、管理员五级。其中副研究馆员、研究员馆员分别为副高级、高级职称,馆员为中级职称,管理员、助理馆员为初级职称。

【实验技术职称系列】

1986年5月29日,中央职称改革工作领导小组转发并原则同意的中国科学院、国家教育委员会《实验技术人员职务试行条例》和《关于〈实验技术人员职务试行条例〉的实施意见》。《实验技术人员职务试行条例》中明确,实验技术人员是科研机构和高等学校科学技术研究、教学的重要组成部分。将实验技术人员的职务名称确定为实验员、助理实验师、实验师、高级实验师;并且对各级实验技术职务的任职条件、职责、评审和聘任等作出明确的规定。其中实验员、助理实验师为初级职称,实验师为中级职称,高级实验师为高级职称。

【思想政治教育教师职称系列】

1986年5月,中共中央、国务院批转的《国家教委关于加强高等学校思想政治工作的决定》中明确指出"高等学校中从事学生思想政治教育工作的人员是教师队伍中的一个重要组成部分,应根据他们的水平、能力和实际贡献,聘任为相应的教师或研究人员职务"。为贯彻落实上述决定,1987年5月,国家教育委员会颁发《关于在高等学校学生思想政治教育专职人员中聘任教师职务的实施意见》,对高校学生思想政治教育专职人员的教师职务设置为助教、讲师、副教授、教授,并对各级职务的任职条件作出明确规定。

二、教师职称评审

1978年,全国高校开始全面恢复实行教师职务管理制度,对"文化大革命"前已提升为教授、副教授、讲师、助教职称的教师，一律恢复其职称，即专业技术职务名称，不须重新办理批报手续。1979年9月，全国高等学校教师职称和提升工作座谈会确定"坚持标准、保证质量、全面考核、择优提升"的晋升原则，教育部又相继颁发《关于当前高等学校确定与提升教师职称工作中应注意的几个问题的补充通知》等一系列配套文件。上海市高等教育局根据上海市教师实际情况分别于1978、1980、1981年组织3次正副教授评审工作。其中，1980年是中华人民共和国成立31年来提升人数最多、规模最大的一次。当年，经上海市人民政府批准，成立上海市高校教授职称评审委员会，苏步青教授任主任委员，李国豪、刘佛年、石美鑫、范绪箕、李锐夫教授和刘涌波、陈云涛同志任副主任委员，下设28个学科评审组，聘请176位教授、专家参加评审工作。此次评审的结果：上海24所高校的1 464名教师被提升或确定为高级职称，分别为教授190名、副教授1 239名、副研究员和高级工程师35名，其中2/3人员年龄在55岁以下，年纪最轻的是39岁的复旦大学副教授陈恕行，华东师范大学钱谷融、上海戏剧学院陈汝衡、同济大学汪品先和上海师范学院黄次栋等四名教师被越级提升为教授或副教授。

上海市高等教育局及时总结经验，规范职称评定工作，于1982年底和1983年初颁发《关于高等学校教师职责及考核的暂行规定》《关于上海市高等学校提升正副教授职称的具体规定》等文件，规范上海高校教师职称评审工作。

至1983年，上海市高校共确定和提升教授315人，副教授2 291人，研究员3人，副研究员58人，高级工程师11人，各校还评审提升讲师9 500多人。使得上海高校专任教师中，高级职称比例从1977年的4.3%提高到1983年的11.3%，基本解决因为"文化大革命"教师职称晋升工作中断而积累的历史遗留问题。1978年以后提升的正副教授中，55岁以下的中年教师有1 700余人，占提升教师总数的66%，还破格越级提升了20名学术水平较高，业务工作成绩显著的中年正副教授，最年轻的副教授提升时只有36岁，最年轻的教授提升时只有43岁。

上述时段教师职称评审工作，是时隔12年后重新恢复，并执行1960年3月国务院颁布的《关于高等学校教师职务名称及其确定与提升办法的暂行规定》。因此，全国在职称评定工作中暴露出一些缺陷和问题，如因人设岗、论资排辈，不能充分反映教师真正的学术水平和能力，青年教师因资历不够而得不到晋升，积极性和主动性受到影响等，有些甚至是违规问题，引起时任中央高层领导的注意。1983年9月，中央办公厅、国务院办公厅联合颁发《关于整顿职称评定工作的通知》，职称评定工作暂停并成立中央职称评定领导小组。1983年10月，中央职称评定领导小组召开专题会议，会后颁发该小组成立后的第一份文件《关于整顿职称评定工作有关问题的通知》。自此，全国学术职称和业务技术职称的考核、评定、晋升、授予和发证等工作暂停进行。针对出现的问题，文件要求要集中精力，搞好检查、总结、复查、验收和整顿。1984年，遵照上述精神，上海市高等教育局对上海交通大学、复旦大学等4所高校的职称评审工作进行验收，合格率为99.7%。其他高校也根据文件精神，对1978年以来职称评定工作进行复查，并将复查验收工作的总结报告报至上海市高等教育局。

其时，职称评审的改革开始酝酿。1984年8月26日，上海交通大学启动实行校内交流的管理改革。从新学期起，全校教师的组织人事关系一律归校级管理，并实行教师聘任制，一名教师可受聘校内几个部门。从事基础课教学和开展科学研究项目的部门，可优先在全校聘任教师，其他部门在通常情况下，不能招聘从事基础课教学的教师。同年11月9日，国务院领导批示："上海交通大学的改革可先行一步，准其试验。"1984年9月，经上海市高等教育局批准，上海交通大学、复旦大学、上海师范学院等8所高校（其后又有同济大学、华东师范大学等5所高校加入）开始试行专业技术人员职务聘任制,对职称评定制度实施相应的改革尝试。

三、其他专业技术职称评聘

【图书资料情报人员】

1979年,为落实教育部《关于试行高等学校实验技术人员和图书资料情报人员职务名称确定与提升两个"暂行规定"的通知》精神,经上海市高等教育局决定,华东师范大学图书馆为全国高校图书馆系统首批评定专业技术职称的试点单位,于1979年4月下旬开始此项工作,经过学习文件、个人总结、小组汇报、全馆交流、业务考核、评审鉴定六个阶段,至7月中旬结束。评定结果经校部批准后报上海市高等教育局批准,确定副研究员4名,助理研究员17名,馆员(相当于现行规定的助理馆员)25名,助理馆员(相当于现管理员)6名。这次职称评定工作,是上海地区图书情报工作人员中第一次评定专业技术职称。华东师范大学图书馆的经验为教育部、上海市高等教育局制定高校图书馆系统职业技术职称评定的有关政策提供了依据和借鉴。

1981年1月30日,国务院批转由文化部、国家档案局、国家人事局拟订的《图书、档案、资料专业干部业务职称暂行规定》,确定图书、档案、资料专业干部的业务职称定为研究馆员、副研究馆员、馆员、助理馆员、管理员五级,并对各级职称的任职资格和条件作出明确和详细的规定。同年3月6日,1982年11月4日,为落实文化部、国家档案局、国家人事局《图书、档案、资料专业干部业务职称暂行规定》和国家人事局颁发的《关于贯彻执行国务院颁发的七种业务技术职务暂行规定若干问题的说明》。上海市高校图书、档案、资料业务职称评定委员会成立。同年12月16日,上海市人事局、上海市文化局向全市区、县、局和大专院校、科研单位颁发《关于印发〈上海图书、资料专业干部业务职称评定试行细则〉的通知》,全市图书馆普遍开始学习文件、干部动员和业务自评等前期工作。1983年9月,根据中央统一部署,职称评定工作暂停,拟改为聘任制。这期间,上海高校系统中已经有23所高校图书馆为图书、资料工作人员首次评定专业技术职称。

【思想政治教育教师】

1987年国家教育委员会颁布的《关于在高等学校学生思想政治教育专职人员中聘任教师职务的实施意见》,明确指出高校学生思想政治教育专职人员各级职务任职资格的评审和聘任,应遵照《高等学校教师职务试行条例》的有关规定执行,但要充分考虑思想政治教育工作的特点,在聘任教师职务时,应着重考核本人的思想、政治和品德的表现,理论、政策水平、思想政治工作的实际能力,以及从事学生思想政治教育工作、教学、科研工作的成绩。根据这一精神,1988年,复旦大学2名专职从事学生思想政治教育的教师分别由国家教育委员会和上海市高等教育局审核批准,聘任为副教授。

2007年1月,中共上海市科技教育工作委员会、上海市教育委员会颁发《上海高校学生思想政治教育教师职务聘任办法(试行)》,对上海高校在岗专职学生思想政治教育教师的职务聘任对象、原则、条件及具体评聘方法作出规定,明确上海高校学生思想政治教育教师职务聘任序列单列、岗位单列、标准单列、评议单列等。该办法规定高校从事学生德育工作的教师,将设置助教、讲师、副教授、教授职务,其编制总数不低于其他专业教师。从事学生教育工作年限累计8年以上的,可竞聘教授职务,从事辅导员工作年限累计4年以上者,可竞聘副教授职务。同时,根据上海市人事局发布的规定,上海高校辅导员教师如报考国家公务员的,还将享受优先录取的优惠政策。为推动和规范该项工作,中共上海市科技教育工作委员会、上海市教育委员会制定《办法》的操作标准,授权10所高校设立学生思想政治教育教师职务聘任评议组。同时建立上海高校学生思想政治教育教师高级职务聘任评议专家库。同年,即全面启动高校学生思想政治教育教师职务聘任工作。

四、教师资格证制度

2001年,为贯彻实施《中华人民共和国教师法》《教师资格条例》,首次在上海全市教师中开展教师资格的认定工作。上海市教育委员会制定《上海市〈教师资格条例〉实施细则》,成立上海市教师资格工作领导小组和教师资格专家审查委员会。上海市教育委员会还授予23所高校相应的认定权限。为了首次认定工作顺利开展,上海市教师资格办公室举办26期培训班,并面向社会开展为期一周的教师资格认定大型咨询活动。通过全面实施教师资格制度,严格把住教师队伍入口关,并形成高质量教师储备队伍,为确立教师专业化的地位与作用奠定基础。

2004年,为贯彻实施教师资格制度,保证教师资格制度的严肃性和权威性,上海市教育委员会对全市教师资格认定机构、委托高校、各级学校及其他教育机构贯彻实施教师资格制度的基本情况开展执法检查。从检查结果看,全市持证上岗总体情况良好,少数教师尚未取得教师资格的原因主要有:一是学校招聘的非师范类应届毕业生教师资格正在申报之中;二是学校聘请的兼职教师;三是学校合并等。在检查中,各单位对资格认定制度提出改进意见,如申请人思想品德鉴定缺乏可操作性、资格证书的时效问题等。通过执法检查,促进了教师资格认定工作健康、有序地开展。

第二节　职务聘任制改革

一、试点

1985年7月,国家教育委员会在北京召开全国高等学校教师职称改革试点工作会议,根据中央关于实行专业技术职务聘任制的决定,高等学校实行教师职务聘任制度,确定8所高校为职称改革的试点单位。在试点的基础上,在全国高校实行教师专业技术职务聘任制。

1986年2月18日,国务院颁发《关于实行专业技术职务聘任制度的规定》,要求建立专业技术职务聘任制度,应当根据实际需要设置专业技术工作岗位,对岗位规定明确的职责和任职条件。在定编定员的基础上,确定高、中、初级专业技术职务的合理比例,由行政领导在经过评审委员会评定、符合相应条件的专业技术人员中聘任,有一定任期,在任职期间领取专业技术职务工资。同年3月3日,中央职称改革工作领导小组转发国家教育委员会《高等学校教师职务试行条例》《关于〈高等学校教师职务试行条例〉的实施意见》《高等学校教师职务评审组织章程》和《关于教育系统职称改革工作的部署和要求》4个文件。1986年起,上海高校教师的职称评审转变为职务聘任。

上海海运学院自1986年6月至1987年11月的职称改革,通过定编、设岗、确定合理职务结构,进行专业技术职务评审,拟定职务聘任方案,做到在聘任指导下进行评审,在评审基础上进行聘任。职务聘任制改革后,学校不但在教师结构比例上更加合理,而且年龄结构也发生很大变化。通过职务聘任改革,加强了教学、科研第一线,促进了中青年教师迅速成长和人才的合理流动,并且促进了离退休工作的正常化。

至1986年,复旦大学、上海交通大学、华东师范大学、同济大学等13所职称改革试点高校新晋升的 2 500 名教授、副教授中,30 岁刚出头的年轻人就有近百人。作为教学科研主力军的讲师,大部分年龄只有 30 岁上下。在这些高校,担任中级以上各个档次专业技术职务人员的平均年龄,比原来下降了 7 到 12 岁。教授年龄趋向 50 岁左右,副教授 40 岁左右,讲师 30 岁左右。其中最年轻的教授只有 34 岁,最年轻的副教授只有 29 岁。这些高校各个学科都开始由中青年教师唱主角,不同年龄教师初步形成梯队,20 世纪 70 年代末以来师资队伍严重老化的状况得以改变。新晋升的年轻教授、副教授中,有的是从国外学成归来的,有的是"土生土长"的,在学术上都已有所建树,不少是近几年毕业的硕士研究生和博士研究生。

1989 年,上海高校共评聘高级专业技术职务 1 807 人,其中正高级 268 人,副高级 1 539 人。1990 年,上海重新组建高校教师高级职务评审委员会,改进教师职称评定程序和方式。当年共组织评聘高级专业技术职务 579 人,其中正高级 144 人,副高级 435 人。根据复旦大学等 13 所职称改革试点高校的经验,1991 年 8 月 1 日至 12 日,上海市高等教育局在上海铁道学院开展中青年骨干教师高级职务评聘工作,并在全市高校展开中青年教师破格评审高级职务的评聘工作。至 8 月 27 日,全市高校中青年骨干教师晋升高级职务评审工作结束,共有 77 位中青年教师被破格晋升为高级职务。1992 年,上海市高等教育局先后组织高校教师的研究、工程、实验、图书等系列的高中级职务评审和会计、出版、档案、经济等系列的中级职务评审,共评定通过 76 名正教授,273 名副教授,以及其他高级职称的人员 88 名(不包括具有评审权的高校评审数)。1994 年,上海组建第三届高校教师高级职称评审委员会及下属学科组,评审通过 536 名教师的专业技术职务,其中正高级 160 名、副高级 324 名、中级 52 名。1995 年,普通高校与成人高校评审通过正教授(含正研究员)132 人,副教授(含其他副高职称)359 人,讲师 39 人。1996 年,评审通过高校高中级专业技术职务 456 人。

二、实 施

2000 年 6 月 23 日,中共中央颁发《关于深化干部人事制度改革纲要》,明确"以推行聘用和岗位管理制度为重点""逐步实行专业技术职务的聘任和岗位聘用的统一",逐步建立适应不同类型事业单位特点的人事管理制度,形成有利于优秀人才成长和发挥作用的用人机制和重实绩、重贡献的分配机制,建设高素质的科学技术干部队伍。建立和推行岗位管理制度,合理设置专业技术岗位,明确岗位职责、任职条件和聘任期限,竞争上岗,择优聘用。上海市教育委员会根据文件精神,做好高校专业技术职务评聘工作的过渡,改革教师职务评审办法。对中级及以下职务实行"只聘不评",确定今后的职改方向是实行真正的聘任制,由各类学校根据国家的要求设置各级职务的岗位,并根据学科专家的评议意见,直接进行聘任。

2000 年 9 月,东华大学在管理学院、材料学院、纺织学院、理工学院进行人事分配制度改革试点。按照目标管理任务要求,对教学、科研、实验机构进行调整,教师队伍进行优化组合,设立有明确目标和具体要求的学术岗位,分为关键、重要和一般岗位。通过按需设岗,公开招聘,竞争上岗,开展全员聘任工作。每个学院都出现低职高聘、高职低聘的结果。

2001 年 1 月 3 日,上海工程技术大学召开综合体制改革方案研讨会,讨论教育教学改革、科研体制改革、人事考核分配制度改革等方案。6 月 4 日,学校召开的第二届第六次教职工代表大会上审议通过改革方案。6—7 月,学校通过全员竞聘上岗的动员,机关工作人员首先完成竞聘签约。至 10 月,全校完成全员竞聘上岗签约工作。同年 3 月,上海应用技术学院举行首期重点岗位授聘仪式。学院党政领导及全体重点岗位授聘教师、各系部党总(直)支书记及主任、各职能处室负责人等共 200 余人出席仪式。对于设置的 233 个校重点岗位,经校学术委员会评议和审定,校聘任委员会表决通过,有 182 位教师受聘于 6 类重点岗位。其中重点学科带头人 4 人,一般学科带头人 7 人,专业带头人 13 人,主干课程主讲教师 86 人,科研骨干教师 36 人,青年骨干教师 36 人。

2001 年,职务和专业技术职务聘任制度改革步伐加快。根据中共中央组织部、人事部、教育部《关于深化高等学校人事制度改革的实施意见》的精神,上海市教育委员会制定《上海市高等学校教师职务和专业技术职务聘任办法》。从 2001 起,上海市高校停止职称评审,淡化身份管理,强化岗位聘任,从"职称评审"向"职务聘任"全面过渡。上海市高校专业技术职务"评改聘"工作被列为上海推进事业单位改革十大试点项目之一。

2001 年 6 月,教师职务聘任制在上海大学的文学院、机电工程与自动化学院等四个学院进行试点。2002 年 4 月,首批聘任全部结束。143 名(正高 17 名、副高 126 名)具有高级职称任职资格的教授、副教授首批未获聘任,占原有正副高级职务任职资格教师总数的 16.4%。同年,上海师范大学、上海理工大学、上海水产大学、华东政法学院等校相继开展教师按岗位进行职务聘任的工作。

2002 年,在先期进行的教师职务和其他专业技术职务聘任制过渡的基础上,经上海市人事局等有关部门积极协调,听取意见和修改,上海市教育委员会颁发《上海市高等学校教师职务和其他专业技术职务聘任制办法》《关于贯彻〈上海市高等学校教师职务和其他专业技术职务聘任制办法〉的实施细则(试行)》《关于上海市高等学校教师职务结构比例和高级岗位设置的意见》3 个文件。其中《关于贯彻〈上海市高等学校教师职务和其他专业技术职务聘任办法〉的实施细则(试行)》就教师职务和其他专业技术职务的结构比例和岗位职数、岗位职责与任职条件、聘任组织及职责、职务聘任和工资待遇等,作出明确而详细的规定。正式开始了从职称评审向岗位职务聘任的过渡,是高校人事制度的一项重大改革。

2002 年 10 月,华东师范大学颁发《关于在我校设立"终身"教授职务的意见》,成为在全国率先推出"终身教授"聘任制度的高校。受聘的"终身教授"必须是职业道德素质高、治学态度严谨、在本研究领域有相当的学术造诣、在国内外有较高声望和影响、在本学科的发展研究中做出突出贡献的学术带头人,或是在学校教学、研究生培养工作中成绩突出,并积极扶持青年教师的成长发展,近年来承担过重大项目或获得过重要学术成果奖的教授。其聘期可以直至退休。"终身教授"除享受国家的有关工资福利外,还享受终身教授特殊津贴。"终身教授"退休时,学校将根据实际聘任期限,一次性增发补充养老金。次年 1 月,学校举行聘任仪式,党委书记和校长为首批受聘的 62 位终身教授颁发证书,这批受聘的终身教授平均年龄 58 岁。

2002 年,上海工程技术大学完成首届校特聘岗位的选拔和聘任工作。以中青年骨干教师为主体的 34 位教师被聘任到校级各类特聘岗位。同年,上海高校首次试行 5 校(上海工程技术大学、上海电力学院、上海应用技术学院、上海对外贸易学院、上海杉达学院)联合评议聘任教师职务和其他专业技术职务。

2003 年 6 月,上海财经大学第三届第五次教代会通过《教学和科研人员岗位聘任暂行办法》和《教育职员岗位聘任暂行办法》,学校启动新一轮人事管理和分配制度的改革。学校分配制度改革分为教学科研和职员两个系列进行。根据按需设岗、公开招聘、平等竞争、双向选择、择优聘任、严格考核、聘约管理的原则,实行优劳优酬、报酬与岗位职责和工作实绩相联系的分配制度。岗位聘任制强调岗位管理,破除职务终身制,建立能上能下和能进能出的竞争机制。其中,教学科研岗位设院士、长江学者和特聘教授特级岗以及其他十级岗,其中院士、长江学者和特聘教授以及 1—4 级为校聘岗位,5—10级为院(系、部、所)聘岗位;1—4级为教授岗位,4—6级为副教授岗位,6—8级为讲师岗位,9—10级为助教岗位。职员职级分为3个职等和14个职级,其中1—6级为高级职员,7—10级为中级职员,11—14级为初级职员。学校成立校、院(系)部两级岗位聘任领导小组,按照管理权限实行分级聘任、分级管理。学校负责特聘岗位和高级岗位的聘任,各院、系、科研机构、职能部门负责初、中级岗位的聘任。在定编、定岗的基础上,确定并公布招聘岗位、岗位职责、任职条件、聘期和聘任办法,采用考核或考试与考核相结合等方式,在竞聘的基础上确定所聘人选,签订上岗合同。

2004年,上海出版印刷高等专科学校依据"统一思想,服从大局,立足发展,深化改革,突出重点,建设一流"原则,推进机构、人事的调整改革工作。建立以教学、科研为中心,职责明确、管理规范、运转协调、办事高效的管理体系。学校机构由原来15个部门精简到10个,根据要求重新聘任中层管理干部。完成教师、职工岗位聘任工作,实行"事业单位职工聘用合同"制度。

2005年,上海市教育委员会结合高校实际情况贯彻落实中共中央、中共上海市委、上海市人民政府关于在事业单位中开展聘用合同制的要求。同年10月,上海大学、上海理工大学、上海第二医科大学、上海中医药大学、上海师范大学、上海对外贸易学院、上海应用技术学院、上海立信会计学院、上海工程技术大学、上海海事大学、上海音乐学院、上海戏剧学院、上海体育学院、华东政法学院、上海水产大学、上海电力学院、上海金融学院、上海第二工业大学、上海电视大学19所地方高等院校全部实行全员聘用合同制,为高校内部管理体制改革创造条件。

2006年6月,上海市教育委员会颁发《关于调整上海市高等学校教师职务和其他专业技术职务任职条件中对于外语要求的通知》,对有关高校初次受聘各级职务的教师和其他专业技术人员应当具备规定的外语要求进行规范。

2008年,上海市教育委员会为完善和改进上海市高校教师职务和其他专业技术职务聘任的有关政策规定,组织研究高校教师和其他专业技术人员职务聘任的破格政策(绿色通道)。开展兼职高等教育研究和专职高等教育研究系列评议工作,完善、改进思政系列评聘政策和操作规程。探索分类指导的符合教师教书育人、知识创造和服务社会特点的评价与激励办法。

第五章　教师考核与激励

《高等学校教师职务试行条例》规定高等学校教师应拥护中国共产党的领导,热爱社会主义祖国,努力学习马克思主义和中国共产党的路线、方针、政策,有良好的职业道德,遵守法纪,能为人师表,教书育人,能全面地、熟练地履行职务职责,积极承担工作任务,学风端正,身体健康,能坚持正常工作。同时对"助教""讲师""副教授""教授"等教师岗位的任职条件和任职资格评审程序有明确规定(参见附录:"国家有关高等学校教师岗位职责的规定")。根据国家和本地区教育部门的有关规定,各高校在教师岗位的职责、任职条件和任职评审程序,结合学校情况制定的具体实施办法不尽相同,重在教师岗位职责考核办法的探索与奖惩激励的制度化建设。

第一节　教师岗位考核

一、岗位考核探索

改革开放以来,上海各高校的人事分配制度经历从探索起步,到不断进行改革的过程。为适应高校人事制度的改革,对教师的考核,在内容和形式方面,经历一个从探索、修改完善,到制度化、规范化的过程。

1980年,上海高校教师的考评以教育部1979年《关于试行高等学校教师职责与考核的暂行规定的通知》为依据,对助教、讲师、副教授、教授4个不同职称人员进行政治思想表现、工作态度和业务水平等三个方面考核,其中业务水平考核主要根据教师的教学、科研等基础理论、专业知识和外语水平。考核的方式是由教师本人填写教育部印发的《高等学校教师登记卡》,进行自我鉴定,然后通过教研室考评小组评议,在听取本人汇报和群众意见的基础上写出考评意见。

1981年4月,教育部颁发《关于试行高等学校教师工作量制度的通知》《高等学校教师工作量试行办法》《高等学校教师教学工作量超额酬金暂行规定》等文件。其后教师考核的主要内容是工作量考核,而且将教师超额工作量和酬金相结合。由于教师工作量计算是一个极为复杂的问题,在考核实施过程中不断反映出各种问题和矛盾,上海各高校在考核的实践中不断修订有关考核的文件。如:

1981年7月,复旦大学根据教育部4月有关文件的精神,制定《复旦大学试行教师工作量制度实施补充办法》,在全校开始试行。为了更好地试行教师工作量制度,采取三方面措施。一是把各级教师完成一定的教学工作量作为评定与提升职称的重要条件之一;二是每学年对教师完成工作量情况进行考核;三是从1981学年开始,核算与发放超教学工作量酬金。1981学年,按该《补充办法》核算,对超工作量的教师(讲师以上的骨干教师占79%)核发了超工作量酬金。1982年对《复旦大学试行教师工作量制度实施补充办法》进行修订。1983年7月,又进行一次全面的修订,制定《复旦大学教师工作量制度实施办法》。在全校教职工进行的学年考核中,首次把教职工的工作情况通过考核分为超额完成工作量、完成工作量、基本完成工作量和未完成工作量四等,以进一步改变"吃大锅饭"的状况。1985年10月,又制定《复旦大学发放超教学工作量酬金的改革方案》,1987年7

月,再次作出修改。同时修订的还有《复旦大学教师职责及考核办法》。据统计,自1981年开始,每年有教师获得超工作量酬金,前两年每年约100人次,以后几年约每年250人次。

20世纪80年代初,上海交通大学建立部门和个人岗位责任制。1983年8月,制定《教师工作规范》和《教师工作量试行办法》,规定每个教师每年的工作量不能少于1 680小时,同时对不同职称的教师在业务职责、业务质量上作出具体的规定和要求,并印制《上海交通大学教师考核登记表》,内容有教学、科研、实习、社会调查、实验室建设、编写教材、教学法资料、党政工作、完成教学工作量合计和教师个人小结等。考核每学年进行一次,由教研室和系写出评语。评语分为优秀、较好、一般与较差四等。1984年,上海交通大学试行校内浮动岗位津贴制度,规定在进行人员定编和交流,明确部门职责范围和人员岗位责任的前提下,建立和健全严格的考核制度。根据考核的结果和已制定的试行岗位津贴的实施细则,发放校内的岗位津贴。1987年又制定《关于做好教职工考核工作的意见》,进一步规定考核内容应包括德、能、绩、勤四个方面,并以考核绩为主。1994年9月,对《教师工作规范》作出修订。

1981年,同济大学制定《教师工作量制度的实施补充规定》,并设计《教师工作考核登记表》,把教学、科研或生产、编写教材和教学资料等内容分项而列,由教师本人填写。每学期末对工作量完成情况进行一次小结,一学年结束时进行总核算。全年1 680小时为满工作量。考评意见分成3至4个等级。1984年,同济大学强调从德、能、勤、绩四个方面对全校教师进行考核。德,主要考核教师在政治上是否同党中央保持一致,能否坚持四项基本原则;能,主要考核是否具备本岗位工作所需要的业务水平和专业知识;勤,主要考核出勤情况、工作态度和办事效率等;绩,主要考核能否按时、保质、保量完成或提前完成工作任务、作出成绩。1984年的考核,实行组织考核和群众评议相结合的方法,考评结果分特等、优等、一等、二等、三等5个等级。

1984年,上海第二医学院制定《上海第二医学院教师职责范围》,在进一步落实各类人员岗位职责与工作规范的基础上,建立平时与年度考核相结合的教师考核制度。年度考核以岗位职责和完成工作量为依据,以考核实绩为主,从德、智、体、能4个方面全面考核。同年,上海水产学院制定《干部考核暂行办法》《工人考核办法暂行规定》,规范考核体系,采用定性与定量相结合的考核办法。

1988年,上海市高等教育局推广华东化工学院、上海中医学院师资管理改革、优化教师队伍的经验。华东化工学院实行以目标责任为核心的等级考核制度,使一批工作责任心强、教学科研水平高的教师在竞争中脱颖而出,同时积极开展人才交流,实行以发挥队伍整体效能为中心的"扬长分流",对教学、科研、科技服务3支队伍进行有机调整,平衡发展。上海中医学院推出一整套水分少、透明度高,与教师职称评定、奖金分配、出国选拔等紧密挂钩的比较科学、合理的教师实绩考核制度。

上海市高校自1988年至1992年试点与推广考核制度和奖惩制度,取得一定成效。然而各高校的发展并不平衡,在采用的方式与手段、取得的效果等方面也不尽相同。

20世纪90年代起,考核制度已基本纳入各高校的日常工作系统,成为常态化、整体化和制度化的一项工作。上海各高校的教师考核内容和形式也逐步趋同。考核内容方面,主要是考核德、能、勤、绩四个方面。"德"指的是政治思想表现和个人思想品德,教书育人和为人师表;"能"指的是胜任工作的能力,包括完成本职工作的知识水平、业务水平、技术管理水平以及思维能力、动手能力等;"勤"指的是工作态度和事业心,对待工作是否勤勉、精益求精,有积极性和创造性;"绩"指按时保质保量地完成或者超额完成工作任务。考核形式上,在教师填写考核表的基础上,实行自我评议、领导评议、群众评议相结合的方法。考核结果存入本人业务档案，作为聘任、晋级、奖惩的主要依据之一。

对于考核和聘任结合的问题，上海市高等教育局在 1991 年作出规定：凡是未对专业技术人员进行本年度考核的，在下一年度不得开展专业技术职务评聘工作。上海各高校严格考核制度的师资管理改革，优化了教师队伍，促进了高校师资队伍建设。

二、岗位考核制度化

上海市人事局于 1995 年 9 月 18 日颁发《关于印发《上海市事业单位工作人员考核试行意见》的通知），明确考核范围和要求：一是考核对象为上海市各类事业单位的工作人员；二是新进工作人员在本单位工作超过半年的，参加年度考核；未超过半年的，在年度考核时只写评语，不定等次；三是调到现工作单位工作不足半年的，由原单位提供有关情况，现工作单位予以确认考核等次；四是工作人员当年病、事假累计超过半年的，不参加本年度考核；接受立案审查尚未结案的工作人员，暂不参加本年度考核，立案审查后如无问题，是否参加考核或确定等次，由所在单位确定；五是受行政处分的工作人员，可参加年度考核，但当年不得定为优秀等次，其他等次由所在单位确定。对考核内容和标准明确为：一是工作人员的考核内容包括德（是指政治、思想和道德品质的表现）、能（是指业务知识和工作能力）、勤（是指工作态度和勤奋敬业的表现）、绩（是指工作数量、质量、效益和贡献）四个方面，重点考核工作实绩；二是考核标准以工作人员的职位职责和所承担的工作任务为基本依据；三是考核结果分为：优秀、合格、不合格三个等次，各等次的基本标准是：优秀：正确贯彻执行党和国家的路线、方针、政策，模范遵守各项规章制度，熟悉业务，工作勤奋，有改革创新精神，成绩突出；合格：正确贯彻执行党和国家的路线、方针、政策，自觉遵守各项规章制度，熟悉或比较熟悉业务，工作积极，能够完成工作任务；不合格：政治、业务素质较差，难以适应工作要求，或工作责任心不强，不能完成工作任务，或在工作中造成严重失误。要求年度考核要严格坚持标准，被确定为优秀等次的人数，应掌握在本单位工作人员总数的百分之十以内，超过百分之十的应由上级主管部门审核批准，但最多不得超过百分之十五。《通知》对考核方法和程序也作出明确规定：一是对工作人员的考核可采取领导与群众相结合、平时与定期相结合、定性和定量相结合的方法，考核由本单位负责人、或由本单位负责人授权同级副职负责，考核分为平时考核和年度考核，平时考核按时进行，年度考核每年年末或第二年年初进行，年度考核要以平时考核为基础；二是年度考核的基本程序是：1. 被考核人按照考核内容和标准以及对年度工作任务完成情况进行总结，填写由上海市人事局统一印制的《年度考核登记表》；2. 主考人根据被考核人完成工作任务的情况，在结合平时考核和个人总结及听取群众意见（对中层以上领导职务人员，必要时可进行民主评议或民意测验）的基础上写出评语，提出考核等次意见；3. 单位负责人或考核委员会（小组）确定考核等次；4. 工作人员对考核结果如有异议，在十日内可向考核委员会或考核小组书面申请复核，如对复核意见不服，可向上级主管部门提出申诉；5. 年度考核工作结束后，各单位人事（干部）部门应将《年度考核登记表》统一存档，同时于翌年二月底前将《年度考核结果汇总表》报送上级主管部门，由上级主管部门汇总后报同级政府人事部门备案。

国家人事局也于 1995 年 12 月颁发《事业单位工作人员考核暂行规定》的通知。

上海各高校人事处，根据上海市人事局和国家人事局相关文件的原则精神，结合本校的具体情况，制定学校的《考核试行办法》，考核工作趋于制度化和规范化，并在实践中不断修订加以完善。

第二节　奖　惩　激　励

一、先进教师表彰

上海高等教育系统通过评选和表彰先进人物、先进集体激励广大教职工爱岗敬业,在本职岗位上争创佳绩,同时通过树立典型,发挥先进模范人物的带头示范作用。

1989年教师节,上海高等教育系统有78名教师获得全国性荣誉称号,76名教师获得上海市优秀教育工作者称号,还有25所高校的89名教职工获得晋升一级工资的行政奖励。1991年,为使全社会形成"尊重知识、尊重人才""尊师重教"的良好风气,上海高等教育开展教师评优工作,选拔推荐全国教育系统劳模5人,全国优秀教师21人,上海市优秀教育工作者(含市优秀教师)78人。

1993年,上海高等教育系统评选出全国优秀教师和教育工作者34人,评选出优秀中青年骨干教师200人,表彰在培养优秀中青年骨干教师工作中作出显著成绩的导师30人。师范类院校开展曾宪梓教育基金1993年度评选,华东师范大学马炜梁教授获一等奖,另有6名教师获二等奖,55名教师获三等奖。选拔有突出贡献的专家享受政府特殊津贴,局属高校共推荐评选308人,并积极开展高等教育"十大精英"评选工作。

1994年,上海市高等教育系统发起评选"高教精英"活动,推选表彰十大高教精英和十大高教精英提名共20人,并组织力量编写《智慧之光》以宣传十大精英事迹。同年高等教育系统发挥青年教师协会作用,组织优秀青年教师进行考察活动并进行年度考核,参加考核的184名青年教师,45人获A等奖,139人获B等奖。1995年,上海市教育委员会召开全国和上海市教育系统劳动模范、优秀班主任、优秀教育工作者表彰大会。还评选表彰市十佳模范班主任和市、区县园丁奖获得者,评选表彰1993—1995年度高校培养优秀青年教师作出贡献的导师。组织曾宪梓奖评选工作,经国家教育委员会评审,上海市25名教师获奖;参与组织宝钢教育奖评选工作,上海市63名教师获奖。

1998年第十四届教师节期间,上海有14名教师和2名教育工作者由国家教育部、人事部分别授予"全国模范教师""全国教育系统先进工作者"称号。36名教师和2名教育工作者由教育部分别授予"全国优秀教师"和"全国优秀教育工作者"称号。其中高校17人。2001年,上海市高等教育系统评选产生15名全国模范教师,35名全国优秀教师(含全国优秀教育工作者),197名上海市优秀教育工作者。297人获上海市育才奖,641人获上海市园丁奖。推荐申报教育部"高校青年教师奖"3人,推荐申报教育部2001年度"优秀青年教师资助计划"5人。2004年,上海市教育系统共评选出全国模范教师17人、全国优秀教师36人、上海市优秀教育工作者198人,获上海市育才奖290人、上海市园丁奖982人。

2003年,上海市教育委员会组织开展第一届高等学校"教学名师"评选,经过上海市教育评估院组织专家严格评审,评选并表彰52名上海市级教学名师。获奖教师中有31名教师来自教育部直属高等学校,17名教师来自上海市属高校,4名教师来自高职高专学校。获奖教师平均年龄55岁,年龄最大的68岁,最小的39岁。同年由教育部组织评出的全国首届100名国家级教学名师中,上海有7名教师榜上有名,每人获得奖金4万元。2006年,上海市高等教育系统有49名教师获第二届市级教学名师奖,有7名教师获国家级教学名师奖。2007年,上海市高等教育系统评选第三届市级教学名师奖51名。2008年,上海市高等教育系统评选第四届市级教学名师奖37名,其中6名获得国家级教学名师奖称号;评选建设51个上海市教学团队,其中20个获得国家级教学团队荣誉。2009年,上海高等教育系统评选第五届上海市教学名师,共评选出市教学名师38人,其中普通高校31人,高职院校7人。

2003年,上海市首次评选"上海市教育功臣"。王振义、李国豪、周小燕、谈家桢、万善正、刘京海、何金娣、顾泠沅、唐盛昌9位奉献教育事业,在教育教学、教育科研、教育管理工作中作出重大贡献的优秀教育工作者获市政府颁发的"上海市教育功臣"金质勋章和证书。2008年,根据《上海市教育委员会、上海市人事局关于印发〈关于"上海市教育功臣"评选工作的暂行规定(试行)〉的通知》的规定,全市教育系统开展第二届"上海市教育功臣"评选表彰工作。经过第一轮本单位推荐候选人和第二轮同行互相推荐候选人、评选工作领导小组讨论、公示、专家组评审、领导小组投票表决及报上海市政府批准等程序,评选出第二届上海市教育功臣10位,他们是:吴孟超、谷超豪、翁史烈、胡英、俞丽拿、叶佩玉、鲍贤俊、仇忠海、高妙根、郭宗莉。

二、教职工奖惩办法

上海市人事局于1995年9月18日颁发《关于印发〈上海市事业单位工作人员考核试行意见〉的通知》,对考核结果的使用说明如下:一是在当年年度考核被确定为优秀的工作人员中,作出突出贡献的专业技术人员可提前晋升或越级晋升职务工资档次,具体办法由上海市人事局根据国家有关规定另行制定;二是工作人员年度考核连续两年被确定为合格以上等次的,按国家规定可晋升一个职务工资档次;三是工作人员在年度考核中被确定为合格以上等次的,按国家规定在年终发给一次性奖金,奖金数额为本人当年十二月份的基本工资(含津贴部分);四是工作人员当年考核被确定为不合格等次的,可给予调整工作岗位或降职,调整工作岗位或降职后,其工资等待遇按新任工作岗位重新确定;五是工作人员连续两年考核被确定为不合格等次的,应予以辞退。

上海各高校为了促进学校教学、科研、管理工作高效、有序进行,为学校深化内涵建设创造有利环境,进一步激发广大教职工的工作热情和创新活力,增强教职工的荣誉感、责任感,规范教职工的行为,维护学校的利益和声誉,依据《中华人民共和国教师法》,以及国务院及上海市的有关规定精神,结合学校的实际情况,制定对教师进行奖惩的规定。

如上海交通大学试行的"教职工奖惩办法"中,规定有下列5种表现的教职工应当给予奖励:1. 热爱社会主义教育事业,全面贯彻党的教育方针,忠于职守,爱岗敬业,遵守纪律,办事公道,积极承担教学、科研及其他任务,能够起模范作用,表现突出的;2. 在各项工作中有发明、创造或提出合理化建议,取得显著社会效益或经济效益,或为学校节约资源、促进学校发展并取得显著成效的;3. 在培养人才、创造传播先进文化、促进社会文明进步中做出突出贡献,或为国家赢得荣誉的;4. 有效防止、消除事故,使国家和公共利益免受或者减少损失的;5. 在其他方面有突出贡献,应该予以奖励的。奖励分为:通报表扬,嘉奖,授予荣誉称号。而教职工有下列12种行为之一的予以惩戒:1. 违反国家法律、法规、规章以及行政机关的决定、命令的;2. 责任心不强,玩忽职守,给学校、教职工、学生的利益造成损失的;3. 违反工作规定或者操作规程,发生责任事故,或者失职、渎职,给学校的利益造成损害的;4. 发生重大事故、灾情,不按规定报告、不采取措施处置或者处置不力的;5. 泄露国家或者工作秘密的;6. 从事或者参与有损国家和单位利益的活动,或者兼任法律、行政法规、规章禁止兼任的职务的;7. 同时与其他单位建立人事关系,或者与其他单位建立劳动关系并对完成岗位职责任务造成影响,本单位提出改正,拒不改正的;8. 擅自出国或者出国逾期不归的;9. 违反财经纪律,贪污、浪费国家资财的;10. 弄虚作假,剽窃他人成果,侵犯他人知识产权的;

11. 违反职业道德或者社会公德,造成不良影响的;12. 有违反纪律的其他行为的。根据其性质,情节轻重,危害大小,惩戒分为通报批评和处分,处分又分为:警告、记过、记大过、降级(降职)、撤职、开除。

各高校对于教师的奖惩办法,繁简不一,程度不同。大体上均包含上述列举的内容,只是结合学校的具体情况,更具针对性和可操作性,体现学校的个性特点,反映学校发展阶段特征。

第四篇

学生管理

学生管理是高等学校最重要的管理内容之一，涉及招生、学籍、学费、思想政治教育、实习实践、校园生活、文化活动、就业创业等众多内容。改革开放以后，上海高校学生管理为逐步满足社会大众对接受高等教育的迫切需求，以及经济社会发展对不同类型、不同层次人才的迫切需要而不断改革和调整。

为克服因"文化大革命"期间高考中断导致的社会人才断层和高等教育供需矛盾的突出问题，上海在不断扩大高校招生规模的同时，持续率先推出一系列高等教育招生考试制度的重大改革举措，以公正、公平、择优录取的高校招考工作原则，积极扩大高校招生自主权，探索多样化选拔高校新生的途径。上海高校招生考试制度由参加全国统一高考，到自主组织招生考试，再到"3＋1""3＋X"高考改革，全面构建各级各类高中阶段教育与高等教育贯通，高专、高职与本科教育衔接，一般高校与重点高校贯通的"立交桥"。以上海高校春秋"两次考试、两次招生""专升本""插班生"等招生考试新制度，在全国先试先行，打破"一考定终身"的旧局面，为减轻学生升学压力，全面实施素质教育创造良好的社会环境。

随着中国经济社会发展由计划经济逐步向社会主义市场经济过渡转型，上海市的高等教育经历了由精英教育阶段到大众化再到普及阶段的发展变化。1978 年，上海高校在校学生数为 5.19 万人，高等教育处于精英教育阶段。1999 年，在校生达到 21 万人，全市适龄人口（18—22 岁）高等教育入学率达到 34.56％，处于大众化阶段。2002 年，高等教育毛入学率达到 51％，进入普及化阶段。到 2010 年，在校学生数达到 61.24 万人，是 1978 年的 10.8 倍。

随着上海高等教育进入大众化时期，在为上海经济社会长期保持高速发展提供人才保证的同时，上海高等教育树立起"为了每一个学生的终身发展"理念。随着学生规模的扩大和缴费上学制度的建立，困难学生绝对数字不小，帮困助学成为上海市教育主管部门关心的重要内容。经过多年陆续改革、总结、调整、改革，上海高校对家庭经济困难学生，资助资金总量不断增加，资金渠道日益多样化，管理制度日趋完善，逐步构建起多方位、多形式、多途径的资助体系。到 20 世纪 90 年代后期，上海高校已逐步形成比较完善的以奖学金、贷学金、勤工助学、困难补助和学杂费减免为主体的多元化帮困体系。进入 21 世纪，上海市教育委员会联合上海市财政局等部门，以及银行、企业等与各高校积极完善"奖""贷""勤""减""补"5 项帮困措施，通过设立帮困奖学金、国家助学贷款、开展勤工助学、学费减免、发放临时困难补助金等，建立上海高校帮困助学新机制，不让一个学生因经济困难而辍学，帮助大量困难学生顺利完成学业成为社会优秀之才。

上海高校毕业生就业从 1992 年之前的实行按计划分配、派遣就业制度，到 1993 年开始实行供需见面、推荐就业和在一定范围内的双向选择办法，再到现今的毕业生以市场需求为导向的自主择业，上海高校不断加强对毕业生的思想教育和就业指导，帮助毕业生主动适应社会主义市场经济体制的要求，遵循市场规律合理就业，进而有部分毕业生开始自主创业。毕业生的自主选择性提高，为人尽其才、人尽其用提供了广阔空间。在全国高校毕业生数量持续增加，就业形势严峻的情况下，上海高校毕业生就业率基本保持较高水平，居全国前列。在上海高校毕业生就业进展总体顺利，保持较高就业率的同时，上海市制定一系列深化高等学校毕业生就业制度改革，加快高校毕业生就业市场体系建设和高校毕业生就业指导服务,提高就业服务水平,规范高校毕业就业市场的文件、指导意见和实施举措。上海高校毕业生就业指导逐步形成比较齐全的市、校两级工作网络,并由指导毕业生就业为主转向大学生职业规划和就业创业服务援助和指导。

学籍管理是高等学校对在校学生进行管理的重要方面。国家教育部(教育委员会)在不同时期颁布的《高等学校学生学籍管理的暂行规定》《全日制普通高等学校学生学籍管理办法》《普通高等学校学生管理规定》等规章文件,确立中国高等学校学籍管理的基本原则、基本内容和基本方法,是中国高校学籍管理的主要依据。上海市高等教育局在 1987 年制定《上海市研究生学籍管理办法(试行稿)》,1994 年发布《上海市普通高等学校学生学籍管理工作的几点补充规定》,根据上海市高等教育改革发展情况,对研究生学籍管理,以及学生交费上学、免修免听课程、试读制度、修满学分提前毕业、停学、公费生转为自费生等学校出现的实际情况作出具体规定,以更好地适应和推动学校的教学改革(详见附录:"高等学校学生学籍管理的有关规定")。

第一章 招生考试与录取

自 1977 年恢复高等学校招生考试制度以来，上海以扩大考生的选择权和学校的自主权为方向，进行了一系列高等教育招生考试和录取模式的改革探索。自 20 世纪 80 年代的上海高考招生第一批录取高校实行"根据志愿，按比例投档"的录取办法，改革高中毕业会考制度，实行普通高校招生考试单独命题，到 90 年代，上海基本实现招生收费"并轨"改革，高校自主招生扩大到所有本科院校，再到 21 世纪，上海推出高校春季招生，"专升本""插班生"等，都是全国首创、率先的举措。

第一节　招　生　管　理

一、招生管理机构

1977 年，因"文化大革命"而中断的高考招生制度得以恢复。为此，上海市高校招生委员会成立，下设上海市高校招生办公室，承担高校招生考试的管理职能。1977 年 10 月 24 日，中共上海市委批转中共上海市教育局委员会《关于贯彻执行〈国务院批转教育部关于 1977 年高等学校招生工作的意见〉的请示报告》，同意上海市招生委员会由全市各有关方面代表 62 人组成，由中共上海市委常委、市革委会副主任陈锦华任主任，杨恺、刘芳、杭苇、刘佛年、张寿为副主任。1979 年，上海市高校招生委员会及其办公室分开设立。

1985—1995 年，上海市高校招生考试管理机构经过三次调整，其职能逐步转向为高校招生考试提供服务。

1985 年 1 月，上海市成立高等教育考试中心，承担原由上海市高校招生办公室负责的考试任务，转制为经济独立核算、自负盈亏的事业单位。1991 年 7 月，上海市高等学校招生委员会办公室、上海教育考试中心办公室和上海市高等教育自学考试委员会办公室合并组建成"上海市教育招生考试中心"，成为具有一定行政管理职能的事业单位。1993 年，上海市成立上海市高校招生、毕业生就业指导委员会。1995 年 6 月，为规范学校考试与招生，上海市教育招生考试中心、上海市中等学校招生办公室和上海市中等专业自学考试办公室合并组建为上海市教育考试院，统一组织全市大、中学校招生考试和自学考试。

以上 3 次机构调整，同步反映上海高等学校招生自主权日益扩大。招生录取权力逐步归还给高校，招生考试机构的管理职能逐步转向为考试提供优质服务。

二、招生模式改革

为克服因"文化大革命"期间高考中断，上海高校至少少培养 10 万名大学生和研究生，从而造成 20 世纪 70—80 年代上海经济社会发展步入正轨后出现的人才严重断层现象，在 1977 年恢复高考招生制度后，上海高校招生考试制度陆续进行一系列重大改革，在全国屡次率先尝试与探索。1983 年，上海在高考招生时进行第一批录取高校采取"按比例投档"改革试验。次年，全国普通高等学校招生规定,第一批录取高校实行"根据志愿,按比例投档"的录取办法。第二批录取的高校仍实行"分段录取"的方法。1985 年起,上海市在全国率先实行普通高校招生考试单独命题。1996年,上海高校自主招生扩大到所有本科院校及部分外地高校。2000 年上海首次推出高校春季招生。上海还先后推出"3+1""3+X"高考改革。

【高中会考招生】

1983 年,教育部在《关于进一步提高普通高中教学质量的几点建议》中提出"毕业考试和升学考试要分开进行",并号召有条件的地方实行毕业会考制度。1984 年 10 月,上海结合本地实际情况,尝试改革高中毕业会考制度,进行单独命题、独立组织高考。1985 年,国家教育委员会和上海市政府批准上海普通高校招生考试实行单独命题考试,于同年 6 月对 1984 级高一学生实行全市统一历史学科会考,为过渡到高中毕业会考、减少高考科目做准备,这是会考制度的最早试点。1986年 9 月,《上海实行高中会考和改革高校招生考试制度的方案》颁布。1987 年,本着"会考与高考分开"的原则,语数外 3 门学科不举行全市统一会考,3 科毕业考试由各区县统一命题或由中学自行组织。同年,在 1984 级高中生相继参加政治、物理、化学、生物、历史和地理等 6 门学科统一会考基础上,上海将高考科目减少为语文、数学和外语 3 门,并按 1∶1 的比例将考生高考和会考成绩统一计入高校录取总分,会考成绩与高考进行"硬挂钩"。

在"两年准备、一年过渡"基础上,上海逐步建立高中毕业会考和会考合格证书制度。1988 年,上海市政府颁布《上海市普通高中会考和高校招生考试制度的改革实施方案》,提出在普通高中阶段实行全市统一会考的基础上,根据高校不同专业特点进行 2 至 3 门相关科目选拔考试。上海市高等教育局规定会考科目为高中阶段政治、语文、数学、物理、化学、外语、生物、历史和地理 9 门必考课程,成绩全部合格的学生可获得"上海市普通高级中学会考合格证书",取得高考资格,会考与高考成绩由"硬挂钩"改为"软挂钩"。其中,1988 年、1989 年允许一门会考成绩不及格,但分数至少高于 50 分者参加高考。上海高考科目相应调整为"四门六组",即以语文、数学、外语 3 门为各组必考科目,而与其余政治、物理、化学、生物、历史和地理等 6 门选考科目中的一门进行组合,以适应高校不同学科与专业要求。

1991 年,上海再次调整会考制度,规定自当年入学的高一学生起,改会考合格证书为会考证书,并设置优良、合格与不合格 3 个等级。同时,为因病因事缺考或会考成绩不合格考生,建立会考统一补考制度,由市教育考试机构组织补考报名与考试工作,补考成绩只记合格与不合格两级。

上海的高中会考及会考证书制度,对全国其他地区产生极大影响。1992 年,浙江、海南、云南、湖南、河南、贵州和湖北等 10 个省份先后效仿实行高中会考制度。

1992 年,上海针对劳动模范和中专、职校和技校等"三校"学生开展新生选拔试点工作,丰富高等学校招生模式,扩大高等学校录取自主权。1997 年,上海高校招生考试实行"三校生"(指中专、职校、技校毕业生)可以报考专业对口的高等职业学校的招生政策,为"三校生"接受高等教育开辟入学通道。

【招生收费并轨】

为应对社会大众"上大学"需求不断高涨的形势,挖掘高校教育资源潜力,努力扩大招生规模,1980 年,上海高校第一次尝试招收收费走读生,理科每生每学年收费 50 元,文科每生每学年收费40 元,适当降分,使一批高考落榜的学生获得上学机会。由于是象征性收费,人数少,学校采取单独编班,与公费生一样管理。1982年8月30日,上海市首届专科收费走读生推荐录用工作在复旦大学分校、上海教育学院等7所高校进行。这批毕业生共856人,分属中文、秘书、文史、统计、英语、数学、计算机软件等16个专业,全市有60多个市级党政机关和区、县、局一级人事部门向学校要求录用这批毕业生,需求总数达2 400人。

自20世纪80年代中期起,上海为适应市场经济体制改革需求,开始委培生和自费生的改革试点。1987年7月21日,上海市高等教育局颁发《上海市普通高等学校招收自费生试行办法》,规定:自费生必须参加统一高考,录取分数可适当降低,年龄放宽到30岁。各校招收自费生计划须向上海市高等教育局汇报;自费生原则上须缴纳国家定额的2/3以上的培养费,暂定每生每年学费文科800元,理工科(含艺、体、医等)1 200元,学费自理。自费生一般走读,若住读每年交纳100元~150元住宿费。自费生不享受公费医疗和助学金,但合格者可享受奖学金。自费生成绩合格毕业,可自行择业,学校也可代为推荐,国家承认其学历和学位。自费生退学后,可参加次年高考,或作为待业人员参加当地招工。1987—1991年,上海普通高校共招收自费生8 551人,其中本科生668人、专科生7 883人。所招专业以社会急需为主,由于各校自费生多寡不均,有些学校单独编班,有的学校与公费生混合编班,在校期间管理均与公费生一样,毕业时全部实行择优推荐,不包分配。

进入20世纪90年代,随着扩大高校办学自主权的高等教育管理体制机制改革的进程,招收自费生在扩大规模的同时,向高校招生与学生缴费入学并轨的方向改革。1992年,上海率先提出大幅增加招收自费生的改革方案。同年,共有40所高校招收自费生9 597人。收费标准也有较大幅度提高,文科生每生每年2 500元,理科生每生每年2 700元,艺术类学生每生每年3 000元。录取分数由过去最低录取线下浮10分左右改为分批各档分数线下浮10分左右,同时允许开放社会急需的热门专业。1993年,上海外国语学院、上海大学国际商学院和上海大学美术学院进行全部招收自费生试点,在其他一些有条件的高校增加自费生比例。同年,上海高校招收自费生占招生总数的40%,上海市属高校招收自费生数达到招生总数的57%。

1993年2月,中共中央、国务院制定并印发《中国教育改革和发展纲要》,明确提出:高考改革要进一步改革招生录取制度,扩大高校在录取中的自主权。由此,上海高考改革重心转向探索扩大高校招生自主权和高校招生与收费入学并轨制度的改革。1993年,上海市高等教育局颁布《扩大招收自费生规模,深化招生制度改革的若干意见》,提出:上海高等学校招生考试制度逐步实行收费和奖学金、贷学金相结合的制度。收费制度改革分三步实施:先在若干高校试点,其次有一批学校和一批专业进入,最后所有学校基本到位。

1993年,上海工业大学本着"扩大高校招生自主权,实施多样化选拔新生"的宗旨,进行自主招生、学分制和收费入学的综合配套改革。这一改革方向符合国家教育委员会有关"收费并轨"(指招生计划、录取标准和收费标准的统一)意见的精神,1994年,复旦大学、上海交通大学、同济大学、华东师范大学、华东理工大学、上海外国语大学、华东政法学院、上海工业大学8所上海高校和南京大学、东南大学2所外地高校开始"收费并轨"改革试点,改革举措主要包括扩大自费生比例、提高收费标准、改革招生办法、采取配套措施等。"收费并轨"改革使高校招生走出"计划内""计划外"并存的体制,更好地体现公平原则。同年起,除师范、农林学校和专业外,其他全部市属高校和大部分国家部委属高校实行招生录取的学生缴费上学制度,形成公费生、委托代培生、收费生相结合的生源结构。1995年,上海基本实现招生收费制度改革,完成"收费并轨"任务,比上海原定规划提前4年,比全国完成并轨提前3年。1996年,上海市所有高校均可在高考基础上根据学科及专业要求自行确定考试科目,自主录取新生,并全面实施招生和收费并轨改革,推行缴费上大学制度。

为进一步完善"收费并轨"制度,合理制定高校招生收费标准,2005 年,上海市教育委员会会同市财政局、市教育科学研究院智力开发研究所和部分高校就上海市地方高校生均公用经费定额标准进行专题研究,通过测算提出调整定额标准的方案。该方案在 2006 年上海市部门预算编制中实施。

公用经费定额标准调整测算以高校公用经费实际支出为基础,同时考虑学校教学活动开展所必需的办学条件配置需要,并兼顾财政预算内教育经费中人员经费、公用经费、专项经费合理结构安排。根据政府和个人学费分担原则,确定分学科高校生均公用经费综合定额标准以及财政预算内拨款定额标准。调整后,适度拉大各类高校生均公用经费财政拨款差距。

表 4-1-1　2005 年调整后分学科高校生均公用经费定额标准表　　　　（单位：元）

高校分类	综合定额标准			原财政预算内拨款定额
	财政拨款定额标准	学费承担部分	合　　计	
综合理工类	3 380	1 667	5 047	2 750
文科类	2 704	1 667	4 371	2 600
医学类	4 563	1 667	6 230	3 500
体育类	3 920	1 667	5 587	3 500
艺术类	5 239	3 333	8 572	4 500

【保送选送推荐招生】

1985 年起,上海市实行对部分优秀高中毕业生保送进入重点大学、根据会考成绩选送学生进入师范、公安院校的制度。根据教育部规定,上海市和外省市 15 所重点大学,在市属重点中学试行保送少数德智体优秀的应届高中毕业生,免试"直升大学"。1986—1994 年,上海高校招收保送生达 700 余人。

1988 年起,为保证师范生源质量,对地方师范院校同时试行两种招生办法:一是高中毕业考生自愿报名、中学推荐、会考加面试的录取办法,招生数以学校招生计划的 50% 为限。二是考生自愿报名、中学推荐与参加会考结合的办法。如上海师范大学 1988 年招生录取的保送生占 10%、选送生占 40%、高考生占 50%;1989 年保送生占 10%、选送生占 60%、高考生占 30%。1990 年起,除保送生占 10% 外,其余全部通过选送入学。保送生、选送生一般均与中学或区县教育局签有协议,毕业生原则上仍回保送学校或生源地所在教育局安排工作。其后,这两种招生办法扩大到农业院校、公安院校和国家重点大学。保送和选送制度的实施,对改革将高考成绩作为大学录取唯一标准的做法,逐步向多元录取办法过渡是一种有益尝试。

1995 年,上海市教育委员会决定在上海市所有完全中学中推荐优秀高中毕业生,供高校优先选拔。该制度特点为:(1) 推荐中学的面宽,除市重点、区重点中学外,一般完全中学也有推荐名额,以调动上海市各中学实施素质教育的积极性;(2) 推荐工作在上海市教育委员会统一领导下,由各区县教育局负责,各中学推荐有严格的程序,推荐名单在学校张榜公布,并报区教育局和市教育委员会审核;(3) 被推荐的学生同其他考生一样仍需填报志愿,参加全市统一的入学文化考试,各高校在录取时,被推荐的优秀学生享受加分录取的优惠,在达到高校最低录取分数线时,只要本人愿意服从调剂、调配一般应录取。

1985 年起,上海交通大学专门招收免试入学的"少年班"和"高起点、少学时、严要求、多自学"

试点班学员,共招收 28 名"少年班"学员和 127 名试点班学员。

【委托培养、定向选送招生】

委托培养是国家计划招生的重要补充,有利于挖掘高校潜力,加速人才培养。1985 年在上海委托培养共招收 3 169 人,其中上海院校招收 2 803 人,占上海高校在沪招生数的 17.6%,外地院校招收 377 人,占外地高校在沪招生数的 26.7%。

1992 年,上海由上海工业大学等 5 所高校试行为 22 个边远乡定向选送人才的改革,且在招生时给予一定政策倾斜。选送要求为:理工类专业考生的语文、数学、外语、物理和化学(任选一门)4 门会考成绩必须达到 1B3C;文史类专业考生的语文、数学、外语、历史和地理(任选一门)4 门会考成绩必须达到 1B3C。随后,上海市又对选送办法进行适时调整,录取标准调整为 5 门科目会考成绩的原始总分,师范选送生的录取依据由原来 3 门会考成绩扩大到 4 门。这一相关改革扩大了高校选择余地,提高了选送生整体生源质量,对改变郊县边远地区考生的高考竞争劣势有积极意义。

【高校自主招生】

1994 年,中共上海市教育卫生工作委员会和上海市高等教育局同意高校自主招生改革,确定复旦大学、上海交通大学、同济大学、华东师范大学、华东理工大学、上海外国语大学、上海大学、华东政法学院 8 所高校首先进行自主招生改革试点。1995 年自主招生扩大到 17 所高校。1996 年高校自主招生扩大到上海所有本科院校、本科专业以及部分外地高校。高校自主招生主要内容是:学校可以根据社会需求、办学条件和生源状况,自主确定和调整本校招生计划及各专业招生人数;自主确定录取标准和招生办法;在统一入学考试成绩为基本录取依据的前提下,学校可利用各种能力测试作为录取的多元依据。高校自主招生制度改革,使高校招生模式趋于多样化,使招生原则更趋公开、公正、择优录取。1998 年,上海市出台规范高校自主招生改革试点的办法。2001 年,上海 5 所民办高校试点扩大招生自主权限。

这些改革为打破"大一统"的招考格局,最终实现"政府制定法规、考试机构科学、公正地组织与实施考试,高校面向社会依法自主招生"的招生考试新格局迈出坚实步伐。2002 年,上海市普通高校招生工作规定,对部分高职(高专)院校余额计划的招生进行扩大自主招生试点,试行由招生院校"自行确定最低报名资格线、自行制定自主招生方案、考生通过 168 声讯电话补填志愿"的办法,将降分权限和降分幅度交给有招生计划余额的院校,这在上海普通高校秋季招生历史上是首次尝试。2005 年,上海杉达学院、上海建桥学院和上海新侨职业技术学院 3 所民办高校加入自主招生改革试点,取得提前录取学生的机会。2006 年,在上述 3 所高校试点的基础上,上海第二工业大学、上海工商外国语职业学院和上海邦德职业技术学院 3 所学校加盟高职高专院校自主招生改革试点工作。

同时,上海又推出复旦大学和上海交通大学进行"自主选拔招生改革"试点工作,学校可以自行组织文化考试和面试提前录取新生,虽然录取者还要参加随后举行的统一高考,但高考成绩不再成为学校录取的依据。

【春季招生】

2000 年,上海在全国率先推出普通高校"两次考试、两次招生"的改革试点方案,实施春季招生。"两考两招",从"X"科目的设置、考试内容和形式的确定、录取标准和方法等各方面,都给予招生院校以更多自主权,也给予考生更多选择权。同年,上海大学、上海理工大学、上海水产大学、上海中医药大学、上海师范大学、上海电力学院、立信会计高等专科学校和上海金融高等专科学校 8 所高校参加"春季考试,春季招生"改革试点,共录取新生 1 062 人。2005 年,"春季考试,春季招生"高校扩大到 13 所,录取新生共计 2 330 人。

第二节　本专科招生和考试[①]

一、招生

1979 年,上海高校招生办公室运用计算机管理与处理高考考分数据,招生录取工作呈现快速、准确,数据全面等诸多优点。1980 年,继续扩大在高校录取工作中运用计算机进行录取,从输入考生各种成绩到填报志愿,经程序处理,先后报告出考生成绩及各分数段的考生人数、各校录取最高分、最低分,提供各校录取新生的模拟最优方案,按分数段打出各校录取的考生号码。计算机的运用提高了高校录取进度与准确率,达到快速高效的目的。

1992 年起,上海改进学生高考成绩公布办法,将原来由市高校招生办公室将成绩发至区县招办,再由中学向考生公布,改为由市高招办直接向考生公布成绩。这不仅有利于考生更快、更便捷地获悉高考成绩,而且减轻高考对中学教育的压力。这一做法因各种原因一度中断数年,至 1996 年又得以恢复。

1995 年,上海市普通高校招生工作进行四方面改革:(1)继续推行招生收费并轨,除师范、农林等少数专业外,市属院校 1995 年招收新生,推行国家任务计划和调节性计划的招生并轨,实行招生计划、录取标准、收费标准的三统一。在实行学生缴费上学的同时,学校均制订和完善奖学金、贷学金、勤工助学、医疗保险和对困难学生生活补助等一系列配套措施。(2)扩大自主招生试点范围,完善自主招生办法。17 所高校可以根据不同专业要求,自主确定高考考试科目(不少于 3 门)、录取标准和录取办法。(3)完善高考科目设置。经国家教育委员会同意,进行语文、数学、外语、物理、化学、生物、政治、历史、地理 9 门文化科目全部开考试点。自主招生院校具体考试科目,由学校自主确定,非自主招生院校,实行 6 个科目组,实施"3+1"高考模式,兼报兼收。(4)推荐一批优秀学生,供高校优先选拔。优秀生同其他考生一样仍需填报志愿,参加全市统考,录取时优先考虑。

1996 年,上海市教育委员会在总结上海高校招生制度改革基础上,推出以下五方面改革:(1)全面推进招生"并轨"改革。即招生实行国家任务计划和调节性计划合二为一,实行招生计划、录取标准、收费标准三统一,基本实现缴费上大学制度。(2)自主招生试点范围扩大到全市所有本科院校。(3)坚持高考科目设置改革。1996 年高考的科目设置,仍坚持语文、数学、外语、政治、历史、地理、生物、物理和化学 9 门学科全部开考,设置 6 个科目组的改革。(4)继续推行优秀高中毕业生进入高校学习的试点。经推荐的优秀生,在参加全市统一文化入学考试的基础上优先录取。(5)制定全国卷、上海卷的考分折算方法。以全国卷和上海卷考生两条最低控制线为同一起始点,以全国卷满分 750 分和上海卷满分 600 分为同一最高点,在该区段求得全国卷线上考生的考分对应于上海卷线上考生考分的相对位置。由此,将全国卷考生的考分折算成上海卷的考分。录取时,全国卷折分与上海卷分等值排序。当年,上海市普通高校全国卷报考人数为 42 801 人,实际录取

---

① 专科包括高等专科学校(前简称"大专",后称"高专")和高等职业技术学院(简称"高职")。

27 701 人,总录取率为 64.7%。其中国家任务计划 27 598 人,占 99.6%,自费生 103 人,占 0.4%。上述改革既坚持改革方向,又注意操作办法的完善。

1997 年起,上海实行高考报名完全社会化,具体内容有:(1)考生参加高考报名由本人直接到所在区、县高招办指定报名点报名、填写报名表。(2)考生成绩由上海市教育考试院通过邮政特快专递(EMS)直接送到考生手中。(3)考生录取通知书由学校通过邮政特快专递(EMS)直接传递至考生本人。在招生录取方法上运用现代化招考手段,加强计算机网络建设,初步形成考试、招生的信息管理系统,全面开展普通高校招生远程网上录取,招生考试工作的各个环节均采用计算机辅助管理的现代化手段和方法。确保招生工作准确、及时、安全、保密,体现出公正、公平、择优录取的招考工作原则。

1998 年,上海普通高校招生工作的重点是采取积极措施,鼓励上海考生报考外地高校。主要做法是:继续安排北京大学、清华大学在沪提前招生;重申凡被外地普通高校录取的上海生源大学毕业生,只要本人愿意均可回沪就业;发放录取通知书同时发放《毕业生就业信息卡》;赴外地就读学生,可申请上海市贷学金,报考边缘地区高校的考生,被第一志愿录取的,可一次性补助 1 000 元,其他志愿录取的,可一次性补助 500 元;凡第一志愿报考外地高校者,在这些院校生源不足时,经该校同意,可在线下适当降分录取,生源不足的外地院校有要求,考生提出申请,也可在二、三志愿和调剂志愿线下适当降分。由于采取上述措施,1998 年集中录取阶段外地高校实际录取 3 360 人,是历年来完成计划最好的年份。同年,上海 40 所普通高校招生 4.89 万人,比 1997 年增长 8.4%。1999 年,上海市报考普通高校 7.26 万人(其中"三校生"9 066 人),比 1998 年的 5.79 万人增长 25.4%;实际录取 6.32 万人,比 1998 年增加 1.43 万人,增幅为 29.2%;录取率为 87%,比 1998 年增加 11 个百分点。

2000 年起,上海率先试行部分高校春秋"两次考试、两次招生"的春季招生考试试点;率先实施各类高中阶段毕业生均可选考所有类型的高等院校;率先实施高校专科毕业生和高职毕业生经考试选拔均可进入本科阶段高校学习(简称"专升本");率先实施一般高校学生经过考试选拔进入重点高校学习(简称"插班生"),从而构建起各级各类高中阶段教育与高等教育贯通,高专、高职与本科教育衔接,一般高校与重点高校贯通的"立交桥"招生考试新制度,打破"一考定终身"的旧局面,为减轻学生升学压力,全面实施素质教育创造良好的社会环境。当年,8 所试点春季招生的高校招生计划 1 110 人(其中本科 590 人,占 53.15%;高职(专科)520 人,占 46.85%),实际录取 1 063 名新生。7 所重点大学招收 151 名"插班生",16 所普通高校招收 879 名"专升本"学生。2000 年有 10.3 万名高中和"三校"毕业生报考普通高校,实际录取 8.13 万人,比 1999 年增加 1.81 万人,增长 28.6%。

2001 年,上海高校继续实行每年春秋季两次招生,在 7 所高校开展招收"插班生"试点,在 16 所高校进行"专升本"招生试点。全市实际报考高校人数达 11.7 万人,普通高校在沪实际招收新生 8.17 万人,比 2000 年增加 1.67 万人,其中本科生比例为 47.3%。全市生源总录取率为 75.94%,比 2000 年提高 8.52 个百分点。

2002 年以后,上海师范大学等高校开始招收视力残障考生,使越来越多的残障考生有机会接受高等教育。

从 2001 年开始,上海扩大部分民办院校招生自主权,试行高职院校自主招生改革。民办高校可根据各专业招生情况,自主确定招生标准和招生计划,增加考生选择权。然而,受限于高校发展规模与教育行政部门招生计划,改革中间一度中止。2005 年,高职院校自主招生改革进入新阶段,上海市教育委员会在宏观调控招生计划基础上,赋予民办高校充分自主权,包括考试科目、考试内容、录取办法等。当年,上海杉达学院、上海建桥职业技术学院和上海新侨职业技术学院 3 所民办高校依法自主实行入学考试,招生计划共 850 人。2006 年参加高校数量增加到 6 所民办高校,实际报考人数为 14 706 人,报考人数与招生计划数之比为 4.27∶1。考生通过招生院校测试后无须参加统一高考就可入学。高职院校实施自主招生后,学生到校率大幅提升,基本达到"学校满意、考生满意、社会满意"的目标,这一有效探索依法落实高校自主招生的途径与方式,在全国教育界引起积极的反响。

二、考试

1977 年恢复高校招生考试制度,分别由各省、市自治区命题,考试科目分两类:一类为理工农医类,考试科目包括政治、语文、数学、物理、化学 5 科;另一类为文科类,考试科目包括政治、语文、数学、历史、地理 5 科。报考外语专业需加试外语。

1978 年起,国家恢复全国统一命题,由各省、自治区、直辖市组织考试和阅卷。科目分两类:一类为理工农医类,考试科目包括政治、语文、数学、物理、化学、外语 6 科;另一类为文科类,考试科目为政治、语文、数学、地理、历史、外语 6 科。外语考试分数不计入总分,作为录取参考,没有学过外语的可以免试;报考外语院校或专业,除笔试外必须进行口试,外语笔试计入总分,数学成绩作为参考分。1979 年,报考重点院校的考生,其外语考试成绩按考试分数的 10% 计入总分,报考一般院校的,不计入总分,作为参考分。1981 年外语成绩按 50% 计入总分,1982 年按 70% 计入总分。1983 年起,外语考试成绩全部计入总分。

1981—1990 年,考试科目仍分两类:(1) 理科考试科目包括政治、语文、数学、物理、化学、外语、生物 7 科。生物考试成绩 1981 年按 30% 计入总分,1982 年按 50% 计入总分,1986 年以后按 70% 计入总分。(2) 文科考试科目包括政治、语文、数学、历史、地理、外语 6 科。

1983 年,按教育部《关于 1985 年试行全日制普通高等学校招生改革的指示》等文件精神,上海高校试行单独命题考试,为过渡到高中毕业会考,改革高考科目做准备。1985 年 6 月,上海市实行全市第一次统一的高中历史会考。1986 年 9 月上海市出台《上海实行高中会考和改革高校招生考试制度的方案》,学生会考成绩和其高考成绩以 1∶1 比例统一计入高校录取学生的总分。经过 1983—1985 年的准备过渡期,从 1985 年起,高中应届毕业生须参加政治、语文、数学、物理、化学、外语、生物、历史和地理 9 门学科的会考。9 门学科会考全部合格者,发给《上海市普通高级中学会考合格证书》(1991 年后改为会考证书,并将会考成绩由原来的五级评分制改为优良、合格与不合格 3 级评分制),作为测量学生高中阶段学习水平的手段,同时也作为高中毕业生报考普通高校资格的依据之一。在普通高中实行全面会考的基础上,普通高校招生考试的科目减少为语文、数学、外语、相关学科(文科从政治、历史、地理 3 门中选一门,理科从物理、化学、生物中选一门)。共设置 6 个科目组:(1) 语文、政治、数学、外语;(2) 语文、数学、外语、历史;(3) 语文、数学、外语、地理;(4) 语文、数学、外语、物理;(5) 语文、数学、外语、化学;(6) 语文、数学、外语、生物。各高校根据各自专业类别和特点,分别选择一组科目作为选拔考生的科目,并允许高校各类专业在上述科目组中提出兼收其他一组科目。此后几年,上海不断探索考试科目设置,如对应届高中毕业生进行综合能力测试。

综合能力测试最先在保送生工作中施行。1998 年,上海在高校保送生中开始小范围的"综合能力测试"试点工作。1999 年由上海市教育考试院独立命题的普通高校保送生综合能力测试开始实施。从 1999 年开始,为规范保送生制度、提高生源质量,教育部规定保送生必须参加综合能力测试。"综合能力测试"成绩满分为 150 分,试行阶段暂定 A、B、C、D 4 个等第,成绩不计入总分,仅供高校录取时参考。之后,综合能力测试成绩按 20％计入总分。综合能力测试重在考查学生掌握、理解和运用所学知识的能力。2001 年,上海从两个层面进一步推进综合测试改革:一是针对高职院校需要的综合技能测试,考生需参加"3＋综合"考试;二是针对普通高校要求的综合能力测试,考生需参加"3＋综合＋1"科目考试。

1996 年,上海开始实行"三校生"高考改革。招生院校主要是高职院校。相关高校针对"三校生"实际实行单独命题,重点考查基本技能和基础文化,考试时间安排在每年 5 月。这一改革为中等职业教育与高等职业教育、职业教育与普通教育相衔接,为中职学校毕业生继续深造提供了条件。

2000 年,上海开始试行春季招生考试改革。春季高考实行初期,积极探索扩大高校招生考试自主权。首先,允许高校根据自身办学和人才培养需要自主确定考试科目。"3＋X"考试模式规定除语数外 3 门课程实行全市统一考试之外,另外 1 门考试科目可以由高校(乃至各专业)自主选择、自行组织。从各校实际操作情况看,考试形式与内容呈现出多样化趋向:考试形式包括笔试、口试和技能操作 3 种;考试内容包括综合技能考试、综合知识考试、单科知识考试与单科能力测试等。上海水产大学甚至规定,语、数、外单科考试成绩优异者及在市、区县、局级以上比赛中获胜者还可免除单独考试。其次,高校享有一定的自主录取学生的权力。高校在录取学生时,可以自主确定如何使用 3 门统考成绩。除上海中医药大学、上海电力学院等校规定以 4 门考试成绩高低为录取基本依据的"总分录取模式"外,还有上海水产大学、上海师范大学、立信会计高等专科学校和上海金融高等专科学校等校采取的以 3 门考试成绩为基础、参照学校单独考试成绩的"单科参照"模式,以及上海大学、上海理工大学的"参数合成"模式,上海理工大学规定按照"综合成绩＝三门统考成绩总分(40％)＋X 科目成绩(60％)"的公式确定先后录取顺序的模式。

三、专升本、插班生招生考试

从 2000 年开始,上海实行"专升本"考试,在高等教育系统内部架设起"立交桥",增加考生的选择机会。2005 年,改革进一步深化,考试形式由校际联考变更为各校自主考试。随后,上海高校进行"插班生"试点改革,即普通高校招收专科学校在读一年以上的学生为插班生的改革,为考生提供了更多自主选择机会。

【专升本】

2000 年,由同济大学、华东师范大学、华东理工大学、东华大学、上海财经大学、华东政法学院、上海戏剧学院、上海大学、上海理工大学、上海海运学院、上海第二医科大学、上海师范大学、上海电力学院、上海水产大学、上海对外贸易学院和上海工程技术大学 16 所本科院校进行"专升本"试点。上海普通高校和上海考生被外地高校录取的 2000 年应届专科(高职)毕业生,符合"专升本"报名条件、身体健康者均可报考。

高校招生方案须经上海市教育委员会审核批复后,统一向社会公布。各试点院校于 7 月初接受报名并填报志愿,每位考生限报一所院校。考生持普通高校专科(高职)毕业证书或普通高校出具的"高校专科(高职)应届毕业证明",外地高校毕业的上海籍考生同时出具由上海市高校毕业生就业指导中心发放的"毕业生就业信息卡"到报考院校报名。专升本选拔考试科目为"2+X","2"为英语、计算机应用基础,为全市联考。其中,英语联考相当于大学英语四级考试水准,计算机应用基础联考(考试在计算机上进行),相当于上海高校非计算机专业计算机应用知识和应用能力等级考试一级水准。"X"为试点院校专业基础考,可考1门~2门,由有关院校自主确定并提前向考生公布,并由学校自主命题、组织考试和阅卷。考生必须达到2门联考科目的最低要求,且达到市里统一划定的录取资格线,方能参加由学校自主确定的专业基础考,通过专业基础考后,供学校择优录取。

试点院校根据事先公布的具体录取办法,自主择优录取"专升本"新生。试点院校将录取名单上报上海市高校招生办公室审核盖章。市高校招生办公室将名单上报市教育委员会备案。被录取的专科生(高职生)报到时应将专科(高职)毕业证书交还给招生院校,方能取得本科学籍。学生因故不能完成本科学业时,招生院校应退还原专科(高职)毕业证书。

"专升本"考试时间为7月底。2门联考科目由上海市教育考试院统一组织命题、考试、阅卷和公布成绩。整个录取工作于8月底结束。有关纪检、监察部门对招收全过程进行监督,确保公正、公平、公开。

【插班生】

2000年,经上海市人民政府同意,教育部批准,上海市教育委员会宣布普通高校招收插班生改革试点方案。在校大学生通过相关考试后,可以从一所高校转入另一所高校就读。同年秋季,在复旦大学、上海交通大学、同济大学、华东师范大学、华东理工大学、上海财经大学和上海大学7所高校部分专业中进行试点。选拔对象为1999—2000学年度上海普通本科院校一年级学生,符合试点高校招收插班生条件,经学籍所在高校同意,身体健康者均可选报一所学校。2000年,上海有350名左右大学生可以在这次改革试点中先行获得转学机会,这个数字约占上海在校一年级大学生总数的2%。

插班生招生,报名条件、专业、名额、考核办法和录取方法等均由试点高校依法自主确定,经上海市教育委员会审核批复后向社会公布。各试点高校在全面考察考生选拔考试成绩等情况后,择优自主录取插班新生。录取名单经市教育委员会审核批准后办理转学手续,学生学籍根据录取学校学籍管理办法进行。7月上旬,接受插班生考生报名和填报志愿,每位考生只能填报一所学校。选拔考试一般在7月中旬举行,录取工作于8月上旬结束。9月,插班新生插入相应高校本科二年级就读。有关纪检、监察部门对招收全过程进行监督,确保公正、公平、公开。

表4－1－2　1978—2010年上海市高校本科、高职高专招生基本情况表

年　　份	学校数(所)	招生数(万人)		在校学生数(万人)	
		本　　科	高职高专	本　　科	高职高专
1978年	26	2.17	0.31	3.38	1.58
1979年	28	1.57	0.28	4.92	1.82

(续表)

年　份	学校数(所)	招生数(万人)		在校学生数(万人)	
		本　科	高职高专	本　科	高职高专
1980 年	33	1.49	0.57	6.43	1.24
1981 年	34	1.43	0.43	7.81	1.30
1982 年	34	1.57	0.43	7.10	1.29
1983 年	43	1.74	0.71	6.41	1.46
1984 年	45	1.95	1.03	6.93	2.06
1985 年	45	2.26	1.49	7.78	3.01
1986 年	48	2.22	1.22	8.47	3.29
1987 年	51	2.45	1.24	9.13	3.12
1988 年	51	2.43	1.33	9.59	3.22
1989 年	51	2.01	1.16	9.40	3.21
1990 年	50	2.08	1.16	9.14	2.98
1991 年	50	2.13	1.13	8.82	2.87
1992 年	50	2.23	1.52	8.68	3.28
1993 年	49	2.36	2.00	8.94	4.16
1994 年	46	2.48	1.70	9.52	4.52
1995 年	45	2.82	1.61	10.22	4.19
1996 年	41	3.07	1.31	11.16	3.63
1997 年	39	3.20	1.31	11.74	3.64
1998 年	40	3.52	1.37	12.75	3.76
1999 年	41	4.20	2.12	14.05	4.58
2000 年	37	4.86	3.27	15.96	6.72
2001 年	45	5.36	4.50	18.14	9.86
2002 年	50	9.00		28.27	
2003 年	57	6.17	5.86	22.39	15.46
2004 年	59	6.99	6.07	24.52	17.05
2005 年	60	7.39	5.79	26.80	17.46
2006 年	60	8.29	5.75	29.29	17.35
2007 年	60	8.70	5.76	31.46	17.03
2008 年	61	8.96	5.62	33.36	16.93
2009 年	66	9.03	5.32	34.74	16.54
2010 年	66	9.12	5.35	35.49	16.07

资料来源:《上海高等教育年鉴》《上海教育统计手册》。

第三节　研究生招生和考试

一、招生与录取

1977年，国务院批准教育部《关于做好1977年高等学校招生工作意见》，提出研究生培养目标是："应具有系统而坚实的基础理论、专业知识和科学实验技能，能够独立进行科学研究工作"。1978年1月，教育部发布《关于高等学校1978年研究生招生工作安排意见》，决定将1977年、1978年两年研究生招生计划合并，1978年恢复招收研究生。恢复时只有单一的国家计划形式。由于招生计划由教育部门单独制订，与计划、分配和市场用人部门脱节，造成高校所培养的研究生不能满足社会需求。

1978—1980年，研究生主要来自在职人员，考生中在职人员约占75％。从1981年起，恢复高考后的应届本科毕业生相继报考研究生，在职人员在新生中的占比下降。1981年在职人员在考生中的比例只有22％。

上海从1983年开始进行招生计划体制改革试点。同年起，根据教育部动员在职人员报考的精神，上海招生单位与有科研协作关系的单位联系，动员有实际工作经验的在职人员报考，并在研究生招生命题、考试、录取等方面向在职人员倾斜，使考生中在职人员比例又回升到50％以上。

从1984年开始，在应届本科毕业生自愿报名的基础上，考生所在学校可以向招生单位提供书面材料推荐优秀应届毕业生。被推荐的优秀应届毕业生，经招生单位审查后，可以免去考试，优先录取。1985年，全国重点高等学校进行推荐少数优秀应届毕业生免试入学试点工作。20世纪90年代，优秀生推荐免试入学普遍展开。

上海交通大学自1985年实行对少数优秀应届毕业生推荐免试入学攻读硕士学位，学制定为两年半，少数优秀应届毕业硕士生可以免试攻读博士学位；少数优秀在校本科生、硕士生经批准可以分别直接攻读硕士和博士学位。1994年，学校又试行"硕—博连读"制等。这些办法对选拔优秀人才、快出人才，提高研究生培养质量有着积极作用。

1986年，国家教育委员会发布《关于改进和加强研究生工作的通知》，提出"稳步发展，保证质量"的方针，明确在控制数量的同时，重点要调整好结构，培养模式应多样化。从此，中国研究生教育开始突破传统的重基础、重理论的单一模式，进入多元化发展阶段。1989年，硕士生录取人数为2 538人，1990年为2 799人。

20世纪90年代后，邓小平在南方谈话中指出"发展是硬道理"，极大激发了生产力发展，中国经济以超过10％的年增长率迅速发展，人民生活水平迅速提高，社会各界对高层次人才的需求也日益迫切，要求教育大发展。1993年《中国教育改革和发展纲要》提出："扩大研究生培养数量""完善研究生培养和学位制度"。然而，研究生教育虽然在稳步发展，但发展速度还跟不上经济迅猛发展的步伐。1999年6月，全国第三次教育工作会议决定扩大高等教育规模。同年，国家科技教育领导小组决定大幅度扩招本专科生和研究生。

1998年，上海57所研究生培养机构共招收研究生7 874人，比1997年增长17.1％。在读研究生数为21 162人，比1997年增长14.6％，其中高校在校研究生19 499人，比1997年增长15.8％；研究生与本专科生（合计）之比提高到1∶7.8。1999年，上海招收研究生9 413人，在读人数为24 420人。2000年，招收研究生1.27万人，比1999年增加0.33万人，增长35.1％。

2002 年,中国高等教育毛入学率达到 15.3％,进入大众化教育阶段。同年,上海高等教育毛入学率达 51％,进入普及化阶段,当年研究生在读人数达 4.89 万人。同年,上海市教育委员会开始研究生教育综合改革试点。改革主要内容为:自主确定招收自筹经费部分研究生的招生规模,各单位可探索除政治、外语外其他科目的考试内容和考试方式;自行决定硕博连读或硕士生提前攻博等培养模式,实行弹性学制,硕士生为 2 年～5 年,博士生为 3 年～6 年,不合格者淘汰;在核定的收费上限内,各单位可确定收费标准与方式,通过"奖贷助免"等形式,保证收费研究生有一定标准的生活费用。

2005 年,上海大学试点研究生招生"预选制",由招生学校自主决定预选考察资格及内容,考生通过预选考察,经国家笔试考试后,直接录取,不再进行复试。

二、培养类别

1996 年,国家教育委员会发布《关于招收攻读硕士学位研究生管理规定》,将硕士生分为国家计划培养硕士生、国家计划定向培养硕士生、委托培养硕士生和自筹经费硕士研究生 4 类。招生选拔办法则分全国统一考试、单独考试、推荐免试 3 种。该规定进一步明确中央省市及招生单位在研究生管理工作上的权责,对招生计划拟定、考生报名、考试录取、作弊处罚等具体工作予以补充完善。这标志着中国硕士研究生管理体制走向成熟。

"国家计划培养",即根据国家招生计划招收、培养研究生;"定向培养",即根据国家招生计划,为定向单位培养研究生,以保证边远地区、艰苦行业对毕业研究生的需求。定向单位不承担定向培养研究生的培养经费,研究生在毕业后根据合同规定到定向单位工作。

"委托培养",是研究生招生制度和毕业生分配制度的一项重要改革。在国家计划外,主要面向为地方社会经济发展服务,由用人单位委托招收培养研究生。1983 年经教育部和上海市政府批准,上海 10 所高校进行招收委托培养研究生试点,共录取委培硕士生 60 人。1984 年,上海市高等教育局提出关于做好委托培养硕士生工作的意见,允许高校在国家计划外接受部门和地方委托培养研究生,以促进研究生教育的发展。同年,上海有 20 所高校和科研单位接受 70 多个单位委托,招收委培硕士生 255 人。1985 年,上海市高等教育局制订《关于委托培养研究生的暂行规定》,委托培养研究生录取人数达 619 人。1986 年 11 月,国家教育委员会、国家计委和财政部制定颁布《关于高等学校招生委托培养硕士生的暂行规定》,上海委培研究生从硕士生扩大到博士生。

"自筹经费培养"。20 世纪 90 年代,高校在国家计划外自筹经费培养研究生发展迅速。1996 年,上海市招收研究生 6 507 人,其中国家计划招生 4 837 人,占 74.36％;委培 1 033 人,占 15.88％,比 1995 年增加 529 人,上升 16.37％;自筹经费生 637 人,比 1995 年增加 382 人,上升 4.93％。即研究生供需由市场调节的部分由 1995 年的 14.32％上升为 25.64％。

除上述四类研究生培养类别外,1985 年,上海开始在职人员申请博士、硕士学位试点。至 1991 年 1 月,开展试点的有复旦大学、上海交通大学、华东师范大学、同济大学、华东化工学院、上海外国语学院、中国纺织大学、上海医科大学、上海机械学院、上海财经大学、上海师范大学、上海科学技术大学、上海工业大学、上海第二医科大学、上海中医学院、第二军医大学等高校及中国科学院在沪 7 个研究所。1991 年 1 月,10 名在职人员被授予博士学位,374 名在职人员被授予硕士学位。

1984 年开始,华东师范大学等高校举办研究生班,接受部门和地方委托培养高等学校师资。

表 4 - 1 - 3　1978—2010 年上海市高校研究生规模表　　　　　　　（单位：人）

年　份	招生数	在校生数	毕业生数	年　份	招生数	在校生数	毕业生数
1978	1 072	1 253	9	1995	4 776	13 378	3 038
1979	1 311	2 363	140	1996	5 915	15 307	3 537
1980	410	2 696	6	1997	6 163	16 841	4 177
1981	881	2 003	1 553	1998	7 281	19 499	4 253
1982	1 003	2 915	105	1999	8 758	22 656	5 196
1983	1 559	3 605	841	2000	11 796	28 582	5 435
1984	2 354	5 473	474	2001	14 751	36 528	6 380
1985	4 264	8 163	1 543	2002	17 848	45 713	7 481
1986	3 933	10 195	1 642	2003	20 767	55 092	9 501
1987	3 444	10 766	2 692	2004	23 545	64 747	12 788
1988	3 406	10 332	3 524	2005	25 845	73 557	15 857
1989	2 679	9 120	3 367	2006	28 250	81 487	18 833
1990	2 803	8 533	2 953	2007	28 748	86 177	22 691
1991	2 717	8 020	2 936	2008	30 195	89 778	24 431
1992	3 323	8 858	2 262	2009	35 418	97 619	26 949
1993	3 919	10 037	2 569	2010	36 619	105 711	26 843
1994	4 665	11 905	2 608				

资料来源：《上海高等教育年鉴》《上海教育统计手册》。

三、研究生考试科目

自 1978 年恢复研究生考试招生后，研究生考试科目主要分为：(1) 专业学科：一般一至三门，最多四门，由招生学校根据专业性质确定；(2) 政治科目：在四门政治课中任选一门，考试题目除选考课程中的基本理论知识以外，还必须着重考试时事政治的实际问题；(3) 外国语：由报考人在招生学校规定的外国语中自选一种。

考试题目由招生学校参照高等学校现行教学大纲所规定的范围选定。考试方式由招生学校决定。招生学校应在确定各专业考试课程中提出主要参考书和参考资料目录，以备报考人员索取。

研究生招生考试分为两次进行。第一次在 8 月 10 日至 31 日报名，9 月 26 日至 30 日举行了入学考试；第二次在 9 月 16 日至 30 日报名，10 月 21 日至 25 日举行入学考试。考生直接向招生学校报名，每人只能报考一个专业。入学考试由招生学校负责办理，学校认为有必要时，可以组织考试委员会进行这项工作。为了减少考生旅途上的往返，招生学校应根据报考人员的地区分布情况委托其他地区的高等学校代办考试工作，受委托的学校应积极办好被委托的考试工作。招生录取一律要经过入学考试，不得免试入学。

第四节　特殊类型招生

特殊类型招生是指普通高等学校招收体育类、艺术类、科技类等特长生的办法。有些省区对有特长生实行达生源所在地高校招生第二批次录取控制线的 65% 即可录取的做法,上海则对特长生采取在原始高考分上直接加分录取的做法。

一、艺术特长生与艺术类专业招生

【艺术特长生招生】

艺术特长生招生主要是指高校为了繁荣校园文化生活,提升大学生的艺术修养,按照年度招生总数 1% 左右直接招收拥有一定艺术专长的考生;或者对具有一定艺术特长的考生进行评估后,在考生高考分数的基础上,给予一定加分,按照比例择优录取。

2005 年以来,上海实行文艺特长生加分录取政策,每位符合认定标准的特长生可获 10 分或 20 分的加分优惠。复旦大学、同济大学、上海交通大学、上海财经大学、华东师范大学、东华大学 6 所高校,根据教育部规定,试点招收文艺特长生,招收人数控制在国家核定的本校年度招生计划总数的 1% 以内。

特长生范围:(1)上海市学生艺术团优秀团员;(2)参加全国、市级文艺比赛成绩优秀者,其中 2005 年可推荐文艺特长生的市级比赛项目为"上海市学生绘画书法作品展"。

上述入围资格审定标准:(1)凡被推荐为"上海市学生艺术团优秀团员"的应届高中毕业生,须有连续两年以上的正式团龄,并经团(队)考核为"优秀团(队)员";(2)参加全国或市级比赛的文艺特长生,须在高三阶段参加经认定的全国文艺比赛,并获个人前六名或一、二等奖;若参加上海市级文艺比赛,则须获个人前三名或一等奖。

加分标准:(1)上海市学生艺术团重点团的优秀团员,可在高考原始成绩分上加 20 分;一般团的优秀团员,加 10 分。(2)在全国文艺比赛中获个人前三名或一等奖者,加 20 分;获个人四至六名或二等奖者,加 10 分。(3)在上海市级文艺比赛中获个人前三名或一等奖者,加 10 分。

【艺术类专业招生】

艺术类专业招生是指高校录取报考艺术类专业的考生,要求考生高考文化成绩达到规定的分数线并通过艺术专业测试。艺术专业招生对艺术专业成绩要求比较高。至 2010 年上海共有 24 所高校设有艺术类专业招生。

二、体育特长生与高水平运动员招生

体育特长生与高水平运动员招生是指高校按照一定的优惠加分政策招收有体育特长的考生或高水平运动员。上海构建小学—中学—大学紧密衔接及配套的体育科学训练体系,已形成"以高校为龙头、以中学为基础、以俱乐部为补充、全社会共同参与"的体育竞技人才培养的基本结构。上海高校每年分拨部分名额招收体育类特长生,2010 年,上海有 17 所高校招收体育类特长生。

三、自主招生

特殊类型的自主招生是指高校根据自身办学特色和对考生的特殊要求来设计、选拔和录取考生。目前,上海自主招生形式主要分为两类:一类主要是由教育部审定招生计划,经过重点高中校长推荐、学生自荐、并参加高校组织的测试、面试等形式进行选拔,通过选拔的考生一般只要达到高考一本线即可录取。这类形式自主招生的上海高校主要有复旦大学和上海交通大学两所;另一类主要是按照教育部同意的招生计划,按当年高校招生计划总数的5%进行自主招生,通过高校自主测试来确定入选考生名单,考生入选后获得一定的加分奖励,当考生高考成绩达到该校所在批次要求则可入读该校。这种自主招生形式主要存在于上海其他部属高校如华东师范大学、同济大学等。

2006年,复旦大学、上海交通大学进行自主招生改革试验,自行组织命题和考试,并自主确定录取标准。该年两校自主招生计划均为300人。其中,复旦大学实施的自主选拔录取改革试验方案规定:第一,招生范围限定在上海市,名额为300名,不分专业;考生报名条件为:符合2006年上海市普通高校统一招生考试报名条件;学生在思想政治品德和社会活动方面表现突出,或者在各科学业、科技创新活动和实践活动方面成绩优异,或者在其他方面有特殊才能。第二,报名者必须参加统一笔试(3小时),测试内容涵盖高中语文、数学、英语、政治、历史、地理、物理、化学、生物和计算机10个科目。第三,成绩排名前1200名的学生可填写入学申请资料,并随机接受5名专家的面试,最后决定300人的录取名单。第四,这300名待录取的考生,仍需参加2006年上海市普通高校统一招生考试,高考成绩达到既定要求后便正式录取;在上海市普通高校统一招生艺术类录取批次之前办理正式录取手续。录取后学生统一进入复旦学院接受通识教育,一年后在学校引导下选择专业。

第二章 资助体系

对大学生的资助主要有两大体系。一是主要用于激励学生德智体全面发展、学业成就突出的奖学金资助;二是对家庭经济困难学生的资助。自 20 世纪 80 年代初,上海开始将助学金发放制度改为奖学金评定办法后,奖学金主要由政府、学校和包括社会团体、企业和个人在内的民间发放给经评定遴选出来的优秀学生。随着高校"招生收费并轨"和高等学校规模的快速增长,来自贫困地区和经济困难家庭的学生绝对数增长,受到政府和社会各界的高度关注和大力资助,建立了国家励志帮困奖学金、助学金、助学贷款、勤工助学学杂费减免与临时困难补助等,全方位的帮扶资助体系。上海市高校的家庭经济困难学生资助工作实现两个"全覆盖",即学生群体全覆盖和家庭经济困难学生全覆盖。

第一节 奖 学 金

一、优秀学生奖学金

1981 年,上海市试行将发放人民助学金的办法改为评定奖学金的办法,由上海专科学校学生工作协作组经过数年试行,取得一定效果,并在上海其他高校中推广。1983 年起,在上海工业大学、上海铁道学院、上海交通大学、上海城市建设学院等率先实行人民助学金与奖学金并存的办法。优秀学生奖学金一般主要用于奖励德、智、体全面发展、成绩优异的学生,分三个等级。

1983 年 8 月,上海市高等教育局发布《上海市普通高等学校本、专科学生人民奖学金实施细则》,规定"普通高等学校连续学习时间满一年以上,具备下列条件的在校本、专科学生,可以评发人民奖学金。(1) 热爱社会主义祖国,拥护中国共产党的领导,自觉遵纪守法,维护社会公德,关心集体,热爱劳动,认真执行大学生守则;(2) 勤奋学习,刻苦钻研,学习成绩优秀;(3) 积极参加文体活动,身体健康,有良好的卫生习惯,一般能通过《国家体锻标准》。以上三项条件,必须全面衡量,不可偏废,不搞单面人民奖学金,各学校可以根据本校的具体情况和各年级学生的特点,制订更具体的条件。"

人民奖学金分为三个等级: (1) 一等人民奖学金每人每学年 150 元,掌握在享受人民奖学金学生人数的 1/6 左右;(2) 二等人民奖学金每人每学年 100 元,掌握在享受人民奖学金学生人数的 2/6 左右;(3) 三等人民奖学金每人每学年 60 元,掌握在享受人民奖学金学生人数的 3/6 左右。

人民奖学金的来源,均在学校的人民助学金预算总额内安排解决,其中包括在人民助学金的生活补助费内安排一部分及寒暑假期间停发的助学金部分。人民奖学金每学年评定一次,获得的奖学金分二次发放(每学期开学时各发二分之一),毕业班学生可以在办好离校手续后提前一次发给。评定人民奖学金可以和上海市大专院校每年创三好活动和评选三好学生的工作相结合,三好学生和三好积极分子如果期终学业考核成绩仍属优良者,可以发给条件、等级相当的人民奖学金,他们已领取的三好奖励金可不抵扣,以示鼓励。在 1983 年基础上,1984 年奖学金比例相应扩大到 35%～40% 左右。

1986 年,国家教育委员会下发《关于普通高等学校本、专科学生实行奖学金制度的试行办法的通知》,并同意复旦大学、华东师范大学、上海财经大学和上海工业大学 4 所大学进行改革人民助学金制的试点。1987 年 7 月,国家教育委员会、财政部颁发《普通高等学校本、专科学生实行奖学金制度的办法》提出，为了奖励高等学校学生在校期间，刻苦学习，奋发向上，德、智、体、美、劳等全面发展；鼓励学生报考师范、农林、体育、民族、航海等专业和立志毕业后到边疆地区、经济贫困地区工作，国家和有关部门设立优秀学生奖学金、专业奖学金和定向奖学金。优秀学生奖学金用于鼓励德、智、体、美、劳全面发展，品学兼优的学生；专业奖学金，用于鼓励报考师范、农林、民族、体育和航海等专业的学生；定向奖学金是有关部门和地区为鼓励立志毕业生到边疆地区、经济贫困地区和自愿从事煤炭、矿业、石油、地质、水利等艰苦行业的学生设立的。该《办法》规定了有关获得优秀奖学金的条件，以及优秀奖学金、专业奖学金、定向奖学金的标准、等级和评定比例和办法等，并于1987年9月1日起在普通高校全面施行。

1987年，上海市50所高校普遍实施奖学金制度，大部分高校一、二、三等奖学金获奖人数比例控制在本、专科学生人数的35%左右。各等奖学金金额及评定办法由各校根据实际情况有所调整。

如上海交通大学实行奖学金分综合奖与单项奖两种，各设三个等级。综合奖甲等每人每学期150元，乙等100元，丙等60元，获奖人数占学生总数的30%～60%；单项奖奖金分为300元、250元、150元三种。

上海工业大学作为上海高校奖学金改革的试点单位之一，率先把综合测评结果作为奖学金鉴定和发放依据，并把奖学金经费下放到各系，由系根据具体情况实施。这个办法实行后，全校每年有学生800多人获得各项奖学金。

此外，上海高校重视并设立各种单项奖。如上海铁道学院为鼓励参加统考或单科竞赛成绩优秀者，颁发单项奖学金，规定如下：对参加市、部统考的单科前6名，分别发给奖金90元、70元、50元、40元、20元、10元；获得院举行的数学、物理、外语竞赛前5名，分别发给奖金60元、40元、30元、20元、10元；被评为优秀毕业生发给奖金50元；考取研究生发给奖金50元。

2007年，国务院发布《关于建立健全普通本科高校高等职业学校和中等职业学校家庭经济困难学生资助政策体系的意见》指出，中央继续设立国家奖学金，用于奖励普通本科高校和高等职业学校全日制本专科在校生中特别优秀的学生，每年奖励5万名，奖励标准为每生每年8000元，所需资金由中央负担。

2008年，上海电视大学3613名优秀学子获得奖学金，另有近百名学生获得助学金。上海电视大学三年拿出1000万元设立奖助学金，这在全国电视大学、成人高校系统中尚属首次。上海电视大学奖学金由综合奖学金和单项奖学金组成。其中综合奖学金根据学生的学业成绩和综合表现评定；单项奖学金分为校外竞赛奖学金、优秀学生干部奖学金和特殊贡献奖学金。奖学金每学年评定一次，助学金每学期评定一次。

2010年，上海市教育委员会、市财政局下发《关于提高市属高校博士研究生普通奖学金标准的通知》，将上海高校博士研究生普通奖学金标准由原来的每生每月190元～400元统一提高到1000元。该标准从9月1日开始执行，同时明确博士研究生普通奖学金由学校集中掌握使用，主要用于鼓励优秀学生，或对兼任助教、助研、助管工作的博士生发放部分报酬等，具体发放办法由学校根据研究生学科专业等实际情况自行制定。

二、专项奖学金

上海高校实施奖学金改革，除政府设立的奖学金外，还通过个人或社会团体捐赠赞助的方式，建立计划外奖励基金和企业单位设立的奖学金，以鼓励学习成绩优异、科研成绩突出、品学兼优的学生。

专项奖学金设奖单位有国内包括港澳台地区以及国外的企业、团体或个人。企业设立的如中国船舶工业总公司设立的中国船舶工业总公司奖学金、第二汽车制造厂设立的东风奖学金、上海大众汽车有限公司设立的奖学金、大江集团设立的大江奖学金、杜邦公司设立的杜邦奖学金、陶氏化学中国有限公司设立的陶氏奖学金、霞飞日用化工厂设立的霞飞奖学金等;团体或个人设立的如台湾地区光华教育基金会设立的光华奖学金、上海交通大学1937级校友联谊会在上海交通大学设立的1937级校友奖学金、日中友好协会在复旦大学设立的"纪念茅诚司奖学金"、1984年侨居美国的沈心工长子沈葆琦在上海音乐学院设立的沈心工音乐奖学金、阿拉伯联合酋长国迪拜商会向上海外国语大学捐资建立迪拜—上海阿拉伯语教学基金等。

专项奖学金的发放有面向上海市所有高校或多校的,如于1939年由香港著名爱国商人顾乾麟在上海创设的"叔苹奖学金",1986年在上海续办,1988年又分别在北京、湖州续办。至2003年,三地共有设奖学校多所,累计得奖学生近万人;该项奖学金以"得诸社会,还诸社会"为宗旨,既奖学也育人,为国家和社会培养了大批优秀人才。又如1994年8月,宝钢教育基金理事会决定在全国39所院校设立宝钢教育基金教师奖和学生奖。

大部分专项奖学金是面向某校或某系(专业)的。如上海水产大学以一级教授、著名鱼类学家朱元鼎及其家人捐赠的5万元为基础设立朱元鼎奖学基金,并制订《朱元鼎奖学金实施条例》。1989年,上海水产大学校友倡建的侯朝海基金会成立,设立上海水产大学侯朝海奖学金。台湾地区徐增寿文教基金会董事长王绍埭于1993年1月在母校复旦大学设立徐增寿奖学金,每年捐资2万元人民币奖励优秀的本科生50名。英国劳氏船级社自1995年1月起,向上海交通大学船舶及海洋工程系和船舶动力装置专业在校二年级学生提供奖学金,名额2人,每人2500元/年,直至该学生学业完成离校为止。1997年后改为每年6人;除提供奖学金外,获奖学生还在暑假安排至中国船厂随劳氏船级社验船师实习和进行培训,英国劳氏船级社除提供旅费外,还按实际情况提供一定生活补助。复旦大学校友、旅美实业家吴英蕃于1999年捐资设立"复旦大学吴英蕃校友奖学金",奖励对象分别为法律系、会计系、管理科学系的本科生和经济系、物理系、遗传学系的研究生。2005年11月30日,世界著名船公司——丹麦诺登轮船有限公司在上海海事大学设立的首届奖学奖教金颁奖仪式在北京举行,丹麦王妃亚历山德拉亲自为获奖师生颁奖。2006—2007学年,上海中华职业技术学院设立6项合作办学奖学金,分别是"中发电气奖学金""中华职教奖学金""远弛物流奖学金""红满天奖学金""上海市模具技术协会奖学金""陈卫中数码摄影艺术奖学金"。

专项奖学金有奖励个人的,也有奖励班级或集体的,如上海交通大学由美籍学者朱传榘先生设立的精神文明奖学金要求奖给40个班,每个班150元。

专项奖学金大多以人民币支付,少数如杜邦奖学金、李斯特奖学金、杨乃英奖学金等以美元或加拿大币支付。

各类专项奖学金大部分设在重点大学内,如1992年上海高校的115种专项奖学金中,上海交通大学就占33项,上海交通大学专项奖学金获奖总人数只有60人左右(除集体奖学金外),其奖励金额较高,但奖励面较窄,而人民奖学金占奖学金总额的77%。因此,各类专项奖学金只是人民奖学金的一种补充。

三、奖学基金

奖学金金额有每年拨款,也有设立奖励基金的。如董蒲耀琼女士为纪念其先生、旅美复旦大学校友董霖,于1999年捐资美金10万美元设立奖学基金,2002年又追加2万美元,本金共计12万美元。每年用其利息颁发奖学金,奖励品学兼优、经济困难的本科生。再如由史带基金会和复旦大学于2002年1月共同合作设立的复旦大学史带奖学金基金,由史带基金会捐款125万美金设立基金,其投资收益用于设立和发放奖学金。该奖学金2003年开始实施,主要面向金融、保险方向品学兼优的本科生,共奖励10名本科生,每人每年6 000元。

1996年3月,上海市档案局本着"科教兴档,教育为本"的精神,培养档案专业跨世纪人才,向上海大学文学院捐资5万元,作为奖励品学兼优的档案专业学生的奖学基金。

1998年,上海三菱电梯有限公司响应"科教兴国"的战略决策,捐资在上海电机技术高等专科学校设立"上海三菱教育奖励基金"。至2002年,5年间共有295名优秀学生获得"上海三菱奖学金"。2004年,上海电机学院设立国家奖学金、三菱奖学金、综合奖学金等多项奖励机制,共有1 986名学生获得总金额65万元的各类奖学金。

2004年3月30日,上海外国语大学设立教育发展基金"精文—兴业"奖励基金。2004年4月,同济大学软件学院与花旗软件技术服务(上海)有限公司共同发起设立的"花旗软件教育奖学基金",旨在奖励、资助在花旗软件技术服务(上海)有限公司和各重点院校共同合作的金融信息化人才培养项目中品学兼优的学生。同济大学软件学院在花旗软件技术服务(上海)有限公司的首批实习生因表现出色获得"花旗软件教育奖学基金育才专项奖"。

2005年9月25日,李岚清将个人新近出版的两本书的稿费全部捐赠给教育事业,成立复旦大学管理学奖励基金会。该基金会拟在管理学下属的管理科学、企业管理、公共管理、卫生管理四个子领域中,每年轮流奖励一个领域中的一位杰出人才,及10个提名奖。基金会还同时将对管理学领域的杰出女性人才予以特别关注。

四、研究生奖学金制度

1991年国家开始在普通高等学校中实行研究生奖学金制度,奖学金标准参照当时本、专科的奖励标准执行,起初奖金额度比较低。随着2007年北京大学、清华大学、复旦大学、上海交通大学、同济大学等10所高校实行收费制度改革进而逐步推广到其他高校后,研究生奖学金的额度也随之调整提高。如复旦大学2007级研究生新生学业奖学金规定,博士生一等奖15%~25%,奖额8 000元~12 000元/人;二等奖35%~45%,奖额4 000元~7 000元/人;三等奖20%~40%,奖额3 000元/人。硕士生一等奖10%~15%,奖额6 000元~8 000元/人;二等奖40%~55%;奖额3 000元~5 000元/人;三等奖20%~40%,2 500元/人。2008年,复旦大学在评定2008学年度研究生奖学金时,对代表学校参加市级或市级以上的各种竞赛活动,并获得奖项者;积极参加精神文明建设和各类文化活动,并获得市级或市级以上荣誉者;担任辅导员或从事学生工作,表现突出者;自愿参加无偿献血者;少数民族学生或经济特别困难者,在同等条件下优先给予奖学金。对院系即将推荐参评"上海市优秀学生"的研究生作为一等奖学金候选人,参评"上海市优秀学生干部"的研究生作为二等奖学金以上候选人。其中,一等奖比例为5%,奖额为每人4 000元~10 000元;二等奖比例为10%,奖额为每人2 000元~3 000元;三等奖比例为16%,奖额为每人1 000元~1 500元。评比条件也根据形势需要有所调整。比如2010年,复旦大学将同等条件下优先给予奖学金的情况调整为:(1)担任辅导员或从事其他学生工作者(含人才工程队员);(2)曾参加西部支教服务或其他志愿者活动并表现突出者;(3)自愿参加无偿献血者;(4)少数民族学生或经济特别困难者。

2002年,上海市教育委员会试点进行研究生教育综合改革。其中,收费制度改革在财政部门核定的收费上限内,根据专业情况确定收费标准与方式的同时,向研究生提供各类奖学金,鼓励研究生全面发展;通过与银行协调,扩大研究生贷款额和简化贷款手续;设立一定数量的TA(教学助理)、RA(研究助理)和AA(管理助理)岗位,并依工作情况支付一定报酬;对于优秀学生和某些专业学生,亦可减免学费;通过"奖贷助免"等形式,保证收费研究生有一定标准的生活费用。

2010年,上海市教育委员会、市财政局下发《关于提高市属高校博士研究生普通奖学金标准的通知》,将上海高校博士研究生普通奖学金标准由原来的每生每月190元~400元统一提高到1000元。该标准从2010年9月1日开始执行,同时明确博士研究生普通奖学金由学校集中掌握使用,主要用于鼓励优秀学生,或对兼任助教、助研、助管工作的博士生发放部分报酬等,具体发放办法由学校根据研究生学科专业等实际情况自行制定。

五、留学生及中国港澳台地区学生及华侨学生奖学金

针对留学生,根据《上海市外国留学生政府奖学金管理办法》《上海市外国留学生政府奖学金申请试行办法》制定奖学金实施细则,上海于2007年启动奖学金申请受理工作。上海市教育委员会对有关高校执行2006—2007年度上海市外国留学生政府奖学金评审工作情况进行年度综合评估,并下拨2008年度的奖学金资金。2008年,共有来自68个国家的796名外国留学生获奖,其中A奖(全额奖学金)获得者84人,B奖(部分奖学金)获得者171人,C奖(优秀生奖学金)获得者541人。获得上海市外国留学生市政府奖学金人数比上年增加354人。同年,增加上海应用技术学院和上海电机学院为市政府奖学金院校,至此,全市共有25所高校为上海市政府奖学金院校。

2005年起,国家设立台湾地区学生奖学金,鼓励和吸引更多台湾地区学生来大陆普通高校和科研院所学习。其中,本科生一等奖4000元/人、二等奖3000元/人、三等奖2000元/人;硕士生一等奖6000元/人、二等奖4000元/人、三等奖3000元/人;博士生一等奖8000元/人、二等奖6000元/人、三等奖4000元/人。2009年起奖额在原有基础上分别增加1000元。

2006年起,国家设立港澳及华侨学生奖学金,鼓励港澳地区及华侨学生来内地普通高校和科研院所就读。其中,本科生一等奖4000元/人、二等奖3000元/人、三等奖2000元/人;硕士生一等奖6000元/人、二等奖4000元/人、三等奖3000元/人;博士生一等奖8000元/人、二等奖6000元/人、三等奖4000元/人。2009年起奖额在原有基础上分别增加1000元。

第二节　资助家庭经济困难学生

自高校招生实行"收费并轨"制度,招生规模逐年增加后,来自贫困地区和家庭经济困难的贫困学生人数增长,总体上约占在校生总数的20%。上海市政府十分重视高校的帮困工作,每年由分管市长召开专题会议,研究帮困工作,确定资助方案,通过地方财政拨款资助。市财政部门还在高校生活用煤、副食品、粮油上给予补贴。

一、励志帮困奖学金

2002年,国家设立"国家奖学金",旨在帮助高校经济困难学生顺利完成学业,每年资助金额为

2亿元,资助45 000名经济困难学生。资助标准是一等奖学金每人每年6 000元,二等每人每年4 000元,同时所在高校减免当年全部学费,即获得国家奖学金的学生每年能够得到8 000元～13 000元的资助金。自2005年9月起中央政府每年出资10亿元设立"国家助学奖学金",分为两部分:(1)国家助学金,面向全国公办全日制普通高校在校本专科学生中的特别贫困家庭学生,每人每月资助150元生活费,资助人数50多万人;(2)国家奖学金,面向全国公办全日制普通高校在校本专科学生中品学兼优的贫困家庭学生。每人每年资助4 000元,资助人数5万人。

2002年,国家奖学金首次在全国各高校评选。当年,上海高校共有2 410名困难学生获国家奖学金。其中一等奖541名,每人6 000元;二等奖1 869名,每人4 000元。至年底,1 072.2万元国家奖学金专项已分别通过教育部和地方财政划拨到各有关高校,各高校全面执行国家奖学金发放规定:对获奖学生给予全额学费减免,最高减免金额为1万元。

本次国家奖学金评审,各校制定严格的评审规范和操作细则,坚持公开、公平、公正原则,实行公示制度;在同等条件下,优先考虑家庭经济特别困难学生,特别是来自西部和边远地区的经济困难学生以及农、林、航海等学习专业的学生。2002年12月24日,东华大学举行2002年度国家奖学金颁奖暨社会公益活动服务队成立仪式,204名特困生经评审获得资助,其中,一等奖46人,每人6 000元;二等奖158人,每人4 000元。为激发受助学生的社会责任感,学校成立社会公益活动服务队,规定凡申请国家奖学金、申请学费补助,以及接受社会慈善机构资助的学生,必须参加50～100个小时的社会公益活动回报社会。

《国务院关于建立健全普通本科高校高等职业学校和中等职业学校家庭经济困难学生资助政策体系的意见》指出,中央与地方共同设立国家励志奖学金,用于奖励资助普通本科高校和高等职业学校全日制本专科在校生中品学兼优的家庭经济困难学生,资助面平均约占全国高校在校生的3%,资助标准为每生每年5 000元。国家励志奖学金适当向国家最需要的农业、林业、水利、地质、矿产、石油、核工业等专业的学生倾斜。中央部门所属高校国家励志奖学金所需资金由中央负担。地方所属高校国家励志奖学金所需资金根据各地财力及生源状况由中央与地方按比例分担。其中,西部地区,不分生源,中央与地方分担比例为8∶2;中部地区,生源为西部地区的,中央与地方分担比例为8∶2,生源为其他地区的,中央与地方分担比例为6∶4;东部地区,生源为西部地区和中部地区的,中央与地方分担比例分别为8∶2和6∶4,生源为东部地区的,中央与地方分担比例根据财力及生源状况等因素分省确定。人口较少的少数民族家庭经济困难学生资助资金全部由中央负担。鼓励各地加大资助力度,超出中央核定总额部分的国家励志奖学金所需资金由中央给予适当补助。省(区、市)以下分担比例由各地根据中央确定的原则自行确定。

2007年6月,财政部、教育部颁布《普通本科高校、高等职业学校国家奖学金管理暂行办法》。同年,上海印发《上海市人民政府关于建立健全普通本科高校高等职业学校和中等职业学校家庭经济困难学生资助政策体系的实施意见》,规定国家奖学金用于奖励普通本科高校和高等职业学校全日制本专科在校生中特别优秀的学生(含家庭经济困难学生)。年度获奖学生数按照国家有关规定执行,奖励标准为每生每年8 000元。国家励志奖学金用于奖励资助普通本科高校和高等职业学校全日制本专科在校生中品学兼优的家庭经济困难学生。年度获奖学生数在国家规定的3%在校生的基础上,上海在市属高校范围内每年再增加2 000人,资助标准均为每生每年5 000元。国家励志奖学金适当向国家急需的农、林、水、地、矿、油、核等专业的学生倾斜。上海市奖学金用于奖励普通本科高校、高等职业学校和全日制中等职业学校在校生中特别优秀的学生(含家庭经济困难学生)。普通本科高校、高等职业学校年度获奖学生数为1 000人,奖励标准为每生每年8 000元。在同一学年内,同一普通本科高校、高等职业学校学生只能享受国家奖学金、国家励志奖学金或上海市奖学金中的一项。国家奖学金经费按照国家规定,由中央财政承担;国家励志奖学金中地方分担的经费,由市财政按照国家规定比例,全额承担市属相关高校的经费(含上海增加的2 000人);上海市奖学金、上海市高校毕业生艰苦地区就业奖励金和中等职业学校学生专业奖励金,由市级财政负担。

二、助学金

上海高校人民助学金制度一直沿用至1983年。随着中国经济体制改革和教育体制改革的启动和推进,人民生活条件逐年提高,普遍享受人民助学金的办法显得越来越不合时宜,加之在实际发展中存在的"平均主义",很难发挥学生自强自立意识,很难调动其学习的积极性。鉴于此,上海许多高校率先在全国开始了学生资助制度改革探索。1983年起,上海工业大学、上海铁道学院、上海交通大学、上海城市建设学院等率先实行人民助学金与奖学金并存的办法。助学金一般按学生家庭困难情况分4个等级,主要用于补助学生在校学习期间的经济困难。如上海交通大学定甲等每人每月补助21.5元,乙等17元,丙等12元,丁等7元。助学金占全校学生的比例各校不同,最高占70%～80%(上海铁道学院),也有占一半或1/3的。

上海交通大学在全面实行奖学金制度的同时,对未获奖学金而生活确有困难的学生,采取定期和临时补助的助学办法,给予每人每月5元～20元的定期补助,人数不超过20%,临时补助的金额一般不超过30元。

1993年起,上海市高等教育局(后为上海市教育委员会)每年分4～5次拨款至高校,由高校按困难学生实际情况进行资助管理。据统计,其中有28%资金直接用于补助特困生的菜金、现金和衣物,有33%资金用于贫困生参加校内勤工助学工时补贴,有1%资金用于在沪中央和地方科研机构研究生的生活补贴。1999年,为资助高校经济困难学生,上海市政府拨款1 500万元用于帮困。

为缓解经济困难学生的学习生活压力,一些高校采用发放"衣食住行"相关实物或现金的方式予以补助,有夏季送清凉、冬季送温暖、免费借用教材等,每年春节慰问留校困难学生。针对遭遇突发事件或突发变故的学生实行临时困难补助。如1996年,上海水产大学在该校首次开展冬季送温暖活动,为120名困难学生冬季送温暖,发放寒衣、棉被补助。1998年,中国长江、嫩江、松花江等流域广大地区发生特大洪涝灾害,上海高校对灾区学生给予"减、免、缓、补、贷"等多种形式的资助,对特别困难的学生给予部分或全额免除学杂费和住宿费。

2000年,各高校不断完善"奖、贷、勤、减、补"五项帮困措施,不让一个学生因经济困难而辍学。其中,有私营企业家协会和红十字会等单位捐赠,或企业事业单位、社会团体设立的帮困奖学金;还有各高校教职员工和学生募集的帮困金。如复旦大学的"光华奖"、华东理工大学"托起明天的太阳"帮困金等。至年底,各高校发放帮困奖学金总计609万元,全年受益人数6 657人。临时困难补助共发放659万元,28 900人受益。

2002年5月22日,上海应用技术学院已故詹守成先生投资100万元设立"助学奖学金"的事迹,受到上海市高校精神文明建设工作会议的表彰,并被评为2001年度上海市教育系统精神文明"十佳"好事。2003年7月9日,东华大学与浙江恒逸集团举行签约仪式。恒逸集团出资1 000万元设立"东华大学恒逸助学金"。该助学金为留本基金,以每年的增值收益发放助学金,资助金额为5 000元/人/年,对符合条件的研究生给予连续二学年奖金,对符合条件的本科生将连续四学年予以资助。

2004年,上海市教育委员会与各高校积极完善"奖、贷、勤、减、补"帮困措施,建立上海高校帮困助学新机制。全年,各高校帮困奖学金总额为3 235.5万元,受益学生20 664人;共发放临时困难补助金1 010.87万元,受益学生29 569人。高校接受社会帮困资助资金1 933.47万元,受助学生14 640人。2004年10月12日,上海电影艺术学院首届学生开学典礼上,学院为建立"帮困助学基金"开展捐款活动,当场捐得助学善款22万元。

2005年,上海市人民政府决定设立上海市政府助学奖学金。自该年起,每年由市财政拨专款约2 100万元,分3类发放。(1)助学奖学金:资助对象是上海普通高等学校中家庭经济困难、品学兼优的全日制本、专科学生。每人每年3 000元,每年资助1 000名学生。(2)助学金:资助对象是上海普通高等学校中家庭经济特别困难的全日制本、专科生。每人每月150元,每年按10个月发放,每年资助1万名学生。(3)支援西部志愿者和到郊区镇校任教奖励金:到西部志愿服务签1年合同、服务期满并考核合格者,每人奖励5 000元;签2年合同、服务期满并考核合格者,每人奖励1万元;到郊区农村偏远地区镇校任教并签订5年以上合同者,每人奖励1万元。首批共有1.1万名学生获得助学奖学金及助学金。同时还有1.66万名学生获得总额为3 014.5万元的国家助学奖学金。

2005年,上海各高校帮困奖学金总额5 923万元,受益学生3.5万人;发放临时困难补助1 102万元,受益学生3.05万人。同年,上海城市管理职业技术学院开展"党员学生手拉手,共创和谐向前走"结对助学活动。共结对150对,有173名党员参加助学帮困活动,第一批捐款72 300元,使70多名贫困学生获得每人1 500元助学金。2005年11月16日,上海科学技术职业学院与10家单位举行"企业奖学金颁奖典礼暨设备捐赠仪式",共有37名学生首次获得6家企业在学院设立的奖学金及助学金。

2006年1月18日,2005年度国家助学奖学金、上海市政府助学奖学金颁奖暨迎春团拜会在上海影城举行。会上1 000名学生得到每人每年3 000元的奖励,10 000名学生得到每人每年1 500元的资助,1.662万名学生分别获得总金额为3 014.5万元的国家助学奖学金的奖励和资助。上海市慈善基金会、上海市红十字会等43个单位和13位个人被评为"2005年度上海高校帮困助学工作作出大贡献的单位和个人"。2006年8月,上海市荣誉市民、全国政协原委员、香港侨民集团主席刘浩清资助人民币100万元,作为上海新侨职业技术学院对困难学生的助贷学基金。为此,学院专设刘浩清教育基金,资助困难学生并奖励有突出成绩的师生。

2006年,根据财政部、教育部制定的《国家助学奖学金管理办法》和财政部下达的预算,上海市地方高校国家奖学金名额为567人,国家助学金名额为10 681人;部属高校国家奖学金名额为1 519人,国家助学金名额为3 853人。国家奖学金金额为每生4 000元,国家助学金金额为每生1 500元。根据《上海市政府助学奖学金管理办法》,全市高校市政府助学奖学金名额1 000人,每生3 000元;市政府助学金名额为10 000人,每生1 500元。全市高校学生共计1.66万人获国家奖学金与助学金、1.1万人获上海政府奖学金与助学金,总额4 815万元;各高校帮困奖学金总额为5 871.92万元,受益学生45 924人;发放临时困难补助1 605.63万元,受益学生44 558人。2007年1月19日,上海市教育委员会召开2006年度上海高校帮困助学工作总结表彰大会,副市长严隽琪出席大会,大会向获得国家奖学金和市政府助学奖学金的学生代表颁发证书。

2007年5月,国务院召开全国家庭经济困难学生资助工作会议,对建立健全中国家庭经济困难学生资助政策体系工作进行全面部署,并颁布《国务院关于建立健全普通本科高校、高等职业学校和中等职业学校家庭经济困难学生资助政策体系的意见》,提出中央与地方共同设立国家助学金,用于资助普通本科高校、高等职业学校全日制本专科在校生中家庭经济困难学生和中等职业学校所有全日制在校农村学生及城市家庭经济困难学生。在普通本科高校和高等职业学校中,国家助学金资助面平均约占全国普通本科高校和高等职业学校在校生总数的20%。财政部、教育部根据生源情况、平均生活费用、院校类别等因素综合确定各省资助面。平均资助标准为每生每年2000元,具体标准由各地根据实际情况在每生每年1000元~3000元范围内确定,可以分为2~3档。国家助学金所需资金由中央与地方按照国家励志奖学金的资金分担办法共同承担。有条件的地区可以试行运用教育券发放国家助学金的办法。普通本科高校、高等职业学校国家助学金,由市财政按照国家规定比例承担。而在此前,上海市也召开家庭经济困难学生资助工作会议,并对上海市高校家庭经济困难学生的资助工作作具体部署和安排。新资助政策的资助范围和力度均明显扩大和加强,据测算,新的资助政策实施后,上海地方高校全年国家奖学金、国家励志奖学金和国家助学金总额从3000多万元增加到2亿多元,受益学生从18000多名增加到6万多名。部属高校上述资助资金将由教育部、财政部直接下达,增加的名额和金额也相当可观。上海另外还将追加国家励志奖学金的名额,同时设立上海市政府奖学金和上海市政府志愿服务奖励金。

2007年6月,财政部、教育部颁发《普通本科高校、高等职业学校国家助学金管理暂行办法》。2007年底,上海市高校有全日制在校家庭经济困难学生76 094人,占全市本专科在校生数的15.62%。上海高校家庭经济困难学生资助工作实现两个"全覆盖",即学生群体全覆盖和家庭经济困难学生全覆盖,除公办高校外,所有民办高校和成人高校中招收的全日制普通高校计划的学生也全部纳入资助政策体系,全年约有62 000多名学生获得各类奖、助学金,约占在校生人数的16.5%,覆盖上海地方高校在校生中的所有家庭经济困难学生。其中,"资助政策体系"(国家奖学金、国家励志奖学金、国家助学金、上海市奖学金、校内奖学金、校内助学金、国家助学贷款、勤工助学补贴、特殊困难补助、学费减免等)共计资助学生440 063人次,资助总金额66 846.67万元。其中政府财政投入约14 170.9万元,学校投入约27 064.73万元,社会资助约3 511.77万元,国家助学贷款22 099.27万元由银行发放。

如东华大学全校18 691人次的学生得到各类资助达2 213万元,新增社会奖助学金15项,社会奖助学金总数达到59项;并落实各项帮困政策,完善阳光社会公益服务队的工作,探索帮困育人新模式,与上海慈善基金会、松江区民政局共建,成立东华大学慈善爱心屋。上海水产大学2006—2007学年共资助本科生8 599人,计1 460.3万元;资助研究生680人,计187万元。2007—2008学年国家助学贷款计划达到900万元。上海海事大学2007年成立学生资助管理中心新增校外奖、助学金11项。上海应用技术学院开展暖心工程,设立"学生资助管理中心",统筹规划、实施贫困生资助计划,采取"奖、贷、勤、补、助"等方法,化解经济困难学生的学习、生活压力,受助学生达3 379人次,占在校生总数的32.21%。

2008年2月,针对南方冷冻天气造成巨大财产损失的情况,上海高校为灾区家庭经济困难学生实施多种形式的帮困助学活动。同年5月12日,汶川大地震发生后,上海各高校建立"奖、助、勤、贷、补、减"的全方位帮扶体系。复旦大学制订爱心扶助方案,以"一个锻炼岗位、一次培训机会、一位辅助师友"的成才扶助体系,铺平贫困生成才之路。上海交通大学成立"抗震救灾特别援助基金",给予受灾学生500元~2 000元一次性补贴,给予受灾严重的学生每月300元~800元补贴,直到毕业。华东师范大学为新生准备充足的勤工助学工作岗位,包括家教、企事业单位兼职以及校内体育馆、文印室、书报亭等几十种岗位,有特殊困难的学生优先。上海海洋大学、上海理工大学、上海海事大学、上海体育学院等派教师跟踪了解灾区学生学习与生活状况,及时开展有针对性的帮困、指导与心理关怀。汶川大地震发生后,上海高考录取向灾区考生倾斜,向灾区增投2%的招生指标。各高校在第一时间掌握本校对灾区学生的录取情况,有的放矢开展工作。录取名单一确定,同济大学教师立刻赴灾区慰问学生,解答大学生活的种种疑问。上海大学录取工作一结束,就及时通过网络、电话等形式了解新生家庭情况,开通网上助学金申请系统。上海理工大学、上海财经大学等制作《帮困政策宣传单》《家庭经济情况调查表》《致灾区同学的一封慰问信》,随录取通知书发给新生,介绍学校帮困政策,承诺"决不让一个学生因家庭经济困难而辍学"。上海大学、上海对外贸易学院提出为灾区学生提供一门式服务和"绿色大礼包"。

2008年底,上海市高校全日制在校家庭经济困难学生共75 553人,占本专科在校生数的15.09%。"资助政策体系"实施国家级、市级和校级资助项目,主要有国家奖学金、国家励志奖学金、国家助学金、上海市奖学金、校内奖学金、校内助学金、国家助学贷款、勤工助学补贴、特殊困难补助、学费减免等。资助总金额达7.95亿元,共计资助学生57.7万人次。其中政府财政投入约2.63亿元(包括国家奖学金、国家励志奖学金、国家助学金、上海市奖学金),学校投入约1.77亿元(包括校内奖学金、校内助学金、学费减免、临时困难补助),社会资助约0.7亿元(包括校外奖学金和校外助学金),国家助学贷款约1.9亿元,校内外勤工助学收入约0.95亿元。其中,国家奖学金由每生每年4 000元提高到每生每年8 000元。新设立的国家励志奖学金为每生每年5 000元。增设上海市奖学金,金额为每生每年8 000元。每年增加2 000名国家励志奖学金名额,国家助学金由国家规定人均2 000元提高到人均2 500元。投放地方高校资助经费由3 000多万元增加到近2亿元,增长6倍。全市家庭经济困难学生资助工作实现学生群体全覆盖、家庭经济困难学生全覆盖。全市地方高校学生获得奖、助学金62 000多人,占在校生人数约16.5%。

2008年11月29日,上海财经大学与天健光华会计师事务所在北京香格里拉饭店签约设立"天健光华助学基金",在2009—2014年五年中,上海财经大学会计学院每年可从"天健光华助学基金"得到6万元人民币,用于资助品学兼优、经济困难的学生。

2009年底,上海市高校全日制在校家庭经济困难学生共75 085人,占本专科在校生数的14.75%。"资助政策体系"资助总金额达8.28亿元,共计资助学生63.7万人次。其中政府财政投入约2.15亿元(包括国家奖学金、国家励志奖学金、国家助学金、上海市奖学金),学校投入约2.54亿元(包括校内奖学金、校内助学金、学费减免、临时困难补助),社会资助约0.56亿元(包括校外奖学金和校外助学金),国家助学贷款约2.22亿元,校内外勤工助学收入约0.81亿元。约为6 000名家庭经济困难学生提供157万元左右的冬令补助,为1万多名学生提供价值140多万元的衣服,为1.06万名家庭经济困难学生提供交通费补助201万元。共有6 305名家庭经济困难新生通过"绿色通道"顺利。

2010年,全市高校共有81万人次获各类资助9.82亿元,家庭经济困难学生全部得到资助。其中中央财政投入约0.68亿元、市财政投入约1.92亿元、学校投入约3.19亿元、社会资助约0.83亿元、金融机构办理高校学生国家助学贷款约3.2亿元。2 122人获国家奖学金1 697.6万元;1.73万人获国家励志奖学金8 650万元;1 000人获上海市奖学金800万元;共发放国家助学金1.6亿元;减免学生学杂费约1 342万元,受益学生6 319余人;约5 887人通过"绿色通道"入学。全市高校博士研究生普通奖学金标准统一提高到每生每月1 000元,全年为1.2万元。

三、助学贷款

中华人民共和国成立后，根据国家规定，对高等学校学生免收学费实行人民助学金制度，自1983年起试行助学金制度和奖学金制度。1987年7月31日，国家教育委员会、财政部发出《普通高校本、专科学生实行贷款制度的办法》的通知，开始试行包括助学贷款在内的多元资助方式。

《普通高校本、专科学生实行贷款制度的办法》指出，由国家向学生提供无息贷款，以帮助部分家庭经济确有困难的学生解决在校学习期间的生活费用。申请助学贷款的条件有：（1）学生家庭确有经济困难，不能支付学习期间全部或部分生活费用；（2）奋发向上，努力学习；（3）遵守国家法律和学校有关规章制度，道德品质良好。对于华侨学生申请贷款与普通高校学校中的其他学生相同，按规定的申请、审批程序办理。每人每年申请贷款额最高不得超过300元，少数学生在获得奖学金后，如生活仍有困难的，可以申请贷款，但申请的贷款和获得的奖学金两项之和全年应控制在350元以内。发放学生贷款控制在本、专科学生人数的30%以内，对少数院校确需超过规定的贷款面时，应报教育主管部门和同级财政部门批准，但最高不得超过35%。

关于贷款偿还的办法有如下几种：（1）学生毕业前，一次或分次还清；（2）学生毕业后，由其所在的工作单位将全部贷款一次垫还给发放贷款的部门；（3）毕业生见习期满后，在2年～5年内由所在单位从其工资中逐月扣还；（4）毕业生工作的所在单位，可视其工作表现，决定减免垫还的贷款；（5）对于贷款的学生，因触犯国家法律、校纪，而被学校开除学籍勒令退学和学生自动退学的，应由学生家长负责归还全部贷款。

1987年9月7日，上海市财政局、上海市高等教育局颁发《普通高等学校本、专科学生实行贷款制度的办法》，在同年入学的本科新生中全面实行。随着高校招生规模扩大，学生贷款从少到多，贷款资金总量不断增长，还贷期限不断延长。以上海工业大学与上海铁道学院为例：两校1986年享受贷款的学生数分别是80人和74人，1987年分别增至134人和226人，到1990年分别增至216人和345人。

1988年，上海水产大学制订《本、专科学生实行奖学金和贷款制度暂行办法》；1991年又制订《本、专科学生贷款偿还实施办法》，进一步完善贷款制度，做好贷款毕业生的还款教育工作，严格履行还款协议，鼓励毕业生到基层、生产第一线和条件艰苦的地方去工作。

上海交通大学1987年限定每人每年贷款额最高不得超过300元，人数控制在全部学生的30%以内。1994年起，学校规定经济困难的学生，每人每年可以申请无息贷款1 500元～2 000元。无息贷款条件、方法、还款期限一般按教育部文件精神执行，均需本人提出申请，须院（系）审核同意，填写"学生贷款申请表"，出具还款担保证人。还需学生家长所在单位或区、乡人民政府签署意见盖章寄回学校。

贷款偿还办法各校不一。一般为学生毕业后，由工作单位先行垫付，然后在其工资中分期扣还，或由学生所获奖学金或勤工俭学的报酬偿还，或由担保人一次偿还。上海交通大学对贷款学生偿还期有特别规定：学生在毕业后2年～5年内偿还。对分配到中外合资和外商独资以及收入较高的单位工作的毕业生，应在1年内还清全部贷款。

1997年9月，上海市教育委员会与上海浦东发展银行合作推出由金融机构出资并管理、政府贴息的"上海普通高校助学金贷款"。1998年，共批贷款1 283人次，贷款金额近1 000万元。这是全国第一个按照市场机制运行，由政府贴息、商业银行为主管理的学生贷款，贷款利率比同期一般贷款低。上海市教育委员会每年拨出 300 万元专项资金用于贴息。这一助学贷款项目弥补了原来由政府出资、学校发放的学生贷款存在的诸如贷款金额小、还贷期限短、贷款回收率低等不足和问题。这一改革举措在全国引起了较大的反响。

1997 年 9 月,上海市教育委员会颁发《上海普通高校助学贷款管理暂行办法》。1999 年,上海市财政局、市教育委员会颁发《上海高校经济困难学生学费减免办法》及《继续执行〈普通高等学校本、专科学生实行贷款制度的办法〉的通知》及《国家助学贷款管理操作规程(试行)的通知》,对贷款对象、条件、金额核定、审批与发放、贷款期限、贴息等做出规定。相关规定为经济困难学生申请国家助学贷款和学费减免提供了依据。

2000 年,根据国务院办公厅转发中国人民银行等部门关于助学贷款管理补充意见的通知精神,市教育委员会与中国人民银行上海市分行即召集上海各大银行研究制定实施办法,并组织人员培训。开学期间,中国工商银行上海分行、浦东发展银行、中国建设银行上海分行以及中国农业银行上海分行分别进入上海 34 所普通高等学校及 7 所纳入普招计划的民办高校和高职学校,积极开展助学贷款咨询、办理工作。至 11 月 30 日统计,全市高校(包括地处上海的中央部委属高校)申请贷款学生共计 26 144 人,其中申请学费贷款 10 192 人,申请生活费贷款 15 952 人。各大银行批准贷款合同金额 31 742.22 万元,批准发放贷款 22 615 人。

为贯彻落实《中国人民银行、财政部、教育部关于切实推进国家助学贷款工作有关问题的通知》要求,上海市教育委员会与中国人民银行上海分行、上海市财政局共同研究制定了 2002 年度上海高校国家助学贷款"四定"(定学校、定银行、定范围、定金额)方案及《上海高校国家助学贷款贴息操作细则》。至 2020 年年底,学生助学贷款人数累计 4.63 万人,贷款合同金额累计 6.47 亿元,实际发放 4.41 亿元,国家助学贷款余额 5.58 亿元,其中中央贴息助学贷款 3.47 亿元,地方财政贴息助学贷款 2.11 亿元。比上年增加 1.67 亿元。

2002 年 6 月 28 日,上海市教育委员会颁发《关于转发教育部〈关于建立国家助学贷款学生个人信息查询系统的通知〉及教育部办公厅〈关于高等学校切实配合经办银行做好国家助学贷款工作的通知〉的通知》,进一步落实"四定""三考核"(按月考核国家助学贷款申请人数和申请金额,按月考核各经办银行审批人数和合同金额,按月考核发放人数和发放金额),利用网络平台做好信息数据采集和发布工作。

上海市教育委员会与上海市财政局、中国人民银行上海分行、中国银行业监督管理委员会上海监管局、上海市金融服务办公室等部门紧密合作,通过招标、议标方式确定 2004 年秋季全市 63 所地方高校国家助学贷款经办银行,落实贷款贴息和风险保证金资金(包括 35 所民办和行业办高职院校)。2003 年 9 月 15 日,2004—2006 年度上海高校国家助学贷款签订仪式在上海市教育委员会举行。上海市学生贷款管理中心与中国银行上海分行、中国农业银行上海分行、中国建设银行上海分行和中国工商银行上海分行签约,标志着上海 63 所全日制普通高校(包括两所部队院校)将全部按国家助学贷款新政策落实承办银行。计划贷款总人数为 4.5 万人,贷款总金额为 2.7 亿元。

2004 年 10 月,上海市学生贷款管理中心与中国银行上海分行、中国农业银行上海分行、中国建设银行上海分行和中国工商银行上海分行举行 2005—2007 年度上海高校国家助学贷款签约仪式,上海市 20 所民办高校和 18 所行业举办的高职院校的学生可以与其他公办高校的大学生同样享受国家助学贷款,在全国率先实现助学贷款的全覆盖。现代化的助学贷款管理体系初步形成。至 2004 年年底,有 90% 的学校与经办银行签订银校合作协议。共有 31 794 名贫困生申请到国家助学贷款,总计发放 26 409.785 万元。其中,部委高校 14 299 人,贷款金额 10 894.58 万元;市属高校

14 892 人,贷款金额 13 665 万元;民办及行业办高职院校 2 603 人,贷款金额 1 849.24 万元。

2006 年 3 月 10 日,教育部在沈阳召开全国国家助学贷款工作会议。同年 4—6 月,上海市教育委员会拜访中国银行上海分行、中国农业银行上海分行、中国建设银行上海分行和中国工商银行上海分行,商议助学贷款工作。7 月 14 日,经协商,上海市学生资助管理中心与四大银行一次性签订四年合作协议。全市地方高校(包括行业办高校、民办高校、部队院校和上海社科院)全部落实国家助学贷款承办银行。上海市教育委员会、市财政局和中国人民银行上海分行联合下发 2006 至 2007 学年度上海普通高校国家助学贷款计划,计划贷款总人数 28 213 人,贷款总金额 16 927.8 万元,风险补偿金比例统一为 10%。

2006 年 4 月,上海市教育委员会转发《教育部办公厅关于建立国家助学贷款工作巡回督察、督办机制的通知》,规定定期报送普通高等学校国家助学贷款情况报表。上海水产大学成立学生资助中心,具体负责学生奖学金、国家助学贷款、勤工助学、国家助学贷款补助、帮困补助、助学金、绿色通道等资助管理工作。2006 年 8 月 25 日,在上海市高校党政负责干部会议上的讲话中,上海市教育委员会主任沈晓明指出要积极稳妥地推进高校毕业生就业和大学生助学贷款工作。上海市大学生助学贷款管理中心与各有关银行新签订 2006—2010 年助学贷款合作协议,8 月底,2006、2007 年的国家贷款计划发至各高校,各高校抓紧与相关银行重新签订国家助学贷款合作协议。此外,各高校要在新学期开学前开通资助贫困学生的绿色通道,确保每一个贫困学生不因经济困难而辍学。2006 年 10 月,上海市教育委员会、财政局、金融服务办公室、中国人民银行上海分行联合下发《关于建立上海市国家助学贷款工作督察、督办机制的通知》。同年秋,上海水产大学在为经济困难学生开设"绿色通道"的经验基础上,设立"无缝隙绿色通道",实现程序节点的无缝隙对接。"面上无缝隙",是防止确实有经济困难的学生因不能及时提供困难证明而不能报到,对没有按时报到的学生,告知学校绿色通道政策和其他帮困助学措施,实现未报到者不遗漏。"线上无缝隙",即绿色通道贯穿学生学习和生活全过程,采取助学贷款、勤工助学、助学金、奖学金、补助等相关帮困措施,完成绿色通道的延续性。经过不断实践和完善,逐步建立起以"奖、贷、勤、助、补、减"六条主线和"绿色通道"等多元资助措施相结合的资助体系,从制度上基本解决家庭经济困难学生就学问题。

2007 年 6 月 1 日,上海济光职业技术学院与光大银行上海分行签署银校合作协议。根据协议,双方将对特困学生发放追加助学贷款。学院与光大银行成立"阳光助学基金",由该基金担保,银行对特困生发放全额贷款:即由国家贴息的基本贷款加学校贴息的附加贷款,确保学院学生不会因交不起学费而辍学,为民办学校学生开创特困贷款、诚信贷款的先例。学院与光大银行上海分行合作共建专业、开发符合社会需求的教学内容等。光大银行上海分行派经验丰富的管理人员来院讲课,并就培养双师型教师等问题与学院开展合作。

2007 年,为落实贫困家庭学生助学贷款和帮困工作,上海各高校做好国家助学贷款及在校贫困生资助等工作,成立学生资助管理中心,负责全校的国家助学贷款、奖学金、勤工助学、特殊困难补助、学费减免等工作。根据《国务院关于建立健全普通本科高校、高等职业学校和中等职业学校家庭经济困难学生资助政策体系的意见》,上海市对国家助学贷款作出规定:(1)进一步完善和落实国家助学贷款政策,确保普通本科高校、高等职业学校每一个家庭经济困难学生能够申请和顺利办理国家助学贷款。(2)切实落实上海家庭经济困难学生赴外地普通高校就学实行生源地助学贷款,市财政对实施生源地助学贷款的金融机构实行贴息和一定风险补偿。(3)各金融机构上海分支机构根据国务院和中国人民银行关于实施国家助学贷款的规定,积极开展相应业务活动。(4)各普通本科高校、高等职业学校要确保每一个符合有关规定条件的学生能够及时办理国家助学贷款。(5)申请国家助学贷款的条件、程序和还贷工作的管理,按照国家有关规定执行。由上海市教育委员会会同市财政局、相关金融机构和学校建立上海国家助学贷款信息库。(6)实行国家助学贷款代偿制度。市财政为在校期间获得国家助学贷款、毕业后自愿到艰苦地区基层单位从事第一线工作且服务3年及以上的毕业生,代为偿还国家助学贷款,代偿还款分3年进行,按照年度还款的比例为3∶3∶4。国家助学贷款的财政贴息和代偿经费,由市财政全额承担,风险补偿由市财政和高校按上海市相关规定办理。

2009年,上海市教育委员会和中国人民银行上海分行、上海银监局等单位沟通,及时下达《2009—2010学年度上海市普通高校国家助学贷款计划》,计划规模比2008年略有增长,确保家庭经济困难学生应贷尽贷。

四、补偿代偿

对普通本科高校和高等职业学校全日制本专科生,在校期间获得国家助学贷款、毕业后自愿到艰苦地区基层单位从事第一线工作且服务达到一定年限的,国家实行国家助学贷款代偿政策。上海市实行国家助学贷款代偿制度,市财政为在校期间获得国家助学贷款、毕业后自愿到艰苦地区基层单位从事第一线工作且服务3年及以上的毕业生,代为偿还国家助学贷款,代偿还款分3年进行,按照年度还款的比例为3∶3∶4。

2010年,上海市与有关部门加强协调研究,进一步明确、完善上海服兵役学生的学费代偿工作操作程序。上海应届高校毕业生服义务兵役代偿工作进展顺利,发放到学生手中的第一批代偿金达916万元。

五、减免与补助

上海高校学生帮困工作经过多年的改革逐步取得长足的发展。资助资金总量不断增加,资金来源渠道日益多样化,管理制度日趋完善,形成一套多方位、多形式、多途径的资助体系,包括普通本科高校、高等职业学校按照国家有关规定,从事业收入中提取一定比例的经费,用于对家庭经济困难学生实行学费减免、国家助学贷款风险补偿、校内无息借款等补助。

2000年,上海高校帮困助学中的学杂费减免项总计278.933万元,1944名学生由此得到资助。全市高校共发放临时困难补助659万元,共有28 900人受益。

为帮助高校部分家庭经济困难的学生顺利完成学业,2004年上海市教育委员会与各高校在积极推进国家助学金贷款新政策的同时,继续实施家庭经济困难学生学杂费减免制度和临时困难补助办法。全市高校总计减免学杂费2 178.56万元,受益学生7 455人;发放临时困难补助1 010.87万元,29 569名学生受益。另外,高校接受社会帮困资助资金1 933.47万元,14 640名学生受助。2005年,对孤儿、烈属、残疾人子女等家庭经济特别困难的学生,全市高校总计减免学杂费1 579万元,受益学生6.3万人。高校全年共发放临时困难补助1 102万元,3.05万名学生受益。另外,在秋季开学时,许多高校为特困生开设"绿色通道",提供资助3 540万元,9 433名学生得到帮助。2004年,上海电机学院认真做好学费减免工作,累积为228名学生减免学费,累计金额达55.073 5万元,减免率为2%,有效减轻困难学生家庭的经济负担。2006年,上海建峰职业技术学院减免部分特困家庭学生学费,给予外省市学生春节探亲补助20余人。寒假期间,学院党政领导走访贫困学生家庭 25 家,送上慰问金达万元以上。开展"树立社会主义荣辱观,建设健康和谐的校园环境"主题教育活动,建立"建峰爱心基金",3 000 多名师生捐款、捐物等奉献爱心,对贫困学生、因病住院学生等给予资助。2006 年,上海海事大学为 129 名学生全部或部分减免学费,金额 26.45 万元。

2009 年,各级政府和各类高校积极主动做好春节寒假帮困工作,全市高校约为 6 000 名学生提供了 157 万元左右的冬令补助,为 1 万多名学生提供价值 140 多万元的保暖衣服,补助 10 600 名家庭经济困难学生交通费 201 万元。全市高校共有 6 305 名新生通过"绿色通道"顺利入学,没有一个学生因家庭经济困难而入不了学。

2010 年,上海市教育委员会印发《关于做好近期高校家庭受灾经济困难学生资助工作的通知》,要求有关学校做好对家庭经济困难新生的资助工作。上海高校开展"世博送温暖"活动,对各类家庭受灾的 645 名经济特别困难大学生给予一次性帮困补助,对青海玉树地震受灾 6 名学生给予一次性补助,共计 13.5 万元。

六、慈善捐助

2002 年 3 月 21—28 日,上海市慈善基金会与同济大学联合举办"爱心募捐、助学帮困"活动周,开展定点和流动募捐活动。同济大学制作 150 多个流动募捐箱和 30 多个固定募捐箱、5 000 多件宣传品、40 000 多个募捐徽标,共募集资金近 66 万元,并设立"同济大学慈善助学帮困基金",用于解决学校师生学习和生活上的困难。3 月 28 日,举行捐赠仪式、现场捐赠活动和"俞新宝与你同行"慈善摄影展。学校帮困救助项目有:特困学生入学"绿色通道"、困难学生补助、勤工助学、莘莘学子营养午餐、银发工程基金、教职工帮困基金、特种重病医疗保障计划等。学校每年资助困难学生的总数超过 2 500 人,定点帮助的特困教职工家庭有 26 户;每年用于救助困难学生的金额总计超过 200 万元。

2002 年 12 月 19 日,上海市南汇电信局 32 名员工与上海电力学院南汇校区 32 名品学兼优的贫困学生帮困结对。南汇电信局捐助员工与学生分别签订《捐款助学协议》,每位学生可获得人民币 2 000 元捐助,今后每学年还可获得 2 000 元资助直至大学毕业,捐款总额达 25.6 万元。

2004 年,上海电机学院通过发放"爱心助学卡""与家庭困难的学生结对子"等爱心活动,形成具有特色的帮困模式。全年共为 109 名品学兼优且生活困难的学生发放"爱心助学卡",提供免费午餐、减免浴资等。院领导带头分别与 10 名困难学生结对子,从生活上、精神上给予学生支持和帮助。年初,经济工程系白血病患者学生叶佳因配对成功,进行骨髓移植手术,全院开展"用爱心呵护生命"募捐活动,献出一份爱心,共募得 5 万多元。

2004 年 8 月 23 日,上海杉达学院计算机科学与技术专业二年级一位学生不幸患上白血病,学校师生纷纷伸出援助之手,短短几天之内募集人民币 5 万多元。

2004 年 11—12 月,上海立达职业技术学院组织全院学生和教职工为罹患白血病的 2003 级商务英语班学生黄晓亭捐款,共捐助 2.286 1 万元,学院董事会提供 1:1 的配套捐款,捐款总额共计 4.572 2 万元。学院董事长山兆珲被授予"2004 年度上海高校国家助学贷款及帮困助学工作做出重要贡献的支持个人"称号。2008 年,上海电机学院电子信息学院学生陈强在半年前患上白血病,经过瑞金医院和中华骨髓库多方努力,与一位台湾地区女孩配对成功。为筹集巨额手术费,学校师生伸出援手,纷纷献上一份爱心。4 月 26 日,全校师生员工捐款和学校补助款共计 11 万元送达陈强父母,4 月 29 日,陈强进行骨髓移植手术。

第三节　勤 工 助 学

1994 年 5 月,教育部、财政部颁发《关于在普通高等学校设立勤工助学基金的通知》。上海市高等教育局积极组织高校推进勤工助学活动。

一、助学机构

自 1994 年 9 月起,上海市 40 多所高校相继建立勤工助学基金,主要用于支付校内勤工助学报酬及给予特困生补助,有的高校还建立贷学基金,发展勤工助学实体。据 1995 年底统计,基金总额达 2 467.96 万元。

1997 年,上海市教育委员会颁布《上海市高校勤工助学(帮困)基金管理实施细则》,对全市高校开展勤工助学活动的组织机构、日常管理、学生参加勤工助学的时间和劳动报酬等作出必要规定,培训推广《上海市高校资助工作管理计算机软件》。1997 年,上海 70%以上的高校建立勤工助学(帮困)基金,制定并实施基金管理办法,并设立专门机构指定专人负责,实行专款专用。

1998 年,上海市教育委员会成立学生勤工助学管理服务中心,统筹高校帮困和勤工助学工作。1999 年 9 月,教育部、财政部印发《关于进一步加强高校资助经济困难学生工作的通知》,决定对1994 年颁发的《关于在普通高等学校设立勤工助学基金的通知》中的部分内容进行修改,从同年秋季学期开始,学校每年学费收入的 10%专门用于勤工助学工作,适当提高勤工助学补助标准,加大对特殊困难学生的补助力度。

二、助学市场

上海市高校积极开拓校内和校外市场,为每一个愿意"打工"的学生提供机会。特别是对困难学生,不少学校建立专门信息库,根据其要求和特长,优先安排勤工助学岗位。并通过建立勤工助学实体(基地),培养学生自强自立的观念,适应社会,服务社会的能力。

为使学生有较长期的稳定岗位,上海市教育委员会勤工助学中心与企业逐步扩大联系,探索引进企业资金在校内建立勤工助学基地。1995 年 11 月,与一家公司合资建立爱生高校勤工助学有限公司,1996 年,在多所院校开辟爱生公司连锁网点,公司提供统一售货小亭和柜台,统一组织货源和销售,连锁网点吸收贫困学生担任店长、售货员,给予勤工助学补贴。1996 年 1 月起,上海市教育委员会与《解放日报》联系,组织 600 名大学生上街卖党报,挂统一标牌、证件,站统一售报专柜,既宣传党的方针政策又有固定助学岗位。同时,上海市经济委员会、市农业委员会、市政府交通办公室、浦东新区等单位都给予大学生勤工助学以热情支持,每年 6 月下旬,上海市教育委员会勤工助学指导中心都举办大型勤工助学市场招聘活动,这些单位提供近 1 万人次岗位。1997 年,上海高校建立的 30 个勤工助学基地和实体,固定资产 304.59 万元;设置校内勤工助学岗位 3 万多个,校外岗位 2.5 万个,85%以上的困难学生得到资助。1998 年,36 所高校建立校内勤工助学基地,参加学生达 8.4 万人,校内外岗位有 3.5 万多个。

20 世纪 90 年代,上海高校开辟的勤工助学基地和实体,具有一定规模和知名度的有复旦大学光华公司、上海交通大学昂立电脑、昂立书店、上海外国语大学学生服务中心、中国纺织大学经纬公司、华东师范大学学生家教中心等。校内勤工助学岗位达 25 604 个,如助教、助研、助管,计算机信息处理,资料文献整理,教学楼、宿舍、图书馆、体育馆等清洁,校园绿化巡逻,文明监督,校刊发行,俱乐部服务、校广播台、电视录像管理等,85%以上的困难学生获得资助。校外岗位有 20 148 个,以科技开发、市场调研、商品促销、家教服务、文秘、劳务居多。同济大学、上海财经大学、上海交通大学、复旦大学的学生,结合音乐、戏剧、外语等专业特长,在为社会服务中取得显著成绩。

2000 年,上海各高校组织开展大学生勤工助学活动,提供的校内勤工助学岗位总计 37 683 个,学生所获勤工助学补贴 3 290.91 万元。高校勤工助学基地及实体管理得到加强,研究完善"上海教育书报亭"、学生文印中心、学生活动中心、学生超市等勤工助学实体营运机制与管理办法。2003 年,上海水产大学举办第一届勤工助学岗位大联赛,设立"自强奖学金",评选勤工助学先进个人等措施,培养经济困难学生自强不息的精神;通过帮困助老、义务家教、希望小学支教等社会服务项目,培养他们奉献社会、回报社会的精神。2004 年,各高校积极开拓校内外勤工助学岗位,勤工助学补贴总计达 6 068.92 万元,85 102 名学生获益。2005 年,上海高校校内勤工助学补贴总计达 1.21 亿元,10.8 万名学生获益。2006 年,上海师范大学全年新增校外勤工助学岗位 230 个,校内勤工助学岗位 100 个;上海政法学院为学生提供勤工助学岗位 134 个;上海交通大学组织勤工助学活动 15 288 人次,金额 386.22 万元。为 6 566 名研究生提供教学助教、科研助教、管理助教服务,酬金总额 2 327.18 万元;上海新侨职业技术学院发放勤工助学经费 14.3 万元;上海建峰职业技术学院设立勤工俭学岗位 20 多个,补贴金额 5 万余元,受益学生 50 余人。

三、助学管理

1996 年,根据国家教育委员会、财政部《关于进一步做好高等学校勤工助学工作意见的通知》要求,上海市教育委员会制定颁发《上海市勤工助学管理暂行办法》,完善勤工助学管理办法。

1997 年 10 月,上海市教育委员会发出《关于进一步加强上海市高校勤工助学管理工作的通知》指出,为保障高等教育改革的深入发展,鼓励大学生利用课余和假期时间参加健康有益的勤工助学活动已成为高校学生及帮困资助工作的重要内容之一。在各方面的共同努力和社会各界的大力支持下,上海高校的勤工助学工作取得了长足的发展。《通知》同时指出,大学生走出校园,进入社会参加各种形式的勤工助学活动,通过接触社会、了解社会,更好地服务社会,培养锻炼了自立自强的能力,取得了良好的社会和经济效益。但也出现了一些消极的现象,如部分学生由于缺乏社会经验及法治观念,与用人单位发生劳务纠纷,个别学生参与销售盗版、淫秽电脑光盘和诈骗性的营销行为等违法乱纪活动,造成极为不良的社会影响。为此,《通知》要求:(1)高校党政领导和有关职能部门要切实加强对勤工助学工作的领导,采取有力措施,切实保障高校勤工助学工作持久、健康、有序地发展。各校要结合有关案例,加强对学生的思想道德、法制观念及自我保护意识的教育。提高学生的思想道德水平,增强他们的法治观念和自我保护意识。同时要积极开展勤工助学上岗前的培训工作,逐步推行勤工助学上岗证制度。(2)高校要健全勤工助学管理工作制度。明确学生工作管理部门作为勤工助学工作的主管部门,其他任何个人和部门包括各类学生社团组织均不得以各种名义从事勤工助学的中介活动。(3)学校保卫部门要积极做好安全防范工作。严禁身份不明人员和单位擅自来校招聘大学生,未经学校勤工助学管理部门同意的广告一律不得进校。(4)学校勤工助学管理部门要加强对校内勤工助学活动的管理。积极开拓适合大学生从事的勤工助学岗位,提倡学生参加有组织的勤工助学活动,依法维护学生的正当权益。对校外用人单位来校招聘学生,必须严格审核其法人资质,并签订有关协议,以确保学生参加健康安全的勤工助学活动。对超过 100 人以上及跨学校招聘大学生参与的大中型勤工助学活动,用人单位必须先到上海市大学生勤工助学指导服务中心(市教育委员会学生处)办理有关的登记审核手续后,方可进行。(5)学生要严格遵守和执行学校的勤工助学管理制度。凡参加勤工助学活动,必须事先到学校勤工助学管理部门登记备案并签订劳动合同。对屡次不听劝阻,擅自参与或组织校外非法打工活动,造成不良影响的学生,必须严肃教育,并依照有关法律和相应的规章严肃处理。(6)要及时总结勤工助学工作的经验和教训,及时发现并妥善处理勤工助学工作中存在的困难和问题。

《国务院关于建立健全普通本科高校、高等职业学校和中等职业学校家庭经济困难学生资助政策体系的意见》规定:鼓励普通本科高校、高等职业学校和中等职业学校组织学生尤其是家庭经济困难学生结合各自专业学习和全面发展的需要,利用课余时间勤工助学,获取合法报酬。普通本科高校、高等职业学校和中等职业学校要按照国家有关规定,从事业收入中提取一定比例的经费,将其中一部分用于校内勤工助学补贴。鼓励企业等社会单位为家庭经济困难学生提供勤工助学机会,对常年积极协助学校开展勤工助学的企业等社会单位予以表彰。学校和企业在组织和接受学生勤工助学时,要保障学生的合法权益,不得组织学生参加有毒、有害和危险的生产作业以及超过学生身体承受能力、有碍学生健康的劳动。学生参加勤工助学劳动的报酬,原则上不低于 8 元/小时。

2010 年,上海市在《关于做好近期高校家庭受灾经济困难学生资助工作的通知》中要求学校引导学生参与世博、服务世博,明确 2010 年在评审国家奖学金、上海市奖学金和国家励志奖学金过程中优先考虑参加世博各项工作的学生。

第三章　毕业生就业创业

自20世纪90年代初开始,高校毕业生就业由统一分配转向"双向选择",进入21世纪,基本确立"市场导向、政府调控、学校推荐、学生与用人单位双向选择"的高校毕业生就业制度。上海高校面对毕业生数量激增及其就业市场的变化,在政府政策引导和扶持、学校就业指导服务和就业援助工作的积极推进下,毕业生就业率一直保持高位。同时,通过大学生职业生涯教育和创业教育,将毕业生就业指导与服务工作不断向前延伸。

第一节　毕业生就业

一、制度变革

1986—1992年,国家对高校毕业生就业实行按计划分配的制度,实施加强宏观计划管理,贯彻统筹安排、合理使用、保证重点、兼顾一般、面向基层、加强生产第一线的方针。部属高等院校面向全国、地方院校基本上面向本地区,本着专业对口、合理使用人才的原则,输送毕业生到基层单位,生产第一线。同时,为改变高层次专门人才紧缺局面,20世纪80年代安排毕业研究生补充到高等学校、科研机构、重点企业、医学卫生、党政机关等用人单位。从1989年起,国家教育委员会改变以往单纯由上级主管部门下达分配方案的办法,采取由学校制定建议分配方案,同时允许毕业生自己联系接收单位,在国家计划范围内,优秀毕业生在一定范围、一定地区内可优先选择去向的弹性原则。由此,大学毕业生就业方式逐步由计划派遣转向自主选择。

自1993年起,国家高等院校毕业生的就业由原来的统一分配转为在一定范围内通过供需见面和双向选择来落实就业单位,就业方式发生根本转变。根据国家教育委员会、相关部委和上海市有关毕业生就业工作的方针、政策和原则,1993—1997年,高校毕业生就业主要实行供需见面、推荐就业和在一定范围内的双向选择办法,形成以学校毕业生就业办公室为主,各院、系毕业生就业指导服务小组相配套的毕业生就业指导服务体系。

1998年国家机构改革方案出台,中央各部委进行调整、兼并,加之现代企业制度的建立,经济体制转轨和经济结构调整,以及在改革中出现的三资、民营、私营、个体、乡镇企业需要人才大量增加,上海各高校在加强毕业生思想教育,提倡专业对口、服从国家建设需要的同时,在就业指导工作中帮助毕业生主动适应社会主义市场经济体制的要求,遵循市场规律,引导合理就业。1999年,在全国高校毕业生就业形势十分严峻的情况下,上海高校4.5万名本、专科毕业生和毕业研究生,有近93%的学生顺利走上工作岗位,同时引进非上海生源毕业生1.5万人。

进入21世纪,高校毕业生就业基本确立"市场导向、政府调控、学校推荐、学生与用人单位双向选择"的就业制度,建立以地方管理为主的管理体制。在高校毕业生数量大幅度增加的形势下,上海市连年发布有关加强高校毕业生就业指导工作的文件,出台相关政策,在各高校充分发挥自主能动性,积极开展市场导向的毕业生就业推荐、指导和服务的努力下,上海高校毕业生的总体就业率不降反升。

二、"双向选择"就业状况

2000 年,上海共有高校毕业生 46 364 人。其中,毕业研究生 5 435 人、本科毕业生 28 641 人、高职高专毕业生 12 288 人。截至当年年底的统计,上海高校本专科①毕业生签约率达到 89.69%,其中,上海生源毕业生签约率为 82.78%,非上海生源毕业生签约率为 99.45%。本科毕业生为 94.46%;三年制专科毕业生为 76.60%,二年制专科毕业生为 80.46%;毕业研究生签约率达 95.45%。同时,上海市共引进非上海生源高校毕业生 18 522 人,其中上海高校毕业生 9 349 人、外地高校毕业生 9 173 人;研究生占 25.58%,本科生占 70.67%,专科生占 3.74%。

2001 年,上海高校毕业生总体就业率达到 86.70%,其中研究生就业率为 97.13%、本科生就业率为 92.58%、高职高专生就业率为 81.59%。以上海交通大学为例,该校共毕业研究生 1 109 人,其中博士 342 人,硕士 767 人。毕业研究生在规定期限内就业落实率 100%,其中大部分毕业研究生就业于"三高"单位(即高等院校、高层次科研单位、高新技术国有企业)。学校总结出毕业研究生就业具有以下特点:(1) 自主创业成为就业渠道之一。19 名学生毕业时创办公司 9 家,筹办公司 6 家;(2) 学校对到新疆、四川和重庆就业的同学予以重奖,鼓励研究生到艰苦行业、地区就业等举措,使得重点计划完成情况较好,到重点单位就业研究生人数较多;(3) 外地生源毕业生进沪就业人数增多。639 名外地生源研究生中,532 名在上海地区就业,占 83.3%;(4) 到 IT 行业就业研究生比例较高。742 名研究生中,投身 IT 行业的共 419 人,占 56.5%;(5) 研究生就业个人薪酬拉开显著差距,反映出研究生个人素质之间的差异;(6) 研究生中女生总体就业状况不比男生差,基本不存在女生就业难的情况。

2002 年,上海高校共有毕业生 62 681 人,按照国家教育部统计口径,2002 届上海高校毕业生总就业率为 85.9%;其中研究生为 97.4%;本科生为 91.58%;高职高专生为 72.58%。

2003 年,上海普通高校共有毕业生 80 659 人,比 2002 年增加 28.7%。9 月底,教育部公布各省(自治区、直辖市)高校毕业生就业率,上海高校毕业生就业率名列全国第一。至年底,上海高校毕业生就业率达到 94.16%,其中研究生 99.95%、本科生 95.68%、专科生 90.65%、高职生 90.32%。实现就业(升学)人数 7.58 万人,比上年净增 1.71 万人。

2004 年,上海高校毕业生总人数达 101 433 人,比 2003 年增长 25.8%,其中研究生增加 34.6%,本科生增加 16.2%,高职高专生增加 35.3%。截至年底,高校毕业生总体就业率达 96.1%,其中研究生就业率为 98.88%,本科生为 96.53%,高职高专生为 90.17%。

2005 年,上海高校毕业生达到 119 292 人,比 2000 年的 4.64 万人增加 157.3%。这是高校毕业生增长最快的时期。"十五"期间,上海高校毕业生就业率一直领先全国,2005 年总体就业率达 98.4%,其中研究生就业率为 98.86%,本科生为 96.53%,高职高专生为 94.57%。

2006 年,上海高校毕业生 129 353 人,比 2005 年增加 1 万人,增幅 8.4%。其中毕业研究生 1.9 万人,增加 18.7%,本科毕业生 5.4 万人,增加 4.7%,高职高专毕业生 5.6 万人,增加 9.1%。截至年底,上海高校毕业生整体就业率 96.27%,其中研究生就业率 96.66%,本科生就业率 91.56%,专科和高职生就业率 89.13%。

2007 年,全市高校共有毕业生 141 203 人,比 2006 年增加 1.2 万人,增幅为 9.21%。其中毕业研究生 2.3 万人,增幅达 20.5%;本科毕业生 6 万人,增幅达 11.2%;高职高专毕业生 5.8 万人,增

---

①　"专科生"为高职高专生的统称。

幅为 3.4％。至 2007 年 12 月 20 日,按教育部规定口径统计,上海市高校毕业生总体就业率 97.25％,就业人数 14.5 万人,比 2006 年增加 1.1 万人。上海吸纳非上海生源高校毕业生总量增加,办理上海市户籍和《上海市居住证》进沪就业的毕业生约 5 万余人。上海高校毕业生面向基层就业约 4 万人,占毕业生总数的 28.6％。全市高校毕业生报名参加"三支一扶"计划共 2 092 人,同比增加 1 000 多人,其中录取 424 人。高校毕业生报名参加西部志愿者计划 800 多人,与 2006 年基本持平,其中录取 191 人。

2008 年上海高校毕业生就业工作进展顺利,总体就业状况保持良好态势,面向基层就业、自主创业人数稳步提升。按教育部规定口径统计,截至 10 月 20 日,上海高校毕业生签约率为 66.1％,就业率为 91.6％;整体就业率和上年同期相比基本持平,其中,毕业研究生和本科毕业生的就业率和上年同期基本持平,高职高专毕业生就业率略高 1 个百分点。2008 年,上海共有 2 697 名高校毕业生报名并参加"三支一扶"和"大学生到村任职"项目,其中"三支一扶计划"正式录取 347 人,"大学生到村任职"项目正式录取 189 人。此外,1 千余名高校毕业生报名参加西部志愿者计划,正式录取 165 人,在西部志愿者中有 20 名毕业生奔赴四川地震灾区。另据教育部统计口径,2008 年上海高校毕业生面向基层就业的数量约 2.4 万人。经统计,2008 年上海高校共有 398 名来自地震灾区的毕业生,在做好对灾区毕业生就业帮扶等重点工作中,通过定期督查,不断推进高校及时完成工作目标。

2009 年,上海高校共有毕业生 153 874 人,比 2008 年增加 0.7 万人,增幅为 5％,其中毕业研究生 2.7 万人、本科毕业生 7.2 万人、高职高专毕业生 5.5 万人。受到全球金融危机的冲击,高校毕业生的就业形势十分严峻。为缓解高校毕业生就业压力、确保高校稳定和毕业生就业水平基本稳定,各有关部门、各区县政府和各高校开拓就业渠道,加强和创新就业服务,共同推进高校毕业生就业工作,取得良好进展。截至 9 月 1 日的统计,上海高校毕业生总体就业率为 90.6％。其中,研究生就业率为 94.4％,本科生就业率为 90.7％,专科(高职)毕业生就业率为 88.5％;与 2008 年同期相比,就业率稳中有升,实际就业人数有所增加。

2010 年上海高校毕业生就业整体稳中有升。2010 年,上海高校共有毕业生 171 075 人,比 2009 年增加 1.7 万人,增幅为 11.2％,其中研究生 2.6 万人,本科生 8.9 万人,高职高专科 5.6 万人。由于中国经济形势总体上呈现平稳向好的势头,上海高校毕业生就业需求总体呈恢复性增长态势。截至 9 月 1 日的统计,上海高校总体就业率为 95.12％,与 2009 年同期相比提升 4.5％。其中,毕业研究生的就业率为 95.97％,比 2009 年同期增加 1.6％;本科毕业生的就业率为 94.50％,比 2009 年同期增加 3.8％;高职高专毕业生的就业率为 95.58％,比 2009 年同期增加 7.1％。2010 年,上海高校毕业生赴基层就业人数大幅增加。共有近 8 000 名毕业生报名参加"大学生志愿服务西部计划""三支一扶计划""选聘高校毕业生到村任职工作"等国家就业项目,经选拔,有近 800 名毕业生被录用,总人数与上年持平。按教育部统计口径,2010 年上海高校面向基层就业的人数为 4.4 万人,占毕业生数量的 25.7％,比上年有所增加。2010 年,上海地区高校毕业生入伍预征报名人数 1 841 人,比 2009 年增加 1 200 多人。

表 4-3-1　1978—2010 年上海市高校毕业生基本情况表

年　份	毕业生数(人)			
	合　计	研究生	本科生	高职高专生
1978	9 941	9	—	9 932
1979	505	140	66	299

（续表）

年　份	毕业生数（人）			
	合　计	研究生	本科生	高职高专生
1980	11 786	6	12	11 768
1981	5 183	1 553	61	3 569
1982	26 715	105	22 464	4 146
1983	29 944	841	23 853	5 250
1984	18 827	474	14 003	4 350
1985	20 870	1 543	13 926	5 401
1986	25 549	1 642	14 955	8 952
1987	33 594	2 692	17 217	13 685
1988	34 105	3 524	18 687	11 894
1989	35 887	3 367	21 419	11 101
1990	37 478	2 953	21 408	13 117
1991	36 883	2 936	22 866	11 081
1992	35 508	2 262	22 672	10 574
1993	34 153	2 569	20 493	11 091
1994	34 379	2 608	18 504	13 267
1995	42 606	3 038	20 873	18 695
1996	42 580	3 537	22 738	16 305
1997	43 078	4 117	24 594	14 367
1998	40 456	4 253	24 375	11 828
1999	45 512	5 196	27 710	12 606

资料来源：《上海高等教育年鉴》《上海教育统计手册》。上述阶段高校毕业生就业由国家统一分配向"供需见面双向选择"过渡，未有就业率的统计。

表 4－3－2　2000—2010 年上海市高校毕业生规模及就业率情况表

年份	毕业生数（人）				就业率（％）			
	总　数	研究生	本科生	高职高专生	整　体	研究生	本科生	高职高专生
2000	46 364	5 435	28 641	12 288	80.57	95.45	94.46	77.20
2001	49 222	6 380	30 706	12 136	86.70	97.13	92.58	81.59
2002	62 681	7 481	33 660	21 540	89	98	92	80
2003	80 659	9 501	39 952	31 206	94.16	99.95	95.68	90.45
2004	101 433	12 788	46 436	42 209	96.1	98.77	96.53	90.17
2005	119 292	15 857	51 963	51 472	98.4	98.86	96.53	94.57
2006	129 353	18 833	54 383	56 137	96.27	96.66	91.56	89.13

（续表）

年份	毕业生数(人)				就业率(%)			
	总　数	研究生	本科生	高职高专生	整　体	研究生	本科生	高职高专生
2007	141 203	22 691	60 485	58 027	97.25	与上一年度同期基本持平①		
2008	146 500	24 431	66 742	55 327	97.21	研究生、本科生与上一年度基本持平，高职高专生下降1个百分点。		
2009	153 874	26 949	71 908	55 017	90.6	94.40	90.70	88.50%
2010	171 075	26 483	88 673	55 919	95.12	95.97	94.50	95.58

　　资料来源："毕业生数"依据《上海高等教育年鉴》《上海教育统计手册》；"就业率"综合《上海年鉴》(教育部分)、《上海教育工作年报》等。其中，2000—2008年为年末统计数据；2009—2010年为9月1日统计数据。

第二节　服务与援助

一、政策导向与指导

　　1996年，上海市教育委员会、市计划委员会、市人事局联合颁布《关于做好1996年上海毕业研究生、普通高等学校本专科毕业生就业工作的意见》，规定"现阶段上海市高校毕业生就业，主要在国家方针、政策指导下，绝大部分通过各级各类毕业生就业指导机构进行"的原则，"其就业办法是：政府负责制定政策、提供信息导向，学生填报志愿，学校积极推荐，用人单位按需录用"。同时，制定《上海市毕业研究生、普通高校本专科毕业生就业工作暂行管理办法》，颁布《关于1996年非上海生源高校毕业生进沪就业工作的若干意见》和《关于印发1996年上海普通高校毕业生就业重点单位范围的通知》。这些规章规范了高校毕业生就业工作，既使毕业生就业工作有章可循，又有利于用人单位和学校的具体操作。

　　1996年8月，上海市教育委员会发通知要求全市各高校在毕业班中开设就业指导课，以帮助高校毕业生适应就业制度改革的新要求。这是市教育委员会加强毕业生思想政治教育所采取的一项重要措施。通知规定，就业指导课在毕业班开设，每周两课时，给予学分，占用选修课时，也可放在毕业教育时间内集中进行，学生自愿选课。条件尚不成熟的学校，可以先开设就业指导讲座，并逐步过渡为选修课。

　　上海高校毕业生就业指导工作逐步由指导就业为主向就业和创业指导并重转变，积极鼓励毕业生进行主动性和创造性就业，培养高校毕业生创新精神和创造能力。由上海市科技创业中心和上海市高校毕业生就业指导中心发起建立上海市"全国高校毕业生科技创业资金"、在部分有条件的学校进行毕业生创办高新技术为主的小企业的试点，对通过高校技术成果服务中心认定的，由高校毕业生创办的科技小企业，在注册、税收等方面给予一系列优惠政策；凡经营科技小企业的非上海生源高校毕业生申请留沪的，对其学历层次的要求给予适当放宽。为鼓励高校毕业生往边远地区和艰苦行业就业，参与西部大开发，市教育委员会制订了有关政策，为自愿申请到这些地方就业的毕业生，给予贷学金贴息和减免贷学金的奖励以及其他物质和精神奖励。

---

　　① 2007年、2008年未见研究生、本科生和高职高专生的毕业生就业率具体数据，相关资料仅有此文字表述。

根据中共上海市委、上海市人民政府构筑上海人才高地的战略,为吸引紧缺人才和优秀高校毕业生到上海建功立业,2000年,为高校毕业生开设进沪就业许可服务,使优秀高校毕业生能优先取得上海落户许可,然后可在一年之内落实上海就业单位,为他们解除后顾之忧。同时也为非上海生源高校毕业生在上海创业提供便利。2000年,上海市共引进非上海生源高校毕业生18 522人,其中上海高校毕业生9 349人,外地高校毕业生9 173人;研究生占25.58%,本科生占70.67%,专科生占3.74%。为推动教育人事制度改革,促进教育人才的合理流动和配置,优化教师队伍,逐步建立科学的、符合教育特点的用人机制,2000年在上海举办大型教育人才洽谈会的同时,通过应届高校毕业生师资专场,吸收应届非上海生源毕业生422人,其中硕士生10人,本科生398人,大专生14人,为上海各级各类学校补充师资。

经过努力,上海形成比较齐全的市、校两级高校毕业生就业指导工作网络。进一步简化办事手续,提高工作透明度,清理行政审批项目。2002年,对已调整的“非上海生源高校毕业生进沪就业”“普通高校学生贷款贴息”“高校参加招考的审批”“普通高校学生学历审核”等审批项目,提出进一步规范审核的程序和工作方式,加强监督管理。

随着全国高校毕业生总量继续大幅增长,上海“十一五”规划对上海单位人口总量的控制,上海高校毕业生就业形势将面临众多新情况、新问题。上海市市长韩正指出:毕业生就业工作要正视两个现实情况,一是“十一五”规划要求将上海市常住人口数控制在1 900万以内,如何做到既要调控人口又要吸引人才;二是保持上海经济持续快速发展需要源源不断的人力资源,20万在校大学生是我们发展的后劲。同时,他又指出:在推进大学生就业过程中,一要坚持市场主导就业、毕业生自主择业、政府促进就业的机制;二要加强各方合作,共同形成合力;三要加强舆论引导,动员全社会共同关心及解决大学生就业问题;四要逐步完善居住证制度,为引进人才提供良好服务。当前毕业生就业中最大的问题,是户口问题,这也是新问题。

2009年,上海市先后召开高校党政负责干部会议、推进高校毕业生就业及稳定工作专题会议等一系列重要会议,深入推进高校毕业生就业工作。制定实施“引导升学计划”“教育卫生人才计划”“拓展国家就业项目计划”“职业技能培训计划”“加大职业见习计划”“就业援助计划”六项促进高校毕业生创业就业的专项计划,有效缓解了高校毕业生的就业压力,进一步拓宽了高校毕业生面向基层就业和自主创业渠道。

二、市场服务及援助

1995年1月8日,上海市在上海展览中心举办全国高校毕业生就业市场(上海市场)。该活动由国家教育委员会学生司、上海市计划委员会、上海市高等教育局、上海市人事局和全国高校毕业生就业指导中心首次联合主办,由上海市高校毕业生就业指导中心承办,复旦大学、上海交通大学、同济大学、中国纺织大学等47所高校协办。上海及全国各地高校毕业生、毕业研究生3万多人参加应聘,来自上海及全国各地500多家用人单位设摊招聘。有1 000多名毕业生与用人单位签订就业协议书,4 000多名毕业生与用人单位达成就业初步意向,4万人次的毕业生与用人单位进行接触和洽谈。为保障高校毕业生就业工作顺利进行,维护学生的正常学习秩序,上海市出台《上海市高校毕业生就业市场暂行管理办法》,就组织就业市场的指导思想、参加对象、各方面的权利和义务,市场活动的工作顺序,以及有关政策作明确的规定,使毕业生就业向规范化、有序化、法制化方向迈出实质性的一步。

"十五"期间,在上海高校毕业生就业进展总体顺利,保持较高就业率的同时,上海市教育委员会会同上海市发展计划委员会、上海市人事局、上海市公安局、上海市劳动和社会保障局等部门,结合上海实际制定《国务院办公厅转发教育部等部门关于进一步深化高等学校毕业生就业制度改革有关问题意见的通知》的落实意见和措施,有效缓解毕业生就业工作压力,进一步规范和健全上海用人单位高校毕业生需求信息登记制度,为创造公平竞争的市场环境提供制度保证。加快高校毕业生就业市场体系的建设,提高就业服务水平。

2002 年,上海举办各类高校毕业生就业市场和招聘活动的数量及规模大为增加,举办主体日趋多样化,各种形式的毕业生就业市场,为各学历层次的毕业生和各类用人单位创造了充分的双向选择机会。此外,还建立连接全市高校、学生和用人单位的信息系统和网站,各高校也纷纷与一些人才网站建立合作关系,或在校园网上开辟专门网页,提高就业服务的整体水平,进一步加强就业工作机构和队伍建设。

2002 年 10 月 24 日,上海财经大学就业网正式运行。学校就业网由学生就业指导中心主办,是为学生提供就业指导和信息服务的网上信息发布中心,全面、及时、公正地向全校发布各类培训、指导、政策和招聘信息,目前包含有就业政策,最新招聘信息,培训考试,就业论坛,下载特区,求职技巧等栏目。2002 年 12 月 7—8 日,上海海运学院 2003 届毕业生与用人单位"双选会"举行,全国共有 114 家单位前来招聘。水上专业毕业生就业形势很好。除免试研究生、考研以及非船员标准的学生外,其余学生都与有关港航企事业单位签约。至此,学校水上专业毕业生签约率已连续 5 年保持在 95%以上,由于毕业生质量高,一些港航单位还要求学校增加名额,以解决企业人才之需。2003 年举行的 2004 届毕业生就业"双选会",中远集团、中海集团等国内航运企业的"龙头老大"以及其他百余家港航单位纷纷前来觅才。2004 年,学校有 3 500 名毕业生,其中包括 17 名自恢复高考以来中国培养的第一批本科航海技术专业女生。300 名航海、轮机专业的毕业生有 87%当场与用人单位签约。

2003 年,"上海市高校毕业生就业工作促进会"成立,该促进会有高校、用人单位、社会中介会员单位近 200 家。

2004 年 5 月,上海市高校毕业生就业信息供需网络平台建设完成。该平台包括内部管理、高校管理、高校毕业生就业信息网站 3 大体系,为上海高校毕业生就业工作信息化建设奠定基础。内部管理体系包括行政事务受理、内部管理、客户跟踪 3 个模块;高校管理体系包括就业信息监控、企业信息登记 2 个模块;高校毕业生就业信息网站(www.firstjob.com.cn)集网络就业市场、职业指导、网上办公、政策信息、在线咨询等远程服务为一体,推动高校毕业生就业市场向网络就业市场转变。至年底,3 万多名毕业生登录 FIRSTJOB 就业网站发布求职信息,6 000 多家用人单位通过该网站发布招聘信息。

2004 年 11 月 20 日,由市高校毕业生就业指导中心主办、松江大学园区 6 校联合承办"2005 上海高校毕业生就业市场(松江大学园区专场)"。近 300 家用人单位设摊招聘,金融、保险、外贸、建筑等行业的单位构成市场主体,提供近万个就业岗位供毕业生选择。进场学生突破 1 万人。

2005 年 5 月 13 日,上海应用技术学院与上海工程技术大学、中国上海人才市场联合举办"上海先进制造业、现代服务业人才培训就业园"签约仪式暨校企合作、联合办学、合作培训项目洽谈会。3 家单位签署《共建上海先进制造业、现代服务业人才培训就业园框架协议》,其运作模式是以就业为导向、培训为重点、网络为基础、以先进制造业和现代服务业及引进国外优质职业教育资源为支撑,构建以"培训+就业"为特色的国际高技能人才职业培训与公共服务平台。

2007年4月15日,上海电影艺术职业学院举办2007年毕业生供需见面会,这是以校园市场为主渠道和依托,开展应届毕业生就业招聘和双向选择活动,努力使求信息及时对接,为学生和企业提供服务窗口。百余家知名专业企业到学院对毕业生进行评估、考察和选拔。2007年12月21日,上海电力学院举办第二届电力人才就业论坛暨2008届毕业生供需信息交流会。全国十八个省市电力企业、高校的近百名代表与会,共同探讨在电力行业大发展的背景下,电力人才培养和使用的新方法、新途径,并举行电力人才网络联盟揭牌仪式。12月22日,由上海电力学院承办的第三届全国电力人才招聘会在上海杨浦体育馆举行,105家单位参会,提供2 000多个就业岗位,其中多数为电力系统或相关领域单位。共有5 000多应聘者参加招聘会。

2008年12月26日,上海医药高等专科学校举办首届毕业生校企供需见面会。医院、幼儿园及相关企业等33家招聘单位走进校园,为学校首届毕业生提供近200个岗位,涉及护理、幼儿保健、口腔工艺、眼视光、药学、影像等专业。

2009年1月8日,上海市教育委员会、市人力资源社会保障局联合发布实施6个专项计划,拓宽大学生就业渠道。(1)引导升学计划。适度增加经济社会发展急需专业的招生计划。2009年普通高校专科升本科计划数增加到3 400人,研究生招生计划数增加到2.73万人。(2)教育卫生人才计划。实施"郊区镇校教师"和"医疗人才储备"计划。(3)就业项目拓展计划。实施选聘高校毕业生到村任职、到社区服务和"三支一扶"(大学生毕业后到农村基层从事支农、支教、支医和扶贫工作)计划。(4)职业技能培训计划。鼓励大学生参加职业技能培训,培训鉴定合格,由失业保险基金给予一定培训费补贴。(5)职业见习计划。鼓励高校毕业生参加职业见习,全市见习基地扩展到约3 000家,见习规模约3万人;适当延长见习时间;见习期间由失业保险基金给予当年最低工资标准60%的生活费补贴,同时鼓励各区县或单位再给予见习毕业生一定生活补贴。(6)就业援助计划。按规定认定"零就业家庭"高校毕业生为就业困难人员,给予就业援助,确保实现"只要对就业岗位不挑不拣,都能实现就业"的承诺。6个专项计划取得明显成效。

2010年,上海市教育委员会推出一系列高校毕业生就业指导服务举措。一是有效帮扶大学生就业困难群体。积极实施"就业援助"计划,对残疾大学生和家庭经济困难等特殊群体进行就业帮扶。截至2010年7月1日,上海高校毕业生中的8 541名家庭经济困难学生中,已有6 785名毕业生落实就业岗位,约占总数的80%。二是周到高效推进就业指导服务工作。上海市教育委员会除与市人力资源社会保障局合作举办各类高校毕业生就业市场外,还重点开展高校毕业生就业的常设性市场建设,形成天天有市场、定期办专场的机制。截至9月1日,日常性网络就业市场为应届毕业生发布近3 500家用人单位的9.2万余个岗位信息。每月举办1场~2场网络就业专场,累计发布近3万个岗位信息。举办"2010年服务项目推介会暨高校毕业生网络就业市场服务",开设市国资企业专场、计算机及机电行业专场、高职高专专场,为应届毕业生提供5 000余个岗位信息。三是开展大学生就业创业调查和研究。由上海市教育委员会立项,有关高校组织实施"创业教育与提高高校人才培养质量的相关研究""以创业教育提升大学生就业研究"等重大课题研究;持续开展"上海毕业生就业状况跟踪调查",对各高校各专业的就业状况、人才培养质量及职业生涯指导与服务工作进行跟踪调研。

第三节　大学生职业生涯教育与创业指导

毕业生开始自主择业,做好大学生职业生涯教育和创业指导工作便成为高校毕业生就业指导与服务工作的新任务。由探索建立就业市场,完善就业机制,开辟就业渠道,全力推进上海高校毕业生就业工作;到全面实施大学生职业生涯教育,促进大学生提高自主择业意识与能力;再到大力开展创业教育,积极推进上海高校大学生就业创业基地建设,加强对高校毕业生自主创业的政策扶持,加大创业师资队伍建设力度,促进创业带动就业,上海高校毕业生就业创业工作形成新格局。

一、大学生职业生涯教育

大学生职业生涯发展教育是以职业生涯规划为主线的有目的、有计划、有组织的综合性教育活动,是学生提高自我职业生涯规划的意识与技能、顺利实现从学校生活向社会、职业生活过渡的基本途径,也是高校学生思想教育和素质教育的重要组成部分。20世纪90年代后,随着社会主义市场经济体制的逐步建立、高校毕业生就业制度的改革,为了让学生获得最佳职业选择,并最大限度地实现自身职业规划与事业愿景的统一,实现人生理想和社会价值的统一,大学生职业生涯教育愈来愈受到重视。

1996年8月,上海市教育委员会发出通知,要求上海各高校在毕业班中开设就业指导课,以帮助高校毕业生适应就业制度改革的新要求,确立正确的人生观、价值观、道德观和行为规范,参与求职活动,增强适应社会及参与竞争的能力,并规定就业指导课每周两课时,给予学分,占用选修课时,也可放在毕业教育时间内集中进行,学生自愿选课。条件尚不成熟的学校,可以先开设就业指导讲座,并逐步过渡为选修课。

2001年,按照上海市教育委员会、市劳动和社会保障局印发《关于在上海大学生中推行职业资格证书制度的通知》,在上海推行高校学生职业资格证书制度。12月,首批420名高校学生参加职业资格鉴定,经鉴定80人获上海市劳动和社会保障局核发的国家认可的《高等学校学生职业资格证书》。

进入21世纪,上海高校多途径地加强大学生职业生涯发展教育。复旦大学在制定的人才培养规划中,将职业发展指导课贯穿大学四年教育始终:大一了解职业发展的基本理念以及职业发展前景;大二掌握主要行业状况;大三听专业人士介绍出国、考研、考证的情况和方法;大四掌握择业求职实战术,以及初入社会所必需的劳动法知识等。上海交通大学启动实施大学生素质拓展计划,共青团中央为此发来贺信。此后,每位上海交通大学的毕业生可在毕业时拿到两本证书,一是学位证书,二是大学生素质拓展证书。学校为该计划启动投入专款56万元,作为大学生素质拓展训练的专项基金。上海师范大学举办首届大学生"职业规划节",分职业规划调研、职业生涯设计大赛、职业技能擂台赛、完美简历评比、模拟招聘、商业挑战赛、职业生涯规划设计研讨会7个系列,从大学生就业需求出发,以职业规划为主题,通过简历设计、形象策划、技能比赛、模拟招聘4个环节综合展示专业知识和职业技能。上海水产大学加强和拓展职业生涯规划教育,举办职业生涯规划培训班,对学员从职业生涯规划、职业生涯规划操作实务、突破思维定势、领略职场风云4个方面进行培训。

根据《中共中央国务院关于进一步加强和改进大学生思想政治教育的意见》精神,结合上海市推行大学生职业发展教育和毕业生就业服务指导工作的实际情况,2005年,中共上海市科技教育工作委员会、市教育委员会颁发《关于加强上海大学生职业发展教育的实施意见(试行)》。该《意见》明确大学生职业发展教育的必要性和紧迫性、目标和原则,提出上海大学生职业发展教育的具体内容、主要途径和形式、工作体制和队伍建设及其保障措施;要求高校建立学生职业发展教育的三级组织架构,配备相应的工作队伍:在学校层面要有专门的职业发展教育协调和指导机构,有一批具有专业化水平的职业发展专业教师;在院系成立学生职业发展教育办公室,配备有一定专业水平的职业发展教育工作的专职辅导员;所有学生辅导员要经过职业发展教育专业培训,具有初步的职业发展教育知识。

为全面落实该《意见》的要求,深入推进大学生职业发展教育工作,上海教育主管部门要求高校将职业发展教育作为大学生人生指导的重要内容,不断健全大学生职业指导机构和就业信息服务系统,建立和完善职业发展教育课程、校园文化活动、社会实践和个别辅导四个体系,形成纵横交错的职业发展教育网络;同步推进毕业生就业创业工作、大学生职业理想教育和职业生涯规划教育,推动职业发展教育由"季节性快餐"向"全程化指导"转变,把职业发展教育贯穿于高校教育的全过程。

为帮助大学生了解企业对人才的需求和择才标准,找准自身择业定位,提高综合素质和实践能力,树立正确的人生观和择业观,2005 年由共青团上海市委员会、上海市学生联合会、中国大学生就业见习网主办,共青团上海交通大学委员会、上海交通大学学生会承办的上海市大学生人生发展导航行动成才择业校园巡讲在上海交通大学开幕。本次校园巡讲将在未来 3 周内在上海 10 所高校举行,上海交通大学为本次巡讲第一站。

2006 年,上海市教育委员会实施多项举措,加强大学生职业发展教育:一是举办职业咨询师专业水平认证项目,加强职业发展教育队伍建设,高校有 450 人参加职业咨询师初、中级培训,其中 230 多人获得证书,一支专业化、职业化的职业发展教育教师队伍逐步壮大。二是开展职业发展教育课程建设,制定《大学生职业发展教育教学大纲》《活动设计方案》以及职业发展教育评估指标体系;同年,56% 的高校在大学一年级开展学校或院系组织的职业指导,超过一半的高校将职业指导课程纳入教学培养环节,列为必修课或选修课。三是加强科学研究,提高职业发展教育水平,成立上海市高校职业教育发展研究会,开展《上海高校毕业生就业状况调查》《职业咨询专业岗位模型分析研究》等重点课题研究,组织高校申报大学生职业发展教育课题和优秀论文,形成工作研讨交流机制。

2007 年,中共上海市科技教育工作委员会、市教育委员会印发《关于做好大学生职业发展教育启始阶段工作的通知》,提出分阶段推进大学生职业发展教育,促进学生的全面发展和健康成长。要求高校坚持以立德树人为核心,把职业发展教育启始阶段工作与大学生思想政治教育工作相结合,与新生入学教育工作相结合,充分发挥职业发展教育对学生人生指导的重要作用,帮助学生实现高中到大学的顺利过渡,为大学四年学习生活、为学生全面发展打下良好基础。在职业发展教育启始阶段要把大学适应教育、学业指导、认知教育、大学生涯规划教育作为重点内容。在高校思想政治理论课、形势政策课等课程教学中要渗透职业发展教育内容。有条件的高校要积极开设职业发展教育启始阶段必修课或者选修课,将课程纳入教学计划,该课程应不少于 1 个学分,总课时数不少于 18 课时。在启始阶段开展的相关主题教育活动应不少于 6 次,每次不少于 2 课时。同年,上海新建 18 家大学生职业发展教育教学实训基地。

2009 年 10 月,上海高校职业生涯规划课程师资培训班在同济大学举行。培训内容包括:职业生涯规划课程的基本构架、职业生涯规划课程设计的思路与方法,并进行课程授课的演练。学完本次课程,要求所有学员具备职业生涯规划的基本理念,能开设 8—10 学时的相应课程,并能为学生提供基础性的生涯规划辅导。

二、大学生创业指导

大学生创业是经济社会发展到一定阶段出现的新事物。2000年7月13日,上海交通大学创业投资有限公司成立,总额为1.5亿元的"上海交通大学创业基金"开始运作。该基金由上海交通大学、徐汇区政府、上海创业投资有限公司三方共同出资设立,是对中国风险投资模式的最新尝试。基金主要用于投资上海交通大学科技园和徐家汇地区的高新技术企业以及高校师生的科研项目;基金还划出一部分专门用于高校和科研院所的硕士和博士研发资金,主要投向电子信息、生物医药、新材料等高新科技产业领域,旨在为处于种子期、初创期和成长期的高科技项目或中小高科技企业提供融资、咨询、管理等支持,以提高产学研一体化的水平、加快高科技成果产业化的进程。

2001年,上海第二工业大学受上海市劳动和社会保障局委托,对1 867名学员进行创业培训。其中50多位学员作为创业典型被媒体报道。"创业培训"是国家劳动和社会保障部推出的一项崭新的培训项目,旨在帮助下岗、失业人员转变观念,从寻找岗位者身份转变为创造岗位的创业者。学校与上海人民广播电台共同开设"走创业者之路"专题系列访谈、"相约星期五""有话大家说"等节目,承担"创业培训"教学计划制订、实训实验室筹建、《创业培训讲义》主编、支援西部地区创业培训指导员培训等工作。张用副教授负责"国际劳工组织/中国就业促进"项目组《创办你的企业》教材修订,并被聘为国家劳动和社会保障部"中国城市就业促进指导委员会"成员。学校成为上海创业培训规模最大、质量最好的培训单位之一。

2002年,经国家科技部审核认定,由上海市科学技术委员会、徐汇区政府、上海交通大学三方联合组建的上海慧谷高科技创业中心,被评为首批"上海市级软件产业基地(软件园)""国家高新技术创业服务中心"。慧谷创业中心拥有3个孵化基地(均位于徐家汇科技密集区),面积43 000平方米,在孵企业超过200家,其中70%以上是IT企业,从业人数达3 153人,入孵企业的技工贸总收入为6.75亿元。

为培养创业环境,完善创业体系,2005年,在中共上海市委、上海市政府领导关心和推动下,上海市设立大学生科技创业基金,计划自2005年至2007年上海市财政局每年拨款5 000万,培养大学毕业生科技创新能力、拓宽毕业生就业渠道。复旦大学、上海交通大学、上海理工大学、上海大学4所高校设立项目受理点。同年底,共受理1 278名大学生提出的476个项目。经筛选、评审,共有514名大学生的172个项目获创业基金资助,资助总金额2 475.4万元,学生自筹协议资金3 140万元。在已批准的172项资助项目中,信息技术类占34.5%,机电类占28.1%,科技服务类占18.1%,材料技术类占14.0%,生物技术类占2.9%,其他行业占2.4%。

2006年8月,经上海市人民政府批准,设立上海市大学生科技创业基金会。基金会为非营利性公募基金会,资金来源为市科技教育财政专项拨款,业务主管部门为上海市教育委员会、市科学技术委员会。此后5年,该两委员会每年各出资5 000万元支持大学生科技创业。2006年,上海大学生科技创业基金对100多个高校毕业生科技创业项目提供资助,在基金会支持下,570多名高校毕业生走上科技创业的道路,创业项目和创业人数均比上年明显增加。完成工商注册的132个创业项目中约30家创业企业实现收支平衡或盈余,产生专利80余项,直接提供就业岗位809个。

2007年,上海高校毕业生申请大学生科技创业的项目740余项,批准237项,实际投资3 000多万元,参与创业人数和项目质量都有进一步提高。同年11月6日,由上海大学生科技创业基金会主办,以"创智上海,源自校园"为主题的"2007上海大学生创业周"在同济大学揭幕。这是全国第一个集中展示当代大学生创业精神和创业实践的盛会。会上播放了"大学生创业回顾与展望"宣传纪录片。上海市政协副主席、上海市工商联合会会长王新奎,瑞安集团董事局主席罗康瑞,复星集团董事长郭广昌等社会知名人士成为大学生创业顾问导师并接受聘书。12月27—28日,首届技术应用型高校高技能创新人才创业就业高峰论坛在上海第二工业大学举行。论坛以"技术应用型高校高技能创新人才培养模式与创业就业体系建设"为主题,就技术应用型高校高技能创新人才培养模式、就业指导工作体系构建、就业指导课程体系建设、创业教育课程体系建设等专题展开了卓有成效的讨论。拟通过实施"技术应用型高校毕业生创业行动",总结和推广技术应用型高校毕业生创业的典型和经验,倡导创业精神,培养创业能力。

2008年9月,上海科学技术职业学院积极联系 YBC(青年创业组织)上海创业导师,开展"上海创业导师和创业者帮扶绵阳创业青年"的活动,帮助25名来自灾区的青年了解 YBC 在上海的实践情况,向他们讲解创业知识,为他们创业提供帮助。11月3—4日,学院董事长朱建新和经济管理系人力资源专业副主任袁圣东出席 KAB 创业教育(中国)项目年会暨青年创业教育国际研讨会。来自国际劳工组织和近60个国家的代表与会。会议为获得"大学生 KAB 创业教育基地"的高校颁发奖牌和荣誉证书,上海科学技术职业学院成为上海地区首家大学生 KAB 创业教育基地。

为大力推进高校创业教育工作,加强工作的交流、研究和指导,提高创业教育的专业化水平,2009年上海市教育委员会成立上海高校创业教育教学指导协作组。同年,上海市举办首届大学生创新活动论坛,邀请科学家、企业家等共同研讨高校创新人才培养,进一步推动高校开展以问题和课题为核心的人才培养模式改革,评选"十佳大学生创新项目",推动高校创业教育。同年10月27日,上海市慈善教育培训中心与上海商学院在上海商学院奉浦校区合作举办"上海商学院 NFTE 创业培训班"。上海市慈善教育培训中心以"知识扶贫,助人发展"为使命,在全国率先开展慈善教育,面向高校贫困学生进行免费创业教育培训。"NFTE 创业培训"课程打破传统意义上的课堂教学,通过现场的模拟、演示及案例实践让同学们做到在快乐中学习,在生活中学习,以此增强创业的热情,增强创业意识,提高创业能力。

2010年,上海市教育委员会组织开展"创业教育与提高高校人才培养质量的相关研究""以创业教育提升大学生就业研究"等重大课题研究。全面推进大学生创业教育。与英国 NCGE 合作编写出版国内第一本旨在培养大学生创业素质的教材,依托上海对外贸易学院开展100人规模的创业教育师资培训,推动高校建立创业教育课程体系。

第五篇
科学研究

党的十一届三中全会后，按照"经济建设必须依靠科学技术，科学技术工作必须面向经济建设"的战略方针，上海高校面向社会经济建设主战场积极组织、整合科研力量，科研机构数持续增加。在自然科学领域，上海高校根据国家社会经济发展战略，结合本校学科专业特点和优势，积极探索科研基地建设的新思路，科研机构和科研方向由单学科转向多学科力量整合，并在发挥本校科研优势的同时，积极寻求与国内外校际、校企之间和教科研的合作，建设多方合作开放的科研基地。在人文社会科学领域，除复旦大学、华东师范大学等文科类院校在原研究室基础上相继组建、新设了一批研究所外，其他一些高校，包括理工类院校也相继成立了一批人文社会科学研究所、研究中心或研究室。20世纪80年代以后，从综合类高校到专业类高校，开始普遍设立有关教育问题的研究机构，探索高等教育自身的发展规律。上海是在全国最早成立市级高等教育研究机构和高等教育学术团体的地区之一。E-研究院是以信息网络为平台的新型研究机构。上海市自2002年启动建设，先后有13个高校E-研究院在建。

上海高校在基础理论研究方面，已成为上海科研的主力军，成为政府决策和企业发展的思想库和智囊团，取得了很好的社会、经济效益。同时，面向经济建设，为经济建设服务成为上海高校科技工作的主要内容，通过科技管理改革，开展科技服务、加强科技成果推广，建立一批教学、科研、生产联合体，取得很好的社会、经济效益。"文化大革命"结束后，上海高校的人文社会科学研究呈现复苏景象；随着改革开放，上海高校的人文社会科学研究也进一步繁荣，在相关学术理论、统编教材、中外文化研究、邓小平理论研究等方面取得一批重要成果。

改革开放以后，国家和上海都制定了科技优先发展的规划和攻关项目，以及社会科学研究的调研和规划。上海高校积极参与全国和上海的科研规划制定和承担规划课题项目。上海于1981年成立"上海高校科技服务中心"，有关高校相应建立科技服务部，发挥高校专业人才培训、科技成果和技术服务、技术咨询等社会服务优势，为经济建设服务。20世纪80年代，上海高等学校与有关地区、部门、企业建立多种形式的联合体，加强产学研合作。20世纪90年代，上海市教育委员会制定《关于加强上海高等学校科学技术工作的意见》等一系列高校科研工作规范和项目管理办法，并通过银行提供科技开发优惠贷款，市财政局配套贴息和周转金等举措，增加高校科技投入，有效促进上海高校科研工作的发展。与此同时，上海市建立由相关职能部门参加的产学研领导小组和联合办公室，协同推进上海市高校产学研合作。上海高校与大中型企业合作走上新的台阶，逐步发展到设立专项基金，共建企业技术中心、工程中心、开放实验室和联合的经济实体等多种模式的长期稳定的合作关系。产学研结合发展呈现"强强联合、优势互补、风险共担、利益共享、相互依存、共同发展"的特点。进入21世纪后，为推动上海高校科技产业发展，上海市政府颁布一系列重要政策，上海的产学协同创新、科技和产业园建设发展呈现新特点，通过促进科技成果转化和科技成果的推广应用，上海高校为社会生产力发展做出了积极贡献。

上海市教育主管部门通过制定相关办法和专项工作会议等，组织开展高校科研成果鉴定与评选工作，不断加强高校科研成果管理和优秀成果表彰。上海高校在国家级和上海市科研优秀成果评选中成绩斐然。

第一章 科研机构

上海高校内设的研究机构(研究院所、研究中心、研究室等)是高校实现科学研究与社会服务功能的重要职能部门。自20世纪80年代中期开始,国家和地方以建设重点实验室、研究基地的形式推进高校研究机构的建设,提升研究水平。此外,上海还有市教育主管部门直属的教育研究机构和跨校联合组建的软科学研究机构和"E-研究院"。

第一节 自然科学研究

改革开放初期,上海高校设有40个研究所和90个研究室(1979年),其中专职自然科学研究人员0.7万人(1980年)。至20世纪80年代末,上海高校拥有300余个科研机构和一批先进科学仪器装置的科研实验室;建设和开拓一批新的学科和技术领域。承接来自国家和上海市的各职能部门,以及各类企业的科研课题,自然科学研究和技术开发人员达1.9万人。

20世纪90年代,上海高校的科研机构数继续增加。至2000年的统计,上海高校有各类研发机构112个,研发人员1.3万余人;参与科技活动人员达4万余人。进入21世纪后,上海高校根据国家社会经济发展战略,结合本校学科专业特点和优势加强科学研究机构的建设。

一、校设科研机构

2001年,华东师范大学成立"离子液体化学研究中心",由中科院院士何鸣元领衔,获得上海市科学技术委员会重点项目立项。2001年3月1日,上海水产学院远洋渔业研究所成立。该研究所拥有教授8人,副教授4人。除承担国家"863计划""948项目"、国家教育委员会和农业部项目等10多项外,还承担中国渔业协会金枪鱼渔业技术组和鱿鱼渔业技术组工作。同年11月16日,同济大学现代农业科学与工程研究院成立,并与教育部设施农业网上合作研究中心同时举行揭牌仪式。同年12月28日,同济大学医学遗传研究所挂牌仪式。医学遗传研究所的研究方向为生物信息学、人类疾病基因的定位和克隆、功能基因组学和基因组导向新药先导化合物的研究。

2005年1月15日,上海交通大学举行空天科学技术研究院成立大会暨战略专家委员会聘任仪式。24位院士、知名专家和高层领导受聘担任空天战略专家委员会委员,为空天科学技术研究院的发展、规划进行战略指导和咨询,王礼恒院士受聘担任委员会主任。同年11月6日,上海交通大学系统生物医学研究中心成立。该中心由陈竺院士为主任,杨胜利院士为学术委员会主任,美国科学院院士Leroy Hood为国际顾问委员会主任,诺贝尔奖获得者、德国马普学会教授Robrt Huber、英国帝国理工大学教授Jeremy Nicholson和法国国家健康和医学研究院院长Christian Brechot为国际学术顾问。系统生物医学研究中心以肿瘤、代谢综合症、神经变性疾病为重要对象,围绕理论体系和技术创新,重大疾病发生机理,重大疾病早期诊断和预测、预警,重大疾病创新治疗技术,中国传统医学理论体系与治疗方法的现代化5个主要方向开展系统生物医学研究。

2006年1月,上海水产大学成立中国渔业发展战略研究中心。同年,上海大学成立管理教育研究院;上海中医药大学设立中医老年医学研究所;上海师范大学成立"中欧城市比较研究中心"。

2007年,复旦大学脑科学研究院挂牌。同年,同济大学成立中国科技管理研究院以及欧洲文化研究院。

上海高校积极探索科研基地建设的新思路,科研机构和科研方向由单学科转向多学科力量整合。如2001年,华东师范大学整合物理、电子、化学、生物等学科资源,成立"纳米功能材料与器件应用研究中心"。2002年,复旦大学组织建构先进材料研究院,该研究院建设的共享技术平台Bio - Med - X中心,与先进材料国家实验室以及拟建中的高端计算中心,各自以学校生物医学、材料、信息这三个支柱学科为中心,成为整合相关学科力量与其他资源的重要基地。2007年,上海交通大学Med—X研究院成立,成立仪式后进行首批校内外医工交叉基金重点项目的答辩评审。

二、合作开放建设科研机构

上海高校在发挥本校科研优势的同时,积极寻求与国内外校际、校企之间和教科研的合作,建设多方合作开放的科研基地。

【校际合作】

2001年,上海大学与华中科技大学发挥校际合作优势,成立"上海大学—华中科大快速制造工程中心"。2004年1月5日,"长江水环境研究高校协作组"成立会议在同济大学召开。由同济大学牵头,联合南京大学、武汉大学、重庆大学、三峡大学、宜宾学院、九江学院7所高校成立"长江水环境研究高校协作组"。

【校企合作】

2003年10月17日,复旦大学与国际著名集成电路设备制造公司Novellus公司联合成立"复旦—Novellus互联研究中心",Novellus公司向学校捐赠1 000多万美元的4套微电子研究关键设备,用于互联研究中心的建设和微电子学科的人才培养。2004年3月16日,由同济大学汽车学院与中国南车集团戚墅堰机车车辆工艺研究所朗锐科技集团合作组建的"同济—朗锐科技表面工程和摩擦学研究所"成立。2009年1月21日,东华大学与江苏省连云港市中复神鹰碳纤维公司联合成立"东华大学—中复神鹰碳纤维工程研究中心"。该中心成立后,在学校和企业设立研究基地和中试线,开展科技攻关和产业化研究,并联合培养硕士生和博士生。

【教科研合作】

2003年4月18日,"上海交通大学空间科学技术研究中心"挂牌成立。该中心全面参与由诺贝尔奖获得者丁肇中博士领导的AMS(阿尔法磁谱仪)国际联合空间实验项目。上海交通大学参与基本物理研究、超导磁铁冷却控制系统、电源分配系统和AMS数据获取控制系统等方面的研究工作,独立承担AMS地面支持设备(GSE)系统的研制,建立AMS地面数据获取和处理系统。2004年4月29日,复旦大学和中国工程物理研究院共同建设上海EBIT实验室。EBIT(Electron Beam Ion Trap)是电子束离子装置的英文缩写。上海EBIT实验室拥有当时全球仅有的8台EBIT之一,其设计达到世界水平。

2010年1月10日,上海紫竹新兴产业技术研究院成立。该院依托上海交通大学,重点聚焦新能源、先进制造和新材料、数字光电技术以及健康医疗 4 个领域。首批有两岸交通大学宽带无线通信实验网研发中心、大型铸锻件工程技术中心、大功率海上风力发电联合研发中心、新奥清洁能源（上海）联合研发中心、纳米薄膜太阳能电池研发中心 5 个新兴产业研发中心入驻。上海交通大学新能源项目首席科学家李杰教授担任研究院院长。

2008 年，上海海事大学与加拿大环境部合作建立国际持久性有毒物质联合研究中心。该研究中心的成立使其所属实验室进入北美国家试验室质量保证/质量控制系统。

三、重点实验室

上海高校的重点实验室，分别代表了中国和上海市在相关研究领域的最高水准，其研究成果对国家经济社会发展与科技水平产生重大影响。2005 年，复旦大学筹建谢希德国家实验室。2010 年，上海高校拥有国家重点实验室 19 个，国家实验室（筹）1 个（上海交通大学船舶与海洋工程国家实验室）；教育部重点实验室 62 个，上海市重点实验室 55 个。

表 5‑1‑1　1984—1992 年上海高校中的国家重点实验室一览表

实 验 室 名 称	依托单位	批准时间	批 准 部 门
遗传工程国家重点实验室	复旦大学	1984 年	国家计划委员会
海洋工程国家重点实验室	上海交通大学	1985 年	国家计划委员会
癌基因及相关基因国家重点实验室	上海交通大学	1987 年	国家计划委员会
振动冲击噪声国家重点实验室	上海交通大学	1988 年	国家计划委员会
先进光子学材料与器件国家重点实验室	复旦大学	1988 年	国家计划委员会
土木工程防灾国家重点实验室	同济大学	1988 年	国家计划委员会科技部
区域光纤通信网与新型光通信系统国家重点实验室	上海交通大学北京大学	1989 年	国家计划委员会
金属基复合材料国家重点实验室	上海交通大学	1989 年	国家计划委员会
污染控制与资源化研究国家重点实验室	同济大学	1989 年	国家计划委员会
河口海岸动力沉积和动力地貌综合国家重点实验室	华东师范大学	1989 年	科技部
生物反应器工程国家重点实验室	华东理工大学	1989 年	国家计划委员会
应用表面物理国家重点实验室	复旦大学	1990 年	国家计划委员会
专用集成电路与系统国家重点实验室	复旦大学	1992 年	国家计划委员会
医学神经生物学国家重点实验室	复旦大学	1992 年	国家计划委员会
纤维材料改性国家重点实验室	东华大学	1992 年	国家计划委员会

表 5‑1‑2　1989—2010 年上海高校中的教育部重点实验室一览表

实 验 室 名 称	依托单位	批准时间
应用离子束物理教育部重点实验室	复旦大学	1989 年
海洋地质教育部重点实验室	同济大学	1992 年

(续表一)

实验室名称	依托单位	批准时间
薄膜与微细技术教育部重点实验室	上海交通大学	1993年
高温材料及高温测试教育部重点实验室	上海交通大学	1993年
道路与交通工程教育部重点实验室	同济大学	1993年
固体力学教育部重点实验室	同济大学	1993年
地理信息科学教育部开放实验室	华东师范大学	1993年
聚合物分子工程教育部重点实验室	复旦大学	1994年
非线性数学模型与方法教育部重点实验室	复旦大学	1994年
生物多样性和生态工程教育部重点实验室	复旦大学、北京师范大学	1999年
癌变与侵袭原理教育部重点实验室	复旦大学、中南大学	1999年
分子医学教育部重点实验室	复旦大学	2000年
动力机械与工程教育部重点实验室	上海交通大学	2000年
光谱学与波谱学教育部重点实验室	华东师范大学	2000年
超细材料制备与应用教育部重点实验室	华东理工大学	2000年
承压系统安全科学教育部重点实验室	华东理工大学	2000年
纺织面料技术教育部重点实验室	东华大学	2000年
功能基因组学和人类疾病相关基因研究教育部重点实验室	上海第二医科大学	2000年
水产种质资源发掘与利用省部共建教育部重点实验室	上海海洋大学	2000年
医学分子病毒学教育部重点实验室	复旦大学	2001年
波散射与遥感信息教育部重点实验室	复旦大学	2002年
脑功能基因组学教育部重点实验室	华东师范大学	2002年
公共卫生安全教育部重点实验室	复旦大学	2003年
电力传输与功率变换控制教育部重点实验室	上海交通大学	2003年
地理信息科学教育部重点实验室	华东师范大学	2003年
结构可控先进功能及制备教育部重点实验室	华东理工大学	2003年
长江水环境教育部重点实验室	同济大学	2004年
现代人类学教育部重点实验室	复旦大学	2005年
细胞分化与凋亡教育部重点实验室	上海交通大学	2005年
系统生物医学教育部重点实验室	上海交通大学	2005年
微生物代谢教育部重点实验室	上海交通大学	2005年
先进土木工程材料教育部重点实验室	同济大学	2005年
嵌入式系统与服务计算教育部重点实验室	同济大学	2005年
生态纺织教育部重点实验室	东华大学、江南大学	2005年

（续表二）

实　验　室　名　称	依　托　单　位	批准时间
中药标准化省部共建教育部重点实验室	上海中医药大学	2005 年
分子神经生物学教育部重点实验室	第二军医大学	2006 年
系统控制与信息处理教育部重点实验室	上海交通大学	2007 年
"智能计算机与智能系统"教育部—微软重点实验室	上海交通大学	2007 年
岩土及地下工程教育部重点实验室	同济大学	2007 年
高密度人居环境生态与节能教育部重点实验室	同济大学	2007 年
极化材料与器件教育部重点实验室	华东师范大学	2007 年
煤气化及能源化工教育部重点实验室	华东理工大学	2007 年
特种光纤与光接入网共建教育部重点实验室	上海大学	2007 年
肝肾疾病病症省部共建教育部重点实验室	上海中医药大学	2007 年
物质计算科学教育部重点实验室	复旦大学	2008 年
遗传发育与精神神经疾病教育部重点实验室	上海交通大学	2008 年
先进微结构材料教育部国防科技重点实验室	同济大学	2008 年
心律失常分子遗传学教育部开放实验室	同济大学	2008 年
特种功能高分子材料及相关技术教育部重点实验室	华东理工大学	2008 年
高性能纤维及制品教育部重点实验室（B 类）	东华大学	2008 年
资源化学省部共建教育部重点实验室	上海师范大学	2008 年
大洋渔业资源可持续开发省部共建教育部重点实验室	上海海洋大学	2008 年
微纳光子结构教育部重点实验室	复旦大学	2009 年
人工结构及量子调控教育部重点实验室	上海交通大学	2009 年
言语听觉科学教育部重点实验室	华东师范大学	2009 年
化工过程先进控制和优化技术教育部重点实验室	华东理工大学	2009 年
现代服装设计与技术教育部重点实验室	东华大学	2009 年
筋骨理论与治法省部共建教育部重点实验室	上海中医药大学	2009 年
智能化递药教育部重点实验室	复旦大学	2010 年
环境与儿童健康教育部重点实验室	上海交通大学	2010 年
青少年健康评价与运动干预教育部重点实验室	华东师范大学	2010 年
新型显示技术及应用集成教育部重点实验室	上海大学	2010 年

四、工程研究中心

上海市教育委员会为推进市属高校在工程中心方面的建设工作，于 2008 年推荐上海大学"自动化制造装备及驱动技术工程研究中心"、上海理工大学"光学仪器与系统工程研究中心"和上海海事大学"航运仿真技术工程研究中心"申报2008年度教育部工程研究中心,3个工程中心接受教育部组织的专家评审,成为教育部工程研究中心。

至2010年,上海高校有国家工程(技术)研究中心13个,国家技术转移中心2个,教育部工程研究中心32个。

表5-1-3 1994—2010年上海高校国家工程(技术)研究中心一览表

中 心 名 称	依 托 单 位	批准时间
超细粉末国家工程研究中心	华东理工大学	1994年
工业自动化国家工程研究中心(分部)	华东理工大学	1994年
城市污染控制国家工程研究中心	同济大学	1995年
模具CAD国家工程研究中心	上海交通大学	1996年
国家生化工程技术研究中心(上海)	华东理工大学	1997年
轻合金精密成型国家工程研究中心	上海交通大学	2000年
国家染整工程技术研究中心	东华大学	2000年
纳米技术及应用国家工程研究中心	上海交通大学	2003年
组织工程国家工程研究中心	上海交通大学	2004年
国家燃料电池汽车及动力系统国家工程技术研究中心	同济大学	2007年
抗体药物国家工程研究中心	第二军医大学	2008年
国家盐湖资源综合利用国家工程技术研究中心	华东理工大学	2009年
先进钢铁材料技术国家工程研究中心南方实验基地	上海大学	2010年

第二节　人文社会科学研究

一、校设研究机构

党的十一届三中全会以后,上海高校的人文社会科学研究机构开始加快建设。当时,高校的人文社会科学研究机构基本上是以各系的研究室为主,仅有少量研究所(参见表5-1-4)。至21世纪90年代初,复旦大学、华东师范大学等在原研究室基础上相继组建、新设一批研究所,其他一些高校也相继成立一批人文社会科学研究所、研究中心和研究室(参见表5-1-5)。

表5-1-4 1979年上海高校人文社会科学(文、史、哲、经、法)研究机构情况表

学　校	研究所(院)	研 究 室
复旦大学	世界经济	文学,语言,英语,外国文学,新闻,中国历史地理,中国思想文化史,拉丁美洲,政治经济学,西欧,人类学
上海师范大学(1980年恢复华东师范大学校名)	教育科学 现代化教育技术	外国教育,发展心理,中国哲学史,世界经济,中国古典文学,中国史学史,中国农民战争史,中国近代史,世界近代史,西欧北美经济地理,古籍整理

(续表)

学　　校	研究所(院)	研　究　室
上海外国语学院	外国语言文学(筹)	阿拉伯语文化
上海音乐学院		音乐
上海戏剧学院		戏剧
上海师范学院		外国文学,古籍整理

表 5 - 1 - 5　1992 年上海高校人文社会科学(文、史、哲、经、法)研究机构情况表

学　　校	研　究　机　构
复旦大学	研究所:中国语言文学,古籍整理,中国历史地理,人口,台湾地区香港文化,世界经济,上海市数量经济和运筹学,上海市物价,社会主义经济,经济管理,现代哲学,新闻学,政治与行政
同济大学	研究所:联邦德国问题,日本学
华东师范大学	研究所:人口,哲学,上海市苏联东欧,中国史学,古籍,文学,西欧北美地理,国土开发与区域经济
华东理工大学	研究所:马克思主义思想教育,文化研究,经济发展
上海外国语学院	研究所:外国语言文学,国际问题,中东文化;研究中心:双语词典,美国学,新西兰,德语地区,加拿大和魁北克地区;研究室:拉美经济
上海铁道学院	国际经济研究室
上海音乐学院	音乐研究室
上海财经大学	财经研究所;研究室:中外经济思想史,系统分析
上海对外贸易学院	对外经济贸易研究所;关贸总协定(上海)研究中心
华东政法学院	古籍整理研究所;研究室:香港法,比较法,立法,中国涉外经济,科技法
上海师范大学	研究所:古籍整理,文学
上海大学	研究所:社会学,新文学,中国文化,中国近代史,古籍整理
上海农学院	城郊经济研究室

资料来源:根据《上海市高等学校概况》(1992 年 10 月)及有关高校校志制表。

　　进入 21 世纪,上海高校的人文社会科学研究更深入跨区域、跨学科领域。2001 年 5 月 25 日,同济大学成立亚太研究中心。2002 年 4 月 7 日,国内高校中第一家跨学科综合性金融研究教育机构——复旦大学金融研究院成立。研究院具有学术研究、组织协调、人才培养、学术交流及社会服务等功能。

二、重点项目研究机构

　　改革开放初期,上海高校根据国家文化事业发展和地方社会发展要求,以组建专门研究机构或承接重大项目的方式,组建一批研究机构。其中有较大影响的如古籍整理研究机构和人口研究机构。

1981年9月,党中央根据陈云的建议,发出关于整理中国古籍的指示。中共上海市委和市政府成立上海市古籍整理出版规划小组,由陈其五、舒文、马飞海、宋原放、余立、方行为正副组长。上海有关高校多次召开专门会议,研究落实措施,决定成立研究机构。华东师范大学和上海师范学院在古籍整理研究室的基础上扩建成古籍整理研究所。复旦大学创建古籍研究所。上海中医学院根据整理研究中国古代医籍的需要,成立中医文献研究所。上海教育学院和上海大学文学院也都成立了古籍整理研究室。

1984年,复旦大学成立人口研究所,承担华东及上海地区人口素质研究等重大项目,华东师范大学恢复人口地理研究室,并扩建为人口研究所,承担"全国人口密度和人口政策""上海人口综合研究"等重大项目。该所建立的人口咨询预测中心,重视实际应用,以人口地理学、人口经济学、人口社会学及上海市人口问题为主,发展人口咨询业务。

三、教育部人文社会科学研究基地

从1999年开始,高校中一批研究中心或研究院(所)被确定为教育部人文社会科学重点研究基地。1999—2000年间,复旦大学、华东师范大学、上海外国语大学、上海财经大学等上海高校的研究中心或研究院(所)被确定为教育部人文社会科学重点研究基地(参见表5-1-6),涉及的学科包括中国文学、历史学、哲学、经济学、新闻与传播学、国际问题研究、综合、教育学、语言学、管理学等。2001年,复旦大学的教育部人文社科重点研究基地数达到7个,位居全国高校第三。2005年,复旦大学世界经济研究所通过教育部重点研究基地评估检查,成立教育部百所重点研究基地之一的"中外现代化进程研究中心"。

表 5-1-6 1999—2000 年上海高校教育部人文社会科学重点研究基地一览表

研究基地名称	批准时间	所 属 学 科
复旦大学中国古代文学研究中心	1999 年 12 月	中国文学
复旦大学历史地理研究中心	1999 年 12 月	历史学
复旦大学当代国外马克思主义研究中心	2000 年 9 月	哲学
复旦大学中国社会主义市场经济研究中心	2000 年 9 月	经济学
复旦大学信息与传播研究中心	2000 年 12 月	新闻学与传播学
复旦大学美国研究中心	2000 年 12 月	国际问题研究
华东师范大学课程与教学研究所	1999 年 12 月	教育学
华东师范大学俄罗斯研究中心	2000 年 9 月	国际问题研究
华东师范大学中国现代思想文化研究所	2000 年 9 月	综合
华东师范大学基础教育改革与发展研究所	2000 年 12 月	教育学
华东师范大学中国文字研究与应用中心	2000 年 12 月	语言学
上海外国语大学中东研究所	2000 年 12 月	国际问题研究
上海财经大学会计与财务研究中心	2000 年 9 月	管理学

四、上海高校人文社会科学重点研究基地

上海市教育委员会自 2008 年起在上海市普通高等学校建设 10 个"人文社会科学重点研究基地",建设周期为 4 年。上海市教育委员会在 2010 年 5 月 24—25 日,召开上海高校人文社会科学重点研究基地工作会议暨中期检查专家评审会。来自教育部人文社会科学重点研究基地的 9 位专家在听取汇报后对 10 个基地的建设情况进行了分项评价和综合评估。

10 个基地在两年多的建设期间,共承担各类科研项目 261 项,包括国家社科基金项目 25 项,其中重大招标课题 1 项。公开发表论文 916 篇,出版著作 203 部。获省部级以上科研成果奖 44 项,其中教育部 2009 年高等学校科学研究优秀成果奖(人文社会科学类)6 项。两年中,共招收研究生 1 226 人,其中博士生 258 人。各基地以学术交流为平台,扩大高校影响,先后举办学术会议 56 次,其中国际学术会议 26 次。

上海大学"影视与传媒产业研究基地"、上海对外贸易学院"国际经济贸易研究所"在 2009 年分别由中共上海市委宣传部、上海市人民政府发展研究中心授予"上海市社会科学创新研究基地""上海发展战略研究所"。

2010 年 3 月,上海市教育委员会又在上海中医药大学增设"中医药文化研究与传播中心",为上海高校人文社会科学重点研究基地。

表 5－1－7　2008—2010 年上海高校人文社会科学重点研究基地一览表

学　校	研究基地名称	启动建设时间
上海大学	中国社会转型与社会组织研究中心	2008 年
	影视与传媒产业研究中心	2008 年
上海师范大学	中国近代社会研究中心	2008 年
	中国传统思想研究所	2008 年
	应用语言学研究所	2008 年
上海海事大学	海商法研究中心	2008 年
上海音乐学院	中国仪式音乐研究中心	2008 年
上海体育学院	体育赛事研究中心	2008 年
华东政法大学	外国法与比较法研究院	2008 年
上海对外贸易学院	国际经济贸易研究所	2008 年
上海中医药大学	中医药文化研究与传播中心	2010 年

五、上海高校人文艺术大师工作室

为推进上海高校哲学社会科学研究体制机制创新、学科体系、学术观点、科研方法创新,加强对本市高校中艺术类学科的引导,促进高校内涵发展,力图对以行为表现为特征、以艺术创作为载体、以引导实践体验为重点、以杰出人才为旗帜的艺术类学科的建设与发展进行探索,把握规律,形成

经验。2007年上海市教育委员会启动上海高校人文艺术大师工作室建设。继首个"周小燕大师工作室"之后,2008年批准建设"余秋雨大师工作室""蔡龙云大师工作室"。

2010年,上海市教育委员会在继续建设"周小燕""余秋雨""蔡龙云"三个大师工作室的同时,启动8个上海高校人文艺术创新工作室建设,将文化艺术类学科纳入高校内涵建设,发挥上海高校在文化引领中的重要作用。

第三节 高等教育研究

在党的十一届三中全会以前,教育科学研究主要在师范院校教育系、教育理论工作者中开展。据1979年的统计,在上海,华东师范大学设有教育科学、现代化教育技术两个研究所和外国教育研究室;上海师范大学设有教育科学研究室。1987年4月,上海师范大学在高等教育研究室的基础上成立高等教育研究所。所内设三个研究室,即教育理论研究室、政策研究室和信息研究室,另设所务办公室和资料室。高教研究所的信息服务覆盖全校各主要学院及职能部门。

进入20世纪80年代,从综合类高校到专业类高校,开始普遍设立有关教育问题的研究机构,既有针对本专业教育的研究,也有针对社会某一群体教育问题的专门研究。而探索高等教育自身发展规律,以求解决大学教育过程中所存在的一系列的问题,为各类高校所普遍关注。相当一部分重点高校开始设立高教研究机构。上海共有44所高校建立高教研究室(所),占上海高校的85%以上。未成立研究机构的学校,高教研究活动大都由教务处、教学科组织开展。专职研究人员近200人。高教研究室(所)主任大都由校院长、教务长或教务处长兼任。研究人员由高教理论工作者、学校管理工作者、专业教师、政工干部和本专科毕业生组成。

一、上海市高等教育研究所

1980年,上海市高等教育局成立高教研究室。1983年7月,为适应上海高等教育研究工作的需要,经上海市人民政府批准,在原上海市高等教育局高教研究室基础上建立上海市高等教育研究所。研究所的任务是以马克思列宁主义、毛泽东思想为指导,从中国和上海市的实情出发,着重研究高等教育调整、整顿、改革、提高中的理论问题和实际问题。从事高等教育理论、高等教育结构与规划、高等教育政策与管理、高等教育评估与教育法制、大学生与高校德育等研究以及高等教育史志编撰。设有高教发展研究室、高校管理研究室、思想理论教育研究室、比较教育研究室、情报资料研究室和编辑部。承担国家教育委员会和上海市的高等教育重点课题,如高等教育评估、高等教育法、发展战略、高等教育结构和教育方针等课题研究;对上海高等教育各项改革工作的开展作调查和政策研究,为上海市政府教育卫生办公室、市高等教育局等领导部门提供咨询。上海市高等教育研究所同时还进行高等教育学、高等教育史志、思想理论教育、教育经济学、比较教育等研究。

1995年6月,上海市高等教育研究所与上海市教育科学研究所、上海市职业技术研究所、上海市成人教育研究所和上海市智力开发研究所合并成立上海市教育科学研究院,为上海市教育科学研究院高等教育研究所。

1981年,上海第一本高教研究期刊《上海高教研究丛刊》创刊,1985年改为《上海高教研究》,由上海市高等教育学会和上海高教研究所合办(上海市高等教育研究所并入上海市教育科学研究院后,改由上海市高等教育学会与上海市教育科学研究院合办)。1998年,经国家新闻出版署批准,

《上海高教研究》自 1999 年第 1 期起更名为《教育发展研究》，每月出版 1 期。

上海市高等教育研究所为上海市高等教育学会和上海市德育研究会（后更名为上海市高校思想理论教育研究会）秘书处所在单位，创刊《思想理论教育》杂志，是上海高等教育和高校思想理论教育学术团体活动的中心和协作网络。1995 年，上海市高等教育研究所并入上海市教育科学研究院后，上海市教育史志办公室、上海市大学生研究中心、上海市高校后勤社会化改革研究中心、上海教育法制研究中心、上海市教育科学研究院台湾地区教育研究中心等机构相继挂靠高等教育研究所；同时上海市教育科学研究院高等教育研究所又成为与复旦大学、上海交通大学、上海财经大学、上海理工大学等高校建有研究生协同式培养关系的基地单位。

上海高等教育研究所历任所长（1983—1995 年）：赵关东、干城、杨德广、忻福良；上海市教育科学研究院高等教育研究所历任所长（1995—2010 年）：王厥轩、陈国良、谢仁业、晏开利。

二、高等教育研究学术团体

1979 年 6 月 13 日，华东师范大学成立高等教育研究会，刘佛年校长任理事长。1982 年 1 月，华东地区高等教育管理科学研究会在华东师范大学成立；华东地区 47 所高校干部参加研究会。

1979 年 11 月，由华东师范大学、上海交通大学、复旦大学、上海科学技术大学、上海工业大学、上海师范学院、上海第一医学院和上海第二医学院 8 所高校倡议，上海市高等教育局牵头，成立全国第一个省市级的高教研究组织——上海市高等教育研究会，各高校均为团体会员。此后，上海高等教育研究会又陆续成立上海高校电化教育研究会、德育研究会、体育研究会、卫生保健研究会、科研管理研究会、人事管理研究会、后勤管理研究会、实验室管理研究会、工厂管理协会马列主义理论科教研究会、书法研究会、美育研究会、远距离高等教育研究会、校报研究会、学报研究会、基建研究会、行政办公室管理研究会、留学生管理研究会、学生管理研究会、保卫工作研究会、教育管理研究会、艺术教育交流中心等 24 个专业研究会。各专业研究会吸收校团体会员、兼职研究人员近万人。

1983 年 4 月，上海市高等教育研究会更名为上海市高等教育学会，为上海市一级社团组织。学会下有 65 个高校团体会员（覆盖上海所有全日制普通高校，以及部分民办高校、成人高校），并有计算机专业委员会等 10 余个分支机构，拥有一支专兼职相结合的高教研究队伍。学会第一届—第八届理事会（至 2011 年 12 月）历任会长：刘佛年、余立、张德龙、王生洪、郑令德、张伟江；历任秘书长：郑启明、薛天祥、杨德广、忻福良、陈国良、谢仁业。

上海市高等教育学会常年开设"大学校长沙龙""高教研究所所长沙龙""高校青年教师论坛"等学术研讨交流活动，选择一定的专题进行讨论。如 2008 年"大学校长沙龙"讨论中长期教育改革发展规划问题，"高教研究所所长沙龙"回顾 30 年高等教育发展历程。2009 年，"高教研究所所长沙龙"集中讨论研究生教育问题。自 2007 年 5 月，上海市高等教育学会启动《高等教育文库》编纂工作，请离任的上海高校党委书记、校长撰写学习工作体会，总结宝贵经验，形成《高等教育文库·改革发展篇》《高等教育文库·领导篇》两个系列。截至 2009 年 9 月，《高等教育文库·改革发展篇》《高等教育文库·领导篇》已各出版 5 本。

2009 年 9 月 25 日，上海市高等教育学会成立三十周年庆祝大会在上海交通大学医学院举行，在沪高等教育界老领导、老专家齐聚一堂，就上海高等教育发展的成就与问题进行多维度的回顾和分析。上海市副市长沈晓明出席会议并讲话。

第四节　软科学研究和 E－研究院

一、软科学研究

随着科技体制改革的不断深入,在决定科技、经济等重大问题上,迫切需要实行决策科学化和民主化。因此,高等学校的软科学研究成为贯彻科技体制改革的重要内容。自 1979 年起,上海高校相继成立了一批软科学机构。如 1979—1984 年,上海机械学院、复旦大学、上海交通大学、同济大学、华东化工学院、华东师范大学、上海铁道学院、上海海运学院、上海工业大学 11 所高校成立 14 个软科学机构。1987 年复旦大学、上海交通大学、华东师范大学等联合成立"上海高校软科学联合研究中心",至 1988 年,已有 26 所高校或部门参加。承担国家及上海市、有关地区和部门的发展规划制定,研究资源的开发利用以及为新技术、新产品、新材料、新设备提供咨询等。

据统计,上海高校已完成 200 余项软科学研究课题,其中约有 50 项获省市以上科技进步奖,不少项目已为领导部门采纳并实施,获得较大的社会效益和经济效益。如华东师范大学等 61 个单位协作完成的"上海市海岸和海涂资源综合调查",被用于上海市污水处理、海涂开发、水产养殖、新港建设等方面,并取得经济效益 1 000 万元。上海机械学院系统工程研究所,用系统工程的理论和方法,先后为太原重型机器厂 φ140 轧机、宝钢等国家重点项目进行研究取得成功,有重大的经济效益和社会效益。1984 年,以同济大学建筑系为主承担的阿尔及利亚新城总体规划和城市扩展规划以及新城对地区发展的研究,完成 6 份规划研究报告,约百万字和 70 多幅图纸以及布格佐尔新城中心规划模型,获较高评价,显示了中国专家规划工作的构思、设计方法等方面的水平,为中国争得声誉。

二、E－研究院

E－研究院是以信息网络为平台的具有全新概念的研究机构。其主要特点,一是没有庞大的研究院的人事组织机构,但可以与全市、全国乃至全世界通过约定和网络进行研究合作;二是能利用网络技术进行世界范围内共同培养研究生的教育,培养出具有面对世界竞争力的人才;三是主要从事基础理论攻关,其创新成果将对高科技发展产生深远的影响。

2002 年,上海市教育委员会启动 6 项 E－研究院建设计划,分别为上海高校网络建设(首席研究员李三立院士)、计算科学 E－研究院(首席研究员郭本瑜教授)、免疫学 E－研究院(首席研究员臧敬伍教授)、模式生物 E－研究院(首席研究员王铸钢教授)、都市文化 E－研究院(首席研究员孙逊教授)、社会学 E－研究院(首席研究员李友梅教授)。

2004 年,上海市教育委员会首批启动网络技术 E－研究院、社会学 E－研究院、免疫学 E－研究院、模式生物 E－研究院、科学计算 E－研究院、都市文化 E－研究院等 6 个 E－研究院建设。对内分泌与代谢病学、中医内科学、水产养殖学 3 个教育部高等学校重点学科实施 E－研究院建设。完成 E－研究院建设规划和管理章程制定、近百名特聘研究员聘任和签约工作。

2005 年,完成音乐人类学 E－研究院专家论证并启动建设。至此,E－研究院建设已聘请 108 位特聘研究员,其中国外研究员 18 位,外省市研究员 24 位,非依托学校研究员 27 位,依托学校研究员 39 位。

2007年，深化上海高校E-研究院建设工作。上海高校共有12个E-研究院实施建设。同年，召开E-研究院首席研究员的专题工作会议，对9个到达考核节点的E-研究院建设进行考核。

2008年，上海市教育委员会召开2008年度上海高校E-研究院建设工作研讨会。会议对上海高校E-研究院第一阶段建设工作进行回顾和总结。进一步明确上海高校E-研究院在第二阶段建设中要处理好几个关系：宽松管理与严格促进学科考核的关系；学科内部逐年考核目标与出精品、出大师、出成果的关系；学科虚拟平台交流合作与面对面合作研讨的关系；E-研究院与其他重点学科的关系。

2009年，根据绩效管理的要求，2002年以来启动建设的13个E-研究院，有3个退出。同年，完成依托上海交通大学医学院、以陈国强教授为首席研究员的化学生物学E-研究院的前期准备工作，并正式启动建设。

至2010年，上海市在建的高校E-研究院共有10个。各E-研究院建设期间围绕规划内的主要研究方向开展高层次的科学研究，加强对基础平台和信息化设施的建设，开展学术交流活动，吸引国内外优秀人才到依托学校工作，利用E-研究院的校外特聘研究员资源为依托培养博士研究生，推动依托学科和学校的发展。2010年，上海召开上海高校E-研究院建设工作研讨会，加强相互间交流，促进E-研究院建设。

第二章 重要课题和研究成果

改革开放以来,上海高校以其深厚的人才和智力资源,面向社会经济文化发展的主战场,攻坚克难,承担并完成一大批理论基础与科学应用的研究,取得难计其数的研究成果,成为上海各路科学技术研究大军的主要力量。

第一节 自然科学研究课题成果

一、成果规模

改革开放以来,在自然科学基础理论研究和科学技术应用研究方面,高校成为上海各路科技队伍中的主力军。在改革开放初期的 1979 年,上海高校的科研课题近 2 000 项,1983 年达到 3 700 余项,其中,承担全市计划下达的重点科研项目、攻关课题和咨询预测研究 185 项,占全市计划下达项目总数的 21%。当年,上海各高等学校从国家、地方和工业部门等各方面共获得科研经费 5 000 万元。到 1988 年,上海高校承担的科研课题有 8 000 余项,科研总经费达 1.27 亿元。

1979 年至 1988 年的 10 年间,上海高等学校共取得科技成果约 5 000 项,其中,获省市以上科技成果奖励 1 400 多项。上海高校获 1982 年度和 1987 年度国家自然科学奖 20 项;约占上海获奖总数的 42%;获得国家发明奖 60 多项,约是上海获奖总数的三分之一。1985 年,在我国首次公布的 1 302 项国家级科技进步奖中,复旦大学、上海交通大学、上海医科大学、上海工业大学等 12 所上海高校共获奖 33 项,其中一等奖 5 项,占上海市获一等奖项目数的 55%;占全国高校获一等奖项目数的 50%。上海高校获得 1985 年以来国家教育委员会科技进步奖 213 项,约占获奖总数的 17%。1988 年,上海高校获上海市科技成果奖和科技进步奖 672 项,约占获奖总数的 24%。有 17 所高校 127 项成果获上海市科技进步奖,占全市获奖总数的 42.1%。其中上海高校获得上海市科技进步奖一等奖的 6 个项目,基础理论水平高,在国际上有一定影响。如复旦大学的"神经网络信号盲分离和数据压缩研究",数 10 次被科技(SCI)类杂志的论文所引用,被国际电气与电子工程师协会评为年度杰出论文奖。上海交通大学的"聚合反应的动力学模型研究",在国内外著名刊物上发表论文达 60 篇,有关论文被国际同行和国际权威人士引用达百余次。华东理工大学的"新型水煤浆气化喷嘴研究与开发",达到了国际领先水平。

1992 年,上海市科技进步奖评审中,上海高校共有 115 项成果获奖,占全市获奖总数的 32.1%。其中一等奖 2 项,二等奖 37 项,三等奖 76 项,占全市获奖成果总数比例分别为 15.4%、30.8% 和 33.8%,获奖数在全市各系统中继续保持领先地位。

1991—1995 年,上海高校撰写科学专著 1 926 部,发表论文 54 453 篇,其中在全国性和国外刊物发表 39 931 篇,获得的国家级奖项包括国家自然科学奖、国家发明奖、国家科技进步奖 95 项。中国科学院院士、上海大学教授黄宏嘉主持承担的上海市自然科学基金项目——特种光纤研究获得 8 项成果,均达到国际水平。

1995 年,高校重大科技成果 516 项,其中达到国际先进水平的 176 项,占总数的 34.1%。1998

年,上海高校有 17 所高校的 127 项成果获上海市科技进步奖,占全市获奖总数的 42.1%,其中一等奖 6 项,二等奖 40 项,三等奖 81 项,分别占全市获奖数的 42.8%、38%、44.3%。全市获得上海市牡丹奖的 5 人中,高校占 4 人。2000 年,获上海市科技进步奖 117 项,约占全市科技进步奖总数的 44%。

1998 年,上海高校有 17 所高校的 127 项成果获上海市科技进步奖,占全市获奖总数的 42.1%,其中一等奖 6 项,二等奖 40 项,三等奖 81 项,分别占全市获奖数的 42.8%、38%、44.3%。全市获得上海市牡丹奖的 5 人中,高校占 4 人。

2000 年,获上海市科技进步奖 117 项,约占全市科技进步奖总数的 44%。2002 年度上海市科学技术进步奖中,由高校独立(或第一单位)完成和作为参与单位完成的获奖项目共计 145 项,占全市获奖总数的 46.3%,其中一等奖 17 项,占全市获奖总数的 43.6%,二等奖 52 项,占全市获奖总数的 48.15%,三等奖 76 项,占全市获奖总数的 45.8%。获奖项目取得很好的社会、经济效益。

2002 年,上海高校新承担或共同承担"973"计划项目 3 项,占上海新增总数的 50%,占全国总数的 10%;获国家自然科学基金 1.3 亿元,是 1995 年的 6.5 倍,占全市的 81%;其中新承担国家自然科学基金重大、重点项目 12 项,占上海新承担项目总数的 57%。2002 年,上海高校教师共发表论文 21 000 余篇,其中在国外期刊上发表 2 900 余篇;申请专利 982 项,获专利授权 171 项;获省市以上科技奖励 250 项,其中获国家级科技奖励 13 项(6 所高校)(含 4 项国家自然科学奖二等奖)。

2004 年度的上海市科技进步奖获奖名单中,由高校独立(或第一单位)完成和作为参与单位完成的获奖项目共计 166 项,占全市获奖总数的 52.5%,再创历史新高,其中一等奖 25 项,占全市获奖总数的 61%,二等奖 58 项,占全市获奖总数的 54.2%,三等奖 83 项,占全市获奖总数的 49.4%。

2005 年度上海市科学技术进步奖评选中,由高校独立(或第一单位)完成和作为参与单位完成的获奖项目共计 168 项,占全市获奖总数的 51.5%。在 2005 年度国家科学技术奖中,上海高校有 27 项科研项目获奖,占上海市获奖总数 58.7%,其中吴孟超院士获国家最高科学技术奖。

二、重大贡献

面向经济建设,为经济建设服务成为上海高校科技工作的主要内容。1985 年,上海交通大学获国家科技进步奖一等奖的中大规模集成电路计算机辅助解剖分析系统是一项重大突破,具有国际先进水平;又如获国家科技进步奖一等奖的"船舶取消艏支架纵向下水新工艺"(与沪东造船厂合作),在近百艘船舶下水时采用,大大缩短下水周期,几年中节约下水费用 1 500 万元。学校对液力偶合器的研究开发已有较长历史,已推广应用 1 000 多台,每年可节电 1 亿度。复旦大学生命科学学院郑善良等研究的"谷氨酸一次中、高糖发酵瓣菌种及工艺"成果,产酸率达到国际水平,在国内多家味精厂推广,年净增效益达亿元以上;还有些项目所取得的成果具有国际先进水平,如"水稻人工种子""人肿瘤坏死因子基因克隆及在细菌中高表达""PT - 14 系列内调整集成压力传感器""处理流程与数据结构描述及分析工具""需求规格描述与分析工具""SI 标准化网络系统开发"等。同济大学教师俞调梅、胡中雄提出的"应力路径法"设计理论,使上海炼油厂在油罐建造过程中节约投资 100 万元,被中国石油化工总公司评为优秀科技成果二等奖。1988 年,中国纺织大学的"三维卷曲涤纶短纤维工业化研究",经厂校结合,在仪征化纤等企业获得推广应用,累计新增利税已超过 1亿元。上海交通大学的高效、节能、低噪声专特风机及冷却塔在广州、上海等地企事业单位及东南亚国家广泛应用。上海医科大学承担的"八五"重点攻关项目——基因工程链激酶的研制,其社会和经济效益十分显著,处于国际先进水平。

1990年,上海科技大学研制成功我国第一台用于生产实际的大抓力、大移距桥架式机器人(被命名为"上海Ⅳ号"机器人)。1994年,复旦大学生命科学学院遗传所和上海农学院植物科学系在国际上首次用基因工程技术,成功培育出水稻抗白叶枯病新品系。1995年,中国纺织大学完成的"桑塔纳轿车曲轴、中间轴、凸轮轴、轴承盖用热法壳型覆膜砂的研制"项目,为16万辆桑塔纳轿车配套,产品总产值8 000多万元人民币,为国家节汇1 300多万美元。1995年,上海交通大学研制成功的"动态控制渗碳渗氮技术",使我国机械制造工业采用人工智能热处理技术进入实用阶段,国家科学技术委员会、机械部和国家教育委员会将这一技术作为国家级科技成果重点推广项目,向各地机械工业企业作大面积推广。

2001年,上海水产大学首席教授李思发率领研究小组采用系统选育方法历时15年,成功培育出鱼类良种——团头鲂"浦江一号"。该成果是中国鱼类遗传改良比较系统的科研成果。2001年2月19日,在党中央、国务院隆重举行的国家科学技术奖励大会上,李思发获得"九五"国家科技攻关先进个人称号。复旦大学医学院宋后燕课题组的"重组链激酶(R-SK)研制、开发与临床应用",获得国家科技进步奖二等奖。这是中国第一个拥有自主知识产权的一类生物技术新药。东华大学粘胶基碳纤维项目被列为2001年"中国高校十大科技进展"之一,粘胶基碳纤维是最早诞生的碳纤维,它具有密度小、导热系数小、碱金属及碱土金属杂质含量低、耐蚀性能好和纤维柔软可编织性好的优点,由其制成的粘胶碳布酚醛复合材料是国防航天工业的重要材料,是一种当时无法由其他材料取代的重要战略物资。2002年,复旦大学独得3项国家自然科学奖二等奖:数学系陈天平教授主持的"神经网络的非线性映照理论,信号盲分离和主成份分析"、神经生物专业马兰教授主持的"阿片类物质介导的神经信号转导的调控和耐受成瘾机理研究"项目和物理系陆昉教授主持的"硅基低维结构材料的研制、物性研究及新型器件制备"项目。据统计,2002年高校牵头完成的上海市科技进步奖53项应用性获奖项目取得的三年经济效益达124亿元。另据统计,企业在上海高校中共建有各类研发基地123个,高校实验室为企业技术发展提供强有力支撑。

在2005年3月28日举行的国家科学技术奖励大会上,复旦大学化学系教授赵东元等完成的"有序排列的纳米多孔材料的组装和功能化"项目获得2004年度国家自然科学奖二等奖;高分子科学系、中国科学院院士杨玉良等完成的"高速双轴拉伸聚丙烯(BOPP)专用料生产技术的基础研究及工业应用"、中山医院杨英珍教授等完成的"病毒性心肌炎与扩张型心肌病的临床与实验研究"和肿瘤医院邵志敏教授等完成的"乳腺癌的临床和基础研究"3个项目获得国家科技进步奖二等奖。

2010年12月,复旦大学生命科学学院、生物医学研究院教授赵世民研究团队的科研成果"代谢乙酰化调控机理的发现"入选2010年度中国高等学校十大科技进步奖。

三、国际影响力

据1985年的统计,与国外联合开发的科研课题或向国外转让的技术成果(产品)已有近百项。上海高校在1986年、1987年、1988年的第十四届、十五届、十六届日内瓦国际发明与新技术展览会上连续三次各获得金牌一枚。

中国纺织大学的"中纺AB抗菌防臭织物"获得第十六届日内瓦国际发明和新技术展览会金牌和人类保健奖,"双摆线减速器"获得1990年第二届国际专利及新产品展览会金奖。该校教授严灏景获英国纺织学会颁发的瓦纳纪念奖章,成为获得该项荣誉的第一位中国人。

　　上海第二医科大学在灼伤治疗、显微整形外科、心胸外科、计划生育、口腔医学等方面处于国际领先地位。该校教授王振义率先在国际上应用诱导分化疗法治疗白血病,被誉为"人类癌肿治疗史上应用诱导分化法"获得成功的第一人,1994 年 6 月 15 日,在国内第一个获得国际上最具权威的癌症研究大奖凯特林医学奖。

　　2001 年 3 月,上海交通大学 BIO－X 生命科学研究中心主任贺林教授获得美国国家精神分裂症与抑郁症研究联盟的"杰出研究者"奖,这是中国科学家首次荣获的国际脑研究领域权威奖项;4月,贺林研究室与世界排名前三位的阿斯利康医药公司签订了 200 万美元科研合作项目,为中国当时与国外跨国医药公司该领域最大的一项基础性研究课题;8 月,贺林研究室在 Nature Genetics 发表影响因子为 40 的高水平论文。贺林研究室的科研成果被教育部科学技术委员会评为"2001 年中国高校十大科技进展"之首位。

　　2009 年,同济大学"阮仪三城市遗产保护基金会"资助的"大运河保护与研究"项目获世界规划大会"杰出贡献奖";环境科学与工程学院的"耦合式城市污水处理新技术及应用"获得国家发明奖。

四、国家重点基础研究

　　国家重点基础研究发展计划(简称"973"计划)于 1998 年开始实施。该计划旨在解决国家战略需求中的重大科学问题,以及对人类认识世界将会起到重要作用的科学前沿问题。"973"项目以"面向战略需求,聚焦科学目标,造就将帅人才,攀登科学高峰,实现重点突破,服务长远发展"的指导思想,按照"指南引导,单位申报,专家评审,政府决策"的立项方式,"择需、择重、择优"和"公平、公正、公开",以原始性创新作为遴选项目的重要标准,坚持项目、人才、基地的密切结合,面向前沿高科技战略领域超前部署基础研究。

表 5－2－1　2000 年"973"计划第一承担单位和首席科学家情况表

单　　位	立项年度	首席科学家	项　目　名　称
上海第二医科大学附属瑞金医院	1998 年	陈　竺	"疾病基因组学""理论和技术体系的建立"
上海第二医科大学	1999 年	曹谊林	组织工程的基本科学问题
复旦大学	1999 年	杨玉良	通用高分子材料高性能化的基础研究
同济大学	2000 年	汪品先	地球圈层相互作用中的深海过程和深海记录

　　2001 年 11 月 22 日,2001 年度国家重点基础研究发展规划(简称"973")公布。其中,复旦大学金亚秋、资剑、杨芃原 3 位科学家及其项目入选。由复旦大学牵头承担的"973"项目总数共 5 项,居全国高校前列。

　　2002 年,上海高校有 3 人获"973"首席科学家与项目,分别是华东师范大学丁平兴承担的"中国典型河口——近海陆海相互作用及其环境效应"(双首席青岛海洋大学);上海第二医科大学陈国强承担的"基于生物信息学的药物新靶标的发现和功能研究"(双首席中科院上海药物所);复旦大学金力承担的"环境化学污染物致机体损伤及其防御的基础研究"(双首席中国疾病预防控制中心)。上海高校"973"首席科学家占上海地区"973"首席科学家的 50%。

　　2008 年,上海高校有"973"首席科学家 37 人次,共承担"973"项目 43 项。同年,上海高校获国家自然科学基金项目 1 272 项,占全市 1 502 项的 84.69%;经费 3.88 亿元,占全市总数 4.80 亿元的 80.83%。

2010 年,上海高校牵头的"973 计划"项目有 9 项：即"微藻能源规模化制备的科学基础"（华东理工大学李元广）、"超高速低功耗光子信息处理集成芯片与技术基础研究"（上海交通大学陈建平）、"物联网基础研究和设计方法研究"（同济大学赵伟）、"2 型糖尿病病理生理变化的分子机理研究"（上海交通大学贾伟平）、"感音神经性耳聋发病机制及干预措施的基础研究"（复旦大学李华伟）、"高性能碳纤维相关重大问题的基础研究"（复旦大学杨玉良）、"高性能芳轮纤维制备过程中的关键科学问题"（东华大学余木火）、"多重压力下近海生态系统可持续产出与适应性管理的科学基础"（华东师范大学张经）、"高性能分布式驱动电动汽车关键基础问题研究"（同济大学余卓平）。

第二节　人文社会科学研究课题成果

随着中国改革开放开始起步,上海高校的人文社会科学研究也呈现复苏景象。1979 年,全市高校出版文学、历史学、经济学专著 355 本,在国际学术会议上发表论文 27 篇,在全国性重要学术会议上发表论文 410 篇。其中《唐代中日往来诗集》和《沈从文文集》评为 1985 年香港首届中国书展优秀图书。在史学研究方面,复旦大学、华东师范大学等校建立中国历史地理研究所、中国思想文化史、第二次世界大战史、史学史等研究室,取得了以《中国历史地图集》（上溯原始社会,下及清朝末年,共有 8 册 24 个图组,有图 304 幅,全图集所收地名达 7 万处）为突出代表的大量成果。在经济研究方面,承担全国"六五"规划重点项目有：《欧洲共同体——机制与趋势》《八十年代世界经济发展趋势》《中国对外经济发展战略》《战后西德的复兴》《社会主义政治经济学》《新技术革命的挑战与上海的对策》《上海经济区发展战略与体制探讨》《上海市建立跨国公司可行性探讨》等重点课题。复旦大学经济研究中心的《中国农村经济发展研究》调查研究报告,针对农村存在的问题,提出加强劳动积累,以农业产前、产中、产后服务体系规模经济带动农业生产规模经营,建立农村双层经营组织等。不少建议被 1990 年政府工作报告采纳。

一、重大课题

在承担全国和市级科研项目中,各校在哲学社会科学各个领域都取得成果。其中,复旦大学文科教师"六五"期间出版社会科学著作 400 余种,发表学术论文 5 000 多篇；华东师范大学到 1985 年底出版各类著作 414 种,发表论文 2 300 篇；上海财经大学主编和参加编写各类著作 300 余种。

1981 年起上海高校在古籍整理方面积极承担研究任务。遵照中央关于"可以依托于高等院校"的指示,上海高等学校约有数百名教师参加古籍整理研究工作,共承担国务院、上海市的《古籍整理出版规划》项目和自选项目 300 多项,此后几年中整理出版近 200 种、约 1 000 多万字的古籍。与此同时,重视研究工作,抓好古籍编注、书目索引、版本目录研究工作,编撰出版《古籍整理史》《应用校勘学》《宋代史料学》等有关古籍整理研究的专著。继《二十四史》部分重要史籍的校点工作之后,又完成宋代两大史籍《续资治通鉴长编》和《文献通考》的校点工作,还完成文学古籍《世说新语》新注,重要哲学古籍《道藏》书目提要以及《唐律初探》《中国古典医学名著》等书。显示了上海高等学校在古籍整理研究工作中利用学科多、门类齐的优势,在文、史、哲、经、教、法、医以及自然科学古籍整理上齐头并进、多学科协作和校内外协作的特色。此外重视古籍整理研究出版专业人才的培养工作。复旦大学、华东师范大学和上海师范学院都招收古籍整理和版本、古文献学等专业硕士研究生,上海师范学院还增设古典文献专业,培养本科大学生。

1978—1988 年,上海高校人文社科教师面向国民经济发展的主战场,坚持理论联系实际的原则,承担了一大批研究现实问题的课题,重点体现在如下两个方面:一是中国社会主义经济建设和上海市浦东开发开放研究;二是人口研究。同时还在社会学、法学、新闻学、管理科学、教育学、政治学等领域中开展研究。华东政法学院开展各种学术活动,举办和联办国际性、全办性和影响较大的地区性学术会议,如上海国际技术转让讨论会、上海国际投资法讨论会、上海国际经济贸易讨论会、中澳经济贸易法讨论会、全国外国法制史第四届学术讨论会、经济法制协调发展理论讨论会、集团犯罪国际研讨会。

"七五"期间,上海外国语学院承担约 200 项科研项目,其中有 16 项课题被列入国家教育委员会哲学社会科学重点项目、国家教育委员会"七五"规划项目和博士点基金项目。

20 世纪 90 年代初,华东师范大学每年承担近 400 项科研项目,其中不少是国家、部委、省市级重大攻关项目。1992 年到 1995 年期间,该校承担许多国家、地方文科重大科研项目。包括国家教育委员会人文社科"八五"重点项目:《俄罗斯政治经济的趋势》(冯绍雷)、《东欧社会主义实践 40 年成就问题和评价》(姜琦)、《中国当代哲学史 1949—1992 年》(丁祯彦)、《当代国际贸易环境的新变化与中国外贸发展对策》(唐海燕);国家社科基金"八五"规划重点项目:《苏联东欧演变世界战略格局的影响及中国的对策》(倪家泰);上海市项目:《古文字诂林》;全国高校古籍委员会项目:《朱熹全书》。华东政法学院承担国家、司法部、上海市哲学社会科学科研重点项目 27 个。

在上海市哲学社会科学"九五"规划立项课题中,上海高校承担中长期课题 53 项,年度课题 37 项,分别占总课题数的 60.9% 与 57.8%。

2000 年,华东师范大学承担的人文社会科学研究课题 805 项,其中国家社科基金项目 44 项,教育部人文社会科学研究项目 129 项,上海市社科项目 123 项,国际合作研究项目 6 项,与港澳台合作项目 6 项、外资项目 7 项、横向课题 364 项。

2002 年,复旦大学获国家社会科学基金项目 31 项,是 1999 年的 3.5 倍,列全国高校第二位。

二、重要成果

改革开放以来,党和国家不断提出加强哲学社会科学研究工作,进一步繁荣哲学社会科学。据改革开放初期至 2000 年的不完全统计,复旦大学文科教师出版各类著作近 1 400 部,发表论文8 500 篇。谭其骧教授主编的《中国历史地图集》共 8 册,1986 年被评为上海市哲学社会科学优秀成果奖特等奖,受到上海市人民政府的通令嘉奖。蒋孔阳的《德国古典美学》(1980 年),是中国第一部运用马克思主义观点和方法研究西方美学史的力作,填补了西方美学史研究领域的一个空白。刘放桐、蒋孔阳因此均获得上海市第一届哲学社会科学优秀成果(1979—1985 年)优秀著作奖。王沪宁的《从控制论考察乡政管理的优化》获得上海市第一届哲学社会科学优秀成果(1979—1985年)论文奖,著作《当代中国村落家政文化》获得上海市第二届哲学社会科学优秀成果(1986—1993年)论文奖,著作《政治的逻辑——马克思主义政治原理》获得上海市第三届哲学社会科学优秀成果(1994—1995 年)著作一等奖。罗首初、潘振民合著的《社会主义微观经济均衡论》,被评为"孙冶方经济科学著作奖"。胡焕庸、张善余的《中国人口地理》(1984 年)、徐建主编的《青少年犯罪学》(1986 年)、葛剑雄的《西汉人口地理》(1986 年)等分别为相关学科中国内学者撰写的第一本学术专著。1999 年,蒋孔阳、朱立元主编的《西方美学通史》(7 卷)出版。

1979—1985 年,华东师范大学在教育、哲学社会科学研究方面获得上海市哲学社会科学优秀著作奖的有:钱谷融教授的《〈雷雨〉人物谈》、许子东副教授的《郁达夫新论》、郭圣铭教授的《西方史学史概要》、冯契教授的《中国古代哲学的逻辑发展》(上中下册)、邵瑞珍教授等的《教育心理学——学与教的原理》、胡焕庸教授的《中国人口地理》(上册)、郭豫适教授的《红楼研究小史稿》和《红楼研究小史续稿》、陈旭麓教授的《近代史思辨录》、陈彪如教授的《国际金融市场》等 25 种专著。

全国哲学社会科学"七五"规划国家级重点课题成果、由华东师范大学瞿葆奎教授主编的《教育学文集》是中华人民共和国成立以来中国第一套教育方面的大型资料丛书,分 26 卷 30 册,计 1 800万字,自 1988 年陆续出版。2000 年 9 月,华东师范大学教授叶澜的《教育研究方法论初探》获上海市第五届哲学社会科学优秀成果著作类一等奖。

"七五"期间,上海师范大学科研取得一批成果。文科共发表论文 3 716 篇,著作 733 部,获得市、局级以上的奖励 32 项。1983 年,《〈续资治通鉴长编〉校注》获上海市高校文科科研成果一等奖;《先秦思想研究》《红楼梦脂评初探》《晚照楼论文集》《试论女神》《世界五千年》《汉魏六朝心理思想研究》等均获著作奖。

表 5‑2‑2   1983 年上海高等学校文科研究成果获特、一、二等奖项目一览表

奖励等级	获 奖 项 目	作 者	申 报 单 位
特等奖	中国历史地图集(8 册)	谭其骧主编	复旦大学
一等奖	新英汉词典	编写组	复旦大学
一等奖	人口咨询	胡焕庸等	华东师范大学
一等奖	《〈续资治通鉴长编〉校注》(2—6)等古籍整理研究	古籍整理研究所	上海师范学院、华东师范大学

1986 年,上海召开首届国际中国文化学术讨论会。其间,上海产生一批相关的学术成果。如蔡尚思的《中国文化史要论》(1979 年)、周谷城主编的《中国文化史丛书》(1985 年起)和苏渊雷的《佛教与中国传统文化》(1988 年)。华东师范大学丁钢的《中国佛教教育——儒佛道教育比较研究》获霍英东教育基金青年教师(研究类)奖。

1986—1998 年,上海外国语大学有 8 项成果获上海市哲学社会科学研究成果奖。其中,上海市第一届哲学社会科学优秀成果奖(1979—1985 年):侯维瑞的《现代英国小说史》(上海外语教育出版社),获优秀著作奖;章振邦的《新编英语语法(上、下册)》(上海译文出版社)、《法汉词典》编写组编著的《法汉词典》(上海译文出版社),均获著作奖。上海市第二届哲学社会科学优秀成果奖(1979—1985 年):余匡复的《德国文学史》(上海外语教育出版社,1991 年),获二等奖(著作);何建民的《旅游现代化开发经营与管理》(上海社会科学院出版社,1992 年),获三等奖(著作)。上海市第三届哲学社会科学优秀成果奖(1994—1995 年):钱学文的《90 年代中东日本关系之回顾与展望》(《阿拉伯世界》1995 年第 1 期)、戴炜栋等《试论影响外语习得的若干重要因素》(《外国语》1994年第 1 期),均获三等奖(论文)。上海市第四届哲学社会科学优秀成果奖(1996—1997 年):李勤的《论俄语不确定/确定范畴》(《中国俄语教学》,1997 年第 4 期),获三等奖(论文)。

1985—1990 年,上海市地方高校文科科研工作蓬勃开展,硕果累累。据不完全统计,在这五年中,共完成文科科研项目 269 项,不少成果在学术上达到相当水平,受到国内外同行专家、学者的好评。上海师范大学教育科学研究所的"中小学教育体系整体性改革实验",曾四次获得市级以上的

奖励;叶书宗的《苏联的革命与建设》获上海市社会科学联合会1988年优秀学术成果特等奖;朱宗玉主编的《中华人民共和国史纲》获华东地区第二届优秀政治理论图书评选一等奖;马洪林的《康有为大传》获得1988年辽宁省优秀图书二等奖;杨剑宇的《中国秘书史》是国内这方面唯一的专著。

20世纪90年代初期,上海戏剧学院教师取得一大批学术研究成果,其中主要有:余秋雨的《戏剧理论史稿》《艺术创造工程》,胡妙胜的《充满符号的戏剧空间》《戏剧演出符号学引论》,吴光耀的《西方演剧史论稿》,杜定宇编撰的《英汉戏剧辞典》,叶涛与张马力合著的《话剧表演艺术概论》,叶长海的《中国戏剧学史稿》,夏写时的《论中国戏剧批评》,金登才的《戏剧本质论》,戴平的《戏剧——"综合的美学工程"》等。章培恒、郭豫适在中国古典文学和《红楼梦》研究中取得令海内外专家瞩目的成就。章培恒的《洪升年谱》(上海古籍出版社)、郭豫适所著《红楼梦研究小史稿(上、下册)》(上海文艺出版社)分别获得上海市第一届哲学社会科学优秀成果(1979—1985年)优秀著作奖、著作奖。

据1995年对上海市社会科学院、复旦大学、华东师范大学、上海财经大学、上海师范大学5个单位的不完全统计,一年间共出版社科类著作(含专著、编著、译著、教材和工具书等)693种,其中复旦大学195种、华东师范大学187种、上海财经大学180种、上海师范大学62种;发表论文4862篇,其中复旦大学1258篇、华东师范大学984篇、上海财经大学590篇、上海师范大学523篇。不少成果具有较高学术价值,获得有关方面奖励。"七五"期间,上海师范大学的《充分开发少年儿童智慧潜力的探索——中小学教育体系改革综合实验报告》获全国教育学会优秀论文奖、《对中小学教育体系整体性改革第一轮实验的思考》获全国首届教育科学优秀成果一等奖和上海市教育科研一等奖。

2005年,复旦大学文科科研获教育部项目数与资助额居全国之先,涌现以《旧五代史新辑会证》等为代表的重大成果。

自2004年第七届起,上海市哲学社会科学优秀成果设置学术贡献奖。2004—2010年,上海市第七至第十届哲学社会科学优秀成果共授予15人学术贡献奖,其中高校占11人。

表5-2-3 上海市第七至十届哲学社会科学优秀成果学术贡献奖高校获奖名单一览表

届　别	颁奖情况	学　校	获奖人	作　品
第七届 (2002—2003年)	共3项,其中高校2项	复旦大学	蒋学模	《高级政治经济学——社会主义总论》
		复旦大学	刘放桐	《现代西方哲学》
第八届 (2004—2005年)	共3项,其中高校2项	复旦大学	蔡尚思	《蔡尚思全集》
		华东师范大学	王养冲	《法国大革命史》等
第九届 (2006—2007年)	共6项,其中高校5项	复旦大学	张薰华	《经济规律的探索》
		复旦大学	贾植芳	《贾植芳文集》
		复旦大学	王云熙	《文心雕龙探索》《中国文学批评通史》
		华东师范大学	钱谷融	《论"文学是人学"》《钱谷融论学三种》
		华东师范大学	徐中玉	《徐中玉自选集》
第十届 (2008—2009年)	共3项,其中高校2项	复旦大学	裘锡圭	《文字学概要》
		复旦大学	章培恒	《中国文学史新著》

【统编教材和工具书】

上海市高校编写的《中国共产党历史讲义》(1980年)是中共十一届三中全会后国家教育部推荐的第一部党史教材;刘放桐等编著的《现代西方哲学》(1981年)最早用马克思主义观点全面评述了现代西方哲学,也是中华人民共和国成立后第一部现代西方哲学的高等院校教科书。上海12所高等院校协作编写的《国民经济管理学》(1983年)、复旦大学编写的1984年起开始出版的6本《新闻学基础教材》等为全国高等院校相关学科最早的理论教材。

至20世纪80年代中期,华东师范大学为中小学教育和教学编写的用书约50种。复旦大学蒋学模教授主编的《政治经济学》教材,被国家教育委员会和中央组织部推荐为大学马列主义公共理论课教材和干部学习用书,总印量超过1500万册,被评为国家教育委员会优秀教材一等奖,居社科类理论书刊发行量榜首。由上海外国语学院教师编写或参加编写的教材有多种被推荐为全国高等院校教材,其中《英语》1—4册(李观仪、薛蕃康主编)、《新编英语语法教程》(章振邦编)、《俄汉翻译教程》(郑泽生、耿龙明主编)和《日语》(俞彭年主编)于1988年获国家教育委员会优秀教材一、二等奖。

20世纪80年代至90年代初期,复旦大学陆谷孙教授主编的《英汉大辞典》被列为国家哲学社会科学"七五"规划重点项目,上卷于1989年出版后,同年9月被评为中国图书一等奖;下卷1991年秋出版后获上海市优秀图书特等奖;1994年1月《英汉大辞典》获得首届中国国家图书奖,5月获得上海市第二届哲学社会科学优秀成果(1986—1993年)特等奖,又于1999年获得国家哲学社会科学优秀成果奖一等奖。上海外国语学院有8项成果获上海市哲学社会科学研究成果奖和国家教育委员会优秀教材奖。已完成编纂的各类词典20余部。其中《汉俄词典》填补了辞书领域的空白,其他如《法汉词典》《德汉词典》《新英汉词典》《简明西汉词典》《同义词词林》等均受到读者和辞书编纂界好评。

【邓小平理论研究】

20世纪90年代,上海高校理论研究基地和有关研究、出版基金网络在学习、研究、宣传邓小平建设有中国特色社会主义理论和推动社科事业繁荣发展方面,发挥了重要作用。自1993年,复旦大学、华东师范大学、上海师范大学等相继成立邓小平理论研究中心,1995年,又有上海财经大学、上海大学等成立这一研究机构。上海邓小平建设有中国特色社会主义理论研究基金、哲学社会科学研究基金、马克思主义学术著作出版基金和发展研究基金等,也在研究导向、物质支持和组织形式方面发挥重要作用。

2010年,在上海市第十届哲学社会科学优秀成果奖暨上海市第八届邓小平理论和宣传优秀成果奖评奖中,上海市哲学社会科学优秀成果奖共330项,其中普通高校获得262项,上海市邓小平理论和宣传优秀成果奖共58项,其中普通高校获奖总数达43项。

【高等教育研究成果】

"六五"开始,华东师范大学谢安邦等人承担《中国师范教育结构改革》《中国师范教育战略研究》等重大研究课题并获得全国高等学校人文社会科学研究优秀成果一等奖等奖项。由华东师范大学郑启明、薛天祥教授主编并出版的中国第二本《高等教育学》获得全国首届教育科学优秀成果一等奖。

1990年3月,全国哲学社会科学"七五"重点研究项目——"上海教育发展战略研究"课题通过国家教育委员会专家组的验收。由上海市高等教育研究所所长杨德广领衔主编的《中国当代大学生价值观研究》,获得第二届全国教育科学优秀成果一等奖。

1999年,华东师范大学教授张瑞璠主编的《中外教育比较史纲》、华东师范大学教授陆有铨主编的《躁动的百年》分别获第二届全国教育科研成果奖一等奖。同年7月,上海师范大学杨德广、吴炳荣完成的全国教科"九五"规划教育部重点研究课题《世纪之交高师教育改革探索》。

华东师范大学薛天祥、陈玉琨主编的"高等教育理论丛书"获得2003年国家图书提名奖。

【决策咨询与调研】

上海高校人文与社会科学研究面向社会经济文化教育的改革发展,一批为社会经济服务的专题调查和研究,产生显著的社会效益,成为政府决策和企业发展的思想库和智囊团。

1983年11月,上海组织一支由20多所高校党委和宣传部门的干部、德育教师组成的德育研究队伍,开展德育科学研究。用4个月的时间,调查和总结30多年来大学生思想政治工作发展状况和经验,剖析了新时期大学生思想政治工作的特点和规律,编写出一部15万字的《高等学校思想政治教育概论》。

1989—1990年,复旦大学编写《中国农村经济发展研究》调查报告,提出加强劳动积累,以农业产前、产中、产后服务体系规模经营来带动农业生产规模经营,建立农村双层经营组织等对策建议。中共中央总书记江泽民阅后做重要批示,并被国务院总理李鹏1990年《政府工作报告》部分采纳。华东师范大学完成《开展长江三角洲区域经济发展规划的研究报告》所提设想得到中央领导赞同,后来根据该报告的设想,成立上海经济区。

上海海运学院关于上海港港口发展若干问题的研究,为上海港的建设与发展贡献卓著。该校宋炳良的《港口城市发展的动态研究》获得上海市第七届哲学社会科学优秀成果获奖(2002—2003年)二等奖(著作类)。

上海高校在2005年第五届上海市决策咨询研究成果奖评选中,共获决策咨询研究政策建议奖27项,占获奖数的45%。其中华东师范大学汤建中主持的"苏州河市区河段沿岸文化景观的保护与开发",上海交通大学高汝熹主持的"上海城市灾害综合管理模式研究",同济大学李永盛主持的"上海崇明越江隧道工程风险分析研究"获一等奖。为政府和行政部门决策与判断提供了事实依据和实施方案。

第三章 科研管理

上海市政府通过出台积极的管理制度和激励政策、组织科研项目、制定科研规划和开展科研成果鉴定和奖励等举措，以大力发挥高等学校科研与社会服务的功能，充分调动高校教师的科研积极性。各高等院校在积极参与政府和社会项目，努力拓展科研服务面向，大幅度提高科研实力和科研经费的同时，根据国家和地方有关规定精神，结合学校的实际情况，不断完善科研经费使用、分配制度，提高科研经费的使用效率。

第一节 政 策 导 向

一、制度建设

20世纪90年代，上海市教育委员会制定《关于加强上海高等学校科学技术工作的意见》，以后又陆续制定了《上海高校科研工作道德行为规范的通知》《关于建设上海市重点学科的实施办法》《上海市教育决策咨询研究项目管理办法》《关于加强上海市重点学科建设管理的若干意见》《上海市高校知识产权工作的若干意见》等行政规章办法。这些规章条例促进了上海高校科研工作的发展。

1993年，上海市高校科技工作会议召开，市政府下发《关于加强高校科技工作的意见》，进一步推动科技进步、使高校科技成果尽快地实现产业化。该《意见》提出三个目标：一是完善高校科技与经济建设互相配套，并为经济发展服务的导向机制。二是分层次地建立一批以高新技术为主、经济效益高的科技产业实体。三是在"八五"期末，使高校科技产业总产值翻一番以上。对上海市企业实行向高校科技产业投资享受校办产业的优惠政策。对在浦东新区和漕河泾新兴技术开发区内创办的高新技术企业，享受校办产业和开发区的双重优惠政策。允许有条件的高校和高校集团公司发行科技产业的股票。

1995年，全国科学技术大会提出实施科教兴国战略。同年上海市教育委员会制定《关于加强上海高等学校科学技术工作的意见》。

2003年，为推进市属高校科技发展的需要，规范科技项目管理，上海市教育委员会转发《教育部关于印发〈教育部科学技术研究项目管理办法〉的通知》的通知，要求各市属高校均应参照《教育部科学技术研究项目管理办法》的精神修改和制定学校科技项目的管理办法。

二、科技攻关项目组织

"六五"期间，上海市科学技术委员会、上海市高等教育局组织复旦大学、上海交通大学等14所高校的200多位教师，参加上海市17个科技优先发展领域的研究，其中微电子、光纤通信、石油海洋开发、机械手与机器人、新型节能技术、新能源、生物医学工程、信息处理9个专题由高校牵头或负责承担，为上海市和有关领导部门制定发展规划提供决策依据。在上海市确定的"六五"计划22

项重大科技攻关项目中,上海高等学校都承担着重要课题,同时还承担国家"六五"计划重大科技攻关项目117项。

1988年,上海市人民政府决定将"桑塔纳轿车"等14项重点产品作为全市工业会战项目。高校广大科技人员结合专业和研究方向,与有关企业和各部门联合开展调查研究,并通过组织跨系、跨学科的合作,开展校际协作,或与工业部门联合承接招标项目。复旦大学、上海交通大学、同济大学、华东化工学院、中国纺织大学、上海机械学院、上海科学技术大学、上海工业大学、上海工程技术大学9所大学中标32项,占全市98项中标项目的32.6%,列全市各大系统之首。

上海高校在总结20世纪80年代后期开始的14项重点工业科技攻关经验的基础上,1990年在上海市举行的第三次招标工作中加强组织领导,华东化工学院成立学校内部的联合协调组,该校组织申报的课题27项,结果中标10项,获得率占37%。上海交通大学在第三次招标中,承接12项课题,连同前两年承接的课题,合计有37项,获有关经费880余万元,列高校第一。一些高校还知难而上,承接第一中标单位因技术难度大、任务重而放弃的项目。如上海交通大学承接"双室下抽芯半自动浇铸机",上海科学技术大学承接"滚珠丝杠副综合导程精度的动态测量技术攻关"。因此,在第三次公布中标单位时,高校中标37项,连同招标之后的定向攻关项目,高校实际承接的有40多项。

1990年初,上海市工业重点项目攻关管理部门下达任务,要求上海高校当年完成25项攻关课题,占全市的四分之一。上海交通大学、华东化工学院等校在政策上给予优惠,不收或少收管理费。上海科学技术大学注意组建结构合理、把责权利落实到人的攻关组。同济大学承担的箱体FMS是引进消化吸收项目,由于国际环境变化,关键技术引进遇到困难,学校决定自行开发,将课题组由6人增加到19人,提出在"目标不变,计划不变,经费不变"的情况下,保证按计划完成攻关。复旦大学、同济大学、上海工业大学等校都按合同要求完成任务。至1990年年底高校实际完成的攻关课题28项,超额完成原定年度计划。

1992年4—5月,上海市举行科技结合生产重点工业第五次科技攻关招标活动,项目分别是"桑塔纳轿车""数控、精密、组合机床""彩色显像管及配套工程"等10项重点工程。上海市高校积极参与投标活动,在各院校的共同努力下,高教系统占了总中标数54项中的25项(其中有两项由清华大学和电子科技大学承担),在各路科技大军中保持领先地位。上海高校中标的单位是:复旦大学、华东化工学院、上海交通大学、中国纺织大学、上海机械学院、上海科学技术大学、上海工业大学、上海第二工业大学、上海机械高等专科学校。中标数最多的是上海机械学院(8项),其次是上海工业大学(6项)。承担攻关项目比重最大的是"桑塔纳轿车",15项中高校占了8项,其次是"超临界、亚临界火电机组",11项中高校承担了6顶。

上海医科大学承担的"八五"重点攻关项目——基因工程链激酶的研制,其社会和经济效益十分显著,处于国际先进水平。

三、哲学社会科学规划引领

1978年9月,在中国社会科学院和教育部联合召开的哲学社会科学规划预备会议以后,上海制定上海高等学校1978—1985年社会科学研究规划,促进相关院校积极开展调查研究,了解"四化"建设的现状和需要研究的课题,承担项目650个,并确定近200个重点项目。

1980年4月和6月,上海市高等教育局两次召开上海高等学校社会科学研究工作座谈会,着重讨论高等学校社会科学研究如何更好地为"四化"建设服务的问题,并提出一大批"四化"建设中各条战线急需解决的实际问题和理论问题。各高等学校根据会议要求修订科学研究规划,增加现实问题研究的比重。会议还强调了对学有专长的老专家研究成果的抢救和学术梯队建设等问题。

1982年5—6月,上海市高等教育局召开文科教育座谈会,专门讨论哲学社会科学研究工作。会前,在调查研究的基础上,修订了《上海高校1982—1985年文科科学研究计划》,为全国哲学社会科学规划会议和上海市社会科学规划会议作准备。会议要求上海高等学校社会科学工作者利用上海文科门类齐全、经济学科见长的特点,根据上海城市建设和管理的需要,组织各学科从政治、经济、人口、社会等方面综合研究上海城市建设问题,加强实际问题的研究,同时又不能忽视基础理论的研究。在全国哲学社会科学"六五"规划重点项目中,上海市承担37项,其中上海高等学校占29项。在上海市哲学社会科学"六五"期间48项重点项口中,高等学校承担30项。

表5-3-1 "六五"至"十一五"上海市高校承担国家哲学社会科学基金重点课题一览表

项目类别	学科分类	课题名称	课题负责人	负责人所在单位	成果形式
"六五"重点	哲学	共产主义道德通论	周原冰	华东师范大学	专著
	哲学	中国近代哲学史	冯契	上海社会科学院、华东师范大学等	专著
	哲学	中国逻辑史	李匡武 周云之	中国社科院哲学所、复旦大学等	专著
	经济学	中国工业公司的体制问题	史景星	复旦大学管理科学系	专著
	经济学	世界经济发展趋势和中国的对外经济发展战略	朱昂	复旦大学拉美所、外贸部国际贸易所、国际经济合作所	专著
	经济学	社会主义政治经济学	蒋学模	复旦大学经济系	专著
	政治学	马克思主义政治学	刘星汉等	复旦大学国政系	专著
	政治学	比较政府体制	徐宗士 曹沛霖	复旦大学国政系	专著
	社会学	中国人口问题研究	刘铮	复旦大学人口所、中国人民大学人口理论所等	研究报告专著
	社会学	中国城市家庭现状及发展趋势:五城市家庭研究	刘英 薛素珍 潘允康	中国社科院社会学所、上海社科院社会学所、复旦大学哲学系、社会学系等	专著
	社会学	青少年犯罪学	曹漫之等	华东政法学院等	专著
	国际问题	欧洲共同体:机制和趋势	余开祥 洪文达 伍贻康	复旦大学世经所、世经系	研究报告专著
	国际问题	战后西德的复兴	朱正圻 林树众	上海国际问题研究所、复旦大学世经所	专著
	国际问题	战后国际关系史(第一册,1945—1995)	刘同舜 刘星汉	复旦大学国政系	专著

（续表一）

项目类别	学科分类	课 题 名 称	课题负责人	负责人所在单位	成果形式
"六五"重点	中国历史	中华人民共和国国家地图集历史地图集	谭其骧	复旦大学历史地理所等	地图集
	世界历史	第二次世界大战的起源	李巨廉	华东师范大学历史系	专著
	中国文学	中国文学批评通史（先秦西汉卷、魏晋南北朝卷）	王运熙顾易生	复旦大学中文系	专著
	语言学	汉语方言重点调查：上海（市区）方言志	许宝华汤珍珠	复旦大学语言文学所、复旦大学中文系	调查报告
"七五"重点	哲学	当代各派马克思主义哲学理论的比较研究	余源培	复旦大学哲学系	专著
	哲学	现代西方人本主义哲学思潮及其与科学的关系	刘放桐	复旦大学哲学系	专著
	哲学	近代中西哲学比较研究	冯契	华东师范大学哲学系	专著
	经济学	土地制度问题研究（城市部分）	张薰华	复旦大学经济系	研究报告
	经济学	技术进步与经济增长关系的研究	郑绍濂	复旦大学管理学院	专著研究报告
	经济学	货币供求量问题研究（着重需求部分）	陈观烈	复旦大学世经系	专著
	经济学	人口素质现代化与社会主义建设现代化的关系	潘纪一	复旦大学人口所	专著
	经济学	人民币汇率问题研究	陈彪如	华东师范大学国际金融系	专著
	政治学	西方国家行政管理体制比较研究	曹沛霖	复旦大学国政系	专著
	政治学	苏联东欧各国行政管理体制比较研究	倪家泰	华东师范大学苏东所	专著
	政治学	中国大城市政府的结构和职能	王沪宁	复旦大学国政系	专著
	法学	青少年犯罪问题研究	徐建	华东政法学院青少所	专著
	法学	量刑的综合平衡与电脑辅助量刑专家系统研究	苏惠渔萧开权	华东政法学院科研处、上海社科院法学所	辅助量刑专家系统
	法学	中国知识产权研究	史文清	复旦大学法律系	专著
	国际问题	英国政府对经济的干预	余开祥	复旦大学世经所	专著研究报告
	国际问题	法国政府对经济的干预	黄文杰	复旦大学世经所	专著
	国际问题	亚太地区经济发展趋势与中国对策	郑励志	复旦大学世经所	专著研究报告
	世界历史	法国大革命研究	王养冲	华东师范大学历史系	专著
	中国文学	中国新文学社团流派研究	钱谷融	华东师范大学	研究丛书
	中国文学	20世纪中外文学关系史	贾植芳	复旦大学	专著

（续表二）

项目类别	学科分类	课题名称	课题负责人	负责人所在单位	成果形式
"七五"重点	外国文学	国外文学研究和批评方法论问题	夏仲翼	复旦大学	专著
	语言学	英汉大词典	陆谷孙	复旦大学	工具书
"八五"重点	经济学（经济理论）	新中国经济思想史	胡寄窗	上海财大经济系	专著
	经济学（经济理论）	中国经济改革与对外开放的经验总结	胡汝银	华东化工学院经济发展所	专著
	经济学（部门经济）	中国经济监督研究	杨公朴	上海财大工经系	论文、报告专著
	经济学	企业集团研究——股份制企业集团研究	伍柏麟	复旦大学经济研究中心	专著
	经济学	企业经营机制转换与财务会计政策	石成岳	上海财大会计系	研究报告专著
	国际问题	德国的发展前景及其对欧洲政治经济的影响：兼论中国的对策	林进成	复旦大学世经所	专著
	国际问题	苏联、东欧的演变对世界战略格局的影响及中国的对策	倪家泰	华东师范大学	专著
	中国历史	宋代官僚政治制度研究	朱瑞熙	上海师大古籍所	专著
	中国历史	西方中国近代史研究评析	陈绛	复旦大学历史系	专著
	中国文学	中国古代文学理论体系	王运熙	复旦大学中国语言文学所	专著
	中国文学	西方美学通史	蒋孔阳	复旦大学中文系	专著
"九五"重点	哲学	马克思主义与西方哲学的现当代走向——当代哲学向何处去	刘放桐	复旦大学哲学系	专著
	经济理论	国有企业在社会主义市场经济中的地位和作用	伍柏麟	复旦大学经济研究中心	专著
	经济理论	新形势下的中国对外贸易战略研究	尹翔硕	复旦大学世界经济系	专著
	政治学	中华人民共和国政治制度史	浦兴祖	复旦大学国政系	专著
	社会学	中国长江三角洲地区城乡居民生活史研究	沈关宝	上海大学文学院社会学系	专著
	社会学	上海农村人口的加速城市化和社会劳动力再转移	朱宝树	华东师范大学人口所	专著
	国际问题	当代西方国际关系理论评介	倪世雄	复旦大学国政系	专著
	中国历史	中国毒品史	苏智良	上海师大历史系	专著
	世界历史	古代与中世纪之交的欧洲民族与民族关系史研究	沈坚	华东师范大学历史系	专著

（续表三）

项目类别	学科分类	课题名称	课题负责人	负责人所在单位	成果形式
"九五"重点	宗教学	马利坦和新托马斯主义运动——现当代天主教哲学及其社会理论	黄颂杰	复旦大学哲学系	专著
	中国文学	中国20世纪中西文艺理论交流史论	殷国明	华东师范大学中文系	专著
	中国文学	20世纪中国文学研究史	黄霖	复旦大学中国语言文学所	专著
	外国文学	中国翻译文学史（1898—1949）	谢天振	上海外国语大学社科部	专著
	新闻学	大众传播学	张国良	复旦大学新闻学院	专著
"十五"重点	党史·党建	互联网与思想政治工作创新研究	谢海光	上海交通大学党委宣传部	专著
	国际问题研究	国际关系中的文化作用	俞新天	上海国际问题研究所	专著
	理论经济	西部大开发的基本理论问题研究	丁栋虹	上海财经大学国际工商管理学院	
	应用经济	内需结构的失衡与结构性内需不足——进一步扩大内需问题	俞忠英	复旦大学中国经济研究中心	
	哲学	哲学上的革命与转型：马克思主义哲学与现代西方哲学比较研究	刘放桐	复旦大学哲学系	专著
	法学	符合中国情况的宪法实施保障制度研究	童之伟	上海交通大学	
	理论经济	马克思主义经济思想史研究	程恩富	上海财经大学经济学院	专著
	语言学	汉语方言计算机处理系统	潘悟云	上海师范大学语言研究所	软件
	法学	宪法控权本质及机制研究	蒋德海	华东政法学院	
	哲学	西方哲学通史（十卷本）	俞吾金	复旦大学哲学系	专著
	应用经济	非经营性国有资产监督管理对策研究	毛程连	上海财经大学公共经济与管理学院	专著
	中国文学	钱钟书与宋诗研究	王水照	复旦大学中文系	专著
	应用经济	人口、资源与环境经济学方法论研究	王桂新	复旦大学社会发展与公共政策学院	研究报告
	应用经济	国际石油资源博弈与中国的石油外交战略研究	隋舵	上海财经大学	
"十一五"重点	法学	中国检察监督的政治性与司法性研究	谢佑平	复旦大学法学院	专著
	应用经济	后危机时代中国通货膨胀防范与货币供应机制完善研究	陈学彬	复旦大学	专著

项目类别	学科分类	课题名称	课题负责人	负责人所在单位	成果形式
"十一五"重点	应用经济	国际金融体系调整和中国对策研究	潘英丽	上海交通大学安泰经济与管理学院	专著、研究报告
	社会学	农民的"终结"与新市民群体的角色再造——大都市郊区农民市民化问题研究	文军	华东师范大学社会学系	
	哲学	中外科学文化交流历史文献整理与研究	江晓原	上海交通大学	
	哲学	中国文化的认知基础和结构研究	杨国荣	华东师范大学	
	中国历史	20世纪中国人物传记资源整理与数据库建设研究	姜义华	复旦大学	
	中国文学	《全宋笔记》编纂整理与研究	戴建国	上海师范大学	
	宗教学	中国民间信仰研究	李向平	华东师范大学	
	语言学	出土古文献语料库建设研究	刘志基	华东师范大学	
	语言学	马王堆汉墓简帛字词全编	刘钊		

四、知识产权管理

1997年,上海市教育委员会下达《上海高等学校知识产权管理办法》,于当年1月3日正式执行。该《办法》共有29条,从高等学校知识产权管理的基本任务、管理体制及管理制度等方面提出宏观要求和具体规范。

2002年,上海市教育委员会、上海市知识产权局印发关于《上海市高等学校知识产权管理办法》的通知,对1996年市教育委员会制定的《上海高等学校知识产权管理办法(试行稿)》进行了较大幅度的修改和补充。该管理办法分总则、任务与职责、知识产权归属、知识产权管理机构及过程管理、奖酬与扶植、违规责任及附则7个方面共39条。

2003年,上海市教育委员会按照市知识产权联席会议"专项行动计划"的要求,制定以下政策和措施:(1)与上海市知识产权局联合下发《关于进一步加强上海市高等学校知识产权工作的若干意见》,提出:一要充分认识知识产权工作的重要性,切实推进上海高校知识产权规范管理和制度化建设;二要加强和推进高校知识产权教育工作,构筑知识产权人才高地;三是正确运用法律和政策,规范知识产权转让、许可实施等管理,促进专利技术转化为现实生产力;四是加强领导、实施推进上海高校知识产权工作行动计划。(2)上海市教育委员会提出行动计划和实施办法:一是《关于鼓励在读硕、博士生申请专利的工作计划》,要求学校加强在读硕、博士生知识产权的管理工作,支持鼓励在读硕、博士生为主的发明创造,设立专项资金,资助在读硕、博士生的发明专利申请。二是《在上海高校推进知识产权管理示范学校建设计划》,对学校在知识产权规范化管理和制度化建设方面提出要求,对符合示范学校建设要求、纳入示范学校建设计划的学校给予奖励。三是《加强上海高校知识产权教育的实施办法》,根据上海市知识产权教育的现状,从普及知识产权教育和增强知识产权意识、设立以知识产权教学和科研为核心的专门机构、在非法学学科专业中开展多层次的知识产权法学专门教育、鼓励高校开展多层次和多形式的知识产权非学历教育等方面对高校的知识产权教育工作提出了具体的要求。(3)与市知识产权局合作成立上海高校知识产权工作领导小组,共同推进高校知识产权工作。

据上海知识产权局统计的资料,截至 2000 年 12 月 15 日,上海高校专利申请量有大幅度的增加。从 1999 年的 222 项猛增至 604 项。

2001 年,上海高校申请专利 614 项,其中发明专利 496 项,占 80.8%;实用专利 116 项,占 18.9%;外观设计 2 项,占 0.3%。专利申请数比上年增长 17.1%。9 月,复旦大学、同济大学、华东理工大学、上海师范大学和上海知识产权局等科研人员和知识产权专家组成的课题组,完成"上海高等学校知识产权管理对策研究""上海高等学校知识产权评估研究"两项课题。12 月,由国家知识产权局主办的第三届全国知识产权(专利)优秀调研报告暨优秀课题研究成果评选揭晓,上海市获奖 2 篇,《上海高等学校知识产权评估研究》获一等奖,《上海高等学校知识产权管理对策研究》获三等奖。上海市首次颁发发明创造专利奖,高校有 14 项获发明专利和实用专利奖,其中发明专利一等奖 2 项,二等奖 2 项,三等奖 2 项,分别占全市发明奖的 27.5%,实用新型奖的 24%。一些获奖项目已经实施并取得经济效益。

2003 年,全市高校知识产权工作取得显著成绩,全市高校全年专利申请量为 1 794 件,比上年度增加 82.7%,居全国各省市高校第一。

2004 年,上海高校在科学研究和高新技术产业化等方面继续取得新进展,在上海经济社会发展中的作用更为凸显。上海高校申请专利数逐年上升(表 5-3-5),高校发明专利数继续保持全国第一。2004 年,上海市教育委员会推荐申报上海市发明创造专利奖参评项目共计 21 项,共有 10 项专利获奖,其中一等奖 3 项,占全市获奖总数的 60%,二等奖 3 项,占获奖总数的 30%,三等奖 2 项,占获奖总数的 12.5%;另外获得实用新型专利奖 2 项,占全市获奖总数的 6.7%。

表 5-3-2 2004—2007 年上海高校申请专利和获专利授权情况统计表

年　　份	申请专利(项)	获专利授权(项)
2004	2 222	894
2005	3 002	1 237
2006	3 074	1 686
2007	3 770	2 105

资料来源:《上海教育改革开放三十年》。

第二节　经　费　管　理

一、经费来源

【政府支持】

上海有关高校在 1983 年承担上海市"六五"科技重点攻关的项目有 144 项,占全市"六五"攻关课题的 25.7%。承担国家"七五"攻关课题的有 435 项,经费 6 000 余万元,"863"高技术课题 73

项,约 2 000 万元。在"八五"期间,上海市政府颁布一系列重要政策以增加高校科技投入,每年投资 50 万元用于基础研究,每年由市财政拨款 500 万元用于科技产业贷款贴息和周转金,每年由银行贷款 5 000 万元用于发展科技产业。经审定批准 18 所高校、21 个经济实体的 24 个贷款项目,并与银行正式签约,投入贷款达 5 500 万元。自 1985 年起,上海高校平均每年获得国家计划委员会、经济委员会、科学技术委员会的课题经费 1 000 万元。1988 年,获得的自然科学基金 756 万元,是 1985 年的 1.4 倍,其中上海医科大学达到 114.3 万元,复旦大学获得 95 万元。有 9 所高校获得了 40 项青年科学基金课题经费 156 万元。

1993 年,上海市高等教育局通过制定政策,对高校科研给予财税等方面的优惠政策,主要内容包括:凡符合高新技术标准的高校科技企业,经批准后可比照漕河泾新兴技术开发区享受进出口业务、资金信贷、人员出入境、人事、劳动工资等方面优惠政策。按国家有关规定,列入新产品开发试制的单位可申请享受定期免税待遇,高校科技企业所创外汇,五年内全额留给企业。上海市科研机构、高等学校以及企业共同组建的科研生产联合体、中试基地和联营企业,凡经上海市科学技术委员会、市财政税务部门批准的科研中试产品,在试制和中试期间免征一切税费;在产品投产初期经税务部门批准,按有关规定给以免税照顾。对在高校"四技"服务中技术水平高、经济效益好的项目,经高校技术合同管理机构和财税部门审核,可从"四技"净收入中提取 20%～30%奖酬金,主要用于对直接履行技术合同的科技人员的奖励和津贴,免征奖金税。上海市高等学校进入开发区办的高新技术企业,可享受校办企业的优惠政策,经市科学技术委员会组织认定批准,具有孵化作用的企业,可享受高新技术的优惠政策,即凡在浦东新区或漕河泾新兴技术开发区注册的高校科技企业和科技企业集团,可享受双优惠政策。

为推动上海高校科技产业发展,1992—1995 年,中国工商银行上海市分行每年向上海高校科技产业项目提供 5 000 万元的科技开发优惠贷款。市财政局每年配套向科技产业贷款项目提供 500 万元的贴息和周转金。4 年中支持上海高校 110 个科技产业项目,贷款额为 3.8 亿元,贴息和周转金下发 2 000 万元。110 个科技产业项目涉及信息、现代生物与医药、微电子与现代通信、机电一体化、新材料、激光、核电和海洋技术等领域,不少项目已被列入国家级和上海市新产品、火炬计划和中试项目计划,很多产品填补国内空白,有些产品已打入国际市场。科技成果产业化极大地调动了广大科技人员的积极性。1995 年,上海高校科技产业完成销售额、营业额 33.6 亿元,比上年增长 20%,实现利润 4.03 亿元,比 1994 年增长 6%,上缴增值税 1.23 亿元,比 1994 年增长 35%。

1991—1996 年,上海高校获得国家自然科学基金科研经费分别为 880.9 万元、1 245.4 万元、1 555.9 万元、1 991.8 万元、2 286.1 万元、2 300.6 万元,1996 年与 1991 年相比,增加了 2.6 倍。1995 年上海地区承接的国家自然科学基金面上项目有 37 家,其中超过 100 万元的有 9 所高校,获得经费达 2 300 万元,占上海获得经费的 70%。

1997 年度,上海市教育委员会年内拨出科技发展基金项目经费 450 万元,用于支持市属高校的科研工作。各市属高校年初进行项目的组织和筛选,经上海市教育委员会审核,共下达基础理论研究项目 25 项,经费 50 万元;应用研究项目 30 项,经费 358.5 万元;委托学校掌握自选项目经费 41.5 万元。1997 年,上海市教育委员会共拨出青年科学基金科研经费 100 万元,批准项目 50 项,其中部委属高校 27 项,经费 49.9 万元;市属高校 23 项,经费 50.1 万元。按学科分:理工类 29 项,医学 11 项,生物农业 4 项,社会科学 6 项。

2000 年,上海高校获国家自然科学基金面上项目的经费数与项目数均占全市总数的 70%以上,上海高校获国家自然科学基金项目经费 7 000 余万元。在课题经费中,基础理论研究约占

20％。2002 年,上海高校获得各类国家级基础研究项目 511 项,其中国家自然科学基金重大项目 1 项、自然科学基金重点项目 11 项、自然科学基金面上项目 484 项、国家杰出青年 A 类资助项目 15 项。项目经费 13 143.5 万元,创历年新高。在 17 所获得国家自然科学基金的高校中,超过 1 000 万元的有 4 所,其中复旦大学 3 302 万元,上海交通大学 3 284.5 万元,第二军医大学 1 602 万元,同济大学 1 185.5 万元。超过 100 万元的高校有 6 所。2008 年,上海市教育委员会继续实行"上海高校选拔培养优秀青年教师专项科研专项基金"项目,共有 941 名青年教师获得基金项目,投入资金 2 333 万。2010 年,上海理工大学等 55 所市属高校 1 066 人获上海高校选拔培养优秀青年教师科研专项基金每人 2 万元～3 万元的资助。

【学校开源】

20 世纪 80 年代以来,根据科技拨款制度改革的精神,上海高校多渠道争取科研任务和经费,并采用基金制、合同制等办法,改变以往平均分配、等靠主管部门拨款的状况。

1988 年,上海高校在承接企业委托课题中获得经费 3 600 万元,是 1985 年的 1.5 倍,1979 年的 11 倍。其中上海交通大学 1988 年获得企业经费达 1 333 万元。

1990 年前后,高校在投入发展上海经济主战场同时,从上海市重大工程办公室和有关企业获得攻关经费约 2 000 万元,其中上海交通大学 868 万元,上海科学技术大学 518 万元,超过 100 万元的还有复旦大学、同济大学、华东化工学院、上海工业大学等校。上海科学技术大学精密机械系把机电一体化新技术作为系和专业的主攻方向,承接"板材 FMS 柔性加工系统"等 5 项课题,获攻关经费 400 多万元。

2000 年,上海高校为社会企事业服务所得课题经费达到 7.64 亿元,约占全年总经费的 46％,有关企事业单位也在产学研合作中获得巨大的经济效益。在 2000 年上海高校共获得的 117 项上海市科技进步奖中,以上海高校为第一完成单位完成的获奖成果(应用性成果)共 31 项,已取得直接经济效益(按三年效益统计)约计 28 亿元。2000 年,上海高校推进产学研合作中,全年签订科技合同 1 738 项,合同金额 2.6 亿元,比 1999 年多 0.6 亿元,其中超过 100 万元以上的合同有 36 项。

2001 年上海高校科研总经费达 20.7 亿元,是 1995 年的 3.55 倍。其中为企事业单位提供技术服务而获得的经费为 9.94 亿元,是 1995 年的 2.9 倍。2002 年,上海高校通过为社会企事业服务所得科技经费达 11.7 亿元,比 2000 年 7.64 亿元增加了 53％。即全市高校中近 50％的科技经费是通过为企事业单位服务所取得,为经济建设做出了重要贡献,也为高校自身的建设与发展起到了重要作用。

表 5 - 3 - 3　上海高校 1990—2007 年自然科学研究领域科技总经费统计表

年　份	科技总经费(亿元)	比上年增长(%)	为社会服务经费(亿元)	占总经费比例(%)
1990	1.76			
1995	5.82		9.94	
2000	16.77		7.64	
2001	20.7		9.94	
2002	25.25		11.7	
2003	30.84		13.25	

（续表）

年　份	科技总经费(亿元)	比上年增长(%)	为社会服务经费(亿元)	占总经费比例(%)
2004	37.07	20.2	16.44	44.35
2005	45.2	21.93	18.65	41.26
2006	50.4	11.15	23.06	45.79
2007	60.1	19.2	23.8	39.6

资料来源:《上海教育改革开放三十年》。

为了增强高校科研竞争的能力,加强学校重点课题的研究。一些高校如复旦大学、上海交通大学、华东化工学院、同济大学、华东师范大学、上海工业大学、上海第二医科大学等校从学校资金或学校科技收入中提取一部分,建立校科技发展基金、自然科学基金、青年科学基金。据统计,1987年度各高校共筹集427万元用于开展相关方面的科学研究。

二、经费使用

按照科学技术发展规律和经济发展规律,国家科学技术委员会对科研经费管理制度进行改革。自1980年起试行"专项管理,分级负责,同级评议,签订合同"的科研经费管理办法。同年,上海市科学技术委员会、上海市财政局发布《上海市地方科学研究单位试行"预算包干"实施办法》《关于科研成果转让等的收费标准和费用开支渠道的暂行规定》。

上海市有不少院校采取科研经费分级管理的办法,取得一定成效。1978年,上海交通大学实行科研工作的校、系(所),教研室三级管理,由于当时科研经费仍是传统的由学校集中管理,系(所)室职、权、责分离,使三级管理徒有虚名,预算争经费,基建争投资,设备争购置,赤字争资助的现象屡见不鲜。1981年开始,上海交通大学改进科研经费管理办法,将有关科研经费分拨给系(所)管理,实行课题核算,年终结算余额,系(所)可跨年度使用,年终结算赤字,抵扣系(所)下年度经费指标。科研出差由系(所)审批,5人以上出差及乘飞机仍由校审批。仪器设备5 000元以下由系(所)批准,5 000元~10 000元由科研处批准,1万元以上由主管副校长批准。实行后的结果说明,科研经费分级管理确实可以提高科研工作效率和效益。该校1981年的研究项目总数比1980年增加49.2%,年度总支出却下降了23.6%。完成年度计划的项目,1980年为88.3%,1981年上升为90.1%,解决了年终突击花钱的问题。上海第一医学院针对医学院项目多、经费少等特点,加强对科研经费管理工作的分析研究,改进科研经费管理,采用经费三级管理办法,以课题的拨款渠道为单位,将分配的经费载入经费结算册,直接发至教研室,由课题负责人掌握使用,科研管理部门对各项拨款定期进行结算,并结合课题检查,根据项目进展情况,对人力、物力和经费安排及时进行调整。由于各级管理部门和有关教师都了解学校现有科研经费的状况,上下共同把关,合理使用,调动了各单位、各部门和科技人员的积极性。

上海高校科研协作项目逐年增加,在理工科院校一般要占项目总数的1/3到1/2,这些项目大部分采用合同制,如上海交通大学1978年到1981年四年中,以"供给制"形式承担上级计划部门下达的研究项目,从72.60%下降到48.12%;以合同形式承接的委托研究项目,从27.34%上升到51.82%。从执行情况看,签订合同的项目要比计划任务项目好。为此,经上海市高等教育局、市学科技术委员会同意,对上海交通大学承担的1982年市、局21项重点项目试行合同制,由上海交通大学与上海市科学技术委员会、上海市高等教育局签订合同。在签订合同之前,上海交通大学进一步明确项目进度指标,核定系所提出的经费预算,比申请数减少28.34％,同时,对33项校管研究课题也与系(所)、室签订合同,合同规定了项目总经费、分年度拨款计划、进度要求提交成果的形式和时间、成果所有权、支配使用权和对外技术转让的原则,以及双方的经济责任和罚款原则,经半年多来的试行,情况良好。

1982年,中国科技协会、财政部《关于颁发"科协系统及所属学术团体科技咨询服务收费的暂行规定"的通知》;同年9月8日,上海市高等教育局、上海市财政局联合颁布《上海市高等学校执行中国科协、财政部"关于科技咨询服务收费的暂行规定"的实施办法(试行)》。具体内容包括:科技服务收入,除应冲抵相应的支出(包括科技服务津贴)和按总收入的1％～2％上交高校科技服务中心作为管理费外,其余均按"学校基金"办法分成,发展科技服务所需经费也从"学校基金"中开支。凡直接参加各项科技服务的教师和科技人员,根据服务项目的技术难易、经济效益、原来的工作量等因素,给予适当的科技服务津贴;每人每月的科技服务津贴最多不得超过30元,每项科技服务津贴总额一般不得超过该项目净收益的10％。另外可在净收益的10％范围内提出一定款项,用于奖励对科技服务作出突出贡献的人员。科技服务项目合同完成后,各校提取科技服务津贴和奖励需经高校科技服务中心审定后由银行在各该账户内支付。

1985年1月20日,上海交通大学33个重点课题组,由学校指派的课题组长在校内招聘志同道合者组成研究实体。这些实体具有研究权、经费使用权、校内外人事聘任权等一切开展业务所需的实权。实施的改革措施主要有:学校向院、系(所)颁发"上海交通大学合同(科技)",院系在确保完成计划任务和重点项目的前提下,可直接对外承接科研和技术服务任务,有权签订协议和合同。建立上海交通大学校、院、系(所)的"科学技术发展基金",学校每年拿出200万元,资助具有开创性基础研究、应用基础研究和校重点项目;校重点项目的研究人员确属研究工作需要,经学校批准,可部分或全部免除教学工作量而不影响其职称的晋升。年终结合科研总结,进行科研工作检阅和奖励,特设"科研突出贡献奖"专项奖励基金,每年拨款15万元,奖励校内优秀科研成果。

1991年,上海市高等教育局发布《关于进一步完善加强局管高校专项事业建设费管理的通知》,规定由市高等教育局下达的各类专项经费包含预算内科研经费和文科科研经费在内,均为教育事业费性质的补助经费,必须全额用于有关的事业需要,不得从中提取奖酬金、管理费等。1993年,上海市高等教育局为进一步调动高校科研人员的积极性,出台一系列对有突出贡献的科技人员给予重奖的政策。如:大幅度提高上海市科技进步奖和上海市星火奖的奖金数额;同时规定在获奖项目中,经济效益显著的,对获奖主要科技人员,可按获奖前一年实施该项目新增利润的3％～5％进行奖励。对于在面向经济建设主战场推动科技与经济结合,发展高科技、实现产业化,调整人和自然环境的若干领域方面和在加强基础研究方面作出特别突出贡献的优秀科技人员,由上海市政府授予"上海科技功臣"称号,并颁发证书和5万元奖金。对全市高教系统每两年评选产生的200名优秀青年骨干教师和科技人员,提高专项补贴标准。从上海全市高校校办企业利润中提取1％,建立高校科技成果开发奖励。

随着各高校科研实力的不断增强,科研经费大幅度增长,学校在科研经费的使用过程中,大多数项目能够按照规定比较合理地使用,但也出现了科研经费开支不规范的现象。为管好、用好科研经费,2000年,上海市教育委员会发布关于印发《上海市重点学科建设经费管理办法》的通知;2003年发布《上海市高等学校经费监督管理暂行规定》;2005年6月,国家教育部、财政部发布《关于进一步加强高校科研经费管理的若干意见》。上述政府部门关于高校科研经费使用管理的规定和意见主要包括以下几个方面,一是强调科研经费必须由学校财务部门统一管理、集中核算,并确保科研经费专款专用;二是要求学校建立健全科研经费管理责任制,依法依规不断完善校内科研经费管理制度;三是加强对项目的支出管理,在要求学校制定管理办法予以规范的同时,对于学校提取项目管理费的比例及其使用范围等提出原则意见;四是加强科研经费转拨管理,要求高校严格制定科研经费转拨程序,项目负责人不得将科研经费挪作他用,或转入与项目负责人有直接经济利益关系的关联单位;五是加强科研项目结余经费管理;六是加强科研合同管理;七是建立科研经费绩效考核制度,提高项目管理水平和资金使用效益;八是组织科研经费的监督检查工作。上海市各高校根据国家和地方陆续发布的有关科技经费管理办法的相关规定,结合本校的实际情况,制定学校的科研经费管理办法。在加强科研经费管理的同时,采取一些改革措施,提高经费的使用效果。

第三节　成果鉴定与评奖

一、国家级奖项

1977年至1978年,上海高校有170余项成果获上海市和全国科学大会奖。1985年10月,中国首次国家科技进步奖评选工作结束。在所公布的1302个得奖项目中,复旦大学、上海交通大学、上海医科大学、上海工业大学、第二军医大学等上海12所高校共获得33个奖项。其中一等奖5项、二等奖9项、三等奖19项。

1988年,第一届霍英东教育基金会青年教师奖,全国高校共有40人获奖。其中上海高校有9人,为复旦大学的侯晓远(固体物理)、王沪宁(政治学),华东师范大学的王建磐、时俭益、郑伟安(3人均是数学),上海科技大学的邵俊(无机化学),同济大学的吕西林(结构工程)、吴启迪(系统工程),中国纺织大学的苗孟河(机械制造)。第二届霍英东教育基金会青年教师奖全国高校有41人获奖,其中上海有6人获奖,分别是复旦大学的何佩鑫(化学),华东师范大学的肖刚(数学)、丁钢(教育学),上海交通大学王跃云(自动控制),上海体育学院俞诚士(体育学),同济大学吴国联(动力机械及工程热物理)。第三届霍英东教育基金会青年教师奖全国高校有51人获奖,其中上海有5人,分别是复旦大学的杨玉良(化学)、彭希哲(法学),华东化工学院田禾(化学工程),上海第二医科大学曹谊林(医学药学),同济大学陈鸿(物理学)、刘滨谊(建筑、土木、水利)。这3届青年教师奖获得者,不久都成为各个领域的学科带头人。

1988年,上海高校共获得国家发明奖7项,国家科技进步奖28项,国家自然科学奖13项。1995年,上海高校有20项获国家级科技奖励。1998年,上海高校获得科技奖励有新的突破,有8所高校获得国家发明奖、国家科技进步奖22项;有12所高校的74项科技成果获教育部科技进步奖,占获奖总数的11.2%,其中一等奖11项,占全国高校科技进步一等奖的15.3%。1999年,首届国家哲学社会科学基金优秀成果奖评比揭晓,上海高校获得7项奖。在历届上海市哲学社会科学优秀成果奖评比中,上海高校得奖率在60%以上,充分显示上海高校社会科学研究的强大实力。

2000年,上海高校在评出的15项国家自然科学奖中,上海第二医科大学的"全反式维甲酸与氧化二砷治疗恶性血液疾病的分子机制研究"和同济大学参与的"中国干旱半干旱区15万年来环境演变的动态过程及发展趋势"获国家自然科学奖二等奖。上海交通大学的"实用电磁型微型马达关键技术的研究"获国家技术发明二等奖。在公布的179项国家科学技术进步奖项中,上海高校有14

项研究成果获奖。2000年度中国高校科学技术奖中，上海高校有29项（其中一等奖7项、二等奖22项），占获奖总数的11％。据2000年的统计，上海高校专利申请量从1999年的222项猛增至604项，增长172％。由教育部科技委组织评选的2000年度"中国高等学校十大科技进展"中，上海高校4项成果榜上有名。它们是：第二军医大学的"树突细胞来源的全长新基因的发现与功能研究"，上海交通大学的"深亚微米集成电路设计技术"，复旦大学的"分子计算机用逻辑门材料"，东华大学的"年产100吨莱赛尔纤维的国产化工艺与设备的研究"。

2001年，教育部对"九五"期间高校科研管理人文社会科学类工作中成绩突出的60个先进集体和150位先进个人进行表彰，上海有5个单位（上海市教育委员会科学技术处、复旦大学社会科学处、华东师范大学社科处、上海财经大学科研处、上海师范大学科研处）、10位个人榜上有名。对自然科学方面促进高校科技工作为国民经济和社会发展服务方面作出突出贡献的121个先进集体和225位先进个人进行表彰。上海有10个单位（上海市教育委员会科学技术处、复旦大学科技处、上海交通大学科技处、同济大学科技处、华东师范大学科研处、华东理工大学科技处、上海第二医科大学科研处、东华大学科研与产业处、上海大学科研处、第二军医大学科研部）、17位个人受到表彰。

2002年，上海高校共获31项国家科学技术奖。复旦大学、上海交通大学、华东理工大学、华东师范大学、上海师范大学和上海中医药大学附属龙华医院等单位获13项奖励，占全市获奖总数的41.9％，其中由高校独立完成或作为第一完成单位获奖的有8项，作为参与单位获奖的5项。在全市获奖的8项国家自然科学奖中，高校独占4项，其中复旦大学获3项二等奖。全市高校获得国家科技进步奖二等奖9项，其中上海交通大学获得5项，华东理工大学获得3项。

在2005年3月28日举行的国家科学技术奖励大会上，复旦大学化学系赵东元教授等完成的"有序排列的纳米多孔材料的组装和功能化"项目获得2004年度国家自然科学二等奖，高分子科学系杨玉良院士等完成的"高速双轴拉伸聚丙烯（BOPP）专用料生产技术的基础研究及工业应用"、复旦大学附属中山医院杨英珍教授等完成的"病毒性心肌炎与扩张型心肌病的临床与实验研究"和复旦大学附属肿瘤医院邵志敏教授等完成的"乳腺癌的临床和基础研究"3个项目获得国家科技进步二等奖。2005年度国家科学技术奖中，复旦大学、上海交通大学、华东理工大学、同济大学、东华大学、第二军医大学、华东师范大学及有关附属医院等单位共获27项奖励，占全市获奖总数58.7％，其中吴孟超院士获国家最高科学技术奖，获国家自然科学奖二等奖4项、国家技术发明奖二等奖3项、国家科技进步一等奖1项、国家科技进步二等奖18项。27项获奖项目中，由上海高校独立完成或作为第一完成单位完成的有14项，作为参与单位完成的有13项。

2009年，中国著名数学家、中国科学院院士、复旦大学数学科学学院教授、复旦大学数学研究所名誉所长谷超豪获得2009年度国家最高科学技术奖。2010年12月，复旦大学生命科学学院、生物医学研究院教授赵世民研究团队的科研成果"代谢乙酰化调控机理的发现"入选2010年度中国高等学校十大科技进步奖。

二、上海市奖项

【科技成果鉴定与评奖】

1979年9月底，上海市高等教育局召开高校科研成果献礼大会，表彰了145项科研成果，对其中10项重大科技成果发放奖金。

1980年2月26日，上海市政府召开上海市科研成果授奖大会。上海市高等院校获奖87项，其中一等奖 2 项。1980 年,上海市科学技术委员会奖励自全国科学大会以来所取得的重大科技成果 537 项,其中高校获奖 113 项,复旦大学的"甲苯歧化催化剂",上海师范大学的"细胞质流对原生动物细胞核质关系的影响",上海工业大学和第二冶炼厂合作的"四氯化钛熔盐电解制取金属钛新工艺"获得一等奖。上海工业大学、复旦大学化学系在科研管理上取得较好的效果,是上海市得奖最多的单位之一。

1982 年 7 月 15 日,上海市政府在上海体育馆召开 1980 至 1981 年科技成果授奖大会。全市授奖 540 项,其中上海理工医 17 所院校获得 95 项(一等奖 2 项、二等奖 18 项、三等奖 75 项),其中 20 多项达到国际水平。1984 年 5 月 2 日,上海市科技工作会议开幕,会上公布上海 1982 年重大科技成果的评奖结果:上海高校系统共有 54 项科技成果获奖,其中一等奖 1 项、二等奖 8 项、三等奖 45 项。

1990 年 2 月 20 日,上海市高等教育局颁布《上海市高等学校科技成果鉴定办法》,共四章二十条。四章的内容分别为:总则、科技成果鉴定的管理和组织、鉴定程序、其他。这一办法适用于上海市高等院科技成果的鉴定。上海高校在"九五"期间平均每年产出约 500 项左右科技(鉴定)成果,14 000 余篇科技论文和一批科技奖励。

1995 年,经上海市科技精英评审委员会评审,授予 10 位同志第四届"上海市科技精英"称号。上海高校有 5 人获此殊荣,分别是上海第二医科大学附属瑞金医院陈竺研究员、复旦大学陈良尧教授、中国纺织大学陈彦模教授、复旦大学张文教授、第二军医大学长征医院侯春林教授。

2002 年度上海市科学技术进步奖中,由高校独立(或第一单位)完成的项目,获得 15 项一等奖,其中,复旦大学、复旦大学中山医院和上海交通大学各获得 3 项,同济大学获得 2 项,华东理工大学、东华大学、上海水产大学和上海第二医科大学附属瑞金医院各获得 1 项。

2005 年度上海市科学技术进步奖评选中,共有 16 所高校和 14 家附属医院获奖。复旦大学附属中山医院汤钊猷院士被授予 2005 年度上海市科技功臣奖。

【文科科研成果评奖】

1982 年 5 月,上海高等学校文科教育工作者会议决定,为了加强文科教育,发展社会科学研究工作,鼓励广大文科教师和社会科学工作者理论联系实际,研究重大课题,作出重大贡献,对于高质量的研究成果,对于一些重点研究项目,应当予以奖励。同年底,上海市高等教育局发出《关于开展上梅高等学校文科科研成果评奖活动的通知》,对评奖范围、评奖条件,奖励形式、评奖办法作出具体规定。25 所高等学校共申报 298 项成果(各系所报给学校的成果则数以千计)。上海市高等教育局聘请近 40 名正副教授分学科先后 5 次审阅申报成果,并进行评价;此外还征求科学界、出版界、有关部门的意见,最后经"上海高校文科研究成果奖评选委员会"评议通过,决定对 168 项成果予以奖励。其中一等奖 3 项,二等奖 22 项,三等奖 42 项,优秀论文 100 篇。复旦大学谭其骧主编的《中国历史地图集》获特等奖。

1986 年,在上海市哲学社会科学评奖活动中,上海高校还获得特等奖 1 项,优秀专著奖 22 项,著作奖 71 项,优秀论文奖 11 项,论文奖 132 项。在获奖名单中,上海市高校教授、专家、和研究组的作品有 34 项,占获奖总数 52 项的 65%。《目前中国消费基金膨胀的原因及对策》《国际竞争论》两文,同时得到孙冶方经济奖。

1996 年 12 月,上海市哲学社会科学研究成果评奖,上海高校获奖 128 项,占总奖项的 60.3%。其中,著作特等奖 2 项,论文特等奖 1 项,著作一等奖 3 项,论文一等奖 11 项,著作二等奖 14 项,论文二等奖 25 项,著作三等奖 32 项,论文三等奖 40 项。

　　上海市教育科学研究成果奖起始于 1986 年,每 3 年进行 1 次。该项活动也是对全市基础教育、高等教育、职业教育和成人教育等各级各类教育中优秀的教育科学研究成果和教育科研工作集中检阅和表彰的一项基础工作。2005 年,全市获 2005 年高等教育上海市级教学成果奖共 403 项,比上届增加 79 项。其中,120 项成果获一等奖,比上届增加 36 项;129 项成果获二等奖,比上届增加 16 项;151 项成果获三等奖,比上届增加 24 项。

　　2010 年,在上海市第十届哲学社会科学优秀成果奖暨上海市第八届邓小平理论和宣传优秀成果奖评奖中,复旦大学获奖总数达 96 项,其中哲学社会科学优秀成果奖 78 项。获得上海市决策咨询优秀成果奖 7 项,安子介国际贸易奖 1 项,有 3 项成果入选国家社会科学基金成果文库。

第四章 社 会 服 务

20世纪90年代,上海市建立起由市政府相关部门参加的产学研领导小组和联合办公室,协同推进上海市产学研合作。上海高校加强产教协同创新和注重科技成果的推广应用,努力发挥智力资源优势,实现高校的社会服务功能,为促进社会生产力发展作出贡献。

第一节 协 同 创 新

一、产学研合作

为认真贯彻科学技术为经济建设服务的方针,联合高等学校的科技力量,充分发挥高校的优势,上海于1981年5月成立"上海高校科技服务中心",有关高校相应建立科技服务部。主要服务内容有:各学科专业人才的培训;科技成果的转让;技术服务;技术咨询;科学试验与分析测试;承接委托研制、设计、协作攻关及联合开展服务中心等。服务中心曾组织有关高校参加有关省市科技协作交流会,与沈阳市、温州市、常熟市、扬州市等签订了科技协作协议。

1992年,上海市建立由市经济委员会、市高等教育局、中国科学院上海分院参加的产学研领导小组和联合办公室,1996年,扩大到财政、税务、金融部门参加,协同推进上海市产学研合作。1992年,高校中有86%的科研课题,85%的科技力量,84%的科研经费投入在经济建设主战场或与社会发展密切相关的项目上。上海高校与郊县人民政府签订科技协作协议,首次派遣教师到郊县兼任科技副乡长等。上海市科技结合生产的14项重点工业项目会战中,高校承接和参与了237项攻关课题,占全市项目的1/3左右。人文社科类学院也积极主动当好决策部门的参谋,承接各种软课题研究。

1995年,上海市教育委员会组织高校积极推进产学研工程,上海高校的产学研结合取得显著效果。在上海市第七次难题招标及成果转让活动中,上海高校共推出98项可供转让的科技成果;在1995年首批下达的30个项目中,高校承接17项难题攻关项目,占全市攻关项目的57%。同年,上海市举行第一次产学研颁奖大会,上海高校共获奖21项,占全市颁奖数的42.8%,其中一等奖2项,占33.3%,二等奖7项,占58.3%,优秀项目12项,占38.7%。获一等奖的"细旦超细旦丙纶长丝及制品"由中国纺织大学与中华第一针棉厂完成,他们与上海工业技术基金会合作建立了科研开发与产业化结合的实体。上海医科大学与上海华联制药公司合作研究了一项生产性工艺,已创产值约5 000万元,利润2 000万元,成为上海市产学研的标志性项目。在1995、1997、1999、2001年四次上海市产学研工程项目颁奖中,上海高校共有200个项目获奖,占全市303个获奖项目中的66%,其中一等奖为28项,二等奖62项,三等奖110项,分别占全市获奖总数的61%以上。

"九五"期间,上海高校列入市产学研计划133项,占全市产学研计划的50.6%。1996年,上海市教育委员会组织20所高校共推出143项新型实用科技成果参加上海市第八次产学研招标洽谈会,展出成果占到全市221项的64.7%。由上海市经济委员会审核批准的首批36项产学研(中标)项目中,高校项目达19项,占总数的52.7%。上海市产学研联合办公室还在全市范围内选择推荐

10项上海市重点产业化项目,其中,高校项目有6项,占总数的60%。中国纺织大学、中华第一棉纺织厂、上海工业技术发展基金会合作组建的实体"上海蒙泰高科技纺织有限公司"的"细旦、超细旦丙纶长丝及制品",将利用"菊花"品牌大批量生产上市;华东师范大学与长江计算机打印机厂合作开发的"存折打印机技术开发和规模生产",开拓了国产打印机的市场,将供银行使用等。上海市教育委员会先后两次组织上海高校与上海国营大中型企业进行对口合作洽谈,为上海大中型企业的发展提供技术信息与成果。上海汽车工业(集团)总公司于1996年建立了上海汽车工业科技发展基金会,设立了6 000万元的基金,每年约有600万元用于支持上海交通大学、复旦大学等6所大学研究和开发,为汽车工业服务,当年立项157项,投入1 000余万元,63%的项目在企业技术创新和生产中得到应用,25%的项目取得了较好的社会效益和经济效益。上海市教育委员会与浦东新区管委会联合成立"科技成果转化及产业化工作领导小组",共同探索以张江高科技园区作为上海高校科技成果转化及产业化的体制与机制。

1997年上海高校列入市产学研计划101项,核定项目资助经费700余万元。在上海市经济委员会下达的56个招标项目中,10所高校承担32个项目,占总数57.1%;在上海市经济委员会下达的10项重点产学研联合产业化项目中,上海高校与企业联合的有6项。如华东师范大学与上海长江计算机打印机厂合作开发年产2万台存折打印机;华东理工大学与上海胜达实业公司合作攻关达到年产500吨化纤钛白粉等形成产业化规模的项目。同时,上汽(集团)总公司还在复旦大学、上海交通大学等6所高校现有重点学科和重点实验室基础上,投入3 000余万元与有关高校共建13个产学研基地。如上海交通大学模具工程中心,华东理工大学非金属材料研究中心,同济大学汽车模型风洞工程中心等。上海交通大学与江南造船(集团)有限公司、中国舰船研究院708所三家成立"产、学、研合作委员会",推进产学研一体化,并成立海洋与船舶工程技术创新中心,将集中产业资本、人才资源、科技资本优势结合起来,进行具体项目的合作与战略发展的合作。根据协议,江南造船集团出资5 000万元设立高新技术战略发展合作基金。江南造船集团和中国舰船研究院708所接受学校推荐优秀的各类毕业生,并为各类专业管理人员和工程技术人员提供职后高层次知识培训班,上海交通大学博士后流动站和江南造船厂博士后工作站相互支持。

1998年,上海高校采取多种形式推进产学研结合:一是高校承担的难题攻关项目更强调开发、贴近市场、形成规模效益,如复旦大学与上海真空电子器件股份有限公司合作的"微波硫灯的研制与开发",同济大学与上海耀华玻璃厂合作的"大口径缠绕玻璃纤维增强塑料夹砂管",上海理工大学与上海汽轮发电机有限公司合作的"优化设计型冷却器的中间试验及制造"等。二是加强与大中企业的联合,出现了新黄浦集团与复旦大学、上海住宅集团与上海交通大学、虹口区与同济大学携手等新的合作形式,为实现知识资本与产业资本的结合做出努力。上海高校积极开拓技术市场,加强与大中企业的合作。在上海市第九次技术难题攻关及科技成果转让洽谈会上,17所高校签订4项合同。上海交通大学与江南造船(集团)有限责任公司、中国舰船研究院708所三家享誉国内外的名厂、名校、名所成立海洋与船舶工程技术创新中心,江南造船(集团)公司出资5 000万元设立高新技术战略发展合作基金。上海纺织控股(集团)公司董事会建立"上海纺织控股(集团)公司—中国纺织大学科技成果产业化基金",积极鼓励中国纺织大学与控股公司下属企业之间的合作。三是上海市教育委员会设立科技成果转化重点项目,重点支持50项具有产业化前景的中试性开发项目。设立市教育委员会申美科技成果推广奖,重点奖励在科技成果推广中取得重大成效的科技成果,首次奖励的十项成果在社会上推广后,已使有关企业新增产值19.2亿元,新增利税4.8亿元。

1999年,通过招标活动,经上海市经济委员会批准立项的全部43个难题攻关项目中,上海高校承担 18 项,占 41.86％。上海高校积极与企业共建经济实体和技术开发机构。上海交通大学与江南造船(集团)公司共建海洋与船舶工程联合创新中心,共同开发型钢划线切割机器人,实现了生产过程的自动化。华东师范大学与振泰化工总厂共建精细化工研究所,加快了新产品的开发速度,年内生产第二代硅钢氧化镁 683 吨,产值 1 365 万元。在两年一度的上海市优秀产学研联合工程项目评比中,上海高校有 68 个项目获奖,其中一等奖 11 项,二等奖 23 项,三等奖 34 项,获奖数占全市 100 个项目的 68％。

2000 年,上海高校的产学研工作有新发展和提升,以项目、转让、技术服务为主要合作形式的产学研活动向强强战略合作、中外联袂、构筑大学科技园、建立技术转移中心、基地化建设方面发展。2003 年,高校上报 125 个产学研基地,其中与上海合作的基地有 54 个,占总数 43.2％;与外省市合作的有 34 个,占总数 27.2％;与海外合作的有 23 个,占总数 18.4％;以学校为主,建立综合性技术平台对外服务的有 14 个,比例为 11.2％。

2006 年,上海推进高校为上海地区和国内其他省市科技服务,组织复旦大学、上海交通大学、同济大学、华东理工大学、上海大学等 20 所高校开展科技合作和展示活动 20 次,辐射长三角地区 11 个城市和山东省 2 个地区。上海高校与浙江平湖、江山、温岭、海宁、建德,以及安徽铜陵,福建三明、漳州等地建立合作关系。上海市教育委员会组织的产学研洽谈活动推进高校与有关企业和地区签约 41 项,达成合作意向百余项。

2010 年,为贯彻落实《上海市中长期教育改革和发展规划纲要(2010—2020 年)》,加强高校知识服务能力建设,上海市教育委员会启动实施高校知识服务团队建设试点项目,推动高校服务于区域创新、推动转型发展的战略,支持区域创新体系的建设。华东理工大学、东华大学、上海大学、上海理工大学、上海第二工业大学 5 所高校 19 支团队进入试点建设。其中电子信息技术团队 3 个,生物医药和医疗器械团队 2 个,先进制造技术团队 5 个,新材料及应用技术团队 4 个,新能源与高效节能技术团队 2 个,环境保护与资源综合利用团队 3 个。试点建设围绕上海九大高新技术领域共建关键技术,与企业紧密合作,开展攻关研发。产学研对接活动中,通过团队建设培养一支专业的经纪人队伍。培养兼职技术经纪人。上海工博会期间,对高校技术知识服务团队进行集中展示,为技术转移项目提供新的展示方式和平台。

二、合作形式

上海高等学校自 1982 年起,与有关地区、部门、企业建立了多种形式的联合体,这是高等学校发展横向联系,改革科技管理体制的重要内容。上海高校与有关部门联合建立的联合体主要有三种形式:

【联办企业】

上海交通大学与浙江上虞风机风冷设备总厂等联合,研究开发出了低噪音玻璃钢冷却塔,获国家优质产品银质奖,行销 14 个国家和地区。1988 年产值约 6 000 万元,利税 700 万元。学校还为工厂代培养 20 多名大学生,增强企业技术开发能力。中国纺织大学与江苏省张家港市化纤厂合作,建立中国纺织大学张家港附属化纤厂,工厂的主要技术人员均在学校培训过,学校新的科技成果优先转让给工厂应用,工厂向学校提供科学研究中试基地和教学实习的基地。

【联合办研究所】

华东化工学院、浙江大学、中国石油化工总公司上海医药设计院联合成立了"联合反应化学工程研究所",组成了一个以科研、设计、生产、培养人才相结合的研究开发实体,建所以来已完成 10 多项攻关课题。1983 年,上海交通大学和上海第二轻工业局联合成立上海模具研究所,5 年间共承担国家下达科研课题 33 项,横向协作课题 100 多项,培养博士生 7 人,硕士生 63 人,本科生 397 人,大专生 148 人。

【建立行业研究开发中心】

1984 年成立的上海交通大学高电压试验设备研究开发中心,是一个跨部门跨地区,联合上海、江苏、湖北、辽宁 4 省市的工厂组成,承担高电压试验技术、开发、技术转让的培训等任务的联合体,各单位分工协作各具特色,使濒临倒闭的江都武坚机械厂形成专门从事高电压试验设备机械的专业厂。

20 世纪 90 年代以后,上海高校与有关部门和企业合作走上新的台阶,逐步发展到设立专项基金,共建企业技术中心、工程中心、开放实验室和联合的经济实体等多种模式的长期稳定的合作关系。这种产学研结合的新发展具有"强强联合、优势互补、风险共担、利益共享、相互依存、共同发展"的特点,在模式和结合的机制上进行探索。在组织形式上有共同建立工程研究中心、重点实验室和经济实体,建立基金会,设置科技合作成果转化专项基金、股份合作、效益分享等机制,这是高校和企业走产学研结合之路的重要举措,也是发挥高校科技和人才优势,加速科技成果转化及产业化进程和重要发展标志。

经上海市科学技术委员会组织,上海交通大学、同济大学、上海大学、中国纺织大学 4 所高校、5 个研究所、8 个大中型企业于 1995 年 5 月 18 日联合成立"上海先进制造技术工程研究中心"。上海高校发挥科技和人才优势,加强与大中企业的联合,探索形成集各家优势的研究、开发、生产的实体。

1995 年 5 月 18 日,上海财经大学成立财务金融学院,由上海能源化工总公司出资 1 000 万元设立"上海财大财务金融教育基金",同时成立"上海财大置业有限公司"对基金进行操作,收益部分资助财务金融学院。华东理工大学先后与中国石化总公司、上海石化股份有限公司、齐鲁石化公司、上海化工控股集团公司等 10 多家大型企业集团签订长期合作协议。1995—1996 年,该校从企业和社会各界得到科研、教育以及其他赞助费用 1 亿多元。

1996 年,上海交通大学瞄准全国和上海支柱产业的发展,同产业界合作建立一批集相关技术于一体,教学、科技、开发一条龙的研究和工程研究中心,如现金制造研究中心、汽车科学及工程研究所、现金材料及化工研究所等,作为新技术以及高级技术人才等的培育地。复旦大学、上海大学等校同中科院以及其他科研机构建立了多种形式的联合关系。

1998 年,加强与大中企业的联合,出现了新黄浦集团与复旦大学、虹口区与同济大学携手等新的合作形式。上海交通大学与江南造船(集团)有限责任公司、中国舰船研究院七八所三家享誉国内外的名厂、名校、名所成立海洋与船舶工程技术创新中心,江南造船(集团)公司出资 5 000 万元设立高新技术战略发展合作基金。上海纺织控股(集团)公司董事会建立"上海纺织控股(集团)公司—中国纺织大学科技成果产业化基金",积极鼓励中纺大与控股公司下属企业之间的合作。

1999 年,上海高校积极与企业共建经济实体和技术开发机构。上海交通大学与江南造船(集团)公司共建海洋与船舶工程联合创新中心,共同开发型钢划线切割机器人,实现生产过程自动化。

华东师范大学与振泰化工总厂共建精细化工研究所,加快了新产品的开发速度,年内生产第二代硅钢氧化镁 683 吨,产值 1 365 万元。在两年一度的上海市优秀产学研联合工程项目评比中,上海高校有 68 个项目获奖,其中一等奖 11 项,二等奖 23 项,三等奖 34 项,获奖数占全市 100 个项目的 68%。

2004 年 4 月 27 日,上海中医药大学与冠生园(集团)有限公司开始开展产学研合作。双方联合组建上海中医药大学冠生园健康营养研究所,研制开发营养食品、功能食品、保健食品和疗效食品;合作培养高级技术人才,上海中医药大学为冠生园(集团)有限公司定向培养所需专业人才,冠生园(集团)有限公司则成为上海中医药大学硕士生、博士生实习基地、实验基地、课题研发基地。冠生园(集团)有限公司在签约仪式上向上海中医药大学捐赠 100 万科研经费。2005 年 9 月,上海中医药大学与中国科学院上海生命科学研究院签约建立全面合作战略伙伴关系。双方共同构筑复合型人才培养基地,打造全国一流的生物医药和复方中药创新研究技术平台体系,共同加强基础理论研究,共建"中药现代化中心",共设研发基金、建立联合实验室,共同开展学术交流和国际学术活动。

2004 年 4 月 22 日,上海科学技术职业学院与上海计算机软件技术开发中心等 30 多家企业签订校企合作协议。

2007 年 2 月 2 日,上海理工大学与上海电气电站集团公司开展产学研合作。上海电气电站集团公司及下属上海汽轮机有限公司、上海汽轮发电机有限公司、上海锅炉厂有限公司、上海电站辅机厂有限公司的总工程师与上海理工大学动力工程学院洽谈"产学研"合作协议。双方建立合作平台,加强在电站设备领域的科研合作与开发,坚持科技创新,实现全面合作。2007 年 2 月 8 日,上海大学与宝山钢铁股份有限公司签订科研合作协议。2007 年 3 月 9 日,上海旅游高等专科学校与万豪国际集团签署共建教育合作基地协议,共建专业特色班"万豪班"。2007 年 3 月 20 日,上海思博职业技术学院与上海申通快递公司签订战略合作意向书,旨在推进 2007 年新开设的物流管理(国际快递)专业,建立"申通物流上海思博实训基地",在申通公司建立"上海思博职业技术学院申通物流教育基地",利用双方资源,实现优势互补,拓展教学科研领域,培养管理人员和第一线技术应用型紧缺人才。

2008 年 4 月 15 日,上海托普信息技术职业学院与上海长润信息技术有限公司开展校企合作,长润公司作为学院的实践教学与实习基地,学院是长润公司的人才培养及项目研发基地。同年 7 月 2 日,为推动产学结合,培养高素质技能型专门人才,上海民远职业技术学院与校企合作单位研讨酒店管理专业深化教学改革、校企合作问题,聘任酒店专家担任酒店管理专业教学指导委员会委员,并担任相关课程的教学培训工作;相关酒店作为学院校企合作培训基地;2008 年年底,该学院主要专业均已建立校外实训基地。2008 年 7 月 21 日,东华大学与中国东方航空股份有限公司开展人才联合培养,本着"双赢共进,互利互惠"的原则,开启"3+1"航务签派联合培养项目。双方通过自主报名和择优录取相结合的方法,从 3 年级本科生中选拔优秀学生到东航委托的专业院校进行为期 1 年的航空专业知识培训。学生在完成 800 学时的课程学习和 11 周的毕业设计后,如满足毕业和学位授予条件,由东华大学颁发毕业证书并授予学位,毕业后进入东方航空公司工作。该次选拔共选出 13 名学生。同年 9 月 8 日,上海电子信息职业技术学院与中国东方航空股份有限公司在海军航空工程学院青岛分院举行合作培训机务人员开学典礼暨签约仪式,委托海军航空工程学院青岛分院对所选拔的学生进行为期 1 年的准军事化训练,开展航空机务专业教学、技能培训和作风训练,开辟校企合作、院校合作、军地合作共育人才新模式。2008 年 10 月,上海济光职业技术学院与光大银行上海分行确认继续《开展"银校共建共享"活动的协议》《合作共建"金融管理与实务"专业的协议》,进一步落实、调整、充实合作内容,并相约组建学院金融管理与实务专业指导委员会、优先录用学院毕业生等事项。10月17日,华东师范大学与国家开发银行签约共建"国家开发银行—华东师范大学国际关系与地区发展研究院"。依托国家开发银行雄厚的综合实力和丰富的管理经验,推进华东师范大学在办学资源、人才建设和科学研究等方面的建设和发展;同时,发挥华东师范大学科研和人力资源优势,为中国金融机构走出国门、提升国际竞争力提供智力服务。2008年12月6日,上海工艺美术职业学院与中国黄金集团总公司合作,在中国工艺美术原创中心平台上共同创建"中国黄金创意产业中心"。学院为中国黄金集团提供创意、设计、制作方面的智力资源,企业为学院首饰设计专业学生提供课程项目、实习实训条件;同时,校企双方定期举办"中国黄金创意设计大赛"。12月28日,上海邦德职业技术学院在上海宝钢汽车贸易公司建立校外实训基地,合作开展学生实习实训,由上海宝钢汽车贸易公司各4S店市场经理、销售顾问和维修技师向学生讲述各型号车辆的特点、性能,为学生开设实践教育课。12月24日,上海中侨职业技术学院与联想集团共建教育合作基地,为学院的学生提供参观、实习、就业等机会。2008年,为培养海外工程急需的项目工程师,上海建峰职业技术学院与建工集团海外部联合举办"海外现场项目工程师"培训班,共招收35名学员,为集团培养具有多种技能、专业和外语相结合的人才。

2008年,上海市劳动与社会保障局、市教育委员会、市发改委、市财政局和市经济委员会启动校企合作培养高技能人才试点工作,力争2010年高技能人才占技能劳动者比重达到25%以上。通过校企合作培养,实现"明确一个培养机制(定单式培养)、取得两张证书(学历证书、职业资格证书)、获得政府、企业、家长三方满意"的社会效应。同年,上海应用型本科院校、高职院校及中等职校在试点工作基础上,深化校企合作培养高技能人才工作。市劳动与社会保障局对开展校企合作的院校进行认定,达到标准的可成为技师培训基地。学生完成高校教学计划所要求的学习,并进入合作企业进行要求的实习后再参加相应国家职业资格鉴定,可享受市劳动与社会保障局校企合作专项经费补贴。补贴办法参照政府购买培训成果的操作办法实施,费用从上海市失业保险金列支。列入试点专业的学生在学期间,高校学生每生每年补贴2 000元、中职学生每生每年补贴1 500元;进入企业实习,市劳动与社会保障局支付企业每生每月200元补贴,并帮助每个实习学生购买生产实习保险。补贴经费主要用于对学员的培训费用补贴(包括对家庭困难学生的其他配套补助费用)、校企合作培养课程的开发费用、"双师型"教师的进修培训费用、公共实训基地和开放式实训中心的运作经费及企业实训运作费补助。除培养新增劳动力以外,校企合作平台还鼓励相关院校参与在职人员职业技能提升培训。截至2008年11月底,共有36所高校的156个专业点、47所中职校的139个专业点参与此项工作。高校实际入网培养人数为5 538人。其中,上海城市管理职业学院、上海第二工业大学、上海电机学院、上海农林职业技术学院、上海商学院等院校超额完成年度培训任务。

2010年10月29日,上海外国语大学与新华通讯社签署战略合作协议,共建国际传播人才培养与科学研究基地,旨在培养国际传播人才,共同开展新闻学与国际传播学研究及课程建设,为中国国际传播事业培养和输送高端人才。

三、科技产业和大学科技园

1990年,上海市开展对扶植和发展高校科技产业的调查研究工作。在此基础上,推出支持高校科技产业发展的举措:"八五"期间由市财政每年安排500万元贷款贴息和周转金,支持中试项目建设和高新科技产业,每年由人民银行市分行提供专项贷款指标,工商银行市分行提供5 000万元以上优惠贷款。允许有条件的高校企业和高校集团公司发行科技产业的股票和债券,高校参股部分所获利润可享受高校优惠政策。积极支持高校和经济部门联合进行科技成果中试,鼓励企业与高校合作进行开发经营,中试期间企业投入部分所获利润享受高校企业的优惠政策,各类高校相据自己的实际情况建立多种形式的中试基地。集中力量重点抓好若干个科技实体建设,上海高创科技发展总公司作为上海高校在漕河泾新兴技术开发区发展高新技术产业的集团公司,担负指导、协调高校企业在开发区的业务活动并提供综合服务,进一步扩大"科技村",吸引更多的高校到开发区发展高新技术。

1992年5月,上海市高校科技工作会议召开,上海市政府下发《关于加强高校科技工作的意见》和《上海市高校科技产业暂行规定》,指导高校科技发展依循"完善高校科技与经济建设配套,为经济发展服务的导向体制;分层次建立一批以高新技术为主,经济效益高的科技产业实体;提高科技产业经济效益"的目标健康发展,并决定:每年由市财政拨款500万元用于科技产业贷款贴息和周转金,每年由银行贷款5 000万元用于发展科技产业。对向高校科技产业投资的上海市企业实行享受校办产业的优惠政策,对在浦东新区和漕河泾新兴技术开发区内创办的高新技术企业,享受校办产业和开发区的双重优惠政策;允许有条件的高校和高校集团公司发行科技产业的股票等。这些优惠政策进一步调动高校发展科技产业的积极性,极大地推动上海市高校科技产业的发展,18所高校21个经济实体的24个贷款项目共计5 500万元资金全部到位。

1992年,上海市50所高校共有238家公司、144个工厂、43家三资企业,形成620余种产品和服务项目,其中,复旦大学的复华实业股份有限公司与上海交通大学的南洋国际实业股份有限公司向社会发行股票。1992年全年产值超10亿元,利润达1.6亿元,其中科技产业的产值、利润占40%左右。一大批以高新技术为发展主体的实体迅速崛起,漕河泾开发区成立"上海高创科技发展总公司",培育高校24个高科技公司,形成令人注目的"高创模式"。5月份,在浦东成立"上海高校联合软件工程公司",推动软件产业的开发。此外,由全国160所著名高校联合创建的总投资近2亿的"中国高科集团公司"在浦东成立。并积极规划和筹建展示上海高新技术的汾阳路"科技一条街"。

1999年,全国技术创新大会召开。同年,上海设立专项资金,直接用于上海高校科技项目的孵化和产业化。2000年,上海市教育工作会议确定8项实事,其中包括建立张江"上海高校科技园"。

到2003年,上海共有8所高校建立国家认定的大学科技园,分别是复旦大学、上海交通大学、同济大学、东华大学、上海大学、华东理工大学、华东师范大学、上海水产大学。高校科技园根据学校优势学科和国家重点发展领域的需要,通过以项目为纽带,产权为核心,引入社会资源等途径,培养、孵化一大批高新技术企业和公司,是一流大学实现社会服务功能和产学研结合的重要平台。同时,大学科技园也是国家创新体系的重要组成部分。

2006年,上海交通大学推进校区、科学园区、地区"三区"联动。截至2006年底,广西玉柴集团、微软、英特尔、欧姆龙等一批知名企业的研发中心落户紫竹科学园区。上海交通大学与广西玉柴集团签约共建的发动机研发中心,投资2亿元。上海交通大学"振动冲击噪声""区域光纤通信网与新型光通信系统"等一批国家重点实验室也迁移或选址紫竹;"纳米科学及应用""组织工程""动物医学""太阳能工程""汽车电子工程"及教育部空天科学技术研究中心等国家级研究机构也落户紫竹。其中,教育部空天科学技术研究中心是高校唯一的航空航天技术创新基地,项目总投资1.88亿元,国家发改委投资5 000万元。

2010年5月25日,上海交通大学医学院与上海国际医学园区携手在浦东共建国际化高端医疗项目"上海国际医学中心",第一期工程总投资约6亿元人民币,建设综合性医院和2个专科中心,并配备250张床位和一定数量的手术室、公共检验、检测中心以及辅助设施。

2001—2010年,上海共有11家国家大学科技园,分别是复旦大学、上海交通大学、同济大学、东华大学、上海大学、华东理工大学、华东师范大学、上海理工大学、上海财经大学、上海电力学院、上海工程技术大学国家大学科技园。

第二节 技 术 转 移

一、成果转化

上海高校注重科技成果的推广应用,为促进科技成果尽快转化为生产力做出了贡献。据1981—1985年统计,上海高校共转让科技成果1454项;科技协作2754项;人才培训2925期(次),计24万余人;成交金额1.5亿元,1982年结算成交金额是731万,1985年达到8926万元。1988年成交金额达到1.09亿元,8年共计成交金额4.4亿元。

1985—1988年,上海高校共转让科技成果2758项。按受让方的类型分:专利出售40项,技术成果出口39项,全民所有制大中企业860项,全民所有制小型企业780项,集体所有制企业452项,乡镇企业568项。按项目社会经济目标分:促进工业发展1619项,能源80项,卫生事业发展236项,社会发展和社会经济服务121项,环境保护192项,教育事业95项,其他民用目标152项。共计成交金额5592万元,取得较大的社会效益和经济效益。由中国纺织大学和上海合成纤维研究所等单位合作完成的"涤纶长丝高速纺丝工艺与设备",在江苏、浙江等省市10家工厂推广,总生产能力达到5000吨/年,为国家创利税9000余万元。上海中医学院研制的具有抗衰老功能的"还精煎",转让给上海黄山制药厂,两年间产值已达2000多万元,利税约700万元。据对上海交通大学、同济大学、中国纺织大学、上海机械学院、上海工业大学、上海科学技术大学7所高校抽样统计,1979—1987年通过鉴定的469项科技成果,其中推广336项,占72%;鉴定当年推广48%。共投资科研经费2454万元,推广后获产值5.7亿元,获利税7000万元。

1991年,上海高校积极开展科技服务,各类技术合同经认定登记的达2600余份,其中可计算的技术合同交易额达8100余万元,实际收入达10332万元,这是上海市高校自20世纪80年代起开展科技服务活动以来取得的最好成绩。其中技术合同金额比上年增加50%以上,比刚起步的1982年翻了五番多。其特点:一是交易额超过100万元的学校有16所,其中上海交通大学和华东化工学院两校均突破了1000万元,同济大学、上海工业大学和复旦大学都超过了800万元,上海轻工业专科学校和上海机械专科学校也突破100万元。二是技术服务主要对象逐步转向上海本地。上海高校同上海本地有关单位签订的技术合同近1400份,占技术合同总数的53.6%,高校技术服务面向上海本地的份额逐步扩大,对上海的经济发展起了重要作用。三是技术对外扩散主要分布在江、浙地区。上海高校技术流向外省、市最多的是江苏和浙江两省,共签订技术合同578份,占外省、市技术合作项目的47.8%,在浙江省同上海高校订立的193份技术合同中,大部分在杭、嘉、湖、绍地区。上海高校科技服务的主要目标是大中型企业。这类企业同高校签订的技术合同占合同总数的42%,小型工业企业占合同总数的15.6%,科研单位占合同总数的10.6%,乡镇企业占合同总数的8.4%,其余是为中央各部委、地、市、县和高等院校服务的,其中还有三份技术合同是同个人订立的。

1995年,据上海市教育委员会对技术合同登记的统计,上海高校技术合同登记1 219项,合同金额11 763.2万元,比1994年增长34%,其中与上海单位签订合同有809项,金额8 268.5万元,分别占总合同项目和金额的66.4%和70.3%;合同中,大中企业的重大项目有所增加,其中50万元以上项目有32项,合同金额达4 963.2万元。

1996年,上海市教育委员会先后两次组织上海高校与上海国营大中型企业进行对口合作洽谈,为上海大中型企业的发展提供技术信息与成果。上海市教育委员会与浦东新区管委会联合成立科技成果转化及产业化工作领导小组和办公室,共同探索以张江高科技园区作为上海高校科技成果转化及产业化的体制与机制,年内5个项目进行论证,复旦大学的1项科技产业化项目进入张江园区。1996年,上海20所高校推出了143项新型实用科技成果,占全市221项的64.7%。1997年,为了充分调动上海高校科技人员的积极性和创造性,促进上海高校更好地为上海及全国社会发展和经济建设服务,上海市教育委员会和上海申美饮料食品有限公司协商决定,设立"上海市教育委员会申美科技成果推广奖"。"推广奖"每年评选一次,奖励不分等级,每项奖金额度为5 000元。推荐的项目须通过科技成果鉴定或获省市(部委)级、国家级奖励满两年,并经推广、转化后已取得重大经济效益或显著的社会效益的应用项目。有10项项目获得上海市教育委员会申美科技成果奖励。获奖项目的特点:项目水平高,大部分达到国际先进水平;项目推广涉及行业都是中国国民经济建设和社会发展迫切需要发展的部门;项目已产生了较大的经济效益和显著的社会效益,据统计这10项目已新增产值19.2亿元和新增利税4.8亿元。

1997年,各高校经登记的委托研究、科技咨询、成果转让和技术服务合同1 493项,合同总金额1.81亿元,其中为上海市服务的项目1 030项,占合同数68.9%;超过100万元以上的合同21项,1项合同达到1 000万元。

1998年,上海市教育委员会设立科技成果转化重点项目,重点支持50项具有产业化前景的中试性开发项目。"上海市教育委员会申美科技成果推广奖"重点奖励在科技成果推广中取得重大成效的科技成果,首次奖励的十项成果在社会上推广后,已使有关企业新增产值19.2亿元,新增利税4.8亿元。

1999年,上海19所高校推出182项科技成果,参加一年一度的上海市第十一次产学研生产技术难题攻关招标、科技成果转让洽谈活动,高校提供的成果占全市总数的65.94%。复旦大学的"可视对讲门铃产品""电能量数据采集器及处理系统",华东理工大学的"化纤钛白的国产化技术""自固化磷酸钙人工骨",同济大学的"合成木材",交通大学的"模具快速成型制造系统技术""吸附制冷新技术",上海工程技术大学的"激光强化技术"等科技成果被很多企业注意,并进行了洽谈。

2000年,上海高校全年横向签订科技合同1 738项,合同金额2.6亿元,比上年多0.6亿元,其中超过100万元以上的合同36项。上海交通大学共签订合同680项,合同金额15 559.8万元,较上年分别增长60.4%和89.8%。"四技"(技术开发、技术转让、技术咨询、技术服务)合同实际到款11 781万元,较上年增长64%。

2006年,上海高校技术交易合同认定登记1 801项,成交金额3.4亿元,其中高校技术开发合同703个,占高校四类合同的39%,成交金额为1.95亿元,占57.2%;技术转让合同18个,成交金额为0.32亿元;技术咨询合同96个,成交金额0.12亿元;技术服务合同984个,成交金额1.01亿元。高校技术合同中开发合同数量比较大,约占全市开发合同的11.4%,且开发项目中技术创新多、新技术领域多。

二、开拓技术市场

上海高校积极组织并参加各种技术市场,沟通科研信息,开展科技咨询。

1981 年 10 月,上海举办"上海高校科技成果展览会"。上海 36 所高校联合展出科技成果 1 289 项,展出 17 天,观众 7 万余人。会间,全市高校与 1 200 多个工矿企业建立了技术、业务方面的联系,涉及的项目有 900 多项,加强了高校与工农业生产单位的联系。通过展出,高校了解了工矿企业迫切需要解决的难题,为制定科研计划提供了依据。

1984 年 4 月,举办上海市新技术交流洽谈会,上海市高等教育局和高校科技服务中心组织 25 所高校展出了 750 个科技项目,许多高校与 1 500 多个单位建立联系,洽谈项目 547 项,成交 150 项,其中成果转让 70 项 83 项次,推广 48 项 127 项次,承接攻关项目 22 项,技术咨询等 10 项,成交金额共 530 万元。

1995 年,上海高校组成大型展团参展上海科学技术博览会,共展出 555 项高新科技成果及校产产品,成果展出数约占本次博览会参展成果总数的 15%。经专家委员会评审,上海高校共有 89 项成果与产品获博览会金奖,5 项获银奖,获奖数量约占全市获奖数的 25%,获奖数量之多为全市各大参展系统之最。此外,高校展团还获得博览会组委会颁发的"最佳组团奖"和"最佳布展奖"。这是自上海科学技术博览会有史以来上海高校展团第三次获此两项荣誉奖,实现了"三连冠"。为配合博览会宣传高校的科技成果与科技产业,上海市教育委员会组织编印了《上海高校科技》《上海高校校产》画册。

2000 年,第二届上海国际工业博览会上,上海 20 所高校参展摊位 50 个,展出约 400 个拥有自主知识产权的成果与产品。上海交通大学和上海活塞厂合作设计、开发、制造轿车活塞自动化生产线的 6 种 10 台(套)专机,其中超精镗活塞孔专用机的加工精度为 0.001 毫米,使中国成为继德国 KS 公司之后第二个掌握该项技术的国家。东华大学研制开发的莱赛尔纤维是 90 年代国际上发展起来的新型纤维素纤维,已建成一条年产 100 吨的生产线,整个工艺具有独创性,形成了自主知识产权,使中国成为第三个掌握该项技术的国家。据上海汽车工业科技发展基金会统计,已在高校列项 157 项,投入 1 000 余万元,63% 的项目在企业技术创新和生产中得到应用,25% 的完成项目取得了较好的经济效益和社会效益。

2002 年,高校 51 个展位参展上海国际工业博览会,并获得工博会优秀组织奖 1 项,优秀布展奖 3 项,铜奖 2 项,创新奖 4 项。

2005 年,15 所上海高校以及清华等 10 所全国名校参展 2005 年上海国际工博会,有 150 余项高新技术展品分布在生物与医药、电子与信息、环保与新能源、先进制造与新材料 4 大专业展区。本届"工博会",共评审出金奖、银奖、铜奖和创新奖 38 项,中国高校揽下其中 9 项(一金、二银、二铜和四个创新奖),获奖比例为 23.7%。上海高校交易成交额 2.13 亿元,比上年增长 47.12%,外地高校交易成交额 1.04 亿元,约为上年 5.8 倍。

2006 年,上海 16 所高校参展中国国际工业博览会,参展展品 135 项,获得 1 金、1 银、1 铜和 4 个创新奖,高校展区参展面积占大会展位的 2.7%,获奖比例达到 17.9%。高校展区参展项目交易成交额达到 4.36 亿元,同比增长 37.5%。其中,上海电力学院、华东理工大学、上海大学、同济大学、上海理工大学、东华大学、上海应用技术学院、上海第二工业大学 8 所高校在展会现场达成交易,上海高校累计交易成交额达到 2.96 亿元,同比增长 38.97%。"中国国际工业博览会中外高校校长论坛"纳入"工博会"论坛系列,论坛主题为"大学在城市创新体系中的作用"。

2007年,中国工博会高校展区展位从上年的189个增加到252个。参展高校从上年的39所增加到51所,其中上海高校17所。高校展区展品478项,其中重大展示项目29项、重点推介项目427项、大学生创业项目22项,另有1 273项科技创新信息在工博会上向企业散发。高校获奖14项,占全部奖项36%。上海交通大学参展项目"高效、抗干扰无线宽带图传关键技术研究及其应用"获金奖。复旦大学、华东理工大学、上海海事大学等获创新奖和铜奖4项。工博会上,高校与企业共计签订协议130份,交易额4.62亿元。工博会期间,高校展区举办的"产学研合作深入发展论坛"在同济大学举行。

2008年,工博会参展高校57所,其中沪外高校38所,综合科技实力排名前60位的综合性和理工类高校中50%以上都出现在高校展区。香港理工大学和韩国汉阳大学作为特邀单位参展,使高校展区首次出现了境外高校的名录。高校展区共参展科技成果458项,其中获国家三大科技奖或省部级一等奖以上的重大技术突破项目39项。高校荣获工博会金、银、铜及创新奖15项,占整个工博会设奖数38.5%。参展项目签订的交易协议(含正式成交和意向)的总金额为6.78亿元。

2009年,由上海市教育委员会、市科学技术委员会和杨浦区政府联合搭建并得到教育部科技发展中心、科技部火炬高技术产业开发中心支持的上海高校技术市场在上海理工大学国家大学科技园内建立。该技术市场旨在集聚智力、资本等要素,发挥高校和科技的人才优势,推进产学研结合、加速科技成果转化和产业化,采用创新机制,争取办成上海乃至全国集企业技术项目需求发布、高校和科研院所科研成果供给、技术成果交易等功能于一体的产学研合作平台,已吸引45所高校、48个市县、8个技术交易中介组织作为会员单位常年参加活动。

第六篇

合作交流

1978 年，中国与联合国教科文组织建立合作关系，成立由教育部、科技部、文化部、外交部、中科院等 19 个部门组成的中国联合国教科文组织全国委员会，加强国际教育交流与合作，迈出教育对外开放的第一步。自此，上海高校顺应改革开放东风，积极拓展合作交流。对外，师生学习交流国际先进科学技术和知识；对内，加强区域交流与合作，积极开展智力支边，支援西部大开发。

　　国际交流作为上海高等教育事业的重要组成部分，在吸收和引进国外教育成功经验方面，在推进上海高等教育走向世界、走向国际化，增进上海与世界各国高等教育的学习互鉴方面起到十分重要的作用。党的十一届三中全会之后，上海高等教育进入改革开放大发展时期，恢复一度中断的留学生派遣工作，上海高校的对外交流工作进入一个前所未有的阶段。对外交流工作，在过去积累的基础上进一步扩大交流范围和内容，形式更趋多样化。包括与国外的校际交流、友好城市交流、参加国际学术会议和海外办学等。

　　1978 年改革开放以来，上海高等教育与外省市国内各地区的合作与交流从小到大、由弱变强，在上海经济社会发展中扮演着日益重要的角色。从 1980 年开始的上海市系统进行智力支边工作，到 20 世纪 90 年代开始的响应党中央国务院"西部大开发"战略，实施教育对口支援战略，上海高等教育发挥了举足轻重的作用。

　　上海市教育委员会于 1995 年开始在对外交流工作中部署与港澳台的交流与合作工作。1999 年，上海市进一步敞开接受港澳台学生来沪就读的大门。上海高校与港澳台地区的教育交流向多层次、多方位发展。

第一章　国际交流与合作

支持学生出国(境)留学(改革开放初期,公派留学的主要是教师群体)和吸引境外留学生,教师互聘互访和开展广泛的学术交流活动,是高等学校对外开放的主要形式。改革开放以来,地处国际化大都市的上海各高等院校的国际交流与合作始终十分活跃。

第一节　学　生　留　学

改革开放以后,中国公派学生出国(境)留学,支持大学生自费出国(境)留学,同时积极吸引境外学生来中国留学,学生的国际流动不断走向开放,开始呈现互动式的融合发展。各类留学人数年年增长,留学国别范围也更加广泛,由改革开放初期主要集中在美国、加拿大、英国、日本、澳大利亚、德国等迅速扩展到全球。同时,国际学生的输入开始发生变化。2001年,来华中国留学生数首次与出国留学生数持平。

一、公派出国留学

在改革开放方针指导下,上海公派出国留学工作发展迅速。派出人员逐年增长,由1978年的数十人,增至20世纪80年代末的每年700人～800人。1982年12月,第五届全国人民代表大会第五次会议批准《中华人民共和国国民经济和社会发展第六个五年计划(1981—1985年)》,明确计划五年内派出1.5万出国留学人员,并规定"出国学习的专业,要以自然科学和工程技术为主,并把重点放在中国目前比较薄弱或者需要开拓的学科和领域上"。1978—1988年,上海公派出国留学人员总数为5000多人。

公派出国留学人员按其资助费用来源主要分为三类:国家提供;地方自筹;国外资助。囿于国家拨款、国外资助比较有限,上海市政府为加快人才培养速度,适应改革开放需要,从1983年起每年拨专项外汇50万美元用于市属高校教师出国留学或进修。上海20余所市属高校,根据所分经费选拔人员出国进修培训和对外联系。20世纪80年代末,使用上海市政府专项外汇(地方自筹)出国留学的教师占全部出国留学人员的30%。其中学成回国的达105人,是上海市由国外资助留学人员学成回国人数的3倍,也超过了国家公费留学生学成回国人数。

留学生回国后,把从国外学到的先进知识、科学技术应用于教学和科研,提高了办学水平。复旦大学、同济大学、上海交通大学、华东师范大学4所高校,在20世纪80年代末几年开设的900多门新课中,大多数是由留学回国教师开设,其中部分新课为国内首次开设。在科研方面尤其取得不少重大突破,填补国内一些研究空白,缩短了中国在某些领域与国际间的研究差距。据统计,上海市高校承担的国家攻关项目中的58%,国家基金项目的43.4%,上海市教育委员会重点项目中的52.3%,博士点基金的40.5%是由留学回国教师任课题负责人。不少公派留学人员回国后,既在教学科研方面发挥了作用,有的还被充实到各级领导岗位。据20世纪80年代末对上海市10所高校的调查显示,公派留学回国教师中有40%担任校、系、所、委各级领导职务。不少人成为新设专业、系和学院的骨干教师和主要领导。

进入 21 世纪,上海高校由学校资助的学生赴境外学习交流项目发展迅速。复旦大学 2001—2006 年每年公派学生人数都以 10% 的速度增长,2004 年达到 638 人的规模,在学期间出国出境进行短期或长期学习者占到全校学生的 2.4%。上海交通大学在 2000—2004 年间先后派出 320 多名学生到国(境)外高校进行短则 2 个月、长则 2 年的学习。2000 年 2 月,25 名上海外国语大学学生赴新西兰怀多大学攻读工商管理学士学位,成为上海外国语大学开展国际合作教育的首批受益者。同济大学 2003 年赴国外高等学校交换生数目达到 77 人,其中 14 人在外学习时间为 3 个月到半年不等,其他 63 人在国外的时间均超过 1 年,有近 30 人在外时间超过 3 年,最长的超过 4 年。

二、自费出国留学

国家 1981 年《关于自费出国留学的暂行规定》、1982 年《关于自费出国留学若干问题的决定》,为高校学生自费出国留学提供了依据。1997 年,上海市教育委员会受理审核上海大专以上学历自费出国申请达 2 076 人。

1999 年,针对自费出国留学中介服务市场管理混乱、出国当事人合法权益屡受侵害的问题,经国务院同意,教育部、公安部、国家工商行政管理局于 7 月 5 日联合颁布《自费出国留学中介机构管理规定》,将自费出国留学中介服务纳入特许服务行业,进行规范化管理。上海市教育委员会会同上海市公安局、市工商行政管理局从 9 月底起开展上海自费留学中介服务机构申请和审核工作。经教育部批准,上海教育国际交流协会等 14 个单位到市工商行政管理局注册登记,并取得营业执照。

三、来华国际学生教育

来华国际学生教育分学历教育和非学历教育。学历教育主要包括专科、本科、硕士和博士 4 个层次。专科教育,学制三年,需具有高中毕业以上学历;本科教育,学制四至五年,须具有高中毕业以上学历;硕士研究生教育,学制二至三年,须具有学士及以上学位;博士研究生教育,学制三至五年,须具有硕士及以上学位。非学历教育,学习时间不限,有汉语进修生、普通进修生和高级进修生 3 种。汉语进修生,以学习汉语为主要目的,须具有高中毕业以上学历;普通进修生,即进修学习各类学科的学生,须具有大学二年级以上学历;高级进修生,为相当于硕士研究生毕业以上学历或副教授以上职称者。

1979 年,国务院批准教育部《关于接受自费外国留学生收费标准问题的请示》,为国际学生自费来华留学提供了政策依据。1979 年后,上海在接受外国留学生工作中扩大了招收范围和招收规模。1979—1988 年,上海共接受来自五大洲 81 个国家和地区的 3 652 名留学生,分布在上海 16 所高校的 93 个专业中学习。

许多高校除接受长期留学生外,从 1980 年起还举办各种类型的短期学习班。1980 年仅为 100 余人,专业局限于汉语和针灸。1988 年,上海已有 13 所高校举办短期班,招生人数达 1 000 多人。专业从汉语、针灸发展到中国历史、文学、书法绘画、古建筑、法律、经济、推拿、武术等。1980—1988 年,上海高校招收短期学习班人数累计达 8 459 人。

1984 年起,中国将接受来华国际学生的类别扩大至本科生、硕士研究生、博士研究生、普通进修生、高级进修生和研究学者 6 类。为了贯彻落实中央"关于加强智力外援工作,为发展中国家培养高层次人才"的精神,1984 年以来,上海医科大学、同济大学、中国纺织大学、上海工业大学和华东化工学院分别开始从中国培养的本科毕业的外国留学生中接受硕士、博士研究生。1985 年,中国开始接收外国研究生。1987 年暑假,上海有 4 名外国硕士研究生毕业。1987—1989 年,外国硕士生毕业总数为 14 人。1988—1989 学年度,上海高校在校外国留学生总数达 1 176 人。

表 6-1-1　1980 年上海接受来华国际学生的学校和专业情况表

学　校	专　业	类　别
复旦大学	古典文学、现代文学、中国古代史、中国近现代史、中国哲学史	非学历教育
同济大学	工业与民用建筑、建筑学	学历教育
上海工业大学	电机工程、机械设计与工艺	学历教育
华东化工学院	化学工程、基本有机化工、高分子化工、石油炼制	学历教育
华东纺织工学院	棉纺、毛纺、机织、纺织机械、化学纤维、染整	学历教育
上海第一医学院	医学	学历教育 非学历教育
上海第二医学院	医学	学历教育 非学历教育

资料来源:吉艳艳:《近四十年间来华国际学生教育研究(1973—2013)》,华中师范大学,2016。

表 6-1-2　1986 年上海对国际学生开放的院校及专业名称情况表

高　校	专　业
复旦大学	中国现代文学、中国古代文学、中国古代史、中国近现代史、中国哲学史、中国经济思想史、中国经济史、中国货币史、国际政治、中国法律、社会主义经济学、汉语
华东师范大学	精细有机合成、理论物理、数学、高分子化学、分析化学、气候学、自然地理学、人文地理、学前教育、中国人口地理、汉语言文学、基础汉语、中国古典文献、中国古代史、中国近代史、中国哲学史、光学、激光
上海音乐学院	民族乐器演奏、管弦乐器演奏、民族音乐理论、声乐和民族民间演唱、钢琴演奏、作曲、中外音乐史
同济大学	建筑学、建筑结构工程
上海工业大学	机械制造工艺及设备、电子精密机械、液体传动与控制、电机工程、电磁测量技术与仪表、电视与信息处理
中国纺织大学	纺织工程、针织工程、染整工程
华东化工学院	石油加工、有机化工、化学工程、无机化工、无机非金属材料、生物化工、高分子材料科学与工程、精细化工
上海医科大学	医学、公共卫生、药学专业、药物化学、药理专业
上海第二医科大学	医学
上海中医学院	中医学、针灸学、中药、中医内科、针灸、中药学

资料来源:吉艳艳:《近四十年间来华国际学生教育研究(1973—2013)》,华中师范大学,2016。

　　1989 年,国家教育委员会颁布《关于招收自费外国留学生的有关规定》,高校可以接受自费来华留学生,并可自主决定招收来华国际学生数量,不占国家下达的计划招生指标,且将接受国际学生院校的审批权下放给省、自治区、直辖市教育主管部门,提高了高校招收国际学生的积极性。

1991年10月,国务院学位委员会发布实施《关于普通高等学校授予来华留学生中国学位试行办法》,规定:授予博士学位,不管来华留学生来自哪个地区的国家,都应按照本试行办法的有关规定,严格要求,保证质量。授予硕士学位,对于来自亚、非地区国家的留学生,一般应采取学习课程为主,撰写论文为辅的培养规格;对来自其他地区国家的留学生,采取学习课程与撰写论文并重的培养规格。对来华国际学生撰写论文的语言,该《试行办法》规定,"攻读中国哲学、经济学、法学、教育学、文学、历史学以及艺术、中医和临床医学等专业的学士、硕士和博士学位的来华留学生,应用汉语撰写和答辩论文;攻读其他学科、专业的学士、硕士和博士学位的来华留学生,其本科毕业论文、硕士学位论文和博士学位论文可以用汉语、英语和法语撰写和答辩"。

1993年,国家教育委员会公布第一批有条件接受来华国际学生的上海高等院校有22所,分别是复旦大学、上海交通大学、同济大学、华东师范大学、华东化工学院、上海工业大学、中国纺织大学、上海科学技术大学、上海医科大学、上海第二医科大学、上海中医学院、上海音乐学院、上海外语学院、上海师范大学、华东政法学院、上海大学文学院、上海戏剧学院、上海体育学院、上海第二教育学院、上海工程技术大学、上海机械学院、上海教育学院。

1995年12月26日,国家教育委员会颁布《关于外国留学生凭〈汉语水平证书〉注册入学的规定》,明确:凡申请入中国高等院校接受本科学历教育的来华国际学生,均须参加中国汉语水平考试(HSK),并获得相应的最低合格等级的《汉语水平证书》,方可申请正式注册学习专业。

1996年,复旦大学、上海外国语大学、上海大学、上海中医药大学、同济大学和上海师范大学等22所高校,共接受来自美国、法国、德国、日本、澳大利亚、俄罗斯、波兰、罗马尼亚和马来西亚等99个国家和地区的留学生2 754人,比1995年增加19%。其中攻读硕士以上学位的有273人、本科生860人,各类进修生和预科生1 621人。在接受留学生的高校中,复旦大学最多,有664人。

1997年,在沪就读的学制为一年以上的外国留学生达2 762人,不到一年的短期留学生2 297人次。这些留学生来自101个国家和地区,分布在25所高校中的99个专业学习。1999年,上海市长期外国留学生为4 008人,来自113个国家,分布在23所高校的190多个专业中学习。其中计划外留学生(自费生)3 227人,政府计划内留学生781人;硕士生以上高层次留学生477人。另外,短期留学人员一年累计为2 000人左右。

1995—2000年,上海高校留学生人数平均增长率为16.5%。2000年,上海外国留学生总数为6 500人,到2004年底留学生总数达到22 205人,增加了2.4倍,年均增速达到36%。尤其是经历2003年SARS导致的短暂回落后,2004年留学生人数达到历史新高,创出年增幅62%的历史纪录。

2003年底,上海市23所全日制普通高校共计接受外国留学生13 698人,其中长期生11 143人、短期生2 555人,长期生比2002年增长24.02%。年内,上海市教育委员会等单位进行第一次上海市高校外国留学生工作调研。共发放600余张问卷,调研发现上海高校外国留学生教育在收费、生活和教学上尚存在问题,与国际化大都市地位相比仍然存在差距。在调研基础上,提出从政府层面、高校层面、改革运作方式和加强针对性研究等方面发展上海外国留学生教育的对策和建议。

2004年,上海高校招收留学生数量继续保持高速增长,招收留学生的23所高等院校共计招收留学生22 205人,比2003年净增62%,占全国留学生总数的1/4。其中长期生为14 446人,相比

2003年增加27.6%;短期生(注册学习6个月以下)为4 803人,比2003年增加87.9%。复旦大学、交通大学、华东师范大学、同济大学、上海外国语大学、上海中医药大学、上海大学、上海师范大学和上海财经大学9所学校招收留学生数均超1 000人。同年7月,上海市教育工作会议文件明确提出:设立留学生奖学金,扩大特色专业和优势学科招收外国留学生规模。2004年,复旦大学文学专业在读留学生达到1 704人,高居首位,位居第二至第五位的分别是法学、医学、管理学和经济学,就读理学的只有4人,仅高于哲学位居倒数第二。2000—2004年,就读上海交通大学的外国留学生中,文科专业始终高居各学科首位,从432人增至2 502人,增长4.8倍,增长速度与长期生的增长速度(同期,长期生总规模从508人增至3 013人,增长4.9倍)基本持平;人数增长最快的是管理专业,从28人增至245人,增长7.8倍;总人数处于第三位的是工科,从46人增至164人。

2005年,全市24所高校共计招收26 190名外国留学生,其中长期生19 189人、短期生7 001人。

2007年,上海高校(含科研院所)外国留学生规模平稳增长,全市31所高校(含科研院所)招收外国留学生数创历史新高,达到34 886人,同比增长10.27%,其中长期生24 316人,同比增长9.36%;短期生10 570人,同比增长12.43%;学历生8 895人,同比增长12.08%。全市有11所高校的留学生规模超过1 000人,依次为复旦大学6 057人、上海交通大学5 641人、华东师范大学3 187人、上海外国语大学2 788人、东华大学2 518人、上海师范大学2 445人、上海大学2 290人、同济大学2 219人、上海财经大学2 191人、上海中医药大学1 925人和上海体育大学1 072人。这11所高校外国留学生合计32 333人,占全市外国留学生总数的92.68%。同年,新增上海商学院、上海应用技术学院、上海杉达学院和上海市社会科学院4个单位接收外国留学生就学。全市接受外国留学生的高校共29所,科研机构2家。

截至2008年10月底的统计,共有来自171个国家和地区的36 723名外国留学生在上海招收外国留学生的31所高校(2008年新增复旦大学上海视觉艺术学院)和2家科研机构就读,比2007年增加1 837人,同比增长5.27%。其中,长期生26 860人,比2007年增长10.46%;短期生9 863人,同比减少6.69%;本科生8 430人,比2007年增长14.63%;硕士研究生1 637人,同比增长37.79%;博士研究生450人,同比增长27.48%。

2009年5月31日—6月13日,上海市教育委员会与国家留学基金委合作,组织上海高校以"展中展"的形式赴南非、埃及举办首届"上海教育展",18所高校报名参加。其间,先后有6 000多人次参观上海高校展台,300多名学生登记留学意向,实现上海市教育委员会对外推广工作的突破。2009年,共有来自177个国家和地区的38 458名外国留学生在上海31所高校和2家科研机构就读,比2008年增加1 787人,同比增长4.87%。其中学习期限超过6个月的长期生28 888人,同比增长7.55%;学习期限在6个月以下的短期生9 622人,同比减少2.44%。长期生中学历生9 830人,占长期生总数的40%,其中本科生7 514人,硕士生1 845人,博士生451人。全市有12所高校的留学生规模超过1 000人,比2008年增加1所。

2010年,有177个国家和地区的43 016名留学生在上海就读,比2009年增长11.7%,其中学历生13 159人,比2009年增长10.8%。学历生中,本科生9 616人,比2009年增长5%;硕士研究生2 853人,比2009年增长32.5%;博士研究生667人,比2009年增长22.2%;专科生23人,比2009年增长15%。在沪就读留学生数排名前十位的国家依次为韩国(10 004人)、日本(5 042人)、美国(4 565人)、法国(2 451人)、泰国(1 577人)、德国(1 551人)、印度尼西亚(1 431人)、哈萨克斯坦(1 094人)、越南(996人)、意大利(992人)。复旦大学、上海交通大学、华东师范大学、上海外国语大学、同济大学、上海财经大学、上海大学、东华大学、上海中医药大学、华东理工大学和上海体育学院的留学生规模超过1 000人。新增上海第二工业大学为招收留学生高校。

四、来华留学生管理与激励政策

在管理机制方面,为进一步优化留学环境,改革留学生单一的校内留学生楼住宿的模式,上海市公安局和市教育委员会制定《关于办理外国留学生、外籍教师校外住宿登记手续的暂行规定》,于2000年1月1日起实施。

上海市多所高校先后组建国际交流学院、国际文化学院、国际教育学院等专门机构,如上海海事大学成立国际交流学院并将外事处独立;上海海洋大学成立国际文化交流学院;华东理工大学成立国际教育学院,为留学生的学习和生活创造更加有利的环境;复旦大学专门设立留学生办公室负责管理留学生的相关事宜;上海财经大学初步构建一整套对世界开放的留学生管理制度,基本消除国际学生跨国流动的教育体制性障碍。在教学管理方面,多所高校尝试趋同化管理,按国际惯例让留学生融入东道主国的学生学业管理体系。复旦大学、上海财经大学、华东政法大学、上海师范大学等尝试为留学生开设双语教学课程和全英语教学课程。留学生工作的关键是抓好教学,培养具有真才实学的合格人才。上海各高校在这方面都给予高度重视,建立了一支很好的留学生教师队伍,并根据各国留学生的学习基础因材施教。几年来培养的留学生基本合格,有的学生还达到了高质量人才的水准,受到派遣国家的好评。

2005年,上海市政府决定拨出2 000万元的专门款项用于支持发展外国留学生教育事业,启动上海白玉兰留学生奖学金项目,用以鼓励高校招收和引进高层次的留学生,奖励在上海市高校就读的优秀外国留学生。

2008年,是上海市外国留学生市政府奖学金全面展开评审的第二年,共有来自68个国家的796名外国留学生获奖,其中A奖(全额奖学金)获得者84人,B奖(部分奖学金)获得者171人,C奖(优秀生奖学金)获得者541人。获得上海市外国留学生市政府奖学金人数比2007年增加354人。2008年,增加上海应用技术学院、上海电机学院为上海市政府奖学金院校,至此全市共有25所高校为市政府奖学金院校。

2009年,共有来自72个国家的837名外国留学生获得上海市政府外国留学生奖学金,其中A奖(全额奖学金)获得者104人,B奖(部分奖学金)获得者256人,C奖(优秀生奖学金)获得者477人。

2009年4月,教育部下达《关于委托对中国政府奖学金本科来华留学生开展预科教育的通知》,同济大学与南京师范大学、天津大学、山东大学、北京语言大学、华中师范大学6所大学成为承担中国政府奖学金本科来华留学生预科教育工作的指定高校,承担汉语强化培训及相应学科的专业基础知识培训。同济大学承担汉语及理科专业培训。

2010年9月,教育部颁发《教育部关于中国政府奖学金本科来华留学生开展预科教育的通知》,规定中国政府奖学金中学习本科的学生,均须进入预科院校接受为期一年的预科教育。

2009年11月,美国总统奥巴马宣布"十万人留学中国计划",计划未来四年内把来中国学习的美国留学生数量累计增加到10万人。该计划于2010年5月正式启动。

2010年,新增上海对外贸易学院为接受中国政府奖学金留学生院校;上海市累计有招收留学生院校(所)35所,可接受中国政府奖学金留学生的院校15所。2010年度,上海市政府外国留学生奖学金资助学校新增上海市医药高等专科学校,上海市政府外国留学生奖学金资助学校累计达27所。

第二节　教师互聘互访

一、互访

1978年改革开放后,中国高等教育对外开放、对外交流迅速发展,访问上海的外国高教代表团日益增多。1979—1989年6月,来自五大洲60多个国家和地区的900多个高教代表团访问上海。这一期间来访的代表团有两大类:一类是官方高等教育代表团,其中属于高级别的部长级代表团有40多个;另一类是由高等院校和民间教育机构组成的代表团,是上海进行国际交流的主要组成部分。这些院校和民间教育团体大多数来自欧美和日本等第一、第二世界国家。1979—1989年,来沪访问的民间高教代表团有600多个,其中来自美国和日本的民间代表团分别约占总数的1/2和1/3。代表团来沪,了解到不少有关上海高等教育的情况,既促进了对外交流活动,使世界各国了解了上海,也提高了上海高等教育的国际知名度。

上海不少高校在平等互利原则基础上,与国外高等学校和教育机构建立广泛联系,就双方共同感兴趣的领域进行学术交流和合作。1978年7月,复旦大学、华东师范大学、上海交通大学与美国几所高校开始建立校际联系。其后,上海高校与外国高教或教育机构的校际交流日益发展,规模和数量都不断扩大。截至1988年,上海已有36所高校与世界30个国家和地区的339所高校、科研机构正式签订校际交流协议。其中重点院校占16.5%,专科学校占3.3%。

互访和互换人员进修、学习和讲学,成为对外交流的重要内容。复旦大学与11个国家的62所高校建立交流合作关系。1978—1988年派出642名教师去72个国家与地区留学进修,其中169人攻读学位。同时,该校还先后接受400多名校际交流互换的国外学生来校深造。从2001年起,上海财经大学每年通过双语师资培训项目派出的教师数均保持在13人~15人左右。截至2004年底,该校师资队伍中具有长期出国经历(半年以上)的教师占在岗教师数的近1/4,45岁以下教师出国率占出国人员总数的64%。这些外派教师归国后引入国外优质教学方法,对学校教学水平的提高产生极大推动作用。

1979年,美国旧金山大学第一次派团访问华东师范大学,赠送该校6000余册图书资料。联邦德国达姆施达特大学通过校际交流赠送同济大学8000余册图书期刊。通过校际渠道,国外有的学校还协助上海高校向国外基金会申请资金,代为购买设备与零件,有的学校还向国内学校无偿资助教研设备。

1979—1984年,来自日本、美国、英国、加拿大、菲律宾、澳大利亚等12个国家的276人次代表访问上海水产学院。其中有美国华裔水产学家顾瑞岩作"世界海水资源及其利用情况"的学术报告,英国鱼类学家格林伍德博士作"分支系统学原理及其他分类学派的比较"的学术报告等。学院还多次接待有关国际组织成员、世界银行农业教育贷款项目访华团、联合国粮农组织渔业访华团等。1979—1990年,到上海水产大学访问和交流的境外专家学者共计有1215人次。1985年5月,日本熊本县知事细川护熙通过中国政府将熊本县水产高等学校"熊本丸Ⅱ世"实习渔轮无偿赠予上海水产大学。1996—2003年,上海水产大学与日本国际农林水产研究中心开展"中国淡水渔业资源利用技术开发"中日两国政府合作研究期间,上海水产大学先后有10多人次短期到日本国际农林水产研究所工作或访问。日本合作方也有福田裕、横山雅仁等到校工作或考察。日本国神奈川大学原校长、日本著名历史学家、经济学院教授长仓保生前藏有 8 000 余册日文珍贵书籍。神奈川大学于 2002 年 4 月经与长仓保家属商定,将该批藏书无偿赠予上海水产大学图书馆。2003 年 11 月,"长仓文库"揭牌。2004 年 8 月,神奈川大学再次赠送 3 000 册现代图书。

1980—1988 年,上海高校通过友好城市渠道,先后与日本的大阪市、大阪府、横滨市,荷兰的鹿特丹市,比利时的安特卫普市,德国的汉堡市,美国的旧金山市,瑞典的哥德堡市,波兰的格但斯克市,澳大利亚的昆士兰市的高校开展学术交流。其间,上海高校通过友好城市与国外有关学校交换讲学学者达 1 141 人,其中上海高校派出赴国外讲学者 56 人,国外学者来沪讲学 58 人。这对于及时了解国际教育科技的最新动态,充实和发展上海高校的专业学科教育,起到补充和推动作用。同时,外出讲学人员通过介绍中国教学和科研发展情况,扩大中国和上海高等教育的国际影响。此外,借助这一渠道,上海高校与国外高校互派人员进修 54 人,其中上海高校派出 23 人,外方来沪 31 人。通过友好城市交流,建立多项稳定的校际交流。如同济大学和大阪府立大学,华东师范大学和萨格拉布大学,上海第二医科大学和汉堡大学,上海农学院和阿尔卑斯大学农业学院等都建立了交流关系。

1997 年,上海高校与友好城市间的教育交流又有新发展,上海市和比利时安特卫普、澳大利亚昆士兰州、德国慕尼黑、美国旧金山及新西兰达尼丁等城市的教育交流比往年更为频繁,还增加与法国巴黎的交流。全年接待来自 22 个国家和地区的教育访问团组 46 批 435 人次;接待临时来访、洽谈合作的境外教育团组和有关人士 100 余批 400 多人次。

为了增进了解、发展友谊、促进交往、进一步发展上海与友好城市的联系,上海一些高校在有关国家、地区、城市的支持帮助下,先后成立 13 个国家与地区的研究中心。华东师范大学建立加拿大研究中心、东欧研究所、西欧北欧研究所;上海外国语学院建立加拿大中心、新西兰中心、美国中心;同济大学建立联邦德国研究所、民主德国研究所、日本问题研究所;复旦大学建立美国研究中心、日本研究中心、台湾地区香港文化研究所。这些研究中心和研究所的建立,对全面、系统地研究相应地区的政治、经济、文化、教育十分有益。

2007 年 4 月,新西兰达尼丁市市长陈永豪率高等教育代表团来访,上海工程技术大学和达尼丁理工学院建立校际合作。上海高校教师与大阪市立大学教师进行为期 2 周的交流访问。

二、互聘

聘请来沪任教的外国专家是上海高等教育引进国外智力的一项重要工作。1979 年,有 8 所院校聘请国际专家 62 人。

1981—1985 年"六五"期间,上海 40 所高校聘请的长、短期的专家、外籍教师 2 211 人(其中长期 571 人、短期 1 640 人),大多数为语言专家。"六五"期间,市属高校每年聘请的 19 名专家中,只有 3 名是教专业课程的,其余 16 名都是语言专家。1986 年起,上海根据全国外国文教专家工作会议精神,对所聘外国专家的专业结构作较大调整。主要是减少语言专家的名额,逐步增聘新兴学科、边缘学科专家比例。1987 年,上海市属高校每年聘请专家 37 人,其中语言教授 18 人、专业教授 19 人。这样的调整,符合中国培养专业人才的需要,有利于学生对世界新科学、新技术的学习和了解。"七五"期间,在上海市部属和市属高校聘请专家的人数大体保持在专业教授 100 人/年,语言教授 60 人/年的规模。

外国专家在上海高校执教产生明显效益。"六五"期间,在学科建设方面,外国专家帮助新建专业 59 个,新建学科 22 门,开设新课程 232 门;由外国专家编写的教材共 400 套、讲义 724 种,提供资料 983 份、录音磁带 814 盒,制作录像片有 194 部、幻灯片 1 348 套;通过外国专家向上海市赠送图书资料 56 800 余册,各种较大的教学、科研设备 70 项,价值人民币 6807.4 万元。在人才培养方面,外籍专家以办班、带合作教师等形式,培训中国教师 11 727 人,各种专门人才 6 135 人,培训研究生 11 083 人,本科生 25 363 人;举办各种培训班 365 期,参加人数 24 927 人,举办讲座 3 632 次,听众达 129 425 人次。在科研合作上,高校与外国来沪专家合作进行科研项目 172 项,帮助解决科研难题 72 个,教学难题 729 个。在友好交往方面,由外国专家为上海高校争取奖学金名额 384 个,出国进修名额 621 个,出国工作 137 人,出国进行合作科研 111 名,参加国际会议 153 人,为各校推荐专家人选 519 人,其中 406 人被录用。

1986 年以后,各校普遍重视聘请的专家对高层次人才的培养问题,并开始对国内缺门学科成组配套引进国外专家培养研究生。如上海机械学院系统工程系成套引进专家组,对研究生进行培养,取得很好收益。

为了使智力引进工作向纵深发展,越来越多的上海高校开始把聘请专家与合作研究结合起来。1986 年以来,这方面的成果显著,不少合作研究项目填补国内研究空白,有的已获得重大科技成果奖。为了感谢表彰外国专家对上海高等教育在教学、科研方面的杰出贡献,有 100 多个专家被上海市高校授予名誉教授称号。

1986 年底,复旦大学、上海交通大学、同济大学等 13 所大学的教授学者受国际组织、国外大学授予职称的人员共有 173 人。著名学者谢希德、谈家桢、张煦、蔡建华、兰锡纯、邝安坤等都曾接受过各种学术头衔。

1994—2010 年,上海水产大学聘请各类外籍专家 200 多人。其中 1994—2000 年年均聘请不超过 4.5 人,但 2001—2010 年年均聘请超过 17 人。

1997 年,上海在中外合作办学、聘请外籍专家、教学交流和留学生工作等方面都取得新进展。其中,被聘请在上海大、中学校长期任教的外籍专家和教师 420 人,比 1996 年增加 21%;聘请半年以内短期讲学的外籍专家和教师 1 200 余人次,比 1966 年增加 7.2%。

1997—1998 年度,在沪任教的长期外国专家、外籍教师 688 人。其中上海教育系统有 50 多个单位共聘请长期外国专家 263 人、外籍教师 193 人。在沪任教的短期外国专家 1 183 人。来沪任教的专家以办班、带合作教师等形式培训中国教师 298 人、各类专业人才 715 人、博士生 24 人、硕士生 416 人、本科生 4 373 人;举办各类培训班 756 个,培训人员 15 566 人。与外国专家合作进行科研项目 90 个,其中国家级 9 个,省部级 11 个;加强重点实验室建设 8 个,建立重点实验室 1 个。上海市教育系统由外国专家帮助新建学科 4 个,加强重点学科 27 个;赠送图书等有关资料 1 450 册,价值 84.7 万元;赠送各种教学科研设备 8 项,价值 661.24 万元。

2004 年 5 月 27 日,英国皇家科学院院士、爱丁堡大学教授 Austin Gerard Smith 被聘为复旦大学名誉教授,成为复旦大学引进的首位外籍院士。Smith 先后毕业于英国牛津大学和爱丁堡大学,2003 年当选为英国皇家科学院院士,是国际胚胎干细胞研究领域顶尖级学术带头人。7 月,复旦大学引进博士 Rudolf Fleischer(德国籍,原为香港科技大学副教授)到信息学院从事计算机科学的教学与研究,是复旦大学引进的首位全职非华裔外籍学者。

第三节　海外办学

上海交通大学 1994 年在新加坡举办 MBA 教育,近 400 名新加坡学员获得中国 MBA 学位。

2002年,上海交通大学新加坡研究生院成立,成为国内经教育部批准在海外成立的第一个研究生院。根据学院计划,在新加坡办学的学科从原有的MBA教育逐步扩展至生命科学、信息技术、环境和土木工程以及船舶与海洋工程等领域。新加坡政府将上海交通大学列为"21世纪新加坡政府要吸引来新办学的十所世界一流大学之一"。这标志着上海高层次学位教育开始走向海外。

上海财经大学首开国内高校到香港独立设立研究生教学点的先河,于2003年在香港设立金融学博士和MBA课程,2004年又开设企业管理博士和EMBA课程。

上海中医药大学利用学科专业优势,与泰国华侨崇圣大学合作在泰国开设中医本科专业。在美国、德国、罗马尼亚、法国、韩国以及泰国开设以西医学生为主的中医教育培训点,大大拓展了中医的海外影响力。

华东政法学院与亚洲法律学会、新加坡国立大学、北京大学在新加坡共同设立的中国法学硕士项目于2003年在新加坡成立招生。

为推广汉语文化,中国于1987年成立"国家对外汉语教学领导小组",负责推广汉语,增进世界各国对中国的了解。在海外建立"孔子学院",成为对外推广汉语的重要内容。2004年,全球第一所"孔子学院"在韩国首尔挂牌,截至2010年10月,全球已建立322所孔子学院和369个孔子课堂,分布在96个国家(地区)。孔子学院的建立,加深了世界对中国的深入了解,也逐步增强了中国教育的吸引力和竞争力。

上海高校积极响应国家加快汉语走向世界的政策要求,参与"汉语国际推广"工作,加快海外孔子学院建设,为中华文化对外传播打开一扇窗。2005年,复旦大学在瑞典的斯德哥尔摩建立北欧孔子学院。这是欧洲的第一所孔子学院。

2005—2010年,华东师范大学在国家汉语国际推广领导小组办公室(简称"汉办")领导下,先后在国外协作成立6所孔子学院,其中除2008年意大利都灵孔子学院外,其余5所均与美国合作成立。

2007年,上海高校分别在日本、英国、爱尔兰、美国和意大利等国家新建孔子学院6所。当年,上海高校建有海外孔子学院共计22所。

2008年,上海高校新增海外孔子学院6所,分别是澳大利亚悉尼大学孔子学院(复旦大学)、澳大利亚新南威尔士大学孔子学院(上海交通大学)、秘鲁天主教大学孔子学院(上海外国语大学)、都灵大学孔子学院(华东师范大学)、爱尔兰科克大学孔子学院(上海大学)、博茨瓦纳大学孔子学院(上海师范大学)。上海大学与爱尔兰科克大学合作的孔子学院、上海师范大学和日本福山大学合作的孔子学院分别在上海和日本揭牌。截至2008年底,全市高校在海外建有孔子学院28所。

2009年,上海对外贸易学院、上海体育学院和上海大学等高校与国外院校合作创建孔子学院,上海高校在海外创建孔子学院累计30所。

2006—2010年,上海交通大学与世界一流大学及教育机构合作建立5所孔子学院,分别是马来西亚全球汉语中心(2006年成立)、美国加利福尼亚洛杉矶分校孔子学院(2007年)、美国普渡大学孔子学院(2007年)、澳大利亚新南威尔士大学孔子学院(2009年)、德国海德堡大学孔子学院(2010年)。2006—2010年,上海大学与海外高校合作举办5所孔子学院,分别是泰国宋卡王子大学普吉孔子学院、爱尔兰科克大学孔子学院、土耳其海峡大学孔子学院、美国肯塔基大学孔子学院、巴林王国巴林大学孔子学院。

第四节　学　术　交　流

一、教学与科研交流

对外学术交流,合作培养人才和开展科学研究是其中的重要内容。20世纪70年代末,上海水产学院与FAO渔业局合作开展科学研究,承担渔船经济分析、世界水产品消费需求预测等研究项目。1979年9月,联合国粮农组织在上海水产学院举办水产资源评估培训班,著名水产资源专家高伦等4位国外专家主讲。另有东京水产大学井上实、川岛和幸、铃木康策、小嶋秩夫4位教授,到上海水产学院分别讲授鱼类行为学、远洋渔业、罐头食品工艺、食品冷冻工艺4门课程。1979年,上海水产学院的伍汉霖因编修鱼类志所涉虾虎鱼问题,而与明仁亲王(著名鱼类学家)通信交流。其后,两人建立经常性学术交流,明仁成为日本天皇后还多次邀请伍汉霖去生物学御研究所研究,每年新年来临前还给伍汉霖寄送一张签名的全年福照片。1992年10月27日,明仁天皇与皇后美智子访华时在上海西郊宾馆接见伍汉霖。他们的友谊保持迄今,成为中日友好交流的佳话。

1979—1989年,复旦大学、同济大学、华东师范大学、上海音乐学院、上海机械学院、上海医科大学、上海第二医科大学、上海机械专科学校等高校与联邦德国、日本、美国等高校合作培养师资和学生,合作开展有关科学研究项目。

1996—2003年,上海水产大学与日本国际农林水产研究中心开展"中国淡水渔业资源利用技术开发"中日两国政府合作研究。1997年,该项目被纳入政府间的大型综合研究项目"中国主要食物资源的持续生产和高度利用技术开发"。其间,双方共同举办4次国际性淡水鱼利用加工学术研讨会,并在东方国际食品会议、第十和第十一届国际食品科学会议、第三届世界渔业大会等重要国际会议上交流,共发表50多篇论文和报告,取得一系列重要成果。

通过学术交流,新专业、新学科得到发展。上海工程技术大学与联邦德国的布朗瑞克·沃尔芬比特尔高等工业学校建立校际联系后,在对方帮助下新成立汽车专业,为上海的大众汽车公司培养急需技术人才。华东师范大学与美国内布拉斯加大学于1988年建立高等教育管理研究和人才培训中心。复旦大学的教师在国外有关人员帮助下,先后开设人工智能、数学图片处理等10多门新课。上海交通大学在美国匹茨堡大学专家帮助下,首创中国具有现代化水平的计算机图像处理实验室。匹茨堡大学还为该实验室提供实验手段和培训研究人员。该实验室的研究,已达到国际先进水平。

2003年,上海市继续开展与国际教育界的交流与合作。与墨西哥哈里斯科州、德国巴登—符腾堡州科技教育部、加拿大魁北克省教育部签订教育交流协议,与澳大利亚昆士兰省续签教育合作备忘录,继续执行和法国罗纳大区、韩国釜山等已签订的交流协议。承办世界大学生汉语比赛,有32个国家参加。

1999—2010年,上海交通大学通过国际科研合作,无论是论文总量还是国际合作论文数量都呈现出明显的线性增长态势。12年里,该校SCIE和SSCI论文共有27 183篇,其中国际合作论文共6 055篇,占总数的22.3%。论文总量从1999年的364篇增长到2010年的4 418篇,增长11.1倍;其中国际合作论文数量从1999年的88篇增长到2010年的1 152篇,增长12.1倍。上海交通大学合作的国家(地区)有83个,合作总次数为7 721次。其中双边合作论文5 142篇,占84.9%;三边合作论文696篇,占11.5%;三边(不含三边)以上合作论文217篇,占3.6%。合作次数最多的国家和地区有 6 个：美国、日本、中国香港、英国、德国和澳大利亚。2006—2010 年，上海交通大学与美国、日本的合作一直居前两名，与美国合作发表的论文占国际合作论文总数的一半左右，数量和比例逐年上升。与密歇根大学、南洋理工大学、新加坡国立大学合作发表论文最多；遗传学、电子通信、免疫学、神经科学和肿瘤学等学科的国际合作最活跃。

表 6-1-3　上海交通大学 1999—2010 年度 SCIE 和 SSCI 论文情况表

年　度	SCIE 和 SSCI 论文总数	其中国际合作论文数	国际合作论文占比
1999 年	364	88	24.2%
2000 年	558	113	20.3%
2001 年	804	144	17.9%
2002 年	993	198	19.9%
2003 年	1 372	275	20.0%
2004 年	2 012	403	20.0%
2005 年	2 525	487	19.3%
2006 年	2 965	645	21.8%
2007 年	3 240	738	22.8%
2008 年	3 729	854	22.9%
2009 年	4 203	958	23.4%
2010 年	4 418	1 152	26.1%
总　计	27 183	6 055	22.3%

表 6-1-4　上海交通大学 1999—2010 年度国际合作伙伴国家(地区)情况表

国家(地区)	论文数	国　家	论文数	国家(地区)	论文数
美国	2 496	巴西	18	冰岛	2
日本	942	希腊	17	卡塔尔	2
中国香港	755	罗马尼亚	16	白俄罗斯	2
英国	433	墨西哥	16	肯尼亚	2
德国	354	乌拉圭	16	黎巴嫩	2
澳大利亚	324	印度尼西亚	14	秘鲁	2
法国	305	捷克	13	斯里兰卡	2
加拿大	290	朝鲜	13	突尼斯	2
新加坡	240	匈牙利	12	委内瑞拉	2
韩国	220	菲律宾	12	伊拉克	2
中国台湾地区	164	斯洛文尼亚	8	约旦	2
瑞典	146	巴基斯坦	8	克罗地亚	1
比利时	106	保加利亚	8	拉脱维亚	1

（续表）

国家（地区）	论文数	国　　家	论文数	国家（地区）	论文数
意大利	100	土耳其	7	中国澳门	1
荷兰	94	伊朗	7	科特迪瓦	1
丹麦	72	阿根廷	6	科威特	1
西班牙	72	沙特阿拉伯	6	利比亚	1
瑞士	45	葡萄牙	5	孟加拉	1
爱尔兰	42	南非	5	摩洛哥	1
印度	37	乌克兰	5	尼日利亚	1
以色列	33	越南	5	塞拉利昂	1
波兰	30	斯洛伐克	4	苏丹	1
挪威	30	智利	4	危地马拉	1
芬兰	25	埃及	4	乌干达	1
泰国	24	卢森堡	3	乌兹别克斯坦	1
俄罗斯	22	哥伦比亚	3	新西兰	1
奥地利	21	蒙古	3	赞比亚	1
马来西亚	20	叙利亚	3		

资料来源：摘自王俊婧：《国际合作对科研论文质量的影响研究——上海交通大学的案例》。

二、学术会议交流

改革开放后，高等教育的对外学术交流、学术会议活动日益增多。上海各高校每年有一批著名学者、教授应邀参加国际学术会议。1987年派出参加国际学术会议有102人，1988年为154人。

在派出人员参加国外召开的学术交流研讨会的同时，上海各高校重视发挥自己的优势，把国际学术会议争取办到国内来。1981—1988年，复旦大学、上海交通大学、同济大学等15所大学主办或联合举办的各种类型、各种层次的国际学术会议共104次，参加会议的有1万余人次。其中，国外海外代表2 000余人。会议类型有多边、双边、大型学术会议和小型学术研讨会。在国内召开国际学术会议是国际合作与交流的重要组成部分，促进了中国学术水平的提高和年轻学者的成长。

20世纪90年代初，根据农业部渔业局和中国渔业协会的要求，上海水产大学承担全国远洋金枪鱼和鱿钓渔业的技术指导和渔情预报工作，选派教师代表农业部出席大西洋金枪鱼类养护国际委员会（ICCAT）、印度洋金枪鱼委员会（IOTC）、中西太平洋渔业委员会（WCPFC）、美洲间热带金枪鱼委员会（IATTC）等会议和参与相关工作。

1997年，上海高校及其他教育单位召开有关教育的国际学术会议59个，其中影响较大、层次较高的有"21世纪高等教育论坛""国际分子病毒学免疫学学术研讨会""1997华裔骨科学第二届学术会议""光纤通信网技术国际研讨会""第九届太平洋盆地国家和地区财政金融会议"等。

1997年3月24—25日，复旦大学主办的国际大学校长会议举行。来自中国、美国、日本、澳大利亚、韩国、菲律宾、新西兰、丹麦等国高校的 150 多名校长、副校长出席会议,就"太平洋地区高等教育和人力资源的发展"议题进行研讨。国家教育委员会副主任韦钰、上海市副市长龚学平等出席开幕式并致辞。复旦大学校长杨福家担任中方会议主席、大学校长国际协会主席;美国加州大学圣克莱蒙托分校校长唐纳德·葛斯担任外方会议主席。其间,北京大学校长陈佳洱、香港大学校长郑耀宗等在会上作报告,上海第二医科大学校长王一飞、西安交通大学校长蒋德明、南京大学校长陈懿、华东师范大学校长王建磐等作专题评论。

1999 年,上海交通大学的"跨世纪未来航空与航天运输国际学术研讨会"、华东师大的"河口海岸沉积和动力过程国际学术研讨会"、上海师范大学的"长江三角洲区域发展国际会议"和上海第二医科大学的"中美小儿先天性心脏病学术研讨会"等,会议的规模均在百人以上。国际学术会议所涉及的议题大都是本学科领域的前沿课题,如复旦大学举办的"环境可降解塑料——基于天然资源的材料国际讲习班"、同济大学的"城市管理与上海跨世纪发展研讨会"、华东师范大学的"长江河流国际学术会议"、上海交通大学的"经济学人研讨会——上海圆桌会议"等。

2003 年,国际巨型大学峰会、联合国教科文组织亚太地区教育局教育创新为发展服务计划(APEID)第八次年会等在上海举行。同年 10 月 27 日,第一届世界课程大会在华东师范大学召开,会议由国际课程研究促进协会(IAACS)决定,华东师范大学主办。来自美国、加拿大、日本、英国、法国、韩国、以色列、印度、南非、菲律宾等 20 多个国家 80 多名专家学者和 200 多名国内学者莅临会议,会议为期 3 天。大会研讨的主题为"全球视野中的课程研究与课程改革",代表们围绕课程及后现代理论、各国课程改革、课程实施、教师专业发展和学科课程与教学等专题展开主题发言和分组讨论。2003 年 12 月 11—13 日,WHO 传统医学政策和规划发展网络地区会议在上海中医药大学召开。会议由 WHO 西太区和国家中医药管理局联合主办、上海中医药大学承办,来自西太区 12 个国家的卫生部负责传统医学的官员出席会议。会议讨论和审议各国执行传统医学战略的行动,交流传统医学立法和政策制定的经验,根据不同情况提出传统医学立法和政策以及规划发展办法,讨论本地区政策和规划发展的合作计划,推动传统医学在西太区的发展。

2004 年 2 月 28 日,华东理工大学、上海市知识产权局、美国格林布伦奔士町知识产权律师事务所联合主办"科技创新与专利论坛"。同日,华东理工大学知识产权研究中心成立。2004 年 5 月20—21 日,以"现代化发展:城市与教育"为主题的上海教育论坛召开,来自德国、韩国、日本、英国、美国、中国香港等国家和地区的政府教育官员,联合国教科文组织的高级官员、国内外的著名教育专家,以及北京、江苏、浙江等省市的政府官员等,为城市发展和教育进步发表演讲、提供良策,为上海城市建设和教育发展建言献策。有 17 位代表从不同层面、不同角度就现代化、城市以及教育三者之间的关系发表主题演讲。2004 年 9 月 15 日,同济大学举办第八届(国际)创造学学术讨论会。同年 11 月 28 日,亚洲开放大学协会第 18 届年会在上海电视大学举行。年会主题是"人人享有优质教育:开放大学新的使命与挑战"。来自 32 个国家和地区的 400 余名远程教育专家参加研讨,并赴浦东新区和闸北区考察上海学习型社区建设。同年 12 月 7 日,上海对外贸易学院与德国阿登纳基金会在沪联合举办第四届"WTO 与中国经济高层研讨会",立足"WTO 后过渡期"的时代背景,着重研讨"中国入世三周年的当前形势和未来挑战",共分"金融服务贸易自由化""中国分销业的变化与发展""多哈回合与中国扮演的角色"3 个中心议题展开讨论。

2006 年 11 月 2 日,由中国国际工业博览会组委会主办、教育部科技发展中心和上海市教育委员会承办、华东理工大学协办的 2006 中国国际工业博览会重要活动之一"高校论坛——大学在城市创新体系中的作用"在华东理工大学逸夫楼召开。来自美国、日本、瑞典、黎巴嫩、约旦、巴勒斯坦、叙利亚等国家和地区的 20 多位大学校长、高校管理机构的官员和国内高校分管科研的副校长等近 60 人出席论坛并发表演讲。

2007 年 6 月,主题为"上海—圣彼得堡高等院校合作的基础与展望"中俄互办文化年"圣彼得堡上海周——高校校长论坛"在圣彼得堡斯莫尔尼宫举行。11 月 16 日,由上海市社会科学院、上海市法学会、上海政法学院和同济大学知识产权学院联合主办的生命科技发展与法制建设国际研讨会在上海社会科学院召开。大会分别就生命法学基本理论、生命科技发展与生命法、中国生命法学发展展望等 3 个主题进行研讨。11 月,应日本大学联合共同体邀请,以华东理工大学副校长于建国为团长的教育代表团出席"产学研合作和技术转移(TLO)"为主题的双边研讨会。

2009 年 5 月 11 日—12 日,复旦大学主办"上海论坛 2009",主题为"经济全球化与亚洲的选择——危机·合作·发展"。上海市市长韩正、教育部副部长郝平、中国人民银行副行长苏宁、国际货币基金组织日本首席代表小手川大助、德国联邦议员德中委员会主席 Johannes Andreas Pflug 等出席会议。

2010 年 7 月 6 日,上海教育"十二五"发展战略咨询会举行。英国诺丁汉大学校长杨福家、教育部国家教育发展研究中心主任张力、香港大学校长顾问程介明分别作报告。

第二章 国内合作与交流

上海积极响应国家的"西部大开发"战略、长江三角洲地区发展战略,坚持服务全国,加强国内合作交流。上海高校在其中担当了"智力"西进、人才培养服务和援助的中坚力量。与此同时,上海各高校在为地方服务、开展港澳台地区教育交流与合作,以及主办承办全国性的学术交流活动等方面也积极作为,涉及的领域、层次不断扩大,频率和影响力随之提升。

第一节 教育合作与地方服务

一、上海服务全国

1985年长江沿岸主要中心城市组建成立经济协调会,到2007年,共组织召开协调会议13次,出台《长江沿岸地区产业发展规划纲要》等一系列政策。

自20世纪末,上海积极响应国家提出"西部大开发"战略,与西部地区合作交流的广度和深度不断得以拓展。"十五"期间,上海市财政设立参与西部开发专项资金,支持企业到中西部地区开展投资合作;积极组团参加重要区域性经贸展示洽谈,签定合作项目1 507个,总金额达到1 534.7亿元,仅2007年就与西部地区签定合作项目131个,项目总额581亿元;开展各类智力帮扶和人才培训;完成"西气东输""西电东送"配套工程。

2004年3月,根据中央对上海提出的要坚持"服务长江三角洲、服务长江流域、服务全国"的战略要求,上海市进一步修订、颁布《关于进一步服务全国加强上海国内合作交流工作的若干意见》,将"融入全国、服务全国"提升到上海能否建成"四个中心"的重要战略高度,确立"立足全局,扩大开放,服务全国,互融共进"的16字方针。以此为标志,上海合作交流工作开始步入一个加快自身发展与服务、服从于国家战略并举的崭新阶段。

2004年12月,中央提出"促进中部地区崛起,形成东中西互动、优势互补、相互促进、共同发展的新格局"的战略号召,上海与中西部地区之间的领导互访逐年增多,经贸互动显著增强;组织学习参观浦东先进经验,学习上海城市建设与管理,学习教育信息化及示范高中等情况;成立各种经济技术促进会,为合作交流搭建有效平台;支持中西部省市来沪开展新闻发布、贸易洽谈、产品展示、项目推介等各种商务会务活动。

2007年,为推进对口帮扶工作,上海市政府向社会公开发布《上海市服务全国和对口帮扶"十一五"规划》,启动并建成一批援藏、援疆、援滇新项目,并专门设立合作交流专项资金。在支援三峡方面,上海先后援建8个移民新村和60个公益事业项目,投入资金5 033万元,实施经济合作项目3个,投资总额14.5亿元,提供就业岗位3 000多个。

在经济合作不断取得新的突破和进展的同时,上海与外省市各地区的合作与交流也从较单纯的经贸交流向着科教文卫等众多社会经济领域延伸。上海市政府与外省市签订了一系列教育合作的协议,构成了上海对内教育合作与交流的政策体系。

表 6-2-1 1991—2007 年上海与外省市签定有关教育合作协议一览表

年 份	协 议	签 署 单 位
1991 年	关于上海市与云南省进一步加强教育合作的协议	上海市政府和云南教育局
1998 年	上海市与云南省关于进一步做好两地对口帮扶协作工作纪要	上海市政府和云南省政府
1999 年	上海市与云南省对口帮扶合作工作纪要	上海市政府和云南省政府
2003 年	关于建立长江三角洲紧缺人才培训中心合作协议书	上海、南京、杭州、宁波、苏州、无锡六市人民政府
	关于建立长江三角洲人才开发一体化共同宣言	上海、江苏、浙江三省市政府人事部门
2004 年	关于全面推进两市合作交流的协议	上海市政府和武汉市政府
	关于引进国外智力资源共享的协议	上海、江苏、浙江三省市政府人事部门
2005 年	长江三角洲地区城市合作（南通）协议	上海、南京、杭州、宁波、苏州、无锡六市人民政府
	"东三省"与"长三角"人才开发合作协议	上海、江苏、浙江、辽宁、吉林、黑龙江六省市政府
	上海—牡丹江合作交流备忘录	上海市与牡丹江市政府
2006 年	关于区域合作组织间开展工作交流与合作的协议	长三角经济协调会办公室、泛珠三角区域合作行政首长联席会议秘书处、环渤海地区经济联合市长联席会议办公室
	促进区域共同发展合作备忘录	上海市政府合作交流办公室、国务院西部开发办公室和德国技术合作公司
2007 年	长江三角洲地区城市合作（常州）协议	长三角协调会成员
	上海市—南京市进一步加强沪宁合作与交流框架协议	上海市政府和南京市政府
	上海市—杭州市进一步加强沪杭合作交流备忘录	上海市政府和杭州市政府

资料来源：摘自张艺钟：《上海对内合作交流发展研究——基于上海"四个中心"建设新背景的合作交流工作研究》，华东师范大学。

在上海服务全国的政策背景下，上海高校不断加强国内合作交流，为外省市和区域教育发展提供人力和智力支持，开展协作合作。1999 年，为响应高等教育规模化发展要求，上海水产大学结合实际与江西省水产局、江西农业大学签订科技、教育合作协议。从次年开始，增加在江西省招收实践生、定向生名额，同时在江西农业大学设立学区。2000 年，与湖南常德师范学院、山东烟台师范学院分别签订合作办学协议，设立常德学区和烟台学区，所招学生先在当地学区学习 2 年基础课程，再到学校进行专业学习。对于达到标准的学生，颁发毕业文凭和学位证书。

在"智力"西进中，上海各大高校是一支生力军：上海 6 所大学与云南省 6 所大学结对，每年在云南召开技术交易会，成交量连年翻倍；上海 10 所高校组成博士团，赴陕西、四川等西部 7 个省市开展"三下乡"志愿活动；华东师范大学与昆明师范高等专科学校等 10 所院校开展长期合作，并在新疆当地开办多期研究生课程班；上海财经大学与新疆财经学院、贵州财经学院、兰州商学院和云南财贸学院开展学术合作……东"网"西张、智力西进，上海充分发挥中心城市功能，凭借人才、技术、管理、信息等优势，强力辐射西部地区。复旦大学积极参与云南省的发展规划和咨询研究。上海交通大学先后与西部的有关政府部门建立全面科技合作关系，为学校科技成果在西部进行转化、为西部地区发展作贡献奠定了一定的基础。同济大学在陕西省分别就高等级公路开发和宝鸡市城市规划内容和有关方面达成合作协议和意向;与陕西省高等级公路管理局在公路的勘探、设计、施工、监理、公路收费智能化、养护技术、养护材料等方面进行合作;还为山西省高等级公路管理局企业形象设计、企业管理等提供政策咨询和人才培养。上海理工大学和宁夏吴忠仪表股份有限公司就推进西部大开发,促进西部的经济发展,加强产学研结合建立全面合作关系达成协议,在电站领域、能源领域、环保领域、低温生物医药工程和仪表机电控制领域进行了广泛的合作和成果转化。

2005 年 10 月 10 日,上海中医药大学与三明市签订合作协议。学校与三明市商定建立友好合作关系,实行优势互补,以发展高科技、产业化为目的,加强在药材 GMP 基地建设、实习基地、新药开发等方面的合作,探索高校与地方结合发展高新技术及产业的合作模式。会上,学校与福建省三明市清流县共同签定《县校友好合作协议》,就在当地建立产学研基地,开展野鸭椿、冰糖草等中草药的开发签订合作协议。2006 年 8 月 17—23 日,上海中医药大学组团赴新疆维吾尔自治区阿克苏,慰问上海市第五批援疆干部、担任阿克苏地区第二人民医院副院长的附属龙华医院李和根主任医师。慰问团向阿克苏地区第二医院赠送 1 辆瑞丰商务车。

2005—2010 年,上海海洋大学组织"教授博士科技服务团",累计有教授、博士 340 人次参加,服务专业面从水产养殖技术延伸到食品安全和渔业经营管理;服务范围从中东部扩大到中西部地区,取得良好成效。2005 年,赴全国渔业科技示范县江苏高淳渔区,开展以河蟹养殖为主体的技术服务。2006 年,分赴安徽省当涂县、天长县,江苏省高淳县、宝应县,辽宁盘山县、大洼县开展科技服务"夏季行动"。2007 年,分赴江苏宝应、高淳、常熟、阳澄湖(苏州相城区、昆山),安徽当涂,辽宁盘山和大洼,开展科技服务"夏季行动"。2008 年初罕见低温灾害给水产养殖业造成严重影响,分赴江苏昆山,湖北仙桃、宜昌夷陵区,安徽当涂、宿松、望江和无为渔区开展科技救灾服务,发放《水产养殖业科技救灾手册》。同年夏季,又组团赴江苏高淳、宝应,安徽当涂,辽宁盘山、大洼,宁夏中卫、青铜峡、银川、贺兰、石嘴山等市县开展科技服务"夏季行动"。2009 年 3 月,分赴江苏省柳堡镇、山阳镇开展科技服务,发放新编《水产健康养殖手册》。同年 7 月,组建 8 个服务分团分赴上海金山、奉贤、崇明、松江、青浦、嘉定,江苏高淳、邗江、宝应、盱眙,安徽当涂、宣州、芜湖、南陵,辽宁盘山、大洼,宁夏中卫、青铜峡、银川、贺兰、石嘴山,四川都江堰,新疆哈巴河等 23 个区县,开展科技服务"夏季行动",分别发放《新编渔药手册》《水产养殖用药处方大全》等工具书。2010 年 7 月,组建 10 个服务分团分赴上海金山、奉贤、崇明、松江,江苏高淳、扬州、邗江、高邮、宝应、盱眙、楚州、南通,安徽当涂、芜湖、南陵、宣州、郎溪,浙江金华、丽水、杭州、嘉兴、湖州,辽宁盘山、大洼,宁夏中卫、青铜峡、银川、贺兰、灵武、石嘴山,四川都江堰,新疆且末、哈巴河等 30 多个区县,开展科技下乡"夏季行动",发放《河蟹生态养殖》指导读本。

2008 年 6 月 2 日,上海音乐学院与云南省民族艺术研究所签约共建"滇沪合作云南民族艺术研究开发交流基地"。云南省文化厅常务副厅长陶国相、云南省民族艺术研究所所长甘昭沛、上海音乐学院副院长张显平、艺术管理系师生及沪上主要媒体记者出席签约仪式。

二、长三角地区合作

上海教育系统根据自身实际和一系列协议精神,主动加强与长三角地区政府、学校、社会机构之间的交流,不断拓展合作领域,丰富合作形式,共同推动长三角教育合作的实质性发展。

上海教育主管部门与长三角地区签订的有关教育合作协议:《关于加强沪浙两地教育合作的

意见》《关于加强沪苏两地教育合作的意见》(2003.10)、《长三角高校毕业生就业工作合作组织合作协议书》《关于进一步加强苏沪两地教育评估合作的协议》(2004.1)、《上海、江苏、浙江省关于长三角职业教育与成人教育合作协议》(2004.2)和《长江流域各省市教育共同发展协议书》(2004年)等，产生广泛影响，取得明显成效。

长三角地区高等院校云集，在加强高等教育领域合作交流方面地缘优势突出。长三角地区高校间围绕资源共享、教学管理、学生培养等方面开展了形式多样的交流合作活动。各高校相互推荐或委托教育评估和学科专家，交叉开展教学评估、重点学科和学位点评审、教学名师评选、精品课程评选等高等教育教学管理和建设工作。积极开展交流互访活动，相互学习交流教育教学管理和改革经验。

2006年起，复旦大学、上海交通大学、浙江大学、浙江理工大学、南京大学、东南大学实施学生交流和访学计划，并互相开放精品课程等网上教学资源，在跨行政区域高校间推进学分互认、资源共享和广泛的高等教育合作。复旦大学、上海交通大学等高校还发挥自身人才和学科优势，与政府、企业等加强合作，针对长三角联动发展面临的相关问题开展理论研究和科研攻关，积极为长三角地区经济社会发展提供参谋咨询、技术保障等服务。

2007年，上海市教育委员会整合上海市教育企业管理中心和上海市教育科技服务中心，成立上海市教育委员会科技发展中心，巩固和加强与长三角地区政府部门的合作，打造高校与企业开展产学研合作的平台，与常州、南通、扬州、温州、嘉兴、金华、湖州等地区建立良好合作关系。据不完全统计，仅2006年中心组织的各类产学研合作活动达20余个。2007年，与无锡市惠山区一起发起"借脑引智"计划，安排80余位博士、硕士研究生到该区所辖企业挂职实习，在生产第一线为企业解决生产技术问题。2007年，上海市教育委员会特邀江苏省教育厅、浙江省教育厅共同举办"2007年上海市教育博览会"，共有500多所高校参加，尤其是长三角教育展区成为本届教博会新增亮点。

2008年，上海市教育委员会与江苏、浙江两省教育厅合作开展"长三角区域教育联动发展战略研究"。2009年，为贯彻《国务院关于进一步推进长江三角洲地区改革开放和经济社会发展的指导意见》，落实上海市委、市政府提出的以服务长三角为突破口，做好服务全国、服务长江流域、服务长三角的"三个服务"要求，上海市教育委员会与苏、浙两省教育厅在"长三角区域教育联动发展战略研究"相关研究成果基础上，采取措施推动长三角教育联动发展。三地按照"先易后难、便于操作、短期见效"的原则，先行启动的4个项目中，有关高等教育的项目"长三角高等教育专家资源库共享项目"，由上海市教育委员会牵头，联合两省一市教育厅(教育委员会)高等教育管理部门共同协商形成方案。

2009年3月1日，苏、浙、沪三地省级教育行政部门在南京联合召开"长三角教育联动发展研讨会"。

三、校地合作

2004年3月19日，为推进"科教兴市"战略，探索资源共享、同创共建，开创精神文明建设新局面，上海大学与宝山区乡镇、区局精神文明携手共建，上海大学16个学院与宝山区16个乡镇街道、5个部处与5个相关区局结对。2004年3月9日，上海应用技术学院与徐汇区政府签约共建共享康健园。

2005年3月16日，同济大学与静安区政府共建的同济大学——静安合作教育基地在上海市七一中学挂牌。同年4月29日,上海海事大学与上海港机重工有限公司签订《全面战略合作协议》,6月29日与上海海事法院签约合作。同年5月24日,上海音乐学院与杨浦区政府签约合作举办上海音乐学院杨浦学校。同年9月10日,上海中医药大学与张江镇人民政府携手联建,旨在推进张江地区"科、教、文、卫、体、法"进社区,创建全国文明镇,打造国家级卫生镇,建设上海市健康社区工作,建立长期互动机制,在文明单位建设、校园文化活动、大学生社会实践活动、党建工作等方面资源共享,开展结对活动,共同推进地区发展。

2005年10月29日,松江区与松江大学园区7所高校签约,共同构筑"产学研战略联盟"。共有9家当地企事业单位与高校"联姻"。大同利美特公司和中欧集团分别与东华大学、上海工程技术大学签约结成战略联盟;台积电(上海)有限公司与松江大学园区签定在校大学生勤工助学实习合作意向书;上海外国语大学与松江区教育局合作用3年时间对全区外语教师进行轮训;东华大学信息科学与技术学院与上海华铭智能终端设备有限公司达成联合培养硕士研究生合作意向。

2006年1月18日,上海欧华职业技术学院与虹梅街道签署"共建社区教育"协议书,通过为社区教育服务搭建资源共享平台。3月1日,上海音乐学院与徐汇区政府,就合力打造徐汇知识文化商业区等项目座谈交流,并就建立上海音乐学院徐汇学校、深化徐家汇音乐主题公园、徐汇环境音乐设计等项目达成共识。4月5日,复旦大学与虹口区政府建立数字媒体领域战略合作框架协议签字仪式在虹口区政府大楼举行。4月17日,上海交通大学医学院与卢湾区政府签约合作。

2007年1月15日,同济大学与杨浦区签定《关于进一步加强全面合作联手推进自主创新框架协议》。根据协议,双方建立领导定期会商和工作对接机制,成立联动发展办公室,在产学研结合、教育综合改革与发展、学习型城区建设等方面加强联系,推进科技成果产业化;依托同济大学学科优势,推进"环同济知识经济圈"建设,形成以文化创意、规划设计、新型环保材料及产品设计、节能建筑、建设机械、工程软件为内容,具有同济特色的现代服务业产业结构;合作建设同济大学技术转移中心,推进同济大学科技成果产业化和产学研一体化;合力推进学习型、创新型城区建设,建设资源节约型、环境友好型社区。同年6月16日,杨浦环同济知识经济圈建设启动,同济大学与杨浦区政府签订共建协议,成立杨浦环同济知识经济圈管理委员会,发布《知识经济圈总体规划纲要》。同年7月25日,上海理工大学与五角场街道签订共建协议仪式。上海理工大学党委副书记、副校长白苏娣与五角场街道党工委书记张海英共同为"上海理工大学大学生五角场社区服务基地"揭牌。上海理工大学校办与五角场街道办事处签订共建协议。

2007年4月28日,华东师范大学与普陀区合作建设的华东师范大学国家大学科技园揭牌暨核心功能区正式奠基。科技园融入大学校区、城区、科技园区"三区联动",依托华东师范大学的学科优势,结合普陀区新一轮经济发展功能定位,重点发展电子与信息技术、水科学与环保技术、新能源与新材料以及仪器仪表与检测技术等6大技术领域,推进科技企业孵化基地、科技成果转化基地、创新人才培养基地和创新工程试验基地四大基地建设。

2008年12月11日,上海工会管理职业学院与奉贤区质监局签订共建协议,依托师资资源、技术优势,建立长期、全面的战略伙伴合作关系。12月22日,上海财经大学与杨浦区政府签订《进一步加强全面合作联手与杨浦区政府全面合作签约推进自主创新框架协议》。根据协议,双方将建立领导定期会商和工作对接机制,成立联动发展领导小组和办公室;依托上海财经大学优势学科,做大做强财大科技园,推动杨浦现代服务产业发展;合作推进科教综合改革和发展,为区域文教事业出力;合力推进学习型、创新型城区建设,加强双方干部的交流培养。同年,上海出版印刷高等专科学校与上海理工大学、杨浦区政府和上海印刷(集团)有限公司签署战略合作协议。

2009年4月25日,上海应用技术学院与奉贤区政府、上海科学院签约合作共建大学科技园。科技园依托上海科学院和奉贤海湾大学园区科技与人才优势,根据奉贤区支持扶持精细化工、能源环保、电子信息、输配电、物流、汽车配件、机械制造、航空配件等主导产业要求,一边发展一边逐步形成产业特色。同年5月8日,上海师范大学与闵行区政府签署基础教育合作框架协议。双方本着平等互利、资源互补、共同发展的原则,开展全方位实质性基础教育合作,发挥上海师范大学在基础教育和教师教育方面的资源优势,为提高闵行区基础教育整体水平和加快推进教育事业发展服务。

2010年4月1日,东华大学、上海市经济和信息化委员会以及长宁区政府签约共建"环东华时尚创意产业集聚区建设"。该项目以服装服饰业为核心,发展时尚创意产品,形成"一轴双核三带四片区"的大产业格局,构筑以"创意上海、设计之都"为宗旨的上海城市发展新亮点。

第二节　支援西部地区

一、上海对口支援西部省区

1979年,中共中央发文件要求上海在各方面支持帮助宁夏和云南两省区的经济建设。从1980年开始,上海市高等教育局和不少高等学校接连派遣代表团前往各边疆省区调查研究,制定智力支边的详细计划。1981年,上海市高等教育局与云南、宁夏两省区分别签订高等教育协作事项纪要,开始系统地进行智力支边工作。1982年3月25日,上海市高等教育局和云南省教育厅继续在上海签署《1982年云南省、上海高校协作事项纪要》。1982年3月27日,上海市高等教育局和宁夏回族自治区教育局在上海签署《关于1982年上海高校支援宁夏高校有关事项的协商纪要》。1983年3月,上海市高等教育局专门组织12所高校赴云南省实地考察智力支边的进展和方向。1983年10月,上海市组织高等教育代表团赴新疆调查,并于10月5日在乌鲁木齐签署《关于上海支援新疆高等教育和为新疆培养高等专门人才的协商纪要》。这些调查、协商活动以及由此形成的一系列文件,确定了上海高等学校智力支边的主要方向和原则。1984年5月10日,教育部转发《上海支援新疆高等教育和为新疆培养高等专门人才的协商纪要》的通知,确定上海市要继续大力支援新疆高等教育发展,积极为新疆培养各民族的建设人才。希望上海根据自己的实际情况,积极发展地区和校际之间的支援与协作,充分发挥高等学校的优势,更好地为祖国社会主义四个现代化建设服务,为开拓和建设祖国大西北和大西南多作贡献。

20世纪90年代,党中央国务院实施"西部大开发"战略,为引导区域经济协调发展,加强东西部地区互助合作,帮助贫困地区尽快解决群众温饱问题,逐步缩小地区之间的差距,实施对口支援战略。

1993年11月,上海市高等教育局与云南省教育委员会正式建立教育对口支援协作关系,建立省市、区县、学校之间三级对口帮扶关系。1996年7月,国务院办公厅转发国务院扶贫开发领导小组《关于组织经济较发达地区与经济欠发达地区开展扶贫协作报告的通知》,确立发达地区与欠发达地区扶贫协作的对口关系,确定上海市与云南省开展对口扶贫协作。

1999年,响应党中央关于进一步加快少数民族地区人才培养、深化改革,加快发展民族教育的战略决策,贯彻国务院办公厅《关于进一步加强少数民族人才培养工作的通知》,上海市承担新疆、西藏、三峡库区等对口支援任务。

2000年6月28日,滇沪高教对口协作会议在上海召开。云南省教育委员会副主任和福生和上海市教育委员会副主任夏秀蓉、秘书长吴根发出席会议。会议草签两省市各六所高校结成姊妹学校的协议意向,12所高校领导在协议意向书上签字。

进入21世纪后,上海高校积极参与西部大开发。上海高校结合各自学科综合优势,积极参与西部基础建设研究、生态环境保护、经济产业调整咨询和人才培养。

根据教育部等部门《关于进一步做好教育援藏工作的意见》(2003年11月24日)、《关于进一步加强教育对口支援西藏工作的意见》,上海承担对口支援西藏日喀则的任务。上海市教育委员会与西藏日喀则地区教育局签署对口支援项目协议书。2004年,根据国务院办公厅转发教育部等四部委《国家西部地区"两基"攻坚计划(2004—2007)》的文件要求,确定上海市19个区县与日喀则地区5个区县建立对口帮扶关系,形成3~4个区(县)对口帮扶日喀则地区1个县的教育对区支援关系,有计划地为其"普九"工作提供支持。

2007年6月,云南省教育厅率该省10所高校和9所中职校领导组成的教育专访团来沪进行教育对口支援工作互访,沪滇两地教育部门召开对口支援工作交流会,推进对口帮扶和合作交流工作。2009年6月15日,沪滇教育合作交流座谈会举行。两地签订《上海市教育委员会与云南省教育厅教育合作交流意向书》。

二、政府工作机制

上海市教育委员会坚持从讲政治、讲全局,相互支援、共同推进的高度出发,坚持以服务促管理、以帮扶促提高,把对口支援工作列入市教育委员会总体工作范畴,加强组织实施和协调管理,凝聚各方智慧和力量,为对口支援工作健康、有序、持续开展提供保障:

建立健全市教育委员会对口支援工作联席会议制度,定期召开工作会议,明确相关职能处室和相关直属单位工作职责,协调解决重点、难点工作,协调各有关高校和各区县教育部门,形成工作合力,落实各项工作任务,不断加大对中央下达的教育对口支援任务的专项资金投入,确保上海教育对口支援各项工作持续扎实有效开展。

建立健全与对口地区互访工作机制,通过加强与对口地区教育部门的交流和交往,增进工作互动,增强教育对口支援项目的针对性、实效性。

建立健全区县、学校分级负责、多方参与机制,根据教育对口支援协作工作战线长、任务重、品种多特点,依靠区县教育部门和各级各类学校力量开展各种形式的教育对口帮扶工作。

建立联席会议制度、工作互访机制和区县、学校分级负责、多方参与的工作机制。市教育委员会各处室之间、市教育委员会与对口地区教育部门之间、市教育委员会与区县、学校之间已搭建紧密联系、分工协作的桥梁和纽带,推进教育对口支援工作深入开展。

三、支援人才培养

【专门人才培训】

20世纪80年代开始,上海高校援助边疆的形式与规模均有较大发展。各边疆省区教育管理机构根据经济发展的规划,委托上海各高等学校有计划地培训诸如医药、师范、工程技术、财经、政法等急需、紧缺的高等专门人才。以云南省为例,1980—1983年,上海高学总共代培大学生800人。

其中,工程技术类 294 人,医药类 143 人,师范类 69 人,财经类 37 人,政法类 10 人。上海高校在 1980—1983 年为宁夏回族自治区代培大学生 307 名,其中工程技术类 58 人、医药类 85 人、师范类 130 人、财经类 9 人。

2006 年,上海教育系统接收云南省教育督导干部、职教教师、高校科研骨干、中小学教师来沪培训和挂职。接受对口地区教师 2 335 人、教育行政管理干部 1 653 人来沪进修、培训。派出专家、优秀教师 669 人赴对口地区开展讲学活动,实地培训教师 50 904 人。运用白玉兰远程教育网对云南红河、文山、思茅、迪庆、西藏日喀则和重庆万州等地区校长、教师 16 245 人开展教育专题培训。上海市全年用于教育对口支援各项投入共 14 251 万元。

2006 年,为贯彻落实国务院办公厅文件精神,上海教育系统承担 200 名新疆少数民族双语教师培训任务。培训工作得到市委、市政府高度重视。在市政府对口交流办、市民委、新疆驻沪办事处等部门支持下,上海师范大学、上海远程教育集团、上海师资培训中心等单位通力合作,共同完成培训任务。参加培训的 200 名学员选自新疆 15 个地、州、市的初、高中教学骨干。这次培训使初中和高中教师汉语水平等级考试分别从 4 级和 5 级提高到 6 级和 7 级,提高学员汉语听、说、写的实际运用能力,让学员了解上海教育教学改革现状和课程改革的新理念、新标准、新方案,促进学科专业水平的发展。通过师生共同努力,学员在国家统一组织的 HSK 考试中取得 100% 达标的优异成绩。

2007 年,上海教育系统接受西部地区干部、教师来沪进修、培训和挂职锻炼 8 113 人,选派专家、教师 780 人赴西部地区开展支教讲学。全年用于支援西部地区及其他地区教育发展和开展教育交流合作经费投入 36 367.81 万元。按照中共上海市委、上海市政府的要求,开展西部对口地区的教师培训工作,为云南省、西藏日喀则地区、新疆维吾尔自治区、重庆市和海南省等地举办教育督导干部、中小学校长和教育行政管理干部、中小学专业骨干教师、高校科研骨干教师、职教系统教师和管理干部、少数民族科技骨干等培训班共 17 期。如,作为上海市支援西部建设计划的组成部分,上海城市管理职业技术学院 2007 年举办西部城市建设人才培训班 6 期。其中新疆建设兵团城镇规划建设和管理培训班 2 期、内蒙古自治区城市规划与建设领导干部培训班 1 期、青海省主管工业副县长培训班 1 期、重庆市城市规划与建设领导培训班 1 期和云南普洱市西部城市规划与建设领导干部培训班 1 期,共培训领导干部 216 人。

【少数民族大学生培养】

上海各高校特别针对边疆少数民族大学生,制定专门举措,努力将他们培养成合格专门人才。

1978 年,全国高等学校恢复入学统一考试后,上海各高等学校都特别注意优先招收少数民族学生,规定在考试成绩及其他条件相近的情况下,首先录取少数民族学生;对少数民族聚居、文化水平较落后的边疆地区的学生,放宽一至两个分数段,以保证少数民族学生入学,对高山族、达斡尔族等人数很少的民族大幅放宽录取分数段;尽量按边疆省区经济发展方向,在对口专业多招收新生。

1983—1986 年,上海交通大学在国家统招计划内招收新疆各民族学生。其中 1983 年为新疆举办一个英语师资班,招少数民族学生 20 名,在工业管理等 5 个专业招 10 名汉族学生。1982 年至 1984 年 9 月,上海交通大学接连 3 次到新疆招收 70 名本科生,其中少数民族班学生 60 人,汉族学生 10 人。

1987 年,根据国家教育委员会、国家民族委员会要求,上海水产大学招收新疆少数民族学生 40 人,在当地学习汉语 2 年后于 1989 年 9 月 11 日转入该校淡水渔业本科专业学习 4 年。1993 年又招收淡水渔业本科专业新疆少数民族学生31人。1997年,该校食品科学与工程专业招收新疆少数民族学生28人。

2000年6月10—18日,上海音乐学院副院长朱钟堂参加由文化部教育科技司负责实施的文化部文化援藏项目,赴西藏进行专业招生考试并讲学。为落实文化援藏、实施西部大开发战略,在2000年录取的新生中,上海音乐学院作曲指挥系为西藏定向培养2名作曲大专生。

2004年,受西藏自治区文化厅委托,上海戏剧学院在招生工作结束的情况下增补开设西藏班,为西藏话剧团培养专门人才。这是该校从1959年第一届起开设的第五届西藏班。本届西藏班共招收学生20人,其中表演大专13人,另7人分别为戏文专业与舞美专业本科生。由于招收的学生大部分是西藏贫困地区农牧民子女,上海戏剧学院还开展帮困结对活动,帮助西藏班的困难学生顺利完成学业。

2010年,根据教育部下达新疆少数民族师资定向培养任务,上海海洋大学行政管理、英语专业各招25人,录取的50名民考汉(规定的少数民族考生在高考时使用与汉族考生同样一套试卷)预科班学生与原计划招收的其他地区预科班学生先赴西南民族大学就读一年。

上海各高校结合边疆省区政治、经济、文化教育发展特点和民族特点,在设计教学计划和组织教学活动时力求符合边疆建设事业需要,照顾边疆学生学习情况。如,上海海关专科学校1981年从新疆和西藏两区各招收16名学生,开办三年制民族班——新疆班和西藏班。该校结合新疆、西藏实际情况,为这两个民族班制定专门教学计划,突出专科学校的职业性、应用性、实践性,比如着重讲授新疆和西藏两地的地理经济,将海关货运监管中的船舶海运监管调整为陆运监管,详细讲解新疆和西藏两地的小额贸易监管和地方贸易监管。这两个民族班的学生入学时学习起点偏低,但到1983年毕业时已基本掌握大学专科的文化知识,能运用汉语处理日常业务,且懂得一门外语,成为具有执行海关监管能力的人才。这两个民族班中的新疆班学生全部毕业;藏族班有13人毕业、3人肄业。32个学生都直接分配在边疆地区的分、支关内工作,大大加强了国境沿线的海关监管力量。

上海音乐学院和上海戏剧学院为适应边疆地区文化教育事业,开设了特殊的专业,收集、整理、总结少数民族的音乐、舞蹈、戏剧,如上海戏剧学院的内蒙古话剧表演班和西藏话剧表演班;上海音乐学院在声乐、管弦、作曲等系内均开设少数民族班。上海戏剧学院在1983年毕业的一个藏族班,除学习藏族话剧表演和理论外,还排演了英国著名戏剧家莎士比亚的作品《罗密欧与朱丽叶》,在毕业汇报演出时获得好评。当这些藏族大学生把这台节目带回西藏、介绍给西藏人民时,受到热烈欢迎。

1982年至1984年9月,上海交通大学为入学新疆新生专门配备优秀教师讲课,政治上严格要求,学习上精心辅导,使这些学习起点较低的新疆学生健康成长。少数民族英语班第一学期期末考试中,全班英语精读课平均成绩达到84分,其中90分以上有7人;英语听说课优等13人、良好6人。

上海高校对少数民族学生在学习上予以重点辅导的同时,在生活上给予特别照顾和关心。在发放助学金时,若条件相同则优先考虑少数民族学生,并提高发放等级。在饮食上,各高等学校也为少数民族学生制定较高的伙食标准,并尊重他们的生活习惯,有的高校还开设专用食堂,如上海水产大学1989年专门为新疆班学生开设清真餐厅。每年冬季,各高校主动为南方少数民族学生添置冬衣和被褥。每逢开斋节,给回族等少数民族学生放假一天。上海市高等教育局和民族事务委员会每年两次组织少数民族学生举行参观、游览等活动,以开阔眼界,增进知识,丰富他们的生活。

早从 1989 年开始,上海水产大学关心民族学生生活,安排教学经验丰富的教师担任班主任。1998 年 10 月,为加强少数民族学生教育管理工作,做好少数民族人才培养、加强民族团结工作,上海水产大学成立校民族工作领导小组,由校党委书记担任组长。1992 年 3 月,该校李亚娟被国家教育委员会、国家民委评为全国民族教育先进个人。1999 年 9 月,该校张淑平被国务院授予全国民族团结进步模范个人荣誉称号。

四、援建高等教育

20 世纪 80 年代初,上海高等学校智力支边的重点是培训教师、援建边疆地区高等学校和提供教材、资料、仪器等。1982 年,上海各高校接受的进修教师中,云南有 74 人、宁夏 65 人、新疆 60 人。上海交通大学于 1982—1983 学年度和 1983—1984 学年度,接受新疆进修教师 53 人。1980 年起至 1984 年 9 月,上海交通大学还接受内蒙古、宁夏、广西、黑龙江等 12 个省区的进修教师近 200 人。以云南一省为例,上海各高等学校在 1980—1983 年间总共接受进修教师 229 人,其中 1980 年为 21 人、1981 年为 74 人、1983 年为 60 人。

为帮助新疆高等学校建设师资队伍,上海各高等学校 1983 年联合决定:1984 年在新疆定向报名招收或接受委托培养研究生 45 人(列入国家计划),同时接受进修教师 110 人。上海各高等学校还商定对口支援新疆高等学校的计划。其中,上海工业大学支援新疆工学院、新疆石油学院和八一农学院的有关专业;华东纺织工学院帮助新疆工学院建设化工系,包括每年接受进修教师,接受青年教师旁听助教进修课程,代培研究生,编制实验室建设规划,吸收教师参加科研项目等;上海第一医学院支援新疆医学院;上海音乐学院帮助筹建新疆艺术学院;上海外国语学院支援新疆大学和新疆师范大学的外语系。为帮助新疆高校提高师资水平,上海交通大学 1983—1984 年接受新疆 6 所高校 40 名骨干教师到该校进修,费用按教育部规定减半收取。鉴于新疆高校某些课程缺乏师资,上海交通大学陆续派遣有经验的教师赴疆承担讲授任务。从 1983 年秋开始,上海交通大学为新疆举办企业管理干部专修班,培训对象是厂长和经理,学制二年。其后,上海交通大学还派教师赴疆举办一年制企业管理干部培训班。

上海各高校还为边疆省区的高校提供必需的教材、资料、教学影片、幻灯片、录音带、标本和教学科研器材。如上海交通大学无偿援助新疆高等学校一批教学仪器共 296 件,价值 86 万元。为使设备发挥更好作用,上海交通大学还采取先看货、后落实的办法,并对援疆仪器设备进行全面检查、维修,有的系还派专人到新疆各高校去安装调试。无偿支援新疆价值 105 万元的 108 乙型电子计算机一套。为加强新疆高校图书馆建设,上海交通大学赠送图书 1 万余册和 4 台图书磁性检测系统给新疆的 4 所高等学校。

进入 21 世纪,上海支援边疆省区高等学校建设的内容更加深入、形式日趋丰富。2000 年,上海财经大学响应党中央关于开发西部的号召,积极支援西部财经院校师资队伍建设,共同发展中国高等教育事业。4 月 27 日,上海财经大学与西部 4 所高等财经院校签订校际合作意向书。上海财经大学党委书记兼校长谈敏与新疆财经学院、贵州财经学院、兰州商学院、云南财贸学院的党委书记、院长在合作意向书上签字。7 月 17 日,应新疆财经学院邀请,由上海财经大学副校长夏大慰和戴国强、夏健明教授组成的博士生导师团赴新疆讲学交流,就金融、管理、产经等学科的发展前沿动态,为新疆财经学院师生作专题报告,并围绕学校发展、学科建设和教学管理等问题与新疆财经学院党政领导及有关处、系领导进行交流。

2000年7月,上海中医药大学响应党中央西部大开发号召,经上海市政府与云南省政府协商,与云南中医学院签订协议,两校结成姊妹学校。双方"十五"期间在教学、科研、管理等方面进行交流和协作。

2002年7月16日,华东师范大学与新疆师范大学签定《华东师范大学与新疆师范大学对口支援协议书》,9月12日,两校又签订《2002—2003学年对口支援项目协议》。根据协议,双方在研究生教育、师资队伍建设、科研、图书馆建设和专家讲学与支教等方面开展全面合作。2002年底,华东师范大学被教育部评为"对口支援先进单位"。

2008年,上海电机学院与新疆阿克苏职业技术学院开展友好院校合作项目。双方在干部挂职锻炼计划、精品课程建设计划、共青团交流与合作计划、"博学"奖学金计划、高等职业技术教育理论合作研究计划、合作开展专升本工作等方面达成共识。10月27—30日,上海电机学院副院长吴志清等赴阿克苏职业技术学院交流考察。11月19日,新疆阿克苏职业技术学院徐永希等4名干部到上海电机学院进行为期2个月的挂职工作。

2009年3月24日,华东理工大学对口支援新疆石河子大学签约仪式举行。教育部高教司办公室主任康凯、石河子大学校领导参加签约仪式。华东理工大学校长钱旭红与石河子大学校长向本春代表双方签署《华东理工大学对口支援石河子大学协议书》。2010年10月28日,华东理工大学启动对口支援青海大学工作。对口支援青海大学工作会议在青海大学召开,副校长钱锋代表学校签订《华东理工大学对口支援青海大学工作协议》。

五、教学科研合作

为了更深入有效地开发边疆的智力资源,全面提高边疆地区的科学文化水平,加快边疆地区经济建设,上海各高校每年选派部分优秀骨干教师去边疆省区讲学并开展科学研究和咨询服务。

1982年,上海高等学校教师去宁夏讲学的有19人,去云南的有14人,去新疆的有25人。他们在新疆地区开设专题讲座,进行科学考察,提供咨询服务,向边疆教师和科研人员讲授科学研究的方法,介绍最新科研成果。

上海交通大学系统工程研究所为新疆制定长远发展规划提供重要意见。1982年,张钟俊教授和王浣尘、吴建中副教授领导组建研究课题组,先后派人4次专赴新疆实地调查研究达20多人次,采集新疆地区社会变迁的各种数据50万个,对其中5万个数据进行特殊加工处理,并进行确定模型结构、计算机仿真分析、召开研讨会评审模型等工作,写出10万字的《新疆经济及社会长远发展规划的咨询研究报告》,并将研究成果在全国88位专家中进行特尔菲咨询,获得良好效果。新疆自治区政府评价此项咨询意见"符合新疆的实际""确实具有实用价值"。上海交通大学还利用本校先进的科学技术和实验手段,帮助新疆发展经济事业。上海交通大学的图像处理和模式识别研究室承担"塔里木河自然资源航空照片图像处理"的科研任务。为了掌握充分而可靠的资料,研究室主任3次专程赴新疆考察。研究室还派出计算机专业教师前往新疆讲授计算机算法语言、计算机图像处理基础等课程。研究室总共处理了塔里木河及其支流的航空照片35 000张,取得重要阶段性成果。

1983年6月,上海音乐学院派出民族班汇报演出团专程前往广西、贵州、云南两省一区,汇报演出团由上海音乐学院副院长陈良任团长,藏、维吾尔、哈萨克、朝鲜、苗、彝、回、傣、瑶、哈尼、纳西等少数民族的学生和部分教师共30人组成。汇报演出团融演出、讲学、采风、招生、参观等活动于一体,使智力支边的形式更为活跃,内容更为生动。汇报演出团共举行4次音乐理论的专题讲座,在少数民族地区产生很大反响。

上海高等学校还注意发挥学科优势,承接经济协作项目。上海交通大学在1982—1984年,先后派出3批专家工作组赴新疆考察、洽谈,其中有焊接、锻压、热处理、铸造、机械制造与工艺、图像处理、输配电、遥感、热工、化工和环境工程等11门课程的专业教师和科研人员,先后听取自治区有关部门的情况介绍,并与有关厂矿企业、实验站座谈,共同商定19个支援项目。

2000年,在西部和郑州召开的"2000年中国东西部合作与投资贸易洽谈会"和"沪豫经济合作洽谈会暨2000年上海高校商品博览会"上,复旦大学、上海交通大学、同济大学、华东理工大学、东华大学、上海医科大学、上海大学和上海电视大学8所高校作为上海科技代表团携带51个经过精心遴选并可为西部地区所采用的技术创新项目,同与会者进行交流。会上,上海高校与有关省市和企业签订6个"全面合作"协议,成交7个合作项目,总金额达1 885万元,另外还就6个项目的技术合作达成意向,总标的为3 200万元。华东理工大学和青海盐湖集团联手,为青海钾肥反浮选工艺中的浮选剂生产工艺优化及使用条件优化进行的相关技术改造、新技术开发,使产品得率从过去的84%提高到95%,长期困扰企业生产操作的釜内结晶现象也得以解决,为企业当年就创经济效益1 000万元。

2000—2004年,上海水产大学李思发教授主持新疆生产建设兵团项目额尔齐斯河流域特征种鱼类种质、繁育及开发利用研究项目,对新疆额尔齐斯河丁鱥、狗鱼、河鲈等特产鱼类种质特性和繁育开展研究,取得系列重要成果。朱学宝教授主持上海市西部开发科技合作项目超高密度循环水工厂化养殖系统研究、新疆伊犁河设施渔业基地及鱼类保护中心建设研究等项目,推动西部地区渔业发展。

第三节　沪台港澳交流与合作

1995年,上海市教育委员会在对外交流工作中开始部署与台港澳的交流与合作工作。1999年,上海市进一步敞开接受台、港、澳学生来沪就读的大门。上海市教育委员会进一步加强对招收台、港、澳学生的培养和管理工作。

2004年10月28日,同济大学石四箴口腔医疗中心揭牌仪式暨沪台港澳口腔医学学术交流会在上海市政协文化俱乐部举行。同日举行口腔医学学术交流会,沪台港澳口腔医学界有关专家260多人参加会议。石四箴教授是中国著名的儿童口腔医学专家,石四箴口腔医疗中心是为支持儿童口腔医学事业发展而设立,集医疗、教学、研究于一体的口腔医疗基地。

2005年11月25日,30多位上海市政协委员先后到复旦大学、上海中医药大学视察在沪台港澳侨大学生就学、生活情况,并与大学生们进行座谈交流。2005年,全市共有在校台港澳地区及华侨学生1 679人。各有关高校注重台港澳侨学生教学及管理等方面工作。

2006年,根据中央有关部门文件精神,对香港、澳门和华侨就读内地高校和科研院所的学生,执行与大陆学生同样收费标准。上海贯彻教育部关于台湾地区学生和港澳侨学生奖学金评审工作通知精神,落实139个港澳侨学生奖学金名额。奖学金根据本专科、硕士、博士分类,分为一、二、三等奖,金额从2 000元到8 000元不等。

2008年5月28—31日,首届中国校园戏剧节台港澳剧目在上海演出,来自台港澳的3台学生戏剧在上海市成功演出。为悼念汶川大地震遇难同胞,每场演出开始前均举行庄严的默哀仪式。

台北艺术大学的《收信快乐》独具舞台魅力,传达了对人生的多种选择与思考,受到上海大学生好评。香港岭南大学的《爱便爱》和澳门大学、澳门理工学院、澳门科技大学、澳门旅游学院联合演出的《万大事有 UFO》,内容覆盖校园的丰富生活和移民在异国他乡的困惑等。本次活动由中国文联、教育部、上海市人民政府主办,对两岸四地校园戏剧的交流起到积极促进作用。

2008 年底,上海高校共有在校全日制台港澳地区及华侨学生 1 881 人(含兼读制研究生),比 2007 年(1 713 人)增长 9.8%。

一、沪台交流与合作

【人才培养】

上海市高校招收台湾地区学生从无到有、从非制度化招生到制度化招生,经历了一个历史发展过程。上海市高校招收台湾地区学生数量学历层次由以前以本科生为主,到如今以研究生为主,向多层次、多方面合作。

上海高校招收台湾地区学生始自 1989 年,逐步形成"多层次、多领域、多渠道"的局面。1989年,上海中医药大学首次招收台湾地区学生来沪就读。

表 6 - 2 - 2　1995—2008 年上海高校的台湾地区学生数统计表

年　份	1995	1997	1998	1999	2000	2001	2003	2005	2006	2007	2008
学生数	90	139	194	305	293	351	549	816	735	784	899

资料来源:1996—2011 年《上海年鉴》《上海教育年鉴》,2009 年、2010 年只有港澳台学生总人数,无台湾地区学生数的专项统计。

自 1994 年国家教育委员会印发《中华人民共和国普通高等学校联合招收华侨、港澳地区和台湾省学生简章》,上海高校招收的台湾地区学生人数稳步上升。1996 年,在上海就读大学的台湾地区学生有 98 人,其中博士生 14 人、硕士生 36 人、本科生 48 人。1997 年,上海扩大对台湾地区的招生,在沪就读的台湾大学生有 139 人(其中博士生 17 人、硕士生 37 人),比 1996 年增加 40 人。这些学生分布在复旦大学、同济大学、华东师范大学、上海医科大学等 14 所高校。

2001 年起,上海高校招收台湾地区研究生人数增长幅度远超过本科生。原因之一在于上海的国际大都市地位的提升和金融业的快速发展,吸引了一部分台湾地区学子来沪就读。另一个原因是上海高校采取灵活的研究生招生政策,如兼职就读政策、招收 MBA 和 EMBA 学生等。

上海招收台湾地区学生的高校数量逐步增加。随着招生学校的增加,就读上海高校的台湾地区学生表现出选择高校的偏好,一是追求名牌大学,二是追求特色高校。台湾生源包括台湾地区应届毕业生、高校在校生和有高中以上学历并已工作的学生。生源地域覆盖台湾全岛。招收台湾地区学生较多的学校专门组织编印对台湾地区学生的招生目录,编印宣传材料,以使台湾地区人士尽可能详细地了解上海高等院校情况。上海各高校还创造条件,加大与台湾地区教育交流活动的力度,利用寒暑假邀请台湾地区学生来校游历、求学、学习或短期培训。

上海各有关高校努力了解高校台湾地区学生在生活学习方面的实际需要,积极帮助他们解决困难。上海大学、中医药大学等校对学习有困难的同学安排教师专门辅导,收到较好效果。上海大学、上海师范大学等对于专业学习难以胜任的台湾地区学生采取转系、转专业方式,为他们创造相对适应的学习环境。上海大学还专门成立学习辅导中心,学校出资购买服务,帮助学习上有困难的台湾地区学生。各招生高校建立健全严格的学籍管理制度,保证教育质量。在台湾地区学生入学后,学校在生活管理方面给予适当照顾,提供更多方便,使他们能够顺利完成学业。

2005年9月20日,上海市教育委员会发出通知,要求各高校做好台湾地区学生收费调整等工作。从2005年秋季开学开始,对在内地普通高校和科研院所学习的台湾地区的本科生、硕士和博士研究生执行与内地学生相同的收费标准。2005年,上海高校共有在校港澳台地区及华侨学生1 679人,其中台湾地区学生816人,占总人数的48.6%,各有关高校注重港澳台侨学生教学及管理等方面工作。

为鼓励更多的台湾地区学生到内地学习,国家财政安排专项资金设立台湾地区学生奖(助)学金,台湾地区学生奖(助)学金设在中华教育基金会,由教育部归口管理。国家财政对招收台湾地区学生的高校和科研院所根据每年招收台湾地区学生的数量,按照实际报到的人数安排财政补助。具体调整内容为同一学校、同一科研院所、同一年级、同一专业学习的学生学费标准一致,同等住宿条件下的住宿费标准一致。

2006年2月,上海市教育委员会公布台湾地区学生奖学金管理暂行办法,对在沪就读的台湾地区全日制本专科学生、硕士研究生和博士研究生,成绩优秀的颁发奖学金。本专科学生奖学金分3个等级,其中一等奖奖学金每生每学年4 000元、二等奖每学年3 000元、三等奖每学年2 000元。硕士研究生奖学金分3个等级,其中一等奖每生每学年6 000元、二等奖4 000元、三等奖3 000元。博士研究生奖学金分3个等级,其中一等奖每生每学年8 000元、二等奖6 000元、三等奖4 000元。台湾地区学生奖学金按学年申请和评审,每年9月开始受理申请,当年10月31日前评审完毕。

2006年,上海高校共有在校港澳台侨学生1 658人,其中台湾地区学生735人,占比为44.3%。同年,贯彻教育部关于台湾地区学生和港澳侨学生奖学金评审工作通知精神,落实上海市135个台湾地区学生奖学金名额。

2007年,上海高校共有在校全日制港澳台地区及华侨学生1 713人,其中台湾地区学生784人,占总数的45.8%。上海中医药大学、华东政法学院等11所市属高校获国家教育部奖学金的台湾地区学生有116人。

2008年年底,上海高校共有在校全日制港澳台地区及华侨学生1 881人,其中台湾地区学生899人,占港澳台学生总数的47.8%,人数和所占比例连续两年有所增长。

台湾地区学生毕业后,有回台湾地区工作的,也有留大陆工作的。随着上海社会经济文化的快速发展,越来越多的台湾地区学生毕业后选择留在上海工作或从事沪台交流交往工作。自卫生部公布允许台湾地区学生通过一年实习,申领大陆医师执照起,医学专业毕业生回大陆考医师证书的人数不断增加。2007年,人事部、国台办决定向台湾地区居民开放15类专业技术人员资格考试,台湾地区学生在沪就业成为一个热点。

【交流与合作】

1994年6月1—4日,中国大陆、台湾、香港、澳门应用文体制研讨会在上海大学举行。这次会议由台湾中山大学张仁青教授提议,经张仁青教授、南京大学裴显生教授、香港大学陈耀南教授、澳门大学程祥徽教授、上海大学于成鲲教授共同发起,上海大学主办。参加会议的邀请代表与特邀代表共28人,其中台港代表8人,澳门委托代表1人。会议对大陆、台湾、香港、澳门的应用文发展情况与教学作了分析、比较,认为随着香港、澳门回归日期的临近及其后交往日益频繁,建立通用应用文体制成了共同呼声。

1995 年 11 月 23—24 日,上海市教育委员会召开上海市教育系统外事和对台交流工作会议,出席会议的有高校、区县教育局分管外事工作的校长、局长和外事、对台工作干部共 200 余人,对进一步做好教育外事和对台交流工作进行部署与计划。

1995 年,为加强海峡两岸交流,应台北奥委会、篮球协会邀请,上海高校松柏男子篮球队访问台湾,由上海交通大学、复旦大学、中国纺织大学、上海体育学院、上海大学和上海师范大学组成的上海松柏篮球队一行 13 人,赴台湾参加比赛。

1995 年 12 月 14 日,上海高校首家专事台湾问题研究的学术研究机构——华东理工大学台湾研究所,经过两年多筹备正式成立。1996 年 6 月 19 日,该所在晨园挂牌。华东理工大学台湾研究所由华东理工大学与上海市台湾研究会合办,聘请上海市老领导及有关专家、学者十多位,分别担任研究所顾问和兼职研究人员。该所与中国社会科学院台湾研究所、南京大学台湾研究所、厦门大学台湾研究所等研究机构,共同承担由福建人民出版社组编的台湾知识丛书首批撰稿任务。由该所承担《台湾的名胜古迹》《今日台湾的习俗》《今日台湾的宗教》《今日台湾的帮会》4 部书稿。

1996 年,上海市教育系统接待台湾地区来沪访问、考察和进行学术交流的团组有 11 批,150 多人次;经上海市教育委员会办理有关手续赴台湾考察、访问和讲学的团组有 24 批,60 多人次。

1997 年,上海市教育委员会办理赴台湾交流团组和个人 32 批,90 人次,比 1996 年的 24 批 60人次增加 1/3。接待来上海教育系统访问、考察和参加学术研讨的台湾地区团组 8 批 202 人次,也比 1996 年的 150 人次有所增加。

1998 年,上海市教育委员会接待或协助接待台湾地区教育界人士 110 批 811 人次。同年 5 月18—29 日,应台湾海峡两岸教育文化交流筹备委员会邀请,以上海市原教育委员会主任、上海市高等院校海外交流联谊会会长郑令德为团长,由复旦大学、华东理工大学、上海大学、上海师范大学、上海中医药大学、上海第二医科大学、上海外贸学院、上海第二工业大学、上海电视大学、上海农学院和上海教育学院 11 所高等院校领导参加的上海市大学校长访问团赴台湾进行学术交流。访问团先后在台湾大学、中原大学和中山大学与台湾高教界学者,共同举行 3 次以"21 世纪高等教育展望"为主题的学术研讨会,两岸学者在会上共发表 16 篇学术论文,其中上海学者占 12 篇。访问团在台湾先后参观访问 15 所大学和 1 所职校,接触学校的校长、院、系、所、室负责人和有关专家、学者及各方面的人士达 300 余人。这是上海首次组织大学校长团赴台湾交流。

1998 年 10 月 15 日,上海交通大学聘请台湾元智大学校长、台湾工业工程著名学者王国明博士为客座教授。该校机械学院与元智大学工学院签署合作协议。王国明作题为"工业工程当前发展及在台湾应用"的学术报告,对工业工程的国际化、资讯化、产业化、本土化、人性化和环保意识等进行了阐述。

2001 年 4 月,江浙沪二省一市台湾地区事务办公室联合举办"华东名校世纪行"采访活动,记者团由"TVBS""东森""华视""大爱""中视""中广"等台湾地区的 6 家新闻媒体的 13 名记者组成,分赴浙江大学、南京大学、东南大学等高校,采访台湾地区学生以及学生家长,了解他们学习、生活情况。

2002 年 9 月 6—8 日,由同济大学、上海市水利学会、上海市环境学会、上海市海洋与湖沼学会及台湾时报文教基金会联合举办的"新世纪的关怀—海峡两岸水资源暨环境保护上海论坛"在同济大学举行,海峡两岸近百名专家学者就加强海峡两岸在水资源及环境保护方面的议题进行学术交流。与会专家表示,海峡两岸是全球经济增长最迅速的地区之一,同时也面临环境、人口、资源等问题有赖双方共同协力解决,建立两岸在环保领域的交流与合作,将使两岸环境保护达到互惠互利从而实现可持续发展。9月18日,上海托普信息技术职业学院与台湾风雷公司签署合作协议,引进该公司下属的C1A互动艺术学院的全套课程体系、教学模式以及国际水准的专业师资,为学院培养游戏互动艺术人才奠定基础。11月11—14日,由上海第二工业大学、台北科技大学、北京联合大学、深圳职业技术学院主办,上海第二工业大学承办,以"合作·变革·发展现代化进程中的高职(技职)教育"为主题的海峡两岸高职(技职)教育学术研讨会举行,来自台湾地区和大陆的高等院校、教育研究机构的专家、学者及政府部门的领导共140余人出席会议,其中台湾地区学者22人。会议围绕高职(技职)教育的热点问题、高职教育发展所面临的挑战与机遇、教育品牌与教育发展战略,以及新形势下如何开展产学研合作等问题进行深入研讨。

2004年4月23日,第五届海峡两岸知识产权学术研讨会暨"第四届世界知识产权日4.26论坛"在上海大学举行。海峡两岸多所知名大学、科研院所、相关国家机构的知识产权专家参加研讨。

2005年4月18日,由华东理工大学主办、台湾中国文化大学、玄奘大学协办的"第一届海峡两岸管理硕士学术交流及研讨会"在华东理工大学逸夫楼举行。副校长马玉录、台湾地区科学工业园区同业公会总干事曹典章等出席研讨会开幕式。其间,80多位海峡两岸师生就企业战略管理、企业营销与公共管理、人力资源与知识管理、产品与社会管理等主题发言。5月23—24日,上海金融学院与台湾金融研训院共同举办"海峡两岸农村金融与改革"研讨会,来自中国人民银行上海分行、上海银监局、台湾金融研训院、台湾真理大学等单位的150名专家、学者和领导出席会议。院长储敏伟教授、台湾金融研训院院长薛琦教授出席会议并讲话。会议对农村金融改革的经验教训、农村金融的活化及高效问题进行交流研讨。10月14日,海峡两岸护理专家来上海立达职业技术学院指导工作,中华护理学会理事长黄人健,台北荣民总医院护理部顾问、台湾阳明大学护理学院兼任副教授王玮等海峡两岸护理界前辈和专家来院指导护理系建设工作,为学生作护理学讲座。

2005年内,上海市教育委员会落实中央《关于调整祖国大陆普遍高校和科研院所招收台湾地区学生收费标准及有关政策问题的通知》及市委、市政府有关指示,统计、上报高校在校台湾地区学生人数,向有关高校拨付补贴资金406.4万元。

2006年3月15日,上海建桥学院由校长黄清云、副校长郑朝科带领,各系系主任组成的考察团一行11人赴台湾进行为期10天的学习考察活动,分别访问台湾的交通大学、清华大学、南台科技大学、北台科技学院等院校,学习台湾地区高等职业教育办学经验。10月26—27日,海峡两岸高等技术与职业教育学术研讨会在上海第二工业大学举行。来自中国台湾、北京、上海、安徽、湖南等地的高等职业院校的校(院)长,围绕"全球视野两岸行动——大众化进程中高职教育新愿景"的主题,就大众化高等教育体系中高职(技职)教育的历史使命、大众化背景下高职(技职)教育发展的应对举措、大众化高等教育下教育理念的变革对高职教育的影响、两岸高职(技职)教育体系结构的比较等多个议题进行研讨。研讨会设校长论坛,与会代表提交论文140多篇。

2006年,上海市教育委员会报上海市台湾事务办公室审批的高校和委直属挂靠单位计54批赴台团(和个人),市教育委员会直接发文批复同意赴台访问立项16批团组(和个人)。

2007年,台湾地区教育主管部门负责人周灿德、台中教育大学校长、高雄师范大学副校长、国民党籍立法委员、台北市议员、台北市和高雄市教育局副局长等著名人士访沪。分别在沪台两地举办中小学教育、家庭教育、社区教育等主题的论坛和研讨会。经上海市台办审批赴台访问团组61批,上海市教育委员会审批赴台访问团组28批。

2007年1月15日,上海思博职业技术学院与台湾致理技术学院签订学术合作与交流协议书。协议鼓励双方相关单位之间进行学术交流合作;对共同感兴趣的研究项目进行合作;邀请研究和教学人员及学生进行学术访问、交流和讨论;交流科学论文、文献索引、教材和研究出版品;举办两岸相关专业学术研讨会;协助发展与对方产业界及其他部门的联系与合作。4月3日,上海金融学院主办第三届海峡两岸金融论坛。台湾的中央大学、远东国际商业银行、中国国际商业银行、美商安程国际资产管理顾问公司等22家高校、金融机构的专家、高层管理人员以及上海金融学院的领导、专家教授参加论坛。与会人员就两岸金融相关问题展开讨论,就中国农村金融改制、保险业前景等问题进行研究。8月26日,上海商学院和台湾树德科技大学联合主办"2007年海峡两岸高校设计教育研讨会"。来自树德科技大学、清华大学、复旦大学视觉艺术学院、华东师范大学、同济大学、上海交通大学、华东理工大学、东华大学、上海师范大学、上海工程技术大学、上海商学院等近50位专家学者出席,围绕海峡两岸高校设计教育发展现状、高校设计教学模式及发展动向、设计产业与创意产业的发展走势等问题展开研讨,推动了高校设计教育的理论研究和海峡两岸的合作发展。

2008年1月16—18日,上海建桥学院"2008海峡两岸民办(私立)高校校长论坛"举行。论坛主题是"分享办学经验,促进交流合作"。台湾地区12所私立大学、上海22所民办高校的校长们参加论坛。上海市政协副主席王荣华等到会致辞。与会者就办学理念、办学特色、学科建设、师资培养、产学合作、教学模式等内容进行了广泛交流。学校在论坛期间与台湾地区昆山科技大学、大叶大学、南开技术学院等签订合作协议。10月18日,上海交通大学"'合富杯'海峡两岸医学生专业技能邀请赛"落下帷幕,来自上海交通大学医学院、台湾慈济大学、辅仁大学、长庚大学、高雄医学大学等海峡两岸5所医学院校的代表队在上海交通大学医学院开展医学生基础知识与临床技能大比拼,既有模拟设备操作的心肺复苏、腰穿、腹穿、缝合拆线,也有真人假扮病人的伤员搬运、急救包扎、胸部体检与模拟问诊,更有带有对抗性质的知识竞答、病例分析,精彩纷呈。11月3—5日,由上海中医药大学、上海市科学技术协会和台湾时代基金会共同主办的"首届海峡两岸中医药传承与发展论坛"举行,130多名来自大陆、台湾地区的代表参加论坛,就中医药传承与发展进行研讨,并对定期举办"海峡两岸中医药传承与发展论坛"、共同推动两岸中医药界的交流与合作达成共识。11月5—16日,上海立达职业技术学院副院长罗忆儿赴台参加第二届海峡两岸私立大学(民办高校)校长论坛,就"大专校园学校管理及学生管理"主题作"教育理念的探讨和思考"演讲,并与台湾地区昆山科技大学、龙华科技大学等9所院校签订合作意向书。12月16—17日,第二届海峡两岸高等学校安全管理论坛在上海大学举行。

2008年,上海全市共有57批教育团组赴台交流。其中,上海市教育委员会发文批复同意赴台访问立项的有33批团组与个人。2008年12月5日,上海市教育委员会与上海市台湾事务办公室联合举办"百名在沪台湾大学生看上海"活动,全市11所高校的近120名在校台湾地区大学生受邀参加上海世博局和建设中的世博会工地、台资企业—达峰(上海)电脑有限公司以及"在沪大学生联谊晚会"等全天的活动。

2009年3月24日,上海商学院生态旅游学院与台湾立德大学在奉贤校区举行合作会谈,经协商共建3个平台:教学科研资源共享平台;学位合作平台;校级合作平台。3月26日,上海戏剧学院与台北艺术大学签约开展4个方面合作:戏剧教育合作计划;戏剧创作与展演合作计划;教职员交流计划;学生交流计划。7月14—24日,台湾海洋大学和高雄海洋科技大学合办"Hi‐Young海洋青春——2009年海峡两岸青年海洋教育文化交流活动",中国海洋大学、上海海洋大学和浙江海洋学院的56名师生受邀进行为期10天的参观访问。5所海洋大学的师生代表团走访了台湾地区数座城市,参观了宜兰临海养殖工作站、海洋生物研究中心、宜兰传统艺术研究中心、黄金博物馆、集集特有生物研究保育中心、海洋生物博物馆、原住民族文化园区、龙泉青岛啤酒厂等,加深了大陆师生对台湾地区的认识和了解。9月18—22日，由上海大学历史系、香港珠海书院亚洲研究中心和台湾政治大学历史系联合主办的第十届"两岸三地历史学研究生论文发表会"在上海大学举行。来自中国大陆和香港地区、台湾地区，以及日本和新加坡的41所高等院校和科研机构的63名研究生和教师参加，共收到63篇学术论文。与会论文围绕"近代中国的社会转型"主题，涉及中国近现代人物及人物群体、学术史、区域史、思想史、经济史、政治史、外交史、教育史、社会史和新闻史等方向。10月31日—11月1日，主题为"全球化背景下的外语教学"的第六届海峡两岸外语教学研讨会在上海外国语大学举行。来自上海外国语大学、北京外国语大学和台湾辅仁大学、文藻外国语学院的70多位高等外语教育领域专家学者出席会议。

2009年，以中共上海市教育卫生党委书记李宣海为团长的上海高职教育代表团赴台考察和交流高等职业教育改革；上海市教育委员会副主任王奇率上海市高校校长代表团访台，加强沪台两地教育界的联系，推进上海教育对台交流。

2010年5月10日，上海建桥学院与台湾昆山科技大学、上海市民办高等教育协会共同举办第三届海峡两岸民办（私立）高校校长论坛。海峡两岸37所高校，共80名嘉宾参加。6月12—14日，由上海中医药大学与台湾"中国医药大学"联合主办、香港大学医学院中医药学院协办的第二届海峡两岸中医药传承与发展论坛开幕。150多名来自海峡两岸和香港的代表参加论坛，就中医药高等教育进行研讨，并就继续定期举办"海峡两岸中医药传承与发展论坛"、加强两岸中医药界的交流与合作达成共识。香港大学医学院中医药学院与上海中医药大学签署合作协议。

2010年5月10—12日，第三届"海峡两岸民办（私立）高校校长论坛"在上海建桥学院举行。该论坛由上海建桥学院、台湾崑山科技大学等院校自2008年合作发起，由上海市民办教育协会、台湾私立科技大学校院协进会共同主办，在上海、台湾两地轮流举办。

二、沪港、沪澳交流与合作

1992年4月29—30日，由同济大学高等教育研究会、同济大学高等教育研究所和香港学术评审局、香港工程师学会共同发起的"教育评估学术交流会〈香港—上海〉"（SEMINAR ON ACADEMIC ACCREDITATION〈HONGKONG-SHANGHAI〉）在同济大学举行。来自香港学术评审局、香港工程师学会、上海市高等教育局、建设部教育司、同济大学及上海各高等学校的53位代表出席会议。香港方面主要介绍了香港学术评审（教育评估）的开创历程，院校评审和确保素质的效用；学术课程评审；香港工程师学会工作展望之一；香港学术评审局的机构和工作等。上海方面主要介绍了中国大陆的高等学校教育评估；上海普通高等学校合格制度的研究与实践；建筑学专业评估的试点；中国大陆的学位与研究生教育评估等。

1996年，由沪港两地共同组织的上海市高校毕业生就业辅导演习班在华东师范大学开学。该辅导演习班由上海市高校毕业生就业指导中心、华东师范大学和香港理工大学联合主办，并得到香港培华教育基金会资助，为沪港两地大学合作与交流奠定基础。

1999年12月10日，上海中医药大学与亚洲（澳门）国际公开大学在澳门签约合作创办中医学院，由双方有关人员组成理事会，作为学院管理的最高机构，实行理事会领导下的院长负责制。开设课程根据实际需要由理事会讨论确立，上海中医药大学全面负责教学内容实施与师资安排，并充分利用两校已有的教学设施，部分课程采用互联网络授课等方式，临床实习亦由上海中医药大学统一安排，以确保课程设置水平、教学质量与内地相当。

2000年10月12日,联合国粮农组织专家、香港渔民协会会长、香港国际投资总商会名誉会长黎国驹访问上海水产大学,就香港渔业发展及香港渔业界与上海水产大学的合作进行探讨。

2001年9月14日,上海中医药大学与香港大学签约合作。上海中医药大学校长严世芸和香港大学副校长兼香港大学中医药学院管理委员会主席周肇平代表双方在协议书上签字。双方着力扩大合作领域,提高合作层次,加强科研合作。在教学方面,加大在"中医全科文凭""中医全科学位"的全日制中医高等学历教育及硕士、博士高层次人才培养方面的合作力度。在科研学术方面,双方加强学术交流,商定在香港政府投资5亿元的香港中医研发中心的项目中联手合作。

2002年10月11—15日,上海音乐学院院长杨立青率新室内乐团一行12人赴香港参加"2002年香港国际现代音乐节"演出。新室内乐团在音乐节上演出了由ISCM2002香港音乐节组委会选择并提供的、由世界各国优秀作曲家创作的当代音乐新作。

2002年12月4日,由香港著名实业家、佐川急便(香港)有限公司董事长罗煌枫资助的"第六届罗煌枫博士奖"颁奖仪式在上海海运学院举行。共有24名教师获得罗煌枫博士奖和罗煌枫博士(资助)奖。截至2002年12月,上海海运学院已有100名教师获得罗煌枫博士奖。这些获奖教师负责或承担了几十项交通部、上海市重大科研项目及其他行业科研项目,有部分教师赴国外大学或科研机构合作搞科研。一些教师分别入选交通部直属普通高校跨世纪学术带头人、部级重点学科带头人、优秀青年骨干教师培养对象,还有部分教师被评为"交通青年科技英才"。

2003年,复旦大学与香港大学加强合作。两校合作的第四届MBA及首届50名MBA(金融)毕业典礼在上海国际会议中心举行。

2003年10月9日,上海财经大学与香港金融管理学院联合办学招收的首届研究生开学典礼在香港举行。上海财经大学在香港成立的研究生教育教学点主要招收金融学博士、会计学硕士和工商管理硕士。

2003年12月10—16日,上海大学图书馆一行6人赴香港考察浸会大学、香港中文大学、香港大学、香港理工大学、香港科技大学及香港中央图书馆等6所高校图书馆及公共图书馆。这是上海大学图书馆首次组团赴港考察学习,受益匪浅。

2004年12月4日,上海海事大学旅港校友会经一年多筹备在香港成立。旅港校友会首任理事长由香港金信物流集团主席罗煌枫太平绅士担任,香港船东会执行董事冯佳培担任副理事长,并兼任旅港校友会秘书长,香港理工大学教授李新刚担任副秘书长。

2006年6月27日,由香港亿利达工业发展集团有限公司董事长刘永龄、执行董事刘纪明父子捐赠500万元在复旦大学上海视觉艺术学院设立"亿利达视觉艺术创新奖"。

2006年,上海市高校共有在校港澳地区学生697人,而1997年时在沪就读高校的港澳地区学生为127人(其中博士生8人、硕士生38人),10年间增长近450%。

2007年,上海高校共有在校全日制港澳地区学生929人,比2006年增加3.3%。上海中医药大学、华东政法学院等11所市属高校获国家教育部奖学金的港澳地区及华侨学生有141人。

2007年12月,中共上海市委副书记殷一璀、上海市教育委员会主任沈晓明等赴香港特区考察香港特区政府教育局和香港科技大学等。委托华东师范大学承办香港特区幼儿园校长"作为21世纪的特级幼稚园校长"培训班两期,培训人数约60人。2008年,上海市教育委员会委托华东师范大学承办由香港特区政府教育局选派的幼儿园校长参加的第3期"作为二十一世纪的特级幼稚园校长"的专业培训项目,为沪港两地的幼儿教育搭建了交流平台。2009年,受香港特区政府教育局委托,上海市教育委员会分别在3月和12月再举办两期"作为21世纪的特级幼稚园校长"的专业培训班。

2008 年底,沪港两地交流互访,效果显著。上海高校共有在校全日制港澳地区学生 819 人。

2009 年,上海市教育委员会接待香港中文大学教育学院大学与学校伙伴协作中心、香港岛校长联会教师考察团、香港高中通识教育科教师赴上海学习考察团等。

2009 年,上海市教育委员会接待澳门理工学院社会工作系学生访问团,组织 3 名教师参加在澳门举办的第十六届"华夏园丁大联欢"活动。

第四节 学 术 活 动

上海高校利用上海的区位优势和各校的学科专业影响力,通过主办、承办各类学术论坛、学术研讨会、学会年会等形式,积极主动地开展全国性的学术交流活动,提升上海高校的学术影响力。近 10 年来,上海高校这方面的活动十分频繁,学术交流的主题和范围不断扩大。

一、专题学术会议

2001 年 4 月 5—6 日,上海市建设党校和上海城市管理职业技术学院共同主办"城市管理世纪论坛 2001 会议"。来自国家建设部、中国社会科学院与有关城市,全国 10 余所高校、科研机构、学术团体,上海建设系统各部门、企业以及美国关岛华裔科学家在内的市长、局长、院长、所长、院士、博导、教授、高级工程师、作家、企业家 100 余名出席会议。与会代表多侧面、多层次探讨了中国城市新世纪的发展战略与管理策略,并就中国城市在新世纪发展中如何在规划、社区、小城镇、交通、减灾防灾、市容、环保、绿化、房地产以及建设市场等方面进行交流研讨。

2002 年 11 月,中国高校科技创新体系建设上海论坛举行,教育部科技发展中心主任李志民和中国科技大学校长朱清时院士等近 20 所大学校长,以及企业代表到会发言。

2004 年 4 月 1—3 日,一流大学建设系列研讨会在上海交通大学徐汇校区举行。来自教育部及北京大学、清华大学等 9 所"985 工程"重点建设院校有关领导和专家参加研讨。4 月 21 日,"当代中国建筑创作论坛"学术盛会在同济大学举行,设有上海新秀建筑师论坛,海归派建筑师、中国建筑创作实践等分论坛,主旨是关注中国建筑界现状及未来发展趋势。10 月 25 日,由上海音乐学院主办、中央音乐学院音乐学研究所协办的"音乐学学科回顾与展望研讨会"在上海音乐学院召开。研讨会主要议题包括音乐学作为一个整体学科在中国的发展历史回顾与展望;音乐学各学科在世界范围内的发展回顾与展望及其对中国音乐学学术进步的借鉴意义;音乐学与其他人文学科、社会科学和自然科学的交叉与交流;音乐学教育与人才培养;音乐学与音乐实践(作曲与表演)和社会音乐生活的关系等。10 月 29 日,上海财经大学财经研究所、区域经济研究中心和城市规划研究中心举办"上海经济 2004 年发展与 2005 年预测"政策研讨会,专家学者围绕如何评价 2004 年上海的工作,主要的成绩与不足之处;2005 年上海经济社会发展的主要矛盾、重点、抓什么,是否可以把"四个中心、三个服务、两个率先、一个继续"作为上海发展总体目标等问题展开深入研讨。12 月 25—26 日,上海财经大学举行全国性学术会议"2004 年国际税收与中国税制改革"研讨会,针对中国新一轮税制改革所涉及的税收负担、税制结构、税收体系、税制改革指导思想、税制改革国际背景、出口退税政策调整、增值税转型、统一企业所得税、改革个人所得税、实行物业税、税制改革国际借鉴等问题作深入研究探讨。

2005 年 4 月 14 日,由上海金融学院和中国金融教育基金会联合举办的金融教育论坛开幕,来自中国人民银行、中国金融教育发展基金会、中国金融出版社,以及全国金融财经类院校的领导、专家等 50 余人出席。4 月 30 日,中国大学生在线与东方网联合推出"和谐发展论坛"。该论坛由上海交通大学牵头的中国大学生在线和东方网、东方讲坛等单位组建,面向广大青年学生,受到上海市网络宣传部和上海市新闻办公室高度重视,并对活动提供政策保障。10 月 29—30 日,上海旅游高等专科学校举办中国旅游业"十一五"人才规划暨旅游学科建设专家研讨会。国家旅游局人教司以及南开大学、厦门大学、云南大学、陕西师范大学、湖北大学、华东师范大学、大连大学、重庆师范大学、上海财经大学等学校旅游学院院长、教授参加会议。与会专家围绕中国旅游业"十一五"人才规划与旅游高等教育发展、旅游学科框架及建设等若干问题进行探讨。11 月 20 日,上海立信会计学院召开第一届立信全国会计学术研讨会,来自全国各地的近 160 名知名专家、学者和实务工作者出席学术研讨会。12 月 23 日,上海金融学院举办科学发展观与金融业改革开放研讨会。上海国际金融中心研究会、工商银行上海分行,以及上海交通大学、上海财经大学等十几个金融单位、高校的 40 多名专家学者围绕科学发展观与金融业改革开放这个主题,就有关金融生态环境建设、上海国际金融中心建设、后 WTO 时期的中国金融业创新、目前国有银行的改革方案、保险市场的现状及前景等问题进行交流与讨论。2005 年,上海城市管理职业技术学院举办城市管理世纪论坛,以"和谐目标下的城乡共治"为主题,探索中国城市化进程中城乡共治与和谐发展模式。

2006 年 5 月 13 日,复旦大学举办全国高校学报文科编辑业务研讨会。5 月 19 日,首届全国高校海商法教学研讨会在上海海事大学召开。6 月 29 日,首届全国航海类高等院校英语教学研讨会在上海海事大学举行,来自大连海事大学、武汉理工大学、重庆交通大学等全国 15 所航海类高校的 35 名英语专家、学者参加会议。7 月,全国高等教育民族传统体育专业发展论坛在上海体育学院举行。9 月 22 日,上海医药高等专科学校与中华口腔医学会口腔修复工艺学专业委员会共同主办 2007 年全国口腔医学技术教育论坛暨"日进杯"口腔工艺技术展评活动。10 月 25—26 日,由上海市教育委员会主办的第十二届华东地区教育审计工作研讨会召开。华东地区六省一市及厦门、宁波、青岛 3 个计划单列市教育行政部门、内审机构负责人,以及地区教育局审计骨干 40 多人参加会议。大会特邀华北、西北、东北片,西南、中南片,北京市教育委员会、湖南省教育厅等审计工作负责人,以及上海市内部审计师协会、上海市审计局行政事业处负责人出席。11 月 10 日,由上海对外经贸学院和《经济研究》杂志社共同主办的"贸易增长、贸易利益与贸易模式变革"理论研讨会在上海对外经贸学院举行。

2008 年 4 月 12 日,全国学科教师教育论坛在华东师范大学召开。教育部副部长陈小娅出席。11 月 7—8 日,由上海财经大学主办、500 强企业研究中心承办、南汇区经委协办的"2008 年中国500 强企业研讨会"召开。社会政界高层、知名学者、中国 500 强企业总裁以及大型企业高层管理人员等近 200 人与会。11 月 22 日,上海立信会计学院与中国会计学会联合主办"《潘序伦文集》首发式暨潘序伦会计思想、教育思想研讨会"举行。财政部副部长王军为《潘序伦文集》撰写序言。来自财政部、中国会计学会、厦门大学、上海财经大学、复旦大学、南京大学等高校以及立信会计师事务所、潘序伦基金会等机构的理论界与实务界专家、学者与师生代表共 200 余人出席会议。

2009 年 11 月 3 日,主题为"现代流通、服务业发展与法制建设;市场经济新发展与法治建设"的 2009 年商法论坛在上海商学院奉浦校区举办。论坛是上海商学院第二届法治文化节重要活动之一。与会专家、教授从不同角度阐述现代流通、服务业发展与法制建设等。

2010 年 5 月 28 日,复旦大学上海视觉艺术学院与华东政法大学共同发起,以"21 世纪文化产业人才培养"为主题的首届上海文化产业发展高校论坛在复旦大学上海视觉艺术学院举办。全国人大常委会委员、复旦大学上海视觉艺术学院名誉校长龚学平出席论坛,并就文化产业人才培养的若干问题发表主旨演讲。论坛还邀请上海 24 所高校文化产业及相关专业的教师和国内 20 多家文化产业相关企业参加,围绕当前文化产业共同面临的一些问题展开深入探讨。论坛最后由复旦大学上海视觉艺术学院和华东政法大学共同倡议成立"上海高校文化产业教学研究联谊会",期待凝聚上海高校力量,研讨文化产业人才的培养新机制,为中国文化产业人才培养探索新路。5 月 30日,华东政法大学召开以"培养具有国际视野的法律高端人才"为主题的首届政法高校书记、校长论坛。中国政法大学、西南政法大学、中南财经政法大学、西北政法大学等学校就建立合作机制、共享先进办学理念和优质教育资源、共同推进中国法治建设达成共识。6 月,首届中国商务发展上海论坛在上海立信会计学院举行。商务部政策研究室、商务部国际贸易经济合作研究院、厦门大学、北京师范大学、天津财经大学、华东师范大学、上海立信会计学院等高校的 60 多位专家、学者参加论坛。该论坛由上海立信会计学院与商务部国际贸易经济合作研究院联合举办,是双方长期战略合作的一项重要内容,每年定期举办。7 月 10—12 日,上海政法学院组织召开监狱学专业应用型高级专门人才培养研讨会。中央司法警官学院、山东政法学院、部分省市司法警官职业学院和监狱实务部门等 50 余名领导、专家学者以及学院部分教师出席研讨会。7 月 24—26 日,由上海商学院主办的首届全国高校连锁经营管理教学研讨会暨高层论坛举行。全国 16 个省市的高等院校、出版单位及企业代表约 80 余人出席。会议开展连锁经营管理教学研讨和学术交流。10 月 10—12 日,复旦大学举行"一流大学建设系列研讨会暨中国大学校长联谊会",北京大学、清华大学、复旦大学、中国科技大学、南京大学、浙江大学、上海交通大学、西安交通大学、哈尔滨工业大学 9 所内地高校的校长或党委书记,香港大学、香港中文大学、香港科技大学校长以及澳大利亚 Go8 大学联盟的代表参加会议。与会校长围绕"建设世界一流大学的中国模式"及"大学内部治理"等主题展开交流与讨论。与会的 9 所内地高校与澳大利亚 Go8 联盟正式签署战略合作协议,根据协议,双方将充分利用各种资源,在学者互访、学生交流、科研合作、发展战略等多方面开展合作。10 月 20 日,由上海市学位委员会主办,上海工程技术大学、上海社会保障问题研究中心承办的"中国社会保障问题研究生学术论坛"在上海工程技术大学松江校区举行。来自北京大学、武汉大学、中国人民大学、复旦大学等全国知名高校的近 200 名学者和研究生出席论坛。

二、全国学术会议

2001 年 11 月 8—11 日,华东政法学院承办中国法学会商法学研究会成立大会暨首届学术研讨会。

2002 年 4 月 11—13 日,由国家中医药管理局主办、上海中医药大学承办的"全国高等中医院校校长座谈会暨第一届全国高等中医院校校长论坛"举行。论坛围绕"座谈新世纪高等中医院校改革与发展方向""研讨办学规模扩大后如何改善条件、保证教学质量""交流中医药院校改扩建经验、研究存在问题"3 大主题,进行交流和探讨。5 月 11—13 日,由国务院学位办交通运输学科评议组主办、汇集中国"海陆空"学科领域专家的"交通运输工程教学研究班暨学科前沿专题学术报告会"在上海海运学院举行。9 月 19—23 日,教育部全国高校法学学科教学指导委员会、中国法学会法学教育研究会 2002 年学术年会在华东政法学院召开。与会人员围绕"法学教育与司法考试"主题展开研讨。9 月 27—29 日,中国法学会国际私法学会 2002 年学术年会在华东政法学院召开。与会者围绕"国际条约在涉外民商事审判中的适用"等问题进行研讨。10月31日—11月1日,由国家自然科学基金委员会与中国工程院联合召开的"中国冶金基础研究战略研讨会"在上海大学举行,这是该校首次承办国家一级学科基础研究方面的战略研讨会。20多位专家就21世纪冶金科学发展和若干重大前沿课题作专题报告,并展开广泛探讨。11月5—6日,"2002年第五届全国中医药文献研讨会"在上海中医药大学举行,就"促进古籍文献与中医临床医学的交融"等进行研讨交流。12月1—3日,中国城市发展研究会中小城市发展委员会与上海城市管理职业技术学院共同主办"城市管理世纪论坛2002会议暨中国中小城市发展新思路研讨会"。与会代表围绕中国中小城市发展的新理念、中小城市现代化进程与发展趋势、中小城市发展竞争力战略与城市化社会政策等前沿问题,以及如何加强和改进中小城市管理、如何保持中小城市的自身特征与优势、如何抓住大城市发展提供的机遇等实践和理论问题,进行多层面、多视角讨论,深化了对中国入世后城市管理前沿问题的认识。

2003年1月7日,教育部直属师范大学书记、校长咨询会在华东师范大学召开。会议围绕如何推进教师教育改革与发展问题展开讨论,并就筹备成立全国教师教育网络联盟形成基本共识。教育部师范司领导、北京师范大学、华东师范大学、东北师范大学、华中师范大学、西南师范大学和陕西师范大学6所师范大学的书记、校长出席会议。11月28—30日,"全国针法灸法临床与针刺手法规范化学术研讨会暨上海市针灸学术年会"召开,由中国针灸学会针法灸法分会主办,市针灸经络研究所、岳阳中西医结合医院、上海中医药大学针灸推拿学院、市针灸学会共同承办。会议收到60篇论文,会上交流20多篇论文。

2004年4月2日,上海工程技术大学承办教育部管理科学与工程类学科年会,与会专家、学者就"管理科学与工程类学科"核心课程教学基本要求、各专业主干课程教学基本要求、学科评估方案、核心课程与主干课程教材编写计划等议题进行研讨。4月24日,由中国建筑学会室内设计分会教育委员会举办的2004年度中国高校环境艺术专业主题年活动暨教学研讨会在上海城市管理职业技术学院举行。5月10日,以"启迪智慧,求实创造"为主题的"2004年全国博士生学术论坛"第一站在华东师范大学举行,由该校承办教育学、地理学和中国语言文学3个分论坛,来自北京大学、南京大学等30多所高校的200多名博士研究生参加,近百名国内外知名院士、专家学者及高校研究生管理工作者参与点评和交流。9月14日,中国创造学会第三次会员代表大会、中国创造学会成立十周年在同济大学举行。9月23日,由中国地理学会和上海师范大学联合主办,上海旅游高等专科学校承办的"全国城市经济地理与微区位学术研讨会"在上海师范大学文苑楼报告厅开幕。10月22日,由江苏、浙江和上海法学会共同主办,上海政法学院、上海交通大学协办的第一届"长三角法学论坛"在上海华夏宾馆举行。11月2日,中国科协第五届青年学术年会在同济大学开幕,会议代表、嘉宾及学校师生共3500多人出席会议。11月26日,上海金融学院承办的"长三角16城市银行改革和发展与上海国际金融中心建设"高峰论坛在中国工商银行上海分行举行。12月9—10日,第三届科技法学论坛在上海政法学院举行。本届论坛由中国科技法学会主办,上海市人大教科文卫委员会、上海市法学会协办,上海政法学院承办。主题为"面向未来的中国科技法制"。

2005年4月10日,第八届全国超导学术研讨会在上海大学召开。4月18—19日由文汇报主办、上海建桥学院协办的"文汇民办高等教育论坛"举行,来自全国的数十位教育专家和知名民办高校负责人参加论坛。与会者就"中国民办高等教育的现状""当前民办高等教育面临的问题""中国民办高等教育前瞻"等问题展开讨论和交流。5月13—14日,教育部全国高等医学院校现代教育及计算机教学指导委员会扩大会议在上海中医药大学举行。11月13—16日,由教育部高等学校水产类教学指导委员会主办,上海水产大学承办的"全国水产高等教育学科专业建设与人才培养"研讨会召开。教育部高教司、市教育委员会领导以及日本水产综合研究中心、中国海洋大学、广东海洋大学等31所高校及70余名中外专家学者参加研讨会。

2006年11月17日,上海金融学院与中国金融教育发展基金会、金融时报社共同主办,法国安盛保险集团和上海证券交易所协办的第四届金融人才论坛举行,主题为"金融服务业全面开放条件下的人才视野与开发战略",共150余人出席。11月25日,修订《医疗器械监督管理条例》研讨会在上海医疗器械高等专科学校召开,会议就国家食品药品监督管理局部署、上海市药监局与上海医疗器械高等专科学校共同承担的医疗器械产品审查指南、医疗器械命名规则和医疗器械物流识别技术3个课题进行研讨。

2007年6月28日,"2007中国动漫游戏人才高峰论坛"在上海电影艺术职业学院召开。该论坛是"第三届中国国际动漫游戏博览会"的系列活动,由文化部、上海市人民政府主办,国家扶持动漫产业部际联席会议办公室指导,上海市文化广播影视管理局、上海市浦东新区劳动保障局、国家动漫产业振兴基地协办,上海电影艺术职业学院与浦东新区张江功能区域管委会、张江高科技园区管委会、张江(集团)有限公司联合承办。9月16—18日,上海音乐学院主办首届全国音乐表演学科建设与发展研讨会,来自全国各地高等音乐艺术类院校的近40名代表参会。11月21—23日,第三届全国民族声乐论坛在上海音乐学院举行。本届论坛就如何继承、如何传播具有独特文化价值和独特审美价值的民族声乐进行广泛探讨。21日晚,"声情满杏坛"民族声乐专场音乐会在贺绿汀音乐厅举行。28—29日,全国音乐院校复调音乐学术研讨会在上海音乐学院举行。会议对中国复调音乐的科研与教学进行交流与总结。会议对多年来的复调学术科研与教学经验进行系统地回顾、梳理与整合,并展望、开拓新世纪的发展路径。

2008年4月29日,中国高等教育学会地方大学教育研究分会第一次代表大会暨首届全国地方大学发展论坛在上海大学召开。5月10日,以"现代大学体育发展和高校体育课程改革"为主题的第二届"长三角大学体育高层论坛"在上海大学举行。上海市教育委员会有关领导、全国高校体育教学指导委员会的相关领导和专家、长江三角洲地区15所知名高校体育部门的领导和专家与会。10月25日,由中国国际贸易学会国际商务英语研究会主办,上海对外贸易学院承办的第八届全国国际商务英语研讨会暨"中国国际贸易学会国际商务英语研究会"成立10周年庆祝大会召开。来自全国各地近百所高校的300多名专家、教授和学者出席会议。11月15—17日,主题为"全球化背景下外语院校人才培养的规格与特色"的全国外语院校协作组第二十三届年会在上海对外经贸大学松江校区召开。北京外国语大学、上海外国语大学、对外经济贸易大学、上海对外贸易学院等共计16所外语院校的党委书记、校(院)长、办公室主任等51人出席会议。11月22—24日,由上海师范大学承办的第四届全国艺术院校院(校)长高峰论坛举行。全国百余所艺术高校(学院)近200位专家、学者参加论坛。文化部原副部长艾青春,中国文联研究院、国务院学位委员会艺术学科评议组召集人仲呈祥等领导出席论坛。

2010年5月,在上海举办第一届京沪高校学工部长论坛,来自京沪两地高校的60多名学工部长参加,推动京沪两地高校学生工作系统资源共享、队伍共建和事业共创,取得预期的效果。6月19日,上海应用技术大学与中国技术经济研究会联合主办的以"低碳经济、产业转型与技术创新"为主题的第七届中国技术管理学术年会举行,来自全国70余所高校的学者及知名企业家共200余名代表参加年会。7月8—9日,2010年华东地区电大协作会在上海电视大学召开。来自江苏、浙江、安徽、福建、江西、山东、上海及南京、宁波、厦门、青岛等11家华东地区省级电大的校领导共30

余位代表参加会议。会议主题是交流各校"十二五"规划制定的情况及基本思路。9月23—25日，由上海政法学院、上海交通大学和华东政法大学共同承办的中国科学技术法学会第六届会员代表大会暨2010年学术年会"创新国策与法制建设"峰会在上海交通大学召开。来自全国人大教科文卫委员会、科技部、最高人民法院的有关领导，以及高等院校、科技法律服务组织的专家学者企业家代表150多人出席会议。10月16—17日，中国高等学院电力系统及自动化专业第26届学术年会、中国电机工程学会电力系统专委会年会在上海电力学院召开。来自全国各地的近600名专家、学者、高校师生、相关部门领导参加年会。12月13日，中国高等教育学会高等教育学专业委员会第五届会员代表大会暨2010年学术年会在上海师范大学召开。大会主题为"现代大学制度"。会议由中国高等教育学会高等教育学专业委员会主办，上海师范大学承办。上海市政府部门、全国高校及高等教育研究机构约200位专家、学者参加大会。28日，上海中医药大学举行全国中医青年发展高峰论坛。

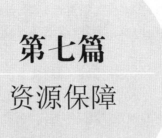

第七篇

资源保障

高等教育的资源保障主要是指教育经费和后勤两大方面的保障，这是高等学校正常运行的前提条件。上海在积极鼓励高等学校多渠道筹措资金办学、推动高校后勤社会化改革，以及教育信息化建设等方面，敢于先行先试，敢于担当作为，改革创新频频走在全国前列，得到国家和教育部领导的多次赞许。

教育经费是高等学校运行发展的经济基础。根据《中华人民共和国教育法》第七章教育投入与条件保障第五十四条"国家建立以财政拨款为主，其他多种渠道为辅的体制，逐步增加对教育的投入，保证国家举办的学校教育经费的稳定来源"的规定，公办的高等学校经费主要是按其隶属的各级政府的财政拨款，以维持学校正常运转、开展以教学为中心的各项工作而提供保障。就其用途与经济内容而言，包括财政上安排直接用于教育的教育事业费拨款和上级补助收入，以及财政上安排间接用于教育的教职工福利如医疗、住房补贴和主副食品价格补贴、各种保险等其他经费拨款。上海高校有直属教育部和中央各部委主管的，有属于上海市人民政府主管的。依照国家对学校的发展计划、学校规模以及学校人员编制、一定的开支标准等，对高等学校每年的教育经费进行核定，一般根据学校的隶属关系而定。为加快高等教育事业的发展和高校更好地为地方、行业的发展服务，许多高校在隶属关系不变的情况下走"共建"的道路。共建的高校可以在相关的地方政府或者中央部委处获得一定数量的"共建"补贴。随着改革开放的不断深入，上海各高校积极开展对社会的教学服务和科技服务，兴办科技产业和第三产业，逐步形成多渠道筹措资金办学的新格局。随着预算外资金渠道的不断发展，学校的财力也不断加强，对于改善办学条件，增强科研能力，提高教学和科研水平，谋求自我完善与发展，以及改善教职工生活待遇，起到了日益重要的作用。

后勤保障包括管理和服务两个方面。20世纪70年代至80年代前期，上海高等学校的后勤保障，仍然是计划经济条件下的资源配置方式建立起来的后勤保障体系。1985年，中共中央颁发文件《关于教育体制改革的决定》，提出高校后勤社会化改革的方向。上海高等学校后勤服务的社会化改革，坚持政府主导、试点引路、整体推进、分步实施的思路。在经历了经济承包责任、成立全上海高校入股投资的高校采购供应公司、突破承包制引入企业化管理等模式后。1998年4月，由全上海39所高校参股的上海高校后勤服务股份有限公司成立，"上海高校后勤服务中心"和"上海高校后勤发展中心"成立。至2001年底，上海的公办高等学校已基本上分别以"并入、托管、联办、连锁"的不同形式，完成与两个中心签订管理和服务的协议书，实行后勤社会化运行。改变了"一校一户办后勤、校校后勤办社会"的封闭体制，实施集约化经营，一批后勤配货中心、连锁餐厅、教育超市在新的制度和机制中运行，形成了一个硕大的高校后勤服务市场。

在改革开放的大背景下，上海高校后勤逐步纳入社会主义市场经济的环境中，调动、选择和利用社会资源，建设起一个满足高等学校教学、科研和师生员工生活需求，又融入社会第三产业之中的高等学校后勤服务保障体系。20世纪90年代末，随着高等教育招生规模扩大，上海在启动高校基础实验室改造工程、改善教师办公条件和建设学生公寓，高校学生住宿条件的同时，各高校开始陆续建设新校区，校园基本建设进入快速发展时期；逐渐形成高校相对集中的若干高教园区。随着高等教育事业的迅速发展，"2＋2＋2＋x"的高校布局结构方案的实施，上海高等学校的基本建设获得了井喷式的发展,不仅在各高校的原校址上建起了一幢幢新的高楼,更使上海矗立起多个全新的大学园区,使得上海高校的占地面积、教学用房、实验用房等教育设施,都有了大幅度的增长,给上海高等教育事业的发展,提供了强有力的保障。

教育城域网作为教育信息化的主体形式,是中国教育信息化工程中最为关键的一环。上海教育城域网建设走在全国前列。它对上连接国家有关单位和 CERNET、Internet 主干网,对下连接各区、县教育局、各高校和中小学校,沟通全市教育系统各事业单位和学校;对外面向全社会服务的大型综合性信息网络。将市内所有学校、研究机构、本地的教育机构通过网络互联,具有信息发布、教育管理、教育资源共享、教学应用、数据交换等功能。使教育资源整合、开放、共享,达到整体信息化集成运用。在此基础上,上海高等教育的信息化技术开发与应用,在进入 21 世纪后不断创新发展。

第一章　教　育　经　费

公办高等学校的办学经费主要来自政府财政拨款(预算内教育经费)和学校自筹(预算外教育事业经费)两大部分。政府财政拨款又分中央财政拨款与地方财政拨款。2000年后,上海市地方财政承担了上海公办普通高校除8所教育部直属院校和2所中央其他部委所属院校外的其余21所高校的教育财政经费,同时提供8所教育部直属院校的共建经费。改革开放以来,国家的投融资体制与教育投入机制通过改革,不断激活高校办学活力并利用社会资源加速学校改革与发展。学校自筹经费主要包括学费、科研经费,以及对外服务、社会捐赠等。其中学费和科研经费自20世纪90年代起逐渐成为高等学校教育经费的重要来源。随着社会主义市场经济体制的建立和发展,政府在扩大高等学校办学自主权的同时,加强社会管理,通过颁布实施新的财会制度、开展财务审计、部门预算全程跟踪检查等举措行使对教育经费管理与监督的职责。

第一节　来　源　构　成

一、预算内教育财政拨款

【中央财政拨款】

1980—1984年期间,随着国家经济建设的发展,国家经济体制、教育和科研管理体制的改革,高等学校的教育财政拨款开始采用"预算包干"的办法,教育经费核定按照"基数＋发展"的原则,实行"单位预算包干,一次核定,包干使用,结余留成"。即以上年度核定预算为基础,加上本年度专业发展计划、计划的净增学生数和其他新增项目所需的经费作为本年的包干经费。同时,在经费核定模式上,也在不断探索与总结的基础上进行改革。1985年度,试行综合定额加专项经费的预算管理办法,即按"学生综合定额×学生人数＋专项补助"的模式核定教育经费。1989年,拨款制度又改为按学校规模拨款的办法,即以学生人数为分配经费的主体。实行定规模、定任务、定编制、定经费的"四定",并在此基础上按"学校规模＋专项补助"的模式核定教育经费。这一模式的结构是学生定额经费加上专项人员经费,再加上专项补助,成为全部预算经费。这一方法克服了"基数＋发展"的某些弊病,把经费的分配与事业的发展进行挂钩,使学校在资金使用上有较大的自主权,也相应增强了学校办学的主动权与机动性。

1984年之前,国家财政拨款的总体情况是:因当时国家财力有限,中央人民政府对高校的年度教育拨款额度受到限制,随着国家财政年度有起有落的变动,教育拨款呈曲线增长。1985年以后,财政拨款逐年有较明显的增长。以教育部直属的复旦大学为例,学校的年度教育经费拨款1979年突破1 000万元大关,而1994年学校从中央获得的年度教育财政拨款突破5 000万元。以隶属于农业部的上海水产大学为例,1980年,年度教育拨款为261万元,至1994年达1 170万元。

1995年颁布的《中华人民共和国教育法》明确提出教育经费"三个增长"的要求,即各级政府教育财政拨款的增长要高于同级财政经常性收入的增长,在校学生人均教育经费应逐步增长,教师工资和学生人均公用经费也应逐步增长。1998年,教育部颁布的《面向21世纪教育振兴行动计划》明确提出"要按照《中华人民共和国教育法》和《中国教育改革和发展纲要》的规定,应逐步提高国家财政性教育经费占国民生产总值的比例,努力实现4%的目标""逐步提高中央级和省级财政支出中教育经费支出所占的比例"。由此,自1998年起,中央级财政按同口径每年提高1个百分点,2000年又将此比例提高3个百分点左右,除按原有政策保留每年由中央安排的教育专项外,上述增量部分主要用于振兴行动计划中的中央财政支持和资助的项目。同时,各省、自治区、直辖市财政支出中教育经费所占的比例,也根据各地实际每年提高1~2个百分点进行部署。"211工程""985工程"陆续开展后,推动了教育经费拨款的增长,而且为学校开辟了新的经费拨款渠道。

"九五"和"十五"期间,教育部与上海市人民政府分别签订共建包括复旦大学、上海交通大学、同济大学等10所学校的协议,部分解决了当时学校发放地方物价补贴和津贴的经费来源问题,为学校在"九五"和"十五"期间获得上海市人民政府的"211工程""985工程"配套资金拨款奠定了基础。2002年,复旦大学、上海交通大学、同济大学、华东师范大学、华东理工大学、上海财经大学、上海外国语大学、东华大学、上海大学、上海第二医科大学10所高校明确被列入"十五""211工程"建设列,中央投入专项资金5.95亿元,主要用于重点学科和公共服务体系建设。上海市对于其中8所部属高校,按学校经费总量"法定增长"以外的增量部分以1∶1的原则予以配套支持,对2所上海市属地方高校投入5亿元的专项资金用于"211工程"项目建设。

【上海市人民政府财政拨款】

1978年,复旦大学、同济大学、上海第一医学院等16所院校执行中央6部委的联合通知,划归中央有关部委。上海为了适应社会主义现代化建设和教育体制的改革,加速培养各类建设人才的需要,执行中共上海市委、上海市人民政府的决定,除原有高等院校扩大招生外,创办大学分校15所,拨款承担分校开办费和添置必要教学设备的支出。1983年,上海市属高校已恢复和发展到21所,在校学生数31 255人,占全市高校在校学生数的38.7%。同时,为了恢复和改善实验、实习条件,提高教学质量,每年都增拨购置仪器设备专款,高校经费进一步增加。

党的十一届三中全会以后,中共上海市委、上海市人民政府和各有关部门按照中央对教育投入"两个增长"的要求,稳步加大对高校的投入。1985年,上海市属高校经费支出9 213万元,占上海市教育事业费总额的17.4%。同年,加强市属高校重点学科、师资队伍的建设,扩大办学规模,有重点地改造部分学校的基础设施,从国外引进一批高级精密仪器,主要集中装备上海科学技术大学、上海工业大学、上海第二工业大学3个计算中心,以及上海中医学院、上海农学院2个实验测试中心,增强高校科研实验能力。根据《上海市普通高等教育事业发展十年规划与"八五"计划纲要》,上海高等教育经费投入的指导方针是:争取逐年增加高等教育的投入,多渠道筹措教育经费确保办学条件有较大改善。1986年底,上海普通高校拥有固定资产总值已达17亿多元,拥有仪器设备总值7亿多元,图书、资料2 208.5万册。1988年,上海51所普通高校使用的教育事业费为4.07亿元,基建投资规模2.42亿元。"八五"之前,上海高校主要是依靠政府主渠道的投入来解决学校学科建设、实验室建设、基础设施建设和体育场馆建设。

1976—1995年的四个"五年计划"期间,上海市人民政府财政预算高校全口径事业经费和基建经费如下:"五五"期间,事业经费3.6亿元,基建经费1.12亿元;"六五"期间,事业经费10.44亿元,基建经费4.84亿元;"七五"期间,事业经费19.77亿元,基建经费12.08亿元;"八五"期间,事业经费41.8亿元,基建经费15.32亿元。

表 7-1-1 1994—2010 年上海市及区县两级财政对教育事业的拨款   (单位:亿元)

年　份	拨　款　数	年　份	拨　款　数	年　份	拨　款　数
1994 年	26.49	2000 年	74.34	2006 年	181.64
1995 年	35.55	2001 年	85.64	2007 年	221.87
1996 年	44.20	2002 年	101.08	2008 年	267.95
1997 年	52.89	2003 年	114.20	2009 年	286.84
1997 年	52.89	2003 年	114.20	2009 年	286.84
1998 年	59.72	2004 年	138.34	2010 年	342.42
1999 年	68.92	2005 年	160.61		

资料来源:《上海年鉴》。表中数据为上海市教育全口径拨款,未见高等教育拨款的公开数据。

　　1994 年至 2002 年,上海市人民政府与国家教育委员会(教育部)就共建复旦大学、上海交通大学、同济大学和华东师范大学分别签订多轮协议,共建学校开始从上海市获得教育经费拨款。原则上,四所部市共建的学校,教育部除经常性事业经费和建设投资按"法定增长"安排以外,增加投入建设经费,上海市人民政府予以 1:1 提供配套建设经费。以复旦大学为例,1994—2000 年两轮教育部与上海市共建期间,上海市对复旦大学教育经费拨款如表 7-1-2 所示。

表 7-1-2 1994—2000 年上海市对复旦大学教育经费拨款情况   (单位:万元)

年　份	1994 年	1995 年	1996 年	1997 年	1998 年	1999 年	2000 年
拨　款	799	2 180	2 687	4 895	3 826	5 508	46 441

资料来源:《复旦大学百年志》,复旦大学出版社 2005 年版,第 1762 页。

　　2010 年 12 月,教育部与上海市人民政府签约新一轮"985 工程"继续重点共建复旦大学、上海交通大学、同济大学、华东师范大学。根据共建协议,在 2010 年至 2013 年间,共建学校将获得教育部和财政部按"985 工程"中央财政专项资金基本额度下达给学校的经费,以及上海市地方财政按照中央下达 4 校的中央财政专项资金基本额度控制数总量进行的 1:1 配套投入资金。

【中央有关部委财政拨款】

　　为培养本系统专业人才,中央有关部委创办一些专门性的高校,使得中国高校办学体制呈多元化格局。随着国民经济发展的需要,高校办学体制不断调整,有些高校隶属关系随之改变,经费来源也随着发生变化。如上海交通大学于 1950—1961 年的预算经费,由高等教育部拨给,1962—1969 年期间改由国防科委拨给,1970—1981 年期间改由第六机械工业部拨给,1982 年改由中国船舶工业总公司拨给,1983 年起由国家教育委员会拨给。又如上海海运学院先是由国家拨款,后改为交通部拨款,每年该校根据学生人数和实际情况编制经费预算计划,经交通部核定,并采取"综合定额加专项补助"的方式拨款。1993 年,交通部给上海海运学院教育事业经费拨款 1 148 万元,1994 年拨款 1 750 万元,其中基本预算经费 1 652 万元,专项补助包括学生困难补助 3 万元,追加勤工助学基金启动经费 32 万元,追加维修费 40 万元,追加粮价补贴共 23 万元,1995 年拨款 1 842 万元。而上海中医学院除 1978—1979 年由国家卫生部拨款外,其余均由上海市高等教育局财政拨款。

2000 年前后,根据《国务院关于进一步调整国务院部门所属学校管理体制和布局结构的决定》精神,13 所在沪中央部委属高校管理体制进行调整。其中上海医科大学、上海铁道大学分别与复旦大学、同济大学合并,划归教育部;上海财经大学划归教育部;上海水产大学、上海海运学院、华东政法学院、上海电力学院、上海音乐学院和上海戏剧学院等 6 所本科高校及上海金融高等专科学校、上海旅游高等专科学校、上海医疗器械高等专科学校和上海出版印刷高等专科学校划转上海市,实行中央与地方共建,以上海市管理为主。上海医学高等专科学校并入上海中医药大学;上海冶金高等专科学校、上海化学工业高等专科学校、上海轻工业高等专科学校合并组建上海应用技术学院。至此,上海普通高校从 37 所调减到 32 所,除上海杉达学院外,8 所教育部直属院校全部与上海市共建,中央部门办学 2 所(上海体育学院、上海海关高等专科学校),其余的 21 所高校全部由上海市管理,其教育经费主要由上海市人民政府拨付。有关部委对共建的高校,根据协议拨付一定的经费给予支持。

二、预算外教育事业经费

除国家财政预算拨款之外,学校自筹自收自主支配的资金,称为预算外经费。20 世纪 80 年代起,上海各高校积极探索多渠道筹资办学,开展对社会的教学服务和科技服务,兴办科技产业和第三产业,逐步形成多渠道筹措资金办学的新格局。随着预算外资金渠道的不断发展,学校的财力也不断加强,这对补充国家财政预算拨款不足,改善办学条件,增强科研能力,提高教学和科研水平,谋求自我完善与发展,改善教职工生活待遇,起到了日益重要的作用。如上海师范学院(1985 年更名为上海师范大学),改革开放之前,办学经费的唯一来源是国家预算内财政拨款。预算外纯收益资金始于 1978 年,当年为 37.12 万元,主要来源于校办工厂的上缴利润。1980 年代以后,学校预算外收入明显增长,1985 年度为 224.92 万元,1990 年度增至 452.06 万元。"七五"期间的预算外收入大致相当于 1988 年度国家预算内财政拨款数。同时,1981 年以前学校没有外汇收入,1982 年始有外汇收入 2.87 万美元,至 1990 年已增长为 29.84 万美元。1984 年以后,上海师范大学从预算外自筹资金中拨款建造文苑楼、培训生宿舍、专家楼,以及专家楼配套设施与小花园建设、招待食堂改装、膳食科办公楼建造、购置教职工统建房和为重点项目建设提供资金等。此外,还解决了教职工按规定标准享受的奖金、洗理费、郊区津贴及副食品补贴等资金 700 万元。又如上海中医药大学的预算外经费主要来自上海市高等教育局、上海市科学技术委员会、国家自然基金的中标课题、厂矿企业委托科研费、"四技"服务、委托培养、自费生等收入。各高校的预算外经费来源主要有以下五个方面:

【学校基金】

1980 年 10 月,上海市高等教育局、上海市劳动局、上海市财政局转发《高等学校建立学校基金和奖励制度试行办法》和下发实施办法的通知,上海各高校开始建立"学校基金"制度,这是中国改革开放政策在高等学校财务管理制度上的一项改革。其目的在于调动教职工的工作积极性,促使学校加强经济管理,挖掘学校人力、物力、财力资源的潜力,通过开展对外有偿服务活动广辟财源。最初学校基金主要是通过学校增收节支,自行积累,或从特定来源取得并要求按指定用途使用的资金,用以改善办学条件和教职工生活福利,促进教育事业的发展。

上海交通大学的学校基金自 1980 年起单独设账核算,它的来源有校办工厂、公司、出版社实现的利润、对外服务的净收入,股份公司的红利及融资的利息收入等。上海第一医学院(1985年更名为上海医科大学)的学校基金收入有4个方面:一是校办企业的利润,除校办红旗药厂、修配厂、印刷厂外,各系部创办一些公司的利润;二是教学科研实验方面的收入,包括电化、实验用品、检验、仪器设备、标本模型、照相复印设备使用、成果专利、科技协作等;三是对外服务收入,如招待所等;四是不属于上述3项的其他收入。1980年学校基金收入为40万元,到1984年为81.1万元,1987年达207万元。1988年起,附属医院为支援学校教育事业,参照卫生部其他部属医科院校的经验和做法,开始上缴学校基金。上海师范学院(1985年更名为上海师范大学)于1982年建立基金专项账户,进行会计核算。1982—1984年,学校基金收入148.68万元,支出133.89万元。1985年开始,随着预算外收入的增长,学校基金收入也相应增长,至1990年度为376.62万元。"七五"期间学校基金总收入1356.55万元,总支出1109.98万元,结余246.67万元。连同以前的结余滚存,1990年底学校基金滚存298.08万元,其中事业发展基金结余174.19万元,奖励福利基金结余123.89万元。

随着各高校加大创收的力度,学校基金数逐年稳步上升。学校在组织其资金来源上,严格按照国家有关制度的规定,从正当渠道取得,保证资金来源的合法性、合理性。学校基金是学校教学、科研、生产、后勤活动取得的最终经营成果,是一笔纯收入。经过多年的发展,学校基金已成为高等院校办学经费来源的一个重要渠道。1997年,财政部、国家教育委员会联合颁布《高等学校财务制度》,明确整个高校的财务收支(此处不包括独立核算的校办企业的经营性财务收支部分,只包括其上缴学校部分的收支)均应列入预算管理对象,统一计划,统一核算,统一管理。打破了预算内外界限,也不分资金来源和性质,将学校可自主安排和不可自主安排的所有收入和支出全部纳入学校的预算管理,从而使"学校基金"完成了其历史使命。学校基金结余按照高等学校财务制度和会计制度的规定转入事业基金(高等学校拥有的非指定用途的净资产科目之一)和专用基金(具有专门用途的资金)。

【社会捐赠】

社会捐赠对高校来说也是一个比较重要的经费收入渠道,其最初与学校基金相互独立,但随着国家有关管理制度的不断完善,越来越多的学校基金承担起接受捐赠资金的使命。在中华人民共和国成立后的相当长时期内,政府禁止社会各界与个人的捐资办学。20世纪80年代以后,高校重新主动开始向国内外社会各界与个人募集办学资金,捐赠收入从1986年开始逐年增长。外籍华人、海外校友、外国团体和政府,以及国外学校纷纷向上海高校捐赠设备、仪器、图书,通过捐款设立奖学金、奖教金,以及捐建图书馆、科技大楼、学术活动中心、文化资料中心等高校基础设施建设。

1995年,复旦大学90周年校庆时,设立复旦大学发展基金,成立复旦大学基金会和校董事会,为争取社会捐赠提供组织上的保证,以吸引国内外社会各界捐赠。同时出台若干校内规章制度,对捐赠资金的使用作出必要的规范。2000年复旦大学95周年校庆时,学校向校董事会推出一批急需修缮的房屋建筑,以校董事自愿认捐修缮,所修建筑由捐赠者命名的方式募集一批修缮资金。复旦大学在1986年至2000年的15年内,获得的捐赠收入累计为3.60亿元。

截至1995年10月的统计,上海交通大学接受各种捐赠累计约达4千万美元,其中海外校友及华人约占80%,徐汇校区的教师活动中心、闵行校区的留园、学术活动中心等均为社会知名人士及校友捐建。

同济大学获得海外捐赠项目始于1978年秋天,德意志联邦共和国研技部长豪夫来校访问时宣布由德国大众汽车厂基金会提供 100 万马克,资助学校实验室的建设。经中德专家组讨论,学校从 1979 年起利用这 100 万马克购置设备,建设了"波耳固体物理研究室"。1982 年,德国大众汽车厂基金会、达姆施塔特工业大学、波鸿鲁尔大学等联合向同济大学赠送价值 91.5 万马克的西门子 7536 型计算机。据不完全统计,1978—2000 年,海外捐赠同济大学的仪器设备、图书资料等折合人民币约 7 000 万元。另外,奥地利内燃机专家汉斯·李斯特教授于 1986 年出资 5 000 美元在同济大学设立李斯特奖学金,奖励动力专业优秀学生起,到 2000 年止,由海外企业,包括海外企业在中国的分部、个人捐资在同济大学设立的奖励(基)金共有 43 项。

【学费】

从 20 世纪 80 年代开始,学校对各类培训班等非学历教育学生、单位委培研究生和自费本专科学生进行收费。上海高校的自费生招生改革,始于 1986 年。1987 年 7 月 21 日,上海市高等教育局颁发《上海市普通高等学校招收自费生试行办法》。从 1989 年起,上海高校对当年新入学的公费本专科生收取学杂费和住宿费。当时的公费本专科生学杂费标准为每人每年 200 元,住宿费每人每年 20 元,而自费本专科生的学费标准为每人每年 1 000 元～2 000 元。如上海医科大学自 1993 年新学年开始,对 1989 年起入学的本、专科生收取学杂费、住宿费,学杂费每学年 400 元,住宿费每学年 200 元;1994 年,自费生与公费生招生实行并轨,学杂费统一改称为学费;1996 年的护理、妇幼卫生、法医专业学费由 1995 年的每生 2 300 元调整为 2 500 元,医疗、卫生、药学专业为 3 000 元,执行"老生老办法、新生新办法";1998 年,新生学费为 3 800 元/年,住宿费 400 元/年。

1986 年—1990 年,5 年间上海高校共招收自费生 8 600 名,约占招生总数的 5％左右,1991 年为 3％。1992 年在学习邓小平同志南巡重要讲话后,上海高教主管部门和各高校的领导进一步解放思想,认为有必要、也有可能在招收自费生的改革上再跨出一大步。为了慎重起见,在招生工作前,上海市高等教育局对 2 000 名中学生和家长,以及 20 余所中学的校领导进行调研、反馈的意见表明,社会各方面和学生对扩大招收自费生和改革自费生招生办法是支持的。1992 年,上海自费生招生主要有三个特点:一是自费招生的比例迅速扩大,全市高校(包括中央部委属高校)共招生 4 000 余人,占招生总数的 21％,如加上委托培养数,共达 25％;二是自费生招生的办法有了较大改进,比如招收自费生的专业必须是社会经济发展紧缺的专业,在报考录取方面,改变以往仅仅招收高考最低分数线以下 20 分之内的学生,而是把报考自费生按重点大学、一般本科大学和专科学校三个档次,允许考生自由选择报考公费或自费,也允许只填报自费。在学籍管理上,自费生原则上与公费生相同,并允许自费生中途退学并可保留学籍两年,入学后自费生可与公费生同样享受奖学金、贷学金等待遇,自费生有择业自由;三是社会、学校和学生普遍反映很好,充分肯定了这一改革措施。这样就为进一步增强这一改革的力度奠定了很好的基础和条件。

1993 年,上海高校根据中共中央制定的《中国教育改革和发展纲要》和国家教育委员会有关规定,进一步扩大了招收自费生的规模,并在上海外国语学院、上海大学国际商学院和美术学院、上海工业大学试行全部招收自费生的办法,在其他一些有条件的学校也逐步增加自费生的比例。据统计,1993 年上海高校共招收自费生 9 597 名,占全部招生数的 40％,其中自费本科生 4 115 名,占自费生总数的 43％,上海市属高校共招收自费生 4 101 名,占全部招生数的 57％。

至 1995 年,上海市属高校招生全部实行自费生与公费生并轨,1996 年,全市所有高校实行自费生与公费生招生并轨,除师范、农业等少数专业外,其他学生入学全部实行收费。同时实行奖、贷学金及帮助生活特殊困难学生的制度,以保证收费改革的平稳实施。从此,学费收入逐渐成为学校教育经费的一项重要来源。

【科研经费】

科研经费具有多元化的特点。由于科研任务和内容、经费来源渠道不同,经费管理与核算要求也随之不同。按其来源可分为纵向科研经费和横向科研经费。纵向科研经费:一是指在本系统内,由上级安排的科研项目所拨给的经费;二是由国家预算安排,通过上级主管部门下达学校的"科技三项费用拨款",是用于新产品试制费、中间试验费、重要科研补助费的科技三项费用;三是为了支持学校的科研工作,教育行政主管部门在教育财政拨款中也安排一些科研资金。纵向科研经费使用时应遵守本系统财会制度,使用自主权受到限制。横向科研经费是指本系统外的委托或合作进行的科研项目而获得的经费,一般应签订协议。校外协作单位委托学校有关院系或教师从事某一项目的科学研究所取得的科研资金,也属于横向科研经费。横向科研经费在使用时,相对自主权较大。按照科研资金安排的权限又可分为项目资金和非项目资金。学校对项目资金的安排使用的自主权有一定的限制,在非项目资金的使用上则有较多的自主权。国外社团、科研机构和高校在交流合作中,也提供一定的资金。这些都构成了高校科研经费来源。

以上海医科大学1987—1994年的科研经费统计和华东理工大学1992—2001年科研经费统计为例,可见横向经费总量及其在高校科研经费的比重从20世纪90年代开始不断增长的态势(见表7-1-3、表7-1-4)。

表7-1-3　1980—1997年上海医科大学①科研经费统计表　　　　(单位:万元)

年　份	科技三项费用		代管科研经费	
	收　入	支　出	收　入	支　出
1980	13.4	6.2	3.6	3.0
1981	11.9	11.7	4.6	3.8
1982	11.7	8.0	12.2	9.0
1983	15.1	6.9	15.0	6.9
1984	12.7	15.7	25.9	11.4
1985	25.0	17.7	45.4	22.9
1986	19.4	15.4	45.3	28.1
1987	8.6	23.8	54.4	34.6
1988	18.4	8.2	56.7	60.5
1989	9.6	19.7	67.2	44.2
1990	8.7	7.3	64.0	62.9
1991	13.2	12.8	54.4	64.0
1992	32.2	9.9	109.1	95.5
1993	49.6	37.0	144.2	139.2

---

① 前上海第一医学院,1985年更名为上海医科大学,2000年与复旦大学合并。

（续表）

年　份	科技三项费用		代管科研经费	
	收　入	支　出	收　入	支　出
1994	4.3	39.0	156.7	111.7
1995	10.3	5.3	140.7	122.7
1996	7.5	12.9	152.0	136.7
1997		0.5	251.4	234.9

资料来源：《上海医科大学百年志》，第832页。

表7-1-4　1992—2001年华东理工大学①研究课题与经费一览表　　　　（单位：万元）

年　份	总经费	纵　向		横　向		小　计		其他科研经费
		课　题	经　费	课　题	经　费	课　题	经　费	
1992	2 626.2	355	926.6	137	437.2	492	1 363.8	1 262.4
1993	2 660.2	409	1 435.5	163	681.4	572	2 116.9	543.3
1994	3 140.9	509	1 544.2	368	1 208.4	877	2 752.6	388.3
1995	3 713.1	410	1 185.6	385	1 812.8	795	2 988.4	714.7
1996	5 753.4	310	2 511.9	534	2 677.5	844	5 189.4	564.0
1997	7 515.3	277	3 856.9	726	3 317.9	1 003	7 174.8	340.5
1998	6 096.1	569	2 656.9	457	2 750.7	1 026	5 407.6	688.5
1999	8 130.7	416	2 577.4	730	4 845.2	1 146	7 426.6	708.1
2000	9 421.1	274	2 533.5	422	5 888.9	696	8 422.4	998.7
2001	11 989.8	160	2 391.8	505	6 320.6	665	8 771.4	3 218.4
总　计	61 046.8	3 689	21 620.3	4 427	29 999.6	8 116	51 619.9	9 426.9

资料来源：《华东理工大学志(1992年7月—2002年6月)》，第317页。

随着中国财税制度的不断完善、对财政资金监管力度日益增大，科研经费中的较多部分也逐步纳入预算内经费管理。

三、其他收入

【校办企业】

20世纪80年代以后，上海高校不断推进科技成果产业化，积极发展校办产业，作为增加收入的一个重要渠道。如1995年，上海高校校产企业1 100多家，完成销售、营业总额34亿元，实现利润总额4.23亿元，上缴增值税1.3亿元。其中销售、营业额超过亿元的有上海交通大学、复旦大学、同济大学、上海外国语大学、上海医科大学、上海大学、华东师范大学、华东理工大学、中国纺织大学11所高校(含在沪的2所军事院校)；利润超过千万元的有上海交通大学、同济大学、复旦大学、上海

---

① 前华东化工学院，1993年更名为华东理工大学。

医科大学、上海外国语大学、华东理工大学、上海大学、上海铁道大学、上海海运学院、中国纺织大学11 所高校。"八五"时期,上海高校校产销售额 103 亿元,利润 14.25 亿元,其中一半左右的利润返回给学校,用于学校事业的发展。

从 20 世纪 80 年代开始,为调动上海各高校后勤服务部门的积极性,提高经费使用效益,后勤服务部门开始逐步实行校内经济承包责任制。学校根据"定额补助,超支不补,结余留用"的原则,与后勤服务部门签订经济承包责任制,除了每年给予部分定额补贴经费以外,学校不再为后勤服务部门提供其他经费。后勤部门则通过开展部分校内收费服务,以及参与校外收费服务的方式获得其他经费。后勤部门在定额补助经费以外获得的服务型收入,就成为教育事业收入的一个组成部分。

2000 年起,随着中国对高等学校的非营利性定位,以及对国有资产保护的进一步重视,高校的校办企业陆续展开脱钩清理,或者其经营范围、财务管理及会计核算受到了严格的限制。如华东理工大学材料科学与工程学院 6 家科技企业,于 2001 年 4 月 2 日举行划归校产总公司管理签字仪式,标志着该校校产管理体制改革工作迈出实质性步伐。根据安排,华东理工各学院下属产业的管理体制改革工作于 2001 年内全部完成。

【对外服务】

对外服务收入分为以下三个大类,即教学服务、科技服务和其他服务。教学服务是指各类短期培训班、外语资料服务等。科技服务指各类实验室对外开放服务、科研产品转让、科技咨询与转让等;其他服务项目则指档案馆、人事处、成人教育学院、教务处等各类代办服务。如上海第二医学院(1985 年更名为上海第二医科大学)自 1980 年开始有了自费走读生收入及对外科技服务收入,当年共收入 28.05 万元,至 1984 年累计收支结余已有 24 万元。1985 年,委托培养大专生、举办各种短训班、对外科技服务等,纯收入 223 万元,其中主动划拨用来补充教学经费 152.5 万元。其后几年,对外委培、短训班及科技服务总收入逐年增长,1986 年为 321.63 万元,1987 年为 363.77 万元,1988 年为 390.63 万元,1989 年为 399.79 万元,1990 年为 419.51 万元。

【世界银行贷款】

1982 年,自上海第一医学院获得世界银行贷款立项建立医学教育和临床药理两大项目起,至1983 年底,复旦大学、上海交通大学、同济大学、华东师范大学、上海第一医学院、上海水产学院、上海大学工商管理学院、上海电视大学 8 所高等学校共接受世界银行贷款合计 34 793 万美元,这些贷款主要用于建设实验室和购置仪器设备。聘请专家讲学和选派教师出国进修。

上海第一医学院(1985 年更名为上海医科大学)获得世界银行贷款立项建设的医学教育和临床药理两大项目,自 1984 年开始执行到 1991 年完成,为学校引进了生物化学仪器、医疗生理仪器、计算机、视听设备及其他五大类仪器设备,共计 130 个品目 398 台设备,并派人员出国进修,聘请外国专家,培训专业人才,以及组建教学中心实验室 9 个,基本上实现了项目报告书明确的目标和任务。上海水产学院(1985 年更名为上海水产大学)分别于 1983 年和 1985 年获得两期世界银行农业教育贷款计 462.8 万美元,国内配套经费计 820 万元人民币。按世界银行规定,该贷款项目用于提高本科生的教学质量,共建了基础生物学、鱼类生态环境、基础化学、食品工程、渔具材料、液压、电子计算机、海洋渔业、电教语音等实验室,派出 52 位教师赴国外攻读硕士和博士学位,聘请 18 位国外专家来校讲学,开设了 10 多门新课。上海第二医科大学自 1987 年起从世界银行贷款中的地方大学发展项目中获得贷款金额 120 万美元,其中 102.6 万美元为购置设备,12 万美元为聘请外国专家及出国人员培训费,5.4万美元为采购国外图书。按1∶2.83比价,学校配套经费为人民币345.6万元。用于装备口腔医学设备80万美元,配置40台西德Kavo牙科综合治疗机,建立生理、激光4个实验室,进口仪器67台(件);用于装备免疫学仪器设备40万美元,包括液体闪烁分光光度计、紫外分光光度计、双波薄层扫描仪、柱层析系统等设备35台(件)。

第二节　投　入　机　制

一、高校生均公用经费

1990年前后,高校年度事业经费分配实行经常性办学经费预算包干与专项建设经费补助相结合的办法。专项经费实行专款专用,体现政府宏观导向,实行"专家论证、民主评论、项目核算"的管理,有的尚需实行项目验收、决策审查制度。经常性预算包干经费是以各校1988年末各类本专科和研究生实际在校人数为主要依据,参照办学规模及计划内外学生比例,根据不同学校的不同情况,一次核定预算基数,逐步按财政可能比例递增。这一改革模式是从"综合定额加专项"改为"规模加发展"。改革原有经费与招生人数直接挂钩的拨款制度,把学校的注意力从为增加经费而扩大招生规模转到重视改善基础设施、办学条件,提高办学质量。这种拨款办法,有利于增强学校自主统筹事业经费的能力,提高高校自主办学的积极性,也有利于高校主动控制规模,调整办学层次和结构,鼓励各高校在完成国家下达的指令性计划的前提下,通过发展委培、定向培养和招收自费生等,挖掘教育资源的潜力,培养社会急需的建设人才。此外,上海市高等教育局还对计划管理的权限、各类计划外办学经费的使用,专项经费项目的确定及审批作出了相应的规定。

为保证拨款制度、财政管理体制改革顺利实施,上海市高等教育局要求市属高校加强领导,强化财务管理职能,创造条件逐步将学校各项资金来源编入综合财务计划,纳入有效管理轨道。各市属高校坚持开展"双增双节",发扬艰苦奋斗和勤俭办事业的精神,对校内人员实行优化组合,部分高校进行工资包干试点。同时加强了对各项创收收入的财务管理和监督,保证了学校财务管理的有效运行。

1995年,上海市属高校教育事业费4.1亿元,比1990年增加1.6倍,"八五"时期上海市属高校事业经费平均每年增加21.24%,保证了高校经费来源基本稳定。同时保证生均公用事业费也逐步增加,1995年,高校生均公用经费比1994年增加了21.8%。

2004年起,上海市实行公用经费按学生生均的定额拨款制度,并在2005年就定额进行调整。公用经费定额标准调整测算以高校公用经费实际支出为基础,同时考虑学校教学活动开展所必需的办学条件配置需要,并兼顾财政预算内教育经费中人员经费、公用经费、专项经费合理结构安排;根据政府和个人学费分担原则,确定分学科高校生均公用经费综合定额标准以及财政预算内拨款定额标准。调整后,适度拉大各类高校生均公用经费财政拨款差距。

表7-1-5　2005年调整后分学科高校生均公用经费定额标准表　　　(单位:元)

高校分类	综合定额标准			原财政预算内拨款定额
	财政拨款定额标准	学费承担部分	合　计	
综合理工类	3 380	1 667	5 047	2 750
文科类	2 704	1 667	4 371	2 600

(续表)

高校分类	综合定额标准			原财政预算内拨款定额
	财政拨款定额标准	学费承担部分	合　计	
医学类	4 563	1 667	6 230	3 500
体育类	3 920	1 667	5 587	3 500
艺术类	5 239	3 333	8 572	4 500

经过两年对 2005 年定额标准执行情况的跟踪研究,结合上海市高等教育内涵发展要求和高校课程教学改革、组织形式变化、办学条件改善等对公用经费产生的需求,确定 2008 年地方高校公用经费定额调整方案,公用经费总量比上年预算批复增长 15.5%;再加上远郊与多校区办学补贴,比上年预算批复增长 24.0%。将人员经费、公用经费、专项经费这 3 项经费之比进行优化后,调整为34.8%、34.5%、30.7%。

二、专项事业资金投入

除综合考虑办学规模等多因素的公用经费定额拨款外,专项事业资金也是国家及上海市使用的重要投入机制之一,专项事业资金种类繁多,具有时代性。国家及上海市层面影响面广、资金量大的专项事业资金投入主要有:

【“211 工程”项目】

该项目是国家发展和改革委员会(原国家计划委员会)、教育部(原国家教育委员会)和财政部,根据中共中央、国务院 1993 年在《中国教育改革和发展纲要》中提出的“要集中中央和地方等各方面的力量办好 100 所左右的重点大学和一批重点学科”的要求,列入国家“九五”计划的重点建设项目。这一项目在当时不仅是教育战线唯一列入国家“九五”计划的重点建设项目,而且也是中华人民共和国成立后国家对教育单项投资金额最大的项目。

作为全国知名的重点大学,复旦大学、上海交通大学、同济大学、华东师范大学 4 所综合性大学率先进入“211 工程”,成为国家重点建设的高校。“211 工程”项目的资金由中央专项资金、地方政府配套建设资金和学校自筹资金三部分组成。中央专项资金中包括国家发展和改革委员会、国家教育委员会和财政部等三部委拨款。以复旦大学为例,根据 1997 年 3 月国家计委《关于复旦大学“211 工程”建设可行性研究报告的批复》,学校“九五”期间的“211 工程”建设总投资为 2.5 亿元,其中,中央专项资金 1.2 亿元,上海安排投资 6 800 万元,学校自筹资金 6 200 万元。在总投资中,用于重点学科建设及装备 1.72 亿元,用于公共服务体系建设 4 300 万元,用于基础设施建设 3 500 万元,全部资金分五年安排使用。另外,国家计划委员会在批复中原则上同意国家教育委员会、上海市人民政府及学校自筹安排资金 1.5 亿元用于与学校“211 工程”相配套的必要基础设施建设。具体项目按基本建设管理程序安排建设。截至“九五”结束的 2000 年,学校实际获得的“211 工程”总投资为 2.524 亿元,是投资计划的 100.96%。其中,中央专项资金 1.2 亿元,上海市安排投资 7 040 万元,学校自筹 6 200 万元。实际投资总支出为 2.388 5 亿元,占实际投资额的 94.6%。其中,用于重点学科建设及装备 1.668 5 亿元,用于公共服务体系建设 3 700 万元,用于基础设施建设 3 500 万元。在与学校"211工程"相配套的必要基础设施建设方面,2000年,学校实际完成的配套基础设施投资为1.483亿元,占计划投资的98.8%。其中,国家教育委员会3 600万元、上海市5 930万元、学校自筹5 300万元。

上海被列入"211工程"项目建设的高校除上述4所大学以外,还有华东理工大学、上海第二军医大学、东华大学、上海财经大学、上海外国语大学和上海大学,共10所①。

【"985工程"项目】

1998年5月,中共中央总书记江泽民在北京大学百年校庆大会上提出"建设世界一流大学"的要求,中共中央、国务院在1999年批准实施教育部提出的《面向21世纪教育振兴行动计划》,财政部为此拨出专款对该项目予以支持。该《行动计划》启动后,就取代"211工程"项目,成为中华人民共和国成立后国家对教育最大的单项投资建设项目。

作为"七五"以来国家重点建设的大学,复旦大学率先被列入"建设高水平大学和一流大学项目"(简称"985工程")的计划。"985工程"的经费主要来自中央与地方的教育经费拨款。1999年7月,教育部和上海市人民政府为此再次签署共同重点建设复旦大学协议,明确在1999—2001年的3年内,教育部与上海市人民政府各投资6亿元专项资金,用于实施"复旦大学三年行动计划"。在这3年中,复旦大学分别获得了中央的1亿元、3亿元和2亿元"985工程"专项资金拨款;在2000—2001年的2年中,学校分别获得上海的4亿元和2亿元"985工程"专项资金拨款。上述拨款分别占到了学校1999年、2000年和2001年教育经费拨款的37.6%、70.4%、60.2%。这12亿元的专项资金主要用于学校队伍建设、学科建设、提高学生素质、改善教学条件、基础设施改造与建设等方面。其中,2000年,复旦大学同上海医科大学合并后,学校在拨款没有额外增加的情况下,将上述12亿元专项资金中的2.55亿元投入到与医学有关的队伍和学科建设、教学条件改善和基础设施改造与建设方面的项目。

除上述"985工程"专项资金外,复旦大学还从教育部获得包括长江学者津贴、青年教师奖、优秀博士论文奖励、研究生教育创新计划、高校重点和开放实验室国内访问学者项目以及高校哲学社科繁荣计划等在内的,与"行动计划"有关的专项资金拨款3 257.4万元。

上海被列入"985工程"建设的高校共4所,除复旦大学外,还有上海交通大学、同济大学和华东师范大学。

【中央财政支持地方高校专项资金】

除"211工程""985工程"等项目由国家及上海市共同投入的专项事业资金外,中央财政也通过多种渠道支持地方高校发展。2010年,中央财政部设立投入周期为3年、每年总额达50亿元(含特色重点学科专项资金10亿元)的中央财政支持地方高校发展专项资金。上海市教育委员会协同上海市财政部门组织上海地方高校进行申报,当年,上海19所高校申报,共获得中央专项资金1.108亿元,其中特色重点学科2 780万元,上海市人民政府按1∶1配套投入。

【上海市高等职业教育专项经费】

2005年,为实施科教兴市战略,发展职业教育,上海市设立高等职业教育专项经费,从改善实

---

① 分别于1984年和1985年进入"211工程"项目建设的上海医科大学和上海第二医科大学分别于2000年和2005年与复旦大学、上海交通大学合并。

习实训条件入手,逐步拓宽至专业、课程、师资建设,并以服务为宗旨、以就业为导向,引导高职教育进行各项改革,增加对紧缺专业投入,提高学生实践动手能力和综合职业能力,推进先进制造业、现代服务业高技能人才的培养。集中实施的是高等职业教育实训基地建设工程。上海市教育委员会、上海市财政局投入 3 000 万元专项经费进行项目扶持。共有 17 个实训基地建设项目通过立项。通过 5 年建设,一批能够资源共享,集教学、培训、职业技能鉴定和技术服务为一体的职业教育实训基地建成,成为覆盖全市、布局结构合理、装备先进的公共服务平台,为各层次职业教育和职业培训服务。

【上海市促进民办教育发展专项资金】

为进一步促进上海市民办教育事业持续健康发展,鼓励社会力量兴办教育,上海市于 2006 年设立促进民办教育发展专项资金,并每年组织上海市民办高校开展申请政府扶持资金的工作。以 2010 年为例,上海市教育委员会、上海市财政局联合发布《关于做好上海市民办高等教育政府扶持资金申请工作的通知》,加大公共财政扶持民办教育力度。该《通知》规定,符合下列 5 个条件的民办高校可申请扶持资金:一是坚持教育公益性,出资人不要求回报;二是依法规范办学,年度检查合格;三是财务管理规范,根据《上海市民办高等学校会计核算办法(试行)》和《上海市民办高等学校财务管理办法(试行)》,设立民办学校学费专户和政府扶持资金专户,接受政府部门监管;四是建有教职工年金制度;五是民办高校法人财产权已落实(或已启动落实工作)。该《通知》还规定,扶持资金主要用于民办高校师资队伍建设、改善民办高校教育教学条件、扶持民办高校特色学科专业建设、支持民办高校教育教学改革。民办高校根据学校发展定位规划和学校实际情况拟订项目计划,并分别提出申请。获得扶持资金的项目,纳入"085"工程管理范围。2010 年内,上海市级财政拨付民办高等教育政府扶持资金共计 1.5 亿元。

三、教育发展基金

上海市教育发展基金会成立于 1993 年,至 1997 年的 4 年间,共募集各类资金 1.75 亿元,资助各类教育项目资金达 4 000 多万元,颁发各类大中小学生助学金、奖学金 100 多万元,资助人数达 1 000 余人。为全面提高市民科技文化素质,上海教育发展基金会设立总额为 1 000 万元的"上海市 90 年代紧缺人才培训基金",并先后出资 470 多万元,资助紧缺人才培训中心的硬件和软件建设,为近万名金融、保险、涉外商务、高级财会、涉外法律等方面的紧缺人才提供了"充电"机会。为促进德育教育,基金会设立总额为 400 万元的"上海市德育基金",用于社会公德教育和学校德育教育。基金会资助的用于培养上海高校青年教师队伍的有"曙光计划""晨光计划"和"阳光计划"。基金会资助了《邓小平理论教程》教材和试题库的建设以及课题研究,为推动高雅艺术进校园,支持"京剧走向青年"和"民乐会知音"活动,演出 90 场次,观众超过 10 万人次。至 2003 年,运作 10 年的基金会已募集资金 2.74 亿元,资助上海市高校"曙光计划"等项目共计人民币 1.76 亿元,为上海教育的改革和发展起到了拾遗补缺的作用。

四、专用税费贴息资助

教育专用税费对高校进行贴息或专项资助,也是 2000 年后上海市人民政府支持上海高等教育发展的方式之一。

上海市教育委员会通过教育专用税费,安排高校重点工程的贴息资助,如高职建设贴息,投融资改革贴息,帮助高校解决一些急迫的问题。为帮助新划入上海共建的 11 所原中央部委属高校,2002—2003 年分别专门安排人民币 3 000 万元、2 000 万元,使这些高校逐步提高生均支出水平。2004 年,上海市教育委员会通过教育专用税费安排高校专项建设。如安排 9 250 万元用于高校布局结构调整,安排 10 830 万元用于基础实验室、体育场馆建设及教育教学的补助等,改善高校的办学条件。

五、投融资体制改革

随着社会主义市场经济的确立与逐步完善,广大人民生活水平的改善和提高,对教育的需求日益增长。为加快高等教育的发展,需加快高校投融资体制的改革。自 2000 年起,上海市逐步注重利用社会资源加速高校及其他学校的改革与发展,致力于在投融资体制改革上进行有益尝试。

【实施教育收费并辅以助学贷款】

依法实施"教育成本合理分担,受益者承担"的举措,同时建立和健全"奖、贷、助"学金制度和"减、免"学杂费制度。2000 年,上海高校学费收入 4.34 亿元,占其经费拨款的 32.63％。同年,奖、贷学金的工作也取得积极进展。开学期间,中国工商银行上海分行、浦东发展银行、中国建设银行上海分行以及中国农业银行上海分行分别进入上海市 34 所普通高等学校及 7 所纳入普招计划的民办高校和高职学校,开展助学贷款咨询、办理工作。至 11 月 30 日,上海高校(包括地处上海的中央部委属高校)申请贷款学生共计 26 144 人,其中申请学费贷款 10 192 人,申请生活费贷款 15 952 人。各大银行批准贷款合同金额 31 742.22 万元,当年发放 7 601.53 万元。2002 年,上海市教育委员会与中国人民银行上海分行、上海市财政局共同研究制定 2002 年度上海高校国家助学贷款四定(定学校、定银行、定范围、定金额)方案及《上海高校国家助学贷款贴息操作细则》。至年底,学生助学贷款人数累计 4.63 万人,贷款合同金额累计 6.47 亿元,实际发放 4.41 亿元,国家助学贷款余额 5.58 亿元,其中中央贴息助学贷款 3.47 亿元,地方财政贴息助学贷款 2.11 亿元,比上年增加 1.67 亿元。

【改革拨款方式】

打破传统的拨款运作方式,实施"拨款与奖励""拨款与贷款贴息""直接拨款改为投入"相结合的举措。既放大经费盘子、盘活有限的资金、增强学校经费运作的责任感,又发挥国有资本的导向作用。一批按传统拨款运作方式无法启动建设或需较长年份才能完成的高校发展型项目,在政府奖励、贷款贴息的支持下,得以提前实施并建成。

2000 年,上海教育获得金融界 70 多亿元的受信贷款额度,全市高校对学校整体建设、基础实验室改造和学生公寓建设等方面共贷款 22 亿元。落实基础实验室的贷款贴息 1 000 万元,校园环境整治贴息 3 000 万元。将拨款建设改为根据完成任务情况予以奖励,用活了资金。教育"八件实事"中的教师办公条件改善、校园环境整治的部分项目均采用这一办法,取得良好效果。

2003 年,经上海市人民政府同意,上海市发展和改革委员会、上海市财政局、上海市教育委员会达成一致意见,将教育投入增量资金("211 工程""985 工程"、市建设财力、高校布局结构调整配套资金等)通过上海申教投资有限公司这一政府投资平台进行投资,由上海申教投资有限公司具体承担将政府对教育设施建设的直接拨款改为投入的工作。这项改革举措,使政府从教育资源的分配者开始向教育管理者转变,进而为实现教育的管办分离和促进政府职能的转变发挥积极的作用。同年,上海申教投资有限公司在存量资产盘活上进行探索和实质性运作,对上海中医药大学搬迁后存量资产进行接盘并承担其新校区建设资金的还贷任务,有效减轻了学校负债压力。

2004年,上海申教投资有限公司出资4.5亿元组建新复旦建设公司,成功购入新江湾城100万平方米教育用地,购入原上海应用技术学院邯郸路校区,用于复旦大学新江湾校区和复旦大学新闻学院的建设,有效发挥国有资本的导向作用。

【开辟融资渠道】

1994年,经国家教育委员会和上海市有关部门同意,上海交通大学靠近淮海西路边的约7 000平方米土地,以土地批租的方式,吸收外资进行开发,开高校利用外资开发、改造老校区之先河。上海交通大学用批租所得的资金在老校区建造1.5万平方米的综合实验大楼,改造、整修校内一批有历史意义的古老建筑和教学设施,并建教职工住宅。1998年起,上海高校试行"政府提供土地、社会资金直接介入、金融机构提供贷款、建成项目供学校使用,学校收取学费还贷或交付租金"的BOT投融资新机制。松江大学园区一期工程以及一大批学生公寓的建设,均运用这一机制运作完成。

经过不断探索,教育投融资体制改革,从原为解决资金缺乏问题而自发产生的不自觉的行为,逐步成为为实现教育投资体制、机制转换的理性的、自觉的行为,教育投融资在理念上实现了跨越。同时,根据国家宏观调控和教育部、财政部相关政策的要求,进一步提高了教育投融资的风险防范意识,在投融资规模控制、资金监管等方面进行规范,以确保教育投融资体制改革的稳步推进。

【上海市属高校化债工作】

2010年,上海市推进市教育委员会所属高校化债工作。按照上海市人民政府要求,上海市教育委员会和上海市财政局制定的《关于化解市教育委员会所属高校债务的工作方案》,遵循"明确职责、共同负担、化解风险、严控新债"的基本原则。化债工作主要由三方面组成:首先是核定债务额度。至2008年底,初步核定的上海市教育委员会所属高校名义债务总额为47.8亿元,扣除因校区置换未完成暂不纳入此次化债的两所学校的债务后,名义债务总额为39.4亿元。其次是签订责任协议。明确高校化债的责任主体,按照"谁贷款,谁负责"原则,对纳入化债范围的高校要求制定具体、可操作的化债方案,并签订三方责任协议书。第三是拨付专项资金。由上海市财政局安排政府专项化债资金31亿元,采取基本额度、风险额度、补贴额度和预留额度相结合的办法对高校化债进行支持。与此同时,要求有关高校做好"锁定旧债、积极化债、严控新债"等工作。计划通过两年时间(2010—2011年),将上海市教育委员会所属高校校区基础设施建设形成的39.4亿元债务全部化解。

第三节 监 督 管 理

一、教育经费管理

高校对教育经费主要通过财务管理制度和加强预算计划的执行进行管理。1980年代之前,教育经费分为预算内资金和预算外资金两部分。预算内资金是国家财政资金,应通过预算编制、申报核拨、预算执行直至年终决算,是学校财务管理的主要内容。在用款制度上确立"按计划用款,专款专用,先请示后用,严格支报手续"的原则,并根据年度预算计划从财务上加强对各部门的财务监督。教育经费支出是高校将各项教育经费收入所带来的资金用于学校整体发展、维持学校正常运转、培养各类人才等过程中发生的各类费用开支。根据学校各类经费用途可区分为人员经费支出、公用经费支出2大类。人员经费主要包括工资(标准工资、生活补贴费、保留工资)及补助工资(临时工工资、各种补贴及津贴)、副食品价格补贴、职工福利费(工会经费、工作人员福利费、职工探亲车船费、退休金、退职金、抚恤费)、人民助学金等;公用经费主要包括公务费、设备购置费、修缮费、业务费、其他费用等。一般均由学校财务管理部门根据学校教学科研情况制定预算,年终经费决算上报。预算外资金是不纳入国家预算管理,由学校自收自支的资金,如横向科研经费、学校基金、捐赠款等。这两部分资金均需按照国家财政部门和业务主管部门有关的财务制度、财经纪律进行管理。

改革开放以后,随着社会主义市场经济体制的建立和发展,逐步形成由政府宏观管理,学校面向社会自主办学的新体制。如上海交通大学根据经费来源多元化的特点,在预算管理方面,从传统编制的以教育事业费为主的"单位预算",逐步过渡到编制包括学校可用的预算内外全部资金的"综合财务计划",学校的宏观调整能力逐步增强,预算管理空间逐步拓宽。学校坚持先收后支,量入为出,收支平衡,区分轻重缓急,突出重点,兼顾一般的原则,统筹安排学校的财力,保证学校教学科研事业的持续稳定发展。1984年起,上海交通大学对预算内支出按各部处系编号,对各类科研项目、对外服务收支等按项目编号,统一使用校内付款凭证(转账凭证),以适应改革需要和进一步控制经费的合理使用。又如上海师范大学自1978年开始有预算外资金收入以后,财务管理从单一的教育经费管理转变为对预算内外资金管理。随着经济体制改革的逐步深入与教育事业的迅速发展,上海师范大学资金来源渠道与经济活动的内容日趋丰富和多样化。遵照财政部颁发的《行政事业费会计制度》及主管局的有关规定,结合学校内部机构设置与资金用途的性质,按照"分块切割,纵向管理,按实结报"的管理办法进行具体的管理与核算。主要特点:一是在年度预算分配时,明确目标,针对实际,保证重点,提出措施,进行分配与核定;二是分清系统,归口管理,贯彻"谁用钱谁管钱"的原则,从财务管理与经济措施上促进系、所二级管理机构发挥其有效的自主性与自我解决问题的能力;三是根据资金的不同性质,分别设账、分别核算、分别编报、分别分析,做到项目清楚,项目费用完整,不相互混淆,从而提高了资金使用的真实性与效益。1998年起,上海各高校为了加快缓解教职工的住房困难,在国家拨款不足的情况下,各高校均自筹基建经费,以增强住房建设的力度。

经国务院批准,财政部颁布并从1997年和1998年起在全国范围先后实施新的《事业单位财务规则》和《事业单位会计准则(试行)》。国家教育委员会根据上述"两则"的规定,颁发《高等学校财务制度》和《高等学校会计制度》,从1998年起在全国教育系统试行。新的财务制度,进一步明确财务管理的基本原则和主要任务,并对财务管理体制、单位预算管理、收入管理、支出管理、资产管理、负债管理、财务清算、财务报告和财务分析、财务监督等作出了明确规定。上海市教育委员会根据上海教育系统的实际情况,制定上海高等学校的财务会计制度。根据新制度的规定,从1997年起打破预算内外界限,将学校所有收入和支出全部纳入预算管理,也就是将财政拨款与学校的事业收入等一并视为收入,科研经费的收支也相应的全部纳入预算管理,统一计划、统一核算、统一管理。

二、监督

【财务审计】

20 世纪 80 年代中期开始,上海逐步建立并健全对高等教育的审计制度,"八五"期间上海市属高校已普遍设立内审机构,有关行政主管部门支持社会审计机构对高等教育机构开展各类审计。上海高校审计工作由浅入深,从财务收支审计向效益审计的发展,管理制度的不断完善,逐步成为财务宏观管理的有力手段。

1990 年,上海市高教系统审计工作以治理整顿高校育人环境、深化教育改革、努力提高办学效益为主要目标,并以财务收支审计和效益审计为审计工作的重点,提高审计工作质量和效率。上海市高等教育局隶属的高校全年共审计 83 个项目,查出违纪金额 964.98 万元,增收节支 134.85 万元,减少损失 47 万元。具体做法:一是建立健全高校内审机构、扩大审计队伍。上海 52 所高校(包括 2 所成人高校)有 49 所建立了内审机构或配备了专职审计人员,占总数的 92.45%,其中上海市高等教育局管辖的 13 所高校全部建立审计机构,还充实审计师、律师等专业人员,为内审工作的开展创造了有利条件;二是继续组织轮流循环联合审计。其特点是在审计中既有覆盖面,又顾及审计监督的深度。当年顺利完成对两所局管高校的联合审计,共查出违纪及有问题的金额达 423.8 万元,约占两校当年预算经费的 36.5%;三是开展经济效益审计,促进学校增收节支,当年将基建决算审计列为必审项目。据不完全统计,经审计,平均每个基建项目核减金额为原决算的 10% 至 15%,因此为学校节省了大量经费。如有一所高校发挥本校审计部门作用,审计近年来一外省市施工队在学校承包的 10 个基建项目,总金额为 43.5 万元,审计后核减金额 15.3 万元,占原决算金额的 35.2%;同时,发现了原基建部门负责人有受贿和造成国家财产严重损失的违法行为,该案已由司法机关查办。同时,还组织开展对后勤各类承包项目的效益审计、校办企业的效益审计、教育事业的效益审计等。

1993 年,上海高校内部审计部门和广大审核人员贯彻国家教育委员会审计局《关于进一步加强教育审计工作的几点意见》及有关方针、政策,加强审计工作。随着中国新财会制度的出台,上海市高等教育局审计室与有关单位一起组织,先后举办"新财会制度培训班""中国重返国际关贸总协定的意义及前景""基建审计预、决算培训班"。一年中,共培训审计人员约 400 人次。

根据上海市人民政府有关审计工作规定,上海市高等教育局审计室牵头,由上海高信会计师事务师、上海审计师事务所高申分所实施对 10 余所高校的 30 多家校办公司及有关经济实体进行财务审计。上海市高等教育局审计室还就上海高校对学生及机关职能部门收费情况进行审计调查,要求各高校填报"高校学生收费及机关职能部门收费情况调查表"。经对 12 所高校的共 263 项收费内容进行调查汇总,属正常收费项目计 148 项,可根据情况酌情收取一定费用的项目 114 项。审计调查情况为有关部门制定制止乱收费的决策提供依据。1993 年,上海高校系统共进行各项审计 260 项,其中离任责任审计 26 项,经济效益审计 146 项,基建修缮审计项目 88 项,共计追回侵占挪用资金 49.1 万元,促进增支 63.3 万元,核减基建投资款 132.8 万元,查出损失浪费金额 31.7 万元。1997 年,举办内部审计机构负责人培训班,提高审计人员的业务水平。一些高校增加审计人员,加强审计力度。建立市级审计网络。颁发《关于进一步加强上海市教育审计工作的通知》,提出加强教育审计的意见。完成 1996 年上海市高校教育经费审计调查,组织开展多项审计。各高校的内审机构根据本单位、本部门实际,开展了预算执行、财务收支、基建、校办产业等审计。

2000年,根据上海市人民政府有关文件精神,对上海各高校1999年计划外办班收支情况进行审计,重点是计划外办班的管理是否规范,经费收支是否纳入学校财务管理。2001年,上海市教育委员会召开教育系统清理"小金库"和银行账户工作会议,传达上海市清理"小金库"银行账户工作精神。2002年,上海市教育委员会对上海海运学院、上海戏剧学院、上海体育学院、上海电视大学等17所高校实施财务收支审计;并对相关直属单位实施22项经济责任审计,其中3项是对局级干部的任期经济责任审计,审计总金额为90 574万元。对局级领导干部和高校二级部门负责人进行经济责任审计,标志着全市教育审计工作推向新的广度和深度。2003年,上海市教育委员会对上海中医药大学等3个单位进行财务会计信用等级年检,这3个单位会计基础工作较上年都有不同程度的提高。并对上海对外贸易学院等13所中央部委属学校及事业单位进行会计基础工作的检查。同年,为实施上海市教育委员会国有资产委托监管事业单位固定资产管理的信息化,《AIFA-MIS行政事业单位固定资产管理信息系统》研制成功,并在上海市教育委员会国有资产委托监管事业单位中推广应用。2004年,上海市教育委员会继续对教育系统内13个单位进行"会计基础工作规范"的检查,对上海中医药大学进行会计信用等级"A"级的年检工作。对已进行"会计基础工作规范"检查的22个预算单位按30%比例确定8家单位进行财务会计信用等级和预算信用等级评审抽查。同年,上海市教育委员会修订颁发《上海市教育系统内部审计工作规定实施办法》,对下属单位实施18项教育系统领导干部经济责任审计。2007年,开展对上海高校后勤产业党委历史遗留问题经费收支审计、上海市学生体育大联赛财务收支审计、青少年体质健康上海论坛审计等三个专项审计。在继续规范经济责任审计工作同时,坚持做到两年为一周期开展处级与局级干部任期经济责任审计。当年主要完成远程教育集团、上海海事大学、华东政法学院、上海工程技术大学、上海体育学院5个局级单位的经济责任审计。并对"2004年度应届高校毕业生到上海市郊区镇学校任教的专项补助经费"等6项专项经费实施审计。

至2007年,上海市教育系统经济责任审计覆盖率达100%,上海市教育委员会直属处级单位基本进入第三轮的经济责任审计,局级单位普遍进入第二轮经济责任审计,有的进入第三轮甚至第四轮经济责任审计。

2008年,按照中央和上海市经济责任审计联席会议,以及上海市审计局要求,上海市教育系统经济责任审计内容予以扩展,新增重大经济决策情况、财务收支及资产管理情况、内部控制状况等6个方面。并对上海体育学院、上海师范大学、上海海洋大学等12所高校和上海市科技艺术教育中心、上海市高等学校毕业生就业指导中心等8家直属单位的负责人开展经济责任审计,审计工作覆盖面进一步扩大。根据《教育部关于做好领导干部经济责任审计报告交接工作的通知》以及《教育部关于进一步加强省属高校领导干部经济责任审计工作的意见》等文件要求,将经济责任审计报告作为领导干部交接的重要内容,使领导干部更加明确应承担的经济责任,改变新"官"不理旧账的认识,切实解决长期挂账等遗留问题。

2009年,上海市审计部门对上海市教育委员会及所属14家单位的2008年度预算执行和其他财政财务收支情况进行全面审计,共涉及40多家单位,审计年限从2008年上溯至1990年。对于审计报告所反映的八方面问题,上海市教育委员会要求各单位逐条梳理、分工负责、予以整改。2010年,上海市教育委员会成立审计督导组对上海体育学院等6个单位进行审计督导,并对上年已经实施审计督导的上海音乐学院进行回访。

2009年,根据国家和上海市人民政府有关文件精神,上海市教育委员会系统开展清理"小金库"专项治理工作,党政机关和56家事业单位全部开展"小金库"自查自纠工作,自查面达到100%。

上海市教育委员会系统治理"小金库"工作领导小组对 24 家单位(约占系统内单位 40%～50%)开展治理"小金库"专项调研和重点检查工作。

【制度建设】

从国家"九五"计划(1996—2000 年)起,上海教育经费投入总量迅速增长,预算内教育经费投入和教育费附加也都迅速增加。但存在的问题主要是,注重投入前的可行性分析,忽视投入后的效益跟踪分析;注重资金的分配方式,缺少经费使用的绩效评价等问题。从国家"十一五"计划(2006—2010 年)起,上海市对教育经费的管理与监督方面,开始实施一些新的举措。2003 年,上海 17 所市属高校在接受财务收支审计之后,着力开展四方面的工作:一是认真落实审计意见,明确整改责任,落实整改措施;二是纠正错账,提高净资产的真实性;三是收回风险较大的金融投资;四是建章立制,完善内部控制制度,一些高校的整改工作已取得显著成效。此外,制定《关于建立教育系统局级干部离任经济责任审计制度的通知》,对教育系统局级干部经济责任审计的对象及经济责任、审计实施的工作格局、时间范围、操作程序、审计内容及重点等作了规定。

2008 年,上海市教育委员会组织编撰《教育审计工作手册》一书,该《手册》包括总论、分论(共十四章,按教育审计类别论述)、常用教育审计法规选录等三部分,对规范教育系统内审的工作程序,强化依法审计,实现内部审计的制度化、规范化和职业化建设具有规范性的指导作用。该《手册》既是广大教育审计工作者的工作准则和实务指南,又是上海市教育委员会审计部门检查、考核各教育单位审计工作的依据,也是分管教育审计的各级领导的内审工作参考书。在此基础上,上海市教育委员会于次年制定《上海市教育委员会内部审计督导办法》,明确督导组采取听(听有关单位汇报、介绍、座谈会)、问(问卷调查、随机询问)、核(核实汇报、资料所介绍的情况的真实性)、查(现场查询,审计档案查询)、交流(介绍其他单位、部门的好做法,反馈督导初步意见)等办法,进行实地检查,形成督导结果报告,并以审计督导意见书的形式将督导意见反馈给被督导单位、部门,进一步推动全市教育系统内部审计工作。

2009 年,召开上海教育审计工作会议,聘任 19 位同志为上海市教育委员会兼职审计员,强化审计组织队伍。组织全市教育审计理论研讨会,围绕审计过程中发现的热点、难点和重点问题,共交流论文 55 篇,出版近 30 万字的《教育审计工作手册》,作为上海教育内部审计督导检查的标准。

2010 年,上海市教育委员会制定上海市属高校财务管理绩效评价指标体系,主要包括预算编制、预算指标、预算执行管理、年度决算、专项经费管理、综合管理六个方面,共 18 个二级指标。根据这一指标体系,委托上海市教育评估院组织专家,以预、决算等财务管理指标为主要评价对象,采取"综合评价与分类考核相结合,定量评价与定性评价相结合,自评自查与他评他查相结合"方法,首次对 22 所高校进行财务管理绩效综合评价的测试,并根据绩效评价结果进行奖惩。通过绩效评价,有利于完善上海市属高校财务管理制度,促进高校加强财务管理工作。

关于上海市民办高校的财务管理,于 2009 年正式试行《财务管理办法》和《会计核算办法》。上海市教育委员会会同上海市财政局、上海市国家税务局、上海市地方税务局和上海市民政局等共同颁发《关于加强民办高等学校学费及政府扶持资金账户管理的通知》,要求各民办高校建立学费与政府扶持资金专用账户。通过研究、开发民办高校专用财务与收费管理系统,将《财务管理办法》和《会计核算办法》的规则通过软件固化到应用程序中,将财务会计信息与学生缴费信息固化到应用软件逻辑结构中,并颁发《关于建立民办高校学费收入信息管理系统的通知》,对各民办高校专项经费信息、学生收费信息、重点科目信息进行过程监管,提升对民办高校财务状况的了解水平和分析能力,做到"政府扶持有依据、学校开支有明细、财务管理更规范、资金流向更清晰",从而客观地反映出财务规范管理质量记录,为财政继续加大对民办学校的支持力度、开展营利性和非营利性民办学校的分类管理试点奠定基础。2009年的研究课题《上海市民办高校财务会计制度的编制和试行》和《上海市民办高校财务监管方案》,获得上海市第十届教育科学研究成果奖教育决策咨询类的三等奖。

【部门预算全程跟踪检查】

2009年,根据上海市十三届人大常委会第五次会议要求,上海市人大财经委员会、上海市人大常委会预算工作委员会和教科文卫委员会对上海市教育委员会2009年部门预算进行全程跟踪检查,并选择上海师范大学作为预算跟踪重点单位,选择重点投入专项资金的"教育高地"和"重点学科"作为重点项目进行全程研究、典型剖析。上海市人大组织人大代表每月深入基层预算单位进行调研视察,每季度听取上海市教育委员会预算执行情况汇报。在上海市人大全程跟踪监督下,上海市教育委员会系统各预算单位部门预算执行工作均有很大进步。

【事业单位资产清查】

2007年4月起,根据上海市财政局《关于印发〈上海市行政事业单位资产清查工作实施方案〉的通知》,上海市教育委员会系统的事业单位开展资产清查工作。此次清查基准日为2006年12月31日,上海市教育委员会系统资产清查范围共有78户单位,其中预算单位49户,基层预算单位17户,合并预算单位7户,自收自支单位4户,撤销单位1户。各事业单位按照资产清查要求,成立资产清查工作机构,根据资产清查基准日数据核对票据、账册和实物;对固定资产、对外投资、应收、应付等明细款项,进行逐笔核对记录,真实反映实盘、盘盈、盘亏等数据;对损溢进行取证,聘请中介机构进行鉴证,提出鉴证报告。至7月底,完成清查数据的审核和汇总工作。

【高校校办企业清产核资】

2006年,上海市教育委员会颁发《上海市教育委员会系统国有企业(公司)改制管理办法》《上海市教育委员会关于做好市教育委员会系统国有企业改制和规范管理工作的指导意见》和《上海市教育委员会关于推进上海市高校企业改制和加强规范管理的实施意见》等文件,成立高校企业规范化建设领导小组和工作小组,全面推进高校校办企业清产核资和企业改制工作。核查结果是:全市有校办企业的市属高校19所,共有企业389家,其中全资企业217家、控股企业54家、参股企业118家;清理学校与企业归属不清资产、企业不实资产、企业不良资产1716笔,总金额9218万元,核准学校投资未到位企业71家,总金额4908万元;对发现的历史遗留问题,承担高校企业清产核资工作的社会中介机构提出审计意见269条,高校拟定整改措施293条;学校原始和过程投资办企业的经费2.95亿元,学校的所有者权益5.45亿元,校企总的资产负债率62%。

至2009年底,历时3年多的上海市属高校企业改制、规范化建设工作取得阶段性成果。一是有校办企业的19所上海市属高校中,有17所高校组建了资产经营公司(另2所高校因企业较少,明确不再组建)。二是除少数参股企业和拟清算注销企业外,绝大部分在营企业已划转资产经营公司,实现教育部关于高校企业改制、规范化建设的第一阶段工作目标。三是开展非公司制企业的公司化改造,改制范围内的91家非公司制企业中,有30家企业完成公司制改制,在启动改制的企业有48家。四是已清算注销或退出的公司有119家企业,被税务注销或工商吊销停止经营的企业32

家,其余企业也开始逐步进入清算注销工作过程。同时,各高校对产权不清的企业进行产权界定和产权关系调整,通过产权转让、减资退股等方式进行了调整,明晰了产权关系。

通过高校企业改制,上海市教育委员会立项并完成高校规范化建设工作五个方面的专题研究,形成《上海市属高等学校企业国有资产管理暂行办法》等若干个规范性文件,有利于高校企业的规范化建设,形成高校企业新的管理体制。

第二章　教育基本建设

1978年起,国家加大对高等学校基本建设的投入,恢复与改善高校因"文化大革命"造成的校舍陈旧、紧缺状况。20世纪90年代末,上海以高校后勤社会化改革、高等教育投融资体制改革为契机,加速引进社会资源扩大高等学校基本建设投入。在改造老校区教室、实验室、教师宿舍和学生宿舍等校舍的同时,陆续兴建一批大学园区。在此基础上,上海通过整体规划,至2005年前后,逐步形成以地处市区东北的"杨浦知识创新区"和市区西南的"闵行紫竹科教园区"2个高校集聚区、"松江大学园区""南汇科教园区"2个大学园区、地处奉贤和临港新城的2个高校新集聚区,以及在上述区域之处的若干有特色的高校校区所构成的"2+2+2+X"高校布局结构。

第一节　校园基本建设

一、校园恢复改善

为整治十年"文化大革命"给高等教育带来的创伤,适应逐步扩大的高等教育办学规模,发展与面向现代化、面向世界和面向未来相契合的高等教育,自1978年起,国家即致力于加大高校基本建设力度,改造老旧校舍,新建校舍和公寓,改善办学条件。1978—1983年,上海高校校舍基建总投资近3亿元,有100万平方米校舍竣工并交付使用,主要是教学楼、实验楼、学生宿舍、教工宿舍、食堂和浴室等。其中,1980年,国家投资2600多万元,在30所高校新建一批校舍,新建项目共有48项,总建筑面积达18万多平方米。1981年,43所高校进行扩建,至秋季新学期开始,竣工新校舍共有50多幢,19万多平方米;至年底,又竣工新校舍8万多平方米。至1995年,上海各高校校舍建设完成投资42 978万元(含中央部委高校投资29 471万元),竣工建筑面积135 854平方米(含中央部委高校94 388平方米)。

1999年,上海高校基础实验室改造工程启动。上海市教育委员会制定《关于改革投资体制,加快上海高校基础实验室改造工程的意见》,并与中国农业银行上海市分行签署支持高校改造一、二年级基础实验设施4.5亿元的贷款额度协议。2000年,上海高校一、二年级基础实验室建设项目全面启动,共落实改造工程经费2.04亿元,其中贷款1.57亿元,自筹0.47亿元。首批共有18所高校166个实验室立项改造。当年,即完成127个实验室的改造施工,占计划改造实验室项目总数的77%。

在改善教师办公条件的投入机制方面,上海市教育委员会改变了根据项目大小,事前决定经费的传统做法,采用根据各校完成情况和成绩大小,事后给予奖励的方式。在1999年底上海市教育委员会投入1 000万元奖励经费的基础上,2000年又投入1 000万元的奖励经费。至2000年底,全市32所普通高校(公办)共投入资金9 882万元,改善19 385名教师办公条件,占高校教师总数的94.6%。26所高校完成全校教师办公条件的改善,改善后的教师办公场所整修一新,宽敞明亮,并配有整齐的办公家具和空调、饮水机、电脑等设备。

为适应高等教育事业发展的要求,改善高校学生住宿条件,上海市从1998年开始全面启动实施高校学生公寓建设工程。目标是为学生提供 4 人一间公寓、生均建筑面积达 10 平方米的住宿条件。学生公寓的建设采取"政府政策支持,企业投资建设,银行给予贷款,学生宿费还贷,政治辅导员参与,学生自我管理与社会化物业管理结合"的新型投资机制和管理形式,推动高校后勤社会化改革步伐。学生公寓建设自 1998 年开始,1999 年竣工 33.8 万平方米,2000 年又交付使用 37 万平方米,其中包括上海大学校外新世纪学生村和同济大学西校区的校外桃李学生村。同时还购买部分空置房作为学生公寓,基本完成学生 4 人一间的工作目标。

二、新校区建设

20 世纪 90 年代末,高等教育的规模逐渐扩大,各高校开始陆续建设新校区,扩大招生规模,校园基本建设进入快速发展时期。

1998 年开工的上海大学宝山新校区,作为上海教科文卫体系统面向 21 世纪的标志性工程,位于宝山区祁连镇、大场镇境内,占地 100 万平方米,总建筑面积 35.26 万平方米(不包括新世纪学生村),可容纳 1.4 万名学生。总投资 14.64 亿元,其中上海市财力 8.35 亿元,其余由上海大学通过置换其他校区等渠道筹集。一期工程投资 10.1 亿元,于 1999 年 9 月竣工交付使用,7 000 余名学生入住新校区。二期工程投资 4.54 亿元,于 1999 年底开工,至 2000 年底,除体育中心外,其余工程全部竣工。新校区学生达 1.4 万人。

2000 年 9 月 8 日,被列为上海市教育委员会 2000 年重点工程的上海师范大学奉贤校区扩建工程奠基。上海师范大学奉贤校区已有 20 年历史,由于资金不足,交通不便,长期以来未得到大的发展,在校生仅千余人。此次扩建工程计划投资 3 亿元,分两期建造 16 万平方米校舍,3 年竣工后可容纳学生上万人。该项工程改变以往政府拨款单一渠道,采用银行贷款、企业投资等多元投入方式进行建设,并实行基本建设社会化,全部委托上海教育基本建设管理中心组织建设,实行"交钥匙"工程。

2003 年,复旦大学江湾校区举行奠基仪式。由复旦大学、上海申教投资有限公司、杨浦大学城公司联合组建的上海复旦建设发展有限公司成立,7.8 亿元征地费和建设资金全部到位。复旦大学江湾校区位于杨浦区新江湾城的西北侧,南起殷行路,北接军工支路,西临国江路及何家湾火车站,东至淞沪路,占地 97 万平方米。建设 30 万平方米教学用房,包括教学楼、图文信息中心、实验楼、学生活动中心、行政管理中心和国际交流学院等。计划安排全日制本科生 3 000 人、研究生4 000 人、留学生 3 000 人。预计项目总投资 18 亿元,2005 年 5 月完成一期工程建设,建筑面积 8.3万平方米。

同年,华东师范大学启动闵行校区规划建设,并于 2006 年主体搬迁到闵行校区,形成"一校两区、联动发展"的办学格局。该校区位于虹梅南路西侧,南到东川路,西到莲花路,北到剑川路,占地121.4 万平方米。规划建设 34 万平方米教学用房和 20 万平方米学生公寓及食堂,项目计划总投资21 亿元。计划安排本科生 11 000 万人、硕士生 4 800 人、博士生 1 200 人,规划设人文学院、法政学院、外语学院、理工学院、资源与环境学院等近 20 个实体院系。

至 2005 年,上海高校新增校园面积共计 1 630.66 万平方米,是"九五"期末校园面积总量的147%;新增校舍建筑面积 688 万平方米,为"九五"期末校舍面积总量的 93%。

2007 年,校园扩建的高校有上海音乐学院、上海电力学院、上海大学、上海体育学院等,以及松江大学园区资源共享区建设等项目,并完成 2007 年上海国际田径黄金大奖赛松江大学园区改造项目工程。

至 2010 年,在上海的中央部属和地方高校校园占地面积扩大到 2 513.3 万平方米;校舍面积扩大到 1 308 万平方米。

三、高校布局结构规划

在众多高校新校区建设如火如荼之际,2004 年,经上海市人民政府批准,上海市教育委员会会同上海市政府相关职能部门对上海高等学校布局结构制定的"2＋2＋X"规划方案出台。第一个"2"是以复旦大学为中心的杨浦知识创新区和以上海交通大学为中心的闵行紫竹科教园区;第二个"2"是上海松江大学园区和南汇科教园区;"X"为建设若干所有特色的高校。

【杨浦知识创新区】
地处杨浦区的原 13 所高校调整为复旦大学、同济大学、上海财经大学、上海理工大学、上海体育学院、上海电力学院、上海电视大学和上海第二军医大学 8 所高等学校。上海金融高等专科学校整体搬迁到浦东曹路镇建设新校区,并由高等专科学校升格为上海金融学院(2003 年);上海水产大学主体搬迁到南汇临港新城建设新校区后,该校原军工路校区调整给上海理工大学办学。

【闵行紫竹科教园区】
教育部和上海市人民政府决定在上海交通大学闵行校区规划建设校舍 64 万平方米,在上海交通大学闵行校区的东面建设华东师范大学闵行校区,规划校舍建筑面积 50 多万平方米(详见第二节)。

【松江大学园区】
2000 年 7 月 29 日,松江大学园区奠基。松江大学园区规划用地约 533.3 万平方米,规划建设各类校舍建筑面积 200 多万平方米。其中一期规划入驻高校有上海外国语大学、上海对外贸易学院、立信会计高等专科学校(2003 年升格为上海立信会计学院)和复旦大学上海视觉艺术学院。二期工程入驻园区高校有东华大学、华东政法学院(2007 年更名为华东政法大学)和上海工程技术大学(详见第二节)。

【南汇科教园区】
2000 年 9 月,南汇科教园区建设启动。南汇科教园区位于惠南新城区,由南汇区人民政府规划建设。上海水产大学和上海电力学院南汇校区、上海工商外国语职业学院、上海托普职业技术学院、上海思博职业技术学院和复旦大学太平洋金融学院入驻园区。这 6 所高校各类校舍建筑面积 47 万多平方米(详见第二节)。

【特色高校规划建设】
10 多所高校根据各自办学特色和办学条件进行新的规划和建设,大致分 3 种类型:一是老校区地处市中心,周边无拓展办学空间,在保留老校区的基础上,到市郊选址建设新校区。如上海大学在宝山区建成新校区,根据上海大学事业发展,在该校宝山校区的东面规划新建校舍 20 多万平方米,使该校区的办学规模扩大到2万人。这一类型的学校还有上海师范大学、上海第二医科大学、华东理工大学等。二是学校在原地发展,对原有校园进行重新规划和建设。如上海音乐学院,本着"就地改造、做精做强"原则,通过拆除零星旧建筑,新建4万多平方米校舍,使该校建设成为有学科特色的学校。这一类型的学校还有上海戏剧学院和上海体育学院。三是学校地处市中心城区内,根据该校的事业发展规划和办学规模,重新进行规划选址和建设。如上海海事大学,上海市政府决定将该校整体搬迁到临港新城建设新校区。这一类型的高校有上海中医药大学、上海第二工业大学、上海金融学院、上海水产大学和上海应用技术学院等。

2006年,上海市教育委员会编制《上海市高等学校设置"十一五"规划》,"2+2+X"高校布局结构调整基本确定。上海高校分布情况如下:杨浦区:复旦大学、同济大学、上海财经大学、上海理工大学、上海体育学院、上海电力学院杨浦校区;闵行区:上海交通大学、华东师范大学;松江区:上海外国语大学、东华大学、华东政法学院、上海对外贸易学院、上海工程技术大学、上海立信会计学院、复旦大学上海视觉艺术学院;南汇区:上海海事大学、上海水产大学、上海电力学院南汇校区;奉贤区:华东理工大学、上海师范大学、上海应用技术学院;浦东新区:上海中医药大学、上海第二工业大学、上海金融学院;其他:上海音乐学院(徐汇区)、上海戏剧学院(静安区)、同济大学汽车学院(嘉定区)、上海大学(宝山区)等。

2007年,上海市继续调整高校布局结构,在原"2+2+X"方案基础上,调整成为"2+2+2+X"方案。新增1个"2",即在奉贤区的上海师范大学、华东理工大学和上海应用技术学院校区;在临港新城的上海海事大学和上海水产大学校区。

第二节　大学园区建设

一、松江大学园区

2000年,为了进一步调整高校布局结构,拓展优质高教资源,适度超前发展高等教育,根据上海市委、上海市人民政府的部署,松江大学园区建设工程列入上海市人民政府"十五"期间重大工程项目,于2000年7月29日奠基并按计划施工。松江大学园区建设,以投资多元化、管理社会化、资源共享化为目标,采用独立和集中相结合的管理模式。为使大学园区内的设施得到有效的利用,设有资源共享区和生活区。

松江大学园区按照"一次规划,分期实施"的原则,一期工程在2001年9月完工,在165万平方米土地上竣工建筑面积20.91万平方米(包括生活区6.75万平方米)。上海外国语大学、上海对外贸易学院、立信会计高等专科学校成为首批入园的3所高校。10月,大学园区迎来首批5346名新生,其中上海外国语大学1160人,上海对外贸易学院1928人,立信会计高等专科学校2258人。大学园区内的3所高校联合成立教学管理协作组、学生选课中心和思想教育政治理论课、体育、高等数学、大学语文、会计、英语6个联合教研组。同时,制定《上海松江大学园区教学资源共享实施意见》等一系列规章制度。提供65门具有特色的跨校选修课程,共有1084位学生跨校选修,其中,上海对外贸易学院793人,立信会计高等专科学校285人,上海外国语大学6人。当年3校共同举办了23次名人、名家和名教授讲座。

2002年,松江大学园区竣工建筑面积18.69万平方米和园区学生生活区近20万平方米。另有8.69万平方米于2003年竣工。2002年年底,进入松江大学园区的学生约1.1万人。

2003年,松江大学园区二期工程启动,南起张家浜,与一期工程隔河相望,规划用地约246.7万平方米,规划建筑面积含学生公寓共100多万平方米,计划投资约35亿元。其中,东华大学校区占地98万平方米,规划总建筑面积41.5万平方米,在校生规模2万人;华东政法学院校区占地55万平方米,规划总建筑面积12万平方米,在校生规模1万人;上海工程技术大学校区占地78万平方米,规划总建筑面积23万平方米,在校生规模1.2万人。至9月,二期工程竣工校舍18万平方米,其中东华大学建成两幢教学楼、两幢实验楼和教师活动中心,共8.2万平方米,完成投资3.16亿元;华东政法学院建成教学楼3.9万平方米,食堂0.6万平方米,校园总体完成80%,完成投资近1.5亿元;上海工程技术大学竣工公共教学楼5万平方米、食堂0.6万平方米,完成投资约1.2亿元。至秋季,该3所学校的首批8 000名新生入住园区。

2005年4月,复旦大学上海视觉艺术学院获教育部批准成立,学院入驻松江大学园区一期规划位置,占地49.33万平方米,建筑面积12万平方米,教学设施和校舍建设投入资金4.2亿元。

二、南汇科教园区

南汇科教园区总规划土地面积666.6万平方米,其中333.3万平方米为教育园区,333.3万平方米为研究产业园。一期工程于2000年9月启动建设,二期工程于2001年启动。

2001年9月,完成一期工程建设任务,竣工建筑面积32.4万平方米,总投资近12亿元。新学期首批入驻4所大学新生6 601人,其中上海水产大学2 327人,上海电力学院1 295人,上海工商外国语职业学院1 139人,上海托普信息技术学院1 840人。加上原有的上海理工大学学生2 500人,共有大学生9 101人。4所大学采取不同的投资办学模式,其中上海水产大学、上海电力学院以租赁形式入驻园区,上海工商外国语职业学院采用15年按揭的方式购买产权,上海托普信息技术学院则由托普集团投资建设。首期学生公寓和生活配套设施由民营企业投资建设,由政府包租20年,按上海市教育委员会有关规定收取住宿费。研究产业园区内已有托普东部软件园、同济科技产业园、信息通讯等项目进驻。

三、闵行紫竹科教园区

2001年6月,上海市闵行区人民政府、上海交通大学、上海紫江集团为共建"上海紫竹科学园区、闵行大学园区"举行签约仪式。规划中的紫竹科学园区和闵行大学园区以上海交通大学闵行校区为依托,向南北两翼扩展,形成研发基地、产业孵化基地两块功能区域。同时在园区的东南部,建设上海浦江森林半岛公园,总占地面积15.2平方公里。其中大学园区占地约4.13平方公里(包括上海交通大学闵行既有校区),紫竹科学园区占地面积7.34平方公里。上述两园区集三方科研、人才、资本、产业等综合优势,瞄准新一轮世界科技发展中涌现的新产业领域培养人才、科技研发和成果转化,探索官、产、学、研一体化的共同发展新途径,建设未来科技革命中战略产业的培育基地,完成"战略合作、共同发展、实现三赢"的目标。

2002年4月,上海紫竹科学园区发展有限公司与上海交通大学签署合作协议,根据协议,紫竹科学园区发展有限公司将出资9.08亿元,其中3.08亿元资助上海交通大学闵行二期建设征地,6亿元资助交通大学办学重心转移。6月,在上海交通大学闵行校区学术活动中心举行上海紫竹科学园区开工典礼。闵行区人民政府和上海紫竹园区发展有限公司根据协议,2002年分别资助征地款 7 704 万元和 1.694 9 亿元;另外,上海紫竹园区发展有限公司出资 2 亿元,支持上海交通大学基础设施建设、实验设备添置等。总计 4.465 3 亿元。2003 年 9 月,上海交通大学举行微电子学院挂牌仪式。该学院原在徐汇校区占地 2 000 平方米,同时在闵行校区建设占地 15 000 平方米的教学大楼,紫竹园区为学院提供 20 万平方米土地。学院规划在校生将达 3 000 人,其中本科生 1 500 人,硕士研究生 1 300 人,博士研究生 150 人,留学生 30 人,在读博士后 20 人。学院承担国家级重大项目的科研经费累计达 3 345 万元。

2003 年,华东师范大学在其闵行校区举行奠基仪式暨开工典礼。华东师范大学新校区坐落于闵行区东南角紫竹科学园区内,规划用地近 120 万平方米,竣工后总建筑面积将达到 17 余万平方米。2010 年 4 月,华东师范大学紫竹基础教育园区工程开工。该项目在闵行区人民政府的大力支持下,依托华东师范大学教师教育优势,创办一个引领闵行基础教育发展、具有上海乃至国内一流水平的综合性基础教育园区。

四、张江高科技园区科研教育区

2000 年 9 月,上海市市长专题办公会议决定,上海中医药大学整体搬迁至浦东张江高科技园区科研教育区,是上海高校整体布局结构调整中一项重要举措。2001 年 1 月,上海市教育委员会与浦东新区人民政府签订《关于上海中医药大学、上海第二工业大学迁建浦东的协议》。同时,上海第二工业大学与上海金桥(集团)有限公司、浦东新区曹路镇政府签订《上海第二工业大学迁建浦东协议》。

2002 年 6 月,上海中医药大学整体搬迁至浦东张江高科技园区签约仪式及奠基仪式在浦东张江高科技园区举行,随即举行建设工程项目开工典礼。2003 年 11 月,上海中医药大学浦东张江新校区落成,占地 36.7 万平方米。

2003 年 5 月,复旦大学在其张江新校区举行奠基仪式和微电子研究院揭牌仪式。由复旦大学和浦东张江高科技园区合作建设的复旦大学张江新校区,于 2004 年落成,新校区占地面积 30 万平方米,分两期建成,第一期占地 16 万平方米,总投资 5 亿元人民币,先建复旦大学国家示范软件学院和复旦大学(张江)微电子研究院。复旦大学张江校区的建成,使得复旦大学形成了以杨浦江湾新老校区为"一体",枫林校区与张江校区为"两翼"的格局。

五、上海国际医学园区

上海国际医学园区位于南汇区周浦、康桥地区,是集"医、教、研、产"为一体的新型综合园,占地 5.5 平方公里,计划在 5 年内初步建成一座中外合资合作的高级医院、2—3 个康复中心、一所中外合资合作的医学院校,引进若干个基础医学、临床医学研发机构,基本形成医疗设备器械产业区。2003 年 3 月,上海第二医科大学附属卫生学校、卫生技术学院举行搬迁上海国际医学园区签约仪式。8 月,上海第二医科大学南汇校区在上海国际医学园区奠基,并在该园区内举行护理学院、上海国际护理学院(与香港合作)、卫生技术学院和卫生学校南汇新校区奠基暨揭牌仪式。该校区占地面积 20 万平方米,规划建造 8 万余平方米功能设施齐全的现代化校舍。新校区于 2004 年 9 月落成并投入使用,上海第二医科大学卫生技术学院和卫生学校也落户这里,总共可容纳 3 000 余名学生。

2007年7月，上海医疗器械高等专科学校新校区落户上海国际医学园区签约仪式在南汇举行。上海医疗器械高等专科学校新校区的入驻为园区发展提供专业人才和智力支持，园区则为学生提供技能培养基地和就业渠道，此举符合"产学结合、三区联动"的发展战略。

六、临港新城大学园区

2004年，上海市人民政府决定上海海事大学整体搬迁到南汇临港新城，规划占地面积133.33万平方米，地址位于海港大道1550号，计划建设各类校舍60万平方米，其中学生公寓等生活用房20万平方米，总投资24亿元。新校区于11月19日开工，按照"一次规划，分期实施"原则进行，2006年底基本建成。

2004年10月19日，上海市人民政府召开高校布局结构调整第八次联席会议，决定上海水产大学主体搬迁至南汇临港新城。11月23日，上海水产大学同上海港城开发（集团）有限公司签订协议，确定上海水产大学规划占地面积106.7万平方米，地址位于沪城环路999号。规划总建筑面积58.6万平方米，按照"一次规划，分期实施"的原则建设。

2006年1月12日，上海水产大学沪城环路校区奠基。至2008年9月，完成第一、第二期工程，总竣工建筑面积37.7万平方米。同年3月，上海水产大学经教育部批准更名为上海海洋大学。10月，学校主体完成从杨浦区军工路校区和南汇区学海路校区至临港新城沪城环路校区的搬迁工作，入驻学生（研究生和本科生）共12 240人。

第三章　后勤保障与校园治理

　　我国高等院校的餐饮服务、学生宿舍管理以及校园物业管理、绿化养护和管理、车队管理等后勤保障与服务直到 20 世纪 80 年代末,基本上属于学校完全"包下来"的内部系统,高校校园就是一个"小社会"。1979 年,同济大学对食堂实行半企业化管理,开后勤管理改革之先河。到世纪之交,上海高校后勤经历了从大锅饭、承包责任制、半企业化到社会化运营的改革过程。上海高校在积极推进后勤社会化改革的同时,坚守校园安全、校园环境卫生和健康和节约型校园建设等校园治理的职责,从制度建设、资金投入、督察排查和评比表彰等各方面采取一系列举措予以保障。

第一节　高校后勤管理改革

一、后勤运行机制改革

　　1979 年 3 月,同济大学经校党委、后勤处和膳食科研究决定,改革以往食堂管理费全部由学校报销,食堂不承担经济责任的做法,对食堂实行半企业化管理其主要内容是:由主管食堂工作的膳食科同学校人事、财务部门签订协议,规定食堂每月按伙食费收入的 20% 计算,向学校财务部门提取食堂管理费。管理费除用于炊事人员的工资、劳动保护费用,以及办公费等开支外,提取 8% 作为炊事人员奖金。

　　在实行半企业化管理的过程中,同济大学抓了四方面的工作:首先是规定四项考核指标,一是各个食堂每月伙食费收入指标,二是炊事人员和用膳人数的比例,三是品种指标,四是经济核算指标。视每个食堂指标的完成情况,按比例给予奖励;第二,建立和健全以岗位责任制为核心的规章制度;第三,实行奖惩制度,坚持奖勤罚懒,按岗位责任制规定的各项要求,试行记分的办法,每月发一次奖金;第四,加强政治思想工作,开展劳动竞赛。各食堂普遍建立了每周一次民主生活会、每月一次总结会的制度,食堂之间每月进行两次检查,月底召开总结评比会,把劳动竞赛和评奖工作结合起来。由此,同济食堂管理的好坏同炊事人员的切身利益结合起来,提高了炊事人员当家作主、改善经营的责任感,提高了劳动生产率,食堂面貌发生了明显的变化。请假、迟到早退的现象显著减少;饭菜品种增加,质量提高;服务态度改善;当家理财,节约成风,广大炊事人员自觉爱护公物,主动修理易耗品,努力减少经费开支。

　　1985 年,上海财经学院团委、学生会、勤工助学介绍所和总务处联合张榜招贤,经面试和审核,从学生中招聘录用了 5 名三、四年级学生,分别任总务科长助理、膳食科长助理和综合服务公司经理助理,于 4 月 3 日上任,应聘的学生分别协助科长或经理进行财务管理、业务管理和经销管理。双方还签订合同,使学生助理职责分明,有职有权。同时,在原有的学生食堂管理小组的基础上成立各系 13 名学生参加的学生伙食管理委员会,管理委员会下设成本核算、伙食价格、服务态度和服务质量四个小组,职能是协助、监督膳食科工作,并向膳食科反映同学对伙食的意见、建议,向同学介绍食堂工作的情况,发挥沟通作用。

　　1984 年、1985 年,中共中央相继颁发《关于经济体制改革的决定》《关于教育体制改革的决定》,

提出高校后勤社会化改革方向。至 20 世纪 80 年代末,各高校总务后勤部门采取三种形式实行经济承包责任制：一是定额承包。即学校财务改变多年来对后勤经费按需保证的供给形式,实行管理费定额承包。多数高校对水电费、清洁费、办公费等实行限额经费包干;在车辆、修缮等管理方面实行独立核算和自负盈亏的半企业化管理;招待所则实行税利承包,既向国家交税,又向学校交利。二是工效挂钩。奖金分配与工作实绩挂钩,初步打破多年来后勤职工在奖酬金分配制度中的大锅饭。三是有偿服务。向学生收取伙食管理费和水电费等。1992 年,以邓小平的"南方谈话"为契机,高校后勤改革突破承包制,引入企业化管理,创造出"小机关、多实体"或"小机关、大实体、大服务"等模式。1993 年起,上海尝试高校后勤保障的社会化改革,让社会各界直接参与学校后勤基础设施建设。至 1997 年,在政府基本没有投入的情况下,新建学生公寓 160 万平方米,改造学生宿舍 50 万平方米,新建和改造的面积总数相当新中国成立后 48 年政府投资建设学生宿舍面积总数的 1.5 倍。新建学生食堂 8.2 万平方米,完成 5.31 万平方米的教室改造,拆除违章建筑 6.3 万平方米。此外,通过银行融资和贷款贴息,用 3 年时间完成了高校基础实验室改造。

20 世纪 80 年代之前,上海高校是靠学校后勤部门组织、采购各种日用品,满足学校的教学、科研和全校师生的学习、文化、生活等各方面的需求,基本状况是"一校一户办后勤、校校后勤办社会"。为改变这种状况,上海高校决定成立一个联合体,开拓商品供应渠道,统一承办所有高校所需商品、物资的采购供应,尽力满足高校师生的需求。1988 年 11 月 21 日,由上海 51 所高校入股投资的高校采购供应公司成立,实现高校后勤服务"大联合"。

1998 年 4 月 8 日,由全上海 39 所高校参股的上海高校后勤服务股份有限公司成立。同时还成立由各区县联办的上海健生实业股份有限公司,组建配货中心,先后启动煤炭、粮食、副食品等集中供配货项目。全市 39 所高校,加盟配货中心煤炭集中供配的占 75％、副食品集中供配的占 85％、粮食集中供配的占 50％。上海健生实业股份有限公司还创办"上海教育超市",至当年底,在 10 所高校校园里开出教育超市门店。

2000 年,上海高校后勤服务中心利用社会市场,建成 10 个主副食品配货中心,实行平价配置各种主副食品和燃料 5.4 万吨,配货营业额达 1.1 亿元;实行公开招标、团体采购床上用品 1 300 万元,规模采购价格比原学校单独采购平均下降 8％;通过集中招标、展示、选购学生公寓配套家具 37 742 套,采购总价达 3 200 余万元。后勤服务机构充分利用自身的优势,在联办后勤、形成规模的同时,有效实施集约化经营,后勤服务形态的先进模式也得到积极探索,高校连锁餐厅达 45 家,教育超市连锁门市部发展到 43 家,并办到了兄弟省市的高校,以及一批后勤配货中心,营造出一个硕大的高校后勤服务市场。同时,引进社会力量,在上海高校后勤服务体系中,有餐饮等 4 个项目引进了社会企业,进高校办后勤的社会企业有近 10 家。

二、后勤社会化改革

1998 年 9 月 20 日,上海市教育委员会成立上海高校后勤社会化改革领导小组和专家咨询小组。改革领导小组确定了高校后勤实行规范分离、进入后勤社会化服务载体的总体思路,提出到 2000 年年底完成高校后勤由事业向企业转制的工作目标;改革专家咨询小组经调研,确定上海交通大学、同济大学等 8 所高校为首批改革试点单位,制定《上海高校后勤社会化改革方案》及一批改革工作细则。

1999 年 1 月 13 日,上海高校后勤社会化改革工作会议召开。成立"上海高校后勤服务中心"和

"上海高校后勤发展中心"。同时,为培训后勤人员技能和实施后勤人员转岗分流,成立"上海高校后勤人员技术培训交流中心"。会上,上海交通大学、同济大学、上海外国语大学、上海财经大学、上海戏剧学院、上海理工大学、上海师范大学、上海对外贸易学院8所院校的后勤部门,正式从学校规范分离,通过"并入、托管、联办、连锁"等方式,分别进入新联合建立的实体"上海高校后勤服务中心"或"上海高校后勤发展中心"(以下简称两个"后勤中心")。这标志着上海高校后勤开始转向教育系统集约化联办后勤和社会化办后勤相结合的新格局。

第一批8所后勤改革试点高校在会上分别与上海高校两个后勤中心签订"并入、托管、联办、连锁"管理和服务的协议,改革的核心和特点:一是规范分离,组建实体,高校后勤部门从学校行政系统中规范分离出来,成为自主经营、自负盈亏、独立核算、参与竞争的经济实体。后勤实体员工按现代企业人事制度,实行竞争上岗的用人制度;二是进入市"后勤中心",市场运作,上海高校两个"后勤中心"是上海高校后勤社会化的龙头和主要载体,通过"并入"(从学校分离出的后勤实体全面融入"后勤中心")、"托管"(从学校分离出的后勤服务项目委托"后勤中心"直接经营管理)、"联办"(从学校转制后的后勤实体加盟"后勤中心")、"连锁"("后勤中心"在学校设立服务网点)等四种方式进入两个"后勤中心"后的高校后勤实体,是按市场经济规律和学校教育规律,扩大经营范围,规范服务标准,提高服务水平;三是规模经营,有序竞争,通过壮大后勤实力,优化资源配置,形成上海高校后勤的集约管理、规模经营特色;四是搞好服务,提高效益。会上,上海市教育委员会提出,20世纪内构建具有上海特色、教育特点的高校后勤社会化框架,2000年底前建成多元开放、集约竞争、服务规范的社会化后勤保障体系。

1999年下半年,复旦大学、东华大学、上海铁道大学、上海水产大学等14所高校也相继与"上海高校后勤服务中心"或"上海高校后勤发展中心"签约,实行后勤社会化改革。同年底,全市规范分离实现转制的高校数量过半,分离后勤职工超过70%。次年,上海金融高等专科学校、上海音乐学院、上海电力学院、上海体育学院等高校相继与上海高校两个"后勤中心"签约,实行后勤社会化改革。

2000年,华东师范大学加快后勤保障的社会化改革步伐,宿舍管理和膳食供应从学校行政管理系统剥离,按社会化要求组成经济实体。同年6月8日,华东师范大学后勤发展中心成立,成为为学校后勤提供服务的企业实体,通过向社会公开招标的方式,引进浙江建德桔园宾馆有限公司,经营学校新河西食堂二、三楼,真正实现后勤服务市场竞争的格局。

在高校后勤保障改革全面推进的基础上,上海高校附属医院社会化改革也开始实施。2000年4月21日,上海市教育委员会在上海第二医科大学召开推进医科大学附属医院后勤社会化改革工作会议,会上宣布成立上海第二医科大学后勤实业发展集团。集团下设校本部、瑞金、仁济、九院、宝钢、附属卫生学校和黄浦卫生后勤实业发展中心等7个中心。集团与学校和医院实行分离,由上海第二医科大学与上海高校后勤发展中心共管,实行"体制分离、独立核算、自主经营、自负盈亏"的企业化管理机制。上海第二医科大学附属医院后勤社会化改革的启动,为推动上海全市医院系统后勤社会化改革作了舆论准备和实践探索。上海海运学院与上海东方医院签订"海运学院校医院并入东方医院管理协议",标志着上海高校校医院开始走上后勤社会化改革的道路。

与此同时,实施企业化管理的上海高校后勤实体也充分利用自身优势,拓展经营服务范围,在满足教育需求的基础上,绿化养护和管理、物业管理、餐饮等走上社会,为部队和企事业单位服务,不但分流了高校后勤富余人员,而且适应需求拓展社会市场,增加后勤的经济收入,锻炼高校后勤员工参与市场竞争的能力。在走出去的同时,也请进来。复旦大学、华东师范大学、上海大学、上海电力学院等高校引进校外企业,从事学生餐饮、物业管理、绿化养护等服务项目,这些校外企业在参与学校后勤服务的过程中,促进了高等学校整个后勤服务质量和效益的提高。

2000年11月1—3日,"大学后勤社会化国际论坛"在上海国际会议中心举行。来自12个国家的代表共200余人出席会议。教育部发展规划司、财务司、上海市教育委员会分别作专题报告。美国、法国、日本的代表分别发言。2001年2月6日,《以深化改革,加强管理,全面提高上海高校后勤服务的水平和效益》为主题的高校后勤工作会议召开。同年6月2日,上海市教育委员会、杨浦区人民政府等共同成立上海市杨浦区域高校后勤社会化改革推进委员会。2001年6月6日,李岚清副总理在复旦大学召开部分大学校长座谈会,听取上海高校后勤社会化改革情况的汇报,并就如何深化这项改革与校长们展开热烈的讨论。

至2001年底,全上海除上海海关高等专科学校和上海公安高等专科学校办校模式不同而实行部分后勤社会化之外,其他公办高校均基本完成后勤部门与学校规范分离。在体制逐步理顺的前提下,各高校后勤实体在人事管理上实行"公开招聘、竞争上岗、双向选择、择优录用"的用人制度改革和"以岗定薪、以绩定奖、优劳优酬"的分配制度改革,提高了后勤劳动生产率,学校用于后勤的运营经费平均下降5%～9.8%,后勤服务的主动性和服务质量明显提高。奖勤罚懒、优胜劣汰的企业化管理机制逐渐形成。

2002年,复旦大学、上海交通大学、同济大学等高校,进一步深化高校后勤社会化改革,以股份制形式组建具有现代企业特征的后勤保障实体,成立股份制后勤服务公司,在产权制度、市场规范、经营服务等方面迈出新的步子。如复旦大学,进行资产重组,实施资本金转让扩股,成立上海复旦后勤服务发展有限公司,注册资本1 500万元,主营餐饮、校园绿化、环境卫生、物业管理、修缮服务等。根据市场容量,公司又分别成立了相应的分公司,在政策的调控下,实行自负盈亏,独立核算。进入公司的原学校事业编制人员延续"老人老办法"的做法,由学校为其缴纳四金,保留档案工资,确保稳定过渡。上海交通大学在原上海交通大学后勤集团运行的基础上,由达通实业总公司、后勤发展有限公司、思源实业有限公司等法人实体组成上海交通大学教育服务产业投资管理(集团)有限公司,总资产7 000万元,经营范围为教育服务产业投资、资本经营、实业投资、房地产经营开发、物业管理、洗涤、百货、农副产品、花卉、五金交电、建筑装潢材料、轻化产品、园林绿化等。公司的发展目标是依靠上海交通大学优质的教育资源和智力支持,通过行业化、专业化、集约化建设,赶超社会服务业,建立为教学科研所需、以校园市场为主、具有姓"教"特色、拥有自身品牌、独立生存于社会并优于社会第三产业的新型教育服务企业。同济大学与上海高校后勤服务中心股份有限公司共同发起,组建上海同济后勤产业发展有限公司,注册资金为2 000万元。公司成立后,对原属后勤集团的16家企业进行了清理,组成10家新公司。按公司法规定,10家公司均组成了新的股东会、董事会并选出董事长、董事、监事及总经理,建立了新的章程。

2002年,上海高校后勤社会化改革在学生公寓建设、推进规模经营以及转变内部运作机制方面取得新进展。至年底,新建学生公寓160多万平方米,改造50万平方米。上海高校两个"后勤中心"的规模经营进一步发展,高校后勤配货中心配送的主副食品占高校总需求量的35%左右。教育超市发展到80多家,年营业额超亿元。"生乐""新世纪"两个品牌的学生连锁餐厅发展到50多家。上海高校后勤服务股份有限公司组织公开招商、跨校联合采购、团体配送,全年配送总量突破一亿元。其中:一是学生公寓床上用品的团体采购实现销售额1 600万元,进货价格比一校一户购置下降15%～30%,公司的"生东"牌学生床上用品被中国消费者基金会授予"消费者喜爱的知名品牌产品"铜牌和证书。二是主副食品的团体采购达8 700万元,比上年增长24%。高校后勤配货管理中心被上海市商业委员会授予"实用农产品单位团体配送示范企业"铜牌。上海市商业委员会在全市商业工作会议上,对上海高校后勤服务股份有限公司在实用农产品的团体采购工作中执行上海市人民政府"准入制"法规和强化食品卫生安全,实行专业化操作的做法给予高度评价。三是学生公寓家具的团体采购达 2.5 万套,约 1 000 万元,并且在款式更新和产品质量及售后服务方面有显著的改进和提高。

2002 年,根据上海高校后勤社会化改革的实际,推动和协调高校后勤工作特别是两个"后勤中心"的工作,上海市教育委员会成立上海市高校后勤社会化改革研究中心和后勤社会化改革评估委员会。评估委员会组织高校后勤服务检查巡视组,对高校后勤社会化改革开展中期评估,对高校后勤服务质量进行检查。

2003 年 12 月 1 日,上海 25 所高校后勤负责人在上海交通大学召开"上海高校后勤食用农产品集约化团体采购签约"大会,25 所高校共同签署上海高校后勤食用农产品集约化团体采购协议。根据该协议,各参与签约的高校承诺建立市场连锁机制,拿出学校全年农副产品需求量的 75%,委托上海高校后勤配货管理中心进行招标采购。据统计,上海高校全年的农副产品的消费大约人民币 3.6 亿元。

2005 年,上海市教育委员会开展上海高校后勤发展改革情况调研,对上海市各类高等院校的后勤保障设置、投资、配置、体制、机制和运行效率、效益开展系统调查,形成《上海高校后勤发展和改革调研报告》,该报告总结各高校"十五"期间后勤改革发展的经验和面临的问题,为"十一五"期间进一步搞好高校的后勤改革发展提供思想和政策依据。

2005 年 12 月 10—12 日,京、津、沪、渝直辖市高校后勤工作研讨会在上海召开。教育部和上海市有关领导、4 个直辖市教育委员会主管高校后勤工作职能部门、4 个直辖市部分高校分管后勤工作的校领导以及专家学者共计 80 余人出席会议,就高校后勤社会化改革的实践与理论进行研讨。

2006 年 3 月 3 日,上海高校后勤服务中心在上海交通大学包兆龙图书馆召开 2005 年度"争创文明窗口、争当服务明星"表彰大会。来自 17 所高校后勤及各分公司的 39 个文明窗口和 61 个服务明星获表彰。上海交通大学、同济大学、华东理工大学、上海财经大学、上海第二业工业大学及教育超市的代表作经验介绍。同年 12 月 20 日,上海高校后勤服务中心第五届文化节——"和谐后勤、忠诚教育"主题汇演在东方艺术中心举行。整台演出历时 2 个半小时,由高校后勤员工自编、自导、自演,展现高校后勤员工立足本职、忘我奉献的精神风貌。2008 年 12 月 9 日,上海教育后勤慈善工作站在上海师范大学成立,与此同时,首个高校慈善教育超市也落户上海师范大学。

三、高校后勤质量管理体系

高校后勤质量管理体系是上海借鉴 ISO9000 质量管理体系的理念,针对高校后勤服务的要求和特点所建立的一系列后勤管理与服务规范及工作程序。2003 年 9 月,上海市教育委员会完成《上海市高等院校后勤质量管理体系》和《上海高等院校后勤质量管理体系评估细则》的研究制定工作,首批推出高校学生食堂与学生宿舍两个标准化建设指标体系。10 月 15 日,召开上海高校后勤工作会议,颁发《上海市教育委员会关于推进高校后勤质量管理体系建设的若干意见》。根据"自愿选择、试点先行、逐步完善、全面推进"的原则,逐步推进高校后勤质量体系建设。11 月,开展高校后勤质量体系建设培训工作,帮助各参加试点工作的高校相关干部了解、掌握后勤质量体系建设环节和具体步骤。

2006年,高校后勤质量管理体系建设工作全面推进。举办上海高校后勤质量管理体系建设第三期培训班,20余所高校的37位后勤相关部门负责人参加培训。全面启动上海高校后勤质量管理体系建设申报工作,并组织开展对符合申报条件高校的质量体系验收审核工作。会同上海高校后勤服务中心修订和完善物资采购招标、评标、采购、质检和到货验收工作规范,明确要求各种物资必须引入政府质量检测手段,确保安全、卫生。要求配货管理中心和各高校后勤部门执行教育部、上海市人民政府有关规范教育收费的文件精神,降低中间管理成本,杜绝指令性配送,完善业务员、管理员廉政自律签约机制。

第二节　校园安全管理

一、制度、设施建设

高校校园的安全管理,在组织架构上,一是成立安全工作领导小组,校长是第一责任人,负责全校安全工作的总体部署;二是设置安全工作办公室,一般由保卫处、校办公室、学生处、总务处等部门人员组成,负责全校安全工作的日常管理。在工作机制上,一是实行安全检查、考核制度,把安全工作作为日常工作考核的一项重要指标;二是加强同公安机关的联系,共同维护学校的治安秩序;三是加强对教职工、学生的安全宣传教育;四是制定规章制度,规范各种安全措施的执行落实;五是制定公共突发事件应急预案;六是建设安全技术防范设施等。2001年,上海市教育委员会、上海市公安局和各高校校长签订《治安防范责任协议书》,各校长又同学校各二级院系和直属部门行政负责人签订二级治安防范责任书,制定《社会治安综合治理工作规范》《社会治安综合治理工作各级领导及有关人员职责》等文件。2004年开展安全文明校园创建活动,做好学校及周边治安综合治理工作,上海市综治委、市教育委员会、市公安局联合制定并下发了《上海市高等院校安全文明校园评估指标体系(试行)》,明确每两年评选一次的原则和申报全国和市级安全文明校园的条件和程序。安全文明校园的评估将实施一票否决制,安全文明是学校工作的底线,将作为各类学校评优表彰的前提和基础。

【安全生产责任制】

高校安全生产责任制,强调学校校长是本校安全生产的第一责任人,对本校安全生产负全责。2005年3月30日,上海市教育委员会主任张伟江赴上海第二医科大学进行以消防安全为重点的安全检查时强调:教育系统各级领导要充分认识新形势下安全生产工作的长期性、艰巨性和复杂性,牢固树立常抓不懈的思想。要坚持齐抓共管,努力构建"政府统一领导、部门依法监管、学校全面负责、师生共同参与、社会广泛支持"的校园安全生产工作新格局。2005年4月19日,上海市教育委员会召开2005年教育系统安全生产责任制签约大会,由上海市教育委员会正、副主任分别与7所高校、8所委属单位主要负责人签订《上海市教育系统2005年安全生产工作责任书》(以下简称《责任书》)。《责任书》规定各高校和有关单位的主要负责人是本单位安全生产工作第一责任人,应当依照国家《安全生产法》等法规的规定,加强对安全生产工作的领导,督促所属有关职能部门依法履行安全生产监督与管理职责,协调、解决安全生产监督管理中存在的重大问题。《责任书》还就主要负责人和分管负责人对本单位安全生产工作的监督管理提出具体要求,规定"季度自查、年中抽查、年终考核"的考核制度。2006年3月,上海市教育委员会主任与所辖61所高校、30所委属单位的行政主要负责人签订《上海市教育系统2006年安全生产工作责任书》,签约率100％。全市61所高校及委属单位均成立安全工作职能机构,并配备专(兼)职安全干部。安全生产工作考核列入市级文明单位、委级文明学校考核指标内容,并与安全文明校园的创建相结合。2009年,继续实施并深化安全生产责任签约制度,上海市教育委员会领导同各高校和上海市教育委员会直属单位负责人签署安全生产责任制书。

【公共突发事件应急预案】

根据教育部、上海市人民政府办公厅关于制定公共突发事件应急预案的要求,上海市教育委员会于2005年制定一系列公共突发事件应急预案。2006年,对教育系统突发公共事件应急预案修改完善。为加强教育系统应急管理工作,上海市教育委员会制定《上海市教育委员会关于印发〈上海市教育系统处置突发事件应急预案〉的通知》和《上海市教育委员会关于印发〈上海市教育系统处置突发公共事件应急预案〉〈上海市教育系统处置劫持未成年学生突发事件应急预案〉的通知》,要求全市各高校、委直属单位和各区县教育局修订、完善本单位处置各类突发公共事件应急预案。在此基础上,上海市教育委员会又制定《上海市处置高校群体性事件应急预案》。至年底,全市60所全日制高等院校都制定相应的应急预案,高校上报备案率100％。

2007年10月22日—12月5日,上海市教育委员会举办上海高校安全稳定工作骨干队伍培训班。中共上海市委政法委员会、上海市公安局、上海市突发公共事件应急管理委员会办公室、上海市质量技术监督局、上海市科技教育党校、上海市消防学校、金拓律师事务所等有关负责人为培训班学员讲课,上海市公安局治安总队内保处工程师作关于安全技术防范工作的专题讲座。培训班组织学员参观上海市气象局和上海市公安局应急指挥中心。2008年,上海市教育委员会加强应急管理,完成统计调查突发事件应急预案体系建设情况、高校群体性事件趋势分析及对策研究等工作报告。

2010年,为了完善教育系统防汛防台工作制度建设,上海市教育委员会颁发《上海市教育系统防汛防台专项应急预案》。

【安全技术防范】

2005年,上海市教育委员会全面推进高校科技防范设施建设。并制定颁发《关于全面推进上海市高校科技防范设施建设的意见》和《上海市高等院校公共安全技术防范管理办法》,对推进高校科技防范设施建设工作进行全面的动员和部署。

2006年,上海市教育委员会组织高校分管校领导和保卫部门负责人参观复旦大学南苑本科生生活园区电子门禁系统,以及上海对外贸易学院松江校区和松江大学园区学生生活社区技术防范设施的建设,召开会议布置安全技术防范建设工作,要求各高校加大投入,建立起一道兼具"周界报警、区域监控、楼宇监控系统和室内保险箱"的宿舍立体技术防线。同年8月31日,上海市质量技术监督局发布上海市地方标准《重点单位重要部位安全技术防范系统要求》,该标准对上海学校技术防范设施中的视频安防监控、入侵报警、出入口控制等系统的配置提出明确要求,于2007年1月1日起实施。上海市教育委员会就此制定《关于加强上海市高校安全技术防范系统建设的通知》,要求上海高校用3年时间在技防建设上达到上海市地方标准,上海市教育委员会拨专项经费推动这项工作。至2007年11月,全市65所高校累计投入技防建设经费14 544.88万元,比上年增加248％。其中,62所高校建立红外线报警系统,共设置红外报警器9 301个;59所高校建立摄像监控设施系统,共安装摄像监控探头 10 440 个;有 47 所高校设置独立的技防监控中心。这一年技防建设重点是学生宿舍区的四道防线建设,35 所高校设置学生宿舍区周界报警系统,安装周界报警器 1 760 对;29 所高校安装学生公寓门禁系统,安装电子门禁 889 扇;49 所高校在学生宿舍区域安装视频监控系统,安装摄像监控探头 1 299 个;32 所高校学生租用保管箱共计 29 467 个。3 年达标计划的第二年,上海市教育委员会组织专家对申报各高校的技防建设情况进行检查评估,拨专项经费 600 万元;全市高校投入技防建设经费 5 792.31 万元。各高校共安装摄像监控探头 14 511 个,入侵探测装置 8 866 个,紧急报警装置 438 个,周界报警装置 4 183 对,电子巡查系统 1 958 个,门禁系统 2 654 扇,并推广学生租用保管箱 53 238 只,77% 以上高校已建有独立的技防中心控制室,基本形成由技防系统覆盖的高校安全防护网络。另据统计,2008 年上海市高校通过技防系统破获各类案件 199 起,发现和抓获犯罪嫌疑人 194 人次,挽回经济损失近 62 万元。2009 年,推进高校安全技术防范系统建设三年达标计划第三年建设工作,举办技防系统操作人员培训班,维护上海高校的安全稳定。

【平安单位】

2006 年,上海市教育委员会制定《上海高校、市教育委员会直属单位平安单位考评指标(试行)》,并颁发《关于做好上海高校和市教育委员会直属单位创建上海市平安单位工作的通知》。中共上海市科技教育工作委员会系统 43 所高校,8 所上海市教育委员会直属单位提出申报,上海市教育委员会、上海市民办高校党工委结合文明单位创建工作对申报单位逐一检查验收。经上海市社会治安综合治理委员会审核,复旦大学等 40 所高校和 8 所上海市教育委员会直属单位被授予 2006 年度上海市平安单位。2007 年,经上海市平安单位建设检查组对申报单位进行检查验收,被评为 2007 年度上海市平安单位的有复旦大学、上海交通大学、同济大学、华东师范大学、华东理工大学、上海外国语大学、东华大学、上海财经大学、上海理工大学、上海海事大学、上海音乐学院、上海戏剧学院、上海体育学院、华东政法大学、上海水产大学、上海电力学院、上海大学、上海中医药大学、上海师范大学、上海对外贸易学院、上海工程技术大学、上海应用技术学院、上海金融学院、上海立信会计学院、上海第二工业大学、上海海关学院、上海医疗器械高等专科学校、上海交通大学医学院、上海市教育发展有限公司、上海市教育评估院、上海远程教育集团、上海教育报刊总社、上海市教育考试院、上海市青少年校外活动营地东方绿舟、上海市教育基建管理中心、上海市教育委员会教学研究室、上海市教育人才交流服务中心等。

2008 年 11 月 16 日—12 月 4 日,上海市教育委员会组织 10 个督查组,近 230 人次对 57 所高校重点抽查,检查结果与"安全文明校园"和"平安单位"的评比挂钩,与"安全技术防范"申报达标挂钩。2009 年,上海市教育委员会在全市高校中开展"安全生产月"的宣传教育活动,推进高校创建平安校园活动。举行"平安世博,平安校园——2009 学生安全教育校园行"主题活动。

【安全隐患排查整治】

2007 年 6—11 月,上海市教育系统开展安全隐患排查整治专项行动,共出动 6 750 人次,排查出安全隐患 977 项,共投入治理资金达 5 512 万元,整改 923 项,整改率达 94%,列入次年整治的隐患数 27 条。2008 年 9 月 1 日起,上海市教育委员会对全市教育系统开展安全隐患排查治理"回头看"再检查,主要包括 8 个方面内容:一是执行有关安全生产的规定和落实安全生产工作要求的情况;二是开展隐患排查治理专项行动的工作部署和贯彻落实情况;三是重大隐患排查治理监控情况;四是事故查处和责任追究情况;五是应急措施准备与预案制定情况;六是开展重点区域、重要部位的安全专项整治情况;七是设立安全监管机构和配备安全管理人员情况;八是校园安全技术防范系统建设情况等。

2008年,上海市教育委员会还分别于元旦春节、安全生产月、北京奥运会和"119消防活动日"期间,围绕消防安全、校园道路交通安全、特种设备及重要设施安全、食品卫生安全、重要部位安全技术防范、校园周边环境整治等,开展校园安全隐患排查整治专项行动。在全市各大中小学校安全自查的基础上,上海市教育委员会组织近110人次,检查的覆盖面为65所高校及7个区县教育局所属中小学校,共排查出一般隐患106处,较大隐患3处,并在年内全部完成整治。针对安全隐患排查整治的总体情况,上海市教育委员会重点落实以下几项措施:一是加大隐患排查力度,加强对校园重点区域、要害部位的重点防范,开展隐患自查;二是强化校园安全管理体制机制的落实,做到责任到人、管理到位;三是严格各项安全管理制度,加强值班备勤,形成人防、物防、技防、联防态势;四是推进校园安全宣传教育和培训,拓展校园安全文化传播途径,扩大宣传覆盖面和影响力。

2009年,上海市教育委员会开展上海市教育系统安全工作基础数据调查、上海市教育系统应急管理工作情况专题调研、上海市教育系统反恐准备工作、防止传销进校园、举办高校保卫干部培训、加强大学生安全教育等工作。同年9—10月,结合庆祝中华人民共和国成立60周年相关安保工作,对上海市1814所大、中小学、幼儿园校园及周边治安隐患进行排查和整改工作,共排查出各类安全隐患796处,整改安全隐患751处。

【安全教育大纲】

2008年7月18日,上海市教育委员会颁发《上海市大学生安全教育大纲(试行)》(以下简称《安全教育大纲》)。《安全教育大纲》以党的十七大和科学发展观精神为指导,以提升高校安全工作管理水平,提高大学生的安全防范意识、知识和能力为目标,主要内容包括法律法规、校纪校规,应急知识、公共安全,珍惜生命、人身安全,物品保管、财产安全,防火知识、消防安全,出行平安、交通安全,饮食卫生、食品安全,校园环境、周边安全等。《安全教育大纲》对高校开展大学生安全教育的目标、基本内容、课程设置、教学模式、考核评价和教学管理作出明确规定。要求各高校通过形式多样,内容丰富,理论与实践相结合的方式,将安全教育纳入大学生整个培养教育计划,把"安全第一"的观念牢牢扎根于大学生的头脑中,提高他们对校园和社会安全环境的认识,树立危机意识,提高自我保护及安全防范的能力。

2008年,上海市教育委员会在全市开展校园安全教育和应急预案演练活动,具体内容:一是开展全市第二届"气象安全防范及科普校园行"活动;二是开展"安全生产月"活动,宣传安全发展原则和"安全第一、预防为主、综合治理"方针,开展对大学生的安全防范宣传教育;三是以"迎奥运,促平安"为主题,开展反恐防范宣传教育;四是推进高校应急预案演练工作,以增强学生的安全防范意识,提高应对突发事件的处置能力。

2009年,上海市教育委员会分别于"5.12防灾减灾日""安全生产月""11.9消防活动日"期间,开展"让安全宣传进校园、进课堂、进活动"的宣传教育活动,提高广大师生员工的安全防范与自我保护意识。

【大学生安全情况通报】

2009年4月21日,上海市教育委员会召开新闻发布会,首次向社会公布上一年度《上海高校大学生安全情况通报》(以下简称《白皮书》)。《白皮书》根据《中华人民共和国突发事件应对法》,将高校事故分为事故灾难类、社会安全类、公共卫生类、自然灾害类等四类,内容主要包括上一年度上海市高校安全总体情况,各类事故上升、下降趋势,本年度突出情况分析以及预防工作和应对措施等,以增强对公众的预警和指导,提高全社会对大学生安全事故的预警水平和应急处置能力。经数据汇总分析,2008 年,上海市全日制高校共发生各类安全事故 63 起,其中:事故灾难类 18 起,社会安全类 45 起,高校未发生 3 人以上的突发公共卫生事件,未发生因自然灾害所引发的严重安全事故。18 起事故灾难类事件共涉及学生 26 人,造成 19 人死亡,7 人受伤。其中交通事故 10 起(12 人死亡 6 人伤),溺水 2 起(2 人死亡),意外受伤 2 起(1 人死亡 1 人伤),火灾 4 起(4 人死亡)。45 起社会安全类事件共涉及学生 47 人,造成 36 人死亡,11 人受伤。其中自杀 23 起(19 人死亡,4 人未遂),突发疾病 15 起(15 人死亡),故意伤害 7 起(2 人死亡 7 人伤)。

2010 年 3 月 18 日,上海市教育委员会发布《2009 年上海高校大学生安全情况通报》,至 2009 年 12 月 31 日,上海市高校全日制本专科、研究生在校生共计 61.63 万人,共发生各类安全事故 52 起,其中事故灾难类事件 22 起,占总数的 42.31%;社会安全类事件 30 起,占总数的 57.69%;高校未发生 3 人以上的突发公共卫生事件,未发生因自然灾害所引发的严重安全事故。22 起事故灾难类事件涉及学生 16 人,造成 4 人死亡,12 人受伤。其中交通事故 9 起(9 人伤),溺水 2 起(2 人死亡),意外受伤 2 起(1 人死亡 1 人伤),意外坠楼 2 起(1 人死亡 1 人伤),废气中毒 1 起(1 人伤),火灾 6 起(无伤亡)。30 起社会安全类事件涉及学生 30 人,造成 20 人死亡,6 人受伤。其中自杀 21 起(13 人死亡 4 人伤),突发疾病 7 起(7 人死亡),故意伤害 2 起(2 人伤)。高校安全事故总体情况较为平稳,事故发生数、学生伤亡数均有所下降。上海市教育委员会从强化安全防范宣传教育、推进高校技防系统建设、加强学生心理健康教育、开展安全隐患排查整治、落实甲型 H1N1 防控措施、完善大学生生活服务等方面着手,防范和减少大学生安全事故。高校安全事故发生数同比下降 17.46%;大学生死亡数同比下降 56.36%。其中因自杀、突发疾病导致的大学生死亡人数分别下降 31.58% 和 53.33%;因交通事故造成的大学生死亡人数从 12 人减少到 0 人,因火灾造成的大学生伤亡情况杜绝。

二、住宿管理

高校后勤社会化改革之前,高校学生宿舍一般由学校总务部门管理。随着学生住宿的公寓化和学校后勤的社会化改革,高校在大大改善学生住宿条件的同时,学生宿舍的管理逐步改由学校后勤部门负责,或者由学校学生处或后勤管理处代表学校(也有部分学校直接由校方),通过公开招投标或议标方式,选择社会专业化的物业管理公司或校内后勤集团,采用合同化管理的模式,实行学生公寓的全面社会化托管。如 2001 年 9 月起,南汇科教园区的学生宿舍物业实施完全社会化运营模式,相关高校为加强社区的学生管理、教育和引导工作,派专兼职辅导员入住学生公寓楼。

1999 年,上海市教育委员会颁发《关于高校学生公寓管理的若干意见》,2002 年,教育部颁发《教育部关于进一步加强高等学校学生公寓管理的若干意见》,明确指出:学生公寓管理这项工作,决不能简单地全部推向社会,要把这项工作列入高等学校思想政治工作的日程,始终当作高等学校的一件大事来抓。由此,各高校在学生公寓管理的实践中,逐步形成三支管理队伍:一是专业化的物业管理队伍,在物业管理过程中,重点做好学生公寓的生活服务、安全管理、文化创建、环境卫生等工作,从为学生提供"亲情式服务"入手,拉近和学生的感情距离,引导学生,启发学生,勉励学生,做好后勤保障与服务工作;二是各高校推进"辅导员进公寓、思想教育进公寓、党团组织进公寓",加强对学生的管理和沟通;三是各高校以"自我教育、自我管理、自我服务"为目标,组织广大学生党员、学生干部和积极分子为骨干,成立公寓学生自我管理组织,让广大学生参与到公寓管理中。

2003年4月2日,上海市教育委员会在上海师范大学召开"高校学生宿舍管理工作会议",复旦大学、上海师范大学等7所高校在会上交流了新形势下加强大学生宿舍管理力度的经验,他们的新思路、新做法有:在宿舍区开展"一名党员,一面旗帜",发挥学生党员在宿舍中的"发动机"和"宣传员"作用;把党支部、团组织建到学生宿舍里,使思想政治工作更贴近学生以及组织学生勤工助学,开展文明修身活动等。会议还要求各高校党政领导要重视学生宿舍管理,从塑造"上海城市精神,为世博会做贡献"的高度,大胆实践,开拓创新,在推进学生公寓后勤服务与物业管理的社会化、规范化的同时,充分发挥党团组织的作用,开展一系列富有特色的宿舍(公寓)活动,探索以学校为主体,各级党团组织和辅导员参与管理、学生自我管理与社会物业部门管理相结合的学生公寓管理新路子,提高学生宿舍(公寓)的管理水平,拓展学生宿舍的育人功能。会议颁发《上海市教育委员会关于进一步加强高校学生宿舍(公寓)管理的意见》。

根据《关于加强上海市高校在校大学生校外租房管理的意见》文件精神,2004年4月12日至6月10日,上海市开展高校大学生校外租房管理工作专项检查,采取自查、抽查的方式进行,并分高校、区自查,上海市学校周边办抽查,总结反馈三个阶段,重点检查此项管理工作的日常工作制度建立与执行情况,以及学校与社区互动机制的形成与运作等。检查表明:一是高校将大学生校外租房纳入学校治安综合治理工作的范畴,职责明确;二是高校采取措施,落实专人负责,工作到位;三是建立大学生校外租房报告和承诺制度,管理规范;四是高校与社区联动,对租房学生定期"家访",主动关心大学生的学习和生活。各高校根据上海市教育委员会部署向校外租房学生颁发《高校大学生社区服务联系手册》,要求学生利用学之所长为社区服务,并进行大学生校外租房居住区安全感调查,加强社会治安综合治理的针对性和实效性。

2005年12月26日,中共上海市科技教育工作委员会和上海市教育委员会在同济大学召开高校学生生活园区教育与管理工作会议,会议就创新工作思路,改进工作方法,强化高校学生生活园区的教育管理与服务工作,发挥学生生活园区育人作用,提高大学生思想政治教育工作针对性和实效性等作出部署。会议播放了《服务育人,构建大学生和谐社区——上海高校学生公寓管理剪影》专题片。上海对外贸易学院、上海高校后勤服务中心、复旦大学、同济大学、上海师范大学等单位介绍工作情况。出席会议的有各高校分管学生工作副书记、分管后勤工作副校长、各高校学工部、保卫处、后勤处及后勤中心负责人,上海高校后勤服务中心、上海高校后勤发展中心、松江大学园区、南汇科教园区管委会及部分学生公寓物业管理单位负责人,中共上海市科技教育工作委员会、上海市教育委员会领导及有关职能处室负责人。

三、餐饮管理

后勤社会化改革之前,高校的总务处一般下设膳食科,专门负责学校师生员工的餐饮膳食管理和服务。高校的餐饮管理始终以抓卫生、保质量为工作主线,确保安全。

2000年9月19日,为进一步加强学校饮食卫生与安全的管理,防止在教育系统内发生食物中毒事故,确保学校教学、科研和师生生活的正常进行,上海市教育委员会对学校饮食卫生及安全工作提出如下要求:教育行政部门和各高校要对引进社会力量办餐饮,外包快餐盒饭实行统一管理,严格资质认定、签约履约等申报、审批程序。凡高校后勤系统拟与社会企业合作办食堂,也应加强品牌意识,有关合作条款应经校务会议同意并报上海市教育委员会后勤保卫处备案。各类学校的各类食堂严禁承包给个体商贩,严禁层层转包,严禁以"包"代管。上海高校后勤服务中心、上海高校后勤发展中心以及区、县教育后勤产业要加强规模经营、集中配货的力度,提高教育后勤集约联办的社会效益和经济效益。要进一步加强与主副食品生产和流通部门的协作,强化内部管理,提高服务质量,主动为各类学校提供优良的餐饮服务,配送质优价平的主副食品。各类学校要认真总结主副食品采购经验,提高采购人员的综合素质,严格把好主副食品、调料等进校、入库关。各高校、区县教育局要根据学校发展的总体规划,加大学生食堂、卫生设施、直接饮用水设备的经费投入,切实改善食堂加工、销售、用膳基础条件。高校要针对校内师生用餐的实际情况,合理布点食堂和就餐点,便利师生用餐。要贯彻上海市综治委等 8 个单位联合颁发的《关于进一步加强上海市学校周边环境和治安综合治理的意见》,加强对学校周边饮食摊档的清理整顿,要通过多种形式广泛宣传食用无证不洁食品的危害性,教育学生不要到无证摊档用餐,培养学生良好的卫生用餐习惯。

2003 年 8 月 27 日,上海市教育委员会召开新学期学生午餐供应工作会议。上海市副市长严隽琪出席会议并讲话,强调要确保学校的卫生安全与午餐供应万无一失。上海市政府副秘书长、上海市教育委员会副主任、上海市卫生局有关人员和各区县分管区县长、教育局长等出席会议。8 月 27—29 日,组织上海市学校卫生督查队,27 个组分别对 73 所高校、44 所中专、19 个区、县教育局及 107 所中小学、幼儿园,从组织机构、文件档案、应急系统、人员管理、设施建设 5 个方面,进行卫生防疫和食品卫生工作督查,共督查学校食堂 2 639 个,按照《上海市学校食堂卫生管理办法》规定的标准,达标和基本达标的食堂 632 个,通过改建可望达标的食堂 597 个,其余的实行整改。当月 29 日,上海市人民政府召开有关学生午餐工作会议,副市长杨晓渡出席会议并讲话。会前,杨晓渡一行检查了莘莘营养配膳公司、复旦大学食堂的工作。市政府副秘书长、市教育委员会副主任、市卫生局副局长与各区县分管区县长出席会议。

2004 年 1 月 14 日,上海市教育委员会在华东理工大学召开"上海高校清真伙食工作交流会"。40 余所高校的 100 余名后勤部门负责人出席,复旦大学、华东理工大学、上海师范大学、上海大学、上海高校伙食管理专业委员会等单位做交流发言。会议颁发了由上海市教育委员会、上海市民族和宗教事务委员会联合制定的《关于进一步加强高校清真伙食管理的意见》。会议之后,上海各高校作具体落实,松江大学园区的上海外国语大学、上海对外贸易学院、华东政法学院等高校的清真食堂均依据要求进行改造。上海高校的清真餐厅均达到烹饪专业化、环境民族化、服务规范化、设施现代化的目标。

2004 年 9—10 月,上海市教育委员会与上海市发展和改革委员会等部门联合颁发《贯彻实施教育部等国家有关部门〈关于支持高等学校进一步做好学生食堂工作的若干意见〉的意见》,提出"以全日制普通高校本专科生总数 5％的比例,按每人每天 4 元的标准,对高校特困生实行伙食明补"等要求。该《意见》的颁发与落实,为高校学生食堂的平稳运行提供有力支撑,标志着由政府主导、高校参与、社会支持的高校学生食堂公益性保护机制初步形成。

2007 年,为稳定高校学生食堂饭菜价格,上海市教育委员会采取多项措施:一是拨款 800 万元专项资金给各高校学生食堂,用作成本补贴;二是要求各高校在市场主副食品原料价格上涨期间,给予食堂经营单位不低于营业额 5％比例的成本补贴;三是依托上海高校配货中心做好学校主副食品团体采购工作,从源头降低原材料成本;四是要求高校落实学生食堂有关优惠措施,对学生食堂房屋、设备等固定资产实行零租赁,对学生食堂的水电、燃料费用进行定额补贴;五是开展高校有关稳定学生食堂饭菜价格情况专项检查,确保国务院有关稳定大中专学生食堂饭菜价格的精神落到实处。

为确保奥运期间高校稳定工作,2008年4月中旬起,上海市教育委员会在全市高校开展食堂安全防范专项整治行动。整治的重点包括加强食堂食品操作间和存储间的安全保卫,以及夏秋季食品卫生工作。整治行动主要分三个阶段:第一阶段是四月中旬至五月中旬,重点是根据奥运反恐要求,要求学校食堂建立严格的安全保卫措施,严禁非食堂工作人员随意进入学校食堂的食品加工操作间及食品原料存放间,防止投毒及破坏事件的发生,确保学生用餐的卫生与安全;第二阶段是五月中旬至六月下旬,重点是结合工作中的问题,加强对后勤员工反恐意识教育,以及夏季食品卫生安全工作落实情况进行检查;第三阶段是从七月初至九月下旬,主要是确保奥运期间(包括残奥会)高校学生食堂食品卫生安全,以及暑假期间留校学生用餐安全。近6个月的专项整治行动,上海市教育委员会召开4次工作会议,组织人员对近50所高校的70多个食堂进行专项检查,对查找出的20余处安全隐患及时提出整改意见,逐一落实整改措施。

2010年,市场主副食品价格持续走高,劳动力成本也较大幅度增长。按照教育部和中共上海市委、上海市人民政府要求,上海市教育委员会把稳定高校学生食堂价格作为确保2010年上海世博会顺利举办、维护高校和社会稳定的重要政治任务,采取各项措施,与高校共同做好学生食堂工作:一是实施学生食堂临时补贴措施,补贴金额共约4000万元;二是支持主副食品团体采购和储备,各高校通过"农校对接"团购的主副食品总量达到3.4万吨,从源头上稳定了高校食堂饭菜价格;三是落实学生食堂优惠政策,努力化解学生食堂成本上涨压力;四是发挥行业协会行业自律和专业公司的骨干作用,加强对各餐饮服务主体的监督指导;五是切实加大帮困助学力度,年内,上海市教育委员会共向各高校拨付各类国家助学金、奖学金、助学贷款奖补专项等资金2.6亿元。是年,全市高校学生食堂饭菜价格基本稳定,困难学生生活有保障,各高校未出现因食堂价格问题引发的不稳定因素。

第三节　校园文明建设

一、文明单位创建活动

改革开放之初,根据党中央有关精神和部署,针对大学生的思想实际情况,各高校党委加强学校精神文明建设,开展以"学雷锋、创三好"和"五讲(讲文明、讲礼貌、讲卫生、讲秩序、讲道德)四美(心灵美、语音美、行为美、环境美)三热爱"(热爱祖国、热爱社会主义、热爱中国共产党)为主要内容的活动。1982年,根据中共中央宣传部颁发的《关于开展"文明礼貌月"活动的通知》,上海各高校普遍成立文明礼貌月领导小组,组织师生开展文明礼貌月活动,制定相关的规章制度,治理"脏、乱、差",开展植树活动,美化校园环境,同时开展法制教育和社会公德教育。1983年,根据中国共产党第十二次全国代表大会关于建设社会主义精神文明的要求,各高校把爱国主义教育和共产主义教育作为中心环节,把"三热爱"教育和"五讲四美"活动融合起来;开展"为人师表,教书育人"的师德教育等活动。

1986年,上海市各高校根据中共中央颁发的《关于社会主义精神文明建设指导方针的决议》,中共上海市委颁布的《关于"七五"期间社会主义精神文明建设的实施细则》的要求,制定本校的社会主义精神文明建设规划和措施,开展文明单位创建活动。文明单位分为校级、上海市教育系统

（局级）及上海市级等三级，每两年申报评选一次。由此，创建文明单位活动成为各高校常态化、制度化的活动。

1991年，根据《上海市文明单位建设暂行规定》及高校创建文明单位的实际情况，研究制定了《关于上海市高校文明建设的若干意见》，建立了上海市高校精神文明建设委员会。经上海市高校精神文明建设委员会和市高等教育局联合评选，评出8所高校为上海市高教系统文明单位；上海市精神文明建设委员会又评选出复旦大学、上海医科大学、上海旅游高等专科学校、上海公安高等专科学校4所高校为市级文明单位。

1992年，根据中共上海市委《关于当前加强社会主义精神文明建设的若干意见》和《上海市文明单位建设暂行规定》，全市申报1991—1992年度文明单位的20多所高校在上海市高校精神文明建设委员会的组织安排下，于1992年1月和12月分组进行期中和年终评比检查。经委员会全体会议无记名投票决定，推荐上海工业大学、上海旅游高等专科学校、上海公安高等专科学校、上海交通大学、复旦大学、上海第二医科大学为市级文明单位，推选上海财经大学、上海建筑材料学院、上海科学技术大学、上海机械学院、同济大学、上海化学工业高等专科学校、中国纺织大学、上海外国语大学为局级文明单位；批准华东政法学院、上海石油化学工业高等专科学校、上海城市建设学院、上海海运学院、上海中医药大学、上海农学院、上海市教育评估院、上海师范大学为"高校精神文明建设合格单位"。

1997年，中共上海市教育卫生工作委员会颁发《上海市教卫党委关于加强社会主义精神文明建设1997—2000年实施意见》，明确文明单位评比的指标体系和考评体制。2007年，中共上海市科技教育工作委员会精神文明建设办公室又颁发新的《上海市高校文明单位（和谐校园）测评指标体系》。

2000年，中共上海市委、上海市人民政府将高校校园文明环境的建设列为当年全市教育工作八大实事之一。年初，上海市教育委员会联合有关部门制定《上海普通高等学校校园文明环境建设检查评估指标体系》，提出"改拨款为奖励，改拨款为贴息"的支持政策。5月19日，上海市教育委员会为贯彻落实中共上海市委、上海市人民政府的要求，使上海高校校园文明环境建设上新水平，发文要求全市各高校在前阶段整治和建设的基础上，进一步加强校园文明环境的建设，提高校园文明程度，为全面实施素质教育创造有利条件，主要有：一是校园文明环境建设的主要内容包括校园环境、校容、校貌等，要重点抓好校园主干道及周边建筑物的环境整修、加强校园绿化建设、明确用一年的时间全面整治"三违"（即违章建筑、违章堆积、违章开店）、加强学校周边环境整治，并要求各项整治和建设工作要在年内取得明显成果；二是加强校园文明环境建设的基本要求是今年加强高校管理工作和文明单位创建工作的一项重要内容，要把建设文明校园环境与争创文明单位相结合、与全面实施素质教育相结合、与为师生办实事相结合、与推进后勤社会化改革相结合。5月20日，上海市校园文明环境建设工作会议在上海师范大学召开，中共上海市教育工作委员会、上海教育委员会领导及高校有关领导200余人出席会议。会议发布了校园环境建设指标体系，确定"年初布置、中期检查、年末评估"的推进形式。颁发上海市教育系统1999年度精神文明十佳好事奖。

2004年9月13日，上海市教育委员会召开上海市安全文明校园创建工作动员大会。会议要求，各级各类学校和有关部门要加强领导，精心规划，明确任务，落实责任，形成合力，共同营造良好的育人环境。

2005年，上海市共有36所高校申报"2003—2005年度上海市安全文明校园"，占全市高校总数的59％。经验收、公示等程序，最终确定33所高校为"2003—2005年度上海市安全文明校园"。10月27日，全国精神文明建设工作表彰大会在北京召开，上海第二医科大学附属瑞金医院、上海市第六人民医院获得全国文明单位称号。

二、校园环境专项治理

2000年,上海全市高校投入专项改造经费29 449万元,拆除各类违章建筑62 608平方米,新建和改建绿地45 832平方米,维修改造旧宿舍、教室、实验室531 255平方米,整修、新铺校园干道12 231米,维修疏通下水道4 230米,建栅栏式透绿围墙4 043米。通过全面大力整治,93.8%的教师和91.3%的学生对校园环境表示满意和基本满意。此外,着眼于建立长效管理机制,加强了学校与公安、工商、文化、卫生、市容监察等部门的联动,共同营造学校周边地区良好的治安环境。2002年,继续推进高校绿化与美化工作。各高校以社会化改革为动力,开展了高校校园"拆违建绿、破墙透绿"活动。全市高校共拆除校内违章建筑近2.6万平方米,建成栅栏式围墙12.3千米。

2003年上半年,上海51所高校提出的周边存在的148个问题。上海市综合治理委员会学校及周边治安综合治理工作领导小组办公室协调有关力量加强调查研究,进行专项整治,落实目标责任,编制评价标准,开展考核评比,92%的问题在一个月内得到解决。

2004年4月27日,全国学校及周边治安综合治理工作会议在沪举行。中共中央政法委员会秘书长王胜俊在会上强调,要坚持求真务实,狠抓学校及周边治安综合治理工作措施的落实。

2005年3月29日,高校周边交通安全专项整治工作座谈会上,中共上海市委副书记、市社会治安综合治理委员会主任刘云耕指出,各级党委和政府要把学校周边交通安全工作摆上重要议事日程,明确落实管理责任,并要求抓好制定和细化学校周边文明环境建设标准、建立社会监督机制,营造全社会参与的氛围等三项工作。上海市副市长严隽琪在讲话中要求专项整治工作坚持一手抓硬件配置和建设标准,一手抓市民、师生的交通意识和文明素质;一手抓校外环境优化,一手抓校内安全文明环境的建设,做到硬件和软件建设协调发展。同年,上海开展高校及周边治安环境突出问题专项调查,加大整治与建设力度。全面排查,发现问题,及时整治。落实松江大学园区交通改进工作,通过协调落实,松江大学园区的交通组织状况明显改善,师生往返市区更加便捷、安全。

2008年,为了专项整治学校及周边环境,上海市公安、工商、市容、城管、教育、学校等相关机构和各区县学校周边办自7月1日至9月8日,对2 763所大中小学、幼儿园和农民工子女学校校园安全隐患进行排查,约占全市学校总数的93%,排查整改各类安全隐患1 117处,并对477辆自有校车和756辆租用校车进行排查。同济大学、东华大学2所承担奥运训练场地任务的高校校园及其周边治安、文化、市容等环境良好。上海市教育委员会还协调解决松江大学城、临港大学园区周末学生交通出行问题。

2009年2月20日,上海市教育系统召开"迎世博600天行动"工作推进会,各高校以迎世博市容环境整治为契机,在美化校园环境方面开展综合治理。经一年努力,全市高校"迎世博600天行动"环境整治工作成效显著:全市普通高校和委直属单位清洁建筑立面总面积648 958平方米,共完成架空线路入地92.5公里,累计新建绿化面积43.73万平方米,改造绿化项目达260个,约45.52万平方米。

三、健康校园建设

经国务院批准,国家教育委员会、卫生部于1990年6月4日颁布《学校卫生工作条例》,上海市高等教育局制定并颁发《上海高校贯彻〈学校卫生工作条例〉的实施办法》和《大学生健康教育基本要求的通知》。上海市政府教育卫生办公室成立上海市学生常见病防治领导小组,制定《上海市学生常见病综合防治措施》。各高校对此高度重视,将学校卫生工作纳入学校总体工作,贯彻实施《条例》的基本措施:一是充分发挥高校医务人员在健康教育方面的主导作用;二是掌握基本的要求和内容,坚持采取选修、必修、医疗咨询、电化教育、讲座等多种形式。至1993年,上海有23所高校开设选修或必修的健康教育课程,占全市高校的47%,40所高校开设各类讲座,达到全市高校的84%。

1996年,上海市32所高校开设大学生健康课,40所高校开设健康教育专题讲座,全市学校健康教育工作获全国创建卫生城市检查组的好评。高校普遍建立卫生制度和检查制度,学校卫生面貌明显改善,13所高校被评为市爱国卫生标兵单位。此外,高校有1.3万多学生参加义务献血。

2003年4月19日,中共上海市教育工作委员会、上海市教育委员会召开会议,紧急落实教育部、上海市委和上海市人民政府防"非典"工作会议精神。4月26日,上海市副市长杨晓渡、严隽琪往上海师范大学调研上海市教育系统防治"非典"工作。4月27日,上海市领导韩正、殷一璀、杨晓渡等看望市防"非典"指挥部学校组的工作同志;副市长严隽琪到上海中医药大学检查落实"防非"工作,希望在"防非"工作中发挥中医药学专长,扩大上海中医药大学在国际上的影响力。同时指出,上海中医药大学一定要做好留学生和港澳台学生的工作,使他们成为宣传源,通过他们向海外港澳台及其家属反映上海的真实情况。4月29日,中共上海市教育工作委员会召开高校分管书记和宣传部(处)长会议,要求全市高校在危难之际,在防"非典"工作中充分发挥党组织思想政治工作的优势,把全市高校共产党员动员起来,同舟共济、共渡难关,夺取抗击"非典"工作的胜利。4月30日,国务院"非典"防治工作督查组视察上海师范大学。5月6日,中共上海市教育工作委员会、上海市教育委员会召开高校校长和区(县)教育局长会议,传达国务院防"非典"电视电话会议和上海市防"非典"指挥部会议精神,中共上海市教育工作委员会对"五一"节后教育系统防治"非典"工作提出要求。5月7日,上海市人大常委会看望慰问上海市防治"非典"指挥部学校组工作人员。5月19日,中共上海市教育工作委员会、上海市教育委员会召开上海市高校防治"非典"联络员工作会议。6月5日,为贯彻落实教育部抗击非典、卫生防疫、健康安全广播视频会议精神,上海各高校、各区县教育局领导分别在市教育委员会等分会场参加会议。会议要求贯彻落实教育部部长周济的讲话精神,牢固树立"健康安全第一"的观念,做到思想上不松懈、工作上不松懈、措施上不松懈。认真总结经验,把好的措施、好的做法转化成为今后抓卫生防疫与健康安全的长效机制。7月1日,国务院"非典"防治督查组检查上海高校防控工作,科技部副部长李学勇率队对上海交通大学、上海师范大学的防治"非典"工作进行督查,充分肯定上海高校做了大量有效工作,把师生的健康安全放在第一位,成功打胜了"非典"防控这场无硝烟的战斗。

2006年,上海市医疗保障局、上海市教育委员会、上海市财政局成立专题调研组,对大学生基本医疗保障的现状进行调查,并提出相应的医疗保障方案。该方案在原公费医疗覆盖的基础上,将约13.6万名接受普通高等教育的民办和系统行业办高校大学生、各类高校中的普通高职生以及党校和其他科研院所非在职研究生全部纳入基本医疗保障范围,享受统一的医疗保障待遇,实现部属院校与地方院校、公办高校与民办高校、本地生源与外地生源一视同仁的基本原则。大学生住院和门诊大病基本医疗,由上海市财政拨款设立大学生住院和门诊大病基本医疗统筹资金。大学生普通门急诊基本医疗保障继续实行"定额拨款、学校管理、结余留用、超支分担"的管理办法。

2007年,上海市高校、中小学校和中等职业学校开展第二轮"健康校园"建设活动,主要内容有:一是学校食品卫生管理水平得到提高,全市各级各类学校食堂共3 370户,被市、区食品药品监督部门认定合格的有3 020户,其中实行量化分级管理的学校食堂共2 805户,经市、区县食品药品监督部门评定,A级为289户,B级为2516户,C和D级为0户;二是学生超重肥胖增长率得到控制;三是学校健康教育多样化、常规化、内容多元化;四是学校控烟活动持续有效,95％以上学校均有控烟措施,被评为无吸烟学校的有938所;五是开展学校自救互救技能培训,15.5万高校学生、12万中专生和近140万中小学生接受自救互助知识培训;六是开展预防艾滋病教育;七是学校文体活动得到落实。

国家教育委员会、国家体育委员会等有关部门从鼓励和推动学生积极参加体育锻炼,增强学生体质的目的出发,在不同时期先后制定《准备劳动与卫国体育制度暂行条例和项目标准》(简称《劳卫制》)《国家体育锻炼标准》《大学生体育合格标准》等一系列制度,并于2002年开始在全国试行《学生体质健康标准》。这些制度的制定和实施,对于增强学生体质,促进中国学校体育工作具有积极作用。2009年下半年,上海市教育委员会开展大学生体质健康抽样检测活动,对学生进行针对性的抽样检测,以掌握和评价学生体质健康状况,推动学校全面实施《国家学生体质健康标准》,上海市52所高校的2080名学生参与检测。检测活动分设男子组、女子组,男女各有5个项目,其中男生有形态、肺活量、握力、立定跳远、1000米跑,女生有形态、肺活量、坐位体前屈、一分钟跳绳、800米跑(形态项目包括身高标准体重的测定)。

第四节　节约型校园建设

一、节能

2006年,为配合上海市人民政府确保2010年实现上海市万元生产总值综合能耗比"十五"期末下降20％的目标,全面掌握上海市第三产业能源使用状况和结构,上海市教育委员会开展全市教育系统2005年能源消费情况专项调查,覆盖高校、中小学、职业学校以及各行业所属中等职业学校等1700家单位,全面掌握上海市教育系统能源使用状况和结构,为落实"十一五"期间教育系统节能降耗目标,开展教育系统节能工作,提供了基础数据和决策依据。

2007年9月24日,国家发展改革委员会、教育部颁发《关于学校水电气价格有关问题的通知》,要求各地对学校教学和学生生活用电、用水、用气价格,按居民标准执行。上海市教育委员会和上海市发展和改革委员会(物价局)根据通知要求,制定工作方案和实施细则。至2007年底,全市各普通高校、中等职业学校、成人中专和普通中小学、幼托园所,共2600余所学校的教室、图书馆、实验室、体育用房、行政办公等教学设施,以及学生食堂、浴室、宿舍等学生生活设施使用的水、电和管道燃气,基本完成调价工作,执行居民类价格标准。同年,上海市教育委员会在同济大学召开上海市教育系统建设节约型校园推进会暨同济大学节能工作现场会,部署教育系统节能降耗工作,推进各级各类学校创建"节约型校园"的工作,并开展教育系统能源消费统计工作。

2010年,召开上海高校进一步推进节约型校园创建工作大会,有序推进上海高校节能扶持项目,资金拨付到位。推进高校重点用能单位能源审计前期准备工作。

二、节水

2007年,上海市教育委员会与上海市水务局联合开展"节水学校(校区)"创建工作,首批10所试点高校全面启动。次年,上海市教育委员会会同上海市水务局联合对这10所试点学校(校区)的创建工作考核验收,首批 10 所试点节水型高校全部一次性通过。其中上海体育学院被命名为上海首个节水型示范学校,同济大学四平路校区、上海大学延长路校区被命名为首批上海节水型示范校区,复旦大学邯郸路校区、上海交通大学徐汇校区、华东师范大学中山北路校区、华东理工大学徐汇校区、上海外国语大学大连路校区、上海财经大学国定路校区和华东政法大学长宁校区被命名为上海市节水型校区。2009 年,启动第二批节水型学校(校区)创建工作,11 所申报学校全部通过验收。2010 年,推进第三批 20 所高校节水型学校创建工作并顺利通过考核验收。至此,全市已有 41 所高校(校区)创建成为上海市节水型学校(校区)。

2010 年,开展高校地下水应急水源地工程试点工作。首批试点高校是同济大学、上海财经大学和上海大学,顺利完成设备安装和调试,正式投入运行。第二批试点高校是复旦大学、上海海洋大学、上海体育学院、上海第二工业大学和上海金融学院 5 所高校,至年底,完成基础工程建设,进入设备安装和调试阶段。

三、节能措施

上海高校这一时期的节能措施主要有:一是完善高校能耗统计、监测、公示制度,制定《上海高校合理用能指南》;二是明确责任,狠抓重点单位节能工作,督促学校对高耗能、高耗水的建筑、设施或设备,实行专人负责、专项管理、节约使用,建立重点用能高校能源利用状况年度报告制度;三是对高校开展能源审计,督促有关高校明确节能目标,实行逐级考核;四是有序推进上海高校节能扶持项目,制定节能项目优化方案,在有关资金拨付到位的基础上,划拨 600 万元专项资金,对高校节能工作给予奖励;五是围绕实效,做好宣传教育工作,鼓励学生社团开展节能技术创新,开展节能志愿者活动,促使节能节水成为每个师生员工的良好习惯和自觉行动。经过各方共同努力,2010 年上海教育系统生均能耗较上年度相比实现下降 2% 的预期目标。

第四章 教育信息化建设

上海是全国最早开始教育城域网建设的省市之一，2005 年 1 月建成全国第一个地域性 IPV6 互联网。于 2010 年 2 月开通的"上海教育"是上海市教育委员会的门户网站，至 2008 年历经 8 次改版，不断完善政府信息公开、网上办事、咨询热线、新闻发布以及与市民互动的功能。进入 21 世纪，互联网技术首先在远程教育、网络教育、网络图书馆和大学生交互平台等方面展开应用，为建设"人人学习""终身学习"的学习型社会的理念与实践奠定基础。

第一节 上海教育城域网建设

一、上海教育与科研计算机网

上海教育与科研计算机网（SHERNET）（简称上海教科网，www.nic.edu.cn）第一期工程——高校主干网的建设于 1995 年完成联网，1996 年 1 月 4 日正式开通运行。上海教育与科研计算机网第一期工程的主干网由上海市教育委员会机关、复旦大学、上海交通大学、同济大学、华东师范大学、华东理工大学、上海医科大学、上海大学和上海第二医科大学 9 个网点构成，整个主干网络线路通过上海市邮电系统同步数据传输光纤网（DDN）联通，经中国教育和科研计算机网（CERNET）与国家教育委员会网管中心连接及出入国际交互网（INTERNET）。此外，上海教育与科研计算机网的接入单位还有中共上海市教育卫生工作委员会、中国纺织大学、上海铁道大学、上海外国语大学、华东师范大学附中、市西中学。相互联网的有上海科技网、上海邮电网、中科院上海分院网、上海经济网和上海有线电视台。上海教育与科研计算机网还负责江西、浙江、福建 3 省教育与科研计算机网的接入和管理。在上海教育与科研计算机网主干网建设的同时，上海市教育委员会还支持上海大学、上海第二医科大学、上海师范大学、上海中医药大学、上海对外贸易学院和上海农学院的校园网建设，组织和援建上海交通大学远程教学系统和上海医科大学远程医疗会诊系统。并制定《上海教育与科研计算机网管理条例》等一系列与网络运行相配套的政策法规。1998 年，上海所有高校分别以数字数据网（DDN）、综合业务数字网（ISDN）等不同方式全部联入上海教育与科研计算机网。教育与科研计算机网影响面逐步由高教向基教、成教、职教、幼教延伸，初步形成"高基成职幼"一网五环（一网是指上海教育与科研计算机网，五环是指高等教育、基础教育、成人教育、职业教育、学前教育五个网络系统）网络管理结构体系。以建设基础信息库、专业信息库、大型数据库、重点应用工程为主要抓手，首批应用项目建设全面启动。上海市教育委员会投资 221.6 万元重点扶持首批 6 个有发展前景、技术处于领先地位的应用项目。至年底，由上海市教育委员会信息中心与上海交通大学联合建设的"扬帆（Young finder）"中英文搜索引擎站，以学术信息为特色，搜索了 25 万余个页面。上海市高校图书馆文献资源联合数据库除具备检索功能外，同时还具有导航功能。由中国纺织大学承担的中国服装文化数据网络，页面美观、查询功能强大、信息资源充实、贴近市民生活。此外，上海教育与科研计算机网远程教育项目也在上海交通大学、复旦大学、上海大学、上海第二医科大学、上海电视大学建立远程教育点，开展五校联合远程教学试验。远程医学项目增设上海教育与科研计算机网五校联合远程医学数据交换中心,在上海医科大学、上海铁道大学、上海第二医科大学、上海中医药大学、第二军医大学建设远程医学点,开展远程医疗会诊服务,发展会员单位数百家,接纳会诊病例近两千例,并在崇明等地开展远程医疗会诊技术培训。1999 年,开展上海教育科研计算机网新一轮建设。召开上海教育科研计算机网工作会议,推出《上海教育科研网 2000 年发展计划和实施方案》。上海教育科研计算机网在年初全面完成主干网升级改造的基础上,于 5 月试点实施西南片高校光缆敷设工程。此项试点既消除了学校网络出口带宽的问题,又大大节省网络运行投入,使学校网络管理逐步步入"学校—社会—市场—效益"的良性循环。上海教育科研计算机网在 1999 年底完成主干光缆工程的基础上,2000 年初实施延伸接入线路建设,8 月完成上海教育科研计算机网高速城域网主干网建设任务,11 月通过工程项目验收。2001 年,在上年完成上海教育科研计算机网高速城域网主干网建设任务的基础上,开始实施上海教育科研计算机网各支信道宽带接入工程。此时,上海教育科研计算机网主干带宽由建设之初的 64 K 提升到 1.25 G,各教育单位互连光缆数达 200 公里,实现了与上海宽带信息交互中心高速互联,初步形成了"一网五环"的网络框架,全市教育宽带网逐步形成。至此,上海市所有普通高校全部联入上海教育科研计算机网,所有本科院校和大多数专科院校都建立校园网,8 个区近百所中小学实现宽带网互联,50%以上中小学通过专线或拨号上网,30 余所中等专业技术学校建成校园网,80%的独立幼儿园配备了电脑,成人职业教育信息网覆盖了包括上海电视大学及其 20 余所分校,形成了市、区(县)、校三级网络管理。2003 年,上海教育科研计算机网形成"一网五环"信息网络框架结构。其中的"高教网"将上海的 37 所高校联入上海教育科研计算机网并接入中国教科网,在全国推出远程医学、远程教育等特色项目;"职业教育与成人教育在线网"是上海市职业教育和成人教育系统的专业门户网站,全方位多层次构建职教、成教信息平台。

至 2001 年,网络应用项目建设方面。"扬帆"中英文搜索引擎、中国服装文化库等一批上海教育科研计算机网二期工程重点应用项目通过项目鉴定。上海高校网络图书馆建设项目,是上海高校文献资料信息库建设项目的延伸,1999 年,在复旦大学、上海交通大学、华东师范大学、华东理工大学 4 所高校图书馆试运行。2000 年,进入实施应用阶段,该网络图书馆系统已有上海市 31 所高校图书馆简介、19 所高校图书馆整合书目查询数据库、31 所高校图书馆重点学科期刊查询数据库、网上图书资源导航。远程医学项目已形成"一个交互中心、五个管理中心、若干医学资源远程服务基地"的三级管理体系。远程医学项目建设进一步深入,上海医科大等 5 所高校联合远程医学数据交换中心挂牌,5 校联合医学数据库管理模型初步建立,会诊模式由点对点会诊发展到多点会诊、视频交互会诊,此 5 所医科院校远程医学管理中心及示范站开始运作,远程医学服务对象可遍布新疆、西藏等全国各省、自治区和直辖市。其服务内容已从最初单一的远程医疗会诊咨询,扩展到包括远程医疗会诊咨询、远程医学教育、医学资源共享在内的多种远程医学服务。此外,上海市高校科技成果信息系统、上海市高校计算机辅助档案管理系统、中国传统文化信息库、高校人事信息管理系统等一批具有实用推广值的网络应用项目,陆续通过专家鉴定。"高校远程联网系统"顺利通过上海教科网,实现高校远程招生录取。

复旦大学于 1995 年 6 月建成计算机网络并租用上海长途电话局的专用信道,为师生开展电子邮件、文件传送、远程登录和全球网络等服务。1996 年 1 月 25 日,复旦大学校园网正式开通。年内又将图书馆、科学楼、物理楼等 8 个主要节点用光纤连接,形成了主干网,基本建立起覆盖整个复旦大学校园的高速通信网络。2001 年 6 月 1 日,复旦大学开通 DWDM 宽带光网,这是一个集应用与研究于一体的密集波分复用宽带网。该网络由信息学院采用国际先进的 DWDM 宽带光通信技术,发挥学科交叉联合的优势所开发。它有 4 个波长,具有 32 个波长的可扩空间,每个波长的通信宽带为 2.5 Gbps。有 3 个接入点,分别位于国家高性能计算机中心、通信科学与工程系、校园网网管中心,将复旦的超级计算机资源、科研力量和网络应用群体有机结合在一起,形成了一个研究应用型网络群体。现场演示表示,该网络实现了在一条光纤中同时传输多路、多波长的大容量光信号,具有信息传输速度快、容量大的优点,并有很好的系统可扩展性。

2005 年 1 月 15 日,全国第一个地域性 IPV6 互联网——新一代上海教育与科研计算机网在上海交通大学开通运行,这标志着上海教育信息化又跃上一个新的平台。新开通的 IPV6 新一代互联网的速率可达到 2 500 兆,它所具有的海量 IP 地址、高传输速度、高图像清晰度、高管理安全性,对教育信息化应用水平的提高产生重大影响,具有全面覆盖、新老兼容、资源共享等优点。同时,由于 IPV6 的海量地址、快速传输、高度安全等特性,将使网上应用的规模和水平产生革命性的突破,如网络计算、高清晰度电视、强交互点到点视频语音综合通信、智能交通、环境地震监测等,为建设和发展上海“数字城市”创造优越的信息化环境。上海市教育委员会首先把 IPV6 新一代教育科研计算机网应用于高校的科研、网上远程教育、高速计算、远程医学和网络图书馆建设等方面,同时也通过新的网络技术,培养和造就一大批新型网络技术和信息人才,构筑新型人才的高地。

二、“上海教育”网站

“上海教育”(www. edu. sh. gov. cn)是在上海市教育委员会指导下建立和发展起来的政府门户网站。2006 年,新版“上海教育”网站进一步完善了政府信息公开、网上办事、咨询热线、新闻中心、互动平台、教育之窗等栏目版块。主要内容有:一是加强教育信息资源整合,在政府信息公开栏目、网上办事、咨询热线等栏目,开设链接区县教育行政部门网站相关栏目的直通道,方便公众查阅相关信息,咨询有关问题;二是加强个性化服务栏目建设,公众可以进行邮件订阅,申请政府信息公开,进行网上信访和咨询,在网上办理有关事项。便民问答从原来 25 类 600 例扩充到 30 类 1 000 例;三是加强优质信息提炼,开设“信息关注”栏目,及时发布热点信息、开设教育信息即时排行榜和政府信息点击排行榜、增设教育地图、开发网站访问统计组合查询系统。2006 年年内,上海教育网站首页访问量 659.79 万人次,页面总点击量 3 567.61 万人次。发布各类新闻累计 1 374 条;受理网上咨询 1.03 万人次;受理网上信访 2 135 人次;提供各类办事项目 73 项;通过办公网络平台进行投稿 5 085 件。

2007 年,“上海教育”网站第七次改版。此次改版以公众为中心,以服务为宗旨,以应用为目的,体现“集群、整合、互动、规范”基本思路。主要内容有:一是推出“教育百事通”“教育事项网上办”“我想要”等专栏,方便公众分类查找相关事项和具体信息;二是开发上海市教育委员会行政许可、非行政许可(审批)事项网上办事系统,推动教育类事项的网上公开和在线办理服务;三是开设“德智体美劳技”“历史上的今天”等专栏,扩展 RSS 订阅、信息排行等项目,整合优质信息资源;四是开设“政风行风”专栏,设置公开承诺、相关政策、工作简讯、监督员通道、投诉咨询、政风行风大家谈等栏目,加强教育系统政风行风建设;五是完善网站管理系统,提升网站规范化运行水平。2007 年年内,“上海教育”网站首页访问量为 1 460.65 万人次,页面访问量为 3 394.19 万人次,发布各类新闻累计 2 058 条,受理网上咨询 9 950 人次,提供各类办事项目累计 90 项,通过办公网络平台进行投稿 3 415 件。

2008 年,“上海教育”网站第八次改版。改版的主要内容有:一是推出“学习中心”专栏,提供人们从少年到老年各个阶段的学习指南和学习资源,创设"人人皆学、时时能学、处处可学"的学习平台;二是推出"学生版""教师版",以服务对象为中心组织栏目内容;三是构建并完善咨询平台、沟通平台、信访平台和办事大厅;四是以各级各类教育为线索,丰富"教育百事通"栏目内容;以学生、教师、学校、社会为线索,丰富"教育事项网上办"栏目内容;五是丰富服务形式,以动画的方式提供网站导航、办事指南等服务内容;六是探索网站集群,加强信息资源整合,推进信息内容聚合和全网检索。2008年,"上海教育"网站首页访问量1 006.12万人次,页面访问量3 190万人次,发布各类新闻累计2 234条,受理网上咨询5 580人次,提供各类办事项目累计99项,通过办公网络平台进行投稿3 956件。

2006年,上海市教育委员会新增主动公开政府信息589条,全文电子化率达100%。其中,业务类信息占77.93%,政策法规类信息占2.21%,规划计划类信息占3.39%,机构设置类及其他类信息占16.47%。119万人次在"上海教育网""政府信息公开"专栏中查阅上海市教育委员会政府信息。公众关注程度较高的信息依次是:入学报考与招生、基础教育、教育收费、高等教育、教育人事、职业教育与成人教育。在"上海教育"网站构建信息链,开设中考、高考、插班生招生、专升本招生、艺术特长生招生等各类招生考试专题栏目,向公众提供政策文件、政策解读、招考公示、学校动态、咨询服务、信访监督等信息,有198万多人次浏览有关信息,并广泛收集民智民意。逾60万人次参与由上海市教育委员会在"上海教育"网站开展的网上公示、网上调查、网上征求意见、教育大家谈等互动项目。以政府信息公开带动办事公开。

2007年,上海市教育委员会新增主动公开公文类政府信息430条,全文电子化率达100%。其中,业务类信息占83.49%,规划计划类信息占5.12%,政策法规类信息占0.70%,机构设置类及其他类信息占10.69%。有51.40万人次在"上海教育网""政府信息公开"专栏中查阅上海市教育委员会政府信息。公众关注程度较高的分别是入学报考与招生、基础教育、高等教育、教育人事、高校学生类信息。上海市教育委员会构建市、区(县)、学校三级信息公开网络,以社会需求为导向,在"上海教育网"开设中考、高考、高校插班生招生、专升本招生、艺术特长生招生等各类招生考试专题栏目,向公众提供政策文件、政策解读、招考公示、学校动态、咨询服务、信访监督等一系列信息达1 629条,访问量达211.22万人次。上海市教育委员会结合教育实事项目、大学生助学贷款、高校毕业生就业等政策的发布,提供相关信息,访问量达34.50万人次。上海市教育委员会结合政府信息公开,在"上海教育网"开展网上公示、网上调查、网上征求意见、教育大家谈,加强与公众的互动,参与者达17.27万人次。

2008年,上海市教育委员会新增主动公开公文类政府信息537条,全文电子化率达100%。其中,业务类信息占83.80%,规划计划类信息占3.54%,政策法规类信息占0.37%,机构职能类信息占2.61%,其他类信息占9.68%。有75.29万人次在"上海教育网""政府信息公开"专栏中查阅了市教育委员会信息。公众关注程度较高的分别是入学报考与招生、基础教育、高等教育、综合工作、学校科研、教育人事类信息。上海市教育委员会以社会需求为导向,在"上海教育网"开设各类招生考试、教育实事等专题栏目,向公众提供政策文件、政策解读、公示事项、工作动态、咨询服务、信访监督等一系列信息达2 050条。上海市教育委员会结合政府信息公开,在"上海教育网"开展网上公示、网上调查、网上征求意见、教育大家谈等互动项目74项,参与者达17.39万人次。

2008年,上海市教育委员会机关内网应用平台稳定运行,软硬件系统有机配合,人员信息化素质提升,无纸化应用进入成熟期。当年网上收文4 933件,发文1 546件,文件正文均扫描进入数据库,数据容量达15.49 G。内网资源库总容量达26.33 G,主要有1个政务信息资源库、1个业务信息资源库和 21 个处室信息资源库,此外还有教育信息资料库、多媒体资源库。教育信息资料库设置各地教育动态、教育资料信息、征订报刊与杂志、长江流域教育动态四个栏目。多媒体资源库由各处室及档案室维护,主要提供上海市教育委员会重大活动的照片资源,可供归档使用,共 10 类照片信息。上海市教育委员会通过教育部电子公文与信息交换系统共接收打印教育部公文、信息共 587 件,上报上海市教育委员会简报、信息等材料共 234 件。利用"上海教育"门户网站办公网络建成上海市教育委员会公文与信息交换系统,与 19 个区县、57 所高校、33 个委直属单位进行公文、会议通知、信息材料的网上收发,其中上海市教育委员会信息材料共有《每周教育信息》《市教育委员会简报》《上海教育工作》《教育参考》《上海市推进学习型社会建设指导委员会简报》《上海教育督导简报》《规范教育收费简报》《政风行风建设工作情况简报》《上海市语言文字工作委员会简报》等 9 种。至 2008 年 11 月,上海市教育委员会共计网上颁发公文 129 件,会议通知 49 件,信息材料 36 件。

第二节　教育信息化技术应用

一、远程教育

2000 年 1 月 24 日,由上海电视大学、上海教育电视台、上海市电化教育馆和上海市电视中等专科学校组成的上海远程教育集团成立。2004 年 5 月 19 日,上海市教育发展基金会资助上海远程教育集团 750 万元卫星通信设备。2006 年 12 月,上海电视大学"复印报刊资料"全文数据库与索引数据库建成并投入运行服务。"复印报刊资料"由中国人民大学书报资料中心出版发行,收录历年来由专家学者精选、分类加工整理的学术文献,汇集成以专业性、学术性为代表的百余种系列刊物,信息资源涵盖人文科学和社会科学领域国内公开出版的 3 000 多种核心期刊和报刊。上海电视大学系统师生可以通过网上图书馆点击数字资源栏目下相关链接"人大复印报刊资料"或直接键入网址即可访问该资源,体验数字图书馆信息服务的便捷与高效。

二、网络教育

2000 年 12 月 22 日,同济大学校长吴启迪与香港天鸿卫星公司董事长张隆官分别代表双方签订了《香港天鸿卫星网络公司星际宽频与同济大学网络教育学院卫星网络教学系统合同书》,标志着同济大学在全国范围内进行网络教育的战略拓展。同济大学是经教育部批准开展现代远程教育试点的重点高校,计划 3 年内在全国主要城市发展 30 个以上分校,在学人数达到万人。香港天鸿卫星公司将投资 650 万美元用于 30 个远程教学点的建设,并负担其全部交互式通讯费用。此外,每年出资 60 万元人民币用于机房改善,以及每年投入 15 万元人民币设立奖学金,为期 10 年。

三、网络图书馆

2000 年 12 月 25 日,全国首家高校网络图书馆——上海教育科研计算机网高校网络图书馆在上海启用。上海交通大学、复旦大学、华东理工大学、华东师范大学、上海大学、上海第二医科大学 6 校的首批 1 800 名学生,等于一人拥有六家图书馆,可通过网络查询六校的任何一本馆藏图书。架设在上海教育科研计算机网平台上的这座"虚拟图书馆"(网址:202.120.13.100 或

www. lib. sh. edu. cn），通过校际间纵横交错的光纤连接。网络图书馆由上海市教育委员会建设，具有馆际互借、文献资源传递和信息资源导航等三大功能。此举为上海市教育系统用数据化手段整合与利用教育信息资源，形成交流便捷、优质高效、超大规模的教育资源共享体系，走出了关键的第一步。网络图书馆内，中外书刊、期刊一应俱全，高价资源（国外资源）、学科资源统筹集约。网络图书馆的服务重点主要放在电子文献和全文数据库的网上服务方面。只要拥有一张"兴业校园卡"，即可通过网络查找所需书目，然后在网上下单申请，书籍所在图书馆就会通过邮递、传真、电子邮件等多样化的传输手段让你"随手可得"所需资料。上海高校每个师生，可以凭由上海市教育委员会信息中心和福建兴业银行上海分行联名发行的"兴业校园卡"，即可成为网络图书馆的借书人。

四、中国大学生在线

全国高校思想教育示范网站——"中国大学生在线"（网址：www. univchina. org），是服务全国大学生的公益性大型综合门户网站，2002 年开始筹建，2004 年 5 月 17 日，在北京开通。"中国大学生在线"是由教育部主办，上海交通大学牵头承办，全国 80 所高校共建，全国大学生广泛参与，东方网、新浪网全面支持的公益性大型综合服务类门户网站。网站的建设目标是：展示中国大学生时代风采的窗口，服务中国大学生成长成才的平台，提升中国大学生综合素质的园区，引领中国大学生舆论方向的坐标。网站设有教育资讯、神州校园、时事新闻、精神家园、网上活动专题及学友邮箱等栏目。同济大学作为"中国大学生在线"网站的参建单位，筹划组织"城市之光"子网站，其宗旨是集学校建筑、规划、交通、环保、管理等相关学科为背景，以专业为支撑打造非专业网站，开设"名城寻踪""城市雕塑""建筑之光""城市规划""城市'路由'""城市发展""作品展台"等栏目，通过大量图片，呈现现代城市发展动态与趋势。在此基础上，该网站又作为同济大学对外交流的一个平台，介绍学校优势学科的发展状况和同济大学师生的科研成果、优秀作品等，并以此加强同清华大学、天津大学、东南大学、华南理工大学等高校的联系，共同打造交互平台。

上海财经大学图书馆从 2004 年 5 月起，新增数字资源——BVD 全球金融、财务分析系列数据库，支持国际经济、金融、财务、管理等专业的教学与科研。该系列共含 OSI-RIS《全球上市公司分析库》、ZEPHYR《全球并购交易分析库》、BANKSCOPE《全球银行与金融机构分析库》等 3 个子库。数据资源来源于电子商业信息出版商（简称 BVD），总部在比利时布鲁塞尔，网站www. bvedep. com。在校园网范围内，师生皆可登录图书馆主页（www. lib. shufe. edu. cn），选择"全部数据库""事实数据型数据库"进入该系列资源。

2008 年 11 月 11 日，上海工艺美术职业学院数码艺术系创建具有独立域名的博客型专业网站——数字艺术港湾。该网站是体现当代新媒体理念——所有人向所有人发布信息——的新型网站。与传统网站的管理和运行模式不同，数码艺术系的所有专业教师都对"数字艺术港湾"享有平均管理权限，所有学生都有发表评语的权限，人人使用，人人参与建设。

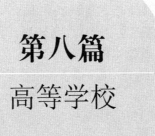

第八篇

高等学校

1978 年,国家恢复全国重点高等学校和实施统一领导、分级管理体制。1985 年,中共中央、国务院颁布的《关于教育体制改革的决定》,就高等学校,提出"实行中央、省(自治区、直辖市)、中心城市三级办学的体制"。在上海,普通高等学校按办学体制分为中央部(委办局)直属、上海市教育部门直属、上海市的委办局或区政府所属。1978 年 10 月,为适应扩大招生需要,上海采取有关高校、上海工业局和所在区县"三结合"的办法,由上海市建设委员会等 18 个工业主管部门(企业)和 9 个区人民政府与有关高校协作,设立 13 所大学分校。若干年之后,这批大学分校陆续进行调整,其中 10 所分校或合并组建新高校,或并入有关高校,或改建、更名为普通高校,其余分校停办。上海高等专科学校开始全面复校和发展。

20 世纪 80 年代,上海高等学校建设进入一个快速发展时期。80 年代初期前后,重点是通过恢复办学、中专升格、成人高校转制,以及新建等方式设立了一批高等专科学校。80 年代中期后,由大专院校升格为本科院校,一批学院更名为大学,上海普通高等学校数达到 51 所(不含军事院校),办学层次和学科类型布局基本成型。

从 20 世纪 90 年代中后期起,上海按照"共建、调整、合作、合并"的国家高等教育改革调整方针,对高校实施较大规模的合并、重组、转型、升格。高等学校数量一度降至 40 余所,但本科层次资源扩充,重点高校做强做大,并重组、改制和新建了一批全日制高等职业技术院校,上海高等教育服务社会经济发展、服务全国高层次人才需求的整体水平得到提升。

同时,根据中共中央、国务院颁布的《中国教育改革发展纲要》提出的倡导和支持民间办学,上海社会力量举办的高等学校兴起,自 1994 年国家教育委员会批准民办杉达学院正式建校,至 2010 年上海共设置民办高校 20 所。其中,民办高等职业学院 14 所,民办普通高等学校 2 所,独立学院 4 所。

直到 20 世纪 90 年代中后期,上海的高等学校中由中央管理的高校(一般称之为"中央部委属高校")居多,而上海地方管理的高校(称之为"上海市属高校")中又有一部分为其他委、办、局主管。受到条块隶属关系等因素制约,地方政府缺乏高等教育统筹和协调权,各类高校间办学资源难以流动和协调。20 世纪 90 年代末,根据中共中央、国务院《中国教育改革和发展纲要》关于改革高等教育管理体制,逐步实行中央和地方两级管理,以地方政府为主的管理体制的精神,上海高等教育管理体制进入以"联合、合并、共建、划转"为主要内容特征的重大改革和转变阶段,一批原中央各部委所属高校分别划转上海市管理。至 2000 年,上海原属中央部委属管理的 21 所高校中,有 11 所划转上海市管理,上海市属公办普通高校数达到 23 所。同时,1994 年上海市教育工作会议决定,尽快将市属委、办、局主管的高校划归市教育行政主管部门统一管理。一批由上海市其他系统主管的高校划归上海市教育部门直接领导。

2010 年,上海 66 所普通高等学校中,中央部委属高校 9 所(均为本科院校,其中 8 所为教育部所属,1 所为国家海关总署所属);上海市属高校 57 所。上海市属高校中,本科院校 27 所,专科院校 5 所,高职学院 25 所。

第一章 部委属院校

第一节 复旦大学

复旦大学创建于 1905 年。原名复旦公学,是中国人自主创办的第一所高等院校,创始人为中国近代知名教育家马相伯。校名"复旦"二字选自《尚书大传·虞夏传》中"日月光华,旦复旦兮"的名句,意在自强不息。1917 年复旦公学改名为私立复旦大学;1937 年抗战爆发,学校内迁重庆北碚,并于 1941 年改为"国立";1946 年迁回上海江湾原址;1952 年全国高等学校院系调整后,复旦大学成为文理综合大学;1959 年为全国重点大学。1966 年文化大革命,学校停止招生。

1977 年,复旦大学恢复招收本科生。1978 年,学校再次被确定为全国重点大学,设有 15 个系,30 个专业,5 个独立的研究所,18 个分散在各系的研究室,并开始恢复招收研究生;有在校本专科学生 3 810 人、研究生 263 人、外国留学生 24 人;专任教师 2 218 人,其中教授 72 人、副教授 74 人、讲师 858 人、教员 33 人、助教 1 188 人;职工 2 112 人。还编辑出版《复旦学报》(分社会科学和自然科学两种)、《现代英语研究》等刊物,在全国发行。全校占地 55.3 万平方米,校舍面积共近 20 万平方米。

20 世纪 80 年代以后,复旦大学逐步发展成为一所人文科学、社会科学、自然科学、工程科学以及管理科学在内的高水平研究型大学。1984 年成立研究生院。1985 年成立美国研究中心。1986 年谭其骧主编的《中国历史地图集》获得上海市哲学社会科学研究成果特等奖(1995 年又获全国普通高校首届人文社会科学研究优秀成果一等奖)。1989 年 16 个学科被批准为国家重点学科。1991 年学校着重抓好教风、学风建设,制定一系列文理科教学改革的若干意见。同年,经国务院批准,杨福家教授、胡和生教授增选为数学物理学部学部委员;学校博士点达 48 个,博士生导师 108 人,硕士点 96 个。1993 年成立复旦发展研究院。1994 年学校确立教育部和上海市共建机制,并首批入选"211 工程"项目。1995 年 90 周年校庆,中共中央总书记、国家主席江泽民为学校题词:"面向新世纪,把复旦大学建设成为具有世界一流水平的社会主义综合性大学"。1999 年首批入选国家"985 工程"。20 世纪 90 年代学校启动学分制建设,提出"宽口径、厚基础、重能力、求创新"的人才培养理念,实施按类教学。1999 年陆谷孙主编的《汉英大词典》获首届国际社会科学基金项目优秀成果一等奖。2000 年,复旦大学与上海医科大学合并,新的复旦大学形成文理医三足鼎立的学科格局。同年年度科研经费首次突破亿元大关。

2005 年百年校庆,中共中央总书记、国家主席胡锦涛发来贺信,再次明确要求"努力把复旦大学建设成为具有世界一流水平的社会主义综合性大学"。全国人大常委会委员长吴邦国参加校庆大会并致辞。百多年来,复旦大学师生谨记"博学而笃志,切问而近思"的校训;严守"文明、健康、团结、奋发"的校风;力行"刻苦、严谨、求实、创新"的学风,发扬"爱国奉献、学术独立、海纳百川、追求卓越"的复旦精神勤奋办学,时有直属院(系)29 个,附属医院 10 所,设有本科专业 70 个,一级学科博士学位授权点 24 个,二级学科博士学位授权点 153 个(其中自设 29 个,临床 1 个),硕士学位授权点 225 个(其中自设 50 个,专业学位授权点 8 个),博士后科研流动站 25 个,全国重点学科 40 个。

2006年,"复旦"被评为上海市著名商标。同年开设了通识教育核心课程,并探索本科生自主招生改革。继清华大学之后,2007年,"复旦"商标(包括"复旦"二字和图形标识)被国家工商行政管理总局商标局认定为中国驰名商标(教育类)。2009年学校研发的"中国历史地理信息系统"入选中国成立60周年成就展。2010年,学校设立有哲学、经济学、法学、教育学、文学、历史学、理学、工学、管理学和医学10大学科门类,拥有哲学、历史学、中国语言文学、经济学、数学、物理学、化学、生物学、基础医学9个国家文科、理科基础科学研究和教学人才培养基地,生物技术、软件工程、集成电路3个国家应用技术人才培养基地以及国家大学生文化素质教育基地和国家对外汉语教学基地,共有300余个科研机构,包含150余个跨学科研究中心。学校有普通本专科生13 237人、研究生13 851人、留学生3 805人(其中攻读学位的留学生2 706人);另有成人教育、网络教育本专科生16 611人。学校有专任教师2 346人(高级职称1 538人)、中国科学院院士、工程院院士36人(其中双聘院士15人)、第三世界科学院院士7人,"国家重点基础研究发展计划(含重大科学研究计划)"项目首席科学家20人。有直属院(系)28个,设有本科专业70个,一级学科博士学位授权点24个,博士学位授权学科、专业点154个(其中自设30个,专业学位1个),硕士学位授权学科、专业点229个(其中自设51个,专业学位10个),并设有29个博士后科研流动站。有11个一级学科国家重点学科、19个二级学科国家重点学科。有国家重点实验室5个,教育部工程研究中心4个,教育部重点实验室12个,卫生部重点实验室9个,总后卫生部重点实验室1个,上海市重点实验室7个,"985工程"科技创新平台5个,"985工程"哲学社会科学创新基地7个。

学校形成"一体两翼"的校园格局:即以邯郸校区、江湾新校区为一体,以枫林校区、张江校区为两翼。占地面积244.32万平方米,校舍建筑面积149.23万平方米。学校拥有中山医院、华山医院等10所附属医院。

复旦大学具有广泛紧密的国际联系,学术交流活动非常活跃,与近30个国家和地区的150多所高校和研究机构建立了合作交流关系,并向300多位国际知名学者和人士授予了名誉博士、名誉教授、顾问教授等称号。美国前总统里根、法国前总统德斯坦、荷兰前首相吕贝尔斯、以色列前总理拉宾、德国总统约翰内斯·劳、德国前总理科尔、美国副总统切尼等外国元首或政府首脑,曾到复旦大学访问并发表演讲。

历任校党委书记:夏征农、盛华、林克、钱冬生、程天权、秦绍德、朱之文。

历任校长:苏步青、谢希德、华中一、杨福家、王生洪、杨玉良。

校址:上海市杨浦区邯郸路220号(邯郸路校区);上海市徐汇区医学院路138号(枫林路校区);上海市浦东新区张江高科技园区张衡路825号(张江校区);上海市杨浦区淞沪路2005号(江湾校区)。

1-1 复旦大学医学院 原上海医科大学,始创于1927年,前名为第四中山大学医学院(后更名为国立中央大学)。1932年独立建院,定名国立上海医学院。1934年国立上海医学院定立校训"正谊明道"和毕业誓言:"余誓以至诚,本余所学,为人群服务,严守医师戒条,终生不渝,并力求深造,克尽阙职,谨以宣誓。"抗战期间,国立上海医学院师生同仇敌忾,积极参加前线救护和伤兵医院工作的同时,校区先迁昆明白龙潭再迁重庆歌乐山,坚持办学护校,于1946年返沪。1949年定名为"上海医学院",1952年更名"上海第一医学院"。学校师资雄厚,1956年国家批准的一级教授中上海医学院有16人。1959年被确定为全国重点高校。

1977年国家恢复高考制度后,上海第一医学院本科学制恢复五年、六年制。从1977年开始,学校主编的全国统编教材45种,自编各种讲义219种。1978年学校再次被定为全国重点高校,并恢复招收研究生,同年卫生部将《医学百科全书》编委会办公室设在学校,93个分卷于1992年全部出版。这年还获全国科学大会重大成果奖42项,获卫生部全国医药卫生重大成果奖36项,上海市重大科研奖38项。1981年国家实行学位制后国务院学位委员会批准上海第一医学院为首批硕士、博士学位授予单位,学校成立学位评定委员会、医学教育研究室。首批博士学位授权学科点21个,硕士学位授权学科点40个,第一批博士点数目在全国高校中居首位。1982年,除原有医学、公共卫生、药学、药物化学本科专业外,新开设基础医学、法医学、医学检验、生物医学工程和药理学本科专业。临床专业增加1个月预防医学实习。1985年学校更名为"上海医科大学"。同年学校明确提出加强研究生培养,加强人文社科教学研究与高等护理教育,全面推进教学、医疗、科研等方面工作进展,成为全国首批建立的22所研究生院之一。

1987年建校60周年校庆之际学校定立新校训"严谨、求实、团结、创新"。同年4月成立人文社会科学部。1988年,上海医科大学试办临床医学七年制,临床医学、预防医学、法医学和生物医学工程专业由六年制改为五年制,药学、药物化学专业由五年制改为四年制。1989年11月,国家教育委员会《下达高等学校医学重点学科名单的通知》,上海医科大学13个博士点评为全国医学重点学科点,居全国医学院校之首。1995年,上海医科大学成为卫生部与上海市共建高校。1990年起,通过改革逐渐形成了前期趋同,后期分化的人才培养模式。获国家级教学成果奖3项,其中特等奖1项。1997年,通过卫生部"211工程"建设项目可行性论证和立项审核,成为全国第二所、上海第一所列入"九五"重点建设计划的医科大学。

1980年至2000年,学校获各类资助科研课题1 904项。其中国家攻关课题123项,"863"高科技研究课题14项,"973"重点基础研究课题5项,国家自然科学基金重点研究课题12项。获得专利授权26项。此间,共获国家重大科学成果奖42项、全国重大医药卫生科技成果奖30项、卫生部医药卫生科技进步奖157项、国家教育委员会科技进步奖92项、上海市重大科技成果奖31项。学术论文发表数每年1 000篇以上。1995年美国《科学》杂志发表对中国科学成就的评论,提出中国13所SCI引文最多的大学,上海医科大学在高等医学院校中居第1位。1997年11月,新喉再造、肝癌早诊早治研究、臂丛神经损伤研究、听觉医学、分子生物学等科研成果参展上海市科技博览会。

国家实行医院等级评审制度后,附属中山医院、华山医院于1992年率先通过三级甲等评审,附属肿瘤医院、儿科医院、妇产科医院、眼耳喉鼻科医院先后评为三级甲等专科医院,附属金山医院被评为三级乙等医院。

改革开放以来,学校与美国、英国、加拿大、日本、澳大利亚、法国等国家及中国港澳台地区50余所医学院校和科研院所建立联系。共接待外宾13 145人次,公派参加国际学术会议、考察和留学人员6 575人次。1991年在学校召开的上海国际肝癌肝炎会议,26个国家、600多人出席。

2000年,学校与复旦大学合并,组建新的复旦大学,时年上海医科大学有本科专业7个,专科专业3个,直属院(部)12个。普通本专科生3 605人、研究生1 397人、留学生103人。全校教职工8 756人,其中中国科学院、中国工程院院士6人,教授(含主任医师、研究员)402人。博士学位授权学科、专业点30个,硕士学位授权学科、专业点44个,博士后科研流动站7个。国家重点学科13个,上海市教育委员会重点学科4个。国家重点实验室1个,教育部重点实验室1个,卫生部重点实验室6个。

校本部校舍建筑总面积49.68万平方米。附属医院8家,包括中山医院、华山医院、儿科医院、妇产科医院、眼耳喉鼻科医院、肿瘤医院、金山医院、第五人民医院。拥有核定床位总数4 720张,医务人员8 928人,医院建筑总面积35.2万平方米,占地总面积29万平方米。

(并校前)历任校党委书记(—2000年)：王永贤、吴立奇、涂峰(代理)、胡辛人、金乃坚、萧俊、姚泰、彭裕文。历任校长(—2000年)：石美鑫、张镜如、汤钊猷、姚泰。

校址：上海市医学院路138号。

第二节　上海交通大学

中国历史最悠久的高等学府之一,前身是1896年由中国近代著名实业家、教育家盛宣怀和一批有识之士秉持"自强首在储才,储才必先兴学"的信念,在上海创办的南洋公学。在20世纪二三十年代已成为国内著名的高等学府,被誉为"东方MIT"。抗战时期,广大师生历尽艰难,移转租界,内迁重庆,胜利后回迁上海。解放前夕,广大师生积极投身民主革命,学校被誉为"民主堡垒"。1959年3月响应国家建设大西北的号召,根据国务院决定,学校调整出相当一部分优势专业、师资设备迁往西安,分为交通大学上海部分和西安部分。两部分同时被列为全国重点大学,7月经国务院批准分别独立建制,交通大学上海部分启用"上海交通大学"校名。20世纪六七十年代,学校先后归属国防科工委和第六工业机械部领导,积极投身国防人才培养和国防科研,为"两弹一星"和国防现代化做出巨大贡献。学校现是教育部直属、教育部与上海市共建的全国重点大学,是国家"七五""八五"重点建设和"211工程""985工程"的首批建设高校。经过115年的不懈努力,上海交通大学已经成为一所"综合性、研究型、国际化"的国内一流、国际知名大学。

改革开放以来,学校以"敢为天下先"的精神,大胆推进改革：率先实行校内管理体制改革,率先接受海外友人巨资捐赠等,有力地推动学校的教学科研改革。1984年,邓小平同志亲切接见学校领导和师生代表,对学校的各项改革给予充分肯定。学校以"上水平、创一流"为目标,以学科建设为龙头,先后恢复和兴建了理科、管理学科、生命学科、法学和人文学科等。1979年4月12日,经教育部批准,由上海交通大学和美国密歇根大学合作建立的"上海交通大学交大密歇根联合学院"成立,双方互相认可学分,学生可以申请两校的双学位。该学院90%课程实行以英语为主的双语教学,50%核心课程由密歇根大学教师或国外知名大学教授讲授。1999年,上海农学院并入;2005年,与上海第二医科大学合并。至此,学校完成综合性大学的学科布局。学校先后通过国家"985工程"和"211工程"项目的建设,使高层次人才日渐汇聚,科研实力快速提升,实现向研究型大学的转变。与此同时,学校通过与美国密歇根大学等世界一流大学的合作办学,实施国际化战略取得重要突破。1985年开始闵行校区建设,历经20多年,已基本建设成设施完善,环境优美的现代化大学校园,并已完成办学重心向闵行校区的转移。学校现有徐汇、闵行、法华、七宝和重庆南路(卢湾)5个校区,总占地面积319.81万平方米,校舍面积168.23万平方米。

上海交通大学始终把人才培养作为办学的根本任务。一百多年来,学校为国家和社会培养了20余万各类优秀人才,包括一批杰出的政治家、科学家、社会活动家、实业家、工程技术专家和医学专家,如江泽民、陆定一、丁关根、汪道涵、钱学森、吴文俊、徐光宪、张光斗、黄炎培、邵力子、李叔同、蔡锷、邹韬奋、陈敏章、王振义、陈竺等。在中国科学院、中国工程院院士中,有200余位上海交通大学校友;在国家23位"两弹一星"功臣中,有6位上海交通大学校友;在18位国家最高科学技术奖获得者中,有3位来自上海交通大学。上海交通大学在中国近现代发展史上的诸多"第一"：中国最早的内燃机、最早的电机、最早的中文打字机等;中华人民共和国第一艘万吨轮、第一艘核潜艇、第一艘气垫船、第一艘水翼艇、自主设计的第一代战斗机、第一枚运载火箭、第一颗人造卫星、第一例心脏二尖瓣分离术、第一例成功移植同种原位肝手术、第一例成功抢救大面积烧伤病人手术等。

学校科学研究与科技创新水平不断提高。SCI 收录论文数等指标连续多年名列国内高校前茅,1991—2011 年累计申请专利 9 810 项。拥有"数字高清晰度电视系统关键技术与设备""巨型重载操作装备的基础科学问题""中、大规模集成电路计算机辅助解剖分析系统""无缆水下机器人""深潜救生艇""潜艇噪声振动控制设计及其应用""阻燃镁合金及其应用关键技术研究""轿车车身制造质量控制""纳微尺度流体流动与传热传质的基础研究""原位复合自生增强 Ti 基复合材料、Mg‐Li 基复合材料研究""二代高温超导带材制备技术研究""超支化聚合物的可控制备及自组装""全氟离子膜关键技术研究""A‐I 型短指症致病基因的研究""DNA 大分子上的一种新的硫修饰""组织工程学重要基础科学问题研究""2 型糖尿病病理生理变化的分子机理研究""白血病、红细胞和血小板等血液系统相关疾病研究"等一批重大研究成果。2010 年,学校获国家科学技术奖 12 项,其中第一申报单位 6 项,位列全国高校第二。2001、2005 和 2009 年,作为第一完成单位,共获得国家级教学成果 37 项、上海市教学成果 157 项。

截至 2010 年,学校共有 24 个学院/直属系(另有继续教育学院、技术学院和国际教育学院),19 个直属单位,12 家附属医院,专业 65 个,涵盖经济学、法学、文学、理学、工学、农学、医学、管理学和艺术等九个学科门类。在校生 17 766 人、研究生 16 699 人(其中博士研究生 5 059 人);教职工 7 444 人,其中专任教师 3 094 人。正副高职称 2 003 人;中国科学院院士 15 人,中国工程院院士 20 人,国家重点基础研究发展计划(973 计划)首席科学家 24 人,国家重大科学研究计划首席科学家 9 人,国家基金委创新研究群体 6 个,教育部创新团队 17 个。拥有国家级教学及人才培养基地 7 个,国家级校外实践教育基地 5 个,国家级实验教学示范中心 5 个,上海市实验教学示范中心 4 个;有国家级教学团队 8 个,上海市教学团队 15 个;有国家级精品课程 46 门,上海市精品课程 117 门;有国家级双语示范课程 7 门。

2010 年,学校有一级学科博士学位授权点 36 个,覆盖经济学、法学、文学、理学、工学、农学、医学、管理学等 8 个学科门类;一级学科硕士学位授权点 57 个,覆盖全部 13 个学科门类;博士专业学位授权点 3 个;硕士专业学位授权点 21 个;9 个国家一级重点学科,11 个国家二级重点学科,7 个国家重点(培育)学科、27 个上海市重点学科;28 个博士后流动站;1 个国家实验室(筹),8 个国家重点(级)实验室,5 个国家工程研究中心,3 个国家工程实验室,2 个国家级研发中心,1 个国防重点学科实验室,13 个教育部重点实验室,4 个卫生部重点实验室,1 个农业部重点实验室,27 个上海市重点实验室,4 个教育部工程研究中心,4 个上海市工程技术研究中心,1 个文化部文化产业研究基地,4 个上海市理论创新基地和经济社会发展研究工作室,3 个世界卫生组织合作中心,1 个国家技术转移中心和 1 个国家大学科技园。基本形成了以一流的理科为基础,以强大的工科、生命医学学科和经济管理学科为主干,以具有鲜明特色的法学、农学和人文学科为支撑,交叉学科崛起的良好学科布局。

学校占地面积:319.81 万平方米,校舍面积:168.23 万平方米。

历任校党委书记:邓旭初、何友声、王宗光、马德秀。

历任校长:朱物华、范绪箕、翁史烈、谢绳武、张杰。

校址:上海市闵行区东川路 800 号(闵行校区);上海市华山路 1954 号(徐汇校区)。

2‐1 上海交通大学医学院　原上海第二医科大学,前身为 1896 年成立的圣约翰大学医学院、1911 年成立的震旦大学医学院和 1918 年成立的同德医学院 3 校于 1952 年合并而成的上海第二医学院。

1978 年 12 月,上海第二医学院调整学校管理体制和组织机构,将管理改革与教育改革结合起来,推动各项工作不断发展。学校获得各类科研项目数和上级拨给学校的研究经费明显增加。随着国际学术交流的发展,学校陆续建立一批研究机构和重点学科,"九五""十五"时期,学校在白血病诱导分化治疗、儿童铅中毒防治研究、中国人类基因组研究项目、组织工程研究等重大科研项目上取得了重要突破。20世纪80年代开始,学校通过实施职称改革,引进竞争机制、建立"破格晋升"制度,创立"配套成组"出国进修等方式,逐步建立起师资队伍培养和建设的新机制。1980年,学校被国家教育部确定为全国重点高校。1981年,经国务院学位委员会批准为首批博士、硕士学位授予单位,设6个博士点、21个硕士点。1997年,学校通过"211工程"立项,成为国家重点建设的"211工程"大学之一,并以此为龙头,健全和完善国家—市级—校级—院级四级学科网建设,注重相关学科间的交叉渗透以及基础与临床的结合,完成了一批高水平的科研项目,获得良好的经济和社会效益。学校大力开展国外发展合作与学术交流,民间交往活动。主办各类国际学术会议,选派人员出国访问、考察、进修和参与学术交流,多人次获国外授予的荣誉称号、奖章。20世纪90年代,推动与美、法、日、港等世界各国和地区校、院间双边关系的发展,探索和完善中外合作办学。1982年起,学校继承和发扬教学传统与特色,加强法语教学,并得到法国多方支持,学校先后邀请多名法国专家教授为医学法语班授课,并通过各种渠道选派法语教师到法国进修。1985年6月,经教育部、上海市政府批准,上海第二医学院更名为上海第二医科大学。2002年,学校通过"211工程""九五"项目验收和"十五"建设项目论证。2005年7月,上海第二医科大学与原上海交通大学合并,成立了由教育部、上海市政府重点共建的上海交通大学医学院,从而进入"985"高校行列。

学校注重各附属医院的内涵建设,从切实提高医疗质量入手,积极推动"以病人为中心,以质量为根本"的优质服务教育活动,支持各附属医院抓住机遇,更新观念,扩展服务领域,树立优质、高效、低耗的现代化医院管理新思路,积极探索各种形式的办院模式和经营机制,全面提高医院的综合竞争力。截至2005年底,学校拥有瑞金医院、仁济医院、新华医院、第九人民医院、第三人民医院、上海儿童医学中心6所附属医院,担负着广大市民的医疗任务,收治全国各地的疑难重症病人,为学生临床教学提供良好条件。

截至2005年7月,学校专任教师总数为1 121人,其中正高职称444人、副高职称306人,具有高级职务的专任教师占总数的67%,中国科学院院士1人,中国工程院院士6人,"973项目"首席科学家4人,国家突出贡献专家10人;具有博士学位的专任教师占总数的39%。学校有市级以上重点学科22个,国家重点学科14个,上海市重点学科18个(其中"重中之重"学科2个),上海市教育委员会重点学科23个,上海市医学领先专业重点学科9个。

学校占地78 938.7平方米,校舍建筑总面积145 369.60平方米。

(并校前)历任校党委书记(—2005年7月):左英、李向群、潘家琛、余贤如、李宣海、赵佩琪。历任校长(—2005年7月):兰锡纯、王振义、王一飞、范关荣、沈晓明。

校址:上海市重庆南路227号。

第三节　同济大学

同济大学前身为中德双方合作、德国医生埃里希·宝隆(Erich Paulun)负责筹建的"Deutsche Medizinschule"(中文译为"德文医学堂"),创建于1907年。1908年,学校中文名定为"同济德文医学堂","同济"意蕴"同舟共济"。1912年,又与在上海创办的"Deutsche Ingeneurschule"(中文译为"德文工学堂")合为"Deutsche Medizin und Ingeneur Schule",中文名为"同济德文医工学堂"。

1917年,教育部下达训令,更名为"私立同济医工专门学校"。1923年,定为现名。1927年,列为国立,名为"国立同济大学"。1930年学校设医学院、工学院,1937年设理学院。抗日战争爆发后学校内迁,辗转浙、赣、桂、滇等地,1940年至四川宜宾李庄坚持办学,1945年设法学院。1946年回迁上海后,学校发展成为拥有医、工、理、法、文5个学院的综合性大学。中华人民共和国成立后,1949年文法学院并入复旦大学;1950年代初,医学院、理学院和工学院中的机械、电机、造船、测绘等学科相继调出,全国10余所院校的土木建筑学科先后并入,学校转型为以土木建筑为主的单科性工科大学。1960年10月,被列为建工部重点高校。同年10月,被列为高等教育部重点工科院校并重新划归高等教育部领导。

1978年,国家实行改革开放政策。在中央领导支持下,在时任校长李国豪带领下,学校开始探索"两个转变",即"向恢复对德联系和德语教学传统转变,由土木为主的单科性大学向理工为主的多科性大学转变"。1979年,学校派代表团访问德意志联邦共和国,在全国高校中率先与其重新建立交流合作关系。1980年,经教育部批准,学校成立留德预备学校。同时,学校加强师资队伍建设和人才培养工作,加快多学科建设步伐。1981年,学校5个学科专业获得博士学位授予权,18个学科获得硕士学位授予权,成为全国首批获得博士、硕士学位授予权的单位,冯纪忠、朱伯龙、孙钧、李国豪、杨钦、黄蕴元6人成为首批博士生导师。20世纪80年代初,学校组建的19个科研团队,在稳定科研方向、形成学科优势、促进专业建设、培养新的学术带头人方面起到积极作用。与20世纪70年代末相比,1984年学校科研经费增长8倍多,科研成果增长3倍多,获得省部级以上科技成果奖65项,国家级奖9项。

1985年,学校建设与发展掀起新的一页。学校第三次教代会通过《同济大学的现状与改革设想》,提出"从现在起到1990年,努力把学校办成国内一流的具有一定国际威望的以理工科为主,兼有管、文的多科性大学"。学校开始进行系统的教学改革,增添新的专业,新建、扩建部分教学、科研机构,恢复招收外国硕士研究生,逐步形成以本科教育为主,本科、研究生教育并重的办学格局。科研工作同步得到迅速发展,1986年,国务院批准学校成立研究生院(试办)。1989年,学校成立文科发展委员会,制定《文科发展委员会工作条例》。1989年底,图书馆新馆扩建工程竣工,建筑面积20 700平方米。1985年至1991年,学校共有635项科研成果达到国际或国内先进水平。1990年,学校开始筹建污染控制和资源化、混凝土材料研究2个国家实验室和城市规划现代化技术国家专业实验室。1991年,孙钧、马在田、汪品先3位教授当选为中国科学院院士,17名教师被评为"上海市优秀青年教师"。学校在巩固对德交流合作的同时,积极拓展与美国、日本、法国、奥地利、澳大利亚等国的合作。在国内,学校积极开展与多省市、地区政府及企业的合作。

1992年以来,学校加快改革步伐。1994年初,国家教育委员会确定同济大学为第一批自主招生改革试点学校。1995年,学校提出"本科教育是立校之本,研究生教育是强校之路"的办校方针,研究生教育进一步发展。学校新建一批院、系,并与国外政府、大学加强办学合作。1992年至1995年,学校有80余项科研成果达国际先进水平,获国家教育委员会科技进步奖23项,其中一等奖4项,二等奖7项;获上海科技进步奖44项,其中一等奖2项,二等奖11项;获其他省、部级科技进步奖45项,其中一等奖12项,二等奖14项。学校发挥土木建筑学科优势,承担了上海南浦大桥、杨浦大桥、内环线、"东方明珠"电视塔等一系列重大建设工程的科研任务。1994年起,李国豪、项海帆、戴复东先后当选为新成立的中国工程院院士,中国科学院院士姚熹和中国工程院院士李同保、郭重庆先后至学校工作。以科技实力为依托,校办产业得到快速发展。1994年,国家教育委员会将学校确定为民主推举校长的首批试点高校。1995年,国家教育委员会确认民主推举结果,任命吴启迪为同济大学校长。中国第一位民主推举校长的成功和年轻女校长的当选,在全国教育界产生很大影响。

1995年,学校制定《同济大学"211工程"整体建设规划》《同济大学重点学科及学科建设规划》,进一步深化改革。10月,国家教育委员会和上海市人民政府宣布共建同济大学,决定"实行共建后,同济大学建制上仍为国家教育委员会直属高校,同时实行国家教育委员会和上海市政府双重领导,以国家教育委员会为主的体制"。1996年,学校被列为全国"211工程"首批启动学校。同年,上海市城市建设学院、上海建筑材料工业学院并入,此次并校成为中国教育界具有示范意义的标志性工程,被称为"同济模式"。通过并校改革,学校的办学思想实现了向"立足上海、面向全国、面向国民经济建设主战场,充分利用上海经济和国家加速发展的有利时机,加快学校改革与发展步伐"的战略性转变。1999年,学校将战略发展方向定为"建设多功能的研究型大学"。

2000年初,学校开始第二轮体制改革。同年,同济大学与上海铁道大学合并,组成新的同济大学。合并后,上海铁道大学医学院更名为同济大学医学院,口腔医学院更名为同济大学口腔医学院。2001年,学校被列入"面向21世纪教育振兴行动计划"(简称"985工程")。2002年,教育部与上海市政府决定继续重点共建同济大学。2003年,上海航空工业学校划归同济大学。2004年,学校的主要领导干部列入中央直接管理。同年,学校建立嘉定校区并确定了"紧密结合产业链来建设学科链"的发展理念。2007年5月,同济大学隆重庆祝建校100周年。2010年,教育部与上海市政府签约,继续重点共建同济大学。

2000年至2005年,学校获国家级奖项12项,其中包括国家自然科学奖二等奖2项,获省部级科技进步一等奖27项,有2项成果入选"中国高等学校十大科技进展";教学质量不断提高,师资队伍日益壮大,郑时龄教授当选为中国科学院院士,范立础、沈祖炎教授当选为中国工程院院士,学校还引进中国工程院卢耀如院士;2个研究团队进入国家自然科学基金创新研究群体行列,1个团队入选"长江学者创新团队发展计划"。国际交往有突破性发展,校园建设日新月异。

截至2010年底,学校基本构建了"综合性、研究型、国际化知名高水平大学"的整体框架,专业设置涵盖工学、理学、管理学、医学、经济学、文学、法学、哲学、教育学9大门类。学校设有33个直属院(系);有3个国家重点实验室,1个国家工程实验室;2个国家级研究中心;7个中外合作办学机构或项目;2个独立学院;6家附属医院和3所附属中学。学校有本科招生专业77个,拥有3个国家重点一级学科,21个国家重点二级学科,3个国家重点(培育)二级学科,10个上海市重点学科。学校有博士硕士学位授权一级学科点25个,硕士学位授权一级学科点21,博士硕士学位授权学科点144个,硕士学位授权学科点263个,博士后流动站19个,专业博士学位授权点2个,专业硕士学科授权点14个,工程硕士授权点26个。全校在校学生79 036人,其中研究生15 791人、本专科生19 890人、成教学生12 321人、留学生2 978人。教职工6 264人,其中专任教师3 233人,正副高职称1 707人;具有博士学位的教师1 725人、具有硕士学位的教师785人。

学校占地面积257.09万平方米,校舍面积150.13平方米。

建校100多年来,同济大学秉承"同舟共济"的校训,坚持"与祖国同行,以科教济世"的优良传统和"同心同德同舟楫,济人济事济天下"的精神品格,为国家和社会培养了30余万名毕业生,造就了一大批杰出的政治家、科学家、教育家、社会活动家、企业家、医学专家和工程技术专家。校友中有140余人当选中国科学院、中国工程院院士。

历任校党委书记:黄耕夫、王零、张纪衡、王建云、程天权、周家伦、周祖翼、杨贤金、周家伦。

历任校长:李国豪、江景波、高廷耀、吴启迪、万钢、裴钢。

校址：上海市四平路 1239 号(本部)；上海市曹安公路 4800 号(嘉定校区)；上海市真南路 500号(沪西校区)；上海市共和新路 1238 号(沪北校区)。

第四节　华东理工大学

华东理工大学原名华东化工学院，创建于 1952 年。由交通大学(上海)、震旦大学(上海)、大同大学(上海)、东吴大学(苏州)、江南大学(无锡)五所高校化工系合并组建而成的中华人民共和国第一所以化工特色闻名的高等学府。1956 年被定为全国首批招收研究生的高校之一，1960 年被确定为教育部直属全国重点高等学校，1969 年划归上海市领导，1972 年 8 月更名为上海化工学院。1978 年经国务院批准，仍归教育部领导，同年与上海市化工局、卢湾区政府合办上海化工学院分院。1980 年 8 月，恢复华东化工学院原名，1981 年 11 月经国务院批准首次招收博士研究生，设化学工程等 5 个博士学位授予点，1985 年 11 月首次建立化学工程和工业化学博士后流动站，1988 年与清华大学、浙江大学一起被国家教育委员会选作委属高校综合改革试点高校。1993 年 2 月经国家教育委员会批准，学校更名为华东理工大学。1995 年中国石化总公司参与共建，1996 年进入国家"211 工程"重点建设行列，同年 6 月，上海石油化工高等专科学校纳入建制，更名为华东理工大学石油化工学院。1997 年 10 月上海市参与共建共管。2000 年 2 月上海石油化工高等专科学校正式并入学校，成为金山校区。同年，经教育部批准建立研究生院。2003 年成为全国首批 22 所实施自主招生改革试点高校之一。2008 年获准建设"985 创新平台"。

学校占地面积 176.86 万平方米，校舍面积 81.64 余万平方米，建有一批标准体育设施；图书馆总藏书量 260 余万册，收订中外文期刊 28 000 余种，具有 CA、EI 等 74 种大型中外文文献数据库和网络镜像数据库；建有教育部科技项目及成果查新中心工作站、上海市科委科技查新站、上海高校外国教材中心、上海市研究生电子文献检索中心等机构，校分析测试中心、珠宝检测中心为国家计量认证单位。学校设有化工学院、生物工程学院、化学与分子工程学院、药学院、材料科学与工程学院、信息科学与工程学院、机械与动力工程学院、资源与环境工程学院、理学院、商学院、社会与公共管理学院、艺术设计与传媒学院、外国语学院、法学院和体育科学与工程学院 15 个专业学院，以及网络教育学院、继续教育学院、国际教育学院、中德工学院、理工优秀生部、人文科学研究院(2011年)、工程教育学系等非专业院系。学校学位授权点覆盖理、工、农、医、法、管、哲、经、文、史、教育等11 个学科门类，38 个一级学科。有 61 个本科专业；25 个硕士学位授权一级学科，136 个硕士学位授权点；13 个博士学位授权一级学科，73 个博士学位授权二级学科点；拥有工商管理硕士(MBA)、公共管理硕士(MPA)、高级管理人员工商管理硕士(EMBA)、法律硕士(JM)、社会工作硕士(MSW)和 18 个工程领域的工程硕士专业学位授予权和高校教师在职攻读硕士学位授予权。设有9 个博士后科研流动站，拥有 7 个国家重点学科、1 个国家重点(培育)学科、10 个上海市重点学科。学校有 8 个国家级研究基地、18 个省部级研究基地、2 个国际合作科研基地，50 个校级研究所(中心)，建有国家大学科技园，是全国 6 所首批建立国家技术转移中心的高校之一。每年承担各类研究课题 1 000 多项。科研经费 2010 年达到 4.5 亿元，历年来获国家自然科学奖、国家发明奖及国家科技进步奖 49 项，省部委科技进步奖 500 多项，国内外专利 1 000 余项。一批行业共性、关键技术的大规模产业化推广应用产生了重大的经济和社会效益。学校在技术转移与产学研合作方面特色鲜明，处于全国领先地位。入选首批国家技术转移示范机构，加盟"新一代煤(能源)化工"等六个国家级技术创新战略联盟，特别是向美国最大的炼油企业 Valero 公司进行的"石油焦气化技术"实施许可,标志着中国大型化工成套技术首次向美国等发达国家实施技术转移,也是中国高校迄今为止获得的最高海外技术许可费用项目。1996年以来连续8次获得上海市"文明单位"称号。

学校以"培育英才,服务社会;注重过程,勤奋求实;协调发展,特色鲜明"为办学指导思想,以面向企业为主,不断深化教育思想、教育内容、教育方法和课程体系改革,教学质量居全国及上海市高校前列。现有国家精品课程20门,国家双语示范课程3门,上海市精品课程56门;2000年以来,主持国家级教学改革项目16项,获国家级教学成果奖17项,完成"十一五"国家级规划教材52部,10部教材获国家级奖励;现有国家特色专业12个,建有联合国教科文组织工程教育中心中国分中心、国家工科化学实验教学建设示范中心、大学生创业人才培养示范实验区,以及3个上海市实验教学建设示范中心。

学校重视并不断拓展对外合作交流空间,已与美、德、日、法、英、加、韩、澳等国的70多个高校、企业集团和科研机构建立了长期广泛的学术交流关系,特别是与一批海外高水平研究型大学建立了姊妹学校关系或签署了合作协议并实施教师互访、学生交换以及联合培养的合作机制。

半个多世纪来,学校共为国家培养了10万余名毕业生,其中13人当选中国科学院、中国工程院院士,一大批优秀人才成为国家和各级政府部门的领导,高校、科研机构、骨干企业的领军人才和高级技术专家。同时还涌现出许多诸如获得"2006影响世界华人大奖"等各种荣誉的海外杰出校友。

2010年,学校有59个专业,在校本科生18 102人、研究生7 551人(其中博士生1 359人)。教职工3 607人,专任教师1 642人,正副高职称995人,其中中国科学院、中国工程院院士2人,双聘院士4人,国家"973"计划首席科学家4人,国家"863"计划领域专家2人;有教育部"长江学者和创新团队发展计划"创新团队3个,国家级教学创新团队4个,国家级有突出贡献的中青年专家11人,一大批中青年学者崭露头角。

历任校党委书记:潘文铮、余仁、蒋凌域、徐凤云、沈卫国。

历任校长:张江树、朱正华、陈敏恒、王行愚、钱旭红。

校址:上海市梅陇路130号(徐汇校区);上海市奉贤区海思路999号(奉贤校区)。

第五节　东　华　大　学

东华大学创建于1951年,前身是华东纺织工学院,由全国13所纺织类院校(学科)合并组建而成,隶属纺织工业部。1960年,被国家教育部确定为全国重点大学,1972年4月更名为上海纺织工学院,1980年8月恢复校名华东纺织工学院,1985年9月,更名为中国纺织大学,1994年中国纺织总会管理干部学院并入设立的中国纺织大学无锡校区(该校区于2003年8月调整至江南大学)。1998年9月,直属教育部管理。1999年8月,上海纺织高等专科学校并入,学校更名为东华大学。是中国首批具有博士、硕士、学士三级学位授予权的大学之一。

学校秉承"严谨、勤奋、求实、创新"的优良校风,以"崇德博学、砺志尚实"为校训,推行坚持"一切以学生的全面发展与成才为中心"的教育理念,以国际化的办学视野和严谨求实的教学管理,面向全球培养德才兼备的高质量专门人才。2006年,学校通过国家"十五""211工程"建设整体验收。获得教育部本科教学水平评估优秀。学校不断深化学分制改革,对全体学生实行"建立在通识教育基础之上,宽口径、柔性化的专业教育";对学有余力的学生实施"因材施教,分层次的个性化教育";并在完善学分制的基础上,推行按专业大类招生、培养的教育模式,学生在校学习1至2年后可在专业大类内自主选择专业(方向)。学校艺术类招生享有与独立设置艺术院校同等的自主权,并获得本科招生自主选拔录取试点。2007年,学校启动"高等学校本科教学质量与教学改革工程"。入选国家教学名师1人,国家级教学团队4个,国家级实践教学基地3个,国家特色专业项目6个,教育部双语教学示范课程3门,国家级精品课程10门,"国家大学生创新性实验计划"项目160项。学校首批试点教育部"卓越工程师教育培养计划"。2009年学校获得"全国高等学校毕业生就业工作先进集体"等荣誉称号。

半个多世纪以来,学校已发展成为以工为主,工、理、管、文等学科协调发展的多科性大学。学校现设有纺织、服装·艺术设计、材料科学与工程、旭日工商管理、机械工程、信息科学与技术、计算机科学与技术、环境科学与工程、化学化工与生物工程、外语、人文、理学12个专业学院,另有国际文化交流学院、继续教育学院、体育部、国际合作办学的东华大学莱佛士国际设计专修学院。学校拥有5个博士后流动站、7个一级博士学位授权点、24个一级硕士学位授权点、专业学位硕士类别6个、工程硕士授权领域17个、53个本科专业,学科涉及工学、理学等九大学科门类。同时设有纤维材料改性重点实验室、国家染整工程技术研究中心等12个国家级和部级重点实验室、工程中心和检测中心,2个国家"111"引智基地及国家大学科技园。

2010年学校国际专利授权数量列全国高校第14位,SCU收录中国材料学领域科技论文数列第19位。科技园入驻企业175家,为地方经济做出了贡献。按照"坚持特色、拓宽基础、加强交叉、按需发展"的学科发展思路,学校学科建设取得了新的进展。纺织科学工程在全国81个一级学科评估中,两度名列全国第一。学校连续9年获得17项国家级科技奖励,连续三年入选"中国高校十大科技进展",连续两年入选"高等学校创新引智计划"(简称"111计划")。学校重视开展多层次、多渠道、多形式的国际交流。2010年,学位作为教育部"中非高校20+20合作计划"单位,为非洲国家培养纺织专业高级人才。学校积极争取国家留学基金委公派留学生项目,选拔优秀学生赴国外高水平大学开展联合培养。成功举办第83届世界纺织大全、第25届国际数据工程大会、第四届图像和信号处理国际学术会议和第四届生物医学工程和信息学国际学术会议、第7届自然计算国际学术会议暨第8届模糊系统和知识发展国际学术会议。

2010年,学校有60个专业,在校本科生14 879人、研究生5 924人、教职工2 724人,其中专任教师1 247人、正副高职称724人。

学校占地面积：121.88万平方米；校舍面积：60.68万平方米。

历任校党委书记：夏明芳、王善庆、丁证青、张瑞宝、薛有义、朱绍中。

历任校长：钱宝钧、蒋永椿、周永元、邵世煌、徐明稚。

校址：上海市松江区人民北路2999号(松江校区)；上海市延安西路1882号(延安路校区)。

第六节　华东师范大学

华东师范大学创建于1951年10月16日,是教育部颁布的首批全国重点大学之一,也是国家"211工程""985工程""111计划"重点建设大学。"文化大革命"的十年遭到严重破坏,自1966年到1969年,学校连续4年没有招生,1970年开始恢复招生,但规模很小。1972年5月,学校与上海师范学院、上海半工半读师范学院、上海教育学院、上海体育学院等校合并,改名为上海师范大学。1978年学校再次确认为全国重点大学,同时恢复招生研究生。1980年,学校恢复原校名。

1996年4月,学校通过国家"211工程"预审,1997年5月20日,国家教育委员会和上海市人民政府决定共建华东师范大学。1997年12月上海幼儿师范高等专科学校并入华东师范大学，成立华东师范大学学前与特殊教育学院。1998年9月，上海教育学院、上海第二教育学院并入华东师范大学。

1999年6月，中国工程院院士乔登江到华东师范大学物理系工作，成为学校第一位院士；1999年12月，河口海岸科学研究所陈吉余教授当选为中国工程院院士，成为学校首位当选院士的教师。

1999年至2004年，学校课程与教育研究所、中国现代思想文化研究中心、俄罗斯研究中心、中国文字研究与应用中心、基础教育改革发展和研究所、中国现代城市研究中心先后被评为教育部人文社会科学重点研究基地。

2002年，根据上海市高校布局结构调整的战略部署，学校启动闵行校区规划建设，2006年学校主体搬迁到闵行校区，形成"一校两区、联动发展"的办学格局。2006年9月，教育部和上海市决定重点共建华东师范大学，学校进入国家"985工程"重点建设高校行列。以此为契机，学校更加全面地推进"哲学社会科学繁荣计划"和"科技创新计划"。2002年至2006年，何积丰教授和马龙生教授先后获得国家自然科学奖二等奖。何积丰教授、张经教授分别在2005年和2007年当选为中国科学院院士。2007年，精密光谱科学与技术实验室被确定为国家重点实验室。同年，华东师范大学科技园升级为国家大学科技园。2008年，成立跨学科、开放性的人文研究机构思勉人文高等研究院。

2008年12月，学校与美国杜大学签署中美绿色伙伴关系协议。同年国际汉语教师研修基地在校成立，这是中国国家汉办设立，中国唯一一家以培养本土化师资为特点的汉语国际推广基地。2009年，来自美国密歇根州立大学、华盛顿大学、特拉华大学的9名博士生作为首批交流生来校学习。学校在美国、意大利等地共举办7所孔子学院。

学校有71个专业，在校学生14 731，研究生10 448人。教职工3 891人，专任教师1 911人，正副高职称1 152人，其中中国科学院和中国工程院院士14人。

学校占地面积209.58万平方米，校舍面积109.97万平方米。

历任校党委书记：陈准堤、施平、王璞、严凤霞、徐豫龙、陆炳炎、张济顺。

历任校长：刘佛年、袁运开、张瑞琨、王建磐、俞立中。

校址：上海市中山北路3663号（中山北路校区）；上海市东川路500号（闵行校区）。

第七节　上海外国语大学

上海外国语大学是中华人民共和国成立后兴办的第一所高等外语学府，其前身为华东人民革命大学附设上海俄文学校，首任校长是著名俄语翻译家、出版家、中国百科全书事业的奠基者姜椿芳。后历经华东人民革命大学附设外文专修学校、上海俄文专（修）科学校、上海外国语学院等传承变革。学校属教育部直属高校，为全国重点大学。

1979年，学校有4个系，1个独立研究所，1个系的研究室，编辑出版学报《外国语》在全国发行。1983年起学校在全国外语高校中率先开展人才培养模式的改革，逐步增设新闻、经济、管理、法学等专业，培养复合型人才。1993年，学校在国家教育委员会直接领导下，在中共上海市委、市政府大力支持下，在全国率先开展高校收费招生制度改革，并在人才培养方面推出"四型一辅"的重大改革措施，即外语专业型、专业方向型、双外语型、"专业加外语"复合型和主辅修制。力求在复合型专业中巩固外语教学特色，在外语专业中普遍开展应用型复合文科专业教育，为学生提供宽口径、通识性、复合型的外语应用技能与专业综合素质教育,以更强的竞争力适应国家和上海经济发展的需求。在学生管理方面,学校推出"奖贷勤补免"等配套政策。1994 年,学校更名为上海外国语大学,同年被列为国家教育委员会和上海市共建高校。1996 年,学校通过国家教育委员会"211 工程"的部门预审。1997 年起,学校为教育部全国高校外语专业教学指导委员会主任委员单位。1999 年,学校开启后勤保障体系社会化改革,撤销总务处行政建制,成立"后勤实业发展中心"。2000 年,学校中东研究所入选教育部人文社会科学重点研究基地。同年,学校筹建松江新校区。2001 年起,学校本科教育开始迁入松江新校区。2007 年 1 月,上海外国语大学发布"格高志远学贯中外"为新校训。2009 年 12 月 18 日,与中华人民共和国同龄的上海外国语大学成功举办庆祝建校 60 周年盛大活动。

学校有 3 个级重点学科:英语语言文学、俄语语言文学、阿拉伯语语言文学(培育);2 个上海市重点学科;阿拉伯语语言文学、国际关系;1 个国家级非通用语种本科人才培养基地:西欧语种群(意大利语、葡萄牙语、希腊语、荷兰语);10 个国家级特色专业建设点。学校的人才培养体系层次齐备,共有教学院(系)21 个:英语学院、日本文化经济学院、东方语学院、俄语系、法语系、德语系、西方语系、金融贸易学院、国际工商管理学院、新闻学院、传媒学院、法学院、国际教育学院、国际文化交流学院及高级翻译学院、研究生院(筹)、网络教育学院、职业技术学院(专科)、继续教育学院、海外合作学院(中外合作办学);4 个直属教学部:体育教学部、社会科学部、出国人员培训部、出国人员集训部。

学校有 1 个教育部人文社会科学重点研究基地:中东研究所。此外学校还设有国际关系和外交事务研究院、语言研究院、文学研究院、跨文化研究中心、中亚研究中心、中国国际舆情研究中心、中国外语教材与教法研究中心等数十个研究机构和学术团体,研究领域涉及政治、经济、文化等各个方面,涌现出一批具有标志性意义的科研成果。

学校目前编辑出版《外国语》(上海外国语大学学报)、《外语界》《外语电化教学》《国际观察》《中国比较文学》《阿拉伯世界研究》《中东与伊斯兰研究》(英文)、《英美文学研究论丛》《东方翻译》《外语测试与教学》《外语战略动态》等 11 种学术期刊,在学界享有盛誉。学校还拥有上海外语教育出版社(外教社)、上海外语音像出版社等权威出版机构,发行出版的各类专业教材、学术著作影响广泛。

学校将国际化办学视为核心发展战略,已先后与 47 个国家和地区的 227 所大学和机构建立了合作关系,与联合国、欧盟等国际组织保持了密切的交流往来。目前,学校分别与日本大阪产业大学、秘鲁天主教大学、意大利那不勒斯东方大学合作开设 3 所海外孔子学院。

2010 年,学校有 40 个专业,在校本专科生 7 012 人,研究生 1 694 人,教职工 1 314 人,其中专任教师 729 人、正副高职称 321 人。学校占地面积 14.12 万平方米,校舍面积 16.68 万平方米。学校图书馆共设两个分部,有馆藏文献总量约 90 万册(其中逾半数为外文原版书籍),电子图书 100 万余册,中外文报刊 2 300 余种,各类数据库 50 余个,自建特色文献库 9 个。为满足教学与研究所需,信息技术中心整合传媒资源及外语视听资料,已建成具有相当规模的数字音像教育资源库。学校拥有先进的办学设施,包括世界一流的同声传译系统,和卫星地面接收装置、闭路电视系统、无线网络系统、语言实验室等。

作为一所以多元文化见长的大学,上海外国语大学始终致力于培养具有全球视野、人文情怀、创新精神、实践能力、外语特长,并能够畅达进行跨文化沟通和交流的高端国际型特色人才。建校六十余年来,上海外国语大学学子的足迹遍布全球各地,为国家的经济建设和社会发展,为增进中国同世界各国人民的友谊作出了贡献。

历任校党委书记：韩宗琦、张显崇、朱丽云、戴炜栋、吴友富。

历任校长：王季愚、胡孟浩、戴炜栋、曹德明。

校址：上海市大连西路 550 号(虹口校区)；上海市文翔路 1550 号(松江校区)。

第八节　上海财经大学

上海财经大学源于 1917 年南京高等师范学校创办的商科，著名社会活动家、爱国民主人士杨杏佛任商科主任。南京高等师范学校扩展为国立东南大学时，为适应商学人才培养的需要，商科迁址上海，于 1921 年成立上海商科大学，这是中国教育史上最早的商科大学，著名教育家郭秉文任校长，著名经济学家马寅初任教务主任。几经变革，1932 年 8 月独立建校，定名为国立上海商学院，时为国内唯一的国立商科类本科高校。

1950 年 8 月，学校更名为上海财政经济学院，著名经济学家孙冶方和姚耐为院长、副院长。20 世纪 50 年代初全国高校院系调整，复旦大学、交通大学、圣约翰大学、沪江大学、厦门大学、东吴大学等 20 余所高校的商学院或财经系科相继并入，上海财政经济学院遂成为华东地区唯一的财经类高等学校，云集了褚凤仪、褚葆一、李炳焕、李鸿寿、孙怀仁、吴承禧、王惟中、杨荫溥、龚清浩、许本怡、周伯棣、邹依仁、薛仲三、周有光、尹文敬、刘絜敖、彭信威、胡寄窗、娄尔行等各学科著名教授。1980 年 3 月，学校隶属财政部领导。1985 年 9 月，学校更名为上海财经大学。2000 年 2 月，学校划归教育部领导。

经过几代人的艰苦创业和努力奋斗，学校成为一所以经济管理学科为主，经、管、法、文、理协调发展的多科性重点大学。在全国财经院校中，学校最早获得博士学位授予权(1981 年国家首批)，也是首批设立社会科学(经济学)博士后流动站的高校之一。1996 年，学校进入国家"211 工程"重点建设高校行列。1997 年，江泽民同志亲笔题词："面向新世纪把上海财经大学建设成为具有一流水平的社会主义大学"。2000 年和 2007 年，学校通过教育部本科教学工作优秀评价；2007 年，学校进入国家建设高水平大学项目行列。

学校设有经济学院、金融学院、会计学院、国际工商管理学院、公共经济与管理学院、信息管理与工程学院、法学院、人文学院、统计学系、应用数学系、外语系、体育教学部、国际文化交流学院、MBA 学院、继续教育学院、国际教育学院等教学单位。学校还设有财经研究所、会计与财务研究院、高等研究院等 20 多个科研机构。

学校办学条件日趋改善。学校建有现代化的计算中心、语音实验室、视听教室、大学英语自主学习中心、ERP 实验教学中心、模拟法庭，以及金融科学实验室、电子商务实验室等 6 个专业实验室，拥有水平先进的网络系统和多媒体专用教室。近年来，校园网络建设不断升级，连通校内各部门和学生公寓。学校图书馆馆藏丰富，现有纸质图书 171 万册，电子图书 3727 G，已建成电子文献检索查询系统和集成管理系统，基本实现了网络化、自动化。

学校一贯坚持高等教育国际化的发展目标，与世界各国和地区的高校/研究机构开展多层次、宽领域的交流与合作，努力培养具有国际视野、通晓国际规则、能够参与国际事务和国际竞争的国际化人才。学校与世界银行经济发展学院、国际货币基金组织、联合国计划开发署、联合国贸易与发展委员会、联合国人类住区规划署等国际组织保持良好的合作关系。与美国、英国、加拿大、澳大利亚、法国、德国、日本等 23 个国家和地区的 63 所大学签约了合作协议，包括美国加州大学伯克利分校哈斯商学院、英国剑桥大学商学院和伦敦大学学院、日本一桥大学和早稻田大学、加拿大女王大学等,在中外合作办学、教学科研、教师交流、博士培养、学生互换、海外学习和实习等各个领域开展广泛的交流。结合学科及专业发展特点,学校与英国特许公认会计师公会(ACCA)、加拿大注册会计师公会(CGA)、美国人寿保险公司管理学会(LOMA)、英国保险学会(CII)、英国精算协会(IOA)、国际项目经理学会(IPMA)等14家国际认证机建立了国际从业资格项目的合作。

学校全面推进素质教育,倡导文明向上的校园文化氛围,取得了丰硕成果。1993年被评为全国财政系统先进集体,2000年被评为全国学校艺术教育工作先进单位,1993年以来连续多年被评为上海市"文明单位"。

90余年薪火相传,上财人铭记"厚德博学、经济匡时"之校训,励精图治,奋发进取,为国家经济社会发展输送了数以万计的财经管理和相关专业人才。学校拥有会计学、财政学、经济思想史3个国家级重点学科,金融学为国家重点(培育)学科;拥有4个财政部重点学科,6个上海市重点学科;设有理论经济学、应用经济学、工商管理、哲学4个博士后流动站,以及国家经济学基础人才培养基地、国家大学生文化素质教育基地、教育部人文社会科学重点研究基地——会计与财务研究院3个国家级基地;并拥有理论经济学、应用经济学、工商管理、管理科学与工程、统计学、马克思主义理论6个博士学位授权一级学科点,马克思主义哲学、农业经济管理2个博士学位授权二级学科点,法学、中国语言文学等硕士学位授权一级学科点11个,应用数学等硕士学位授权二级学科点10个,另有工商管理硕士、会计硕士、公共管理硕士、法律硕士、金融硕士、应用统计硕士、税务硕士、国际商务硕士、保险硕士、资产评估硕士等10个专业硕士学位,以及会计学等36个本科专业。

2009年学校设直属院系17个,博士后流动站3个,一级学科博士点4个,二级学科博士点38个,硕士点71个,本科专业36个,重点学科14个,其中,国家级重点学科(二级)3个,国家重点(培育)学科1个,省、部级重点学科(二级)10个,科研机构55个,其中,教育部人文社会科学重点研究基地2个,校直属科研机构2个,校级重点研究基地12个,院系(所)下属科研机构39个,并设有高等研究院。定期公开出版的专业刊物3种。教育教学坚持"稳定规模、优化结构、提高质量、增强效益,以内涵发展为主"办学方针。2009年学生就业总体情况稳定,全校毕业生就业率为95.51%,其中本科生就业率93.78%,硕士就业率97.85%,博士就业率96.83%。

学校实施人才强校战略,制定《上海财经大学"千人计划"配套实施办法》《2009—2011年"创新人才支持计划"实施方案》,将学科带头人的引进纳入院系绩效评价指标体系。拟定专职科研人员的聘任与考核办法,体现分类管理原则。进一步完善常任制度体系,制定常任教职教师的考评办法。组织教师参加教育部2009年高校思想政治理论课骨干教师培训班和国家精品课程师资培训班。利用暑期举办"全国高校会计学实证研究研修班"、第三届现代经济学暑期师资课程进修班。

2010年,学校有专业36个,在校本科生7 937人、研究生4 957人,教职工1 589人,其中专任教师1 044人、正副高职称546人。取得海外学位教师127人。新进教学科研人员50人,其中具有博士学位46人,30人在海外获得博士学位,教授4人,副教授7人。

学校占地面积48.47万平方米。校舍面积36.53万平方米。

历任校党委书记:姚耐、金炳华、叶麟根、潘洪萱、谈敏、马钦荣。

历任校长:姚耐、张君一、金炳华、汤云为、谈敏。

校址:上海市国定路777号。

第九节　上海海关学院

上海海关学院直属于中华人民共和国海关总署。中国海关高等教育已有百年历史,1908年清政府在北京建立税务学堂(后更名为税务专门学校,并迁址上海),该学堂是世界上最早从事海关高等专业教育的学校之一。中华人民共和国成立后,1953年上海海关学校设立;1980年经国务院批准升格为上海海关专科学校。1996年更名为上海海关高等专科学校。2005年,中共海关部总署党校在上海海关高等专科学校设立;同年,学院成为世界海关组织亚太地区培训中心,加入INCU(国际海关院校网络)、PICARD(国际海关学术研究与发展伙伴计划)。2007年3月,教育部批准在上海海关高等专科学校的基础上设立上海海关学院。

学院设有海关管理系、经济与工商管理系、法律系、外语系、基础部(思政部)等5个教学系(部);设置分属管理学、经济学、法学、文学4个学科门类的6个本科专业和4个专科专业。其中,海关管理专业为国家控制布点特设专业,法学、税务专业分别是教育部第二、三批高等学校特色专业建设点。学院的主要任务是立足海关,面向社会,培养符合海关事业和经济社会发展需要的复合型、应用型、涉外型的高素质海关管理专业人才以及服务口岸物流和国际商务的外经贸专业人才;并积极开展海关理论研究和国际交流。学院同时承担海关系统中、高级干部继续教育、知识更新和业务培训等任务;并根据世界海关组织(WCO)的分工和亚太区域国家和地区的要求,逐步承担该区域海关人员培训任务,履行相应的国际义务。学院设有海关管理研究所和海关国际问题、海关法、海关风险管理、关税、报关等研究中心,紧密结合海关改革发展和双边、多边、区域海关国际合作中面临的热点、难点问题开展科学研究。学院始终凸显以"爱国明志、开放博学"为内涵的"大学精神"教育,注重学生的全面发展,学生综合素质教育、准军事化管理贯穿于人才培养的全过程;始终以教学、课研、培训为中心,以学科专业建设为龙头,转变教育教学观念,深化教育教学改革,创新人才培养模式,实施以德为核心的综合素质教育,培养学生实践能力和创新精神促进学生个性化发展,全面提高本科人才培养质量。2009年,学院获批设立上海市社会科学创新研究基地、上海发展战略研究所工作室。

2010年,学院有9个专业,在校学生1 830人,教职工271人,其中专任教师143人,其中正副高职称53人。

学校占地面积24.71万平方米;校舍面积9.21万平方米。学院建有现代化的教学楼、图书馆和先进的ATM校园网,教室都具备多媒体授课的条件;并建有数码阅览室、视听室、文娱活动综合楼、网球场、游泳馆、体育馆等配套设施,为学生营造一个良好的学习和生活环境。

历任院党委书记:张超、吴兆涛、瞿聪玉、杨延林、徐枫、杨树林、郑建民。

历任院长:刘毓深、张超、刘毅、瞿聪玉、杨延林、于申、肖建国。

校址:上海市浦东新区华夏西路5677号。

第二章　市属本科院校

第一节　上海理工大学

上海理工大学已有百年办学历史。前身为 1906 年创建的沪江大学和 1907 年创办的德文医工学堂(徐汇区复兴路校区),1952 年沪江大学停办后,校址移交给华东工业部上海工业学校。该校先后更名为上海第二机器制造学校、上海机器制造学校、上海机械专科学校、上海机械学院、华东工业大学。1996 年,华东工业大学与复兴路校区的上海机械高等专科学校合并组建为上海理工大学。1998 年 9 月,上海理工大学划归上海市管辖,成为一所以工学为主,理学、管理学、经济学、文学等多学科协调发展的上海市属高校。1999 年,上海光学仪器研究所并入学校。2003 年上海医疗器械高等专科和上海出版印刷高等专科学校划归上海理工大学管理。

学校有"工业过程自动化"国家工程研究中心(与上海工业自动化仪表研究所共建)、上海理工大学国家大学科技园、"光学仪器"国家质量监督检验中心,有"经济管理实验中心""现代出版印刷实验教学"和"能源动力工程实验"3 个国家级实验教学示范中心,拥有国家级大学生创新基地和人才培养模式创新试验区,有"光学工程"国家级重点(培养)学科,有"热能与动力工程""光学信息科学与技术""机械设计制造及其自动化"3 个国家特色专业,有 3 门国家级精品课程,有"现代微创医疗器械及技术"教育部工程研究中心、"光学仪器与系统"教育部工程研究中心、"现代光学系统"上海市重点实验室、"数字印刷"国家新闻出版总署重点实验室、"精密磨削技术""环保制冷剂应用研究""汽车底盘机械零部件强度与可靠性评价""精密光电测试性技术与仪器""数控机床优化技术"5 个机械工业联合会重点实验室,有 4 个上海市重点学科(第三期)、5 个上海市教育委员会重点学科(第五期)、7 个机械工业重点学科。

学校以科研促教学和以科研服务社会,科研项目包括"863"计划、"973"基础研究项目、国家自然科学基金等国家级重点项目及省部级科研攻关项目,发表 *Nature* 等高水平论文、获全国百篇优秀博士论文等成果不断涌现。上海理工大学国家大学科技园被上海市经济委员会认定为"上海市创意产业集聚区",集聚一批先进制造业为主的研发机构和企业,为产学研一体化发展搭建了平台。

学校发扬中西合璧、海纳百川的办学传统,广泛参与国际间学术交流活动,与美国、德国、加拿大、日本、澳大利亚、爱尔兰等多个国家的 44 所大学建立了校际合作关系,与 7 个国家的 20 多所大学建立了学生交换项目。

学校坚持"立足上海,面向世界,育人为本,服务社会"的办学宗旨,以建设国际知名的一流理工科大学为目标,努力培养具有国际视野和创新能力的工程型、应用型、管理型高素质人才。

2010 年,学校有 60 个专业,设有 15 个学院,2 个教学部,30 个研究所,12 个研究中心和 3 个研究院。在校本专科生 17 450 人、研究生 4 186 人,教职工 2 055 人,其中专任教师 1 263 人、正副高职称 499 人。

学校占地面积:60.25 万平方米;校舍面积:51.4 万平方米。

历任校党委书记:王琦、朱佳生、汤亚东、吕贵、薛明扬、燕爽。

历任校长:陈之航、赵学端、李燕生、陈康民、许晓鸣。

校址：上海市军工路 516 号(军工路校区)；上海市复兴中路 1195 号(复兴路校区)；上海市拱极路 3800 号(拱极路校区)；上海市营口路 101 号(营口路校区)；上海市水丰路 100 号(水丰路校区)。

第二节　上海大学

1922 年 10 月，上海大学创建，校长为于右任，副校长为邵力子，总务长为邓中夏，教务长为瞿秋白。这是一所被誉为"武有黄埔、文有上大"的革命学校，1927 年"四一二"反革命事变后，被国民党当局强行关闭。

1979 年，上海高校、区县和有关企业合作，陆续建立了 13 所大学分校。1983 年，上海市政府对这些分校进行调整，其中复旦大学分校、上海外国语学院分校、上海机械学院分校、华东师范大学分校、上海科学技术大学分校，以及上海美术专科学校等以人文学科见长为特色的高校合并成立上海大学，下设文学院、国际商学院、美术学院、工学院。1993 年上海法律高等专科学校并入上海大学为其法学院。

1994 年 5 月，上海工业大学(成立于 1960 年)、上海科学技术大学(成立于 1958 年)、原上海大学和上海科技高等专科学校(成立于 1959 年)合并，组建为新的上海大学。中共中央总书记、国家主席江泽民为上海大学题写校名，国务院总理李鹏为学校题词："发扬光荣传统，培育跨纪人才"。学校广大师生立志继承与发扬 20 世纪 20 年代上海大学的光荣传统，为建设中国特色社会主义作出更大的贡献。著名的科学家、教育家、杰出的社会活动家、中国科学院资深院士钱伟长教授于 1983 年出任上海工业大学校长，1994 年续任上海大学校长，他独树一帜的教育思想和治校方略开创了学校思想解放和学术繁荣的新局面，推进了学校各项事业的新发展。

1996 年 12 月，学校通过"211 工程"部门预审，1997 年 12 月，通过"211 工程"建设项目论证。1999 年 9 月，新校区启用。2003 年 10 月，学校通过由国家教育部举行的首轮本科教学工作水平评估，并获得优秀。2008 年 9 月，学校被教育部、财政部批准为实施大学生创新性实验计划项目高校。2009 年 10 月，被国家部委列入国家建设高水平大学公派研究生签约院校。2010 年 6 月，学校成为教育部批准的第一批"卓越工程师教育培养计划"高校之一。

学校积极实施人才强校战略，初步形成由名师领衔、层次清晰、结构合理的国际化、高素质、基本适应学校发展需要的师资队伍，并已在多数学科领域中形成了若干有特色、有影响、有潜力的学科团队。

学校是上海市招生规模最大的高等学校，是上海市重要的人才培养基地。学校建立了学分制、选课制、短学期制为核心的特色鲜明的人才培养模式，2007 年 4 月，上海大学自强队 RoboCup 小型组在伊朗 RoboCup 机器人国际公开赛中经过 4 场比赛，以 4 站全胜冠军。2007 年 11 月，上海大学成立社区学院，探索新的人才培养模式。学校毕业生素以"知识面宽、适应能力强、与人相处好、发展后劲足"而受到用人单位的青睐，被教育部评为首批 50 所"就业经验典型高校"之一。

学校建有国家大学科技园和高新技术开发区，各种研究所、研究中心 100 多个。学校科研经费位于全国高校前 20 位左右，国际三大检索专利中(SCI、EI、ISTP)收录的学术论文数位于全国高校前 30 位左右，专利申请与授权数位于全国高校前 20 位左右。2010 年获得国家自然科学基金资助项目 132 项、经费 4 300 余万元。随着学校文科的快速发展，文科科研实力大为增强，2010 年新获得国家社会科学基金 14 项、教育部人文社会科学研究一般项目 44 项、上海市哲学社会科学项目 13 项。

学校积极实施国际化战略,开展广泛的国际交流与合作。与40多个国家和地区建立合作交流关系,中处合作办学稳步发展。与此同时,学校不断派遣教师出国进修、考察和开展学术交流。学校在校的外国留学生2 800余人,其中学历生500余人。学校与海外高校共建4所孔子学校,为推广中国语言文化、增进中外人民的相互了解和友谊作出积极贡献。

学校一贯重视党的建设与精神文明建设。1998年获得全国"党的建设与思想政治工作先进高等学校"称号。1994年以来,学校7次被评为全国文明单位,并且是全国绿化模范单位。

2010年,学校有99个专业,在校本专科生29 897人、研究生8 073人,教职工6 215人,其中专任教师2 884人、正副高职称1 225人。

学校占地面积199.17万平方米,校舍面积101.98万平方米。图书馆藏图书近360万册,中外报刊3 450余种,其中中文纸本报刊3 000余种、外文纸本报刊450余种。

新组建的上海大学(1994年—)历任校党委书记:吴程里、方明伦、于信汇。

校长:钱伟长;历任常务副校长:方明伦、周哲玮。

校址:上海市上大路99号。

第三节 上海工程技术大学

上海工程技术大学于1985年在上海交通大学机电分校、华东纺织工学院分校和华东化工学院分校(分别于1978年创建)基础上建立而成。1986年7月,时任上海市市长江泽民出席上海工程技术大学成立大会并题词:"为上海经济建设更多的工程技术和管理人才"。2003年1月,经上海市人民政府决定,上海市高级钳工学校并入上海工程技术大学,并改建为上海工程技术大学高等职业技术学院和上海高级技师学院。

学校以工程技术为主,经济管理、艺术设计等多学科互相渗透,以本科教育为主,研究生教育和高等职业教育协调发展。学校有机械工程学院、电子电气工程学院、管理学院、化学化工学院、材料工程学院、汽车工程学院、艺术设计学院、中韩多媒体设计学院、航空运输学院、飞行学院、服装学院、中法埃菲时装设计师学院、城市轨道交通学院、社会科学学院、高等职业技术学院、基础教学学院、体育教学部、继续教育学院、女工程师学院等21个院、部。学校拥有上海市汽车工程实训中心、工程实训中心、艺术设计展示中心、服装设计展示中心等设备先进的教学实训基地,以及能源与环境工程研究所、激光工业技术研究所、汽车工程研究所、化工研究所、经济研究所、劳动关系研究中心、纳米技术研究中心、上海市社会保障问题研究中心、上海邮轮经济研究中心、上海飞行仿真技术研究中心10个校级科研机构。学校还拥有占地8万平方米的现代工业工程训练中心,是教育部和上海市实验教学示范中心。学校拥有国家大学科技园,成为学校成果转化、创业企业孵化、创新创业人才培养的综合性科技创新平台。学校作为国家教育部"卓越工程师教育培养计划"首批试点高校之一,拥有4个一级硕士学位授予点、16个二级学科硕士点,77个本、专科专业(含专业方向)。学校以培养高素质应用型创新人才为目标,构建并推进具有中国特色的"一年三学期,工深交替"的产学合作教育模式。2006年被中国产学合作教育学会授予全国第一家"中国产学合作教育示范基地"。确立重点建设"现代交通运输工程"学科群;积极推进"现代艺术设计"和"现代管理工程与公共政策决策支持系统"两大特色学科建设;努力发展"生态化工与先进材料""先进制造与控制工程""基础学科"三大工科支柱学科群的学科专业发展定位。

学校先后与美国、英国、法国、德国、日本、瑞典、韩国、加拿大澳大利亚、新西兰等国家的高校和著名企业开展广泛的、形式多样的交流合作。自 2001 年起先后与法国巴黎时装公会教育集团(现代法国国际时装学院)、韩国东西大学、美国劳伦斯理工大学等合作举办 6 个本科学历项目,4 个本科非学历项目,27 个学生海外学习交流项目,促进学生海外学习和学术交流。

2010 年,学校有专业 51 个,在校学生 17 400 人、研究生 293 人,教职工 1 542 人,其中专任教师 997 人、正副高职称 320 人。

学校占地面积 94.55 万平方米;校舍面积 37.77 万平方米。

历任校党委书记:陈绕生、徐子成、曹伟武、滕建勇。

历任校长:郁品方、俞少罗、汪泓。

校址:上海市龙腾路 333 号(松江校区);上海市仙霞路 350 号(仙霞校区)。

第四节　上海中医药大学

上海中医药大学创立于 1956 年,是中华人民共和国诞生后国家首批建立的四所中医药高等院校之一。学校实行研究院与学校合署的管理体制。

学校 2003 整体搬迁至浦东张江高科技园区科研教育区内,教学设施齐全,环境优美。学校有 21 个二级学院及部门。3 所直属附属医院:曙光医院、龙华医院、岳阳中西医结合医院,均为三级甲等医院。2 所非直属附属医院:普陀医院和上海市中医医院。16 个附属及共建研究所;10 个研究中心。另外还成立了由上海 19 家中医机构组成的医教研联合体。3 个教育部基地:中国大学生武术训练基地、国家大学生文化素质教育基地、国家理科基础研究和教学人才培养基地;1 个上海市普通高等学校人文社会科学重点研究基地:中医药文化研究与传播中心。学校是国家教育部"人才培养模式创新实验区"和"特色专业点"建设高校;有 3 个一级学科授权的博士点:中医、中药与中西医结合学科,同时也都是博士后流动站,其中中药学一级学科排名全国第一,中医学一级学科排名全国第二;15 个二级学科博士点;23 个硕士点;29 个本、专科专业(方向)。

学校的中西医结合临床学为上海市教育委员会重点学科。中医诊断学等 13 个,国家重点学科 4 个;中医外科、中药学、中医内科及中医伤科学,另有国家重点学科(培育)2 个;中医医史文献学、针灸推拿学;教育部(省部共建)重点实验室 2 个,教育部工程中心 1 个;国家中医药管理局学科建设单位 4 个,三级实验室 24 个。上海市重点学科 9 个。上海市高校 E-研究院 2 个;上海市教育委员会第五期重点学科 5 个。上海市重点实验室 1 个。入选新一期的国家中医药重点学科。筋骨理论和治法重点实验室成为上海市唯一在教育部重点实验室评审中获得立项的单位。上海市中医药法律保护研究室、中药新资源与质量标准综合评价重点研究室等 6 个项目被国家中医药管理局列为重点研究室建设单位。为加强学校人文社科学科建设,学校成立中医红色文化研究与传播中心。学校实施"杏林学者和优秀团队培养计划",以项目扶持的方式,培养学科优秀青年人才和优秀学科团队。学校附属龙华医院王拥军成为国家"973"首席科学家和"长江学者",另有 2 人入选上海市优秀学科带头,2 人入选东方学者,1 人入选教育部新世纪教育人才,1 人入选上海市浦江人才计划,2 人入选上海市曙光计划。新增享受国务院特殊津贴 1 人。学校终身教授裘沛然获首届"国医大师"称号。中国工程院院士胡之璧获第三届中医科学院"唐氏中药发展奖"。学校坚持"不重其全,重其优;不重其大,重其特"的办学理念,以"研究教学型、特色型和外向型"为办学定位,全校师生朝着"全国一流、世界著名的中医药大学"办学目标共同前进。

学校与 14 个国家和地区建立合作关系,有来自日、韩、俄、法、英、美、德、意等 30 余个国家和地区的短期留学生每年 1 000 余人次。学校有 2 名两院院士,附属医院拥有 600 多名专家和教授,多名全国名中医、上海市名中医以及国家级重点学科带头人。2010 年,学校有专业 15 个,在校学生 5 026 人、研究生 1 508 人,教职工 1 298 人,其中专任教师 675 人,正副高职称 227 人。

学校占地面积 27.67 万平方米;校舍面积 20.18 万平方米。

历任校党委书记:刘涌波、魏明、王立本、钱永益、洪嘉禾、张建中、谢建群。

历任校长:刘涌波、黄文东、王玉润、陈德铭、施杞、严世芸、陈凯先。

学校地址:上海市浦东新区蔡伦路 1200 号。

第五节　上海师范大学

上海师范大学创建于 1954 年。时名上海师范专科学校,1956 年扩建为上海第一师范学院和上海第二师范学院,1958 年两所学院合并成立上海师范学院。1972 年至 1978 年与华东师范大学等五校合并成立上海师范大学。1978 年教育部恢复原上海师范学院建制,并开始招收研究生。1979 年,上海师范学院仅设有 13 个系,21 个专业,4 个研究所,20 个研究室。在校学生 3 945 人、研究生 185 人;教师 1 312 人,其中教授 51 人、副教授 56 人。全校占地 52.2 万平方米,校舍面积共 16.221 7 万平方米。1981 年成为全国首批博士和硕士学位授予单位之一,1984 年更名为上海师范大学。1986 年现代汉语专业被批准设立博士学位授予点。1994 年 10 月,与上海技术师范学院合并成立新的上海师范大学。1997 年 9 月至 2003 年 8 月,上海师范高等专科学校、南林师范学校黄陵卫生保健师范部、上海行知艺术师范学校、上海旅游高等专科学校等先后并入或划归上海师范大学管理。学校下设 18 个二级学院、104 个研究机构。另设上海师范大学青年学院是学校与共青团上海市委共建的、旨在培养高层次青少年教育与研究人才的二级学院。上海师资培训中心、上海市高校师资培训中心和《高等学校文科学术文摘》编辑部等机构也设在上海师范大学。学校还建有广泛社会影响的老年大学。

学校的中国语言文学专业为教育部批准设立的国家文科基础学科人才培养和科学研究基地,古典文献专业为全国重点培养古典文献人才的四个基地之一。旅游会展经济与管理、教师教育、汉语言文学、影视传播、英语、应用化学和生物技术等是上海市本科教育高地建设项目。学校被列入来华留学生中国政府奖学金院校。建校 50 余年来,学校培养了 14 万余名各级各类人才。在上海中小学中,近 70% 的中小学教师和近 70% 的中学校长都是上海师范大学的毕业生,其中有一批杰出的代表人物,如上海市教育功臣唐盛昌、刘京海、仇忠海和叶佩玉,全国优秀校长吴小仲和高润华,上海市首届师德标兵童莹莹和张育青等是上海师范大学毕业生中从事教育事业的杰出代表。学校拥有一级学科博士点 6 个、二级学科博士点 42 个、自设博士点 2 个、博士后流动站 6 个、共有一级学科硕士点 29 个、二级学科硕士点 154 个、自设硕士点 2 个,另外还有 10 个专业学位硕士点。经过几十年的努力,学校已经建立起一批具有优势和特色的学科:比较文学与世界文学是国家重点学科;"都市文化研究中心"是上海地方高校中唯一的教育部人文社会科学重点研究基地;资源化学实验室是省部共建教育部重点实验室;都市文化、计算科学和比较语言学是三个设在上海师范大学的上海市高校 E-研究院。此外,学校还拥有 13 个上海市重点学科;15 个上海市教育委员会重点学科;3 个上海市普通高校人文社会科学重点研究基地;2 个上海市重点实验室和 1 个上海市教育委员会重点实验室。

学校师资队伍结构合理,拥有一批在国内外具有一定影响的专家、学者和优秀青年学术人才,初步形成了一支以特聘教授为旗帜、有较大学术影响的学科带头人为中坚、中青年学术骨干为主体的高水平教师队伍。

学校与美国、加拿大、英国、爱尔兰、德国、法国、西班牙、波兰、丹麦、荷兰、比利时、芬兰、意大利、匈牙利、澳大利亚、新西兰、俄罗斯、爱沙尼亚、博茨瓦纳、赞比亚、以色列、日本、韩国、新加坡、泰国、印度尼西亚、越南、智利、墨西哥以及中国香港、台湾地区、澳门等 32 个国家和地区的 228 个高校和组织建立了合作交流关系。与美国、英国、德国和法国等四个国家签有 10 个中外合作办学项目。目前在校的留学生 823 人。学校先后在日本广岛福山大学、非洲博茨瓦纳大学和美国密苏里大学建有三所孔子学院。

2010 年，学校有专业 90 个，在校学生 23 733 人、研究生 4 625 人、教职员工 2 982 人，其中专任教师 1 722 人。

学校有徐汇和奉贤两个主校区，总占地面积 162.09 万平方米，校舍面积 77.28 万平方米。校内实验室和实习场所 7.9 万平方米；两个中心图书馆藏书近 333.5 万册、有近 100 多个电子图书数据库和 4 个具有馆藏特色的资料库；建在上海师范大学的上海高校瓷器博物馆是上海市十大高校民族文化博物馆；因古籍数量达 10 万册以上且善本古籍达 3 000 册以上，经国务院专家组审批通过被授予"全国古籍重点保护单位"。全校固定资产总值 19.68 亿元，其中教学科研仪器设备资产 5.74 亿元。

历任校党委书记：王乐三、刘克、皮耐安、徐千荣、林樟杰、周鸿刚。

历任校长：王乐三、朱鸿鹗、王邦佐、杨德广、俞立中、李进。

校址：上海市桂林路 100 号（徐汇校区）；上海市奉贤区海思路 100 号（奉贤校区）。

第六节　上海对外贸易学院

上海对外贸易学院于 1960 年建校，是国家对外贸易经济合作部部属院校。1994 年 9 月，划转为上海市人民政府管理。2000 年在上海高校布局结构调整中，在上海松江大学园区建设新校区。学校拥有松江、古北和七宝三个校区。2006 年 12 月，在教育部本科教学工作水平评估中，获得优秀成绩。

2009 年学校被列入上海市"085 工程"第二类项目试点学校。同年 9 月学校批准为法律硕士专业学位研究生培养单位。建校以来，学校坚持培养国际经贸应用型专门人才的特色，已发展成为一所规模适度、多学科协调发展、特色鲜明的经贸大学。特别是，学校积极贯彻《国家中长期教育改革和发展规划纲要》和《上海市中长期教育改革和发展规划纲要》，以学校 50 周年校庆为发展契机提升办学水平。

学校有经济学、管理学、文学、法学 4 个学科门类，设有国际经贸学院、国际商务外语学院、金融管理学院、法学院、工商管理学院、会计学院、会展与旅游学院、商务信息学院、国际交流学院、继续教育学院、WTO 研究教育学院、国际教育学院等。

学校坚持以学生成才为本的办学理念，注重培养学生"知识、能力、素质"协调发展，提升学生国际交往能力与专业实践能力，就业能力与创业能力，职业素养与社会责任意识，形成特色鲜明的国际经贸应用型人才培养模式。学校坚持科研为国家和社会经济发展服务的方向，在中国恢复"关税与贸易总协定"和加入世界贸易组织的工作中做出了积极贡献。学校发起成立"关贸总协定上海研究中心""世界贸易组织上海研究中心"，这是世界组织首批教席院校。学校和上海 WTO 事务中心合作设立的中国 WTO 争端解决机制研究中心，该中心是中国首家专门研究世界贸易组织（WTO）争端解决机制的研究机构。学校的国际经济贸易研究所入选上海市普通高校人文社会科学重点研究基地，学校专家被任命为"上海市社会科学创新研究基地"和"上海发展战略研究所工作室"的首席专家和领军人物，系统开展国际贸易领域的高水平研究。

学校积极开展国际间的学术交流与合作。获得上海市教育委员会国际交流重点项目——成立"上海市外国留学生服务中心"。先后与澳大利亚、英国、加拿大、德国的高校合作办学培养学生，选派学生赴国外进行短期交流学习。学校与境外十多个国家和地区的 40 余所高校建立了学术合作与交流关系，特别是与瑞士公共管理学院签定联合培养公共管理专业博士研究生的合作协议和联合培养国际公共管理专业硕士生的备忘录。在斯洛文尼亚卢布尔雅那大学成立商务孔子学院。1 名教师被聘请为世界知识产权组织仲裁与调解中心仲裁员。

2010 年，学校有 30 个专业，4 个一级学科硕士点，21 个二级硕士学位授予点。学校建有国家级实验教学示范中心、国家级人才培养模式创新实验区、国家级本科大学生创业教育基地。国际经济与贸易、英语、金融学、物流管理、工商管理为教育部特色专业，财务管理和国际贸易实务为国家精品课程，市场营销学、证券投资分析和商业物流学为国家级双语教学示范课程。工商管理系列课程教学团队为国家级教学团队。在校学生 9 589 人、研究生 869 人，教职工 840 人，其中专任教师 570 人、正副高职称 251 人。

学校占地面积 48.29 万平方米，校舍面积 15.82 平方米。

历任院党委书记：贾振之、程远庄、张贵相、封福海（代理）、皮耐安、武克敏。

历任院长：贾振之、裴邵恒（名誉）、傅嘉范、王钟武、封福海、王新奎、孙海鸣。

校址：上海市松江区文翔路 1900 号（松江校区）；上海市古北路 620 号（古北校区）。

第七节　上海应用技术学院

上海应用技术学院是 2000 年 4 月经教育部批准，由办学近 50 年历史的原上海轻工业高等专科学校、上海冶金高等专科学校、上海化工高等专科学校合并组建而成。2006 年 2 月，上海香料研究所、上海日用化学研究所并入学校。是一所以建设高水平、应用型、以工为主、特色鲜明的多科性全日制普通高校。2007 年，学校获留学生招生资格。2008 年，学校成为硕士学位授予单位；2010 年学校获化学工程与技术领域专业硕士学位研究生培养资格。

学校坚持以学科建设为龙头，积极适应社会经济发展需求，构建合理的学科专业体系，现有本科专业 42 个，涉及材料、机械、化工、生物、轨道交通、艺术设计、管理、外语、园林等多个领域，涵盖工、理、文、法、经、管、农 7 个学科门类。以应用型人才培养为特色的十大学科群建设正在稳步健康发展，形成"上海市、上海市教育委员会、学校"三级重点学科建设格局。学校拥有 5 个上海市（教委）重点学科；上海高校工程中心 1 个、上海高校人文艺术创新工作室建设项目 1 个、上海高校高水平特色发展项目 2 个、市级实验教学示范中心 2 个；拥有国家级和市级特色专业各 1 个，国家级精品课程 1 门、市级精品课程 10 门、上海市本科教育高地 7 个。

学校致力于培养具有创新精神和实践能力的、具有国际视野的卓越一线工程师，形成"依托行业、服务企业，培养一线工程师为主的高层次应用技术人才"的办学特色。近年来，学校积极实施"外语应用能力、计算机应用能力、工程化实践能力和综合素质"四个"四年不断线"的教学改革，以工程创新学院为依托，积极探索和推进卓越一线工程师培养为目标的多元化应用型人才培养模式的创新试验区工作。学校广泛开展境外合作与交流,先后与美国、加拿大、澳大利亚、新西兰、德国、英国等国家和港澳台地区 20 多所大学建立了学术交流和人才培养的合作关系,开展了双学位教育、研究生教育、学生交换学习、教师交流等各类合作项目。

2010 年 8 月,学校主体搬迁至奉贤校区。学校实行校、院两级管理体制,设有材料科学与工程学院、机械工程学院、电气与电子工程学院、计算机科学与信息工程学院、城市建设与安全工程学院、化学与环境工程学院、香料香精技术与工程学院、艺术与设计学院、经济与管理学院、外国语学院、思政学院、生态技术与工程学院、理学院、轨道交通学院、工程创新学院、高等职业学院、继续教育学院、体育教学部等 19 个二级学院(部)。

2010 年,学校有专业 62 个,在校本专科生 16 723 人、研究生 67 人,教职工 1 745 人,其中专任教师 942 人,正副高职称 368 人。

学校占地面积 112.34 万平方米,校舍面积 66.74 万平方米。

历任院党委书记:吴桦、刘宇陆、祁学银。

历任院长:徐福、卢冠忠。

校址:上海市漕宝路 120 号;上海市海泉路 100 号(奉贤校区)。

第八节　上海海事大学

中国高等航海教育发轫于上海,1909 年晚清邮传部上海高等实业学堂(南洋公学)船政科开创了中国高等航海教育的先河。1912 年成立吴淞商船学校,1928 年更名为吴淞商船专科学校。1959 年交通部在沪组建上海海运学院。

1972 年,学校先后恢复海洋运输类各专业。2000 年,实行交通部和上海市双重领导、以交通部为主的领导体制,学院内部实行党委领导下的院长负责制和院系两级管理体制。2004 年,经教育部批准,上海海运学院更名为上海海事大学,成为一所以航运技术、经济与管理为特色,具有工学、管理学、经济学、法学、文学和理学等学科门类的多科性大学。在 2004 年教育部本科教学工作水平评估和 2006 年教育部英语专业教学评估中获得优秀。

为更好地服务上海国际航运中心建设和国家航运事业发展,根据上海市高校布局结构调整规划,2000 年 11 月 19 日,上海海事大学临港新城新校区建设破土动工。2008 年 10 月,学校主体搬迁临港新城。

2009 年,中国高等航海教育和上海海事大学迎来百年华诞。同年 9 月 23 日,吴淞商船专科学校 200 余名校友齐聚上海海事大学新校区,庆祝母校百年华诞,并为中国高等航海教育之源——吴淞商船专科学校建校 100 周年纪念碑揭幕。

学校设有 2 个博士后科研流动站(交通运输工程、电气工程),2 个一级学科博士点(交通运输工程、管理科学工程),9 个二级学科博士点,12 个一级学科硕士学位授权点,44 个二级学科硕士学位授权点,6 个专业硕士点(包括工商管理硕士 MBA、高级管理人员工商管理硕士 EMBA、法律硕士、翻译硕士、工程管理硕士、工程硕士),45 个本科专业,12 个高职专业。拥有集装箱供应链技术教育部工程研究中心、航运仿真技术教育部工程研究中心、航运技术与控制工程交通行业重点实验室、教育部科技查新工作站、上海市高校知识服务平台高级战略研究中心——上海国际航运研究中心、上海市普通高校人文社会科学重点研究基地——上海海事大学海商法研究中心、上海航运物流信息工程技术研究中心、上海市社会科学创新研究基地(上海航运中心建设研究方向)等省部级重点研究基地。有1个国家重点(培育)学科(交通运输规划与管理),5个国家级特色专业(航海技术、物流管理、机械设计制造及其自动化、轮机工程、航运管理),9个部市级重点学科,17个上海市本科教育高地。设有水上训练中心,拥有万吨级集装箱教学实习船"育锋"轮,新建4.8万吨级扬子最大型散货教学实习船计划2012年底投入使用。

学校实行校院二级管理体制,现设有商船学院、交通运输学院、经济管理学院、物流工程学院、信息工程学院、外国语学院、海洋环境与工程学院、法学院、中荷机电工程学院、文理学院、徐悲鸿艺术学院、科学研究院、海洋材料科学与工程研究院等二级办学部门。

学校与境外50余所姐妹院校建立了校际交流与合作关系,开展教师交流、合作办学、合作科研、学生交换等。与联合国国际海事组织、波罗的海国际航运公会、挪威船级社等国际知名航运组织/机构建立了密切联系。积极引进国外优质教育资源,与世界海事大学、西澳大利亚大学等院校开展中外合作办学项目。鼓励优秀在校生赴海外进行各类学习、实习,与英国普利茅斯大学、美国麻省海事学院等院校成功开展海外学习项目。自2010年起开设"国际班",邀请美国、韩国、波兰、俄罗斯、德国等国家航海院校的学生来校学习"航海技术""航运管理"等专业。

2010年,学校有55个专业,在校学生18 188人、研究生2 386人,教职工1 910人,其中专任教师980人、正副高职称407人。

学校占地面积161.51万平方米,校舍面积70.25万平方米。

历任校党委书记:杨进、陈浩、王恩田、王宏彪、於世成。

历任校长:杨进、陈嘉震、陈希群、沈康辰、王宏彪、於世成、孔凡邨。

校址:上海市浦东大道1550号;上海市临港新城海港大道1550号。

第九节　上海电力学院

上海电力学院创建于1951年,创建之初以"上海电业学校"命名。随着电力工业发展对大专办学和人才需求的新要求,学校经历了上海电力工业学院、上海动力学校、上海电力学校、上海电力学校和上海电力专科学校的发展演变,开始了专业建设、教育教学改革的全面探索,实现办学水平和教育质量的较大提升。1985年1月,经教育部和水利电力部批准,更名为上海电力学院,开始本科层次的办学历程。1986年,国务院总理李鹏为学校题写校名。1989年,学校成为学士学位授予单位。1991年,学校新建国顺东路校区,办学条件进一步改善。1994年,学校进入华东电力集团,实行教育部、电力集团共同领导,以电力集团为主的管理体制。1996年学校顺利通过教育部本科办学合格性评估。成人教育办学规模和层次也不断提升,同年被评为上海市成人高等教育评估优良学校。2000年,学校开始建设南汇新校区,后被上海市教育委员会列入新的上海高校布局结构方案,为学校教育事业的大发展创造良好条件。同年,根据国务院关于进一步调整国务院部门(单位)所属学校管理体制和布局结构的决定,学校实行式"属地化"管理,由此学校进入到新的发展阶段。2005年,长阳路新校区建设工程启动。2006年,学校成为硕士学位授予单位,并发优秀的成绩顺利通过教育部本科教学工作水平评估。同年,学校建立上海电力科技园,并于2009年被科技部、教育部认定为上海电力学院国家大学科技园。2010年,学校成为教育部首批"卓越工程师培养计划"试点院校。学校已发展成以工为主,兼有管、理、经、文等学科,主干学科电力专业特色鲜明的高等学校。

学校设有能源与环境工程学院、电力与自动化工程学院、计算机与信息工程学院、经济与管理学院、国际交流学院、数理学院、外国语学院、高等职业技术学院、成人教育学院(含华东电力继教中心)共 7 个二级学院,以及外语系、数理系、社会科学部、体育部四个直属系部。学校现有热能与动力工程、电气工程及其自动化、电子信息工程、计算机科学与技术、工商管理、英语等 31 个本科专业。学校拥有一级学科硕士点 5 个(涵盖 22 个二级学科硕士点),4 个专业学位硕士点,在热能工程、电力系统及其自动化、应用化学等 8 个专业独立招生和培养硕士研究生。学校还设有电气自动化技术高职专业。学校的现代电力系统与电站自动电力清洁生产与节能、电力企业信息化与决策支持、电厂化学与环境保护 4 个学科为上海市重点学科。电力系统安全与节能、现代电力企业管理、智能电网技术与工程、电力清洁生产与绿色能源利用 4 个学科为上海市教育委员会重点学科。学校设有能源与环境工程、电力与自动化工程、电工电子、计算机与信息工程、物理实验、电力自动化技术工程、现代教育技术、工程训练、电力经济与管理、热力设备腐蚀与防护重点实验中心,有 50 余个基础和专业实验室,另设一个大学生创新实践基地。其中"热力设备腐蚀与保护""电站自动化技术"为省部级重点实验室。

学校形成以国家杰出青年科学基金获得者、"百千万人才工程"国家级人选、上海市领军人才、上海"东方学者"等各类高层次人才为核心的教学科研师资队伍。学校承担和参与国家高新技术研究发展计划"963"重大课题和国家自然科学基金、上海市重点基础研究课题、上海市重点科技攻关项目、上海市启明星计划、曙光计划等一大批高水平纵向课题,以国际合作项目和许多有企业委托的为解决生产技术革新而进行科学研究的横向课题。

学校始终坚持"立足电力、立足应用、立足一线"的办学特色,树立"务实致用、明理致远"的办学理念,秉承"爱国、勤学、务实、奋进"的校训,创建"刻苦、勤勉、求是、创新"的优良学风,坚持面向电力生产和现代化经济建设第一线,主动围绕国家能源电力发展战略,以学科专业群对接"电力产业链",培养基础理论扎实,实践能力强的高等工程技术人才。

学校形成以博士生导师、教授为核心,以具有博士学位的青年教师为骨干的学科学术梯队。这支队伍既具有较高的理论水平,又具有丰富的教学和科研经验。另外还聘请包括数名中国工程院院士在内的几十名国内外知名学者、专家作为学校的名誉教授或兼职教授。2010 年,学校有 32 个专业,在校本专科生 10 787 人、研究生 323 人,教职工 1 033 人,其中专任教师 679 人、正副高职称 257 人。

学校占地面积 54.62 万平方米,校舍面积 27.64 万平方米。

院党委书记:周光耀。

历任院长:陆楚龙、许英才、兰之达、陈大森、曹家麟。

校址:上海市平凉路 2103 号;上海市国顺东路 25 号;上海市学海路 28 号。

第十节　上海海洋大学

学校前身是张謇、黄炎培创办于 1912 年的江苏省立水产学校。次年在原复旦公学吴淞炮台地区校址辟建校舍。1922 年创办中国第一个水产养殖科。1925 年、1926 年先后创办中国第一个航海专科和远洋渔业专科。1928—1948 年,先后更名为第四中山大学农学院水产学校、国立中央大学农学院水产学校、江苏省立水产学校和上海市立吴淞水产专科学校。1951 年更名为上海水产专科学校。

1952 年升格为上海水产学院,系中国首家本科水产高校。1972 年因"文化大革命"南迁厦门集美,更名为厦门水产学院。1979 年在上海恢复上海水产学院,并保留厦门水产学院。1985 年更名为上海水产大学。1992年列为农业部重点大学。2000年由农业部与上海市政府共建,以上海市管理为主。2008年3月,经教育部批准更名为上海海洋大学。同年主体搬迁至临港新城沪城环路999号。

1978年,学校在校生1 180人;教职工977人,专任教师421人、正副教授15人。1983—1988年,学校利用世界银行两期农业教育贷款,培养师资,引进仪器设备,改善教学科研条件。2000年,为适合高等教育规模发展需要,开建学海路校区,学生规模迅速增长。2003年9月,成为一所万人规模高校。

1978—2010年,学校曾分别获得1997、2001年国家教学成果一等奖、二等奖,国家级、省部级和上海市科技进步奖23项、101项和38项,国家级重点学科1个、农业部重点学科3个和上海市重点学科5个。设有中美海洋遥感及渔业信息中心、教育部水产种质资源创新与利用重点实验室、大洋渔业资源可持续开发省部共建教育部重点实验室、农业部渔业动植物病原库和鱼类营养与环境生态研究中心等研究平台。

学校于1983年和1998年分别获得水产养殖硕士和博士点。硕士研究生从1983年1个专业招生3人,发展到2010年26个专业招生655人;博士研究生从1999年1个专业招生2人,发展到2010年7个专业招生9人。2001年,学校获得全国高等学校招生(研究生)工作先进集体称号。1997年,学校与中国水产科学研究院成立联合培养研究生部,到2010年有联合培养单位16个。2000年、2005年,先后获得农业推广硕士(全国首批)、工程硕士学位点。截至2010年,初步形成中国水产学科门类最为完整的研究生教育体系,并先后设立水产、食品科学与工程2个博士后科研流动站。

1985—2010年,学校与中国水产总公司等合作,陆续选派教师25人、应届毕业生250多人,航向千万里,辗转四大洋,为中国远洋渔业开创与发展做出杰出贡献,创造中国渔业史上一大壮举。20世纪90年代迄今,先后培养远洋渔业高级职务船员、管理干部6 000多人。

学校与美国、日本、俄罗斯、澳大利亚、韩国等国家和中国台湾地区、香港地区的大学和相关机构有密切交流合作,有来自24个国家的各类留学生100多人。学校长期参与中美海洋生物资源合作计划,与联合国粮农组织、亚洲水产学会、国际水生生物资源管理中心等建立长期友好合作关系。

2010年,学校有专业48个,在校学生13 091人、研究生1 668人,教职工1 214人,其中专任教师892人、正副高职称439人,设有13个学院(部)。

学校占地面积127.33万平方米,校舍面积39.40万平方米。

历任校党委书记:胡友庭、陈坚、林樟杰、叶骏、虞丽娟。

历任校长:朱元鼎、孟庆闻、乐美龙、陈坚、周应祺、潘迎捷。

校址:上海市沪城环路999号;上海市军工路318号。

第十一节　华东政法大学

华东政法大学创建于1952年6月,经华东军政委员会批准,原圣约翰大学、复旦大学、南京大学、东吴大学、厦门大学、沪江大学、安徽大学、上海学院、震旦大学9所院校的法律系、政治系和社会系合并组建成立华东政法学院。学校于1958年并入上海社会科学院;1963年再次筹建,次年招生;1966年停止招生,1972年撤销。1979年3月,经国务院批准,第二次复校。学校是中华人民共和国创办的第一批高等政法院校。

1979 年,学校设置 1 个本科专业(法学),招生 303 人;教职工 309 人,讲师 22 人、助教和教员 63 人;占地面积 41.7 万平方米,校舍面积 2.949 4.59 平方米。

1982 年,学校成为硕士学位授予单位,次年开始招生硕士研究生。1985 年,设置法律系、经济法系、国际法系和犯罪学系。1991 年,本科在六省一市列入第一批招生。1994 年,成为全国实行并轨收费改革院校之一、上海市自主招生 8 所试点院校之一;获得中国首个培养国际律师机构"中国国际律师培训中心"的承办资格。1995 年,成为全国首批 8 所法律硕士专业学位试点单位之一,次年招生法律硕士专业学位研究生。1996 年,获准接受外国留学生攻读学士、硕士学位,同年获准招生港澳台地区学生。1997 年,成立全国首家法制新闻培训基地"中国法制培训中心"。1998 年,成为博士学位授予单位,国际法学成为首个博士学位授予学科专业,实现上海市法学博士点零的突破。2003 年,撤系成立 12 个学院;同年建设松江新校区,2005 年 8 月学校主体搬迁至松江校区。2007 年 3 月,经教育部批准学校更名为华东政法大学;同年法律史学科成为国家级重点学科,这也是上海市首个法学国家重点学科。学校原为司法部直属院校,现为上海市管理的高校。

多年来,学校遵循"笃行致知,明德崇法"的校训,发扬"逆境中崛起,忧患中奋进,辉煌中上卓越"的精神,发展成为一所以法学学科为主,兼学经济学、管理学、文学、工学等学科的办学特色鲜明的多科性大学,被誉为"法学教育的东方明珠"。学校贯彻落实"以人为本,依法治校,质量为先,特色兴校"的办学理念,以教学为中心、人才培养为根本、学科建设为龙头、高素质师资队伍为保障,逐步建成以法学、政治学、经济学和管理学为重点,多科协调发展的高水平教学研究型的多科性特色大学,培养更多应用型、复合型、开放型高素质创新人才。2002 年、2008 年两次教育部本科教学工作水平评估中均为优秀。2005 年至 2010 年,连续 6 年承担国家司法考试阅卷工作。1992 年至 2009 年,获国家级教学成果二等奖 2 项、省部级教学成果奖 37 项。2001—2010 年承接国家社会科学基金课题 58 项、教育部课题 53 项、其他省部级课题 114 项,其中 2010 年承接国家社会科学基金课题 19 项、教育部课题 24 项、省部级课题 20 项。

学校出版有《法学》《华东政法大学学报》《犯罪研究》《青少年犯罪问题》等法学类核心期刊,设有国际法律与比较法研究中心、上海市社会综合治理研教院、司法鉴定中心等 90 多个科研机构,先后与 80 余所国(境)外高校、科研机构建立长期合作关系。图书馆藏书 180 余万册,中外文报刊 1 500 余种。

2010 年,学校有 16 个学院(部),建有 10 个博士点、21 个硕士点、22 个专业及 1 个法学博士后流动站。在校本科生 12 567 人、研究生 3 366 人,教职工 1 396 人,其中专任教师 980 人、正副高职称 369 人。

学校占地面积 87.61 万平方米,校舍面积 33.63 万平方米。

历任校党委书记:刘少傥、庄咏文、陆庆壬、史焕章、祝林森、杜志淳。

历任校长:徐盼秋、陈天池、史焕章、曹建明、何勤华。

校址:上海市万航渡路 1575 号(长宁校区);上海市龙源路 555 号(松江校区)。

第十二节　上海体育学院

上海体育学院创建于 1952 年,是中华人民共和国成立后建立最早的体育高等学府,原名华东体育学院,由原南京大学、华东师范大学和南京金陵女子大学等院校的体育系科合并而成。学院原直属国家体育总局。学院先后汇聚著名体育教育家吴蕴瑞,中国第一位体育女博士、运动解剖学学科创始人张汇兰、武术名家蔡龙云、"南拳王"周士彬、"北拳王"张立德等大批知名学者,传承"身心一统、德技相长、文理兼修、服务社会"的办学思想,形成"身心一统、兼蓄竞攀"的校训,积极倡导"严谨笃实、悉心治教、为人师表、教学相长"的教风,奠定了坚实的办学基础。50 多年来薪火相传,办学成果卓著。

1979 年,上海体育学院有 3 个系,1 个基础部,1 个专业。1986 年成为全国体育学科首批博士学位授予单位,拥有体育学一级学科和下属所有 4 个二级学科的博士学位授予权,其中民族传统体育学为全国唯一的博士点,是全国唯一一所体育学下属所有二级学科都具有博士学位授予权的院校。2001 年 6 月学校划转地方,由国家体育总局和上海市人民政府共建共管。2005 年,在教育部本科教学工作水平评估中获得"优秀"。2006 年学校设有 22 个学院、1 个校管系和 1 个体育教学部;设有 67 个学士学位专业、131 个硕士学位学科点、14 个工程硕士领域、35 个二级学科博士学位点、5 个一级学科博士学位点,还有 12 个自增列二级学科博士点、9 个博士后流动站和 1 个 MBA 授权点。

至 2010 年,学院拥有包括研究生、本科、成人继续教育、留学生在内完整的学历和非学历教育体系。设有体育教育训练学院、武术学院、体育人文学院、运动科学学院、经济管理学院、体育休闲系、国际文化交流学院、继续教育学院、附属竞技体校等 9 个二级系(院)。开设体育教育、运动训练、社会体育、民族传统体育、舞蹈编导、运动人体科学、应用心理学、英语、新闻学、公共事业管理、市场营销、信息管理与信息系统、运动康复与健康、休闲体育 15 个本科专业。在 10 个省市设立 20 个成人教育教学站点,开办各类国家级和市级职业教育培训。建有 1 个国家体育总局重点实验室(运动技战术诊断与分析实验室)、4 个国家体育总局研究基地、3 个国家级训练基地、1 个上海市普通高等学校人文社会科学重点研究培育基地(体育赛事研究中心)、1 个上海市蔡龙云大师工作室(上海市高校三个大师工作室之一)、1 个教育部大学生体育协会学校竞技体育研究所,中国体育科学学会体育产业分会、应用计算机分会挂靠学院,建有上海市民体质研究中心、上海体育彩票研究中心、上海国际赛车研究中心、上海体育学院—同济大学体育工程联合研究基地、运动分子生物学研究中心、运动技能研究中心、运动心理学研究中心、运动医学研究中心、大型体育活动现场主持模拟教学实验室等科研实体。2010 年 9 月,由国家体育总局与上海市人民政府共建的上海体育学院中国乒乓球学院揭牌成立,着力培养具备国际视野、卓越才能、创新精神的乒乓界精英。

学校为国家培养了近 3 万名体育专门人才,包括刘翔的教练孙海平、原中国女排主教练陈忠和、足球教练马良行、女子撑杆跳高亚洲纪录保持者高淑英等。有 15 名学生 21 次、9 名教练员 19 次获得全国体育运动荣誉奖章;1987—2010 年间,获 3 枚奥运会铜牌、20 枚世界锦标赛金牌、40 枚亚运会和亚洲锦标赛金牌、16 枚全运会金牌、217 枚全国锦标赛和冠军赛金牌,4 人 4 次打破世界纪录,4 人 12 次打破亚洲纪录;北京奥运会上,05 级学生邹市明勇夺 48 公斤级金牌,实现中国男子拳击奥运金牌零的突破。2003 年率先实现国内体育院校作者论文被 SCI 收录零的突破;先后获得 30 余项省(部)级以上科研奖项,其中上海市科技进步奖 5 项(一等奖 1 项、二等奖 2 项、三等奖 2 项),国家科技进步奖二等奖 1 项(排名第二)。承担国家科技部"科技支撑计划"、国家体育总局"奥运攻关"等国家级科研课题;北京奥运会上,参与科研攻关的运动项目获得 10 枚金牌;开设国内第一条基于互联网的市民体质在线。先后获得科技部和国家体育总局"科技奥运先进集体""奥运会突出集体""全国特奥工作先进单位"等荣誉。成立"体育科学研究院",促进学科交叉融合,推进学科群建设。创建中国首家"国家体育总局体育科技示范园",搭建"产、学、研"与"训、学、研"一体化新平台。建成国内外唯一的"中国武术博物馆",建立"上海大学生武术艺术实践基地""中国武术博物馆基地"“大学生创业基地”。

学院先后与 10 多个国家与地区的 40 多所高校建立校际合作关系，联合国秘书长安南的体育特使奥吉、国际篮联主席程万奇、国际特奥会东亚区副主席司马桥等先后来校访问，一批享有国际声誉的专家、学者成为学院的荣誉教授或被聘为客座教授；同时，建有 2 个国际合作研究中心，正在积极筹备海外武术孔子学院。成立"国际文化交流学院"，先后获得"中国政府奖学金"留学生接收资格和高校研究生项目自主招生资格。

2010 年，学校现有专业 14 个，在校学生 4 008 人、研究生 782 人，教职工 711 人，其中专任教师 399 人、正副高职称 195 人。

学校占地面积 39.54 万平方米，校舍面积 25.70 万平方米。图书馆藏书 50 多万册，并有 400 多种中外文体育专业相关期刊、10 余种数据库。

历任院党委书记：范鸿恩、胡爱本、吴宗华（主持工作）、于信汇、虞丽娟、戴健。

历任院长：章钜林、陈安槐、俞继英、姚颂平（主持工作）、章建成。

校址：上海市长海路 399 号。

第十三节　上海戏剧学院

上海戏剧学院是中国培养戏剧专门人才的高等艺术院校，1945 年 12 月 1 日由著名教育家顾毓琇与著名戏剧家李健吾、顾仲彝、黄佐临等创立，熊佛西为首任院长。1949 年 10 月，上海市立实验戏剧学校改名为上海市立戏剧专科学校。1952 年全国高等院校实行院系调整，山东大学艺术系戏剧科、上海行知艺术学校戏剧组并入后建院，更名为中央戏剧学院华东分院。1956 年命名为上海戏剧学院，系文化部直属高等艺术院校。2000 年 4 划转为由上海市与文化部共建，2002 年 6 月，原上海师范大学表演艺术学院、上海市戏曲学校、上海市舞蹈学校并入上海戏剧学院。学院有 3 个校区（华山路校区、莲花路校区、虹桥路校区），10 个院/系（表演系、导演系、戏剧文学系、舞台美术系、戏曲学院、舞蹈学院、电视艺术学院、创意学院、公共教学部和继续教育学院），两个附属中专（附属戏曲学院、附属舞蹈学校）和合作办学（上海戏剧学院附属高级中学）。

华山路校区有实验剧院、黑匣子戏剧实验室、新实验空间与小剧场分别适合教学实习演出、实验戏剧排演；莲花路校区目前是戏曲舞蹈分院与附属戏曲学校所在地，拥有专业排练工房和演出观摩厅。

建校以来，学院培养了近万名文艺专门人才，其中戏剧表演方面的代表人物有：祝希娟、焦晃、赵有亮、潘虹、奚美娟、王洛勇、李媛媛、陈红、尹铸胜、陆毅、李冰冰、佟大为等；编导方面的代表人物有：余秋雨、沙叶新、胡伟民等；舞美设计方面的代表人物有：周本义、胡妙胜、金长烈、韩生、伊天夫等；在美术方面有旅美艺术家吕振环、蔡国强等；电视主持方面的新秀有：和晶、陈蓉、董卿等；戏曲演员代表有：蔡正仁、梁谷音、岳美缇、张洵澎、计镇华、杨春霞、张静娴、史敏、王佩瑜等；舞蹈演员代表有：凌桂明、石钟琴、茅惠芳、汪齐凤、杨新华、辛丽丽、黄豆豆、谭元元、范晓枫、孙慎逸、方仲静、姚伟等。他们当中相当一部分成为影响中国乃至世界戏剧、电影、美术界的著名艺术家，同时学院还培养了西藏、内蒙古等地区少数民族的第一代戏剧家。

学校设有表演、戏剧影视文学、戏剧影视美术设计、艺术设计、导演、广播电视编导、播音与主持艺术、舞蹈编导、文化事业管理等本科专业，涵盖话剧、戏曲、舞蹈等专业门类。中专层次的专业有芭蕾舞、中国舞、京剧表演、京剧音乐、昆剧音乐、越剧表演、沪剧表演、沪剧音乐、话剧影视表演、影视模特表演、舞台美术、木偶表演与制作。

戏剧戏曲学专业 1999 年起被列入上海市重点学科。博士、硕士研究生教育层次以戏剧戏曲学为二级学科,共有 10 余个研究方向。此外,硕士研究生教育层次还设有艺术学、广播电视艺术学。学院设表演系、戏剧文学系、舞台美术系、导演系、电视艺术学院、公共教学部、戏曲学院、舞蹈学院、创意学院和继续教育学院。2006 年学校通过本科教学水平评估。

学院建立广泛的国际联系,与美国、英国、澳大利亚等 10 余所学校、国际机构团体建立了校际交流和合作关系。经常聘请国际专家来院讲学、排戏,学院的专业教师也经常受聘到国外讲学访问,共有 50 多国家地区学生来学院留学、研修。学院的演出团、教学小组也先后赴新加坡、日本、英国、意大利、德国、美国、韩国、比利时、罗马尼亚以及中国港澳台地区演出,交流教学实践。学院先后主办多次国际学术研讨会、国际莎士比亚戏剧节、国际小剧场戏剧节。

2010 年,学校有专业 12 个,在校学生 1 932 人、研究生 246 人,教职工 544 人,其中专任教师 285 人、正副高职称 107 人。

学校占地面积 12.20 万平方米;校舍面积 10.21 万平方米。

历任院党委书记:苏堃、苏宁、何添发、胡志宏、戴平、贺寿昌、楼巍。

历任院长:苏堃、陈恭敏、何添发、余秋雨、胡妙胜、荣广润、韩生。

校址:上海市华山路 630 号(院本部);上海市莲花路 211 号(莲花路校区);上海市虹桥路 1674 号(虹桥路校区)。

第十四节　上海音乐学院

上海音乐学院始称"国立音乐学院",前身是伟大的民主革命家、杰出的教育家、思想家蔡元培先生和音乐教育家萧友梅博士于 1927 年 11 月 27 日共同创办的国立音乐院。首任院长为蔡元培。1929 年 9 月更名为国立音乐专科学校。中华人民共和国成立后,于 1956 年定名为上海音乐学院。学校原为文化部所属全国重点艺术院校;1999 年开始由上海市和文化部共建。学校实行大、中、小学"一条龙"教学体制,1953 年成立附中,1956 年成立附小。1949 年至 1984 年,杰出的人民艺术家贺绿汀担任院长。

学院面向全国招收本专科生、硕士研究生、博士研究生,并招收外国留学生。学院设有 14 个系(部),即作曲系、指挥系、音乐学系、民族音乐系、钢琴系、声乐歌剧系、管弦系、音乐教育系、音乐戏剧系、艺术管理系、音乐工程系、现代器乐与打击乐系、公共基础部、研究生部等。涉及 6 个专业(作曲与作曲技术理论、音乐学、音乐艺术表演、录音艺术、公共事业管理、音乐科技与艺术)、近 20 个专业方向,既包括具有雄厚根基的传统专业,也有若干新建的新兴学科与交叉学科。

学院拥有全国最早建立的硕士、博士、博士后流动站的完整教学、科研体系。目前,有艺术学博士(硕士)学位二级学科授权点 1 个;艺术学博士后科研流动站 1 个。拥有 2 个上海市重点学科(优势学科:作曲与音乐设计,特色学科:音乐文化史)、上海市教育高地 1 个(音乐表演)以及上海市高校音乐人类学 E-研究院。

学院拥有 3 个集教学、表演、科研为一体的艺术中心,即周小燕国际歌剧中心、国际弦乐艺术中心、国际钢琴艺术中心;拥有 1 个音乐研究所,下设中日音乐文化研究中心、中国当代音乐研究与发展中心、上海音乐学院校史研究中心、音乐剧研究中心、音乐教育研究中心、音乐与社会研究中心等,并建有 6 个音乐表演团体:上海音乐学院交响乐团、上海音乐学院新室内乐团、上海音乐学院弦乐四重奏组、上海音乐学院打击乐团、上海音乐学院民族乐团以及上海音乐学院合唱团。学院另有上海音乐学院出版社、学术期刊《音乐艺术》、"东方乐器博物馆",及贺绿汀音乐厅。

学院历来重视师资队伍建设。在学院发展的各个历史时期,始终有一批国内著名乃至国际一流的教授领衔于各个学科,如建校初期的外籍教授查哈罗夫、富华、苏石林、齐尔品以及国内著名音乐家萧友梅、黄自、周淑安、应尚能等。中华人民共和国成立后,大批学子从海外学成归来,如丁善德、周小燕、李翠贞、吴乐懿等。1978年改革开放后,众多学子赴世界各国著名音乐院校留学,其中有一批学成归来,回校执教,如杨立青、许舒亚、华天礽、钱亦平等。学校不断加大人才力度,广纳贤才,将国内外杰出的专家学者吸收到学院的教学和管理岗位上来。

建院至今,学院培养一批国际一流的作曲家、演奏家、指挥家,以及从事音乐文化艺术的工作者。在教学、科研、创作、学科建设等方面硕果累累。学校师生在国内外音乐比赛中屡获佳绩,20世纪80年代至90年代以来,有600余人次在国际、国内重要音乐比赛中获奖,其中1990年至1993年我院附中学生连续在国际音乐比赛中获得第一名,被文化部授予"三年中连续四次获国际比赛第一名"的奖匾,是全国音乐院校中唯一获此殊荣的院校。同时,学院还大力普及高雅艺术,每年一次的"上海之春"国际音乐节,本着"推新人,出新作"的宗旨,推出一批又一批新人和新作品音乐会,还有高雅艺术进高校\进社区,面向社会的"星期音乐会"。

学院始终与世界一流的音乐学院和音乐家保持着密切的联系。分别与美国、俄罗斯、荷兰、奥地利、挪威、西班牙、澳大利亚、德国和日本等多个国家和地区的音乐院校建立了广泛的校际合作。如建立姐妹学校,举办国际音乐学院(校)校长论坛,邀请世界一流的专家来学院讲学,并聘请许多国际著名的音乐家为学院名誉教授或客座教授等。著名小提琴演奏家斯特恩、帕尔曼、里昂·费莱舍、祖克曼,著名指挥家小泽征尔、西蒙·拉特,著名大提琴演奏家罗斯特洛波维奇、马友友等都被上海音乐学院聘为名誉教授或客座教授。学院还对在世界音乐舞台上卓有成绩的华人音乐家,启动了来去自由的"签约教授制"(即签约教授可以根据个人情况,灵活选择在我院的授课时间)。如钢琴大师傅聪、陈宏宽,作曲家谭盾、瞿小松、陈其钢、盛宗亮、徐仪、安承弼,歌唱家张建一、田浩江、梁宁、黄英,圆号演奏家韩小明,大提琴演奏家秦立巍,指挥家汤沐海、余隆等,都成为学院签约的兼职或特聘教授。近年来,学院成功举办了"帕尔曼在上海""国际歌剧大师班""小泽征尔大师班""傅聪钢琴大师班""国际单簧管音乐节""国际钢琴大师班""祖克曼大师班""国际电子音乐周"等系列对外学术文化交流活动。

2010年,学院有专业8个,在校本科学生1 329人、研究生404人,教职工530人,其中专任教师261人、正副高教授109人。

学院占地4.80万平方米,校舍占地面积9.30万平方米。

历任院党委书记:杨海天、杨进、江明惇、刘德玉、徐爱珠、张止静、董金平、桑秀藩。

历任院长:贺绿汀、桑桐、江明惇、杨立青、许舒亚。

校址:上海市汾阳路20号。

第十五节　上海杉达学院

上海杉达学院于1992年8月经上海市高等教育局批准建校,2002年3月经国家教育部批准为本科层次的普通高校,是上海市第一所具有本科学历的全日制民办高校,现属上海市教育委员会领导。2005年8月经上海市学位委员会批准增列为学士学位授予单位。同年10月,学校成人教育学院获准成立。2012年,学校在上海市教育委员会的领导下,最先启动"高质量、有特色民办高校建设工程"。

上海杉达学院在上海浦东新区和浙江省嘉善县两地设有校区。学校有胜祥商学院、管理学院、人文学院、计算机学院、外语学院、工学院(沪东校区)、时尚设计学院(沪北校区)、嘉善光彪学院(浙江校区)、国际医学技术学院、成人教育学院、公共教育学院等11个二级学院,设置涉及经济、管理、文学、法学、理学、工学、艺术、医学等8大门类。

学校在创建中得到香港企业家古胜祥和曹光彪先生的公益性捐助,坚持办学公益性,不以营利为目的,严格贯彻执行党和国家的教育方针和有关法律、法规,依法办学、依法治校。倡导"以诚信对待社会;以严谨的教育管理取信于社会;以较高的教育质量回报社会"的办学理念和教育管理经验,定位在为上海,尤其为浦东开发开放和长江三角地区的经济和社会发展培养应用型人才,形成非外语类院校以培养毕业生具有较强的英语应用能力的办学特色。

学校在上海市民办高校中率先实行学分制改革,已建成50余个适合学科专业发展和应用型人才培养需要的实验室,各专业通过产学合作共建立140余个实践实习基地。制定一系列质量监控体系、教学质量保障制度,成立教学督导组,加强教学管理制度化建设,开设公共选修课120门次。模型设计与制作、国际金融、数据结构、财务管理4门专业基础课列入上海市教育委员会重点课程建设项目。金融学实践教学模式的创新和实践、旅游虚拟实训室被批准为市第4期本科教育高地建设项目。"工商导论""管理会计"被列为上海高校示范性全英语教学课程建设项目。英语语言与文化环境实验室建设和计算机专业实验室建设被列为上海市民办教育教学高地建设项目。

学院建立二级科研管理制度,教学科研项目"诚信办学、质量为先、民办高校人才培养和办学规定的探索和实践"获上海市教学成果二等奖。"中美合作办学培养国际商务人才"等3项获2009年度上海市级优秀教学成果奖。教师游昀之、陈诚、牛淑珍、魏云巍、陈春峰等分别获"上海市模范教师""上海市高校优秀思想政治理论教师""2006—2009年度全国计算机等级考试优秀工作者""上海市育才奖"称号。

学院与英、美、日十余所高校和ESEC教育机构交流合作。与美国伊利诺伊大学、美国马克汉姆教育机构签订合作协议。与日本东京经济大学签订意向协议。学院接受日本惠泉女子大学的短期留学生,接受原千叶大学名誉教授田中久夫捐赠的藏书等。

2004年以来,上海杉达学院先后被国家民政部评为"全国民间先进组织"、中国社会组织"五A"单位、屡获上海市文明单位、上海市教育系统综合治理先进集体、浦东新区治安保卫先进集体、征兵工作先进单位、上海市无偿献血组织奖、上海市增强共青团意识主题教育活动先进单位等荣誉称号,是上海市平安单位和健康校园达标单位。

学校总资产达人民币5.25亿元。固定资产达43 071万元,其中教学、科研设备资产6 447.3万元。图书馆新增纸质图书4.79万册,共有纸质图书77.34万册,电子图书8 442 GB。先后完成教师活动中心、胜祥商学院实验大楼、后勤大楼、专家楼的建造。完成校园网三期工程等建设。增加多媒体语音设备、电脑、学生公寓家具、更新车辆等固定资产。嘉善光彪学院基本建设在曹其铺先生资助和学院本部贷资1 000万元的推动下,建设了学术活动中心、学生公寓、图书馆及教师公寓等项目。学校占地面积49.29万平方米;校舍面积8.55万平方米。

2010年,学校有专业28个,在校学生11 136人,教职工781人,其中专任教师541人、正副高职称252人。

学院董事长:李储文。名誉院长:古胜祥、曹光彪、杨𣏌、倪维斗。

院党委书记、院长：袁济。

校址：上海市浦东新区金海路 2727 号。

第十六节　上海立信会计学院

上海立信会计学院是上海市人民政府举办的全日制普通高等学校，前身是私立立信会计专科学校，由中国"现代会计宗师"、教育家潘序伦先生始创于 1928 年，是中国现代会计教育的发源地之一。1952 年，全国院系调整时，学校同其他财经院校合并。1980 年 10 月 20 日，上海市人民政府发文，同意"立信会计专科学校"复校，学校由上海市政府财贸办公室、教育卫生办公室共同领导。1984 年 1 月起学校改由上海市人民政府和财政部双重领导。1992 年 4 月更名为"立信会计高等专科学校"。2003 年 3 月，在立信会计高等专科学校的基础上建立"上海立信会计学院"。

几十年来，学校秉承潘序伦倡导的"信以立志、信以守身、信以处事、信以待人、毋忘'立信'、当必有成"的校训，弘扬新世纪的"诚信、实用、开放"的办学理念，逐步凝练"诚信教育"和"学验并重"的办学特色，立足上海，服务全国，办学质量稳步提升，为国家培养了数十万能主动适应社会需要、具有国际视野和实践能力的财经管理人才。学校初步形成了以会计学为重点，管理学、经济学为主体，文学、理学、法学为支撑的多学科协调发展学科专业布局。启动会计与治理、开放经济与风险管理两大学科群建设。成立开放经济与贸易研究中心、中国立信风险管理研究院、立信会计研究院等三家独立建制的研究机构和若干非独立建制的研究机构，搭建了开放式的研究平台。开放经济与贸易学科成为上海市重点学科；会计学、国际贸易、金融学三个学科成为上海市教育委员会重点学科；中国立信风险管理研究院、金融信用知识创新体系建设成为上海市教育委员会高水平特色发展项目。学校拥有会计学、金融学 2 个国家级特色专业；1 个会计学国家人才培养模式创新实验区；会计学成为上海市教育高地；"以会计为核心的现代服务业人才培养平台建设"被列为上海市"085"工程建设项目；会计学教学团队成为上海市市级教学团队；会计系列精品教材是上海市"十一·五"重点规划教材。

学校与美国加州大学河畔分校、赛福克大学、英国基尔大学、赫德福德大学、法国雷恩商学院、加拿大多伦多大学、温哥华岛大学、日本千叶商科大学、澳大利亚皇家墨尔本理工大学、香港中文大学等 20 多所院校开展形式多样的合作交流。与特许公认会计师公会 ACCA、国际会计师公会 AIA、澳大利亚注册会计师协会等专业机构合作进行国际会计资格的培训。

学校坚定不移地走内涵发展之路，走错位发展之路，走特色发展之路。以学科建设为龙头，以师资队伍建设为关键，以教育质量为根本，以改革创新为动力，努力把学校建设成为特色鲜明的应用型财经类大学。

学校与长春税务学院签订协议，在财政学(税务)专业开展联合培养研究生工作，确定 2010 年与华东师范大学新增工商管理联合培养专业。至 2010 年，学校与 3 所院校在 6 个专业开展联合培养硕士研究生。继续实施"高层次人才建设计划""优秀人才引进计划"，推进师资国际化招聘。硕士生导师已有 30 余人。

2010 年，学校有专业 30 个，在校学生 10 121 人，教职工 780 人，其中专任教师 504 人、正副教授 191 人。

学校占地面积 35.19 万平方米，校舍面积 16.67 万平方米。

历任院党委书记：顾树桢、储后仁、成守文、金家福、胡慧芳、桑秀藩、董金平。

历任(校)院长:潘序伦(名誉校长)、王眉征、顾树桢、张俊杰、李海波、唐海燕。

校址:上海市中山西路 223 号(徐汇校区);上海市文翔路 2800 号(松江校区)。

第十七节 上海电机学院

上海电机学院创建于 1953 年,由华东工业管理局筹办,初时校名为上海电器工业学校。1954 年更名为上海电器制造学校,1956 年改为上海电机制造学校,在 20 世纪五六十年代成为第一机械工业部直属重点院校。1970 年,学校被迫解散。1978 年复校,校名为上海电机制造学校。

学校于 1985 年在全国首批试点举办五年制技术专科教育,同时更名为上海电机制造技术专科学校。1987 年,上海市机电一局职工大学闵行分部并入学校。1992 年,改为上海电机技术高等专科学校。1998 年上海机电工业职工大学一分校和上海机电工业职工中等专业学校并入。2001 年,上海电机技术高等专科学校与上海机电工业职工大学、上海市机电工业学校合并。2002 年被列为"全国高职高专重点建设院校"。2004 年 9 月,经上海市政府批准,升格为全日制普通本科高校,更名为上海电机学院。2008 年 12 月,学校临港校区一期工程项目获上海市发展和改革委员会批准,并于 2009 年 1 月奠基开工。

学院隶属于上海电气(集团)总公司,是由上海电气集团与上海市共建共管的一所以工学为主,经济学、管理学、文学等学科协调发展的全日制普通本科院校。

学院坚持"技术立校,应用为本"的指导方针,落实"明确定位、办出特色、强化内涵、服务行业"的办学要求,努力打造具有技术应用型本科内涵实质和产业大学属性特征的特色型高等院校。学院下设电气学院、机械学院、电子信息学院、商学院、外国语学院、人文社科学院(马克思主义学院)、汽车学院、国际教育学院、高等职业技术学院、数理教学部、体育教学中心、工业技术中心等二级教学单位,继续教育学院、李斌技术学院成人教育和非学历教育培训工作。

"十一五"期间,学院共承担省部级以上项目 46 项,获省部级科技成果奖 6 项;科研经费从 1 070.08 万元发展到 5 374 万元;各类专利申请大幅增长,从 2 项发展到 331 项;校办产业蓬勃发展,校办科技企业被认定为上海市高新技术企业,销售额从 2 416 万元增长到 5 010 万元;高水平学术论文数量明显提高,三大检索收录论文从 2 篇增长到 60 篇;《上海电机学院学报》连续获得教育部颁发的"中国高校特色科技期刊"奖称号和中国高校期刊优秀编辑质量奖。

学院充分发挥行业优势和上海电气中央研究院分院的桥梁和纽带作用,通过加大投入和校创共建等措施,累计投入 2 575 万元用于平台建设,与 33 家企业签署《产学研合作框架协议》,建成上海市装备制造业共性技术专业服务平台——数控服务技术中心、上海市两化融合重点实验室"电驱动及控制信息技术"等研究平台。学校连续 4 年组织参加"中国国际工业博览会",先后有 36 项科技成果参展,"多功能护理床机器人""并列结构混合励磁同步电机"等多个项目科技成果获中国国际工业博览会创新奖、高校展区优秀展品奖等奖项。

2010 年,学校有 4 个学科门类,24 个本科专业,有国家级特色专业建设点 2 个、上海市教育委员会重点建设学科 2 个、上海市特色专业建设点 6 个、上海市级精品课程 16 门、上海市重点课程 35 门、本科全英语课程 4 门、上海市级示范性实验中心 1 个、上海市级教学团队,3 个。拥有国家级精品课程 2 门,国家级工程实践教学中心 1 个。校级重点建设学科 6 个,校级重点扶持学科 2 个。学校同美国北爱荷华大学合作的"国际经济与贸易"本科合作办学项目获得教育部批准。学校在国家自然科学基金、教育部人文社科研究专项、上海市自然科学基金、浦江人才计划等项目上不断取得突破,并跻身国家"863计划"项目、"十一五"科技支撑计划项目、上海市科委"登山计划"等多类高等级科研项目。

2010年,学校共有46个专业,在校学生11 326人,教职工957人,其中专任教师558人、正副高以上职称教师180人。

学校占地面积:35.29万平方米;校舍面积:24.59万平方米。

历任院党委书记:严雪怡、孙洛、郝建平、夏建国、李健劲。

历任院长:严雪怡、庄国屏、张土根、许逸周、郝建平、夏建国。

校址:上海市闵行区江川路690号(闵行校区总部);上海市文井路88号(闵行校区西部);上海市军工路1100号(杨浦校区)。

第十八节　上海金融学院

上海金融学院前身是1952年由中国人民银行华东区行、中国人民银行上海市分行分别创办的"中国人民银行华东区行银行学校"和"上海市银行学校"。学校经历合并、更名、迁址、停办,于1960年复校并命名为"上海市财政金融学校",1969年撤销。

1978年2月1日,经上海市人民政府财贸办公室同意恢复"上海市财政金融学校",并于同年9月复校招生。1980年11月5日,学校被教育部确定为全国重点中等专业学校。1981年3月4日,经上海市人民政府教育卫生办公室、上海市人民政府财贸办公室批准,同意将上海财政金融学校分设为上海银行学校。上海银行学校成立后,由中国人民银行上海市分行领导,并于1984年搬迁至民星路465号。1987年12月1日,国家教育委员会批准成立"上海金融专科学校"。学校升格为大专后,上海银行学校的建制依然存在,直到1996年全日制停止招生。1991年6月,中国人民银行上海市分行支持学校组建"金专城市信用社",作为教学和学生实习基地。1992年4月1日,教育部发文,学校更名为上海金融高等专科学校。学校由中国人民银行与上海市人民政府双重领导,以人民银行总行管理为主。

2000年1月17日,中国人民银行宣布行属院校管理体制划转。学校划至上海市人民政府,实行"中央与地方共建,以地方管理为主"的体制。同年9月9日,学校举行浦东校区成立仪式。同年学校与哥本哈根商学院开展的中丹合作项目开始招生。2001年,学校国际金融专业被国家教育部评为全国高职高专重点专业。2003年9月10日,上海市人民政府颁布《关于同意建立上海金融学院批复》,同意学校升格为"上海金融学院"。

学校升本后,首先开展了规划本科办学的工作,提出应用型、复合型、创新型和国际化的"三型一化"人才培养目标和建设成为具有一定影响的多科性财经类优质本科高校的办学目标。

学校不断深化人才培养模式改革,2004年"金融概念"课程评为国家级精品课程;2005年基本确立学校的学科专业建设体系;2006年启动迎接教育部本科教学合格评估工作;2007年进一步明确应用型人才培养的发展主线,建立六大模块的课程体系;2008年出台"创新人才培养实施意见",建立学生科创平台,并开始探索在校与院(系)两个层面上建立产学研合作办学机制;2009年5月,学校成立由20家大型金融机构及企业参与的产学研合作委员会。学校加强国际交流,先后与美国、法国、英国、澳大利亚、丹麦、瑞士、芬兰等国家的高校或机构建立交流合作机制;2010年成立创新创业学院,提出并开始探索合作教育(CO-OP)人才培养模式;进一步确立"大金融、国际化"的学科专业发展战略,将本科专业逐步交叉凝练成32个专业方向。中丹合作办学项目顺利通过了上海市教育评估协会评估认证。

学校不断提升科研水平,进一步增强科研服务国家和地区经济社会发展的能力,省部级以上科研项目、高水平学术论文持续增加,多项决策咨询受到国家和上海市领导批示。

2010年,学校有31个专业,在校学生7 882人,教职工579人,其中专任教师399人、正副高职称166人。

学校占地面积35.05万平方米;校舍面积9.08万平方米。

历任院党委(党总支)书记:唐连勋、崔祥峰、顾善洲、方仲轩、张万全、郑沈芳。

历任院长:夏弘宁、张义和、郑沈芳、何乐年、储敏伟。

校址:上海市浦东上川路995号。

第十九节　上海政法学院

上海政法学院前身为上海市政法管理干部学院、原上海大学法学院。1984年11月,经上海市政府批准成立上海市政法管理干部学院,1985年,成立上海法律高等专科学校,实行"两块牌子,一套班子"的领导体制。1992年经国家教育部批准更名为上海高等法律专科学校。1993年4月与上海大学文学院法律系合并,成立上海大学法学院,开始本科和硕士研究生的培养工作。2004年9月,经上海市人民政府批准,在上海市政法管理干部学院、上海大学法学院的基础上建立上海政法学院,成为新设置的市属普通高等院校,隶属中共上海市委政法委员会,由上海市司法局直接领导。上海市人大常委会主任、党组书记刘云耕任学院名誉校长。经过26年建设,学院实现从专科教育到本科教育,从成人教育到普通教育的跨越。学院注重教学科研与社会发展、经济建设的紧密结合,已经初步形成以法学为主干,政治学、经济学、社会学、管理学、语言文学等多学科协调发展的办学体系。2009年成为硕士学位授权立项建设单位。

学院坚持"立足政法、服务上海、面向全国",依托政法系统的行业优势,走"以需育特、以特促强"的创新发展道路,努力培养具有实践能力和创新精神的应用型人才。学院科研成果在数量、质量方面均取得了长足的发展,涌现了一批具有前沿水平的应用性成果。学院先后承担国家社会科学基金项目10项、省部级课题63项、上海市教育委员会科研项目150项,学术水平不断提高。2008—2010年,在上海市31所本科高校文科科研统计数据中,排名均进入前10位。

学院重视开展对外交流与校际合作。先后派出教师72人次到国内外高校攻读博士学位、进修和交流。学院与美国、法国、日本等国家和中国香港地区的多所大学建立校际交流合作关系。与上海市第一中级人民法院、上海市立法研究所、青浦区人民法院、青浦区人民检察院、金山区人民法院等单位加强共建与合作。

学院设有法律系、经济法系、国际法商系、刑事司法系、社会学与社会工作系13个教学系部。2010年,有22个专业,在校学生8 771人,教职工563人,其中专任老师381人、正副高职称140人,并聘请国内外知名专家、学者100余人为名誉教授和客座教授。学院设有上海司法研究所、东方法制文化研究中心、城市安全研究中心、应用社会科学研究院等25个学术研究机构。上海市法制研究会、上海市心理学会、中国犯罪学研究会预防犯罪专业委员会挂靠学院管理。

学院占地面积69.93万平方米;校舍面积18.25万平方米。

院党委书记:刘江江。院长:金国华。

校址:上海市外青松公路7989号。

第二十节 上海第二工业大学

上海第二工业大学成立于 1960 年,前身为上海市业余工业大学,1984 年 7 月更名为上海第二工业大学,2000 年经国家教育部批准转制为全日制高等职业院校。2001 年 11 月与上海东沪职业技术学院合并组建新上海第二工业大学。2003 年由上海市人民政府批准为全日制普通本科高等学校,成为一所以工科为主、经管文理多学科协调发展的本科院校。2009 年 4 月,学校被上海市教育委员会列为工程硕士专业学位立项建设单位,掀开学校发展新的一幕。

学校办学 50 年来,紧密服务于上海经济建设与社会发展,并在服务上海中不断发展壮大。2002 年学校主体搬迁至浦东金桥出口加工区金桥教育园区,真正实现社区、校区与工业园区的三区联动,成为上海新世纪优美的大学校园之一。上海第二工业大学的发展,见证了上海大教育跨越式发展的历程。

学校现为全国职业教育先进单位、全国高职高专校长联席会议秘书长单位和上海市产学合作教育协会、上海市职业教育协会副会长单位;承建教育部"中国高职高专教育网",建有教育部"全国职业教育师资培训重点建设基地""上海市职业教育师资培训基地""上海市中外合作职业师资培训基地"和国家人保部、教育部、上海市、浦东新区职业技能培训中心及高等教育出版社教育资源研发基地;常设"上海市计算机应用能力考试"考场和上海市慈善基金会慈善教育培训中心。

五十多年来,学校为上海现代化建设输送了以全国劳动模范和优秀发明家李斌、包起帆等为代表的各级各类技术与应用型人才 9 万余人,取得较为显著的办学效益和社会效应,被誉为"劳动模范的摇篮""高级技术人才的深造平台"。同时,学校以自己对高职教育的全新诠释和创新实践,在全国高职教育系统担负着开拓、引领使命,在国内高职教育决策咨询和高等教育研究领域发挥着越来越重要的作用。

学校坚持发扬"厚生,厚德,厚技"的校训和学校精神,坚定不移地举办一流的、多层次的高等技术与职业教育,坚定不移地进行多种学制和培养模式的探索与实践,坚定不移地走产学研相结合的发展道路,坚定不移地按市场需求、就业导向培养知识型高技能创新人才,贴近学业、贴近产业、贴近就业,注重培养大学生的科技创新能力,逐步形成以市场需求为导向、以科学管理为基础、以教学质量为保证、以办学特色求发展的办学指导思想。

学校坚持立足浦东,服务上海,面向全国,联系世界,以社会需求为导向,以地方为中心,坚定不移地走工学结合、产学研合作办学之路,通过成立教育发展理事会和学科专业建设委员会、联办二级学院、共建实验实训中心等途径,努力实现校企合作的"零距离"结合。多年来,学校与海内外 10 余所院校展开广泛的合作交流,引进、整合国外先进的教育理念和办学经验,注重以能力本位,与产业对接,向纵深发展,推动学校教育教学改革的创新与深化,提高学校的教育国际化程度和办学水平。学校贯彻实施"人才强校,特色兴校"战略,在大力开展学科专业建设的同时,努力形成"创特色学科,树品牌专业,建精品课程,铸一流技能"的教育教学新格局。

新的征程中,学校紧密围绕国家和上海市"创新驱动,转型发展"的战略主线,深入贯彻和落实国家和上海中长期教育改革和发展规划纲要,坚持育人为本,德技双馨,保持培养知识型高技能创新人才的办学特色,更加注重注重内涵发展与质量提升,更加注重结构优化与队伍建设,更加注重错位竞争与特色发展,努力造就具有更高知识水平、更强技术能力和更大社会责任的新时期智慧劳动者,推进学校在更高起点上的不断发展。

学校设有机电工程学院、电子与电气工程学院、计算机与信息学院、经济管理学院（中外运国际物流学院）、理学院、人文学院（蒙妮坦学院）、外国语学院、国际交流学院（昆士兰学院）、应用艺术设计学院、城市建设与环境工程学院、成人与继续教育学院等 11 个学院和体育部、实验实训中心、思想政治理论教学部、高职学院（技师学院）等教学部门。设有工学、经济学、管理学、文学、理学 5 个学科门类，13 个专业类别。2010 年有专业 58 个，在校学生 11 539 人，教职工 1 052 人，其中专任教师 609 人，正副高职称 243 人。

学校占地面积 40.90 万平方米；校舍面积 21.44 万平方米。

校党委书记：徐佩莉。校长：胡寿根。

校址：上海市金海路 2360 号。

第二十一节　上海商学院

上海商学院的前身为 1950 年 2 月根据中央财政部指示，经华东军政委员会财经委员会和财政部批准建立的中央税务学校华东分校。1952 年 12 月，华东军政委员会财政部决定成立"华东财政学校"，由"中央税务学校华东分校"和 1951 年成立的"华东粮食干部学校"撤并组建，校长由华东财政部部长周光春兼任。华东财政学校培养的对象是华东地区财政税务部门的各级领导干部和业务骨干。1956 年 4 月大区撤销，财政部通知将学校改名为"财政部上海财政干部学校"，培养对象由华东地区扩大到中南地区。当时，学校教师与复旦大学、同济大学的教师一起参加政治学习，教职员工按高等院校系列评定工资。

1958 年 3 月，中央财政部将学校下放给中共上海市委领导，中共上海市委决定把"财政部上海财政干部学校"与上海市第一商业局、第二商业局、税务局、外贸、人民银行等干部学校以及上海市商业职工学校合并，建立"上海市财政贸易干部学校"。"文化大革命"中学校迁到奉贤海边，成立"上海市财贸五七干校"。

1978 年 10 月，上海市财政贸易干部学校复校。1983 年 8 月，面对党的工作中心转移到经济建设上来以后财贸系统经济管理人才严重不足的局面，为适应计划经济向市场经济转变的需要，经上海市人民政府批准，成立上海市财贸管理干部学院，并设有中共上海市财贸党校。上海财贸管理干部学院适应经济发展需要，先后开设政工、商业企业管理、商业经济、财会、企业管理、企业行政管理、餐旅、国际工商管理、涉外会计、旅馆饭店、国际商业经济管理等专业，恢复高等教育学历教育。同时还举办行政管理和商贸类的多期"企业干部高级培训班"，为上海乃至西部地区的商贸领导干部举办数万人次的各类短期培训班等。为上海以及有关省市的经济发展输送了大量政工和业务干部。

1994 年 10 月，根据上海经济发展的需要，经上海市人民政府同意，将上海市财贸管理干部学院、上海市第一商业局职工大学、市粮食局职工大学、市供销社职工大学合并，筹建上海市商业高等职业技术学校。同时，保留上海市财贸管理干部学院建制。学院承担上海市财贸系统的全日制高等职业教育、成人高等学历教育和干部岗位培训等继续教育任务。1997 年 9 月，经上海市教育委员会协调，学院以立信会计高等专科学校名义对社会招收普通高职学生；1998 年 3 月 6 日经国家教育委员会批准，建立全日制高等职业院校——上海商业职业技术学院。2005 年 9 月，经上海市人民政府批准，建立上海商学院。

2006 年学校各项工作持续发展。毕业生就业率 95.1%。学校与崇明县政府共建占地 6.67 万平方米、容纳首批 560 名高职学生的崇明校区。学校所属商业学校、商业会计学校探索自主选择专业招生模式,中职校招生规模位居全市前列。学校开展学习实践科学发展观活动,促进科学管理,加强干部师资队伍建设,坚持办学特色,提高教育质量,各项工作都取得较好成绩。新增多媒体教室 27 个,新建改建实验室 18 个。新增校级教学研究项目 13 个,4 项成果获得市高等教育教学成果奖。

2010 年学校与美国、德国、澳大利亚、日本等国高等院校开展交流合作,与韩国国际大学签订交流协议书,与韩国江南大学建立姐妹友好学校与日本关西大学签订合作办学备忘录等。学校被评为上海市西南片本科联合办学优秀单位。

学校拥有现代化的基础设施。智慧校园的推进实现无线网络公共场所全覆盖,并免费提供上网服务;学生活动中心内设会议室、学生团体办公室、公共休息室及娱乐室等;体育设施包括全天候的人造草坪运动场、现代化跑道、网球场等;图书馆馆藏总量超过 100 万册(件),中、外文学术性全文电子期刊逾 9 000 余种,中、外文电子图书 50 余万册,已购买及试用的中、外文数据库 10 余个。

2010 年,学院有专业 68 个,在校学生 11 131 人,教职工 692 人,其中专任教师 534 人、正副高职称 204 人。

学院占地面积 65.48 万平方米;校舍面积 20.64 万平方米。

院党委书记:方名山。院长:方名山(兼),朱国宏。

校址:上海市中山西路 2271 号(徐汇校区);上海市奉浦大道 123 号(奉浦校区)。

第二十二节 上海建桥学院

上海建桥学院由上海建桥(集团)有限公司和上海建桥投资发展有限公司于 2000 年 4 月共同创办,2001 年 4 月经上海市人民政府批准为民办建桥职业技术学院,2003 年更名为上海建桥职业技术学院。2005 年 9 月经上海市人民政府批准为以本科层次教育为主的全日制民办普通高校,更名为上海建桥学院。2010 年 7 月,学校获得学士学位授予权。

学校设有商贸系、管理系、信息技术系、机电工程系、电子工程系、文化传播系、艺术设计系、外语系、汽车工程系 9 个院系和基础部思想政治理论教学部,20 个本科专业,16 个高等职业教育专业,是上海市首批自主招生改革试点单位、校企合作培养高技能人才试点单位之一,学校还获准成为"上海市技师学院"和"上海高校辅导员培训基地"。学校机电一体化专业的数控实训基地,为国家级示范性数控实训基地。学校校园环境优美,配套设施齐全,是上海市花园单位。学校从 2004 年起,连续四届获"上海市文明单位"称号。学校自创办以来,已向社会输送六届约 16 000 名毕业生,其平均就业率达 97%以上。

2010 年,学校现有 36 个专业,在校学生 10 536 人,教职工 544 人,其中专任教师 361 人、正副高职称 129 人,学校还聘有一支稳定的兼职教师队伍约 350 人。强化对新教师的教学培训围绕加强管理执行力,鼓励教师参加各类进修、培训、学历提升。充分发挥教授、专家的作用,实施青年教师带教计划。学校以创"百年建桥,世界名校"为目标,积极开展教育教学改革,加强学校内涵建设,提高培养人才质量。

学校总投资逾 6 亿人民币,校园占地面积非产权独用 32.47 万平方米;校舍面积 25.74 万平方米。

学院董事长:周星增。院党委书记:蒋威宜。

历任院长：黄清云、江建明。

校址：上海市浦东新区康桥路 1500—1700 号。

第二十三节　复旦大学上海视觉艺术学院

复旦大学上海视觉艺术学院成立于 2005 年 9 月，是由复旦大学联合上海文化广播影视集团等企业共同投资创建、经国家教育部批准成立的民办独立学院和新型艺术类本科院校。学校董事单位包括：复旦大学、上海文化广播影视集团、文汇新民联合报业集团、上海精文投资有限公司、上海精文置业（集团）有限公司、上海申教投资有限公司、上海世博（集团）有限公司、中房置业股份有限公司、上海第九城市信息技术有限公司、上海盛大网络发展有限公司、宝矿控股（集团）有限公司等。

2004 年 7 月 8 日，复旦大学上海视觉艺术学院奠基礼在松江大学园区举行，上海市人民代表大会常务委员会主任龚学平、上海市副市长严隽琪等领导出席并奠基。同年 11 月，上海市人大常委会主任、学院名誉院长龚学平为学校题写校名和校训："忠诚、卓越、创新、和谐"。2005 年 9 月 21 日，学校首届开学典礼举行，上海市市长韩正和上海市人大常委会主任龚学平为学校揭牌。

为适应培养创新型、应用型艺术人才的需要，学校确立"努力建设以创意为灵魂，以艺术教育与技术教育相融合为特色，面向文化产业发展和社会需求的应用型视觉艺术学院"的办学定位，学校按照"人无我有、人有我新、人新我特、人特我精"的十六字方针，根据社会经济文化发展，特别是上海文化创意产业发展的要求，参照上海市和国内同类院校专业布局状况，以"原创性、艺术性、实践性、前瞻性"四性统一的办学理念，对接城市文化创意产业发展的领域，确定学校的学科和专业设置，尤其是重点、特色学科和专业的设置。学校开设艺术设计、工业设计、数字媒体艺术、绘画、文化产业管理、会展艺术与技术、摄影、动画、雕塑、表演、播音与主持、广播电视编导等 13 个艺术类专业，共 26 个专业方向，并确立包装传播设计、室内与景观设计、产品设计、玻璃与陶瓷设计、文物修复、文化产业管理与策划等 7 个重点建设的学科专业方向，进一步优化学科布局和专业结构，明确办学重点和办学特色。

2007 年 12 月，教育部下文，同意学校从 2008 年开始，参照国内 31 所独立设置艺术院校专业招生办法执行，系全国民办高校中唯一一家。2008 年 7 月，经上海市教育委员会批准，学校至 2008 年 8 月起招收外国留学生。2009 年 6 月举行首届毕业生毕业典礼，毕业生就业率超过 97％。学校成立 5 年来，教师和学生积极参加国内外多项专业赛事，并获得多个奖项。

2010 年，学校有 11 个专业，在校学生 3 695 人，教职工 295 人，其中专任教师 168 人、正副高职称 53 人。

校园建设和固定资产投入逾 6 亿元，学校占地面积 49.21 万平方米；校舍面积 14.27 万平方米（非产权独用）。

院党委书记：邵敏华。院长：陈立民。

校址：上海市松江区文翔路 2200 号。

第二十四节　复旦大学太平洋金融学院

复旦大学太平洋金融学院是于 2004 年由复旦大学与中国太平洋保险（集团）股份有限公司等企业合作创办的上海首家民办独立学院。2004 年 4 月 23 日教育部批准成立复旦大学太平洋金融学院。4月29日,复旦大学太平洋金融学院在复旦大学举行揭牌仪式,上海市副市长严隽琪出席并为学院揭牌。学院办学宗旨是以公益性事业和社会需求为立足点,以现代管理思想为指导,以著名专家为核心的师资队伍为保证,以相关金融保险企事业单位作为教学、实训基地,面向社会,办成以学历教育和非学历为一体,具有多层次、重实践、高效、创新等鲜明特色的金融学院。

学院成立本科教学委员会,制定《本科教学计划和本科生学籍管理条例》《学生违反学习纪律处分规定等学生管理规定》。2005年学院完善建章立制工作,建立院领导联系学科建设、联系师生和听课等制度。加强专业建设,增设财经新闻等3个专业。

学院因办学方企业性质及资金运作等问题,数年后停止招生。(注:经教育部和上海市教育委员会同意,学院于2011年4月终止办学。)

学院名誉董事长:庄事平。董事长:王国良。院党委书记:冯文伟。院长:张晖明。

第二十五节　上海外国语大学贤达经济人文学院

上海外国语大学贤达经济人文学院成立于2004年,是上海市第一批经教育部批准的独立学院,由上海外国语大学和上海贤达投资有限公司合作举办。

学校坚持以服务学生发展为己任,以传授人文与经济相融合的知识为特色,以培养具有国际视野、高尚情怀和跨文化沟通能力应用型、复合型人才为目标,引领学生崇尚高贵、笃行平凡,激励学生学有专攻、铺面发展。

学校坚持开放办学、走国际化教育之路,积极引进国内外优秀高等院校的先进教育理念和管理模式,先后与美国、英国、法国、德国、新西兰、瑞士、澳大利亚、日本、韩国、埃及、新加坡、中国香港、中国台湾地区等13个国家和地区的40余所高校建立了稳固的友好合作关系。学校通过学分互认、带薪实习、公费交流生项目、政府奖学金项目、双学士学位和本硕连读等项目为学生提供多种出国学习多元化和锻炼机会,拓宽国际视野,提高跨文化交流沟通能力。平均每年有15%左右的学生前往英国剑桥大学、伦敦大学、美国西北大学、加州伯克得分校、纽约大学等国外知名大学就读研究生。

学校依托上海外国语大学雄厚的师资力量以及外语教学与研究等方面的优势,构建以语言、经济类学科为重点,其他学科(专业＋英语)协调发展的人才体系。学校开设涉及文学、法学、经济学、管理学、教育和艺术学6大门类的17个专业,在校学生4 733人,教职工315人,其中专任教师195人、正副高职称42人。

学校有虹口、崇明两个校区,虹口校区地处市区东北部,毗邻上海外国语大学,崇明校区地处崇明县陈家镇。学校占地面积8.66万平方米;校舍面积7.53万平方米。

院党总支书记:施桦、丁智勇。院长:张定铨。

校址:上海市东体育会路390号;上海市崇明东滩大道999号。

第二十六节　上海师范大学天华学院

上海师范大学天华学院于2005年4月经教育部批准建校,由上海师范大学、上海天华教育文化投资有限公司合作举办,是一所本科层次的民办独立学院,学制四年,独立招生,独立颁发上海师范大学天华学院独立的毕业证书。上海师范大学负责上海师范大学天华学院培养目标、专业教学计划的制定,负责组织教学过程;上海天华教育文化投资有限公司拥有一批知名教育专家和实业人士,热心民办高等教育事业,深刻了解民办高等教育发展规律,熟悉民办高等教育管理运作,负责学院教学区投资;学校生活区由上海天贤教育后勤服务有限公司负责投资和管理。学院地处上海历史文化源远流长、工业基础扎实、技术力量雄厚的嘉定工业区(胜辛北路 1661 号)。交通便捷,紧挨沪嘉高速公路。学校首期投资 3.6 亿元,其中教学设备投资 4 000 万元。

2010 年,学院有工学、管理学、文学、教育学、理学、经济学 6 个学科的机械设计制造及自动化、汽车服务工程、电子信息工程、计算机科学与技术、通信工程、网络工程、机械电子工程、旅游管理、国际商务、物流管理、财务管理、英语、日语、对外汉语、艺术设计、数字媒体艺术、学前教育、艺术教育、应用心理学、交通与运输等 22 个专业,在校生 6 429 人,教职工 459 人,其中专任教师 326 人、正副高职称 111 人。

学院占地面积:16.18 万平方米;校舍面积 6.33 万平方米。

院党委书记:郭天成。院长:石伟平。

校址:上海市嘉定区胜辛北路 1661。

第二十七节　同济大学同科学院

同济大学同科学院是由同济大学与上海同济科技实业股份有限公司合作创办、四年制本科层次的独立学院。2006 年 5 月 18 日在同济大学沪北校区揭牌成立。上海市教育委员会副秘书长蒋红、同济大学党委书记周家伦到会致辞并共同为同济大学同科学院揭牌。

同济大学作为同科学院的母体,发挥其在师资、学科、管理和品牌等方面的优势,确保学院的办学质量和办学水平;上海同济科技实业股份公司作为举办同科学院的合作方,凭借其雄厚的经济实力,确保资金、资源的投入,引入有利于同科学院发展的机制和活力,并参与学院的管理和监督。

学院以新机制和新模式进行运行和管理,在学院的办学过程中,学习借鉴德国科技大学的培养模式,坚持以培养技术应用型本科层次人才为根本任务,坚持以技术应用能力培养为主线,坚持走产学结合、校企合作的办学之路。以市场为导向,学院的学科结构规划以工为主,兼设文、经、管、医、艺术等专业门类,以满足上海及长三角等地区的经济与社会发展对高层次技术应用型人才的需求,并逐步形成同科学院自身鲜明的办学特色。

学院以科学发展观统领其建设与发展,树立现代教育思想与办学理念,面向市场,依托母体,独立办学,错位发展,注重特色,讲究质量。创新教育理念,创造培养模式,创建实践环节,实施知识、能力、人格三位一体的综合素质教育,努力培养应用性、技术型、个性化人才,适应生产、建设、管理、经营、服务等一线的需求。学院注重与国际上教育发达国家的合作与交流,学院将与德国、澳大利亚等国外高校开展密切的合作及学生交流项目,以拓展国际交流、推进合作办学。

2010 年,学院有 11 个专业,在校学生 763 人,教职工 103 人,其中专任教师 67 人、正副高职称 31 人。

学院占地面积非产权独用 11.06 万平方米;校舍面积非产权独用 9.35 万平方米。

学院董事长:丁洁民。院党委书记:吴兵。院长:吕才明。

校址:上海市共和新路 1238 号。

第三章　市属高等专科院校

第一节　上海医疗器械高等专科学校

上海医疗器械高等专科学校于 1960 年由中央卫生部创办,先后隶属国家医药管理局、国家食品药品监督管理局,2000 年划归上海市人民政府管理,是以现代装备制造业为主的、全国唯一一所独立设置的专门培养医疗器械类高技能人才的全日制普通高等职业院校。

学校紧贴医疗器械行业的需求,定位准确、工学结合、校企合作,特色鲜明,在近半个世纪的发展中为中国医疗器械领域培养了 15 000 余名高素质、高技能人才,分布在全国医疗器械行业,成为各地医院、企业一线的中坚力量。学校为培养中国紧缺的医疗器械技能型人才发挥了不可替代的作用,为中国的卫生健康事业及医疗器械产业作出巨大贡献,被誉为中国现代医疗器械技师的摇篮。

学校形成医工结合、以工为主、兼容管理的办学特色,职前职后共举的办学方针、错位竞争的办学思路、职业针对性强的专业特点;学校生源质量好,毕业生就业率连续 10 年高达 96% 以上,职业发展后劲足,深受用人单位欢迎。

学校注重先进理念的传播、长期坚持教育教学改革和人才培养模式的创新,16 个招生专业中,有国家级高职高专改革试点专业 3 个。连续 6 年获国家级精品课程 1 门和上海市精品课程 6 门以及上海市优秀教学成果一等奖,自主开发、编写并出版医疗器械类系列特色教材和教学课件。

学校紧贴市场需求,积极探索校企合作、工学交替、订单培养、顶岗实习等一系列具有行业特色的高职人才培养模式。通过产学合作、体制创新,与国内外企业共建联合实验室,共接受捐赠的实验设备价值 1 180 余万元;充分依托行业积极开拓校外实训基地,已有 200 多家企事业单位成为学校的校外实习单位和实训基地。为医疗器械生产、经营、服务一线和食品药品监管系统培养输送大批智能型、技能型、实用型专业人才。

学校积极引进国外优质高等职业教育资源,开展合作办学,培养具有国际视野、特色显著的医疗器械类高技能应用型人才。与日本合作开办的"临床工程技术专业"属国内首创,已培养学生近500 人,受到日本厚生省、文部省以及学生家长和社会的认可和赞扬;与挪威、德国、英国、法国等国家的学校和企业界开展国际间的合作不断深化。学校还先后邀请来自日本、德国、美国、法国、英国、瑞典、挪威、奥地利、越南、印度等国家的高校、科研机构和企业界 40 余批近百位专家学者来校访问讲学、学术交流和商讨合作事宜。与此同时,学校先后派出 10 多批 50 余名师生前往日本、德国、美国、法国、英国、挪威、澳大利亚等国家进行交流考察、进修实习和出席国际学术会议。

作为全国唯一的医疗器械技术与监管人员培训基地,学校开展多门类多层次的专业技术培训和技术咨询服务,完成了国家食品药品监督管理局、中国康复器具协会、中华医学会、中国医师协会、上海医疗器械行业协会、上海市劳动保障局委托的培训任务和项目的技术开发等。每年培训各级各类人员近 2 000 人次,辐射全国 30 个省(市、自治区);近年来承担了中国医疗器械监管条例修订课题研究,国内外医疗器械法规研究以及"十一五"全国医疗器械和食品监管干部培训课程体系研究等项目,为培养和培训中国紧缺的医疗器械监管人才发挥了积极的、不可替代的作用,受到国家食品药品监督管理局领导和专家的充分肯定。

2000年以来,学校教师承接医疗器械技术研发项目累计140余项,项目经费近900万元,公开发表论文400余篇,获得教育部科技进步奖二等奖1项和国家专利7项,在上海同类院校中名列前茅。

2010年,学校有专业19个,在校学生4 138人,教职工298人、专职教师191人、正副高职称50人。

学校占地面积16.91万平方米;校舍面积6.36万平方米。学校拥有医疗器械工程实验实训中心、医学电子信息工程实验实训中心、医学影像工程实验实训中心、药剂设备实验实训中心等专业实验实训基地及图文信息中心、医疗器械类职业教育公共实训中心等现代化教学设施,教学仪器设备总值5 300余万元(生均教学仪器设备值1.6万元);建有完善的校园网络;图书馆藏书26万余册,各类期刊600余种,电子图书5万余册。

校党委书记:江才妹。历任校长:郦鸣阳、郑刚。

校址:上海市营口路101号。

第二节　上海出版印刷高等专科学校

上海出版印刷高等专科学校创建于1953年,原名上海印刷学校。是中华人民共和国建立的第一所出版印刷类高等学校,是中国出版印刷专业教育的摇篮,是国家新闻出版广电总局与上海市人民政府共建的特色学校。

1978年3月20日,中共上海市委办公厅复函市委宣传部,同意国家出版局的建议,恢复上海印刷学校。1984年6月20日,上海印刷学校升格为专科学校。1987年12月1日,上海出版印刷专科学校成立,由新闻出版署与上海市人民政府双重领导,以新闻出版署领导为主,在校学生发展规模为1 600人,修业年限专科2年~3年。1992年4月1日,学校更名为上海出版印刷高等专科学校。2000年5月,学校实行属地化管理,同年12月,学校隶属于上海市教育委员会管理,由国家新闻出版署和上海市人民政府共建。2003年5月7日,上海出版印刷高等专科学校划归上海理工大学管理。2005年11月,上海市人民政府与国家新闻出版总署决定共建上海出版印刷高等专科学校。

学校坚持以就业为导向,工学结合,服务行业;多年的传承与积淀形成工、文、艺相互渗透且有鲜明特色的"印刷工程与包装设计""出版传播与文化管理""艺术设计与动漫"三大专业群。

学校积极扩大国际合作和交流,选派教师出国进修,拓展国际合作办学,已与美国罗切斯特理工学院、英国兰开夏中央大学、莫斯科印刷学院、德国斯图加特传媒学院、加拿大雪尔顿学院等开展了合作办学项目,国际化办学成为学校的品牌。每年学校都派送一定数量的学生到国外进行实地交流和学习。

2005年,学校被国家新闻出版广电总局确定为"国家印刷出版人才培养基地",连续三次被国授予"技能人才培养突出贡献奖"。2009年学校评为"上海市文明单位"。2010年学校被列为国100所示范性骨干高职院校建设单位,确认为国家高等职业教育专业教学资源库建设单位。60年来培养了5万多高层次技术骨干和行业高级管理人才。

学校加大对学生专业技能方面的碰头力度,形成由课程实验、生产实训、顶岗实习等构成的实践教学体系。2010年,学校有18个专业,在校学生4 225人,教职工320人,其中专任教师189人、正副高职称52人。

学校占地面积 20.71 万平方米;校舍面积 5.88 万平方米。

校党委书记:朱南勤。校长:陈敬良。

校址:上海市水丰路 100 号。

第三节　上海旅游高等专科学校

上海旅游高等专科学校创建于 1979 年,时名为"上海旅行游览专科学校",隶属上海市政府外事办公室。1980 年,经教育部批准更名为"上海旅游专科学校"。1983 年,划归上海市旅游局、市高等教育局双重领导。1986 年,划归国家旅游局领导。1992 年,更名为"上海旅游高等专科学校"。2000 年,划归上海市教育委员会领导。2003 年,划归上海师范大学管理,与原上海师范大学城市与旅游学院合并组成上海师范大学旅游学院。上海旅游高等专科学校与上海师范大学旅游学院是同时采用两个名称的合一教育机构。上海旅游高等专科学校为独立法人单位。

学校坚持"面向国际、依托行业、创新教学、培养专才"的办学理念,坚持"景校合一,道业贯通"的办学特色,坚持应用型人才的定位,走多层次、多类型、多学科、大格局培养旅游人才的办学道路,设有旅游学系、地理系、会展管系、饭店管理系、国际导游系、烹饪与餐饮管理系共六个系和一个基础部,有酒店管理、旅游管理、会展策划与管理、旅游英语、旅游日语、应用韩语(旅游韩语)、应用西班牙语、电子商务(旅游电子商务)、会计(旅游会计)、烹饪工艺与营养、西餐工艺等专业。

学校为世界旅游组织(WTO)附属成员、联合国亚太经社会亚太旅游教育培训机构(APETIT)执委会副主席、亚太旅游协会会员(PATA)、国际展览产业联盟(IEIA)成员,中国旅游协会教育分会副会长单位,上海旅游行业协会旅游教育分会会长单位,上海旅游职业教育集团理事长单位。学校分别是中国旅游名校 T10 联盟成员和中国旅游院校五星联盟成员。

学校与南京旅游职业学院、山东旅游职业学院、浙江旅游职业学院、桂林旅游高等学校组成"中国旅游院校五星联盟",并被选为联盟第一任理事长单位。承办 2009 年中国旅游协会旅游教育分会年会和"中国自然资源学会第六次全国会员代表大会暨学术年会"。

2010 年,学校有专业 12 个,在校学生 3 049 人,教职工 260 人,其中专任教师 145 人、正副高职称 40。

学校占地面积 22.51 万平方米;校舍面积 7.48 万平方米。同时,学校在境内与境外、市内与外省市、企业与中学等建立 150 余家产学研合作教育基地和学生实习就业基地。学校图书馆目前馆藏纸质图书 28 万余册,旅游类电子图书 11 万册,中外文报刊 427 种,专业外文期刊 36 种,数字资源总量 360 GB,为教学、科研提供强有力的文献信息保障。

校党委书记:张国凤。校长:杨卫武。

校址:上海市奉贤区海思路 500 号。

第四节　上海公安高等专科学校

上海公安高等专科学校创建于 1949 年 6 月,其前身是上海市人民政府公安局同时成立的上海市警务学校。1955 年 6 月,更名为上海市公安学校,主要开展各类短期培训和中专教育。1983 年 5 月,在上海市公安学校的基础上成立上海市人民警官学校,列入高校建制。同年 11 月改名为上海公安专科学校,主要开展专科教育和成人学历教育。1992 年 4 月,更名为上海公安高等专科学校。

1995 年 12 月,上海市人民政府批文同意上海市第一、第二人民警察学校并入上海公安高等专科学校。1996 年 4 月,学校与上海市第一、第二人民警察学校实行"三校合并";同年经国家教育委员会批准试办本科专业。2005 年 5 月,上海市公安局党委从上海公安工作队伍建设的实际需要出发,作出停办本科教育、保持专科规格、改革办学模式、强化民警培训的决策。2002 年 3 月,上海市公安局开始实行教官制度,聘任一大批来自实战部门的教官充实到学校教育岗位。2002 年 8 月,教育部批准学校试点全日制第二专科教育。2003 年,第二专科开始招生,第二专科招生全日制高职高专及以上学历的应(历)届高校毕业生,学员入学后接受为期一年半的公安专业教育,毕业后颁发全日制普通高等教育第二专科文凭,并由上海市公安局统一分配工作。2007 年 11 月,浦东新校区建成启用,学校总部从长宁区哈密路 1330 号迁入浦东新区高桥镇新沙泥滩 115 号(2009 年 7 月更名为崇景路 100 号)。

学校自 1985 年开始,连续 5 次获上海市高校系统文明单位称号;自 1998 年开始,连续 4 次获上海市文明单位称号。1992 年 10 月,全国公安高等专科学校教育评估专家组对学校办学条件进行评估,结论为"A"等学校。2007 年 11 月,教育部、财政部批准学校为国家示范性高等职业院校立项建设单位。2006 年至 2010 年,学校有 5 门课程被评为国家级精品课程,7 门课程评为省部级精品课程,2 个专业教学团队评为"国家给教学团队"。2010 年 7 月,学校国家示范性高等职业院校创建项目通过教育部、财政部的验收。

学校的改革发展得到中共中央政法委员会、教育部、公安部和中共上海市委、上海市政府的充分肯定。2009 年,孟建柱、韩正等领导两次莅临学校视察,孟建柱肯定学校:"是一所勇于改革创新、公安特色鲜明、力学成效显著的公安院校",并勉励学校:"始终成为中国公安教育改革大潮中的排头兵、领头羊"。2007 年以来,公安部在学校分别设立"全国公安民警心理训练上海实验中心""公安部外警培训基地""全国公安师资培训基地""公安部国内安全教育训练上海基地"。2010 年 11 月,学校被评为全国公安教育训练工作先进集体。

建校 60 年来,学校为上海乃至全国公安政法战线培养、输送 3.2 万余名毕业生,培训在职民警 12 万余人次,被誉为"申城警察的摇篮和熔炉"。2010 年,学校有专业 5 个,在校学生 2 538 人,教职工 455 人,其中专任教师 189 人,正副高职称 36 人。

学校占地面积 47.52 万平方米;校舍面积 11.98 万平方米。

校党委书记:郑万新。校长:张学兵(兼)。

校址:上海市浦东新区凌桥崇景路 100 号;上海市闵行区沁春路 178 号。

第五节　上海医药高等专科学校

上海医药高等专科学校于 2005 年 9 月经上海市人民政府批准建校。学校隶属于上海市教育委员会,接受上海市教育委员会和上海交通大学医学院双重领导。

学校拥有来自美国、英国、澳大利亚、日本等国常驻外籍教师 18 人,中外合作教育教学交流项目达 10 余个。此外学校还接受来自芬兰、荷兰、挪威、日本等国长期或短期交流学生,并每年派出师生赴以上国家讲学或学习。

学校紧跟社会经济的发展,力求满足医疗卫生事业对卫生职业技术人才的需求,设有护理学、护理学(中美合作)、护理学(口腔卫生)、护理学(助产)、医学检验、口腔医学技术(口腔工艺技术)、药学、眼视光技术、医学影像技术、医学营养(食品卫生)、药学、市场营销(医药营销)和计算机技术及应用等专业。

2010年,学校有专业12个,在校学生4 362人,教职工435人,其中专任教师316人、正副高职称65人。

学校占地面积22.76万平方米;校舍面积11.54万平方米。坐落于南汇周浦地区上海国际医学园区内,可容纳4 000余名学生的新校区于2006年9月启用。

校党委书记:贾万梁。校长:巫向前。

校址:上海市浦东新区周祝公路279号。

第四章　市属高等职业院校

第一节　上海行健职业学院

上海行健职业学院建于 2001 年,是由上海市人民政府批准,闸北区政府主办的一所高等职业学院。新校舍拥有现代化传播中心、智能化图书馆、设施先进的实验楼和实训楼及体育馆等功能各异的 10 大建筑。学院以高等职业教育为主体,同时附设成人高等教育中心、职业技能培训中心、上海电视大学闸北分校等。设有信息技术与机电工程、经济管理、人文科学、学前教育 4 个系 20 余个专业,学院坚持"以学生为本,助学生成功"的办学理念,以"培养学生能力,塑造学生人格,为社会的和谐发展输送有用之才"作为办学指导思想,形成了地区性、通用性、独特性和国际化的办学特点,并积极探索与国内外教育机构联合办学新途径。学院部分专业已和美、日、法、澳、德等国多所高校建立联系,并与国内外本科大学、知名企业联合办学。

10 年来,学院秉承"进德修业,自强不息"校训,务实开拓创新地进行教育教学改革。2003 至 2008 年学院连续 6 年毕业生就业率均超过 95%。2002、2006 年两次被上海市政府评为"上海市职业教育先进单位"。2007、2008、2009 年连续三年获上海市志愿者先进集体。2002 年至 2008 年,学院连续四次被评为市级文明单位。有以中、高级职称为主体的专职教师,并引进一批硕士生、博士生充实教师队伍,同时还聘请一批著名教授、专家来学院兼职、兼课。

2010 年,学院有专业 24 个,在校学生 5 059 人,教职工 249 人,其中专任教师 172 人、正副高职称 35 人。

学院占地面积 7.08 万平方米;校舍面积 9.11 万平方米。

历任院党委书记:徐炽强、黄群。院长:袁允伟。

校址:上海市原平路 55 号。

第二节　上海城市管理职业技术学院

上海城市管理职业技术学院的前身为上海市业余土木建筑学院,创建于 1956 年 11 月,著名市政和道路工程专家赵祖康为第一任院长。建设市政专业知名人士徐以枋、陈植、钱学中等先后担任学院院长。学校隶属于上海市建设和交通委员会。设有法政系、环境生态系、环境艺术系、景观园林系、经济管理系、土木工程管理系、信息技术系和基础理论教学部等教学系部,以及高职教育部、成人教育部、国际教学部等多个教学管理辅助部门,开设有工程造价管理、房地产经营与物业管理、建筑工程、公共行政管理、城市园林、建筑管理等近 20 个专业。2001 年 4 月,经上海市人民政府批准,转型为独立设置的高等职业技术学院。

学院以提高职业能力为目标,开展教学改革。探索形成政府购买培训、学校实施教育、企业提供实践的校企合作培养高技能人才新模式,在教学中注重学生综合素质和能力的培养,积极为学生取得"一张文凭,多种证书"创造条件,选派优秀学生赴新加坡、中国香港和全国各地参加大型专业展览和学术活动,建立完善的奖学金、助学贷款等制度。

学院先后与加拿大瑞尔申大学、香港专业教育学院开展教师互访学习进修计划,与德国 IB 国际联盟联合开办"中德城市园林专业合作办学项目",与韩国天海财团合作开办"上海三育语言学院",与新加坡理工学院、芬兰瓦莎工学院、澳大利亚阿得雷德大学、香港亚太建设交流中心等院校、机构建立良好的合作交流关系。学院连续 5 次获上海市文明单位称号。

2010 年,学院有专业 21 个,在校生 3 522 人,教职工 431 人,其中专任教师 199 人、正副高职称 40 人。每年开展各类成人培训 13 000 余人次。科研工作取得进展。学院共有 8 项市级课题立项,出版著作和教材 18 部,公开发表论文 180 篇,其中核心刊物 23 篇。

学院占地面积 21.21 万平方米;校舍面积 9.76 万平方米。

院党委书记兼院长:谢卫平。

校址:上海市军工路 2360 号;上海市虹漕南路 123 号;上海市河南北路 301 号;上海市杨树浦路 2219 号。

第三节　上海交通职业技术学院

上海交通职业技术学院是 2001 年 4 月经上海市人民政府批准,由上海交通运输、港口、民航、铁路等四家行业的职业学校合并而成的全日制普通高等职业院校。学校分四个校区,本部设在北校区。学院以陆海空综合交通为依托,立足市场、背靠行业,引入国际化、现代化、信息化高等职业教育办学模式,设有汽车工程、水运工程系、港口机械、物流管理系、经济管理系、信息技术系、轨道交通系、民航经济管理系、民航机电工程系、基础部、社会科学部,开设近 20 个具有特色的综合交通类专业。其中,"集装箱运输管理"和"汽车运用技术"专业分别被教育部评定为国家级教学改革试点专业。"报关和国际货运"专业被上海市教育委员会列为上海市高级教学改革试点专业。学院建有"集装箱机械操作与维修实训中心""上海市现代物流开放实训中心"等上海市高校公共实训中心和上海市职业教育开放实训中心,拥有国内一流的专业实习实训设备,并与上海市一百多家企业合作建立稳定的实习基地。

学院坚持"以服务为宗旨,以就业为导向"的职业教育方针,先后与上港集团、日本丰田、上海大众、上海通用、德国奔驰、中国民航、轨道交通等著名企业开展校企合作办学。2007 年 12 月,学校作为发起单位之一,成功组建上海交通物流职业集团,为学院进一步开展校企紧密合作搭建优质平台。学院历届毕业生就业率达到 95% 左右。

学院始终坚持特色化、集团化、多元化办学发展方向,较为典型的改革发展成果为:2001—2010 年被市政府评为"上海市文明单位",2003 年 11 月,被教育部推荐为"国家技能型紧缺人才培训基地",2004 年 6 月成为"上海市高校学生物流管理类职业技能鉴定所",2005 年 12 月及 2010 年 6 月顺利通过教育部高职高专院校人才培养水平评估,2008 年 9 月成为上海市高职高专"汽车运用技术"专业师资培训基地,2008 年 9 月及 2009 年 9 月学院院长分别获得第二届"中国职业教育杰出院(校)长"荣誉称号,并成为"上海市普通高等学校毕业生就业服务先进集体",2010 年 9 月在上海市率先开展中高职教育贯通培养模式试点。

2010 年,学院有专业 22 个,在校学生 4 468 人,教职工 410 人,其中专任教师 266 人、正副高职称 63 人,双师型素质教师占 51.92%;青年教师中 33 人具有研究生学历或硕士及以上学位。学院设备资产原值达到 5 750 万元,图书馆藏书 26.56 万册。学院坚持"以服务为宗旨,以就业为导向"的职业教育方针,坚持"巩固、深化、提高、发展"的办学要求,落实整改措施,立足改革创新。

学校占地面积 27.00 万平方米;校舍面积 14.48 万平方米。

历任院党委书记:陈龙伟、俞景平。院长:鲍贤俊。

校址:上海市呼兰路 883 号。

第四节　上海海事职业技术学院

上海海事职业技术学院是一所由国内特大型航运企业——中国远洋运输集团建立,经上海市人民政府批准成立的专门培养且有高等学历的海事人才和各类专业人才的普通高等职业学校。

学院前身是上海海运局工人大学,1980 年 7 月,经交通部批准,教育部备案,上海海运局工人大学更名为上海海运职工大学;1986 年,在上海市高等教育局和主管企业的支持下,在上海地区试办高等职业技术教育,成为全国和上海高等职业技术教育首批试点单位之一。1998 年,学院与国内 6 所航海院校首批通过中国海事局质量体系认证,率先进入国际海事组织履行《STCW78/95 公约》"白名单";1999 年,学院与世界航运强国挪威船东协会联合培养航海高职人才,首创"三明治"高级船员培养模式在国际航运教育领域产生重要影响;2001 年,教育部和上海市人民政府批准,学院成为全日制普通高等学校,并更名为上海海事职业技术学院。

学院教学设施齐全、设备先进,拥有 4 艘 2 万吨级远洋教学实习船,38 个校外实习基地,建有国际航运、航海技术、轮机工程等校内五大实训中心,装备技术达到国际先进水平的大型船舶操纵模拟器、轮机模拟器等 85 个实验、实训室。

学院秉承"内涵建设,特色发展"的办学理念,坚持"校企一体、航运为主、教培并举、注重技能"的办学特色,紧跟国家高等职业教育发展目标和上海市航运中心建设总体要求,依托中国海运集团的行业优势,深入教学改革,创新人才培养模式,形成了航海类、航运管理类、航运工程类三大"专业群",毕业生就学率和就业质量较高,在行业、社会上有较好的声誉。

学院是中国交通职业教育教学指导委员会航海类专业教育教学指导委员会主任单位,中国交通教育研究会职业教育分会学术委员会主任单位;交通部、上海市职业教育先进单位;经上海市教育委员会认定先后成为上海市示范性高职高专院校建设单位;2006 年和 2010 年先后通过上海市教育委员会高职高专人才培养水平评估。

2010 年,学院有专业 23 个,在校学生 4 321 人,教职工 304 人,其中专任教师 159 人、正副高职称 30 人。

学校占地面积 12.48 万平方米;校舍面积 7.32 万平方米。

院党委书记:孙欣欣。院长:李勇。

校址:上海市浦东新区源深路 158 号。

第五节　上海电子信息职业技术学院

上海电子信息职业技术学院前身是 1960 年举办的上海市仪表电讯工业专科学校,是上海仪电控股(集团)公司所属公办全日制高等职业技术学院,已有 50 多年办学历史。培养电子信息、先进制造业和生产性服务业高素质技术技能型人才,是上海市示范性高等职业技术院校建设单位。1986 年开始试办高等职业教育,是全国和上海高等职业技术教育首批试点单位之一,服务于上海支柱产业——电子信息产业。2001 年 4 月,经上海市人民政府批准转制为全日制高等职业技术学院。2010年9月,学院成功通过教育部、财政部国家骨干高职院校建设单位审核而列入建设名单。

学院目前拥有院本部和徐汇、长宁办学校区,总校区设置在奉贤,并辖有中德、动画两个二级学院。其中,上海中德学院由中国教育部与德国巴伐利亚科艺部协议举办。学院本部设在奉贤区奉城镇洪庙社区,建有教学园区、实训中心、信息中心、运动场、生活园区等。学院设有电子工程系、通信与信息工程系、计算机应用系、机电工程系、经济与管理系、中德学院、动画学院和继续教育学院,其中国家级教学改革试点专业1个,上海市教学改革试点专业2个,构成以电子信息大类和制造大类专业为主体,财经大类与艺术设计传媒大类专业共同发展的专业体系。有60多家企事业单位成为签约的校外实训基地,同时还与100多家企业建立了合作关系。自2000年以来毕业生就业率始终保持在95%以上,机电一体化类专业每年就业率100%。

学院以就业为导向,以服务为宗旨,注重校企合作、工学结合,注重职业能力和综合素质培养,致力于与企业合作开展订单培养,以学历证书与职业资格证书相互融通的人才培养模式。学院已连续四年被评为"上海市文明单位"。

2010年,学院有专业26个,在校学生6 826人,教职工354人,其中专任教师221人、正副高职称47人。

学校占地面积30.83万平方米;校舍面积15.73万平方米。

院党委书记兼院长:杨秀英。

校址:上海市奉贤区瓦洪公路3098号(院本部);上海市中山南二路620号(徐汇校区);上海市玉屏南路560弄18号(长宁校区)。

第六节　上海科学技术职业学院

上海科学技术职业学院前身是创建于1959年的上海第二科学技术学校,1981年12月,学校升格为三年制高等专科学校,更名为上海科技专科学校,受上海市高等教育局领导。1994年,与上海大学合并成为上海大学嘉定东校区。2001年4月经上海市政府批准、国家教育部备案,成为全日制的高等职业学校,定名为上海科学技术学院,隶属于嘉定区政府。2003年,学院被上海市教育委员会确定为"上海市示范性高等职业技术学院建设单位"。

学院充分依托有关高校及中国科学院所属嘉定地区各科研院所高级人才齐集的优势,紧密结合上海国际汽车城建设发展的六大功能和上海电子通信产业建设发展的需要,设有通信与电子信息、机电工程、经营管理、商务流通、人文与社会科学五个系。建有电子技术、数字技术、模拟电路、网络技术、安全技术、通信系统工程、计算机系统、汽车发动机、汽车电控、汽车检测、数控加工、数控机床维修等50余个实训室,为学生提供教学实训和职业技能培训。与上海近百家企事业单位建立了紧密的校企合作关系。2003年和2006年连续两届被评为"上海市精神文明单位"。

2009年10月,学院在隆重举行五十周年庆典之际,绘制学院未来发展的宏伟蓝图。学院"十二五"期间发展的指导思想是:深入实践科学发展观,开放办学、面向市场、面向全国。以服务为宗旨,以就业为导向,坚持质量立校、特色兴校、人才强校,以重点专业为龙头,推进科研与技术服务能力。

学院有现代化教学设施,先进的公共实训中心,学院积极探索与高科技企业相结合、中外合作办学等多种培养高职人才的模式,聘请国内外专家、企业家对学院工作予以指导。同时学院努力扩展国际交流,与多个国家和地区的教育机构、院校开展学术交流和教学合作,引进国外教师和优质教学资源,办学水平不断提升。

2010 年,学院有专业 22 个,在校学生 4 218 人,教职工 220 人,其中专任教师 135 人、正副高职称 40 人。

学院占地面积 21.40 万平方米;校舍面积 11.86 万平方米。

学院董事长:朱建新。党委书记兼院长:庄顺根。

校址:上海市嘉定区金沙路 280 号。

第七节　上海农林职业技术学院

上海农林职业技术学院是在上海市农业学校的基础上于 2002 年 4 月建立,经上海市人民政府批准(教育部备案)的全日制公办普通高等学校,隶属上海市农业委员会管理,是上海市唯一一所以都市农林为特色的综合性高等职业技术学院。学校坚持“为农服务特色办校”对接上海“三农”事业发展要求,为上海农业农村培养技术人才、经营人才、管理人才和新型职业农民。

学院是上海市文明单位,先后获得“上海市文明院校”“上海市平安示范单位”“上海市花园单位”“上海市高校毕业生‘三支一扶’计划先进单位”“全国青少年科普示范基地”“国家职业资格鉴定所”等称号。学院所属农业部农业特有工种职业技能鉴定站被评估为“全国优秀农业职业技能鉴定站”。

学院设有园艺园林系、动物科学技术系、商务旅游管理系、信息与计算机系、应用外语系、食品工程与技术系、基础部六系一部,开设园林技术、园艺技术、动物医学、生物技术及应用、旅游管理、食品工艺与检测等。学院重视对接行业,职前职后并重,每年为农村劳动力培训及鉴定 7 000 人次。

2010 年,学院有专业 33 个,在校学生 4 002 人,教职工 290 人,其中专任教师 198 人、正副高职称 52 人。

学院占地面积 38.45 万平方米;校舍面积 10.37 万平方米。

院党委书记:吴乃山。院长:卓丽环。

校址:上海市松江区中山路 658 号。

第八节　上海工艺美术职业学院

上海工艺美术职业学院前身是 1960 年创办的上海市工艺美术学校,2003 年经上海市人民政府批准,上海第二轻工业职工大学、上海市工艺美术学校联合组建上海工艺美术职业学院。学院是上海市唯一一所独立设置的艺术类特色高职院校。2010 年通过验收,成为全国 100 所示范性高职院校之一。

学院在稳步发展服装、广告、环境、工艺品设计等专业的同时,不断开创适应人才市场所需的新专业(专门化)——展示设计、电视与网络广告设计、广告摄影摄像、游戏软件艺术设计、园林景观艺术设计、包装技术与设计、产品造型艺术设计等。后新增艺术设计类专业——首饰设计、艺术品设计与鉴定、装饰雕塑、装饰绘画、动画设计、新媒体艺术设计以及印刷图文信息处理等,建成 5 系 21 个艺术设计专业的教育体系。学院的艺术设计(展示设计专门化)专业、装潢艺术设计(室内装饰设计专门化)专业、珠宝首饰工艺与鉴定(首饰设计专门化)、旅游工艺品设计与制作(工艺美术品设计专门化)专业被列为国家财政部、教育部资助的重点建设专业;多媒体设计与制作(游戏美术设计专门化)专业、服装设计专业被列为上海市高职重点建设专业。学院以上述 6 个重点建设专业为龙头,带动相关的专业群的建设。

学院设立国际艺术设计师、国内艺术设计师、民间特艺、校内教师四类工作室,教学设备总价值 3 000 余万元人民币,初步形成以生产性实训工场和各类工作室为主体、总面积达 1.5 万平方米的类型多样、结构合理、功能齐全、管理开放的工艺美术和艺术设计实训体系,并与中国黄金集团、上海工艺美术总公司等大中型企业建立产学研战略联盟。

学院首创将传统专业教育和社会职业化培训紧密接合的学生教育模式,由来自国际 500 强企业、拥有多年中层以上管理经验的管理人员和来自广告、媒体、珠宝设计、网络游戏行业的在职经理人组成的团队,全面推行"准职业化环境建设工程",帮助学生开展"自我职业生涯规划",获得适应职业环境的行为、思维、心智等能力。

学院高度重视为社会提供服务,制定多个上海市工艺美术、艺术设计类职业技能考试标准、试题库,并设立上海市技能考试鉴定考点;制定家具设计师任职资格标准、试题库,建设了职业技术鉴定站;为国家动漫产业振兴基地制定游戏美术师中、高级标准;为上海市劳动和社会保障局制定由初级至准高级的装饰美工、游戏美术师、工艺雕刻师等职业能力标准等。对口支持 10 所中西部相关职业院校,先后培训师资近 200 人,为社会培训 3 万余人次。

2010 年,学院有专业 34 个,在校学生 3 996 人,教职工 306 人、专任教师 194 人、正副高职称 55 人。专任教师与标准学生数比例为 1∶14。

学院占地面积 19.22 万平方米;校舍面积 7.35 万平方米。

学院名誉院长:蒋以任。院党委书记兼院长:姜鸣。

校址:上海市嘉行公路 851 号。

第九节　上海建峰职业技术学院

上海建峰职业技术学院的前身是成立于 1954 年的上海冶金高等专科学校(北校区)、成立于 1956 年的上海轻工业高等专科学校(东校区)和成立于 1959 年的上海化学工业高等专科学校(南校区),是一所由上海建工集团投资兴办、经费实行自收自支的全日制普通高职院校。学院集高职、中职、成人大专、中专、培训和校企为一体,有宝山校区、闵行校区及建峰继续教育学院。学院系国家教育部和建设部全国建设行业紧缺人才培养、培训基地,上海市文明单位。2006 年年初,上海建工集团将二级甲等、拥有 400 个床位的上海建工医院划归学院为附属医院。

学院设有土木工程系、艺术教育系、电子工程系、管理系、外经外贸系、医学护理系和公共基础部,包括建筑工程技术、建筑工程管理、建筑经济管理、环境监测与治理、建筑装饰工程技术、房地产经营与估价、给排水工程技术、园林技术、民航商务、报关与国际货运、旅游管理、应用英语和护理等专业,初步形成以土木工程为特色,涵盖工、医、商、贸、艺等专业。还设有土工实验室、建材实验室、力学实验室、钢结构实训室、园林实训场、建筑经济实训室、室内环境检测实训室、电工基本技能实训区、口岸物流实训室、护理实训室等 20 多个专用教室,以及计算机房、多媒体教室和语音室。

学院是中国建设教育协会常务理事单位,中国建设教育协会高职高专与成人教育专业委员会委员单位,中国建设教育协会高职土木工程专业指导委员会委员单位,中国建设教育协会高职市政工程专业指导委员会委员单位,全国高等职业教育研究会理事单位,上海市高等教育学会会员单位。先后多次获得上海市文明单位、上海市教育系统综合治理先进集体、上海市安全文明校园等荣誉称号,并被教育部、建设部批准为全国建设行业技能型紧缺人才培养培训基地,被商务部确定为对外援助培训基地。

2010 年,学院有专业 31 个,在校学生 3 560 人,教职工 239 人,其中专任教师 158 人、正副高职称 55 人。青年教师中研究生以上学历占 35%。兼职教师以研究生、教授或教授级高工居多。具有注册监理师、注册造价师、注册建筑师、高级设计师、经济师和工程师职务的"双师型"教师占 50%以上。

学院占地面积 13.22 万平方;校舍面积 9.49 万平方米。

院党委书记:朱玉龄。院长:徐辉。

校址:上海市宝山区漠河路 800 号。

第十节　上海工会管理职业学院

上海工会管理职业学院的前身是创办于 1951 年的上海工会管理干部学院,隶属上海市总工会。1955 年上海市总工会干部学校更名为上海市工会联合会干部学校,1958 年上海市工会联合会干部学校撤销,1958 年上海市工会联合会干部学校(部分)改建为上海市化学工业学校,1980 年上海市工会干部学校复校,1985 年上海市工会干部学校升格上海市工会管理干部学院(成人高等学校),1992 年上海工运研究所并入上海市工会管理干部学院,2000 年起举办高职学历教育,转型为普通高等职业院校。2005 年改名为上海工会管理职业学院。

学院坚持以服务为宗旨,以就业为导向,走产学结合的发展道路,坚持"以质量为核心,走内涵式发展道路",努力使专业设置、培养目标、服务能力与社会需求相适应,办学质量不断提高,建设环境不断优化,为学院的可持续发展奠定了良好的基础。学院连续两届被评为上海市文明单位。

学院拥有教学楼、实训中心、图文信息中心等教育设施,及运动场地和生活设施。学院设有劳动与社会保障、社会工作、文物鉴定与修复、食品营养与检测、物流管理、安全技术管理等。学院坚持"为了每一个学生的终身发展"的办学理念,始终把"从严治教,全方位提高教学质量和管理水平"作为全院的中心工作。学院以就业为导向,依托工会的组织优势和教育资源,加大教学设施投入,优化专业结构,调整课程设置,改进教学方法,加强学生管理,改善校园环境,建立融传授知识、培养能力、提高素质于一体的具有高职特色的人才培养体系。

学院建有社区公共事务实训基地、艺术品保护技术实训中心、现代商贸流通一体化实训基地等上海市公共实训基地,建有食品营养安全检测中心等一大批校内实训场所。依托工会组织与企业(社会机构)直接挂钩,以订单式培养等方式建立稳定的校企合作基地,使学生在实际职业环境中顶岗实习。学院推行毕业证书与职业资格证书"双证制"教育。2007 年以来,毕业生就业率均在 98%以上。

2010 年,学院有专业 29 个,在校学生 4 797 人,教职工 278 人,其中专任教师 215 人、正副高职称 45 人,硕士研究生以上学历的教师占 54%,双师素质教师超过 60%。

学院占地面积 28.60 万平方米;校舍面积 10.82 万平方米。

院党委书记:谢幼书。院长:傅小龙。

校址:上海市奉贤区南亭公路 2080 号。

第十一节　上海体育职业学院

上海体育职业学院创建于 1952 年,其前身是上海体育训练班,初创时仅有篮球和排球两个项目,几十名运动员。至 2010 年,学院先后更名为华东体育训练班、华东体育学院竞技指导科、上海体育学院运动系、上海体工队、上海体育学院分院、上海体育运动技术学校和上海体育职业学院。院址亦多次变迁。

上海市人民政府于 2007 年 12 月 11 日批准成立上海体育职业学院,从成人专科学院转型成一所以体育为特色的全日制高等职业学院,对外招收高中应届毕业生,专科层次学制三年,由上海市教育委员会主管,上海市体育局主办。

自 1978 年以来,学院从原来的运动系(体工队)逐步发展建成为上海体育职业学院,成为上海和中国培养世界冠军和体育明星的摇篮之一。学院历年来运动员成绩水平虽然出现过起伏、升降的情况,但总体上一直保持在全国前茅,为上海、为国家争得不少荣誉,也为中国成为体育大国作出应有的贡献。学院奥运冠军、世界冠军和破(超)记录的运动员达到 57 人,如朱建华、曹燕华、庄泳、刘子歌、吴敏霞等等。曾经象征上海"高度、速度、强度"的姚明、刘翔、王励勤也都是学院培养出的优秀运动员。

2010 年,学院共有 7 个运动训练中心(游泳运动中心、田径运动中心、球类运动第一中心、自行车击剑运动中心、乒乓球羽毛球运动中心、拳击跆拳道运动中心、篮球手球中心),管辖 20 个运动项目。有专业 4 个,在校学生 439 人、教职员工 539 人,其中专任教师 212 人、正副高职称 80 人。

学院占地面积 9.36 万平方米;校舍面积 4.72 万平方米。

院党委书记:黄卫方。院长:沈富龄。

校址:上海市百色路 1333 号。

第十二节　上海健康职业技术学院

上海健康职业技术学院前身是"上海职工医学院",创建于 1957 年,是一所独立设置的医学成人高校。2010 年 2 月经上海市人民政府批准转型更名为上海健康职业技术学院。属全日制普通高等职业技术学院,行政隶属上海市卫生局,业务归上海市教育委员会管辖。成为上海卫生行业培养高职人才的重要基地之一。

学院坚持以学生发展为本,注重培养学生职业道德、职业技能和就业创业能力,着重培养适应上海经济社会和卫生事业发展的、在第一线从事健康促进、预防保健、护理等医学相关类技术工作的高素质应用型人才。学院建有现代护理实训中心、医学生物技术开放实训中心、医学影像技术实训中心、口腔医学技术实训室。拥有图书馆,配套完整的示教室、专业实验实训室、多媒体教室,设施齐全的运动场、篮球场、室内体操房等设施,为学生学习和生活提供了良好的条件和环境。

学院设有基础一部、基础二部、护理系、医疗系、公共卫生系、生物医药系等二部四系,开设护理、中美护理、医学影像技术、生物技术及应用、医学营养、药学、康复治疗技术、卫生信息管理等专业。拥有一支适应高职高专人才培养模式要求的"双师型"教师团队。上海医疗卫生单位和科研院所的部分主任医师、教授被聘为学院的兼职教授。学院与 30 余所市级医疗卫生机构和企业建立稳固的合作关系,为学生提供优质的实训实习基地和就业岗位,学生的就业率保持在 99% 左右。

学院与日本川崎医疗短期大学有着长期友好的校际合作关系,与美国盐湖城社区学院建立中美合作护理专科教育项目。学院每年选送优秀毕业生和青年教师赴日本、美国留学和进修,互派代表团开展合作交流。学院为美国卫生基金会(Dreyfus)合作单位之一,定期开展"解决问题,促进健康"(PSBH)科研课题。

50 余年来,学院为国家输送了数以万计的卫生应用技术人才,享有良好的社会声誉,被誉为"促进健康的使者,白衣天使的摇篮"。学院自 1999 年以来,连续 5 届获得"上海市文明单位"称号。

2010 年,学院有专业 8 个,在校生 306 人,教职工 228 人,其中专任教师 115 人、正副高职称 37 人。

学院占地面积 11.65 万平方米;校舍面积 4.71 万平方米。

院党委书记:曹蓉蓉。院长:张刚。

校址:上海市梅陇路 21 号(徐汇校区);上海市长江公路 258 号(崇明校区)。

第十三节　上海东海职业技术学院

上海东海职业技术学院原名民办东海学院,由曹助我等 4 位高等教育界学者集资于 1993 年 7 月创办,经艰苦创业,1998 年建造起占地 3.1 万平方米,建筑面积 15 000 平方米的校园,1999 年 7 月被教育部批准为具有颁发国家学历文凭资格的全日制民办普通高校,2003 年更名为上海东海职业技术学院,原上海市领导夏征农为第一任院长。2008 年学院成立党委,实行董事会领导下的院长负责制。2010 年 3 月学院与上海师范大学结对,形成公办大学对学院的师资队伍、教育教学、人才培养等全方位支持,为学院的持续发展创造良好的环境。

学院确定 6 个重点建设专业和 10 余门重点建设课程。基本构建"一体两翼"的专业结构框架、"技能教育 2+1"的人才培养教学模式。"报关与国际货运"专业、"物流管理"专业、"电气自动化"专业成为上海市教育高地建设项目;"书籍装帧""外贸英语"两门课成为上海市精品课程,"双师型"的教师队伍又给予学生以丰富的生产实际知识和岗位职业本领。18 年来,学院已为社会输送万余名毕业生,每年就业率在 95％以上。2010 年毕业生总就业率更是达到 97.36％。

学院与上海电机厂等签订定向培养协议,与上海通用电气集团、上海高铁集团、苏宁电器等企业签订长期合作协议。学院与澳大利亚查理斯杜(Charlesturt)大学签署合作意向协议,并就会计、报关与国际货运两个专业进行课程论证,互相承认学分。学院与日本金泽科学技术学院签署协议,就汽车维修专业的教学和实训达成交流合作意向。

2010 年,学院设有经管学院、商贸学院、艺术学院、机电工程系、航空运输系、信息工程系、金融系、护理系、基础部、马克思列宁教研部、继续教育学院和成人教育学院共 5 个学院,5 个系 2 个教学部,33 个专业;在校生 4 783 人,教职工 359 人,其中专任教师 146 人、正副高职称 61 人。

学院占地面积有 12.66 万平方米;校舍面积 9.46 万平方米。校内建有 12 个教学实训中心、下设 75 个实验室与实训室。图书馆有纸质藏书 40 余万册,电子图书 15.1 万册。拥有 U 型综合教学楼、宿舍楼、学生公寓、食堂、浴室、足球场、田径场、微机机房、阅览大厅、语音室、多媒体教室、实验剧场、形体训练房、画室等配套设施。

学院董事长:曹助我。院党委书记:赵佩琪。院长:项家祥。

校址:上海市虹梅南路 6001 号。

第十四节　上海新侨职业技术学院

上海新侨学院创建于 1993 年,由上海海外联谊会、上海海外交流协会、上海归国华侨联合会及上海中华职教社共同举办,1999 年经上海市教育委员会批准筹建的全日制民办高等院校。2002 年

4月,经教育部批准,为面向全国招生的全日制民办高等职业技术学院。2005年被上海市教育委员会选定为自主招生3所试点高校之一。

学院坚持"以服务为宗旨,发就业为导向,以市场为目标,培养适应社会需要的高等技术应用型人才"的办学定位,确定"办学特色鲜明,市场对接紧密,教学领先,校园环境和美"的办学目标。形成以工科为主,文科并举的服务于先进制造业和现代服务业为主的专业结构。重点建设机电、数控、汽车、微电子、电子信息和珠宝首饰设计与制作等特色专业,并与多个具有相当实力的企业集团联合办学。学院建立50余个稳定的校外实训基地、7个具有"仿真"职业氛围的校内实训基地和56个实验、实习、实训基地。学院以培养学生的学业与未来工作岗位"无缝对接"。主动适应社会对先进制造业和现代服务业人才的需求,重点建设以机电、数控、汽车、微电子、珠宝首饰设计与制造为主的特色专业。学院持续稳定发展,逐步形成"以服务为宗旨,以市场需求为目标,培养适应社会生产、管理、服务第一线需要的高等技术应用型人才"的办学理念,形成招生与就业的良性循环。学院2次被评为上海市级"文明单位";2006年获得"上海市职教先进单位"称号、上海市职业技能竞赛中获优秀组织奖。2007年在全国航模竞赛中获得全国二等奖1项;上海赛区一等奖1项、二等奖3项、三等奖2项,获奖率达到100%。

2010年,学院有专业20个,在校学生5 188人;教职员工310人,其中专任教师121人、正副高职称27人。

学院占地面积8.06万平方米;校舍面积3.77万平方米。

院党委书记兼院长:忻建国。

校址:上海市天等路465号(徐汇校区);上海市外冈镇冈凤路68号(嘉定校区);上海市华新镇新凤北路565号(青浦校区)。

第十五节　上海震旦职业学院

1984年由张惠莉女士等有识之士弘扬震旦精神,创办新时代的震旦教育集团,2003年3月成立上海震旦职业技术学院(筹),2005年9月受让上海东方文化职业学院的举办权,11月经上海市教育委员会批准,更名为上海震旦职业学院。

学院设有3院6系2部,即新闻传媒学院、公共卫生与护理学院、东方电影艺术学院;商务贸易系、管理系、机械电子工程系、艺术设计系、外语系、计算机信息系及思想政治理论课教学部、基础教学部。以应用型文科、保健类医科、制造类工科并重,经、管、文、工、医相结合总体发展。长期以来,学院坚持"以人为本,育人育能;德育为先,教会做人"的办学理念和"综合素质、创造能力、高尚人格"的培养目标,以"多张证书制、学生干部轮换制、综合测评制、工学结合制"为办学特色,认真开展教育教学。学院教学设施先进配套齐全。拥有完善的校园网、图书馆、阶梯教室、多媒体教室、语音教室、400米标准化运动场、学生公寓和学生餐厅等现代化生活服务设施。学院建有现代化的营养与食品检测实验室和新闻电子采编与图文出版实训中心均为上海市教育委员会资助的教学高地建设项目。还建有社会工作实务实训室、机电一体化实训室、国际贸易实务实训室、电子商务实训室、餐饮实训室、客户实训室、广告创意实训室、艺术设计实训室、旅游实训室、语意实训室、英语情景教室、日语情景教室、计算机实训室等66个校内实训室。学院探索工学结合、校企合作人才培养模式,在部分专业实施订单培养。在人才培养中,注重思想素质和技能素质同步发展。学院于2004年、2006年连续两届被评为上海市教育委员会平安单位、文明单位。

2010 年,学院有专业 32 个,在校学生 4 008 人;教职工 435 人,其中专任教师 214 人、正副高职称 76 人,双师型教师占 25％以上。

学院占地面积(非产独用)13.32 万平方米;校舍面积(非产独用)8.80 万平方米。

学院董事长:张惠莉。院党委书记:郭伯农。院长:杨德广。

校址:上海市罗店镇市一路 88 号。

第十六节　上海民远职业技术学院

上海民远职业技术学院于 1995 年 5 月经上海市教育委员会同意筹建民办民远学院,筹建期间参加高等教育学历文凭考试试点教育(三年制大专),当年设置 3 个专业,首批招收学生 67 人。2000 年 2 月,学校迁至浦东新区唐镇民防活动中心,占地面积 5.3 万平方米,先后投资建造体育运动场地、学生公寓、食堂、浴室、图书馆等。2003 年,学院经上海市人民政府批准为民办普通高等院校,学制三年,独立颁发教育部统一电子注册大专文凭。

学院坚持"以就业为导向,以服务求支持,以质量求生存,以特色求发展"的办学宗旨,以培养高素质创新技能型人才为办学目标,建设成为符合上海建立国际航运中心发展需要的特色高职院校。学院紧密衔接社会经济发展及学生需求设置专业,根据社会经济发展的学生的需求,调整了专业结构,2010 年,增设适应上海建成国际航运中心急需的国际航运保险与评估和市场营销专业。学院着力建设"勤奋、敬业、合作、创新"校风,严格制度管理、规范职业教育,确保教育质量。教学上突出高职教育特色,加强实践教学环节,并根据用人单位对学生知识及能力的需要,定位在培养国际航运、先进制造、现代服务等专业的技能应用型紧缺人才,制定教学计划,设定课程,以"新(颖)、坚(实)、够(用)、实(际)"为标准,努力争取与用人单位的岗位要求实现无缝对接,与 18 个企事业单位建立校企合作及校外实习实训基地,校内有 13 个实习实训基(场)地。学院还设立继续教育部,为学生学习培养取得多张职业技能资格证书,提供了有利条件,学生各项技能证书平均通过率达到91.8％,历届毕业生深受用人单位青睐,就业率始终保持在 95％以上。

学院积极改善办学条件,2007 年 9 月,南校区总面积 3 万平方米的 8 层教学大楼、图书馆、实训中心、专家楼、学生宿舍建成并使用。学院还建成可进行多项实验和中级、高级工培训的汽车实训中心和国航物流实训中心。有教学用计算机 781 台,平均 4 人拥有一台,多媒体教室座位 1 440 座,平均 2.2 人拥有一座,纸质图书 23 万册,人均拥有 74 本图书。

2010 年,学院有国际航运管理、现代物流、现代服务、应用技术、外语、艺术 6 系 21 个专业,在校生 2 853 人;教职工 276 人,其中专任教师 147 人、正副高职称 39 人。

学院占地面积(非产权独用)10.66 万平方米;校舍面积(非产权独用)6.24 万平方米。

学院董事长兼院长:陈彭。院党总支书记:丁训言。名誉院长:邓旭初。

校址:上海市浦东新区唐陆路 3892—3928 号。

第十七节　上海思博职业技术学院

上海思博职业技术学院由深圳职业技术学院创导,由上海康桥半岛房地产发展有限公司和深圳市汇博教育发展有限公司共同投资,于 2001 年筹建,2003 年 3 月经上海市人民政府批准为全日制民办普通高校。

学校在教学改革探索中,逐步形成"职业能力和职业素质并重"的教育理念,注重办学特色,重点建设护理专业和国际商务专业。校内建有一流的国际商务综合实训、护理、工程技术、应用艺术四大实训基地,内设 30 个实训、实验室,其中信息化护理实训基地达到国内一流水平。学院被国家商务部、教育部等认定为全国国际商务单证培训认证考试中心、全国外贸跟单员培训认证考试中心和全国高职高专商贸类师资培训基地。学院还拥有 8 个市级职业培训基地,百余个校外实训与就业基地。2010 年毕业生就业率 98.08%。学校于 2010 年 9 月新增建筑工程与管理学院,设建筑工程技术和建筑工程管理 2 个专业,招收第一届新生 264 人。新建生产型建工类综合实训基地,新增教学面积 4 178 平方米。2003—2004 年度、2005—2006 年度,学校连续被评为上海市科教系统文明单位。

学院投资总额达 3 亿元,占地面积(非产权独用)33.19 万平方米,校舍建筑总面积为(非产权独用)10.65 万平方米,学生公寓 6 000 张床位,各类教育教学设备 4 958 万元,拥有 400 米塑胶跑道、人造草坪标准足球场和室内体育场地。每百名学生计算机台数、语音室座位数、多媒体教室座位数、图书馆藏书册数、生均体育设施等指标均超过教育部高职高专办学要求标准的 50%以上。学校实现教学区、学生公寓区、行政办公区、图书馆的网络全覆盖。

2010 年,学院有经贸管理、卫生护理、工程技术、应用艺术四大专业群体,开设有国际商务、护理、汽车电子技术、艺术设计等 24 个专业。在校生 5 343 人;教职工 268 人,其中专任教师 191 人、正副高职 48 人、"双师"素质教师 36 人。

院党委书记:张建中。院长:顾仲坚。

校址:上海市浦东新区惠南镇城南路 1408 号。

第十八节　上海立达职业技术学院

上海立达职业技术学院是由上海立达教育发展有限公司出资兴办,于 2002 年筹建,2003 年经上海市人民政府批准成立的全日制民办普通高校。学校董事会以"国家发展的根本在教育,经济建设的首务在人才"的理念创办学院。学院坚持社会主义办学方向,依法治校,崇尚文明。以建成高标准、高质量的民办高校为目标,提供一流教学设施,聘请一流教师,实施一流管理。创造良好的学习和发展条件,重视教学过程中的实践环节和创新精神的培养,注重智商、情商的并重开发,为学生提供成才之道。学校加强内涵建设,制定一系列规定办法,加强师资队伍建设,开拓校外实习基地,并与国内外高校广泛开展校际合作交流。

2010 年,学校设航运物流系、护理系、艺术设计系、旅游会展系、现代传媒与计算机系、机电工程系、商贸系和基础教学部,7 系 1 部共 22 个专业。在校学生 4 728 人,毕业学生就学率为 96.76%。教职工 319 人,其中专任教师 164 人、正副高职称 16 人。

学院占地面积(非产权独用)26.00 平方米,校舍面积(非产权独用)11.83 万平方米。藏书 25 万余册,电子图书合 20 万册。

学院董事长:山兆辉。历任院党委书记:罗忆儿(主持工作)、何建中。院长:郦鸣阳。

校址:上海市松江区车亭公路 1788 号。

第十九节　上海济光职业技术学院

上海济光职业技术学院是 1993 年经上海市人民政府批准筹建,2001 年纳入国家统一招生计划,名为民办济光职业技术学院,具有颁发大专学历文凭资格的全日制民办普通高校,2003年更名为上海济光职业技术学院,2009年起进入上海市专科层次依法自主招生院校系列。

学院实行董事会领导下的院长负责制。首任董事长为土木建筑领域著名专家、中国科学院院士、中国工程院院士、同济大学名誉校长李国豪;同济大学原教务长曹善华教授任院长。

学院加强内涵建设,努力全面提高教育教学质量。健全教学制度,规范教学管理。各系完成修订高职人才培养计划工作,使修订后的人才培养计划既体现专业要求又体现高职特色,初步树立培养高素质、技能型专门人才的高职教育教学理念,修订《教师教学工作规范》《教学工作条例》《教学事故处理办法》等规章制度。制定《毕业实践教学经费使用的原则意见》《加强实训周教学管理的几点意见》《关于学生提前顶岗实习的有关规定》等规定,加强实践教学,重视体现"任务驱动、项目导向、融'教、学、做'为一体、强化对学生能力培养"。深化高职教育研究和改革,加强专业建设。搞好建筑工程技术、园林工程技术、旅游管理专业等首批教学改革试点专业的建设,强化土木建筑类专业群的强势专业建设。推进汽车电子技术、汽车检测与维修技术、产品造型设计、广告设计与制作和金融管理与实务等5个特色专业的建设。建立稳定的校外实习基地。开展教学研究教学改革课程建设及项目申报立项管理工作,经专家评审、院务会审批,立项校级精品课程8项、教材建设6项、教学改革课题12项。学院《外贸单证实务》课程被评为2009年度上海高校市级精品课程。建筑系《强化品牌意识,培养广告设计人才的教育研究》和经管系《上海高职旅游专业"2+1"人才培养模式的探索与实践》2个项目入选为晨光计划社会科学研究资助项目。申办民办高校教学高地建设《建筑工程实训基地建设》《汽车技术实训基地建设(二期)》两个项目获资助。

学院设有建筑系、建工系、经管系、机电系、护理系、外语系、基础部、思政教学部6系2部。2010年,学院有专业31个,在校学生4 790人;教职工265人,其中专任教师139人、正副高职称教师51人,双师型教师占37.6%,师资主要来自同济大学退休和在职的正副教授,部分来自复旦大学、上海大学、上海财经大学、华东师范大学等10多所名校的优秀教师。学院推进依法办学规范管理、稳步提高教育教学质量、创建文明单位和谐校园。学院被评为中国民办高等教育优秀院校。

学院占地面积11.25万平方米,校舍面积5.86万平方米。

学院董事长:夏克强。院党委书记:潘洪祺。院长:陈成澍。

校址:上海市水产路2859号(本部);上海市武东路51号(武东校区)。

第二十节　上海工商外国语职业学院

上海工商外国语职业学院创建于2001年,地处上海国际航空港和洋山深水港之间的南汇科教园区,是由上海本土民营企业家独资举办,经上海市人民政府批准国家教育部备案的全日制民办普通高校。

2006年学院加强内涵建设,规范教育教学管理,落实教学中心地位,突出高职特色。扩建外语/商务情景实训中心。学院投入30万元,对工业设计实训室进行一期建设。2009年董事会明确了建设高质量、有特色的全国示范性高职院校的近期发展目标,以及打造专业课程建设、人才队伍发展、实践创新教学、校企合作教育"四大平台"的发展路径。学院深入开展各项整改措施并取得阶段性成果。学院根据经济社会对人才市场需求的变化,实施专业结构调整优化,确定特色专业、重点专业和急需专业的布局,以"外语应用能力+职业岗位技能"为人才培养特色,提出并构建"外语平台+职业技能模块"课程体系。

学院加强实践教学条件建设,投资 440 万元完成国家财政资助的数控技术实训基地二期建设项目,投资 120 万元建设上海市民办高校实训高地项目航空机务实训室,成立由上海移动、上海外服公司等 30 余家企业参加的校企合作教育委员会。开展教学质量提升工程,完善教学质量保障体系,成立教学工作委员会、教学督导委员会和技师学院领导小组,制定并颁布《课程建设和教改立项课题管理办法》等,举行首届优秀教学奖评比活动。加强师资队伍建设。召开第一次师资工作会议,出台《师资队伍建设规划》《青年教师培养发展计划》,扩大对外交流与合作,与韩国教员大学、德国欧福应用技术大学、法国南特大学、美国温盖特大学等签署合作办学协议,主办有复旦大学、上海交通大学、上海大学等 10 余所高校参加的中韩大学生联谊会。学院“商务英语”专业被批准成为教育部全国高职高专师资培训项目,来自全国各地 50 余名教师参加培训。

学院投资总额5.3 亿元,占地面积(非产权独用)20.58 万平方米;校舍面积(非产权独用)19.84万平方米,馆藏图书 52 余万册。建有计算机房、语音室、多媒体教室、外语发射台、闭路电视系统等现代教学设施。学生公寓、餐厅、标准运动场等基础设施完备、先进,办学条件优良。学院设 12 个教学系部,12 个职能处室。

2010 年,学院有专业 27 个,在校学生 6 356 人;教职工 399 人,其中专任教师 304 人,正副高职称 62 人;双师素质教师占专业课和专业基础课教师的 25.3%;博士、硕士学历教师占43.38%。

学院董事长:钱莹。历任院党委书记:王维龙、王一鸣。历任院长:孙莱祥、朱懿心。

校址:上海市浦东新区惠南镇观海路 505 号。

第二十一节　上海邦德职业技术学院

1998 年 7 月,经上海市教育委员会同意,建立上海邦德学院(筹建),开展高等教育非学历文凭教育;2002 年 4 月,上海市人民政府批复同意建立民办邦德职业技术学院,专科层次,学制三年,列入国家计划内招生;2003 年 4 月,学院更名为上海邦德职业技术学院。

2003 年后学院进入全面发展期,2004 年 12 月,学院获“为促进长三角基础教育事业作出积极贡献”荣誉证书。同年,学院获“上海市教科系统 2003—2004 年度精神文明单位”。2006 年 9 月,学院在浦东川沙地区增设基础教育分院。2007 年 6 月,上海市民办高校教学高地“数码艺术应用实训基地”“汽车商贸、运用与维修实训基地”落成。

2008 年起,学院深化内涵建设、促进改革发展,进入不断提升教育教学质量的重要阶段。2008年 8 月,上海民办高校教学高地“现代物流实训中心”落成。2009 年 11 月,学院新专业“资产评估与管理”“计算机信息管理”申报成功,次年招生。

学院拥有一支英、日、西、阿等多语种的外教队伍。学院拥有健全的教学工作委员会和各专业指导委员会。学院坚持科学发展的指导思想,优化调整专业结构,加强内涵建设,提高教学质量,促进教育教学工作,开展“完善发展定位规划,加强专业建设”的专业建设调研和启动“专业布局和结构优化”的相关工作,确定“物流管理”“汽车技术服务与营销”两个强势专业和“酒店管理”“应用英语”“乐器维护服务”“影视动画”“应用西班牙语”“中澳合作物流管理”6 个特色专业,“确认社会工作”“计算机信息管理”“会计与审计”“资产评估与管理”“汽车运用技术”6 个急需专业。逐步形成以财经为主,工文管理相支撑,外语、艺术、旅游类专业协调发展的专业群。

学院逐步形成“拓宽基础、强化实践、加强应用、提高技能”的办学思路,以造就在人才市场激烈竞争中具有适应能力的高等应用型人才。

2010 年,学院有专业 24 个,在校学生 3 765 人;教职工 272 人,其中专任教师 149 人、正副高职称 30 人、"双师"型教师 21 人、学科带头人和学术骨干 61 人。

学院占地面积(非产权独用)14.92 万平方米;校舍面积(非产权独用)7.27 万平方米。

学院董事长:朱德炎。院党委书记:刘彬。院长:任淑淳。

校址:上海市锦秋路 299 号。

第二十二节　上海托普信息技术职业学院

上海托普信息技术职业学院于 2001 年 4 月由四川托普集团科技发展有限责任公司投资筹建,2002 年 4 月经上海市人民政府批准,为全日制民办普通高校,大专学历,学制三年。2003 年,被国家教育部批准为首批试办国家级示范性软件高职院校。初建时有 21 个专业,在校生近 7 千人,在编制"十二五"规划时,做了较大幅度的调整,设信息安全、数字媒体、网络商务 3 个分院,共 20 个专业,全部围绕信息技术,走"特而精"的发展道路。

2010 年,学院在校生 2 684 人,教职工 235 人,其中专任教师 110 人、正副高职称 12 人。

学院占地面积(非产权独用)23.66 万平方米;校舍面积(非产权独用)10.39 万平方米。

学院董事长:陈公白。院党总支书记:杨桦。院长:曹德超。

校址:上海市浦东新区惠南镇勤奋路 1 号。

第二十三节　上海中侨职业技术学院

上海中侨职业技术学院创建于 1993 年 4 月,时由上海致达科技(集团)股份有限公司投资 3 个亿筹建,2002 年 4 月,经上海市人民政府批准为全日制民办普通高校,大专学历,学制三年。学院设有外语系、经济系、管理系、应用技术系、应用艺术系和人文社科部、继续教育部 5 系 2 部。

2010 年,学院有专业 31 个,在校学生 4 947 人;教职员工 274 人。其中专任教师 173 人,正副高职称 31 人。外聘兼职教师 109 人。学院图书馆有纸质图书 16.7 万册,电子图书 7 万册。学院在教学改革中,重视校企密切联姻,坚定不移地走"订单培养"的路子,一专多能,外语＋经济＋计算机,逐步形成办学的特色。毕业生就业率在 95％以上。

学院坐落在上海浦东康桥园区,占地面积(非产权独用)15.49 万平方米;校舍面积(非产权独用)11.84 万平方米。

学院董事长:严红娟。院党委书记:张玉峰。院长:潘日芳。

校址:上海市浦东川周公路 2788 号。

第二十四节　上海电影艺术职业学院

上海电影艺术职业学院建于 2003 年 3 月,同年 11 月经市政府批准为全日制民办普通高校,大专学历,学制 3 年。学院坐落在上海市浦东新区张江高科技园区。

作为文化部高等艺术教育的共建试点单位,学院聚集影视、动画及设计艺术领域的众多资深教授。学院下设演艺学院、动画学院、艺术设计学院、游戏学院,广告与会展学院,舞蹈学院,音乐学院等。学院坚持"以创新求突破,以特色促发展"的特色办学之路,准确定位、对接市场、融入产业、服务社会,社会影响力不断提升。

2007 年学院拍摄的《你是天使》获得第三届好莱坞辅导电影节最佳外语片奖,同年《小红军长征记》被确定为上海 2007 年重大文艺创作项目,是唯一一个入选的动漫类项目。2008 年舞蹈《牵动》获得教育部 2008 年高校校园文化建设优秀成果三等奖,同年 8 月学院的影视(3D 动画)专业《后期合成设计与制作》课程获得上海市精品课程,成为学院首个市级精品课程。同年 11 月学院通过了"高职高专人才培养水平评估"。学院大力推行产学结合,积极开展自主式项目教学,把理论学习与创新实践融为一体的"大艺术"教育理念,让多个专业在自主式项目实践中开展联动联训,开展"多专业在大艺术范围内综合联训"的改革获得上海市教学成果奖一等奖。

学院坚持把"先学做人后学艺"的理念贯穿于学院各项工作中去,把德育的营养溶于各课的教学之中,形成具有自己特色的"五分钟德育教育",并在 2010 年 11 月获得教育部第二届高校德育发展研究成果优秀奖。

2010 年,学院有专业 15 个,在校生 2 364 人,教职工 200 人,其中专任教师 143 人、正副高职称 28 人。学院的各专业学科带头人中外籍专家占学院师资的 50%,吸引相关领域的著名艺术家和设计师来校授课,聘请优秀的外籍教师来校从事相关教学及学术交流活动,构建了一支"双师型""国际化"的师资队伍,学院坚持发挥学院督导组、各系(部)专业督导员、各班级学生信息员三支队伍的作用,有效保证教学质量。学院努力打造人才、技术的汇流地,坚持走"产学研紧密结合"的一体化道路,为学生建立创造思维和创造能力的多元化平台。

学院占地面积(非产权独用)26.68 万平方米;校舍面积(非产权独用)6.93 万平方米。

院党总支书记:梁大立。院长:江泊。

校址:上海市张江高科技园区达尔文路 188 号(南校区);上海市张江高科技园区松涛路、景明路口(北校区)。

第二十五节　上海中华职业技术学院

上海中华职业技术学院由上海中华职业教育社与上海电气集团合作举办,建于 2003 年 3 月,总投资 3 亿元。2004 年 9 月经上海市政府批准为全日制民办普通高校,大专学历,学制三年。

学院弘扬黄炎培先生所倡"使无业者有业、使有业者乐业"以及"双手万能、手脑并用"的职教思想,确立"市场主导、特色立校"的办学宗旨,注重素质教育以及专业技能、外语、计算机应用能力的培养,以增强学生的就业竞争能力。建有具有先进水平的计算机中心、语音室和机电、物流、影视动漫实训中心以及富有现代气息的教学主楼、学生公寓、食堂、塑胶运动场、网球场等教学生活设施。学院坚持"以服务为宗旨、以就业为导向"的办学指导思想,规范办学,加强内涵建设,提高教学质量,开拓就业渠道,创建和谐校园。

2010 年,学院有专业 24 个,在校学生 3 196 人,教职工 282 人,其中专任教师 163 人、正副高职称 18 人。

学院占地面积(非产权独用)25.45 万平方米;校舍面积(非产权独用)8.65 万平方米。

院党支部书记:吴宗华。

校址:奉贤区大叶公路 5225 号。

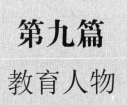

第九篇

教育人物

本卷收入的教育人物分列为"传略""简介"和"名录"三个部分。其中："人物传略"收入的人物为 2000 年至 2015 年之际去世[①]，具有世界影响或在国内外相关领域和学术团体中具有较高地位者（以卒年排序）；"人物简介"收入 2015 年尚在世的，上海教育功臣或具有世界影响、国家地位、上海贡献和较高学术地位者（以生年排序）；"人物名录"收入上海高等教育界获得国家级教育系统奖项者（全国模范教师、全国教育系统先进工作者、全国劳动模范、全国优秀教师、全国优秀教育工作者、全国教书育人楷模、全国"五一劳动奖章"、全国三八红旗手、全国教育系统劳动模范、全国教育系统巾帼建功标兵等）。

[①] 上海市首轮社会主义新方志中的《上海高等教育志》上起 1876 年，下讫 2010 年；本志稿完成"资料长编"之时为 2015 年，作为首轮《上海高等教育专》的补充，以 2000 年—2015 年为人物传记时段。

第一章　人物传略

刘佛年（1914—2001）　湖南醴陵人。曾任华东师范大学校长，中国科学院哲学社会科学部委员。第五、六届全国人大代表、中国教育学会副会长、全国马克思主义毛泽东教育思想研究会会长、全国比较教育学会理事长、全国教育史研究会理事长、上海市教育学会会长、上海市高等教育研究会会长、《中国教育大辞书》编辑委员会总顾问及《大百科全书·教育卷》副总编辑。

1924 年就读于长沙明德中学，1929 年考入武汉大学预科，1931 年进入武汉大学本科，1935 年毕业。1937 年至 1940 年先后进入英国伦敦大学、剑桥大学、法国巴黎大学攻读哲学。1940 年初回国，先后在西北联合大学、湖南蓝田国立师范学院任教。抗战胜利后，任暨南大学哲学概论和教育哲学的教授。中华人民共和国成立后，任暨南大学校委会常委兼秘书长，1951 年参加筹建华东师范大学，任教务长，后任上海教育学会副会长，1957 年任华东师范大学副校长。1961 年受"全国文科教材会议"委托，组织编撰第一本《教育学》教材，为中国社会主义教育科学理论的发展奠定了基础。1978 年任华东师范大学校长。1978 年 12 月，赴法国参加联合国教科文组织的教育专业会议。1979 年 6 月，任中国代表团副团长，赴日内瓦参加世界教育会议。1981 年 6 月，应美国纽约州立大学布法罗分校和哈佛大学的邀请，赴美访问并参加哈佛大学举办的教育管理讨论会。自 1978 年起，先后在《红旗》《光明日报》《文汇报》《教育研究》等报刊上发表 20 多篇论文。与苏步青、李国豪、邓旭初等人在《人民日报》发表文章《给高等学校一点自主权》，推动了上海和全国高教改革的深入。

1980 年，在其倡导下，经教育部批准，华东师范大学在全国率先建立第一个教育科学学院，其任第一任院长，开创全国高校校、院、系三级管理体制改革的先河。在其推动下，华东师范大学在全国率先举办教育科学专业班，加快教育科学研究人才培养和新学科的建设，并培养了一大批具有文理学科基础的教学科学专业研究人才，这些人中有许多后来成为教育学科教学科研及管理的骨干。同时，积极推动校际交流和教育科学方面的国际交流和合作研究，积极学习西方发达国家先进的理论与方法，迅速提升教育科学研究的总体水平，使教育学科站在全国发展的前沿，华东师范大学在建校后不久就成为一所全国重点师范大学。

发表《关于全面发展的教育目标》《布鲁姆及顾泠沅经验》以及有关教育改革方面的论文 30 多篇，主编《教育学》，译有《物理学的进化论》。

苏步青（1902—2003）　浙江平阳人。中国科学院院士，曾任复旦大学校长，中国杰出的数学家，被誉为数学之王。

1919 年 6 月，以优异成绩从浙江省立第十中学（今温州中学）毕业，随后赴日本留学。1927 年毕业于日本东北帝国大学数学系，进入该校研究生院，1931 年毕业获理学博士学位。受聘于国立浙江大学，先后任数学系副教授、教授、系主任、训导长和教务长。其间，与陈建功一起创立了"微分几何学派"。1955 年被选为中国科学院学部委员（今称中国科学院院士）。

发表《射影曲面概论》《一般空间微分几何》等专著 10 部。研究成果"船体放样项目""曲面法船体线型生产程序"分别荣获全国科学大会奖和国家科技进步二等奖。因空间几何学的成果，获得中国第一届自然科学奖。1979 年 12 月 6 日与李国豪、邓旭初、刘佛年在《人民日报》发表《给高等学校一点自主权》在社会上引起很大反响，推动了上海和全国高校改革的深入。

20 世纪 20 年代后期，引进和决定仿射铸曲面和仿射旋转曲面并讨论它们的性质。20 世纪 50 年代中期，运用这一工具研究高维射影空间中的共轭网理论，构作了高维射影空间中具有优美几何性质的拉普拉斯序列，专著《射影共轭网概论》（1977 年出版）总结了这一方面的成果。同时，又研究了仿射同构、射影同构，并推广有关平面公理的研究。1958 年，包含上述结果的专著《一般空间微分几何学》由科学出版社出版。20 世纪 70 年代初期，国际上形成了计算几何这一学科。把曲线论中的仿射不变量方法首创性地引入计算几何学科，使过去凭经验直观的一些方法有了可靠的理论基础，使得有广泛应用的 3 次参数曲线、贝泽（Bézier）曲线等等的研究都取得很大的进展。这些研究已在中国造船工业中的船体放样、航空工业中的涡轮叶片空间造型以及有关的外型设计等方面获得了成功的应用，他也因此获得两项国家科技进步奖，在国际上引起了重视。

1978 年，在上海市数学会年会上作题为《几何外形设计理论及应用》的大会报告，计算几何这一新的学科方向从此在国内兴起。开设《微分几何五讲》课程，主持计算几何讨论班。1982 年 1 月，在其领导下，成立全国计算几何协作组。1978 年任复旦大学校长。1980 年 5 月，在上海主持召开第一届国家教育委员会直属高等院校应用数学学术和工作会议，后历任各次会议的顾问。1989 年，在其指导和关心下，上海市工业与应用数学学会成立。

陈中伟（1929—2004） 浙江宁波人。中国科学院院士，骨科专家。"世界断肢再植之父""国际整形重建外科创始人之一"。

1954 年毕业于上海第二医学院医疗系，分配在上海市第六人民医院工作，后任该院骨科主任、副院长。

1963 年 1 月，上海青年工人王存柏被冲床压断右手，陈中伟和同事们在没有先例可以借鉴的情况下，对其进行断肢再植，5 个指头全部成活，这是世界首例成功的断肢再植手术。1964 年 9 月，在罗马召开的第 20 届国际外科学会大会上，"首例断肢再植成功"得到国际公认，陈中伟的名字载入世界医学史册，成为中国医学界的骄傲。1978 年，再获断指再植成功，在国际上首创"断手再植和断指再植"等六项新技术。其提出的"断肢再植功能恢复标准"，被国际显微重建外科学术界公认为"陈氏标准"。1996 年 9 月，与上海交通大学胡天培教授合作，进行世界首例"再造手指控制电子假手"的尝试。还为 19 岁的湖南姑娘阳东华断离的右臂再造一个手指，来控制胡天培教授为她设计安装的三维电子假手。其国家自然科学基金资助项目"手臂残端再造指控制的电子假手研究"通过国家鉴定，为国际首创。

其在断肢再植与显微外科领域的突出贡献，得到国际国内多项荣誉：1963 年获卫生部记大功一次，1980 年在荷兰召开的第一届显微重建外科联合大会上，被大会主席赞誉为"世界断肢再植之父"；1981 年获国务院国家科学大奖，1985 年当选为第八届国际显微重建外科学会主席，1994 年获得首届奖励全国十位杰出科学家的"求是奖"，1999 年获国际显微重建外科学会在美国颁发的奖励全世界最杰出的三位医生的"世纪奖"。在第 13 届国际显微重建外科学术讨论会上，荣膺"世纪奖"。据不完全统计，陈中伟及其团队共接活 2 619 只断指或断肢，接连创造了"断截与再植""足趾移植""大块肌肉游离移植""腓骨移植"等 6 项世界第一。曾任中国科学院院士（生物学部）、第三世界科学院院士,国际显微重建外科学会执行委员(1985年曾任该学会主席)、国际显微外科学会创始委员、国际外科学会中国委员会理事、12个国际著名医学中心的客座教授、国务院学位委员会委员、学科(临床医学)评议组成员、卫生部医学科学显微外科副主任委员、卫生部医学科学委员会委员、中华医学会理事。发表论文100余篇,论著7本,四次受到周恩来总理接见。

李国豪(1913—2005)　广东梅县人。中国工程院院士,国际著名力学和桥梁专家,曾任同济大学校长。

16岁考入同济大学。1936年留校担任助教。1938年秋,赴德国留学并获准直接攻读博士学位,师从克勒佩尔教授;1940年获博士学位。1942年获德国"特许任教工学博士"学位,成为第一个获得这一学位的中国留学生。1946年回国任工务局工程师,1948年任同济大学工学院院长。1955年当选为中国科学院技术科学部学部委员,1957年任国家科委力学、建筑学科组组长。1958年任南京长江大桥技术顾问委员会主任。1977年任同济大学校长。1978年任上海市科协主席、中国土木工程学会副理事长。1982年任同济大学名誉校长。1983年4月当选为上海市第六届政协主席。第三届、第五届全国人大代表。

其对桥梁工程学科达到国内领先水平具有无可替代的作用。组织实施"两个转变",引领学校向恢复对德联系和德语教学传统转变,由土木为主的单科性大学向以理工为主的多科性大学转变。与其他科学家一道,提出和论证了建设上海洋山深水港的可行性和重要性,成为上海建设国际航运中心的重要基础。

《悬索桥按二阶理论的实用计算方法》《用几何方法求刚构影响线》《桁架和类似体系的结构分析新方法》《斜交各向异性板的弯曲理论及其对于斜桥的应用》《桁梁扭转理论——桁梁桥墩的扭转、稳定和振动》《公路桥梁荷载横向分布计算》《关于桩的水平位移、内力和承载力的分析》等重大成果,解决了武汉长江大桥的晃动和南京长江大桥的稳定问题,创立了桥梁抗风、抗震和抗爆动力学等新学科。在国内首次提出了大跨叠合梁斜拉桥的建桥方案,力主上海南浦大桥、广东虎门珠江大桥的自主设计建设并得以实现,是中国大跨桥梁自主建设的首要功臣和学界先驱。主持制定了杭州湾交通通道可行性研究、跨越长江口交通通道等课题,直接促成了杭州湾跨海大桥、苏通长江大桥的建设。

1981年被推选为世界十大著名结构工程学家。1987年获国际桥梁和结构工程协会功绩奖。1995、1996年连续获得何梁何利科技进步奖,1996年获得陈嘉庚技术科学奖。并获德国政府授予的歌德奖章(1982年)和联邦大十字勋章(1987年)。1997年获上海市教育战线先进工作者称号,2003年获首届上海市教育功臣称号。1982年《桥梁扭转理论,桁梁桥扭转,稳定与振动》获国家自然科学三等奖。出版了桥梁工程专业第一部由中国人编写的教材《钢结构设计》和《钢桥设计》及英文版《箱梁桁梁桥的分析》。主持编写了《工程结构抗震动力学》和《工程结构抗爆动力学》及《桥梁结构稳定与振动》。

顾恺时(1913—2005)　江苏启东人。著名胸心外科专家,主任医师、教授。曾任上海市文物保管委员会委员、九三学社成员、上海市政协一届至七届委员、上海市劳动模范。

1938年毕业于上海医学院、留校任附属红十字会医院外科医师和外科系助教。1947年赴美国Mayo Clinic(梅育医学研究中心)研修外科和胸外科,1948年转入哈佛大学麻省医院进修,师从R. Sweet教授,1949年回国任南洋医院院长。1957年起任上海市胸科医院副院长兼胸外科副主

任。1984年被美国胸外科学会聘为终身会员。1985年起任上海市胸科医院名誉院长。

作为中国胸心外科的创始人，早在1951年即开展治疗支气管扩张、肺脓疡的肺叶切除术。1954年首创以"骨膜外塑胶球填充术"治疗双侧空洞型肺结核。1956年，将自己所拥有250张病床的私立南洋医院无偿捐献给国家。1957年以他为主筹建上海市胸科医院。1957年创制无缝塑料纤维人工血管，并成功施行胸主动脉瘤切除、血管移植术；同年，以他为主成功研制中国第一台鼓泡式人工心肺机，并于1958年7月，首次应用于临床，为一名患"肺动脉漏斗部狭窄"的12岁女孩施行体外循环下的心内直视术，并获得成功；同年，在国内率先施行第一例全肺切除术获得成功。1960年，首创心脏二尖瓣扩张器并成功施行风心左径二尖瓣交界分离术。1962年，他以国产人工心肺机在体外循环下实施主动脉全弓及动脉瘤切除、以自制的无缝塑料纤维行人工血管移植术。1963年，开展结肠代食管治疗晚期食管癌。1978年将个人珍藏的历代文物225件(上至商代晚期，下至战国时期)无偿捐献给国家(上海博物馆)。1983年，在"全国心脏血管外科学术"交流会上，与黄家驷、吴英恺、兰锡纯等被誉为中国胸心外科四大先驱和奠基人。1985年，获"世界心脏直视手术外科学术"会议上颁发的"顾恺时医师在心脏血管外科手术方面的卓越成就和伟大贡献"金字奖牌。

曾兼任上海市第一、第六人民医院和浙江省军区总医院顾问，安徽医学院一级教授，上海铁道医学院副院长、主任医师、教授、名誉院长，重庆医科大学名誉教授。

主编《临床心血管外科学》《顾恺时胸心外科手术学》等；译著《心脏外科手术图解》等；在国内外发表论文100余篇。

谈家桢(1909—2008) 浙江慈溪人。遗传学家，中国现代遗传学奠基人之一，中国科学院院士，曾任复旦大学副校长。

1930年获东吴大学理学士，1932年获燕京大学理硕士。1934年在T.多布然斯基教授指导下从事果蝇进化遗传学研究，利用当时研究果蝇唾腺染色体的最新方法，分析了果蝇近缘种之间的染色体差异和染色体的遗传图，促进了"现代综合进化论"的形成。1936年获美国加州理工学院哲学博士。1937年任浙江大学生物系教授、理学院院长。1946年，在亚洲异色瓢(Harmonia. axyridis)中发现色斑嵌镶显性遗传现象，被认为是对经典遗传学发展的一大贡献。1952年任复旦大学生物系教授兼系主任。1961年起曾先后担任遗传所所长，复旦大学副校长，生命科学学院院长等职。为遗传学研究培养了大批优秀人才，建立了中国第一个遗传学专业，创建了第一个遗传学研究所，组建了第一个生命科学学院。

1978年后，先后担任中国遗传学会副会长、会长和名誉会长，中国环境诱变剂学会理事长和中国生物工程学会会长。1980年当选为中国科学院生物学部委员、院士。身兼中国遗传学会理事长，上海市人民代表大会常务委员会副主任，全国政协第六届常务委员会委员，中国民主同盟第五届中央委员会副主席等多种职务。

曾任第八届国际遗传学大会常务理事，第十五届、十六届、第十七届国际遗传学大会副会长，第十八届国际遗传学大会会长。联合国科学技术发展中心非政府性组织指导委员会委员，国际未利用植物开发委员会委员。1978年后,先后当选为日本和英国遗传学会名誉会员,被美国罗斯福夫人肿瘤研究所聘为高级研究员,获美国加州理工学院杰出校友奖,德国康斯登茨大学功勋奖,美国加州政府荣誉公民称号。1984、1985年分别被加拿大约克大学、美国马里兰大学授予荣誉科学博士。1985年当选为美国国家科学院外籍院士和第三世界科学院院士。1987年当选为意大利国家科学院外籍院士。1999年当选为纽约科学院名誉终身院士。1999年获国际正式批准中科院紫金山天文台发现的小行星命名为"谈家桢星"。2003年被评为上海市首届教育功臣。

从事遗传学教学和研究近70年,先后发表100余篇研究论文和学术论述方面文章,主要汇集在《谈家桢论文选》(1987年科学出版社出版)和《谈家桢文选》(1992年浙江科技出版社出版)中。主要著作有《生物学引论》《遗传与物种起源》《基因与遗传》《谈谈摩尔根学派的遗传学说》《基因工程》《谈家桢论文集》《谈家桢论文选》《基因的萦梦》等。

钱伟长(1912—2010)　江苏无锡人。中国科学院院士,世界著名的科学家、教育家,杰出的社会活动家,被誉为中国近代力学之父,曾任上海大学校长。

高考被清华大学、交通大学、浙江大学、武汉大学、中央大学五所名牌大学同时录取。1931年,以中文和历史两个100分的成绩进入清华大学历史系,九一八事变后,决定弃文从理,转学物理。1935年,考取清华大学研究院。1936年,参加中国共产党领导下建立的抗日救国组织中华民族解放先锋队。1939年,赴昆明在西南联合大学讲授热力学。1940年赴加拿大多伦多大学学习,主攻弹性力学,跟随导师辛吉研究板壳理论,用50天完成论文《弹性板壳的内禀理论》,发表于冯·卡门60岁祝寿文集内。1942年获多伦多大学应用数学系博士学位,同年在美国加州理工学院和美国国家喷射推进研究所做博士后研究,与钱学森、林家翘、郭永怀一起,在冯·卡门教授指导下从事航空航天领域的研究工作,参加火箭和导弹实验,并发表了世界上第一篇关于奇异摄动的理论,被国际上公认该领域的奠基人。

1946年5月回国应聘清华大学机械系教授,兼北京大学、燕京大学教授。1956年参加制定中国第一个12年科学规划,与钱学森、钱三强一起,被周恩来称为中国科技界的"三钱",并被任命为清华大学副校长。与钱学森等创办中国科学院力学研究所,同时担任中国科学院力学研究所副所长、中国科学院学术秘书、国务院科学规划委员会委员、中国科学院自动化研究所筹委会主任、波兰科学院院士。

1983年任上海工业大学校长,他以教育家独有的眼光和魄力对学校进行大刀阔斧的改革:提出拆除"四道墙":即破除学校与社会之间、师生之间、科系之间、教学与科研之间的"墙";为提高学生的自学能力和创新能力,推行学分制、选课制、短学期制,修改教学大纲,注重培养学生的科学思想和人文思想;提倡和谐教育和美育思想。1994年,上海工业大学和上海科学技术大学、上海大学、上海科技高等专科学校合并,组成新的上海大学,继任新上海大学校长,强调:"上海大学的办学宗旨就是要为上海服务,办学思路就是要不断深化改革,办学目标就是要把上海大学办成和世界上其他以城市命名的著名大学一样,无愧于以'上海'命名。"上海大学此后成为一所国家"211工程"重点建设的综合性大学,"自强不息""先天下之忧而忧,后天下之乐而乐"的校训在这里弘扬光大、"求实、创新"的学风在这里生生不息。

张镜人(1923—2013)　上海人。中医学家,生于名医世家,为第十二代传人。享受国务院政府特殊津贴待遇,获首届上海市医学荣誉奖,获首届"上海市名中医"称号。

建国初期,率先关闭私人诊所,参加上海市卫生局工作,参与筹建上海中医学院及中医医疗机构、上海市卫生工作者协会、上海市首家公费医疗中医门诊部、上海市首家中医专科医院市第十一人民医院。

授业极为严格,带教出严佩贞、张存钧、石蕴玉、张亚声、徐国缨、王松坡、沈遯君、宋安妮、朱凌云等一大批门人。20世纪50年代,主持上海市中医工作时,重点抓全市的中医带徒工作。牵头修订了《上海市中医师带徒暂行管理办法》,在固定师徒关系、临证口授的同时,改变过去"分散带"的方式,提倡"个别带,集体教"。张镜人在海内外享有盛誉,被香港报刊誉为"沪上中医第一人"。

国学功底深厚。2006年结集出版《张镜人诗集》。十多次应邀赴日本、澳大利亚等地讲学,交流中医药学术思想与临床经验。1990年经人事部、卫生部、国家中医药管理局确认为全国首届继承名老中医药专家学术经验工作指导老师。1991年起享受国务院政府特殊津贴待遇,1994年荣获首届上海市医学荣誉奖。1995年获首届"上海市名中医"称号。

共发表科研论文108篇,主编及参编著作有《中华名中医治病囊秘张镜人》及《辞海·中医学科》《中医症状鉴别诊断学》《中医症候鉴别诊断学》《中医诊断学》以及《中国中医鉴别》等20部著作。

周小燕(1917—2016) 湖北武汉人。上海音乐学院教授,中国花腔女高音歌唱家及声乐教育家。

1935年,考入上海国立音乐专科学校。1945年,她和著名钢琴家李献敏在英国伦敦举办一场中国作品的音乐会,获得极大成功,被誉为"中国夜莺"。

50多年来,她从演唱转到教学,经历了漫长的探索。根据美声的要求,总结出一套科学的理论,成功地培养了一大批不同声部、不同个性的优秀演唱人才。培养的歌唱家曾多次在国际、国内比赛中为中国争得荣誉。有的在国内各高等院校任教,有的活跃在国内外歌剧音乐舞台上,另有在国内外各类国际性大赛中夺冠,如廖昌永、张建一、高曼华等。1988年,创办周小燕歌剧中心,并亲自出任艺术总监。虽然没有任何演出活动经费,却吸引了世界各地许多歌剧演员开始慕名而来。1984年,在维也纳的国际声乐比赛中,其4名学生获得三个金奖、一个银奖,震惊国际乐坛。

21世纪初,主持在上海先后连续举办三届国际歌剧大师班,邀请美国大都会歌剧院琼·道尔门等十多位专家执教,促进中西音乐文化交流。

先后荣获中国音乐家协会颁发的中国音乐艺术最高荣誉奖——金钟奖,法国政府授予的法国国家军官勋章,上海市政府授予的2002年文学艺术特殊贡献和2003年全市教育功臣奖。

第二章　人物简介

杨　槱　1917年生,江苏句容人。船舶与海洋结构物设计制造专家,中国科学院院士、技术科学部学部委员。

1935年考入英国格拉斯哥大学造船系,1940年获一等荣誉学士学位。1940年学成回国后,历任同济大学讲师、交通大学造船系教授等,是20世纪中国造船界的标志性人物。

20世纪40年代,开始研究川江船并主持设计当时最大的"民裕"号川江客货船。20世纪70年代,领导"瀛州"号巡逻艇、15 000吨自卸运煤船、5 000吨近洋干货船等的设计与研究工作,对中国万吨轮的发展起了重要作用。领导制定中国第一个《海船稳定性规范》,推动了中国船舶稳定性的研究工作。20世纪70年代中期开始从事水运与海洋工程系统的技术与经济论证方面的研究,促进了该学科在中国的发展。

是中国应用电子计算机辅助船舶设计的积极倡导者、组织者和学科带头人。与国内有关单位联合研制"海洋货船设计集成系统",主持编制的"主要尺度分析程序"与"型线设计程序"等已编入该系统。1985年,与两位青年教师合编《电子计算机辅助船舶设计》一书,被中国船舶工业总公司评为优秀教材。

20世纪80年代中期以来,其科研小组应用现代预测技术、运筹学和系统分析方法解决水运系统中的船型分析和船队组成等问题。这方面的多项科研成果被国内同行专家评为国内首创,他也因此被誉为中国"工程经济第一人"。

出版《轮船史》《帆船史》《郑和下西洋史探》《话说中国帆船》等著作。

邓旭初　1921年生,广东开平人。上海交通大学党委书记。上海市第七、第八届人大代表。

1958年,任上海交通大学党委副书记。1977年6月,任上海交通大学党委书记。主持建立"南洋教育基金集团",与中国香港建立了中国高校第一家与港商合资的电脑公司。继而又在美国建立了电脑公司,加快了先进技术的引进、消化和开发,创造了把学校、科研、生产、技术引进工作紧密结合起来的新形式。

1979年12月6日,与苏步青、李国豪、刘佛年在《人民日报》发表《给高等学校一点自主权》,引领和推动全国高校的改革发展。在全国率先开始大学新校区建设;率先接受包玉刚先生捐款1 000万美元,建造图书馆,为高校引进外资办学开辟了先河;率先进行学校内部管理改革,鼓励人才流动,进行自费工资改革,不拘一格选用人才;恢复理科和管理学科,开设文学艺术课程,带头引进、建立一批高、新、尖端学科;突破了关门搞科学研究的封闭状态,倡导科研为经济建设服务,兴办科技产业,为产学研结合奠定了基础。上海交通大学的改革经验被写入全国人大六届三次会议的《政府工作报告》。1978年,在中美正式建交之前,组建第一个教授代表团访美,架起上海交通大学与海外校友、学者交流的桥梁,开通从海外引智和引资的道路,被称为"中美高等教育界破冰之旅"。组织编写的《上海交通大学管理改革初探》一书曾在全国引起轰动效应。

吴孟超 1922 年生,福建闽清人。中国科学院院士,中国肝脏外科的开拓者和主要创始人之一,被誉为"中国肝胆外科之父"。

20 世纪 50 年代初,肝脏外科在中国还是一片空白。张晓华、胡宏楷、吴孟超"三人攻关小组"成立,吴孟超担任组长。1960 年初,出席第七届全国外科学术会议,代表"三人攻关小组"报告了他们的研究成果——"五叶四段"肝脏解剖理论。"五叶四段"理论奠定了中国肝脏外科的理论基础,如今还在外科界沿用。同年,主刀为一位中年女患者成功切除肝癌,是上海第二军医大学第一附属医院的第一例成功肝脏手术,发明了"常温下间歇性肝门阻断切肝法"。1975 年,切除了迄今为止国内外最大的已被切除的肝海绵状血管瘤,瘤体重 18 千克。1976 年在上海进行了 18 万人次的肝癌普查,开展肝癌早期诊治的课题研究。

发表学术论文 796 篇,主编《黄家驷外科学》《Primary Liver Cancer》等专著 15 部,获得国家、军队、省部级科技奖励 26 项,获中央军委授予的"模范医学专家"称号和国际肝胆胰协会授予的"杰出成就奖"等荣誉 26 项。

王振义 1924 年生,江苏省兴化人。内科血液学专家,中国工程院院士。

1948 年从震旦大学医学院毕业,获得医学博士学位,留在广慈医院担任住院医师。1952 年,开始在著名内科专家邝安堃的指导下从事血液学研究。1953 年,报名参加抗美援朝医疗队,并被授予中国人民解放军二等功一次。1984 年担任上海第二医科大学校长。

1978 年,受以色列专家在小白鼠身上试验成功的启发,开始白血病细胞诱导分化的研究,1983 年,决定用上海第六制药厂生产的"全反式维甲酸"进行试验,终在半年后在显微镜下观察,"急性早幼粒细胞"在"全反式维甲酸"的作用下,顺利分化成正常细胞。一年后,这种分化诱导效果确认无疑。他将相关成果写成论文,发表在国际血液学权威学术期刊《血液》上,立即在世界范围引起轰动,被誉为白血病治疗的"中国革命""上海方案"。该论文被评选为世界血液学领域百年最具影响的 86 篇学术论文之一。

他非常重视对年轻人的培养,其学生中有陈竺、陈赛娟这对著名的"院士夫妻",还有"973"最年轻的首席科学家、中国科学院院士陈国强。

谷超豪 1926 年生,浙江温州人。数学家、教育家,复旦大学教授,中国科学院院士,国家最高科学技术奖获得者。

1960 年后,先后担任复旦大学教授、数学系主任、数学研究所所长,复旦大学副校长、中国科学技术大学校长、温州大校长等职务。国家科委攀登计划非线性科学科研项目首席科学家,曾兼任中国数学会副理事长,国务院学位委员会学科评议组数学组召集人。1980 年当选为中国科学院院士(学部委员)。1994 年当选为国际高等学校科学院院士。

在一般空间微分几何学、齐性黎曼空间、无限维变换拟群、双曲型和混合型偏微分方程、规范场理论和孤立子理论等方面取得一系列成果,研究解决了超音速机翼绕流等数学问题,其成果比国外早十多年。在正对称方程组和混合型方程研究方面取得重要成果,首次提出了高维、高阶混合型方程的系统理论,受到了国际同行高度称赞。在规范场的数学结构方面也取得一系列成果,在高维时空的孤立子理论的研究取得了新的重要进展,在偏微分方程和规范场理论研究方面的成果,引起了国际数学界重视。

共发表数学论文 130 篇,与国际著名出版社 Springer 合作出版两部专著。成果"规范场数学结构""非线性双曲型方程组和混合型偏微分方程的研究""经典规范场"分获全国科学大会奖、国家自然科学二等奖、三等奖,并获 2009 年度国家最高科技奖。

马在田　1930 年生,辽宁法库人。地球物理学家,同济大学海洋地质系教授,中国科学院院士。

1991 年当选为中国科学院院士。主要从事地震波偏移理论、数据处理和物理模拟的研究,对中国应用地球物理学,特别是能源勘探和开发中的现代地震方法和技术有贡献。对中国地震勘探事业具有重要作用,为中国油气资源勘探和地球物理探测技术的发展做出了重要贡献。20 世纪 80 年代初,在地震偏移成像理论的研究方面取得了突破性发展,提出了地震成像的高阶方程分裂算法,该项研究成果促进了地震成像技术向前迈进了一大步。他研究的高阶分裂偏移方法至今仍以"马氏方法"或"马氏系数"被国内外广泛使用。

领导的反射地震学科组在复杂介质中地震波传播与成像、多波多分量地震方法以及海洋天然气水合物探测先导性研究等方面又取得了一系列研究成果。波动方程叠前深度偏移技术已经在实际生产中取得了良好效果。波动方程数值模拟技术达到了国际先进地位,"多波多分量地震处理系统"形成了具有自主知识产权并达到国际先进水平的成果,已用于中国海洋和陆上的多分量地震资料实际处理工作,取得了良好的经济与社会效益。

先后获得陈嘉庚地球科学奖、国家科学进步二等奖和上海市科学技术进步一、二等奖。专著《地震成像技术》获第六届国家科技著作一等奖。曾被评为 1991 年全国教育系统劳动模范和上海市劳动模范,1992 年获全国五一劳动奖章和上海市科技功臣,1995 年评为全国先进工作者。

汤钊猷　1930 年生,广东新会(今江门市新会区)人。肿瘤外科教授,小肝癌研究奠基人,国际抗癌联盟(UICC)理事,国家教育委员会科技委员会副主任,中国工程院院士。2013 年获"上海市教育功臣"称号。

1954 年毕业于上海第一医学院(今复旦大学上海医学院),在中山医院外科工作,1955 年曾到北京苏联红十字医院进修外科。1962 年在国内最早研究显微血管外科技术,4 年后和杨东岳教授共同完成游离足趾移植再造拇指的创举。

1968 年开始领导肝癌研究,特别在肝癌临床诊治和相关基础方面成就显著。在国际上率先提出"亚临床肝癌"的理论,并进一步引申提出了"不能切除肝癌"的缩小后切除。他最早对小肝癌进行了系统研究,使小肝癌手术切除后 5 年生存率达到 60%—70%,获 1985 年国家科技进步一等奖;对不能切除肝癌的缩小后切除的病人,其 5 年生存率可达 68.4%,这些重大成果使肝癌"不治之症"可望向"可治之症"转化,使中国肝癌临床诊治水平长期处于国际领先地位。其英文专著是世界上第一本叙述早期肝癌的作品,国际肝病学奠基人 Hans Popper 为此书所写前言指出,"亚临床肝癌这一新概念是人类对肝癌的认识与治疗的巨大进展"。1979 年获美国纽约癌症研究所"早治早愈"金牌。以第一完成人获国家科技进步一等奖 2 项、二等奖 1 项和三等奖 2 项及各类奖项若干。曾获全国五一劳动奖章和白求恩奖章。

主编肝癌、肿瘤专著共 8 本,参编国际著名专著 10 本。发表论文 600 余篇,SCI 收录 200 余篇。

翁史烈 1932 年生,浙江宁波人。中国工程院院士,热力涡轮机专家,上海交通大学校长,上海市劳动模范,2008 年"上海市教育功臣"。

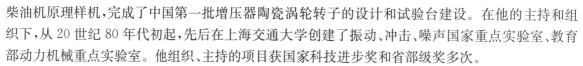

1952 年毕业于上海交通大学造船系,毕业后留校担任船舶动力系助教,1962 年获苏联列宁格勒造船学院科学技术副博士学位。1962—1982 年期间历任上海交通大学动力机械工程系讲师、副教授、教授、博士生导师。1984—1997 年期间任上海交通大学校长。1998—2002 年期间任教育部科学技术委员会主任。1995 当选中国工程院院士。2001 年起,任上海市中国工程院院士咨询与学术活动中心主任。

主持承担中国航空涡轮风扇发动机的多用途改型研制。开拓中国新一代热力发动机,提高现代化水平。研制成中国第一台陶瓷绝热涡轮复合柴油机原理样机,完成了中国第一批增压器陶瓷涡轮转子的设计和试验台建设。在他的主持和组织下,从 20 世纪 80 年代初起,先后在上海交通大学创建了振动、冲击、噪声国家重点实验室、教育部动力机械重点实验室。他组织、主持的项目获国家科技进步奖和省部级奖多次。

在教学、科研和高等教育管理岗位上辛勤耕耘五十余载,为中国高等教育事业的改革和发展做出了突出贡献。与杨振宁共同发起万利达青少年发明奖,还是上海市青少年头脑奥林匹克协会的创始人之一;会同市中国工程院院士咨询与学术活动中心的其他院士,对上海的取水水源问题进行了大量的研究和探索,最终形成了到长江口青草沙取水的方案。

胡 英 1934 年生,湖北英山人。化学工程学、物理化学家,华东理工大学教授,中国科学院院士,上海市劳动模范,2008 年"上海市教育功臣"。

作为中国化学工程和物理化学界分子热力学研究领域学术带头人,长期从事物理化学教学和分子热力学研究,在气体溶解度的分子热力学、缔合溶液的热力学、电解质溶液的积分方程理论、高分子溶液和高聚电解质溶液的状态方程、多分散系统的连续热力学、常压和高压流体相平衡实验测定、复杂材料的分子热力学以及流体混合物的计算机分子模拟等方面取得一系列成果,其研究"气体溶解度的分子热力学(1988)""缔合系统的相平衡(1990)""通过温度、压力和液相组成的测定,获得完整的包括气相组成的气液平衡数据(1992)"三次获国家教委科技进步二等奖;"高分子溶液的分子热力学(1998)"获教育部科技进步一等奖;"多分散系统的连续热力学(2003)"获上海市科技进步二等奖。2006 年获何梁何利基金科学与技术奖。2010 年获流体相平衡国际会议 PPEPPD 卓越成就奖。

发表论文 300 余篇。著有《物理化学》教材以及《流体的分子热力学》《应用统计力学》《近代化工热力学》等专著。出版有《物理化学》第 1、2、3、4、5 版教材,《Physical Chemistry》英文教材,以及《流体的分子热力学》《应用统计力学》《现代化工热力学》《物理化学参考》等专著。

俞丽拿 1940年生,浙江宁波人。中国女小提琴演奏家,上海音乐学院教授,享受国务院政府特殊津贴,第八、九、十届全国政协委员,2008年"上海市教育功臣"。

1962年毕业于上海音乐学院管弦系,任上海音乐学院小提琴专业教师。1959年《梁祝小提琴协奏曲》首演,18岁的俞丽拿担任小提琴独奏,一举成名。《梁祝小提琴协奏曲》唱片发行量多达100多万张,是中国器乐唱片发行量最多、影响面最广的唱片,为此她获得中国首届金唱片奖。

1981年,作为中国音乐家的代表,在国家招待会上为美国前总统卡特演奏。1990年作为是第一位出访台湾地区的大陆音乐家,成为海峡两岸文化交流的先驱。2000年9月在加拿大温哥华、多伦多演出小提琴协奏曲《梁祝》引起轰动,香港有线电视台还特别专程赴加拿大拍摄专题片,并在全世界播出。2002年在美国卡内基音乐厅举行"俞丽拿小提琴独奏音乐会"。促进了中外文化的交流,为弘扬中国的民族文化,推动音乐事业的发展作出杰出的贡献。

艺术成就造就了其在国际乐坛上的地位,数十次被聘为世界级音乐赛事的评委,其中包括波兰维尼亚夫斯基国际小提琴大赛和柴可夫斯基音乐大赛这样的国际顶尖赛事。在2007年的第十三届柴可夫斯基国际音乐大赛中担任评委会副主席。

何积丰 1943年生,上海人。计算机软件科学家,华东师范大学教授,中国科学院院士。中国科学院信息学部常委会副主任,上海市科协副主席,国家可信嵌入式软件工程技术研究中心首席科学家,上海市高可信计算重点实验室主任。

1965年毕业于复旦大学数学系,毕业后任教于华东师范大学。1986年和C. A. R. Hoare提出"程序分解算子",接着又提出采用"关系代数"作为程序和软件规范的统一数学模型,使得关系代数可用来描写程序的分解和组合过程,直接支持软件的开发。创造性地提出了程序统一理论(UTP),由此开创了软件理论的国际学派。建立的数据精化的完备理论,被国际上誉为"面向模型软件开发的一个里程碑"。1995年,与C. A. R. Hoare提出程序设计统一理论和连接各类程序理论的数学法则,还提出用形式化的界面理论沟通几种程序语言,以及非确定性数据流的数学模型及代数定律。在国内首倡与推动新兴交叉学科信息物理融合系统的研究,奠定了可信体系架构的基础并提出时钟演算理论;结合工业实际需求,解决了可信嵌入式系统构造与验证技术的若干关键问题,促进相关理论及技术在中国安全攸关行业领域的应用。

2001年,组建国家首批示范性软件学院之一的华东师范大学软件学院,并率先提出软件人才的协同创新培养模式。建立以学生自主管理为特点的实验室,引领学生参与各级科研项目,培养学生自主研究和工程开发能力。

出版英文专著2部,在国际期刊和会议上发表论文160余篇。

刘宪权 1955年生,上海人。华东政法大学教授,享受国务院政府特殊津贴,入选全国首批"万人计划"(即中组部"高端人才特殊支持计划")项目,全国劳动模范。

1979年进入华东政法大学(原华东政法学院)学习,获得法学学士、法学硕士学位,后赴荷兰艾柔默斯大学学习,获得法学博士学位。曾于1995年底至1998年初在新华社香港分社研究室(当时的新华社香港分社为中央政府的派出机构）参加香港回归过程中的法律问题研究。

长期从事刑法学研究，是国内最早专注于刑法学教学体系创新的教育人士之一。首创并成功实践以《刑法学》为核心的刑法基础理论课程分段式教学新模式，设计"刑法学总论—刑法学分论—刑法学专论"为主线的刑法学课程群体系，实现刑法学知识传授的系统性和交融性。这一教学模式目前已在全国 600 多所法学院系全面铺开，成为中国刑法学课程体系的教学模板。首创以刑事法律规范构建的"体系研究"和"实证研究"，弥补了当时刑法学界涉信用卡犯罪系统理论研究的不足，同时解决了困扰司法实务部门在适用法律规范时遇到的诸多疑难问题。

先后出版专著及教材 40 余部，在《法学研究》《中国法学》《中外法学》《法学家》等核心期刊发表论文数百篇，曾承担并完成国家社会科学基金项目 3 项、上海哲学社会科学规划研究项目 2 项、上海市教育委员会重点课题 2 项。

第三章 人物名录

（一）全国优秀校长（1984 年）

左淑东（上海幼儿师范高等专科学校）

（二）全国劳动模范

1986 年

房家福（上海师范高等专科学校）

高志芳（上海幼儿师范高等专科学校）

1993 年

邹兆芳（上海幼儿师范高等专科学校）

（三）全国教育系统劳动模范（1995 年）

陈明仪（上海大学）

顾玉东（上海医科大学）

陆谷孙（复旦大学）

沈焕庭（华东师范大学）

黄秀宝（中国纺织大学）

（四）全国优秀教师

1995 年

雍炯敏（复旦大学）

倪亚明（同济大学）

卢济威（同济大学）

张奠宙（华东师范大学）

钱旭红（华东理工大学）

许三保（华东理工大学）

侯文永（上海交通大学）

诸鸿文（上海交通大学）

张圣坤（上海交通大学）

何兆熊（上海外国语大学）

李汝勤（中国纺织大学）

冯嘉元（上海医科大学）

李美玲（华东工业大学）

郑华耀（上海海运学院）

张为国（上海财经大学）

陈治东（华东政法学院）

石四箴（上海铁道大学）

吴大器（上海电力学院）

曹家麟(上海大学)

吴锡龙(上海大学)

谢宗豹(上海第二医科大学)

虞定海(上海中医药大学)

王邦佐(上海师范大学)

张功镀(上海师范大学)

李国平(上海城市建设学院)

焦馥杰(上海工程技术大学)

1998 年

朱卡的(上海交通大学)

田禾(华东理工大学)

葛文雷(中国纺织大学)

查锡良(上海医科大学)

厉曙光(上海铁道大学)

王立民(华东政法学院)

王鸿利(上海第二医科大学)

刘平(上海中医药大学)

黄丹枫(上海农学院)

2004 年

范立础(同济大学)

王亚平(华东理工大学)

冯庆华(上海外国语大学)

王善元(东华大学)

赵晓雷(上海财经大学)

施朝健(上海海事大学)

刘宪权(华东政法学院)

王一飞(上海第二医科大学)

苏智良(上海师范大学)

杨俊和(上海应用技术学院)

2007 年

王武(上海水产大学)

田作华(上海交通大学)

齐沪扬(上海师范大学)

吴弘(华东政法大学)

陈大文(上海理工大学)

陈红专(上海交通大学医学院)

陈锡喜(华东师范大学)

肖作兵(上海应用技术学院)

范康年(复旦大学)

施索华(上海交通大学)

耿绍宁(东华大学)

黄晨(上海理工大学)

鲁习文(华东理工大学)

2009 年

许建和(华东理工大学)

朱美丽(上海戏剧学院)

孙雅艳(上海师范大学)

李梁(上海大学)

陈鸿(同济大学)

赵强(复旦大学)

俞吾金(复旦大学)

高岩(上海理工大学)

郭晓奎(上海交通大学医学院)

符杨(上海电力学院)

解超(华东师范大学)

(五)全国优秀教育工作者

1995 年

张止静(华东师范大学)

朱士明(上海铁道大学)

1998 年

吴友富(上海外国语大学)

(六)全国模范教师

1998 年

钟家栋(复旦大学)

陈玉琨(华东师范大学)

石来德(同济大学)

陈康民(上海理工大学)

章宗穰(上海师范大学)

曹家麟(上海大学)

张维宾(立信会计高等专科学校)

2004 年

陆昉(复旦大学)

洪嘉振(上海交通大学)

陈志杰(华东师范大学)

吴明红(上海大学)

2007 年

马龙生(华东师范大学)

方肇勤(上海中医药大学)

包涵(复旦大学)

贺宝根(上海师范大学)

戴世强(上海大学)

2009 年

王如竹(上海交通大学)

叶澜(华东师范大学)

陈立群(上海大学)

顾钰民(复旦大学)

(七)全国师德标兵(2004 年)

陆谷孙(复旦大学)

(八)全国师德先进个人(2004 年)

王能(华东师范大学)

朱美丽(上海戏剧学院)

朱榄叶(华东政法学院)

张海燕(华东理工大学)

杨俊一(上海大学)

俞勇(上海交通大学)

顾牡(同济大学)

(九)全国高校优秀思想政治教育工作者(2007 年)

陈大文(上海理工大学)

附 录

国家有关高等学校教师岗位职责的规定

《高等学校教师职务试行条例》规定高等学校教师应拥护中国共产党的领导,热爱社会主义祖国,努力学习马克思主义和中国共产党的路线、方针、政策,有良好的职业道德,遵守法纪,能为人师表,教书育人,能全面地、熟练地履行职务职责,积极承担工作任务,学风端正;身体健康,能坚持正常工作。同时对各岗位的任职条件作出明确规定,对任职资格需进行评审。

一、助教职责

一是承担课程的辅导、答疑、批改作业、辅导课、实验课、实习课、组织课堂讨论等教学工作(公共外语、体育、制图等课程的教师还应讲课),经批准,担任某些课程的部分或全部讲课工作,协助指导毕业论文、毕业设计;二是参加实验室建设,参加组织和指导生产实习、社会调查等方面的工作;三是担任学生的思想政治工作或教学、科学研究等方面的管理工作;四是参加教学法研究或科学研究、技术开发、社会服务及其他科学技术工作。

二、讲师职责

一是系统地担任一门或一门以上的课程的讲授工作,组织课堂讨论,指导实习、社会调查,指导毕业论文、毕业设计;二是担任实验室的建设工作,组织和指导实验教学工作,编写实验课教材及实验指导书;三是参加科学研究、技术开发、社会服务及其他科学技术工作,参加教学法研究,参加编写、审议教材和教学参考书;四是根据工作需要协助教授、副教授指导研究生、进修教师等;五是担任学生的思想政治工作或教学、科学研究等方面的管理工作;六是根据工作需要,担任辅导、答疑、批改作业、辅导课、实验课、实习课和指导学生进行科学技术工作等教学工作。

三、副教授职责

一是担任一门主干基础课或者两门或两门以上课程的讲授工作(其中一门应为基础课,包括专业基础课或技术基础课),组织课堂讨论,指导实习、社会调查,指导毕业论文、毕业设计;二是掌握本学科范围内的学术发展动态,参加学术活动并提出学术报告,参加科学研究、技术开发、社会服务及其他科学技术工作,根据需要,担任科学研究课题负责人,负责或参加审阅学术论文;三是主持或参加编写、审议新教材和教学参考书,主持或参加教学法研究;四是指导实验室的建设、设计,革新实验手段或充实新的实验内容;五是根据需要,指导硕士研究生,协助教授指导博士研究生,指导进修教师;六是担任学生的思想政治工作或教学、科学研究等方面的管理工作;七是根据工作需要,担任辅导、答疑、批改作业、辅导课、实验课、实习课和指导学生进行科学技术工作等教学工作。

四、教授职责

除担任副教授职责范围内的工作外,应承担比副教授职责要求更高的工作。领导本学科教学、科学研究工作,根据需要并通过评审确认后指导博士研究生。

高等学校教师职务任职资格评审的依据是高等学校教师的任职条件。各级职务任职资格,由相应的教师职务评审委员会组织同行专家进行评审。助教任职资格,由学校教师职务评审委员会或评审组审定。讲师任职资格,由学校教师职务评审委员会审定,报省、自治区、直辖市或主管部委教师职务评审委员会备案;没有成立教师职务评审委员会的学校由教师职务评审组评议,报省、自治区、直辖市或主管部委教师职务评审委员会审定。教授、副教授任职资格,由学校报省、自治区、直辖市、主管部委教师职务评审委员会审定,审定的教授报国家教育委员会备案。部分高等学校教师职务评审委员会,经国家教育委员会会同省、自治区、直辖市、主管部委批准,有权审定副教授任职资格,或有权审定副教授、教授任职资格。审定的教授报国家教育委员会备案。

高等学校学生学籍管理的有关规定

一、入学注册

1983年教育部颁布的《全日制普通高等学校学生学籍管理办法》,较全面地规范学生的学籍管理,是较长一段时间学籍管理的主要依据和准则。该管理办法以及国家教育委员会1990年1月颁布的第7号令《普通高等学校学生管理规定》及实施意见,高校学生入学与注册的规定是:(1)全日制普通高等学校按照招生规定录取的新生,持录取通知书和学校规定的有关证件,按期到校办理入学手续。因故不能按期入学者,应写信并附原单位或所在街道、乡镇证明,向学校请假。假期一般不得超过两周。未经请假或请假逾期报到的,以旷课论,超过两周不报到者,取消入学资格。(2)新生入学后,学校应在三个月内按照招生规定进行复查。经过复查、注册的,即取得学籍。复查不符合招生条件者,由学校区别情况,予以处理,直至取消入学资格。凡属徇私舞弊者,一经查实,取消学籍,予以退回,情节恶劣的,须请有关部门查究。(3)新生进行体检复查患有疾病者,经医疗单位证明,短期治疗可达到健康标准的,本人申请,由学校批准,可准许保留入学资格一年,并应回家或回原单位治疗。保留入学资格的学生,必须在下学年开学前向学校申请入学,经县以上医院证明,学校复查合格,方可重新办理入学手续。复查不合格或逾期不办入学手续者,取消入学资格。(4)每学期开学时,学生必须按时到校办理入学注册手续。因故不能如期注册者,必须履行请假手续,否则以旷课论。未经请假逾期两周不注册的,按自动退学处理。

2005年,教育部颁布第21号令《普通高等学校学生管理规定》,其中关于"入学与注册",基本维持原有4项规定,在具体表述方面有所调整:(1)按国家招生规定录取的新生,持录取通知书,按学校有关要求和规定的期限到校办理入学手续。因故不能按期入学者,应当向学校请假。未请假或者请假逾期者,除因不可抗力等正当事由以外,视为放弃入学资格。(2)新生入学后,学校在三个月内按照国家招生规定对其进行复查。复查合格者予以注册,取得学籍。复查不合格者,由学校区别情况,予以处理,直至取消入学资格。凡属弄虚作假、徇私舞弊取得学籍者,一经查实,学校应当取消其学籍。情节恶劣的,应当请有关部门查究。(3)对患有疾病的新生,经学校指定的二级甲等以上医院(下同)诊断不宜在校学习的,可以保留入学资格一年。保留入学资格者不具有学籍。在保留入学资格期内经治疗康复,可以向学校申请入学,由学校指定医院诊断,符合体检要求,经学校复查合格后,重新办理入学手续。复查不合格或者逾期不办理入学手续者,取消入学资格。(4)每学期开学时,学生应当按学校规定办理注册手续。不能如期注册者,应当履行暂缓注册手续。未按学校规定缴纳学费或者其他不符合注册条件的不予注册。家庭经济困难的学生可以申请贷款或者其他形式资助,办理有关手续后注册。

二、成绩考核与管理

1983年,教育部颁布《全日制普通高等学校学生学籍管理办法》规定:学生必须参加教学计划规定的课程考核。考核分为考试和考查两种。成绩采用百分制或五级制(优秀、良好、中等、及格、不及格)记分。考试成绩评分,以期末考试成绩为主,适当参考平时成绩。平时成绩占该课程成绩的比重,由各校自行确定。考查成绩是对学生平时听课、完成实验、实习、课外作业、习题课、课堂讨论的情况以及平时测验成绩等的综合评定。实行学分制的学校,学生按照教学计划规定学完某门课程,考核及格,即获得该门课程的学分。

对学生德育的考察,主要通过鉴定,采用写品德评语的办法。公共体育课为必修课,补考后仍不及格者应重修。重修安排有困难的,可限期再补考一次。因缺课不及格的,不能补考,必须重修。经过学生自学的课程,本人申请,学校考核,学业成绩确实达到"良好"以上水平的,可以免修。免修课程的考核和审定,每学期进行一次。免修考核成绩作为该课程的成绩记载。学生因故不能参加考核,必须事先向本系申请,经教务部门批准后可以缓考。缓考不及格者可补考一次。学生每学期不及格的课程,均可补考一次。补考按学校规定时间进行。记分时注明"补考"字样。

凡擅自缺考或考试作弊者,该课程成绩以零分计,并不准正常补考。如确实有悔改表现的,经教务部门批准,在毕业前可给一次补考机会。考试作弊情节严重的,应给以纪律处分。学生无故缺课,累计超过某门课程教学时数1/3者,不得参加本课程考核,并视其具体情况决定是否给以补考机会。

1990年,国家教育委员会颁布《普通高等学校学生管理规定》规定:学生必须参加教学计划规定的课程考核。考核分为考试和考查两种。成绩的评定,采用百分制或五级制(优秀、良好、中等、及格、不及格)记分实行学分制的学校,学生按照教学计划规定学完某门课程,成绩及格,即获得该门课程的学分。公共体育课为必修课,不及格者应重修。体育课的成绩要以考勤与课内教学和课外锻炼活动进行综合评定。凡擅自缺考或考试作弊者,该课程成绩以零分计,不准正常补考,如确实有悔改表现的,经教务部门批准,在毕业前可给一次补考机会。考试作弊的,应予以纪律处分。

学生要按时参加教学计划规定和学校统一安排、组织的一切活动。学生上课、实习、军训等都应实行考勤。不能参加者应事先经过批准。对旷课的学生,根据旷课时数及情节,给予批评教育,直至纪律处分。无故旷课累计超过某门课程教学时数三分之一者,不得参加该课程的考核,并视其具体情况决定是否给以补考机会。

对学生思想品德的考核、鉴定,要以《高等学校学生行为准则》为主要依据,采取个人小结,师生民主评议的形式,写出有关实际表现的评语。对犯有政治思想、道德品质和其他错误的学生,按照有关规定处理。

2005年,教育部颁布《普通高等学校学生管理规定》规定:学生应当参加学校教育教学计划规定的课程和各种教育教学环节(以下统称课程)的考核。考核分为考试和考查两种。考核和成绩评定方式,以及考核不合格的课程是否重修或者补考,由学校规定。

学生思想品德的考核、鉴定,要以《高等学校学生行为准则》为主要依据,采取个人小结,师生民主评议等形式进行。学生体育课的成绩应当根据考勤、课内教学和课外锻炼活动的情况综合评定。

学生学期或者学年所修课程或者应修学分数以及升级、跳级、留级、降级、重修等要求,由学校规定。学生可以根据学校有关规定,申请辅修其他专业或者选修其他专业课程。学生可以根据校际协议跨校修读课程。在他校修读的课程成绩(学分)由本校审核后予以承认。

学生严重违反考核纪律或者作弊的,该课程考核成绩记为无效,并由学校视其违纪或者作弊情节,给予批评教育和相应的纪律处分。给予警告、严重警告、记过及留校察看处分的,经教育表现较好,在毕业前对该课程可以给予补考或者重修机会。

学生不能按时参加教育教学计划规定的活动,应当事先请假并获得批准。未经批准而缺席者,根据学校有关规定给予批评教育,情节严重的给予纪律处分。

针对一段时间出现高校校风、学风滑坡,学生作弊严重等现象,为严格学籍管理,保证正常的教育秩序,提高教育质量,1989年3月,上海市召开高校党委书记、校长会议,提出整顿校风、学风,整顿教学秩序,要求各校党政领导高度重视学生工作,从严治校。各高校也根据本校实际对学生学籍管理规定作相应调整。

三、学籍变动

学籍变动,又称学籍异动,是指学生学籍上的非程序化变动,主要包括休学、复学、退学、转专业、转学(转入及转出)、专升本、保留入学资格、提前毕业、延期毕业、留级、降级、旁听等,是学籍管理领域的常用术语。1983年教育部颁布的《全日制普通高等学校学生学籍管理办法》、1990年国家教育委员会颁布的《普通高等学校学生管理规定》、2005年教育部颁布的《普通高等学校学生管理规定》等,对转系(专业)与转学,休学、停学与复学,退学,毕业、结业与肄业等相关学籍变动的事项作出了明确规定,是高校处理学生学籍变动的依据和准则。

针对改革开放出现的新情况,如20世纪80年代中期开始,许多学生中途自费出国留学,有的留学后又要求回校就读等。1994年1月,上海市根据教学改革发展情况制定《上海市普通高等学校学生学籍管理工作的几点补充规定》,对学生交费上学、免修免听课程、试读制度、修满学分提前毕业以及停学、公费生转为自费生等问题作具体规定,以更好地适应学校的实际情况,推动教学改革。

(一)升留级

1983年,教育部颁布《全日制普通高等学校学生学籍管理办法》规定:学生学完本学年教学计划规定的课程,经考核成绩及格,准予升级。学业成绩特别优秀的学生,符合相关要求,经学校批准可以跳级。经过补考,学期或学年累计有三门课程或两门主要课程不及格者,应予留、降级。实行学分制的学校,学生在一学年不及格课程学分总数达到学年所选学分总数的1/3者,经学校批准,可编入下一年级。本科学生在校学习期间留、降级不得超过两次;同一年级不能留、降级两次。专科学生在校学习期间只能留、降级一次。

1990年,国家教育委员会颁布《普通高等学校学生管理规定》规定:实行学分制的学校,"学生所修课程未达到规定学分数的,可编入下一年级"。本科学生在校学习期间留、降级的规定由原来的"不得超过两次;同一年级不能留、降级两次"表述为"不得连续两次,累计不得超过两次"。

1996年底,上海高校中有60%的高校实行学分制管理,涉及工、文、理、法、医、农、艺等学科328个专业点。到2005年,由于高校已普遍实行学分制,兼为提高高校管理自主权,教育部在同年颁布实施的《普通高等学校学生管理规定》中就"升留级"学生学期或者学年所修课程或者应修学分数以及升级、跳级、留级、降级、重修等要求,由学校规定。

(二) 转专业与转学

1983 年教育部颁布的《全日制普通高等学校学生学籍管理办法》规定：学生确有专长，或有某种疾病或生理缺陷不适合原专业学习，或有某种特殊困难者，经批准可以转专业或转学，但对于新生入学未满一学期者、由一般院校转入重点院校者、由专科转入本科者、本科三年级(含三年级)以上或专科二年级(含二年级)以上者、师范院校(学校认为不宜学师范者除外)转入其他院校者、无正当理由者，不予考虑转专业或转学。学生转专业、转学的手续，一般应在每学年开学前办理。

1990 年，国家教育委员会颁布的《普通高等学校学生管理规定》，重申了上述关于转专业、转学的规定，并在"不予考虑转系(专业)、转学"者中增加一项"自费转入公费者"。

2005 年，教育部颁布的《普通高等学校学生管理规定》放宽学生转专业的门槛："学生可以按学校的规定申请，由所在学校批准后转专业。学校根据社会对人才需求情况的发展变化，经学生同意，必要时可以适当调整学生所学专业。"而对转学则加强限制性规定："对入学未满一学期的，由招生时所在地的下一批次录取学校转入上一批次学校、由低学历层次转为高学历层次的，招生时确定为定向、委托培养的，应予退学的，其他无正当理由的，不予转学。"

(三) 休学与复学

1983 年，教育部颁布的《全日制普通高等学校学生学籍管理办法》规定：学生因病经指定医院诊断，须停课治疗、休养占一学期总学时 1/3 以上者；根据考勤，一学期请假、缺课超过总学时 1/3 者；因某种特殊原因，本人申请或学校认为必须休学者，经学校批准可以休学。学生休学一般以一年为期(因病经学校批准，可连续休学两年)，累计不得超过两年。学生因某种原因须中途停学，但又不符合休学条件，经本人申请，学校批准，可保留学籍一年。保留学籍期满不办复学手续者，取消学籍。保留学籍的学生不享受在校生和休学生待遇。对学生复学，按下列规定办理：因伤病休学的学生，申请复学时必须由县以上医院诊断，证明恢复健康，并经学校复查合格，方可复学；学生休学期满，应于学期开学前持有关证件，向学校申请复学。复学后，经学校批准可参加原年级所学课程补考，补考及格者可跟原年级学习；否则，编入原专业的下一年级；要求复学的学生，学校可进行政治复查。休学期间，如有严重违法乱纪行为者，可取消复学资格。保留入学资格、保留学籍、休学的学生，在保留入学资格、保留学籍、休学期间，不得报考其他学校。1990 年，国家教育委员会颁布的《普通高等学校学生管理规定》基本维持上述关于休学、保留学籍、复学的规定。

2005 年，教育部颁布的《普通高等学校学生管理规定》，对于学生休学赋予学校更大的自主权，规定："学生可以分阶段完成学业。学生在校最长年限(含休学)由学校规定。学生申请休学或者学校认为应当休学者，由学校批准，可以休学。休学次数和期限由学校规定。"同时，就学生应征参加中国人民解放军(含中国人民武装警察部队)保留学籍，学生休学期间的学籍待遇、休学期间患病的医疗费等事项作了规定："学生应征参加中国人民解放军(含中国人民武装警察部队)，学校应当保留其学籍至退役后一年。""休学学生应当办理休学手续离校，学校保留其学籍。学生休学期间，不享受在校学习学生待遇。休学学生患病，其医疗费按学校规定处理。"

(四) 退学

1983 年，教育部颁布的《全日制普通高等学校学生学籍管理办法》规定：学生学期考核成绩不及格课程经补考后，仍有三门主要课程或连同以前各学期累计四门(含四门)以上课程不及格者；实行学分制的学校，在一学年中不及格课程达到和超过所选总学分的 1/2 者；本科学生在同一个年级里须第二次留、降级者；本科学生不论何种原因(含休学、保留学籍)，在校学习时间累计超过其学制两年(如四年制的不得多于六年)，专科学生超过其学制一年者；休学期满不办复学手续者；经复学复查不合格不准复学者;经学校动员,因病该休学而不休学,且在一学年内缺课超过总学时 1/3 者;经过指定医院确诊,患有精神病、癫痫、麻风等疾病者;意外伤残不能坚持学习者;本人申请退学,经说服教育无效者,经学校同意准予退学。对一学期旷课超过 50 学时(旷课一天,按实际授课时间计)和在校学习期间擅自结婚而未办退学手续的学生,亦作退学处理。取消学籍、退学的学生,均不得申请复学。1990 年,国家教育委员会颁布的《普通高等学校学生管理规定》维持上述关于"退学"的规定。只是关于"留、降级"学生退学的表述调整为:"一学期或连同以前各学期考试成绩不合格课程有三门主要课程或四门(含四门)以上课程不及格者;实行学分制的学校,不及格课程学分达到退学规定学分数者;连续留、降级或留、降级累计超过两次者"。

2005 年,教育部颁布的《普通高等学校学生管理规定》规定:学生学业成绩未达到学校要求或者在学校规定年限内(含休学)未完成学业的;休学期满,在学校规定期限内未提出复学申请或者申请复学经复查不合格的;经学校指定医院诊断,患有疾病或者意外伤残无法继续在校学习的;未请假离校连续两周未参加学校规定的教学活动的;超过学校规定期限未注册而又无正当事由的;本人申请退学的,经学校同意准予退学。

四、奖励与处分

(一) 奖励

1983 年教育部颁布的《全日制普通高等学校学生学籍管理办法》和 1990 年国家教育委员会颁布的《普通高等学校学生管理规定》规定:对德智体诸方面发展或思想品德、学业成绩、锻炼身体、课外活动等某一方面表现突出的学生,可分别授予"三好学生"称号和其他单项荣誉称号。实行精神鼓励和物质奖励相结合,以精神鼓励为主的办法。表扬和奖励的方式有:口头表扬,通报表扬,发给奖状、证书、奖章、奖品和奖学金等。

2005 年,教育部颁布的《普通高等学校学生管理规定》规定:学校、省(自治区、直辖市)和国家有关部门应当对在德、智、体、美等方面全面发展或者在思想品德、学业成绩、科技创造、锻炼身体及社会服务等方面表现突出的学生,给予表彰和奖励。对学生的表彰和奖励可以采取授予"三好学生"称号或者其他荣誉称号、颁发奖学金等多种形式,给予相应的精神鼓励或者物质奖励。

(二) 处分

1983 年,教育部颁布《全日制普通高等学校学生学籍管理办法》规定:对犯有错误的学生,学校可视其情节轻重给以批评教育或纪律处分。处分分 6 种:警告;严重警告;记过;留校察看;勒令退学;开除学籍。毕业班学生不给予留校察看处分。受留校察看处分的学生,一年内有显著进步表现的,可解除留校察看;经教育不改的可勒令退学或开除学籍。

有下列情形之一的学生,学校可酌情给予勒令退学或开除学籍的处分:(1)反对四项基本原则,有明显反对中国共产党的领导、反对社会主义的言论和行为者,以及组织和煽动闹事、扰乱社会秩序、破坏安定团结而坚持不改者;(2)违反国家政策法令,触犯国家刑律的各种犯罪分子;(3)破坏公共财产,偷窃国家、集体和私人财物造成严重损失和危害者;(4)小偷小摸、屡教不改,品行极为恶劣、道德败坏者;(5)违反学校纪律,情节极为严重者。

学生犯有严重错误,经教育后认识错误较好,并有悔改或立功表现者,可给予留校察看的处分。对犯错误的学生,要进行说服教育。处理时要持慎重态度,坚持调查研究,实事求是,善于将思想认识问题同政治立场问题相区别,处分要适当。处理结论要同本人见面,允许本人申辩、申诉和保留不同意见。对本人的申诉,学校有责任进行复查。

对学生作出勒令退学、开除学籍的处分,由学校审批,报省(市、自治区)主管高教部门备案。其中因有反党反社会主义言论和行为而给开除学籍处分的,须报经省(市、自治区)党委有关部门审批。勒令退学的学生只发给学历证明;开除学籍的不发给学历证明。

1990 年,国家教育委员会颁布的《普通高等学校学生管理规定》规定:对犯有错误的学生,学校可视其情节轻重给以批评教育或纪律处分。处分分六种:(1)警告;(2)严重警告;(3)记过;(4)留校察看;(5)勒令退学;(6)开除学籍。留校察看以一年为期。受留校察看处分的学生,一年内有显著进步表现的,可解除留校察看;经教育不改的可勒令退学或开除学籍。

有下列情形之一的学生,可酌情给予勒令退学或开除学籍的处分:(1)有反对四项基本原则的反动言论和行为者;组织和煽动闹事、扰乱社会秩序、破坏安定团结、侮辱和诽谤他人而坚持不改者;(2)触犯国家刑律,构成刑事犯罪者;(3)破坏公共财产,偷窃国家、集体、私人财物造成严重损失和危害者;(4)有偷窃行为而又屡教不改者;酗酒、赌博、打架斗殴,情节严重者。

对犯错误的学生,要热情帮助,严格要求。处理时要持慎重态度,坚持调查研究,实事求是,善于将思想认识问题同政治立场问题相区别,处分要适当。处理结论要同本人见面,允许本人申辩、申诉和保留不同意见。对本人的申诉,学校有责任进行复查。

对学生作出勒令退学、开除学籍的处分,由学校审批,报省、自治区、直辖市主管高教部门备案。其中因政治问题而作出勒令退学、开除学籍处分的,须报经省、自治区、直辖市党委有关部门同意,由省、自治区、直辖市主管高教部门审批。勒令退学、开除学籍的学生,其善后问题按照退学学生的有关规定处理。勒令退学的学生只发给学历证明;开除学籍的不发给学历证明。

2005 年,教育部颁布的《普通高等学校学生管理规定》规定:对有违法、违规、违纪行为的学生,学校应当给予批评教育或者纪律处分。学校给予学生的纪律处分,应当与学生违法、违规、违纪行为的性质和过错的严重程度相适应。纪律处分的种类分为:警告;严重警告;记过;留校察看;开除学籍。

学生有下列情形之一,学校可给予开除学籍处分:(1)违反宪法,反对四项基本原则、破坏安定团结、扰乱社会秩序的;(2)触犯国家法律,构成刑事犯罪的;(3)违反治安管理规定受到处罚,性质恶劣的;(4)由他人代替考试、替他人参加考试、组织作弊、使用通讯设备作弊及其他作弊行为严重的;(5)剽窃、抄袭他人研究成果,情节严重的;(6)违反学校规定,严重影响学校教育教学秩序、生活秩序以及公共场所管理秩序,侵害其他个人、组织合法权益,造成严重后果的;(7)屡次违反学校规定受到纪律处分,经教育不改的。被开除学籍的学生,由学校发给学习证明。

学校对学生的处分,应当做到程序正当、证据充分、依据明确、定性准确、处分适当。学生对处分决定有异议的,可按规定提出书面申诉。

1978—2010 年上海普通高等学校名录

注:本名录不包括在沪军事院校,以及上海电视大学等成人高等院校。

1978 年

1. 复旦大学

2. 上海交通大学

3. 同济大学

4. 华东化工学院

5. 华东化工学院四川分院

6. 华东纺织工学院

7. 上海海运学院

8. 上海铁道学院

9. 上海机械学院

10. 上海工学院

11. 上海科学技术大学

12. 上海电力工业专科学校

13. 上海建筑材料工业专科学校

14. 上海纺织工业专科学校

15. 上海冶金专科学校

16. 上海冶金专科学校分校

17. 上海轻工业专科学校

18. 上海化学工业专科学校

19. 上海第一医学院

20. 上海第二医学院

21. 上海中医学院

22. 上海外国语学院

23. 上海师范大学

24. 上海师范学院

25. 上海师范学院分院

26. 上海财经学院

27. 上海体育学院

28. 上海音乐学院

29. 上海戏剧学院

30. 上海交通大学分校

31. 复旦大学分校

32. 同济大学建筑工程分校

33. 上海科学技术大学分校

34. 华东师范大学分校

35. 上海外国语学院分校

36. 上海工业大学分校

37. 华东纺织工学院分院

38. 华东化工学院分院

39. 上海机械学院轻工分院

40. 上海铁道学院分院

41. 上海海运学院分院

说明：上海师范学院、上海体育学院、上海财经学院、上海工学院复校；上海冶金专科学校、上海建筑材料专科学校、上海纺织工业专科学校、上海电力工业专科学校、上海化学工业专科学校、上海轻工业专科学校增设；上海师范学院分院、上海交通大学分校、复旦大学分校、同济大学建筑工程分校、上海科学技术大学分校、华东师范大学分校、上海外国语学院分校、上海工业大学分校、华东纺织工学院分院、华东化工学院分院、上海机械学院轻工分院、上海铁道学院分院、上海海运学院分院新建。

1979 年

1. 复旦大学
2. 上海交通大学
3. 同济大学
4. 华东化工学院
5. 华东纺织工学院
6. 上海第一医学院
7. 上海第二医学院
8. 上海中医学院
9. 上海外国语学院
10. 上海音乐学院
11. 上海戏剧学院
12. 上海师范学院
13. 上海体育学院
14. 上海科学技术大学
15. 上海工业大学
16. 上海机械学院
17. 上海师范大学
18. 上海海运学院
19. 上海铁道学院
20. 上海化学工业专科学校
21. 上海电力工业专科学校
22. 上海纺织工业专科学校
23. 上海建筑材料工业专科学校
24. 华东政法学院
25. 上海财经学院
26. 上海轻工业专科学校
27. 上海冶金专科学校
28. 上海冶金专科学校分校
29. 上海海关专科学校
30. 上海旅行游览专科学校
31. 上海师范学院分院
32. 上海交通大学分校
33. 复旦大学分校

34. 同济大学建筑工程分校

35. 上海科学技术大学分校

36. 华东师范大学分校

37. 上海外国语学院分校

38. 上海工业大学分校

39. 华东纺织工学院分院

40. 华东化工学院分院

41. 上海机械轻工分院

42. 上海铁道学院分院

43. 上海海运学院分院

说明：华东政法学院复校；上海海关专科学校升格为上海海关学院；上海旅行游览专科学校新建；上海工学院更名为上海工业大学。

1980 年

1. 复旦大学

2. 上海交通大学

3. 同济大学

4. 华东化工学院

5. 华东纺织工学院

6. 上海海运学院

7. 上海铁道学院

8. 上海机械学院

9. 上海工业大学

10. 上海科学技术大学

11. 上海电力工业专科学校

12. 上海建筑材料工业专科学校

13. 上海纺织工业专科学校

14. 上海冶金专科学校

15. 上海轻工业专科学校

16. 上海化学工业专科学校

17. 上海水产学院

18. 上海农学院

19. 上海第一医学院

20. 上海铁道医学院

21. 上海第二医学院

22. 上海中医学院

23. 华东师范大学

24. 上海师范学院

25. 上海外国语学院

26. 上海财经学院

27. 上海外贸学院

28. 上海海关专科学校

29. 上海旅游专科学校

30. 华东政法学院

31. 上海体育学院

32. 上海音乐学院

33. 上海戏剧学院

34. 上海冶金专科学校分校

35. 上海师范学院分院

36. 上海交通大学分校

37. 同济大学分校

38. 华东化工学院分院

39. 华东纺织工学院分院

40. 上海海运学院分院

41. 上海铁道学院分院

42. 上海机械学院分院

43. 上海工业大学分校

44. 上海科学技术大学分校

45. 华东师范大学分校

46. 上海医疗器械工业专科学校

47. 复旦大学分校

48. 上海外国语学院分院

49. 立信会计专科学校

说明：49 高校中,国家部委属高校 22 所、上海市地方高校 27 所。华东师范大学恢复原校名；上海水产学院、上海铁道医学院回迁上海办学；上海外贸学院、上海农学院、立信会计专科学校复校；上海医疗器械工业专科学校新建；上海旅行游览专科学校更名为上海旅游专科学校。

1981 年

1. 复旦大学

2. 上海交通大学

3. 同济大学

4. 华东化工学院

5. 华东纺织工学院

6. 上海海运学院

7. 上海铁道学院

8. 上海机械学院

9. 上海工业大学

10. 上海科学技术大学

11. 上海电力工业专科学校

12. 上海建筑材料工业专科学校

13. 上海医疗器械专科学校

14. 上海纺织工业专科学校

15. 上海冶金专科学校

16. 上海轻工业专科学校

17. 上海化学工业专科学校

18. 上海水产学院

19. 上海农学院

20. 上海第一医学院

21. 上海铁道医学院

22. 上海第二医学院

23. 上海中医学院

24. 华东师范大学

25. 上海师范学院

26. 上海外国语学院

27. 上海财经学院

28. 上海外贸学院

29. 上海海关专科学校

30. 上海旅游专科学校

31. 华东政法学院

32. 上海体育学院

33. 上海音乐学院

34. 上海戏剧学院

35. 上海冶金专科学校分校

36. 上海师范学院分院

37. 上海交通大学分校

38. 同济大学分校

39. 华东化工学院分院

40. 华东纺织工学院分院

41. 上海海运学院分院

42. 上海铁道学院分院

43. 上海机械学院分院

44. 上海工业大学分校

45. 上海科学技术大学分校

46. 华东师范大学分校

47. 复旦大学分校

48. 上海外国语学院分院

49. 立信会计专科学校

说明：49所高校中,国家部委属高校23所、上海市地方高校26所。上海医疗器械工业专科学校更名为上海医疗器械专科学校。

1982 年

1. 复旦大学
2. 上海交通大学
3. 同济大学
4. 华东化工学院
5. 华东纺织工学院
6. 上海海运学院
7. 上海铁道学院
8. 上海机械学院
9. 上海工业大学
10. 上海科学技术大学
11. 上海电力工业专科学校
12. 上海建筑材料工业专科学校
13. 上海医疗器械专科学校
14. 上海纺织工业专科学校
15. 上海冶金专科学校
16. 上海轻工业专科学校
17. 上海化学工业专科学校
18. 上海水产学院
19. 上海农学院
20. 上海第一医学院
21. 上海铁道医学院
22. 上海第二医学院
23. 上海中医学院
24. 华东师范大学
25. 上海师范学院
26. 上海外国语学院
27. 上海财经学院
28. 上海外贸学院
29. 上海海关专科学校
30. 上海旅游专科学校
31. 华东政法学院
32. 上海体育学院
33. 上海音乐学院
34. 上海戏剧学院
35. 上海冶金专科学校分校
36. 上海师范学院分院
37. 上海交通大学分校
38. 同济大学分校

39. 华东化工学院分院

40. 华东纺织工学院分院

41. 上海海运学院分院

42. 上海铁道学院分院

43. 上海机械学院分院

44. 上海工业大学分校

45. 上海科学技术大学分校

46. 华东师范大学分校

47. 复旦大学分校

48. 上海外国语学院分院

49. 立信会计专科学校

1983 年

【国家部委属高校】

1. 复旦大学

2. 上海交通大学

3. 同济大学

4. 华东化工学院

5. 华东纺织工学院

6. 上海海运学院

7. 上海铁道学院

8. 上海机械学院

9. 上海电力工业专科学校

10. 上海建筑材料工业专科学校

11. 上海医疗器械专科学校

12. 上海水产学院

13. 上海第一医学院

14. 上海铁道医学院

15. 华东师范大学

16. 上海外国语学院

17. 上海财经学院

18. 上海外贸学院

19. 上海海关专科学校

20. 华东政法学院

21. 上海体育学院

22. 上海音乐学院

23. 上海戏剧学院

【上海市地方高校】

24. 上海大学

25. 上海工业大学

26. 上海科学技术大学

27. 上海纺织工业专科学校

28. 上海冶金专科学校

29. 上海冶金专科学校分校

30. 上海轻工业专科学校

31. 上海化学工业专科学校

32. 上海科技专科学校

33. 上海石油化工专科学校

34. 上海交通大学分校

35. 同济大学分校

36. 华东纺织工学院分院

37. 华东化工学院分院

38. 上海海运学院分院

39. 上海铁道学院分院

40. 上海工业大学分校

41. 上海农学院

42. 上海第二医学院

43. 上海中医学院

44. 上海师范学院

45. 上海师范学院分院

46. 上海旅游专科学校

47. 立信会计专科学校

48. 上海公安专科学校

说明：上海大学由原复旦大学分校、上海机械学院分院、上海科学技术大学分校、华东师范大学分校、上海外国语学院分院等5所大学分校和上海美术学校(中专)合并建校。上海科技专科学校、上海石油化工专科学校、上海公安专科学校新建。华东化工学院分院、上海海运学院分院、上海铁道学院分院、上海工业大学分校等普通高校分校在校学生全部毕业,陆续终止办学。

1984 年

【国家部委属高校】

1. 复旦大学

2. 上海交通大学

3. 同济大学

4. 华东化工学院

5. 华东纺织工学院

6. 上海海运学院

7. 上海铁道学院

8. 上海机械学院

9. 上海电力工业专科学校

10. 上海建筑材料工业专科学校

11. 上海医疗器械专科学校

12. 上海机械专科学校

13. 上海石油化工专科学校

14. 上海水产学院

15. 上海第一医学院

16. 上海铁道医学院

17. 华东师范大学

18. 上海外国语学院

19. 上海财经学院

20. 上海外贸学院

21. 上海海关专科学校

22. 华东政法学院

23. 上海体育学院

24. 上海音乐学院

25. 上海戏剧学院

【上海市地方高校】

26. 上海大学

27. 上海工业大学

28. 上海科学技术大学

29. 上海纺织工业专科学校

30. 上海冶金专科学校

31. 上海冶金专科学校分校

32. 上海轻工业专科学校

33. 上海化学工业专科学校

34. 上海科技专科学校

35. 上海农学院

36. 上海第二医学院

37. 上海中医学院

38. 上海师范大学

39. 上海旅游专科学校

40. 立信会计专科学校

41. 上海公安专科学校

42. 上海交通大学分校

43. 同济大学分校

44. 华东纺织工学院分院

45. 上海师范学院分院

说明：上海机构专科学校由中专升格为大专；上海师范学院更名为上海师范大学。

1985 年

【国家部委属高校】

1. 复旦大学

2. 上海交通大学

3. 同济大学

4. 华东化工学院

5. 中国纺织大学

6. 上海海运学院

7. 上海铁道学院

8. 上海机械学院

9. 上海电力学院

10. 上海建筑材料工业学院

11. 上海医疗器械专科学校

12. 上海石油化工专科学校

13. 上海机械专科学校

14. 上海水产大学

15. 上海医科大学

16. 上海铁道医学院

17. 华东师范大学

18. 上海外国语学院

19. 上海财经大学

20. 上海对外贸易学院

21. 上海海关专科学校

22. 华东政法学院

23. 上海体育学院

24. 上海音乐学院

25. 上海戏剧学院

【上海市地方高校】

26. 上海大学

27. 上海工业大学

28. 上海科学技术大学

29. 上海工程技术大学

30. 上海城市建设学院

31. 上海纺织工业专科学校

32. 上海冶金专科学校

33. 上海第二冶金专科学校

34. 上海轻工业专科学校

35. 上海化学工业专科学校

36. 上海科技专科学校

37. 上海电机制造技术专科学校

38. 上海农学院

39. 上海第二医科大学

40. 上海中医学院

41. 上海奉贤医学专科学校

42. 上海师范大学

43. 上海技术师范学院

44. 上海旅游专科学校

45. 立信会计专科学校

46. 上海公安专科学校

说明：上海工程技术大学由上海交通大学分校与华东纺织工学院分校合并组成；上海城市建设学院由同济大学建筑工程分院组成，上海技术师范学院由上海师范学院分院组成；上海电力工业专科学校升格为上海电力学院；上海电机制造技术专科学校、上海奉贤医学专科学校新建；华东纺织工学院更名为中国纺织大学，上海水产学院更名为上海水产大学，上海第一医学院更名为上海医科大学，上海财经学院更名为上海财经大学，上海第二医学院更名为上海第二医科大学，上海外贸学院更名为上海对外贸易学院；上海冶金专科学校分校转为上海第二冶金专科学校。

1986 年

【国家部委属高校】

1. 复旦大学

2. 上海交通大学

3. 同济大学

4. 华东化工学院

5. 中国纺织大学

6. 上海海运学院

7. 上海铁道学院

8. 上海机械学院

9. 上海电力学院

10. 上海建筑材料工业学院

11. 上海医疗器械专科学校

12. 上海石油化工专科学校

13. 上海机械专科学校

14. 上海水产大学

15. 上海医科大学

16. 上海铁道医学院

17. 华东师范大学

18. 上海外国语学院

19. 上海财经大学

20. 上海对外贸易学院

21. 上海海关专科学校

22. 上海旅游专科学校

23. 华东政法学院

24. 上海体育学院

25. 上海音乐学院

26. 上海戏剧学院

【上海市地方高校】

27. 上海大学

28. 上海工业大学

29. 上海科学技术大学

30. 上海工程技术大学

31. 上海城市建设学院

32. 上海纺织工业专科学校

33. 上海冶金专科学校

34. 上海第二冶金专科学校

35. 上海轻工业专科学校

36. 上海化学工业专科学校

37. 上海科技专科学校

38. 上海电机制造专科学校

39. 上海农学院

40. 上海第二医科大学

41. 上海中医学院

42. 上海奉贤医学专科学校

43. 上海师范大学

44. 上海技术师范学院

45. 上海师范专科学校

46. 上海幼儿师范专科学校

47. 立信会计专科学校

48. 上海公安专科学校

49. 上海法律专科学校

说明：上海师范专科学校、上海幼儿师范专科学校、上海法律专科学校新建；上海电机制造技术专科学校更名为上海电机制造专科学校。

1987 年

【国家部委属高校】

1. 复旦大学

2. 上海交通大学

3. 同济大学

4. 华东化工学院

5. 中国纺织大学

6. 上海海运学院

7. 上海铁道学院

8. 上海机械学院

9. 上海电力学院

10. 上海建筑材料工业学院

11. 上海医疗器械专科学校

12. 上海石油化工专科学校

13. 上海机械专科学校

14. 上海出版印刷专科学校

15. 上海水产大学

16. 上海医科大学

17. 上海铁道医学院

18. 华东师范大学

19. 上海外国语学院

20. 上海财经大学

21. 上海对外贸易学院

22. 上海海关专科学校

23. 上海旅游专科学校

24. 上海金融专科学校

25. 华东政法学院

26. 上海体育学院

27. 上海音乐学院

28. 上海戏剧学院

【上海市地方高校】

29. 上海大学

30. 上海工业大学

31. 上海科学技术大学

32. 上海科技专科学校

33. 上海工程技术大学

34. 上海城市建设学院

35. 上海纺织工业专科学校

36. 上海冶金专科学校

37. 上海第二冶金专科学校

38. 上海轻工业专科学校

39. 上海化学工业专科学校

40. 上海电机制造专科学校

41. 上海农学院

42. 上海第二医科大学

43. 上海中医学院

44. 上海奉贤医学专科学校

45. 上海师范大学

46. 上海技术师范学院

47. 上海师范专科学校

48. 上海幼儿师范专科学校

49. 立信会计专科学校

50. 上海公安专科学校

51. 上海法律专科学校

说明：上海出版印刷专科学校、上海金融专科学校由中专升格。

1988 年

【国家部委属高校】

1. 复旦大学

2. 上海交通大学

3. 同济大学

4. 华东化工学院

5. 上海机械学院

6. 上海铁道学院

7. 上海海运学院

8. 中国纺织大学

9. 上海电力学院

10. 上海建筑材料工业学院

11. 上海医疗器械专科学校

12. 上海石油化工专科学校

13. 上海机械专科学校

14. 上海出版印刷专科学校

15. 上海水产大学

16. 上海医科大学

17. 上海铁道医学院

18. 华东师范大学

19. 上海外国语学院

20. 上海财经大学

21. 上海对外贸易学院

22. 上海海关专科学校

23. 上海旅游专科学校

24. 上海金融专科学校

25. 华东政法学院

26. 上海体育学院

27. 上海音乐学院

28. 上海戏剧学院

【上海市地方高校】

29. 上海大学

30. 上海工业大学

31. 上海科学技术大学

32. 上海冶金专科学校

33. 上海轻工业专科学校

34. 上海化学工业专科学校

35. 上海纺织工业专科学校

36. 上海科技专科学校

37. 上海第二冶金专科学校

38. 上海工程技术大学

39. 上海城市建设学院

40. 上海电机制造专科学校

41. 上海农学院

42. 上海第二医科大学

43. 上海中医学院

44. 上海奉贤医学专科学校

45. 上海师范大学

46. 上海技术师范学院

47. 上海师范专科学校

48. 上海幼儿师范专科学校

49. 立信会计专科学校

50. 上海公安专科学校

51. 上海法律专科学校

1989 年

【国家部委属高校】

1. 复旦大学

2. 上海交通大学

3. 同济大学

4. 华东化工学院

5. 中国纺织大学

6. 上海海运学院

7. 上海铁道学院

8. 上海机械学院

9. 上海电力学院

10. 上海建筑材料工业学院

11. 上海医疗器械专科学校

12. 上海石油化工专科学校

13. 上海机械专科学校

14. 上海出版印刷专科学校

15. 上海水产大学

16. 上海医科大学

17. 上海铁道医学院

18. 华东师范大学

19. 上海外国语学院

20. 上海财经大学

21. 上海对外贸易学院

22. 上海海关专科学校

23. 上海旅游专科学校

24. 上海金融专科学校

25. 华东政法学院

26. 上海体育学院

27. 上海音乐学院

28. 上海戏剧学院

【上海市地方高校】

29. 上海大学

30. 上海工业大学

31. 上海科学技术大学

32. 上海科技专科学校

33. 上海工程技术大学

34. 上海城市建设学院

35. 上海纺织工业专科学校

36. 上海冶金专科学校

37. 上海第二冶金专科学校

38. 上海轻工业专科学校

39. 上海化学工业专科学校

40. 上海电机制造专科学校

41. 上海农学院

42. 上海第二医科大学

43. 上海中医学院

44. 上海奉贤医学专科学校

45. 上海师范大学

46. 上海技术师范学院

47. 上海师范专科学校

48. 上海幼儿师范专科学校

49. 立信会计专科学校

50. 上海公安专科学校

51. 上海法律专科学校

1990 年

【国家部委属高校】

1. 复旦大学

2. 上海交通大学

3. 同济大学

4. 华东化工学院

5. 中国纺织大学

6. 上海海运学院

7. 上海铁道学院

8. 上海机械学院

9. 上海电力学院

10. 上海建筑材料工业学院

11. 上海医疗器械专科学校

12. 上海石油化工专科学校

13. 上海机械专科学校

14. 上海出版印刷专科学校

15. 上海水产大学

16. 上海医科大学

17. 上海铁道医学院

18. 华东师范大学

19. 上海外国语学院

20. 上海财经大学

21. 上海对外贸易学院

22. 上海海关专科学校

23. 上海旅游专科学校

24. 上海金融专科学校

25. 华东政法学院

26. 上海体育学院

27. 上海音乐学院

28. 上海戏剧学院

【上海市地方高校】

29. 上海大学

30. 上海工业大学

31. 上海科学技术大学

32. 上海科技专科学校

33. 上海工程技术大学

34. 上海城市建设学院

35. 上海纺织工业专科学校

36. 上海冶金专科学校

37. 上海第二冶金专科学校

38. 上海轻工业专科学校

39. 上海化学工业专科学校

40. 上海电机制造专科学校

41. 上海农学院

42. 上海第二医科大学

43. 上海中医学院

44. 上海奉贤医学专科学校

45. 上海师范大学

46. 上海技术师范学院

47. 上海师范专科学校

48. 上海幼儿师范专科学校

49. 立信会计专科学校

50. 上海公安专科学校

51. 上海法律专科学校

1991 年

【国家部委属高校】

1. 复旦大学

2. 上海交通大学

3. 同济大学

4. 华东化工学院

5. 中国纺织大学

6. 上海海运学院

7. 上海铁道学院

8. 上海机械学院

9. 上海电力学院

10. 上海建筑材料工业学院

11. 上海医疗器械专科学校

12. 上海石油化工专科学校

13. 上海机械专科学校

14. 上海出版印刷专科学校

15. 上海水产大学

16. 上海医科大学

17. 上海铁道医学院

18. 华东师范大学

19. 上海外国语学院

20. 上海财经大学

21. 上海对外贸易学院

22. 上海海关专科学校

23. 上海旅游专科学校

24. 上海金融专科学校

25. 华东政法学院

26. 上海体育学院

27. 上海音乐学院

28. 上海戏剧学院

【上海市地方高校】

29. 上海大学

30. 上海工业大学

31. 上海科学技术大学

32. 上海工程技术大学

33. 上海城市建设学院

34. 上海科技专科学校

35. 上海纺织工业专科学校

36. 上海冶金专科学校

37. 上海轻工业专科学校

38. 上海化学工业专科学校

39. 上海电机制造专科学校

40. 上海农学院

41. 上海第二医科大学

42. 上海中医学院

43. 上海奉贤医学专科学校

44. 上海师范大学

45. 上海技术师范学院

46. 上海师范专科学校

47. 上海幼儿师范专科学校

48. 立信会计专科学校

49. 上海公安专科学校

50. 上海法律专科学校

说明：上海第二冶金专科学校并入上海冶金专科学校。

1992 年

【国家部委属高校】

1. 复旦大学

2. 上海交通大学

3. 同济大学

4. 华东化工学院

5. 中国纺织大学

6. 上海海运学院

7. 上海铁道学院

8. 上海机械学院

9. 上海电力学院

10. 上海建筑材料工业学院

11. 上海医疗器械专科学校

12. 上海石油化工专科学校

13. 上海机械高等专科学院

14. 上海出版印刷专科学校

15. 上海水产大学

16. 上海医科大学

17. 上海铁道医学院

18. 华东师范大学

19. 上海外国语学院

20. 上海财经大学

21. 上海对外贸易学院

22. 上海海关高等专科学校

23. 上海旅游高等专科学校

24. 上海金融高等专科学校

25. 华东政法学院

26. 上海体育学院

27. 上海音乐学院

28. 上海戏剧学院

【上海市地方高校】

29. 上海大学

30. 上海工业大学

31. 上海科学技术大学

32. 上海工程技术大学

33. 上海城市建设学院

34. 上海科技专科学校

35. 上海纺织工业专科学校

36. 上海冶金专科学校

37. 上海轻工业专科学校

38. 上海化学工业专科学校

39. 上海电机制造专科学校

40. 上海农学院

41. 上海第二医科大学

42. 上海中医学院

43. 上海奉贤医学专科学校

44. 上海师范大学

45. 上海技术师范学院

46. 上海师范专科学校

47. 上海幼儿师范专科学校

48. 立信会计专科学校

49. 上海公安专科学校

50. 上海法律专科学校

1993 年

【国家部委属高校】

1. 复旦大学

2. 上海交通大学

3. 同济大学

4. 华东理工大学

5. 中国纺织大学

6. 上海海运学院

7. 上海铁道学院

8. 上海机械学院

9. 上海电力学院

10. 上海建筑材料工业学院

11. 上海医疗器械高等专科学校

12. 上海石油化工高等专科学校

13. 上海机械高等专科学校

14. 上海出版印刷高等专科学校

15. 上海水产大学

16. 上海医科大学

17. 上海铁道医学院

18. 华东师范大学

19. 上海外国语学院

20. 上海财经大学

21. 上海对外贸易学院

22. 上海海关高等专科学校

23. 上海旅游高等专科学校

24. 上海金融高等专科学校

25. 华东政法学院

26. 上海体育学院

27. 上海音乐学院

28. 上海戏剧学院

【上海市地方高校】

29. 上海大学

30. 上海工业大学

31. 上海科学技术大学

32. 上海工程技术大学

33. 上海城市建设学院

34. 上海科技高等专科学校

35. 上海纺织工业高等专科学校

36. 上海冶金高等专科学校

37. 上海轻工业高等专科学校

38. 上海化学工业高等专科学校

39. 上海电机制造高等专科学校

40. 上海农学院

41. 上海第二医科大学

42. 上海中医药大学

43. 上海奉贤医学专科学校

44. 上海师范大学

45. 上海技术师范学院

46. 上海师范高等专科学校

47. 上海幼儿师范专科学校

48. 立信会计高等专科学校

49. 上海公安高等专科学校

说明：上海法律专科学校并入上海大学。华东化工学院更名为华东理工大学，上海中医学院更名为上海中医药大学。

1994 年

【国家部委属高校】

1. 复旦大学

2. 上海交通大学

3. 同济大学

4. 华东理工大学

5. 中国纺织大学

6. 上海海运学院

7. 上海铁道学院

8. 华东工业大学

9. 上海电力学院

10. 上海建筑材料工业学院

11. 上海医疗器械高等专科学校

12. 上海石油化工高等专科学校

13. 上海机械高等专科学校

14. 上海出版印刷高等专科学校

15. 上海水产大学

16. 上海医科大学

17. 上海铁道医学院

18. 华东师范大学

19. 上海外国语大学

20. 上海财经大学

21. 上海对外贸易学院

22. 上海海关高等专科学校

23. 上海旅游高等专科学校

24. 上海金融高等专科学校

25. 华东政法学院

26. 上海体育学院

27. 上海音乐学院

28. 上海戏剧学院

【上海市地方高校】

29. 上海大学

30. 上海工程技术大学

31. 上海城市建设学院

32. 上海纺织工业高等专科学校

33. 上海冶金高等专科学校

34. 上海轻工业高等专科学校

35. 上海化学工业高等专科学校

36. 上海电机制造高等专科学校

37. 上海农学院

38. 上海第二医科大学

39. 上海中医药大学

40. 上海医学高等专科学校

41. 上海师范大学

42. 上海师范高等专科学校

43. 上海幼儿师范专科学校

44. 立信会计高等专科学校

45. 上海公安高等专科学校

46. 上海杉达学院(民办)

说明：上海工业大学、上海科学技术大学、上海大学、上海科技高等专科学校合并组建新的上海大学。上海技术师范学院并入上海师范大学。上海杉达学院(民办)新建。上海外国语学院更名为上海外国语大学,上海机械学院更名为华东工业大学,上海奉贤医学专科学校更名为上海医学高等专科学校。

1995 年

【国家部委属高校】

1. 复旦大学

2. 上海交通大学

3. 同济大学

4. 华东理工大学

5. 中国纺织大学

6. 上海海运学院

7. 上海铁道大学

8. 华东工业大学

9. 上海电力学院

10. 上海建筑材料工业学院

11. 上海医疗器械高等专科学校

12. 上海石油化工高等专科学校

13. 上海机械高等专科学校

14. 上海出版印刷高等专科学校

15. 上海水产大学

16. 上海医科大学

17. 华东师范大学

18. 上海外国语大学

19. 上海财经大学

20. 上海海关高等专科学校

21. 上海旅游高等专科学校

22. 上海金融高等专科学校

23. 华东政法学院

24. 上海体育学院

25. 上海音乐学院

26. 上海戏剧学院

【上海市地方高校】

27. 上海大学

28. 上海工程技术大学

29. 上海城市建设学院

30. 上海对外贸易学院

31. 上海纺织工业高等专科学校

32. 上海冶金高等专科学校

33. 上海轻工业高等专科学校

34. 上海化学工业高等专科学校

35. 上海电机技术高等专科学校

36. 上海农学院

37. 上海第二医科大学

38. 上海中医药大学

39. 上海医学高等专科学校

40. 上海师范大学

41. 上海师范高等专科学校

42. 上海幼儿师范专科学校

43. 立信会计高等专科学校

44. 上海公安高等专科学校

45. 上海杉达学院（民办）

说明：上海铁道学院和上海铁道医学院合并组建为上海铁道大学。上海电机制造高等专科学校更名为上海电机技术高等专科学校。

1996 年

【国家部委属高校】

1. 复旦大学

2. 上海交通大学

3. 同济大学

4. 华东理工大学

5. 中国纺织大学

6. 上海海运学院

7. 上海铁道大学

8. 上海理工大学

9. 上海电力学院

10. 上海医疗器械高等专科学校

11. 上海出版印刷高等专科学校

12. 上海水产大学

13. 上海医科大学

14. 华东师范大学

15. 上海外国语大学

16. 上海财经大学

17. 上海海关高等专科学校

18. 上海旅游高等专科学校

19. 上海金融高等专科学校

20. 华东政法学院

21. 上海体育学院

22. 上海音乐学院

23. 上海戏剧学院

【上海市地方高校】

24. 上海大学

25. 上海工程技术大学

26. 上海对外贸易学院

27. 上海纺织工业高等专科学校

28. 上海冶金高等专科学校

29. 上海轻工业高等专科学校

30. 上海化学工业高等专科学校

31. 上海电机技术高等专科学校

32. 上海农学院

33. 上海第二医科大学

34. 上海中医药大学

35．上海医学高等专科学校

36．上海师范大学

37．上海师范高等专科学校

38．上海幼儿师范高等专科学校

39．立信会计高等专科学校

40．上海公安高等专科学校

41．上海杉达学院（民办）

说明：上海城市建设学院、上海建筑材料工业学院并入同济大学，上海机械高等专科学校并入华东理工大学，华东工业大学更名为上海理工大学，上海石油化工高等专科学校并入华东理工大学。

1997 年

【国家部委属高校】

1．复旦大学

2．上海交通大学

3．同济大学

4．华东理工大学

5．中国纺织大学

6．上海海运学院

7．上海铁道大学

8．上海理工大学

9．上海电力学院

10．上海医疗器械高等专科学校

11．上海出版印刷高等专科学校

12．上海水产大学

13．上海医科大学

14．华东师范大学

15．上海外国语大学

16．上海财经大学

17．上海海关高等专科学校

18．上海旅游高等专科学校

19．上海金融高等专科学校

20．华东政法学院

21．上海体育学院

22．上海音乐学院

23．上海戏剧学院

【上海市地方高校】

24．上海大学

25．上海工程技术大学

26．上海对外贸易学院

27. 上海纺织工业高等专科学校

28. 上海冶金高等专科学校

29. 上海轻工业高等专科学校

30. 上海化学工业高等专科学校

31. 上海电机技术高等专科学校

32. 上海农学院

33. 上海第二医科大学

34. 上海中医药大学

35. 上海医学高等专科学校

36. 上海师范大学

37. 上海师范高等专科学校

38. 上海幼儿师范专科学校

39. 立信会计高等专科学校

40. 上海公安高等专科学校

41. 上海杉达学院(民办)

1998 年

【国家部委属院校】

1. 复旦大学

2. 上海交通大学

3. 同济大学

4. 华东理工大学

5. 中国纺织大学

6. 上海海运学院

7. 上海铁道大学

8. 上海理工大学

9. 上海电力学院

10. 上海医疗器械高等专科学校

11. 上海出版印刷高等专科学校

12. 上海水产大学

13. 上海医科大学

14. 华东师范大学

15. 上海外国语大学

16. 上海财经大学

17. 上海海关高等专科学校

18. 上海旅游高等专科学校

19. 上海金融高等专科学校

20. 华东政法学院

21. 上海体育学院

22. 上海音乐学院

23. 上海戏剧学院

【上海市地方高校】

24. 上海大学

25. 上海工程技术大学

26. 上海对外贸易学院

27. 上海纺织高等专科学校

28. 上海冶金高等专科学校

29. 上海轻工业高等专科学校

30. 上海化学工业高等专科学校

31. 上海电机技术高等专科学校

32. 上海农学院

33. 上海第二医科大学

34. 上海中医药大学

35. 上海医学高等专科学校

36. 上海师范大学

37. 立信会计高等专科学校

38. 上海公安高等专科学校

39. 上海商业职业技术学院

40. 上海第二工业大学

41. 上海杉达学院（民办）

说明：上海师范高等专科学校并入上海师范大学；上海幼儿师范高等专科学校并入华东师范大学；新建上海商业职业技术学院；上海第二工业大学由成人高校转制为普通高校。

1999 年

【国家部委属院校】

1. 复旦大学

2. 上海交通大学

3. 同济大学

4. 华东理工大学

5. 东华大学

6. 上海海运学院

7. 上海铁道大学

8. 上海电力学院

9. 上海医疗器械高等专科学校

10. 上海出版印刷高等专科学校

11. 上海水产大学

12. 上海医科大学

13. 华东师范大学

14. 上海外国语大学

15. 上海财经大学

16. 上海海关高等专科学校

17. 上海旅游高等专科学校

18. 上海金融高等专科学校

19. 华东政法学院

20. 上海体育学院

21. 上海音乐学院

22. 上海戏剧学院

【上海市属高校】

23. 上海理工大学

24. 上海大学

25. 上海工程技术大学

26. 上海对外贸易学院

27. 上海冶金高等专科学校

28. 上海轻工业高等专科学校

29. 上海化学工业高等专科学校

30. 上海电机技术高等专科学校

31. 上海第二医科大学

32. 上海中医药大学

33. 上海医学高等专科学校

34. 上海师范大学

35. 立信会计高等专科学校

36. 上海公安高等专科学校

37. 上海杉达学院(民办)

38. 上海商业职业技术学院

39. 上海东沪职业技术学院

40. 东海职业技术学院(民办)

41. 新侨职业技术学院(民办)

42. 上海第二工业大学

说明:上海农学院并入上海交通大学。上海纺织高等专科学校并入中国纺织大学并更名为东华大学。新建上海东沪职业技术学院、新侨职业技术学院(民办)、东海职业技术学院(民办)。

2000 年

【国家部委属院校】

1. 复旦大学

2. 上海交通大学

3. 同济大学

4. 华东理工大学

5. 东华大学

6. 华东师范大学

7. 上海外国语大学

8. 上海财经大学

9. 上海体育学院

10. 上海海关高等专科学校

【上海市属高校】

11. 上海理工大学

12. 上海大学

13. 上海工程技术大学

14. 上海第二医科大学

15. 上海中医药大学

16. 上海师范大学

17. 上海对外贸易学院

18. 上海应用技术学院

19. 上海海运学院

20. 上海电力学院

21. 上海水产大学

22. 华东政法学院

23. 上海音乐学院

24. 上海戏剧学院

25. 上海电机技术高等专科学校

26. 上海公安高等专科学校

27. 立信会计高等专科学校

28. 上海医疗器械高等专科学校

29. 上海金融高等专科学校

30. 上海出版印刷高等专科学校

31. 上海旅游高等专科学校

32. 上海杉达学院(民办)

33. 上海商业职业技术学院

34. 上海东沪职业技术学院

35. 东海职业技术学院(民办)

36. 新侨职业技术学院(民办)

37. 上海第二工业大学

说明：上海轻工业高等专科学校、上海冶金高等专科学校、上海化学工业高等专科学校合并组建上海应用技术学院。上海医科大学并入复旦大学,上海铁道大学并入同济大学,上海医学高等专科学校并入上海中医药大学。

2001 年

【国家部委属院校】

1. 复旦大学

2. 上海交通大学

3. 同济大学

4. 华东理工大学

5. 东华大学

6. 华东师范大学

7. 上海外国语大学

8. 上海财经大学

9. 上海海关高等专科学校

【上海市属高校】

10. 上海理工大学

11. 上海大学

12. 上海工程技术大学

13. 上海第二医科大学

14. 上海中医药大学

15. 上海师范大学

16. 上海对外贸易学院

17. 上海应用技术学院

18. 上海海运学院

19. 上海电力学院

20. 上海水产大学

21. 华东政法学院

22. 上海体育学院

23. 上海戏剧学院

24. 上海音乐学院

25. 上海电机技术高等专科学校

26. 上海公安高等专科学校

27. 立信会计高等专科学校

28. 上海医疗器械高等专科学校

29. 上海金融高等专科学校

30. 上海出版印刷高等专科学校

31. 上海旅游高等专科学校

32. 上海杉达学院(民办)

33. 上海商业职业技术学院

34. 东海职业技术学院(民办)

35. 新侨职业技术学院(民办)

36. 上海第二工业大学

37. 上海东沪职业技术学院

38. 上海行健职业学院

39. 上海城市管理职业技术学院

40. 上海交通职业技术学院

41. 上海海事职业技术学院

42. 上海电子信息职业技术学院

43. 上海济光职业技术学院（民办）

44. 上海建桥职业技术学院（民办）

45. 上海工商外国语职业技术学院（民办）

46. 上海科学技术职业学院

说明：转制、组建和新建上海行健职业学院等 9 所高等职业技术学院，其中 3 所为民办。

2002 年

【国家部委属院校】

1. 复旦大学

2. 上海交通大学

3. 同济大学

4. 华东理工大学

5. 东华大学

6. 华东师范大学

7. 上海外国语大学

8. 上海财经大学

9. 上海海关高等专科学校

【上海市属高校】

10. 上海理工大学

11. 上海大学

12. 上海工程技术大学

13. 上海第二医科大学

14. 上海中医药大学

15. 上海师范大学

16. 上海对外贸易学院

17. 上海应用技术学院

18. 上海海运学院

19. 上海电力学院

20. 上海水产大学

21. 华东政法学院

22. 上海体育学院

23. 上海戏剧学院

24. 上海音乐学院

25. 上海杉达学院（民办）

26. 立信会计高等专科学校

27. 上海金融高等专科学校

28. 上海第二工业大学

29. 上海电机技术高等专科学校

30. 上海公安高等专科学校

31. 上海医疗器械高等专科学校

32. 上海出版印刷高等专科学校

33. 上海旅游高等专科学校

34. 上海商业职业技术学院

35. 东海职业技术学院(民办)

36. 新侨职业技术学院(民办)

37. 上海行健职业学院

38. 上海城市管理职业技术学院

39. 上海交通职业技术学院

40. 上海海事职业技术学院

41. 上海电子信息职业技术学院

42. 上海济光职业技术学院(民办)

43. 上海建桥职业技术学院(民办)

44. 上海工商外国语职业技术学院(民办)

45. 上海科学技术职业学院

46. 上海农林职业技术学院

47. 上海建峰职业技术学院

48. 上海邦德职业技术学院(民办)

49. 上海托普信息技术职业学院(民办)

50. 上海中侨职业技术学院(民办)

51. 上海欧华职业技术学院(民办)

52. 上海思博职业技术学院(民办)

53. 上海立达职业技术学院(民办)

说明:上海东沪职业技术学院并入上海第二工业大学。上海农林职业技术学院等8所高等职业技术学院建校(其中6所为民办)。

2003 年

【国家部委属院校】

1. 复旦大学

2. 上海交通大学

3. 同济大学

4. 华东理工大学

5. 东华大学

6. 华东师范大学

7. 上海外国语大学

8. 上海财经大学

9. 上海海关高等专科学校

【上海市属高校】

10. 上海理工大学

11. 上海大学

12. 上海工程技术大学

13. 上海第二医科大学

14. 上海中医药大学

15. 上海师范大学

16. 上海对外贸易学院

17. 上海应用技术学院

18. 上海海运学院

19. 上海电力学院

20. 上海水产大学

21. 华东政法学院

22. 上海体育学院

23. 上海戏剧学院

24. 上海音乐学院

25. 上海杉达学院（民办）

26. 上海立信会计学院

27. 上海金融学院

28. 上海第二工业大学

29. 上海电机技术高等专科学校

30. 上海公安高等专科学校

31. 上海医疗器械高等专科学校

32. 上海出版印刷高等专科学校

33. 上海旅游高等专科学校

34. 上海商业职业技术学院

35. 上海东海职业技术学院（民办）

36. 上海新侨职业技术学院（民办）

37. 上海行健职业学院

38. 上海城市管理职业技术学院

39. 上海交通职业技术学院

40. 上海海事职业技术学院

41. 上海电子信息职业技术学院

42. 上海济光职业技术学院（民办）

43. 上海建桥职业技术学院（民办）

44. 上海工商外国语职业技术学院（民办）

45. 上海科学技术职业学院

46. 上海农林职业技术学院

47. 上海建峰职业技术学院

48. 上海邦德职业技术学院（民办）

49. 上海托普信息技术职业学院（民办）

50. 上海中侨职业技术学院（民办）

51. 上海震旦职业学院(民办)

52. 上海民远职业技术学院(民办)

53. 上海欧华职业技术学院(民办)

54. 上海思博职业技术学院(民办)

55. 上海立达职业技术学院(民办)

56. 上海工艺美术职业学院

说明：民办上海震旦职业学院(原上海东方文化职业学院)、民办上海民远技术学院建立。上海工艺美术学院转型组建。立信会计高等专科学校升格为上海立信会计学院，上海金融高等专科学校升格为上海金融学院。

2004 年

【国家部委属院校】

1. 复旦大学

2. 上海交通大学

3. 同济大学

4. 华东理工大学

5. 东华大学

6. 华东师范大学

7. 上海外国语大学

8. 上海财经大学

9. 上海海关高等专科学校

【上海市属高校】

10. 上海理工大学

11. 上海大学

12. 上海工程技术大学

13. 上海第二医科大学

14. 上海中医药大学

15. 上海师范大学

16. 上海对外贸易学院

17. 上海应用技术学院

18. 上海海事大学

19. 上海电力学院

20. 上海水产大学

21. 华东政法学院

22. 上海体育学院

23. 上海戏剧学院

24. 上海音乐学院

25. 上海杉达学院(民办)

26. 上海立信会计学院

27. 上海金融学院

28. 上海第二工业大学

29. 上海电机学院

30. 上海政法学院

31. 上海商学院

32. 复旦大学太平洋金融学院(民办)

33. 上海外国语大学贤达经济人文学院(民办)

34. 上海医疗器械高等专科学校

35. 上海出版印刷高等专科学校

36. 上海旅游高等专科学校

37. 上海公安高等专科学校

38. 上海行健职业学院

39. 上海城市管理职业技术学院

40. 上海交通职业技术学院

41. 上海海事职业技术学院

42. 上海电子信息职业技术学院

43. 上海科学技术职业学院

44. 上海农林职业技术学院

45. 上海工艺美术职业学院

46. 上海建峰职业技术学院

47. 上海东海职业技术学院(民办)

48. 上海新侨职业技术学院(民办)

49. 上海济光职业技术学院(民办)

50. 上海建桥职业技术学院(民办)

51. 上海工商外国语职业技术学院(民办)

52. 上海震旦职业学院(民办)

53. 上海民远职业技术学院(民办)

54. 上海欧华职业技术学院(民办)

55. 上海思博职业技术学院(民办)

56. 上海立达职业技术学院(民办)

57. 上海电影艺术职业学院(民办)

58. 上海邦德职业技术学院(民办)

59. 上海托普信息技术职业学院(民办)

60. 上海中侨职业技术学院(民办)

61. 上海中华职业技术学院(民办)

说明:复旦大学太平洋金融学院、上海外国语大学贤达经济人文学院2所独立学院成立。上海政法学院独立设置为普通高校。上海商业职业技术学院改制成立上海商学院。民办上海中华职业学院、民办上海电影艺术职业学院成立。上海电机技术高等专科学校升格为上海电机学院。上海海运学院更名为上海海事大学。

2005 年

【国家部委属高校】

1. 复旦大学
2. 上海交通大学
3. 同济大学
4. 华东理工大学
5. 东华大学
6. 华东师范大学
7. 上海外国语大学
8. 上海财经大学
9. 上海海关高等专科学校

【上海市属本科院校】

10. 上海理工大学
11. 上海大学
12. 上海工程技术大学
13. 上海中医药大学
14. 上海师范大学
15. 上海对外贸易学院
16. 上海应用技术学院
17. 上海海事大学
18. 上海电力学院
19. 上海水产大学
20. 华东政法学院
21. 上海体育学院
22. 上海戏剧学院
23. 上海音乐学院
24. 上海杉达学院(民办)
25. 上海立信会计学院
26. 上海电机学院
27. 上海金融学院
28. 上海政法学院
29. 上海第二工业大学
30. 上海商学院
31. 上海建桥学院(民办)
32. 复旦大学上海视觉艺术学院(民办)
33. 复旦大学太平洋金融学院(民办)
34. 上海外国语大学贤达经济人文学院(民办)
35. 上海师范大学天华学院(民办)

【上海市属专科院校】

36. 上海医疗器械高等专科学校

37. 上海出版印刷高等专科学校

38. 上海旅游高等专科学校

39. 上海公安高等专科学校

【上海市属高职院校】

40. 上海行健职业学院

41. 上海城市管理职业技术学院

42. 上海交通职业技术学院

43. 上海海事职业技术学院

44. 上海电子信息职业技术学院

45. 上海科学技术职业学院

46. 上海农林职业技术学院

47. 上海工艺美术职业学院

48. 上海建峰职业技术学院

49. 上海工会管理职业学院

50. 上海卫生职业技术学院

51. 上海东海职业技术学院(民办)

52. 上海新侨职业技术学院(民办)

53. 上海震旦职业学院(民办)

54. 上海民远职业技术学院(民办)

55. 上海欧华职业技术学院(民办)

56. 上海思博职业技术学院(民办)

57. 上海立达职业技术学院(民办)

58. 上海济光职业技术学院(民办)

59. 上海工商外国语职业技术学院(民办)

60. 上海邦德职业技术学院(民办)

61. 上海托普信息技术职业学院(民办)

62. 上海中侨职业技术学院(民办)

63. 上海电影艺术职业学院(民办)

64. 上海中华职业技术学院(民办)

说明:复旦大学上海视觉艺术学院、上海师范大学天华学院2所独立学院成立。上海建桥职业技术学院升格为上海建桥学院(民办)。新建上海工会管理职业学院、上海卫生职业技术学院。上海交通大学与上海第二医科大学合并。

2006 年

【国家部委属高校】

1. 复旦大学

2. 上海交通大学

3. 同济大学

4. 华东理工大学

5. 东华大学

6. 华东师范大学

7. 上海外国语大学

8. 上海财经大学

9. 上海海关高等专科学校

【上海市属本科院校】

10. 上海理工大学

11. 上海大学

12. 上海工程技术大学

13. 上海中医药大学

14. 上海师范大学

15. 上海对外贸易学院

16. 上海应用技术学院

17. 上海海事大学

18. 上海电力学院

19. 上海水产大学

20. 华东政法学院

21. 上海体育学院

22. 上海戏剧学院

23. 上海音乐学院

24. 上海杉达学院(民办)

25. 上海立信会计学院

26. 上海电机学院

27. 上海金融学院

28. 上海政法学院

29. 上海第二工业大学

30. 上海商学院

31. 上海建桥学院(民办)

32. 复旦大学上海视觉艺术学院(民办)

33. 复旦大学太平洋金融学院(民办)

34. 上海外国语大学贤达经济人文学院(民办)

35. 上海师范大学天华学院(民办)

36. 同济大学同科学院(民办)

【上海市属专科院校】

37. 上海医疗器械高等专科学校

38. 上海出版印刷高等专科学校

39. 上海旅游高等专科学校

40. 上海公安高等专科学校

41. 上海医药高等专科学校

【上海市属高职院校】

42. 上海行健职业学院

43. 上海城市管理职业技术学院

44. 上海交通职业技术学院

45. 上海海事职业技术学院

46. 上海电子信息职业技术学院

47. 上海科学技术职业学院

48. 上海农林职业技术学院

49. 上海工艺美术职业学院

50. 上海建峰职业技术学院

51. 上海工会管理职业学院

52. 上海东海职业技术学院(民办)

53. 上海新侨职业技术学院(民办)

54. 上海震旦职业学院(民办)

55. 上海民远职业技术学院(民办)

56. 上海欧华职业技术学院(民办)

57. 上海思博职业技术学院(民办)

58. 上海立达职业技术学院(民办)

59. 上海济光职业技术学院(民办)

60. 上海工商外国语职业技术学院(民办)

61. 上海邦德职业技术学院(民办)

62. 上海托普信息技术职业学院(民办)

63. 上海中侨职业技术学院(民办)

64. 上海电影艺术职业学院(民办)

65. 上海中华职业技术学院(民办)

说明:上海卫生职业技术学院更名为上海医药高等专科学校。同济大学同科学院(独立学院)试办。

2007 年

【国家部委属高校】

1. 复旦大学

2. 上海交通大学

3. 同济大学

4. 华东理工大学

5. 东华大学

6. 华东师范大学

7. 上海外国语大学

8. 上海财经大学

9. 上海海关学院

【上海市属本科院校】

10. 上海理工大学

11. 上海大学

12. 上海工程技术大学

13. 上海中医药大学

14. 上海师范大学

15. 上海对外贸易学院

16. 上海应用技术学院

17. 上海海事大学

18. 上海电力学院

19. 上海水产大学

20. 华东政法大学

21. 上海体育学院

22. 上海戏剧学院

23. 上海音乐学院

24. 上海杉达学院(民办)

25. 上海立信会计学院

26. 上海电机学院

27. 上海金融学院

28. 上海政法学院

29. 上海第二工业大学

30. 上海商学院

31. 上海建桥学院(民办)

32. 复旦大学上海视觉艺术学院(民办)

33. 复旦大学太平洋金融学院(民办)

34. 上海外国语大学贤达经济人文学院(民办)

35. 上海师范大学天华学院(民办)

36. 同济大学同科学院(民办)

【上海市属专科院校】

37. 上海医疗器械高等专科学校

38. 上海出版印刷高等专科学校

39. 上海旅游高等专科学校

40. 上海公安高等专科学校

41. 上海医药高等专科学校

【上海市属高职院校】

42. 上海行健职业学院

43. 上海城市管理职业技术学院

44. 上海交通职业技术学院

45. 上海海事职业技术学院

46. 上海电子信息职业技术学院

47. 上海科学技术职业学院

48. 上海农林职业技术学院

49. 上海工艺美术职业学院

50. 上海建峰职业技术学院

51. 上海工会管理职业学院

52. 上海东海职业技术学院(民办)

53. 上海新侨职业技术学院(民办)

54. 上海震旦职业学院(民办)

55. 上海民远职业技术学院(民办)

56. 上海欧华职业技术学院(民办)

57. 上海思博职业技术学院(民办)

58. 上海立达职业技术学院(民办)

59. 上海济光职业技术学院(民办)

60. 上海工商外国语职业技术学院(民办)

61. 上海邦德职业技术学院(民办)

62. 上海托普信息技术职业学院(民办)

63. 上海中侨职业技术学院(民办)

64. 上海电影艺术职业学院(民办)

65. 上海中华职业技术学院(民办)

说明:上海海关高等专科学校升格为上海海关学院。华东政法学院更名为华东政法大学。

2008 年

【国家部委属高校】

1. 复旦大学

2. 上海交通大学

3. 同济大学

4. 华东理工大学

5. 东华大学

6. 华东师范大学

7. 上海外国语大学

8. 上海财经大学

9. 上海海关学院

【上海市属本科院校】

10. 上海理工大学

11. 上海大学

12. 上海工程技术大学

13. 上海中医药大学

14. 上海师范大学

15. 上海对外贸易学院

16. 上海应用技术学院

17. 上海海事大学

18. 上海电力学院

19. 上海海洋大学

20. 华东政法大学

21. 上海体育学院

22. 上海戏剧学院

23. 上海音乐学院

24. 上海杉达学院(民办)

25. 上海立信会计学院

26. 上海电机学院

27. 上海金融学院

28. 上海政法学院

29. 上海第二工业大学

30. 上海商学院

31. 上海建桥学院(民办)

32. 复旦大学上海视觉艺术学院(民办)

33. 复旦大学太平洋金融学院(民办)

34. 上海外国语大学贤达经济人文学院(民办)

35. 上海师范大学天华学院(民办)

36. 同济大学同科学院(民办)

【上海市属专科院校】

37. 上海医疗器械高等专科学校

38. 上海出版印刷高等专科学校

39. 上海旅游高等专科学校

40. 上海公安高等专科学校

41. 上海医药高等专科学校

【上海市属高职院校】

42. 上海行健职业学院

43. 上海城市管理职业技术学院

44. 上海交通职业技术学院

45. 上海海事职业技术学院

46. 上海电子信息职业技术学院

47. 上海科学技术职业学院

48. 上海农林职业技术学院

49. 上海工艺美术职业学院

50. 上海建峰职业技术学院

51. 上海工会管理职业学院

52. 上海体育职业学院

53. 上海东海职业技术学院(民办)

54. 上海新侨职业技术学院(民办)

55. 上海震旦职业学院(民办)

56. 上海民远职业技术学院（民办）

57. 上海欧华职业技术学院（民办）

58. 上海思博职业技术学院（民办）

59. 上海立达职业技术学院（民办）

60. 上海济光职业技术学院（民办）

61. 上海工商外国语职业技术学院（民办）

62. 上海邦德职业技术学院（民办）

63. 上海托普信息技术职业学院（民办）

64. 上海中侨职业技术学院（民办）

65. 上海电影艺术职业学院（民办）

66. 上海中华职业技术学院（民办）

说明：上海运动技术学校改建为上海体育职业学院。上海水产大学更名为上海海洋大学。

2009 年

【国家部委属高校】

1. 复旦大学

2. 上海交通大学

3. 同济大学

4. 华东理工大学

5. 东华大学

6. 华东师范大学

7. 上海外国语大学

8. 上海财经大学

9. 上海海关学院

【上海市属本科院校】

10. 上海理工大学

11. 上海大学

12. 上海工程技术大学

13. 上海中医药大学

14. 上海师范大学

15. 上海对外贸易学院

16. 上海应用技术学院

17. 上海海事大学

18. 上海电力学院

19. 上海海洋大学

20. 华东政法大学

21. 上海体育学院

22. 上海戏剧学院

23. 上海音乐学院

24. 上海杉达学院（民办）

25. 上海立信会计学院

26. 上海电机学院

27. 上海金融学院

28. 上海政法学院

29. 上海第二工业大学

30. 上海商学院

31. 上海建桥学院(民办)

32. 复旦大学上海视觉艺术学院(民办)

33. 复旦大学太平洋金融学院(民办)

34. 上海外国语大学贤达经济人文学院(民办)

35. 上海师范大学天华学院(民办)

36. 同济大学同科学院(民办)

【上海市属专科院校】

37. 上海医疗器械高等专科学校

38. 上海出版印刷高等专科学校

39. 上海旅游高等专科学校

40. 上海公安高等专科学校

41. 上海医药高等专科学校

【上海市属高职院校】

42. 上海行健职业学院

43. 上海城市管理职业技术学院

44. 上海交通职业技术学院

45. 上海海事职业技术学院

46. 上海电子信息职业技术学院

47. 上海科学技术职业学院

48. 上海农林职业技术学院

49. 上海工艺美术职业学院

50. 上海建峰职业技术学院

51. 上海工会管理职业学院

52. 上海体育职业学院

53. 上海东海职业技术学院(民办)

54. 上海新侨职业技术学院(民办)

55. 上海震旦职业学院(民办)

56. 上海民远职业技术学院(民办)

57. 上海欧华职业技术学院(民办)

58. 上海思博职业技术学院(民办)

59. 上海立达职业技术学院(民办)

60. 上海济光职业技术学院(民办)

61. 上海工商外国语职业技术学院(民办)

62. 上海邦德职业技术学院（民办）

63. 上海托普信息技术职业学院（民办）

64. 上海中侨职业技术学院（民办）

65. 上海电影艺术职业学院（民办）

66. 上海中华职业技术学院（民办）

2010 年

【国家部委属高校】

1. 复旦大学

2. 上海交通大学

3. 同济大学

4. 华东理工大学

5. 东华大学

6. 华东师范大学

7. 上海外国语大学

8. 上海财经大学

9. 上海海关学院

【上海市属本科院校】

10. 上海理工大学

11. 上海大学

12. 上海工程技术大学

13. 上海中医药大学

14. 上海师范大学

15. 上海对外贸易学院

16. 上海应用技术学院

17. 上海海事大学

18. 上海电力学院

19. 上海海洋大学

20. 华东政法大学

21. 上海体育学院

22. 上海戏剧学院

23. 上海音乐学院

24. 上海杉达学院（民办）

25. 上海立信会计学院

26. 上海电机学院

27. 上海金融学院

28. 上海政法学院

29. 上海第二工业大学

30. 上海商学院

31. 上海建桥学院（民办）

32. 复旦大学上海视觉艺术学院(民办)

33. 复旦大学太平洋金融学院(民办)

34. 上海外国语大学贤达经济人文学院(民办)

35. 上海师范大学天华学院(民办)

36. 同济大学同科学院(民办)

【上海市属专科院校】

37. 上海医疗器械高等专科学校

38. 上海出版印刷高等专科学校

39. 上海旅游高等专科学校

40. 上海公安高等专科学校

41. 上海医药高等专科学校

【上海市属高职院校】

42. 上海行健职业学院

43. 上海城市管理职业技术学院

44. 上海交通职业技术学院

45. 上海海事职业技术学院

46. 上海电子信息职业技术学院

47. 上海科学技术职业学院

48. 上海农林职业技术学院

49. 上海工艺美术职业学院

50. 上海建峰职业技术学院

51. 上海工会管理职业学院

52. 上海体育职业学院

53. 上海健康职业技术学院

54. 上海东海职业技术学院(民办)

55. 上海新侨职业技术学院(民办)

56. 上海震旦职业学院(民办)

57. 上海民远职业技术学院(民办)

58. 上海思博职业技术学院(民办)

59. 上海立达职业技术学院(民办)

60. 上海济光职业技术学院(民办)

61. 上海工商外国语职业技术学院(民办)

62. 上海邦德职业技术学院(民办)

63. 上海托普信息技术职业学院(民办)

64. 上海中侨职业技术学院(民办)

65. 上海电影艺术职业学院(民办)

66. 上海中华职业技术学院(民办)

说明:上海职工医学院(成人高校)转型更名为上海健康职业技术学院。

索　引

0～9（数字）

085 工程　103、106、107、152
　建设项目　152
　先行试点工作　107
2＋2＋2＋X 高校形态布局　10、102、408、431、434
　方案　408、434
　结构　431
2＋2＋X 高校布局　9、102、433
　规划方案　102
　结构调整　9、433
2＋X 专升本选拔考试科目　275
3＋1 航务签派联合培养项目　358
3＋X 考试模式　274
4＋50 课程建设模式　174
4＋M＋3 人才培养模式改革　200
21 世纪高等教育展望学术研讨会　396
100＋50＋若干队伍培养计划　176
211 工程　8、104～106、420、421
　部际协调小组办公室　105
　部门预审　104
　地方财政资金建设项目评审会　106
　二期建设　105
　高校　105、421
　九五建设项目验收　105
　配套政策　105
　三期建设　105
　重点学科建设　8、104
211 工程高校　105、421
211 工程项目建设　104、105、411、420
　高校计划投入　104
　中期检查　104
　主要目标　104

资金投入方式　105
资金组成　420
500 强企业研讨会　402
973 计划　329～332
　第一承担单位和首席科学家情况（表）　331
　项目　329、332
985 工程　8、11、84、106、128、421
　二期建设项目绩效中期检查　106
　经费　421
　项目　421
　专项资金拨款　421
985 工程高校　421
1978—1995 年上海市教育卫生办公室主任任职情况（表）　56
1978—2010 年上海高校教师（表）　219～222
　基本情况（表）　219
　职称分布情况（表）　222
1978—2010 年上海普通高等学校名录　557
1978—2010 年上海市高校　275、279、302
　本科、高职高专招生基本情况（表）　275
　毕业生基本情况（表）　302
　研究生规模（表）　279
1979—1995 年上海市高等教育局正副局长任职情况（表）　57
1979 年上海高校人文社会科学研究机构情况（表）　320
1980 年上海接受来华国际学生学校和专业情况（表）　369
1983—2010 年中共上海市教育卫生工作委员会书记任职情况（表）　58
1983 年上海高等学校（表）　121、334
　文科研究成果获特一二等奖项目一览（表）　334
　博士学位授予学科（学位点）和指导教师一览（表）

121

1984—1990年上海市智力开发倍增计划　4

1984—1992年上海高校国家重点实验室一览（表）
317

1986年上海对国际学生开放院校及专业名称情况（表）
369

1989—2009年国家教学成果奖上海高校获奖数目（表）
209

1989—2010年上海高校教育部重点实验室一览（表）
317

1991—2007年上海与外省市签定有关教育合作协议一
览（表）383

1991—2010年上海高校专任教师年龄分布情况（表）
223

1991年6月机关事业单位工作人员职务津贴标准情况
（表）228

1992—2001年华东理工大学研究课题与经费一览（表）
417

1992—2010年上海市学位委员会主任委员、常务副主
任委员任职情况（表）60

1992年上海高校人文社会科学研究机构情况（表）
321

1993年高等教育专业技术职务等级工资标准情况（表）
226

1993年技术工人工资标准情况（表）226

1993年普通工人工资标准情况（表）226

1993年职员职务等级工资标准情况（表）226

1994—2000年上海市对复旦大学教育经费拨款情况
412

1994—2001年原部委属划转上海市管理高等学校一览
（表）87

1994—2005年上海市普通高校合并调整概况一览
（表）9

1994—2010年上海高校国家工程（技术）研究中心一览
（表）320

1994—2010年上海市及区县两级财政对教育事业拨款
412

1995—2008年上海高校台湾地区学生数统计（表）
394

1995—2010年上海市　59、221、242
　　高校专任教师学历分布情况（表）221
　　教育委员会正副主任任职情况（表）59

曙光计划人数统计　242

1997年上海高校　108、125
　　教育部高等学校重点学科情况（表）125
　　综合改革交流研讨会　108

1999—2000年上海高校教育部人文社会科学重点研究
基地一览（表）322

2000—2010年上海市高校毕业生规模及就业率情况
（表）303

2000年973计划第一承担单位和首席科学家情况（表）
331

2000年上海市重点学科情况（表）128

2003—2005年度上海市安全文明校园申报　451

2004—2007年上海高校（表）　154、345
　　申请专利和获专利授权情况统计（表）345
　　实验室建设情况（表）154

2004年国际税收与中国税制改革研讨会　401

2005—2007年度上海高校国家助学贷款签约仪式
293

2005年1月机关事业单位工作人员职务津贴标准情况
（表）228

2005年调整后分学科高校生均公用经费定额标准（表）
269、419

2006—2009年上海高校国家级实验教学示范中心情况
（表）155

2006年事业单位专业技术人员（表）　227
　　岗位工资标准情况（表）227
　　薪级工资标准情况（表）227

2007—2010年晨光计划资助高校青年教师情况（表）
247

2007年上海市　145、385
　　第一批高等学校特色专业建设点情况（表）145
　　教育博览会　385

2007上海大学生创业周　310

2008—2010年上海高校人文社会科学重点研究基地一
览（表）323

2009年上海高校国家理科基础科学研究和教学人才培
养基地一览（表）200

2010年第二批高等学校特色专业建设点情况（表）
147

2010年上海研究生联合培养基地一览（表）202

A～Z（英文）

APEC会议志愿者队伍　189

BIOX 生命科学研究中心　331

BOT 投融资机制　424

BVD 全球金融财务分析系列数据库　461

C1A 互动艺术学院　397

E-研究院　314、326、327

　　建设　314、326、327

　　建设工作研讨会　327

　　第二阶段建设　327

　　主要特点　326

IAACS　380

IMP—CHINA　76

IPV6 新一代教育科研计算机网　458

MBA　375、400

　　毕业典礼　400

　　教育　375

MOOC＋SPOC＋翻转课堂　168

NFTE 创业培训课程　311

O2O 混合式互动教学　168

Rudolf Fleischer　375

SHERNET　456

WHO 传统医学政策和规划发展网络地区会议　380

WTO 与中国经济高层研讨会中心议题　380

A～B

艾青春　405

安全技术防范　298、444、445

　　建设重点　445

　　系统建设　444

安全教育大纲　446

安全生产月宣传教育活动　445

安全生产责任制　443

安全文明校园　443、451

　　创建活动　443

　　申报　451

安全隐患　445、446

　　排查措施　446

　　排查整治　445

　　排查治理回头看再检查内容　445

八大教育工程　105

八五计划　55、95

　　初步设想　96

　　制订工作研讨会　95

拔尖卓越人才培养　199、200

　　计划　200

白苏娣　386

办学体制　8、67、73

　　改革　8、73

帮困助学　264、289、290

　　活动　290

　　新机制　264、289

包涵　184

《包涵心语》　184

　　编选出版座谈会　184

　　出版　184

包玉刚　153

保送选送　269

　　推荐招生　269

鲍贤俊　260

本科、高职高专招生基本情况（表）　275

本科教学工作水平评估　171

本科教学质量与教学改革工程　152、158、163

本科教育高地建设项目　141～143

　　评审　141

　　情况（表）　141～143

　　申报工作　143

本科来华留学生预科教育工作指定高校　372

本科通识教育核心课程设置　166

本科新专业教学检查　170

本科院校复校　3

本科专业　119、140

　　归并调整　119

　　退出管理机制　140

本专科　118、271

　　考试　271

　　招生　271

　　专业点调整方案　118

毕业生就业　65、265、300、305、306、399

　　按计划分配制度　300

　　创业　300

　　方式　300

　　辅导演习班　399

　　市场管理　305、306

　　信息供需网络平台　306

　　指导　65、265、300

毕业生就业制度　264、300
　　变革　300
　　改革　264
拨款方式改革　423
博士生学术论坛　404
博士学位论文双盲评议　201
博士学位授权点定期评估　141
博士学位授予　120～123
　　单位　120、122
　　学科(学位点)和指导教师一览(表)　121
博士研究生　207、283、286
　　普通奖学金标准　283、286
　　学术新人奖试点单位　207
博士资格考核制度　10
博雅讲堂系列讲座活动　186
卜中和　64
补偿代偿　295
补贴　232
补助　295
部处机关工作人员奖金发放办法　229
部门预算全程跟踪检查　429
部市共建　82、112、113
　　高校　82
　　国家教育综合改革试验区　113
部属高校　11、89、131、465
　　发展定位规划　11
　　调整　89
　　重点学科(第二期)建设　131

C

财务收支审计　426～428
蔡庆华　90
蔡尚思　334
蔡文玮　208
餐饮管理　448
曹典章　397
曹国栋　218
插班生　272～275
　　试点　272
　　选拔对象　275
　　招生　274、275
　　制度　272

产学合作教育　116、156、162
　　九五试点　162
　　人才培养改革试点　116
　　综合改革　162
产学研　8、9、117、158、354～356、386
　　对接活动　356
　　高校教师践习计划　158
　　工程效果　354
　　工作发展　356
　　基地　355
　　紧密合作模式　8
　　联合培养机制　117
　　洽谈活动　356
　　一体化高校建设　9
　　战略联盟构筑　386
　　招标洽谈会　354
产学研合作　314、347、354、364、385
　　活动　385
　　经济效益　347
　　联合体　314
　　平台　364
产学研结合发展特点　314、357
产学研联合培养研究生　10、162、201～203
　　合作协议　201
　　模式　162
　　专项资金　10、202、203
产学研联盟人才培养平台　110
长仓保　374
长江学者奖励计划　216
长三角大学体育高层论坛　405
长三角地区教育合作交流机制　112
长三角法学论坛　404
长三角区域教育联动发展战略研究　385
晨光计划　247
　　资助高校青年教师情况(表)　247
陈彪如　334
陈国良　217
陈国强　130、327、331
陈宏刚　78
陈纪修　158
陈佳洱　380
陈家宽　216

陈建平　332

陈俊　218

陈良　392

陈良尧　352

陈洛祁　206

陈强　296

陈群　243

陈天平　330

陈小娅　402

陈信元　158、244

陈旭麓　334

陈彦模　352

陈耀南　395

陈义汉　244

陈懿　380

陈逸飞　216

陈永豪　374

陈玉琨　337

陈云　322

陈湛匀　244

陈至立　82、86、90、182、184、208

陈中伟　532

陈竺　130、237、315、352

城市管理世纪论坛　401、402、404

　　2001 会议　401

　　2002 会议　404

城市文明站点　190

《城市之光》子网站宗旨　461

成果鉴定与评奖　350

成果转化　361

成绩考核与管理　551

成人高等教育院校　68、69

　　重组　69

　　改制　68

程介明　381

程祥徽　395

仇忠海　260

出国留学工作方针　215

储敏伟　397

处分　555

川岛和幸　377

创新活动计划　204

试点高校　204

创新人才培养　117、166

　　体系　166

创新型国家领军人才队伍建立　245

创业教育　311

　　教学指导协作组　311

　　师资培训　311

春季考试春季招生改革试点　271

春季招生　270、272、274

　　考试改革　274

　　考试试点　272

春节寒假帮困工作　296

慈善捐助　296

崔允漷　244

D

大事记　13

大学分校　67、68、464

　　调整　68、464

大学科技园　359、360

大学生安全情况通报　446、447

大学生创新活动计划　112、163、204、207

　　协作组　204

大学生创新论坛　112、163、204、207

　　项目　207

大学生创业　307、310、311

　　教育　311

　　指导　307、310

大学生到村任职项目　302

大学生德育　176

大学生健康课　191、453

大学生就业专项计划　307

大学生科技创业　66、310

　　基金　66、310

　　基金会　310

　　项目申请　310

大学生课外学术科技作品竞赛　185、206

　　获奖学生作品　185

大学生培养教育计划　446

大学生暑期社会实践活动总结表彰会　198

大学生思想政治教育　117

大学生文化素质教育　166、204

基地　166、204

　　试点工作　166

大学生校外租房　448

　　管理工作专项检查　448

　　居住区安全感调查　448

大学生校园文化　184

大学生心理健康教育　177、178

大学生艺术团　193

大学生运动会　192、193

大学生职业发展教育　157、307～309

　　教学实训基地　157

　　举措　309

大学生志愿服务　187～190

　　长效机制　190

　　活动　187、189

大学生志愿服务西部计划　188、189

　　配套政策措施　188

　　招募活动　188

　　总结表彰暨工作推进会　189

　　座谈会　188

大学生资助体系　282

大学外语教学改革　161

大学校长沙龙　325

大学英语四级考试平均级点分　207

大学园区建设　98、434

　　工程　98

大运河保护与研究　331

戴国强　391

戴平　335

戴炜栋　334

贷款偿还办法　292

贷款管理中心　293

当代中国建筑创作论坛　401

德育　117、176～178、207、337

　　教学论坛　207

　　科学研究　337

　　目标　178

　　十大内容　178

　　研究体系　177

德育与心理健康教育　176～179

　　规范化专业化建设　178

　　评估与督查　179

等级考核制度　257

邓小平　92、185

　　图像艺术展　185

邓小平理论和宣传优秀成果奖　336、353

　　评奖　336

邓小平理论　173、336

　　研究　336

邓旭初　4、537

低职高聘　237

地方服务　382

地方高校　82、88、233、293、334、564～584

　　国家助学贷款经办银行　293

　　教工住宅建设　233

　　调整　88

　　文科科研工作成果　334

地方管理高等学校　82

地域性 IPV6 互联网　458

第八届全国大学生运动会　193

第二届学生艺术节　193

第二课堂教育　185

第二类特色专业建设点　145

第二期重点学科建设　132、133

　　特点　132

　　完善与改进　132、133

第七届全国大学生运动会　192

第七至第十届哲学社会科学优秀成果　335

　　学术贡献奖高校获奖名单一览(表)　335

第三期重点学科建设　134

第十四届亚运会　192

第四期重点学科建设　135

第五期重点学科建设　135

第一、二期高地建设的项目验收　143

第一类特色专业建设点　145

第一轮教育综合改革成效　113

第一至第三期教育高地自立项建设　145

电化教学工作　167

丁德文　217

丁钢　334

丁平兴　130、331

丁肇中　316

定额标准　420、269

　　方案调整　269

执行情况跟踪研究　420

定额拨款制度　419

定向培养　156、278、283

　　奖学金　156

定向选送　270

　　人才改革　270

　　招生要求　270

东北 9 校　7

东北片高校　71

　　办学联合体　71

　　合作办学教学协作组　71

东方学者岗位计划　245、246

　　岗位设置　245、246

　　实施程序　246

　　战略目标　246

东方学者讲座教授　246

　　岗位　246

东方学者特聘教授岗位计划　245

东风奖学金　156

东华大学　69、76、287～290、316、363、386、387、474

　　慈善爱心屋　290

　　恒逸助学金　288

　　莱赛尔纤维研制开发　363

　　信息科学与技术学院　386

　　中法视光学学院　76

冬季送温暖活动　288

董鉴泓　208

董霖　285

董蒲耀琼　284

董晓峰　65

动漫游戏人才高峰论坛　405

独立学院　73

杜定宇　335

段世杰　85

对国际学生开放院校及专业名称情况（表）　369

对口帮扶工作　382

对口地区　388、389

　　互访工作机制　388

　　教师培训工作　389

对口合作洽谈　362

对口支援　387～391

　　工作交流会　388

西藏日喀则　388

新疆高等学校　391

战略　387

对外服务　418

　　收入类型　418

对外交流　8、366

　　校际交流活动　8

多媒体资源库　460

多渠道筹措资金　131、408、413

　　办学格局　408、413

　　机制　131

多元化办学体制　54

多元化帮困体系　264

多元资助方式　292

F

法人财产权　75

法人责任制　104

法制建设　62

法中文化关系加强计划　75

樊锦诗　216

范立础　130

非典防治工作调研　453

非独立二级学院　74

非学历教育　76

分层次设计导航路线　116

分配制度改革　254

分学科高校生均公用经费定额标准（表）　269、419

风险选题制度　10

冯艾　188

冯佳培　400

冯契　334

冯庆华　243

服务与援助　304

服务组织设立　66

浮动岗位津贴制度　228

福利　230～232

　　待遇　230

　　分房　232

福田裕　373

抚恤费　231

辅导员　179、180、184

工作制度 179
　　管理考核 180
　　经验交流暨表彰会 184
辅导员队伍 180~182
　　规划内容 180
　　建设 181、182
　　工作协作组 180
　　问题调研 180
　　专业化发展 181
辅导员培训 182、183
　　基地 182
辅导员职业化 182
　　道路探索 182
　　发展方向 182
辅修专业学士学位工作 71
副教授职责 549
复旦—Novellus 互联研究中心 316
复旦大学 74、78、83、90、154、165、166、200、207、281、
　　284、285、316、321、322、328、332、368、371、377、383、
　　386、414、421、432、457、458、465、466、505
　　DWDM 宽带光网接入点 458
　　发展基金 414
　　复旦学院 166
　　公派学生 368
　　古籍研究所 322
　　观光旅游学院 78
　　管理学奖励基金会 285
　　基金会 414
　　江湾校区 432
　　奖学金给予情况调整 285
　　金融研究院 321
　　经济研究中心 332
　　人才培养规划 308
　　人口研究所 322
　　软件学院 78
　　三年行动计划 421
　　上海视觉艺术学院 74、371、505
　　生物学人才基地 207
　　史带奖学金基金 285
　　世界经济研究所 322
　　太平洋金融学院 74、505
　　通识教育研究中心 166

望道计划 200
文科教师出版著作 333
文科科研 335
吴英蕃校友奖学金 284
先进材料研究院 316
校园高速通信网络 457
校园网 457
修缮资金募集 414
学分制建设特点 165
研究生奖学金评定 285
医学院 466
遗传工程实验室 154
自主选拔录取改革试验方案 281
复合型人才培养 207、358
　　基地 358
　　模式改革 207
复学 554
富劳恩 78
附录 547

G

概述 1
干部人事制度改革 93
干城 65
甘昭沛 384
岗位管理制度 253
岗位考核 256、258
　　探索 256
　　制度化 258
岗位聘任制 213、254
　　教学科研岗位 254
　　职员职级 255
港澳及华侨学生奖学金 286、393
　　评审 393
港澳台地区学生奖学金 286
高层次应用型专门人才 111
　　改革试点 111
　　培养制度 111
高创模式 360
高等工程专科教学综合改革 162
高等教育 5、9、54、65、66、80、86、95~97、106、116、
　　226、264、278、324、366、385、391、402、408、464

2010 年规划　96

2015 年规划　97

办学体制改革　54

布局及结构调整方案　5

大众化阶段　9

繁荣之地　54

服务机构　66

管理体制改革　5、54、86、464

国际化进程　97

合作　385

恢复调整　3

教学改革　117

结构优化调整　88、96

经费投入指导方针　411

九五计划　96、149

考试中心　266

科学研究　96

领域合作交流　385

毛入学率　278

民族传统体育专业发展论坛　402

内涵建设工程　106

评估事务所　65

七五规划　95

人才培养体系　166、205

入学率　96、97

审计制度　426

十年规划　55、95

十五计划　97

体系　97

学科专业与学位体系　116

援建　391

招生考试制度改革举措　264

政策措施　96

政府行政管理机构　56

指标　96

中外合作办学机构　80

重点课题　324

主要任务　95

专业技术职务等级工资标准情况（表）　226

资源保障　408

自学考试委员会　65

总体目标　96

高等教育发展　3、103、264

　　理念　3

　　探索　3

　　突破　103

高等教育改革　4、82、110、464

　　调整方针　82

高等教育局　56、57、66、118、387

　　教学处　66

　　领导成员　56

　　正副局长任职情况（表）　57

　　主要职能　61

高等教育内涵建设　10、103、107、120、106、141

　　工程　10、103、120

　　五大工程项目　107

高等教育评估　169、170

　　机构　169

　　理论研究小组　170

　　事务所　169

高等教育普及化　3、11

　　发展　11

　　阶段　3

高等教育十二五规划　100

　　具体目标　100

　　重点任务　100

　　总体目标　100

高等教育事业发展　55、95、117

　　五年规划　95

　　专项规划　55

高等教育体制改革　84、91

　　试点　84

《高等教育文库》编纂工作　325

高等教育研究　324、325、336

　　成果　336

　　学术团体　325

高等教育研究所　324、325

　　任务　324

高等教育专业　119

　　结构调整　119

高等数学统一考试　170

高等学校　4、7、9、55、64、67～70、82、85、91～93、96、

　　102、112、145～158、168～171、183、196、208、212、

　　214、233、237、248、259、289、311、326、345、356、360、

413、414、419、425、430、434、445、447、451～453、457、
463、464、551

　　办学经费来源　414

　　办学水平综合评估试点　170

　　办学体制改革　9

　　帮困奖学金　289

　　本科教学工作评估　171

　　布局结构调整举措和经验　5

　　财务收支　414

　　财务制度　425

　　创新人才培养　311

　　春季招生考试制度　7

　　德育大纲　177

　　地方管理　464

　　分布情况　434

　　分管书记和宣传部(处)长会议　453

　　分类管理改革　11

　　更名转型　69

　　管理体制　55

　　管理体制调整　9、413

　　国家级教学成果奖励制度　208

　　合格评估(鉴定)试点　170

　　合作办学　112

　　后勤服务保障体系　408

　　划转管理　464

　　恢复与发展　67

　　会计制度　425

　　集聚高地建设　9

　　技防建设情况评估　445

　　教学名师奖　158

　　教学名师评选　259

　　教学质量保障体系建设　169

　　结构布局调整　9、68、70

　　精神文明建设评比检查　451

　　精英评选活动　259

　　科技产业发展　96

　　科技工作会议　360

　　课程中心建设　168

　　空间布局结构调整　102、112

　　隶属关系调整　82、85

　　绿化与美化工作　452

　　内部管理体制改革　4、91、93

　　年度事业经费分配　419

　　聘任制　92

　　评估理论研讨会　170

　　企业改制　430

　　人才培养工作评估　171

　　软科学研究　326

　　生均公用经费　419

　　师资队伍建设　212、237

　　实验技术工作　248

　　市级重点课程建设立项工作　150

　　事故分类　447

　　试办研究生院　68

　　特色专业建设点情况(表)　145～147

　　新任辅导员岗前培训　183

　　信息公开规范化建设　64

　　选留教师要求　214

　　学生学籍管理有关规定　551

　　研究生招生　4

　　语言文字工作评估等系列活动　196

　　远程联网系统　457

　　招收自费生改革　7

　　知识服务团队建设试点项目　356

　　中央管理　464

　　周边交通安全专项整治工作座谈会　452

　　住宅建设　233

　　专业技术人员　248

　　转型　69

高等学校建设　4、464

　　发展高潮　4

高等学校教师　208、250、256、549

　　岗位职责规定　256、549

　　工作奖励大会　208

　　工作量制度试行　256

　　职称和提升工作座谈会　250

高等学校自主选拔录取改革　10、110

　　试点　110

　　试验　10

高等职业教育专项经费　421

高等专科学校　4、68、69、87、464

　　复校发展　68、464

　　划转管理　87

　　建设　4

设立　464

高地建设项目验收　143

高级专业技术职务评聘　253

高考报名完全社会化内容　272

高考成绩公布办法改进　271

高考科目　267、271

　　设置　271

　　调整　267

高考录取向灾区考生倾斜　291

高考招生录取办法　266

高伦　377

高妙根　260

高汝熹　337

高淑英　192

高水平运动员招生　192、280

　　资格评审　192

高校毕业生（表）　302、303

　　规模及就业率情况（表）　303

　　基本情况（表）　302

高校毕业生就业　64、304～306

　　办法　304

　　进展　306

　　联席会议　64

　　市场管理　305、306

　　市场体系建设　306

　　问题　305

高校毕业生就业指导　65、304～308

　　服务举措　307

　　工作网络　305

　　课程　308

　　委员会　65

高校毕业生科技创业　304、310

　　项目资助　310

　　资金　304

高校布局结构　5、54、55、89、102、103、112、119、433、
434

　　规划　433

　　调整　5、9、54、55、103、112、119、434

高校辅导员　180～184

　　队伍建设　180

　　论坛　184

　　师生配备比　181

首期高级研修班　183

　　专题培训　183

高校共建　82、83

　　报告　82

　　两级管理　82

　　试点内容管理　83

　　意见　82

高校规范化建设　430、433

　　工作专题研究　430

　　类型　433

高校合并　68、69、464

　　重组　68、464

高校科研　314、346、350

　　优惠政策　346

　　成果鉴定与评选　314

　　经费管理　350

高校学生　181、186、187、264、308、448

　　管理　264

　　社团　186、187

　　思想政治教育队伍建设推进会　181

　　宿舍管理工作会议　448

　　职业资格证书制度　308

高校学生辅导员　181～183

　　队伍建设培养　181

　　培训基地　182、183

高校招生　64、65、266、271

　　办公室　266、271

　　考试工作联席会议　64

　　委员会　64、65

高校专业点　118

　　恢复　118

　　设置数　118

高新技术战略发展合作基金　355

高雅艺术进校园展演系列活动　186、193、194

高职称教师人数缺乏弥补措施　214

高职低聘　237

高职高专　117

　　教育　117

　　专业教学改革试点　117

高职实训基地建设项目　157

高职院校　9、163、272

　　改制转型　9

教育教学改革 163
  自主招生改革 272
高中会考招生 267
告知承诺制度 63
格林伍德 373
葛剑雄 333
耿龙明 336
供给制研究项目 348
公办高等学校 67、70、408、410
  办学经费 408、410
  全日制普通高校 70
公费本专科生学杂费标准 415
公共服务体系建设 411
公共实习基地建设 156
公共突发事件应急预案 444
公共卫生学院教学基地 208
公举东 216
公派出国留学 367
  人员类型 367
公用经费定额标准调整测算 269、419
公有民办二级学院 73
公有住房租住 232
工程类硕士培养试点 201
工具书统编 336
工伤保险 232
工学结合教学模式 117
工业会战项目 339
工业重点项目攻关 339
工资制度改革 225
工资组成 225
龚学平 90、380
共建补贴 408
共建高校 69
共建津贴支持 6
共建目标 6
共建内涵 82
共建社区教育协议书 386
共建试点 6、55、69、82
共建体制构建 5
共建协议签订 411
共建主要方式 6
古籍整理 321、322、332

出版规划小组 322
  研究工作 332
  研究机构 321
  研究所 322
股份制后勤服务公司 441
谷超豪 103、120、201、260、351、538
顾海英 243
顾恺时 533
顾泠沅 260
顾瑞岩 373
顾学箕 208
管理体制 54、82、87、91
  改革 54、82、91
  划转仪式 87
  结构调整 54
光启学院 8、73
规范性文件清理 63
郭本瑜 326
郭广昌 311
郭平 189
郭圣铭 334
郭豫适 334、335
郭宗莉 260
国防教育 194
国际大都市建设 69
国际大学校长会议 379
国际高级管理研究班 76
国际合作办学试点 54
国际化高等教育 218
国际交流与合作 366、367
国际商务英语研讨会 405
国际学术会议议题 380
国际中国文化学术讨论会 334
国家部委属高校 563～602
国家财政拨款总体情况 410
国家出国留学基金申请办公室 66
国家大学科技园 361
国家大学生文化素质教育基地 204
国家第一批重点高校 67
国家对外汉语教学领导小组 376
国家高等教育改革调整方针 68
国家工程（技术）研究中心一览（表） 320

国家级奖项 350

国家级教学成果奖评审结果 208

国家级教学成果推荐 209

国家级教学名师 259

国家级教学名师奖推荐工作 158

国家级教学团队遴选推荐工作 159

国家级科技进步奖 328

国家级实验教学示范中心情况（表） 155

国家级优秀教学成果特等奖 208

国家级重点一级学科 124

国家计划培养 278

国家奖学金 286～289

    颁奖 287

    名额 289

    年度获奖学生奖励标准 287

    评审 287

    评选 287

    资助金额 286

国家教学成果奖上海高校获奖数目（表） 209

国家教育体制改革试点项目 11

国家教育委员会（教育部）与上海市共建 82

国家教育综合改革试验区 10、55、103、114

    建设 10、103

    战略合作协议 55

国家开发银行——华东师范大学国际关系与地区发展

    研究院 359

国家科学技术奖 351

国家科学技术奖励大会 351

国家理科基础科学研究和教学人才培养基地 199、200

    一览（表） 200

国家励志奖学金 287

国家示范性高等职业院校建设计划 163

国家双语示范课程 151

国家学历文凭考试试点 73

国家有关高等学校教师岗位职责规定 549

国家与地区研究中心 374

国家预算内财政拨款 413

国家哲学社会科学基金 340、350

    优秀成果奖 350

    重点课题一览（表） 340

国家职业资格鉴定 113

国家重点基础研究 331

发展规划 331

国家重点实验室一览（表） 317

国家重点学科 124、132

    考核评估和新增评选 132

国家助学贷款 293～295

    代偿政策 295

    规定 294

    计划 294

    经办银行 293

    签订仪式 293

    四定方案 293、423

国家助学奖学金 287～290

    颁奖 289

    资金承担 290

    资助标准 290

国家自然科学基金科研经费 346

国家自然科学奖 350

《国民经济管理学》 336

国内高水平专家聘任 215

国内合作交流 382、383

国内外学术会议 130

国外高水平人才聘任 217

国务院政府特殊津贴 234、235

    选拔人员 234

    专家选拔工作 235

H

海外办学 375

海外高层次人才引进 246

海外孔子学院建立 376

海外派遣培养 214

海峡两岸 397～399

    高等技术与职业教育学术研讨会 397

    高等学校设计教育研讨会 398

    高职（技职）教育学术研讨会 397

    管理硕士学术交流及研讨会 397

    金融论坛 398

    民办（私立）高校校长论坛 398、399

    农村金融与改革研讨会 397

    青年海洋教育文化交流活动 398

    外语教学研讨会 399

    中医药传承与发展论坛 398、399

韩茂安 244

韩正 84、90、99、105、109、113、305、381、453

汉斯·李斯特 415

汉语国际推广工作 376

航海类高等院校英语教学研讨会 402

行业高校提升计划 103、163

    提升计划 103、163

    提升计划内容 103

    运行机制 163

行业研究开发中心 357

郝平 381

何成 244

何积丰 541

何建民 334

何金娣 260

何鸣元 315

合格评估鉴定 170

合同制科研协作项目 348

合作办学 77、80、383

    项目和机构申报审查 80

    协议签订 383

    许可证 80

合作共建 114、387

    大学科技园 387

    领域 114

合作交流 365

合作教育委员会 162

合作形式 356

和福生 388

和谐发展论坛 402

贺林 331

    研究室 331

横山雅仁 373

横向科研经费 416

横向签订科技合同 362

洪嘉振 158

洪迈生 208

洪远朋 208

侯朝海基金会 284

侯春林 352

侯维瑞 334

后勤保障 408、438、439

社会化改革 439

    体系 408

后勤部门经济承包责任制形式 439

后勤服务 8、66、91、98、408、439

    股份有限公司 8、66、408、439

    模式探索 439

    社会化 98

    市场 408

    中心 91、439、440

后勤管理体制改革 91、438

后勤社会化改革 8、64、91、408、438～441

    工作会议 439

    领导小组 64、439

    社会化运行 408

    试点高校改革特点 440

    专家咨询小组 439

后勤食用农产品集约化团体采购签约大会 442

后勤运行机制改革 438

后勤质量管理体系 442、443

    建设 443

胡焕庸 333、334

胡妙胜 335

胡启迪 66

胡瑞文 64

胡应和 131

胡英 260、540

胡中雄 329

沪台港澳 393

    交流与合作 393

    口腔医学学术交流会 393

花旗软件教育奖学基金 285

    育才专项奖 285

华东地区 325、402、405

    电大协作会 405

    高等教育管理科学研究会 325

    教育审计工作研讨会 402

华东电力集团 7

华东纺织工学院 391

华东工业大学 69

华东化工学院联合协调组 339

华东理工大学 6、69、83、89、328、380、392、393、396、417、418、473

对口支援新疆石河子大学　392

共建共管　83

划归校产总公司管理签字仪式　418

青海钾肥反浮选工艺技术改造　393

石油化工学院　6、89

台湾研究所　396

校产管理体制改革　418

新型水煤浆气化喷嘴研究与开发　328

研究课题与经费一览（表）　417

知识产权研究中心　380

华东名校世纪行采访活动　396

华东师范大学　6、78、79、83、84、89、111、177、190、290、
315、325、333、334、373、377、383、386、392、432、440、
475

八五重点项目　333

对口支援新疆师范大学　392

高等教育管理研究和人才训中心　377

高等教育研究会　325

共建　84

国家大学科技园　386

后勤发展中心　440

获上海市哲学社会科学优秀著作奖　334

继续教育学院　6

离子液体化学研究中心　315

闵行校区规划建设　432

人文社会科学研究课题　333

软件学院　78

上海中心　79

曙光志愿者服务队　190

心理系　177

华东政法大学　67、69、376、491

中国法学硕士项目　376

华侨学生奖学金　286

华夏学院　8、73

华泽钊　158

化债工作　424

黄宏嘉　328

黄菊　5、86、88、90

黄清云　397

黄人健　397

黄薇　244

黄维　244

黄晓亭　296

回访评估　171

会考制度　267

货币化分房　234

霍英东教育基金会青年教师奖　350

J

基础教育合作框架协议　387

基础课程　149、170

教学质量统一测试　170

重点建设　149

基础理论研究　314

基础实验室改造工程　154、431

基础学科拔尖人才培养计划　200

机关事业单位　228、229

工资制度改革　229

工作人员职务津贴标准情况（表）　228

集资建房　232、234

技师培训基地　113、205、359

认定　359

技术工人工资标准情况（表）　226

技术交易合同认定登记　362

技术开发机构共建　356、357

技术难题攻关及科技成果转让洽谈会　355

技术市场开拓　363

技术应用型高校高技能创新人才创业就业高峰论坛
311

技术转移　361

继续教育　158、238

格局　238

培训　158

制度　238

计算机软件产业　71

计算机应用基础联考　275

家庭经济困难学生资助工作　282、289～291

会议　289、290

两个全覆盖　290

贾伟平　332

假期　231

监督　426～428

制度建设　428

健康教育　191、453

选修课 191
　　专题讲座 453
健康校园建设 452、453
　　活动 453
建峰爱心基金 296
建设高水平大学和一流大学项目 421
江泽民 88、106、189、421
奖惩激励 259
奖贷勤减补帮困措施 288、289
奖贷助免 123、278
奖励 431、555
　　经费投入 431
奖学基金 284
奖学金 282、283、287、288
　　负担 288
　　改革 283
　　获奖学生数 287
　　奖励标准 287
　　遴选 282
　　评定办法 282
奖学金制度 282、283
　　试行办法 282
奖助勤贷补减帮扶体系建立 290
蒋德明 380
蒋孔阳 333
蒋锡藩 208
蒋学模 208
讲师职责 549
交流与合作 395
缴费上学制度 7
教材建设 151、152、172
　　规划工作 152
教材统编 336
教科研合作 316
教师按岗位职务聘任工作 254
教师办公条件改善投入机制 431
教师产学研践习计划 158
教师待遇 225
教师队伍 98、211、212、215、219～223、237、240
　　继续教育培训工程 98
　　建设工作会议 237
　　流失 220

流失原因 220
年龄结构 223
人数 219
新老更替 240
学历结构 221
优化和流动机制 215
状况 212
教师队伍建设 158、175、178、212、237
　　措施 212
　　发展规划 158
　　工作会议 237
　　专业培训 178
教师福利待遇 225
教师岗位考核 256
教师高级职务评审委员会 253
教师工资制度 225～229
　　退休待遇 229
　　校内岗位津贴 228
　　在职工资 225
教师工作 257
　　考核登记 257
　　考评意见 257
教师广厦工程 233、234
　　住宅建设 233
教师规模 218、220
　　下降因素 220
教师互访 367、373
　　代表团类型 373
教师互聘 367、373、374
教师基本情况(表) 219
教师教学能力建设 158
教师教育工作领导小组 64
教师结构 221
教师考核制度 256、257
教师来源与规模 214
教师培训 236～238
　　管理体制 238
　　基地 238
　　制度建设 238
　　中心 238
　　主要任务 238
教师普通话等级持证上岗制度 196

教师数量 218

教师未取得教师资格原因 252

教师薪酬待遇 225

教师职称 212、222、248～250

 分布情况(表) 222

 晋升 250

 评定 212

 评审 248～250

 系列 248、249

教师职务管理制度 222、249

教师职务聘任制 93、251～254

 试点 254

教师专业发展 238、239

 计划 238

教师终身学习制度 158

教师主要来源 212

教师资格证制度 252

教授职务竞聘 251

教授职责 550

教务现代化管理软件系统 164

教学标准建设工作 169

教学成果奖 207、208

 申报和评选工作 208

教学改革 140、149、158、160、164、167、168、199

 方法改革 149、167、168

 试点班 199

 试点阶段 160

 试验 164

 中期评估 140

教学工作 168、170

 专项检查 170

 评估 170

教学观念转变 116

教学合作医院协议书 156

教学检查 169

教学经费投入 169

教学科研 246、392

 合作 392

 人才引进 246

教学名师 157、158、259

 评选 158、259

教学内容改革 116、151

教学评估 170

教学人才培养基地 199

教学手段改革 167

教学体系建设 168

教学团队建设 157～159

教学研究 158

教学与科研交流 377

教学质量保障体系 168、169

 建设 168

教学质量监控 117、169、170

 机制 170

 管理工作 117、169

教学资源建设 149

教学综合改革 160～162

 系统推进 162

 专题调研 161

教育博览会 385

教育部 125、317、320、404

 高等学校重点学科情况(表) 125

 工程研究中心 320

 重点实验室一览(表) 317

教育部门直属单位 65

 工作职责 65

教育部人文社会科学重点研究基地 322

 一览(表) 322

教育财政拨款 410

教育产业发展 5

教育城域网 409、456

 建设 456

教育创新为发展服务计划(APEID)第八次年会 380

教育督导事务中心 66

教育对口支援 366、387、388

 工作互访 388

 协作关系 387

 战略 366

教育发展战略研究 4

教育改革 5、55

教育高地 113、142、145

 建设 113

 申报和建设 142

 自立项建设 145

教育功臣评选 260

表彰工作 260

教育工程 101、185

教育工作会议 5、100、101、109、169、172、371

教育管理 53、82、97

　　体制 82、97

　　运行机制 5、97

教育管理机构 56、60

　　设置 56

　　职能 60

教育管理研究职称系列 249

教育国际交流与合作 5

教育合作 382～384

　　协议 382、384

教育基本建设 431

教育交流合作经费投入 389

教育教学 112、115、116、389

　　导航路线 116

　　改革 112、116、389

　　建设特征 116

教育结构调整 101

教育经费 408、410、419、424、428

　　拨款 411～413

　　管理分类 424、425

　　核定 410

　　监督管理 424

　　来源构成 410

　　投入机制 419

　　投入问题 428

　　支出 425

教育考试院 65、266

教育科学 65、236

　　培训 236

　　研究院 65

教育科学研究 324、353

　　成果奖 353

教育评估 169、170、399

　　学术交流会〈香港—上海〉 399

　　制度 170

教育人才洽谈会 215、305

教育人物 529

《教育审计工作手册》 428

教育十一五规划 98

教育事业经费管理 6

教育思想大讨论 4、160

教育体制改革 4、5、68、464

　　目的 4

教育投融资体制改革 111、424

教育投入增量资金 111、424

　　投资 424

教育委员会 54～61、66、87、98、132～137、163、196、362、366、385、428

　　公文与信息交换系统 460

　　机构改革 61

　　机关工作人员 58

　　科技发展中心 66、385

　　领导 87

　　内部机构 59

　　内部审计督导 428

　　申美科技成果推广奖 362

　　业务处室 58

　　正副主任任职情况(表) 59

　　直属单位建设与管理工作领导小组 66

　　重点学科(第五期)情况(表) 137

　　重点学科建设 132、134、135

　　主要职能 61

　　综合办公室 58

教育卫生办公室 56、60、70

　　主任任职情况(表) 56

　　主要职能 60

教育卫生工作委员会 57、58、66

　　书记任职情况(表) 58

教育系统 134、288、396、427、443、543

　　安全生产责任制签约大会 443

　　八大工程 134

　　经济责任审 427

　　精神文明十佳好事 288

　　劳动模范 543

　　领导干部经济责任审计 427

　　清理小金库和银行账户工作会议 427

　　外事和对台交流工作会议 396

教育现代化 55、114、117

教育信息化 456、460

　　技术应用 460

　　建设 456

教育行政审批事项清理　63

《教育学文集》　334

教育重大工程　104

教育专用税费　422、423

教育资源　7、97

　　开放共享　7

　　优化配置　97

教育综合改革　9、109、278

　　考试方式探索　278

　　框架方案　9

　　内涵　109

教育综合改革试验　9、55、108、109

　　两轮改革试验　109

　　论证　109

　　内容　109

　　前期探索　108

　　请示报告　108、109

教育综合改革试验区战略合作协议签字仪式　113

教职工　212、228～234、256、260

　　病假生活待遇　230

　　队伍建设　212

　　浮动岗位津贴试行　228

　　工作情况考核　256

　　奖惩办法　260

　　结婚住房问题解决　232

　　竞争上岗　229

　　住房建设新机制　234

教职工假期　231

　　婚假　231

　　丧假　231

　　事假　231

　　探亲假　231

结对助学活动　289

节能　454、455

　　措施　455

节水　454

节约型校园建设　454、455

　　推进会　454

借脑引智计划　385

金登才　335

金力　218、331

金牌选手　237

制度　237

金融管理与实务专业共建　359

金融教育论坛　402

金融人才论坛　405

金亚秋　331

金字塔型辅导员队伍构建　181

紧缺人才培训基金　422

京沪高校学工部长论坛　405

京津沪渝直辖市高校后勤工作研讨会　442

精彩一课　175、176

　　教学片参评　176

　　评选　175

精品课程　112、150、168

　　建设　112、150

　　年度检查　150

　　评选　150

　　申报评审　150

　　网站　168

　　现场交流会　150

经常性预算包干经费　419

经费　345、348、410

　　管理　345

　　核定模式改革　410

　　来源　345

　　使用　348

经济承包责任制　418

经济困难学生学费减免办法　293

经济实体共建　356、357

经济协作项目承接　393

经济责任审计联席会议　427

井上实　377

境外机构和个人在沪合作办学管理　8、79

竞聘上岗签约工作　253

九五第一批资助重点建设教材　152

九五计划重点建设项目　420

九五师资队伍建设计划　240

九五重点教材第二批资助项目　152

就业渠道开拓　302

就业双向选择　300

具有聘请外国文教专家资格学校　218

决策咨询与调研　337

军事理论课　194、195

教学 195

K

考察活动 197
考核制度 257
考试 273
　　科目 273
科技产业 346、359
　　发展举措 359
科技产业化行动计划 8
科技成果 351、352、361、363、417
　　产业化 417
　　分类 361
　　鉴定 351、352
　　评奖 352
　　推广应用 361
　　展览会 363
科技成果转化及产业化工作领导小组 355、362
　　办公室 362
科技成果转化重点项目 355、362
科技成果转让 361、362
科技发展基金项目经费 346
科技服务 314、354、361、384
　　目标 361
　　夏季行动 384
　　中心 314、354
科技服务部服务内容 354
科技工作 314、329、338、360
　　会议 338、360
　　内容 314、329
科技攻关项目 338、339
　　组织 338
科技教育 195、383
　　合作协议签订 383
　　基地 195
科技经费 347
科技优先发展领域研究 338
科技咨询服务收费规定 349
科教兴市战略 110、212、385
科普教育 194、195
　　活动 195
　　基地 195

十五发展计划 195
十一五发展规划 195
委员会 195
科学技术进步奖 352
科学技术研究项目管理 338
科学商店试点高校 196
科学研究 10、313
　　机构建设 10
科研成果授奖大会 351
科研管理 338、351
　　人文社会科学类工作表彰 351
　　政策导向 338
　　制度建设 338
科研机构 315
科研经费 348、350、416
　　分级管理 348
　　管理制度改革 348
　　使用 350
　　特点 416
科研开发与产业化结合实体 354
科研项目评估检查 241
科研专项启动经费 241
克莱顿 77
课程分类标准 149
课程和教材建设项目 152
课程建设 149、172
课程教学 162、172
　　科研专项经费 172
　　体系探索 162
课程设置调整 166
课程体系改革 116、151
课程中心 150、168
　　建设 150
课堂教学竞赛 157
课题经费 346
孔子学院合作创建 376
跨世纪人才培养基金 242
　　启用仪式 242
跨世纪优秀人才 237
跨校第二专业 71
跨校辅修专业 10、71
　　改革试点工作 10

跨校选修课程制度　71

跨校学习　71、72

　　平台试运行　72

　　形式　71

会计基础工作规范检查　427

宽口径专业教育　166

困难学生资助管理　288

L

来华国际学生　368～370

　　教育　368

　　论文撰写语言　370

　　学校和专业情况（表）　369

来华留学生管理与激励政策　372

劳动模范　543

老专家抢救工作　237

雷诺　77

黎国驹　400

李斌　216

李昌钰　218

李道豫　217

李观仪　336

李国豪　4、260、533

李和根　384

李洪全　245

李华伟　332

李家馥　78

李杰　317

李岚清　86、164、198、285

李鹏　337

李勤　334

李三立　326

李思发　330、393

李斯特奖学金　415

李卫红　184

李新刚　400

李宣海　399

李学勇　453

李亚娟　391

李永盛　337

李元广　332

李兆基　153

图书馆　153

李铮生　208

李志民　401

理工农医博士点　122

理想之光社会考察　185

励志帮困奖学金　286

厉无畏　216

立项教材建设　152

联办企业　356

联动发展　386

　　办公室　386

　　领导小组　386

联合办学　7、71

　　格局　7

　　教学信息服务系统　71

　　体制　7

联合办研究所　357

联合反应化学工程研究所　357

联合体形式　356

联合远程教学试验　167

联席会议办公室　156

两次考试两次招生　109、270

两课教育　109、173～175、180

　　8门学科协作组例会活动制度　175

　　改革　173

　　改革试点方案　270

　　骨干教师培训班　175

　　教材编辑委员会　173

　　教师社会考察　175

　　教学方法　180

　　教学建设　174

　　教学内容调整充实　174

　　教学质量　174

　　教学专家指导委员会　173

　　领导小组　173

　　制度　109

　　主干课程通用教材　173

两课优秀教师　175、184

　　优秀学生政治辅导员表彰会　184

　　评选　175

两史一情教育　172

　　教材编写　172

　　　课程　172
两委直属单位建设与管理工作领导小组　62
廖昌永　244
临港新城大学园区　437
林斌　78
林尚立　244
铃木康策　377
领导互访　382
领导隶属关系划转体制　6
领军人才　176、247
　　　队伍建设　247
　　　培养　176
刘放桐　333、336
刘佛年　4、65、325、531
刘海文　245
刘浩清　289
　　　教育基金　289
刘纪明　400
刘京海　237、260
刘宪权　541
刘翔　192、193
刘延东　100
刘永龄　400
刘云耕　452
刘占江　218
流动跳班制度　199
留学回国教师开设新课　367
留学基金申请新办法　215
留学生　286、368～372
　　　短期学习班　368
　　　工作调研　370
　　　管理机制　372
　　　规模　371
　　　奖学金　286
　　　教学管理　372
　　　就读学制　370
　　　市政府奖学金评审　372
　　　招收数量　370
　　　政府奖学金评审工作情况评估　286
六个为什么　174、175
　　　进思政课试点工作任务　175
　　　试点工作启动仪式　175

系列丛书　174
六个注重　117
六五规划重点项目　332、338
六五科技重点攻关项目　345
龙永图　216
楼国玲　216
卢昂　243
卢冠忠　131
陆德铭　217
陆昉　330
陆谷孙　158、336
陆有铨　337
罗煌枫　400
　　　博士奖颁奖仪式　400
罗康瑞　311
罗首初　333
罗忆儿　398
吕福源　86
旅游管理专业社会评估　140
旅游学科建设专家研讨会　402

M～N

马洪林　335
马克思列宁主义理论课教学制度　172
马兰　243、244、330
马炜梁　259
马玉录　397
马在田　539
迈克·穆尔　218
迈克尔·西格蒙　218
美育　191、193
　　　教育工作　193
面上无缝隙　294
面向21世纪教育振兴行动计划　421
面向21世纪课程和教材建设总体目标　149
民办高等教育　54、67、73～75、422
　　　改革与发展　75
　　　管理和服务体制　75
　　　政府扶持资金申请条件　422
　　　专项资金投入　74
民办高校　54、66、72～75、183、192、273、428
　　　办学形式　73

办学与管理规范　75

财务管理平台　75

辅导员培训基地　183

工作委员会　75

普通高校　73

全日制普通高校筹建　72

设置　54、66

审议委员会　66、73

依法自主招生改革　54

政策措施　74

专用财务与收费管理系统　428

自主招生　273

民间办学　464

民族班汇报演出团　392

民族精神教育工程　185

民族声乐论坛　405

闵行紫竹科教园区　9、431、433、435

名教授流动讲座　71

名师工作室　175

名师讲坛　237

名师演讲录像　237

明仁亲王　377

模范教师　545

穆克勒克　78

南汇科教园区　9、10、431、433、435

内部管理综合改革　93

内涵建设　107、112、131

规划　107

内设研究机构　315

内网资源库总容量　459

能源消费情况专项调查　454

农业生产劳动　198

O～P

耦合式城市污水处理新技术及应用　331

潘德炉　217

潘序伦会计思想、教育思想研讨会　402

《潘序伦文集》首发式　402

潘振民　333

裴显生　395

聘请来沪任教外国专家　374

聘任制　253

平安单位　445

平行志愿改革　110

评审单列机制　176

普京　79

普通高等教育七五规划纲要　95

普通高等学校　4、11、66、110、119、170、370、464、900

合并调整概况一览（表）　900

合格评估制度研究与实践课题　170

名录　557

授予来华留学生中国学位　370

招生考试平行志愿办法　110

专业设置　119

专业设置评议委员会　66

普通高校办学水平评估领导小组　64、170

评估工作办公室　64

普通工人工资标准情况（表）　226

普通话　66、196、197

测试中心　66

推广活动　197

宣传周活动　196

Q

七·二一大学　4

七校心理咨询中心　71

其他高等教育服务机构　66

其他人才计划　247

其他社会保险　231

其他收入　417

其他中央部门与上海市共建　84

其他专业技术职称评聘　251

企业改制核查结果　429

企业管理干部培训班　391

企业化管理模式　408

企业奖学金颁奖典礼暨设备捐赠仪式　289

企业经费　347

钱锋　243、244

钱谷融　334

钱伟长　88、535

钱旭红　131、243、244

钱学文　334

桥架式机器人　330

勤工助学　297～299

补助标准 297
工作经验 299
工作领导 298
活动 298
基地 297
基金 297
教训总结 299
市场招聘活动 297
勤工助学岗位 298
大联赛 298
勤工助学管理工作 298、299
要求 298
制度 298、299
青年教师 236、239、242
分期分批培训 242
培养 236
社会实践试点单位 236
选拔培养工作 239
学术基金 239
青年科学基金科研经费 241
秋季招生平行志愿模式 10
区县、学校分级负责、多方参与机制 388
区域经济社会发展改革 5
区域示范中心 179
瞿葆奎 334
全国百篇优秀博士学位论文 130、131、201、206
评选 206
全国博士生学术论坛 404
全国超导学术研讨会 404
全国城市经济地理与微区位学术研讨会 404
全国大学生艺术节 185、193
展示汇演 193
全国大学生运动会 192、193
全国地方大学发展论坛 405
全国高等中医院校校长论坛 403
全国高校 174、208、250、304、305、403、546
毕业生就业市场 305
毕业生科技创业资金 304
教师职称和提升工作座谈会 250
教学工作奖励大会 208
连锁经营管理教学研讨会暨高层论坛 403
思想政治理论课 174

优秀思想政治教育工作者(2007年) 546
全国国际商务英语研讨会 405
全国国家助学贷款工作会议 294
全国航海类高等院校英语教学研讨会 402
全国家庭经济困难学生资助工作会议 289
全国教师教育网络联盟 404
全国教育系统劳动模范(1995年) 543
全国科技活动周 196
全国劳动模范 543
全国民族声乐论坛 405
全国模范教师 545
全国师德标兵(2004年) 546
全国师德先进个人(2004年) 546
全国首届100名国家级教学名师 259
全国统一命题恢复 273
全国外语院校协作组第二十三届年会 405
全国学科教师教育论坛 402
全国学术会议 403
全国艺术院校院(校)长高峰论坛 405
全国音乐表演学科建设与发展研讨会 405
全国优秀博士学位论文评选 201
全国优秀教师 543
全国优秀教育工作者 545
全国优秀校长(1984年) 543
全国哲学社会科学六五规划重点项目 340
全国针法灸法临床与针刺手法规范化学术研讨会 404
全国重点高等院校试办研究生院 122
全面合作协议签订 393
《全面战略合作协议》 386
全民受教育水平 97
全球视野两岸行动——大众化进程中高职教育新愿景 397
全日制高等职业技术院校 69、464
全日制普通本科毕业生学位工作评估 140
全日制普通高校 68
全日制在校家庭经济困难学生 291
全日制专业学位研究生教育改革 10、163、203
试点高校 10
试验 163、203
全市教育系统2005年能源消费情况专项调查 454
全英语教学研讨会 151
全英语课程建设 151

全员聘用合同制　255

全职非华裔外籍学者引进　375

R

人才出国留学计划　214

人才调查预测　3

人才断层　3

人才高地战略　305

人才计划　237、247

人才培养　97、116、169、171、199、205、394

　　成效　205

　　工作评估　171

　　举措　199

　　能力与规模　205

　　水平　205

　　要求　169

　　质量　169、205

　　中心　97

人才培养模式　69、116、161、199、204、207

　　层次布局结构优化　69

　　成绩　207

　　改革　116、199、204

人才培养水平评估工作领导小组　171

人才透明政策　216

人才预测工作　95

人口地理研究室　322

人口研究机构　321

人民奖学金　282、288

　　来源　282

　　评发条件　282

　　三个等级　282

　　与奖学金并存办法　288

人民助学金制度　288、292

人事分配制度　92、229、253、256

　　改革　229、253

人事管理　253、254

　　改革　254

　　制度　253

人事制度改革　109、237、254

人文社会科学研究　314

人文社会科学研究机构　320、321

　　建设　320

情况（表）　320、321

人文社会科学研究课题成果　332、333

　　重大课题　332

　　重要成果　333

人文社会科学重点研究基地　10、322、323

　　建设　10

　　一览（表）　323

人文艺术创新工作室建设　186

人文艺术大师工作室　323

人物　530～543

　　简介　530、537

　　名录　530、543

　　传略　530、531

人员流动制度改革　92

人员双聘协议　217

融资渠道开辟　424

入学注册　551

入职教育和培训　236

软科学研究　326

S

三高单位　301

《三个代表重要思想概论》　174

三级办学体制　68、464

三级对口帮扶关系　387

三级重点学科建设体系　112

三结合　3、67、464

　　办法　67、464

　　办学体制　3

三明治办学模式改革　161、162

　　实践　161

　　试点　162

三秋学农劳动　198

三区联动发展机制　102、103

三位一体改革　98

三下乡志愿活动　383

三校生　267、274

　　高考改革　274

　　招生政策　267

三支一扶计划　189、302

三重工程　134、141

　　建设　134

丧葬费 231

山兆珲 296

商法论坛 402

上海2000—2003年德育行动计划 177

上海EBIT实验室 316

上海白玉兰留学生奖学金项目 372

上海邦德职业技术学院 359、526

    校外实训基地共建 359

上海财经大学 68、74、84、291、306、357、373、376、383、386、391、400、461、478

    财务金融教育基金 357

    财务金融学院 357

    工商管理学院 74

    国际经济管理学院 74

    航空运输学院 74

    就业网 306

    汽车工程学院 74

    天健光华助学基金 291

    图书馆数字资源 461

    万泰国际投资学院 74

    证券期货学院 74

上海城市管理职业技术学院 389、513

上海城市建设学院 68

上海出版印刷高等专科学校 509

上海创业导师和创业者帮扶绵阳创业青年活动 311

上海大学 6、68、69、74、78、88、101、118、153、157、165、190、394、400、432、482

    巴士汽车学院 74

    宝山新校区 432

    上海科技馆志愿者团队 190

    图书馆赴港考察学习 400

    新校区图书馆 153

    学分制改革 165

    学习辅导中心 394

    研究生联合培养基地 157

    中欧工程技术学院 78

上海大学生艺术实践基地 185、193

上海地方高校调整 88

上海第二工业大学 69、310、502

    创业培训 310

上海第二医科大学 68、75、132、418、440

    对外科技服务收入 418

法语医学班 75

附属医院后勤社会化改革 440

后勤实业发展集团 440

获得贷款 418

重点学科 132

自费走读生收入 418

上海第一医学院 156、391、414、418

    获得世界银行贷款 418

    学校基金收入 414

上海电机学院 69、285、296、392、499

    爱心助学卡发放 296

    李斌班 216

上海电力学院 6、86、132、307、489

    2008届毕业生供需信息交流会 307

    第二届电力人才就业论坛 307

上海电视大学 67、283、460

    单项奖学金 283

    复印报刊资料数据库 460

    索引数据库 460

    综合奖学金 283

上海电影艺术职业学院 307、527

    2007年毕业生供需见面会 307

上海电子信息职业技术学院 358、515

上海东海职业技术学院 521

上海东沪职业技术学院 6、69

上海对口支援西部省区 387

上海对外贸易学院 67、86、372、486

上海法律专科学校 68

上海奉贤医学专科学校 68

上海服务全国 382

上海高创科技发展总公司 360

上海高等师范专科学校普及普通话工作 196

《上海高教研究丛刊》创刊 324

上海高校 66、86、91、93、101、102、139、149~160、167、175~182、192、194、237、238、246、288~293、306~315、326、339、345~366、393、403、408、423、426、431、440、449、456

    1990—2007年自然科学研究领域科技总经费统计（表） 347

    办学体制改革 9

    帮困助学工作总结表彰大会 289

    毕业生就业市场 306

布局结构调整　9、102

创业教育教学指导协作组　66、311

对外交流工作　8、366

辅导员工作专业委员会　182

国家助学贷款四定方案　293、423

合作交流　366

后勤发展中心　91、408、440

后勤实体　440

基础实验室改造工程　431

教师队伍建设工作会议　237

教学改革　160、167

教学工作会议　101

教学名师奖　158

科技产业化行动计划　8

科技成果展览会　363

科技服务中心　314、354

科技园　360

课程教材改革基金　102

联合软件工程公司　360

面向21世纪课程和教材建设总体目标　149

内部管理综合改革主要特点　93

内涵发展　10

内设研究机构　315

清真伙食工作交流会　449

人民助学金制度　288

人文艺术创新工作室　194

软科学联合研究中心　326

商品博览会　393

申请专利和获专利授权情况统计(表)　345

师资培训中心　238

示范性全英语课程建设内容　151

收费情况调查　426

思想政治理论课教学论坛　175

特聘教授(东方学者)岗位计划实施工作原则　246

体制划转协调小组　6、86

图书馆文献资源联合数据库　456

外国教材中心建设　152

网络(虚拟)图书馆一期工程　153

文化产业教学研究联谊会　403

心理援助　178

迎东亚运动会领导小组　192

优秀教材评奖工作　152

中标单位　339

助学金贷款　292

专业评估　139

自控实习中心　156

上海高校技术市场　10、364

　　建设　10

上海高校建设　314

　　人文社会科学领域　314

　　自然科学领域　314

上海高校跨世纪人才培养基金　242

　　启用仪式　242

上海高校人文艺术大师工作室　323、324

　　建设　324

上海高校台湾地区学生　394

　　数量统计(表)　394

　　选择高校偏好　394

上海高校选拔培养优秀青年教师　241、347

　　工程　241

　　科研专项基金　241

　　专项科研专项基金项目　347

上海高校综合改革　94、108

　　交流研讨会　108

　　思路　94

　　总体评价　94、108

上海公安高等专科学校　88、510

上海工程技术大学　68、132、156、253、377、483

　　综合体制改革方案研讨会　253

上海工会管理职业学院　70、386、519

上海工商外国语职业学院　525

上海工业大学　67、186、236、283、292、391

　　文工团　186

上海工艺美术职业学院　70、517

上海国际工业博览会　363

上海海关高等专科学校　86

上海海关学院　69、480

上海海关专科学校　390

　　三年制民族班　390

　　西藏班　390

　　新疆班　390

上海海事大学　69、85、290、386、400、488

　　旅港校友会　400

　　学生资助管理中心　290

上海海事职业技术学院 515

上海海洋大学 69、85、111、384、490

　　教授博士科技服务团 384

上海海运学院 89、306、337

　　2003届毕业生与用人单位双选会 306

　　上海港港口发展问题研究 337

上海合作组织大学 79

上海合作组织教育部长第一次会议 79

上海华东医院 157

上海慧谷高科技创业中心 310

上海技术师范学院 68

上海济光职业技术学院 524

上海健康职业技术学院 520

上海建峰职业技术学院 295、359、518

　　海外现场项目工程师培训班共建 359

上海建桥学院 73、397、398、504

　　赴台学习考察活动 397

　　海峡两岸民办(私立)高校校长论坛 398

上海交通大学 4、6、8、55、75～79、83、90、154、156、
160、165、168、185、193、207、290、292、310、315、316、
328～330、357、360、363、376～378、383、389～392、
412～414、425、441、468、469

　　1999—2010年度SCIE和SSCI论文情况(表)
　　　378

　　1999—2010年度国际合作伙伴国家(地区)情况
　　　(表) 378

　　Med—X研究院 316

　　创业基金 310

　　创业投资有限公司 310

　　动态控制渗碳渗氮技术 330

　　发动机研发中心 360

　　高电压试验设备研究开发中心 357

　　高新技术战略发展合作基金 357

　　供给制研究项目 348

　　管理改革经验推广 4

　　管理与计算机科学双重硕士学位研究班 75

　　国际科研合作 377

　　计算机图像处理实验室 377

　　交响乐团 185、193

　　教育服务产业投资管理(集团)有限公司 441

　　接受捐赠 414

　　聚合反应动力学模型研究 328

抗震救灾特别援助基金 290

课程体系改革 160

空间科学技术研究中心 316

空天科学技术研究中心 315、360

密歇根联合学院 79

内部管理体制机制改革 4

农学院成立大会 90

软件学院 78

三区联动 360

少数民族英语班 390

网络学院 168

物理基地 207

系统工程研究所 392

系统生物医学研究中心 315

校内付款凭证 425

新加坡研究生院 55、78、207、376

学分制改革 165

学生管乐团 193

学校基金 413

研究和工程研究中心 357

医学院 90、469

与上海第二医科大学合并原则意见 90

预算管理 425

预算经费 412

招收新疆少数民族学生 389

中欧国际工商管理学院 77、78

上海交通职业技术学院 514

上海教育城域网建设 456

上海教育发展战略研究课题 336

上海教育后勤慈善工作站 442

上海教育门户网站 456

上海教育审计工作会议 428

上海教育十二五发展战略咨询会 381

上海教育网站 458、459

　　第七次改版主要内容 458

　　第八次改版主要内容 458

　　招生考试专题栏目 459

　　主要内容 458

上海教育信息化建设格局 168

上海教育与科研计算机网 7、168、456～460

　　第一期工程主干网 7、456

　　高速城域网主干网建设任务 457

　　高校网络图书馆　460

　　工作会议　457

　　接入单位　456

　　影响面　456

　　远程教育项目　456

　　主干带宽　457

上海教育展　371

上海金融学院　500

上海经济 2004 年发展与 2005 年预测政策研讨会　401

上海科普教育发展基金会　196

上海科学技术博览会　363

上海科学技术大学　154、228、339

　　光纤实验室　154

　　箱体 FMS 项目　339

上海科学技术职业学院　358、516

上海理工大学　6、69、85、86、89、358、384、386、481

　　出版印刷学院　85

　　大学生五角场社区服务基地　386

　　管理体制调整　86

上海立达职业技术学院　296、397、524

　　护理系建设　397

上海论坛 2009　381

上海旅游高等专科学校　190、358、510

　　万豪班　358

上海民办高等教育发展　8

上海民远职业技术学院　523

上海模具研究所　357

上海纽约大学　79

上海农林职业技术学院　517

上海欧华职业技术学院　386

上海汽车工业科技发展基金会　355

上海三菱教育奖励基金　285

上海杉达高科技公司　72

上海杉达学院　8、54、72、101、464、496

上海商学院　69、311、398、503

　　NFTE 创业培训班　311

　　生态旅游学院与台湾立德大学平台共建　398

上海商业职业技术学院　6、69

上海申教投资有限公司　111

上海师范大学　6、68、74、88、118、308、324、334、387、413、414、425、432、485、506

　　办学经费来源　413

大学生职业规划节　308

奉贤校区　432

基金专项账户　414

科研成果　334

女子文化学院　74

天华学院　74、506

预算内外资金管理　425

资金管理特点　425

上海师范类院校结构调整　89

上海市 90 年代紧缺人才培训基金　422

上海市促进民办教育发展专项资金　422

上海市大学校长访问团赴台湾学术交流　396

上海市德育基金　422

上海市对复旦大学教育经费拨款情况　412

上海市高等教育　65、116、169、324、325、366、426

　　评估事务所　169

　　系统审计工作　426

　　研究会　325

　　研究所　324

　　自学考试委员会　65

上海市高等教育局　56、57、66、118、387

　　教学处　66

　　领导成员　56

　　正副局长任职情况（表）　57

　　主要职能　61

上海市高等教育学会　325

　　成立三十周年庆祝大会　325

上海市高等师范学校师资培训中心　65

上海市高等职业教育专项经费　421

上海市高校毕业生　30、64、302～306、399

　　规模及就业率情况（表）　303

　　基本情况（表）　302

　　就业辅导演习班　399

　　就业工作促进会　306

　　就业工作联席会议　64

　　就业信息供需网络平台　30

上海市管理高等学校一览（表）　87

上海市海岸和海涂资源综合调查　326

上海市及区县两级财政对教育事业拨款　412

上海市奖项　351

上海市教育博览会　385

上海市教育督导事务中心　66

上海市教育功臣评选表彰工作 260
上海市教育工作会议 5、100、101、109、169、172、371
上海市教育考试院 65、266
上海市教育科学规划领导小组 64
上海市教育科学研究院 65、324、325
　　高等教育研究所 325
上海市教育评估院 65、169
上海市教育委员会 54～61、66、87、98、132～137、163、
　196、362、366、385、428
　　第四期重点学科建设工作 135
　　第五期重点学科建设工作 135
　　公文与信息交换系统 460
　　机构改革 61
　　机关工作人员 58
　　科技发展中心 66、385
　　领导 87
　　内部机构 59
　　内部审计督导 428
　　申美科技成果推广奖 362
　　业务处室 58
　　正副主任任职情况(表) 59
　　直属单位建设与管理工作领导小组 66
　　重点学科(第五期)情况(表) 137
　　重点学科建设 132～135
　　主要职能 61
　　综合办公室 58
上海市教育卫生办公室 56、60、70
　　主任任职情况(表) 56
　　主要职能 60
上海市教育系统 189、190、384、396、454
　　APEC会议志愿者队伍 189
　　建设节约型校园推进会 454
　　外事和对台交流工作会议 396
　　宪法宣传周活动 190
上海市教育综合改革试验 109
上海市境外机构和个人在沪合作办学管理 8、79
上海市科技教育基地 195
上海市科技节 196
上海市科技进步奖 329
上海市科技精英 352
上海市科普教育 195
　　基地 195

委员会 195
上海市科研成果授奖大会 351
上海市民办高校 73、192
　　设置审议委员会 73
　　体育节 192
上海市普通话测试中心 66
上海市人才预测办公室 95
上海市人民政府财政拨款 411
上海市师资工作会议 212、216
上海市属高校 424、428
　　财务管理绩效评价指标体系 428
　　化债工作 424
上海市外国留学生市政府奖学金评审 372
上海市新技术交流洽谈会 363
上海市学生贷款管理中心 293
上海市学生戏剧节 185、193
上海市学位委员会 60、169
　　办公室管理举措 169
　　换届 60
　　主任委员、常务副主任委员任职情况(表) 60
上海市学校国防教育协会 194
上海市学校科普教育 195
　　十五发展计划(2001—2005年) 195
　　十一五发展规划(2006—2010年) 195
上海市学校体育十五发展计划 191
上海市杨浦区域高校后勤社会化改革推进委员会 441
上海市语言文字工作委员会 196、197
上海市招生委员会组成 266
上海市针灸学术年会 404
上海市政府外国留学生奖学金 372
上海市政府助学奖学金 289
　　颁奖暨迎春团拜会 289
上海市智力开发倍增计划 4
上海市重点高校人才招聘洽谈会 215
上海市重点学科 128～136
　　第三期建设计划 132
　　第三期情况(表) 136
　　申报 131
上海水产大学 67、74、75、288、290、292、294、298、308、
　315、373、375、377、379、383、389～391、400、418
　　获世界银行农业教育贷款 418
　　联想计算机学院 74

　　民族工作领导小组　391
　　清真餐厅　390
　　外籍专家　375
　　学生资助中心　294
　　远洋渔业研究所　315
　　招收新疆少数民族学生　389
　　职业生涯规划教育　308
　　自强奖学金　298
上海思博职业技术学院　157、358、397、523
　　申通物流教育基地　358
上海松柏篮球队　396
上海体育学院　85～88、492
　　中国乒乓球学院　85
上海体育职业学院　70、519
上海铁道大学　6、69、89、292
上海托普信息技术职业学院　358、527
上海外国语大学　69、111、285、333、336、391、476
　　成果　336
　　国际传播人才培养与科学研究基地　359
　　国际合作教育　368
　　获上海市哲学社会科学研究成果奖　334
　　精文—兴业奖励基金　285
　　贤达经济人文学院　74、506
　　逸夫图书馆　153
上海卫生职业技术学院　70
上海文化产业发展高校论坛　403
上海西南地区7校联合办学管理委员会　7
上海西南片七校联合办学管理委员会　70
上海戏剧学院　88、119、335、390、494
　　教师学术研究成果　335
　　内蒙古话剧表演班　390
　　西藏班　390
　　西藏话剧表演班　390
　　戏曲舞蹈分院木偶表演本科班　119
　　与台北艺术大学签约合作　398
上海戏曲学院　193
上海先进制造技术工程研究中心　357
上海现代化教育发展蓝图　4
上海新侨职业技术学院　521
上海行健职业学院　513
上海学校德育研究中心　177
上海研究生教育创新计划　10、202

　　内容　202
　　项目　10
上海研究生联合培养基地　110、201、202
　　建设　202
上海医科大学　68、84、104、329、339、416
　　科研经费统计（表）　416
　　基因工程链激酶研制　329、339
上海医疗器械高等专科学校　84、508
上海医药高等专科学校　70、157、163、307、511
　　毕业生校企供需见面会　307
上海音乐学院　119、384、386、390～392、495
　　滇沪合作云南民族艺术研究开发交流基地　384
　　杨浦学校　386
　　音乐剧表演专业　119
上海应用技术学院　69、124、290、387、487
　　学生资助管理中心　290
上海与外省市签定有关教育合作协议一览（表）　383
上海远程教育集团　460
上海震旦职业学院　522
上海政法学院　69、403、501
　　监狱学专业应用型高级专门人才培养研讨会　403
上海支援边疆省区高等学校建设　391
上海中华职业技术学院　284、528
　　合作办学奖学金　284
上海中侨职业技术学院　359、527
　　教育合作基地共建　359
上海中医药大学　69、88、118、358、376、384、386、392、399、400、413、484
　　产学研合作　358
　　冠生园健康营养研究所　358
　　与香港大学签约合作　400
　　预算外经费　413
　　中医本科专业　376
　　中医教育培训点　376
　　中医学院　399
上海紫竹新兴产业技术研究院　316
少数民族大学生培养　389
少数民族音乐收集整理　390
邵瑞珍　334
邵志敏　330、351
社会保险　231
社会服务　354

社会公益活动服务队成立仪式　287

社会基本医疗保险　230

社会捐赠　414

社会力量办学　62、72

　　管理　62

社会实践　197、198

　　队伍　197

　　活动　197

社会实践基地　156、197、198

　　命名仪式　198

社会医疗保险缴费基数　230

社会主义现代化教育建设道路探索　116

社会自主办学体制　425

社区教育网络　97

申美科技成果推广奖　362

审计人员培训　426

审批硕士点试点工作　123

《沈从文文集》　332

沈德和　208

沈晓明　99、105、190、243、244、294、325、400

沈一凡　243

升留级　553

声乐表演艺术教学　208

生育待遇　230

省部级以上重点研究基地　132、136

省市（部）级以上科技成果奖励　134

盛慧珍　130、131

失业保险　231

师德标兵　546

师德先进个人　546

师范院校招生办法　269

师资队伍建设　212、216、218、238

　　第十个五年规划纲要　216

　　队伍优化、管理与培养　238

　　要求　212

师资工作会议　212、216

师资结构优化　212

施伯乐　216

施罗德　206

十大行动计划　131、241

十二五内涵建设规划　107

十佳大学生创新项目评选　311

十年规划初步设想　96

十万人留学中国计划　372

十五计划　97

十五期间上海高校布局调整规划　102

十五期间上海教育　97、98

　　重点项目　98

　　主要任务　97

　　总体目标　97

十一五规划五个转变　99

十一五期间上海教育发展　98、99

　　目标　98

　　四个计划　99

　　战略　98

　　指标　99

　　指导思想　98

　　重点　98

　　自主创新能力　98

实地考察评估　171

实践教学建设　153

实体办学合作　76

实习基地建设　155

实习经费投入　157

实习信息平台建立　157

实训基地建设项目　157、422

实验技术职称系列　249

实验教学设施建设　154

实验教学示范中心　154、163

　　建设和评审工作　154

实验室建设　153、154

　　情况（表）　154

石四箴　393

食堂安全防范专项整治行动　450

世博会与青年志愿者研究中心　190

世博送温暖活动　296

世博宣传教育专项行动五大系列　190

世博志愿者激励计划　190

世界大学生乒乓球锦标赛　192

世界银行贷款　418

事业单位工作人员考核　258～260

　　范围　258

　　使用说明　260

　　要求　258

事业单位人事制度改革　212

事业单位职工聘用合同制度　255

事业单位专业技术人员　227

　　岗位工资标准情况（表）　227

　　工资标准改革　227

　　薪级工资标准情况（表）　227

事业单位资产清查　429

事业基金　414

市场服务及援助　305

市级大学生首批创新项目　204

市级高等学校教学名师奖评选表彰　158

市级教学成果评选奖励工作　208、209

市级教学团队申报评选　159

市级协调机构　64

市区校三级网络管理　457

市属高等专科院校　508

市属高校　54、101、132～134、149、154、215、132、133、
233、367、424、428、429、464、481、585～602

　　财务管理绩效评价指标体系　428

　　出国留学贷款基金　215

　　规范化建设工作成果　429

　　化债工作　424

　　基础教育实验室专项建设　154

　　教工住房建设　233

　　教师出国留学或进修　367

　　课程建设重点　149

　　内部管理体制改革　54

　　企业改制工作成果　429

　　首批重点学科建设　132

　　重点学科建设特色　133

市属高校重点学科建设成效　133、134

　　产业发展　134

　　教育质量　134

　　科研能力　134

　　实验条件　133

　　效益　134

　　学术梯队　134

市属高职院校　513、594～603

市属委办局主管高校划归市教育委员会　87

市属专科院校　594～603

市政府奖学金院校　286

视力残障考生招收　272

试点高校　203

收费并轨　268、269、286

　　改革试点举措　268

　　任务　268

　　制度　269、286

收费内容调查汇总　426

收费制度改革　286

收费走读生招收　267

收入增加渠道　417

收信快乐演出　394

售后公房　232

曙光产学研专项计划　242

曙光计划　7、242～244

　　获奖项目　244

　　内容拓展　242

　　人数统计　242

　　申报入围教师　242

　　实施15周年座谈会　244

　　项目研究水平　243

曙光学者　243、244

　　获奖项目　244

　　科研任务　243

　　校级领导　244

　　学术领域获奖　243

　　职称　243

数学专业试点班　199

数字媒体领域战略合作框架协议签字仪式　386

数字图书馆信息服务　460

数字艺术港湾网站　461

双摆线减速器　330

双师型教师培养　294

双硕士学位　182

双向选择就业状况　301

双语师资培训项目　373

双增双节　419

双证改三证　111

双专科教育试点　162

硕—博连读制　277

硕士生分类　278

硕士学位攻读推荐免试　277

硕士学位论文双盲评议　201

硕士学位授权点　123、140、141

评估　140、141

硕士学位授予单位　120、122

硕士研究生教育综合改革内容　124

《思想理论教育》杂志　325

思想理论教育研究会成立十周年大会　180

思想政治工作　118、181

　　队伍建设　118

　　干部培养　181

思想政治教育　116、117、172～179、251

　　教学体制　116

　　体系　172

　　优秀论文专著评选　177

　　优秀青年教师培养计划　176

　　重点工作　174

　　专职人员职务任职资格评审和聘任　251

思想政治教育队伍建设　179～184

　　奖励机制　184

　　交流　182

　　培训　182

　　制度　179

　　专业化建设　181

　　组织　179

思想政治教育教师　249～252

　　高级职务聘任评议专家库　252

　　职称系列　249

思想政治课　174～176、183、242

　　骨干教师社会考察活动　183

　　教师全员培训　175

　　教学论坛　175

　　名师工作室　176

　　新课程方案　174

　　制度体系　174

　　专项名额　242

四定工作　93、96

四个中心建设　69

四化建设服务问题　340

四技服务项目　346

四门六组　267

松江大学园区　9、64、72、431、433、434

　　一期建设工程　9

　　二期规划　9

　　高校教学管理协作组　72

高校教学资源共享机制　72

　　管理委员会主要职能　64

　　教学资源共享　9

　　学分制管理　72

宋炳良　337

宋后燕　330

苏步青　4、120、199、201、208、531

苏宁　381

苏渊雷　334

素质教育　97、451

　　创造条件　451

　　模式　97

孙波　243

孙锟　244

孙逊　326

孙雅艳　184

孙冶方经济奖　352

T

塔里木河自然资源航空照片图像处理科研任务　392

台湾地区学生奖学金　286、393、395

　　管理暂行办法　395

　　评审工作　393

台湾地区学生招收　394

弹性学制　123、278

谈家桢　260、534

谈敏　391

谭其骧　333、352

汤建中　337

汤钊猷　539

《唐代中日往来诗集》　332

唐纳德·葛斯　380

唐盛昌　260

陶国相　384

陶松龄　208F

陶依嘉　216

特大型城市高等教育发展探索　3

特困生　294、295

　　绿色通道　295

　　全额贷款发放　294

特聘岗位选拔和聘任工作　254

特聘教授(东方学者)岗位计划　245、246

　　　　对接千人计划　245

　　　　岗位设置和申报　246

　　　　落实情况调研　245

特色高校规划建设　433

特色专业建设　145～147

特殊类型招生　280、281

特种光纤研究　328

体教结合　85

体育　191、208

　　　　特长生招生　280

通识教育　165～167

　　　　核心任务　166

　　　　教学改革制约原因　165

　　　　课程体系建设　166

　　　　培养方案　167

同层次学科带头人互评　132

同济大学　74、78、83、89、90、123、139、160、166、194、
　　196、296、315、373、384～386、393、414、415、438、454、
　　460、470、507

　　　　半企业化管理四项考核指标　438

　　　　波耳固体物理研究室　415

　　　　慈善助学帮困基金　296

　　　　获得海外捐赠项目　414

　　　　技术转移中心　386

　　　　建筑学硕士专业学位授予试点　123

　　　　教学体制改革　160

　　　　节能工作现场会　454

　　　　军训基地　194

　　　　人才培养计划指导思想修订　166

　　　　软件学院　78

　　　　深海科普馆　196

　　　　石四箴口腔医疗中心　393

　　　　食堂半企业化管理　438

　　　　同科学院　74、507

　　　　网络教育战略拓展　460

　　　　现代农业科学与工程研究院　315

　　　　医学遗传研究所　315

　　　　与上海铁道大学合并大会　90

　　　　中德工程学院　78

筒子楼改造　233

投融资体制改革　423

突出贡献科技人员重奖政策　349

图书档案资料业务职称评定委员会　251

图书馆建设　153

图书资料情报　248～251

　　　　人员　251

　　　　职称系列　249

图书资料设施建设　153

土建类高校布局结构调整　89

退学　554

W

外国教材资源共建共享　153

外国留学生工作调研　370

外国研究生接收　369

外国专家　217、374

　　　　聘用资格审定　217

　　　　专业结构调整　374

外国专家上海高校执教效益　374、375

　　　　科研合作　375

　　　　人才培养　375

　　　　学科建设　374

　　　　友好交往　375

外籍教师聘用　217

外籍院士引进　218、375

外贸类专业点评估　140

外语教师轮训　386

外语院校协作组第二十三届年会　405

万大事有 UFO 演出　394

万里　92

万善正　260

汪道涵　77

汪耕　216

汪品先　130

汪歙萍　65

汪应洛　216

王安顺　188、189

王国明　396

王浩　217

王沪宁　206、333

王浣尘　392

王家耀　217

王建磐　380

王军　402

王礼恒　315

王鹏飞　246

王奇　64、399

王荣华　398

王绍堉　284

王生洪　64、82、217

王玮　397

王新奎　311

王一飞　380

王振义　103、260、331、538

王志农　244

王忠烈　60

王铸钢　326

网络教育　460

网络图书馆　153、460、461

网络应用项目建设　457

韦钰　380

委托培养　270、278

卫生部211工程部门评审委员会　104

文化部文化援藏项目　390

文化产业教学研究联谊会　403

文化素质教育　204

　　试点工作　204

　　体系　204

　　选修课　204

文汇民办高等教育论坛　404

文科教育座谈会　340

文科科研成果　334、352

　　评奖　352

　　获特、一、二等奖项目一览(表)　334

文科应用类硕士生培养试点　201

文理教育大讨论　166

文理专业结构比例调整　119

文明单位创建活动　450

文明礼貌月　450

　　领导小组　450

文艺特长生加分录取政策　280

翁史烈　78、195、260、540

吴爱忠　243

吴邦国　77

吴炳荣　337

吴尔愉　216

吴根发　388

吴光耀　335

吴建中　392

吴孟超　103、260、329、351、538

吴启迪　92、109、460

吴英蕃　284

吴志清　392

五四纪念日活动　185

五校协作委员会　70

伍柏麟　208

伍汉霖　377

X

奚心雄　65

希拉克　75

希望工程义卖中心　198

西部地区支教讲学　389

西部开发专项资金设立　382

西部网络推介会　188

西部志愿者计划　189

西南7校　7、70

　　联合办学管理委员会　70

西南片高校　71、72、457

　　分析测试远程操控网络　72

　　光缆敷设工程　457

　　教师互聘信息库　71

　　联合办学辅修专业教学督导组　71

西南片和东北片高校协作办学　71

习近平　190

席裕庚　206

系主任在位期间目标管理制度　92

夏大慰　391

夏健明　391

夏写时　335

夏秀蓉　388

先进教师表彰　259

先一步高一层教育发展战略　55

现代教育技术运用　167

《现代西方哲学》　336

现代信息技术教育教学　167

现代终身教育体系　97

现实问题研究课题　333

线上无缝隙 294

项海帆 130

项目管理机制建设 116

项目研究机构 321

肖啸 218

小嶋秩夫 377

小金库清理专项治理工作 427

小手川大助 381

校、院、系(所)三级管理体制 92

校办公司及经济实体财务审计 426

校办企业 417、429

  清产核资 429

校地合作 385

校际合作 316

校际协作办学 70

校内浮动岗位津贴制度 257

校内交流管理改革 250

校内经济承包责任制 418

校内劳动人事分配制度 229

校内勤工助学活动管理 298

校内实绩津贴 228

校内在线教育平台课程中心 168

校内重点专业评估工作 139

校企合作 74、113、157、204、205、316、359

  二级学院 74

  培养高技能人才试点工作 113、157、205、359

  院校认定 205

  专项经费补贴 205、359

校设科研机构 315、320

校外实习 155～157

  法规制度建设 156

  工作举措 157

  和社会实践联席会议制度 156

  基地建设 155、156

  现状调研 157

  学生思想教育 156

校医院后勤社会化改革 440

校园安全 446

  教育和应急预案演练活动 446

  隐患排查整治专项行动 446

校园安全管理 443

  工作机制 443

组织架构 443

  制度设施建设 443

校园环境专项治理 452

校园恢复改善 431

校园基本建设 431、432

校园扩建 432

校园图书文化节 185

校园网建立 168

校园文化建设 184、186

  优秀成果表彰暨专题工作研讨会 186

校园文化育人功能 185

校园文明环境建设 450、451

  工作会议 451

  支持政策 451

校园治理 438

校院两级管理体制改革 92

校长、教师教育专题培训 389

校长负责制 72、92

  试点 92

协调服务机构 64

协同创新 354

谢安邦 336

谢丽娟 60、64、82、198、208、242

谢希德 165、195、208、317

  国家实验室 317

心理健康活动月 178

心理健康教育 177～179

  工作评估 178

  三年规划 178

  系列课题研究 179

  专家指导委员会 179

心理咨询 177

  机构 177

  教育理论与实践研讨会 177

新疆少数民族 389、390

  师资定向培养任务 390

  双语教师培训任务 389

新任专职辅导员联系人制度 182

新生选拔试点工作 267

新世纪的关怀——海峡两岸水资源暨环境保护上海论坛 396

新世纪网络课程建设工程 168

新世纪新长征火炬传递长跑 192
新世纪优秀人才支持计划 244
《新闻学基础教材》 336
新校区建设 432
新兴交叉学科建设 119
新增硕士专业学位授权点审核工作 124
新专业 118、140、170
　　检查评估 140
　　教学规范 170
　　开发建设 118
薪酬激励竞争机制 229
行政检查评估制度 140
行政审批事项 63
休学 554
虚拟图书馆 460
徐建 333
徐匡迪 82、86、90、128、130、208、237
徐寅生 85
徐永希 392
徐增寿奖学金 284
许子东 334
选留毕业生 214
薛蕃康 336
薛明扬 64
薛琦 397
薛天祥 336、337
学费 295、415、423
　　贷款申请 423
　　减免 295
　　收入 415
学分制 9、111、117、160～165
　　改革 9、164、165
　　高校试点 160、164
　　管理交流会 164
　　管理体系探索 161
　　教学改革 117
　　试点 7、165
　　收费 111
　　完善措施 164
　　研究课题组 164
　　研讨班 164
学籍变动 553

学籍管理 265、395、551
　　工作规定 265
　　制度 395
学科布局结构调整 103
学科抽样检查 168
学科带头人培养引进措施 240
学科会考 273
学科建设 5、117、124、176
　　扶需重点 176
学科竞赛获奖 206
学科专业 103、112、116、118、139
　　布局 112、118
　　发展 118
　　建设与结构优化调整 103
　　评估 116、139
　　设置 118
学科专业布局结构 11、117、120
　　优化调整 11、112、117
学科专业点名单 120
学雷锋活动周 185
学生读书社团 186
学生公寓 432、447
　　管理队伍 447
　　建设 432
　　社会化托管 447
学生工作 164、180
　　督导队伍 180
　　管理体系 164
学生管理 263、264
学生缴费上学制度 268
学生军事训练 194、195
　　办公室 194
　　工作建设 195
　　领导小组 194
学生科技应用开发中心 186
学生课外科技活动基金 187
学生留学 367
学生培养 168
学生勤工助学管理服务中心 297
学生全面发展 117
学生社团 186、161
学生生活园区教育与管理工作会议 448

学生食堂 442、449、450
　　标准化建设指标体系 442
　　饭菜价格稳定措施 449
　　工作措施 450
学生宿舍 442、447、448
　　标准化建设指标体系 442
　　管理 447、448
学生体质健康调研 192
学生午餐供应工作会议 449
学生戏剧节 185、193
学生艺术节 193
学生职业发展教育 309
　　办公室 309
　　三级组织架构 309
学生资助 288、294
　　管理中心 294
　　体系 264
　　制度改革 288
学术会议交流 379
学术活动 401
学术交流 377、401
学术研讨交流活动 325
学位点 120、169
　　情况动态数据库 169
学位论文 10、111
　　抽检双盲评议 111
　　双盲抽查 10
学位评估 140
学位委员会 60、123
　　第十次学位授权审核 123
　　换届 60
　　主任委员、常务副主任委员任职情况（表） 60
学位制度法制化 120
学习型社会建设 55
学校财务 425、427
　　管理 427
学校发展定位规划 106
学校国防民防教育工作十五计划 194
学校基金 413、414
　　结余 414
　　制度 413
学校及周边环境专项整治 452

学校教师岗位职责规定 549
学校教育经费来源 416
学校内部人事制度综合改革 212
学校内部综合改革 93
学校水电气价格标准 454
学校体育十五发展计划 191
学校卫生工作措施 453
学校行政管理体制机制 92
学校艺术教育 193
　　十五发展计划 193
　　委员会 193
学校饮食卫生及安全工作要求 448
学校周边安全隐患排查 452
学校自筹经费 410
学院更名 68、464
学者论坛 186

Y

亚历山德拉 284
亚洲开放大学协会第18届年会主题 380
严灏景 330
严隽琪 64、237、289、449、452、453
严世芸 400
研究成果 328
研究生班 278
研究生创新能力培养专项资金 111、162、202
研究生辅导员培训基地 183
研究生规模（表） 279
研究生奖学金制度 285
　　实行标准 285
研究生教育 10、97、111、120、123、162、169、201、202
　　创新计划 10、111、202
　　改革计划 162
　　公共平台 202
　　规模 97
　　培养体系综合改革 162
　　与学位授予单位 123
　　质量评估制度 169
　　综合改革 110
研究生教育质量监督 111、169
　　激励机制 111
　　制度 169

研究生教育综合改革　108、110、123、162、163、278、286
　　试点　108、123、278
研究生考试　277
研究生课程与教材建设　169
研究生联合培养基地　110、201、202
　　建设　110
　　一览(表)　202
研究生录取　277
研究生培养　10、111、161、201、203、277、278
　　标准　111
　　规格调整　161
　　机制改革　10、201、203
　　类别　278
　　目标　277
研究生暑期学校　202
研究生协作培养单位　110
研究生学科　120
研究生学术论坛　202
研究生优秀论文评选　201
研究生招生　110、277、278
　　预选制　110、278
研究生招生考试　279
　　方式　279
　　科目　279
研究生专业学位教育综合改革试验　203
　　建设内容　203
　　试点工作总体目标　203
研究生综合素养讲座名师库建设与共享　71
研究实体改革措施　349
研究应用型网络群体　458
颜国正　243
扬帆中英文搜索引擎站　456
杨德广　337
杨福家　195、380、381
杨怀远　216
杨剑宇　335
杨恺　56
杨立青　400
杨芃原　331
杨浦大学城　9
杨浦知识创新区　431、433
杨胜利　315

杨晓渡　449、453
杨英珍　330、351
杨槱　72、537
杨玉良　330、332、351
阳光计划　176、247
阳光学者沙龙　177
阳光助学基金　294
养老保险　231
养老金组成　229
养用结合机制　181
样板课程　149
叶长海　335
叶澜　237、334
叶佩玉　260
叶书宗　335
叶叔华　195
叶涛　335
一流大学建设系列研讨会　401、403
一流教育　5、55
　　发展要求　55
　　建设　5
　　目标　5
一门式服务　63
一网五环信息网络框架结构　457
依法治校示范校　63
《医疗器械监督管理条例》修订研讨会　405
医学门类博士点　123
艺术教育活动　193
艺术类专业招生　280
艺术特长生招生　280
　　加分标准　280
　　特长生范围　280
　　资格审定标准　280
《艺术哲学》教材　193
殷晓鸣　218
殷一璀　99、180、400、453
音乐研究室　193
银校合作协议　294
英语联考　275
迎世博600天行动工作推进会　452
应用文科专业开设　119
用爱心呵护生命募捐活动　296

用人机制 216

优秀博士学位论文 130、131、201、206

　　初选 201

　　评选 206

　　四级评选奖励机制 201

优秀辅导员先进事迹报告会 184

优秀高中毕业生优先选拔制度特点 269

优秀教材评选 152

优秀教师 543

优秀教学成果评选工作 208

优秀教育工作者 545

优秀两课教师校际联聘 180

优秀青年骨干教师选拔工作 240

优秀青年教师 239～241

　　调查统计 239

　　工作选拔培养 240

　　计划 239

　　考核 239

　　科研专项基金培养计划 241

　　培养工作经验交流会 239

　　特点 239

　　选拔培养 241

优秀青年教师选拔培养工作 239、240

　　经验交流会 240

优秀思想政治教育工作者 184、546

　　评优表彰活动 184

优秀校长 543

优秀学生 116、182、271、282、283

　　辅导员培训 182

　　奖学金 282、283

　　推荐 271

　　选拔培养改革试点 116

优秀应届毕业生推荐 277

优质教育资源网上共享 168

尤云祥 244

游戏互动艺术人才培养 397

友好城市学术交流 374

友好院校合作项目 392

有偿分房 232

于成鲲 395

于建国 243、381

于漪 216、237

余匡复 334

余木火 332

余秋雨 237、335

余润兴 218

余卓平 332

俞丽拿 158、260、541

俞彭年 336

俞顺章 208

俞调梅 329

俞新宝与你同行慈善摄影展 296

俞正声 99、100、113、190

语言文字工作 196、197

　　领导小组 197

　　十五计划 196

　　综合评估 196、197

语言文字规范化示范校 197

　　创建活动 197

语言文字规范教育 117、196

育龄妇女生育保险 230

预防艾滋病学校健康教育 191

预警退出管理机制 169

预算包干办法 410

预算管理对象 414

预算内教育财政拨款 410

预算外教育事业经费 413

　　来源 413

预算外收入 413

原部委属划转上海市管理高等学校一览（表） 87

袁贵仁 84、113

袁圣东 311

袁岳 216

远程教育 71、460

远程教育点 167

远程医疗会诊服务 457

远程医学 167、457

　　服务对象 457

　　项目 167、457

远程医学点 168

远洋金枪鱼和鱿钓渔业技术指导和渔情预报工作 379

院系三包一评 93

院校合并体制改革主要模式 6

院校调整 82、88

运动队体制建立 191

Z

在籍大学生征集义务兵 194
在校大学生勤工助学实习合作意向书 386
在校全日制港澳台地区及华侨学生 395
在职干部普查 3
在职人员 278、359
　　申请博士、硕士学位试点 278
　　职业技能提升培训 359
臧敬伍 326
曾宪梓教育基金1993年度评选 259
詹守成 288
战略规划 95、101
　　编制 95
　　实施 101
张海英 386
张江高科技园区科研教育区 436
张经 332
张镜人 535
张军 243、244
张力 381
张隆官 460
张马力 335
张仁青 395
张瑞璠 337
张善余 333
张淑平 391
张伟江 64、443
张文 352
张显平 384
张亚勤 78
张用 310
张友尚 217
张肇达 216
张钟俊 392
章培恒 335
章振邦 334、336
招生 55、101、266、268、271、272、277、278
　　办公室 266、271
　　改革试点 55
　　工作改革 271

工作重点做法 272
计划体制改革试点 277
录取方法 272
模式改革 266
收费制度改革 268
委员会组成 266
选拔办法 278
制度改革 101、271
招生管理 266
　　机构 266
招生考试 64、264、266、270、273
　　格局 270
　　工作联席会议 64
　　机构管理职能 266
　　科目组 273
　　制度 264
招生考试制度 110、267、273
　　方案改革 267
　　改革 110
　　恢复 273
招生收费并轨 266、267、271
　　改革 266
赵安东 65
赵东元 330、351
赵凯 216
赵强 184
赵世民 330、351
赵伟 332
哲学社会科学 177、332～336、339、340、352、353
　　规划引领 339
　　规划预备会议 339
　　课题招标工作 177
　　领域成果 332
　　六五规划重点项目 340
　　评奖活动 352
　　研究工作 333
　　优秀成果 335
　　优秀成果奖 334、336、353
哲学社会科学优秀成果学术贡献奖 335
　　高校获奖名单一览(表) 335
争创文明窗口、争当服务明星表彰大会 442
政策导向与指导 304

政法高校书记、校长论坛 403

政府财政拨款 410、411

　　地方财政拨款 410

　　中央财政拨款 410

政府工作机制 388

政府门户网站 458

政府特殊津贴 234

政府信息公开 459

政工干部进修班 181

《政治经济学》教材 151、336

政治经济学课程教学改革 208

政治理论课程 116、172

　　建设 172

　　教学体系 116

正副教授评审工作评审结果 250

郑朝科 397

郑令德 82、195、242、396

郑启明 336

郑善良 329

郑树棠 158

郑耀宗 380

郑元芳 218

郑泽生 336

支援人才培养 388

支援西部地区 387

支援新疆高等教育发展 387

知识产权 344、345

　　非学历教育 345

　　管理 344

　　教育 344

　　优秀调研报告 345

　　优秀课题研究成果评选 345

　　专项行动计划政策措施 344

职称 248、251

　　任职资格和条件规定 251

职称改革 252

　　试点高校 252

职称评定 248～251

　　工作整顿 250

　　领导小组 250

　　聘任制 251

　　问题 250

职称评审 212、248、250

　　改革 250

　　工作验收 250

职后高层次知识培训班 355

职务（岗位）津贴制度 227

职务聘任 212～255

　　破格政策 255

职务聘任制改革 252～254

　　实施 253

　　试点 252

职业发展教育 157、309

　　公共实训基地建设 157

　　启始阶段课程 309

　　全程化指导 309

　　实训基地 157

　　网络 309

职员职务等级工资标准情况（表） 226

指导教师名单 120

智力开发倍增计划 4

智力西进 383

智力支边 366、387、391

　　重点 391

致远学院 200

中长期教育改革和发展规划 99、152

中大规模集成电路计算机辅助解剖分析系统 329

中俄互办文化年 381

中法应用研究所 75

中纺 AB 抗菌防臭织物 330

中共上海市教育卫生工作委员会 57、58、66

　　书记任职情况（表） 58

中共上海市民办高校工作委员会 75

中国 500 强企业研讨会 402

中国大陆、台湾、香港、澳门应用文体制研讨会 395

中国大学生在线 461

　　参建单位 461

　　建设目标 461

　　栏目 461

中国大学校长联谊会 403

中国东西部合作与投资贸易洽谈会 393

中国纺织大学 68、85、89、90、355～357

　　科技成果产业化基金 355、357

　　无锡校区 89

张家港附属化纤厂 356

中国高等教育学会 405、406

　　地方大学教育研究分会第一次代表大会 405

　　高等教育学专业委员会第五届会员代表大会 406

中国高等学校 351、401、406

　　十大科技进展 351

　　电力系统及自动化专业第26届学术年会 406

　　科技创新体系建设上海论坛 401

《中国共产党历史讲义》 336

中国国际工业博览会 363、364

　　中外高校校长论坛 364

中国国际贸易学会国际商务英语研究会 405

中国黄金创意产业中心 359

中国技术管理学术年会 405

中国教育国际交流协会上海市分会 66

中国科协第五届青年学术年会 404

中国科学技术法学会第六届会员代表大会 406

中国历史地理研究所 332

《中国历史地图集》 332、333

中国联合国教科文组织全国委员会 366

中国旅游业十一五人才规划 402

《中国农村经济发展研究》调查报告 332、337

中国青年志愿者研究生支教团 187

中国商务发展上海论坛 403

中国社会保障问题研究生学术论坛 403

中国水产大学爱恩学院4+0办学模式 78

中国特色办学体制 54

中国校园戏剧节 194、393

　　台港澳剧目 393

中国心理卫生协会大学生心理咨询专业委员会 177

中国冶金基础研究战略研讨会 404

中国政府奖学金本科来华留学生预科教育工作指定高
　　校 372

中国中小城市发展新思路研讨会 404

中华金厨奖突出贡献团体奖 190

中华侨光职业学院 73

中级职务评审 253

中欧国际工商管理学院 8、77、78

中期选拔制 160

中青年骨干教师 96、236、237、253

　　培养 96、236、237

　　破格评定高级职务工作 96、253

倾斜政策 96

中青年教职工住房困难问题解决 233

中青年理论工作者培训班 175

中外高等教育交流内容和特点 217

中外合作办学 8、55、67、75～81、103

　　地方性法规 8

　　方针 80

　　复核工作 80

　　管理 67、79

　　模式 8、67、76

　　审批和规范管理 80

　　项目 76、77、81

　　性质 80

　　学校 8

　　专业 76

中外合作办学机构 77、80、81

　　复核结果 81

　　广告发布审核制度 80

　　年审工作 80

中外现代化进程研究中心 322

中小学教育体系整体性改革实验 334

中央部门与上海市共建 84

中央部委属高校 82、86

　　划转上海 86

中央财政拨款 410

中央财政支持地方高校专项资金 420、421

中央管理高等学校 82

中央相关部委与上海市人民政府共建 86

中医药 323、404

　　文化研究与传播中心 323

　　文献研讨会 404

中专院校升格 68

终身教授聘任制度 254

仲呈祥 405

重点建设工程 119

重点教材建设 152

重点课程建设 149、150

　　计划 149

　　项目 150

重点实验室 317

重点项目研究机构 321

重点学科 5、125、128、135、136

第三期情况（表）　136

　情况（表）　125、128

　学科建设　5

　中期评估　135

重点学科建设　98、118、124、128～135

　工程　98

　工作会议　128

　规范管理创新　130

　评估验收　131

　研究成果　131

　中期检查　135

　总结验收　135

重点学科建设经费　135、349

　管理　349

　投入　135

重要课题　328

重中之重学科建设　128、130

　多渠道筹资机制　131

　科研项目　130

　省部级以上重点研究基地　130

　学科评选入围　131

周灿德　397

周巢尘　216

周谷城　334

周汉民　190

周济　83、90、182、184

周慕尧　83、85、90、195

周勤　216

周小燕　208、260、536

周远清　90

周肇平　400

朱合华　244

朱建新　311

朱开轩　72、82、83

朱立元　333

朱清时　401

朱晓明　77

朱学宝　393

朱元鼎奖学基金　284

朱钟堂　390

朱宗玉　335

珠峰计划　200

褚君浩　217

住房　232～234

　货币化分配　234

　制度改革　234

住宿管理　447

助教职责　549

助学　297、298

　管理　298

　机构　297

　市场　297

助学贷款　292、294、423

　工作会议　294

　管理　293

　申请条件　292

　咨询办理工作　423

助学金　288

　补助　288

专家集中评估验收　132

专家型思政教师培养　177

专家咨询小组　64

专科层次依法自主招生改革试点　10

专科收费走读生推荐录用工作　268

专科英语应用能力考试　207

专利申请　345

专门人才　3、388

　培训　388

　普查　3

专任教师（表）　221～223

　年龄分布情况（表）　223

　学历分布情况（表）　221

专升本　272～275

　考试时间　275

　试点　274

　选拔考试科目　275

　招生考试　274

　制度　272

专题学术会议　401

专项基金申报　241

　审定工作　241

　条件调整　241

专项奖学金　283、284

　发放　284

奖励对象 284

设奖单位 284

支付 284

专项经费 419

专项事业 349、420

建设费管理 349

资金投入 420

专业技术人员 248、251

管理制度改革 248

职务聘任制试行 251

职称系列 248

专业技术职称评聘 251

专业减招与暂停招生 120

专业建设 141

专业奖学金 283

专业教学改革试点中期评估 140

专业结构调整 119

专业评估 139

专业设置 119、120、160

布局结构调整 119、120

改革 160

问题 120

专业学位研究生教育综合改革试点 124、203

改革内容 203

专业招生计划调整 120

专用基金 414

专用税费贴息资助 422

专职高等教育研究系列评议工作 255

专职心理辅导教师 178

专职心理健康教师岗位培训与督导 179

转学 553

转专业 553

卓越教育计划 10、163

卓越人才培养计划 200

资产清查工作 429

资剑 331

资源保障 407

资源共享 70、71

信息库 71

资源配置模式 7

资助标准 287

资助家庭经济困难学生 286

资助政策体系 282、295、290、291

总金额 291

自筹经费培养 278

自费本专科生学费标准 415

自费出国留学 368

中介服务市场管理 368

自费生与公费生并轨 415

自费生招收 268、415

改革 268、415

规定 268

规模 415

试点 268

特点 415

自费外国留学生 368、369

收费标准 368

招收 369

自控实习中心 156

自然科学研究 315

自然科学研究课题成果 328～330

规模 328

国际影响力 330

重大贡献 329

自然科学研究领域科技总经费统计（表） 347

自主选拔 110、270

录取改革试点 110

招生改革试点工作 270

自主招生 266、270、271、281

举措 266

试点范围 271

试行办法 270

形式类型 281

主要内容 270

自主招生改革 110、270、281

试点 270

试验 281

综合定额加专项经费 410、412

补助拨款方式 412

预算管理办法 410

综合改革 7、93、96、108、117、161、167

调查 7、108

方案 93

试点 96、117

专题调查 167

综合能力测试 273、274

　　改革 274

　　试点工作 274

综合配套改革 268

综合素质教育 117、191

纵向科研经费 416

邹市明 193

邹兆芳 208

左淑东 543

作为21世纪特级幼稚园校长培训班 400

（王彦祥、刘子涵、张若舒　编制）

编 后 记

修史编志,鉴古知今。《上海市志·教育分志·高等教育卷(1978—2010)》,经过全体修志人员8年不懈的共同努力,终于问世了。

根据上海市地方志编纂委员会的统一安排,上海市教育委员会组织实施《上海市志·教育分志·高等教育卷(1978—2010)》(简称《高等教育卷》)的编纂工作。2011年3月,上海市教育委员会主任办公会议决定《高等教育卷》2012年正式启动。同时,组建编纂委员会,由上海市教育委员会总负责。编委会下设编纂办公室,由上海市教育科学研究院高等教育研究所具体承担编纂工作,并核定编写志书的经费预算,组织结构的建立和经费的核拨,有力保障了志书编写工作进程及质量。

33年间,高等教育从精英阶段、大众化阶段跨越进入普及化阶段,上海开启了高等教育改革、开放和现代化发展的历史进程。

我们在编写本轮志书的过程中,借鉴和参考了第一本《上海高等教育志》,努力使两轮志书互相传承,有机衔接。同时,参阅了历年《上海教育年鉴》,并从上海图书馆、上海档案馆及上海市教育委员会档案室等处查阅核实有关资料,确保有关人物、事件准确无误。我们力求全面、客观、准确地记载上海高等教育33年的发展历程和辉煌成果,努力体现时代特征、地方特色和高等教育特点。

2011年6月,拟定修志启动方案。2012年,《高等教育卷》编纂工作正式启动;同年3月,拟定志书编纂五年规划及年度计划;5月,组织资料采集,同步启动编制资料长编;12月,组织修志人员参加培训。2013年5月,拟定修志提纲并同时向上海市方志办报备。2014年2月,上海市教育委员会正式发文成立教育分志编纂委员会;同年6月,参加定向培训暨修志工作研讨;7月,集中完成资料长编、组织范文阅读学习、试写志稿;9月、11月,高等教育卷编委会集中审议、审定志书大纲,并报编委会、市方志办。2015—2016年,着力补充资料长编,撰写志书形成初稿。2017年10月,志书大部分初稿完成,同时聘请志书专业人士进行志书二稿的修改工作;同年11月,志书部分篇章送交编委会协审。2018年,修订完成志书二稿。2019年5月,志书合稿送编委会内审;7月,召开高等教育卷内评内审会议,审议通过内评内审意见;8—9月,修改编委会内评内审意见,准备市级评议相关材料;10月,将《高等教育卷》送审稿上报上海市地方志办公室,由其组织评议、审定、验收。

作为修志编史的领导职能部门,上海市地方志办公室的领导们无论从专业的业务指导还是在具体的编写工作方面都对我们给予了大量的关心和帮助,对此我们深表谢意!

《高等教育卷》的编纂工作,凝聚了许多高等教育系统同志的心血。上海市教育委员会机关处室的领导、联络员以及高等教育系统退休的老领导、老专家们均给予了大量的支持和帮助,协助我们提供信息资料,耐心提出修改意见和建议,确保了本轮志书编写工作的顺利开展。上海相关高校的专家、老师、学生，也积极参与志书编写工作，上海市教育科学研究院高等教育研究所具体承担志书编纂主要工作，在此，我们一并表示衷心的感谢！

由于我们的经验和学识水平有限，有些资料信息又难以收集，如有疏漏错误恳请广大专家、读者予以谅解并指正。

编者

2021 年 7 月

图书在版编目(CIP)数据

上海市志. 教育分志. 高等教育卷：1978-2010/
上海市地方志编纂委员会编. —上海：上海古籍出版社，
2021.8
ISBN 978-7-5732-0027-3

Ⅰ.①上… Ⅱ.①上… Ⅲ.①上海-地方志②地方教
育-高等教育-教育史-上海-1978-2010 Ⅳ.
①K295.1②G649.287.3

中国版本图书馆 CIP 数据核字(2021)第 139353 号

责任编辑　　盛　洁
封面设计　　严克勤

上海市志·教育分志·高等教育卷(1978—2010)
上海市地方志编纂委员会　编

出版发行　上海古籍出版社
　　　　　　（200020　上海瑞金二路 272 号）
印　　刷　上海中华商务联合印刷有限公司
开　　本　889×1194　1/16
印　　张　43.25
插　　页　24
字　　数　1,134,000
版　　次　2021 年 8 月第 1 版
印　　次　2021 年 8 月第 1 次印刷
ISBN 978-7-5732-0027-3/K・3023
定　　价　268.00 元